Germann Brockhaus

Griechenland im Mittelalter und in der Neuzeit

Griechenland, georgaphisch, historisch und kulturell dargestellt (1870)

Germann Brockhaus

Griechenland im Mittelalter und in der Neuzeit
Griechenland, georgaphisch, historisch und kulturell dargestellt (1870)

ISBN/EAN: 9783742835314

Manufactured in Europe, USA, Canada, Australia, Japa

Cover: Foto ©Andreas Hilbeck / pixelio.de

Manufactured and distributed by brebook publishing software
(www.brebook.com)

Germann Brockhaus

Griechenland im Mittelalter und in der Neuzeit

Griechenland

geographisch, geschichtlich und culturhistorisch

von den ältesten Zeiten bis auf die Gegenwart

in Monographien dargestellt.

Separatausgabe

aus der

Allgemeinen Encyklopädie der Wissenschaften und Künste von Ersch und Gruber.

Herausgegeben von

Hermann Brockhaus.

In acht Bänden.

Achter Band.

B. Griechenland im Mittelalter und in der Neuzeit.

Geschichte Griechenlands im neunzehnten Jahrhundert. Von Professor Dr. G. F. Hertzberg. — Geschichte der byzantinischen oder mittelgriechischen Literatur, von Justinian's Thronbesteigung bis auf die Eroberung Constantinopels durch die Türken, von 527—1453. Von Dr. Rudolf Nicolai.

Leipzig:

F. A. Brockhaus.

1870.

GRIECHENLAND.

B. Griechenland im Mittelalter und in der Neuzeit.

Griechisch-römisches Recht im Mittelalter und in der Neuzeit.

Dritte Periode.

Geschichte des griechisch-römischen Rechts nach der Eroberung Constantinopels durch die Türken (1453—1869).

§. 50. Herrschaft der Lateiner und Türken.

1) Geschichtlicher Ueberblick.

Schon vor der Eroberung Constantinopels durch die Türken im J. 1453 war ein großer Theil des griechisch-römischen Reiches in die Gewalt der Lateiner und Türken gekommen. Die Lateiner gründeten in Folge der Kreuzzüge mehrere Fürstenthümer im Orient. Hierher gehört das nach dem ersten Kreuzzuge 1099 gegründete Königreich Jerusalem, dessen erster König Gottfried von Bouillon war. Dieses Königreich zerfiel in zwei Fürstenthümer, Jerusalem und Antiochia, und zwei Grafschaften, Tripolis und Edessa. Es fand sein Ende durch Saladin im J. 1187. Die griechischen und orientalischen Christen behielten die Freiheit, unter Saladin ferner an ihrem Wohnorte zu bleiben; dagegen mußten die Franken und Lateiner Jerusalem in vierzig Tagen verlassen. Diese versetzten den Sitz des Reiches nach Acre, nachdem diese Stadt durch Richard Löwenherz von England und Philipp August von Frankreich wieder erobert worden war. Der Verlust von Jerusalem erregte von Neuem den Glaubenseifer Europa's und veranlaßte neue Züge in das heilige Land. Der vierte Kreuzzug endigte mit der Eroberung Constantinopels durch die Kreuzfahrer im J. 1204. Zur Zeit dieses Kreuzzuges war das byzantinische Reich schon zerstückelt. In Europa hatte Petrus Asan, König von Bulgarien, seit 1186 sein Land der byzantinischen Herrschaft entzogen. Ebenso hatten sich Itolien, Armenien und die Wallachei von der byzantinischen Herrschaft befreit. Mächtige Häuptlinge hatten sich des Peloponnesos, der ionischen Inseln und Laconiens bemächtigt, welche seit 1146 unter der Herrschaft Roger's II. standen, und von seinem Enkel, Wilhelm, im J. 1185 geräumt werden mußten. Die Insel Creta war von Kaiser Alexius IV. an Bonifaz von Montferrat überlassen worden. In Asien hatte sich seit 1190 Richard Löwenherz der Insel Cypern bemächtigt; 1193 verkaufte er sie an Veit von Lusignan, Stifter einer dort über drei Jahrhunderte herrschenden Dynastie. Dies war der Zustand des byzantinischen Reiches, als sich die Kreuzfahrer 1204 Constantinopels bemächtigten. Das daselbst begründete lateinische Kaiserthum fand sein Ende im J. 1261 durch Michael Paläologus, welcher Constantinopel den Lateinern wieder entriß und daselbst das zweite byzantinische Reich gründete. Durch den Verlust von Constantinopel ging die Herrschaft der Lateiner im Orient unter. Sie behielten von den dortigen Besitzungen nur Acre, Morea und Cypern. Acre fiel im J. 1291 in die Gewalt der Muselmänner. Morea kam 1261 wieder unter die Herrschaft des byzantinischen Kaisers Michael Paläologus. Kaum zehn Jahre nach der Eroberung Constantinopels durch die Türken wurde ganz Rumelien, dann Morea, endlich im J. 1470 die Insel Euböa eine Beute der Türken. Die Insel Cypern blieb lange Zeit unter der Herrschaft der Dynastie der Lusignan. Catharine Cornaro, Königin von Cypern, vom Senat zu Venedig adoptirt, schenkte im J. 1489 ihr Königreich der Republik Venedig, welcher jedoch nach 24 Jahren dasselbe durch die Türken entrissen wurde. Das byzantinische Kaiserthum fand zwar durch die Eroberung Constantinopels durch die Lateiner im J. 1204 sein Ende;

es entstanden aber in Folge der Unruhen, welche Byzanz bewegten, an verschiedenen Theilen des Reiches, deren sich die Lateiner nicht bemächtigt hatten, zu Nicäa, Thessalonich und Trapezunt, neue Reiche, deren Fürsten sich als Nachfolger der früheren byzantinischen Kaiser betrachteten. Das nicänische Kaiserthum, durch Theodor Laskaris 1206 gegründet, endigte 1261, als der letzte Kaiser, Michael Paläologus, Constantinopel den Lateinern wieder entrissen hatte, welcher nunmehr seine Residenz von Nicäa wieder in die alte Hauptstadt verlegte. Michael Angelus Comnenus machte sich zur Zeit der letzten Unruhen des Reiches zum Meister von Thessalien, Epirus, Anatolien und allen an das Meer grenzenden Provinzen, und bildete, unter dem Titel eines Despoten, daraus einen unabhängigen Staat. Sein Bruder und Nachfolger, Theodor Angelus, nahm 1223 den Kaisertitel an. Diesem Reiche machte der nicänische Kaiser Johannes Batatzes Ducas Laskaris ein Ende. Das trapezuntinische Kaiserthum wurde durch Alexius Comnenus, mit dem Beinamen der Große, welcher zur Zeit der Einnahme Constantinopels durch die Lateiner Colchis oder die Provinz von Trapezunt als Statthalter regierte, gegründet. Er betrachtete sich als rechtmäßigen Besitzer dieses Gebietes und nahm den Titel eines Despoten an. Erst sein Urenkel, Johannes Comnenus, nahm 1275 den Kaisertitel an. Unter David Comnenus fand das Reich durch Mahomet II. sein Ende. Die Türken, welche schon längst die byzantinischen Kaiser in die Enge getrieben hatten, wurden zwar durch die Kreuzfahrer bisweilen zurückgedrängt; sie machten aber immer neue Angriffe auf das byzantinische Reich, entrissen demselben eine Provinz nach der anderen, und machten ihm durch die Eroberung Constantinopels im J. 1453 ein Ende. Noch erhielten sich einige Reste der Herrschaft der Lateiner im Peloponnes, Cypern, Creta und auf anderen Inseln [1]). Diese Gebiete kamen aber nach und nach in den folgenden Jahrhunderten ebenfalls unter die Herrschaft der Türken.

2) Rechtsverfassung und Gesetzgebung des Königreichs Jerusalem [2]).

Nach der Eroberung Jerusalems durch die Kreuzfahrer im J. 1099 gab Gottfried von Bouillon, nachdem er zum König von Jerusalem erwählt worden war, dem neuen Königreiche das unter dem Namen der Assisen von Jerusalem (Assisae Hierosolymitanae) bekannte Gesetzbuch. Er beauftragte, nach dem Rathe des Patriarchen von Jerusalem, der Fürsten, der Barone und der Befehlshaber des Heeres, einige Männer, bei den Kreuzfahrern aus den verschiedenen Ländern Europa's sich nach den Einrichtungen und Gewohnheiten ihres Vaterlandes zu erkundigen. Die Commission übergab das Resultat ihrer Arbeit schriftlich dem König, welcher den Entwurf dem Patriarchen und den übrigen Genannten mittheilte, das, was ihm passend und zweckmäßig schien, annahm und daraus bildete „les assises et usages, que l'on deust tenir et maintenir et user au royaume de Jerusalem, par lesquels il, ses gens et son peuple et toutes autres manieres des gens allans et venans fussent governés et menés à droit et à raison el dit royaume.“ Gottfried errichtete zwei Gerichtshöfe, eine curia baronum (la Haute cour, cour des barons) für den Adel, und eine curia burgensium (cour des borgès, la basse cour) für den Bürgerstand. Das Gesetzbuch zerfiel daher in zwei Theile, die Assisen für die curia baronum, und die Assisen für die curia burgensium. Jeder dieser Theile war besonders mit großen Buchstaben geschrieben, mit vergoldeten Initialen geziert, auf jeder Seite mit den Signaturen des Königs, des Patriarchen und des Vicomte von Jerusalem, des Vorsitzers der curia burgensium versehen und mit ihren Siegeln besiegelt. Jean d'Ibelin, welcher uns diese Einzelnheiten aufbewahrt hat, hatte die Originalhandschriften nicht gesehen, welche zu seiner Zeit nicht mehr existirten; aber der Einfluß, welchen man dieser ersten Bekanntmachung des Gesetzbuches beimaß, war so groß, daß sich die Eigenthümlichkeiten dieser Bekanntmachung treu in dem Andenken der Juristen des Orients erhalten haben. Die beiden Theile des Gesetzbuches, welches wahrscheinlich in lateinischer Sprache (nach der Ansicht Anderer in altfranzösischer) geschrieben war, erhielten den Namen literae sancti Sepulcri, Briefe des heiligen Grabes, weil sie in einem in der Kirche des heiligen Grabes aufbewahrten Kasten verschlossen waren. Die Eröffnung dieses Kastens konnte nur in Gegenwart von neun näher bezeichneten Personen stattfinden; diese waren der König oder einer der Großbeamten der Krone, zwei Vasallen des Königs, der Patriarch oder Prior des heiligen Grabes, zwei Canonici, der Vicomte von Jerusalem und zwei Beisitzer der curia burgensium. Beide vorher genannten Gerichtshöfe hatten ihren Sitz in Jerusalem. Außerdem verlieh der König manchen seiner Vasallen in ihren Bezirken die Gerichtsbarkeit, welche ihre Vasallen die Gerichtsbarkeit übereinstimmend mit den Gesetzen und Gebräuchen der curia baronum administrirten. Außerdem errichtete der König in den Städten oder anderen bevölkerten Orten curiae burgensium mit Vicomtes an der Spitze. Neben der christlichen durch die Kreuzfahrer gebildeten Bevölkerung gab es aber auch eine einheimische, aus Syrern, Griechen, Juden, Türken und Arabern gemischte. Da die Syrer den bei weitem überwiegenden Bestandtheil dieser Bevölkerung bildeten, so gestattete ihnen Gottfried, nach ihren eigenen Gesetzen zu leben und besondere Gerichtshöfe zu haben, welche unter

1) Ueber die Rechtsverfassung der sonstigen Inseln unter der Herrschaft der Venetianer und jetzt der Engländer vergl. Zachariä, I. R.-W. u. Gesetzg. des Auslandes. Bd. IV. S. 490 fg. 2) Vergl. Pardessus, Tableau en bibliothèque de l'Ch. T. X. p. 210—226 und in: Collection des lois maritimes. T. I. p. 262 suiv. Wurstemberger in den Münchener gelehrten Anzeigen, 1840. Nr. 116—123. (Anzeigen der Ausgabe der Assisen von Beugnot) und in der französischen Staats- und Rechtsgeschichte. Bd. 2 S. 51—55. Beugnot, Assises de Jerusalem. Introduction aux Assises de la Haute Cour (zu T. I.) p. I—LXXXVII. Introduction aux Assises de la Cour des Bourgeois (zu T. II.) p. I—LXXIV. Letztere Schriftsteller ist hier vorzugsweise benutzt.

dem Besitze eines Lehns und den Vorrechten ihrer Nation bestanden. Der Fürst von Antiochia hatte, wie der König von Jerusalem, seine curia baronum und seine curia burgensium. Dies war das System der Einrichtungen, welche durch die Kreuzfahrer in den von ihnen eroberten Ländern eingeführt wurden. Das Princip, auf welchem die beiden Gesetzbücher beruhten, war das der Feudalität. Durch die Lehne wurden die Vasallen zu Kriegsdiensten verpflichtet. Diese Verpflichtung wurde schon im 11. Jahrh. in Europa beschränkt; ihre Dauer wurde bestimmt und beschränkt; ja man fing sogar an Lehne ohne alle Verpflichtung zu Kriegsdiensten zu ertheilen, welche somit in offenbarem Widerspruche mit dem Grundprincip des Lehnswesens standen. Dagegen findet sich in den alten Assisen eine fortwährende Verpflichtung der Vasallen zum Kriegsdienst, ohne Beschränkung auf eine bestimmte Zeit, was nothwendig war, weil die christlichen Eroberer mitten unter einer feindlichen, stets zu Angriffen gegen die fremden Eindringlinge geneigten Bevölkerung lebten. Das Gesetzbuch soll nach dem Berichte von Jean d'Ibelin unter den Nachfolgern Gottfried's und bis zur Eroberung Jerusalems durch Saladin verschiedene Zusätze nach Maßgabe des jeweiligen Bedürfnisses erhalten haben [5]. Diese Angabe eines Schriftstellers, welcher nicht Zeuge der Thatsachen war, von welchen er spricht, wird aber durch Philipp von Navarra bestätigt, welcher sich über die Sache viel bestimmter und genauer ausspricht [6]. Zu diesen periodischen Verbesserungen und Abänderungen des Gesetzbuches gab vorzüglich der während der Dauer der Kreuzzüge fortwährende Wechsel der christlichen Bevölkerung in den eroberten Ländern Veranlassung, indem immer neue Zuzüge von Kreuzfahrern aus Europa kamen, von denen viele dort zurückblieben, viele aber auch, entweder weil sie den Gegenstand ihrer Sehnsucht, die heiligen Stätten, gesehen hatten, oder weil sie in ihren Hoffnungen sich getäuscht fanden, wieder nach Europa zurückkehrten. Bei diesem fortwährenden Wechsel der Bevölkerung konnte die Gesetzgebung nicht stehen bleiben; die Ansichten, die Sitten, die Bedürfnisse dieser Bevölkerung veränderten sich in jeder Art jedes Jahr. Am größten war die Mischung und der Wechsel der Bevölkerung in der Stadt Acre; weniger bedeutend in den anderen christlichen Colonien, wo das französische Element vorherrschte [6]. Jerusalem fiel am 2. Oct. 1187 unter die Gewalt Saladin's. Bei dieser Gelegenheit ist das in der Kirche des heiligen Grabes so sorgfältig aufbewahrte Originalexemplar des Gesetzbuches vernichtet worden oder abhanden gekommen, und es sind mithin die alten Assisen verloren gegangen [6]. Demnach behaupten die neueren Geschichtschreiber, daß Veit von Lusignan, der erste christliche König von Cypern, Balduin, der erste lateinische Kaiser zu Constantinopel, und Gottfried I. de Villehardouin, Fürst von Morea, die Assisen von Jerusalem in ihre Staaten verpflanzt hätten. Veit von Lusignan gelangte aber zum Throne 1193, Balduin 1204, Gottfried 1210. Sie müßten also diese Gesetze zu einer Zeit angenommen haben, wo dieselben nicht mehr vorhanden waren. Gehen wir auf die für diese weit verbreitete Meinung angeführten Gründe ein, so erscheinen dieselben nicht haltbar. Der erste, welcher über die Verpflanzung der Assisen von Jerusalem nach Cypern durch Veit von Lusignan berichtet, ist Stephan von Lusignan, welcher seine Geschichte Cyperns im J. 1573 schrieb [7]. Nach ihm soll Veit von Lusignan die Assisen von Syrien mit nach Cypern gebracht haben, wobei er den Verlust des Originals im J. 1187 vollständig ignorirt, während es nicht bekannt ist, daß Abschriften des Originals den übrigen christlichen Fürstenthümern zu ihrer Kenntniß mitgetheilt worden wären, was, wenn es geschehen wäre, Philipp von Navarra und Jean d'Ibelin, welche so genaue Einzelnheiten über die Redaction und Abfassung der Assisen mittheilen, zu berichten gewiß nicht unterlassen hätten. Lorredano und Jauna, welche nach Lusignan ausführlicher und genauer die Geschichte von Cypern beschrieben haben, beschränken sich auf die Mittheilung, daß Veit von Lusignan das im Königreiche Jerusalem geltende Gewohnheitsrecht in Cypern eingeführt habe [8], eine Thatsache, welche nicht zweifelhaft ist. Eine Ansicht, welche von der von Lusignan abweicht, findet sich bei Buchon [9]. In der Formel des Eides, welchen Pierre de Vile dem König Hugo IV. von Cypern im Namen und als Bevollmächtigter von Gauthier IV., Herzog von Athen, leistete, findet sich folgende Stelle: „Encores jurés vous, par votre dit sairement, de tenir et maintenir les bons us et costumes dou royaume de Jérusalem et de Chipre, et les assizes, qui furent ordenées par le roy Henri et ses houmes" [10]. Der genannte Schriftsteller, nachdem er die ganze Eidesformel mitgetheilt hat, fügt hinzu: „Ce fut ce recueil qui fut tour à tour adopté par tous les royaumes francs d'Orient. Reçu à Jérusalem dès 1100, il fut introduit de là par le roi Amauri en Chypre dès l'an 1194, et de Chypre il passa à Constantinople et en Morée." Der erwähnte Eid zeigt zwei Arten von Gesetzen oder Gewohnheitsrechten an, welche unterschieden werden; erstens „les bons us du royaume de Jérusalem et de Chypre," d. i. die alten Gewohnheitsrechte, welche wenige Jahre nach dem Verlust der alten Assisen der Ueberlieferung nach gesammelt und in Kraft gesetzt worden sind, und dann die durch König

3) Dies wird im Cap. III der Assises curiae baronum berichtet. 4) Cap. LXXI. daselbst. 5) Ueber die Nachfolger Gottfried's, welche am thätigsten bei der Verbesserung der alten Assisen gewesen sind, vergl. Beugnot, T. I. p. XXII. XXIII. 6) Für den Verlust ist das Zeugniß von Philipp von Navarra (Cap. XLVII. Ass. cur. baron. T. I. p. 522. ed. Beugnot) und Jean d'Ibelin (Cap. CCLXXIII. T. I. p. 429).

7) Chorograffia et breve historia universale dell' isola de Cipro (Bologna 1573) p. 41. 8) Historia de' re Lusignani, da Henrico Giblet (Loredano) cavalier, Venetia 1653. p. 19. Histoire générale des royaumes de Chypre, de Jérusalem, d'Arménie et d'Egypte, par le chevalier Dominique Jauna. Leyd. 1747. T. I. p. 371. 9) Buchon, Recherches et matériaux pour servir à une histoire de la domination française aux XIII, XIV et XV siècles dans les provinces démembrées de l'empire grec. Paris 1840. 10) Fol. CCLIX. der pariser Handschrift.

Heinrich (1218—1253) erlassenen Gesetze. Jener Eid hat also keine Bedeutung in dieser Frage. Gegen die Behauptung, daß König Amaury eine Sammlung von Gesetzen eingeführt habe, streitet das Zeugniß von Philipp von Navarra, welcher erzählt, daß dieser König, veranlaßt durch die Mißstände, welche das auf der Insel Cypern geltende Gewohnheitsrecht mit sich brachte, den Plan zu einer neuen Redaction der Assisen faßte, und sich zu diesem Zwecke an Raoul von Tiberias wendete, welcher aber aus eigenthümlichen Beweggründen diese Arbeit zu übernehmen verweigerte. Die Annahme der wahren Assisen von Jerusalem durch Balduin I., Kaiser zu Constantinopel, unterliegt ebenfalls begründeten Zweifeln. Nach einer Stelle der Chronik von Morea nämlich soll Balduin dem Fürsten von Morea, Gottfried I. de Villehardouin, in der Folge das Gewohnheitsrecht schriftlich mitgetheilt haben, welches sein Bruder Balduin, König von Jerusalem, in seinem Königreiche bestätigt hatte [11]. Der Chronist begeht erstens hier einen Irrthum, wenn er dem Johann von Brienne, König von Jerusalem, den Namen Balduin gibt, und ihn einen Bruder des Kaisers sein läßt. Dann steht aber seiner Nachricht folgendes wichtige Bedenken entgegen. Hätte zu Constantinopel unter den lateinischen Kaisern in der Zeit von 1204—1237 ein authentischer Text der Assisen von Jerusalem existirt, welchen diese Kaiser den in Morea sich niederlassenden Franzosen mittheilten, so hätten Amaury, Philipp von Navarra, Ibelin, welche genau um diese Zeit lebten, davon Kenntniß gehabt und sich nicht abgemüht, Gesetze wieder aufzufinden, deren Text in Constantinopel existirte, in einer Stadt, mit welcher sie in beständigem Verkehr standen. Raoul von Tiberias, welcher sich nach Constantinopel kurz nach dessen Eroberung durch die Lateiner begab [12], würde, anstatt sich gegen den König Amaury der Abfassung einer neuen Redaction der Assisen aus sonderbaren Gründen zu weigern, diesem König den echten Text, der zu Constantinopel existirte, angezeigt haben. Die erst in der neuesten Zeit publicirte Chronik von Morea ist wol nicht die Quelle des gedachten Irrthums; vielmehr ist die Quelle wahrscheinlich in der Vorrede der Assisen von Romanien zu suchen, einer Sammlung von Gesetzen, welche die Republik Venedig im J. 1421 für Negroponte veranstaltet hat [13]. Der Venetianer Rannusio hat die in dieser Vorrede aufgestellte Meinung angenommen und solche in seiner 1584 veröffentlichten Geschichte des Krieges von Constantinopel ausgeführt; er sagt aber nicht, wie die Verfasser jener Vorrede, daß Balduin eine Gesandtschaft nach Jerusalem geschickt habe, um die Mittheilung der Gesetze des Königreiches Jerusalem zu erlangen, weil er wohl wußte, daß Jerusalem im J. 1204 nicht mehr in der Gewalt der Christen war, und daß es vielmehr die Insel Cypern war, wo damals Amaury regierte, von welcher der Kaiser diese Gesetze nach Constantinopel kommen ließ [14]. Die Verfasser der Vorrede der Assisen von Romanien sprechen so wenig, wie Rannusio, von den ursprünglichen Assisen von Jerusalem; sie sagen blos, daß Balduin sich nach Syrien oder nach Cypern gewendet, um diejenigen Gewohnheitsrechte oder Assisen, welche damals in den christlichen Colonien des Orients galten, mitgetheilt zu erhalten. Annehmen läßt sich, daß die Gesandten des Kaisers, ermächtigt entweder durch Johann von Brienne oder durch Amaury, eine Nachforschung vorgenommen, die tüchtigsten Juristen Syriens oder Cyperns zu Rathe gezogen, die Sitzungen der beiden curiae baronum besucht, die Frucht ihrer Nachforschungen schriftlich aufgezeichnet und nach Constantinopel geschickt haben, und daß Kaiser Balduin in der Folge diesen Entwurf eines Gesetzbuches für seine Staaten sanctionirt und publicirt, sowie daß er 1210 eine Abschrift davon an den Fürsten von Morea, Gottfried de Villehardouin, gesendet hat; obschon diese Thatsachen durch keinen der Juristen des Königreiches Cypern, welche zu der Zeit lebten, wo dieselben sich hätten ereignen müssen, bestätigt werden. Aber die nach Cypern, Constantinopel und Morea gelangten Gesetzbücher sind nicht die ursprünglichen Assisen von Jerusalem, sondern eine Aufzeichnung des Rechtes, welches sich nach dem Verluste der ursprünglichen Assisen in den Gerichtshöfen Syriens (curiae baronum und curiae burgensium) gebildet hatte. Nach der Eroberung Jerusalems durch Saladin verlegten die Christen den Sitz ihrer Regierung nach Acre; das Patriarchat, die curiae baronum et burgensium wurden dort provisorisch errichtet. Da die ursprünglichen Assisen von Jerusalem nicht publicirt worden waren, deren Einsicht aber, wie erwähnt wurde, vielen Umständlichkeiten und Schwierigkeiten unterlag, so haben die Gerichtshöfe wol häufig ihre Meinung an die Stelle des Gesetzes gesetzt, und es hat sich ein Gerichtsgebrauch bei diesen gebildet, welchem allerdings die Gewohnheitsrechte der verschiedenen Stämme zum Grunde gelegen haben. So wäre es leicht möglich gewesen, daß nach dem Ver-

11) Vergl. die von *Buchon* bekannt gemachte Chronik von Morea l. II. p. 64. ed. 1845. Die Stelle lautet:
Καὶ [illegible]
[illegible]
Ὁ Βαλδουΐνος, ὁ [illegible]
12) Chronik. von Villehardouin c. XXV. p. 52. ed. de Brial.
13) Diese Sammlung ist herausgegeben in *Canciani*, Barbarorum leges antiquae, T. III. p. 497. In der Vorrede wird erzählt, daß nach der Eroberung von Constantinopel die Führer des lateinischen Heeres und die Venetianer die Krone dem Balduin von Flandern übertragen und eine neue Regierung im griechischen Reiche einzurichten sich bemühten, und darauf wird gesagt: „E perche la una parte, ben messe in dicto imperio, ei non per le [illegible] e [illegible] che [illegible] in le parte de presente, ei fo consentido de mandar in Jerusalem a lo re e a lo patriarcha, pregandoli che il mandasse le sue assise et usanze, conzosia che li se valeva reggere per quelle, che lo fo usanze de conquista. E cusì li fo mandade, e poi fo fatto le assise tutte li baroni, e confermado de reggerse per le dicte assise e per quelli capitoli che fosse plui necessarii per lo dicto paise de Romagnia. Cusì fo ordenado e zurado per tutto lo so imperio da tenir e guardar le dicte usanze a tutto lo suo podere."
14) *Rannusius*, De bello Constantinopolitano (Venet. 1634.) l. III. p. 162. Die Stelle ist abgedruckt bei *Beugnot*, T. I. p. XXVIII. not. 1.

lichkeit der ursprünglichen Assisen die den Gerichtshöfen durch ihre Praxis bekannt gewordenen Gewohnheitsrechte wieder aufgezeichnet und in eine Sammlung gebracht wurden. Nichtsdestoweniger haben wir von einer solchen Sammlung keine Nachricht, und der unabhängige Sinn der Barone widerstrebte der Abfassung eines solchen Gesetzbuches. Das Wahrscheinlichste ist Folgendes. Der nach Acre verlegte Gerichtshof von Jerusalem fuhr fort, nicht den Text der Assisen, sondern die Gewohnheitsrechte, welche darin enthalten waren, anzuwenden. Der Gerichtsgebrauch der Gerichtshöfe, das ihnen bekannte und von ihnen angewendete Recht wurde so, wie es sich dort entwickelt und ausgebildet hatte, aufgezeichnet und gesammelt, und gelangte so von Syrien nach Cypern, von Cypern nach Constantinopel, von dort nach Morea, und indem es sich in allen diesen Ländern nach den besonderen Gebräuchen der lateinischen Völkerschaften richtete, nahm es dort den wahren Charakter einer Gesetzgebung an, aber einer dehnbaren Gesetzgebung, welche sich den Sitten der ihr unterworfenen Nationen leicht anpaßte.

a) Spätere Bearbeitungen der *Assises de la Haute Cour* in altfranzösischer Sprache.

Es scheint, daß gegen den Anfang des 13. Jahrhunderts, als die curia baronum von Jerusalem seit einiger Zeit in Acre ihren Sitz hatte, und kurz nach der Errichtung eines solchen Gerichtshofes in Cypern eine Sammlung der Entscheidungen beider Gerichtshöfe abgefaßt und dieser die Gutachten beigefügt wurden, welche der eine dieser Gerichtshöfe dem andern über zweifelhafte Rechtsfragen mitgetheilt hatte. Diese Sammlung existirte auf der Insel Cypern noch in der Mitte des 16. Jahrhunderts, wie aus dem Berichte der im J. 1531 von der Regierung Venedigs mit der Uebersetzung der in Cypern gangbaren juristischen Werke in die italienische Sprache beauftragten Commissarien hervorgeht [15]. Diese Entscheidungen und Gutachten mußten auf lange Zeit die Grundlagen des Rechts bilden, und es bedurfte nur noch einer systematischen Zusammenstellung derselben. Das Vorurtheil, welches die Barone des Königreiches Jerusalem an einen rein traditionellen Gerichtsgebrauch gefesselt hatte, bestand ohne Zweifel noch in voller Kraft; aber das Beispiel, das Ansehen der hohen Curien, und der offenbare Nutzen einer solchen Unternehmung bedrohten alle Tage ihren Einfluß, und zur Vernichtung desselben genügte, wenn ein muthiger Jurist, welcher das Vorurtheil der Anderen nicht theilte, die Früchte seines Nachdenkens und seiner Erfahrung aufzeichnete; sein Beispiel hätte bald Nachahmung gefunden, und hätte die Herrschaft der Tradition für immer gestürzt. Dieß geschah auch in der That. Gegen die Mitte des 13. Jahrhunderts gab Philipp von Navarra [16]), in der ersten Periode seines thätigen Lebens als Krieger, in der zweiten als Jurist ausgezeichnet, das Signal zu einer vollständigen Reform der Gesetzgebung des Orients. Seine Arbeit über das überseeische Recht der Franken ist die älteste, welche wir darüber besitzen. Allerdings sprechen die erwähnten venetianischen Commissarien von einer ähnlichen Arbeit des Gerard von Montreal über die Assisen der curia baronum, die aber nicht mehr vorhanden ist. Die Arbeit von Philipp von Navarra, welche die Grundlage der von Jean d'Ibelin gebildet hat, ist keine systematische, streng wissenschaftliche, sondern sie beschränkt sich auf die Darstellung der Ansichten, welche er hinsichtlich der wichtigsten Punkte des Lehnrechtes in den hohen Curien von Syrien und von Cypern vorherrschend fand. Zwischen den Einrichtungen, welche er darstellt, und denen, welche zu gleicher Zeit verschiedene Juristen Europa's, wie Hornes, Bracton, Britton, Fontaines und Beaumanoir, schildern, findet sich ein wesentlicher Unterschied. Bei ihm finden sich die lehnrechtlichen Institutionen noch in voller ungeschwächter Kraft; bei diesen zeigen sie sich schon durch den Einfluß des Bürgerstandes und die Städteverfassung, wodurch ein neues gemeines Recht entstand, modificirt. Jene Verschiedenheit hat ihren Grund darin, daß die Niederlassungen der Kreuzfahrer im Orient wesentlich auf fortwährenden Krieg mit den Ungläubigen berechnet waren, weshalb ihnen zwar Zufluß von Kriegern aus Europa angenehm war, sie jedoch den europäischen Ideen nicht anders Eingang verstatteten, als nachdem sie dieselben von jedem fremden Zusatze gereinigt hatten. Am Anfang seines Buches giebt Philipp von Navarra Einzelnheiten über das Verfahren [17]), und handelt auch weiter von diesem Gegenstande [18]). Es scheint sogar, daß in der Meinung seiner Anhänger sein Werk ein Führer für die Parteien, welche vor der hohen Curie zu verhandeln hatten, war, nicht eine juristische Abhandlung. Denn die Abschreiber setzen an die Spitze des Werkes folgenden Titel: „Ici orrés le livre de forme de plait que sire Felippe de Novaire fist pour un sien ami aprendre et enseigner coument on doit plaidoier en la Haute Court." Dieser Titel ist zu eng, und gibt nur ein unvollständiges Bild des Gegenstandes des Buches und der darin behandelten Materien. Der wahre Lehnsprocess ist am reinsten in dieser Schrift und in anderen Werken der überseeischen Juristen dargestellt. Die aus den verschiedenen Schulen der Juristen Europa's hervorgegangenen Schriften geben das Bild der gerichtlichen Gebräuche der Feudalität, wie sie sich durch

15) S. Canciani, Barbarorum leges antiquae. T. V. p. 131.

16) Er war gegen das Ende des 12. Jahrhunderts geboren, ohne Zweifel in Navarra, und kam sehr jung nach Palästina. Nach seiner eigenen Erzählung befand er sich 1218 bei der Belagerung von Damiette, und später trat er in den Dienst des Königs von Cypern über. Später findet er sich in dem Kriege, welchen Kaiser Friedrich II. mit Jean d'Ibelin, als Vormünder des Königs von Cypern, Heinrich I., führte, als einer der mächtigsten und geachtetsten Barone am Hofe von Cypern. Nach Beendigung des Krieges, welcher 1233 mit der Räumung Cyperns durch die Deutschen endigte, wird Philipp von Navarra nicht mehr erwähnt. Doch legen von seiner Thätigkeit seine Schriften Zeugniß ab, besonders sein im Texte erwähntes Werk über die Assisen. Außerdem enthält die k. pariser Bibliothek (fonds 198, fonds franç.) eine moralische Abhandlung von ihm unter dem Titel: „Les quatre tens d'aage d'ome." Er starb gegen das J. 1270. Vergl. *Beugnot* a. a. O. T. I. p. 475. not. a.

17) Cap. I—VIII, XXIII—XXVI. 18) Cap. LXXXIX—XCII.

die allmäligen Eingriffe des Königthums gebildet haben. Im Occident war die Gerichtsbarkeit, ohne mit einem Lehn verbunden zu sein, Eigenthum des Herrn, welcher, wenn er seine Vasallen mit zu deren Ausübung berief, sie nur als seine Beisitzer betrachtete, deren Ansicht der seinigen nachstehen mußte; so groß auch die Autorität von Gebräuchen in Gerichtshöfen, welche unter der Herrschaft eines gleichen Princips standen, sein mochte, so war doch die Willkür des Herrn oder seines Stellvertreters überall vorherrschend und verhinderte die Annahme gewisser und allgemeiner Regeln über den Gang des gerichtlichen Verfahrens. Die Gesetzgebung des Orients erkannte von den wahren Principien des Lehnrechts an, daß die Vasallen, unter dem Vorsitze des Lehnsherrn vereinigt, zu richten hätten, und ein dunkles, verwickeltes, aber unveränderliches und mit den alten Lehnsgebräuchen übereinstimmendes Verfahren fand in Syrien und Cypern statt, und wurde der Gegenstand von Studien und Erörterungen, welche ihren Einfluß weithin verbreiteten. Eine eigenthümliche Einrichtung in den Lehnhöfen des Orients war die der Rathgeber oder Vertheidiger. Jede Partei hatte das Recht, einen seiner Genossen zu bitten, ihm mit seiner Einsicht beizustehen und vor dem Lehnhofe, nicht für ihn das Wort zu führen (denn dies war das Amt der Anwälte, avant parliers), sondern in seinem Interesse den Gang des Verfahrens zu leiten, die nöthigen Gesuche zu stellen, die gebräuchlichen Formeln auszusprechen, kurz für ihn zu handeln in allen Fällen, wo die Assise die Dazwischenkunft eines Rathgebers forderte. Die Verweigerung der Uebernahme dieser Function hatte für den Weigernden den Verlust seines Lehns und die Ausstoßung aus der Genossenschaft seiner Mitvasallen zur Folge. Philipp von Novarra beschäftigt sich dann mit den Zeugen, welche man in Syrien garants nannte[19]. Der Garant beschränkte sich nicht auf das Bezeugen einer zu seiner Kenntniß gekommenen Thatsache; er gab sein Zeugniß auf seine Verantwortlichkeit und kämpfte zur Aufrechterhaltung desselben; da nun in jedem Processe, in welchem es sich um einen Werth von wenigstens einer Mark Silber handelte, das Duell gestattet war, so hing in der That von den Garants die Entscheidung der gerichtlichen Verhandlungen ab. Das größte Verdienst solcher Arbeiten wie der von Philipp von Novarra ist das der historischen Wahrheit. Der Verfasser beschränkt sich rein auf die Rolle eines unparteiischen und treuen Berichterstatters über die in den Hautes Cours angenommenen Ansichten, und gibt seine eigene Meinung nur mit äußerster Vorsicht. Sein Werk ist durch Jean d'Ibelin vermehrt und vervollständigt worden. — Jean d'Ibelin, unter den Bearbeitern der Assisen der berühmteste, stammt aus dem berühmten Geschlechte ab, welches während des 13. Jahrhunderts in Syrien und Cypern einen weit größeren Einfluß übte, als die Herrscher dieser Länder. Er war der Sohn des Philipp d'Ibelin, Bail von Cypern. Zuerst stritt er in dem Kriege gegen die Lombarden, und gab in denselben ausgezeichnete Proben der Tapferkeit. Später wurde er Graf von Jaffa, von Askalon und von Ramleh, und in dieser Eigenschaft stritt er auf Seiten Ludwig des Heiligen zur Zeit des ersten Kreuzzuges desselben. Was den Charakter seines Werkes betrifft, so ist daran zu erinnern, daß der Zweck aller Bemühungen der Juristen nicht die Verbesserung der Gesetzgebung der Lateiner im Orient, sondern die Wiedererkennung und die Zusammenstellung der ursprünglichen Bestimmungen derselben war. Hiernach mußte sich Ibelin, als er die Vervollständigung des Werkes des Philipp von Novarra unternahm, selbstverständlich darauf beschränken, die von seinem Vorgänger angefangene Untersuchung über die Einrichtungen und Gewohnheitsrechte des Königreiches Jerusalem fortzusetzen, indem er seine Forschungen auf die von Philipp von Novarra nicht in das Klare gestellten Punkte richtete, und ohne weitere Erörterung alle diejenigen Assisen annahm, deren Authenticität dieser Schriftsteller nachgewiesen hatte. Dabei ist es auffällig, daß er, obwol die Arbeit seines Vorgängers ganz die Grundlage der seinigen bildet, nicht ein einziges Mal den Namen desselben nennt, aus dem er doch so viel entlehnt hatte. Dennoch wäre es ungerecht, bei Ibelin den Gedanken vorauszusetzen, sich das Verdienst eines Werkes anzueignen, was nicht weniger bekannt war und nicht weniger benutzt wurde, als das seinige. Nach dem Plane, welchen Ibelin gefaßt zu haben scheint, mußte er seine Thätigkeit auf Vervollkommnung der Grundlage und der Form des Werkes seines Vorgängers richten, indem er, was die erstere betrifft, Untersuchungen weiter erstreckte, welche nicht zur Erklärung der wichtigsten Materien der oberherrlichen Gesetzgebung, sondern dazu dienten, um den ganzen Umfang dieser Gesetzgebung, deren erste Principien so ungewiß waren, an das Licht zu bringen; was aber die letztere anlangt, die Früchte seiner Untersuchungen mit gehöriger Ordnung und Klarheit darstellte, sodaß sein Buch als eine methodische und vollständige Bearbeitung des oberherrlichen Rechts sowol zur Anwendung in den Gerichten als zum Unterricht tauglich wäre. Philipp von Novarra gesteht zu, daß seine und anderer Juristen Arbeiten keinen Einfluß in den Lehnhöfen gehabt haben, und daß nur die Stimmenmehrheit endgültig dort entschied[20]. Seine Arbeit war also nicht vollständig genug, um die Gerichte zu veranlassen, ihr eine Art gesetzlicher Autorität beizulegen. Die Arbeit Ibelin's dagegen wurde, nachdem sie fast durch ein ganzes Jahrhundert einen unbestrittenen Einfluß auf die Gerichtshöfe gehabt hatte, endlich als Gesetzbuch durch die Barone des Königreiches Cypern angenommen. Es ist aber nicht

19) Cap. IX. X. XXVIII.

20) Cap. LXVI. Die betreffende Stelle lautet: „Je et autres qui avons fait plusieurs livres [illegible] ne [illegible], selonc ce que nous cuidons ou avons oï dire as sages qui furent, ou que nous avons veu user come usaige, et partout tout ce, quant aucune querele avient et il y a debat, le cas est posé aux droict, et là ou le plus de la court se tient, il juge la querele: [illegible] livres et nos avis, ne sont les avoies dit devant, ne valent riens, fors que à ceus des juges."

zu leugnen, daß der Erfolg, welcher Ibelin zu Theil wurde, zum großen Theil auf Rechnung seines Vorgängers und anderer Juristen zu setzen ist. Die Wiederherstellung des überseeischen Rechts war das Werk der vereinigten Thätigkeit Mehrerer, von welchem Ibelin ein großer Theil angehört, dessen Ehre aber ihm nicht allein gebührt. Ibelin's Werk zerfällt in Capitel, deren Zahl 263 beträgt, ungerechnet einige nachträgliche Capitel, welche sich in manchen Handschriften finden, aber nicht in der venetianischen, der wichtigsten von allen. Diese Capitel sind in 4 Bücher vertheilt. Der Verfasser beginnt mit der Darstellung des Einzelnen über die politische, bürgerliche und gerichtliche Organisation des Königreiches Jerusalem [21]); diese Darstellung ist um so interessanter, je weniger die Geschichtschreiber der Kreuzzüge, nur mit der Erzählung der kriegerischen Begebenheiten beschäftigt, ihre Aufmerksamkeit auf den inneren Zustand der christlichen Colonien des Orients richten, und als wir über die näheren Umstände der Gründung dieser Colonien keine anderen Nachrichten als durch Ibelin haben. Wir sehen hier die Gerichtsverfassung entstehen, welche mit so großer Sorgfalt und mit so großem Erfolg den Bedürfnissen der drei Classen, aus denen die lateinische Gesellschaft des Orients bestand, des Adels, des Bürgerstandes und der Einheimischen, abhalf. Ibelin konnte seinem Werke keine instructivere und zu dem Gegenstande, welchen er behandeln wollte, passendere Einleitung voransetzen. Dem Beispiel folgend, welches Philipp von Navarra ihm gegeben hatte, wendet Ibelin sich zuerst zu dem gerichtlichen Verfahren, und beschreibt mit kleinlicher Genauigkeit alle Functionen der Rathgeber und der Anwälte. Er theilt die zahlreichen Formeln mit, deren sich die Rathgeber fast in allen Arten von Lehnssachen bedienen konnten, und der staunenswerthe Erfolg, welchen seine Arbeit hatte, ist hauptsächlich diesen Formeln zuzuschreiben, welche dadurch, daß sie die Mittel zum Angriff und zur Vertheidigung gleich machten, auf Verminderung des Ansehens hinwirkten, welches in den Lehnhöfen manche in dem Studium und der Anwendung gerichtlicher Ränke ergraute Männer ausübten. Jeder Proceß begann mit einer Klage (claim), auf welche der Vertheidiger antwortete; hierauf begann die mündliche Verhandlung. In 9 sehr ausführlichen Capiteln wird von der Garantie gehandelt [22]). In dem gerichtlichen Systeme des Lehnrechts gab es in der That nur zwei Verbrechen, den Mord und den Verrath, und der Strafproceß beschränkte sich auf die Erklärung der Regeln des gerichtlichen Zweikampfes. Ibelin hat über den Mord [23]) und über den Verrath [24]) wahre Abhandlungen geschrieben, in welchen er genau den Mörder vom Todtschläger, den offenbaren Verrath von dem einfachen Verrathe unterscheidet. Der gerichtliche Zweikampf ist eine Materie des Lehnrechts, welche viele Juristen und Andere nach der Reihe behandelt haben, z. B. Fontaines, Beaumanoir, Bouteiller, Villiers de l'Isle-Adam, Hardouin de la Jaille, Olivier de la Marche und Honoré Bonnet, welche in Frankreich diesen Gegenstand erschöpft haben. Dennoch ist Ibelin der älteste Schriftsteller, welcher sich über die Einzelnheiten aller Handlungen dieses gerichtlichen Schauspiels verbreitet, und obwol die Regeln des Duells sich wenig geändert haben, so sind sie doch am besten aus der Arbeit eines Schriftstellers zu erkennen, welcher zu einer Zeit lebte, wo der Zweikampf das ganze System des Civil- und Criminalprocesses beherrschte. Ibelin beschäftigt sich hierauf mit der Lehnsbürgschaft. Hier ist ein merklicher Unterschied zwischen den Gewohnheitsrechten Europa's und denen des Königreiches Jerusalem. In Frankreich lastete die Verpflichtung, für den Lehnherren zu bürgen, nicht mehr auf allen Vasallen, und diejenigen, welche ihr unterlagen, brauchten für den Herrn nicht höher, als bis zu dem Jahresbetrage der Einkünfte ihres Lehns zu bürgen. Nach Ibelin war im Orient diese Verpflichtung eine allgemeine, und nöthigte den Vasallen zum Verkauf seines Lehns, um die Schulden des Herrn zu bezahlen. In Frankreich war die Bürgschaft die Folge einer gewöhnlichen Stipulation, welche der Lehnherr und der Vasall machen oder unterlassen, ausdehnen oder beschränken konnte. Im Orient war sie das allgemeine Gesetz der Lehne, und das sichtbare Zeugniß der Erhaltung der lehnrechtlichen Grundsätze. In einer großen Zahl von Capiteln erwähnt weiter Ibelin Gewohnheitsrechte und Einrichtungen, welche bloße Consequenzen der Principien der Feudalität sind. Er liefert in diesen Capiteln [25]) eine vollständige Abhandlung über die Lehne, welche alles übertrifft, was aus dem Mittelalter in dieser Art auf uns gekommen ist. Ibelin beginnt den Theil seines Buches, welchen er dem Lehnswesen widmet, mit einer Darstellung der allgemeinen Regeln der Infeudation. Während in Frankreich und in den übrigen Ländern Europa's, wo das Lehnswesen herrschte, allmälig der Kreis der zu Lehn zu reichenden Gegenstände sich außerordentlich erweiterte, konnten im Orient nur Grundstücke und Renten zu Lehn gegeben werden, wie Ibelin berichtet. Nachdem er ferner den Unterschied zwischen eigenen und neu erworbenen Gütern behandelt hat, geht er zur Lehnsfolge über. Während in allen Ländern Europa's sich eine große Mannichfaltigkeit in demjenigen findet, was auf die Lehnsfolge Bezug hat, nahmen die Kreuzfahrer in dieser Materie das aristokratische Princip an, nachdem sie dasselbe den Bedürfnissen der kriegerischen Genossenschaft, welche sie gründen wollten, angepaßt hatten. Daher erkannten sie das Recht der Erstgeburt an; sie verhinderten aber die Vereinigung mehrerer Lehne in Einer Person, um die Zahl der Krieger möglichst zu vermehren. Der älteste Sohn erhielt alle Lehne seines Vaters, wenn solche nicht mit Diensten belastet waren; im entgegengesetzten Falle fand eine Theilung statt, an welcher selbst die Töchter, welche die Dienste für ihre Lehne durch ihre Ehemänner leisten mußten, Theil nahmen, wenn die Zahl der Lehne größer war, als die der männlichen Erben. Mit dem Tode des Va-

21) Cap. I—VIII. 22) Cap. LXX—LXXVIII. 23) Cap. LXXXII—XCIV. 24) Cap. XCV—XCVIII.

25) Cap. CXL—CCXLIX.

fallen kehrte das Lehn zu dem Lehnsherrn zurück, welcher es dem Erben wieder gab, nachdem er in bestimmter Frist den Eid der Treue von demselben empfangen hatte. Was Ibelin im Einzelnen über die Minderjährigkeit und die Lehnsvormundschaft (baillage) angibt, zeigt, daß in dieser Materie die Gewohnheiten des Orients und Occidents vollkommen übereinstimmen. Der Vormund hatte nicht blos für die Person des Minderjährigen zu sorgen und dessen Güter zu verwalten, sondern er trat ganz an die Stelle des Minderjährigen, leistete dem Herrn die Lehnspflicht und die Lehnsdienste. Was Ibelin über die Lehnspflicht, den Eid der Treue, den Verkauf, Tausch, die Dereliction und die Einziehung der Lehne berichtet, stimmt größtentheils mit den alten Gewohnheitsrechten Europa's überein. Philipp von Navarra hatte die Einleitung zu einer Theorie der Lehnsverhältnisse aufgestellt, und war dabei stehen geblieben; Ibelin nimmt das Werk seines Vorgängers wieder auf und vollendet es. Die Art der Behandlung und der häufige Gebrauch der directen Rede geben seinen Erörterungen über die gegenseitigen Verbindlichkeiten des Lehnsherrn und des Vasallen, oder der Vasallen unter einander, ein ungewöhnliches Leben und Interesse. Nach seiner Darstellung ist der Lehnshof weniger ein Gerichtshof, als eine politische und souveraine Versammlung, in deren Mitte die Interessen des Lehnsherrn und die besonderen Interessen der Vasallen erörtert und frei verhandelt wurden. Die Oberherrlichkeit hatte der Lehnsherr nur dem Titel nach; die höchste Gewalt ruhte in der Versammlung aller Betheiligten, welche allein das Recht hatte, einen Vasallen seines Lehns für verlustig zu erklären. Ibelin handelt ausführlich von der Aufforderung, welche der Lehnsherr an den Vasallen wegen der Erfüllung der Verpflichtungen hinsichtlich seines Lehns richtet [26]). Er schließt seine Erörterungen über die Lehnsgewohnheiten mit einigen Bemerkungen, welche sich auf den Stand der Bauern oder Leibeigenen beziehen. Hiermit sind seine Erörterungen über das Lehnrecht geschlossen; denn der übrige Theil seines Buches bezieht sich auf die Verwaltung des Königreiches Jerusalem, deren Grundzüge er im Anfange seines Werkes aufgestellt hatte. Die Nachrichten, welche er über die Functionen der Großbeamten der Krone (Seneschall, Connetable, Marschall und Kämmerer), über die kirchlichen und gerichtlichen Eintheilungen des Königreiches, und über die Dienste und Steuern gibt, welche die Barone, die Kirchen und die Bürger des Königreiches dem König zu leisten hatten, genügen vollkommen zu dem Beweise, wie weise und umsichtig die Verfassung war, welche die ersten Kreuzfahrer zur Zeit der Gründung ihrer Colonien im Orient annahmen. Vergleicht man das Buch Ibelin's mit den Arbeiten französischer Juristen, namentlich der der zweiten Epoche, z. B. mit denen von Dumoulin, d'Argentré, Chopin, Basnage u. s. w., so wird man sie sehr unvollständig finden. In der That hat er manche Partien des Lehnrechts, z. B. die Testamente, das Heirathsgut und andere, gar nicht berührt; auf andere, z. B. die Ehe, die Schenkungen, den Verkauf, hat er kaum Rücksicht genommen. Es ist schon bemerkt worden, daß im Occident das gemeine Recht in das Lehnrecht eingedrungen war und die Principien der Feudalität modificirt hatte, während im Orient das Lehn fortwährend die alleinige Quelle aller socialen Beziehungen der Adeligen unter einander blieb. Ibelin spricht nicht von Testamenten, einmal, weil diese Materie zur kirchlichen Jurisdiction gehörte, und sodann, weil das Recht zu testiren sehr beschränkt war in einem Lande, wo das Gesetz streng den Uebergang der Güter regelte und wo die jeweiligen Inhaber nur einen widerruflichen Besitz hatten; er betrachtet die Ehe von einem beschränkten Gesichtspunkte, weil dieser Act, seiner religiösen Beziehung wegen, wie das Testament, unter der kirchlichen Gesetzgebung stand, und mit welchem das Lehnrecht sich nur beschäftigte, um die Verehelichung der Vasallin an die Einwilligung ihres Lehnsherrn zu binden. In Europa wäre das Werk von Ibelin mit Recht für unvollständig gehalten worden; betrachtet man aber die eigenthümlichen Verhältnisse der Königreiche Jerusalem und Cypern, so enthält es eine genaue und hinreichend ausführliche Darstellung aller in diesen Königreichen damals bestehenden Lehnsgewohnheiten. — Eine Menge Juristen betrat den von Philipp von Navarra und Ibelin eingeschlagenen neuen Weg. Wir besitzen vier juristische Arbeiten, welche im Orient von Zeitgenossen Ibelin's und nach seinem Muster veröffentlicht worden sind; die eine von Jacques d'Ibelin, die andere von Geoffroy le Tort, die beiden letzten von unbekannten Verfassern. Jacques d'Ibelin lebte zu derselben Zeit, wie Jean d'Ibelin; aber dieser starb gegen das Jahr 1270, während jener bis gegen das Ende des 13. Jahrhunderts lebte. Weitere geschichtliche Nachrichten über Jacques d'Ibelin gibt es nicht; aber eine Handschrift der Assisen von Jerusalem hat eine von ihm in Acre in Gegenwart des Königs von England, Eduard I., in den Jahren 1271 oder 1272 gehaltene Rede erhalten, wodurch er eine vom König Hugo III. über den Umfang des Kriegsdienstes geäußerte Meinung zu widerlegen suchte. Die von ihm verfaßte juristische Arbeit ist eine klare, aber zu kurz gefaßte Zusammenstellung der allgemeinen Grundsätze des überseeischen Rechtes. Der Verfasser geht nicht in das Einzelne ein, und behandelt nicht das Verfahren; doch gibt er einige Notizen, welche sich bei Jean d'Ibelin nicht finden, z. B. daß die Urtheile der Lehnshöfe während der Sitzung gefällt werden mußten; ferner über den Sinn der Formeln ai und quand, welche häufig bei den den gerichtlichen Zweikampf vorbereitenden Eiden gebraucht wurden. Auch noch in anderen Punkten vervollständigen die Erörterungen von Jacques d'Ibelin die seiner Vorgänger. Von dem Buche, welches Geoffroy le Tort über die Assisen von Jerusalem verfaßte, haben sich nur zwei Fragmente erhalten, welche aber kein genügendes Bild dieser Arbeit geben; aus dem ersten scheint hervorzugehen, daß le Tort, ebenso wie Jacques d'Ibelin, einen gedrängten Auszug der in dem Werke von Jean

26) Cap. CCXI—CCXXVIII.

d'Ibelin enthaltenen Materien geben wollte; das zweite, welches echt und von den Abschreibern weder verbessert, noch abgeändert worden ist, deutet auf eine Originalarbeit, obschon der des Ibelin ähnlich, hin. Ein unbekannter Ritter schrieb eine Abkürzung des Werkes von Jean d'Ibelin, bestehend in einer Zusammenstellung der Rubriken der Capitel dieses Werkes, welches er den Schlüssel der Assisen (la clef des assises) nannte. Seine Arbeit, an und für sich unwichtig, läßt jedoch den Geist erkennen, der sich der Schule des Orients kurze Zeit nach dem Erscheinen des Werkes von Ibelin bemächtigte. Jean d'Ibelin, der Nachfolger Philipp's von Navarra, entwickelte die Lehren seines Vorgängers ausführlicher. Seine Nachfolger, Jacques d'Ibelin und le Tort, suchen im Gegentheil die weitläufigen Ausführungen ihres Vorgängers abzukürzen. Der Verfasser des Schlüssels der Assisen ist in dieser Sucht der Abkürzung am weitesten gegangen. Eine vierte auf die Assises de la Haute Cour bezügliche Schrift ist von Beugnot Livre au Roi genannt worden. Sie unterscheidet sich durch ihre Form ganz von den eben erwähnten drei anderen Schriften. Die Königreiche von Jerusalem und von Cypern waren aristokratische Staaten, in welchen die Könige nur die oberste Militairgewalt hatten. Die Souverainetät lag in den cours des barons, und keine Assise (Gesetz) konnte anders als durch die Zustimmung der Barone zu Stande kommen. Noch trugen die Macht und der Charakter der Barone des Orients dazu bei, die Könige dieser Länder in einer vollständigen Abhängigkeit zu erhalten. Dennoch verbreitete die königliche Würde und Autorität, so beschränkt sie auch war, namentlich in Europa, vielen Glanz. Es war nun wichtig, daß das Wesen und die Grenzen der königlichen Gewalt genau bestimmt wurden; daher ist das Schweigen Philipp's von Navarra und Ibelin's über diesen Gegenstand (denn der letztere spricht nur bei Gelegenheit der Ceremonie der Krönung von dem König) staunenswerth. Der Verfasser des Livre au Roi scheint sich die Ergänzung dieser Lücke vorgesetzt zu haben, wie die Vorrede und die ersten acht Capitel seines Werkes beweisen. Nachdem er über die Rechte des Königs und der Königin, über Thronfolge und Regentschaft, interessante Erörterungen gegeben hat, wendet er sich ab und wieder dem Lehnrechte zu. Er theilt, ohne sich an eine methodische Ordnung zu binden, eine große Zahl Assisen und Gewohnheiten mit, welche den Nachforschungen der anderen Juristen entgangen sind. Ihm verdanken wir die Kenntniß einer Assise Königs Balduin I. über die Einziehung der Lehne, die Strafgesetze, welche sich auf Gewaltthätigkeiten beziehen, von Rittern gegen Bürger verübt und umgekehrt, die Gewohnheitsrechte hinsichtlich der Unterhaltung der Pferde der Ritter (welche Unterhaltung restor in den Assisen heißt), die Gesetze gegen die vom Christenthum abgefallenen Ritter, und verschiedene Bestimmungen über die Lehnsfolge. Ebenso unterscheidet sich dieses Werk von denen des Philipp von Navarra und Jean d'Ibelin darin, daß, während letztere es für nöthig hielten, für jede Assise lange Erläuterungen zu geben, der Verfasser dieses Werkes, statt Ausführungen über die Assisen und Gewohnheitsrechte zu liefern, davon den Text kurz gibt, sodaß sein Buch mehr einem Gesetzbuche, als einer rechtswissenschaftlichen Arbeit ähnlich ist. Man könnte auf den ersten Blick geneigt sein, dieses Buch für sehr alt zu halten; allein aus einigen Umständen ergibt sich, daß die Zeit seiner Abfassung zwischen die Jahre 1271 und 1291 fällt. Ohne Zweifel war der Verfasser ein Jurist bei dem hohen Gerichtshofe zu Acre; alle seine Erörterungen beziehen sich auf die Gesetzgebung des Königreiches Jerusalem und kein einziges Mal nennt er das Königreich Cypern; es mußten aber genauere Notizen über die alten Assisen in Syrien, als in Cypern, vorhanden sein; denn da die Gesetze, welche dieses Werk enthält, oder die Principien, auf welchen diese Gesetze beruhten, während eines Jahrhunderts in Syrien geherrscht hatten, ehe sie nach Cypern verpflanzt wurden, so mußte die Rechtswissenschaft in dem ersten Lande weniger dunkel sein, als in dem zweiten. Das Buch von le Tort scheint nur das Fragment einer vollständigen und über die verschiedenen Theile der Lehnsgesetzgebung des Orients verbreiteten Arbeit zu sein. — Der charakteristische Zug der Lehnsgesetzgebung des Orients ist ihre gänzliche Unabhängigkeit von jeder Autorität, welche nicht ihren Ursprung in dem Lehnsdogma hat. Bemerkenswerth ist der geringe Einfluß der Kirche darauf. Philipp von Navarra berichtet über ein Compromiß, welches im Orient zwischen der geistlichen und weltlichen Gerichtsbarkeit geschlossen wurde, und aus welchem sich schließen läßt, daß die geistliche Autorität ebenso, wie in Europa, im Königreiche Jerusalem ihre Rechte und Pflichten mißverstanden hat[27]). Hiernach waren die gemischten Rechtssachen (causae mixtae), welche in den Lehnshöfen Europa's so viele Kämpfe und Erörterungen veranlaßten, in Syrien zum Vortheil der Feudalgerichtsbarkeit entschieden. Daß das römische Recht keinen Einfluß auf diese Gesetzgebung gehabt hat, beruht nicht auf Dünkel mit Unwissenheit gepaart. Die Juristen Syriens und Cyperns hatten Kenntniß von dem Dasein des römischen Rechts[28]), aber sie hielten dasselbe mit den Grundsätzen des Lehnwesens für unverträglich. — Im Jahre 1291 fiel Acre, die letzte Besitzung der Christen in Syrien, in die Gewalt der Moslems. Der Verlust von Syrien verpflanzte die Lehnsgesetzgebung, welche dort gegolten hatte, nach dem Königreiche Cypern. Cypern wurde 1190 durch Richard I., König von England, dem griechischen Kaiserreiche entrissen und von ihm den Tempelherren für 25,000 Mark Silbers abgetreten. Diese machten sich aber durch ihren Hochmuth und ihre Habsucht den Cyprioten so verhaßt, daß sie nach einer zweijährigen Occupation der Insel genöthigt waren, dieselbe

27) Cap. XLVII. p. 522. T. I. ed. Beugnot: „Il y avoit plusors cas qui touchoient à la juridiction de l'Iglise, dont l'Iglise de Jerusalem avoit fait otroi que se tels cas venoit devant eaus, que il n'en esgarderoient dreit ne devroient ne loi, sinon jugeroient selon l'usage et l'assise de la terre. Et le roi et ses homes tienent tous de plusors choses à l'Iglise, qui bien valoient autant." 28) Livre d'Ibelin, c. CXCII. p. 309. T. I. ed. Beugnot.

an den König von England zurückgegeben, welcher sie an Veit von Lusignan, unter der Bedingung, ihm seinen Titel als König von Jerusalem abzutreten und die Tempelherren zu entschädigen, abtrat. Veit von Lusignan kam, in Begleitung einer großen Zahl französischer Edelleute nach Cypern im Jahre 1193, um Besitz von seinem neuen Königreiche zu nehmen, und gründete eine Dynastie, welche sich 302 Jahre lang auf dem Throne von Cypern behauptet hat. In Cypern erhielt sich während dieser Zeit das Lehnwesen, welches in Europa fortwährend mit fremden Einflüssen kämpfte und in Folge derselben immer mehr von seiner ursprünglichen Starrheit verlor, ja ihnen zuletzt ganz unterlag, in seiner ursprünglichen Gestalt und in ungeschwächter Kraft. Der gänzliche Verlust der christlichen Colonien in Syrien beraubte zwar die Juristen Cyperns der Hülfsmittel, welche sie von dem hohen Gerichtshofe Jerusalems bezogen; er verminderte aber nicht ihren Eifer und benahm dem Studium des Rechts Nichts von seinem Gewicht. Das Ansehen des Werkes von Ibelin, welches von Tag zu Tag stieg, ließ eine große Zahl ähnlicher Arbeiten entstehen, welche die Ansichten Ibelin's, erläutert und entwickelt, wiedergaben. Keine dieser Arbeiten ist mehr vorhanden; gewiß aber endigten sie damit, daß die Rechtswissenschaft im Königreiche Cypern in dieselbe Ungewißheit und Dunkelheit zurückfiel, in welcher sie sich vor den Arbeiten Philipp's von Navarra und Ibelin's befand. Die Barone von Cypern, welche nicht aufhörten, über ihre Gesetzgebung zu wachen, beschlossen, ihr Gesetz der Entstellung durch die Commentatoren zu entziehen. Nach der Ermordung Pierre I. im J. 1369 versammelte sich die Genossenschaft der Vasallen im königlichen Palaste zu Nicosia, um über die Vormundschaft über den 12 Jahre alten Pierre II. zu beschließen, die Regentschaftsfrage zu ordnen und die Gesetzgebung zu reformiren, „pour ce que les assises et usages dou royaume ne se tenoient enci com elles furent ordenées et establies par Godefroy de Buillon premier roy de Jerusalem, et les autres roys et homes liges qui apres li ont este les uns apres les autres. Les hommes liges considerant que plusiors s'entremistrent et firent livres des assises, et les uns les entendirent en une maniere et les autres en une autre, ordenerent de faire porter tous les enciens livres des assises que le viel conte de Jaffe a fait, et coreger en la presence de la court, et trover le plus vray de tous, et faire le rescrire, et joindre les autres chapitres des ordenances qui ont esté faites audit livre etc." [29]). Es wurde beschlossen, daß diese Arbeit von 16 Vasallen des Lehnhofes in Gegenwart von Jean de Lusignan, Prinz von Antiochien und Bail des Königreiches, unternommen werden sollte. „Et sur ce monseignor le baill fist recovrer la plus grant partie des livres des assises les plus vrais que le conte at fait, et en la presence des avant només furent corregé, et chluront le plus vrai livre des assises, et fu contre escrit, et mis les ordenances susdites que les homes liges ont fait, et la conoissance que fu faite pour le roy Hugue, et les autres assises et autres qui furent fais au tens passé. Lequel livre et ordenances et conoissance et assises ledit monseignor le baill jura, et les homes liges ausi jurerent." Diese Gleichstellung und Publication fand am 16. Nov. 1369 statt. Die Vasallen, welche das Werk Ibelin's den alten Assisen Gottfried's von Bouillon vollständig gleich sehen wollten, beschlossen außerdem „selon qu'il estoit usé au royaume de Jerusalem," daß dieses Buch, versiegelt und der Aufbewahrung von 4 Männern aus ihrer Zahl anvertraut, in einem Kasten verschlossen und in der Kathedrale von Nicosia aufbewahrt werden sollte, woher es nur auf Befehl des Königs und in Gegenwart der erwähnten 4 Vasallen genommen und hervorgezogen werden könnte. So verlor mit dem Schlusse des Jahres 1369 das Buch Ibelin's den Charakter eines wissenschaftlichen Werkes und wurde Gesetzbuch für das Königreich Cypern. Seit dieser Zeit wurde dieses Gesetzbuch von den Lehnhöfen beobachtet, und kein König änderte es ohne die wichtigsten Gründe, und ohne wirkliche Gesetze an die Stelle dessen, was aufgehoben wurde, zu setzen. Das Ansehen dieses Werkes war und blieb unbedingt und unbestritten. Die Geschichtschreiber von Cypern, welche oft von den Gesetzen dieses Landes sprechen, bezeichnen sie immer mit dem alten Namen Assises oder mit der Benennung Lois municipales [30]), ohne jemals den Namen Ibelin's zu nennen; in ihren Augen galten im Königreiche die alten Assisen Gottfried's von Bouillon oder Balduin's, nicht ein bloßes juristisches Werk. — Die alten Lehnsgesetze konnten nicht verhindern, daß der Muth der Barone in Cypern erschlaffte, ihre Sitten sich verweichlichten und verdarben, und die Ueberlieferungen der Ehre und Tugend, welche den Ruhm und die Macht ihrer Vorfahren ausgemacht hatten, bei ihnen sich verloren. Entnervt durch ein unthätiges und weichliches Leben, dem Waffendienste fremd geworden und in schmachvoller Abhängigkeit von den Sultanen Aegyptens, in unlösbare Zwistigkeiten verwickelt, standen sie auch unter der Herrschaft der Lehnsgesetze; aber der Geist dieser Gesetze war in ihnen erloschen, und als 1489 die Venetianer kamen, um sich die Herrschaft über das Königreich Cypern von der Königin Katharine abtreten zu lassen, fanden sie bei dem Adel dieses Landes nur schwachen Widerstand. Doch waren sie so klug, den nationalen Sitten und Gewohnheitsrechten keine Gewalt anzuthun, und verpflichteten sich durch einen feierlichen Act, die alten Assisen des Königreiches in ihrer Geltung zu lassen [31]). Nur eine einzige Ausnahme war schon vorher zu Gunsten der Stadt Famagusta gemacht worden. Die Genuesen führten, nachdem sie sich dieser Stadt im J. 1370 bemächtigt hatten, ihre Gesetze dort ein. Jacques

29) Vergl. die Préface zum livre d'Ibelin p. 3 suiv. T. I. ed. Beugnot, aus welcher auch die weiteren im Texte folgenden Stellen genommen sind.

30) *Bustron*, Commentario fol. 267. *Lusignano*, Chorografia dell' isola di Cipro p. 51, 62, 71, 72, 74. *Loredano*, Historie de' re Lusignani l. VII. p. 273. 31) *Lusignano* p. 42.

le Vasallen gehalten, nach der Wiedereroberung der Stadt, ihren Einwohnern, fortwährend nach den genuesischen Gesetzen zu leben, und die Venetianer änderten Nichts an diesem Stande der Dinge. Das Originalexemplar des Buches Ibelin's, welches in der Kathedrale zu Nicosia niedergelegt war, war im Laufe der Zeit verloren gegangen. Die Zeit und die Veranlassung dieses Verlustes sind unbekannt. Es gab aber im 16. Jahrhundert zahlreiche Abschriften dieses Buches, mehr oder weniger mit einander übereinstimmend, mehr oder weniger correct; doch gab es keinen Urtext mehr, welcher die Norm für das Land bildete, und welchen man in Fällen der Ungewißheit hätte zu Rathe ziehen können; in den Gerichtshöfen führte jeder den Text des Exemplars an, welches er besaß, und die Richter wußten nicht, welchem Texte sie den Vorzug geben sollten. Die venetianische Staatsregierung wurde zur Beseitigung dieser Ungewißheit durch ein Mittel geleitet, welches erstens in dem Bedürfnisse der Wiederherstellung der Gesetzgebung dieses Königreiches, und sodann in dem Willen, die Barone der Insel Cypern zum gänzlichen Aufgeben des Gebrauches der französischen Sprache, des letzten Zeugnisses ihres edlen Ursprunges, zu veranlassen, seine Quelle hatte. Am 11. März 1531 schrieb der Doge Andreas Gritti an Franz Bragadino, Statthalter und Rath des Königreiches Cypern, um ihn zu erinnern, daß, vermöge einer vorhergegangenen Verordnung, die Bücher und die Rechnungen der königlichen Kammer in italienischer Sprache abgefaßt sein müßten; daß die Gesetze des Königreiches Cypern in französischer Sprache erlassen seien, was große Mißstände veranlaßt, z. B. den, daß derselbe Bragadino, welcher der französischen Sprache unkundig war, seine Urtheile durch dieser Sprache kundige Personen übersetzen lassen mußte. In Folge dessen wurde dem Statthalter aufgetragen, für eine treue Uebersetzung dieser Gesetze Sorge zu tragen, und in dem Regierungspalaste ein Exemplar des französischen Originals und ein Exemplar der Uebersetzung aufzubewahren, nachdem er genaue Abschriften an den Rath der Zehn geschickt habe, welcher für den Druck der italienischen Uebersetzung sorgen wolle [30]. Am 20. Mai 1531 beauftragte Antonio Trevisani, welcher Bragadino in der Regierung des Königreiches, mit Beistand der Räthe Herren Marcello und Franc. Contarini ersetzt hatte, Jean de Nores, Grafen von Tripolis, Franz Attar und Aloys Cornar, alle auf der Insel vorhandenen Exemplare der Assisen aufzusuchen, die besten daraus auszuwählen und ihm solche zum Zweck der Abfassung einer italienischen Uebersetzung vorzulegen. Zwei Tage später erließen die Commissarien, unter Trompetenschall und auf den Straßen der königlichen Residenz die Aufforderung: „a tutti et cadauna persona de che condition esser si voglia, che si ritrova haver et tenir uno o più volumi et libri de leze et assise de questo regno, si de l'Alta come de la Bassa Corte“ (d. h. an alle und jede Person, von welchem Stande sie auch sei, wenn sie einen oder mehrere Bände und Bücher der Gesetze und Assisen des Königreiches besitze oder auffinde), diese Bücher ihnen zuzuführen, unter der Verwarnung, daß die Ungehorsamen von ihren Exemplaren vor Gericht keinen Gebrauch mehr machen dürften. Der Bericht der Commissarien an den Statthalter vom 21. Juni 1531 ist ein geschichtliches Document vom höchsten Interesse, welches über die letzte Zeit der Lehensrechtswissenschaft im Orient viel Licht verbreitet. Er ist in der Ausgabe Ibelin's von 1535 und bei Canciani gedruckt. Der Inhalt ist kurz folgender. Die Commissarien prüften sorgfältig alle ihnen zugestellten Handschriften; sie wählten 4 Bände auf Pergament geschrieben aus, welche die besten und correctesten Abschriften der Assises de la Haute Cour des Königreiches Cypern enthielten, sei es in Form der Verhandlung vor Gericht („in piadeando“), oder in Form der Urtheile („testi expressi“). Die Werke Philipp's von Navarra und Ibelin's wurden in die erste Classe gestellt; die von le Tort, Jacques d'Ibelin und der Schlüssel der Assisen (la clef des assises) in die zweite. Ebenso wählten sie unter der großen Zahl ihnen zugeführter Handschriften der Assises des Bourgeois vier aus, welche am wenigsten interpolirt zu sein schienen. Die Commissarien richteten ihre Aufmerksamkeit noch auf Arbeiten anderer Art, da sie mit den Ausdrücken „Assise de l'Alta Corte“ bloß das Buch von Ibelin bezeichnen. Sie untersuchten also das Buch von Gerard von Montreal, die Sammlung der Entscheidungen der beiden hohen Gerichtshöfe, das Werk Philipp's von Navarra, und hielten die Beifügung der Uebersetzung dieser drei Werke für passend, hinsichtlich des zweiten aus dem Grunde, weil es in den Assises de la Haute Cour oder dem Buche Ibelin's enthalten war. Dieselbe Betrachtung führte sie zum Aufgeben des Vorhabens, das Buch Philipp's von Navarra zu übersetzen. Die Commissarien rechtfertigen dann die Ausschließung einer Menge anderer juristischer Werke. Sie bemerken, es hätten sich noch viele andere juristische Werke aus dem Civilrecht in das Französische übersetzt (molti libri de lege tradutte in francese de la lege civile) gefunden, sie hätten solche aber durch Capitel CXI der Assise de l'Alta Corte (das Buch Ibelin's) für ausgeschlossen gehalten [31]. Mit den Worten „lege civile“ wird das römische Recht bezeichnet, und es ist aus der angeführten Stelle des Berichtes der Commissarien zu entnehmen, daß die römischen Gesetze sich Eingang in die Insel Cypern verschafft hatten, dort in das Französische übersetzt worden waren, aber keine gesetzliche Geltung hatten. Die Commissarien wiesen nach

30) Canciani, Barbarorum leges antiquae T. V, p. 179.

31) Canciani T. V. p. 181. Die fragliche Stelle des Berichtes lautet: „Se trovano preterea molti libri de lege tradutte in francese de la lege civile, di qua et di la; judicamo sia sta fatto a compiacentia de alcuni si potevano servir meglio de la lingua francese, che de la latina. Ma tutti questi, de cadauna sorte si siano li havemo per exclusi, imperocchè per el capitolo CXI de le nostre Assise predicte de l'Alta Corte, è dichiarato che di quelle cose che tractano le Assise, si deve judicare per esse, et dove non tractano o non sono in conservantia, si deve ricorrer a quello che si ha osservato in più casi avanti, che a lege civile.“

andere Arbeiten zurück, welche nicht von Interesse waren, weil der Gerichtsgebrauch sich geändert hatte, oder weil grausame Gesetze, von denen sie als Beispiel die auf das Duell bezüglichen anführen, seit langer Zeit nicht mehr im Gebrauche waren. Am 8. Juli 1531 verkündigten der Statthalter Trevisani und die Räthe des Königreiches, daß die Commissarien ihnen 12 Bücher überreicht hätten, von denen 4 die Cour des Barons (la Haute Cour), 8 die Cour des Bourgeois (la Basse Cour) angingen; daß sie 6 davon bei sich aufbewahrten, die 6 anderen den Commissarien mit dem Befehl, solche zu übersetzen, zurückgestellt hätten. Nach Beendigung der Uebersetzung, von welcher zuerst die der Assises de la Haute Cour durch Florio Bustron, Notar und Geschichtschreiber der Insel Cypern, dessen Arbeit zu lesen und durchzusehen die Commissarien sich begnügten, beendigt worden zu sein scheint, sendete der Statthalter von Cypern an den Rath der Zehn eine Ausfertigung der italienischen Uebersetzung und eines der beiden in seinen Händen gebliebenen Exemplare des französischen Textes. Die venetianische Regierung ließ das französische Exemplar der Assisen im Archiv des Rathes der Zehn niederlegen, und befahl den Druck der italienischen Uebersetzung. Diese sehr selten gewordene Ausgabe [34]) enthält die Assisen der beiden Cours in Einem Bande, oder wenigstens in zwei Theilen, welche in Einem Bande vereinigt sind. Der erste Theil hat den Titel: L'Alta Corte; le Assise et bone usanze del reame de Hierusalem. Dann folgt ein Verzeichniß der Capitel. Die Ordnung ist nicht ganz dieselbe, wie in der venetianischen Handschrift [35]). Das letzte Capitel, ebenso wie in der Handschrift, ist Cap. 273. Den Schluß machen 1) ein neueres Decret des Statthalters und der Räthe des Königreiches Cypern gegen das Fluchen und die Gotteslästerung; 2) die Decrete des Dogen von Venedig und die anderen Acte, in deren Folge die Uebersetzung gemacht wurde, und der Befehl oder Beschluß der Vasallen von Cypern vom J. 1368, welcher sich auf die Revision und Publication der Assisen bezieht. Dieser nur abgekürzt gegebene Beschluß findet sich nicht in der Handschrift; ein Beweis, daß die Uebersetzer, ungeachtet ihrer Erklärungen den Text der Handschrift nicht genau wiedergegeben haben. Hierauf folgen die Bücher von Jacques d'Ibelin und von Geoffroy le Tort, und folgende Bemerkung schließt den ersten Theil: „Le Assise de l'Alta Corte del regno de Hierusalem et Cypro, tradutte de francese in lingua italiana, d'ordine de la serenissima ducal signoria de Venetia, per me Florio Bustron, così commandato da li clarissimi signori rectori di questo regno de Cypro, como nodaro de li magnifici deputati a la ditta traductione." Dieser ganze erste Theil enthält 79 Blätter. Der zweite Theil enthält die Assises de la Cour Basse. Der Titel ist: La Bassa Corte. Le Assise etc. Die Ordnung der Capitel ist dieselbe in dem gedruckten Werke und in der Handschrift. Nach den Assises des Bourgeois folgt das Buch, welches den Titel hat: Plaedoante, in 40 Capiteln. Der Band schließt so: „Finis." (Schluß). „A laude et honor del omnipotente Iddio, finisce il presente libro, qual è de le Assise et bone Usanze del reame de Hierusalem, stampato in Venetia, regnante l'inclito messer Andrea Gritti, doxe di Venetia, nelli anni de la Natività del Signor nostro MDXXXV, del mese di marzo, in la stamparia di Aurelio Pincio Venetiano." Dieser Band enthält allein in dem ersten Theile die Werke von Jean d'Ibelin, von Jacques d'Ibelin und von le Tort; entweder weil die Commissarien nur diese Werke übersetzt hatten, oder weil man von Seiten der Staatsregierung nicht für nöthig hielt, die andern in den französischen Handschriften vorhandenen Urkunden drucken zu lassen. Diese italienische Uebersetzung, welche Canciani wieder hat abdrucken lassen [36]), wird immer mit Nutzen zu Rathe gezogen werden können; denn sie ist die Arbeit des Florio Bustron, eines in der Geschichte, den Gesetzen und Gewohnheiten seines Vaterlandes sehr erfahrenen Mannes, welcher auch andere, als die ausgewählten Handschriften, benutzte, um viele dunkle oder ganz unverständliche Stellen des Textes des Jean d'Ibelin zu erläutern. Die Ausgabe von 1535, welche zu einem politischen Zwecke und zum Gebrauche der Einwohner Cyperns veröffentlicht wurde, hat sich wenig in Europa verbreitet, und die Einnahme dieser Insel durch die Türken im J. 1570 hat sie noch seltener gemacht.

b) Assises de la Cour des Bourgeois.

In den von den Kreuzfahrern gegründeten Colonien des Orients bestand eine Classe von Bürgern, welche durch ihre Einsichten und ihren Reichthum einen großen Einfluß erlangt und sich dem Adel weit mehr genähert hatte, als dies bei dem Bürgerstande in Europa jemals der Fall gewesen ist. Die Anführer der Kreuzfahrer, als sie die Rechte und Pflichten des Adels bestimmten, entfernten sich nicht von den in Europa angenommenen Grundsätzen. Das Lehnwesen konnte sich leicht allen Ländern und allen Sitten anpassen, da es auf dem Rechte des Stärkern beruhte. Die Gründung eines Bürgerstandes bei den Lateinern fand mehr Schwierigkeiten. Europa gab kein Beispiel, welches man nachahmen konnte, da es deren so mannichfaltige, so von einander abweichende gab, daß die Wahl unmöglich erschien. Das Kreuzheer enthielt auch nicht die Elemente eines wahren Bürgerstandes. Wenn es auch aus Freien bestand, welche aus den Städten und Dörfern Frankreichs, Deutschlands und Italiens stammten, so hatten diese doch während der Dauer eines längern Feldzuges die Gewohnheit des Vaterlandes verloren, und waren bloße Krieger geworden. Bürger kann nur der Bewohner einer Stadt sein, dessen Leben ruhig und regelmäßig in den Beschäftigungen der Industrie und des Handels verläuft. Auf die Kampfgenossen Gottfried's

34) Es befindet sich ein Exemplar in der k. Bibliothek zu Paris, unter F. 1129. 35) Das Nähere siehe bei *Beugnot.* T. I. p. LXXVI.

36) Canciani l. c. T. II und V.

von Bouillon paßte dies nicht. Palästina war keine so leichte Eroberung, daß die Sieger sofort nach erlangtem Siege zu ihrem gewöhnlichen Leben hätten zurückkehren können; noch lange Zeit waren sie gezwungen, dem kriegerischen Berufe obzuliegen, und ihnen war es nicht beschieden, Syrien zu colonisiren und Handel und Gewerbe dort zurückzurufen. Nach definitiver Gründung des Königreiches Jerusalem und als die Gefahren des Augenblicks nicht mehr alle Gedanken der Anführer in Anspruch nahmen, als ihnen gekommen war, an die Bedürfnisse der Colonisation zu denken und dafür zu sorgen, da ging nach den Häfen Syriens ein starker Zug von Handelsleuten, Arbeitern, Lombarden, welche in der Hoffnung, sich zu bereichern, ihren heimischen Herd verlassen hatten; da entstand ein Bürgerstand in der lateinischen Gesellschaft des Orients, und die Nothwendigkeit, ihm eine Stellung in dieser Gesellschaft anzuweisen und seine Verpflichtungen festzustellen. Daß die Kreuzfahrer, kurz nach ihrem Eingange in Jerusalem, das Lehnwesen, auf welchem das Staatsgebäude in Europa ruhte, zur Grundlage des von ihnen gegründeten Staates machten, war natürlich, weil es ihrer Lage angemessen. Daß sie aber auch zu gleicher Zeit Municipaleinrichtungen, welche alle in Europa vorhandenen übertrafen, getroffen hätten, würde bei im Allgemeinen wenig gebildeten Kriegern, welche noch von Gefahren aller Art umringt waren, eine Freiheit der Ansichten, eine Voraussicht und eine Gesetzesreife voraussetzen, welche wenige Gesetzgeber in den Stand gesetzt haben, die Zukunft zu erreichen. Jean d'Ibelin berichtet über die Gründung der Cour des Bourgeois zu Jerusalem Folgendes[37]: Gottfried von Bouillon habe zwei weltliche Gerichtshöfe errichtet; den einen, la Haute Court, deren Vorsitzender er selbst war; den andern, la Court de la Borgesie, deren Vorsitz an seiner Statt er dem Vicomte übertrug. Als Richter des letzteren Gerichtshofes habe er die ehrenhaftesten und weisesten Bürger der Stadt verordnet und sie den für die Mitglieder dieses Gerichtshofes in dem livre des Assises de la Court de la Borgesie bestimmten Eid schwören lassen. Er habe sich und seine Vasallen, sowie deren Leute, und alle Ritter der Gerichtsbarkeit der Haute cour, alle Anderen der Cour de la Borgesie unterworfen und alle Rechtsstreitigkeiten der Bürger der letzteren zur Verhandlung und Entscheidung überwiesen. Ebenso habe er in allen Städten und in allen Orten des Königreiches eine Cour de la Borgesie und einen Vicomte verordnet, um das Volk nach den für die Cour de la Borgesie gegebenen Assisen und Gewohnheiten zu regieren und zu beurtheilen. Anderwärts schreibt Jean d'Ibelin die Errichtung der Cour des Bourgeois nicht dem Gottfried von Bouillon allein, sondern ihm und seinen Nachfolgern zu[38]. Dieser Widerspruch ist offenbar; die Wahrheit scheint in der Mitte zu liegen. Gottfried von Bouillon und seine Genossen haben wol eine Einrichtung getroffen, welche noch nicht die Cour des Bourgeois war, aber später es wurde. Einer solchen Einrichtung bedurfte es zur Aufrechthaltung der Ordnung in dem Theile des Heeres, welcher nicht zum Adel gehörte. Die Einrichtung bestand darin, daß Gottfried eine Obrigkeit unter dem Namen des Vicomte einsetzte, wie solche in fast allen großen Städten Europa's bestand, welche mit der Verwaltung und Polizei auch die Gerichtsbarkeit vereinigte. Da nach dem damals überall geltenden Princip, welches auch die Feudalherren anerkannten, jeder nur von seines Gleichen gerichtet werden konnte, so wurde bestimmt, daß der Vicomte bei Aburtheilung der Streitigkeiten der dem Adel nicht angehörigen Personen Genossen derselben zu Rathe ziehen sollte. Ibelin erzählt auch, daß Gottfried von Bouillon ein Gesetzbuch, die Assises des Bourgeois enthaltend, gegeben habe[39]. Die Assisen einer jeden cour haben sich nach seinem Berichte in einem besonderen Bande befunden[40]. Daß aber dabei nicht an eine förmliche Gesetzgebung, nicht an eine systematische juristische Arbeit zu denken ist, geht aus anderweiten Aeußerungen Ibelin's selbst hervor. So behauptet er, que les assises et les usages furent establis par „Godefroi et les autres qui après lui furent seignors et rois dou dit roiaume"[41]. An einer andern Stelle[42] drückt er sich so aus: „Vos avés oy devant les assises et les usages dou roiaume de Jerusalem, lesquels comensa premierement Godefroi de Builion." Hieraus geht hervor, daß die beiden Bände der Gesetze ein Sammelwerk waren, und daß doch Gottfried, wenn auch

37) Cap. II. „Le dus Godefroi establi deus cours seculiers: l'une, la Haute Court, de quoi il fu governeor et justisier; et l'autre, la Court de la Borgesie, à la quel il establi un home en son leue à estre governeor et justisier, lequel est appelé visconte. Et establi à estre juges .... de la Court de la Borgesie, borgeis de la cité, des plus loiaus et des plus sages qui en la cité furent. Et lor fist jurer le sairement, que les jurés de la Court de la Borgesie jurent, lequel est devisé el Livre de la Court de la Borgesie. Et establi que lui et ses homes et leur fiés et lor chevaliers fussent menés par la Haute Court, et que les autres gens qu'il ne voloit qui ne fussent menés par la Haute Court, fussent menés par la Court de la Borgesie, et que totes borgesies fussent menées par la Court de la Borgesie; que les plais des borgesies ne peussent ni ne deussent estre plaidiés ni jugiés que en la Court de la Borgesie .... Et establi que en totes les cités et en tous les autres leus dou roiaume, où il avoroit justise, eust visconte et jurés et court de borgesie, par le peuple governer, maintenir, mener et juger et justisier par les assises et les usages, qui lors furent establi à tenir et à user en la Court de la Borgesie."

38) Cap. IV. „Après le dus Godefroi et les autres qui après lui furent seignors et rois dou dit roiaume, orent les assises et les usages establis et les deus dites cours, si come il est avant dit." Im Cap. XXIV., wo er von der Gründung der Cour des Bourgeois spricht, sagt er: „Car ceste franchise ont ancienement les seignors dou roiaume de Jerusalem doné as borgeis, par la volenté et l'otroi et le conseill de lour homes; et depuis l'ont adés eues les seignors dou dit roiaume tenu et maintenu, et les borgeis eue." 39) Cap. II. „Et ce fu mis, establir les assises et usages des deus cours ensemble en totes choses, por ce que les haus homes et chiaus qui sont tenus au seignor de foi, et le seignor à eaus, et lor fiés et chevaliers, ne doivent pas estre ensi menés come borgeis et borgesie, ne gens de basse main come chevaliers." 40) Cap. IV. 41) Cap. IV. 42) Cap. LXXXIII.

nicht als einziger, doch als hauptsächlicher Urheber galt, weil er die Sammlung begonnen hatte. Es liegt darin kein Widerspruch mit der Geschichte, wenn Folgendes, was Beugnot freilich nur als Vermuthung hinstellt, angenommen wird. Gottfried von Bouillon publicirte zwei Urkunden, von denen die eine die Rechte und Verbindlichkeiten des Adels bestimmte, die andere den Vicomte zu Jerusalem einsetzte, Maßregeln der Ordnung und Polizei verfügte, und einige bürgerliche und criminelle Vorschriften für die Bürger enthielt. Später wurden durch die nachfolgenden Könige neue Assisen gegeben und mit denen Gottfried's vereinigt. Da die Zahl dieser Gesetze fortwährend wuchs, so konnte jeder Fürst leicht auf den Gedanken kommen, sie zu sammeln und daraus zwei wirkliche Gesetzbücher zu machen, und diesen Gedanken ausführen. Es kann nicht auffallen, daß die Urkunden Gottfried's, kostbare und ehrwürdige Denkmäler, in den Augen der Lateiner einen Theil ihres Glanzes auf die Werke zurückwarfen, welchen sie als Einleitung dienten, und daß der Name, Briefe des heiligen Grabes, welcher so gut auf besondere Urkunden, weniger auf förmliche Gesetzbücher paßt, von den einen auf die andern erstreckt wurde. König Amaury I. unternahm eine Revision der Assisen, welche sein Sohn Balduin IV. zu Ende führte. Dies geht aus der von Ibelin mitgetheilten Formel des Eides für die Könige von Jerusalem hervor, welche unter Anderem schwören mußten: „Et les assises dou roiaume et dou roi Amauri et dou roi Baudoyn son fiz, et les anciennes costumes et assises dou roiaume de Jerusalem garderai" [43]). Die Ansicht, daß ein König Amaury ein neues Gesetzbuch der Assisen publicirt habe, erhielt sich in den Königreichen Jerusalem und Cypern; aber nach dem 14. Jahrhundert schrieb die Ueberlieferung, abweichend von ihrer wahren Quelle, dieses Verdienst dem König Amaury II. zu. Nach der Erzählung Ibelin's baten die alten Einwohner Jerusalems Gottfried von Bouillon, sie bei ihren Gesetzen und alten gerichtlichen Einrichtungen zu lassen, was man ihnen gestattete; dergestalt, daß in der Stadt die Gerichtsbarkeit des Reis als syrisches Tribunal bestand, mit allen Befugnissen der ordentlichen Gerichtsbarkeit, außer über große Verbrechen, weil das Recht, darüber zu richten als Attribut der Souverainetät Fremden nicht übertragen werden konnte [44]). — Das Königreich Jerusalem beschränkte sich im Anfange auf die Stadt Jerusalem und etwa zwanzig Ortschaften der Nachbarschaft, dehnte sich aber noch bei Lebzeiten Gottfried's von Bouillon nach dem Siege von Askalon über Galiläa bis jenseit des Libanon aus. Balduin vergrößerte den Umfang des Königreiches bedeutend, und knüpfte durch die Eroberung mehrerer Seestädte directe und regelmäßige Verbindungen mit Europa an. Er errichtete die Festung Montreal, und mehrere Burgen im Libanon, in Galiläa und in allen Pässen, welche nach Jerusalem führen konnten; er eroberte Arsur, Cäsarea, Ptolemais, Tripolis, Beirut und Sidon. Unter Balduin II., seinem Nachfolger, kam 1125 Tyrus in die Gewalt der Christen; von da an gehörten ihnen alle Küstenstädte Syriens von Laodicea bis zu Jaffa, und es ließ sich nun die Herrschaft der Lateiner als fest gegründet und als eine solche ansehen, welcher kein Element des Gedeihens und der Macht abging. Betrachtet man die Veränderungen, welche während der 25 Jahre von der Eroberung Jerusalems bis zur Einnahme von Tyrus in der Mitte der Gesellschaft der Lateiner vorgingen, so findet man, daß, nachdem die Nachricht von der Eroberung Jerusalems außerordentliche Begeisterung in allen Gemüthern in Europa entzündet hatte, drei Heere, aus der Lombardei, aus Deutschland und Frankreich gebildet, sich auf den Weg nach Palästina machten, aber bekannten Mißgeschicken unterlagen. Diese Heere bestanden nicht, wie bei dem ersten Kreuzzuge, fast ausschließlich aus Kriegern, sondern sie hatten auch Mönche, Weiber, Greise, Kinder, eine Menge unbewaffneten Volkes im Gefolge, Leute, welche sich in Syrien niederlassen wollten, und dieses war die Ursache ihres Mißgeschickes. Seit aber die Häfen der Küste Syriens den Europäern offen standen, wurde die Auswanderung, so unregelmäßig und gefährlich sie früher war, leicht und ohne Gefahren. Zu bestimmten Zeiten setzten die Flotten der Genuesen, Venetianer, Pisaner, Marseiller, zu Acre, Tyrus, Sidon, Jaffa und Cäsarea nicht blos edle Herren und fromme Pilger an das Land, sondern Handelsleute, Künstler, Handwerker, Landleute und eine Menge Vagabunden. Der große Zufluß von Leuten dieser Art erklärt eine während der Kreuzzüge mehrmals sich wiederholende Thatsache, nämlich die Vertreibung der ganzen eingeborenen Bevölkerung aus denjenigen Städten, welcher sich die Lateiner bemächtigten, eine Thatsache, welche an ihrer Härte dadurch verliert, daß die Einwohner der eroberten Städte oft selbst um die Erlaubniß, solche verlassen zu dürfen, baten, wie z. B. nach der Eroberung von Arsur, Tyrus, Acre u. s. w. [45]). Die von ihren Einwohnern verlassenen Städte wurden von den Ankömmlingen aus Europa wieder bevölkert. Der König und die Barone setzten an die Spitze jeder Stadt einen Vicomte, und es bildeten sich nun Gemeinden von Einwohnern, welche damals noch nicht Bürger hießen, aber sich schon im Genusse ziemlich ausgedehnter politischer und bürgerlicher Rechte befanden. Man konnte viele durch die Almosen Europa's bereicherten Pilger, welche kaum in Syrien angelangt, Häuser, Ländereien, Sklaven kauften, ein gutes und reichliches Leben führten, und sich wie die Fürsten des Landes betrachteten, nicht in eine niedrige und harte Lage versetzen. Es spricht ein Mitglied der Cour des Bourgeois, indem es die

43) Livre d'Ibelin cap. VII.

44) Die von Ibelin erzählten Thatsachen und deren von Beugnot gegebene Erklärung (namentlich in der Einleitung zu T. I. seiner Ausgabe der Assisen) haben im Journal des Savants 1841. p. 291 suiv. heftige Angriffe erfahren; ja sie sind sogar bestimmt verneint worden. Beugnot hat diese Angriffe in der Einleitung zu T. II. p. XI—XVI, wie es scheint, mit gutem Grund zurückgewiesen, weshalb auf seine Erörterung zu verweisen ist.

45) Guil. Tyr. Lib. X. cap. 17. Lib. XI. cap. 27.

polizeiliche Verordnung Balduin's I. über die Reinigung der Straßen von Jerusalem anführt, darum, daß die in jener Verordnung angedrohte Geldstrafe nicht angewendet werde, „por ce que li rois Bauduins y mist ces establissemens sans le conseill de ses homes et de ses borgeis de la cité“ [46]. Im J. 1120 hob Balduin II. die Abgaben auf, welche an den Thoren Jerusalems von Korn, Gerste und Hülsenfrüchten erhoben wurden. Die darüber erlassene Urkunde ist unterzeichnet von dem König, Patriarchen, mehreren Bischöfen, den Großbeamten der Krone, verschiedenen Herren, und vier Bürgern, Poncel, Gerin, Bochelier und Wilhelm Standu; letztere vier haben aber nicht den Namen bourgeois beigefügt [47]. Auch ist zu dem Parlament im J. 1120 kein Bürger berufen und zugezogen worden. In dieser Zeit scheinen die Bürger, ohne einen bestimmten Stand im Staate zu bilden, das Recht genossen zu haben, über die Interessen ihrer Stadt zu berathen. Die ältesten geschichtlichen Denkmäler, in welchen sich der Beweis der festen Organisation des lateinischen Bürgerstandes findet, fallen unter die Regierung Fulco's (1131—1142), und sind von 1135 und 1136 datirt. Das erste ist eine von jenem Fürsten, als Vogt des Fürstenthums Antiochien gegebene Urkunde, worin er die Rechte der Kirche des heiligen Grabes an gewissen in Antiochien liegenden Grundstücken bestätigt [48]. Das zweite ist eine Bestätigung Fulco's für das Hospital von St. Johannes in Jerusalem [49]. Beide Urkunden sind erst von den Häuptern der Geistlichkeit, dann von den Baronen, zuletzt von den Bürgern unterzeichnet. Den Unterschriften der Barone stehen die Worte: „de baronibus," denen der Bürger die Worte „de burgensibus“ voran. Hier finden sich also die ersten bestimmten Beweise für die Stellung der Bürger, als besonderen Standes im Staate, im Königreiche Jerusalem. Ueber die innere Einrichtung der Stadtgemeinden in den lateinischen Städten des Orients und ihre Verhältnisse zu dem Staatsoberhaupte oder dessen Stellvertreter fehlen alle geschichtlichen Zeugnisse, während die bürgerliche und Criminalgerichtsbarkeit des Orients bis zu den feinsten Einzelheiten bekannt ist. Nur das ist bekannt, daß in den mit Mauern umgebenen Städten ein Vicomte an der Spitze stand, welcher die Functionen des Richters mit denen des bürgerlichen Magistrats und militärischen Befehlshabers vereinigte, und vom Herrn ohne Dazwischenkunft der Einwohner ernannt wurde. Der Vicomte präsidirte der Cour des Bourgeois, einem aus 12 Mitgliedern (juris) außer ihm bestehenden Gerichtshofe, dessen Gerichtsbarkeit einen sehr großen Umfang hatte. Ob sie der König ernannte, oder die Bürgerschaft erwählte, darüber lassen uns die Quellen in Ungewißheit. Doch läßt sich, nach Analogie der im Königreiche Cypern bestehenden Einrichtung, annehmen, daß der König in seinen Staaten und die Barone in ihren Lehen allein diese juris wählten, und daß letztere ihren Namen von dem Eide hatten, welchen sie vor Antritt ihres Amtes leisten mußten. Daß die bürgerliche und Militairgewalt in der Hand des Vicomte, einer nicht von der Bürgerschaft gewählten, sondern von dem König oder vom Herrn ernannten Obrigkeit, sich befand, erklärt sich aus der Lage der Städte mitten unter einer feindlichen Bevölkerung, welche beständige Wehrhaftigkeit der Bürger nothwendig machte, und schleunige Befolgung der vom König angeordneten kriegerischen Maßregeln verlangte, die, wenn sie erst von einer Berathung oder gar Zustimmung der Stadtgemeinden abhängig gewesen, verzögert, vielleicht gar vereitelt worden wären. Allerdings brauchen die Juristen den Ausdruck commune, aber nur in Anwendung auf die von den Genuesen, Venetianern und Pisanern in Syrien gegründeten Genossenschaften, welche einen sehr großen Einfluß auf die Schicksale der christlichen Colonien des Orients überhaupt, und die des lateinischen Bürgerstandes insbesondere hatten. Die Venetianer, welche seit langer Zeit in wichtigem Verkehr mit Aegypten, Syrien und dem griechischen Kaiserreiche standen, betrachteten den ersten Kreuzzug mit einiger Unruhe und nahmen an demselben keinen Theil. Dasselbe war nicht der Fall bei ihren gewöhnlichen Nebenbuhlern, den Genuesen, deren Flotte, indem sie zur Zeit des Zuges der Kreuzfahrer von Antiochien nach Jerusalem längs der Küste von Syrien hinfuhr, für dieselben eine wesentliche Hülfe war. Nachdem die Lateiner die Häfen der syrischen Küste erobert hatten, entstand durch diese seefahrenden Völker ein regelmäßiger und sicherer Verkehr zwischen Syrien und dem Süden Europa's. Die Genuesen erfreuten sich aber seit dem ersten Kreuzzuge der Gunst der Lateiner, was den Neid der Venetianer, Pisaner, Amalfitaner, Marseiller und Barcelonesen erregte. Im J. 1104 schloß König Balduin I. mit den Genuesen einen Vertrag, durch welchen er ihnen in jeder Stadt, zu deren Eroberung sie mitgewirkt hatten, ein Drittheil der Beute und sogar ein besonderes Quartier (vicus) mit voller Gerichtsbarkeit zugestand [50]. Zur Zeit der Belagerung von Tyrus, im J. 1123, unterzeichneten die Barone, um sich der Hülfe der Venetianer zu versichern, in Abwesenheit des Königs Balduin II., der damals sich in Gefangenschaft der Saracenen befand, einen Vertrag mit Domenico Michieli, Dogen von Venedig, wodurch den Venetianern ähnliche Vortheile, wie solche die Genuesen bereits hatten, zugestanden wurden, und außerdem eine sehr ausgedehnte Gerichtsbarkeit, welche sich sogar auf diejenigen Rechtsstreitigkeiten erstreckte, in welchen ein Venetianer oder Fremder als Kläger gegen einen Venetianer auftrat. Der Vertrag räumt den Venetianern über die Bürger des ihnen abgetretenen Quartiers von Tyrus dieselbe Gewalt ein, welche der König über seine Bürger ausübte [51]. Die Pisaner und Amalfitaner erhielten nicht

46) Livre des Assises de la Cour des Bourgeois c. CCCIII. 47) Vergl. die Urkunde bei *Bongars* T. II. p. 475. 476. 48) S. die Urkunde bei *Bongars* T. II p. 481. Sie ist erlassen „de communi consilio domini patriarchae et episcoporum et baronum et aliquorum burgensium." 49) *Paoli*, codice diplomatico del sacro ordine Gerosolimitano T. I. p. 19.

50) *Fulcher de Chartres* § XXV in: Gesta Dei per Francos p. 409. 51) *Guil. Tyr.* Lib. XII cap. XXV.

weniger wichtiger Privilegien; aber ihre Hauptniederlassung befand sich zu Antiochien. Die Marseiller erhielten im J. 1190 vom König Veit von Lusignan, zur Vergeltung der ihm zur Zeit der Belagerung von Acre geleisteten Hülfe, das Recht, in dieser Stadt einen Gerichtshof (cour), einen Vicomte und Consuln zu haben. Die Gerichtsbarkeit dieses Gerichtshofes war weit ausgedehnter, als die des venetianischen Gerichtshofes, da sich der König nur die Entscheidung über Diebstahl, Falschmünzerei und Entführung vorbehielt [52]. Diese Privilegien enthielten einen Eingriff in das Princip der Souverainetät; später wurden sie beschränkt, und am Ende des 12. Jahrhunderts konnten die genuesischen, venetianischen und pisanischen Gerichtshöfe blos über Civilprocesse unter Leuten ihrer Nation entscheiden. Hatten sie die Grenzen ihrer Competenz überschritten, so mußte die Cour des Bourgeois sie in dieselbe zurückweisen [53]. Die Niederlassung dieser Handelsnationen in den Hauptstädten der lateinischen Colonien des Orients wurde für sie eine Quelle von Reichthümern. Die Märkte (fondes) von Tyrus, Acre, Tripoli waren die Niederlagen der Erzeugnisse Europa's und Asiens, und der Zufluß von Kaufleuten aus beiden Erdtheilen gab den Bevölkerungen dieser Städte ein Leben und eine Bewegung, welche sie unter der Herrschaft der Türken nicht gekannt hatten. Die lateinische Bürgerschaft erhielt in ihren Verbindungen mit den Venetianern, Genuesen und Pisanern, Neigung und Bekanntschaft mit den großen Handels- und Wechselgeschäften, und widmete sich den einträglichen Arbeiten der Industrie mit um so größerem Eifer, als die Flotten dieser Nationen alljährig ihre Producte suchten, um sie dann auf den Hauptmärkten Europa's zu verbreiten. Die Entwickelung dieses Handels, Verkehrs und der Industrie veranlaßte in den Seestädten Syriens die Gründung der Seegerichte (Cours de la Chaîne) und der Handelsgerichte (Cours de la Fonde), welche im Vereine mit den Hautes Cours, den Cours des Bourgeois und den syrischen Cours, ein vollständiges Gerichtssystem, wie man es in dieser Art in Europa damals nicht hatte, bildeten. Die Cour de la Chaîne, davon so benannt, weil der Eingang der Häfen durch eine Kette gesperrt war, hatte ausschließlich commercielle Attribute; sie entschied in Streitigkeiten zwischen Schiffsrhedern und Schiffsführern, zwischen diesen und den Matrosen, und erkannte über Vollziehung der Seeverträge; da aber der gerichtliche Zweikampf in diesen Gerichten nicht statt haben konnte, so mußte jede Sache, in welcher es sich um Anwendung einer Strafe handelte, mit Ausnahme der des Gefängnisses [54], „à l'autre Cour des Bourgeois," wie die Juristen sagen [55], zurückverwiesen werden. Nach der Vermuthung von Beugnot ist die Errichtung dieser Gerichtshöfe dem König Amaury I. von Jerusalem zuzuschreiben. Aehnliche Gerichte bestanden zu Trani 1063, zu Pisa 1161, zu Marseille zu derselben Zeit [56]; es ist aber zu wenig von der Einrichtung dieser Gerichtshöfe bekannt, als daß man sie mit den Seegerichten des Königreiches Jerusalem vergleichen könnte. Fonde hieß ein öffentlicher Ort, wo sich die Handelsleute zum Betriebe ihrer Geschäfte vereinigten und ihre Waaren niederlegten; dasselbe, was jetzt im Orient ein Bazar genannt wird. Die Cours de la Fonde traten an die Stelle der einheimischen Obrigkeiten Syriens. Gottfried von Bouillon hatte nämlich den Syrern ihre Gesetze und ihre alten Obrigkeiten (reis) gelassen [57], was, da die Lateiner über eine Nation, deren Sitten, Gesetze und Sprache ihnen ganz unbekannt waren, nicht richten konnten, nur weise und den Verhältnissen angemessen war. Nach und nach gewöhnten sich die Lateiner und Syrier an das Zusammenleben, und lernten sich gegenseitig besser kennen. Da die einheimischen Bewohner fortwährend geheime Verbindungen mit den Türken unterhielten, und deren Rückkehr dringend wünschten, so wäre es bedenklich gewesen, sie ferner unter der Jurisdiction ihrer einheimischen Obrigkeiten zu lassen. Daher verschwanden diese, wenn auch nicht in allen christlichen Colonien, doch in den wichtigsten Orten, und machten den Cours de la Fonde Platz, welche eine gewisse Jurisdiction hatten und zugleich über Handelssachen, sowie über unbedeutende Civilsachen entschieden. Den Vorsitz in diesen Gerichten führte ein Baili, welcher ohne Unterschied aus den Rittern oder aus den Bürgern genommen wurde; außer ihm bestand der Gerichtshof aus sechs Mitgliedern (jurés), vier Syrern und zwei Franken [58]. Die Veränderung der früheren Einrichtung bestand nicht darin, daß der Baili an die Stelle des Reis trat, sondern in der Aufnahme zweier fränkischer Bürger als Richter in einen Gerichtshof, welcher über eine aus Syrern, Griechen, Sarazenen, Juden, Samaritanern, Nestorianern und Armeniern gemischte Bevölkerung zu richten hatte. Die Cour de la Fonde hatte vor Allem über Handelssachen zu entscheiden [59]; dann war sie aber auch das Criminaltribunal über die Syrer, und entschied über deren Rechtsstreitigkeiten im Betrage von wenigstens einer Mark Silbers; Civilsachen von höherem Betrage und ebenso Criminalsachen unterlagen ausschließlich der höchsten Gerichtsbarkeit der Cour des Bourgeois. Die Cour de la Fonde entschied nach den Assises des Bourgeois, nicht nach den alten syrischen Gewohnheitsrechten [60]. So hatten die Syrer ihre alten Privilegien verloren und lebten nach den von den Lateinern angenommenen Gesetzen; es war aber in diesen Gesetzen den

52) Gouvay, Provinciae Massiliensis annales p. 536.
53) Livre des Assises de la Cour des Bourgeois c. CXLVII.
54) Ebd. c. XLVI. 55) Ebd. c. XLIII.

56) *Pardessus*, Collection des lois maritimes T. I. p. 271.
57) Livre des Assises de la Cour des Bourgeois c. XLIII—XLIX.
58) Ebd. c. CCXLI. 59) Ebd. a. a. O. 60) Ebd. a. a. O. „Bien sachés que les jurés de la Fonde doivent jugier cil qui vendent l'un à l'autre, si com est de vente, ou d'achat, ou de lalement, ou d'autre chose, et les doivent tout jugier come establi est en ce livre que doivent faire les jurés de la Cort des Borgeis, et non autrement. Car encore soient il Suriens ou Grifons (Grecs), ou Judes (Juifs), ou Samaritans, ou Nestorins, ou Sarazins, si sont il ausi homes come les Frans, et sont tenus de paier et de rendre ce que jugé leur ert, tout come est establi en la Cort des Borgeis."

Sitten, religiösen und bürgerlichen Gebräuchen der einheimischen Bevölkerung gebührende Rechnung getragen werden. In der That hatten die örtlichen Gewohnheiten ihren Ursprung in den Gesetzbüchern Justinian's und in deren Wiederholung, den Basiliken, und in den Novellen der griechischen Kaiser. Die Zeit und das Interesse führten eine Annäherung zwischen den fränkischen Bürgern und den Syriern herbei, welche zwar niemals vollständig war, aber, nach der Eroberung Constantinopels durch die Lateiner, inniger wurde. Doch blieb der lateinische Bürgerstand immer europäisch, oder vielmehr französisch durch seine Ansichten und seine Sprache; er betrachtete den König von Jerusalem wie den kleinen Statthalter des Papstes und des Königs von Frankreich, ohne jemals seine Beziehungen zu Europa zu unterbrechen. Obschon diese Ansicht der Befestigung der christlichen Colonien des Orients nicht günstig war, so hinderte sie doch nicht, daß der Bürgerstand einen Theil der örtlichen Gebräuche sich aneignete. Der Bürgerstand zog dem Ackerbau die Industrie und den Handel vor, umgab sich mit Sklaven, verschloß sich in den Städten, und führte dort ein üppiges Leben. Durch seinen Reichthum und seine Einsichten erlangte er Vorrechte und einen Einfluß, welche beinahe denen des Adels gleichkamen, ohne sich den Verpflichtungen, welche auf dem Adel lasteten, zu unterwerfen; ein in einem Lehnsstaate ungewöhnlicher Einfluß, da er nicht auf Grundeigenthum, sondern auf Capitalbesitz beruhte. Der Adel und der Bürgerstand des Königreiches Jerusalem, obschon durch die Geburt getrennt, suchten sich beständig zu nähern, deshalb, weil sie die erobernde Classe bildeten, und, im Verhältniß zu den Besiegten, dieselben Interessen hatten. Durch die Nothwendigkeit des Kampfes und der Vertheidigung gegen einen unermüdlichen Feind, wurde auch der Bürgerstand sehr häufig gezwungen, seine friedlichen Beschäftigungen zu verlassen, und an der Seite des Adels zu kämpfen, oder die durch die Saracenen beständig bedrohten Städte zu vertheidigen. Durch die gemeinsamen Gefahren knüpfte sich ein Band zwischen beiden Ständen, und schwanden die Vorurtheile, welche sie in Europa von einander entfernt hielten. Nach dem früher Bemerkten bildete die Bürgerschaft in den Städten und Schlössern der lateinischen Colonien des Orients Gemeinheiten, welche unter der unmittelbaren Gerichtsbarkeit eines Vicomte standen. Doch machte sich der in Europa gegebene Antrieb zur Association auch in Asien geltend. Gegen die Mitte des 12. Jahrhunderts finden sich Versuche, in den lateinischen Colonien des Orients das in Frankreich bestehende Municipalsystem einzuführen; diese Versuche waren aber ohne Erfolg, oder waren wenigstens in so enge Grenzen eingeschlossen, daß sie ihren Charakter verloren. Eine Urkunde von 1168 [81]) läßt die Ohnmacht der Lateiner erkennen, die Städteverfassung Europa's bei sich heimisch zu machen. Der Widerwille der Barone des Königreiches Jerusalem gegen Alles, was einer Gemeinde ähnlich sah, war so groß, daß er sich auch auf wenigstens bedenkliche Einrichtungen, in deren Besitz sich einige Städte befanden, erstreckte. Dieser Widerwille, welcher mit großer Bestimmtheit von Ibelin ausgedrückt wird [82]), übte seine ganze Macht noch gegen das Ende des 13. Jahrhunderts und dauerte ebenso lange, als die Macht der Lateiner im Orient. Ibelin bemerkt, daß die Gemeinheit dem Herrn nicht zur Treue verpflichtet sei, und durch diese Bemerkung enthüllt er ein neues Hinderniß der Gründung von Gemeinden im Königreiche Jerusalem. Die Gemeinde war mit der Strenge des Lehnswesens unvereinbar; das Lehnswesen duldete keine andere Macht im Staate, als diejenige, welche auf Grundeigenthum und auf der Erfüllung der auf demselben lastenden Verpflichtungen beruhte. Nun hatten die Bürger kein Grundeigenthum, sie erfüllten keine Lehnspflichten; sie konnten also in einem Staate, wo es nur Herren und Unterthanen gab, nicht zur Unabhängigkeit gelangen. — Wenn nun auch der Bürgerstand des Orients freier Gemeindeverfassungen entbehrte, so wurde doch den Wünschen desselben in Beziehung auf die bürgerlichen und gerichtlichen Einrichtungen möglichst entsprochen. Die Cour des Bourgeois von Jerusalem hatte den Titel eines königlichen Gerichtshofes und stand an der Seite der Cour des Barons. Ihre Functionen bezogen sich nicht nur auf die Rechtspflege in Civil- und Criminalsachen unter den Bürgern, sondern erstreckte sich auch auf Gegenstände der Regierung, Verwaltung und Polizei; und in gleicher Weise, wie die Cour des Barons, war sie nicht blos ein Gerichtshof, sondern zugleich ein Rath des Königs. Die Cour des Bourgeois von Jerusalem war nicht Appellationsinstanz für die übrigen Cours des Bourgeois des Königreichs, weil dessen Gesetzgebung keine Appellation kannte. Ueberall, wo sich eine Bürgerschaft fand, existirte auch eine Cour des Bourgeois mit denselben Rechten und derselben Competenz, wie die in der Hauptstadt. Jean d'Ibelin führt 37 Städte auf, welche solche Cours besaßen [83]). Die Unabhängigkeit der von den Lateinern angenommenen Municipaleinrichtungen beruhte auf zwei Gründen; erstens auf den Bedürfnissen, welche der Krieg hervorrief, und sodann auf der Starrheit des Lehnswesens. Diese Gründe waren so mächtig, daß schon einer von beiden zur Unterdrückung der Entwickelung des Geistes der Association hingereicht hätte. Denn im Königreiche Cypern, wo die Lateiner Nichts von den Türken zu fürchten hatten, wo aber das Lehnswesen in voller Kraft bestand, setzten sie der Freiheit der Gemeinden ebenso enge Grenzen, obschon sie über ein sanftes, dem Waffendienste fremdes und keineswegs zu Unruhen aufgelegtes Volk herrschten. Veit von Lusignan verpflanzte das ganze System politischer Einrichtungen, welches bei den Christen Syriens bestand, nach Cypern. Ein Bürgerstand wurde dort nach dem Muster des von Jeru-

81) Bei Paoli, Cod. diplom. del sacro militare ordine Gerosolimitano T. I. p. 66. und Beugnot T. II. p. 522. Siehe das Nähere über den Inhalt dieser Schenkungsurkunde bei Beugnot. T. II. p. XXVII vorr.

82) Livre de Jean d'Ibelin c. XCII. 83) Livre de Jean d'Ibelin c. CCLXX.

salem gegründet. Dennoch war der Bürgerstand in beiden, obschon nach demselben Plane gegründet und nach fast gleichen Gesetzen regiert, aus verschiedenen Elementen zusammengesetzt, und die Gesetzgebung mußte in Cypern das Gemeindewesen Beschränkungen unterwerfen, welche die Könige von Jerusalem nicht für nöthig gehalten hatten. Die einheimische Bevölkerung, in Syrien so gemischt, war in Cypern rein griechisch. Seit der ersten Zeit der Eroberung war die Zahl der europäischen Bürger beträchtlich im Königreiche Jerusalem, und diese Zahl mehrte sich bis zur Eroberung Jerusalems durch Saladin fortwährend. Veit von Lusignan hingegen brachte nur eine geringe Zahl Ritter mit nach Cypern; französische Bürger ließen sich erst später, allmälig, und hauptsächlich erst nach der Eroberung von Acre durch die Türken im J. 1291, in Cypern nieder. Sie bildeten nirgends wahre Gemeinden, als in den beiden Städten Nicosia und Famagusta. Da es außerdem wenig Städte, und diese mit geringer Bevölkerung, in Cypern gab; da ferner die Zahl der Franzosen, sowol des Adels, als des Bürgerstandes, dort immer sehr beschränkt war, so ist leicht begreiflich, weshalb dieser Fürst nur Eine Haute Cour und Eine Cour des Bourgeois errichtete. Diese beiden Gerichtshöfe, da sie die einzigen waren, erlangten in Cypern ein Ansehen und äußerlich einen Ruf, welcher sie, wenn auch nicht über, doch wenigstens neben die Cours von Acre stellte. Zwischen der Cour des Bourgeois von Nicosia, und der von Acre knüpften sich viel engere Bande, als diejenigen waren, welche die letztere mit den Cours de Bourgeois von Tyrus, Jaffa, Sidon oder Askalon verband. Die Annäherung dieser beiden Gerichtshöfe ließ eine Schule der Wissenschaft des Landrechts entstehen, welche nicht weniger Aufmerksamkeit verdient, als die Schule der Wissenschaft des Lehnrechts, welche die erlauchtesten Barone beider Königreiche gründeten und erhielten. Beide, Adel und Bürger, den Unterschied ihres Standes vergessend, arbeiteten gemeinschaftlich auch am Landrecht. So behandelte vom Adel der Sire de Baruth die Materie vom Mord nach dem Landrecht, und hinterließ darüber seinem Sohne, Balian d'Ibelin, merkwürdige, uns erhaltene Mittheilungen [64]); Jean d'Ibelin schrieb über die bataille pour meurtre in der Cour des Bourgeois [65]). Es sind uns die Namen einiger Bürger, welche im Königreiche Cypern durch ihre gründliche Gesetzkenntniß sich ausgezeichnet haben, aufbewahrt worden. Jean d'Ibelin spricht von Raimond de Conches, „qui estoit moult sage borgeis et qui venoit souvent plaideer en la Haute Court" [66]). Die Familie Antiaume hatte mehrere ausgezeichnete Juristen. Als Raoul von Tiberias sich gegen König Amaury II. weigerte, das, was er von den Assisen des Königreichs Jerusalem wüßte, aufzuzeichnen, fügte er hinzu, er wolle nicht seines Gleichen machen „Remont Antiaume ne autre, contil borgeis ou bas home letré" [67]). Raimund hatte einen Sohn, Nicolaus Antiaume, „qui moult savoit des us dou royaume" [68]), und von welchem ein Rechtsbuch herrührt, welches nicht mehr vorhanden ist [69]). Philipp von Navarra erkennt dankbar an, qu'il fut „moult acointé de messire Nicole Antiaume et de sire Philippe de Baisdoin, qui estoient grans plaideors en cort et hors court" [70]). Constanz, Bail von Armenien, als er über eine schwierige Rechtsfrage Aufklärung wünschte, bat seinen Verwandten Jean d'Ibelin, bestellt Balian von Sidon und Nicolaus Antiaume zu befragen [71]). Die Verfasser des Livre des Assises de la Cour des Bourgeois und des Abregé dieses Werkes sind unbekannt, und diese beiden Werke, die einzige Quelle für die Kenntniß des Landrechts in den Königreichen Jerusalem und Cypern, sind nun näher zu betrachten. — Als im J. 1531 die venetianischen Commissarien in Cypern nach juristischen Werken suchten, um die ausgezeichnetsten aus dem Französischen in das Italienische zu übersetzen, brachte man ihnen viele, welche sich auf die Assises de la Haute Cour bezogen; aber, wie der Bericht dieser Commissarien ergibt, nur zwei, welche auf die Assises de la Cour des Bourgeois Bezug hatten. Diese letzteren waren in vielen Handschriften vorhanden, welche in der Reihefolge und in den Zahlen der Capitel mehr oder weniger von einander abwichen. Der Bericht erwähnt allerdings drei Werke; die Commissarien haben aber offenbar die beiden Theile des Abregé für besondere Werke angesehen. Der Livre des Assises de la Cour des Bourgeois enthält keine dogmatische Darstellung; keine Unterordnung, keine Entwickelung; er gehört zu derjenigen Classe von Arbeiten, welche, wegen ihrer Aehnlichkeit mit wahren Gesetzbüchern, von Seiten der venetianischen Commissarien die Bezeichnung „testi expressi" erhalten haben. Er besteht aus 304 Capiteln. Der Verfasser scheint nicht die Absicht gehabt zu haben, dunkle oder zweifelhafte Partien des Rechts aufzuhellen und aufzuklären, sondern, ohne Prüfung und Urtheil, die zu seiner Zeit gültigen Gewohnheitsrechte festzustellen, um sie dem Studium der Gelehrten und der Praxis der Gerichtshöfe zu überliefern. Sieben Capitel weichen allerdings von dem allgemeinen Plane der Arbeit ab, und enthalten lange Ausführungen ohne Interesse, ohne Nutzen, und oft selbst ohne Verstand [72]); andere, in schlechtem Latein geschrieben [73]), scheinen bestimmt, als Einleitung zu gewissen Partien des Buches zu dienen, und das Verhältniß zu zeigen, welches zwischen den Assises de la Cour des Bourgeois und dem römischen Rechte bestand; aber diese Capitel, welche zu dem Reste des Bu-

64) Abregé du Livre des Assises de la Cour des Bourgeois, seconde partie, c. XXVI bei Beugnot T. II. p. 327. 65) Ebend. c. XXV bei Beugnot T. II. p. 326. 66) Cap. CCXXXIX. p. 384.

67) Livre de Philippe de Navarre, c. XLVII. 68) Abregé du Livre des Assises de la Cour des Bourgeois II. partie. c. XXVIII bei Beugnot T. II. p. 329. 69) Ebend. c. XXVI. p. 326. 70) Livre de Philippe de Navarre c. XLIX. 71) Livre de Jean d'Ibelin c. CXLV. 72) Cap. I, II, XXI, XXIII, XXIV, CLIX, CCLXXVIII. 73) Cap. XIII, XXII, XLII, LXVIII, LXXXVII, CVI, CXI, CXIV, CXIX, CXXXVII, CLIII, CLVIII, CLXXIX, CLXXXIV, CCXIII, CCXXX, CCXLIV, CCLXII, CCLXXVII.

ches einen so schneidenden Contrast bilden, und ebenso wenig gründliche Kenntniß des Rechts der Assisen, als des römischen Rechts erkennen lassen, sind das Werk eines ungeschickten Glossators. Denn von den vier französischen Handschriften, welche diese Arbeit uns erhalten, haben drei diese Anmerkungen nicht, und die venetianischen Commissarien, welche so sorgfältig nach dem reinsten Texte des Livre des Assises des Bourgeois forschten, haben dadurch, daß sie die Handschriften, welche die eingeschalteten Glossen enthielten, ausschlossen, dargethan, daß diese Handschriften, obschon sie viel umfänglicher sind, als die anderen, nicht hinreichende Merkmale der Authenticität an sich tragen. Die venetianische Handschrift, auf welche die Wahl der Commissarien fiel, enthält in ähnlicher Weise Randglossen; nun aber konnte ein Abschreiber die Randglossen in den Text setzen, und so dem Texte ein ganz neues Ansehen geben. Wollte man die lateinischen Stellen des Werkes als einen Theil der ursprünglichen Arbeit betrachten, so würde man einer Ansicht folgen, welche weder die Juristen, die im 14. Jahrhundert die venetianische, die vaticanische Handschrift, die Handschrift von Saint-Germain, schreiben ließen, noch die venetianischen Commissarien theilten, und welche eines tüchtigen Grundes ermangelt. Dieser Punkt ist wichtig, nicht weil diesen Veränderungen des ursprünglichen Textes viel Gewicht beizulegen wäre, sondern weil er beweist, daß der Livre des Assises de la Cour des Bourgeois allmälig durch die Abschreiber und die Herausgeber abgeändert worden ist, denen es um so leichter war, den Umfang dieses Werkes zu vermehren oder zu vermindern, als, da jedes Capitel eine besondere Assise bildet, es leicht war, ein Capitel zu unterdrücken, wenn man die darin enthaltene Assise für nicht wohl begründet hielt, oder ein Capitel hinzuzufügen, wenn man etwas, was der Verfasser weggelassen hatte, ergänzen wollte; die Form des Buches gab in der That zu allen Veränderungen dieser Art Veranlassung. Ist der Text, welchen wir besitzen, von verschiedenen Händen überarbeitet, wie dieses nicht zweifelhaft scheint, so ist es um so schwieriger, die Zeit der Abfassung des ursprünglichen Werkes zu bestimmen, als das Buch kein Datum, keine Nachricht über den Verfasser enthält, und als seine, gleichförmig spruchmäßige, Redaction nicht die Methode irgend einer Juristenschule erkennen läßt. Der Geist dieser Sammlung und einige geschichtliche Thatsachen sind die einzigen Grundlagen für die nähere Bestimmung des Alters derselben. Mehrere Könige von Jerusalem werden in dem Livre des Assises de la Cour des Bourgeois erwähnt; der neueste von ihnen ist Amaury I. Da derselbe 1173 starb, so kann dieses Werk nicht vor diesem Jahre verfaßt sein. Dann ist es nicht zweifelhaft, daß das Werk einer Zeit angehört, wo Jerusalem noch in der Gewalt der Christen war; auf jeder Seite desselben läßt sich dies erkennen[74]. Alles führt dahin, die Zeit der Abfassung des Livre des Assises de la Cour des Bourgeois zwischen die Jahre 1173 und 1187 zu setzen. Da es ferner unwahrscheinlich ist, daß man sich unter König Balduin V., ja selbst in den letzten Jahren der Regierung Balduin's IV. viel mit der Rechtswissenschaft in Jerusalem beschäftigt haben werde, zu einer Zeit, wo die Siege Saladin's die Existenz der christlichen Colonien gefährdeten und alle Lateiner die Waffen trugen, so wird sich die Zeit der Abfassung noch näher dahin bestimmen lassen, daß dieselbe in die erste Hälfte der Regierung Balduin's IV., zwischen die Jahre 1173 und 1180, fällt. Der Charakter des Werkes, seine Form, seine Mängel, und viele besondere Umstände[75] rechtfertigen diese Vermuthung. Die große Mannichfaltigkeit der Gewohnheitsrechte, welche in Frankreich herrschte, findet sich nicht im Königreiche Jerusalem, wo die Grundsätze des Landrechts seit dem Anfange der Eroberung festgestellt waren. Was die Quellen betrifft, aus denen der Verfasser geschöpft hat, so führt er selbst Gesetze von Balduin I., Balduin II., Fulco und Amaury I. an. Dies ist aber die einzige Aufklärung, welche sich darüber geben läßt. Eine schwierige Frage ist, ob der Verfasser die Briefe des heiligen Grabes, welche damals noch existirten, benutzt hat. An keiner Stelle des Buches wird Gottfried von Bouillon erwähnt[76]; ebenso wenig die Briefe des heiligen Grabes. Allerdings verliert der aus diesem Stillschweigen abzuleitende Grund gegen die Benutzung dadurch an Gewicht, daß es möglich wäre, daß man eine alte französische Handschrift auffände, deren Titel oder Vorrede ebenso, wie die griechischen Manuscripte, die Notiz enthielte, daß dieses Werk mit Hülfe der Briefe des heiligen Grabes abgefaßt sei. Es kommt aber nicht darauf an, ob der Verfasser diese wichtige Quelle nennt, sondern darauf, ob er daraus geschöpft hat; diese Thatsache scheint aber nicht zweifelhaft zu sein. Der Sinn des Wortes Assise hat in den Gerichtshöfen des Königreichs Jerusalem vielfach gewechselt. Nach dem Verluste der Briefe des heiligen Grabes bezeichnet es das überlieferte Recht, die Ergänzung des positiven Gesetzes, welches verloren gegangen war; so lange aber dieses Gesetzbuch noch im Original vorhanden war, bezeichnet der Ausdruck Assise das positive Gesetz. Wenn der Verfasser des Livre des Assises fortwährend folgende Redensarten braucht: „Ce est droit par la lei et par l'asize;" oder: „La raison et l'assise comande;" oder: „Et est dreit et raison par la lei de Jerusalem et par l'assise des reis et des preudes hommes qui ce establirent"[77]; so citirt er ein

74) Vergl. unter anderen cap. CXLIII bei Beugnot. T. II. p. 98.

75) Der Verfasser citirt in Cap. CCLIX den Livre des Conquests. Darunter ist die Geschichte von Wilhelm von Tyrus, welche mit dem Jahre 1183 schließt, zu verstehen. Dieses Citat scheint indessen durch einen Glossator mit dem Texte verbunden worden zu sein. 76) In der griechischen Uebersetzung der Assises de la Cour des Bourgeois findet sich allerdings eine Vorrede, in welcher Gottfried von Bouillon als derjenige genannt wird, welcher den Livre des Assises de la Cour des Bourgeois publicirt habe (vergl. Zachariae, Historiae juris Graeco-Romani delineatio p. 157); diese Vorrede findet sich aber in keinem französischen Manuscript und scheint von dem Uebersetzer herzurühren. 77) Livre des Assises de la Cour des Bourgeois c. CCVII bei Beugnot. T. II. p. 140.

sitzliches Gesetz des Königreiches aus der unter dem Namen der Briefe des heiligen Grabes bekannten Sammlung. Diese Redensarten werden nicht gebraucht, um anzuzeigen, daß diese Lehre, diese Meinung mit dem Gerichtsgebrauche und dem Gewohnheitsrechte übereinstimme; vielmehr bedient sich der Verfasser bei verschiedenen Gelegenheiten, um letzteres zu bezeichnen, des Ausdrucks coutume, dem er selbst den Ausdruck loi entgegensetzt. So sagt er: „Bien sachés, que tous couvenans que les hommes font entreiaux deivent estre tenus, parce que les couvenans ne soient contre lei ne contre bonnes coustumes, car couvenant venque lei“ [78]). An einer anderen Stelle sagt er: „Ce est dreit et raison par l'us et par la lei de Jerusalem“ [79]). Der Verfasser hat für seine Arbeit die positiven Gesetze benutzt. Welche Gesetze gemeint sind, läßt sich aus dem Eide der Könige von Jerusalem entnehmen. Dieselben mußten schwören, folgende Rechtsnormen zu beobachten: 1) Die alten Assisen und Gewohnheitsrechte des Königreiches; 2) die Assisen des Königs Amaury; 3) die Assisen seines Sohnes, des Königs Balduin. Nach dem Beispiel seines Vaters hatte Balduin IV. nicht einige besondere Gesetze (denn diese wären nicht in dem königlichen Eide erwähnt worden), sondern ein Gesetzbuch, welches einen Theil des öffentlichen Rechts des Königreiches bildete, publicirt. Erwägt man nun, daß der Livre des Assises de la Cour des Bourgeois gerade unter der Regierung Balduin's IV. erschien, so gelangt man zu der Annahme, daß Balduin das von seinem Vorgänger begonnene Unternehmen vollendete, indem er ein Gesetzbuch für den Bürgerstand abfassen ließ; daß dieses Gesetzbuch neben demjenigen, welches Amaury über die Assises de la Haute Cour publicirt hatte, seine Stelle erhielt; und daß der Livre des Assises de la Cour des Bourgeois dieses Gesetzbuch selbst ist, jedoch abgeändert, im Anfange durch einen gleichzeitigen Juristen, in der Folge durch die Commentatoren und Glossatoren, jedoch nicht in einer solchen Weise, daß man nicht in den kurzen und prägnanten Bestimmungen desselben den Geist und die Sprache des Gesetzgebers wieder erkennen könnte. Diese Meinung ist wenigstens sehr wahrscheinlich; sie stimmt mit den wenigen Thatsachen überein, welche über die Gesetzgebung des Königreiches Jerusalem vor der Eroberung dieser Stadt durch Saladin bekannt sind; sie wird auch noch durch den Inhalt des Werkes selbst bestätigt. Deshalb sind nun die in diesem Werke enthaltenen Rechtssätze zu betrachten, und der Zustand des Landrechts des Königreiches Jerusalem zur Zeit der Regierung Balduin's IV. kurz darzustellen. Die ersten Capitel des Livre des Assises de la Cour des Bourgeois handeln über die Rechte und Pflichten des Vicomte, der 12 Beisitzer der Cour des Bourgeois (jurés) und der Fürsprecher oder Anwälte, ebenso wie über die Competenz dieses Gerichtshofes. Die dort aufgestellten Grundsätze der Moral sind denjenigen sehr ähnlich, an welche die Juristen der Haute Cour die Obrigkeiten erinnern. In der That bestand eine große Aehnlichkeit zwischen beiden Gerichtshöfen und den Functionen ihrer Mitglieder. Diese Gerichtshöfe entstanden aus einer gemeinschaftlichen Quelle; ihr Ansehen beruhte auf der Garantie gleich strenger Gesetze, und die Formen des Verfahrens waren in beiden dieselben. Doch war die Haute Cour vielmehr eine politische als eine gerichtliche Einrichtung; sie übte ihre Gewalt nur in seltenen Fällen aus, und ihre Mitglieder blieben Krieger und Feudalherren, ohne jemals wahre Obrigkeiten zu werden, während die Cour des Bourgeois in Folge der großen Zahl ihrer Gerichtsunterthanen, der Bestimmtheit ihrer Sitzungen, und der Dauer der Functionen ihrer Mitglieder, einen ordentlichen regelmäßigen Gerichtshof, welcher in mehreren Beziehungen den jetzigen gerichtlichen Einrichtungen ähnlich war, bildete. Obschon sie nach der Hierarchie der Staatsbehörden unter der Haute Cour im Range stand, hatte sie doch eine viel größere Freiheit, als diese; denn der König oder der Herr führte in jener fast niemals den Vorsitz, und überließ dem Bürgerstande unter der mehr äußerlichen, als thatsächlich einschreitenden, Leitung des Vicomte die Wahrung und Regelung seiner eigenen Interessen. Der Verfasser, nachdem er die Gerichtsverfassung behandelt hat, welche als Einleitung zu dem Werke dient, geht dann zu der Darstellung des Civilrechts über und beschäftigt sich mit dem Kaufcontracte (Cap. XXVII—XLI). Die Bestimmungen über den Verkauf von Mobilien und Immobilien, über den Verkauf der Sklaven und verpfändeter Sachen, über die Aufhebung des Contracts wegen Betrugs oder Irrthums, und über die Draufgabe, haben nichts Eigenthümliches. Interessanter ist, was über den Besitz von Jahr und Tag und über den Retract der Verwandten gesagt wird. Zum Verständniß dieser Materien des Lehenrechts bedarf es aber der Kenntniß der Gewohnheitsrechte, welche hinsichtlich des Eigenthums des Bürgerstandes in Syrien galten, und worüber der Livre des Assises de la Cour des Bourgeois nur sehr allgemeine Notizen enthält. Bei den Moslems ist das Eigenthumsrecht eine Consequenz der im Koran enthaltenen religiösen Dogmen. Hiernach kommt alles Eigenthum von Gott, und der Sultan, sein Stellvertreter, ist der Herr aller Güter seiner Unterthanen. Die Emirs und niedrigeren Häupter, welche in ihrer Reihenfolge als Repräsentanten des Sultans gelten, sind in ihren Bezirken die wahren Eigenthümer der Grundstücke, deren bloßer Nießbrauch den Bebauern und Besitzern derselben überlassen ist. Stellt man das Lehnsprincip an die Stelle des religiösen, so findet sich eine merkwürdige Aehnlichkeit zwischen dieser politischen Idee und derjenigen, nach welcher in Europa auf den Souverain, die oberste Spitze der Lehnshierarchie, das Recht der Oberherrlichkeit über alles Grundeigenthum zurückgeführt wurde. Die Kreuzfahrer fanden daher keine Schwierigkeit, ihre Macht in Syrien zu gründen und dort ein Königreich zu errichten; es war in der That in diesem Lande nur eine Veränderung der Personen. Das merk-

78) Livre des Assises de la Cour des Bourgeois c. CIII. p. 75.
79) Ebd. c. CCLXXIV. p. 207.

feudalistische System erkannte ebenso wenig, wie das Lehnsystem, ein bürgerliches Grundeigenthum an; aber die Gesetze, so streng sie auch waren, beugten sich immer unter dem Einflusse der Sitten oder unter der Herrschaft der Nothwendigkeit. Die Türken dachten nicht daran, der syrischen Bevölkerung, welche die Städte, besonders die Küstenstädte, bewohnte, ihre Gesetze über das Grundeigenthum aufzudringen; sie ließen dieselbe gegen geringen Zins im Besitz und Genusse ihrer Häuser, Gärten, und bisweilen selbst der in der Nähe der Stadt gelegenen Ländereien. Die lateinischen Herren zeigten sich dieser Bevölkerung weniger günstig; sie vertrieben die Syrer aus den wichtigsten Städten und bemächtigten sich ihrer Wohnungen, um solche an europäische Bürger zu verkaufen oder zu vermiethen. In die von ihnen auf ihren Lehen erbauten Schlösser oder Burgen nahmen sie nur Franken, Krieger oder Bürger, als Bewohner auf. Das Grundeigenthum dieser Bürger bestand also in Häusern, Gärten, Weinbergen oder Ländereien von geringem Umfange, und dieselben befanden sich in einer ähnlichen Lage, wie die Syrer unter der muselmännischen Herrschaft. Hinsichtlich des Erwerbes und der Ueberlassung ihres Eigenthums wurden die Bürger nach den in Europa angenommenen und nach den politischen Bedürfnissen des Königreiches Jerusalem modificirten Gewohnheitsrechten beurtheilt. Diese Modificationen sind in dem Livre des Assises de la Cour des Bourgeois enthalten. Da zur Befestigung der christlichen Niederlassungen im Oriente Gewißheit des Eigenthums an einem Lehne oder bürgerlichen Grundstücke nothwendig war, so ist bestimmt, daß der ruhige und unbestrittene Besitz von Jahr und Tag den Besitz in Eigenthum verwandeln (Cap. XXXI). Schon Gottfried von Bouillon soll nach der Erzählung des Wilhelm von Tyrus dies im Königreiche Jerusalem eingeführt haben, um die Entvölkerung und die Desertion der Lateiner zu verhindern [80]. Die Juristen der Haute Cour sprechen nicht vom Retractrecht. Dieses Stillschweigen ist auffällig, da ein der Erhaltung und Befestigung der Familie so günstiges Institut einer aristokratischen Genossenschaft nicht gleichgültig sein konnte. Der Retract bestand gewiß für ihre Lehne [81]. Was den Bürgerstand betrifft, so hat nach dem Livre des Assises des Bourgeois jeder Verwandter oder jede Verwandte das Recht, verkauftes Erbgut zu retrahiren; es muß aber binnen 7 Tagen nach vollzogenem Verkauf ausgeübt werden (Cap. XXX). Die Materien sind in dem Werke ohne Ordnung gestellt; so folgt auf den Kaufcontract sofort das Seerecht (Cap. XLIII—XLIX). Dasselbe wird aber nicht ausführlich entwickelt. Es wird kurz gehandelt von der Competenz der Seegerichte, über das Werfen des Schiffsgutes über Bord bei einer dem Schiffe drohenden Gefahr, über die Verbindlichkeiten der Schiffsrheder und Patrone, über den Transport von Waffen und Kriegsgeräthschaften zu den Sarazenen, über den Untergang des Schiffes und das Strandrecht. Was darüber gesagt wird, ist aus den Assisen des Königs Amaury I. entlehnt; denn Capitel XLIII hat folgende Rubrik: „Ici orrés en quel part establi le roi Amaury que deust estre la raison des mariniers et des vaisseaus et des nares." Das Gesagte stimmt bisweilen mit den Grundsätzen des römischen Rechts überein; oft weicht es aber davon ab, und es geht daraus hervor, daß die Seegerichte des Königreiches Jerusalem im 12. Jahrhundert Gewohnheitsrechten folgten, denjenigen ähnlich, welche in den Seegerichten von Genua, Pisa, Marseille, Barcelona, kurz aller Städte Europa's galten, mit welchen die Lateiner Handelsverkehr hatten. In den folgenden 16 Capiteln (Cap. L—LXVI) behandelt der Verfasser das Darlehn; er definirt diesen Contract und sucht die hauptsächlichsten Schwierigkeiten seiner Anwendung zu beseitigen. Diese Schwierigkeiten waren im Orient um so größer, als das Darlehn dort durch Zeugen, und in deren Ermangelung durch den Eid bewiesen wurde, nicht durch Urkunden. Der Gesetzgeber, in Berücksichtigung des Einflusses, welchen in einer so gemischten Gesellschaft Religion, Sekte oder Nationalität auf die Gültigkeit des Zeugnisses üben mußte, bestimmt, daß der Gläubiger die Schuld nur durch Zeugen von der Religion oder der Nation des Schuldners beweisen kann. Wegen einer Schuld von 20 Byzantinern konnte der Schuldner zu Hand und Halfter gegeben werden (Cap. XXXIX), ohne sich durch Abtretung seines Vermögens davon befreien zu können (Cap. LVIII). Der Gläubiger mußte den Schuldner beköstigen (Cap. XXXIX). Ein zweiter Gläubiger konnte sich, nach Abfindung des ersten, des Schuldners bemächtigen (Cap. LXVI). Jean d'Ibelin ergänzt das über die Schuldhaft im Livre des Assises des Bourgeois Gesagte [82]. Die Bürgschaft (pleigerie) war im Orient sehr gebräuchlich. In dem Livre des Assises des Bourgeois wird dieselbe in 19 Capiteln (Cap. LXVII—LXXXVI) behandelt. Dann folgt der Pacht- und Miethcontract in 19 Capiteln (Cap. LXXXVII—CV) in Bezug auf Personen, Häuser, Thiere, Ländereien, Weinberge und Gärten. Nachdem wenig über das Depositum (Cap. CVI—CX), über den Societätscontract (Cap. CXI—CXIII), und über die Vergleiche (Cap. CXIV—CXVIII) gesagt worden ist, geht der Verfasser sofort zum Civilprocesse über. Was er darüber sagt, ist sehr dürftig, im Vergleich zu den Erörterungen Jean d'Ibelin's und Philipp's von Navarra über diesen Gegenstand. Das Verfahren in beiden Gerichtshöfen war nicht wesentlich verschieden; doch konnte in der Cour des Bourgeois keine Partei ohne einen Anwalt verhandeln, während in der Haute Cour der Beistand eines Rathgebers genügte (Cap. CXXXVI). Dann wird weitläufig vom Zeugniß gehandelt (Cap. CXXXVII—CLII). Der Gebrauch von Urkunden begann während des 12. Jahrhunderts sich zu verbreiten und dem in Syrien übermäßig begünstigten

80) Guil. Tyr. Lib. IX. cap. XIX. 81) Jean d'Ibelin (c. XXXVIII) deutet mit einigen Worten auf den Retract hin; Philipp von Navarra und die anderen Juristen erwähnen ihn gar nicht.

82) Livre de Jean d'Ibelin c. CXVI.

Zeugenbeweise das Gleichgewicht zu halten. Jede Urkunde mußte aber, um beweiskräftig zu sein, von Zeugen bestätigt sein. „Nule chartre ne vaut riens sans guarens" (Cap. CXLVI). Der Gebrauch der Urkunden scheint durch die europäischen Kaufleute in das Recht der lateinischen Colonien des Orients eingeführt worden zu sein. In den folgenden 26 Capiteln (Cap. CLVIII—CLXXXIII) wird von der Ehe gehandelt, sowie auch von den Schenkungen unter Ehegatten. Die Bestimmungen über das Eherecht sind größtentheils aus dem römischen Rechte, zum Theil aus dem Decret Gratian's entlehnt. Doch ist die Gütergemeinschaft unter Ehegatten europäisches Gewohnheitsrecht, sie hatte im Orient einen sehr großen Umfang. Die Rechte beider Ehegatten waren gleich; doch erbte die Frau alles vom Manne vor der Verheirathung erworbene Vermögen vor den Kindern, Ascendenten und Seitenverwandten des Mannes, wenn derselbe kein Testament hinterließ, weil nach dem Gesetze und der Assise des Königreiches Jerusalem „nus hom n'est si dreit heir au mort come est sa feme espouse" (Cap. CLXXXVI). Die Capitel CLXXXIV—CCVII enthalten, was der Verfasser nennt „la raison dou testamens et dou derrain dit de l'ome et de la feme, quant il sont pres de lor mort." Das Testament mußte vor Zeugen errichtet sein. Ein Legatar konnte das Legat durch 3 Zeugen oder Dasein eines schriftlichen letzten Willens beweisen (Cap. CXCVII). Der Testator verfügte frei über sein Vermögen; er konnte es unter seine Kinder, oder in deren Ermangelung unter seine Verwandten gleich oder ungleich vertheilen (Cap. CXCII); denn das Erstgeburtsrecht galt nicht bei den Bürgern des Orients. Hatte er keine Erben, so fielen alle seine Güter an den Herrn des Landes, auf welchen die Gewere unmittelbar nach dem Tode überging, das Eigenthum aber erst nach Jahr und Tag. Auch vom Testament der Freigelassenen und Sklaven wird gehandelt. Die Lateiner, welche im Orient keine Sklaverei vorfanden, richteten sich hinsichtlich derselben nach den örtlichen Gewohnheitsrechten, deren Quelle die byzantinische Gesetzgebung war. Nach den Schenkungen (Cap. CCXIV, CCXV, CCXX) wird in 28 Capiteln von Rechtssachen gehandelt, welche unter einander in keiner Beziehung stehen (Cap. CCXV—CCXLIII). Die beiden letzten dieser Capitel enthalten den Zolltarif des Königreiches und eine Tabelle der Hohlmaßgaben von Acre. Der Verfasser erzählt, daß König Balduin II., welcher von 1118 bis 1131 regierte, die Novelle 115 Justinian's über die Enterbung in die Gesetzgebung des Königreiches Jerusalem eingeführt habe. Dieselbe ist wahrscheinlich aus den Basiliken entlehnt; denn in Europa begann damals erst das Studium des römischen Rechts wieder aufzuleben. Die letzten 60 Capitel des Livre des Assises des Bourgeois betreffen das Strafrecht der Bürger des Orients (Cap. CCXLIV—CCCIV). Während die Briefe des heiligen Grabes bei der Eroberung Jerusalems durch Saladin verloren gegangen waren, hat sich der Livre des Assises des Bourgeois erhalten. Denn von den ersteren existirte nur Eine in der Kirche des heiligen Grabes verschlossen aufbewahrte Urkunde an einem Orte, welcher die Habsucht der Eroberer reizen konnte; von dem letzteren befanden sich, da er durch Abschreiber vervielfältigt wurde, Exemplare in den Händen der Vicomtes und Beisitzer der wichtigsten Cours des Bourgeois des Königreiches. Da der Livre des Assises ebenso gut für die Syrer, wie für die Lateiner geschrieben war, so war die Zahl der bei seiner Erhaltung interessirten Personen sehr groß. Dieses Werk ist nach Cypern zu einer Zeit verpflanzt worden, welche sich nicht genau bestimmen läßt; wahrscheinlich zu der Zeit der Errichtung der Cour des Bourgeois in Nicosia. — Das Abregé du Livre des Assises de la Cour des Bourgeois ist von einem unbekannten Verfasser geschrieben, welcher in der Mitte des 14. Jahrhunderts unter König Hugo IV. lebte. Derselbe hatte 40 Jahre lang bei der Cour des Bourgeois von Nicosia verschiedene Functionen bekleidet; 11 Jahre als Juré, 11 Jahre als Gerichtsschreiber, 18 Jahre als Anwalt. Im Alter von 62 Jahren schrieb er dieses Werk. Dasselbe besteht aus zwei Theilen; der erste handelt vom Civilrechte, der zweite vom Verfahren. Die ersten 19 Capitel des ersten Theiles enthalten genaue und sorgfältige Nachrichten über die Functionen der Cour des Bourgeois und der dabei angestellten Beamten. Dann werden mit eben so großer Klarheit als Kürze die Grenzen der Competenz dieser Behörde geschildert, und es wird gezeigt, daß dieselbe Civil- und Criminalgerichtsbarkeit und die Polizeigewalt hatte. Dann wird von den Contracten über bürgerliches Eigenthum, namentlich Grundstücke, gehandelt, zuerst vom Kaufcontract (Cap. XXII—XXVI). Dann geht der Verfasser zu dem Retract über, welcher in Cypern chalonge hieß. Während dieser nach dem Livre des Assises des Bourgeois nur den Verwandten zustand, haben ihn im Königreiche Cypern auch die nächsten Nachbarn. Bei den Schenkungen (Cap. XXXIV—XXXIX) wird gezeigt, daß widerrufliche Schenkungen in Cypern zulässig waren. Dann handelt er von den Substitutionen. Nach einigen Bemerkungen über den Tausch (Cap. XLVII) beschäftigt er sich mit der encensive, d. h. der Verleihung eines Grundstückes gegen einen Zins. Das Erbrecht wird in 8 Capiteln behandelt (Cap. LIII—LX). Es kommen in dem Buche vier Arten von Successionen vor: 1) die directe Erbfolge; 2) die Succession der Seitenverwandten und Ascendenten; 3) die Succession des Fürsten im Falle des Heimfallsrechts; 4) die Erbfolge unehelicher Kinder. Nichts berechtigt uns, nach Cap. LIII, daran zu zweifeln, daß bei der directen Erbfolge die Descendenten nicht gleiche Rechte gehabt hätten; aber die dem Bürgerstande eingeräumte Befugniß, ein Kind vor dem anderen zu bedenken und ihm mehr zuzuwenden, war in dem Livre des Assises des Bourgeois so klar ausgesprochen und stand mit dem Geiste der Gesetzgebung der Lateiner im Orient so im Einklang, daß das Stillschweigen des Verfassers des Abregé nicht als ein Beweis einer Änderung in den Gewohnheitsrechten der lateinischen Gesellschaft gelten kann. Die Rechtsregel: „der Todte erbt den Lebendigen" (le mort saisit le vif) galt nach Cap. LIV im Königreiche Cypern [63]), aber nur bei der Erbfolge der Descendenten. Der Vater schließt den Bruder nicht aus; der Verfasser sagt: que les biens propres du mort doivent „escheir et non pas monter" (Cap. LVIII); er fügt aber hinzu, daß die Lehre, welche den Vater als näheren Erben betrachtet, hinsichtlich des beweglichen Vermögens, aber nicht hinsichtlich der Erbgüter, sich zu verbreiten suche. Der erste Theil des Abregé schließt mit weitläufigen Erörterungen über den Miethcontract (Cap. LXI—LXXI); bei dieser Gelegenheit citirt der Verfasser zweimal (Cap. LXII. LXVIII) verloren gegangene livres d'assises, ohne zu sagen, ob sich dieselben auf die Haute Cour, oder auf Basse Cour bezogen. Der zweite Theil des Abregé hat die Rubrik: „La matiere et la maniere de playdoier," und handelt vom Civil- und Criminalverfahren. Der Verfasser behauptet, daß man in seiner Zeit, trotz aller Arbeiten der Juristen, den Proceß der Bürger dem Meere verglichen habe, welches keinen Grund hat, „que le plaideour des bourgeoise est auci come la mer, que elle n'a nul fons" [64]). In der That ergiebt sein positives Gesetz die Förmlichkeiten dieses Verfahrens. Dieser Mangel wurde aber durch den Gerichtsgebrauch und die Wissenschaft ergänzt. Der Verfasser hat diesen Theil seines Werkes fast ganz aus Fragmenten zusammengesetzt, welche aus den Werken des Jean d'Ibelin, Philipp von Navarra, Geoffroy le Tort, Balian d'Ibelin, Nicolaus Antiaume u. s. w. herrühren. Er würde dies nicht gethan haben, wenn nicht die von diesen Juristen aufgestellten Principien noch im 14. Jahrhundert in voller Geltung gewesen wären; vielmehr würde er seine eigenen Gedanken über eine so dunkle Lehre mitgetheilt und sich nicht auf die bescheidene Rolle eines bloßen Abschreibers beschränkt haben. Hiernach ist auch jene Vergleichung unpassend, und es läßt sich behaupten, daß die Elemente des Processes weniger unbestimmt waren, als die des bürgerlichen Rechts. Das gerichtliche Verfahren war, bis auf wenige Punkte, in beiden Gerichtshöfen dasselbe, und es ist nicht denkbar, daß nicht diese Gerichtshöfe, nach Ablauf von zwei und einem halben Jahrhundert und durch Vereinigung ihrer Bemühungen, im Stande gewesen wären, diejenigen Formen des Verfahrens zu bestimmen, welche, wenn sie auch nicht die besten waren, doch den Sitten und Gewohnheiten der Nation sich am meisten näherten. Die Benutzung der Arbeiten der Juristen der Haute Cour in dem zweiten Theile des Abregé beweist indessen, daß man in der Cour des Bourgeois im Wesentlichen das in der Haute Cour beobachtete Verfahren befolgte; man muß alle die Werke der oben genannten Juristen der Haute Cour zu Hülfe nehmen, um sich über das Verfahren in der Cour des Bourgeois gründlicher zu unterrichten. — Der Livre des Assises de la Cour des Bourgeois und das Abregé desselben sind die einzigen Werke, welche als Grundlagen des Landrechts im Königreiche Cypern galten; sie waren aber unzureichend. Denn der Livre des Assises erinnerte an Sitten, Interessen und Zeiten, welche nicht mehr existirten, und das Abregé war offenbar ungenügend. Obschon der lateinische Bürgerstand auf Cypern wenig zahlreich war, und blos aus den Gemeinden von Nicosia und Famagusta bestand, so konnte er doch das Abregé nicht allein als Gesetzbuch annehmen und darin die Lösung aller Schwierigkeiten finden, welche die Richter und die Anwälte in Verlegenheit setzen konnten. Dasselbe war mit der griechischen Bürgerschaft der Fall; diese aber wurde durch das römische Recht und die verschiedenen Zeiten von den Königen Cyperns erlassenen Gesetze in den Stand gesetzt, die Wissenschaft und die dogmatischen Schriften der Juristen nur als ein zwar nützliches, aber nicht nothwendiges Hülfsmittel zur Ergänzung der Gesetzgebung zu betrachten. Das römische Recht, welches man mit dem Ausdruck: leges civiles (lois civilles) bezeichnete, machte während des 14. und 15. Jahrhunderts in Cypern große Fortschritte. Im J. 1531 fanden die venetianischen Commissarien daselbst „molti libri de lege tradutte in francese da la lege civile" und da sie hinzufügen: „judicamo sia sta fatto a complacentia de alcuni che si potevano servire meglio de la lingua francese, che de la latina" [65]), so ist anzunehmen, daß die Kenntniß des römischen Rechts dort sehr verbreitet, und nicht blos bei den Juristen zu finden war. Das römische Recht, die alte Nationalgesetzgebung Cyperns, durchdrang allmälig auch das von den französischen Baronen nach Cypern verpflanzte Gewohnheitsrecht, und letzteres verlor seinen ursprünglichen Charakter. — Die Könige von Cypern hatten eine hohe Achtung vor den alten Gesetzen des Königreiches Jerusalem. Da sie als Erben der Macht der Lateiner in Asien galten, so hätten sie ihre Ehre zu vernachlässigen und dem glorreichen Andenken ihrer Vorgänger Eintrag zu thun geglaubt, wenn sie sich nicht als eifrige Erhalter der politischen Ideen, welche vormals die Gründung des Königreiches Jerusalem bewirkt hatten, gezeigt hätten. Dennoch ging ihre Verehrung für die alte Zeit nicht so weit, daß sie sich gescheut hätten, der Doctrin und Praxis das Ansehen, welches dieselben nach dem Untergange der Kreise des heiligen Grabes erlangt hatten, zu entziehen; sie publicirten, je nach dem Bedürfniß, verschiedene Gesetze über das Lehenrecht und das Gewohnheitsrecht. Beugnot veröffentlicht in seiner Ausgabe, unter dem Titel: „Bans et Ordonnances des rois de Chypre," eine Sammlung solcher Gesetze, welche vom Jahre 1286 bis zum Jahre 1362 sich erstreckt, und insbesondere die Verordnungen des Königs Heinrich II. von Lusignan enthält. Hätten wir eine vollständige Sammlung der Verordnungen der Könige Cyperns von Heinrich II. bis zur Königin Katharine, so würde sich wol zeigen, daß

[63]) Der Verfasser des Abregé sagt nämlich deutlich: „Les enfans sont et doivent estre en tel raison et en tel teneure dou dit heritage, come sont pere et mere, quant vienent de vie a mort, de tout l'eritage et de tout ces biens et ce raisons; et ne lor covient venir en la court requerre nulle saisine."

[64]) II. part. c. 1.

[65]) Canciani, Barbarorum leges antiquae T. V. p. 131.

diese Fürsten den Bedürfnissen ihrer Zeit entsprechende Gesetze erließen, wodurch die beiden vorher genannten juristischen Werke (Livre des Assises de la Cour des Bourgeois und Abregé des Assises) zum großen Theil unbrauchbar wurden. Dennoch wurde der Livre des Assises in das Griechische übersetzt, als der Gebrauch der französischen Sprache bei den Lateinern Cyperns aufhörte, wahrscheinlich in der zweiten Hälfte des 15. Jahrhunderts; und als die venetianischen Commissarien nach Rechtsbüchern nachforschten, nahmen sie ohne Bedenken den Livre des Assises und das Abregé als die wahren Quellen des Landrechts an. Diese beiden Thatsachen sind noch zu erklären. Es läßt sich nicht behaupten, daß der Livre des Assises de la Cour des Bourgeois im 15. Jahrhundert alles Ansehen verloren habe; er gewährte ein treues Bild der alten Gesetzgebung, und von diesem Gesichtspunkte aus mußte er großen Werth in den Augen der Juristen behalten haben, welche ängstliche Beobachter der nationalen Ueberlieferungen waren, und deren Eitelkeit sich in dem Gedanken gefiel, daß ihre Gesetze bis in die heroische Zeit des ersten Kreuzzuges hinaufreichten; es ist daher nicht auffällig, daß das Ansehen, welches dieses Werk umgab, Jemanden bewog, dasselbe in das Griechische zu übersetzen. Daß aber ein für die Lateiner in Syrien, im 12. Jahrhundert, zu einer Zeit, wo der Zweikampf der unvermeidliche Schluß aller gerichtlichen Verhandlung war, wo eine große Barbarei zur Unterdrückung der Verbrechen diente, und wo der heilsame Einfluß des römischen Rechts sich kaum bei den Franken fühlbar gemacht hatte, geschriebenes Rechtsbuch, für die Einwohner des Königreiches Cypern im 16. Jahrhundert von praktischem Nutzen habe sein können, ist nicht glaublich. Die venetianischen Commissarien fanden auf der Insel Cypern nicht mehr als zwei Werke über das bei der Cour des Bourgeois geltende Recht, den Livre des Assises und das Abregé; sie nahmen sie an, ließen sie durch Florio Bustron in das Italienische übersetzen, und damit war ihre Aufgabe vollendet. Hätte sie aber der Senat von Venedig beauftragt, die wahren Elemente des Civil- und Criminalrechts des Bürgerstandes zu sammeln, so wäre ihre Arbeit eine sehr verschiedene und viel schwierigere gewesen; denn diese Elemente fanden sich zerstreut in den römischen Gesetzen, in den Verordnungen der Könige von Cypern, und in den von den Vicomtes von Nicosien publicirten Befehlen. Um diese zerstreuten Rechtssätze zusammenzuführen und daraus ein wahres Gesetzbuch zu bilden, hätten die Commissarien sich einer sehr mühlichen analytischen und kritischen Arbeit unterziehen müssen, welcher fremde Obrigkeiten durchaus nicht gewachsen waren. Die Annahme und Uebersetzung dieser beiden Werke durch die Commissarien beweist nicht, daß diese Werke im Jahre 1531 einen authentischen Charakter gehabt und dasselbe noch diesem Akte noch mehr genossen haben. So groß auch die Macht der Republik Venedig sein mochte, so reichte sie doch nicht hin, den Einwohnern von Cypern die Gewohnheitsrechte aufzudringen, nach welchen die Bürgerschaft von Jerusalem unter der Regierung Balduin's IV. sich richtete.

c) Handschriften und Ausgaben.

Der auf Befehl der Republik Venedig 1531 verfaßten italienischen Uebersetzung der Assisen von Jerusalem und der im J. 1535 erschienenen Ausgabe dieser Uebersetzung ist bereits oben Erwähnung geschehen. Hiernächst gebührt den französischen Juristen der Ruhm, diese alten Nationalgesetze gesammelt und auf deren Wichtigkeit aufmerksam gemacht zu haben. Chopin ist der älteste Schriftsteller, welcher die Assisen von Jerusalem wörtlich citirt; er führt sie in seiner, im J. 1611 erschienenen Abhandlung de legibus Andium municipalibus an [96]); sein Citat beweist, daß ihm die italienische Uebersetzung unbekannt geblieben ist. Doch hat er zuerst bemerkt, was später allgemein anerkannt worden ist, daß die Assisen von Jerusalem das ursprüngliche Gebrauchsrecht der Franzosen enthalten. Labbe hatte den Versuch, die Assisen zu veröffentlichen, und er kündigte diesen Plan in einer eigenen Schrift an [97]). Er hatte eine dem Gebrüdern Dupuy gehörige Handschrift, welche sich jetzt in der k. Bibliothek zu Paris befindet, zur Verfügung; er beschäftigte sich fortwährend mit der Geschichte des Mittelalters und mit den Schriften dieser Zeit, jedoch eine vollständige Ausgabe der Assisen von ihm zu erwarten war. Dennoch leistete er auf dieses Unternehmen Verzicht und begnügte sich, unter dem Titel Lignage d'Outremer ein genealogisches Verzeichniß der hauptsächlichsten französischen Familien des Orients, welches der Rechtswissenschaft ganz fremd ist und sich mehreren Handschriften der Assisen beigefügt findet, und dann einen in zwei Theile zerfallenden Auszug der interessantesten Materien aus dem Werke von Jean d'Ibelin drucken zu lassen. Er schließt mit einem „advertissement touchant la difference qu'il y a entre la version italienne des Assises, imprimée à Venise l'an 1535, et l'original manuscrit françois." Ducange war der erste, der die Assisen wirklich in das Reich der Wissenschaft einführte durch die kenntnißreiche und fruchtbare Anwendung, welche er in seinem Glossarium mediae et infimae Latinitatis von dem Texte dieser Gesetze zur Erklärung vieler mißverstandenen Einrichtungen, ältst verschwundener Gewohnheiten und unverständlicher Wörter gemacht hat. Die erste Ausgabe dieses Glossars erschien 1678. Schon zehn Jahre früher hatte Ducange den Wunsch einer vollständigen Ausgabe der Assisen ausgesprochen [98]). Dennoch war es erst im J. 1690, als la Thaumassière den französischen Text der Assises de

---

[96]) ... (Lib. I. Tit. 1. p. 93) mit folgenden Worten: „Quid de alio Francorum aequitatem ... [illegible] ducta? Gottofredus Bullionus sub ... haud absimiles, de bourgeoisie praetoriam jurisdictionem et ex ... [illegible] la haute ... [illegible] des royaume de Jerusalem ... [illegible] Des assises, des usages et des plais de la Haute Cour des royaume de Jerusalem." [97]) Diese Schrift hat folgenden Titel: L'Abregé royal de l'alliance chronologique de l'histoire sacrée et profane, avec le Lignage d'outre-mer, les Assises de Jerusalem et un recueil historique de pieces anciennes. Paris 1651. 2 Vol. 4. [98]) In der Vorrede seiner Ausgabe der Établissements de saint Louis von 1668.

la Cour des Barons zu Bourges drucken ließ und zu Paris veröffentlichte [86]). Da die italienische Uebersetzung gegen das Ende des 17. Jahrhunderts fast unbekannt war, so erwarb sich dieser Herausgeber durch Veröffentlichung des französischen Textes selbst in nicht correcter Weise, wenn auch nicht der ganzen Assisen, doch wenigstens des Werkes von Jean d'Ibelin, kein geringes Verdienst in geschichtlicher und rechtswissenschaftlicher Hinsicht; ein desto geringeres aber in philologischer. Er hat für seine Ausgabe mehrere Handschriften benutzt, welche sämmtlich einer und derselben Familie von Handschriften zugehören, denen man nicht viel Auctorität zugestehen kann. Ein Abschreiber der Assisen, der ohne Zweifel in Cypern seine Arbeit unternahm, hatte den unglücklichen Gedanken, in dem Werke von Jean d'Ibelin verschiedene Capitel einzuschalten, welche anderen, auf die Assises der Cour des Barons oder auf die Assises der Cour des Bourgeois bezüglichen, Arbeiten angehörten; er nahm sich sogar die Freiheit, dieser so willkürlich zusammengesetzten Sammlung ganze Capitel aus dem Trésor des Brunetto Latini einzuverleiben. Diese Art neuer Ausgabe, oder vielmehr diese Sammlung des Lehnrechts, gelangte zu Ansehen; denn man findet dieselbe in dem größten Theile der Handschriften der Assisen, welche sich zu Paris oder anderwärts erhalten haben, wiedergegeben. De la Thaumassière, obschon in den alten juristischen Werken nicht unbewandert, hat nun eines dieser Manuscripte, ohne solches einer kritischen Prüfung zu unterwerfen, abdrucken lassen. In der That ist, in Beziehung auf Gedanken, Methode und Schreibart, zwischen den eingeschalteten Capiteln und denen von Ibelin ein großer Contrast, daß bei nur einiger Aufmerksamkeit die Verschiedenheit ihres Ursprungs unmöglich zu verkennen war. Daher kommt, daß diese Ausgabe das Dasein der Werke von Philipp von Navarra, von le Tort und Jacques d'Ibelin, deren Schriften in der Ausgabe vom J. 1690 angezeigt oder übersetzt waren, nicht einmal errathen läßt. Im 17. Jahrhundert faßte Agier, erst Rath am Chatelet, in der Folge Präsident der Cour royale zu Paris, den Plan zu einer vollständigen und sorgfältigen Ausgabe der Assisen. Er unterzog in Bezug auf die italienische Uebersetzung und die in der k. Bibliothek zu Paris erhaltenen Handschriften sich gründlichen Forschungen, und gelangte dadurch zu Ergebnissen, welche er kaum geahnt hatte; er erkannte das Verdienst der italienischen Uebersetzung, die Unvollkommenheiten und beträchtlichen Lücken des von la Thaumassière gegebenen Textes, das Ungenügende der Handschriften der k. Bibliothek zu Paris, und kam endlich zu der Ueberzeugung, daß die einzige Handschrift, welche Grundlage einer guten Ausgabe der Assisen sein könnte, sich zu Venedig in den Archiven des Rathes der Zehn oder in der Bibliothek des heiligen Marcus finden müßte. Am 7. Juli 1788 schrieb er an Canciani, von dessen Collectio Legum Barbarorum eben der zweite Band, welcher den Wiederabdruck des italienischen Textes der Assises de la Cour Basse enthielt, erschienen war, um ihn über das Schicksal der französischen Handschrift zu befragen. Dieser antwortete ihm am 13. August 1788, daß allerdings dieselbe sich in der Marcusbibliothek befinde, wohin sie aus den Archiven gebracht worden sei. In der That waren mehrere Manuscripte, und darunter die fraglichen, wenige Monate früher aus Archiven, welche dem Publicum unzugänglich waren, von einem Senator, welcher zugleich Vorstand jener Bibliothek war, herausgenommen und in diese Bibliothek gebracht worden. Morelli, Custos der Bibliothek, übersendete durch Vermittelung von Canciani an Agier, eine kurze Beschreibung der beiden vorhandenen Handschriften, nach welcher die eine, in Folio, 371 Seiten enthaltend, im 14. Jahrhundert geschrieben, die Assises de la Haute Cour, die andere, auf Seidenpapier, in Folio, 97 Seiten haltend, im Jahre 1436 geschrieben, die Assises de la Cour des Bourgeois enthält. Agier suchte eine Abschrift dieser Manuscripte zu erlangen; jedoch glaubten Canciani und Morelli keinen der Aufgabe gewachsenen Abschreiber in Venedig finden zu können. Auf den Rath Villoison's, welcher im Auftrage des Königs von Frankreich Italien bereiste, um griechische Handschriften zu sammeln, und sich bereits vier Jahre zu Venedig aufgehalten hatte, wendete sich Agier an die französische Staatsregierung, um durch Vermittelung nicht eine Abschrift, sondern die Mittheilung des Manuscripts selbst zu erlangen. Graf von Montmorin, Staatssecretair im Ministerium der auswärtigen Angelegenheiten, schrieb am 10. März 1789 an den französischen Gesandten bei der Republik Venedig, er möge um Mittheilung der Handschrift, um davon eine Abschrift nehmen zu lassen, nachsuchen. Der Senat glaubte sich zur Mittheilung der Handschrift selbst nicht ermächtigt; er meldete aber in einer Note vom 9. Mai 1789, daß die Republik beschlossen habe, dem König eine ganz genaue Abschrift der beiden Assisen mitzutheilen. Der Procurator Pesaro, und nach seiner Abreise nach Spanien, der Ritter Justiniani, erhielten den Auftrag zur Fertigung einer solchen Abschrift unter der Leitung Morelli's. Die Arbeit wurde mit einer solchen Sorgfalt und Genauigkeit gemacht, daß sich der französische Gesandte, de Bombelles, in einem Briefe vom 5. Juni 1790, in welchem er den Empfang der Abschrift, aus zwei Bänden bestehend, von denen der eine die Assises de la Haute Cour, der andere die Assises de la Cour des Bourgeois enthielt, anzeigt, sehr lobend darüber aussprach. Dieses Lob wurde durch ein Zeugniß Morelli's, welches er dem ersten Bande beifügte, bestätigt. Aus diesem Zeugniß geht hervor, daß die Abschrift dem Original ganz genau entspricht, ein Facsimile derselben ist. Durch Schreiben vom 10. Nov. 1790 meldete der französische Gesandte, daß der Ueberbringer der beiden Bände, Hennin, nach Frankreich abgereist ist. Im Ministerium der auswärtigen Angelegenheiten findet sich ein Schreiben vom 2. Febr. 1791, worin derselbe um die Ehre bittet, diese Bände dem Könige überreichen

86) Der Titel ist: Assises et bons usages du royaume de Jerusalem, par messire Jean d'Ibelin, comte de Japhe et d'Ascalon, seigneur de Rames et de Baruth. Paris 1690. Fol.

zu dürfen. Die Manuscripte wurden in der k. Bibliothek niedergelegt, was durch ein Schreiben des Bibliothekars d'Ormesson vom 16. Febr. 1791, sowie auch durch das gegen das Ende desselben Jahres gefertigte Verzeichniß der Handschriften bestätigt wird. Dennoch wurden sie unter den Unordnungen und Plünderungen der Revolution der Bibliothek entwendet, sind aber später wieder dahin zurückgekehrt. Die Zeit der Revolution war gelehrten Arbeiten, besonders solchen, welche alte Einrichtungen zum Gegenstande hatten, wenig günstig. Agier gab seinen Plan einer Ausgabe der Assisen auf; und es wurde nicht allein die Entwendung der Abschrift der venetianischen Handschrift wenig bemerkt, sondern es blieb, nachdem Frankreich im J. 1797 in den Besitz der Originalhandschrift gelangt war, diese Handschrift bis zum J. 1815 in der k. Bibliothek, ohne die Aufmerksamkeit eines Gelehrten auf sich zu ziehen. Unter der Restauration nahm die französische Regierung den Plan einer vollständigen Ausgabe der Assisen von Jerusalem wieder auf, ersuchte die österreichische Regierung um Mittheilung der venetianischen Handschrift, welche nach Wien gebracht worden war, erlangte solche und ließ eine genaue Abschrift davon nehmen. Diese Abschrift war kaum beendigt, als man in Erfahrung brachte, daß die von der Republik Venedig dem König Ludwig XVI. mitgetheilte, aus der Bibliothek entwendete, Abschrift, nachdem sie in die Hände eines Polen Malczewski gerathen war, sich im Besitze einer Person befand, welche für eine geringe Summe sich derselben entäußerte. Am 10. März 1828 wurde diese Abschrift der k. Bibliothek restituirt, wo sie folgende Bezeichnung hat: Supplément français nr. 1540 ter. Die k. Akademie des Inscriptions et Belles-Lettres kündigte, als sie eine Sammlung der Geschichtschreiber der Kreuzzüge zu unternehmen beschloß, an, daß, wenn die Staatsregierung den von ihr gefaßten Plan einer neuen Ausgabe der Assisen von Jerusalem nicht zur Ausführung brächte, sie die Assisen in ihre Sammlung aufnehmen würde [90]). Mit der neuen Ausgabe, welche die vollständigste ist, und bei welcher alle zu Gebote stehenden Handschriften benutzt worden sind, wurde Graf Beugnot beauftragt. Was nun die Handschriften der Assisen von Jerusalem betrifft, so existirt der größte Theil der Handschriften und besonders der der Assises de la Haute Cour in Frankreich, und findet sich in der k. Bibliothek zu Paris vereinigt [91]). 1) Von den Handschriften der Assises de la Haute Cour gibt es zwei verschiedene Classen. Die Handschriften der ersten Classe enthalten blos das Werk von Jean d'Ibelin, welchem der Abschreiber mehrere Capitel aus dem Buche Philipp's von Navarra, aus den Assises de la Cour des Bourgeois und aus den Arbeiten der dieser Cour angehörigen Juristen beigefügt hat; die Handschriften der zweiten Classe enthalten die Bücher von Jean d'Ibelin, Philipp von Navarra, le Tort, Jacques d'Ibelin, und verschiedene legislative oder gerichtliche Documente, jedes von dem andern gesondert und alles in seiner natürlichen Ordnung gestellt. Die Handschriften der ersten Classe, welche die zahlreichsten sind, dennoch aber wenig Vertrauen verdienen, weil sie einen unvollständigen und von ungeschickten Händen corrigirten Text bieten, scheinen alle von einem und demselben Stamme herzurühren. La Thaumassière bemerkt [92]), nach den Citaten Anderer, die Existenz einer Handschrift der Assisen im Vatican, einer anderen in der Bibliothek des Kanzlers Seguier, einer dritten in den Händen der Erben von Jean Leschassier, Rath am Chatelet zu Paris, einer vierten in der Bibliothek der Gebrüder Dupuy; er fügt aber hinzu, daß alle diese Handschriften aus der vaticanischen abgeschrieben seien. Die größte Zahl der Handschriften der k. Bibliothek gehört dieser Classe an. Von Handschriften der zweiten Classe gibt es nur zwei, die eine ist die berühmte venetianische Handschrift, die andere die des Kanzlers Seguier, welche la Thaumassière nicht kannte, als er sie für eine bloße Abschrift des vaticanischen Manuscripts erklärte, und welche vor Beugnot kein Gelehrter studirt und mit anderen Manuscripten verglichen zu haben scheint. Unter den Handschriften ist die venetianische die reichste; die Handschrift des Kanzlers Seguier ist älter und correcter, als die venetianische, aber nicht so reich wie diese. In der Ausgabe von Beugnot sind für die Assises de la Haute Cour, außer der venetianischen, folgende Handschriften benutzt: a) Saint-Germain, français, nr. 430, aus dem 15. Jahrhundert. Diese Handschrift ging aus der Bibliothek des Kanzlers Seguier in die von Coislin, endlich in die des Klosters Saint-Germain über. Sie enthält aa) die 68 ersten Capitel der Assises de la Cour de Bourgeois, ohne Verzeichniß und ohne Rubriken der Capitel; bb) die Rubriken der Capitel der Assises de la Haute Cour, an der Zahl 302, und mit Nummern bezeichnet. Die ersten 284 Capitel enthalten die Assises; Cap. 285—301 die Lignages d'outre-mer. Die Rubrik des Cap. 302 kündigt an die Assises, lesquelles fist messire Jaque de Belyn; in dem Capitel selbst ist dieser Name ebenso dem Verfasser gegeben. Dieses Capitel füllt 19 Seiten, nicht mit Zahlen bezeichnet. cc) Nach der Rubrik des Cap. 302 folgen andere Rubriken mit Ziffer 1 bis 19 bezeichnet, und die Titel der 19 Capitel des mit dem Titel: Livre de messire Jeufroy le Tort, des Assises, versehenen Buches, welches 19 Seiten der Handschrift füllt, enthaltend. dd) Dann folgen Rubriken von Capiteln eines Buches mit folgendem Titel: Messire

90) Mémoires de l'Institut royal de France, Académie des Inscriptions et Belles-Lettres T. XII. p. 42. 91) Die dort befindlichen Handschriften sind folgende: 1) Fonds français nr. 7241/2, Baluze, 445; 2) id. nr. 7241/3, Baluze, 396; 3) Saint-Germain, français, nr. 430; 4) id. nr. 426 III; 5) Dupuy, anc. fonds, nr. 652; 6) ancien fonds français, nr. 8390, 8391, 2 Bände in Großfolio, in gelbem Kramplonte mit Goldschnitt, die italienische Uebersetzung der Assisen, welche 1535 gemacht ist, enthaltend; 7) nr. 1290, in Kleinoctav, aus dem 15. Jahrhundert, in rothem Maroquinbande, die Assises de la Cour Basse in neugriechischer Uebersetzung, ohne Accente, enthaltend. Die genaueste Beschreibung dieser letzten Handschrift gibt Zachariae, Historiae juris Graeco-Romani delineatio p. 137. 138.

92) Pag. 129.

Phelippe de Nevaire, des plais de la Haute Cort, selonc les usages dou reaume de Jerusalem; dieses Buch enthält 53 Capitel und füllt 59 Seiten. cc) Hierauf folgen 31 Capitel mit Rubriken, welche das von Beugnot Livre au Roi benannte Werk bilden. Einige leere Pergamentblätter schließen den Band. b) Saint-Germain, français, nr. 426, in Kleinfolio auf Pergament, zu Ende des 15. Jahrhunderts geschrieben. Diese Handschrift rührt aus der Bibliothek von Harlay her, und hat als Titel: Assises, usaiges et plais de la Haute Court du royaume de Jerusalem. Sie hat denselben Anfang und Schluß, wie das Gedruckte; doch fehlen die Secrete, die Capitelrubriken, die Lignages d'outre-mer, und es finden sich auch bemerkenswerthe Abweichungen von dem von la Thaumassière edirten Texte. c) Fonds français, nr. 7844/11, Baluze 396, in Folio. An der Spitze der Handschrift steht folgende Bemerkung: „Assises et bons usages de Jérusalem, d'un ms. de la Vaticane; celui-ci a été copié sur le ms. qui est en la bibliothèque de messieurs Dupuy frères; autre semblable en celle de M. Séguier, chancelier de France; autre en celle de M. Pelletier, conseiller au Chatelet." Die Handschrift hat 233 mit Zahlen bezeichnete Blätter, enthält 358 Capitel, und scheint, nachdem sie im Besitze des Advocaten Brodeau gewesen war, zur Grundlage der Ausgabe von la Thaumassière gedient zu haben, da sie nicht mehr und nicht weniger enthält, als was sich in dieser gedruckt findet. In der k. Bibliothek zu Paris findet sich unter nr. 7845/11, Baluze 446, eine Abschrift desselben Manuscripts in Quart von 782 Seiten. d) Dupuy, ancien fonds, nr. 652, in Pappe gebunden, mit marmorirtem Papier überzogen. Auf dem ersten Blatte steht: „Assises et bons usages du royaume de Jérusalem etc. transcrites sur un manuscrit de la Bibliothèque Vaticane;" weiter unten folgt die Jahrzahl 1648, offenbar das Datum der Abschrift; und dann der Name von Pierre Dupuy, dem früheren Eigenthümer des Manuscripts. Auf demselben Blatte findet sich folgende Bemerkung: „M. le chancelier Séguier a un ancien manuscrit de ces Assises, qui lui a été donné par M. Viguier, père de l'Oratoire. Il y a quelques différences de cette copie, mais non pas fort considérables." Im Gegentheil sind aber diese Abweichungen sehr bedeutend, und der Verfasser dieser Bemerkung hat offenbar die Handschrift des Kanzlers Seguier nicht gesehen. Die Assises de la Haute Cour füllen 669 Seiten; die Lignages d'outre-mer sind nicht paginirt, nehmen aber 59 Seiten ein. Diese Handschrift ist jünger, als nr. 7348, und älter, als nr. 7347. Uebrigens scheinen diese Manuscripte, welche alle nach dem 16. Jahrhundert geschrieben sind, und mit dem gedruckten Texte übereinstimmen, das eine aus dem anderen geflossen zu sein, und die vaticanische Handschrift zur gemeinsamen Grundlage zu haben, welche von Fehlern wimmelt und in der zweiten Hälfte des Textes bedeutende Lücken hat, so viel sich nach der Abschrift der Gebrüder Dupuy beurtheilen läßt. e) Handschrift der Assises des Bourgeois in der k. Bibliothek zu München, in Quart, in zwei Columnen, italienische Schrift des 14. Jahrhunderts. In Bezug auf die Assises de la Haute Cour enthält diese Handschrift weiter Nichts, als die 51 Capitel des Livre au Roi, welche Kausler zu Stuttgart 1839 herausgegeben hat. 2) Handschriften, welche einzig auf die Assises de la Cour des Bourgeois bezügliche Arbeiten enthalten, sind folgende. a) Der Livre des Assises de la Cour des Bourgeois findet sich in 3 französischen und in 3 griechischen Handschriften. Die französischen sind: aa) die erwähnte münchner Handschrift; bb) die venezianische Handschrift; cc) die Handschrift von Saint-Germain. Die griechischen hier besonders zu erwähnenden sind: aa) die griechische pariser Handschrift nr. 1390, auf Papier, in Octav, aus dem 15. Jahrhundert [37]. Sonst war sie in der Colbert'schen Bibliothek nr. 4723, dann trug sie in der k. Bibliothek die Nummer 3002. 3. Auf einem an die Decke der Handschrift angeklebten Zettel steht Folgendes geschrieben: „Ce volume commence à la seconde partie des *Assise e bone usanze del reame de Hyerusalem, Venetia 1535 in fol.* Cette seconde partie est intitulée dans cette version Italienne: *la bassa corte la assise etc.* — L'ordre des chapitres est totalement interverti et il y a beaucoup de différences. Au reste ce MS composé en grec vulgaire a été copié par un ignorant, qui ne connoissait pas les premières règles de sa langue ni de l'orthographe et qui a trouvé plus court de ne pas mettre d'accens." Die Handschrift enthält fol. 1—22 ein im Anfange defectes Rubrikenverzeichniß, welches mit der Rubrik des cap. 13 beginnt und mit der Rubrik des cap. 208 endigt. Dann folgt Einiges, was dem Inhalte des Buches fremd ist. Fol. 23—194 (fol. 195—198 enthalten verschiedene auf die Assisen nicht bezügliche, kaum lesbare Notizen), 199—210 enthalten die Capitel des Livre des Assises de la Cour des Bourgeois. Der Anfang ist: *Αρχη της βιβλιου της* [illegible] Der Schluß auf fol. 210 ist: [illegible] Dann kommt folgende Bemerkung über die Zeit, zu welcher die Handschrift geschrieben ist: *Ετελειωθη το παρον βιβλιον δια χειρος εμου* ..... [illegible] Dann folgt mit einem Absatze die Unterschrift [illegible]. Hierauf folgen einige mit derselben Hand, aber französisch geschriebene Bemerkungen. Jene Bemerkung über die Zeit der Vollendung der Handschrift ist nach Zachariä so zu lesen: Ἐτελειώθη τὸ παρὸν βιβλίον διὰ χειρὸς ἐμοῦ [illegible] — [illegible]

37) Wir geben die genauere Beschreibung derselben nach Zachariä. Vergl. Note 31.

πατρίδα καὶ οἱ θαλαττεύοντες ἰδεῖν λιμένα, οὕτως καὶ ὁ γράφων ἰδεῖν τὸ τέλος [τοῦ] βιβλίου. Die Unterschrift ist aufzulösen: Ἀντώνιος Συγκριτικός. Die lateinische Uebersetzung ist: Finitus est praesens liber manu Antonii Syncritici ultimo Octobris anno 1469. Deo autem fundite preces. — Quemadmodum peregrinantes laetantur, cum patriam, et navigantes, cum portum reviserint, ita et scriptor, cum videret finem libri. — Antonius Syncriticus. bb) In dem Laurakloster auf dem Berge Athos befindet sich eine Handschrift auf Papier, in Octav, im J. 1512 geschrieben. Sie ist gut geschrieben, aber in barbarischem Dialect und mit Vernachlässigung der Orthographie. Sie enthält eine griechische Uebersetzung des Livre des Assises de la Cour des Bourgeois, und daraus hat Zachariä in seiner Historiae juris Graeco-Romani delineatio, Heidelb. 1839, den πίνακα τῆς ἀσίζης τῶν [illegible], das Rubrikenverzeichniß der 296 Capitel (p. 139—157) und die ersten 61 Capitel (p. 157—190) herausgegeben. Die Bemerkung, daß die Handschrift 1512 geschrieben ist, findet sich am Ende des Rubrikenverzeichnisses: Τέλος τοῦ αὐτοῦ βιβλίου ἐν μηνὶ φεβρουαρίῳ εἰς ια΄. [illegible]. cc) Eine dritte griechische Handschrift ist auf dem Berge Athos von Mynoides Mynas gefunden und nach Paris gesendet worden, wo sie in der k. Bibliothek die Nummer 465, Supplément grec, trägt. Beugnot [94]) zweifelt an der Existenz des von Zachariä beschriebenen Manuscripts; er scheint demnach dasselbe mit dem von Mynas nach Paris gesendeten für identisch zu halten. Unserem Erachten nach kann die Existenz des von Zachariä beschriebenen Manuscripts nicht bezweifelt werden; ebenso wenig aber auch, daß dasselbe von Mynas nach Paris gesendet worden ist; denn das von Mynas gesendete trägt wie das von Zachariä beschriebene das Datum des 11. Febr. 1512. Die oben erwähnten drei französischen Handschriften sind aus dem 14. Jahrhundert; doch scheint die Handschrift von Saint-Germain dem Anfange, die venetianische der Mitte, die münchner dem Ende dieses Jahrhunderts anzugehören. Sie haben denselben Titel und geben in den ihnen gemeinschaftlichen Capiteln einen gleichen Text, oder wenigstens nur mit leichten Abweichungen der Sprache und der Orthographie, zu welchen ein Schreiber des Mittelalters in der Abschrift, welche er fertigte, sich für befugt hielt. Die Zahl der Capitel ist aber in den drei Handschriften nicht gleich; denn die münchner enthält 297, die venetianische 266 oder vielmehr 267, die Handschrift von Saint-Germain nur 78 Capitel, weil sie nicht geendigt worden ist. Auch fehlen einige Capitel der venetianischen Handschrift in der münchner [95]). Der Text der münchner Handschrift mit seinen Zusatzcapiteln, seinen Glossen und lateinischen Aussprüchen gibt ein Bild bedeutender Abänderungen des ursprünglichen Werkes; doch wenden diese Abänderungen in eine alte und zwar dem Texte, dessen Abschrift die Handschriften von Venedig und Saint-Germain liefern, vorangehende Zeit zurück, denn beide letztere Handschriften enthalten einzelne der lateinischen Capitel der münchner in das Französische übersetzt [96]). Von den drei griechischen oben erwähnten Handschriften trägt die pariser nr. 1390 das Datum des letzten October 1469; die beiden anderen, die aber nach dem vorher Bemerkten eine und dieselbe Handschrift sind, haben das Datum des 11. Febr. 1512. Sie sind also zu einer Zeit geschrieben, wo die griechische und die italienische Sprache die französische in Cypern ganz verdrängt hatten. Diese Handschriften geben eine und dieselbe Uebersetzung, welche nach dem Texte der münchner Handschrift gefertigt ist. Allerdings finden sich zwischen diesem Texte und der griechischen Uebersetzung manche Abweichungen; allein der Umstand, daß der Uebersetzer die 18 lateinischen Capitel, welche dem münchner Texte hinzugefügt sind, aus dem Lateinischen in das Griechische übersetzt hat, beweist vollständig, daß der münchner Text der griechischen Uebersetzung zur Grundlage gedient hat. Aus dem bisher Bemerkten lassen sich mit Beugnot [97]) folgende Schlüsse ziehen: 1) Der ursprüngliche Text des Livre des Assises de la Cour des Bourgeois hat sich nicht erhalten; 2) die münchner Handschrift enthält eine Textesrecension, welche wahrscheinlich in den letzten Jahren des 12., oder in den ersten Jahren des 13. Jahrhunderts von einem Juristen der Cour von Acre verfaßt worden ist, welcher sich für befugt gehalten hat, ganze Capitel und Glossen, beide in lateinischer Sprache abgefaßt, in das Werk aufzunehmen. 3) In den Handschriften von Venedig und Saint-Germain findet sich eine neue Recension, gereinigt von allen unnützen Glossen, welche dem ursprünglichen Texte beigefügt worden waren. Diese Recension kann von dem ursprünglichen Texte wenig abweichen. Von den Ausgaben des Livre des Assises de la Cour des Bourgeois ist die älteste in dem zweiten Theile der Ausgabe der italienischen Uebersetzung der Assisen von Jerusalem, welche zu Venedig 1535 auf Befehl der Republik erschien, enthalten. Canciani ließ diese Uebersetzung 1783 wieder abdrucken [98]). Beide Ausgaben waren wenig bekannt. Im J. 1828 ließ Pardessus aus der venetianischen Handschrift die 7 Capitel des Livre des Assises des Bourgeois, welche sich auf das Handelsrecht beziehen, drucken [99]). Diese theilweise Ausgabe war durch die gewissenhafte Genauigkeit, welche sie auszeichnet, und den sie begleitenden Commentar ein Muster für künftige Herausgeber. Im J. 1839 veranstaltete Foucher, Generaladvocat am k. Gerichtshofe zu Rennes, die erste Ausgabe des französischen Textes der

94) T. II. Introduct. p. LXIX. 95) Cap. 57, 97, 214, 215, 225, 250, 273 der venetianischen Handschrift fehlen in der münchner. Dagegen hat die münchner folgende Capitel, welche in der venetianischen nicht stehen: 1) in lateinischer Sprache Cap. 13, 22, 42, 67, 87, 106, 111, 114, 119, 127, 153, 158, 179, 184, 213, 230, 262, 277; 2) in französischer Sprache Cap. 90, 108, 215, 216, 217, 218, 219, 220, 227, 234, 235, 236, 237.

96) Cap. 244 der venetianischen und Cap. 53 der Handschrift von Saint-Germain. 97) T. II. Introduct. p. LXX. 98) In Canciani, Barbarorum leges antiquae T. II. 99) In der Collection des lois maritimes antérieures au XVIII. siècle. T. I. p. 283.

venetianischen Handschrift nach einer von Klimrath gemachten Abschrift, und stellte derselben die schon zweimal gedruckte italienische Uebersetzung an die Seite [100]). In demselben Jahre veröffentlichte Kausler zu Stuttgart eine Ausgabe des Livre des Assises, welche vollständiger ist, als die vorhergehende, da sie den Text der venetianischen Handschrift an der Stelle des Textes der münchner Handschrift gibt [101]). Die beiden Manuscripte, deren sich der Herausgeber bedient hat, sind mit ängstlicher Treue wiedergegeben. h) Das Abregé du Livre des Assises de la Cour des Bourgeois findet sich allein in der venetianischen Handschrift. Von den beiden Theilen, aus welchen es besteht, haben die venetianischen Commissarien nur den ersten in der Ausgabe von 1535 in das Italienische übertragen lassen. Canciani und Foucher geben diese italienische Uebersetzung; letzterer verbindet damit den französischen Text nach der gedachten Handschrift, und gibt das Werk unter dem Titel Le Plédeant à Livre de Plaidoyer. Die neueste und vollständigste Ausgabe aller auf die Assisen von Jerusalem, sowol die der Haute Cour, als die der Cour des Bourgeois bezüglichen Arbeiten ist die im Auftrag der Académie des Inscriptions et Belles-Lettres in den Jahren 1840—1843 in 2 Bänden vom Grafen Beugnot besorgte [102]). Der erste Band enthält: 1) le livre de Jean d'Ibelin, d. h. den im J. 1369 für Cypern als officiell sanctionirten Text der Assises de la Haute Cour (p. 1—431); 2) le livre de Geoffroy le Tort (p. 433—450); 3) le livre de Jacques d'Ibelin (p. 451—468); 4) le livre de Philippe de Navarre (p. 469—571); 5) das Buch La clef des Assises genannt (p. 573—600); 6) le livre au Roi (p. 605—644) [103]). Im zweiten Bande sind enthalten: 1) le livre des Assises de la Cour de Bourgeois (p. 1—226), nach dem Texte der münchner Handschrift, mit Einschaltung der dort fehlenden Capitel aus der venetianischen Handschrift, und Beifügung der Varianten dieser und der Handschrift von Saint-Germain; 2) das Abregé du Livre des Assises de la Cour des Bourgeois nach der venetianischen Handschrift (p. 217—252); 3) Bans et Ordonnances des rois de Chypre, Verordnungen der Könige von Cypern aus der Zeit von 1286—1362, aus der münchner Handschrift entlehnt [104]); 4) Formules (p. 381 suiv.), welche in der venetianischen Handschrift enthalten sind [105]). Beigegeben sind in einem Anhange (Appendice) mehrere auf die Geschichte des Königreichs Jerusalem und den Gerichtsgebrauch der Haute Cour bezügliche Documente, nämlich: 1) Documents relatifs à la successibilité au trône et à la regence (p. 393—422) [106]); 2) Documents relatifs au service militaire (p. 423—434), welche hier aus der venetianischen Handschrift zuerst herausgegeben sind, und eine Verhandlung zwischen Hugo III., König von Cypern, und Philipp d'Ibelin vor der Haute Cour über eine sonst und noch jetzt interessante Frage des Kriegsdienstes enthalten; 3) das genealogische Werk: Les Lignages d'Outremer (p. 435—474), welches in der venetianischen und vaticanischen Handschrift und in der von Saint-Germain sich findet, und von Labbe und la Thaumassière hinter den Assisen herausgegeben worden ist. Die Juristen des Mittelalters haben diese Sammlung von Genealogien als einen natürlichen Anhang der Assises de la Haute Cour betrachtet. Die vaticanische Handschrift enthält 30, die venetianische und die Handschrift von Saint-Germain nur 17 Genealogien; aber unter den letztern sind in der That 12, welche von den vorhergehenden ganz abweichen und von Beugnot noch nicht herausgegeben waren. Beugnot hat dadurch, daß er die einen mit den andern vereinigte, ein Buch Lignages von 42 Capiteln hergestellt. Labbe hatte dem ersten Theile seines Abregé royal de l'alliance chronologique de l'histoire sacrée et profane eine Ausgabe der Lignages nach der Handschrift, von welcher später la Thaumassière Gebrauch gemacht hat, beigefügt. 4) Chartes (p. 475—537), eine Anzahl Urkunden, Privilegien der Könige von Jerusalem und andere Denkmäler aus der Zeit vom J. 1103—1240, an der Zahl 52, enthaltend. Diese Urkunden sind aus einem Urkundenbuche des heiligen Grabes (Chartularium Sancti Sepulcri) entlehnt, welches Philippe de Mézières, Kanzler des Königs Peter I. von Cypern, nach Europa gebracht hatte; dasselbe wurde Eigenthum von P. Petau, ging aus dessen Bibliothek in die der Königin Christine von Schweden über, und befindet sich jetzt in der vaticanischen Bibliothek. Als diese Handschrift sich noch in Paris befand, machte davon der Geschichtsforscher André du Chesne einen weitläufigen, in der k. Bibliothek zu Paris befindlichen, Auszug. Beugnot hat nun nicht diesen ganzen Auszug

100) Der Titel dieser Ausgabe ist: Assises du royaume de Jérusalem conférées entre elles ainsi qu'avec les lois des Francs, les Capitulaires, les Etablissements de Saint-Louis et le droit romain, suivies d'un précis historique et d'un glossaire, publiées sur un manuscrit de la bibliothèque de Saint-Marc de Venise, par M. Victor Foucher; Rennes et Paris 1839—1841. 2 Theile. 8. 101) Diese Ausgabe hat folgenden Titel: Les Livres des Assises et des Usages dou reaume de Jerusalem, sive Leges et Instituta regni Hierosolymitani, primum integra ex genuinis depromta codicibus mss. adjecta lectionum varietate cum glossario et indicibus edidit E. H. Kausler; vol. I. Stuttgardiae 1839. 4. 102) Der Titel ist folgender: Assises de Jérusalem ou Recueil des ouvrages de jurisprudence composés pendant le XIII. siècle dans le royaumes de Jérusalem et de Chypre. Tom. I. Assises de la Haute Cour publiées par M. le Comte Beugnot, de l'Académie royale des Inscriptions et Belles-Lettres. Paris, imprimerie royale MDCCCXLI. Tom. II. Assises de la Cour des Bourgeois, publiées par Beugnot etc. Paris, i. r. MDCCCXLIII. Fol. 103) Aus dem livre au Roi gibt Kausler in seiner Ausgabe 51 Capitel als Fortsetzung der Assises de la Cour des Bourgeois, jedoch unter dem Titel: Assises de la Haute Cour (p. 356 sq.).

104) Einen Theil derselben gibt auch Kausler p. 357 ff. Beugnot hat einige Bans dieser Art, welche schon la Thaumassière in seiner Ausgabe der Assisen nach einer Abschrift einer vaticanischen Handschrift hatte abdrucken lassen, beigefügt. 105) Sie sind schon in der Ausgabe von Foucher gedruckt. 106) Diese [illegible] Capitel mit Ausnahme des Cap. 10 hatte schon la Thaumassière p. 403—424 nach der vaticanischen Handschrift herausgegeben. Cap. 10 ist die Arbeit von Jean d'Ibelin, und findet sich in der venetianischen Handschrift.

von du Theil[?] drucken lassen, weil das Urkundenbuch des heiligen Grabes eine große Zahl Urkunden enthält, welche sich allein auf religiöse Interessen und auf die Kirchengeschichte beziehen; sondern er hat daraus 52 Urkunden ausgewählt, welche über den Zustand der Personen und über den Uebergang des Eigenthums bei den Lateinern mehr Licht verbreiten als die Rechtsbücher selbst. Dem Texte aller in der Ausgabe abgedruckten Werke ist ein vollständiger kritischer Apparat und ein ausführlicher werthvoller Commentar mit historischen, juristischen und andern Erläuterungen beigefügt. Dem ersten Bande ist von p. 644—655 ein Realinder, dem zweiten Bande von p. 539—573 ein Glossar, von p. 574—579 ein Realinder beigefügt. Das Glossar enthält nicht alle Worte der altfranzösischen Sprache, welche nicht mehr im Gebrauch sind, sondern nur diejenigen, welche im 13. Jahrhundert in Frankreich nicht gebräuchlich waren, oder welche nicht dieselbe Bedeutung wie in Syrien oder in Cypern hatten.

3) Recht und Institute der Türken [107]).

In der türkischen Verfassung war Alles auf die Persönlichkeit des Herrschers berechnet. So lange ein kräftiger Herrscher an der Spitze stand, vermochte derselbe Wunder zu thun. Seitdem aber die Thronfolger bei Weibern und Verschnittenen verschlossen gehalten wurden, ein Gebrauch, welcher durch Soliman den Prächtigen eingeführt wurde, machte die dadurch veränderte Lebensweise der Sultane die Nachfolger Soliman's zu Schwächlingen. Nach Murad IV., dem letzten thatkräftigen Sultan, begann die Allmacht der Großveziere, und so sehr auch Einzelne derselben Kraft mit Klugheit vereinten, so ging doch das Reich schnell seinem Verfall entgegen. Mit der zunehmenden Schwäche der Sultane traten die Mängel der Verfassung immer mehr hervor. Mangel an Kraft und Energie bei der obersten Staatsgewalt hatte noch größere Erpressungen und Gewaltthaten von Seiten der Statthalter in den Provinzen zur Folge. Als dagegen kein Schutz mehr von Seiten der obersten Staatsgewalt zu erwarten war, suchte jeder sich selbst zu schützen. Die Griechen insbesondere schlossen sich immer fester an einander, das Volk an seinen Bischof, an seine Primaten, an seine Gemeindevorsteher; diese wieder an den Dolmetscher des Pascha's, sowie diese ihrer Seits an den Großdolmetscher der Pforte, an den Patriarchen und an die Phanarioten zu Constantinopel. Durch festes Zusammenhalten bildete sich allmälig ein eigener griechischer Staat im Staate der Osmanen, mit einer eigenen, wenn auch nur factischen, griechischen Verfassung. Der Mittelpunkt für diesen griechischen Staat war in Constantinopel selbst; dessen Organe verbreiteten sich von dort aus über das ganze Reich, und erhielten von dort ihre Anregung und dadurch die nöthige Einheit der Bewegung. Nächstdem, daß in der türkischen Verfassung Alles von der Persönlichkeit des Alleinherrschers abhing, war ein anderer Grundfehler derselben deren gänzliche Abschließung. Denn abgeschlossen nach allen Seiten, nicht allein nach Außen, sondern sogar gegen die von ihnen unterworfenen Völker, und unzugänglich allem Voranschreiten, insbesondere auch den Fortschritten europäischer Bildung, geriethen die Türken nicht sowol durch Entartung in Verfall, als weil sie zurückblieben. Zwar wurden seit Selim III. Versuche über Versuche gemacht, durch zeitgemäße Reformen den herannahenden Untergang abzuwenden. Allein statt nach und nach durch Verbreitung europäischer Bildung die derselben widerstrebende asiatische zu verdrängen, und dann erst an die Einführung europäischer Formen zu denken, wollte man europäische Formen mit asiatischem Wesen vereinigen, und das sich feindlich Entgegenstehende durch Gewaltstreiche verbinden. Die beabsichtigten Reformen verfehlten sämmtlich darum ihren Zweck, und dienten nur dazu, die Auflösung der inneren Bande des Reiches um so schneller herbeizuführen. — Was das türkische Recht betrifft, so ist der Inhalt desselben theils religiöser, theils weltlicher oder politischer Natur. Die religiöse Gesetzgebung gründet sich auf den Koran, auf die Sunna oder Hadiss, d. h. die Ueberlieferung von Muhammed's Wort und Schrift. Dann auf die Idschmaa oder die allgemeine Uebereinstimmung der Jünger und ersten Nachfolger des Propheten; endlich auf die Kias oder Analogie, d. h. auf die Entscheidungen der Imame und Doctoren des Islams im Geiste der drei eben genannten Quellen. Der Inbegriff dieses allgemeinen Gesetzes des Islams heißt Scheri, d. i. das Gesetz. Dasselbe enthält nicht blos alle religiösen, sondern auch noch sämmtliche bürgerliche Gesetze, wie sie im Geiste und aus den Quellen des Islams von den vorzüglichsten Imamen und Doctoren der ersten Jahrhunderte der Hedschra zusammengetragen worden sind. Aus allen diesen Quellen wurden zu verschiedenen Zeiten verschiedene Werke zusammengetragen. Die Namen der sieben bekanntesten finden sich bei den Schriftstellern, welche sich mit der Staatsverfassung und Staatsverwaltung des osmanischen Reiches beschäftigt haben [108]). Sie sind noch sämmtlich im Gebrauche. In ganz vorzüglichem Ansehen steht jedoch die Multeka, eine Art türkischer Pandekten, welche, wie alle Gesetzeswerke der Türken, in arabischer Sprache abgefaßt, und im J. 1824 in zwei Bänden in groß Folio in Constantinopel gedruckt worden ist [109]). Außer diesen sieben Werken war aber auch noch ein anderes, Dureri Gourer oder die schönsten Perlen, in Griechenland im Gebrauche. An diese Werke, welche insgemein das ganze System der islamitischen Rechtsgelehrsamkeit umfassen, schließen sich die Sammlungen der Fetwas an, welche die immer nur sehr kurz abgefaßten, gewöhnlich

107) Vergl. Maurer, Das griechische Volk Bd. 1. S. 12—15. 118—121.

108) Er bei Mouradgea d'Ohsson, Tableau général de l'empire Ottoman. Paris 1787. T. I. Introduction p. 7 suiv. v. Hammer, Die Staatsverfassung und Staatsverwaltung des osmanischen Reiches, Wien 1815. Bd. 1. S. 4—11. 109) S. Leipziger Literaturzeitung v. 1827. Nr. 118. 119. S. 937—946. Ueber den Inhalt der bürgerlichen Gesetze der Multeka vergl. d'Ohsson a. a. O. T. III. Paris 1820.

sogar nur in Ja oder Nein bestehenden, Entscheidungen der Mufti's enthalten. Das weltliche oder politische Recht umfaßt alle Gesetze und Gewohnheiten, welche den Staat und dessen Bewohner, sowie solche Gegenstände betreffen, welche von der religiösen Gesetzgebung nicht berührt und bestimmt worden sind. Dahin gehören die von den Fürsten gegebenen Staatsgrundgesetze, Kanun; ferner das Herkommen, Adet, welches zur Anwendung kommt, so oft das Gesetz (Scheri) oder das Kanun über einen Fall schweigt; endlich die Willkür des Fürsten, Urf, wodurch die Bestimmungen des Kanun und des Adet abgeändert werden können[110]. Dieses weltliche Recht der Türken kam natürlich auch auf die Griechen zur Anwendung, da die darin auch über das Finanz-, Straf- und Polizeiwesen u. s. w. enthaltenen Vorschriften nothwendiger Weise für alle Bewohner des Reiches verbindlich waren. Dieselbe Anwendbarkeit auf die Griechen hatte auch das in dem Gesetze (Scheri) enthaltene Civil- und Strafrecht. Nur die rein religiösen Bestimmungen sollten blos die Bekenner des Islams verbinden. Einige wenige Capitel der Multeka handeln sogar ausschließlich von den unterworfenen Völkern, also namentlich auch von den Griechen; insbesondere von deren Abgabenpflichtigkeit, von deren Grundbesitze, von ihren ehelichen Verhältnissen u. s. w.

§. 51. Zustand der Griechen unter den Lateinern und Türken[1].

1) Zustand des griechischen Volkes überhaupt.

Obschon im J. 1453 mit der Eroberung Constantinopels das griechisch-römische Reich unterging, so lag die völlige Vernichtung der Griechen weder in der Macht, noch in dem Interesse des Eroberers. Das eigene Interesse Mohammed's II. bewog ihn, den Griechen ihre angestammte Religion mit gewissen Freiheiten zu lassen. Durch die vielfachen und wichtigen Privilegien, welche er nach der Eroberung von Constantinopel dem Patriarchen und der höheren Geistlichkeit eingeräumt hatte, wurde es derselben, obgleich diese Privilegien durch seine Nachfolger, namentlich durch Selim I., zum großen Theil wieder aufgehoben worden waren, möglich, sich nach und nach ein so allgemeines Ansehen zu verschaffen und selbst auf ihre Muhammedanischen Herrscher einen solchen Einfluß auszuüben, daß diese nur äußerst selten es wagten, sie in ihren Rechten zu beschränken oder zu verletzen. Indem jedoch auf diese Weise die gesammte Geistlichkeit, namentlich die höhere, gewissermaßen einen Staat im Staate bildete, war dieselbe zu gleicher Zeit bemüht, ihren Einfluß dazu zu benutzen, bei jeder Gelegenheit die Interessen des Volkes, mit welchem sie selbst stehen und fallen mußte, so viel als möglich gegen die Pforte zu vertheidigen. Dies hatte wieder die natürliche Folge, daß das Volk sich an die Geistlichkeit, als seine Beschützerin gegen die Willkür und Grausamkeit seiner Unterdrücker, vorzugsweise anschloß und allen Aussprüchen derselben sich willig unterwarf. Durch dieses wechselseitige Verhältniß von Beschützer und Beschützten, welches um so fester wurde, je höher die allgemeine Noth stieg, kam es dahin, daß die Geistlichkeit allmälig gleichsam den Mittelpunkt des gesammten griechischen Volkes, das eigentliche Lebensprincip der ganzen Nation bildete, deren nationales Fortbestehen gerade hierdurch möglich gemacht wurde. Neben dieser religiösen erhielt sich in den Gebirgsländern, sowie auf den Inseln, auch noch eine politische Unabhängigkeit. Da nämlich die Pforte alle Theile ihres Reiches nicht durch äußere Gewalt in Abhängigkeit erhalten konnte, so suchte sie die ihrer Gewalt am meisten widerstrebenden Hochländer von Macedonien, Aetolien, Albanien, Epirus, Acarnanien und Morea, daselbst insbesondere auch die Maina, dadurch für sich zu gewinnen, daß sie, nach dem Beispiele des berühmten Georg Castriota (Scanderbeg bei den Türken), griechischen Heerführern unter dem Namen Armatolen oder Capitainen den Schutz solcher Provinzen gegen äußere Feinde anvertraute. Andere Tapfere warfen sich, unabhängig von ihnen, sowie von der Pforte, in die Gebirge, um daselbst unter dem Namen Klephten in Freiheit und Unabhängigkeit zu leben, und beide in festem Kampfe gegen die Türken zu bewähren. Dieses führte allmälig zu selbständigen und freien militairischen Corporationen, z. B. in Aetolien, Epirus, Macedonien, Thessalien, Acarnanien u. s. w. Neben den Gebirgsländern behaupteten aber auch die griechischen Inseln längere Zeit ihre Unabhängigkeit. Als sie zuletzt doch die türkische Oberherrschaft anerkennen mußten, so thaten sie es wenigstens nur gegen die Einräumung besonderer Begünstigungen, namentlich der Vorrechte, keinen Türken unter sich dulden zu müssen, ihre eigenen Verwalter und Gemeindebeamten zu haben, Kirchen und Klöster bauen, Glocken läuten zu dürfen u. s. f. In den Provinzen hatten sich, unbemerkt von ihren Ueberwindern, manche edle griechische Geschlechter aus früherer Zeit her erhalten. Andere hatten durch unwürdiges Hingeben an ihre Beherrscher Macht und Reichthum erworben. Auch diese Primaten, wie man sie nannte, wurden eine weitere Stütze für die Erhaltung griechischer Nationalität, weil sie die Rathgeber, Richter und steten Vertreter des griechischen Volkes waren, und als solche auch bei den türkischen Machthabern Anerkennung fanden. Andere vornehme Griechengeschlechter hatten sich nach der Eroberung Constantinopels dort niedergelassen, und sich allmälig die unter den neueren Verhältnissen zur Gewinnung von Einfluß auf die Pforte nothwendige Bildung angeeignet. Von ihrem Zusammenwohnen im Phanar Phanarioten genannt, bildeten auch sie, namentlich seit dem 17. Jahrhundert, einen neuen Centralpunkt für

110) v. Hammer a. a. O. Bd. I. S. 29—33. 1) Vergl. Geib, Darstellung des Rechtszustandes in Griechenland während der türkischen Herrschaft und bis zur Ankunft des Königs Otto I. Heidelb. 1835. S. 5—30. Maurer, Das griechische Volk in öffentlicher, kirchlicher und privatrechtlicher Beziehung vor und nach dem Freiheitskampfe bis zum 31. Juli 1834. Heidelb. 1835. Bd. I. S. 5—12. 43—108. 116 fg. Zachariä in den Heidelb. Jahrbüchern der Literatur 1836. S. 856—877.

das griechische Volk [2]). Auch die Fehler der türkischen Verfassung haben zur festeren Begründung der griechischen Nationalität beigetragen. Die Unbestimmtheit der Stellung der Pascha's und anderen Statthalter, sowie der Mangel an Aufsicht veranlassten in vielen Provinzen Bedrückungen und Gewaltthätigkeiten. Je mehr der dadurch erzeugte Druck zunahm, um desto fester schlossen sich die an einem Orte wohnenden Griechen an einander an. Sie stellten einen aus ihrer Mitte erwählten Vorsteher an ihre Spitze, und wurden allmählig zu fast unabhängigen griechischen Gemeinden. Solche Gemeindevorsteher finden sich schon im 16. Jahrhundert unter den Namen δημογέροντες, ἄρχοντες, προεστοί. Nur in Athen, in Aegina und einigen anderen Orten hießen sie die Alten oder ἐπίτροποι. — Griechenland war eine von den Türken eroberte Provinz, daher die Griechen keine anderen Rechte hatten, als nach dem türkischen Rechte alle unterworfenen Völker haben. Sie waren insbesondere Charadsch pflichtig, konnten jedoch Eigenthum erwerben, genossen Sicherheit der Person und des Eigenthums und, unter gewissen Beschränkungen, auch freie Religionsübung. Die früheren Besitzer des Landes waren die griechischen Kaiser, die Venezianer, und auf einigen Inseln die Genuesen. Außer den Venezianern und Genuesen hatten auch die Pisaner und Franzosen das Recht zur Gründung von Handelsniederlassungen erhalten, und so waren seit den Kreuzzügen auch viele italienische und französische Familien in das Land gekommen. Diese verschiedenen Nationen erhielten sich zwar ungemischt neben einander; es ahmte aber doch die Eine die Andere nach. Die Eroberung durch die Türken geschah nicht auf Einmal, sondern nur allmählig. Selbst nach der Eroberung Constantinopels im J. 1453 hatten sich noch mehrere Provinzen, namentlich viele Inseln und der Peloponnes, nicht unterworfen, unterlagen aber doch nach und nach. Je nach dem größeren oder geringeren Widerstande wurden der unterworfenen Provinz härtere oder leichtere Bedingungen auferlegt, größere oder geringere Freiheiten eingeräumt. Daraus erklärt sich die große Verschiedenheit im Zustande des griechischen Volkes in den drei Hauptbestandtheilen des heutigen Königreichs Griechenland, nämlich 1) dem Peloponnes oder Morea; 2) dem Festlande Griechenlands, bestehend aus Attika, Böotien, Akarnanien, Aetolien, Phocis und Locris, wozu auch noch Euböa oder Negroponte zu zählen ist; 3) den Inseln. Auf dem griechischen Festlande hatte der Sultan, den Grundsätzen des türkischen Rechts gemäß [3]), fast allen Grund und Boden in Anspruch genommen. Nur in wenigen Städten, z. B. in Athen, und in wenigen Provinzen, z. B. in Attika und Euböa, gab es ausnahmsweise Privatgrundeigenthümer. Auch in Albanien gab es in früherer Zeit freie griechische Dörfer, κεφαλοχώρια genannt, welche jedoch unter Ali Pascha fast alle verschwunden sind. Die ganze griechische Bevölkerung auf dem Festlande zerfiel in Ackerbauer und Soldaten. Letztere, obgleich ihre Zahl die geringere war, bildeten doch den herrschenden Stand. An ihrer Spitze standen die Capitaine, wie sie die Griechen nannten, oder Armatolen, wie sie von den Türken genannt wurden. Die Ackerbauer bauten das der türkischen Regierung oder einem türkischen Herrn gehörige Land, im Gegensatze des freien Grundeigenthums, Tschiflik's genannt, wofür sie den Zehnten und andere Abgaben entrichteten. Auch im Peloponnes gehörte fast aller Grund und Boden, mit Ausnahme der Maina und sehr weniger anderer Dörfer, welche auch hier κεφαλοχώρια hießen, dem Sultan, welches in jedem Falle die Regel war. Diese Domainen wurden von den griechischen Bauern bearbeitet und dafür der Zehnte entrichtet. Neben diesen Ackerbauern erhielten sich aus früheren Zeiten her auch noch freie Krieger, Klephten genannt. In der Maina trug Jedermann Waffen, selbst die Priester. Andere machten die Secretaire, Dolmetscher, Pächter oder Aerzte der reichen, im Peloponnes ansässigen, türkischen Familien, und gelangten dadurch zu Reichthum und Ansehen. Beide nannte man daher die Primaten, und zwar die ersteren, weil sie die Inhaber der bewaffneten Gewalt unter den Griechen waren, die Militair-Primaten, Capitaine oder Odjacks, die letzteren, weil sie sich mehr mit Civilgeschäften abgaben und mehr nach Civilämtern strebten, die Civil-Primaten oder Codjabaschi's, bei den Griechen γεροντοπροεστοί, auch die Primaten ohne allen Beisatz. Jeder dieser Primaten oder Codjabaschi's hatte selbst wieder eine der des Pascha's ähnliche Hofhaltung, bestehend aus einem Secretair (γραμματικός), welcher eigentlich die dem Primaten obliegenden Geschäfte besorgte, da dieser gewöhnlich nicht schreiben konnte, aus einem Arzte (ἰατροφιλόσοφος), einem Geistlichen und einer zahlreichen Dienerschaft. Die Odjaks und Codjabaschi's waren unter sich in fortwährendem Kampfe begriffen, und nur das gemeinschaftliche Interesse vereinigte sie von Zeit zu Zeit. Beide trugen zur Vermehrung des Druckes der türkischen Herrschaft wesentlich bei; die ersteren durch das von ihnen geübte Faustrecht, die letzteren dadurch, daß sie sich zu blinden Werkzeugen der türkischen Habsucht hergaben, und den gegen sie selbst von den türkischen Machthabern geübten Druck dadurch rächten, daß sie das unter ihnen stehende niedere Volk noch mehr drückten und wahrhaft mißhandelten. Eine erfreuliche Ausnahme von dem bisher beschriebenen Zustande machten die Inseln im Archipelagus, welche sich der türkischen Herrschaft eigentlich nie vollständig unterworfen hatten. Sie waren bloß tributpflichtig, theils der Favorit-Sultanin, welcher mehrere Inseln als Apanage zugetheilt waren, theils dem Kapudan-Pascha, welchem die übrigen unterthänig waren. Im Uebrigen lebten die Bewohner der Inseln ruhig, von ihren türkischen Herrschern unbemerkt und unangefochten, von dem Ertrage ihres ihnen eigenthümlich zustehenden Grundes und Bodens, von ihrem Handel und ihrer Industrie. Neben den griechischen freien Grundeigenthümern, Kauf- und Han-

2) Ueber den überwiegenden Einfluß auf die Erhaltung des griechischen Volkes, und in neueren Zeiten auch dessen Befreiung schildert J. Rizo Néroulos, Cours de littérature Grecque moderne. Genève 1828, p. 77—96. 3) Nach der Melalla. S. Leipz. Lit. Zeit. 1827. Nr. 118. 119. S. 939—946.

Handelsleuten, erhielten sich von den Zeiten der Kreuzzüge, der venetianischen Herrschaft, und der Niederlassungen der Franzosen, Genuesen und Pisaner her, auch noch viele meistens katholische Grundeigenthümer, namentlich auf den Inseln Naxos, Syra, Tinos und Santorin. Viele dieser Grundeigenthümer und Handelsleute erwarben sich Reichthümer, und besonders durch ihre fortwährenden Handelsverbindungen und sonstigen Berührungen mit auswärtigen Völkern auch Kenntnisse und Bildung, wodurch sie sich über das übrige Volk erhoben, zu größerem Ansehen und dadurch zu größerem Einflusse gelangten. Aus ihnen sind die Primaten der Inseln, sowol die griechischen, als die lateinischen Primaten *) hervorgegangen. Mit Hydra und Spezzia hatte es jedoch eine andere Bewandtniß als mit den übrigen Inseln. Spezzia war schon seit Jahrhunderten bewohnt und bevölkert; Hydra hingegen war wol von einigen albanesischen Familien bewohnt, bevölkert jedoch erst seit dem unglücklichen Aufstande der Griechen im J. 1770, wo sich viele Griechen hin flüchteten. Auf beiden Inseln zerfallen die Bewohner in Primaten, Schiffscapitaine und Matrosen. Primaten hießen die reichsten Kapitalisten auf der Insel. Ihre Würde war nicht erblich, sondern mußte von Jedem für seine Person errungen werden. Jeder konnte darnach streben und dieselbe erringen. Ein durch Handelsspeculationen reich gewordener Schiffscapitain pflegte gewöhnlich ein großes Haus auf der Insel zu erbauen und sich darin häuslich niederzulassen. Uebergab er nun dazu noch einem anderen Schiffscapitain die Leitung seines Schiffes, so war er von nun an Primat. Nach dem Wechsel des Vermögens wechselte auch die Zahl der Primaten. Die Schiffscapitaine, welche nach den Primaten die zweite Classe bildeten, waren, da sie gewöhnlich kein eigenes Vermögen besaßen, sondern sich nur mit dem Gelde der Primaten bewegten, von diesen ganz abhängig. Noch abhängiger von den Primaten war das übrige Volk, die Matrosen, welche, da sie auf dem steinigen Boden ihrer Insel sich nicht mit ihrer Hände Arbeit ernähren konnten, Alles von der Gunst der Reichen erwarten mußten. Die Primaten in Hydra und Spezzia waren daher als die Reichen die wahren Herren der Insel. Häufig vertrauten sie einem oder mehreren ihrer Söhne oder ihren nahen Verwandten die Leitung ihrer Schiffe als Capitaine an. Die ärmere Verwandtschaft mußte sich zum Matrosendienste bequemen, daher die ganze Schiffsmannschaft vom Ersten bis zum Letzten aus diesen Verwandten zu bestehen pflegte. Neben den Primaten und dem Volke, von beiden verschieden, stand die Geistlichkeit da. Muhammed II. und seine Nachfolger hatten weder der griechischen, noch der römisch-katholischen Kirche ihren Grundbesitz entrissen; vielmehr ist derselbe durch die Freigebigkeit späterer Christen noch bedeutend vermehrt, ja zu sehr großem Reichthum angehäuft worden. Durch diesen reichen Grundbesitz, noch mehr aber, als die obersten Vorsteher einer vom Staate gedrückten Kirche, erlangten die Bischöfe bis zum Patriarchen hinauf, sehr bald großes Ansehen im Staate, ja selbst einen sehr bedeutenden Einfluß auf weltliche Dinge überhaupt, von welchem später die Rede sein wird. Sie waren die geistlichen Primaten. Es gab demnach in Griechenland freie Bauern, zu welchen auch in Hydra und Spezzia die Matrosen zu zählen sind, ferner eine reiche und mächtige Geistlichkeit, endlich reiche, angesehene und einflußreiche Primaten. Eigentliche Stände aber gab es nicht, da keine dieser Classen vom Unterthanen eigene Rechte hatte. Zwar könnte man die Primaten, wozu auch die Capitaine auf dem griechischen Festlande und in der Maina zu zählen sind, einen griechischen Adel nennen. In der That liegen in ihnen die Elemente zu einem Adel verborgen, indem an vielen Orten der Stand der Primaten, sowie z. B. in der Maina der Stand der Capitaine, sogar erblich war. Allein mehr als die Elemente sind nicht vorhanden, da auch bei ihnen das Hauptkennzeichen eines Standes, ein geschlossener Stand mit besonderen Standesvorrechten, fehlt. Nur auf den ionischen Inseln, welche längere Zeit unter venetianischer Herrschaft gestanden hatten, haben sich venetianische Grafen und Nobili in Menge erhalten, welche gewisse Vorrechte haben. Alle Primaten, Geistlichen und insbesondere auch die Bauern waren persönlich frei. Sie waren zwar alle Raja's; der Zustand eines Raja brachte aber noch keine Unfreiheit mit sich. Da jedoch ihre Freiheit keinen anderen Schutz hatte, als die Willkür der türkischen Großen, so sind auch zu jeder Zeit Beispiele vorgekommen, daß auch Griechen zu Sklaven gemacht worden sind. Ueberhaupt war der Despotismus der Osmanen mehr factischer Natur, als in ihren Gesetzen, Sitten oder auch nur in ihrer Religion begründet.

2) Verwaltung und Gerichtswesen.

a) Im Allgemeinen. Die Griechen behielten auch unter der türkischen Herrschaft in mancherlei Beziehung ihre eigene Verwaltung und ihre eigenen Gerichte. Diese eigene Verwaltung war freier an dem einen Orte, als an dem anderen, je nachdem die Gemeinde oder die Provinz sich freier von der türkischen Herrschaft zu erhalten gewußt hatte. Die Bewahrung dieser Freiheiten war ihnen um so leichter möglich, je mehr ihre Beherrscher es verschmähten, griechische Sitten und Gebräuche kennen zu lernen, ja sogar die Erlernung der Sprache der Unterjochten, obschon es die herrschende Landessprache war, verschmähten. Auch hinsichtlich des Verwaltungs- und Gerichtswesens erhielt sich eine große Verschiedenheit im Peloponnes, auf dem griechischen Festlande und auf den Inseln. b) Im Peloponnes. Morea oder der Peloponnes war unter der türkischen Herrschaft, wie die übrigen türkischen Provinzen, eingetheilt in Provinzen, Städte, Burgen und Dörfer b). An der Spitze von ganz Morea stand ein Pascha, welcher seine Residenz zu-

*) Im Gewohnheitsrechte von Santorin Kap. II. u. ff. werden beide, die griechischen und die katholischen oder lateinischen Primaten in der Unterschrift genau von einander unterschieden.

b) Ihre Namen findet man bei *Pouqueville*, Voyage dans la Grèce T. III. p. 431—434.

wellen zu Nauplia, im 17. Jahrhundert in Patras, zuletzt aber in Tripolizza hatte. An der Spitze einer jeden Provinz stand, sowol vor der venetianischen Herrschaft, als nachher, ein türkischer Woiwode und Kadi. Der Woiwode war der eigentliche Regent der Provinz. Er besorgte zu gleicher Zeit die Einnahme der Steuern und anderer fiscalischer Einkünfte, und hatte für die Vollziehung der vom Kadi gesprochenen Urtheile Sorge zu tragen. Er wurde von dem Pascha ernannt und war gewöhnlich der Pachter von dessen Einkünften; daher seine Einkünfte sehr bedeutend waren, da er die Steuern auf eigene Rechnung einnahm, wozu noch Erpressungen jeder Art kamen. Der Kadi war der türkisch geistliche Richter und hatte seinen Sitz im Hauptorte der Provinz. Er war in allen Civil- und Handelssachen competent, wenn sich die Parteien an ihn wendeten. Er hatte ferner die Strafgerichtsbarkeit und Polizei, war aber zur Aburtheilung von Criminalsachen nur auf ausdrücklichen Befehl des Pascha befugt. Unter dem Woiwoden stand in jeder Provinz noch ein Boulukbaschi, der Chef der bewaffneten Polizeiwache. Jede Stadt, jede Burg, sowie jedes einzelne Dorf hatte einen eigenen Vorstand. Diese Ortsvorstände hießen Demogeronten, Archonten, an anderen Orten auch Geronten, auch Proestes (προεστῶς). Sie waren die Einnehmer der Localeinkünfte, die Verwalter des Gemeindevermögens, sowie des Gemeindewesens überhaupt. Bei Civilstreitigkeiten hatten sie, nach der gewöhnlichen Ansicht, als Schiedsrichter zu entscheiden; auch hatten sie die Orts- und Feldpolizei zu handhaben. Die eigentliche Strafgerichtsbarkeit stand jedoch dem türkischen Kadi zu. Die Wahl der Ortsvorsteher geschah durch das Volk selbst, wobei Stimmenmehrheit entschied; vor dem Eintritt in das Amt bedurften sie der Bestätigung der türkischen Behörden. Die Repräsentanten des griechischen Volkes waren in jeder Provinz die erwähnten Ortsvorsteher. Sie wurden jedes Jahr von dem Woiwoden zusammenberufen; es konnte dies jedoch auch noch öfter geschehen, wenn der Woiwode oder Pascha ihres Rathes bedurfte. Der Ort der Versammlung war stets der Sitz des Kadi, also der Hauptort der Provinz. Die Gegenwart des Woiwoden bei der Versammlung war nothwendig; den Vorsitz hatte aber von Rechtswegen der Kadi. In diesen jährlichen Provinzialversammlungen wählte man zwei Primaten und einen Schatzmeister. Von den beiden Primaten war der eine stets ein Grieche und hieß insgemein der Primat ohne allen Beisatz oder auch Codjabaschi; der andere war ein Türke und führte den Namen Ayan. Diese Wahlen geschahen unter dem Vorsitze des Kadi im Beisein des Woiwoden und sämmtlicher Ayane der Provinz durch die Ortsvorstände, wobei Stimmenmehrheit entschied. Nach Beendigung der Wahl mußte der Kadi an die Versammlung nochmals die Frage stellen, ob sie bei der stattgehabten Wahl beharre, und nach erhaltener bestätigender Antwort deren Ergebniß den Erwählten schriftlich bekannt machen. Die Amtsgewalt der erwählten Primaten, Ayane und Schatzmeister dauerte nur ein Jahr. Vor dem Antritte ihres Amtes mußten sie dem türkischen Richter versprechen, das Interesse des griechischen Volkes bei jeder Gelegenheit zu vertreten und zu beschützen. Der Primat und der Schatzmeister mußten sich stets in der Nähe des Woiwoden aufhalten, weil sie den Provinzialrath bildeten, in welchem die Vollziehung der Befehle des Pascha's sowol, wie sämmtliche Angelegenheiten der Provinz überhaupt berathen zu werden pflegten. Namentlich durften ohne die Zustimmung dieses Provinzialrathes keine Steuern, weder für die Bedürfnisse des ganzen Landes, noch auch nur für die Bedürfnisse der einzelnen Orte ausgeschrieben werden. Verschieden von diesem Provinzialrathe waren die aus den erwähnten Ortsvorständen sämmtlicher Städte, Burgen und Dörfer bestehenden Provinzialversammlungen. Ihrer Zustimmung bedurfte es zur Gültigkeit der Steuern; sie hatten ferner die Vertheilung der bewilligten Steuern unter die einzelnen Gemeinden und Familien, nach dem Maßstabe der Mittel einer jeden derselben. Zuweilen wurden auch in diesen Provinzialversammlungen Civilstreitigkeiten entschieden. Am Ende des Jahres mußte der Schatzmeister der Provinz diesem Provinzialrathe sämmtliche Rechnungen des abgelaufenen Jahres vorlegen, zu deren Prüfung der Provinzialrath erst eine Commission ernannte, und sodann die Provinzialversammlung berief. Wurde bei den nach einander vorgenommenen Prüfungen ein Misbrauch des Schatzmeisters entdeckt, so berichtete die Provinzialversammlung an den Kadi, und dieser weiter an den Pascha, welcher sodann den schuldig Befundenen zu strafen hatte. Auch der oben erwähnte Boulukbaschi war, obschon unter dem Woiwoden stehend, von dem Provinzialrathe abhängig, weil dieser ihn seines Dienstes nach Willkür entsetzen durfte. Auch die Mitglieder des Provinzialrathes waren nicht ganz unabhängig, weil sie am Ende ihres Verwaltungsjahres ihren Bevollmächtigten, den zur Provinzialversammlung vereinigten Ortsvorständen, Rechnung ablegen mußten. Die Provinzialversammlung, wenn sie mit ihrer Verwaltung unzufrieden war, berichtete, wie bei den Schatzmeistern, an den Pascha, welchem die Bestrafung des Schuldigen überlassen wurde. War die Provinzialversammlung mit ihrer Verwaltung zufrieden, so berichtete sie auch darüber an den Pascha, welcher in diesem Falle dieselben auch für das folgende Jahr in ihrer Stelle bestätigen konnte. Der Primat hatte besondere Rechte und Verbindlichkeiten. Er war der natürliche Vertheidiger und Vertreter eines jeden verfolgten und unterdrückten Griechen, sowol in Civilsachen, als in Criminalsachen. Bei Abschließung eines Contracts von Seiten eines Griechen wurde ein Primat zugezogen und von ihm die Urkunde mit unterschrieben. Ebenso wurde der Primat bei dem Vormundschaftswesen zugezogen, und ihm dabei ein nicht unbedeutender Einfluß verstattet. Insbesondere sollte der Primat dem Griechen bei einem Civilprocesse desselben mit einem Türken vor dem Kadi seinen Schutz angedeihen lassen; noch mehr aber bei Strafprocessen, welche der Kadi gegen einen Griechen nur in Gegenwart eines Primaten einleiten und verhandeln sollte. Bei wichtigen Strafprocessen war außer der Gegenwart des Primaten auch noch die des

Agen und des Woiwoden nothwendig, von denen Jeder den Beschädigten schützen sollte. Den Haupteinfluß hatte auch hier wieder der Primat, da er von dem Urtheile an den Pascha appelliren durfte. Ebenso bedeutend war der Einfluß des Primaten auf die Provinzialverwaltung, da er der Vollziehung eines jeden Befehls des Woiwoden, welche er zu drückend oder zu lästig für das griechische Volk erachtete, sich zu widersetzen befugt war. Bei Meinungsverschiedenheiten oder sonstigem Zwiespalt zwischen dem Woiwoden und dem Primaten war letzterer berechtigt, die Ortsvorstände sämmtlicher Städte, Burgen und Dörfer zu einer Provinzialversammlung zu berufen, und dieser den streitigen Punkt zur Entscheidung vorzulegen. Gelangte dieselbe nicht zum Ziele, so hatte sie durch den Kadi an den Pascha zu berichten. Derselbe Weg wurde in allen schwierigen Fällen eingeschlagen. Bei Klagen gegen Bedrückungen des Woiwoden war der Primat sogar befugt, gemeinschaftlich mit dem Kadi den Woiwoden von seinem Amte zu suspendiren; er war jedoch sofort an den Pascha zu berichten, und diesem die Entscheidung anheim zu geben. Gewöhnlich wurden die Woiwoden auf die geringsten Beschwerden der Primaten entfernt. Der oberste Justiz- und Verwaltungsbeamte im Paschalik war der Pascha selbst. Ihm zur Seite stand, weil er als Türke der griechischen Sprache unkundig war, ein griechischer Dolmetscher, welcher, da alle Geschäfte durch seine Hände an den Pascha gelangten, und durch ihn alle Befehle besorgt wurden, der wahre Verwalter des Paschalik's war. Diesen Dolmetscher ernannte auf Vorschlag des Pfortendolmetschers zu Constantinopel die türkische Regierung. Auch er war ein mächtiger Beschützer und Vertreter eines jeden Griechen. Außer dem Dolmetscher stand dem Pascha noch ein Rath zur Seite, welcher das griechische Volk im ganzen Paschalik repräsentirte. Dieser Rath bestand aus den griechischen Primaten und den türkischen Agaen, deren jede Provinz zwei zu wählen und an die Residenz des Pascha's zu senden hatte. Dem versammelten Rathe wurden alle das griechische Volk angehenden Angelegenheiten des Paschaliks zur Berathung vorgelegt, namentlich auch die Vertheilung der Steuern, welche der Pascha erheben wollte, überlassen. Eine besondere Verwaltung hatte die Maina. Diese hatte sich weder der türkischen, noch der venetianischen Herrschaft jemals vollständig unterworfen. Nur Mistra mit seinen Umgebungen hatte sich schon längst vor der venetianischen Herrschaft in Morea den Osmanen unterworfen. Mistra mit Koron und Malvasia bildeten zusammen eine eigene vom Pascha von Morea unabhängige Provinz, an deren Spitze ein türkischer Bey, ein Aga, ein Woiwode und ein türkischer Mula, eine höhere Art von Kadi standen. In den einzelnen griechischen Dörfern standen sich aber jedes Jahr vom Volke gewählte Gerontes oder Vecchiardoi oder Vecchiardei, welche die Steuern zu erheben und als Schiedsrichter die Streitigkeiten zu schlichten hatten. Bis in die letzten Zeiten vor dem griechischen Freiheitskampfe ist in Mistra ein türkischer Woiwode geblieben. Die eigentliche Maina hat sich jedoch niemals ganz unterworfen, und hat daher bis auf die neueste Zeit ihre besondere und ganz eigenthümliche Verwaltung gehabt. Vor dem J. 1770 bestand die ganze Abhängigkeit der Mainoten von der Pforte darin, daß sie einen jährlichen Tribut von 4000 Piastern bezahlen sollten, den sie wahrscheinlich auch nicht einmal entrichtet haben. Im Uebrigen waren sie völlig unabhängig. Jede Stadt, jede Burg, sowie jedes Dorf hatte seinen eigenen durch das Volk gewählten Vorstand unter dem Namen Capitain. In mehreren Theilen der Maina waren mehrere Dörfer unter einem Capitain, gewissermaßen in einer Gemeinde, in eine Capitanei (καπετανία) vereinigt. Diese Capitaine hatten die ganze Civil- und Militärgewalt, insbesondere auch die Erhebung der Steuern. Ueber diesen Stadt- und Dorfcapitainen standen wieder in manchen Theilen der Maina die Bezirkscapitaine. Ueber die Zahl der Bezirke oder Capitanerien, in welche die Maina getheilt war, sind die Angaben verschieden [6]. Das Richtige scheint zu sein, daß nicht die ganze Maina in solche Bezirke oder größere Capitanerien eingetheilt gewesen ist, daß vielmehr manche Stadt- und Dorfcapitaine unmittelbar unter dem Bey gestanden haben, andere ganz frei und unabhängig, sogar von dem Bey, gewesen sind [7]. Die aus der ganzen Maina versammelten Capitaine bildeten den Landrath der Maina, welcher sämmtliche Angelegenheiten des Landes zu berathen und zu entscheiden hatte. An der Spitze dieses Landrathes stand ein von den versammelten Capitainen nach Stimmenmehrheit gewählter Capitain, welcher den Titel Chef der Capitaine oder der oberste Capitain zu führen pflegte. Im J. 1680 wurde den Mainoten, um sie gegen die Venetianer für die Türken zu gewinnen, ein Mainote als Bey der Maina vorgesetzt. Nach dem unglücklichen Aufstande der Griechen in den Jahren 1769 und 1770 wurde in der Verwaltung Manches geändert. Der jährlich an die Pforte zu bezahlende Tribut wurde auf 15,000 Piaster erhöht. Der vorher erwähnte oberste Capitain sollte vom Sultan auf Lebenszeit unter den Eingebornen ernannt werden und den Titel Bey (Fürst) führen. In der That war diese Ernennung von Seiten der Pforte aber nur eine bloße Bestätigung, da die Mainoten nach wie vor ihr Oberhaupt wählten. Der neue Fürst fügte gewöhnlich seinem Taufnamen den erwähnten Titel bei. Er hatte die für die Landesbedürfnisse nöthigen Steuern zu erheben, davon jedes Jahr den Tribut an den Kapudan Pascha nach Constantinopel einzusenden, für Ruhe und Ordnung im Lande zu sorgen, und war daher der oberste Anführer der bewaffneten Macht. Für die Rechtspflege in der Maina geschah von Seiten des Staates gar Nichts. Sie war nämlich reine Privatsache, bloße Familienangelegenheit. Hatte nämlich der Eine etwas gegen den Anderen, und wollte er nicht lieber zu den Waffen greifen, so wurde der Familienrath der streitenden Theile versammelt, um die Ver-

6) Nach *Anast. Savary*, Voyage T. III. p. 388, gab es 4 solcher Bezirke, nach *Leake*, Morea T. I. p. 315. 316. 7, nach *Pouqueville*, Voyage T. III. p. 430 noch viel mehr. 7) Maurer a. a. O. Bd. 1. S. 73.

teien zu versöhnen oder zu richten. Dies geschah sowol in Civilsachen als in Strafsachen. c) Auf den griechischen Inseln *). Auch die Inseln des griechischen Archipelagus befanden sich in einer ähnlichen Lage, wie die Maina. Ihre Bewohner haben sich nie ganz der türkischen Herrschaft unterworfen; sie erhielten große Freiheiten, waren blos tributpflichtig, und ließen die Türken niemals festen Fuß auf ihren Inseln fassen. Sie hatten keinen Pascha über sich, sondern standen unmittelbar unter dem entfernten Kapudan Pascha. Nur die Inseln Tinos und Andros waren der jedesmaligen Favorit-Sultanin als Apanage zugewiesen, welche auf einer jeden dieser Inseln durch einen dahin gesendeten Aga die Functionen eines Woiwoden ausüben ließ. Auf den unter dem Kapudan Pascha stehenden Inseln bestanden folgende Einrichtungen. Am Anfange eines jeden Jahres versammelten sich an einem dazu bestimmten Orte sämmtliche Primaten einer jeden Insel zur Wahl ihrer Vorsteher. Sie hießen hier und da Proestoi, insgemein aber Archonten, in Aegina und Naxos Epitropi oder die Alten, in Tinos Geronten. Die Anzahl dieser Gemeindevorsteher war an den verschiedenen Orten verschieden. Bei den Wahlen dieser Gemeindevorsteher wurde nach Mehrheit der Stimmen entschieden. Die Wahl galt aber immer nur auf ein Jahr. Die neuen Gemeindevorsteher hatten nach Antritt ihres Amtes zuerst von ihren Vorgängern im Amte Rechnungsablegung über die im vorhergehenden Jahre gemachten Ausgaben zu fordern, zu gleicher Zeit eine Uebersicht über die nothwendigen Ausgaben des nächstfolgenden Jahres herzustellen, und sodann Commissaire nach Constantinopel zu senden, um dort den verlangten Tribut auszuzahlen. Erst nach der Rückkehr dieser Commissaire wurden die Einnahmen und Ausgaben für das nächste Jahr definitiv festgesetzt. Die Gemeindevorsteher waren, auch auf den Inseln, welche einen Kadi hatten, die Richter in Civilsachen. Sie waren jedoch nach der gewöhnlichen Ansicht bloße Schiedsrichter, und man konnte von ihren Entscheidungen an den Interpreten der Inseln appelliren, welcher auch auf ihnen dieselbe wichtige Rolle hatte, wie der Dolmetscher des Pascha's im Peloponnes. Ueberhaupt waren die Insulaner verbunden, allen Anordnungen ihrer Archonten Folge zu leisten. Ueber diesen Gemeindebeamten stand auf den meisten Inseln ein Woiwode als oberster Verwaltungsbeamter. Früher pflegte jede Insel, oder wenigstens mehrere Inseln zusammen, einen türkischen Woiwoden und einen Kadi zu haben. Allein schon im 17. Jahrhundert haben manche Inseln, z. B. Aegina, Paros und Kouluri, bei dem Kapudan Pascha diese, wegen der stattgehabten Erpressungen, so lästigen Aemter losgekauft. Später pflegten nur noch die Inseln, welche es ausdrücklich verlangten, vom Kapudan Pascha einen Woiwoden zu erhalten, gewöhnlich einen von den Insulanern selbst vorgeschlagenen Griechen. Ein Kadi kommt aber auch in späteren Zeiten noch vor, z. B. in Milos, Santorin, Chios, Lesbos, Samos, Patmos u. s. w. Er war auf manchen Inseln, z. B. in Paros, ein Grieche. Der Kadi sollte niemals ohne die Gemeindevorsteher zu Gericht sitzen, welche zu gleicher Zeit eine Aufsicht über ihn führten, z. B. in Milos. Der Woiwode erhielt gewöhnlich von Seiten der Pforte eine schriftliche Instruction, deren ganzer Inhalt jedoch insgemein nur in dem Auftrage bestand, die unter den Griechen entstandenen Streitigkeiten gemeinschaftlich mit den stets beizuziehenden Archonten, nach den Gesetzen und Gewohnheiten des Landes zu schlichten. Der Woiwode war zu gleicher Zeit der Pachter der Einkünfte des Kapudan Pascha. Er war also der Einnehmer, der Verwalter und, wo es keinen Kadi gab, auch der Richter der Griechen, z. B. in Milos. d) Auf dem griechischen Festlande. Das Verwaltungs- und Gerichtswesen des griechischen Festlandes war in vielen Beziehungen dem des Peloponnesos sehr ähnlich. Wie dort, so stand nämlich auch hier an der Spitze der meisten Provinzen, in früherer und in späterer Zeit, ein türkischer Woiwode oder Unterbaschi. Nur in Rumelien war es ein Beulukbaschi, wie ihn die Türken nannten, oder nach der Benennung der Griechen ein Capitain. Die Woiwoden oder Unterbaschi's und Beulukbaschi's hatten dieselben Functionen, wie die Woiwoden in Morea und auf den Inseln. Sie waren die Verwaltungsbeamten und hauptsächlich die Einnehmer der öffentlichen Einkünfte, welche sie auf eigene Rechnung gepachtet hatten. Ernannt wurden sie von demjenigen, welcher die Einkünfte des Bezirks zu beziehen hatte. Auch türkische Kadis gab es in allen Theilen von Festgriechenland, welchen, wie in den anderen Theilen von Griechenland, die ausschließliche Gerichtsbarkeit in Criminal- und Polizeisachen zustand. Ebenso gab es in Rumelien auch Ayane, wahrscheinlich mit denselben Functionen, wie im Peloponnes. Desgleichen fand man überall griechische Gemeinden mit griechischen Gemeindevorstehern, gewöhnlich Demogeronten und Archonten genannt, aber auch unter anderem Namen vorkommend. Auch einen Provinzialrath gab es auf dem griechischen Festlande. In Rumelien wurden jedoch die Primaten auf eigenthümliche Weise gewählt. Es gab nämlich daselbst keine directen Wahlen, wie im Peloponnes und auf den Inseln; vielmehr ernannte zuerst jede Stadt, jede Burg und jedes Dorf einen Primaten. Die auf solche Weise erwählten Primaten vereinigten sich zu einer Generalversammlung, um hier die Primaten für den Provinzialrath, d. h. den Codja-Baschi für die Provinz, nach Stimmenmehrheit zu wählen. Die ernannten Primaten waren in manchen Theilen der Provinz lebenslängliche Mitglieder dieses Provinzialrathes, in anderen Gegenden sogar erbliche, an noch anderen Orten hingegen nur für zwei oder drei Jahre. Diese Primatenwahlen waren ganz frei und jede Einmischung einer Verwaltungsbehörde oder Gerichtsstelle unzulässig. In den Provinzialversammlungen wurden die öffentlichen Angelegenheiten der Provinz verhandelt, namentlich auch kirchliche Angelegenheiten, Processe, Steuerangelegenheiten und dergl.

*) Hier ist nur von den Inseln, welche unter türkischer Herrschaft standen, die Rede. Die unter der Herrschaft Venedigs gestandenen Inseln hatten auch venetianische Einrichtungen.

Obwol die den Bewohnern des griechischen Festlandes gemachten Auflagen fast unerschwinglich waren, so pflegte doch keine Steuer ohne Zustimmung der Primaten erhoben zu werden. Auf diese kam daher Alles an. In den Provinzen, wo ehrliche und brave Primaten das Land zu berathen hatten, war die Verwaltung erträglich, und die Bedrückungen der Pascha's weniger bedeutend. Ueberhaupt war die Lage der Bewohner Rumeliens weit schlechter, als der griechischen Bevölkerung im Peloponnes und auf den Inseln, da letztere manche Freiheiten genossen, welche den Rumelioten gänzlich mangelten. Namentlich pflegten die Primaten des Peloponnesos sich regelmäßig ein oder zwei Mal im Jahre am Wohnsitze des Pascha's zu versammeln, um die Angelegenheiten ihres Landes zu berathen und zu besorgen. Außerdem hatten sie noch in Constantinopel selbst ihre bevollmächtigten Vertreter, deren Anwesenheit und Einfluß in dieser Hauptstadt viele Mißbräuche der Pascha's verhinderte. Die Bewohner des griechischen Festlandes waren ohne diese Vorrechte. Sie hatten keine Vertreter und hingen daher ganz von der Willkür ihrer Pascha's ab. c) Kanzler oder Notare. Der Gebrauch der Notare oder Kanzler scheint mit dem geistlichen Rechte zusammenzuhängen. Die griechischen Bischöfe hatten von jeher ihre Kanzler, welche die Testamente und andere weltliche Urkunden abfassen und mit unterschreiben mußten [9]). Ebenso hatten auch die Katholiken auf den Inseln schon im 16. Jahrhundert ihre eigenen katholischen Notare. In den letzten Zeiten der türkischen Herrschaft vor dem griechischen Freiheitskampfe hatte jeder griechische und katholische Bischof seinen eigenen griechischen und katholischen Kanzler. Später haben auch die griechischen Gemeinden solche Kanzler angenommen. Namentlich auf den Inseln waren sie sehr verbreitet. Auf dem festen Lande waren sie seltener. Diese Kanzler pflegten vom Volke erwählt zu werden. Sie hatten die Contracte, Testamente, Eheverträge, die Inventare bei hinterlassenen Erbschaften und sonstige Urkunden abzufassen und in öffentliche Bücher einzutragen, dann diese Bücher und Urkunden zu bewahren, und die zu deponirenden Gelder, wenn sie der Gegner nicht annehmen wollte, in Verwahrung zu nehmen. f) Dragomane. Bei einem Volke, wie das türkische, welches die Erlernung der Sprache der ihm unterworfenen Völker verschmähte, spielten die Dolmetscher nothwendig eine wichtige Rolle. Jeder türkische Beamte, welcher vermöge seines Amtes mit Griechen zu verkehren hatte, pflegte einen solchen zur Seite zu haben, welcher dann eigentlich die Geschäfte besorgte. Die einflußreichsten Dragomane waren die des Pascha's, von welchen schon die Rede war; dann der Großdragoman des Kapudan Pascha, vorzüglich aber der Großdolmetscher der Pforte selbst. Die Inseln standen unmittelbar unter dem Kapudan Pascha. Sein Dolmetscher hatte den Titel als Großdragoman der kaiserlichen Flotte und war der Stellvertreter der Inseln bei dem Kapudan Pascha, weshalb sich die griechischen Inseln an ihn mit ihren Anliegen zu wenden hatten. An ihn gingen insbesondere auch die Appellationen von den Richtern. Da auf seinen Bericht Alles entschieden wurde, so war er der wahre Regent der griechischen Inseln. Er heißt namentlich auch der Bewahrer der griechischen Gesetze. Auch die Großdolmetscher der Pforte hatten ursprünglich nur zu übersetzen. Sie wurden aber sehr bald die einflußreichsten Rathgeber der Pforte, bildeten einen Theil des Ministeriums, insbesondere des Reis Effendi, und waren im Besitze großer Begünstigungen und Privilegien. Da sie in alle Geheimnisse des Serails eingeweiht waren, so führten sie den Titel eines Vertrauten der Geheimnisse des Reiches, oder eines geheimen Rathes und des Erlauchtesten (ἐξ ἀπορρήτων und ἰλλουστριότατος).

5) Einfluß der Geistlichkeit auf weltliche Dinge.

Die von der Geistlichkeit ausgeübte Gerichtsbarkeit, nicht blos in rein geistlichen Sachen, wird von den Hauptschriftstellern über den Rechtszustand der Griechen unter türkischer Herrschaft, Maurer und Geib [10]), als eine rein schiedsrichterliche betrachtet. Die freiwillige Unterwerfung der Parteien soll bei weitem mehr, als die verschiedenen bestätigten Privilegien der Sultane, die Ursache gewesen sein, daß die geistliche Gerichtsbarkeit im Laufe der Zeit sich allmälig immer mehr ausbildete und nach und nach zu einem solchen Ansehen gelangte, daß nicht blos Griechen in Streitigkeiten mit ihren Landsleuten, sondern selbst Juden, ja sogar Türken, wenn sie gegen Griechen als Kläger auftraten, sich häufig derselben unterwarfen. Durch diese hohe und allgemeine Achtung, welche durch den eigenthümlichen Charakter der türkischen Rechtspflege, bei welcher gewöhnlich nicht die Stärke des Rechts, sondern die Größe des versprochenen Geschenks das Urtheil zu bestimmen pflegte, noch besonders erhöht wurde, soll jene Gerichtsbarkeit der Geistlichen sich allmälig zu einem wohlgeordneten System, mit einer gewissen Art von Unterordnung und eigentlichem Instanzenverhältnisse, gebildet haben. Betrachten wir zuvörderst die Gerichtsbarkeit der geistlichen Behörden selbst, ohne vorerst nach deren Ursprung zu fragen, so ist Folgendes darüber zu bemerken. In Constantinopel wurde die Gerichtsbarkeit in Ansehung aller daselbst wohnenden Griechen von dem Patriarchen selbst ausgeübt, dessen Urtheilssprüche vor allen anderen besonderes Ansehen genossen. Der Patriarch konnte aber bei Ausübung dieser richterlichen Functionen niemals allein handeln, sondern er bedurfte dazu immer der Mitwirkung eines eigenen Collegiums (Synodos), welches aus den

9) Epistola Metrophanis, Metropolitae aus der Mitte des 16. Jahrhunderts bei Mart. Crusius, Turco-Graeciae libri VIII. (Basileae 1584) p. 298 ..... „ut sibi notarii omnes mandentur cives scribae, et scribere possent et notare, quaecunque inciderent ecclesiastica negotia, ac caeteras politicas res et contractus. Id vero munus, jam pridem a magna Dei ecclesia donatum et concessum fuit Joanni Zygomalae, ejusdem Naupliensis civitatis rhetori etc." Ein anderer Brief ähnlichen Inhalts v. 1560 eb. p. 268.

10) Maurer a. a. O. Bd. I. S. 93 fg. Geib a. a. O. S. 6 fg.

vornehmsten zu Constantinopel lebenden Geistlichen und zugleich aus mehreren der angesehensten dortigen Laien zusammengesetzt war. Dieses Capitel hielt, unter dem Vorsitze des Patriarchen, regelmäßig jede Woche zweimal, Mittwochs und Freitags, feierliche Versammlungen (Divan) und entschied hier nicht blos alle vorgebrachten Civilrechtsstreitigkeiten, sondern übte auch hinsichtlich der von Griechen begangenen Verbrechen eine bedeutende Criminaljurisdiction aus. Auf dieselbe Weise, wie der Patriarch zu Constantinopel, verwalteten auch die Bischöfe und Erzbischöfe in ihren Sprengeln, ebenfalls unter Mitwirkung eines aus Geistlichen und Laien gebildeten Capitels, die bürgerliche Gerichtsbarkeit, obgleich die Versammlungen, welche sie zu diesem Zwecke hielten, schon wegen der geringeren Zahl der ihrer Gerichtsbarkeit untergebenen Glaubensgenossen, nicht so häufig vorkamen, und überdies auch ihre Competenz, namentlich in Strafsachen, viel beschränkter war. Die Urtheile der Bischöfe und Erzbischöfe standen nun zwar, nach Verhältniß ihrer niedrigeren geistlichen Würde, in geringerem Ansehen, als die Entscheidungen des Patriarchen; dennoch aber fand zwischen beiden kein eigentliches Verhältniß der Unterordnung in der Art statt, daß die Urtheilssprüche der ersteren, auf eingewendete Berufung, von dem Patriarchen umgestoßen werden konnten; vielmehr hatten sämmtliche Entscheidungen der Geistlichkeit nach Außen gleiche Wirksamkeit. Als einzige Appellationsinstanz galt nur die heilige Synode zu Constantinopel, welche ebenso, wie die einzelnen Capitel, aus einer Anzahl von Erzbischöfen und Bischöfen und mehreren vornehmen griechischen Laien zusammengesetzt war, und in der Regel gleichfalls wöchentlich zweimal Sitzungen hielt. An diese Synode konnte sich nun Jeder wenden, welcher seine Rechte durch den Ausspruch eines Bischofs oder des Patriarchen verletzt glaubte, und dieselbe konnte die Entscheidungen beider nach eigenem Ermessen abändern. Doch konnte eine solche Abänderung der Aussprüche des Patriarchen nicht leicht vorkommen, da er in der Synode regelmäßig den Vorsitz führte und daher auf ihre Beschlüsse entscheidenden Einfluß ausübte. So genau auch auf diese Weise die Gerichtsbarkeit der Geistlichen bestimmt erscheint, so sollen dieselben doch nach der Ansicht beider angeführten Schriftsteller nicht als eigentliche Richter, denen ein eigentlicher Gerichtszwang zugekommen wäre, sondern nur als freiwillige Schiedsrichter zu betrachten sein, sodaß es in der Willkür eines Jeden gestanden habe, seinen Rechtsstreit entweder der Entscheidung dieser geistlichen Gerichte, oder aber der der gewöhnlichen weltlichen Behörde, des türkischen Kadi, zu überlassen. Dagegen soll in Ermangelung des äußeren Zwanges der innere oder Gewissenszwang darauf gewirkt haben, daß sich die Parteien der geistlichen Gerichtsbarkeit unterwarfen. Bald nämlich sei die Ansicht entstanden, und theils von der Geistlichkeit selbst, theils von allen denjenigen, welche auf eine einstige Wiedergeburt ihres Vaterlandes hofften, und daher auf jede Weise die Absonderung des Volkes von den Türken zu bewirken und zu erhalten suchten, nach wohlberechnetem Plane auf das Trefflichste benutzt und weiter verbreitet worden, daß es für alle rechtgläubigen Christen ein Verbrechen an ihrer Religion sei, den Ausspruch, selbst über zeitliche Güter, dem Urtheile ungläubiger Richter zu unterwerfen, welche überdies mit ihren Sitten und Gebräuchen unbekannt und daher selbst bei dem besten Willen unfähig seien, ihre Verhältnisse richtig zu beurtheilen. Diejenigen, welche dennoch den türkischen Gerichten sich unterwerfen wollten, seien überdies mit Excommunication bedroht und öffentlich in allen Kirchen als Verräther an ihrer Religion und des griechischen Namens Unwürdige dargestellt worden, mit welchen jeder wahre Grieche keinen weiteren Umgang haben könne und jede Verbindung mit ihnen abbrechen müsse. Auf diese Weise sei es, durch das Zusammenwirken von Nationalgefühl, Religionshaß und Aberglauben mehr noch als durch die inneren Gebrechen der türkischen Gerichte selbst geschehen, daß dieselben fast allgemein ihren Einfluß verloren, und daß man es allgemein vorzog, obwaltende Rechtsstreitigkeiten entweder in Güte beizulegen, oder aber, was der gewöhnliche Fall gewesen sei, der Entscheidung der zuständigen Geistlichkeit anheimzustellen. Das Verfahren sei nach dem Charakter der ganzen Gerichtsbarkeit als einer schiedsrichterlichen, höchst einfach und ohne alle strengen Regeln gewesen. Die Parteien wären nach vorheriger Vorladung an einem bestimmten Tage erschienen und hätten ihre gegenseitigen Beweisstücke vorgelegt, worauf gewöhnlich sofort die Entscheidung ertheilt worden sei. Die gewöhnliche Art des Beweises sei, bei der häufig eintretenden Unmöglichkeit, sich eigentliche Beweismittel zu verschaffen, nothwendig der Eid gewesen, und so allgemein sei die Ansicht von dessen Heiligkeit gewesen, daß falsche Eide nur sehr selten vorgekommen sein sollen. In den seltenen Fällen, wo ein eigenes Beweisverfahren für nothwendig erachtet wurde, und die von den Parteien selbst vorgelegten Beweise nicht als hinreichend gelten konnten, habe man sich hierzu, namentlich zur Erlangung von Zeugenaussagen, des Beweises durch Excommunication (ἀποκάλυψις ἐπ' ἀφορισμῷ) bedient, eines Rechtsinstituts, welches in hohem Grade national geworden zu sein scheine, da dasselbe sogar noch in die vom Präsidenten Capodistrias im J. 1830 publicirte Proceßordnung ausdrücklich aufgenommen worden sei. Ueberall nämlich, wo aus irgend einem Grunde zu vermuthen war, daß Einer oder der Andere, welchen aber die Parteien selbst nicht kannten, über den Gegenstand des Streites Auskunft zu geben im Stande sei, sei es Sitte der Bischöfe gewesen, den fraglichen Fall in feierlicher Kirchenversammlung öffentlich bekannt zu machen, und einen Jeden, der hiervon irgend eine Kenntniß habe, unter Androhung ewiger Strafen und der Excommunication, aufzufordern, an einem bestimmten Tage zur Ablegung seines Zeugnisses vor dem Bischofe zu erscheinen — ein Verfahren, welches niemals seine Wirkung verfehlt habe. Aus dem ganzen Wesen der geistlichen Gerichtsbarkeit als einer rein schiedsrichterlichen ergebe sich von selbst, daß hinsichtlich der Execution der gesprochenen Urtheile ein eigentlicher Zwang im Grunde niemals habe stattfinden können, sondern daß am Ende

Alles auf den freien Willen des unterliegenden Theiles angekommen sei. Das einzige hier den Bischöfen zu Gebote stehende Mittel sei höchstens wieder die Androhung kirchlicher Strafen, namentlich der Excommunication gewesen. Allein nach dem ganzen Verhältnisse, in welchem die Geistlichkeit zu dem Volke stand, sei ein solcher Zwang, wie er anderwärts zur Vollziehung richterlicher Urtheile erforderlich ist, in der Regel ziemlich unnöthig gewesen, und ein gewisses Gefühl von Verehrung und heiliger Scheu habe gewöhnlich ebenso viel bewirkt, als alle unsere sogenannten Executionsmittel in dieser Beziehung zu bewirken vermöchten. Wiewol nun die geistlichen Gerichte die Hauptsache waren, so waren doch nach der Ansicht beider oben genannten Schriftsteller eigentlich nur die türkischen Richter die gesetzlichen Richter in allen Sachen, mit Ausnahme einiger wenigen, welche ausdrücklich vor das geistliche Forum gehörten. — Nach dieser Darstellung hat sich also die Gerichtsbarkeit der Geistlichen und Archonten erst allmälig unter der Herrschaft der Türken factisch ausgebildet. Gegen diese Meinung lassen sich jedoch manche Zweifel erheben [11]). Es ist weit wahrscheinlicher, daß diejenige Gerichtsverfassung, welche vor der türkischen Eroberung in dem byzantinischen Reiche bestand, auch unter der türkischen Herrschaft, theils mit ausdrücklicher oder stillschweigender Genehmigung der Sultane, theils blos factisch fortgedauert hat. Die Geistlichen suchten überdies, wie dies ja auch im Occident geschehen ist, ihre Competenz immer weiter auszudehnen. Es kann also nicht von einem Entstehen, sondern nur von einem Fortdauern der geistlichen Gerichtsbarkeit unter der Herrschaft der Türken die Rede sein. Kann auch diese Behauptung bis jetzt noch nicht zur Gewißheit erhoben werden, da es dermalen noch an genaueren Untersuchungen der Gerichtsverfassung nicht nur der unmittelbar aus den Händen der byzantinischen Kaiser in die der Türken gefallenen, sondern auch der von den Lateinern den Byzantinern abgenommenen und hernach unter türkische Botmäßigkeit gekommenen Länder gebricht, so ist doch schon im Allgemeinen dafür anzuführen, daß die Sieger, die Türken, in der Kunst der Organisirung eines eroberten Landes wol zu wenige Fortschritte gemacht hatten, auch auf die Besiegten zu hochmüthig hinabsahen, als daß sie die Gerichtsverfassung, unter welcher die Griechen bisher gestanden hatten, überhaupt oder planmäßig abzuändern hätten gemeint oder geneigt sein sollen. Die Darstellung der Gerichtsverfassung im byzantinischen Reiche vor der türkischen Eroberung ist hier nicht am Orte [12]). Was die Theilnahme der Geistlichkeit an der Rechtspflege auch in rein bürgerlichen Sachen betrifft, ist Folgendes zu bemerken. Nach dem Zeugnisse des Gregoras in seiner byzantinischen Geschichte [13]) hat der jüngere Andronicus Paläologus im zweiten Jahre seiner Regierung (1329) in der Gerichtsverfassung eine bedeutende Veränderung vorgenommen. Er setzte vier Oberrichter (καθολικοὶ κριταί) ein, von denen einer ein Bischof war. Er forderte von ihnen einen Eid, ihr Urtheil ohne Rücksicht auf die Person der Parteien, und ohne Geschenke anzunehmen, abzugeben. Der Kaiser ließ keine Entschuldigung wegen Bestechung zu. Dieser Gerichtshof bestand zuerst aus dem Metropoliten von Apros, dem Diskophylax und Archidiakonus Klidas, und zwei anderen Richtern, deren Namen unbekannt sind. Auf die Installation dieser Oberrichter beziehen sich einige ὁρκωμοτικὰ und προστάγματα, welche sich zum ersten Mal in den Handschriften des Prochiron, bald am Anfange, bald am Ende finden [14]). Das erste Stück: 'Επεὶ ἐξελέγην παρὰ τῆς ἁγίας τοῦ θεοῦ ἐκκλησίας .... ὑπογέγραφα περὶ τούτων, hat in der Regel die Rubrik: 'Ορκωμοτικὸν τῶν καθολικῶν κριτῶν γεγονὸς καθ' ὃν καιρὸν ἐσφραγίσθησαν, oder nach dem Cod. 1356: 'Ορκωμοτικὸν τῶν καθολικῶν κριτῶν τῶν γενομένων παρὰ τοῦ αὐθεντικοῦ βασιλέως κυροῦ 'Ανδρονίκου τοῦ Παλαιολόγου γεγονὸς καθ' ὃν καιρὸν ἐσφραγίσθησαν. Es ist dies der Eid der vom Kaiser eingesetzten Oberrichter, welchen sie zur Zeit ihrer Installation ablegten; ein gewöhnlicher Richtereid, nach den Gesetzen und unparteiisch zu richten. Für den Fall der Verletzung seiner Richterpflicht unterwirft sich der Schwörende der Confiscation seines Vermögens und jeder vom Kaiser zu verhängenden Strafe, verzichtet auf die Fürbitte und Vermittelung des Patriarchen und jedes anderen Geistlichen und unterwirft sich der Excommunication. Das zweite Stück: 'Επεὶ ἐξελέγην παρὰ τοῦ κράτους .... μετὰ ἑτέρων εἰς καθολικὸς τῶν 'Ρωμαίων κριτής, hat die Ueberschrift: Τὸ ἀσφαλιστικὸν καὶ ὁρκωμοτικόν, wozu der Cod. 1356 hinzufügt: τοῦ Κλειδᾶ. Es ist der besondere Eid, welchen einer der Oberrichter, der Diskophylax und Archidiakonus Klidas abgelegt hatte. Das dritte Stück: 'Η βασιλεία μου τὸ παρὸν αὐτῆς ἀπολύει ὁρισμοτικὸν πρόσταγμα .... εἰς τὸ αἰώνιον δίκαιον, mit der Rubrik: πρόσταγμα ὁρισμοτικόν, ist ein eidlicher Befehl des Kaisers, wodurch er schwört, den neuen Oberrichtern ebenso wie ihren Kindern seinen Schutz angedeihen zu lassen, und sich selbst dem Spruche der Richter zu unterwerfen, wenn er sich einer Ungerechtigkeit schuldig machen sollte. Das vierte und das fünfte Stück: 'Επεὶ ἡ βασιλεία μου .. ὁρισμὸς τῆς βασιλείας μου und 'Επεὶ ἐκρίθησαν καὶ ἐκρίθη .... τὸ τῶν ἐκκλησιῶν αὐτῶν ἐκκλησίας, beide mit dem Datum: μηνὶ μαρτίῳ ἰνδ. β. (1334) sind zwei Befehle desselben Kaisers. Der erste verbietet den Richtern jede Amtsverrichtung vor der Eidesleistung und gibt ihnen die nöthigen Vollmachten zur Vollziehung ihrer Entscheidungen. Der zweite sagt wörtlich Folgendes: „Nachdem meine Majestät angeordnet und befohlen hat, daß alle ihr zunächst stehenden Archonten, und die übrigen höheren und niederen Archonten meines Reiches, und wer sonst noch meiner Herrschaft unterworfen ist, bei ihren Rechtsstreitigkeiten der Gerichtsbarkeit der Oberrichter der

11) Vergl. darüber und über das Folgende Zachariä in den Heidelb. Jahrb. 1836. S. 865—872. 12) Eine solche Darstellung gibt Montreuil, Hist. du droit Byzant. T. III. p. 83—165. 13) Lib. IX. Cap. 9. Sect. 5.

14) Zuerst hat nach dem Cod. Paris. 1356 (Suppl. 2505) Jean Boivin in den Noten zu Gregoras (lib. IX. cap. 9. sect. 9.) die Namen dieser Stücke erkannt, und Zachariä hat sie in den Heidelb. Jahrb. 1836. S. 867—876 zum ersten Mal herausgegeben.

Römer unterworfen sein und nach dem Spruche und Urtheile derselben Recht nehmen sollen, so bestimmt meine Majestät durch gegenwärtigen Befehl, daß diejenigen Archonten, welche denen, die die Skaranika (Purpurmäntel) tragen, im Range nachstehen, fortan ihre Sache vortragen und sie von den Oberrichtern der Römer Recht nehmen sollen." Hiernach bestand die Reform des Andronicus darin, daß er die Handhabung der Rechtspflege einem einzigen Gerichtshofe übertrug, den Archonten und auch den Localbehörden ihre Jurisdiction entzog, und überhaupt die Justiz unter die unmittelbare Aufsicht der kirchlichen Behörde stellte. Es war dies eine nothwendige Folge der fortwährenden Schwächung der weltlichen Macht und des zunehmenden Uebergewichts der Geistlichkeit. Diese Einrichtung hat ohne Zweifel auch ihre Schicksale gehabt. Nach dem Berichte des Gregoras [15]) hatten im Jahre 1337 die Richter, welche feierlich geschworen hatten, sich nicht von der Gerechtigkeit zu entfernen, und den bürgerlichen und kanonischen Satzungen streng zu folgen, sich bestechen lassen, und statt endlich zu erkennen, beriethen sie abgesondert über das eine oder andere Parteivorbringen, welches die Wiedergeltendmachung früherer Ansprüche bezweckte. Der Kaiser, davon in Kenntniß gesetzt, und in Erinnerung an den Eid, unter welchem die Richter bestellt worden waren, versammelte die Bischöfe und Priester in der Sophienkirche, und veranlaßte dort, unter seinem und des Patriarchen Vorsitze, eine öffentliche Untersuchung. Die Aussagen und Beschuldigungen waren viel schwerer, als man erwartet hatte; die Richter wurden der gröbsten Pflichtverletzungen überführt. Nur Einer von den vier Richtern, welchen Niemand anklagte, wurde freigesprochen; die anderen erklärten sich selbst für schuldig, indem sie die empfangenen Geschenke zurückgaben und ihre Stelle niederlegten. Sie wurden durch ein kaiserliches Decret verbannt. Obschon die neue Einrichtung hiernach wenig Vertrauen erweckte, so hat sie sich doch forterhalten, namentlich in den Provinzen. Man findet sie noch gegen die Mitte des 15. Jahrhunderts, kurz vor der Eroberung Constantinopels durch die Türken, bestehend. Der Codex Paris. 2006, welcher eine Handschrift der Synopsis zweiter Classe ist, ist nach der Bemerkung am Schlusse von Nicolaus Balletes Agallon, Oberrichter (καθολικὸς κριτής) von Morea, geschrieben [16]), welcher seinen Sitz zu Sparta (Μυζηθρᾷ) hatte. Harmenopulos war Richter zu Thessalonich (κριτὴς Θεσσαλονίκης). Er wird von dem Patriarchen Philotheos in seiner ἀνατροπὴ τῶν ἀντιγεγραμμένων παρὰ τῷ Ἀρμενοπούλῳ ἐναθεματισμῶν angeredet: σοφώτατε νομοφύλαξ καὶ καθολικὲ κριτὰ Ἀρμενόπουλε [17]), und war daher Oberrichter in dem Gerichtshofe über Macedonien. Endlich findet sich in Cypern im 13. Jahrhundert die Rechtspflege in den Händen der geistlichen Richter. Es geht aus Proceßverhandlungen, welche im Cod. Paris. 1391 enthalten sind, hervor, daß dem Gerichtshofe der Bischof von Nicosia in der ἐπαρχία (Provinz) Stadt und ἐνορία (Bezirk) Paphos präsidirte, und daß er außer dem Bischof aus rechtsgelehrten Männern bestand, auf deren Rath der Bischof entschied (ἐγνωκὼς βουλῇ μετὰ λογίμων ἀνδρῶν) [18]). — Außer der Gerichtsbarkeit übten die Bischöfe auch noch auf andere weltliche Angelegenheiten einen großen Einfluß, da in allen wichtigen Angelegenheiten des Lebens jeder Grieche sich an seinen Bischof um Rath und Beistand zu wenden pflegte. Wollte der Grieche einen Verkauf oder einen sonstigen Contract abschließen, so wendete er sich an seinen Bischof, ließ von ihm die Urkunde abfassen und zur größeren Beglaubigung mit unterschreiben. Sollte ein Minderjähriger einen Vormund haben, die Vormundschaft über die gesetzliche Zeit hinaus verlängert, Rechnung von dem Vormunde abgelegt, oder sonstiger Rath in Vormundschaftssachen ertheilt werden, so wendete man sich an seinen Bischof. Wegen Abfassung von Testamenten ging man zum Kanzler oder Notar des Bischofs. Kurz keine Handlung von irgend einer Wichtigkeit wurde ohne vorherige Berathung mit dem Bischof vorgenommen. Auch zu den Gemeinde- und Bezirksversammlungen hatte der Bischof Zutritt, und übte auch daselbst großen Einfluß. Fand sich ferner von Seiten des griechischen Volkes eine gegründete Beschwerde, sei es gegen einen einzelnen Privaten, oder gegen ein Mitglied des Provinzialrathes, oder gegen den Woiwoden selbst, so wendete man sich damit an den Bischof, welcher die angebrachte Beschwerde im ersten Falle dem Woiwoden empfahl, im letzten aber dem Pascha selbst.

c) Verhältniß der griechischen Behörden zu den türkischen.

So wie die Griechen den Türken überhaupt, so waren auch die griechischen Behörden den türkischen in jeder Beziehung untergeordnet. Die Gemeindevorsteher durften sogar im Peloponnes, in Athen und an anderen Orten ihr Amt, erst nach erfolgter Bestätigung ihrer Wahl durch den Kadi, antreten. Gegen den Willen der türkischen Behörden durfte Nichts geschehen, und sehr häufig war ihre Zustimmung als Oberaufsichtsbehörde nothwendig [19]). War ein Woiwode, Pascha bis hinauf zu dem Sultan, unzufrieden mit den administrativen Verfügungen der Primaten und Demogeronten, so konnten sie es abändern. Diese völlige Abhängigkeit zeigte sich auch bei dem Gerichtswesen. Wenn man auch nach dem Vorhergehenden die griechischen Behörden, sowie die Bischöfe selbst, nicht als bloße Schiedsrichter, sondern als wirkliche Richter ansehen muß, so lag es in der Natur

15) Lib. XI. Cap. 5. Sect. 4. 16) Am Schlusse der erwähnten Handschrift steht: Τέλος τοῦ παρόντος νομίμου βιβλίου τοῦ κατὰ στοιχεῖον ἐν τῷ Μυζηθρᾷ ἐν ἔτει [illegible] ... [illegible] ἡ δὲ βίβλος αὕτη [illegible] ... ἐκ χειρὸς ἐμοῦ τοῦ [illegible] καὶ καθολικοῦ κριτοῦ καὶ [illegible] Νικολάου Βαλλέτου τοῦ Ἀγάλλωνος. Vergl. Heidelb. Jahrb. 1836. S. 856. 17) Vergl. Rhalli et Potli, Coll. canon. T. V. p. 128.

18) Eine Proceßverhandlung mit Entscheidung hat in deutscher Uebersetzung aus dem Cod. Paris. 1391 mitgetheilt Zachariä in den Heidelb. Jahrb. 1836. S. 861—866. 19) [illegible] Maurer a. a. O. Bd. 1. S. 98.

der Verhältnisse und in dem Gegensatze der Sieger zu den Besiegten, daß die bei griechischen Behörden anhängige Klage zu jeder Zeit aufgegeben und an den türkischen Richter gebracht werden konnte. Auch war von der Entscheidung der griechischen Behörden Appellation an die türkischen Gerichte zulässig. Die Griechen vermieden es aber gewöhnlich, sich an die türkischen Gerichte zu wenden, theils wegen der Kosten des Verfahrens, weil der Kadi 10 Procent von jeder an ihn gebrachten Streitsache zu erheben berechtigt war, theils wegen der Befürchtung der Griechen, daß, wenn ihre Reichthümer den Türken bekannt würden, sie dieselben ganz verlieren könnten. Die Mißachtung, in welcher die türkischen Gerichte bei den Griechen standen, wird unter Anderem durch die Bestimmung des Gewohnheitsrechts von Santorin Cap. 6 bewiesen, wonach diejenigen, welche Jemanden ungerechter und falscher Weise vor das kaiserliche Gericht, d. h. vor den Kadi geladen und ihm dadurch Schaden und Strafe verursacht hatten, in Schadenersatz verurtheilt und bestraft werden sollten. Wegen der Abhängigkeit der griechischen Gerichte von den türkischen, welche man die Gerichte der hohen Pforte oder die kaiserlichen Gerichtshöfe zu nennen pflegt, wurden die griechischen die niederen Gerichte genannt. Die griechischen Behörden erkannten in den von ihnen anhängigen Rechtssachen nach dem griechischen sowol bürgerlichen als kirchlichen Rechte (über die Rechtsquellen siehe den folgenden Paragraph). Auch die türkischen Gerichte waren angewiesen, die unter Griechen bestehenden Streitigkeiten, welche an sie gebracht wurden, nach griechischem Rechte zu entscheiden. Gewissenhafte Molowdra und Kadi's kamen auch dieser Vorschrift nach, und erkundigten sich vor der Entscheidung nach der Landessitte. Allein die Wenigsten nahmen sich diese Mühe, und verachteten es auch wol, das Recht eines Rajah zu erforschen. Sie wendeten vielmehr türkisches Recht auf Griechen an und waren sogar in vielen Fällen gehalten, kein anderes, als ihr türkisches Recht zur Anwendung zu bringen[90]). So kam es, daß in vielen Bezirken und Gemeinden das türkische Recht ganz die Oberhand bekam, und auf alle Rechtsverhältnisse der Griechen zur Anwendung gebracht wurde[91]).

6) Zustand der Wissenschaften und Schulen bei den Griechen unter der Herrschaft der Türken[92]).

Im Laufe des 16. und 17. Jahrhunderts waren die Griechen in tiefe Unwissenheit versunken; in noch größere aber ihre türkischen Beherrscher. Denn die Griechen hatten doch wenigstens durch den Handelsverkehr seit den Kreuzzügen in Verbindung mit dem Abendlande gestanden. Sogar gelehrte Verbindungen hatten schon im 16. Jahrhundert zwischen Gelehrten des Abendlandes und einzelnen Griechen bestanden. Je größer dieser Verkehr mit dem Abendlande wurde, desto mehr mußte die geistige Ueberlegenheit der Griechen über ihre Beherrscher zunehmen. Dieser größere Verkehr begann in der Mitte des 17. Jahrhunderts, und in dessen Folge entstanden griechische Handelsniederlassungen nicht nur in Constantinopel, sondern auch in Venedig, Messina und anderen bedeutenden Handelsstädten. Entscheidend für die immer günstigere Gestaltung des griechischen Handels wirkten im Laufe des 18. Jahrhunderts die Friedensschlüsse von Kutschuk Kainardgi und Jassy, ersterer vom 21. Juli 1774, letzterer vom 6. Jan. 1792, wodurch Rußland die freie Schifffahrt auf den türkischen Meeren erhielt. Unter russischer Flagge konnten sich nun die Griechen, begünstigt durch die kriegerischen Zeiten der französischen Revolution, in den fast ausschließlichen Besitz des Handels in der Levante setzen. Sie konnten nun ferner, zur größeren Sicherheit ihres Handels, eine griechische Handelsgesellschaft und griechische Handelshäuser errichten, nicht nur in den Hauptstädten Europa's, sondern auch noch an den Stapelorten der Levante. So kam der Handel im türkischen Reiche nach und nach fast ausschließlich in die Hände der Griechen, namentlich durch die Begünstigung des damaligen Kapudan Pascha, Hassan Pascha, in die Hände der Hydrioten, Spezzioten und Ipsarioten, welche dadurch zu Reichthum, Einfluß und Selbständigkeit, mit dem erweiterten Handel aber in den Besitz einer tüchtigen Marine gelangten. Der vermehrte Verkehr führte aber auch zu dem Bedürfnisse einer höheren geistigen Bildung, da Handelsverkehr und geistiger Verkehr überall in Wechselwirkung zu stehen pflegen. Daher finden sich schon seit der Mitte des 17. Jahrhunderts an den Orten, wo Handelsniederlassungen gegründet wurden, auch Schulen, z. B. in Janina, Patmos und sogar Constantinopel selbst. Das wiedererwachte Bedürfniß nach Bildung konnte jedoch nur im Auslande befriedigt werden. Schon in der ersten Hälfte des 17. Jahrhunderts wurden von Griechen Padua und Bologna, seit dem 18. Jahrhundert aber auch noch andere europäische Universitäten besucht. So wurden denn die Griechen der Bildung des Abendlandes zugewendet, wie sie gerade damals in Europa zu finden war. Dadurch wurden jene Ideen über die höchsten Interessen der Menschheit, durch deren Verbreitung nicht allein Europa, sondern die ganze bekannte Welt völlig umgestaltet werden sollte, nach Griechenland verpflanzt, wo sie in den nach europäischen Mustern errichteten Schulen ebenfalls ihre Heimath fanden. Natürlich mußte dieser große Umschwung der Dinge die größte Rückwirkung auf das gegenseitige Verhältniß der Türken und Griechen äußern. Die Herrscher kamen in Abhängigkeit von den Beherrschten, weil sich die Pforte nothgedrungen bei ihren immer häufiger werdenden Beziehungen zu den europäischen Höfen der gebildeteren Griechen als Unterhändler, Dolmetscher, Secretaire u. s. w. bedienen mußte. Dasselbe war schon seit längerer Zeit in den Beziehungen nach Innen geschehen, da auch der Pascha, bis hinauf zum obersten Beamten der Pforte selbst, eines gebildeteren Griechen als Dolmetschers, sowie als Unterhändlers für seinen Geschäftskreis bedurfte. Schon seit dem 17. Jahrhundert befanden sich daher die

90) Beispiele der Anwendung des türkischen Rechts auf einzelne Rechtsverhältnisse s. bei Maurer a. a. O. S. 117. 91) Beispiele bei Maurer a. a. O. S. 117. 118. 92) Vergl. Maurer a. a. O. Th. I. S. 18—24. 423—440.

Griechen im Besitze der wichtigsten und einflußreichsten Stellen des Reiches, also im Besitze der Gewalt selbst. Sie waren nicht allein Dolmetscher der verschiedenen Pascha's, sondern auch noch Großdragomane der kaiserlichen Flotte (des Kapudan Pascha), ja sogar Großdolmetscher der hohen Pforte selbst. Die Griechen waren ferner die diplomatischen Agenten bei fremden Höfen; ebenso waren sie die diplomatischen Agenten und Consuln der fremden Mächte in den ersten Handelsstädten der Levante, ja sogar deren Dolmetscher bei der Pforte selbst. Seit dem Anfang des 18. Jahrhunderts wurden sogar ausschließlich Griechen (Phanarioten) zu Hospodaren der Moldau und Wallachei ernannt. Daher entstanden auch dort unter dem Schutze einiger einsichtsvollen Hospodare neue Centralpunkte zur Verbreitung europäischer Bildung. — Was die Schulen betrifft, so hatten sich zwar im griechischen Mutterlande im 16. Jahrhundert noch, bei einigen griechischen Klöstern und Kirchen, Schulen erhalten, namentlich in Constantinopel und Chios, in Athen sogar eine Art von Schule des wechselseitigen Unterrichts. In diesen Schulen wurde aber weiter Nichts gelehrt, als was man in der Kirche bei der Messe gebrauchte. An einen wissenschaftlichen Unterricht dachte Niemand. Auch war Niemand da, welcher ihn ertheilen konnte, da die griechische Geistlichkeit selbst höchst unwissend war. Wer sich weiter unterrichten wollte, besuchte auswärtige Lehranstalten, oder auch die seit dem Ende des 16. Jahrhunderts an einigen Orten, z. B. in Smyrna, Naros, Santorin, Thessalonich, von katholischen Missionairen errichteten Schulen. Die wenigen Gelehrten dieser Zeit waren hauptsächlich Aerzte und Philologen. Auf den von den Venetianern längere Zeit besessenen Inseln, z. B. in Candia, finden sich, wegen der daselbst zwischen Italienern und Griechen eingetretenen Mischung, auch unter den Griechen schon am Ende des 16. und im Anfange des 17. Jahrhunderts einige Spuren von geistiger Thätigkeit. Noch weit mehr war dieses der Fall auf den ionischen Inseln, wo es im 16. Jahrhundert einzelne und im 17. Jahrhundert viele Gelehrte gab. In Corfu bestand im 17. Jahrhundert eine gelehrte Akademie. Im 17. Jahrhundert gab der neubelebte Handel Anstoß zu erhöhter geistiger Thätigkeit in den den Türken unterworfenen Theilen Griechenlands; er gewährte auch die für wissenschaftliche Anstalten unentbehrlichen Geldmittel. Schon unter Mahammed IV., in der zweiten Hälfte des 17. Jahrhunderts, errichtete ein reicher Kaufmann, Manolakis, auf eigene Kosten die erste Lehranstalt im Phanar zu Constantinopel, an welcher berühmte Männer als Lehrer wirkten, und aus welcher berühmte Männer als Schüler hervorgingen. Bald nachher, um das Jahr 1690, wurde auf Kosten des Mano Gima eine hellenische Schule zu Janina gegründet, welche unter mehreren berühmten Lehrern, sämmtlich aus Janina selbst, lange Zeit hindurch in großer Blüthe stand. Das Beispiel von Janina blieb nicht ohne Nachahmung. Im J. 1730 errichtete die thätige und reiche Zunft der Pelzhändler in Patmos eine hellenische Schule. Auch in Athen, Constantinopel und Sinope werden im 17. Jahrhundert Schulen erwähnt, auf welchen sämmtlich Philosophie gelehrt worden sein soll [23]. Einen neuen Anstoß gab gegen die Mitte des 18. Jahrhunderts der Patriarch Samuel. Er zuerst stellte wieder Ordnung in der griechischen Kirche her, ermunterte die Jugend zum Studium, veranlaßte Uebersetzungen von neueren classischen Werken, und war selbst Schriftsteller. Doch sind seine im Manuscript vorhanden gewesenen Werke in den Stürmen der griechischen Revolution untergegangen. Eine ganz neue Epoche beginnt jedoch erst mit Eugenius Bulgaris, welcher von den Gebrüdern Marutzes an die Spitze der von ihnen im J. 1740 zu Janina gegründeten zweiten Lehranstalt, von ihnen die Marutzische genannt, gestellt wurde. Dieser gab den wissenschaftlichen Bestrebungen in Griechenland einen ganz neuen Anstoß. Er hatte in Padua Philosophie, Philologie, Physik und Mathematik studirt, und lehrte nun alle diese Fächer in Janina, von wo er sich später nach Kozane in Macedonien, von da zum Berge Athos, dann nach Constantinopel, endlich nach Rußland, wendete. Da er als Haupthinderniß für die Bildung der Jugend den fast gänzlichen Mangel an guten Büchern erkannte, so verfaßte er selbst eine Logik, eine Physik, und viele andere philosophische und mathematische Schriften. Mehrere folgten seinem Beispiel, und gaben gleichfalls Schriften heraus. Trotz aller dieser Bestrebungen von Eugenius Bulgaris und seinen Zeitgenossen machte jedoch das griechische Volk nur langsame Fortschritte. Wahrhaft wissenschaftliche Bestrebungen waren nur selten. Die Hauptsache war immer noch der gewöhnlich sehr dürftige Unterricht in der hellenischen Sprache, dem eine gute Methode ganz fehlte. Eine bessere Zeit kam mit Adamantios Koraïs. Dieser berühmte Mann ließ sich schon vor Ausbruch der französischen Revolution in Paris nieder, und zeigte von dort aus mehr denn 50 Jahre hindurch dem griechischen Volke den Weg zur Bildung. Er begann durch Annäherung an das Althellenische die Bildung der neugriechischen Sprache, in welcher er für alle Klassen von Griechen leicht verständliche Bücher über Sprache, Sitte, über den Ruhm der alten Hellenen und andere Dinge mehr schrieb. Er übersetzte Beccaria über Verbrechen und Strafen, und andere Werke in das Neugriechische. Durch seine begeisterten Schriften ergriff er und entzündete er das ganze griechische Volk. Er veranlaßte die Errichtung von neuen Lehranstalten und von Bibliotheken, die Abfassung von Zeitschriften, Wörterbüchern und anderen Schriften. In seinem Sinne, zum Theil sogar von ihm angeregt, wirkten viele Andere. Selbst seine Gegner trugen nicht wenig zu den neu erwachten wissenschaftlichen Bestrebungen bei, theils durch den Eifer, mit welchem sie den Kampf begannen und fortführten, theils durch Abfassung und Uebersetzung nützlicher Bücher, theils endlich durch mündliche Vorträge selbst. In allen Theilen des türkischen Reiches, wo

[23] De la Guilletière, Athènes ancienne et nouvelle (Paris 1676) p. 240.

Griechen sich vorfanden, wurden nun, wenigstens in der Hauptstadt der Provinz, hellenische Schulen errichtet, Anfangs ohne Wissen und Willen der Pforte, bisweilen sogar gegen deren Willen, erst seit Selim III. mit Wissen und Willen des Sultans. So entstanden nach und nach Schulen zu Dimitzana in Morea, in Zagori auf dem Pelion, zu Thessalonich, zu Vatopedi auf dem Berge Athos, in Jassy, Kourouzesme, Athen, Missolunghi u. s. w. Auch die in früherer Zeit errichteten Schulen zu Patmos u. s. w. bestanden noch wie vor, die Schule zu Janina sogar unter Ali Pascha. Die berühmtesten Schulen waren jedoch die Schulen zu Bukarest, Constantinopel, Smyrna und Chios. Am meisten geschah zur damaligen Zeit zu Chios, wo die Schule unter der Leitung von vier Geistlichen, ἐπιτρόπους genannt, stand. Im Ganzen lehrten dort 14 Lehrer, zum Theil von berühmtem Namen. Die Anzahl der auch von anderen Orten dahin strömenden Jugend betrug über 800. Aber nicht blos im Inlande suchte man Bildung; immer häufiger besuchte man von nun an auch italienische und deutsche, besonders aber, durch Korais dahin gezogen, französische Lehranstalten. In Venedig, Livorno, Wien und Triest wurden sogar griechische, von Griechen selbst geleitete Lehranstalten errichtet, wo berühmte Männer lehrten. Griechische Buchdruckereien verbreiteten, was berühmte Lehrer gelehrt hatten. Auch wie in Corfu errichteten Lehranstalten waren den Griechen unter türkischer Herrschaft von Nutzen, namentlich die im J. 1807 unter der französischen Herrschaft errichtete ionische Akademie, und noch mehr die von dem Philhellenen Lord Guilford im J. 1823 gestiftete ionische Universität. Am meisten beschäftigte man sich in damaligen Zeiten mit den Naturwissenschaften, namentlich mit Medicin, auch wol mit Philosophie. Mit der Rechtswissenschaft beschäftigte man sich in der Regel nicht, weil diese damals noch in der türkischen Heimath ohne praktischen Nutzen war. Erst der neuesten Zeit seit der Stiftung der Universität Athen war es vorbehalten, daß auch für den juristischen Unterricht gesorgt wurde, und auch für das griechisch-römische Recht unter dem Vorgange fremder, besonders deutscher Wissenschaft, eine neue Aera begann.

6) Gebrauch der lingua vulgaris (διάλεκτος κοινή, καθομιλουμένη, ἁπλῆ) bei den Schriftstellern dieser Zeit [84].

Die griechische Sprache mußte in Folge ihrer großen Verbreitung über einen großen Theil des Orients und Afrika's seit Alexander dem Großen von ihrer ursprünglichen Reinheit allmälig immer mehr verlieren und von den Eigenthümlichkeiten der Mundarten der Völker, zu welchen sie drang, nach und nach immer mehr in sich aufnehmen. War dies schon zu den Zeiten der Nachfolger Alexander's des Großen in den neugegründeten Reichen der Fall, wo doch das herrschende Volk die griechische Sprache sprach, so mußte es nothwendig noch mehr unter der römischen Herrschaft der Fall sein. Unter derselben nahm die griechische Sprache viele römische einzelne Worte und Redensarten in sich auf; es verschwanden die einzelnen griechischen Dialekte und es entstand eine einförmige, aber verdorbene griechische Sprache. In den Provinzen, welche von römischen Beamten regiert wurden, und in welchen zahlreiche römische Handels- und Gewerbsleute ihr Wesen trieben, schlichen sich viele Worte und Redensarten des herrschenden Volkes in den Dialect des unterworfenen Volkes ein. Viele römische Ausdrücke, deren Bedeutung im gemeinen Leben bekannt war, wie technische Ausdrücke der Künstler, Handels- und Gewerbsleute, wären unverständlich geworden, wenn man sie in das Griechische hätte übersetzen wollen. Man mußte sie daher in die gewöhnliche Volkssprache (διάλεκτος κοινή) aufnehmen. Am meisten trug zur Verschlechterung der griechischen Sprache die Verlegung der Residenz von Rom nach Constantinopel unter Constantin dem Großen bei, indem eine nothwendige Folge davon war, daß die meisten Senatoren und übrigen römischen Großen von Rom nach Constantinopel mit übersiedelten. Da in den Palästen der Kaiser und Großen die lateinische, bei dem Volke die griechische Sprache vorherrschend im Gebrauche war, so war es zum gegenseitigen Verständniß im Handel und Verkehr und im geselligen Umgange nöthig, daß die Römer die griechische, die Griechen die römische Sprache erlernten. Da sie aber eine nur oberflächliche Kenntniß der anderen Sprache erlangten, so entwöhnten sich die Römer ihrer Sprache, sowie die Griechen die ihrige durch Worte, welche sie von den Römern, mit welchen sie täglich umgingen, entlehnten und schlecht bildeten, verdarben. Die gewöhnliche griechische Volkssprache gerieth allmälig in immer größeren Verfall. Nicht blos bei dem gemeinen Manne, sondern auch bei den Gebildeteren, sogar bei denjenigen, welche als Schriftsteller thätig waren, zeigte sich diese Verderbniß der Sprache. Denn obschon es Einige darunter gab, welche sich einer reineren Schreibart befleißigten, so haben sie sich doch oft barbarischer oder schlecht gebildeter Ausdrücke bedient, welche sie durch Anwendung reiner griechischer, ebenfalls Jedermann verständlicher Ausdrücke hätten vermeiden können. Hierher gehören die meisten byzantinischen Geschichtschreiber, von welchen selbst die besseren, wie Theophylactus, Simocatta, Nicephorus, Patriarch von Constantinopel, Constantinus Porphyrogeneta, Nicephorus Bryennius, Anna Comnena, Johannes Cinnamus, Nicephorus Gregoras und andere, obschon sie auf Reinheit der Sprache hielten, doch oft verdorbene oder barbarische Ausdrücke gebrauchten, weil sie dieselben nicht entbehren oder vermeiden zu können glaubten. Die Schriften Anderer aber strotzen von fremden oder der gemeinen Volkssprache entlehnten Ausdrücken, wie die des Theophanes, des Grammaticus, des Diaconus, Simeon Metaphrastes u. s. w., namentlich in den letzten Jahrhunderten des byzantinischen Reiches, wo, was bisher noch von griechischer Schriftsprache sich erhalten hatte, ganz verschwunden war. Wie verdorben die griechische Sprache, auch die gemeine Volkssprache, allmälig geworden war, be-

84) Vergl. *Du Cange*, Praef. ad Gloss. med. et infim. graecit. p. V seq.

wollen vorzüglich die Schriften des Ducas und Johannes Cananus, welche die letzten traurigen Schicksale Constantinopels beschrieben haben. Diese Schriften sind voll von Idiotismen und von Ausdrücken, welche kaum jetzt den Griechen bekannt sind. Der erwähnte Cananus entschuldigt diese verdorbene Sprache in folgender Weise: [illegible] καὶ [illegible] ἀλλὰ [illegible] Man muß hierbei aber viel auf Rechnung der traurigen Zeitverhältnisse setzen, in Folge welcher ganz Griechenland unter dem Joche der Barbaren seufzte, und eine Pflege der Wissenschaften ganz unmöglich war. Die gewöhnliche Volkssprache der Griechen war übrigens von der heut zu Tage üblichen, sehr verdorbenen, abweichend. Vor Justinian wurden wenigstens immer noch die Regeln der Grammatik beobachtet. Nach Justinian aber verschlechterte sie sich immer mehr, und band sich an keine Regeln, auch nicht an die der Grammatik. Selbst bei den juristischen Schriftstellern nach Justinian, sowie in den Basiliken finden wir die grammatischen Regeln häufig vernachlässigt, und die juristischen Werke und Gesetzbücher dieser Zeit sind doch von Männern ausgegangen, welche zu den Gebildeteren der Nation gehörten. Noch schlimmer wurde es damit in der folgenden Zeit nach den Basiliken. Sowie es ferner schon im alten Griechenland verschiedene Dialecte gab, deren Zahl, je mehr sich die griechische Sprache verbreitete, desto größer wurde, so war und ist auch bei den heutigen Griechen fast in jedem einzelnen Districte verschieden die Mundart, verschieden die Aussprache, verschieden die aus fremden Sprachen entlehnten Worte, verschieden sogar die Stellung der Accente. Die Griechen unter türkischer Herrschaft entlehnten Worte von den Türken, die unter Herrschaft der Venetianer von den Italienern. In den größeren Städten unter türkischer Herrschaft sprach man Türkisch und Griechisch; unter venetianischer Herrschaft Griechisch und Lateinisch oder Italienisch; auf dem Lande bediente man sich nur der griechischen Sprache. Unter den verschiedenen im heutigen Griechenland üblichen Mundarten sind einige reiner und besser, als andere. So wurde im 16. Jahrhundert das Griechische zu Constantinopel viel besser gesprochen, als in anderen Theilen des Reiches, und namentlich sprachen es die Frauen sehr gut. Bei aller Verschiedenheit der Dialecte genügt die Kenntniß des einen zum Verständniß der anderen. Denn der Unterschied besteht hauptsächlich in der Aussprache und in wenigen Ausdrücken. Sonderbar ist, daß unter den zahlreichen Dialecten der Neugriechen nach bestimmten Zeugnissen aus dem 16. Jahrhundert gerade der der Athenienser der verdorbenste war; ein merkwürdiger Contrast gegen die altgriechische Zeit, über welchen sich auch Schriftsteller der damaligen Zeit verwundernd äußern. — In den juristischen Schriften finden sich Spuren des Gebrauches der lingua vulgaris schon in der zweiten Periode, z. B. in der in der Mitte des 11. Jahrhunderts geschriebenen *Πεῖρα* [30]). So ruft ein Curator S. Sophiae (Tit. 16. §. 26.) bei Verfolgung eines Uebelthäters seinen Sklaven zu: [illegible] ! Der [illegible] und [illegible] schimpft (Tit. 61. §. 6.) einen Geistlichen: [illegible] !

§. 52. Rechtsquellen der Griechen unter der Herrschaft der Lateiner und Türken.

I) Gesetze.

1) Bürgerliches Recht [1]).

Die Quellen des bürgerlichen Rechts, nach denen sich die Griechen unter lateinischer und türkischer Herrschaft richteten, waren, wie allgemein anerkannt wird, die früheren, nämlich die Basiliken und die Novellen der byzantinischen Kaiser. Da aber die Exemplare der Basiliken zu selten waren, dieses Gesetzbuch auch einen zu großen Umfang hatte, und die späteren Verordnungen der byzantinischen Kaiser, theils wegen ihres Umfanges und ihrer Sprache, theils wegen der Mangelhaftigkeit ihrer Publication nie allgemein gekannt oder allgemein gebraucht waren, so soll nach der Ansicht von Geib und Maurer das Manuale juris von Harmenopulus zu ausschließlichem Ansehen gelangt sein, besonders seitdem neugriechische Uebersetzungen desselben gefertigt worden seien [2]). Ungeachtet der vielen Mängel dieses Handbuches soll dasselbe so ausschließend anerkannt worden sein, daß man in dem Verfasser nicht nur die Summe aller römisch-byzantinischen Rechtsweisheit verkörpert glaubte, sondern auch die Ausdrücke: Harmenopulus, Corpus juris Romani, Basilica in der Art für identisch hielt, daß, wo man von den letzteren sprach, immer nur das Handbuch des ersteren verstanden wurde. Doch beschränkt Maurer die Behauptung der ausschließlichen Anwendung des Harmenopulus auf die Geistlichkeit, während die Primaten und Gemeindevorsteher mehr nach den hergebrachten Gewohnheiten und nach billigem Ermessen gerichtet hätten. Die Gründe, aus welchen das Handbuch des Harmenopulus zu solchem Ansehen gelangte, werden von keinem der Vertheidiger jener Ansicht angegeben. Es kann aber, wie Zachariä bemerkt hat [3]), nicht für ausgemacht gelten, daß die Hexabiblos des Harmenopulus während der türkischen Herrschaft von den Griechen als Gesetz κατ' ἐξοχήν und ausschließlich gebraucht worden sei. Es ist recht wohl zu bemerken, daß

---

30) Vergl. Zachariä v. L. in der krit. Jahrb. [illegible] Bd. [illegible] S. 608. Anm. [illegible]. 1) Vergl. Geib, Darstellung des Rechtszustandes in Griechenland S. 12 fg. v. Maurer, Das griechische Volk Bd. 1. S. 104 fg. Zachariä in den Heidelb. Jahrb. 1836. S. 877 fg. 2) Schon früher hatte [illegible] Coup d'oeil sur la législation, qui gouverne aujourd'hui les Grecs [illegible] de l'empire Ottoman, in: Thémis ou bibl. du Jurisc. T. I. p. [illegible] besonders p. [illegible] [illegible] aufgestellt. 3) Heidelb. Jahrb. 1836. S. 877 fg.

neben Harmenopulus auch noch andere Rechtsbücher bekannt gewesen sind, und daß man der Hexabiblos keineswegs eine ausschließende Autorität beilegte. Selbst in der neueren und neuesten Zeit ist dieses Rechtsbuch weit weniger im Gebrauche, als man nach obiger Ansicht erwarten sollte. Maurer, welcher die ausschließliche Anwendung des Harmenopulus auf die Geistlichkeit beschränkt, erkennt doch selbst an [4]), daß die Geistlichen auch andere Handbücher gebraucht hätten, in welchen kanonisches und bürgerliches Recht enthalten war. Zwar behaupten einige Neugriechen, welche über solche Dinge geschrieben haben oder befragt worden sind, allerdings die ausschließliche Gültigkeit des Harmenopulus; allein die Neugriechen verstehen unter dem Namen Harmenopulus gar verschiedenartige Dinge, sodaß man nicht gleich an die Hexabiblos dieses Juristen denken darf. Es ist z. B. bekannt, daß das Leunclavius Jus Graeco-Romanum von ihnen Harmenopulus genannt worden ist [5]). In den Berichten über das geltende Recht, welche von Seiten der Gerichte und Demogeronten an die während der Minderjährigkeit des Königs Otto von Griechenland bestehende Regentschaft eingegangen sind, ist immer nur vom Gesetze ohne nähere Bezeichnung die Rede, nirgends aber von Harmenopulus eine Spur. So bleibt denn von der behaupteten ausschließlichen Gültigkeit des Harmenopulus nicht viel übrig. Allerdings haben die wiederholt zu Venedig 1744, 1766, 1777, 1805, 1820 erschienenen Ausgaben des Harmenopulus zu dessen größerem Ansehen im westlichen Griechenland wol beigetragen; in den Bibliotheken zu Thessalonich, auf dem Berge Athos und zu Constantinopel finden sich aber wenige Exemplare dieser Ausgaben [6]). Daß außer dem Hexabiblos des Harmenopulus noch andere Rechtsbücher während der türkischen Herrschaft im Gebrauche waren, zeigen die zahlreichen nach der Eroberung Constantinopels durch die Türken im J. 1453 in verschiedenen Theilen des türkischen Reiches gefertigten Abschriften solcher Rechtsbücher. Nach den Untersuchungen von Zachariä v. L. [7]) in der k. pariser Bibliothek und in den Bibliotheken der griechischen Klöster auf dem Berge Athos, sowie in anderen Theilen des Orients finden sich folgende neuere Handschriften: 1) Der Codex Paris. 1390, welcher die Assisen von Jerusalem in neugriechischer Sprache enthält, ist im J. 1469 von einem Cartofilax geschrieben. 2) Die Codd. Paris. 1376 und 1377 enthalten des Matthäus Blastares Syntagma canonum alphabeticum um das J. 1496 von Nicolaus Canalis (oder nach der anderen Handschrift von Canalis Tricapulos ἄρχων) fast in das Neugriechische übersetzt. Dieselbe Uebersetzung findet sich in Handschriften der Klöster auf dem Berge Athos: Cod. τοῦ Βατοπαιδίου, 16. Jahrh.; Codd. τῆς ἁγίας Λαύρας 14. 15., 16. Jahrh. 3) Das Syntagma canonum des Matthäus Blastares ist häufig abgeschrieben worden. Handschriften sind theils in den Klöstern des Berges Athos, theils anderwärts: Cod. τοῦ Διονυσίου 5 v. J. 1648; Cod. τῶν Ἰβήρων 10. im J. 1570 auf der Insel Creta geschrieben; Cod. τῆς ἁγίας Λαύρας 12. geschrieben von dem Priester und Sacellarius der magna ecclesia Byzantii Joannes im J. 1694; Cod. τῆς ἁγίας Λαύρας 13. 16. Jahrh.; Cod. Trapezunt. v. J. 1570; Cod. Paris. 1250, ἐν Βερροίᾳ im J. 1516 von dem Priestermönch Johannes geschrieben; Cod. Paris. 1375, 1541 zu Neapolis geschrieben. 4) Cod. Paris. 1382 enthält die Synopsis minor (τὸ μικρὸν κατὰ στοιχεῖον, und wurde im J. 1500 auf der Insel Creta (ἐν νήσῳ Κρήτης εἰς τὴν μεγάλην Χανδάκα) von Marcus Petalides verfaßt. 5) Cod. Thessalonic. τοῦ Ἑλληνικοῦ Γυμνασίου 1. aus dem 17. Jahrh. enthält außer anderen Stücken: Βασιλικὸν νόμιμον ἐκλογὴ τοῦ σοφωτάτου Μιχαὴλ ἀνθυπάτου καὶ μεγάλου κριτοῦ τῆς ἀνατολῆς τοῦ Ἀτταλειάτου, d. i. die Synopsis minor in die lingua vulgaris übertragen und in einen Auszug gebracht. Am Ende der Handschrift findet sich folgende Bemerkung über den Verfasser: Δόξα Θεῷ τῷ δόντι μοι τὸ τέλος τόδε — ἐγράφη διὰ χειρὸς Θεοδοσίου πρωτονοταρίου — Ζυγομαλᾶ καὶ εἰς τὸ ἁπλοῦν καὶ ἁπλῶν ἦλθεν ὡς ὁρᾶται. Der Verfasser ist der Protonotar Theodosius Zygomalas. Ebenso enthält Cod. Trapezunt. 6. v. J. 1605 die Hexabiblos des Harmenopulus und die Synopsis minor in die lingua vulgaris übertragen und in einen Auszug gebracht von demselben Verfasser. 6) Cod. Paris. 1358, den sogenannten Theodorus Hermopolita oder die Ecloga decem priorum librorum Basilicorum enthaltend, war im Besitze eines gewissen Marcus Mamunas und dann eines Γεωργίου κόμητος τοῦ Κορινθίου, noch bevor die Handschrift in die Bibliothek des Cardinals Lorenzo Ridolfi kam, also wenigstens vor 1550. 7) Cod. Coisl. 153, dasselbe Buch enthaltend, wurde von Ἰάκωβος Ῥόδιος ὁ Διασωρηνός im J. 1541 auf Chios geschrieben. Von dessen Hand ist auch Cod. Coisl. 154 geschrieben, welcher die Hexabiblos des Harmenopulus enthält. 8) Bibl. Paris. Cod. in Supplem. num. 67 enthält ein Handbuch des bürgerlichen und kirchlichen Rechts, welches aus einem älteren Nomocanon, dem Syntagma des Blastares, der Ecloga des Leo und Constantinus, der Hexabiblos des Harmenopulus und anderen Schriften des byzantinischen Rechtes geschöpft ist, und von Manuel Malaxus, einem Notarius, aus Nauplia im Peloponnes gebürtig, auf Befehl des Bischofs von Theben, daselbst im J. 1562 in neugriechischer Sprache abgefaßt wurde. Der Verfasser bemerkt in der Vorrede ausdrücklich, daß vor ihm schon Mehrere mit dergleichen Arbeiten und Uebersetzungen sich beschäftigt hätten. Die genannte Handschrift ist im J. 1614 von einem gewissen Metrophanes geschrieben. Dasselbe Werk findet sich in zahlreichen anderen Handschriften. 9) Cod. Paris. 1323, mehrere kirchenrechtliche Schriften

4) Maurer a. a. O. S. 159 fg. 5) Ritter, in der Zeitschr. f. gesch. R.-W. Bd. VIII. S. 223. 6) Zachariae, Hist. jur. Gr. Rom. delin. § 61. not. 4. p. 87. 7) Vergl. Heidelb. Jahrb. 1896. S. 878—880 und Zachariae A. L. Anecd. p. II—XIX. und not. 1. p. XIX—XXI. In den Heidelb. Jahrbüchern sind die in der pariser Bibliothek befindlichen neueren Handschriften griechischer Rechtsbücher aufgezählt, in dem letztern Werke die in den Bibliotheken der Klöster auf dem Berge Athos und sonst in andern Gegenden des türkischen Reiches befindlichen.

enthaltend, ist im J. 1596 zu Chios von einem Notar Nicolaus geschrieben worden. 10) Cod. Paris. 1363 A enthält die Werke des Harmenopulus und einen Titel des Prochirum auctum in neugriechischer Sprache, und schließt mit folgender Notiz: Τὸ παρὸν βιβλίον τὸ ἐξάβιβλον νομοκρίτης ἐγράφη (sic) ἐν ἔτει [illegible] ἐν μηνὶ [illegible] διὰ χειρὸς Θεοδοσίου τοῦ [illegible] τῶν ἱερομονάχων ἐν τῷ ἁγίῳ ὄρει τοῦ Ἄθωνος, διὰ ἐξόδου δὲ τοῦ [illegible] ἀρχιμανδρίτου κυροῦ Γρηγορίου τοῦ [illegible], οὗ καὶ κτῆμα ὑπάρχει. καὶ [illegible] ὑπὲρ ἀμφοτέρων. (Dieses Rechtsbuch, welches gewöhnlich Nomokritis genannt wird, wurde geschrieben im J. 1671 von der Hand des demüthigen Priestermönches Theodosius auf dem heiligen Berge Athos, auf Kosten des hochwürdigen Archimandriten, des Herrn Gregorius vom Kloster zum Kiab im Walde, dessen Eigenthum er auch ist. Ihr Leser, betet für Beide.) 11) Der Cod. Paris. 1788 enthält unter Anderem auch die Ecloga des Leo und Constantinus, und das Prochirum des Basilius, Constantinus und Leo. Auf dem ersten Blatte dieser Handschrift findet sich folgende Notiz: Ἡ βίβλος αὕτη ὑπῆρχεν ἐκ τῆς δυστυχοῦς Κωνσταντινουπόλεως· μετὰ δὲ τῆς ἁλώσεως αὐτῆς [illegible] ἐκ τῆς [illegible] καὶ [illegible] νήσου τοῦ [illegible], ὀνόματι τούτῳ Λουκᾶς Ζαναρᾶς, ὃς καὶ [illegible] χρόνους οὐκ ὀλίγους· ἦν δὲ τούτου μέχρι καὶ τῆς ἁλώσεως τῆς [illegible] νήσου· ἐν δὲ τῇ ἁλώσει αὐτῆς [illegible] εἰς χεῖρας κυροῦ Γεωργίου τοῦ [illegible] τοῦ ἐκ τῆς [illegible], ἐξ ἐκείνου δὲ [illegible] εἰς τὰς ἐμὰς χεῖρας καὶ ὡς οἶμαι πάλιν οὐκ [illegible] τῶν ἐμῶν χειρῶν. (Dieses Buch stammt aus dem unglücklichen Constantinopel. Nach der Einnahme dieser Stadt kaufte es ein Mann von der sehr unglücklichen und beklagenswerthen Insel Lesbos, mit Namen Lucas Zonaras, welcher auch als tabellio mehrere Jahre dort practicirte. Das Buch war sein Eigenthum bis zur Eroberung der genannten Insel. Zur Zeit ihrer Eroberung kam es in die Hände des Herrn Georgius Sophianus in der Landschaft Phokis. Von ihm kam es in meine Hände, und wird nun, wie ich hoffe, meinen Händen nicht wieder entkommen.) 12) Der Codex τῆς ἁγίας Λαύρας 32. aus dem 18. Jahrhundert enthält die Epitome canonum des Harmenopulus, die πραγματεία des Michael Attaliata, die Ecloga und Auszüge, welches Alles aus des Leunclavius Jus Graeco-Romanum abgeschrieben ist. 13) In der Bibliothek der griechischen Schule zu Kuruçeşme bei Constantinopel befindet sich eine vollständige Abschrift des Jus Graeco-Romanum des Leunclavius. Nach diesen Nachrichten scheint nur die Behauptung von Zachariä v. L.[8]) begründet zu sein, daß im byzantinischen Reiche unter der türkischen Herrschaft und zwar im Anfange kein bestimmtes Rechtsbuch ausschließlich im Gebrauche gewesen ist, sondern bald dieses oder jenes, je nachdem das eine oder das andere dem Richter zur Hand war; daß aber in späterer Zeit überhaupt nur wenige Rechtsbücher im Gebrauche gewesen sein mögen, weil seit dem Anfange des 16. Jahrhunderts allmälig fast alle Handschriften für die abendländischen Bibliotheken aufgekauft wurden. Für die Seltenheit der Handschriften spricht insbesondere die unter 12. und 13. mitgetheilte Bemerkung, daß ganze Werke aus des Leunclavius Jus Graeco-Romanum im 18. Jahrhundert in Griechenland abgeschrieben worden sind, und daß unter diesen sich die πραγματεία des Michael Attaliata und die Ecloga befinden, welche man gewiß nicht abgeschrieben haben würde, wenn die Hexabiblos des Harmenopulus in ausschließlichem Gebrauche gewesen wäre und ausschließlich Gültigkeit gehabt hätte.

8) Heidelb. Jahrb. 1836 S. 880.

3) Kirchliches Recht.

Auch die Quellen des kirchlichen Rechts, welche im byzantinischen Reiche vor der Eroberung Constantinopels durch die Türken gegolten hatten, blieben nach der Eroberung in Gültigkeit. Von den kirchenrechtlichen Werken ist hauptsächlich das Syntagma canonum alphabeticum des Matthäus Blastares im Gebrauch gewesen, wie die zahlreichen, im Orient noch vorhandenen Handschriften desselben aus der Zeit nach der Eroberung Constantinopels und dessen Uebertragung in die lingua vulgaris durch Cunalis Critopulus beweisen. Doch ist auch die Collectio canonum mit dem Commentar des Zonaras und der Nomocanon des Photius in dieser Zeit noch abgeschrieben worden. Zu den Quellen des Kirchenrechts sind nach der Eroberung Constantinopels noch folgende Entscheidungen der Patriarchen und Synodalberichte hinzugekommen[9]): 1) Ἀνάλυσις [illegible] ὑπ' αὐτῆς τῆς ἁγίας καὶ μεγάλης συνόδου, ὡς τοὺς ἐκ τῶν Λατινικῶν αἱρέσεων ἐπιστρέφοντας τῇ ὀρθοδόξῳ τε καὶ καθολικῇ Ἐκκλησίᾳ τῆς Κωνσταντινουπόλεως, ἀλλὰ δὴ καὶ τοὺς τρεῖς ἁγιωτάτους πατριάρχας τῆς Ἀνατολῆς, Ἀλεξανδρείας δηλονότι, Ἀντιοχείας καὶ Ἱεροσολύμων, ἐπὶ τοῦ πατριάρχου Συμεὼν[10]), d. i. ein unter dem Patriarchen Simeon im J. 1484 von der Synode gefaßter Beschluß über die Aufnahme der Lateiner, welche sich zur griechischen Kirche wenden[11]). 2) Πρᾶξις συνοδικὴ τῆς ἁγίας καὶ μεγάλης Συνόδου ἐν Κωνσταντινουπόλει ἐν ἔτει [illegible] περὶ πατριάρχου Ἀλεξανδρείας ἐπὶ τοῦ πατριάρχου Κωνσταντινουπόλεως

9) Vergl. Witte, in der Zeitschr. f. gesch. R.-W. Bd. VIII. S. 222. Zachariae, Hist. jur. Gr. Rom. delin. § 54. p. 87. Rhallis et Potlis, Coll. can. T. V. Praef. p. 9. 10) Simeon von Trapezunt wurde im J. 1470 zum Patriarchen von Constantinopel erwählt, im J. 1472 wegen seines Nachfolgers Dionysius I. seiner Stelle entsetzt, und gelangte im J. 1478—1481 wieder zum Patriarchat. 11) Herausgegeben ist dieser Synodalbeschluß in dem Τόμος Ἀγάπης des Patriarchen von Jerusalem Dositheus Jassy 1698, und daraus in Rhallis et Potlis Coll. can. T. V. p. 143—147. Im J. 1756 ist unter dem Patriarchen zu Constantinopel, Cyrillus, ein Beschluß der heiligen Synode publicirt worden, nach welchem die zur griechischen Kirche übertretenden Lateiner getauft werden sollen. Dieser Beschluß ist in dem Werke, betitelt: Ῥαντισμοῦ στηλίτευσις (über die Bedeutung dieses Namens siehe Rhallis et Potlis Coll. can. T. V. Praef. p. 9. not. 1.) 1756 (nach Leipzig 1758) p. 113 gedruckt und daraus herausgegeben in Rhallis et Potlis, Coll. can. T. V. p. 614—616.

Ἰερεμίου [12]) i. e. Actus synodalis sanctae et magnae Synodi Constantinopolitanae anno (mundi 7096, Chr. 1588) de patriarchatu Moscoviae sub Patriarcha Constantinopolitano Jeremia [13]). 3) Νεοφύτου, πατριάρχου Κωνσταντινουπόλεως ἀπόφασις περὶ διαφόρων γαμικῶν κεφαλαίων [14]), i. e. Neophyti, Patriarchae Constantinopolitani, decretum de diversis capitulis matrimonialibus de anno 1611 [15]). 4) Γράμματα τοῦ τε οἰκουμενικοῦ πατριάρχου Ἰερεμίου τοῦ ἔτους 1723 καὶ τοῦ πατριάρχου Ἀντιοχείας Ἀθανασίου, πρὸς τὴν ἁγιωτάτην Σύνοδον τῆς Ῥωσσίας, δι' ὧν ἀναγνωρίζεται τὸ αὐτοκέφαλον τῆς Ῥωσσικῆς Ἐκκλησίας. Es sind Schreiben des Patriarchen Jeremias III. zu Constantinopel vom J. 1723 und des Patriarchen Athanasius zu Antiochia an die heilige Synode Rußlands, wodurch die Selbständigkeit der russischen Kirche anerkannt wird [16]).

II) Gewohnheitsrecht [17]).

Durch die Einwanderungen nordischer Völkerstämme, theils germanischer, theils slavischer Abkunft, kam zu dem altgriechischen und römischen Elemente noch das germanische und slavische hinzu. Die Germanen sowol, als die Slaven brachten auch ihre Sitten und Gewohnheiten mit in das eroberte Land. Unter anderen Umständen würde sich aus ihrer Vermischung mit dem vorgefundenen altgriechischen Elemente auf gleiche Weise, wie in den altgermanischen Staaten Europa's neben dem römischen Rechte auch ein griechisches Gewohnheitsrecht gebildet haben. Allein ein nationales griechisches Gewohnheitsrecht hat sich nicht ausgebildet. Denn abgesehen davon, daß die Geistlichkeit in den ihnen zur Entscheidung vorgelegten geistlichen und weltlichen Sachen nur geschriebenes Recht, wie sie es in den ihr zu Gebote stehenden Rechtsbüchern vorfand, anzuwenden pflegte, wurde auch von den türkischen Behörden, an welche man sich vor ihren Entscheidungen in letzter Instanz wenden konnte, die Bildung eines griechischen Gewohnheitsrechtes erschwert, an manchen Orten auch ganz verhindert. Dies war namentlich in Chalcis und [illegible] der Fall, welche der türkischen Gewalt und dem türkischen Rechte vollständig unterworfen worden sind. Dagegen haben sich particuläre Gewohnheitsrechte in den meisten Provinzen und Gemeinden, häufig aus germanischen Elementen, gebildet, und zwar nach dem im Mittelalter geltenden und im Grunde bis jetzt in Griechenland gebliebenen System der Individualisirung nicht blos in den verschiedenen Provinzen, Bezirken und Inseln, sondern auch in den einzelnen Städten und Dörfern. Die Fortbildung dieses Gewohnheitsrechts ging theils von den Bischöfen aus, theils wurde sie durch eine Art von autonomischer Gesetzgebung bewerkstelligt. In der Natur der gegebenen Umstände und Verhältnisse lag es übrigens, daß sich nicht an allen Orten ein festes und beständiges Gewohnheitsrecht ausbilden konnte. In vielen Bezirken und Gemeinden blieb dasselbe im Gegentheil nach Zeit und nach Umständen veränderlich. Sehr oft wurde es von den Mächtigeren übertreten, von dem türkischen Rechte aber entkräftet, oder es wurde von der türkischen Willkür sogar völlig abhängig gemacht. Das griechische Gewohnheitsrecht war ursprünglich dem bloßen Gedächtnisse der Griechen anvertraut. Dies erzeugte sehr häufig Streitigkeiten unter den Parteien, überhaupt Unsicherheit des Rechts. Diese Unsicherheit des Rechts war am Ende des 18. Jahrhunderts sogar der ausgesprochene Beweggrund für die Bewohner von Santorin, ihr Gewohnheitsrecht schriftlich abfassen zu lassen. Bei dieser schriftlichen Abfassung des Gewohnheitsrechts von Santorin wurde mit größter Sorgfalt zu Werke gegangen. Es wurden nämlich die Bischöfe, der griechische wie der katholische, ihre beiderseitigen Kanzler, die griechischen und lateinischen Primaten nebst Abgeordneten aus den Hauptorten der Insel zugezogen, von ihnen allen die Urkunde unterschrieben und sodann das Gemeindesiegel beigedruckt. Außerdem wurde es auch noch zur Bestätigung des Großherrn, oder vielmehr zur Bestätigung des Großdragomans, im Namen des Großherrn, nach Constantinopel eingesendet. Dieses griechische Gewohnheitsrecht war nicht allein von den griechischen, sondern auch, wenigstens der Theorie nach, bei den türkischen Gerichten gültig. In der neuesten Zeit unter der während der Minderjährigkeit des Königs Otto bestehenden Regentschaft beriefen sich nämlich die Griechen, namentlich die freieren Insulaner, bei jeder Gelegenheit auf die von der hohen Pforte erhaltenen Privilegien, wodurch ihnen ihre Rechte und Freiheiten, ja sogar ihr Gewohnheitsrecht ausdrücklich zugesichert worden sei. Die türkischen Richter pflegten in ihren Anstellungsdecreten selbst auf die Beobachtung dieser Gewohnheiten hingewiesen zu werden. Die be-

---

12) Jeremias, Metropolitan von Larissa, mit dem Beinamen Tranos, wurde im J. 1572 zum Patriarchen von Constantinopel erwählt und bekleidete diese Würde bis 1579. Zum zweiten Mal war er Patriarch von 1580—1584, das dritte Mal von 1586—1594. Unter seinem dritten Patriarchat ging er mit drei anderen Erzbischöfen nach Rußland und erwählte zum Patriarchen der russischen Kirche den Metropoliten Hiob. Unter ihm ist einige Verhandlung und Verabredung über den Patriarchen von Moskau vorgekommen. 13) Herausgegeben ist dieser Synodalbeschluß in dem Τόμος Ἀγάπης des Patriarchen von Jerusalem Dositheus, und daraus in Rhalles et Potles, Coll. can. T. V. p. 149—155. 14) Neophytus wurde 1602 zum Patriarchen von Constantinopel erwählt, aber nach einem Jahre sechs Monaten seiner Stelle entsetzt. Zum zweiten Mal gelangte er 1608 zum Patriarchat, wurde aber nach 4 Jahren abgesetzt. 15) Dieses ἀπόφασις wird erwähnt in dem Σύνταγμα περὶ [illegible] 'Αλεξίου [illegible] Cap. 4. 6. p. 531. 550. 551 und ist aus einer Handschrift des Nikanor des Malaxus in der [illegible] zu Athen zuerst herausgegeben in Rhalles et Potles, Coll. can. T. V. p. 156—159. 16) Diese Schreiben sind in Folge eines Schreibens des Kaisers Peter des Großen, worin er dem Patriarchen Jeremias (1715—1727) die neue Einrichtung der heiligen Synode Rußlands statt des aufgehobenen Patriarchats anzeigt und um Bestätigung derselben nachsucht, erlassen. Das Schreiben Peter's des Großen ist abgedruckt in Rhalles et Potles, Coll. can. T. V. p. 60. Not. 1. Die Schreiben der beiden Patriarchen sind herausgegeben ebend. T. V. p. 160—163. 17) Vergl. Geib, Darstellung des Rechtszustandes in Griechenland S. 24—69. v. Maurer, Das griechische Volk Bd. 1. S. 111—379. Zachariä in den Heidelb. Jahrb. 1836. S. 761.

reits erwähnte autonomische Gesetzgebung, wodurch das Gewohnheitsrecht weiter ausgebildet oder auch zum Theil abgeschafft worden ist, bestand im Grunde in bloßen Uebereinkünften oder Verträgen unter den Bewohnern einer Gemeinde, oder eines ganzen Bezirkes, oder einer ganzen Insel. Eine übersichtliche Darstellung des Gewohnheitsrechts in Griechenland hat Geib [18]) gegeben, und als Quellen dabei die Berichte über das griechische Gewohnheitsrecht benutzt, welche das Ministerium der Justiz einforderte und erhielt. Es waren nämlich sämmtliche Friedensrichter und Demogeronten durch ein allgemeines Rundschreiben des Ministeriums der Justiz des Königreiches Griechenland aufgefordert worden, über den Stand der Rechtspflege in ihren betreffenden Bezirken, über die hier etwa vorkommenden Gewohnheiten und Gebräuche, Enterbung, Alter u. s. w. ausführlichen Bericht an das Ministerium zu erstatten, zugleich aber alle schon in früheren Zeiten vielleicht schriftlich aufgezeichneten Gewohnheitsrechte derselben in einer beglaubigten Abschrift einzusenden. Damit nicht zufrieden, indem die Allgemeinheit der Fragen, bei der Beschränktheit der Befragten, leicht eine Einseitigkeit und Schärfe in den Antworten befürchten ließ, wurde denselben zu gleicher Zeit noch über die wichtigsten Punkte eine Reihe einzelner Fragen vorgelegt, um diese, mit Beiziehung der ältesten und erfahrensten Bürger, dem Herkommen ihrer Ortschaften gemäß zu entscheiden, und diese Entscheidungen dann, mit Angabe ihrer Gründe, ebenfalls vorzulegen. Die an das Ministerium eingegangenen Berichte nebst manchem Anderem hat Maurer [19]) vollständig herausgegeben. Bei der von Geib gegebenen Darstellung des Gewohnheitsrechts kommt man leicht dahin, an die Ausbildung eines nationalen griechischen Gewohnheitsrechtes zu glauben. Es sprechen aber manche Gründe gegen diese Ansicht, welche dem aufmerksamen Leser der gedachten Berichte selbst nicht entgehen können [20]). So hat er manche Sätze für allgemeines griechisches Gewohnheitsrecht gehalten, welche nach jenen Berichten bei weitem nicht so allgemein gültig erscheinen. So sagt Geib in Bezug auf das Erbrecht, der Vorzug des Mannsstammes und die Beschränkung der Testirfreiheit seien Grundsätze eines allgemeinen griechischen Gewohnheitsrechtes. Geht man aber die erwähnten Berichte durch, so findet man, daß die Mehrzahl der griechischen Gemeinden nach einem anderen Rechte lebte, nach einem Rechte, welches mit dem neueren byzantinischen Rechte völlig übereinstimmt. Ferner führt Geib mehrere Rechtssätze als griechisches Gewohnheitsrecht an, welche zwar allerdings in Griechenland gemeinrechtlich zu sein scheinen, aber nicht Gewohnheitsrecht, d. h. nicht solches Recht, welches sich neben Harmenopulos oder neben den durch die byzantinische Gesetzgebung eingeführten Rechtsinstituten ausgebildet hat, sondern lediglich byzantinisches Recht sind. Schriftlich aufgezeichnet sind die Gewohnheitsrechte von Syra [21]), Santorin [22]) und Naxos [23]).

18) Geib a. a. O. S. 24—68. 19) Maurer a. a. O. S. 122—379. 20) Vergl. Zachariä, in den Heidelb. Jahrb. 1836. S. 881—883.

III) Hilfsmittel, welcher sich die Praktiker bedienten.

Diejenigen, welche sich mit dem Rechte beschäftigten, oder als Richter zu urtheilen hatten, gebrauchten nach Verschiedenheit der Zeit und der Orte verschiedene theils handschriftlich vorhandene, theils gedruckte Werke. Diese können in folgende Classen getheilt werden: 1) Schriften über bürgerliches und kirchliches Recht aus der vorigen Periode, deren früher gedacht worden ist. Von diesen waren nicht nur die älteren Exemplare, welche vorhanden waren, im Gebrauche, sondern es wurden auch neue Abschriften gefertigt. Auch haben die neueren Griechen in den seit der Eroberung Constantinopels durch die Türken verfaßten, theils handschriftlich vorhandenen, theils gedruckten Werken Vieles aus ihnen geschöpft. 2) Schriften über bürgerliches und kirchliches Recht, welche entweder in altgriechischer oder in neugriechischer Sprache im 15. bis zum 18. Jahrhundert von griechischen Verfassern geschrieben worden sind, und sich handschriftlich in den Bibliotheken befinden. 3) Schriften über bürger-

21) Es ist vom 15. Juni 1696 und findet sich in der deutschen Uebersetzung bei Maurer a. a. O. Bd. 1. S. 346—349. 22) Dasselbe ist, wie es scheint, im J. 1797 schriftlich abgefaßt, in demselben Jahre an den Dragoman der kaiserlichen Flotte eingesendet, und hat 1799 die Bestätigung erhalten, indem in dem officiellen Berichte dieses Jahr der Abfassung angegeben worden ist. Vergl. Maurer a. a. O. S. 351. Note 36. Das Schreiben, womit dasselbe zur Bestätigung eingesendet wurde, findet sich in deutscher Uebersetzung bei Maurer a. a. O. S. 349—351; das Gewohnheitsrecht in deutscher Uebersetzung ebd. S. 351—379. Dasselbe zerfällt in 11 Capitel. Cap. 1. Vom Kauf und Verkauf. Cap. 2. Von der Erbschaft. Cap. 3. Ueber die Sachen, welche einem [illegible] gekauft oder [illegible] werden. Cap. 4. Ueber Contracte, welche die Mitgift betreffen (προικοσύμφωνα). Cap. 5. Vom Testament. Cap. 6. Von dem Erwerbe und Verluste der Rechte durch Verjährung. Merkwürdig ist die noch darin enthaltene Bestimmung, daß, wer aus Bosheit Jemanden ohne Grund und Recht schadet, und ihn ungerechter und falscher Weise vor das kaiserliche Gericht oder vor den Kadi laden und ihm Schaden und Strafe verursachen würde, zur Entschädigung des Beeinträchtigten verpflichtet sein und zu gleicher Zeit als ein Uebelthäter und Verräther für seine Bosheit bestraft werden soll. Cap. 7. Ueber den Zehnt. Cap. 8. Ueber die Wege und Grenzen. Cap. 9. Ueber die Schulden. Cap. 10. Ueber die Pfänder. Cap. 11. Ueber die Zeugen. 23) Das Gewohnheitsrecht von Naxos ist in neugriechischer Sprache herausgegeben in der von [illegible] herausgegebenen Zeitschrift Θέμις T. V. p. 134—174. Voran geht ein πρόλογος mit dem Datum des 24. Juli 1810. Dann folgt das Gewohnheitsrecht selbst in 15 Capiteln. Κεφ. α΄. Περὶ [illegible], προικὸς καὶ προικοσυμφώνων εἰς γάμους. Κεφ. β΄. Περὶ [illegible] ἄλλης τῆς Νάξου. Κεφ. γ΄. [illegible]. Κεφ. δ΄. Περὶ [illegible]. Κεφ. ε΄. Περὶ [illegible] πραγμάτων. Κεφ. ς΄. Περὶ [illegible]. Κεφ. ζ΄. Περὶ [illegible] πραγμάτων. Κεφ. η΄. Περὶ ἐμφυτεύσεων. Κεφ. θ΄. Περὶ [illegible]. Κεφ. ι΄. Περὶ [illegible]. Κεφ. ια΄. Περὶ δανείων καὶ ὁμολογιῶν. Κεφ. ιβ΄. Περὶ [illegible]. Κεφ. ιγ΄. Περὶ [illegible]. Κεφ. ιδ΄. Περὶ [illegible]. Κεφ. ιε΄. Περὶ [illegible]. Den Schluß macht eine Ἐπίκρισις καὶ ἐπιβεβαίωσις.

liches und kirchliches Recht, welche in Frankreich, Deutschland und England gedruckt worden sind, z. B. die Constitutiones Apostolicae, zu Venedig 1563 gedruckt, des Leunclavius Jus Graeco-Romanum [24]), die von Fabrot herausgegebenen Basiliken, die von Voellus und Justellus herausgegebene Bibliotheca juris canonici, des Beveridge Synodicon, und andere, welche sich in vielen griechischen Bibliotheken finden, und von Verfassern neuerer griechischer juristischer Werke, welche dieser Periode angehören, angeführt werden. 4) Schriften über bürgerliches und kirchliches Recht, welche von Griechen zu Venedig, Constantinopel, Leipzig und Nauplia in Druck herausgegeben sind. Von den Schriften unter 2. wird im §. 51, von denen unter 4. im §. 52 gehandelt werden.

§. 53. Handschriftlich vorhandene Schriften griechischer Verfasser über bürgerliches und kirchliches Recht aus dem 15. bis zum 18. Jahrhundert [1]).

Hierher gehören folgende Schriften: 1) Um das Jahr 1498 übertrug Nicolaus Kunalis (*Νικόλαος Κουνάλης* oder, wie er auch genannt wird, *Κουνάλης Κριτόπουλος* [2]) *ἄρχων*) das Syntagma canonum alphabeticum des Matthäus Blastares in die lingua vulgaris. Handschriften sind: Cod. Paris. 1376. 1377; Vindob. supplem. 46; Cod. *τῆς ἁγίας Λαύρας* 14. 15; Cod. *τοῦ Βατοπαιδίου* 8. Zwei andere Handschriften, Cod. *τοῦ Ἰβήρων* 3., Cod. *τοῦ Κουτλουμουσίου* 3., enthalten einen Auszug dieser Uebersetzung. 2) Verschiedene *Κανονάρια* [3]) *τῶν πνευματικῶν* (manualia canonum in usum confessorum) finden sich in großer Anzahl in den Handschriften der griechischen Klöster. Die hauptsächlichsten sind folgende: a) das *κανονάριον* des Priestermönchs (Hieromonachus) Macarius in 231 Capiteln; die Rubrik des Cap. 1 ist *περὶ τῶν ἀρνησάντων τὴν Χριστοῦ ἀπιστίας ἢ ἑκουσίως*, des Cap. 231 *περὶ μελλόντων* [illegible] *ἐπιφορᾷ*. Handschriften sind: Cod. *τῆς ἁγίας Λαύρας* 17. und Cod. *τοῦ Δοχειαρίου* 6. b) *Νομοκάνονον* [illegible] Cap. 1. *περὶ πνευματικοῦ πῶς πρέπει χρῆναι εἶναι*. Handschriften sind in der Bibliothek *τοῦ ἁγίου τάφου* zu Constantinopel, *τῆς μονῆς τοῦ ἁγίου Γεωργίου* bei Trapezunt, und in den Klöstern *τοῦ Παντοκράτορος, τοῦ ἁγίου Παύλου, τῆς ἁγίας Ἄννης* auf dem Berge Athos; diese Handschriften haben bald 173, bald 330, bald 361 Capitel. c) In einem Codex *τοῦ ἁγίου τάφου* (num. 15. bei Zachariä v. L.) findet sich ein anderes *Νομοκάνονον* in 276 Capiteln, dessen erstes anfängt: *περὶ ἡμῶν τῶν Χριστιανῶν ὅπου προχειροῦμεν* κ. τ. λ. Eine im J. 1752 geschriebene Handschrift desselben Werkes ist in der Bibliothek des Bergklosters (*τῆς μονῆς τοῦ ἁγίου Γεωργίου*) bei Trapezunt. — Andere Handschriften, in welchen sich solche *Κανονάρια* finden, sind: Cod. *τοῦ Βατοπαιδίου* 15. 18.; Cod. *τοῦ Κουτλουμουσίου* 11.; Cod. *τοῦ Σταυρονικήτου* 3. Codd. II monasterii Sumela bei Trapezunt. 3) Im J. 1576 verfaßte ein Priestermönch Simeon (*Συμεὼν ἱερομόναχος ὁ Χαλδαῖος*) einen Nomocanon *κατὰ στοιχεῖον*, also nach alphabetischer Ordnung, welcher von dem Syntagma *κατὰ στοιχεῖον* des Matthäus Blastares verschieden ist, in der lingua vulgaris. Eine Handschrift davon aus dem J. 1576 befindet sich in der Bibliothek des Klosters *τοῦ Φιλοθέου* auf dem Berge Athos. 4) Ein Auszug der Synopsis minor (*τὸ μικρὸν κατὰ στοιχεῖον*) in der lingua vulgaris findet sich in einer Handschrift der griechischen Schule zu Thessalonich aus dem 17. Jahrhundert, und in einer Handschrift der Schule zu Trapezunt, welche 1605 geschrieben ist. In der ersteren Handschrift ist das Werk betitelt: [illegible] *ἐπιταγῇ τοῦ σοφωτάτου Μιχαὴλ αὐθεντόπουλου καὶ μεγάλου* [illegible] *τῆς ἀνατολῆς τοῦ Ἀντιοχείου*. Am Ende der Handschrift findet sich folgende Bemerkung über den Verfasser: *Δόξα θεῷ τῷ δόντι μοι τὸ τέλος τόδε — ἐγράφη διὰ χειρὸς Θεοδοσίου πρωτονοταρίου — Ζυγομαλᾶ καὶ εἰς τὸ* [illegible] *ὡς δυνατόν*. Der Verfasser ist hiernach der Protonotar Theodosius Zygomalas [4]). 5) In derselben trapezuntischen Handschrift vom J. 1605 findet sich ein Auszug der Hexabiblos des Harmenopulos in der lingua vulgaris von demselben Theodosius Zygomalas. 6) Im Cod. Marcian. App. III. 9. findet sich folgendes Werk: *Νόμιμον ἐκλελεγμένον ἐκ διαφόρων βιβλίων καὶ ἀπὸ τῆν θείων καὶ ἱερῶν γραφῶν συντεθὲν παρὰ τοῦ λογιωτάτου κυρίου Ἰωάννου ἱερέως Τρουλινοῦ τοῦ Κρητὸς καὶ πνευματικοῦ πατρὸς ἡμῶν*. Der Verfasser erwähnt das jus orientale von Bonefidius, Justinian's Novellen, die Hexabiblos des Harmenopulos, die Ecloga Leonis u. s. w., wobei er den gedruckten Exemplaren folgt. 7) Im J. 1671 wurde von dem Priestermönch (Hieromonachus) Theocletus der Codex Paris. 1363. A. geschrieben. Diese Handschrift enthält die Hexabiblos des Harmenopulos, dessen Schriften de fide orthodoxa und de factis, und Tit. VIII. des Prochiron auctum, alles in die lingua vulgaris übertragen, wahrscheinlich von Theocletus selbst. 8) Die Collectio canonum mit dem Commentar des Zonaras wurde im J. 1750 von einem Mönch Dionysius in die lingua vulgaris übertragen. Eine Handschrift davon befindet sich in der Bibliothek des Klosters *τοῦ Δοχειαρίου* auf dem Berge Athos, unter dem Titel: *Ἑρμηνεία τῶν ἱερῶν καὶ θείων κανόνων* ...... [illegible]

---

24) Es findet sich in der Bibliothek der griechischen Schule in Kurutschesme bei Constantinopel in einer Handschrift aus dem 18. Jahrhundert eine vollständige Abschrift des Jus Graeco-Romanum, und eine Handschrift des [illegible] auf dem Berge Athos Nr. 32 enthält eine Abschrift mehrerer in dieser Sammlung gedruckter Werke. Vergl. Zachariae, Delineatio §. 54. not. 1. p. 58. und Annot. p. XIX. XX. not. 1) Vergl. Zachariae, Hist. jur. Gr. Rom. delineatio §. 55. p. 88—94. 2) Andere schreiben: *Κριτόπουλος*. 3) Sie werden auch *Νομοκάνονες* genannt. Ein solcher Nomocanon ist herausgegeben bei Cotelerius, Monum. eccl. graec. T. I. p. 68—158.

4) S. über denselben Ducange, Gloss. med. et inf. graecit. p. 33. 36. 61. Fabricius, Bibl. Gr. T. X. p. 646. T. XI. p. 770.

θέντων ὑπὸ τῆς ἁπλουστέρας λέξεως εἰς τὴν κοινὴν μετὰ μεγάλης καλλιγραφίας παρὰ Διονυσίου ἱερομονάχου. Der Anfang ist: Ἡ δήλωσις τῶν λόγων τῶν κ. τ. λ. 9) Im J. 1767 compilirte der Mönch Theocletus aus Byzanz κατὰ τὴν ἱερὰν τοῦ Κουτλουμουσίου σκήτην (in dem Kloster τῶν Κουτλουμουσίων) auf dem Berge Athos auf Befehl der Obern einen Nomocanon in der lingua vulgaris aus verschiedenen Quellen, von denen er weitläufig in der Vorrede handelt, vorzüglich aus den Schriften des Harmenopulus und dem Syntagma des Blastares, theils in systematischer, theils in alphabetischer Ordnung. Es gibt davon in den Klöstern des Berges Athos zwei Handschriften: Cod. τῶν Ἰβήρων 18. Cod. τοῦ Ξενοφῶντος 2. Erstere Handschrift ist vom J. 1773 und enthält die Bemerkung, daß Theocletus diese Arbeit im März 1767 (ἐν τῷ σωτηρίῳ ἔτει αψξζ΄ μηνὶ μαρτίῳ) vollendet habe. Letztere Handschrift ist im J. 1774 geschrieben. 10) Theophilus, welcher zwischen den Jahren 1749—1795 Bischof von Campanien war, verfaßte ein Werk, Νόμιμον betitelt, in zwei Theilen; der erste Theil hat die Ueberschrift: Ἐκκλησιαστικὸς νόμος; der zweite ist überschrieben: Πολιτικὸς νόμος. Ein Exemplar dieses Werkes sah Zachariä v. L. im J. 1838 bei dem Bischof von Campanien, welcher ihm mittheilte, daß viele Bischöfe des erzbischöflichen Sprengels Thessalonich sich desselben bedienten. Von demselben Theophilus finden sich verschiedene ἀποφάσεις in dem Urkundenbuche (Codex) der Metropole Thessalonich, in welcher der Verfasser auf die Institutionen des Theophilus, die Basiliken u. s. w. sich beruft. — Ueber den Nomocanon des Malaxus vergl. den folgenden Paragraph.

§. 54. Juristische durch Griechen im 18. und 19. Jahrhundert gedruckte Werke [1].

Es gehören hierher folgende: 1) die Hexabiblos des Harmenopulus, von einem unbekannten Verfasser in die lingua vulgaris übertragen und auf Befehl des Gerasimus, Metropoliten von Heraclea, von Alexander Spanus verbessert, erschien auf Kosten des gedachten Gerasimus zu Venedig 1744. 4. παρὰ Νικολάῳ Γλυκεῖ. Voraus geht ein Schreiben des Gerasimus an die Leser; am Ende ist folgendes in der lingua vulgaris verfaßte Werkchen hinzugefügt: περὶ συνοικεσίων ἐγγραφὲν παρὰ Ἀλεξίου Σπανοῦ τοῦ ἐξ Ἰωαννίνων. 2) Im J. 1753 erschien zu Venedig in Quart ein juristisches Werk, aus den heiligen Vätern, den Schlüssen der Concilien, dem Syntagma des Blastares, der Hexabiblos des Harmenopulus und anderen Quellen zusammengetragen in 8 Büchern, welches VIII und 220 Seiten füllt. Es hat folgenden Titel: Σύνοψις τῶν βιβλίων νομικοῦ καὶ περὶ ἐξομολογήσεως, ὅπου περιέχει ὡς φαίνεται τὰ ἀναγκαῖα καθὲ τάξεως χριστιανῶν ἱερωμένων τε καὶ λαϊκῶν, οὕτινος προστάτας μὲν καὶ πρὸ πάντων τὸν [illegible] ἐπικαλούμεθα τοὺς ὑπερασπιστὰς τῆς ἐκκλησίας, τοὺς καὶ συνθέτας αὐτοῦ, ἐν οἷς τοὺς μεγίστους τρεῖς θεολόγους καὶ μετὰ τούτους τοὺς κορυφαίους τῆς αὐτῆς ἐκκλησίας, ἀναλώμασι δὲ τῶν τε λογιωτάτων κυρίων Ἰωάννου Ἰωαννίνου Πολυκαρπίδου καὶ τῶν χρηματιστῶν ἐν Ἰωαννίνοις κυρίων Δημητρίου Παμφίλου [illegible] νῦν πρῶτον τύποις ἐκδοθὲν καὶ ἐπιμελῶς διορθωθὲν. Ἐνετίῃσι 1753 ἐν τῇ χαλκογραφίᾳ [illegible] παρὰ Ἀντωνίῳ τῷ Βορτολῇ. Dem Hauptwerke folgt ein Schriftchen περὶ ἐξομολογήσεως (de confessione), wie auch der Titel angibt, auf 32 Seiten. 3) Die unter 1. erwähnte Ausgabe des Harmenopulus wurde zu Venedig 1766. 4. wiedergedruckt. Dieser neuen Ausgabe ist am Ende (außer der unter 1. erwähnten Abhandlung des Alexius Spanus über die Ehe) die Epitome canonum (des Harmenopulus), in die lingua vulgaris übertragen, beigefügt. 4) Dieselbe Ausgabe wurde wieder abgedruckt zu Venedig 1777. 4. bei Demetrius Theodosius. 5) Im J. 1787 erschien zu Venedig eine Sammlung der Quellen des kirchlichen Rechts der griechischen Kirche unter folgendem Titel: Συλλογὴ πάντων τῶν ἱερῶν καὶ θείων κανόνων τῶν τε ἁγίων ἀποστόλων καὶ οἰκουμενικῶν συνόδων ἅμα δὲ καὶ τοπικῶν, ἔτι τούτοις καὶ τῶν λοιπῶν ἁγίων πατέρων τῶν κατ᾽ ἰδίαν ἐμπρεψάντων καὶ ὑπὸ συνόδων οἰκουμενικῶν ἢ τοπικῶν βεβαιωθέντων συλλεχθέντος ἐκ διαφόρων βιβλίων καὶ τυπωθέντων νῦν διὰ προτροπῆς καὶ ἀναλωμάτων τοῦ πανιερωτάτου καὶ σοφωτάτου ἁγίου Ναζαρὲτ κυρίου κυρίου Νικηφόρου Πελοποννησίου. αψπζ΄. Ἐνετίῃσι. Παρὰ τῷ Βορτολῇ. Con Licenza de' Superiori, e Privilegio. 4. Pag. γ΄. findet sich die Erlaubniß der Obern und das Privilegium. Pag. δ΄. enthält Verse εἰς τοὺς κανόνας und εἰς τὸν ἀρχιερέα. Pag. ε΄—ζ΄ findet sich die Vorrede mit der Unterschrift: Ἀγάπιος Ἱερομόναχος ὁ ἐκ Δημητσάνης Πελοποννήσιος, welcher sagt: ἀποτεθῆναι πολλοῖς ὑπὸ πολλῶν καὶ διαφόρων χειρογράφων τινῶν Κανονικῶν, [illegible] μᾶλλον ἢ κανόνας θείους ἔχοντα. Pag. η΄—ιβ΄. folgt ein Inhaltsverzeichniß: Πίναξ κατ᾽ εἶδος τῶν περιεχομένων ἐν τῇδε τῇ βίβλῳ. Pag. ιγ΄-ιε΄. folgt: Πίναξ τῶν κατ᾽ εἶδος ἀριθμῶν (i. e. Index canonum). Pag. ιζ΄—ιη΄. Πίναξ τῶν ἐν ἁπάσαις ταῖς ἱεραῖς συνόδοις στηριχθέντων ὑποθέσεων. Am Ende steht: Τέλος τοῦ παρόντος διὰ χειρὸς Θεοδοσίου [illegible]. Pag. 1—464. Canones Apostolorum LXXXVI. Notitia de synodo Nicaena. Ejus canones XIX. Ancyrani XXV. Neocaesarienses XV. Gangrenses XXI. Notitia de synodo Antiochena. Ejus canones XXV. Laodiceni LIX. Constantinopolitani VII. Ephesini IX. Notitia de synodo Chalcedonensi. Ejus canones XXX. De Sardicensi synodo. Ejus canones XXI. Canones synodi Carthaginensis. Ex actis synodi Constantinopolitanae in causa Agapii et Bagadii. De synodo quinta et sexta et Trullana. Ejus canones CIII. De synodo Nicaena secunda. Ejus canones XXII. — Canones sanctorum Patrum, Petri, Athanasii, Gregorii Nysseni, Basilii, Dionysii, Gregorii Thaumaturgi, Gennadii, Tarasii, synodi in Templo S. Sophiae habitae, Nicephori, Timothei, Theophili, Cyrilli, Joannis Nesteutae.

1) Vergl. Zachariae, Hist. jur. Gr. Rom. delin. §. 54 p. 94—98.

6) Da die Exemplare der kanonischen Sammlung der griechischen Kirche selten und häufig sehr fehlerhaft waren, so ließ der Patriarch zu Constantinopel mit seiner Synode einen neuen Codex canonum abfassen und bestätigte ihn. Dieser neue Codex canonum hat den Titel *Πηδάλιον* [2]). Der vollständige Titel ist: *Πηδάλιον τῆς νοητῆς νηὸς τῆς — τῶν ὀρθοδόξων ἐκκλησίας, ἤτοι ἅπαντες οἱ ἱεροὶ καὶ θεῖοι κανόνες τῶν τε ἁγίων καὶ πανευφήμων ἀποστόλων, τῶν ἁγίων οἰκουμενικῶν συνόδων, τῶν τοπικῶν, καὶ τῶν κατὰ μέρος θείων πατέρων, ἑλληνιστὶ μὲν χάριν ἀξιοπιστίας ἐκτιθέμενοι, διὰ δὲ τῆς καθ' ἡμᾶς κοινοτέρας διαλέκτου πρὸς κατάληψιν τῶν ἁπλουστέρων ἑρμηνευόμενοι παρὰ Ἀγαπίου μοναχοῦ καὶ Νικοδήμου μοναχοῦ καὶ μετ' ἐπιμελείας ἀνασκευασθέντες καὶ διορθωθέντες* ... *παρὰ τοῦ θεοφιλεστάτου διδασκάλου καὶ ἱεροκήρυκος κυρίου κυρίου Θεοδωρήτου* .... *Ἐν Λειψίᾳ τῆς Σαξωνίας ἐν τῇ Τυπογραφίᾳ τοῦ Βρεϊτκόπφ καὶ Αἰρτελ. ,ΑΩ.* (1800.) Fol. Der Name *Πηδάλιον* ist dem Werke nach dem Bilde gegeben worden, welches die Kirche unter dem Bilde eines Schiffes an der Spitze des Buches vorstellt [3]). Das Werk enthält die in der griechischen Kirche, welche den Patriarchen zu Constantinopel anerkennt, gültigen Quellen des Kirchenrechts, in griechischer Sprache (lingua antiqua), mit beigefügter Uebertragung in die lingua vulgaris durch die Mönche Agapius und Nicodemus. Die Durchsicht und Verbesserung des Werkes geschah nach dem Beschlusse des Patriarchen und der Synode durch den Lehrer und Prediger Dorotheus. Den Druck leitete auf Befehl des Patriarchen und der Synode der Priestermönch Theodoritus. Die von Agapius und Nicodemus vorausgeschickte Vorrede ist vom 4. Dec. 1793 datirt, und erklärt sich über den Plan des Werkes. Nach dieser Vorrede ist der Text der Canones ex sacris Pandectis, d. h. aus dem Synodicon des Beveridge, treu wiedergegeben, die Erläuterungen sind aus den Commentaren des Zonaras, Balsamon, bisweilen des Aristenus, öfters des Anonymus [4]) entlehnt; es ist ferner auf diejenigen Canones Rücksicht genommen, welche, obschon von keiner Synode bestätigt, doch Autorität in der Kirche haben, nämlich auf die des Nicephorus, Nicolaus, Johannes Citrius, Nicetas, Petrus Diaconus und Johannes Nesteuta [5]). Aus dem bürgerlichen Rechte, nämlich aus den Digesten, Institutionen, dem Codex und Novellen, ist nach der Vorrede nur dasjenige aufgenommen, was mit den kirchlichen Satzungen übereinstimmt, das damit im Widerspruch Stehende weggelassen [6]). In dem Werke selbst sind die Canones der Concilien und der heiligen Väter, welche von der Zeit des Photius und Zonaras an von der Kirche anerkannt sind, enthalten, in der Ordnung, welcher Zonaras folgt [7]). Am Schluße der kanonischen Briefe werden hinzugefügt 35 Canones des Johannes Nesteuta, 37 Canones des Nicephorus und 11 Responsiones, welche zur Zeit des Patriarchen Nicolaus ertheilt worden sind; letztere finden sich in den Handschriften hinter dem Syntagma des Blastares. Letztere drei Stücke bilden aber nach der oben erwähnten Vorrede keinen Theil der kanonischen Sammlung. 7) Im J. 1800 erschien zu Constantinopel ein Auszug aus der kanonischen Sammlung der griechischen Kirche von einem Mönch Christophorus unter folgendem Titel: *Κανονικὸν ἤτοι οἱ θεῖοι κανόνες τῶν ἁγίων καὶ πανσέπτων ἀποστόλων, τῶν τε οἰκουμενικῶν καὶ τοπικῶν συνόδων, καὶ τῶν κατὰ μέρος θεοφόρων πατέρων. Ἐν ἐπιτομῇ συνειλεγμένοι παρὰ Χριστοφόρου μοναχοῦ, τοῦ ἐκ τῆς κατὰ τὴν* [illegible] *Μονῆς τῶν Ἰβήρων Προδρομικῆς Σκήτης* (sic), *ἐφ' οἷ καὶ* [illegible] *ἐκ διαφόρων ἱερῶν διδασκάλων εἰς αὐτὸ τοῦτο* [illegible]. *Ὑπὸ τῇ τοῦ* [illegible] *καὶ θειοτάτου οἰκουμενικοῦ πατριάρχου κυρίου Νεοφύτου καὶ τῆς περὶ αὐτὸν ἱερᾶς συνόδου τῶν ἁγίων ἀρχιερέων ἀδείας,* [illegible] *ἐκδίδονται. Ἐν τῷ τοῦ πατριαρχείου τῆς Κωνσταντινουπόλεως τυπογραφείῳ.* Auf der Rückseite des Titels steht ein Siegel mit der Ueberschrift: *Τυπογραφεῖον πατριαρχικόν.* 1798. Hierauf folgt ein Schreiben des Mönchs Christophorus an den Patriarchen vom J. 1800, und ein Vorwort desselben an die Leser. Dann kommen Verse (στίχοι) zu Ehren des Verfassers dieses Auszugs, und der Befehl des Patriarchen, daß das Werk gedruckt werde, vom 13. Jan. 1800. Dann folgt: *Πίναξ τῶν κανόνων*. Die Ordnung ist folgende: Canones Apostolorum; Synodi oecumenicae primae, secundae, tertiae, quartae, quinisextae, septimae, primosecundae, S. Sophiae; Gennadii, Tarasii, synodi sub Cyrillo, Ancyranae, Neocaesariensis, Gangrensis, Antiochenae, Laodicenae, Sardicensis, Carthaginensis; Dionysii, Petri, Gregorii Thaumaturgi, Athanasii, Basilii, Gregorii Nysseni, Timothei, Theophili, Cyrilli, Joannis Nesteutae, Nicolai, Nicephori Confessoris. Hierauf folgt: *Πίναξ κατὰ μέρος πάντων τῶν ἐν τῇ παρούσῃ βίβλῳ ἱερῶν κανόνων.* Dann kommt p. 1—341 die

2) Es ist genau beschrieben von Kopitar in den Wiener Jahrbüchern Bd. XXIII. S. 230. Vgl. Bd. XXV. S. 150—157. *Hamer*, [illegible] coll. can. eccl. graec. p. 39—43. 3) Die Vergleichung der Kirche mit dem Schiffe des Petrus ist sehr alt; sie kommt schon in dem Briefe des Clemens an Jacobus und in den Constit. Apostol. II. 57. vor. Das Wort πηδάλιον an der Spitze der kanonischen Sammlungen scheint in älterer Zeit nicht vorzukommen. 4) Der von Agapius und Nicodemus angenommene Commentar des Aristenus ist dessen Epitome canonum; der des Anonymus aber sind die Scholien des Aristenus. Der Irrthum ist aus dem Beveridge Synodicon entstanden, in welchem der Epitome der Name des Aristenus vorangesetzt wird, während dessen Scholien keinen Namen an der Spitze tragen. 5) Was von Nicephorus, Johannes Citrius, Nicetas, Johannes Nesteuta vorliegt, sind diejenigen Stücke, welche sich in den Handschriften nach dem Syntagma des Blastares gewöhnlich finden. Die Canones des Nicolaus sind dessen Responsa ad Monachos, welche Harmenopulus in der Epitome canonum mitten unter den Canones citirt. Von Petrus Diaconus kennen Responsiones aus bei Lambecius, Comm. de Bibl. Caes. Vindob. VIII. c. 33 p. 1080.

6) Da Balsamon aus den Basiliken anführt und diesen deren Quellen die Zahl der Justinianeischen Novelle beifügt, so hat man den aufgenommenen Bestimmungen Justinian's und die Basiliken zu verschreiben. 7) Doch hat Beveridge eine andere Ordnung, als in den Handschriften des Zonaras und in dem Synodicon von Beveridge.

Epitome canonum des Christophorus, dessen προθεωρίαι und Anmerkungen beigefügt sind; Alles in altgriechischer Sprache. Am Ende befindet sich ein Index rerum et verborum. 8) Die unter 3. und 4. erwähnte Ausgabe der Hexabiblos des Harmenopulus wurde zu Venedig 1805. 4. wieder gedruckt [8]). 9) Dieselbe wurde zu Venedig 1820. 4. ἐν τῇ τυπογραφίᾳ Πάνου Θεοδοσίου τοῦ ἐξ Ἰωαννίνων wieder abgedruckt. Auf dem Titel wird sie als Ἔκδοσις πρώτη, als erste Ausgabe bezeichnet. 10) Im J. 1833 erschien eine neue Ausgabe der Hexabiblos des Harmenopulus in die lingua vulgaris von Klonaris übertragen. Der Titel ist: Πρόχειρον νόμων, τὸ λεγόμενον ἡ Ἑξάβιβλος, συλλεχθεῖσα ἀπὸ διάφορα τοὺς νόμους κατ' ἐκλογὴν καὶ ἐπιτομὴν καὶ συνταχθεῖσα οὕτω παρὰ τοῦ πανσεβάστου νομοφύλακος καὶ κριτοῦ Θεσσαλονίκης Κωνσταντίνου τοῦ Ἁρμενοπούλου, καὶ μεταφρασθεῖσα παρὰ Κ. Κλονάρη. Ἐν Ναυπλίῳ ἐκ τῆς Ἐθνικῆς Τυπογραφίας, διευθυνομένης ὑπὸ Γ. Ἀποστολίδου Κοσμητοῦ. 1833. 8. — Die später durch Griechen herausgegebenen juristischen Werke gehören der neueren Literatur des Königreiches Griechenland an, und sind später besonders zu erwähnen; nur ist 11) des im J. 1856 in der Θέμις Bd. VII. p. 165 seqq. herausgegebenen Nomocanon des Malaxus hier noch zu gedenken, da er, als bereits gedruckt, unter den im §. 53. aufgeführten blos handschriftlich vorhandenen Werken dieser Periode keine Stelle finden konnte. Manuel Malaxus war geboren zu Nauplia im Peloponnes im Anfange des 16. Jahrhunderts, und starb 1581 [9]). Er war Notar (νομικὸς νοταριογράφος) und schrieb, außer einer Geschichte der Patriarchen Constantinopels von der Eroberung dieser Stadt durch die Türken im J. 1453 bis zum J. 1581, um das J. 1562 einen Nomocanon zu Theben. Von diesem Werke ist vielfältiger Gebrauch gemacht worden, wie die sehr zahlreichen Handschriften (über 170), welche in den Bibliotheken Europa's und des Orients vorhanden sind, beweisen [10]). Die wichtigste Handschrift ist der Codex τῶν Ἰβήρων 11. im J. 1688 geschrieben, worin dieser Nomocanon in 580 Capiteln enthalten ist. Voran geht eine Vorrede mit den Worten beginnend: Ἐπειδὴ ἐν τοῖς ἔμπροσθεν, in welcher Malaxus erwähnt, daß er dieses Werk im J. 1561 vollendet habe. Die meisten Handschriften aber haben eine in altgriechischer Sprache geschriebene Vorrede, mit dem Anfange: Θεόφιλος ἀντικήνσωρ, und an deren Ende Folgendes steht: Ἐτελειώθη αὕτη ἡ βίβλος μετὰ πολλοῦ μόχθου ἐνταῦθα ἐν τῇ ἁγιωτάτῃ μητροπόλει Θηβῶν τῆς Ἑπταπύλου … παρ' ἐμοῦ … Μανουὴλ νοταρίου τοῦ Μαλαξοῦ τοῦ ἐκ Ναυπλίου τῆς Πελοποννήσου ἐν ἔτει ζο ἰνδ. ϛ' ἀπὸ κτίσεως κόσμου, ἀπὸ δὲ κυρίου καὶ Θεοῦ καὶ σωτῆρος ἡμῶν Ἰησοῦ Χριστοῦ αφξβ'. Hiernach ist das Werk im Jahre 7070 nach Erschaffung der Welt, 1562 nach Christi Geburt geschrieben [11]). Dann folgt das Verzeichniß der Capitel und das Werk selbst in der lingua vulgaris. Cap. 1. Περὶ κριτοῦ ὅτι [illegible]. Der Anfang ist: Πρῶτον τὸν κριτὴν κ. τ. λ. Zu den einzelnen Capiteln bemerkt der Verfasser die Quellen, aus welchen er geschöpft hat, z. B. die Ecloga von Leo und Constantinus, des Photius Nomocanon und Syntagma canonum mit den Commentaren des Zonaras und Balsamon, das Syntagma des Blastares, die Hexabiblos des Harmenopulus u. s. w. Die Handschriften weichen sehr von einander ab, sowol in Ansehung der Vorrede, welche einige geben, andere weglassen, als hinsichtlich der Zahl und Ordnung der Capitel. Von den zu erwähnenden Handschriften enthält kaum Eine das Werk in seiner ursprünglichen Gestalt; in den meisten sind verschiedene Fragmente, ja sogar ganze Κανονάρια (vergl. §. 53 unter 2.) beigefügt, in welchen die Zahlen der Rubriken oder Capitel fortlaufen, sodaß der Nomocanon des Malaxus bald aus 293, bald aus 694 Capiteln zu bestehen scheint. Es ist nun zu den einzelnen Handschriften zu bemerken, ob sie die Vorrede, und wie viel Capitel sie enthalten, sowie das Jahr und der Ort, wann und wo die Handschrift geschrieben ist, in sofern die Handschrift darüber eine Bemerkung enthält. Die Handschriften sind folgende: Cod. Paris. 1377. A enthält 233 Capitel; ob die Vorrede, ist ungewiß. Cod. Paris. 1377. B., im J. 1657 geschrieben, hat 294 Capitel ohne die Vorrede. Cod. Paris. Supplem. num. 67. v. J. 1614 hat die Vorrede und 487 Capitel. Cod. Bodlej. 248; ob er die Vorrede enthält, und wie viel Capitel, ist unbekannt. Cod. Marcian. 581. App. III. 8. v. J. 1623 hat 293 Capitel; Cod. Ottob. 97. 579 Capitel, Cod. Basilian. 62. (Vatic. 2023.) 294 Capitel, alle drei ohne Vorrede. In den Klöstern des Berges Athos gibt es zahlreiche Handschriften: 1) 6 Handschriften im Kloster τῶν Ἰβήρων: num. 12. ohne Vorrede mit 295 Capiteln; num. 14. v. J. 1626 ohne Vorrede mit 292 Capiteln; num. 13., geschrieben zu Athen 1618, ohne Vorrede mit 292 Capiteln; num. 15. v. J. 1620 ohne Vorrede mit 487 Capiteln; num. 19. ohne Vorrede mit 247 Capiteln; num. 17. v. J. 1678 in 424 Capiteln; 2) 2 Handschriften im Kloster τοῦ Σταυρονικήτα: num. 2. ohne Vorrede mit 693 Capiteln; num. 3. im J. 1614 auf dem Berge Athos geschrieben „παρ' ἐμοῦ [illegible]“ ohne Vorrede mit 298 Capiteln; 3) 3 Handschriften im Kloster τοῦ Καρακάλλου: num. 2. v. J. 1679 mit 378 Capiteln, num. 2. mit 296 Capiteln, num. 3. mit 694 Capiteln, sämmtlich ohne Vorrede; 4) 5 Handschriften im Kloster τοῦ ἁγίου Παύλου: num. 1. zu Moskau 1697 geschrieben mit Vorrede und 293 Capiteln; num. 2. mit Vorrede und 294 Capiteln; num. 3. v. J. 1709 ohne Vorrede mit 376 Capiteln; num. 4. verstümmelt; num. 5.

8) Vergl. Witte, im Rhein. Museum f. Jurisprudenz Bd. II. S. 286. Witte, und in der Zeitschr. f. gesch. R.-W. Bd. VIII. S. 222. 9) Vergl. Ducange, Gloss. med. et inf. graecit. Index auctorum p. 29. 54. 10) Vergl. besonders Zachariae, Delineatio §. 55. num. 2. p. 89—92. und Anecd. p. X seqq. Sponti in der Zeitschrift Θέμις Bd. VII. p. 165. Not. 1).

11) Im Cod. Bodlej. 248. wird das Jahr 1569 gezeigt. Vergl. Zachariae, Delineatio p. 69. not. IV.

mit 180 Capiteln; 5) eine Handschrift des Klosters τοῦ Ζωγράφου num. 7. v. J. 1707 ohne Vorrede mit 694 Capiteln; 6) 9 Handschriften des Klosters τῆς ἁγίας Λαύρας: num. 23. v. J. 1617 mit Vorrede und 315 Capiteln; num. 24. v. J. 1637 ohne Vorrede mit 272 Capiteln; num. 25. v. J. 1641 „κάστρον τῆς πόλεως Θεσσαλονίκης" geschrieben, ohne Vorrede mit 281 Capiteln; num. 26. im J. 1690 auf der Insel Cypern geschrieben, mit Vorrede und 305 Capiteln; num. 27. im J. 1712 von einem Mönch des Laurakloſters Matthäus geschrieben, ohne Vorrede mit 422 Capiteln; num. 28. im J. 1721 von dem Priestermönch des Lauraklosters Georgius geschrieben, ohne Vorrede mit 377 Capiteln; num. 29. ohne Vorrede mit 319 Capiteln; num. 30. ohne Vorrede mit 287 Capiteln; num. 31. verstümmelt, mit Vorrede und unbekannter Zahl der Capitel; 7) 2 Handschriften des Klosters τῶν Ἰβήρων: num. 1. v. J. 1706 mit Vorrede und 403 (Zachariä gibt in den Anecd. p. XVI. 379 Capitel an, in der Delineatio 403) Capiteln; num. 2. ohne Vorrede mit 379 Capiteln; 8) 2 Handschriften des Klosters τοῦ Δοχειαρίου: num. 2. ohne Vorrede mit 286 Capiteln; num. 3. mit Vorrede und 295 Capiteln; 9) 1 Handschrift des Klosters τοῦ Ἐσφιγμένου: num. 4. mit Vorrede und 363 Capiteln; 10) 6 Handschriften des Klosters τοῦ Βατοπεδίου: num. 9. v. J. 1631 ohne Vorrede mit 374 Capiteln; num. 10. mit Vorrede und 207 Capiteln; num. 11. v. J. 1731 ohne Vorrede mit 245 Capiteln; num. 12. mit Vorrede und 500 Capiteln; num. 13. ohne Vorrede mit 570 Capiteln; num. 14. mit Vorrede und 524 Capiteln; 11) eine Handschrift des Klosters τοῦ Παντοκράτορος: num. 1. ohne Vorrede mit 292 Capiteln; 12) 4 Handschriften des Klosters τοῦ Κουτλουμουσίου: num. 4. v. J. 1617, mit Vorrede und 262 Capiteln; num. 6. v. J. 1672, ohne Vorrede mit 422 Capiteln; num. 8. v. J. 1679 ohne Vorrede mit 688 Capiteln; num. 9. mit Vorrede und 500 Capiteln. Ferner finden sich 1) 3 Handschriften in der Bibliothek der griechischen Schule zu Thessalonich: num. 1. mit Vorrede und 294 Capiteln; num. 2. im J. 1597 „διὰ χειρὸς Ἀλεξίου υἱοῦ Νικολάου ἱερέως τοῦ 'Ανχιάλου'" geschrieben, ohne Vorrede mit 301 Capiteln; num. 3. ohne Vorrede mit 294 Capiteln; 2) 2 Handschriften der Schule zu Trapezunt: num. 4. und 5. ohne Vorrede; 3) 1 Handschrift des Klosters Zingalä bei Trapezunt mit 287 Capiteln; 4) 4 Handschriften des Klosters des heiligen Georg's bei Trapezunt, wovon eine mit Vorrede; 5) 8 Handschriften der Bibliothek τοῦ ἁγίου τάφου (des heiligen Grabes) zu Constantinopel: num. 3. mit Vorrede und 255 Capiteln; num. 4. mit Vorrede und 293 Capiteln; num. 5. mit Vorrede und 295 Capiteln; num. 6. mit Vorrede und 305 Capiteln; num. 7. ohne Vorrede mit 370 Capiteln; num. 8. mit Vorrede und 256 Capiteln; num. 9. mit Vorrede und 256 Capiteln; num. 10. mit Vorrede und 294 Capiteln. 6) 3 Handschriften im Besitz von Zachariä v. L., von denen die eine 293, die andere 694 Capitel, die dritte nur Auszüge enthält. — Außerdem gibt es Handschriften, welche diesen Nomocanon vermehrt mit der Vorrede enthalten; am Schluße der Vorrede ist den oben angeführten Worten: Ἐγράφη κ. τ. λ. wird aber nicht Theben als Ort der Abfaßung, nicht Manuel Malaxus als Verfaßer, nicht das Jahr 1562 als Zeit der Abfaßung bezeichnet, sondern ein anderer Ort, ein anderer Verfaßer, ein anderes Jahr angegeben: 1) Eine Handschrift des Klosters τοῦ Ζωγράφου auf dem Berge Athos, num. 6. v. J. 1690 enthält in der Vorrede, daß dieser Nomocanon in 229 Capiteln auf Befehl des Metropolitan Gabriel von Paronaxia im J. 1682 von Thomas Rigas aus der Insel Paros abgefaßt worden sei. 2) Im Cod. Marcian. App. III. 10. wird als Jahr der Abfaßung des Nomocanon das Jahr 1614 angegeben. 3) Im Cod. τῶν Ἰβήρων num. 16. v. J. 1622 findet sich der Nomocanon des Malaxus mit neuen Zusätzen vom Protopapas Stylianus vermehrt, in 525 Capiteln. Denn am Schluße der Vorrede, welche eigentlich von Malaxus herrührt, heißt es: Ἐτελειώθη αὕτη ἡ βίβλος μετὰ πολλοῦ μόχθου ἐνταῦθα ἐν τῇ ἁγιωτάτῃ μητροπόλει Τυρνάβου, ἥτις ἐστὶν ὁ ναὸς τῶν ἁγίων καὶ κορυφαίων ἀποστόλων καὶ πρωτοκορυφαίων Πέτρου καὶ Παύλου, ἐπιμελῶς καὶ δαπάνῃ τοῦ ἀρχιερατεύοντος τοῦ πανιερωτάτου μητροπολίτου κυρίου κυρίου Γαβριήλ, οὗ οἱ γεννήτορες εὐγενέστατοι Στεφανίδης καὶ Ἠπειρώτης, ἱερεῖς εἰσιν καὶ εὐλαβέστατοι, ἡ δὲ ἐνεγκοῦσα πατρὶς αὐτοῦ ἡ περίφημος Ἄρτα, παρ' ἐμοῦ τοῦ ἐλαχίστου αὐτοῦ δούλου Στυλιανοῦ ἱερέως τοῦ ἐκ πόλεως Ἰωαννίνων κληρικοῦ Ἄρτης ἐν ἔτει ζρλ' ἀπὸ κτίσεως κόσμου ἰνδ. ι, ἀπὸ δὲ τοῦ κυρίου ἡμῶν Ἰησοῦ Χριστοῦ τῆς κατὰ σάρκα γεννήσεως αὐτοῦ αχκβ' μηνὶ Μαΐῳ. 4) In einer Handschrift des Klosters τοῦ Κουτλουμουσίου auf dem Berge Athos num. 5. v. J. 1664 sagt am Ende der Vorrede Κυπριανός ἐν Τιμοθέου, er habe ἔτει αχξδ' (1664) dieses Werk verfaßt. Die Handschrift enthält 294 Capitel. 5) In einer anderen Handschrift deßelben Klosters num. 7. v. J. 1704 mit 294 Capiteln gibt sich ein Mönch Cyrillus in Jerusalem Κύριλλος μοναχὸς ἐν Ἱεροσολύμοις ἔτει αψδ' (1704) für den Verfaßer aus. — Herausgegeben ist der Nomocanon des Malaxus in der von Sguta herausgegebenen Zeitschrift Θέμις T. VII. p. 161 sqq. im J. 1856. Die vom Herausgeber benutzte Handschrift ist nicht näher beschrieben. Die Ausgabe enthält 228 Capitel.

§. 56. Rechtszustand und Gesetzgebung in der Moldau und Wallachei [1].

In der vorigen Periode waren, sowie die Gesetze der byzantinischen Kaiser erklärt, auch die Basiliken eingeführt, an deren Stelle man sich dann später der Synopsis und juristischen Handbücher bediente. So haben wol auch die Romanen in dem Aurelianischen Dacien sich dieser Gesetzgebung auf dem rechten Donauufer erfreut, wenn gerade die kaiserlichen Heere über die Bul-

[1] Vergl. Zachariae, Hist. jur. Gr. Rom. delineatio §. 52. Reigebaur in der Krit. Zeitschr. f. R.-W. u. Gesetzg. des Auslandes Bd. XX. Heft 1. S. 80 fg. Heft 2. S. 71 fg. 186 fg.

garen siegreich gewesen waren. Wie weit aber deren Kunde über die Donau in die heutige Moldau und Wallachei gekommen, ist nicht ermittelt. Die Verwandtschaft der Sprache der Daco-Romanen mit der lateinischen hätte eigentlich das Justinianeische Recht in diesen Ländern zugänglicher machen sollen; allein es mag wol damals überhaupt wenig von Gesetz und noch weniger von Rechtsstudium hier die Rede gewesen sein. Erst als in dem alten Dacien die Nachkommen der mit den Urbewohnern vermischten römischen Colonisten sich zu einzelnen Staaten bildeten, mochte man versuchen, wieder einen gesetzlichen Zustand herbeizuführen, und nunmehr lag die Anwendung der Basiliken näher, als die der Justinianeischen Gesetzbücher. Es hatten nämlich schon seit Constantin die dacischen Länder in geistlicher Beziehung unter der Hauptkirche von Constantinopel gestanden; von dort kamen die meisten Geistlichen, und Constantinopel war noch lange der Mittelpunkt aller Bildung, während Rom nach der Eroberung durch die Germanen sich noch nicht wieder erholt hatte. Das Christenthum mochte sich nur zum geringen Theil in der heutigen Moldau und Wallachei erhalten haben, und wenn es daher unter den Bulgaren allgemein eingeführt wurde, so gehörten die neu entstandenen Kirchen nach der alten Eintheilung unter das Patriarchat zu Constantinopel; da aber damals die Geistlichen hier die meiste Gelehrsamkeit haben mochten, so sind hier wenigstens die kirchlichen Gesetze von Constantinopel eingeführt worden, und so waren wol auch die Basiliken hier bekannter als das Justinianeische Recht. Diejenigen Daco-Romanen, welche auf dem rechten Donauufer wenigstens theilweise den byzantinischen Kaisern unterworfen waren, waren es auch den Basiliken, und so mochte auch zu ihren Stammgenossen auf das linke Donauufer Kunde gelangen; steht auch eine wirkliche Einführung der Basiliken in diesen Ländern nicht fest, so mochten doch vielleicht es doch hier einzelne bekannte Gesetze sein. Dazu kam, daß die byzantinischen Kaiser ihre Ansprüche auf diese Länder nicht aufgaben, und daß sie fortwährend, dem Namen nach, zur morgenländischen Kirche gehörten. Daß die Eingeborenen dieser Länder, die Daco-Romanen, sich der byzantinischen Basiliken bedienten, obwol sie die Unterthanen fremder Eroberer waren, war eine damals ganz gewöhnliche Erscheinung, da in den von den Barbaren eingenommenen Ländern den Eingeborenen ihr eigenes Recht in der Regel gelassen wurde. Nach Beseitigung der letzten Ueberschwemmung dieser Länder durch die Tataren kamen die in die Gebirgsschluchten entflohenen Eingeborenen wieder in die fruchtbaren Ebenen der Moldau und Wallachei zurück und brachten ihre früheren Gewohnheiten wieder mit, ihre Anhänglichkeit an das Patriarchat zu Constantinopel und ihre Kenntniß von den Basiliken, wenn überhaupt ihnen etwas davon bekannt war. Unterdessen wurden von Rom aus mehrere Kirchen des Sprengels des Patriarchen von Constantinopel demselben entzogen und unter unmittelbare Herrschaft des Papstes gebracht; doch mag der Streit um das Bulgarenreich zwischen Rom und Constantinopel die heutige Moldau und Wallachei vom 9. bis 13. Jahrhundert wenig berührt haben, da wol hier nicht viele christliche Kirchen waren. Auch hatte dies als vorübergehend auf die Gesetzgebung keinen Einfluß, da die Päpste die Hoffnung nicht aufgaben, sich den Sprengel des Patriarchen zu erhalten, und die byzantinischen Kaiser durch die politischen Verhältnisse dazu gedrängt wurden. Diese Kaiser suchten kurz vor dem Falle Constantinopels im Westen Hülfe gegen die Türken, und es befanden sich ihre Bischöfe auch auf dem Concil zu Florenz; dort aber ward die Kirchenspaltung im J. 1439 so vollendet, daß sie auch auf die Heimath eine solche Rückwirkung hatte, daß der Metropolit der Moldau nicht mehr unter den Papst zurückzukehren wagte. Seitdem wurde in diesen Ländern die lateinische Messe abgeschafft; man beschloß vielmehr, die Messe in der slavischen Sprache überall abzuhalten, wo dies nicht schon durch die Bulgaren geschehen war. Seitdem wurde auch das Cyrillische Alphabet eingeführt, und der Gebrauch der lateinischen Buchstaben streng verboten. Da damals nur Wenige lesen und schreiben konnten, so ging diese Veränderung hauptsächlich nur die Geistlichkeit an, welche sie, um sich von der römischen Kirche entfernt zu halten, gern befolgte; doch wurde von da an die slavische Sprache auch die Sprache der Behörden, soweit sie es nicht schon unter der Bulgarenherrschaft gewesen war; mithin konnte von Anwendung der Justinianeischen Gesetzbücher bei den Daco-Romanen nicht wohl die Rede sein, wogegen sich die Tradition der Basiliken eher erhalten konnte. Die Einführung der Basiliken soll von Alexander dem Guten, welcher von 1401—1433 in der Moldau regierte, herrühren, aber nicht die des Textes derselben, wovon sich keine Spur findet, sondern die des Manuale legum von Harmenopulos, welches noch jetzt in der rumänischen Uebersetzung [2]) in Bessarabien Gesetzeskraft hat; doch blieb daneben noch das Gewohnheitsrecht bestehen. Nach dem Zeugniß des Fürsten Demetrius Cantemir ließ der schon erwähnte Alexander der Gute die Landesgesetze verbessern und ein den damaligen Zeitverhältnissen angemessenes Gesetzbuch in moldauischer Sprache abfassen, welches jedoch niemals gedruckt erschienen und ganz verloren gegangen ist. Dieser Arbeit legte er die Basiliken zum Grunde, welche er von dem byzantinischen Kaiser (Michael oder Johannes) Paläologus, von welchem er mit dem Titel eines Despoten und mit königlichen Insignien beehrt worden war, auf besonderes Verlangen erhalten hatte [3]). Derselbe stiftete in Suczawa, der damaligen Hauptstadt der Moldau, eine Rechtsschule, an welcher aus Constantinopel berufene Gelehrte Vorträge über die Basiliken hielten, ebenso eine theologische Lehranstalt, an welcher der damalige Erzbischof Theoktist selbst die Dogmen der morgenländischen Kirche lehrte [4]). Auf der von dem

2) Sie wurde nach der Ausgabe von Leipzig von 1766 [illegible] von dem [illegible] von [illegible] und der Moldau zu [illegible] verfaßt und schließlich im J. 1831 gedruckt. 3) S. Chronologische Tabellen der alten und neuen Geschichte der Moldau von Georg von Asaki im J. 1843. 4) S. [illegible] des Fürsten [illegible] Kalimachi v. 1. Juli 1817 bei Einführung des

Fürsten Jacob, mit dem Beinamen der Despot (weil der Türk) unter der Leitung seines Lebensbeschreibers Sommer und des Gelehrten Caspar Peucer, Schwiegersohnes Melanchthon's, und des aus Krakau berufenen Lehrers der Mathematik, Joachim Retike in Kotnar in der Moldau errichteten Universität wurde dem Rechtsstudium besondere Aufmerksamkeit gewidmet. Hierdurch wurde der Fürst Basilius der Albanier in den Stand gesetzt, ein später nach ihm benanntes Gesetzbuch in moldauischer Sprache zu verfassen, welches in der fürstlichen Druckerei zu Jassy im J. 1646 gedruckt worden ist, und folgenden Titel führt: Moldauisches Lehrbuch aus den kaiserlichen Gesetzen und anderen Rechtssprüchen, auf Befehl und Kosten des moldauischen Fürsten Basilius, aus vielen griechischen Schriften übersetzt. Der damalige Großkanzler Eustratius versichert in der Vorrede, daß der Fürst Basilius gelehrte Männer in vielen Ländern habe suchen lassen, und daß es denselben nur nach vieler Mühe gelungen sei, Lehrer und Philosophen zu finden, welche aus griechischen und lateinischen Büchern, welche kaiserliche Gesetze bieten, alle guten Einrichtungen und die Entscheidungen der guten christlichen Kaiser auszogen. Nach der Vorrede zu diesem Gesetzbuche hat auch Eustratius selbst an der Bearbeitung desselben Theil genommen. Dieses moldauische Gesetzbuch enthält größtentheils nur Strafrecht und Strafproceß, während das Civilrecht darin nur sehr wenig bedacht worden ist. Einen desto größeren Raum aber nehmen landwirthschaftliche Polizeigesetze (leges rusticae) ein. Die Verfasser des Gesetzbuches benutzten die von Alexander dem Guten veranstalteten Bearbeitungen, und berücksichtigten auch die Landesgewohnheiten. Neben vielen zum Theil sehr harten, ja barbarischen Strafen (z. B. das Verbrennen), welche man auch in den gleichzeitigen Gesetzbüchern weit gebildeterer Völker findet, enthält dieses Gesetzbuch manche Bestimmung, welche auch einer weit aufgeklärteren Zeit Ehre machen könnte, z. B. die Bestimmung, daß der Richter nicht verpflichtet ist, ein vom Regenten erlassenes Todesurtheil vollziehen zu lassen, wenn er von der Unschuld des Verurtheilten überzeugt ist; daß er lieber seine Entlassung einreichen, als einem ungerechten fürstlichen Befehle Folge leisten soll. Fürst Basilius verlegte auch die von Alexander dem Guten gegründete Rechtsschule von Sutschawa nach Jassy, und betheilte sie mit bedeutenden Ländereien; er versah die bischöflichen Sprengel des Landes mit theologischen Lehranstalten, und gründete zwei Schulen für den Unterricht in moldauischer Sprache, wovon die in Jassy bis auf die neueste Zeit seinen Namen führt, sodaß die Universität zu Kotnar nur von kurzer Dauer gewesen zu sein scheint. Dieses Basilianische Gesetzbuch erhielt sich bis zum Anfange des 18. Jahrhunderts, in welchem das Bedürfniß eines die Rechtsverhältnisse und Geschäfte genau normirenden Gesetzbuches und die Unzulänglichkeit des Basilianischen, welches nur wenige privatrechtliche Bestimmungen enthält, mehr als je sich fühlbar machten. Dieses Bedürfniß, eine natürliche Folge der Fortschritte, welche Verkehr und Bildung im Laufe der Zeit gemacht hatten, bewog die damaligen Fürsten, oft Griechen aus dem Phanar, welche zu kurze Zeit regierten und mit zu vielen Schwierigkeiten und Intriguen ihrer phanariotischen Nebenbuhler zu kämpfen hatten, als daß sie an Ausarbeitung eines ausreichenden Gesetzbuches hätten denken können, die Basiliken, sowie die Novellen der Kaiser Justinian und Leo des Weisen als Gesetzbuch subsidiarisch einzuführen [b]. Weil aber diese Gesetze zu umständlich sind, so bediente man sich einiger Auszüge aus denselben und einiger Handbücher, nämlich der Institutionenparaphrase des Theophilus, der Synopsis Basilicorum und des Manuale legum von Harmenopulus. Auch erließen die späteren Fürsten unter Mitwirkung besonders dazu berufener Versammlungen der Geistlichkeit und der Bojaren, oder auch nur des Divans, für einzelne Fälle nach dem Muster der byzantinischen Kaiser Chrysobullen, meistens den Basiliken und Novellen entlehnt. Bedenkt man, daß unter den griechischen Fürsten aus dem Phanar die griechische Sprache die Hofsprache, und daß der Unterricht der Kinder der Bojaren ausschließlich griechischen Lehrern anvertraut war, während der Unterricht in der moldauischen Sprache ganz vernachlässigt wurde, so ist es nicht auffällig, daß in der Moldau die Basiliken Gesetzeskraft hatten, ohne jemals in die moldauische Sprache übersetzt worden zu sein. Auch gab es in früherer Zeit in der Moldau nur eine einzige gerichtliche Instanz, den fürstlichen Divan, in welchem die durch Bildung, Rechtlichkeit und Geschäftserfahrung ausgezeichnetsten Bojaren, unter dem Vorsitze des regierenden Fürsten, Recht sprachen, welchen es daher leicht war, in schwierigen Fällen unter Anleitung eines rechtskundigen Beisitzers aus den Basiliken oder denjenigen Schriften, welche anstatt derselben gebraucht wurden, deren Sprache ihnen geläufiger war, als ihre Muttersprache, sich Raths zu erholen. Ueberdies waren wegen geringerer Lebhaftigkeit des Verkehrs und wegen größerer Einfachheit der Sitten die Processe damals weniger häufig als in der neueren Zeit. Nur so erklärt sich der Umstand, daß ein dem Volke ganz unbekanntes, ja wegen seiner Seltenheit und wegen seiner der großen Mehrheit unverständlichen Sprache wenig brauchbares Gesetzbuch sich erhalten konnte. Daß die Basiliken noch bis auf die neueste Zeit galten, geht aus den Entscheidungsgründen eines Urtheils in einem Grenzprocesse vom Jahre 1799 unter Ypsilanti hervor, in denen bemerkt ist, daß das Gesetzbuch des moldauischen Fürsten Basilius nur wenig civilrechtliche Bestimmungen enthielt, und die kaiserlichen Rechte subsidiarisch galten. — In der Walachei fühlte man ungefähr um dieselbe Zeit das Bedürfniß einer geordneten Gesetzgebung. Der walachische Fürst Matthäus Bessaraba ließ 1634 ein Gesetzbuch über bürgerliches und kirchliches Recht in der

von ihm erlassenen Civilgesetzbuches. Rede des Curators der ... Districtsschule an die studirende Schuljugend, in der in Siebenbürgen erscheinenden walachischen Zeitschrift abgedruckt. S. die Vorrede zu dem Basilianischen Codex und das Kundmachungspatent des Fürsten Calimachi.

b) S. Kundmachungspatent des Fürsten Calimachi.

walachischen Sprache aus den in der Walachei gültigen Quellen des bürgerlichen und kirchlichen Rechts abfassen. Dasselbe ist im J. 1652 gedruckt worden [63]). Der Titel ist nach der Uebersetzung von Kopitar: „*Endereptarea legia* (i. e. Nomocanon) h. e. Regula legis cum Deo, continens decisiones archieraticas et imperiales omnium causarum tam ecclesiasticarum quam secularium. Canones *(Pravila)* SS. Apostolorum, septem Conciliorum et Synodorum provincialium, necnon et SS. Patrum, Basilii Magni, Timothei, Niconis, Nicolai. Theologia sanctorum Patrum. Conscriptum jussu Imp. Joannis Comneni a Diacono et Nomophylace *Alexio Aristeno*. Translatum a Graeco in sermonem Romanicum industria et impensis *Stephani*, Metropolitae Tergoviistensis. Tergovisti (Tergowischte) anno mundi 7160, Christi 1652. fol." Es gibt auch eine lateinische Uebersetzung von Petrus Debra vom J. 1722 unter folgendem Titel: „Regula legis divinae voluntati accommodata, continens jam canonica et imperatoria pro causis status tam ecclesiastici quam secularis" etc. Im Anfange des Werkes findet sich ein Brief des Mönches Daniel Andreanus, welcher das Buch in die walachische Sprache übersetzt hat, an den Metropolitan Stephanus. Dann folgt die Vorrede des Metropolitan Stephanus, welche größtentheils die protheoria des Matthäus Blastares wörtlich wiedergibt. Am Ende erzählt Stephanus, er habe an den Patriarchen zu Constantinopel einen Boten mit der Bitte um Uebersendung eines authentischen Exemplars der heiligen Canones geschickt; endlich sei aber bei Gregorius Karikis de la Trifte ein codex canonum in zwei Bänden gefunden worden; dieser erscheine jetzt im Drucke, wozu auch der Patriarch von Jerusalem, Paisius, seine Genehmigung ertheilt habe. Aus dieser Erzählung ergibt sich, daß damals in der Walachei fast keine kanonische Sammlung vorhanden war, und daß die einzige, welche sich zufällig vorfand, sofort angenommen wurde. Der erste Theil enthält ein aus 417 Capiteln bestehendes Werk, von kirchlichen und weltlichen Angelegenheiten handelnd, wie auch schon der oben erwähnte Titel ergibt. Das vorausgeschickte Inhaltsverzeichniß bemerkt, daß die das weltliche Recht angehenden Bestimmungen aus Justinian's Gesetzbüchern geschöpft seien. Das erste Capitel ist rubricirt: *Περὶ ἀρχιερέως* und fängt nach Kopitar's Uebersetzung so an: Decet judicem, i. e. supremum pastorem, imitari judicem et summum pontificem, Dominum nostrum, Jesum Christum. Mit diesem Anfange stimmt die venetianische Handschrift Nr. 561 in Zanetti's Codex S. 300 überein: „Syntagma legum et canonum ex conciliis, patribus aliisque scriptoribus concinnatum, sub quibusdam titulis distributum et graeco barbaro idiomate conscriptum. Incipit: περὶ ἀρχιερ. κεφ. α'. *Πρέπει τὸν κριτήν, τουτέστι τὸν ἀρχιερέα μιμεῖσθαι τὸν δίκαιον κριτὴν κ. τ. λ.*" Diese Handschrift stimmt auch in anderen Capiteln mit dem ersten Theile des walachischen Rechtsbuches so überein, daß über den Ursprung dieses Theiles aus einer solchen Handschrift kein Zweifel sein kann. Der zweite Theil des walachischen Rechtsbuches hat den Titel: Nomocanon und enthält die canones der Apostel, der Concilien und des Basilius aus der Epitome canonum und mit den Anmerkungen des Alexius Aristenus. Der oben erwähnte Titel des Werkes scheint anzuzeigen, daß dieser Epitome einiges Andere von Timotheus, Nicon und Nicolaus beigefügt worden sei. Auf diesen zweiten Theil folgt ein Werk, was auf dem Titel mit den Worten: Theologia sanctorum Patrum angezeigt wird, an dieser Stelle aber die Ueberschrift hat: Quaestiones et responsa S. Anastasii, Patriarchae Antiocheni. Dasselbe besteht aus 64 Capiteln und scheint die responsa des Anastasius Sinaita, Patriarchen von Antiochia, welche Gentianus Hervetus und Jacob Gretser herausgegeben haben, zu enthalten [64]). In der Ausgabe des Letzteren finden sich 154 Capitel, womit aber die Handschriften nicht übereinstimmen [65]). Die Ausgabe von Hervetus hat nur 93 Capitel. Das walachische Rechtsbuch hat auch in der Moldau als kanonisches Recht bis in die neueste Zeit gegolten und wird auch, wiewol nicht mit Recht, *Codex Bassaraba* genannt. — Nach dem Bisherigen war die Mitte des 17. Jahrhunderts der Zeitpunkt, mit welchem in der Moldau und Walachei eine einheimische Gesetzgebung zur Ausführung gekommen ist. Dieselbe war mangelhaft, in der Moldau mehr dem Criminal- und Polizeirechte, in der Walachei aber dem kirchlichen Rechte gewidmet, hatte aber das Gute, daß in der Walachei schon mit dem Codex Bessaraba die Gerichte die Landessprache annahmen. Nachdem seit dem Anfange des 18. Jahrhunderts nur phanariotische Fürsten zur Regierung in diesen Fürstenthümern gelangten, war allerdings die Herrschaft eine unumschränkte, während früher die Fürsten durch die Macht der Bojaren beschränkt gewesen waren, welche letztere dagegen über ihre Unterthanen sich jede Willkür erlauben konnten. Dennoch hat die größere Bildung der griechischen Regenten der Humanität in diesen Ländern großen Vorschub geleistet. Die Bauern waren in der Moldau und Walachei nach und nach aus Freien Hörige geworden, und nur hier und da hatte sich ein Dorf mit freien Besitzern oder Herren erhalten. Die Bojaren erhielten durch die unbeschränkte Herrschaft über ihre Bauern eine unverhältnißmäßige Macht. Fürst Maurocordato beseitigte die Macht der Hospodare der Moldau und Walachei dadurch, daß er im J. 1737 die Leibeigenschaft der Bauern aufhob und die gutsherrlichen und bäuerlichen Verhältnisse dergestalt regelte, daß seine Gesetzgebung die besten Früchte trug. Leider suchten die Bojaren das Gesetz nach Möglichkeit zu umgehen. Dem

63) Ein Ms. genau beschrieben von Kopitar in den Wiener Jahrbüchern Bd. XXV. S. 158—167 und von *Biener*, De collect. canon. eccl. graec. p. 43—46.

64) Sie finden sich auch griechisch bei *Gretserus*, Oper. T. XIV. p. 181. edit. Ratisb. 1740, und lateinisch in der Biblioth. max. Patrum. Lugd. 1677. T. IX. p. 906 seq. 65) Von den drei bei *Bandini*, Catal. Codd. MSS. Bibl. Med. Laurent. T. I. p. 524. 525. 540 angezeigten Handschriften enthält die eine 86, die andere 92, die dritte 153 responsa.

phanariotischen Fürsten Ghika, welcher 1727 zur Regierung gelangte, verdankt die Moldau eine andere Wohlthat. Er führte nämlich die Landessprache bei den Gerichten, wie in der Wallachei schon seit dem Codex Bessaraba geschehen war, ein, bei welchen früher die slavische Sprache gewöhnlich gewesen war. Zwar war damals schon die griechische Sprache die Hofsprache in diesen Ländern; allein da Ghika fand, daß seit Peter dem Großen der russische Einfluß durch die Gleichheit der Religion ohnehin zu viel Uebergewicht hatte, so konnte er nicht umhin, der Nationalität auf diese Weise aufzuhelfen. Dennoch ging nach und nach alle Gesetzlichkeit in diesen Fürstenthümern unter, und der Zustand der Gesellschaft war im 18. Jahrhundert bis in das 19. hinab ein sehr trauriger. Die Fürsten waren ohne Macht, der Bauer wieder zum Sklaven unterdrückt und der Bojar raumschwach. Die Aemter wurden verkauft, und dabei war es nicht zu verwundern, daß auch die Gerechtigkeit verkauft wurde, um die erkaufte Richterstelle bezahlen zu können. Der Fürst Scarlat (Karl) Kalimachi, welcher 1812 zur Regierung kam, ließ durch den siebenbürgischen Rechtsgelehrten Flechtenmacher und durch den Griechen Ananias ein neues bürgerliches Gesetzbuch für die Moldau in griechischer Sprache bearbeiten. Dasselbe hat den Titel: *Κώδηξ πολιτικὸς τοῦ πριγκιπάτου τῆς Μολδαβίας*. Diese Arbeit wurde von der Versammlung der Bojaren berathen und von dem Fürsten bestätigt. Sie gründet sich hauptsächlich auf die Institutionen Justinian's und das österreichische Gesetzbuch. Der erste Theil behandelt das Personenrecht, der zweite das Sachenrecht und die Verträge, der dritte die Uebertragung der Rechte und die Verjährung. Ein Anhang enthält Bestimmungen über das Handelsrecht, gerichtliche Verkäufe und Bankerott. Das Gesetzbuch wurde 1816 zu Jassy in Folio gedruckt. In der Wallachei ließ der Fürst Karadja ebenfalls ein neues Gesetzbuch in neugriechischer Sprache durch Athanasius Christopulus und Nestor bearbeiten. Es hat den Titel: *Νομοθεσία τοῦ ὑψηλοῦ Ἰωάννου Γεωργίου Καρατζᾶ Βοεβόδα*. Es ist 1818 zu Wien in Octav gedruckt. Es gründet sich auf die Auszüge der Basiliken, enthält aber auch viel aus dem Napoleonischen Gesetzbuche. Neuerdings fing man auch an, sich mit dem Rechtsstudium zu beschäftigen. Der moldauische Rechtsgelehrte Donitsch gab ein Handbuch des Rechts oder Auszüge aus den kaiserlichen Rechtsbüchern heraus. Dieses Werk ist eine Art Wörterbuch über Rechtsmaterien, mit Hinweisung auf Harmenopulos und das römische Recht, und hat das Verdienst, der juristischen Terminologie zuerst vaterländische Worte gegeben zu haben. Nachdem in Folge des Aufstandes der Hetärie die Donaufürstenthümer von den phanariotischen Fürsten befreit worden waren und im J. 1822 Johannes Sturdza Fürst der Moldau geworden war, wurde das Gesetzbuch Kalimachi's in die Landessprache übersetzt, und ist in dieser Gestalt noch jetzt das in Anwendung befindliche Gesetzbuch. Unter diesem Fürsten bearbeitete der oben erwähnte Andronaki Donitsch ein Strafgesetzbuch, welches sich meistens auf das römische Recht gründete. Die neueste Ausgabe ist von 1838 und enthält im ersten Theile die Strafprocessordnung, im zweiten aber das Strafrecht selbst. Auch in der Wallachei wurde, nach Einführung einer vaterländischen Regierung, das Gesetzbuch des Fürsten Karadja von Vacaresco in die Landessprache übersetzt, und von Argyropulo ein neues Strafgesetzbuch ausgearbeitet. Das durch den Frieden von Adrianopel herbeigeführte Reglement organique, die eigentliche Verfassungsurkunde dieser Länder, enthält sehr wichtige Bestimmungen sowol über das öffentliche, als über das bürgerliche Recht dieser Länder; dasselbe bildet jetzt zugleich die Gerichtsordnung. — Was die **Gerichtsverfassung** in beiden Ländern betrifft, so steht an der Spitze der Rechtsverwaltung in der **Wallachei** ein Justizminister, Großlogothet der Justiz genannt; er wacht über die Rechtlichkeit der Richter und die Gesetzmäßigkeit des gerichtlichen Verfahrens. Alle Verfügungen des Fürsten, welche die Rechtspflege betreffen, werden von ihm contrasignirt, und alle Beschwerden über die Entscheidungen des obersten Gerichtshofes gehen durch ihn an den Fürsten. Das Justizministerium zerfällt in drei Sectionen; der ersten gehören alle bürgerlichen Streitigkeiten und Handelssachen, sowie das Rechnungswesen; der zweiten die Bestätigung der Verträge über Heirathsgut, die Vormundschaftssachen, die Abfassung der Verordnungen und aller Urkunden, welche eine fürstliche Bestätigung erhalten, der Chrysobullen und das Pfandwesen; der dritten die Beurtheilung der Entscheidungen des höchsten Gerichtshofes, die Rechtsvollstreckung und alle Strafsachen. Von dem Logotheten hängen die Procuratoren der Gerichte ab, welche auf die strenge Befolgung der Gesetze, auf die Competenz der Gerichte, auf die Gesetzmäßigkeit des Verfahrens und der Entscheidung, sowie auf die Erhaltung der Ordnung bei den Gerichten und die gute Aufführung der Richter zu sehen haben. Zu diesem Zwecke haben sie jeden Monat dem Justizminister ein Verzeichniß der für den Staat eingegangenen Gelder zu übersenden, ein Verzeichniß der Tage und Stunden, an welchen sich jeder Richter bei dem Gerichte eingefunden hat, und ein Verzeichniß der im Laufe des Monats eingegangenen, berathenen und unerledigt gebliebenen Sachen. Auch muß der Procurator alle Monate die Gefängnisse besuchen, das Verfahren gegen die Verbrecher verfolgen und auf dessen Beschleunigung hinwirken. Da alle Erkenntnisse in letzter Instanz im Wege der Beschwerden an den Fürsten gebracht werden können, bei welchen das Gesetz zu streng ausgelegt worden, oder bei welchen eine Form verletzt ist, oder wo das höchste Gericht von allen vorhergehenden Erkenntnissen abweicht, so ist ein besonderer Revisionshof (Inalta curte de Revisie) angeordnet. Derselbe ist aus Richtern der beiden Sectionen des obersten Gerichtshofes, welche an dem angefochtenen Erkenntnisse nicht Theil genommen haben, zusammengesetzt. Es müssen 9 Mitglieder darüber abstimmen; das durch Stimmenmehrheit beschlossene Urtheil bestätigt der Fürst und läßt es in Vollziehung setzen. Der oberste Gerichtshof in gewöhnlichen Fällen (Inaltul Divanu) ist die letzte Instanz in allen bürgerlichen und Criminalsachen; er entscheidet nach den Verhandlungen, welche der vorhergehenden Instanz vorgelegen haben; Neues darf nicht vorgebracht werden. Dieser Divan besteht aus 2 Sectionen und erkennt mit 5 Mitgliedern; sind 2 Stimmen gegen den Beschluß der Mehrheit, so bemerken sie ihr Separatvotum, indem der Fürst nur die Vollstreckung solcher Erkenntnisse sofort befiehlt, welche mit Einstimmigkeit abgefaßt sind. Die durch ein solches Erkenntniß sich verletzt glaubende Partei kann in Monatsfrist die Revision des Processes durch den Fürsten verlangen, wenn ein solches, nur durch Stimmenmehrheit beschlossenes Erkenntniß die früheren Urtheile abändert. Die sämmtlichen Richter ernennt der Fürst. Die Fürsten haben in beiden Fürstenthümern das Recht der Milderung der erkannten Strafen und der gänzlichen Begnadigung. Die Wallachei hat ein besonderes, aus einem Präsidenten und 4 Mitgliedern bestehendes Appellationsgericht für Strafsachen. Die Appellationsgerichte (Divane Judekatoreschti) sind in einen Civilsenat und einen Criminalsenat getheilt; sie erkennen in letzter Instanz bis zu einem Capitalbetrage von 5000 Piastern oder 500 Piastern jährlicher Renten. In Strafsachen findet keine weitere Berufung statt, wenn nur auf 1 Jahr Gefängniß oder 1000 Piaster Geldstrafe erkannt ist; bei beiden Senaten aber findet doch die dritte Instanz statt, wenn das erste Erkenntniß abgeändert und binnen 30 Tagen dagegen weiter appellirt worden ist. Die Wallachei hat 2 Appellationsgerichte, zu Bukarest und zu Krajowa. Die Gerichte erster Instanz bestehen für jeden Kreis gewöhnlich aus einem Präsidenten und 2 Richtern; nur in der Hauptstadt Bukarest hat das Gericht 4 Sectionen, 2 für Civilsachen, eine für Handelssachen, eine für Strafsachen. Bis 500 Piaster findet keine Appellation statt. Bei Appellation ist eine Caution von 20 Procent zu erlegen. Die Frist dieser weiteren Berufung beträgt 3 Monate. Jedes Gericht hat seinen Procurator oder Staatsanwalt. Alle Richter werden aus den Bojaren gewählt. Rechtsstudium und Prüfungen sind zum Richteramte nicht nothwendig; der Procurator macht auf das Gesetz aufmerksam, und in verwickelten Fällen wird ein Gutachten von bekannten Rechtsgelehrten eingeholt. In Krajowa und Braila sind Handelsgerichte; für Handelssachen befindet sich auch ein Appellationsgericht zu Bukarest, mit denselben Rechten, welche der oberste Gerichtshof hat. Den Präsidenten und 2 Richter ernennt die Regierung; 2 Richter werden aus der Kaufmannschaft auf 2 Jahre gewählt. In Handelssachen werden an dem Orte, wo kein Handelsgericht ist, 2 Kaufleute als Richter zugezogen, wozu 12 der bestbeleumundeten Kaufleute vom Justizministerium bestimmt sind. In Bagatellsachen auf den Dörfern entscheidet der Schulze mit 2 Geschworenen bis 15 Piaster ohne weitere Berufung, sowie er auch in kleinen Polizeisachen zu entscheiden hat. Außerdem versammeln an allen Sonntagen der Pfarrer (Popa) 3 von der Gemeinde gewählte Geschworene, um alle in der vergangenen Woche vorgefallenen Streitigkeiten zu erfahren und zu vergleichen; kommt ein solcher Vergleich zu Stande, so wird beiden Theilen das Resultat schriftlich ausgehändigt; wird der Streit nicht verglichen, so erhalten die Parteien ein schriftliches Zeugniß darüber, damit sie sich zum weiteren Verfahren bei den Gerichten melden. Wenn die Gerichte erster Instanz bei Polizeivergehen erkennen, so wird das Erkenntniß sofort vollstreckt, wenn es nur auf 50 Hiebe oder 3 Tage Gefängniß lautet. Höhere Strafen unterliegen der Berufung an den Appellationsdivan. Die in der Wallachei geltenden Gesetzbücher sind: 1) Das schon erwähnte bürgerliche Gesetzbuch des Johann Georg Karadja, Fürsten der Wallachei, bekannt gemacht und in Wirksamkeit gesetzt im J. 1818; 2) für das gerichtliche Verfahren das Reglement organique, verfaßt 1829 und in Wirksamkeit gesetzt im September 1831; 3) das aus dem französischen Code de commerce übersetzte, nur wenige durch örtliche Verhältnisse bedingte Veränderungen enthaltende Handelsgesetzbuch (Codica Comerciala), vom Fürsten Ghika angenommen und bestätigt 1840, in Wirksamkeit gesetzt den 1. Jan. 1841; 4) auch ein Strafgesetzbuch wurde auf Veranlassung des Fürsten Ghika unter Zusammentreten der Bojaren Stephan Balatschan, Barbo Stirbey und Manuel Argyropulo abgefaßt und in zwei Abtheilungen gedruckt. Es war zu der Zeit, als die in der Note 1 erwähnten Aufsätze in der kritischen Zeitschrift für Rechtswissenschaft und Gesetzgebung des Auslandes erschienen (1848), noch nicht bestätigt. Die Grundlage dieses Strafgesetzbuches ist im Ganzen das Gesetzbuch des Fürsten Karadja. Die freiwillige Gerichtsbarkeit wird von den Tribunalen ausgeübt; Notarien sind nicht angestellt. In der Moldau ist die Rechtsverwaltung im Ganzen der in der Wallachei gleich. Hinsichtlich des gerichtlichen Verfahrens ist am 1. Mai 1835 von dem Justizministerium (Oberlogofetie) eine besondere Instruction erlassen worden. Hiernach gehören alle Processe wegen beweglichen oder unbeweglichen Vermögens, wie hoch auch der Betrag sein möge, vor die Judicatorie (Gerichte erster Instanz). Processe bis 1500 Piaster oder 30 Klafter Grund werden bei diesen entschieden und die Erkenntnisse von ihnen auch vollstreckt; jedoch haben die unzufriedenen Parteien das Recht der Berufung an den Appellationsdivan des Oberlandes oder Unterlandes, in welchem Falle die appellirende Partei 12 Procent des Werthes als Schadenersatz für die Gegenpartei niederlegen muß. Bei Appellationen in Streitigkeiten wegen Grundvermögens braucht keine Caution erlegt zu werden; die Appellationsgerichte oder Divans sind die Gerichte zweiter Instanz, an welche von den Judicatorien appellirt wird. Das Appellationsverfahren ist näher bestimmt. Das höchste Gericht ist der fürstliche Divan, aus 6 Mitgliedern bestehend, von welchen 3 durch den Fürsten und 3 durch die Generalversammlung erwählt werden. Der Fürst, welcher den Vorsitz hat, diesen aber gewöhnlich nicht ausübt, hat nur dann eine Stimme, wenn unter den Mitgliedern Stimmengleichheit vorhanden ist. Die Ispravniks in den Bezirken können bis 300 Piaster auf mündliche Verhandlung entscheiden, und die unzufriedene Partei kann ihre Klage bei den Judicatorien anbringen. Auf diese Weise werden Bagatsachen bis zur Höhe von etwa 30 Piastern von der Verwaltungsbehörde, welche zugleich die executive Macht hat, entschieden, wenn nicht auf den Rechtsweg Berufung erfolgt. Die Moldauer lieben es, ihre Processe selbst zu führen, und nehmen deshalb keinen Anwalt, weil sie glauben, daß derselbe sich zugleich von der Gegenpartei würde bezahlen lassen. Allgemeine Bestimmungen über die höheren Instanzen sind durch spätere Verordnungen erlassen worden. Für die Hauptstadt ist ein Polizeigericht errichtet worden, dessen Competenz durch Nr. 48 der Sammlung der officiellen Bulletins v. 8. Juni 1844 näher bestimmt ist. Im J. 1844 hat der Fürst Sturdza eine Sammlung der seit seiner zehnjährigen Regierung erlassenen Verordnungen, welche auf die Rechtspflege in der Moldau Bezug haben, veranstaltet. Das eine der vorher erwähnten Appellationsgerichte ist wegen Abnahme der Zahl der Processe in die Obervormundschaftsbehörde verwandelt worden, welche aus einem Präsidenten und 3 Räthen besteht. In Galatz befindet sich ein Handelsgericht mit einem von dem Fürsten zum Präsidenten ernannten Bojaren, und einem ebenso ernannten Kaufmann als Richter, und 3 aus der Kaufmannschaft und von derselben ernannten Beisitzern. Die Appellation von diesem Handelsgerichte geht an den fürstlichen Divan. Die Moldau besitzt als Gesetzbuch das des Fürsten Kalimachi für das Civilrecht, das Handelsrecht und das Criminalrecht. Das Réglement organique gilt als Proceßordnung sowol in Civilsachen, als in Criminalsachen; subsidiarisch werden zwar dem Namen nach die Basiliken gebraucht; es kommt aber dann hauptsächlich darauf an, aus welcher Schule der Jurist, welcher davon Anwendung macht, hervorgegangen ist. Die Juristen aus der alten Schule kennen das Manuale legum des Harmenopulus am besten, die aus der neuen Schule mehr das römische Recht.

§. 56. Griechisch-römisches Recht in Rußland und anderen Ländern [1].

Nicht blos im türkischen Reiche und dem jetzigen Königreiche Griechenland, in der Moldau und Walachei, sondern auch in anderen Ländern hat das griechisch-römische Recht noch Geltung und Ansehen. Die Verbreitung desselben zu anderen Völkern außer den Griechen ist theils eine Folge der früheren Berührung durch die byzantinischen Kaiser, welche römisch-griechisches Recht und römische Verwaltung ihnen zuführte, theils eine Folge des Einflusses der orientalischen Kirche und ihrer Geistlichkeit. Das Nähere ist Folgendes:

I) Es gibt einen serbischen Codex canonum, dessen Handschriften aber selten sind [2]. Er enthält außer den kanonischen Bestimmungen auch die weltlichen Gesetze der byzantinischen Kaiser und die Gesetze des Königs Duschan vom 21. Mai des J. 6857 seit Erschaffung der Welt nach griechischer Berechnung (1349 nach Chr.).

II) Bedeutend ist das Ansehen des griechisch-römischen Rechts noch in der russischen Kirche. Es ist daher von der kanonischen Sammlung der russischen Kirche und von deren Ursprung zu handeln. Im 9. Jahrhundert, zur Zeit des Patriarchen Photius zu Constantinopel, wurden die Bulgaren zum Christenthum bekehrt, und zu derselben Zeit wurde, unter der Leitung von Photius und Ignatius, das Christenthum nach dem russischen Großfürstenthum Kiew verbreitet, welches damals von Oskold und Dir, Genossen Rurik's, regiert wurde. Es ist noch ein Brief von Photius an Michael, Fürst von Bulgarien, vorhanden [3], in welchem er ihm die Beobachtung der sieben allgemeinen Concilien empfiehlt und viel über die Pflichten eines guten Fürsten hinzufügt. Nach diesem Briefe ist nicht zweifelhaft, daß Photius für Ueberlieferung der kanonischen Sammlung der griechischen Kirche an die Bulgaren Sorge getragen habe, und es läßt sich annehmen, daß diese Sammlung damals in das Slavonische übersetzt worden sei, da bekannt ist, daß Cyrillus und Methodius das slavonische Alphabet erfunden und mehrere heilige und liturgische Bücher zum Gebrauch der mährischen Kirche übersetzt haben [4]. Dieser ältesten Zeit und den Bulgaren gehört eine slavonische Uebersetzung der collectio canonum des Johannes Scholasticus an, welche sich in einer Pergamenthandschrift der Bibliothek des Grafen von Romanzow befand. Denn der neueren Zeit und den Russen kann diese Uebersetzung nicht angehören, da das durch seine zweite Absetzung vom Patriarchat erschütterte Ansehen des Photius im 10. Jahrhundert im neuen Glanze erschien, daher sein Name in den russischen Chroniken zur Zeit Wladimir's fast überall genannt wird, gleichsam als hätte er damals gelebt und wäre der Apostel der Russen gewesen. Nicht glaublich aber ist, daß der Nomocanon des Photius bei dessen Lebzeiten nach Bulgarien gekommen sei, da derselbe zu der Zeit, wo sich die Bulgaren zum Christenthum bekehrten, vielleicht noch nicht einmal geschrieben war, und Photius im J. 867 des Patriarchats entsetzt wurde. Die vorher erwähnte Handschrift besteht aus 130 Blättern und gehört dem 13. oder 14. Jahrhundert an. Sie enthält Fol. 1—6 das Nicänische und Constantinopolitanische Symbol, welchem ein Bericht über die 7 Concilien beigefügt ist. Dann folgen zwei andere Verzeichnisse von Concilien, von denen das eine beinahe wörtlich mit dem Briefe des Photius an Michael übereinstimmt. Fol. 7—12 folgen die 50 Titel des Johannes Scholasticus, welche mit der Ausgabe des Justellus in der Bibliotheca juris canonici [illegible]

1) Vergl. Biener, De collect. canon. eccl. graec. p. 67—72 und in der Zeitschr. f. R.-G. u. Gesetzg. des Auslandes Bd. II. S. 233—244. Bernhardt, De jure Justinianeo in genere humanae [illegible] (Dorpat 1834) p. 54 sqq. Wiesing, Serbenland [illegible] 2) Es ist [illegible] von Kopitar in den Wiener Jahrbüchern Bd. XXXIII. S. 270.

3) Herausgegeben ist dieser Brief mit anderen Briefen des Photius von Montacutius, London 1651, und in Basnage, Thes. monum. eccles. (Antwerp. 1725), T. II. P. 2. p. 379. 4) Schlözer, Nestor Th. 1. S. 47. Th. 2. S. 225. Karamsin, Ruß. Gesch. Bd. 1. Cap. 3. Dobrowsky, Cyrill und Method, der Slaven Apostel. Prag 1823. Ewers, Das älteste Recht der Russen (Dorpat 1826) S. 300.

nonici übereinstimmen; doch fehlt die Vorrede. Fol. 12—42 findet sich die collectio canonum des Johannes Scholasticus, wie sie bei Justellus herausgegeben ist, sodaß auch der 85. Kanon der Apostel, welcher die constitutiones apostolicae erwähnt, das Werk schließt. Die Titelrubriken sind gewöhnlich nicht vollständig; bisweilen werden auch einzelne canones weggelassen; von denen aber, welche gegeben werden, ist der Text vollständig. Fol. 42—48 finden sich fast dieselben Fragmente der constitutiones apostolicae, welche der gedruckte Codex canonum der russischen Kirche cap. 2—4 enthält. Fol. 48—53 folgt eine lex judicialis de Laicis, welche in dem erwähnten gedruckten Codex canonum das 46. Capitel ausmacht. Fol. 53—55. 55—63 folgen der can. 23. und 29. des Basilius. Die bisher aufgeführten Stücke scheinen die ursprüngliche Sammlung gebildet zu haben, welche später mehrere Zusätze erhalten hat. Denn von Fol. 63—139 folgen verschiedene, auf die Kirchenzucht und das kanonische Recht bezügliche Excerpte, unter welchen jedoch keines das russische Reich angeht. Das Christenthum wurde im Großfürstenthum Kiew zu Ende des 9. Jahrhunderts eingeführt, als Oleg, Großfürst von Nowgorod, Kiew unterwarf. Es kam wieder in Aufnahme, nachdem Olga, die Wittwe Igor's, im J. 955 sich hatte taufen lassen. Endlich ging Wladimir, Sohn des Swiatoslaw, im J. 988 mit dem ganzen Volke zum Christenthum über, und erhielt von der Constantinopolitanischen Kirche den Metropoliten Michael, Geistliche und die heiligen Bücher. Die neu entstandene Kirche richtete sich mithin nach dem Kirchenrechte der griechischen Kirche; da aber die griechische Kirche auch die kaiserlichen Verordnungen als Rechtsquelle betrachtete und im Allgemeinen nach griechisch-römischem Rechte lebte, so fanden natürlich auch die griechischen Kanonensammlungen und die Gesetze der byzantinischen Kaiser in der neu gegründeten Kirche Eingang. Vornehmlich wird aber in den russischen Chroniken zur Zeit Wladimir's der Name des Photius, welcher das Christenthum zuerst im russischen Reiche begründet hatte, und dessen Ansehen damals bei den Griechen wiederhergestellt wurde und neuen Glanz erhielt, genannt. An mehreren Stellen wird des Photius gedacht, als wenn er damals noch lebte; an anderen Stellen werden die Bischöfe als von Photius eingesetzt genannt. Dies Alles beweist nun, daß die griechische Kirche, wie sie von Photius begründet war, im russischen Reiche herrschte. Ohne Zweifel ist auch der Nomocanon des Photius zu dieser Zeit nach Rußland verpflanzt worden und in Gebrauch gekommen. Die griechische Sprache stand der Anwendung nicht entgegen, da die Metropolitane und die anderen Bischöfe fast immer Griechen waren; vielleicht war auch schon damals eine slavonische Uebersetzung vorhanden. Der Nomocanon wird sogar erwähnt in der Erzählung von einer kirchlichen Verordnung Wladimir's. In den Chroniken findet sich nämlich die Nachricht, daß Wladimir im J. 992 zu Kiew die Kirche der heiligen Mutter Gottes gegründet und derselben den Zehnten verliehen habe 5).

5) Karamsin, Russ. Gesch. Bd. 1. Cap. 9.

Im anderen wird hinzugefügt, daß auch allen anderen Kathedralkirchen dasselbe nach der Norm des früheren griechischen Nomocanon verliehen worden sei. Wladimir habe dieses durch eine an alle Fürsten des Reiches gerichtete Verordnung bestätigt und die Verletzung dieser Constitution, welche er, wie er selbst am Schlusse sagt, nach dem griechischen Nomocanon gegeben habe, mit dem Banne bedroht. Die eben erwähnten Ueberlieferungen sind auf die kirchlichen Verordnungen zu beziehen, welche unter dem Namen von Wladimir und Jaroslaw in den älteren kanonischen Büchern der russischen Kirche sich finden und später öfters bestätigt worden sind. Diese Verordnung Wladimir's, welche interpolirt, verändert und verstümmelt auf unsere Zeit gekommen ist, beruft sich auf den Nomocanon, und folgt hinsichtlich der Einrichtung der geistlichen Gerichtsbarkeit dem Nomocanon des Photius. Sie läßt aber Einiges weg, was bei Photius auf die Kirche bezogen wird, vielleicht weil darüber andere Gesetze gegeben worden waren, deren mehrere auch in dem ältesten Rechtsbuche der Russen, der Ruskaja Prawda, nachgewiesen werden können 6). Auch wird in den Chroniken von Jaroslaw erzählt, daß er die heiligen Bücher gelesen und für deren Uebersetzung aus dem Griechischen in das Slavonische, sowie für Fertigung von Abschriften davon Sorge getragen habe 7). Unter demselben Jaroslaw wurde im J. 1051, nachdem ein Streit mit dem Patriarchen zu Constantinopel entstanden war, mit Berücksichtigung des 1. Kanons der Apostel, von den russischen Bischöfen ein Russe, Namens Hilarion, zum Metropolitan von Kiew erwählt, obgleich vorher die Metropolitane von dem Patriarchen zu Constantinopel ernannt zu werden pflegten. Diesen Spuren des Gebrauches des kanonischen Rechts in der alten russischen Kirche tritt das Zeugniß des um das Jahr 1500 lebenden Mönches Sinovius, des Schülers eines griechischen Mönches, Maximus, hinzu. Dieser erzählt nämlich in einer gegen die ketzerischen Meinungen des Theodosius Kossoy verfaßten Schrift, er habe einen slavonischen, zur Zeit des Jaroslaw und Isjaslaw geschriebenen Nomocanon gesehen. Die von ihm angeführten Fragmente der Canones geben den vollständigen Text 8). Gewissere Nachrichten über die Geschichte der kanonischen Sammlung der russischen Kirche haben wir aus dem 13. Jahrhundert. Cyrillus III., Metropolitan von Kiew, wel-

6) Karamsin a. a. O. Bd. 1. Cap. 10. Bd. 2. Cap. 3. S. 53. Note 73. S. 70. Bd. 5. Cap. 3. S. 182. 184. [illegible] Jaroslaw [illegible] Zeit [illegible] 7) Schlözer, Nestor Th. 1. S. 11. 49. Karamsin a. a. O. Bd. 2. Cap. 2. S. 21. 8) [illegible] l. l. app. p. 300.

cher die Kirchenzucht wiederherzustellen beabsichtigte, hielt 1274 zu Wladimir eine Provinzialsynode, deren Verhandlungen gedruckt worden sind [9]). Im Eingange klagt Cyrillus über die in die Kirche eingeschlichenen Misbräuche und fügt hinzu: „Ista mala, quae non minus gregi, quam pastoribus, imputari possunt, pro parte ex obscuritate sacrorum Canonum exorta sunt. Obscurati erant nobis isti canones velamine artificioso sermonis Hellenici. Nunc iterum luci redditi, h. e. perspicue translati, divini numinis gratia clare splendebant omnibus atque tenebras ignorantiae luce perspicuitatis expellentur." Diese Worte sind etwas zweifelhaft [illegible]; denn es läßt sich zweifeln, ob Cyrillus die Schwierigkeit der fremden Sprache, oder die Dunkelheit der Uebersetzung, oder beides im Sinne gehabt hat. Da aber die Metropoliten Rußlands bis zu Cyrillus fast alle Griechen waren, welche sich ohne Zweifel griechischer Bücher bedienten; da es ferner an Spuren alter Uebersetzungen, welche der Neuheit der Sache wegen wahrscheinlich dunkel waren, nicht fehlt, so scheint Cyrillus vielmehr beides im Sinne gehabt zu haben [10]). Gewiß geht aber daraus hervor, daß Cyrillus eine neue Uebersetzung der Canones vorgelegt habe, wofür auch andere Beweise vorhanden sind. Es hatte nämlich Swiatislaw, Despot von Bulgarien, auf Bitten des Cyrillus eine Uebersetzung der Canones nach der Ausgabe des Zonaras übersendet. Noch ist ein Brief des Swiatislaw an Cyrillus vom J. 1270 vorhanden, welcher unter Anderem Folgendes enthält: „Tibi igitur, Dei amantissimo archiepiscopo Cyrillo, qui in sede Metropolitana constitutus es, scribo, ut tibi transmittam exemplum Zonarae, qui tua opera adjuvante omne Russiorum regnum illustrabit. Ex hoc libro canones sunt describendi atque hoc exemplo utendum est in conciliis, continet enim canones SS. Patrum tales, quales ex traditione ad nos pervenerunt." Seit der Zeit, wo Cyrillus dies gethan und auf der Synode veröffentlicht hatte, vermehrte sich der Gebrauch der Canones ungemein; denn von dieser Zeit an wurden die kanonischen Sammlungen häufiger abgeschrieben; die meisten Handschriften gehören nach der in ihnen enthaltenen Angabe der Zeit, zu welcher sie geschrieben sind, dem Ende des 13. Jahrhunderts an. Sie zerfallen in zwei Familien; die eine enthält den echten Text der Canones, doch so, daß die längeren gewöhnlich nicht vollständig gegeben werden, indem ein Drittheil oder die Hälfte gegen das Ende weggelassen ist. Die andere Familie gibt die Canones meistens aus der Epitome canonum des Aristenus mit dessen Scholien, einige jedoch im echten Texte mit den Scholien des Zonaras. Man kann diese von dem wichtigeren Bestandtheil, d. h. dem Texte der Canones, die Familie des Aristenus, jene die Familie des Zonaras nennen; denn obgleich weder Zonaras der Urheber des echten Textes ist, welcher vielmehr von den auf den Concilien versammelten Vätern herrührt, noch Aristenus der Verfasser der Epitome canonum ist, so hat doch dieser zu dieser Epitome, jener zum ursprünglichen Texte Commentare geschrieben. Keine von beiden Familien gibt mithin eine Handschrift rein, weder die des echten Textes mit der Erläuterung des Zonaras, noch die der Epitome canonum mit den Scholien des Aristenus, sondern vielmehr vermischt. Aus dieser Verschiedenheit der dem Ende des 13. Jahrhunderts angehörigen Handschriften entstehen mehrere zweifelhafte Punkte. Gewiß ist das Dasein einer slawonischen Uebersetzung der Canones schon vor der Zeit des Cyrillus; es fragt sich aber, ob eine dieser Familien die von Cyrillus aus Bulgarien empfangene Handschrift uns gebe, oder ob vielmehr beide Familien aus dem Codex des Cyrillus und aus der ältern, vor Cyrillus im Gebrauche gewesenen Sammlung zusammengesetzt seien. Es gibt darüber verschiedene Ansichten. Nach der einen gibt uns die Familie des Aristenus die Handschrift des Cyrillus; es war aber vor Cyrillus eine Uebersetzung der vollständigen Canones ohne Scholien vorhanden [11]). Nach der anderen hat Cyrillus den echten und vollständigen Text mit den Scholien des Zonaras aus Bulgarien übersendet erhalten, wovon auch in dem Briefe des Swiatislaw von einem exemplum Zonarae die Rede ist; Aristenus mit den Scholien ist vor der Zeit des Cyrillus im Gebrauche gewesen; die doppelte Familie der Handschriften ist aber aus diesen beiden Quellen auf verschiedene Weise zusammengesetzt worden [12]). Biener hat sich nicht getraut, die Frage bei diesem Widerstreite der Ansichten wohlunterrichteter Männer zu entscheiden; er hält jedoch vorzüglich zwei Punkte zu deren Entscheidung für wichtig. Der eine Punkt ist, ob die aus den ältesten Handschriften von Eugenius gegebenen Fragmente der Canones mit der zu des Cyrillus Zeit vorhandenen Uebersetzung der vollständigen Canones übereinstimmen; der andere ist, welcher Art die Handschriften seien, welche den Brief des Swiatislaw und Dragoslaw und das Wladimir'sche Concil enthalten, da diese der dem Cyrillus übersendeten Handschrift verwandter zu sein scheinen [13]). Zu der Familie des Zonaras gehören: 1) eine Pergamenthandschrift der Synodalbibliothek zu Moskau, mit der Angabe des Jahres [illegible], was auf das 13. Jahrhundert hinweist [14]); da aber die Handschrift nicht vor dem Wladimir'schen Concil geschrieben sein kann, so ist sie ungefähr in den Jahren 1280—1291 geschrieben; 2) 2 nowgoroder Handschriften, wovon eine in der Sophienbibliothek; 3) 2 Handschriften in der kaiserlichen Bibliothek zu Petersburg; 4) 5 Handschriften in der Bibliothek des Grafen Romanzow, die eine mit der Unterschrift des Patriarchen

9) *Eugenius* l. l. app. p. 238. Karamsin a. a. O. Bd. 4. Anm. 4. S. 108. 10) *Eugenius* l. l. bezieht diese Worte des Cyrillus auf die Dunkelheit der Uebersetzungen, Karamsin a. a. O. auf fehlerhafte Auslegungen. *Biener*, De coll. can. p. 55. 56 hat sich für die vom Baron von Rosenkampff brieflich ihm mitgetheilte Ansicht entschieden.

11) Vergl. *Eugenius* l. l. p. 238. 12) Diese Ansicht ist von v. Rosenkampff an Biener brieflich mitgetheilt worden. 13) *Biener*, De coll. can. p. 56. 14) Genauere Beschreibung dieser Handschrift bei Karamsin a. a. O. Bd. 2. Note 54. S. 32 und Ewers a. a. O. S. 313.

Kiew; 5) 4 Handschriften in der Bibliothek des Grafen Tolstoi. Zur Familie des Aristenus gehören: 1) eine Pergamenthandschrift von 1284 in der Bibliothek des Grafen Tolstoi, nach der Handschrift von Kiew abgeschrieben; 2) 2 Handschriften in der Synodalbibliothek zu Moskau; 3) 3 Handschriften in der Bibliothek des Grafen Rumanzoff; 4) 3 Handschriften in der Bibliothek des Grafen Tolstoi. Beide Familien von Handschriften enthalten den Nomocanon des Photius, ohne das andere und die Scholien des Balsamon, in verschiedener Uebersetzung und mit abweichenden Lesarten. Von der Verschiedenheit der Canones und der Scholien war schon vorher die Rede. Die Familie des Aristenus folgt der Ordnung, welche Photius in dem vorausgeschickten Inder beobachtet hat; die Familie des Zonaras hat eine andere Ordnung, indem die allgemeinen Concilien den übrigen voranstehen. Uebrigens ist beiden Familien gemeinsam das Procheirum des Basilius und die Ecloga des Leo; jenes ohne Vorrede, dieses mit den Namen von Leo und Constantinus und der Vorrede mit dem Anfange: 'O δεσπότης. In den zur Familie des Zonaras gehörigen Handschriften finden sich viele, auf das russische Reich bezügliche Zusätze, nämlich die kirchliche Verordnung Wladimir's, die Gesetze von Jaroslaw (Pravda Ruskaja), das Concil zu Wladimir, und mehrere Kanones und Synodalbeschlüsse der russischen Kirche. Die zur Familie des Aristenus gehörigen Handschriften haben Nichts, was sich auf das russische Reich bezieht. — Eine neue Uebersetzung des Codex canonum soll nach dem Zeugniß des Liber Gradeum (Stepennaja Kniga) [18]) und anderen Quellen von dem Metropoliten zu Moskau, Cyprianus (starb 1406), verfaßt worden sein. Es wird auch erzählt, daß der Metropolit Macarius das authentische Exemplar dieser Uebersetzung auf seinem Kopfe getragen habe, während er bei einem Brande des Kreml an Stricken gebunden von der Burg herabgelassen wurde. Vollständige Handschriften dieser Uebersetzung, welche in dem kirchlichen Werke, was Stoglof genannt wird, gebraucht worden ist, sind nicht bekannt geworden. Doch finden sich Abschriften des Nomocanon und der Canones dieser Uebersetzung, sogar mit ausführlicher, viele Parallelstellen enthaltenden Scholien. Vielleicht ist die Entstehung dieser Uebersetzung und Scholien nach Bulgarien zu verlegen und dem Demetrius Chomatenus, Erzbischof von Bulgarien, zuzuschreiben. Noch soll sich eine, von einem griechischen Mönch, Maximus, im 16. Jahrhundert verfaßte Uebersetzung der Canones in der Synodalbibliothek zu Moskau befinden. Endlich fertigte ein Mönch von Kiew, Epiphanius Slavinezki, von dem Patriarchen Nicon nach Moskau berufen, daselbst im J. 1674 eine Uebersetzung des Nomocanon und der Canones mit den Scholien des Balsamon, welche in einer Handschrift der Synodalbibliothek 2576 Blätter stark, enthalten sein soll. Derselbe übersetzte auch die erzbischöflichen Constitutionen aus dem Frankenland Jus Graeco-Romanum. Großes Ansehen in der russischen Kirche hat der Pandectes des Nicon, ein aus der heiligen Schrift, den Concilien und den Schriften der Väter compilirtes Werk. Eine slavonische Uebersetzung [16]) desselben ist von den Raskolniken zu Pochajew 1640 und 1795 herausgegeben worden. Dieses Buch ist von einem Mönch Nicon geschrieben und noch nicht gedruckt. Der pariser Catalog Nr. 2. n. 876—880 führt davon 5 Handschriften auf. Mehrere Handschriften bestehen aus 63 Capiteln, z. B. eine florentiner [17]) und eine Leidensche [18]). Andere Handschriften geben das Werk in 38 Capiteln, z. B. eine Coislinsche [19]) und eine turiner [20]). Drei von diesen Handschriften, beide Coislinsche und die turiner, schicken eine Vorrede voraus [21]), welche aber nicht von dem Verfasser selbst herzurühren scheint. Es wird darin erzählt, daß ein Mönch, Antiochus, zur Zeit des persischen Krieges das Werk aus den heiligen Büchern und aus den Schriften der Väter compilirt habe; dann, daß ein anderer Mönch (Nicon) zur Zeit des Constantinus Ducas ein ähnliches Werk aus denselben Quellen verfaßt habe. Diese Vorrede geht auch in der slavonischen Uebersetzung voraus. Das Werk des Antiochus, dessen hier Erwähnung geschieht, hat den Titel: Pandectes. Es ist öfters lateinisch und griechisch-lateinisch herausgegeben worden. Es besteht aus 130 Capiteln oder Homilien, welchen ein Brief an Eustathius und eine Vorrede an den Leser vorausgeht. Die in den Bibliothekscatalogen aufgeführten Handschriften scheinen mit der Ausgabe übereinzustimmen. Endlich ist noch der Codex canonum der russischen Kirche zu erwähnen, welcher den Namen Kormczaja Kniga führt [22]). Hier kommt es vorzüglich darauf an, die griechischen Quellen dieser Sammlung nachzuweisen. Es genügt daher die Anzeige der vorzüglichsten Capitel, vornehmlich derjenigen, welche aus griechischen Quellen stammen. Ueber den Gebrauch und das Ansehen dieser Sammlung genügt die Bemerkung, daß diese Sammlung, welche auch bürgerliche Gesetze der byzantinischen Kaiser enthält, nicht nur in der Kirche, sondern auch in den weltlichen Gerichten noch in großem Ansehen steht. Gedruckt ist diese kanonische Sammlung zu Moskau in den Jahren 1650 und 1653 zur Zeit des Großfürsten Alexius, des

15) Es heißt ein historisches, aus russischen Chroniken entnommenes Werk, welches nach der [illegible] der Großfürstschaft [illegible] ist, angefangen unter dem Metropoliten Macarius, vollendet und fortgeführt unter Macarius, Metropoliten zu Moskau (starb 1564). S. Schlözer, Nestor Bd. I. S. 57—60.

16) Eine arabische Uebersetzung dieses Buches hat Assemani in der vaticanischen Bibliothek gefunden. S. Assemani, Bibl. jur. Orient. T. III. p. 533. 17) [illegible] Catal. Codd. Mss. Bibl. Med. Laurent. T. I. p. 5[illegible]. Cod. IV. 18) [illegible], Bibl. Coisl. p. [illegible] 19) [illegible] Codex n. 117. t. 1[illegible]. 20) Catal. Bibl. Taurin. T. I. p. 265. 21) [illegible] in der Bibl. Coislin. p. [illegible] 22) [illegible] Name, welcher dem griechischen [illegible] entspricht, kommt auch in einer in der Bibliothek des Grafen Tolstoi befindlichen Handschrift aus dem 14. Jahrhundert vor. [illegible] Name Nomocanon [illegible]. Diese kanonische Sammlung der russischen Kirche ist, unter Benutzung der griechischen Quellen, [illegible] in den [illegible] Jahrbüchern Bd. XXIII. S. 220—274 u. Bd. XXXIII. S. [illegible]

Sohnes Michael's, und des Patriarchen Joseph (1642 bis 1652). Sie wurde vom Patriarchen Nicon im J. 1653 publicirt, und an die einzelnen Kirchen vertheilt, nachdem einige Blätter des ersten Drucks zurückgezogen und andere, denen auch der Name Nicon's einverleibt ist, an deren Stelle gesetzt worden waren. Doch gibt es noch Exemplare, welche vor der Publication erschienen sind, und die Ausgabe, welche die Raskolniken besorgt haben [23]), folgt genau der frühern, sodaß der Name des Nicon nicht vorkommt. Wiederabdrücke dieser Sammlung sind zu Moskau in den Jahren 1787, 1804 und 1816 in Folio erschienen. Diese neuern Ausgaben folgen der ersten vom J. 1653, mit wenigen Abänderungen, welche vor dem Anfange des ersten Theiles bemerkt sind [24]). Dem Theophilus und dem Timotheus, Erzbischöfen von Alexandria, ist der Name der Heiligen entzogen, da die Kirche sie nicht als Heilige anerkennt, und es ist der Tractat des Mönchs Nicetas de azymis, jejunio sabbati et matrimonio clericorum weggelassen [25]). Nicetas, mit dem Beinamen Stethatus, lebte im 11. Jahrhundert zur Zeit des Patriarchen Michael Cerularius. Die Schicksale dieser Schrift, ihre öffentliche Verbrennung und den Widerruf des Nicetas erzählt Baronius [26]). Der griechische Text dieser Schrift mit dem Anfange: Καλὴ ἡ πρὸς τὸν πλησίον ἀγάπη, findet sich in einer wiener Handschrift [27]). Die lateinische Uebersetzung mit dem Anfange: Bona est dilectio, haben Baronius und Canisius herausgegeben. Auch eine florentiner Handschrift dieses Werkchens ist vorhanden [28]). Der Anfang: περὶ ἀζύμων —, ὦ Λατῖνοι, λέγομεν ἀγαπητικῶς πρὸς ὑμᾶς, weicht von der wiener Handschrift und dem lateinischen Texte ab. Die kanonische Sammlung der russischen Kirche ist zum Behufe der Ausgabe nicht von Neuem übersetzt worden; die gedruckte Sammlung folgt den kanonischen Handschriften, welche oben als Familie des Aristenus bezeichnet worden sind, und stimmt am meisten mit der im J. 1284 geschriebenen Handschrift dieser Familie. Doch ist in der Ausgabe Einiges hinzugefügt, was die Handschriften nicht enthalten. Die Herausgeber selbst bemerken über den Plan und die Quellen der Ausgabe: zum Behuf der Ausgabe seien sehr viele Handschriften zusammengebracht worden, von denen Eine die Canones vollständiger enthielt; vorzüglich sei aber das Ansehen dieser Handschriften durch eine alte griechische Handschrift des Paisius, Patriarchen von Jerusalem, welcher sich damals zu Moskau aufhielt, bekräftigt worden; alle diese Handschriften stimmten in den beigefügten Scholien überein. Hält man dies mit dem vorher über die Handschriften der kanonischen Sammlung Bemerkten zusammen, so ergibt sich, daß vorzüglich Handschriften aus der Familie des Aristenus zur Hand waren, und nur Eine aus der Familie des Zonaras, welche die vollständigen Canones gab. Daß die Handschriften beider Familien Scholien des Aristenus enthielten, ist oben bemerkt worden. Die griechische Handschrift des Paisius enthielt die Epitome canonum des Aristenus, daher man auch sagen konnte, daß diese Handschrift das Ansehen der vorhandenen Uebersetzungen befestigt habe. Auch der wallachische Codex canonum, welcher in den Canones der Epitome des Aristenus folgt, beruft sich auf die Autorität des Paisius [29]). Die herausgegebene kanonische Sammlung der russischen Kirche gibt erstens Berichte über die Trennung der griechischen und römischen Kirche, über die Bekehrung der Russen zum Christenthum und über den Ursprung des Patriarchats zu Moskau [30]). Dann folgen Uebersichten der Concilien (notitiae conciliorum); die eine derselben handelt von den 7 allgemeinen Concilien, die andere in chronologischer Ordnung von 16 Concilien, sowol allgemeinen, als Provinzialsynoden. Hierauf folgt der Nomocanon des Photius, sodaß er der kanonischen Sammlung vorangeht, und nicht zu derselben zu gehören scheint. Diese Anordnung des Buches war nothwendig wegen der Nachbemerkungen, welche bei den einzelnen Titeln der Canones das Blatt des Buches anzeigen, auf welchem jene Canones stehen. Aus diesem Grunde konnte der Nomocanon, welcher nach Maßgabe der griechischen und slawonischen Handschriften der Kanonensammlung vorangehen mußte, erst nach Beifügung der Kanonensammlung gedruckt werden. Die dem Nomocanon vorausgeschickte Vorrede des Photius zerfällt nach dem Muster der griechischen Originale in 2 Theile. Die 14 Titel des Nomocanon stimmen mit der Ausgabe des Justellus überein; doch ist das κείμενον, welches die bürgerlichen Gesetze Justinian's enthält, weggelassen. Auch fehlen die von Balsamon zum Nomocanon geschriebenen Scholien. Die Kanonensammlung selbst besteht aus 70 Capiteln. Der erste Theil enthält in 41 Capiteln die eigentliche Kanonensammlung, d. h. die canones der Apostel, der Concilien und die kanonischen Briefe. Der zweite Theil von Cap. 42—70 enthält Gesetze der byzantinischen Kaiser und verschiedene kirchenrechtliche Abhandlungen. Die Eintheilung in zwei Theile scheint von den Herausgebern herzurühren, nach dem, was dieselben hier und da bemerkt haben. Der erste Theil enthält Folgendes [31]): Cap. I. die canones Apostolorum. Cap. II. die canones des Paulus, Petrus und Paulus, aller Apostel, was Auszüge aus den constitutiones apostolicae sind. Cap. V—XX. die canones der Synoden zu Nicäa, Ancyra, Neocäsarea, Gangra, Antiochia, Laodicea, Constantinopel, Ephesus, Chalcedon, Sardica, Carthago, der Synodus Constantinopolitana de Agapio, der

23) Sie erschien zu Moskau 1787 nach den Wiener Jahrbüchern Bd XXIII. S. 251. 24) Wiener Jahrb. Bd XXIII. S. 250. 251. 25) Rudloffsberger bezeichnet diese zweite Tractat Kopitar in der Wiener Jahrb. Bd XXXIII. S. 248. 249. Vergl. Leo Allatius, De perp. Occident. et Orient. consensu Lib. II. c. 9. §. 6. Lambecius, Comm. de bibl. Caes. Vindob. Lib. V. n. 210. p. 216. 26) Baronius, Annal. anno 1054. n. 20. 21. 27) Nach Lambecius l. l. Lib. V. n. 247. p. 262. 28) S. Bandini, Catal. T. I. p. 455. n. 20.

29) Wiener Jahrb. Bd XXV. S. 161. 30) Wiener Jahrb. Bd. XXIII. S. 273—282. 31) Genau gibt den Inhalt an Kopitar in den Wiener Jahrb. Bd. XXIII. S. 251—256.

Synodus Trullana, Septima Nicaena, Primo-Secunda, S. Sophiae. Der Text der canones Apostolorum und der canones der 16 Concilien folgt der Epitome des Aristenus; dazu kommen die Scholien des Aristenus und einige Excerpte aus den Commentaren des Zonaras. Cap. XXI. 92 canones des Basilius nach der Epitome des Aristenus und mit dessen Auslegung. Cap. XXII—XXV. Fragmente des Basilius περὶ χρόνου ἁμαρτημάτων, πόσος τόπος τῶν ἐπιτιμίων, ad presbyterum de communione, de vita monastica. Cap. XXVI—XXXV. Excerpte aus den kanonischen Briefen des Dionysius, Petrus, Gregorius von Neocäsarea, Athanasius, Gregorius Theologus, Gregorius von Nyssa, Timotheus, Theophilus, Cyrillus. Cap. XXXVI. Aus Basilius, Gennadius, Tarasius gegen die Simonie. Cap. XXXVII—XL. Schreiben der Synode zu Constantinopel an Martyrius über die Aufnahme der Ketzer, goldene Bulle (chrysobullon) Justinian's über die zur Kirche Flüchtenden, Demetrius über die Jacobiten und Chatzitzarier und Messalianer, Petrus von Alexandria an den Bischof von Brundisium. Cap. XLI. Nilus an Chariclius über die Beichte. Diese Aufzählung zeigt, daß hier ein solches Exemplar des Aristenus gegeben werde, wie es Beveridge in der Bodleianischen Bibliothek gefunden hatte. Es enthielt die canones der Apostel, der 16 Concilien, und die des Basilius. Die Concilien sind in der Reihefolge geordnet, welche Photius in seinem Verzeichnisse hat und die Handschriften des Aristenus zu beobachten pflegen. Dazu kam ein Anhang, ähnlich demjenigen, welchen Beveridge aus der Bodleianischen Handschrift am Ende der kanonischen Briefe herausgegeben hat; denn alles dasjenige, was in den Capiteln 22—40 sich findet, kommt auch bei Beveridge vor. Doch weicht die Ordnung einigermaßen ab; denn die canones des Paulus und des Petrus und Paulus werden in der russischen kanonischen Sammlung nach den canones Apostolorum gestellt; auf die Fragmente des Basilius folgen zunächst dessen canones; die anathemata des Cyrillus, welche unter dessen Briefen stehen, und die Ansichten Verschiedener über die Simonie sind an Einer Stelle zusammengestellt. Der zweite Theil enthält Folgendes: Cap. XLII. die Collectio LXXXVII capitulorum aus den Novellen Justinian's. Cap. XLIII. die Novellen des Alexius Comnenus über die Sklaven, welche frei zu sein behaupten und über die Verlöbnisse, die Anfrage des Curopalates über die Verlöbnisse an Alexius Comnenus. Dies ist in des Leunclavius Jus Graeco-Romanum T. I. p. 145. 126. 132 herausgegeben und findet sich öfters in Handschriften, in keiner aber in dieser Verbindung. Cap. XLIV. Derselbe auserwählte Titel aus verschiedenen Titeln der Novellen Justinian's. Sie sind aus dem νομοκάνων des Photius excerpirt und in 13 Titel getheilt, da der 14. Titel des Nomocanon keine solchen Auszüge der bürgerlichen Gesetze enthält. Die Titel der Novellen Justinian's werden in der Ueberschrift erwähnt, weil Photius die Novellen nach den Titeln, wie sie Athanasius in seinem Novellenauszuge hat, zu citiren pflegt. Diese Excerpte der bürgerlichen Gesetze scheinen in der russischen kanonischen Sammlung von dem Nomocanon des Photius deshalb getrennt zu sein, damit sie unter den bürgerlichen Gesetzen ihre Stelle fänden. Cap. XLV. Auszug aus dem Mosaischen Rechte in 50 Capiteln. Dieses Werkchen ist griechisch herausgegeben [32], und findet sich oft in Handschriften. Cap. XLVI. Liber judicialis de laicis des Kaisers Constantin des Großen in 32 Capiteln [33]. Dieses Werk wird auch bei den Griechen für unecht gehalten [34]. Es findet sich in 30 Capiteln am Schlusse der slawonischen Uebersetzung des Johannes Scholasticus, von welcher vorher die Rede war, und in allen Handschriften der kanonischen Sammlung der russischen Kirche. Es scheint aus verschiedenen griechischen Quellen compilirt zu sein. Cap. XLVII. De Francis atque Latinis, eine Streitschrift gegen die Lateiner, von Cyrillus, Bischof von Turow, im 12. Jahrhundert verfaßt, also nicht aus einer griechischen Quelle übertragen. Cap. XLVIII. Leges civiles in 40 Titeln. Darin ist das Prochiron von Basilius Macedo, aber ohne die Vorrede: Τὸν μέγαν enthalten. Cap. XLIX. Bestimmungen der Kaiser Leo des Weisen und Constantinus über Verlöbniß, Ehe und andere Geschäfte. Es ist darin dies von Leunclavius als Ecloga Leonis herausgegebene Rechtsbuch enthalten. Voraus geht die Vorrede: Ὁ δεσπότης; es werden aber die zehn ersten Titel weggelassen, und die letzten 18 Titel sind in 16 Titel geordnet. Der 12. und 13. Titel bei Leunclavius sind in Einen verschmolzen und bilden den 2. Titel. Cap. L. LI. De sacramento matrimonii und de nuptiis prohibitis, Abhandlungen von ungewissem Ursprung und aus griechischen Quellen zusammengesetzt. Sie scheinen aus ziemlich neuer Zeit herzurühren, namentlich das 50. Capitel, in welchem Harmenopulus und Blastares häufig angeführt werden. Sie sind vielleicht aus dem Prochirum auctum excerpirte Titel, wie sie sich häufig in den Handschriften des griechischen Rechts getrennt abgeschrieben finden. Cap. LII. Tomus unionis Constantini et Romani de tertio quartoque matrimonio. In der russischen kanonischen Sammlung ist viel mehr enthalten, als was Leunclavius davon herausgegeben hat [35]. Cap. LIII. Responsa der Synode zu Constantinopel zur Zeit des Patriarchen Nicolaus auf die Anfragen des Mönches Johannes. Cap. LIV. LVII. LVIII. Die responsa des Nicetas an Constantinus, die canones des Nicephorus, die responsa des Johannes Citrius an Cabasilas, Stücke, welche sich im Anhange des Syntagma canonum des Matthäus Blastares finden. Cap. LV. Verordnung des Methodius, Patriarchen zu Constantinopel, von denen, welche von der Kirche abgefallen sind [36]. Cap. LX.

32) Bei Cotelerius, Monum. eccles. graec. T. I. p. 1—27. 33) Den Anfang dieser Abhandlung und die Excerpte bis gegen das ... Capitel hat Kopitar in den Wiener Jahrb. Bd. XXIII. S. ... abgedruckt. 34) Vergl. Biener, De coll. can. p. 41. 35) Im Jus Gr. Rom. T. I. p. 103—108. 36) Handschriften dieses sind angezeigt bei Lambecius, l. l. Lib. V. n. 247. p. 251. Montfaucon, Bibl. Coisl. p. 113. Bandini, Catal. T. I. p. 9.. n. 60. Ausgaben: griechisch und lateinisch im Euchologium Goarii

Responsa canonica des Timotheus von Alexandria. Sie scheinen identisch mit denen zu sein, welche unter die kanonischen Briefe gezählt werden, und im Capitel 32 der russischen kanonischen Sammlung sich kürzer gefaßt finden. Cap. LXVIII. Responsa des Anastasius Sinaita über verschiedene Punkte. Cap. LXIX. Tractat des Presbyters Timotheus über die Verschiedenheit derjenigen, welche sich von der Ketzerei zur Kirche wenden[37]. Cap. LXX. Fragmente aus den Pandectes des Nicon, wovon früher die Rede war[38]. Der zweite Theil der russischen kanonischen Sammlung enthält also vorzüglich die von der griechischen Kirche anerkannten und in das russische Reich eingeführten bürgerlichen Gesetze der byzantinischen Kaiser, und diejenigen kanonischen responsa, welche nach dem 11. Jahrhundert in der griechischen Kirche Ansehen erlangt haben. Da aber in der griechischen Kirche selbst dieser neue Zuwachs in verschiedener Weise den kanonischen Sammlungen einverleibt ist, was sich aus den Handschriften der spätern Zeit ergibt, so läßt sich zwar beweisen, daß fast Alles, was in der russischen kanonischen Sammlung steht, in den griechischen, das Kirchenrecht betreffenden Handschriften sich findet; es kann aber keine einzelne Handschrift nachgewiesen werden, welcher dieser zweite Theil genauer entspräche. Außerdem ist diesem zweiten Theil Einzelnes beigefügt worden, was entweder sich seltener in den griechischen Handschriften findet, oder nicht griechischen Ursprung hat.

III) Von den Türken ist eine alte Sage, daß sie das griechisch-römische Recht sich zu eigen gemacht hätten. Die von Francisanus in Umlauf gebrachten Nachrichten, daß Mahommed II. die Basiliken habe in das Arabische übersetzen lassen, daß ferner in dem türkischen Reiche eine türkische Uebersetzung des Justinianeischen Codex Gesetzeskraft habe, sind nicht verbürgt. Gewisser ist, daß die Multeka (vergl. §. (a) unter 3) theilweise auf griechisches Recht gegründet ist[39].

IV) Ein Georgisches Rechtsbuch enthält ebenfalls griechisch-römisches Recht[40]. Dasselbe ist eine Sammlung, welche in der zweiten Hälfte des 17. Jahrhunderts von dem Prinzen Wachtang, im Verein mit vier Patriarchen, zusammengebracht worden ist. Dieser war damals Christ; später, zu Anfang des 18. Jahrhunderts, ist er als Wachtang V. Regent des Landes geworden, und hat die Muhammedanische Religion angenommen. Die allgemeine Vorrede berichtet über die Entstehung der Sammlung und die einzelnen darin enthaltenen Stücke. Deren sind überhaupt sieben: 1) Gesetzgebung des Moses; 2) griechisches Gesetz; 3) armenisches Gesetz; 4) Gesetz des Katholikos oder Patriarchen; 5) Gesetz des Königs Giorgi; 6) Gesetz von Aghbugha; 7) Gesetz des Prinzen Wachtang. Die erste Abtheilung, Gesetzgebung des Moses, in 52 Paragraphen, enthält einen Auszug aus dem 2. und 5. Buche Mosis. Nach v. Rosenkampff ist es eine Abkürzung der unter II. erwähnten Ecloga juris Mosaici, welche in slavonischer Sprache das Cap. 46. der Kormczaia Kniga bildet. Die zweite Abtheilung wird, nach Brosset, in der Ueberschrift bezeichnet: Gesetze von Leo dem Weisen, Constantin und anderen Kaisern, und Anordnungen der Könige für die Rechtspflege; sie besteht aus 318 Artikeln. Nach v. Rosenkampff ist dies die dritte Abtheilung, betitelt: Gesetze der orthodoxen Kaiser Leo, Alexander und Constantin; sie enthält 130 Capitel und 419 Artikel; der Inhalt ist auf die griechischen Prochiron gegründet. Die dritte (nach v. Rosenkampff die zweite) Abtheilung ist das armenische Gesetz in 431 Artikeln. Nach den Vorreden ist es übersetzt aus einem Werke des Gregorius Illuminator, Patriarchen von Armenien, aufbewahrt zu Etschmiazin, enthaltend die geistlichen Verordnungen der Könige von Samtzkhé. Benutzt sind dabei das erste und zweite durch Moses gegebene göttliche Gesetz und die geistlichen Verordnungen Constantin's des Großen. Wahrscheinlich sind unter den beiden letzten Stücken zu verstehen die vorher genannte Ecloga juris Mosaici und der Liber judicialis de Laicis Constantini Magni, welche in der slavonischen Kormczaia Kniga das 45. und 46. Capitel bilden. Die vierte Abtheilung, Gesetz des Katholikos, in 23 Artikeln, ist aus einer Versammlung von Bischöfen hervorgegangen, und betrifft die Geistlichkeit und ihre Gerichtsbarkeit. Die fünfte Abtheilung, Gesetz des Königs Giorgi, in 46 Artikeln, rührt nach Brosset von Giorgi V. oder VI. im 14. Jahrhundert her. Die sechste Abtheilung, Gesetz des Aghbugha, in 178 Artikeln, ist mehr ein Rechtsbuch, eine Aufzeichnung schon bestehenden Rechts. Der Verfasser wird in der Vorrede als Richter bezeichnet; Brosset setzt die Entstehung ebenfalls in das 14. Jahrhundert. Die siebente Abtheilung ist von Wachtang, dem Sammler des Ganzen, selbst hinzugefügt, nach Brosset zu der Zeit verfaßt, als er noch nicht Regent war, also in der zweiten Hälfte des 17. Jahrhunderts. — Auch eine Georgische kirchenrechtliche Sammlung ist vorhanden. Nach den brieflichen Mittheilungen des Freiherrn v. Rosenkampff ist die Handschrift,

---

p. 826. ed. Paris., lateinisch in Magna Bibl. Patrum Paris. 1654. T. VI. p. 407.

37) Handschriften zeigen an Lambecius l. l. Lib. V. n. 262. p. 258. Lib. VIII. n. 44. p. 833. Mansi, Conc. T. I. p. 912. n. 40., wo auch die Werke angezeigt werden, in welchen dieser Tractat griechisch und lateinisch herausgegeben ist. 38) Ueber Cap. LVI. LIX. LXI—LXVII, welche verschiedene ungedruckte Fragmente enthalten, vergl. Kopitar in den Wiener Jahrb. Bd. XXIII. S. 260. 261. 39) Vergl. Ohsson, Thimde T. II. p. 293. v. Hammer, Staatsverfassung des Osman. Reichs S. 10 fg. 40) Vergl. Wiener, in der Zeitschr. f. R.-W. u. Gesetzg. des Ausl. Bd. II. S. 230—243. Derselbe hat zunächst für das Georgische Rechtsbuch eine von dem Orientalisten Brosset 1828 in Paris gelieferte, in dem neueren Journal Asiatique 1829 vom Monat März gebrachte Vorlesung benutzt, welche von einer, angeblich 1750 geschriebenen, Georgischen Handschrift nähere Nachricht gibt. Diese Handschrift ist durch ein Geschenk des Generalen Ramfe, Georgischen Gesandte zu Tiflis, Eigenthum der k. Bibliothek zu Paris geworden. Außerdem sind in jenem Aufsatze briefliche Mittheilungen des k. russischen Staatsrathes, Freih. v. Rosenkampff, benutzt. Es ist nämlich eine russische Uebersetzung des

Georgischen Rechtsbuches im J. 1828 aus Tiflis an den Senat nach Petersburg gesendet worden.

aus 178 Blättern bestehend, von dem auf Kosten der russischen Regierung im Innern zur Aufsuchung literarischer Quellen reisenden Archäologen Stroief gekauft und an die petersburger Akademie der Wissenschaften eingesendet worden. Nach einer beigefügten Notiz ist sie ein Nomocanon oder die Sammlung der 7 allgemeinen und 9 Provinzialconcilien und übrigen Sätze der heiligen Väter, im J. 1350 auf dem Berge Athos in dem dort befindlichen Iberischen Kloster von dem ehrwürdigen Johann aus dem Griechischen in das Georgische übertragen. Nach der Vermuthung von Wiener ist es wahrscheinlich der Auszug des Aristenus oder ähnlich dem slavonischen von Kopitiewitsch herausgegebenen Nomocanon, welcher ebenfalls seinen Ursprung auf dem Berge Athos hat.

V) Endlich findet sich in armenischen Rechtsbüchern griechisch-römisches Recht [41]. Das in der Georgischen unter IV. erwähnten Sammlung vorgekommene armenische Rechtsbuch ist von dem jetzt zu beschreibenden verschieden. In Astrachan befanden sich zwei armenische Gemeinden, die eine orthodox-armenisch, die andere mit den Katholiken unirt. Diese haben im J. 1765 eine Rechtssammlung veranstaltet, von welcher eine russische Uebersetzung nach Petersburg eingesendet worden ist. Sie besteht aus drei Theilen, welche in Capitel und 1078 Paragraphen zerfallen. Die Vorrede besagt, daß ein altes, von Justinian nach Gesetzen gefertigtes Rechtsbuch, nebst alten Rechtsgewohnheiten beständig befolgt worden wären, bis die Armenier unter türkische und persische Herrschaft gerathen wären. Seitdem hätten sich unter der Willkür dieser Herrscher die alten Gesetze fast ganz verloren. Als Peter I. in den J. 1718 und 1723, sowie die Kaiserin Katharina II. ihnen ihre Gewissensfreiheit und ihre eigenthümliche Verwaltung in Astrachan und in anderen Städten vergönnt hatten, haben die beiden geistlichen Hierarchen und die Mitglieder der Gemeinden sich dahin vereinigt, aus den Fragmenten des alten Justinianeischen Gesetzbuches und aus ihren Rechtsgewohnheiten dieses Rechtsbuch zu redigiren, nach welchem sie sich unverbrüchlich richten. Auch ein armenisches kirchenrechtliches Werk ist bekannt geworden. Es enthält eine Sammlung der im armenischen Hauptkloster Etschmiadzin befindlichen geistlichen Verordnungen, nämlich der vier ersten ökumenischen Concilien (das letzte, das Chalcedonische, aber mit gewissen Einschränkungen) und der übrigen armenischen Nationalconcilien nebst den Verhandlungen mit den griechischen Kaisern und Patriarchen über diese Gegenstände.

§. 57. Befreiung Griechenlands bis zur Errichtung des Königreiches [1]).

Im Jahre 1821 ergriffen die Griechen im Peloponnes, in Hellas und auf den anliegenden Inseln die Waffen gegen die türkische Herrschaft und erkämpften sich allmälig die Freiheit. Den wahren Nutzen von den Anstrengungen des Volkes zogen die Primaten, welche gewissermaßen an die Stelle der türkischen Herrschaft traten, türkisches Grundeigenthum, so viel es ihnen beliebte, in Besitz nahmen, sich der Erbschaften und übrigen Reichthümer der Türken bemächtigten. Zu den Primaten gesellten sich sehr bald die Phanarioten, diese sogenannten Fürsten und Häupter des Phanars. Beide stritten sich um die oberste Herrschaft im Staate, und theilten sich zu gleicher Zeit in die Provinzen des noch sehr kleinen, von der türkischen Herrschaft befreiten Gebietes. So lange die Militair- und Civil-Primaten (die Chiefs und Kodjabaschis) gemeinschaftliches Interesse mit einander hatten, so lange war das Land ruhig. Waren sie aber unter sich uneins, und nahmen sie eine feindliche Stellung gegen einander an, so war Griechenland bewegt, und man berief eine Nationalversammlung (Ἐθνικὴ συνέλευσις), theils um sein Betragen zu rechtfertigen, theils um eine neue Regierung im Sinne der stärkern Partei zu schaffen. Die Nationalversammlungen von Astros im J. 1823 und die zweite zu Epidauros im April 1826, noch mehr aber die zwiespältigen Versammlungen zu Hermione und Aegina im Laufe der Jahre 1826 und 1827 glichen daher mehr förmlichen Schlachtfeldern, auf welchen sich Intriguanten bekämpften und um die oberste Gewalt schlugen, als einem Berathungsorte über die Angelegenheiten des Landes. So kam es denn, daß Alexander Maurokordatos, Demetrius Hypsilantis, Theodor Negris, Peter Mauromichalis, Theodor Kolokotronis, Georg Kunduriotis, Andreas Zaimis u. a. m. schnell nach einander an der Spitze der Regierung erschienen, und ebenso schnell wieder verschwanden, verdrängt durch irgend einen anderen Primaten, durch einen anderen Phanarioten. Als diese Parteiführer keine dauernde Stütze mehr im Inlande fanden, sahen sie sich nach einer solchen im Auslande um. Den Anfang machte Maurokordatos. Im Geheimen des Anlehens und unterstützt durch den englischen Schiffscapitain Hamilton gelang es ihm, um sich selbst zu halten und zu heben, eine sogenannte englische Partei zu bilden. Er redigirte sogar im J. 1825 eine Acte, wodurch Griechenland unter den ausschließlichen Schutz Englands gestellt werden sollte. Im Gegensatze von dieser englischen Partei ward durch den Doctor Baillie, den General Roche, Jourdain u. a. eine sogenannte französische Partei zusammengebracht, an deren Spitze Johann Kolettis, Karaiskakis, Drakos u. a. standen. Eine russische Partei bestand ebendies schon seit den ersten Anfängen des Freiheitskampfes; ihr hauptsächliches Haupt war Theodor Kolokotronis. Während dieser Parteiungen und Bewegungen im Innern dauerte der Kampf nach Außen gegen die türkische Herrschaft fort. Er wurde noch schwerer, als Ibrahim Pascha im Peloponnes erschien, das Land verheerend durchzog und die Bewohner zu Tausenden nach Aegypten schleppte. In diesem Zustande der Dinge erschien im J. 1828 der Graf Johann von Capodistria in Griechenland. Man empfing ihn als Retter, und das bis dahin gedrückte und mißhandelte Volk sah

41) Vergl. Wiener in der angef. Zeitschr. Bd. II. S. 243. 244. [illegible] 1) v. Maurer, Das griechische Volk Bd. 1. S. 411—528. 564—741. 584 fg. Bd. 3. S. 13—108. [illegible], Darstellung des Rechtszustandes in Griechenland S. 111—119. 122 fg.

ihm mit dem größten Vertrauen entgegen. Seine ersten Schritte waren versöhnend, beruhigend und daher wohlthätig. Er schien sich hauptsächlich auf das Volk, nicht aber auf die Primaten stützen zu wollen. Um die Gewalt der Kodschabaschis und Obsakis zu brechen, unterstützte er vor Allem den Ackerbau und den Handel, sowie diejenigen, welche sich damit nährten. Er gab, wenn auch nur kleine, Summen zur Unterstützung; den Peloponnesiern zum Ankauf von Saatfrüchten und Ochsen; den Insulanern aber zur Ausrüstung ihrer Handelsschiffe. Die um das Vaterland verdienten Krieger sollten zur Belohnung Grund und Boden erhalten. Den flüchtigen Candioten wurde zu Niederlassungen Land versprochen. Türken, welche die christliche Religion annehmen und sich in Griechenland niederlassen wollten, sollten einen Theil ihrer Familienbesitzungen zurückerhalten *). Capodistria wollte ferner, um die Civil- und Militairgewalt den Händen der Kodschabaschis und Obsakis zu entwinden, die Verwaltung der Provinzen und Gemeinden ordnen und Gerichte einsetzen. Zur Bildung des Volkes wollte er Schulen gründen, die unwissende Geistlichkeit bilden, eine Land- und Seemacht begründen, die Finanzen ordnen. Das Meiste hiervon blieb aber frommer Wunsch, da er wol Diplomat, nicht aber zum Gesetzgeber und Verwalter geeignet war, auch von dem, was der Geistlichkeit und dem Unterrichtswesen vor Allem Noth that, keine klare Anschauung hatte. Daher mußte er diese wichtigsten Zweige der Staatsregierung, gerade die Hauptsache bei der Reorganisation eines erst zu begründenden Staates, Anderen zur Besorgung überlassen, welche nicht gerade die Tüchtigsten und Besten waren. Dazu kam noch die französische Julirevolution im J. 1830. Seit diesem Ereignisse änderte Capodistria seine bis dahin befolgte Politik. Er stützte sich von nun an wieder auf die Primaten und warf sich ausschließlich Einer auswärtigen Macht in die Arme. Die natürliche Folge davon waren Rivalitäten im Inlande, und Eifersüchteleien im Auslande. Die drei vorher bezeichneten Parteien, die englische, französische und russische, traten wieder schärfer hervor, eine jede gestützt und geschirmt von den betreffenden Diplomaten. Sogar die von Capodistria gehobenen Primaten selbst waren nicht zufrieden, obschon er Geld und Ehren an seine Anhänger verschwendete. Um die absolute Macht Capodistria's zu stützen, wurde eine geheime Polizei errichtet; es wurden Gewaltmaßregeln ergriffen, Mauromichalis und Andere eingekerkert, die einflußreichsten Männer, namentlich Kolettis, Maurokordatos und Trikupis entfernt. Dies führte zu einer heftigen, sogar geheimen Presse, und beides zusammen zur Ermordung Capodistria's im Herbste 1831. Die Unterhandlungen wegen des nun zu errichtenden Königreiches und wegen Besetzung des Thrones zogen sich lange Zeit hinaus, und es verfloß über Jahr und Tag bis zur Ankunft des Königs Otto und der Regentschaft. Unterdessen folgte eine schwache Regierung auf die andere. Alles Ansehen der Regierung schwand dahin, und sogar die gesellschaftlichen Bande wurden auf eine schreckliche Weise gelöst. Unter dem Schutze und auf Betreiben fremder Diplomaten gestaltete sich Alles zu Parteien, im Interesse einer der drei Großmächte, Englands, Rußlands oder Frankreichs. Der Staatsregierung selbst blieb keine Partei, keine Stütze mehr im Innern des Landes. Sie saß verlassen und ohnmächtig in Nauplia unter dem Schutze fremder Bajonette. Die Diplomaten spielten von nun an die Herren und Meister. Bald war der französische, bald der englische, bald der russische Einfluß überwiegend, und die an der Spitze der Regierung Stehenden brauchten die eine Partei gegen die andere. Die nothwendige Folge dieses Waltens und Treibens der Parteien, des Verwandelns der Feinde in Freunde, und der Freunde wieder in Feinde, war eine gänzliche Auflösung aller moralischen, sowie aller gesellschaftlichen Bande im Lande. Unter solchen Umständen war keine Regierung mehr möglich; factisch bestand sie schon längst nicht mehr. Eine ihrer letzten Kraftäußerungen war der am 9/21 Oct. 1832 gefaßte beispiellose Beschluß, daß alle Gerichte im Lande als völlig erfolglos und unnütz geschlossen sein sollten. Nun galt blos das Recht der Faust. Jede Partei griff zu den Waffen, und fand offenen Schutz und Unterstützung bei der Flotte ihres Protectorats. Die Palikaren überschritten den Isthmus und überschwemmten den Peloponnes. Raub und Plünderung bezeichneten den Weg der sich bekämpfenden feindlichen Brüder. Ärger, wie gegen den gemeinsamen Feind, die Türken, waren nun Hellenen gegen Hellenen ergrimmt. Dies war der Zustand von Griechenland, als am 30. Jan. 1833 die Flotte, welche den neuen König und die Regentschaft trug, zu Nauplia landete. — Während dieser ganzen Zeit, vom Anfange des Freiheitskampfes bis zur Ankunft des Königs und der Regentschaft, behielt jeder der drei großen Bestandtheile des heutigen Griechenlands, der Peloponnes, das griechische Festland (Rumelien) und die Inseln, sein eigenes, seit Jahrhunderten begründetes, Localinteresse. Dieses sehr verschiedenartige Interesse hatte im Laufe der Zeit so tiefe Wurzeln geschlagen, daß man es bei jeder Gelegenheit berücksichtigen mußte, so sehr man auch im Ganzen zur Verschmelzung dieser verschiedenen Theile zu einem Ganzen geneigt gewesen wäre. Man bestrebte sich daher bei jeder Veranlassung, das Localinteresse aller drei Theile zu befriedigen, und insbesondere bei Bildung von Staatskörpern allen drei Theilen ihre Repräsentanten in denselben zu geben. Dies geschah nicht allein bei Bildung der obersten Staatsregierung, sondern auch bei den Wahlen zu Mitgliedern des gesetzgebenden Körpers, des Panhelleniums, des späteren Senats, bei Ernennungen endlich von Staatssecretairen und anderen Beamten. Diese Territorialeintheilung nannte man Systeme. Wir betrachten nur die oberste Staatsgewalt, die Verwaltung der Provinzen und Gemeinden, das Kirchen- und Schulwesen während dieses Zeitraums (1821—1832), und zwar vor Capodistria, unter Capodistria, und nach dem Tode Capodistria's, während die Darstellung des Rechtszustandes während dieses Zeitraumes dem folgenden Paragraphen vorbehalten wird.

*) Verordnung v. 23. September (5. October) 1830.

1) Oberste Staatsgewalt und Staatsregierung. Eine nothwendige Folge des begonnenen Freiheitskampfes war die Errichtung von Localregierungen in den verschiedenen aufgestandenen Provinzen, theils zur Besorgung der Landesangelegenheiten, theils zur Leitung des begonnenen Kampfes selbst. So erhielt schon im Laufe des Jahres 1821 Hydra einen Senat mit gesetzgebender Gewalt, Paros eine Gerusia, Messenien eine Art von Senat in Kalamata. Später erhielt der ganze Peloponnes, damals in 24 Cantone getheilt, eine Centralregierung unter dem Namen Gerusia, erst in Tripolitza, dann in Argos. Das griechische Festland erhielt durch Negris einen Areopag u. s. w. Zwanzig an verschiedenen Orten errichtete provisorische Localregierungen entstanden bald nach einander, aber ohne allen Centralpunkt, bestehend aus herrschsüchtigen und ehrgeizigen Civil- und Militairprimaten; daher sich diese verschiedenen Behörden einander nur hinderten und wechselseitig befehdeten. In diesem Zustande der Dinge wurde die erste Nationalversammlung (Ἐθνικὴ συνέλευσις) nach Epidaurus berufen, und daselbst die Errichtung einer Centralregierung beschlossen. Dieselbe sollte aus einem Präsidenten und 4 andern Mitgliedern bestehen, den Titel executive Gewalt führen, und unter sich die Staatssecretaire, die Land- und Seemacht, sowie alle Beamten des Staates haben [3]. Alle bis dahin bestandenen Localregierungen sollten der neu eingesetzten obersten Staatsregierung, der executiven Gewalt, unterworfen sein [4]. Die damals am meisten hervorragenden Parteiführer erhielten für ein Jahr lang die ersten Stellen nach der hauptsächlich durch ihren Einfluß zu Stande gekommenen Verfassungsurkunde. Demetrius Hypsilantis wurde Präsident des gesetzgebenden Körpers, Alexander Maurokordatos Präsident der executiven Gewalt, und Theodor Negris Staatskanzler, und somit Lenker der auswärtigen Angelegenheiten. Der Sitz dieser Centralregierung sollte nach der Verfassung von Epidaurus in Korinth sein. Aber schon am 18. Jan. 1823, und später noch einmal am 2. März 1824 alten Styls wurde deren Verlegung nach Nauplia beschlossen. Dieselbe wurde aber erst unter dem Regiment Georg Conduriotti's wirklich zu Stande gebracht. Unter steten Kämpfe der Parteien, oder vielmehr der Primaten und der Phanarioten, wurden noch zwei Nationalversammlungen, eine zu Astros und eine zweite in Epidaurus gehalten, und auf der ersteren die Macht der executiven Gewalt wieder etwas beschränkt. Unter solchen Auspicien nahte das Jahr 1826, in welchem der Kampf zwischen Zaimis und den beiden (Lazarus und Georg) Conduriottis zuerst zu den beiden Nationalversammlungen zu Hermione für die Partei der Conduriottis, und zu Aegina für die Partei von Zaimis, und sodann den Kampf zwischen diesen beiden zwiespältigen Nationalversammlungen zur Berufung Johann Capodistria's führte. Diese erfolgte durch die Nationalversammlung zu Trözen, wohin sich die beiden feindseligen Versammlungen von Hermione und Aegina im Laufe des Jahres 1827 begaben und daselbst eine neue Verfassung gegeben hatten. Unter dem Titel eines Präsidenten (κυβερνήτης) übte Capodistria die Rechte der bisherigen executiven Gewalt aus, von seiner am 6/18. Jan. 1828 erfolgten Ankunft an, bis zu seiner Ermordung im Herbst 1831. Nach dem Tode des Grafen Johann Capodistria stellte sich dessen Bruder, der Graf Augustin Capodistria, an die Spitze der Regierung, zuerst als Präsident einer aus drei Gliedern — außer ihm noch aus Kolokotroni und Kolettis bestehenden — Regierungscommission, später aber ganz allein [5]. Er mußte jedoch in Folge des am 7. März 1832 in London unterzeichneten Protokolls schon am 28. März 1832 alten Styls abdanken [6]. Nach einigen vergeblichen Versuchen, zuerst eine aus 5 Gliedern, und dann eine aus 7 Gliedern bestehende Regierungscommission zu bilden, wurde endlich im Anfange des April 1832 von dem Senate eine aus 7 Mitgliedern bestehende Regierungscommission wirklich eingesetzt. Die Mitglieder waren Georg Conduriottis als Präsident, Demetrius Hypsilantis, A. Zaimis, A. Metaxas, J. Kolettis, Koliopulos Plaputas und Costa Botzaris. Die neue Regierung ergriff, unter dem Namen einer Administrativ-Commission, am 7. April 1832 alten Styls die Zügel der Regierung [7]. Sie war ein aus verschiedenartigen und feindseligen Elementen bestehendes Gemisch aller Parteien, im Kampfe mit sich selbst, und daher ohne Kraft im Innern, wie nach Außen; sie schleppte sich als ein wahres Schattenbild einer Regierung dahin, bis sie auch nach der Form nach die Zügel der Regierung aus der Hand legen konnte, was am 25. Jan. (6. Febr.) 1833 geschah. Doch noch vorher, als von Seiten des damaligen Königs von Baiern der griechische Thron angenommen war, wurde noch im December 1832, wo schon König Otto und die Regentschaft sich auf der Reise nach Griechenland befanden, von einem Theile des, zuerst nach Astros und nach Pronia geflüchteten, Senates beschlossen, den russischen Admiral Ricord auf den Präsidentenstuhl von Griechenland zu erheben; ohne allen Erfolg. — An der Spitze der Staatsregierung, der executiven Gewalt, stand seit den ersten Zeiten des griechischen Freistaates ein gesetzgebender Körper unter dem Namen Panhellenion. Der Graf Johann Capodistria ersetzte das Panhellenion durch Ordonnanz v. 23. Jan. 1828 alten Styls durch ein blos berathendes Collegium, Senat oder Gerusia genannt, welches er in drei Sectionen theilte, in die der Finanzen, des Innern und des Krieges. Der Nationalcongreß zu Argos bestätigte die Abschaffung des Panhellenions und die von Capodistria getroffenen Anordnungen, und verordnete, daß der Senat, theils berathend, theils, zumal bei finanziellen Gegenständen, entscheidend sein sollte. Das zweite Decret dieses Nationalcongresses v. 22. Juli

3) Constitution von Epidaurus vom 1/13. Jan. 1822. Art. 9. 10. 18—29. 53—54. 4) Angef. Constitution Art. 94.

5) Le Courier de la Grèce du 3/15 octobre et du 17/29 décembre 1831. Nr. 50. 65. 6) Le Moniteur Grec du 2/14 juillet 1832. Nr. 1. p. 1. 2. 7) Le Moniteur Grec du 2/14 juillet 1832. Nr. 1. p. 2. 3.

(3. August) 1829 erneuerte in dieser Beziehung: das Panhellenion ist durch ein anderes, aus 27 Mitgliedern bestehendes Collegium ersetzt, welches den Titel Senat (Gerusia) führt (Art. 2). Ein und zwanzig Senatoren sollen aus einer von dem Congreß zu verfertigenden Liste von 63 Candidaten ausgewählt werden. Die Ernennung der 6 anderen Mitglieder des Senats steht dem Präsidenten ganz allein zu (Art. 3). Der Senat hat seine Meinung über alle nicht rein administrative Decrete vor deren Erlaß demselben mitzutheilen. Solche Decrete haben provisorisch Gesetzeskraft (Art. 5). Sollte der Senat anderer Meinung, als die Regierung, sein, so kann das Decret dennoch vollzogen werden; die Verantwortlichkeit ruht aber, dem Nationalcongreß gegenüber, allein auf der Regierung (Art. 6). Eine Ausnahme von dem Art. 6 tritt nur dann ein, wenn von Verfügungen über die Nationaldomainen oder über sonstige Finanzsachen des Staates die Rede ist. Kein Decret über einen dieser Gegenstände kann vollzogen werden, ehe der Senat seine Zustimmung gegeben hat (Art. 7). Nach der Ermordung des Grafen Johann Capodistria riß der Senat die constituirende Gewalt an sich. Er ernannte am 27. Sept. (9. Oct.) 1831 den Grafen Augustin Capodistria zum Präsidenten, nach dessen Abdankung aber im Anfang des April 1832 die Mitglieder der neuen Staatsregierung, die sogenannte Administrativ-Commission. Bald nachher wurde der Senat selbst durch das dritte Decret der Nationalversammlung von Pronia vom 27. Juli 1832 (alten Styls) aufgehoben. Diese Aufhebung des Senats rief einen Kampf zwischen ihm und der Nationalversammlung hervor, weil der Senat sich seine Aufhebung nicht gefallen lassen wollte. Während des Kampfes entwichen 10 Mitglieder des Senats am 8. Nov. 1832 (alten Styls) nach Astros, um sich mit dem daselbst schon eingetroffenen Kolokotronis wegen eines zu organisirenden bewaffneten Widerstandes zu berathen. Sehr bald mußten sie aber nach Syra fliehen, wo sie, wie bemerkt, ohne Erfolg einen neuen Präsidenten beriefen, und sodann bis zur Ankunft des Königs und der Regentschaft beharrten.

2) Verwaltung der Provinzen und Gemeinden. Nach Bestellung der Centralregierung dachte man auch an die Organisation der Provinzen und Gemeinden. Den Grund dazu legte eine Verordnung der provisorischen Regierung in Korinth vom 30. April 1822 (alten Styls). Eine Bestätigung und zum Theil genauere Bestimmung erhielten diese Anordnungen durch den Nationalcongreß zu Astros im J. 1823, sowie durch zwei Decrete des Präsidenten Capodistria vom April 1828. Diese Verfügungen blieben in Wirksamkeit bis zur Ankunft des Königs Otto und der Regentschaft. Das ganze von der türkischen Herrschaft befreite Gebiet theilte man in Provinzen, diese in Districte und diese wieder in Gemeinden, theils aus Städten, theils aus Dörfern und Burgen bestehend. Capodistria änderte bloß den Namen der Provinzen in Departements und den Namen der Districte in Provinzen. An der Spitze der Provinz sollte ein Eparch oder Präfect, seit Capodistria außerordentlicher Commissair genannt, stehen; an der Spitze des Districts oder der Provinz aber ein Antieparch oder Unterpräfect, von Capodistria Gouverneur genannt. Sie sollten die eigentliche Verwaltung in ihren größeren oder kleineren Bezirken führen, und erhielten zu diesem Zwecke von Capodistria im J. 1828 besondere Instructionen. Die Antieparchen oder Gouverneure standen unter den Eparchen oder außerordentlichen Commissairen, und diese wieder unter dem Staatssecretair des Innern. Doch kamen diese Anordnungen nie vollständig zum Vollzug, indem viele Districte oder Provinzen ohne Antieparch oder Gouverneur blieben. An der Spitze einer jeden Gemeinde, gleichviel ob Stadt, Dorf oder Burg, sollten Demogeronten stehen. Die Anzahl dieser Local-Demogeronten wechselte nach Zeit und Umständen. Ursprünglich sollten ihrer überall drei, nach den Anordnungen Capodistria's aber, nach Verhältniß der Anzahl der Familien, mehr oder weniger sein, nämlich auf jede Gemeinde von 100 Familien ein Demogeront, von 200 Familien zwei, von 300 drei, von 400 und mehr vier Demogeronten. Zum Wahlrecht gehörte ein Alter von 25 Jahren, zur Wählbarkeit ein Alter von 35 Jahren und daß man von den Höchstbesteuerten war [8]. Auch jede Provinz sollte eine Provinzial-Demogerontie, aus 3 oder 5 Mitgliedern bestehend, haben. Von den 3 Mitgliedern sollten 2 aus der Hauptstadt der Provinz und 1 aus den Dörfern, von den 5 Mitgliedern 3 aus der Stadt und 2 aus den Dörfern sein. Zu der Wahl der Local-Demogeronten sollten von dem außerordentlichen Commissair oder seinem Stellvertreter, gemeinschaftlich mit den alten Demogeronten, für jede Gemeinde zwei Listen, die eine mit den Namen der Wähler, die andere mit den Namen der Wahlfähigen, gefertigt werden. Hierauf wurden sämmtliche Wähler einer Gemeinde zur Wahlversammlung gerufen, und diese unter Vorsitz des außerordentlichen Commissairs oder seines Stellvertreters und unter dem Mitvorsitz der alten Demogeronten abgehalten. Die Versammlung begann mit Verlesung der beiden Listen und mit Befragung der versammelten Wähler, ob keine Erinnerung dagegen zu machen sei. Ueber etwa erhobene Reclamationen entschied der außerordentliche Commissair. War keine Reclamation erhoben oder diese entschieden worden, so schritt man zur Wahl selbst, bei welcher Mehrheit der Stimmen galt [9]. Nach beendigter Wahl versammelten sich die gewählten Local-Demogeronten an dem Hauptorte der Provinz zur Wahl der Provinzial-Demogeronten unter dem Vorsitz des außerordentlichen Commissairs, bei welcher dieselben Formen, wie bei der Wahl der Local-Demogeronten, beobachtet wurden. Die Geschäfte der Local-Demogeronten bestanden in Besorgung der ganzen Localverwaltung unter Oberaufsicht der Provinzial-Demogeronten und des außerordentlichen Commissairs. Die Provinzial-Demogeronten standen ebenfalls unter den außerordentlichen Commissairen, deren Provinzialrath sie bildeten [10]. Sie pro-

8) Decret vom April 1828. Art. 5, 6, 8. 9) Ang. Decret. Art. 7. 10) Ang. Decret. Art. 2. 3.

stehen in zwei Sectionen, von denen die eine die Localverwaltung der Stadt, wo sie ihren Sitz hatte, besorgen, die andere aber die Aufsicht über die Verwaltung der ganzen Provinz führen sollte. Beide Demogerontien hatten die Weisungen der außerordentlichen Commissaire zu vollziehen, die von diesen gegebenen Instructionen einzuhalten, und die Gesetze und Localgewohnheiten streng zu beobachten. Außerdem hatten die Provinzial-Demogerontien noch die Oberaufsicht über die Kirchen, Klöster, Hospitäler, Schulen und anderen öffentlichen Anstalten, sowie auch die Besorgung nothwendiger Reparaturen an öffentlichen Gebäuden zu ihren Obliegenheiten gehörte. Zur Bestreitung alles deshalb erforderlichen Aufwandes standen den Demogerontien vermöge Anordnung der Staatsregierung manche Localeinkünfte zur Verfügung. — Am 18. Oct. 1829 (alten Styls) machte der Präsident Capodistria, welcher, weil die oben erwähnten Demogerontien seinen Wünschen und Absichten nicht entsprachen, auf neue Einrichtungen dachte, dem Senat Vorschläge und erließ im December 1829 eine jedoch niemals zum Vollzug gekommene Ordonanz[11]. Nach dieser sollten die Local-Demogerontien aus 12 Mitgliedern bestehen, und, bis zum Erscheinen eines Wahlgesetzes, direct von der Regierung aus einer zur Hälfte von den Localbehörden, zur anderen Hälfte vom Senat zu fertigenden Liste ernannt werden. Von diesen 12 Demogeronten sollten immer nur drei im Dienste sein, diese aber nach 3 Monaten wieder von drei anderen abgelöst, und jedesmal die drei Dienst Thuenden von der Regierung bezahlt werden. Einer dieser Dienst thuenden Demogeronten sollte die Aufsicht über die Lebensmittel, der zweite die über die Staatsdomainen, der dritte die Feststellung und öffentliche Eintragung der Geburten und Todesfälle zu besorgen haben. Versammlungen zur Berathung über die in ihren Geschäftskreis fallenden Gegenstände waren den Demogeronten nur unter Vorsitz des Gouverneurs gestattet.

3) Kirchen- und Schulwesen. a) Zustand der griechischen Kirche. Bei dem in Griechenland erschallenden Rufe nach Freiheit blieb die griechische Geistlichkeit nicht zurück; sie gab mit großer Begeisterung sogar den Anstoß zum Kampfe, da es nicht blos politische Freiheit galt, sondern auch die religiöse. Der Erzbischof Germanos war der Erste, welcher im J. 1821 zu Kalavrita im Peloponnes die Fahne des Aufruhrs öffentlich aufsteckte. Die gesammte Geistlichkeit bis zum Patriarchen hinauf war im Einverständniß, und ging überall voran. Daher wendete sich der Grimm der Türken ganz besonders gegen die Geistlichkeit, in Folge dessen in Konstantinopel und in anderen Theilen des türkischen Reiches in ganz kurzer Zeit der Patriarch Gregorius und über 80 Bischöfe, Erzbischöfe und Mönche ihren Tod fanden. Die dem Blutbade entgangenen Prälaten und Mönche flohen nach dem von der türkischen Herrschaft befreiten Griechenland. Thatsächlich war seit dem ersten Anfang des Freiheitskampfes die griechische Kirche in dem von der türkischen Herrschaft befreiten Theile Griechenlands nicht blos von der hohen Pforte, sondern auch von dem Patriarchen selbst unabhängig. Kein von dem Patriarchen und der Synode ernannter Bischof wurde auf dem von der Türkenherrschaft befreiten Gebiete mehr angenommen. Keine der hergebrachten Steuern und Abgaben wurde mehr von den griechischen Kirchen und Klöstern an die patriarchalische Kirche übersendet. Nicht einmal für den Patriarchen wurde mehr in der Kirche gebetet, sondern statt der bisherigen Formel, die bei den drei anderen Patriarchenstühlen und bei den unabhängigen Kirchen übliche Formel: „Herr, gedenke jeder rechtgläubigen Kirche," eingeführt. Nachdem der Graf Johann Capodistria an die Spitze der griechischen Regierung getreten war, machten im Februar 1828 der Patriarch und die Synode zu Constantinopel den Versuch zur Wiederherstellung des alten Verhältnisses zum Patriarchat zu Constantinopel. Beide wendeten sich zu diesem Zwecke an die griechische Geistlichkeit, an die Primaten, sowie an die übrigen griechischen Christen, ja an Capodistria selbst. Bei letzterem erschien sogar eine aus dem Vicar des Patriarchen und noch drei anderen Bischöfen bestehende Deputation[12]. Allein auch Capodistria lehnte in einem Antwortschreiben vom 28. Mai (9. Juni) 1828, welches von Paros datirt ist, diese Zumuthung ab[13]. Die in dem von der türkischen Herrschaft befreiten Theile Griechenlands von dem Patriarchen zu Constantinopel factisch unabhängige griechische Geistlichkeit entbehrte aber selbst noch des Oberhauptes. Daher kam während des Kampfes gegen die Türken, und nach deren Besiegung im Kampfe gegen die eigenen hellenischen Brüder, die Kirchenzucht ganz in Verfall. Viele Bisthümer waren verwaist; von Constantinopel nahm man aber keinen Prälaten mehr an. Die Mönche verließen ihre Klöster und zogen, gegen ihre Ordensregel, gegen das abgelegte Gelübde, im Lande herum. Zu ihnen gesellten sich noch sehr viele nach Griechenland geflüchtete Bischöfe und Mönche jeder Art, welche sämmtlich auf Kosten des ohnehin schon armen griechischen Volkes ihr Leben fristeten. Die Unwissenheit der Geistlichkeit war größer, als jemals, da während des Freiheitskampfes Schulen und Unterrichtsanstalten ganz in Verfall gerathen waren. Auch wurde die von den Bischöfen in Civilstreitigkeiten ausgeübte Gerichtsbarkeit als Mittel zur Erpressung bedeutender Summen benutzt, wodurch die Justiz gleichsam käuflich geworden war. Um diesen Mißbräuchen und Unordnungen zu steuern, setzte Capodistria eine provisorische, aus drei Bischöfen bestehende, geistliche Commission zur Besorgung der geistlichen Angelegenheiten im Lande nieder. Die erledigten Bisthümer und Metropolen wurden größtentheils besetzt, jedoch nur mit Vicarien, wozu man aus der Türkei ent-

11) Décret du 22 novembre (4 décembre) 1829 im Courier de la Grèce vom $^{1}/_{13}$. Februar 1830. Nr. 7.

12) Sotir 24. April 1834, Nr. 25. S. 103. 104.

13) Dieses in französischer Sprache verfaßte Antwortschreiben des Präsidenten Capodistria an den Patriarchen und die Synode zu Constantinopel findet sich vollständig bei Maurer a. a. O. Bd. I. S. 470—474.

flohene Prälaten wählte. Auch vereinigte man mehrere Bisthümer mit einander oder gründete neue Bischofssitze, namentlich zu Kenaria, Kalavrita, Patradschik, Salamis und Syra. Andere Metropolen erhielten eine neue Benennung, z. B. Tripolitza den Namen Tegeatis und Mantinea, Neu-Patras oder den Namen Naupaktos und Missolonghi. Immer blieben aber mehrere Bischofssitze und Metropolen sowol im Peloponnes, als auf dem griechischen Festlande unbesetzt. Da noch mehrere schon vom Patriarchen zu Constantinopel in ihrer Diöcese eingesetzte Bischöfe geblieben waren, so machte man einen Unterschied zwischen kanonischen und nicht kanonischen Bischöfen. Erstere waren die noch vom Patriarchen eingesetzten Bischöfe, letztere die neu ernannten, meistentheils Vikare. Beide befehdeten sich auf vielfache Weise; denn die kanonischen Bischöfe dünkten sich mehr und besser zu sein, als die nicht kanonischen. Die aus der Türkei entflohenen Mönche wollte Capodistria wieder aus dem Lande schaffen. Obwol sich dazu eine günstige Gelegenheit bot, als die Vorsteher der Klöster vom Berge Sinai, Athos u. a. die Ihrigen wiederholt zurückriefen, so kamen doch die von Capodistria deshalb ergriffenen Maßregeln nicht zur Ausführung. Zum Unterricht für die unwissende Geistlichkeit wurde in Poros ein geistliches Seminar errichtet, welches sich aber bald von selbst wieder auflöste. Um den Erpressungen der Geistlichkeit bei Gelegenheit der Entscheidung der vor dieselbe gebrachten Streitigkeiten zu steuern, sollten Gerichte errichtet, diesen die Entscheidung über alle Civilstreitigkeiten zugewiesen, der Geistlichkeit aber nur noch die Schlichtung der rein geistlichen Angelegenheiten, wohin auch die Ehesachen gezählt wurden, überlassen werden. Die Bischöfe aber, welchen diese Anordnungen nicht zusagten, suchten dieselben theils zu umgehen, theils bekämpften sie dieselben offen, und wurden in diesem Widerstande gegen die weltliche Gewalt von vielen Primaten bald insgeheim, bald auf offene Weise, unterstützt. Um nun der Staatsregierung die nöthigen Mittel zur Verbesserung des Zustandes der Kirche, der Schulen und der damit zusammenhängenden Druckereien an die Hand zu geben, erließ am $^{5}/_{17}$. August 1829 der Nationalcongreß zu Argos ein Decret, wodurch der Präsident ermächtigt wurde, zu Gunsten der Kirche, der Schulen und der Staatsdruckereien nicht allein über die zu milden Stiftungen errichteten Legate, sondern auch noch über die Einkünfte der Kirchen und Klöster zu verfügen. Aus dem Ertrage der in Anspruch genommenen Einkünfte sollte eine unter Aufsicht des Staates stehende Kasse errichtet werden. Noch in demselben Jahre wurden zwei gemischte Commissionen aus Geistlichen und Weltlichen errichtet, von denen die eine den Peloponnes, die andere die griechischen Inseln bereisen sollte, um die Kirchen und Klöster zu inspiciren, theils zur Feststellung ihres Vermögens, theils zur Abstellung mancher eingerissener Mißbräuche. Die Commissarien bereisten jedoch nur einen Theil des Peloponnes und die Inseln des ägäischen Meeres, und lieferten eine nur unvollständige Beschreibung des Zustandes von nicht allen, sondern blos von 286 Klöstern. Im Uebrigen geschah Nichts weiter zur Vollziehung jenes Decrets. — b) Zustand des Schul- und Unterrichtswesens. Die wissenschaftlichen Bestrebungen der Griechen seit dem Ende des 18. Jahrhunderts hatten den Ausbruch des Freiheitskrieges vorbereitet; der Kampf selbst aber brachte, vor der Hand wenigstens, allen jenen Bestrebungen den Untergang. Viele studirende Jünglinge wurden ein Opfer des Kampfes. Viele Schulen wurden geschlossen, bisweilen sogar zerstört. Die Bibliotheken fanden zum Theil den Untergang. Mitten unter den Stürmen und Kämpfen jener Zeit verlor sich jedoch nicht der wiedererwachte Geist der Alten. Kaum vom auswärtigen Feinde befreit, dachte schon der Nationalcongreß von Astros im J. 1823 wieder an die Schulen. Man beschloß die Einführung des wechselseitigen Unterrichts, und stellte den gelehrten Constantas als Inspector an die Spitze des Unterrichtswesens. Dem Mangel an Gelde wurde zum Theil durch Beiträge reicher Privaten abgeholfen, und nach Aufnahme des britischen Anlehens im J. 1824 wurden in der Moréa zu Tripolitza, zu Nauplia, Athen, Tinos, Andros und auf einigen anderen Inseln des ägäischen Meeres Schulen, in Nauplia und Hydra aber Buchdruckereien errichtet. Nachdem Johann Capodistria die Zügel der Regierung übernommen hatte, wurden ihm von dem Nationalcongreß von Argos im Decret vom $^{5}/_{17}$. August 1829 zur Reorganisation des Unterrichtswesens die nöthigen Geldmittel bewilligt, welche noch durch Schenkungen und Vermächtnisse von Privaten aus dem In- und Auslande beträchtlich vermehrt wurden. Capodistria zog den russischen Staatsrath Alexander Sturza bei der Reorganisation des Unterrichtswesens zu Rathe. Dieser rieth zur Errichtung von Lancasterschen und Normalschulen nach dem Muster von Europa, ferner zur Bildung einer Kriegsschule, eines geistlichen Seminars und einer höheren Schule der Staatswissenschaften, aus welcher letzteren die Diplomaten, Verwalter, Einnehmer, gerichtlichen Redner, Richter und die künftigen Gesetzgeber hervorgehen sollten. Alle philosophischen, naturhistorischen und die sogenannten schönen Wissenschaften sollten nach diesem Lehrplane als unnütz und sogar schädlich ausgeschlossen bleiben. Der gegebene Rath wurde befolgt, mit einziger Ausnahme der höheren Schule, welche, als noch zu frühzeitig, auf einen passenderen Zeitpunkt verschoben, oder vielmehr in die sogenannte Centralschule zu Aegina verwandelt wurde. Zur Vorbereitung der Bildung von Schulen für den wechselseitigen Unterricht setzte man auch im J. 1829 eine Commission nieder. Nach dem von derselben vorgelegten Organisationsplane wurden auch in demselben und in dem folgenden Jahre Lancastersche Schulen im Peloponnes, auf den Inseln und auf dem griechischen Festlande errichtet. Am Ende des J. 1830 bestanden, nach den damals eingelaufenen Berichten, im Peloponnes 38 Lancastersche Schulen, auf den Inseln und dem griechischen Festlande zusammen aber nur 48. Die meisten hatten die Gemeinden auf ihre Kosten errichtet. Im Juli 1830 gründete man in Aegina auch eine Musterschule zur Bildung von Lehrern des wechselseitigen Unterrichts nach dem Systeme von Sarazin. Auch hellenische Schulen wurden an manchen Orten von einzelnen Gemeinden und Privaten errichtet, deren im Peloponnes 19, auf den Inseln und dem griechischen Festlande 18 bestanden haben sollen. Ferner gründete man am 1/13. November 1829 zu Aegina eine Art von Gymnasium unter dem Namen einer Centralschule. Lehrgegenstände sollten sein: die altgriechische und französische Sprache, Geographie, griechische Geschichte und die Anfangsgründe der Mathematik [14]. Diese bisher erwähnten Unterrichtsanstalten bestanden aber nur kurze Zeit. Im J. 1831 nämlich wankte schon Capodistrias's Herrschaft. Da die Staatskassen leer, die Kassen der Gemeinden und Privaten erschöpft waren, so blieben die Lehrer längere Zeit ohne Gehalt. Eine Schule nach der anderen wurde geschlossen. Nur wenige Lehrer, aus Liebe zur Wissenschaft und zu ihrem Vaterlande, blieben auf ihren Stellen und hofften auf bessere Zeiten, statt welcher aber im J. 1832 die vollständigste Anarchie eintrat. Zwar sollten nach einer auf Antrag von Kyr Nerulos von der Administrativ-Commission unter Nr. 50 erlassenen Verordnung die rückständigen Besoldungen der Lehrer aus den örtlichen Einkünften jeder Stadt oder Eparchie, in welcher die Schule bestände, bezahlt werden. Die Verordnung kam aber nicht zur Vollziehung, und die Schulen blieben bis zur Ankunft des Königs Otto und der Regentschaft geschlossen. — Das in einem Kloster zu Poros am 8/20. März 1830 errichtete geistliche Seminar hatte zahlreiche Schüler, welche großentheils auf Staatskosten unterhalten, und 6 Lehrer, welche aus der Staatskasse besoldet werden sollten, während in der Wirklichkeit nur die geringen Einkünfte des Klosters der lebendigen Quelle (τῆς ζωοδόχου πηγῆς) in Poros für diesen Zweck bestimmt waren. Davon wurden 2 Lehrer und 12 bis 15 Schüler nothdürftig unterhalten und blos im Altgriechischen, sowie in den Kirchengesängen unterrichtet. Aber auch diese wenigen Lehrer und Schüler verließen im Anfange des J. 1832 das Seminar, von Hunger und Elend heimgesucht und durch den schlechten Unterricht verscheucht. — Trotz dieser für wissenschaftliche Bestrebungen so ungünstigen Zeiten erhielt sich doch der wiedererwachte Sinn und die Neigung dafür. Viele lernbegieriger Jünglinge verließen das Vaterland, um im Auslande Bildung zu suchen. Viele gingen deshalb auch jetzt noch nach Frankreich, wenige nach Wien, die meisten auf berühmte deutsche Universitäten. Unter solchen Umständen lag auch die Literatur nicht ganz brach. Nur die Rechtswissenschaft hat aus dieser Zeit Nichts aufzuweisen.

§. 58. Darstellung des Rechtszustandes von 1821—1832 [1].

A) Im Allgemeinen.

Während der türkischen Herrschaft hatte sich in dem gesammten griechischen Rechtszustande überall neben dem römisch-byzantinischen Rechte zugleich und vorzugsweise eine eigentlich nationale Richtung ausgesprochen, ohne daß fremde, namentlich europäische, Gesetzgebungen auch irgend einen Einfluß in dieser Beziehung zu gewinnen vermocht hätten. Dieses Verhältniß änderte sich aber seit dem Ausbruche der griechischen Revolution im J. 1821 immer mehr und mehr, und von dieser Zeit an fand die französische Gesetzgebung vorzugsweise Berücksichtigung, wodurch die alten Rechtsansichten vielfach modificirt und theilweise sogar völlig aufgehoben wurden. Die Entstehung dieser antinationalen Richtung erklärt sich durch die Erwägung, daß die Ansicht von der Nothwendigkeit eines unbedingten Anschließens an das übrige christliche Europa gerade in jenen Zeiten sich vorzugsweise entwickelte, und daher natürlich auch die Annahme europäischer Gesetze vor allem Anderen als nothwendig erscheinen mochte. War diese Ansicht einmal verbreitet, so mußte insbesondere die französische Gesetzgebung, schon wegen der Größe und Macht des Staates, welchem sie angehörte, und mit welchem man daher vorzugsweise in nähere Verbindung zu treten wünschte, überdies aber wegen der Klarheit und Einfachheit, und theilweise auch wegen des inneren Werthes dieser Gesetzgebung an und für sich, vor allen anderen Gesetzgebungen des Auslandes die Aufmerksamkeit auf sich ziehen und als Muster allgemein gelten. Dazu kam noch, daß die meisten Griechen, welche auf europäischen Universitäten die Rechtswissenschaft studirten, sich gerade in Frankreich ausgebildet hatten, während diejenigen, welche nach Deutschland kamen, abgeschreckt durch den eigenthümlichen Zustand der deutschen Rechtswissenschaft, zu deren Verständniß es ihnen in der Regel an den nöthigen Vorkenntnissen fehlte, sich gewöhnlich anderen Fächern, namentlich der Medicin, widmeten, jedenfalls aber, selbst bei dem gründlichsten Studium, niemals im Stande waren, die in Deutschland zwischen Theorie und Praxis bestehende Lücke genügend auszufüllen, während die ersteren, zugleich und hauptsächlich praktisch gebildet, in dem gewöhnlichen Leben einen bedeutenden Vorsprung vor jenen haben mußten, und daher natürlich auch auf ihre Landsleute einen weit größeren Einfluß auszuüben vermochten. So geschah, zumal seitdem auch die französische Sprache sich immer mehr verbreitete, daß alle seit dem Ausbruche der Revolution entstandenen legislativen Arbeiten sich zu den Grundsätzen des französischen Rechts unverkennbar hinneigten, und sogar eines der französischen Gesetzbücher, der Code de commerce, geradezu wörtlich angenommen worden ist. Allein trotz dieser entschiedenen Vorliebe für französische Einrichtungen, behauptete doch, in Ansehung des eigentlichen Civilrechts, das römische Recht fortwährend sein altes Ansehen; und während die Gerichtsverfassung, der Civil- und Criminalproceß und das Criminalrecht neu organisirt und reorganisirt wurden, waren wenigstens in dieser Beziehung die alten Gewohnheiten und das römisch-byzantinische Recht schon zu fest gewurzelt, als daß man, trotz aller gefühlten Mängel, jemals nur daran gedacht hätte, dieselben mit einem fremden Rechtssysteme willkürlich zu vertauschen.

---

14) Decret vom 1/13. November 1829. Nr. 2.

1) Die zu §. 57 angeführten Schriftsteller (Maurer und Geib a. a. O.) sind auch hier zu vergleichen.

B) Insbesondere.

1) Gesetzgebung der Nationalversammlungen. Das gegenseitige Mistrauen und die fortwährende Spaltung zwischen der Militairpartei und der Partei der Primaten, welche die Geschichte der ersten Jahre der griechischen Revolution charakterisiren, übte nothwendig auch auf das Ansehen und die Macht der Regierung den nachtheiligsten Einfluß aus. Häufig ohne öffentliche Anerkennung, immer ohne Mittel, ihren Verordnungen Gesetzeskraft zu verschaffen, war die Wirksamkeit derselben natürlich stets gelähmt, und seit dem Erscheinen Ibrahim Pascha's im J. 1825 versank sie sogar nach und nach in völlige Nichtigkeit. Deshalb sind denn auch alle von den drei Nationalversammlungen erlassene Gesetze eigentlich nur als Projecte zu betrachten, welche erst in den folgenden Jahren praktisch wichtig wurden, dennoch aber Beachtung verdienen, weil sie wenigstens schon dieselben Grundsätze enthalten, welchen man in allen späteren legislativen Arbeiten mehr oder weniger treu geblieben ist. Ja in Beziehung auf das Criminalrecht erhielt sich das betreffende Gesetz der zweiten Nationalversammlung sogar unter der ganzen Regierung Capodistria's und noch später.

2) Gerichtsverfassung und Gerichtsverfahren. Der eigenthümliche Zustand der Gerichtsverfassung zur Zeit der türkischen Herrschaft machte gerade in diesem Theile der Rechtspflege das Bedürfniß einer neuen Gesetzgebung besonders fühlbar, und daher kündigte denn auch gleich die erste Nationalversammlung von Epidaurus wenigstens das alsbaldige Erscheinen einer solchen Gesetzgebung an [2]). Sie bestimmte blos im Allgemeinen, daß zur Verwaltung der Civil- und Criminalrechtspflege künftig vier Arten von Gerichten bestehen sollten, nämlich die Friedensgerichte in jedem Dorfe oder Gemeinde, die Gerichte erster Instanz in jeder Provinz, die Appellationsgerichte für mehrere Provinzen zusammen, und ein oberster Gerichtshof für den ganzen Staat. Ein späteres Decret des gesetzgebenden Körpers vom 30. April 1822 (alten Stils) verordnete, daß in jeder Gemeinde außer dem Friedensrichter auch noch ein Notar angestellt werden, die Untergerichte aus je drei Mitgliedern bestehen, den Namen Tribunale erster Instanz führen, alle Civil-, Handels- und Criminalsachen aburtheilen; in jeder Provinz aber ein aus 5 Mitgliedern bestehendes Tribunal unter dem Namen eines Appellationshofes errichtet werden sollte [3]). Von einem obersten Gerichtshofe ist in diesem Decret keine Rede. Die hierauf unter Vorsitz von Maurokordatos niedergesetzte Regierungscommission publicirte unter dem $^{9}/_{14}$ Mai 1822 ein Gesetz, welches in 13 Artikeln, von denen jeder wieder in mehrere Paragraphen zerfällt, sowol die Gerichtsverfassung, als die Civil- und Criminalproceßordnung vollständig enthalten sollte [4]). Das Ganze ist, wenigstens was die Gerichtsverfassung und den Civilproceß betrifft, nur ein sehr lückenhafter und mangelhafter Auszug aus dem französischen Proceßrechte, mit der Hauptverschiedenheit, daß der ganze Stand der Anwälte, aus Mangel der hierzu erforderlichen Personen, gar nicht vorkommt, und daher auch die Instruction der Processe überhaupt sich nothwendig anders gestalten muß. Statt der nach französischem Rechte eingeführten Zustellungen von Anwalt zu Anwalt, muß nämlich der Kläger sich unmittelbar an das Gericht selbst wenden, welches dann den Inhalt der Klage auszugsweise dem Beklagten mitzutheilen, und sofort den Tag zur contradictorischen Verhandlung zu bestimmen hat (Art. VI. §. 5). Im Falle des Ausbleibens des Beklagten vor Gericht am bestimmten Tage, ist das Urtheil in contumaciam zu fällen, wogegen eine Opposition innerhalb 5 Tagen zulässig ist (Art. VIII. §. 5—7). Sämmtliche Fristen sind, im Vergleich zu den französischen Bestimmungen, sehr beschränkt, z. B. die Appellation gegen Erkenntnisse der Friedensgerichte auf 10, gegen Urtheile der Gerichte erster Instanz auf 14, gegen die Appellationsgerichte auf 30 Tage (Art. VIII. §. 3. Art. X. §. 2. Art. XI. §. 2). Auch das Institut der Staatsbehörde (ministère public), welches wenigstens hinsichtlich des Civilprocesses ebenfalls vorkommt (Art. VI. §. 12), hat doch nicht jene vollendete und in sich abgeschlossene Organisation, noch auch den ausgedehnten Wirkungskreis, welcher ihr nach französischem Rechte zukommt. Uebrigens aber sind die Grundsätze von Oeffentlichkeit und Mündlichkeit überall anerkannt; und in einigen Beziehungen, namentlich hinsichtlich der Zeugenverhöre, welche immer vor dem versammelten Gerichte selbst (Art. VI. §. 25), nicht aber vor einem besonderen Richtercommissair zu halten sind, weiter ausgedehnt, als dieses nach französischen Gesetzen der Fall ist. Was die Organisation der einzelnen Gerichte betrifft, so bestehen, wie in Frankreich, die Friedensgerichte blos aus Einer Person, dem Demogeronten einer jeden Ortschaft, die Gerichte erster Instanz aus 3, die Appellationsgerichte aus 5, der oberste Gerichtshof aus 9 Mitgliedern. Die Competenz dieser Gerichte ist ebenfalls ungefähr auf dieselbe Art, wie im französischen Rechte, bestimmt; nur ist der oberste Gerichtshof eine eigentliche dritte Instanz, kein französischer Cassationshof (Art. XI. §. 1). Die Friedensgerichte nämlich erkennen ohne Appellation bis zum Betrage von 25 Piastern, und mit Appellation bis zu 100 Piastern; zugleich aber haben sie, jedoch nur in Anziehung der zu ihrer Competenz gehörigen Streitigkeiten, das sogenannte Vermittelungsamt auszuüben (Art. VII. §. 2. 3. 10). Außerdem haben sie über Servitutssachen zu erkennen, wozu aber auch manche Civilsachen, namentlich Besitzstreitigkeiten, Streitigkeiten wegen Grenzverrückung, wegen Beeinträchtigung des Wasserlaufes, Feld- und Gartenfrevel, Injurien, welche ohne Verwundung abgelaufen waren, endlich alle Vergehen, welche blos Gefängniß oder Geldstrafe nach sich zogen,

2) Constitution von Epidaurus vom Januar 1822 art. 85—89. 3) Décret sur l'organisation des provisoires tribunaux du 30 Avril 1822 art. 24—28. 4) Dieses unter Nr. 13 erlassene Decret ist in französischer Uebersetzung unter dem Titel: Décret sur la procédure et l'organisation des tribunaux, aber nicht vollständig, mitgetheilt von Maurer Bd. 3. S. 21 fg.

gehören. Die Gerichte erster Instanz, welche auch zu gleicher Zeit Handelsgerichte sind, haben über alle übrigen Civilstreitigkeiten, ohne Rücksicht auf eine bestimmte Summe, jedoch immer mit Vorbehalt der Appellation zu entscheiden; dagegen erkennen sie über die gegen friedensrichterliche Erkenntnisse ergriffenen Berufungen, sowie in Correctionssachen in letzter Instanz (Art. VIII. §. 1. 2). Die Appellationsgerichte bilden die zweite Instanz für alle erstrichterlichen Urtheile der Gerichte erster Instanz (Art. X. §. 1). Der oberste Gerichtshof entscheidet in dritter und letzter Instanz über sämmtliche Civilstreitigkeiten, welche nicht schon von den Friedensgerichten oder den Gerichten erster Instanz endgültig abgeurtheilt worden sind (Art. XI. §. 1); zu gleicher Zeit steht diesem Gerichtshofe das Recht der authentischen Interpretation zu (Art. VI. §. 22). Hinsichtlich des Criminalprocesses sind die gesetzlichen Bestimmungen sehr unvollständig; es ist jedoch daraus zu ersehen, daß hier die Grundsätze des französischen Rechts noch wenig Eingang gefunden hatten, indem nicht nur die ganze Einrichtung einer eigenen Staatsbehörde fehlt, sondern selbst das Princip des Anklageprocesses mit dem des Inquisitionsprocesses vertauscht zu sein scheint. Wer jedoch die Untersuchung zu führen, nach welchen Regeln sich dieselbe zu richten, auf welche Beweise man eine Verurtheilung auszusprechen, und in welcher Art die Execution stattzufinden habe, über alles dieses findet sich keine Andeutung. Nur so viel ist gesagt, daß die Friedensgerichte, und zwar in letzter Instanz, hinsichtlich aller unbedeutenderen Vergehen eine Gefängnißstrafe bis zu 10 Tagen aussprechen können (Art. VII. §. 7). In Ansehung aller schwereren Verbrechen hingegen sind ausschließlich die Appellationsgerichte zuständig, während die Gerichte erster Instanz nur die Untersuchung zu führen und ihr Gutachten darüber abzugeben haben (Art. IX. §. 1—3). Stimmt dann das Urtheil des Appellationsgerichts mit dem Gutachten des Gerichts erster Instanz überein, so findet in der Regel kein weiteres Verfahren statt; im entgegengesetzten Falle aber hat der oberste Gerichtshof in zweiter und letzter Instanz zu entscheiden (Art. X. §. 6. 7). Die Verhandlungen sind durchaus mündlich, über Oeffentlichkeit ist Nichts gesagt. — Das angeführte Decret vom ⁹/₂₁. Mai 1822 ist indessen niemals in das Leben getreten; und schon die Nationalversammlung zu Astros, welche dasselbe als ungenügend anerkannte, suspendirte dessen Wirksamkeit durch einen Beschluß vom ¹⁹/₃₁. April 1823, und beauftragte den damaligen gesetzgebenden Körper mit einer nochmaligen Prüfung dieser Arbeit. Zugleich bestimmte diese zweite Nationalversammlung, daß der oberste Gerichtshof, statt aus 9, aus 11 Mitgliedern bestehen, und in Ansehung aller Criminalverhandlungen unbedingte Oeffentlichkeit stattfinden solle [6]. Ueberdies verordnete dieselbe, daß Niemand ohne schriftlichen Befehl des zuständigen Gerichts verhaftet werden könne; daß jeder Verhaftete binnen 24 Stunden von der Ursache seiner Verhaftung in Kenntniß gesetzt, und längstens binnen 3 Tagen die Untersuchung gegen denselben begonnen werden müsse [7]. Diese Bestimmung nahm dann der gesetzgebende Körper in das obige Gesetz auf, und ließ dasselbe hierauf unter dem 21. Oct. (2. Nov.) 1823 ohne weitere Abänderung bekannt machen. Da jedoch nach der damaligen Lage von Griechenland an die regelmäßige Einrichtung von Gerichten kaum gedacht werden konnte, so galt auch jetzt noch das ganze Gesetz fortwährend nur in der Theorie, und die (dritte) Nationalversammlung von Trözen mußte sich ebenfalls darauf beschränken, dessen möglichst baldige Einführung blos für die Zukunft zu versprechen [8]. Uebrigens aber ist diese Nationalversammlung wenigstens insofern besonders wichtig, als das vorzugsweise Anschließen an die Grundsätze des französischen Rechts, welches in den späteren legislativen Arbeiten noch entschiedener hervortritt, sich hier zuerst zeigte und durch mehrere Bestimmungen ausdrücklich anerkannt wurde. Am bedeutendsten in dieser Hinsicht ist die Einführung der Geschworenen [9], welche jedoch blos im Allgemeinen beschlossen, dagegen aber der gesetzgebende Körper namentlich damit beauftragt wurde, unverzüglich eine besondere Commission niederzusetzen, um die im Sinne dieses Instituts nöthigen Abänderungen an der alten Gerichtsordnung vornehmen zu lassen [9].

2) Civil- und Handelsrecht. Bei dem von jeher in Griechenland so lebhaft betriebenen Handelsverkehr erschien natürlich, besonders auch bei den fortwährenden Berührungen mit dem Auslande, das Bedürfniß eines vollständigen Handelsgesetzbuches sehr dringend; und es wurde dasselbe wirklich so allgemein gefühlt, daß dessen Beseitigung durchaus unausschieblich schien. Da jedoch die Ausarbeitung eines eigenen Gesetzbuches, welches mit den übrigen Theilen der Gesetzgebung, namentlich mit dem ganzen Civilrechte, in dem erforderlichen Zusammenhange stände und den gesammten Verhältnissen des Volkes vollkommen entspräche, für den Augenblick unmöglich war, so begnügten sich sämmtliche Nationalversammlungen damit, die Abfassung eines solchen Gesetzbuches wenigstens einstweilen zu versprechen, vor der Hand aber den französischen Code de commerce in seinem ganzen Umfange und ohne irgend eine Abänderung einzuführen [10]. Ein solches Verfahren hatte nun zwar allerdings die entschiedensten Nachtheile und Schwierigkeiten zur Folge, indem theils schon wegen der verschiedenen Lage von Frankreich und Griechenland mehrere Bestimmungen dieses Gesetzbuches (z. B. Art. 103. 106.) als völlig unanwendbar erschienen, theils wegen der genauen Verbindung desselben mit den übrigen Theilen der französischen Gesetzgebung sich häufig Lücken und Mängel, ja sogar bisweilen offenbare Widersprüche zeigen; ein Fall, welcher namentlich hinsichtlich aller Verhältnisse der

6) II. Nationalversammlung vom April 1823. Sect. VII. Cap. IX. § 75. 79.

6) II. Nat.-Vers. Sect. VII. Cap. IX. § 82. 83. 7) III. Nationalversammlung vom Mai 1827. Cap. IX. § 146. nr. 1. 8) III. Nat.-Vers. Cap. IX. § 137. 9) III. Nat.-Vers. Cap. IX. § 166. nr. 2. 10) I. Nat.-Vers. Tit. V. Sect. IX. § 97. 98. II. Nat.-Vers. Sect. VII. Cap. IX. § 80. III. Nat.-Vers. Cap. IX. § 143.

Ehefrauen eintritt, indem hier das griechische Civilrecht im Vergleich mit dem französischen gerade auf den entgegengesetzten Principien, auf dem Totalsystem im Gegensatz zu dem Systeme der Gütergemeinschaft beruht, und daher eine genaue Anwendung der betreffenden Vorschriften des Code de commerce (z. B. Art. 544—557) schlechthin unmöglich wird. Allein ungeachtet aller dieser Mängel und Widersprüche gewann derselbe theils wegen seiner innern Vorzüge selbst, theils und hauptsächlich wegen des eigenthümlichen Charakters der Handelsverhältnisse überhaupt, welche nothwendig überall ungefähr auf dieselbe Weise bestimmt sein müssen, ohne daß die besonderen Sitten und Gebräuche eines Volkes darin eine wesentliche Verschiedenheit hervorbringen können, nach und nach festen Fuß, und indem man sich allmälig gewöhnte, die Lücken, freilich nicht immer auf gleichförmige Art, auszufüllen, und die etwaigen Widersprüche, so gut, als es eben gehen wollte, zu beseitigen, wurde jenes fremde Gesetzbuch im Laufe der Zeit allgemein verbreitet und in gewisser Hinsicht wirklich national. — Was das Civilrecht im engeren Sinne anlangt, so mußte, nach der im §. 52 darüber gegebenen Darstellung, in dieser Beziehung die Nothwendigkeit einer neuen Gesetzgebung vergleichungsweise weniger dringend erscheinen, obwol immer die vielfachen Abweichungen der einzelnen Gewohnheitsrechte, sowol unter sich selbst, als von dem geschriebenen Rechte, und die Schwierigkeiten einer gehörigen Vereinigung beider, sogar abgesehen von der hieraus nothwendig entspringenden Unsicherheit in der Anwendung, freilich noch viel zu wünschen übrig ließ. Daher kündigten denn auch alle drei Nationalversammlungen die Bearbeitung eines eigenen Civilgesetzbuches auf der Grundlage des römisch-byzantinischen Rechts und mit Berücksichtigung der neueren Gewohnheiten gleichmäßig an; bis zu dem Erscheinen eines solchen Gesetzbuches aber beschränkten sie sich darauf, die Anwendbarkeit des Handbuches von Harmenopulos ausdrücklich zu sanctioniren, ohne jedoch die Gültigkeit der bestehenden Gewohnheitsrechte in irgend einer Weise zu beeinträchtigen [11].

3) Criminalrecht. Der Einfluß der türkischen Gerichte bis zum Ausbruche der Revolution, die Unanwendbarkeit der betreffenden Bestimmungen der byzantinischen Gesetze, und die schwankende Jurisdiction der Geistlichkeit verlangte in Ansehung des Criminalrechtes mehr, als in irgend einer andern Hinsicht die schleunigste Abhülfe. Daher setzte schon die zweite Nationalversammlung, im April 1823, eine aus neun (fünf geistlichen und vier weltlichen) Mitgliedern bestehende Commission nieder, um in der möglichst kürzesten Zeit ein eigenes griechisches Strafgesetzbuch zu entwerfen; diese Commission brachte auch in wenigen Wochen ein solches Gesetzbuch zu Stande, welches dann unter dem Namen: Ἀπάνθισμα ἐγκληματικόν, mit ausschließlicher Gesetzeskraft bekleidet wurde, und, nach dem Beschlusse der Nationalversammlung, sofort überall angewendet werden sollte [12]. Die Ereignisse, welche die Ausführung der damaligen Regierungsbeschlüsse überhaupt verhinderten, suspendirten auch die Anwendung des Strafgesetzbuches; und so mußte selbst die dritte Nationalversammlung (im J. 1827) sich damit begnügen, dessen gesetzliche Kraft in Ansehung aller Strafsachen von Neuem anzuerkennen [13], ohne jedoch etwas zur wirklichen Ausführung thun zu können. Erst unter der Regierung Capodistria's trat jenes Gesetzbuch wirklich in das Leben, und behauptete sich von dieser Zeit an, trotz aller Veränderungen, welche inzwischen in den übrigen Zweigen der Gesetzgebung stattfanden, ohne irgend eine Modification, jedoch nicht ohne Ergänzung [14] bis zum 19. April (1. Mai) 1834, wo durch Einführung eines neuen Strafgesetzbuches alle früheren Gesetze und Gewohnheiten in dieser Beziehung aufgehoben worden sind. Das ganze Gesetzbuch zerfällt in 3 Abschnitte, wovon der erste über die Verbrechen gegen den Staat (§. 1—36), der zweite über Verbrechen gegen Personen (§. 37—66), der dritte aber die Verbrechen und Vergehen gegen Sachen (§. 67—92) handelt. Jeder dieser Abschnitte besteht wieder aus mehreren Capiteln mit besonderen Ueberschriften. Die Verfasser hatten bei ihrer Arbeit vorzugsweise den französischen Code pénal vor Augen, und hielten sich bei der Anordnung der einzelnen Materien überall streng an das System dieses Gesetzbuches. Unbegreiflicher Weise haben die Verfasser den ganzen allgemeinen Theil des französischen Strafgesetzbuches (Code pénal Art. 1—74) völlig übergangen, und auf diese Weise mußten gleich von vorn herein und abgesehen von allen Mängeln im Einzelnen, die auffallendsten Lücken und Ungerechtigkeiten fast nothwendig entstehen. So findet sich denn in dem griechischen Strafgesetz von 1824 nicht die geringste Bestimmung über Rückfall und Concurrenz der Verbrechen, über Erschwerungs- und Milderungsgründe, über Versuch und Vollendung, über Dolus und Culpa, über Theilnahme, Zurechnung und Verjährung; nur in Beziehung auf manche einzelne Verbrechen kommt in Ansehung dieser Fragen, gewöhnlich nur dann, wenn die entsprechenden Artikel des Code pénal hierüber eine, von den allgemeinen Principien abweichende, Bestimmung enthalten, gelegentlich Einiges vor, ohne daß sich daraus, ohne offenbare Willkür, irgend eine allgemeine Regel ableiten läßt [15]. Was die einzelnen Verbrechen und Vergehen betrifft [16], so folgt man hier Schritt vor Schritt den Vorschriften des

11) Vergl. die in der vorstehenden Note angeführten Stellen. Die erste Nationalversammlung spricht aber von den Gesetzen der byzantinischen Kaiser, nicht von Harmenopulos.

12) II. Nat.-Vers. Sect. VII. Cap. IX. §. 90. Die erste Nationalversammlung (Tit. I. Sect. IX. §. 97) hatte auch in dieser Beziehung ähnliche Verheißungen gegeben. Das im J. 1824 publicirte Strafgesetzbuch findet sich bei Maurer Bd. 3. S. 43 fg.

13) III. Nat.-Vers. Cap. IX. §. 142.

14) Solche waren das Gesetz vom 17/29. Octb. 1830 gegen die Seeräuberei, und das Prisengesetz vom 26. April (8. Mai) 1831. S. Maurer Bd. 1. S. 574.

15) Weitere Ausführung hierüber gibt Maurer a. a. O. S. 126 fg.

16) Die französische Unterscheidung zwischen crimes, délits und contraventions ist jedoch nicht angenommen; vielmehr werden alle strafbaren Handlungen gewöhnlich durch den gemeinschaftlichen Ausdruck: ἐγκλήματα bezeichnet.

französischen Strafgesetzbuches, jedoch so, daß man nur überall beabsichtigte, einen kurzen Auszug zu liefern, und daher alles minder Wichtige, oder wenigstens Alles, was man dafür ansah, namentlich auch sämmtliche Definitionen, schlechthin überging. Man verfuhr aber bei diesem Excerpiren mit einer solchen Uebereilung, daß man einige der wichtigsten strafbaren Handlungen, wie z. B. die Kinderaussetzung, den Menschenraub, den Betrug u. s. w. gänzlich überging. Auch schrieb man, z. B. bei der Nothzucht und dem Ehebruche, die betreffenden Artikel des Code pénal blos theilweise ab. So schrieb man, was den Ehebruch betrifft, blos die Bestimmung des Art. 336 des Code pénal: „L'adultère de la femme ne pourra être dénoncé que par le mari" wörtlich ab (§. 59), ließ aber die in dem folgenden Art. 337 ausgesprochene Strafe weg, während man in Ansehung des Mannes den Art. 339 des Code pénal (freilich ohne Berücksichtigung des Zusammenhanges, in welchem dieser Artikel mit Art. 230 des Code civil steht) vollständig aufnahm (§. 57), sodaß also hiernach die Anomalie eintritt, daß der Ehebruch des Mannes bestraft, der der Frau aber nicht bestraft wird. Ziemlich dasselbe tritt auch hinsichtlich der Nothzucht ein, welche im §. 53—55 so bestimmt ist, daß dieselbe in der Regel nur dann strafbar erscheint, wenn sie von einem Ehemanne, nicht aber dann, wenn sie von einem unverheiratheten Manne begangen wird. Abgesehen von solchen auffallenden Uebereilungen, darf man das Stillschweigen über manche andere Punkte, namentlich über das in allen neueren Gesetzgebungen so umständlich behandelte Thema: Si quis Imperatori maledixerit, und dergl. nicht geradezu als Nachlässigkeit betrachten, indem vielmehr die besonderen Verhältnisse der damaligen Zeit gerade in dieser Hinsicht offenbar den entschiedensten Einfluß in Griechenland ausgeübt haben, und manche Handlungen als erlaubt erscheinen ließen, welche bei einer mehr geregelten Staatsverfassung nothwendig als unerlaubt angesehen werden müssen. Wirklich positive Verbesserungen, im Vergleich mit dem französischen Rechte, enthält das griechische Strafgesetz von 1824 nur wenige [17]. So sorgfältig die Verfasser dieses Strafgesetzes in allen Bestimmungen hinsichtlich der einzelnen Verbrechen sich an das französische Recht angeschlossen haben, um so auffallender weichen dieselben in Ansehung der verschiedenen Strafen von demselben ab; und statt der berüchtigten französischen Strenge findet man in dem griechischen Gesetzbuche eine wahrhaft übertriebene und fast beispiellose Milde. Von den vielfachen französischen Strafarten (Code pénal Art. 7—11) ist nämlich nur Todesstrafe, zeitliche Gefängnißstrafe und Geldstrafe angenommen, alle übrigen aber, namentlich die lebenslängliche Zwangsarbeit, Brandmarkung, Vermögensconfiscation [18]) schlechthin aufgehoben, dagegen jedoch als neue Strafgattung die Stockschläge, wenigstens in Beziehung auf den Diebstahl von Ackergeräthschaften zur Zeit der Bestellung und den Viehdiebstahl, eingeführt (Anhang §. 1. 2), welche jedoch niemals zur Anwendung gekommen sein soll [19]). Es scheint, daß die Gesetzgeber, von der Schwierigkeit in der Anwendung überzeugt, es absichtlich vorzogen, durch die mildesten Strafen, welche sie doch wenigstens eher durchzusetzen hoffen konnten, lieber einen kleinen Vortheil zu erreichen, als durch streng lautende Drohungen, welche aber unter den damaligen Verhältnissen vielleicht völlig unausführbar gewesen sein würden, ihre ganze Arbeit selbst zu vernichten [20]).

II) Gesetzgebung Capodistria's. Mit dem Erscheinen Capodistria's (im Januar 1828) und der fast gleichzeitigen glücklichen Beruhigung des langwierigen Kampfes nach Außen fielen allerdings die vorzüglichsten Ursachen hinweg, welche die Wirksamkeit der Nationalversammlungen bisher gelähmt hatten; und bei der ungetheilten Liebe und allgemeinen Bereitwilligkeit, womit man den Anordnungen der neuen Regierung Anfangs entgegenkam, wurde es derselben jetzt zuerst wenigstens möglich, für die innere Organisation des Landes, und mithin namentlich auch für die Verwaltung der Rechtspflege, wirklich thätig zu werden. Freilich konnte Capodistria, wegen Mangels der erforderlichen Kenntnisse, für die Gesetzgebung wenig leisten; er hätte aber, da er doch einmal zu fremden Rathgebern seine Zuflucht nehmen mußte, die Wahl auf die gebildetsten und mit den Verhältnissen des Landes vertrautesten Männer richten müssen. Leider sah er bei dieser Wahl weniger auf die Erfahrung und juristische Bildung der Gewählten, als auf ihre politischen Ansichten, d. h. auf ihren blinden Gehorsam und ihre unbedingte Willfährigkeit, in seine Plane einzugehen und überall die dem wirklichen oder vermeintlichen Interesse seiner Regierung jedesmal entsprechenden Maßregeln sofort mit Gesetzeskraft zu bekleiden. So erklärt sich, daß jene beiden Epochen, welche man in der Regierung Capodistria's überhaupt bemerkt, auch in allen Zweigen der Gesetzgebung entschieden hervortreten: die Zeit nämlich, wo die Regierung die allgemeine Meinung und Liebe des Volkes für sich hatte und diese Liebe selbst auf jede Art zu gewinnen suchte, und die Zeit, wo sie mit der Opposition in einen mehr oder weniger offenen Kampf gerathen war, und ihrer Seits alle Mittel aufbot, den endlichen Sieg um jeden Preis zu erringen. So sind bei allen legislativen Arbeiten der beiden ersten Jahre noch durchgängig die von den Nationalversammlungen aufgestellten Grundsätze streng beobachtet, und die Principien des französischen Rechts, welche nun einmal einheimisch und dem Volke theuer geworden waren, namentlich auch die Grundsätze der Oeffentlichkeit und Mündlichkeit als unbedingte Regel anerkannt, weshalb denn auch die Anwendung dieser Gesetze, abgesehen von den Schwierigkeiten, welche in sonstigen zufälligen Verhältnissen ihren Grund hatten, nirgends Anstand fand

17) Einige derselben weist auch Geib a. a. O. S. 129 fg. [nach.]
18) Die Confiscation des Vermögens hatte schon die erste Nationalversammlung von Epidaurus (Tit. V. Sect. IX. § 99) für unzulässig erklärt.

19) Vergl. Geib S. 131. Note 11. 20) Andere Ausführung über die Milde der Strafen bei Geib S. 133 fg.

und überall vielmehr mit allgemeinem Beifall aufgenommen wurde. Seit dem J. 1830 hingegen verließ man diese bisher angenommenen Grundsätze völlig, und statt der französischen Principien befolgte man von nun an, besonders durch den Einfluß des korfiotischen Advocaten Gennatos, fast ausschließlich das System des italienischen Rechts, welches schon an und für sich, wegen seines großen Widerspruches mit den bisherigen Ansichten, von allen Seiten mit Mißtrauen und Widerstreben aufgenommen wurde, und daher in der Ausführung natürlich die größten Hindernisse finden mußte. Noch weit schlimmer aber wurde das Verhältniß dadurch, daß von dieser Zeit an, um sich gegen die immer heftiger werdenden Angriffe der Opposition zu vertheidigen, eine Reihe von Bestimmungen Gesetzeskraft erhielt, zu keinem anderen Zwecke, als der Regierung gegen diese Opposition eine furchtbare Waffe in die Hand zu geben, und alle richterliche Gewalt ausschließlich der Willkür des Staatsoberhauptes zu überliefern. Auf diese Weise erhielten die Gegner der Regierung eine neue Gelegenheit, dieselbe in den Augen des Volkes immer verhaßter zu machen, und so kam es, daß alle diese Gesetze der zweiten Periode eigentlich niemals zu einer allgemeinen Anwendung gekommen sind; und während in den ersten Jahren Capodistria's die Rechtspflege allmälig immer festeren Fuß faßte und wenigstens die ersten Spuren einer regelmäßigen Organisation sich zeigten, findet sich in der letzten Zeit der Präsidentschaft Capodistria's ungefähr wieder dasselbe Verhältniß, wie unter den früheren Nationalversammlungen, völlige Gesetzlosigkeit, nämlich wegen Unmöglichkeit der Gesetzesanwendung.

1) Gerichtsverfassung. Das erste unter der Regierung Capodistria's erschienene Gesetz ist die Gerichtsorganisation vom 15. (27.) Dec. 1828, in 30 Artikeln, welche, nach der Einleitung, nur eine theilweise Modification der in dieser Beziehung in dem bereits erwähnten Gesetze vom $^{3}/_{15}$ Mai 1822 bereits aufgestellten Grundsätze sein sollte. Die durch dieses neue Gesetz, im Vergleich mit jenen früheren, eingeführten Hauptveränderungen sind die Abschaffung des obersten Gerichtshofes und die Errichtung eines eigenen Handelsgerichts für Syra (Art. 19), sowie die Beschränkung der früheren sechs Appellationshöfe auf einen einzigen. Die Zusammensetzung der verschiedenen Gerichte ist in der Art bestimmt, daß die Friedensgerichte überall aus dem Demogeronten einer jeden Ortschaft bestehen (Art. 4), die Gerichte erster Instanz aus einem Präsidenten, zwei Richtern und zwei Suppleanten (Art. 12), das Handelsgericht aus einem Präsidenten und vier Richtern (Art. 22), und der Appellationshof aus einem Präsidenten, einem Vicepräsidenten, einem Staatsprocurator, sieben Richtern und drei Suppleanten, welche letzteren drei Demogeronten der Stadt, wo der Appellationshof seinen Sitz hatte, sein sollten (Art. 28. 29). Die Mitglieder des Appellationshofes und der Präsident des Handelsgerichts werden unmittelbar, die Mitglieder der Gerichte erster Instanz aber auf Vorschlag der betreffenden Demogeronten von der Regierung ernannt, die Richter des Handelsgerichts dagegen von sämmtlichen an dem Sitze des Gerichts ansässigen Handelsleuten aus ihrer Mitte direct gewählt. Die Competenz der Gerichte ist in folgender Weise bestimmt. In Civilsachen sollte der Dorffriedensrichter in letzter Instanz nur bis zur Summe von 3 spanischen Piastern erkennen dürfen, der Burgfriedensrichter bis zu 5, der Stadtfriedensrichter bis zu 7 spanischen Thalern; bei jeder höheren Summe konnte appellirt werden. In erster Instanz erkannte der Burgfriedensrichter bis zu 40, der Stadtfriedensrichter bis zu 60 spanischen Thalern (Art. 6. 7). Außerdem sollen alle Civilklagen zuerst vor das friedensrichterliche Vermittelungsamt gebracht werden, und zwar ist dies nicht, wie nach dem französischen Rechte [21], eine bloße Förmlichkeit, welche Jeder leicht umgehen kann, sondern überall ohne Ausnahme zu beobachten (Art. 8. 9). Außer den angeführten Civilsachen soll der Friedensrichter auch noch über alle Correctionssachen erkennen, zu denen jedoch wieder manche reine Civilsachen, namentlich auch alle Besitzstreitigkeiten, gerechnet werden. Es gehören nämlich dazu die Grenzverrückungen, jede Beeinträchtigung des Wasserlaufes, Feld- und Gartenfrevel, alle Verbal- und Realinjurien, letztere, sofern sie keine Verwundung zur Folge hatten, alle Vergehen, welche bloße Gefängniß- oder Geldstrafe nach sich ziehen. Von solchen Correctionsurtheilen ist Appellation nur zulässig, wenn auf mehr als 5 Tage Gefängniß, oder auf mehr als 2 spanische Thaler Geldstrafe, oder auf eine Entschädigung über 10 Thaler erkannt war (Art. 33. 34). Die Gerichte erster Instanz erkennen in letzter Instanz über Appellationen in Civilsachen, welche nicht 60 spanische Thaler übersteigen; in jedem anderen Falle ist Appellation zulässig. In Criminalsachen soll einer der Richter die Function des Untersuchungsrichters übernehmen, und der Präsident mit 2 Ergänzungsrichtern das Urtheil sprechen, von welchem Appellation zulässig ist. In Correctionssachen entscheiden diese Gerichte in letzter Instanz. Das Handelsgericht in Syra soll in letzter Instanz bis zur Summe von 120 spanischen Thalern erkennen, bei höheren Summen aber die Appellation an den Appellationshof zulässig sein; an jedem anderen Orte sollen die Civiltribunale auch über die Handelssachen erkennen. Der Appellationshof hat über alle an ihn gelangte Appellationen in letzter Instanz zu entscheiden (Art. 16—18. 21. 35—37). Auf diese Weise war namentlich das französische Princip der zwei Instanzen überall bei weitem strenger durchgeführt, als in dem Gesetze vom $^{3}/_{15}$ Mai 1822, und es war diese neue Gerichtsorganisation, im Vergleich mit jener früheren, durch größere Bestimmtheit und Einfachheit ausgezeichnet, und daher im Ganzen, soweit es die damaligen Verhältnisse erlaubten, ein erfreulicher Fortschritt. Auffallend ist nur, daß das durch die Nationalversammlung von Trözen verheißene Institut der Geschworenen [22] in diesem Gesetze nicht anerkannt ist, und vielmehr durchgängig, sowol in Civil-

21) Code de procédure civile Art. 48. 22) III. Nat.-Vers. Cap. IX. §. 127.

sachen, als in Criminalsachen, ausschließlich angestellte Richter vorkommen. Im Laufe des Jahres 1829 wurde mit der Einführung der neuen Gerichtsverfassung ein Anfang gemacht; denn nicht überall traten die neuen Gerichtsbehörden in das Leben. Das griechische Festland, die Sporadischen Inseln und mehrere andere Provinzen erhielten erst im October und November 1829 Tribunale erster Instanz, Syra sogar sein Handelsgericht erst am 26. Jan. (7. Febr.) 1830. Wenn auch die Nationalversammlung zu Argos (die vierte) die neue Gerichtsverfassung förmlich, obschon nur provisorisch, bestätigte [23], so befanden sich doch, bei dem Mangel an guten Gesetzen und tüchtigen Richtern, die wenigen in das Leben getretenen Gerichte in einem solchen Zustande, daß bald Klagen über sie laut wurden, und die Nationalversammlung, welche trotz den Verhältnissen der Rechtspflege wenig Aufmerksamkeit widmete, außer daß sie den Grundsatz der Unabsetzbarkeit der Richter für die Zukunft der Regierung wenigstens empfahl [24], den Präsidenten zu neuen Verbesserungen ermächtigte [25]. Nun verdrängte eine Verordnung die andere, ein Decret das andere, ohne daß bei deren Entwerfung ein fester Plan, bei der Ausführung die nöthige Umsicht bemerkbar war. Am 25. Sept. (7. Oct.) 1829 erschien eine Verordnung über die Advocaten und Bevollmächtigten, über deren Ernennung und Functionen, welche aber nicht befolgt wurde. Eine weitere Verordnung verfügte, daß Bevollmächtigte, welche kein Advocatendiplom haben, von der mündlichen Verhandlung ausgeschlossen sein, Gerichtsschreiber aber den armen Parteien ihre Klagen und Eingaben umsonst niederschreiben sollten [26]. Wegen Mangels an Advocaten wurde ferner den Parteien gestattet, schriftlich und mündlich selbst bei Gericht zu verhandeln [27]. Ein anderes Decret handelt von den bei Gericht einzureichenden Abschriften und von der Art ihrer Legalisation [28]. Wieder ein anderes ermächtigt die Friedensrichter, auch über ihre Competenz hinaus, conservatorische Acte vornehmen zu dürfen [29]. Noch ein anderes bestimmt die Gerichtsferien [30]. Eine weitere Verordnung gibt den Friedensrichtern das Recht zur Vollziehung schiedsrichterlicher Urtheile [31]. Eine spätere bestimmt das Verfahren von Schiedsrichtern und deren Wahlart, wenn die Parteien nicht einig darüber werden können [32]. Auch ein Prisengericht wurde errichtet [33] und ein dem französischen Rechte nachgebildetes Notariatsgesetz [34] erlassen. Endlich wurden die Functionen der Polizeicommissäre näher bestimmt [35]. — Die unbestimmte Vollmacht, welche Capodistria zur Verbesserung der Justiz von der Nationalversammlung zu Argos erhalten hatte, wurde im Drange der Ereignisse, welche in der zweiten Periode der Regierung Capodistria's eintraten, besonders seit Gennatas das Justizministerium übernommen hatte, sehr gemißbraucht, und das ganze Gerichtswesen planmäßig zu einer willenlosen Maschine der Regierung umgestaltet. In diesem Sinne entstand die Gerichtsverfassung vom 15/27. Aug. 1830 [36]. Der Zweck, welchen man durch dieses Gesetz zu erreichen suchte — völlige Abhängigkeit der Richter von der Regierung — erforderte vor Allem, daß die bisherige Wählbarkeit der Friedensrichter und der Mitglieder der Gerichte erster Instanz aufgehoben, und dagegen das unmittelbare Ernennungsrecht der Regierung überall als unbedingte Regel aufgestellt wurde. Da man jedoch wenigstens den äußeren Schein noch einigermaßen wahren wollte, so wurde bestimmt, daß blos die Friedensrichter (Art. 10.) und die Präsidenten der Gerichte erster Instanz (Art. 18.) von der Regierung ernannt, die beiden Räthe dieser letzteren Gerichte aber aus einer von der Regierung zu entwerfenden Liste von den Parteien gewählt werden sollten (Art. 19. 21). Allein auch hier trieb man mit der öffentlichen Meinung ein schlecht verschleiertes Spiel, indem diese Räthe, mit wenigen unbedeutenden Ausnahmen, sowol in Civilsachen, als in Criminalsachen nur eine berathende Stimme hatten, und der Präsident, wenigstens in den wichtigeren Fällen, durchaus allein entschied (Art. 22. 50), wodurch für diese ganze Instanz sogar das Princip der Collegialität schlechthin aufgegeben und auf diese Weise dem Einfluß der Regierung auf alle erstrichterlichen Urtheile der unbeschränkteste Spielraum verstattet wurde. Nicht viel besser war das Verhältniß der Appellationsgerichte und des neu eingeführten obersten Gerichtshofes, da die ersteren statt der 12 Mitglieder, aus welchen sie nach der Gerichtsorganisation von 1828 bestanden, auf einen Präsidenten und zwei Richter beschränkt wurden (Art. 60), der oberste Gerichtshof aber durch die Bestimmung, daß es der Regierung freistehen solle, für den Fall der Abwesenheit oder der Recusation eines Mitgliedes denselben aus der Zahl der Senatoren zu ergänzen (Art. 106), in der Wirklichkeit fast nur zu einer bloßen Regierungscommission herabgesunken war. Am auffallendsten jedoch zeigte sich die Tendenz der damaligen Zeit durch die Errichtung eines sogenannten Exceptionsgerichts ([illegible]), welches ausschließlich über alle politischen Verbrechen erkennen sollte (Art. 121), sowie auch über Amtsvergehen (Art. 123). Denn theils war schon der Begriff der politischen Verbrechen absichtlich so unbestimmt gelassen, daß nur reine Willkür hier die Grenzlinie finden, und nach Umständen entweder Alles, oder Nichts für strafbar erklären konnte; theils aber hatte man selbst die Zusammensetzung dieses Gerichtshofes so ganz in das Ermessen der Regierung gestellt (Art. 118. 124), daß es

23) IV. Nat.-Vers. von 1829, II. Decret v. 22. Juli (3. August) 1829 Art. 8. 24) IV. Nat.-Vers. 12. Decret Art. 5. 25) Ang. Decret Art. 8. 26) Ordonnanz vom 1/13. Mai 1829. Nr. 108. 27) Ordonnanz vom 4/16. Mai 1829. Nr. 109. 28) Decret vom 26. Dec. 1829 (alten Styls) Nr. 40. 29) Ordonnanz vom 20. Sept. (2. Oct.) 1829. Nr. 1. 30) Ordonnanz vom 14/26. Juli 1830. 31) Decret vom 26. Dec. 1829 (alten Styls) Nr. 42. 32) Ordonnanz vom 14/26. Juli 1830. 33) Ordonnanz vom 5/17. Nov. 1829. Nr. 9. 34) Gesetz vom 15/27. Febr. 1830. Nr. 67, mitgetheilt in französischer Sprache von Maurer a. a. O. Bd. 1. S. 165—171. 35) Ordonnanz vom 5/17. Nov. 1829. Nr. 9.

36) Sie ist in französischer Sprache mitgetheilt von Maurer Bd. 1. S. 103—114.

nur von ihr abhing, so oft sie die Bestrafung eines Angeklagten wünschte, diejenigen Personen auszuwählen, von denen sie gewiß sein konnte, daß sie ihrem Wunsche sich blindlings fügen würden. Die Regierung machte von diesen Exceptionalgerichten die ausgedehnteste Anwendung [37]; sie dictirte die richterliche Entscheidung im Voraus; sie besetzte überhaupt alle Stellen nur noch mit Anhängern ihrer Partei, sodaß dadurch endlich Unabhängigkeit und Unparteilichkeit der Richter zu einem leeren Wortschwall herabsank. Die nähern Bestimmungen über die Gerichtsorganisation sind folgende. In jeder Provinz sollte ein, in größeren Provinzen aber zwei Friedensgerichte errichtet werden, und jedes Friedensgericht aus einem Friedensrichter, Gerichtsschreiber und Gerichtsboten bestehen; neben ihnen sollte noch in den Burgen und Dörfern ein Demogeront die Functionen des Friedensrichters verrichten (Art. 8—12). In Civilsachen sollten die Provinzialfriedensrichter in erster Instanz bis zu 300 Phönix, in letzter Instanz aber nur bis zu 40 Phönix sprechen; die Burg- und Dorffriedensrichter dagegen in erster Instanz bis zu 60, in letzter Instanz aber nur bis zu 20 Phönix. Außerdem durften sie, ohne Rücksicht auf die Summe, erkennen über 1) Miethzins und vermiethete Gegenstände, 2) Miethlohn, 3) Eingriffe in den Besitzstand während des letzten Jahres, 4) Grenzverrückungen, 5) Beeinträchtigungen des Wasserlaufes (Art. 13—15). In Correctionssachen, zu welchen auch jetzt wieder manche Civilsachen gezählt wurden, sollten die Friedensrichter erkennen über 1) Grenzverrückungen, 2) gewaltsame oder betrügerische Beeinträchtigungen des Wasserlaufes, 3) gewaltsame Occupation oder gewaltsames Wegnehmen von gepfändeten Sachen, 4) durch Thiere oder Menschen einem Grundstück zugefügten Schaden, 5) Felddiebstahl, 6) Injurien, 7) Schlägereien, wenn sie keine Wunden zur Folge hatten und ohne Waffen stattfanden, 8) Drohungen, 9) am Tage verübte Diebstähle bis zum Betrage von 40 Phönix, 10) im letzten Jahre vorgefallene Störungen (Art. 51—53). Die von den Provinzialfriedensrichtern auszusprechenden Strafen waren Geldstrafe bis zu 20 Phönix, Verurtheilung in Schadenersatz bis zu 40 Phönix, 3 Monate Hausarrest, provisorische Verbannung bis zu 1 Jahre. Sogar in letzter Instanz durften sie diese Strafen aussprechen bei Gefängnißstrafe bis zu 10 Tagen, bei Geldstrafen bis zu 10 Phönix, bei Schadenersatz bis zu 20 Phönix (Art. 54. 55). Die Burg- und Dorffriedensrichter durften nur erkennen: Geldstrafen bis zu 10 Phönix, Schadenersatz bis zu 20 Phönix; in letzter Instanz Geldstrafen bis zu 5 Phönix und Schadenersatz bis zu 10 Phönix (Art. 54 und 56). In dem Peloponnes wurden nach und nach 27 Provinzialfriedensgerichte errichtet, auf den Inseln 23 und auf dem griechischen Festlande 12. Die Gerichte erster Instanz sollten, was die Civilsachen anlangt, in allen nicht ausdrücklich an ein anderes Gericht gewiesenen Sachen entscheiden, in letzter Instanz jedoch nur bis zum Betrage von 300 Phönix (Art. 25—37). In Criminalsachen hatten sie die Untersuchung und Entscheidung mit alleiniger Ausnahme der Majestätsverbrechen, der Amtsvergehen und der Militärverbrechen (Art. 54—83). Die Handelsgerichte sollten, jedes aus einem Präsidenten, zwei Richtern, zwei Suppleanten und einem Gerichtsschreiber, bestehen; der Präsident und der Gerichtsschreiber von der Regierung ernannt, die Richter und Suppleanten aber von den Handelsleuten unter sich selbst gewählt werden (Art. 36—46). Alle Handelssachen gehörten vor diese Gerichte, welche in letzter Instanz jedoch nur bis zur Summe von 400 Phönix erkennen durften, während bei einem höheren Betrage Appellation an das Appellationsgericht zulässig war (Art. 47—50). Appellationsgerichte sollten drei bestehen, das eine für den Peloponnes, das zweite für die Inseln, das dritte für das griechische Festland, welches letztere aber niemals zu Stande kam. Die Appellationsgerichte sollten in Civilsachen die Appellations- und Cassationsinstanz für die Tribunale erster Instanz sein, und zwar bei zwei gleichlautenden Erkenntnissen in letzter Instanz bis zur Summe von 8000 Phönix; in jedem anderen Falle fand weitere Appellation an den hohen Gerichtshof statt (Art. 84—99). In Criminalsachen sollte gleichfalls an sie appellirt und von ihnen bis zu Gefängniß von 3 Monaten und bis zu einer Geldstrafe von 400 Phönix in letzter Instanz entschieden werden können; bei höheren Strafen fand noch eine dritte Instanz bei dem hohen Gerichtshofe statt (Art. 100). Der hohe Gerichtshof bildete die dritte und letzte Instanz, nach Umständen auch das Cassationsgericht (Art. 101—110). Die Generaladvocaten bei den Appellationsgerichten sollten in Civilsachen schriftlich ihre Conclusionen geben; ferner bei Zuwiderhandlungen gegen ein Gesetz oder gegen die Gültigkeit an den hohen Gerichtshof referiren; endlich die Aufsicht über das Vormundschaftswesen führen [38]. In Criminalsachen sollten sie gleichfalls schriftlich ihre Conclusionen abgeben; dann wegen Gesetzesverletzungen von den Tribunalen erster Instanz an das Appellationsgericht, aber auch von letzterem an den hohen Gerichtshof appelliren; endlich die Aufsicht über die Polizeicommissaire führen [39]. Der Generalprocurator hat am hohen Gerichtshofe dieselben Functionen, wie die Generaladvocaten an den Appellationsgerichten, und außerdem noch die Aufsicht über die Generaladvocaten [40]. Endlich sollten

37) In dem von dem Justizminister Klonaris am 24. Jan. (5. Febr.) 1833 an die Regentschaft erstatteten Berichte wird darüber unter anderem gesagt: „Des commissions judiciaires, instituées sous le nom plus modeste de tribunaux exceptionnels, pour connaître des délits politiques ont fini par exaspérer les esprits. C'est à tort qu'on a cru, qu'elles n'étaient que des commissions spéciales, c'étaient des commissions personnelles, parce que le Gouvernement s'était arrogé la faculté de choisir dans chaque cas et dans chaque affaire les juges, selon les personnes qu'il voulait livrer à une poursuite criminelle."

38) Gerichtsorganisation von 1830 Art. 130—138. Gesetz über das Civilverfahren vom 14/26 Aug. 1830 Art. 364—368. 39) Gerichtsorganisation von 1830 Art. 134—141. Criminalverfahren vom 15/27 Aug. 1830 Art. 163, 164, 169—171, 173, 175, 176, 178, 180, 183. 40) Gerichtsorganisation von 1830, Art. 142.

Polizeicommissäre die Verbrechen und Vergehen constatiren, die Zeugen und Beschuldigten vernehmen und die gesprochenen Urtheile vollstrecken [41]. — Auch zur Ergänzung der erwähnten Gerichtsorganisation erschienen sehr bald mehrere nachträgliche Verfügungen. Zwei Ordonnanzen vom 19/31. Aug. 1830 [42]) bestimmten den Gehalt der richterlichen Beamten und den Kostenetat. Durch eine weitere Verordnung wurde das Verhältniß der Gerichte zu den Verwaltungsbehörden näher bestimmt [43], und bald nachher ein Reglement über die innere Einrichtung der verschiedenen Gerichte publicirt [44]. Außerdem, schon in dem Organisationsdecret vom 15/27. Aug. 1830 angeordneten, Aufnahmsgerichten wurden noch drei andere errichtet; ein Specialgericht für die Straßenräuber [45] und zwei Specialgerichte für Sparta [46]. Die beiden letzten sind aber bald nach der Ermordung Capodistria's wieder aufgehoben worden [47].

2) Gerichtliches Verfahren: a) Criminalverfahren. Dieselben beiden Perioden der Gesetzgebung, die volksthümliche (französische) vor dem J. 1830, und die vollständige (italienisch-corfiotische) nach dieser Zeit, welche hinsichtlich der Gerichtsverfassung unter Capodistria zu bemerken waren, treten auch in Ansehung des gesammten gerichtlichen Verfahrens, insbesondere des Criminalverfahrens, scharf hervor. Die ersten Vorschriften über das Verfahren in Strafsachen vor Capodistria finden sich im Decret vom 4/16. Mai 1822. Nr. 13, sind aber mehr Andeutungen, als wirkliche Bestimmungen über das zu beobachtende Verfahren, welche indessen genügten, da man noch keine ordentlichen Gerichte hatte. Erst im J. 1828, als man unter Capodistria ernstlicher an Gerichte dachte, faßte man den Plan der Entwerfung einer Strafproceßordnung, mit welcher Klonaris beauftragt wurde. Die Arbeit rückte aber nur langsam vorwärts, und erst am 4/16. Mai 1829 konnte die Strafproceßordnung publicirt werden [48]. Sie besteht aus 160 Artikeln, und beruht im Allgemeinen auf den Principien der Gerichtsverfassung von 1828, im Uebrigen aber fast ausschließlich auf dem französischen Code d'instruction criminelle, sodaß manche Bestimmungen dieses Gesetzbuches beinahe wörtlich aufgenommen sind, und nur in einzelnen wenigen Beziehungen, namentlich hinsichtlich des Verfahrens in der Voruntersuchung, einige, im Vergleich mit dem französischen Rechte, wirklich wesentliche Verbesserungen vorkommen, welche freilich durch Unvollständigkeit und Lückenhaftigkeit in anderer Hinsicht wieder mehr als ausgeglichen werden. Der Hauptunterschied von dem französischen Systeme besteht in der völligen Aufhebung des Instituts der Geschwornen; und in der viel größeren Beschränkung des Wirkungskreises der Staatsbehörde (ministère public), welche blos in Ansehung der Friedensgerichte in der Person der Polizeicommissäre (Art. 9), hinsichtlich der Gerichte erster Instanz aber eigentlich gar nicht, und in Beziehung auf den Appellationshof nur in sehr unvollkommener Weise (Art. 108, 112.) anerkannt ist. Diesen Mangel fühlte der Nationalcongreß zu Argos im J. 1829, und beauftragte den Präsidenten mit der Organisation einer solchen Behörde [49]. Es wurde sogar verordnet, daß das Bestehen der Staatsbehörde in die zu entwerfende Constitution aufgenommen werden solle [49]. Die Untersuchung aller nicht ganz unbedeutenden Vergehen, welche den Polizeicommissären zugewiesen sind, geschieht nach der Strafproceßordnung durch den Untersuchungsrichter, welcher für jeden einzelnen Fall von dem betreffenden Gerichte erster Instanz aus seiner Mitte ernannt wird (Art. 34.) und fortwährend unter der Aufsicht dieses Gerichts steht, sodaß er ohne dessen Zustimmung keine wichtigere Handlung vornehmen, namentlich aber keinen Vorladungsbefehl und Verhaftsbefehl erlassen kann (Art. 36—40). Bei allen Untersuchungshandlungen, bei Zeugenverhören, bei Haussuchungen und sonstigen Ortsbesichtigungen sind überdies immer zwei Zeugen beizuziehen, von denen der eine durch den Angeklagten selbst bestimmt wird, und welche sämmtliche Protokolle, bei Vermeidung der Nichtigkeit, mit zu unterzeichnen haben (Art. 45. 67—69). Gewalt, Drohungen, Suggestionen und alle Arten verfänglicher Fragen sind streng und unbedingt verboten (Art. 44). Nach geschlossener Untersuchung hat der Untersuchungsrichter über das Resultat derselben seinen Bericht an das Gericht abzustatten, sämmtliche Beweisstücke vorzulegen, und dabei zugleich auf Freilassung des Angeklagten, oder auf dessen förmliche Versetzung in den Anklagestand ausdrücklich anzutragen (Art. 74). Spricht das Gericht die Versetzung in den Anklagestand aus, so hat der Angeklagte eine gesetzliche Frist von 10 Tagen, welche nöthigen Falles auch verlängert werden kann, um in dieser seine Vertheidigung vorzubereiten (Art. 78. 79). Nach Ablauf dieser Frist beginnt die förmliche Verhandlung in der Audienz, ganz auf dieselbe Weise, wie nach französischem Rechte, und nur mit dem Unterschiede, daß die Functionen der Staatsbehörde größtentheils durch den bei dem Urtheil mitstimmenden Untersuchungsrichter versehen werden (Art. 81. 87). Die Erkenntnisse der Gerichte erster Instanz unterliegen der Appellation an den Appellationshof, welcher darüber endgültig entscheidet (Art. 114), sowie die Gerichte erster Instanz hinsichtlich der Erkenntnisse der Friedensgerichte (Art. 23). Der Hauptfehler liegt hierbei darin, daß es, wie nach dem französischen Gerichtsgebrauche, immer von der Willkür des Appellationsgerichts abhängt, ob es die in der ersten Instanz bereits abgehörten Zeugen von Neuem vernehmen, oder blos nach

41) Gerichtsorganisation von 1830. Art. 143—147. 42) Nr. 164 und 165. 43) Ordonnanz vom 20. Aug. (1. Sept.) 1830. 44) Reglement vom 11/23. Nov. 1830. 45) Decret vom 5/17. Sept. 1830. Nr. 164. 46) Decret vom 26. Aug. (7. Sept.) 1830. Nr. 164. 47) Decret vom 20. Jan. (1. Febr.) 1832. Nr. 80. 48) Dieses Gesetz ist mitgetheilt von Maurer Bd. 3 S. 54 fg.

49) Zweites Decret vom 21. Juli (2. Aug.) 1829. Art. 5. „Le gouvernement devra pourvoir à ce que le ministère public soit organisé!“ Ibid. „Bases d'après lesquelles le gouvernement devra procéder à la révision des actes constitutionels“ etc. Art. 5 — „le ministère public, dans les diverses instances, sera organisé!“

den eingesendeten Protokollen das Urtheil fällen will (Art. 115). Die Principien der Oeffentlichkeit und Mündlichkeit sind übrigens, abgesehen von der eben gedachten Beschränkung bei dem Appellationsverfahren, überall in ihrer ganzen Ausdehnung anerkannt. — Die schon bezeichneten Mängel der Strafproceßordnung von 1829, namentlich der Mangel der Staatsbehörde, veranlaßten die bereits erwähnten Beschlüsse des Nationalcongresses zu Argos im J. 1829. Derselbe gestattete außerdem dem Präsidenten, die nothwendigen Abänderungen der Strafproceßordnung selbst vornehmen zu dürfen [51]). In dessen Folge wurde schon im December 1829 durch eine Verordnung bestimmt, in welchen Fällen der Beschuldigte, selbst nicht einmal gegen Caution, nicht in Freiheit gesetzt werden könne [52]). Im folgenden Jahre erging die von den Grundsätzen der Strafproceßordnung von 1829 völlig abweichende, von Gennatas verfaßte Strafproceßordnung in 370 Artikeln unter dem Titel einer Criminalinstruction [53]). Sie befolgt, in genauer Uebereinstimmung mit der gleichzeitig erschienenen Gerichtsorganisation, durchgängig die Tendenz einer höchstmöglichen Abhängigkeit der Gerichte von dem Willen der Regierung, schließt sich dabei aber, was die einzelnen Bestimmungen betrifft, vorzugsweise an die Ansichten der italienischen Schriftsteller an [54]). Das in der Strafproceßordnung vom J. 1829 noch streng durchgeführte System des Anklageprocesses ist in dieser neuen Proceßordnung verlassen, und dagegen der Inquisitionsproceß schlechthin als Regel angenommen. Dabei sind aber alle Bestimmungen über den Umfang der Befugnisse des Inquirenten dessen eigenem Ermessen überlassen, und somit in dieser Beziehung stillschweigend die unbedingteste Willkür eingeführt, zumal nach der damaligen Gerichtsverfassung das ganze Untersuchungswesen den Gerichtsschreibern und Polizeibeamten übertragen war [55]). Zu gleicher Zeit ist das Recht der Vertheidigung, welches die frühere Proceßordnung auf die freisinnigste Weise anerkannt hatte, in dem neuen Gesetze fast völlig aufgehoben, und dagegen dem Inquirenten blos zur Pflicht gemacht, den Angeklagten von Zeit zu Zeit von dem Stande der Untersuchung in Kenntniß zu setzen, und dessen Antwort über die einzelnen Anklagepunkte zu den Acten zu nehmen (Art. 114—130). Hinsichtlich der verschiedenen Arten des Beweises, namentlich der Zeugen (Art. 212—246), des schriftlichen Beweises (Art. 247), des Geständnisses (Art. 248—250) und der exceptio alibi (Art. 251—291) findet sich eine Reihe von Bestimmungen, welche jedoch im Allgemeinen eben nur als ein mißlungener Versuch zur Vereinigung der objectiven und subjectiven Beweistheorie gelten können. Die Oeffentlichkeit und Mündlichkeit wagte man zwar nicht geradezu abzuschaffen; allein indem man wenigstens den Gerichten die Befugniß einräumte, in jedem einzelnen Falle darüber zu entscheiden, ob eine Sache öffentlich und mündlich, oder heimlich und schriftlich zu verhandeln sei (Art. 141. 143), hoffte man, durch sachdienliche Besetzung der Gerichte ungefähr dasselbe, wie durch eine förmliche Abschaffung, zu erreichen. Uebrigens ist diese Hoffnung nicht in Erfüllung gegangen und in der Anwendung von jener Befugniß fast niemals Gebrauch gemacht worden, was aber nur den Gerichten, nicht dem Gesetze, zum Lobe gereicht. Die ausdrückliche Bestätigung der Exceptionsgerichte (Art. 181—187), die Einführung einer polizeilichen Aufsicht in Ansehung aller blos von der Instanz Entbundenen (Art. 154), das Recht des Ministeriums, die Vollstreckung jedes Erkenntnisses willkürlich zu verhindern (Art. 331), besonders aber die Art, wie man von diesen Bestimmungen Gebrauch machte, hat die Strafproceßordnung vom J. 1830 in der öffentlichen Meinung gebrandmarkt und sie mehr, als ein anderes Gesetz, zum Gegenstand des allgemeinen Hasses gemacht, sodaß ihre Anwendung fast überall nur mit Gewalt durchgesetzt werden konnte, und selbst bei Lebzeiten Capodistria's in dem größern Theile Griechenlands unmöglich geworden war. Daher wurde nach der Ankunft des Königs Otto auch nicht diese, sondern die Strafproceßordnung vom J. 1829 provisorisch bestätigt [56]). — b) Civilverfahren. Hinsichtlich des Verfahrens in Civilrechtsstreitigkeiten hielt man sich bis zum J. 1830 an die Bestimmungen des Gesetzes vom 2/14. Mai 1822; und indem dieses Gesetz im Wesentlichen auf den Principien des französischen Proceßrechts beruhte, und insofern also mit den damaligen Ansichten in den übrigen Theilen der Gesetzgebung übereinstimmte, schien es zwar allerdings nothwendig, durch eine neue Ueberarbeitung die vielfachen Mängel und Lücken zu beseitigen, weshalb auch unter Capodistria im J. 1828 Klonaris Auftrag zur Entwerfung einer Civilproceßordnung erhielt, ohne jedoch damit zu Stande zu kommen: eine Veränderung der bisherigen Grundsätze selbst war aber nicht nur kein Bedürfniß, sondern mußte nothwendig allgemeines Misfallen erregen. Das neue System, welches in den übrigen Gesetzbüchern vom J. 1830 aufgestellt wurde, machte jedoch auch in Ansehung des Civilverfahrens eine völlige Abänderung in demselben Sinne erforderlich, und so erschien denn auch wirklich noch in demselben Jahre eine von Gennatas entworfene Civilproceßordnung vom 15/27. Aug. 1830 [57]) in 562 Artikeln, wodurch der bisherige öffentliche mündliche Proceß beinahe gänzlich aufgehoben, und an dessen Stelle im Allgemeinen ein rein schriftliches Verfahren gesetzt wurde. Blos das Verfahren vor den

51) Zweites Decret vom 22. Juli (3. Aug.) 1829. Art. 8. „Provisoirement l'ordre judiciaire sera maintenu d'après le système actuel, sauf les modifications que l'expérience pourra conseiller." 52) Decret vom 24. Dec. 1829 (alten Styls) Nr. 30. 53) Instruction criminelle vom 19/31. Aug. 1830. Nr. 150. Sie ist mitgetheilt von Maurer Bd. 3. S. 68—104. 54) Namentlich hielt man sich an Cremani, De jure criminali lib. III, und, in Beziehung der Lehre vom Beweise, größtentheils an die Ansichten von Filangieri, Scienza della legislazione l. III. cap. 14. 15. Diese beiden Werke standen daher auch in jener Zeit bei den griechischen Gerichten in großem Ansehen. 55) Gerichtsverfassung von 1830. Art. 60. 61. 143. 147.

56) Verordnung vom 22. Febr. (6. März) 1833. 57) Procédure civile 15/27. Août 1830. Nr. 152. Sie ist mitgetheilt von Maurer Bd. 3. S. 114—163.

Friedensgerichten blieb nämlich ungefähr dasselbe, wie bisher, sodaß alle hierher gehörigen Sachen, ohne vorausgehenden Schriftenwechsel, in Folge einer einfachen Ladung in die Sitzung zu bringen und hier von den Parteien ohne Advocaten und Bevollmächtigte zu verhandeln sind. Ist der Fall von der Art, daß der Friedensrichter in letzter Instanz zu erkennen hat, so hat er auch, wenn Zeugen als Beweismittel angegeben sind, kein förmliches Protokoll über die Vernehmung der Zeugen aufzunehmen, sondern nur summarisch die Klage, Einreden, Rechtsgründe der Parteien und die Aussagen der Zeugen schriftlich aus einander zu setzen und am Ende das Erkenntniß beizufügen. Ist aber von seinem Urtheil Appellation zulässig, so soll ein förmliches Protokoll über die Aussage eines jeden Zeugen niedergeschrieben werden (Art. 24—54). Dagegen ist das Verfahren vor den Gerichten erster Instanz durchaus schriftlich, und steht von Anfang bis zu Ende unter der ausschließlichen Leitung des Gerichts. Der Kläger hat nämlich zuvörderst seine Klageschrift, mit ausführlicher Angabe und Entwickelung aller thatsächlichen und rechtlichen Gründe, nebst allen etwaigen Beweisstücken, dem Gericht zu produciren; das Gericht theilt diese Klageschrift dann dem Beklagten mit, welcher in der nämlichen Form seine Vertheidigung und etwaigen Einreden vorzubringen hat; darauf folgt die Replikschrift und endlich die Duplikschrift (Art. 55—69). Nach Einreichung der Duplikschrift ist jeder weitere Schriftenwechsel untersagt (Art. 238). In diesem Vorverfahren oder Instructionsverfahren (Art. 55—236) findet sich unter Anderem ein Capitel über Incidentsachen („des incidens" Art. 70 fg.) und später noch einmal ein Capitel über Incidentacte („des actes incidens" Art. 235 fg.); es wird darin ferner von den Beweismitteln gehandelt, nämlich von Urkunden (Art. 84—96), von Zeugen (Art. 97—124), von Sachverständigen (Art. 125—144.); endlich von dem Beweise durch Excommunication „ἀπόδειξις δι' ἀφορισμοῦ" (Art. 145—152). Letzterer rührt noch aus der Zeit der türkischen Herrschaft her und war ein eigenthümliches Mittel, die Wahrheit zu erforschen, namentlich zur Erlangung von Zeugenaussagen (vergl. §. 51. unter 3). Ueberall nämlich, wo aus irgend einem Grunde zu vermuthen war, daß Einer oder der Andere, welchen aber die Parteien selbst nicht kennen, über den Gegenstand des Streites Auskunft geben könne, war es Sitte der Bischöfe, den fraglichen Fall in feierlicher Kirchenversammlung öffentlich bekannt zu machen, und einen Jeden, der davon irgend eine Kenntniß habe, unter Androhung ewiger Strafen und der Excommunication, aufzufordern, an einem bestimmten Tage vor dem Bischof zur Ablegung seines Zeugnisses zu erscheinen. Ist das Vorverfahren oder Instructionsverfahren beendigt, so wird die Sache auf die Audienzrolle gesetzt, und darauf nach Ordnung der Rolle zur förmlichen Verhandlung geschritten (Art. 240. 241). Diese Verhandlung beschränkt sich übrigens nur auf eine nochmalige kurze Zusammenstellung der bereits schriftlich entwickelten Gründe und Gegengründe durch die Anwälte beider Parteien, oder durch die Parteien selbst, sofern letzteren nämlich das Gericht hierzu die ausdrückliche Erlaubniß gibt (Art. 265), und hat mithin mit einem wirklich mündlichen Verfahren eigentlich durchaus Nichts gemein. Bloß, wenn der Beweis durch Zeugen geführt wird, sind diese immer in der Audienz zu vernehmen (Art. 112); alle übrigen Acten des Beweises aber müssen schon in dem schriftlichen Vorverfahren producirt und umständlich entwickelt werden. Dieselben Regeln gelten auch in Ansehung des Appellationsverfahrens (Art. 346—358), jedoch mit dem Unterschiede, daß hier der Schriftenwechsel der Parteien auf die sogenannte Justification des Appellanten und die Impugnation oder Exception des Appellaten schlechthin beschränkt ist (Art. 354). Wollen die Parteien in der Appellationsinstanz noch neue Beweise vorbringen, so müssen sie beschwören, daß ihnen dieselben bei Verhandlung der Sache in erster Instanz unbekannt gewesen sind (Art. 355). Bei dem Verfahren vor dem obersten Gerichtshofe, welcher nach der damaligen Gerichtsverfassung zu gleicher Zeit Cassationshof und Oberappellationsgericht war, hat der Kläger sein Gesuch dem Präfecten der Provinz einzureichen, welcher dasselbe dem Beklagten und dem Gerichte voriger Instanz zum Vorbringen ihrer etwaigen Bemerkungen zuschickt, und hierauf sämmtliche Acten an den obersten Gerichtshof einzusenden hat, welcher nun ohne alle weiteren Formalitäten, namentlich ohne die Parteien oder deren Anwälte zu hören, sein Urtheil spricht, das alsdann ebenfalls durch den Präfecten den Parteien bekannt gemacht wird (Art. 362—383). Sowie nun hiernach durch die Civilproceßordnung vom J. 1830 das gerichtliche Verfahren, mit Ausnahme der Friedensgerichte, im Wesentlichen rein schriftlich geworden war, so wurde dadurch auch die Oeffentlichkeit der Verhandlungen wenigstens insofern beeinträchtigt, als hierüber nicht die entfernteste Andeutung vorkommt, und auf diese Weise also Alles dem Ermessen der Gerichte überlassen blieb, welche jedoch, trotz ihrer damaligen Abhängigkeit, in dieser Beziehung nur selten dem Wunsche der Regierung zu entsprechen und fast ohne Ausnahme ihre Sitzungen öffentlich zu halten pflegten, obschon hieraus, bei der Beschränkung der Mündlichkeit, natürlich kaum irgend ein Vortheil erwachsen konnte. Das Widersprechende dieses ganzen Systems mit den bisherigen Ansichten, seine Schwerfälligkeit und Langsamkeit, besonders aber die große Zahl gesetzlicher Fristen, welche bei jeder Gelegenheit vorkommen, machten die Anwendung dieser Proceßordnung sehr schwierig; und wenn sich der allgemeine Unwille gegen sie weniger laut aussprach, als gegen die gleichzeitige Strafproceßordnung, so lag der Grund davon bloß in der Verschiedenheit des Gegenstandes beider.

3) Handels-, Civil- und Criminalrecht. In Ansehung dieser Theile der Gesetzgebung geschah während der ganzen Regierung Capodistria's fast gar Nichts, und, mit Ausnahme einiger unbedeutenden Bestimmungen, blieb in allen diesen Beziehungen das Verhältniß ungefähr dasselbe, wie in der ersten Periode der Revolution. Hinsichtlich des Handelsrechts nämlich wurde bloß, in Uebereinstimmung mit den Beschlüssen der Na-

tionalversammlungen der französische Code de commerce wiederholt anerkannt [58]), ohne daß man übrigens daran dachte, die vielfachen Widersprüche, welche durch eine solche unbedingte Annahme entstanden, zu beseitigen, oder auch nur dafür sorgte, durch eine officielle Uebersetzung das allgemeine Verständniß des Gesetzes zu erleichtern. Ebenso wurde in Ansehung des Criminalrechts das Ἀπανθισμα τῶν ἐγκληματικῶν vom J. 1823 ausschließlich beibehalten, mit der Nebenbestimmung jedoch, daß hinsichtlich aller Verbrechen, welche in dem Gesetze übergangen wären, der Richter nach Billigkeit und gesundem Menschenverstande (ἐπιεικῶς καὶ ὀρθῷ λόγῳ) eine Strafe aussprechen sollte [59]). Selbstverständlich mußte eine solche Vorschrift, besonders in den Zeiten politischer Parteiungen, wie diese in der zweiten Hälfte der Regierung Capodistria's eintraten, und bei einer so gänzlichen Abhängigkeit, in welcher die damaligen Gerichte standen, zur grenzenlosesten Willkür führen, und die Geschichte jener Zeit liefert dazu die schauderhaftesten Belege. Allein abgesehen davon, brachte dies nebenbei noch den großen Nachtheil mit sich, bei den Richtern allmälig eine gänzliche Verachtung aller positiven Gesetze hervorzubringen, und nach und nach bei ihnen die Ansicht allgemein zu machen, daß sie nicht blos befugt wären, die wirklichen oder angeblichen Lücken nach eigenem Gutdünken zu ergänzen, sondern selbst die klaren und ausdrücklichen Bestimmungen des Gesetzes überall zu verlassen, und willkürlich in jedem einzelnen Falle zu verbessern; eine Ansicht, welche natürlich den ganzen Begriff der richterlichen Gewalt zerstörte, dennoch aber später fortwirkte, sodaß das Justizministerium durch ein ernstmahnendes Ausschreiben vom [9]/[21]. Aug. 1831, bei Gelegenheit mehrerer Entscheidungen des damaligen Gerichtshofes von Theben, diesen gefährlichen Misbrauch auszurotten suchte. Was das Civilrecht anlangt, so beschränkte man sich auch in dieser Beziehung darauf, die betreffenden Bestimmungen der Nationalversammlungen rücksichtlich der byzantinischen Gesetze, und bis zur Publication einer Sammlung derselben, durch Sanction des Handbuches von Harmenopulos im Allgemeinen zu wiederholen [60]). Nur in Ansehung der Testamente erschien unter dem [11]/[23]. Febr. 1830 ein eigenes Gesetz [61]), welches, in theilweisem Widerspruche mit den bisherigen Grundsätzen, durchgängig fast wörtlich mit dem französischen Rechte übereinstimmt. Ganz wie nach dem französischen Gesetzbuche nämlich sind die Testamente hiernach entweder öffentliche, mystische (geheime) und holographe, mit dem einzigen Unterschiede [62]), daß die Zahl der Zeugen sowol bei dem öffentlichen als mystischen Testamente auf drei beschränkt ist, bei dem holographen aber nothwendig erfordert wird, daß sich dasselbe unter den hinterlassenen Papieren des Testators selbst, nicht aber in den Händen eines Dritten, vorfindet. Die nähern Bestimmungen sind folgende. Oeffentliche Testamente hat der Notar in Gegenwart des Testators zu schreiben und mit demselben zu unterschreiben; kann der Testator nicht schreiben, so ist zu dem Ende noch ein vierter Zeuge hinzuzuziehen (Art. 3—19). Zur Gültigkeit eines mystischen Testaments ist nothwendig, daß dasselbe vom Erblasser geschrieben und unterschrieben, oder, wenn es von einem Andern geschrieben wurde, von diesem und dem Erblasser unterschrieben ist. Dieses so beschaffene Testament soll außerdem vom Erblasser einem Notar übergeben, von diesem die Erklärung des Erblassers, daß die Urkunde sein Testament sei, auf dieselbe geschrieben, und sodann das so verfertigte Testament dem Archivar der Provinz zur Aufbewahrung übergeben werden (Art. 20—30). Das holographe Testament ist nur dann gültig, wenn es ganz vom Erblasser geschrieben und unterschrieben, mit der Bemerkung des Tages, Monats und Jahres, zu welchem, und des Ortes, wo es geschrieben worden ist, versehen und unter den Papieren des Verstorbenen gefunden worden ist (Art. 31—34). Als eine vierte (eigenthümliche) Art nimmt das Gesetz überdies noch das mündliche Testament [63]) an, welches jedoch blos auf dem Sterbebette errichtet werden darf, wenn der Testator nicht mehr im Stande ist, selbst zu schreiben, und keine Zeit hat, einen Notar kommen zu lassen. Der Testator hat in diesem Falle seinen letzten Willen in Gegenwart von 5 Zeugen zu erklären, von denen Einer denselben sofort schriftlich aufzeichnen muß, worauf die Urkunde von sämmtlichen Zeugen zu unterschreiben ist. Binnen 24 Stunden nach dem Tode des Testators ist das Testament dem competenten Gerichte einzuhändigen, welches, nach vorausgegangener Untersuchung, dasselbe entweder für gültig oder für ungültig erklärt. Uebrigens kann Niemand in dieser Testamentsform über mehr, als über den vierten Theil seines Vermögens, verfügen; und in dem Falle, daß Jemand Descendenten oder Ascendenten hinterläßt, kann er sich dieser Form schlechthin nicht bedienen (Art. 35—42). Hinsichtlich der privilegirten Testamente sind die Bestimmungen des französischen Rechts, sowol was die verschiedenen Arten, als was die eigenthümlichen Formen derselben betrifft, beinahe völlig aufgenommen [64]). Als privilegirte Testamente sind näm-

58) Gerichtsverfassung von 1828. Art. 38. Gerichtsverfassung von 1830. Art. 148. 59) Vergl. die in der vorigen Note angeführten Stellen. In der französischen Uebersetzung des Art. 148 der Gerichtsverfassung von 1830 heißt es: „Les tribunaux suivront . . . . . en matière criminelle, la collection pénale en vigueur, droite raison et l'équité.“ 60) Gerichtsverfassung von 1828. Art. 38. Gerichtsverfassung von 1830. Art. 148. In letzterem heißt es: „Les tribunaux suivront en matière civile les lois des Byzantins, et jusqu'à la publication de leur collection, ils consulteront les lois contenues dans le manuel d'Armenopoulo.“ S. Maurer Bd. 1. S. 114. 61) Es ist mitgetheilt von Maurer Bd. 3. S. 170—177.

62) Vergl. Code civil. Art. 970. 971. 976. 63) Es scheint aus dem Gewohnheitsrechte entlehnt zu sein. So bestimmt z. B. das geschriebene Gewohnheitsrecht von [illegible] vom 3. 1799 Cap. V. (s. Maurer Bd. 1. S. [illegible] fg.), daß, wenn Jemand nicht die Zeit gehabt hat, schriftlich zu testiren, und [illegible] seinem [illegible] erklärt, was aus seinem Vermögen werden soll, der [illegible] zweier glaubwürdiger Zeugen hinzuziehen muß, widrigenfalls das Zeugniß des [illegible] keine Kraft hat. 64) Vergl. Code civil. Art. 981. 985. 988.

lich in dem Gesetze anerkannt: 1) Testamente der Militairpersonen (Art. 43—46); 2) Testamente zur Zeit der Pest oder während anderer ansteckender Krankheiten (Art. 47—49); 3) Testamente, welche auf Seereisen errichtet werden (Art. 50—60). — Gleichzeitig mit dem Gesetze über die Testamente erschien unter demselben Datum (11/23. Febr. 1830) eine Notariatsordnung [65]), welche ebenfalls, mit Ausnahme einiger weniger Veränderungen, durchaus mit der französischen Loi von 25 Ventôse XI übereinstimmt; jedoch ist die französische Chambre des notaires dem griechischen Gesetze unbekannt. — Trotz des theilweisen Anschließens an ein fremdes Recht erkannte auch Capodistria, gleichwie die Nationalversammlungen, daß die unbedingte Annahme eines auswärtigen (z. B. des französischen) Civilrechtes schlechthin unmöglich sei, und daß in dieser Beziehung jede neue Gesetzgebung, sollte dieselbe wirklich in das Leben treten, sich nothwendig den Sitten und Gebräuchen des Volkes, und seinen bisherigen geschriebenen oder ungeschriebenen Gewohnheitsrechten anschließen, kurz, rein national sein müsse. Allein zu einer solchen Arbeit fehlte es der Regierung nicht nur an Zeit, sondern auch an den erforderlichen Kenntnissen, und daher begnügte sich denn Capodistria damit, durch eine Verordnung vom 5/17. Febr. 1830 die Abfassung eines Civilgesetzbuches in diesem Sinne wenigstens anzukündigen, und das Justizministerium förmlich damit zu beauftragen, ohne daß jedoch seitdem irgend etwas geschehen wäre, diesen Beschluß wirklich auszuführen.

III) Rechtszustand nach Capodistria's Tode bis zur Ankunft König Otto's und der Regentschaft. Wenn selbst noch bei Lebzeiten Capodistria's, unter dem stürmischen Treiben der gegenseitigen Parteien, das Ansehen der Gesetze immer tiefer herabsank, und die Ausübung der Rechtspflege nach und nach völlig unmöglich wurde, so mußte nach dessen Ermordung (9. Oct. 1831) dieser Zustand nothwendig noch schlimmer und trostloser werden. Die dreigliederige Regierungscommission (Augustin Capodistria, Kolokotroni und Koletti), welche Anfangs die oberste Leitung der Geschäfte übernahm, und später der durch die Nationalversammlung von Argos (8/20. Dec. 1831) zum Präsidenten erwählte Augustin Capodistria, hatten blos das Interesse ihrer Partei und die Mittel, ihre Kräfte im Kampfe mit den Gegnern zu verstärken, im Auge, ohne an Gerichte und Gesetze zu denken. Der offene Bürgerkrieg, welcher in Folge der (fünften) Nationalversammlung von Argos (December 1831) in allen Theilen des Landes ausbrach, die völlige Anarchie, welche dadurch in allen Zweigen der Verwaltung einriß, erhob die Gewalt der Waffen überall zur alleinigen Regel, und ließ die Herrschaft des Rechts in ihren letzten Keimen spurlos verschwinden. Aber auch nachdem der Sieg der constitutionellen Partei entschieden war, und Augustin Capodistria zu Ende März (Anfang April neuen Styls) 1832 die Präsidentschaft niedergelegt hatte, wurde das Verhältniß nicht besser, und die unglückliche Zusammensetzung der aus 7 Mitgliedern bestehenden damaligen Administrativcommission, wodurch den Siegern die Früchte ihres Sieges großentheils wieder entrissen, und den Capodistrianern (Napisten) fortwährend ein großer Einfluß auf die Regierungsgeschäfte eingeräumt wurde, lähmte beinahe alle Thätigkeit und verhinderte jede durchgreifende Maßregel zur Wiederherstellung der allgemeinen Ruhe und Ordnung. Durch den Tod Ypsilanti's und die Abreise von Kolopulos und Boyaris nach Baiern stieg endlich das Uebel auf den höchsten Grad, indem jetzt beide Parteien — auf der einen Seite Koletti und Kontarioti, auf der anderen Zaimi und Metaxa — sich im Innern der Administrativcommission gleich stark und schroff gegenüberstanden, und so gegenseitig jede Wirksamkeit schlechthin vereitelten. Als hierauf noch Kondurioti, voll Unmuth hierüber, sich nach Hydra zurückzog, verschwand die letzte Hoffnung der Constitutionellen, unter den jetzigen Verhältnissen irgend etwas für die innere Organisation des Landes wirken zu können, und ihr ganzes Streben ging von nun an blos dahin, wenigstens auch den nachtheiligen Einfluß ihrer Gegner zu hintertreiben, und bis zur Ankunft des Königs in jeder Hinsicht einen provisorischen Zustand zu erhalten. In diesem Sinne wurde von der Administrativcommission die merkwürdige Verordnung vom 7/19. Oct. 1832 erlassen, wodurch, mit Ausnahme der Friedensgerichte, sämmtliche Gerichte förmlich aufgehoben, und alle bei ihnen angestellten Beamten ihres Dienstes entlassen werden [66]). Die Geschichte kennt vielleicht kein zweites Beispiel der Art, daß eine Regierung feierlich erklärt, Recht und Gesetz sollten fortan keine weitere Garantie mehr haben, und die Forderungen eines Jeden keine andere Beschränkung mehr finden, als die Grenzen der Macht. Daß in Folge äußerer Verhältnisse die Rechtspflege bisweilen factisch suspendirt wird, ist eine gewöhnliche Erfahrung und wird durch die griechische Revolution selbst bestätigt; allein daß dieselbe in einem ganzen Lande

65) Sie ist mitgetheilt von Maurer Bd. I. S. 160—162.

66) Diese von Maurer Bd. 1. S. 570—572 mitgetheilte Verordnung lautet: „Considérant, que la difficulté des circonstances a rendu vains tous nos efforts pour la réforme des tribunaux; considérant, que l'absence actuelle de conseillers suspend leur action, et que présentement il n'est pas possible de maintenir les anciens tribunaux ni d'en créer de nouveaux; que l'organisation des tribunaux, telle qu'elle existe, a été reconnue par l'expérience incompatible avec la situation et les besoins du pays, que l'assemblée d'Argos, tout en prescrivant expressément le maintien de l'ordre judiciaire établi, n'avait permis d'y faire que de légères modifications, et que la réforme qui s'y opéra ultérieurement introduisit des changemens et des innovations contraires à ses dispositions; considérant enfin que la loi rejette évidemment l'organisation actuelle, que la force des choses la rend inutile et la laisse sans effet et sans action; ordonne: Art. 1. La cour suprême, les deux tribunaux d'appel, ainsi que ceux de première instance suspendront leurs travaux. 2. Les membres et autres employés de ces tribunaux sont déchargés de leurs fonctions publiques. 3. Ils remettront selon la règle établie les archives au préfet du lieu, ou à son défaut à la démogérontie locale. Nauplie le 7/19 octobre 1832. La commission administrative."

erheblich, durch die eigene Regierung aufgehoben wurde, ist gewiß einzig in seiner Art. Nur allein die Friedensgerichte bestanden wenigstens dem Namen nach noch; allein bei der völligen Auflösung aller Verhältnisse war natürlich auch ihre Thätigkeit sehr beschränkt; an den meisten Orten waren sie sogar gänzlich verschwunden, und der geringe Umfang ihrer Competenz, noch mehr aber der Mangel an allen Rechtskenntnissen, raubte denselben jedes Vertrauen und vernichtete ihren Einfluß und ihre Wirksamkeit. In der That und Wahrheit gab es gar keine Gerichte. In diesem Zustande befand sich das Gerichtswesen bei der Ankunft des Königs Otto. Die verschiedenartigsten Gesetze, ein treues Bild der Zeiten, in welchen sie entstanden waren, mit sich selbst im Widerspruche, den Ansichten des Volkes entweder entsprechend, oder ihnen gehässig gegenüber stehend, wie die Absichten und Zwecke ihrer jedesmaligen Verfasser, alle ohne Achtung und öffentliche Anerkennung, alle im Drange der Verhältnisse, ohne Ruhe, ohne Umsicht und ohne Kenntnisse, mit Uebereilung und Leichtfertigkeit niedergeschrieben, überall Lücken, Mängel und Ungereimtheiten — in dieses Chaos konnte nur durch eine neue umfassende Gesetzgebung Licht und Ordnung gebracht werden.

§. 59. Rechtszustand unter König Otto I., Anfangs unter der Regentschaft [1].

I) Erhebung Griechenlands zum Königreiche, Wahl Otto's I. und Einsetzung einer Regentschaft. Erst im J. 1827 begannen sich die europäischen Großmächte für das neu erstandene griechische Volk thätig zu zeigen. Am 6. Juli 1827 kam nämlich zwischen England, Frankreich und Rußland zu London ein Vertrag zu Stande, der die Wiedervereinigung der Griechen und Osmanen, sowie die gänzliche Pacification des Landes unter der Vermittelung dieser Mächte bezweckte. Das befreite Griechenland sollte nach den gemachten Vorschlägen von eigenen Beamten regiert werden, der Pforte aber tributbar sein [2]). Nach einem Zusatzvertrage von demselben Tage war sogar Anwendung von Gewalt vereinbart, wenn sich entweder die Pforte oder die Griechen der Vermittelung nicht unterwerfen wollten [3]). Bald nachher landeten, in Gemäßheit des Beschlusses der drei Mächte, zu Prasidion französische Truppen, welche zur Herstellung der Ruhe im Innern sehr viel beitrugen. Die Schlacht von Navarin am 8. (20.) Oct. 1827 entschied die Freiheit der Griechen. Der im Januar 1828 in Griechenland angekommene Graf Johann von Capodistria war das erste auch von den Großmächten anerkannte Oberhaupt des griechischen Volkes. Ein zu London am 22. März 1829 von Seiten der drei genannten Mächte abgefaßtes Protokoll bestimmte die Punkte, welche zur Grundlage der in Constantinopel zu beginnenden Unterhandlungen dienen sollten. Danach sollte Griechenland unter türkischer Oberherrlichkeit eine eigene Verwaltung haben, gegen einen jährlichen Tribut von 1,500,000 türkischen Piastern und gegen sonstige Entschädigung der Pforte [4]). Im Mai 1829 erfolgte Mittheilung dieses Protokolls an den Grafen Capodistria. Dessen Antworten, Vorstellungen und sonstigen Bemerkungen vom 11. (23.) Mai und 24. Mai (5. Juni) 1829 [5]) erhielten die Genehmigung des Nationalcongresses zu Argos. Zu gleicher Zeit wurde Capodistria zu weiteren Verhandlungen mit der Conferenz, insofern sie den Vollzug des Londoner Vertrages zum Gegenstand hatten, ermächtigt, unter ausdrücklichem Vorbehalt der Bestätigung der getroffenen Uebereinkunft durch den Nationalcongreß selbst [6]). Auch die Pforte unterwarf sich durch Declaration vom 9. Sept. 1829 den von der Conferenz zu fassenden Beschlüssen [7]). Hierauf wurde in dem Protokoll zu London vom 3. Febr. 1830 bestimmt, daß Griechenland einen unabhängigen Staat, und zwar eine nach dem Rechte der Primogenitur erbliche Monarchie bilden, und der Fürst den Titel „souverainer Prinz von Griechenland" führen solle. Ueber die Wahl des Prinzen wurde weitere Uebereinkunft vorbehalten, jedoch unter ausdrücklicher Ausschließung der regierenden Familien der drei Mächte, welche den Vertrag vom 6. Juli 1827 unterzeichnet hatten [8]). Die Wahl fiel kurz nachher auf den Prinzen Leopold von Sachsen-Coburg, später König der Belgier, welcher jedoch in Folge der aus Griechenland erhaltenen Nachrichten die ihm zugedachte Würde nicht annahm. Die Conferenz knüpfte hieran neue Unterhandlungen an; es folgte jedoch nach den gemachten Erfahrungen und nach dem von dem Prinzen von Coburg gegebenen Beispiel eine abschlägige Antwort auf die andere. Capodistria's Tod beschleunigte die Bemühungen der Conferenz. Erst am 7. Mai 1832 kam jedoch der definitive Staatsvertrag zu Stande. Hiernach sollte Griechenland ein unabhängiges und erbliches Königreich bilden; zum König wurde Prinz Otto von Baiern, Sohn König Ludwig's von Baiern, welcher letztere zuerst unter allen europäischen Fürsten sich gegen die vor 1827 herrschende Ansicht der Cabinette zu Gunsten der für ihre Freiheit kämpfenden Griechen erklärt und ihnen bedeutende Unterstützungen zugewendet hatte, bestimmt. Daß die Vererbung nach agnatischer Primogenitur geschehen sollte, wurde damals zu vereinbaren vergessen, und auf die Bemerkung der später ernannten Regentschaftsmitglieder erst durch den Vertrag vom 30. April 1832 noch nachgetragen. Während der Minderjährigkeit des Königs Otto sollten die Rechte der Souverainität, soweit sie überhaupt und unbeschadet der Persönlichkeit des Königs von Anderen ausgeübt werden kann, durch eine aus drei Mitgliedern bestehende Regentschaft ausgeübt werden. Die Pforte sollte eine Entschädigung in Gelde erhalten. Die drei Großmächte verpflichteten sich zur Unterstützung der Regentschaft, zur Garantie einer Anleihe von 60 Millionen Franken, zur Bewirkung der Anerkennung des

1) Vergl. Maurer, Das griechische Volk Bd. 2. 2) Traité signé à Londres le 6 juillet 1827 im Recueil des traités, actes et pièces concernans la fondation de la Royauté en Grèce. Nauplie 1833. p. 1—4. 3) S. Recueil l. c. p. 4—6.

4) S. Recueil p. 8—14. 5) S. Recueil p. 15—21. 6) Art. des Decret des Congresses zu Argos v. 22. Juli (3. Aug.) 1829. Art. 1—3. 7) S. Recueil p. 27 suiv. 8) S. Recueil p. 21—26.

Königs Otto von allen fürstlichen Häusern, und zur Mittheilung des gefaßten Beschlusses an das griechische Volk. Die Krone Baiern aber versprach ihre Unterstützung mit Geld und Officieren, sowie die möglichste Erleichterung der zur Anwerbung eines Corps von 3500 Mann in Baiern nothwendigen Mittel. In Gemäßheit dieses Staatsvertrages wurde die griechische Nation durch eine gemeinschaftliche Declaration von dem Geschehenen in Kenntniß gesetzt. Von Seiten des griechischen Volkes wurde durch den Beschluß des Nationalcongresses zu Pronia vom 27. Juli (8. Aug.) 1832 die von dem Nationalcongreß zu Argos ausdrücklich vorbehaltene Bestätigung ertheilt. Die Ernennung der Regentschaftsmitglieder verzögerte sich jedoch noch; erst am 1. Oct. 1832 konnte sich die Regentschaft definitiv constituiren. Die Wirksamkeit der Regentschaft dauerte bis zum 1. Juni 1835, mit welchem Tage König Otto in Gemäßheit des londoner Staatsvertrags volljährig werden und die Zügel der Regierung selbst übernehmen sollte. Vor Eintritt dieses Zeitpunktes trat jedoch in den Personen der Mitglieder der Regentschaft eine Veränderung ein, indem Maurer und Abel am 31. Juli 1834 aus derselben zu scheiden durch ihre Abberufung genöthigt wurden, während Graf von Armansperg an der Spitze der Regentschaft blieb. Der König und die ernannten Mitglieder der Regentschaft reisten im December 1832 ab und betraten im Februar 1833 den griechischen Boden.

II) Oberste Staatsgewalt und Staatsregierung. Nach dem londoner Staatsvertrag sollte die Großjährigkeit des Königs Otto erst mit dem 1. Juni 1835 beginnen, und bis dahin die oberste Staatsgewalt durch eine aus drei Mitgliedern bestehende Regentschaft ausgeübt werden. Die ernannten Mitglieder derselben wurden von dem König von Baiern durch Rescript vom 21. Aug. 1832 aus dem bairischen Staatsdienste entlassen und lediglich an den König von Griechenland und an den griechischen Staat hingewiesen. Der Graf von Armansperg erhielt zwar durch den König von Baiern den Titel eines Vorstandes der Regentschaft; daß aber nicht daran gedacht war, mit diesem Präsidium gegen den londoner Staatsvertrag größere Rechte zu verbinden, beweist die am 23. Juli 1832 für den Geschäftsgang der Regentschaft ertheilte Instruction. Nach dieser sollte nämlich der Regentschaftsrath in allen Regierungsangelegenheiten seine Beschlüsse nach Stimmenmehrheit fassen, und seine Ausfertigungen unter der Unterschrift sämmtlicher Mitglieder erlassen. Dem Vorsitzenden wurde die Leitung der Berathungen und die Bewahrung des Staatssiegels, sowie die Unterzeichnung der durch Signatur zu eröffnenden Regentschaftsbeschlüsse übertragen. Auch sollte der Vorsitzende die Regentschaft im Verhältniß zu den bei ihr beglaubigten Abgesandten und sonstigen Agenten auswärtiger Höfe repräsentiren und die mündlichen Verhandlungen mit denselben führen, vorbehaltlich jedoch des dem Regentschaftsrathe in seiner Gesammtheit ausschließlich zustehenden Rechts der Beschlußfassung. Diese beschränkten, mit dem Vorsitze verknüpften Rechte verkennend glaubte Graf von Armansperg größere Rechte als Vorsitzender beanspruchen zu dürfen, welche darauf hinausliefen, daß er alleiniger Regent zu sein wähnte. Deshalb mit den anderen Mitgliedern der Regentschaft entstandene Mißhelligkeiten führten am 31. Juli 1834 zur Abberufung der beiden Mitglieder Maurer und Abel. — Die Regentschaft war im Besitze der obersten Staatsgewalt, zu deren Ausübung sie aber der Organe bedurfte. Vor ihrer Ankunft waren diese Organe der Senat und die Ministerien. An die Stelle des von der Nationalversammlung abgeschafften Senats trat zur Berathung der wichtigsten Staatsangelegenheiten und zur Entscheidung administrativer Streitigkeiten ein Staatsrath [9]. Die frühere Zahl von sieben Staatsministerien wurde beibehalten, nämlich ein Ministerium des Aeußern, welches zu gleicher Zeit auch Ministerium des königlichen Hauses war; ein Ministerium der Justiz; des Innern; des Kirchen- und Schulwesens; der Finanzen; des Kriegswesens; endlich eines des Seewesens. An der Spitze eines jeden Ministeriums sollte ein Staatssecretair stehen, ein und derselbe Staatssecretair jedoch mit der gleichzeitigen Führung mehrerer Ministerien beauftragt werden können. Ueber die Bildung der Ministerien und des aus der Gesammtheit der Staatssecretaire bestehenden Ministerrathes, über deren Wirkungskreis und Geschäftsgang wurden in mehreren Verordnungen vom 3. (15.) April 1833 sehr bestimmte und erschöpfende Vorschriften gegeben [10]. — Auch ist der Errichtung eines griechischen Verdienstordens hier zu gedenken. Schon nach der Constitution von 1822 Art. 73 sollte ein solcher zur Belohnung der dem Vaterlande geleisteten Dienste errichtet werden. Auch der Nationalcongreß zu Argos brachte denselben wieder zur Sprache, und ermächtigte sogar den Präsidenten Capodistria zur Einführung eines solchen, welcher, zur Erinnerung an die wunderbare Befreiung den Namen des Erlöserordens führen sollte [11]. Es kam jedoch erst an dem Geburtstage des Königs Otto, am 1. Juni 1833 zur Ausführung. Nach der Verordnung von diesem Tage sollten fünf Classen des Ordens bestehen: Großkreuze, Großcomthure oder Großcommandeure, Komthure oder Commandeure, Ritter des goldenen Kreuzes und Ritter des silbernen Kreuzes. Doch geschahen die ersten Verleihungen erst am 6. Febr. 1834, zur Feier des ersten Landungstages des Königs und der Regentschaft.

III) Verwaltung der Provinzen und Gemeinden. Das Königreich Griechenland wurde in 10 Kreise (νομοί) und jeder Kreis wieder in Bezirke (ἐπαρχίαι) getheilt, in jedem Bezirke sollte sofort zur Bildung von Gemeinden geschritten werden [12]. Zur Hebung der griechischen Nationalität erhielten die νομοί, sowie die ἐπαρχίαι altgriechische Namen [13]. Jedem Kreise wurde ein Generalcommissair (νομάρχης), jedem Bezirke ein Be-

9) Verordnung v. 3. (15.) April 1833. Art. 15. 10) Sie sind mitgetheilt von Maurer, Das griechische Volk Bd. 2. S. 155—164. 11) Siehe Decret der Nationalversammlung zu Argos v. 31. Juli (12. Aug.) 1829. Art. 4. 12) Verordnung v. 3. (15.) April 1833. Art. 1. im Reg.-Bl. Nr. 12. 13) Die Namen der Kreise und Bezirke siehe bei Maurer Bd. 2. S. 102—105.

präfectschaft (ἐπαρχος) vorgesetzt, und der Verwaltungskreis derselben genau bestimmt. Insbesondere sollte der Nomarch das Organ des Ministeriums des Innern, des Kirchen- und Schulwesens, und des Ministeriums des Aeußern in seinen Beziehungen zu dem Inlande sein, und die Oberaufsicht über das Staatsvermögen, sowie über die Kreisfinanzbeamten haben[14]. Der Nomarch sollte ferner in dem Bezirke der Kreishauptstadt neben der allgemeinen Kreisverwaltung auch noch die Verrichtungen des Eparchen versehen. Er erhielt zu diesem Zwecke, sowie zur Beihilfe bei der Kreisverwaltung und zur Vertretung im Verhinderungsfalle einen Kreisdirector, und zur Protokollführung, zur Besorgung der Expedition, sowie zur Aufbewahrung der Acten einen Kreissecretair. Zur Unterstützung der Kreis- und Bezirksverwaltung sollte dem Nomarchen ein Kreisrath (συμβούλιον νομαρχίας), dem Eparchen aber ein Bezirksrath (συμβούλιον ἐπαρχίας) zur Seite stehen[15]. Zur Entscheidung von sogenannten Administrativstreitigkeiten sollte ein Administrativgericht erster Instanz errichtet werden, welches aus dem Nomarchen als Vorstand, aus dem Kreisdirector und einem Richter des Bezirksgerichts bestehen sollte[16]. Die Appellation von diesem Gerichte sollte an den Staatsrath gehen[17]. — Auch an die Organisation des für jedes Land wichtigen, für Griechenland aber ganz besonders wichtigen Gemeindewesens wurde von der Regentschaft gedacht. Das alte Gemeindewesen, wie es unter der türkischen Herrschaft bestanden hatte, konnte, wie jedem Griechen einleuchtete, unter den ganz veränderten Verhältnissen nicht mehr genügen. Denn wenn darin schon zur Zeit der türkischen Herrschaft, wo damit doch sehr viel Gutes, namentlich für die Erhaltung der griechischen Nationalität, verbunden gewesen war, die größte Willkür geherrscht, und es daher in mancher Beziehung nur dazu gedient hatte, das türkische Joch noch drückender zu machen, so wären diese Nachtheile noch weit größer geworden, als jetzt, seitdem Griechenland zwar von dem türkischen Joche befreit, dafür aber unter die Herrschaft der Primaten gerathen war. Deshalb hatte man gleich zu Anfang der Revolution Hand an die Verbesserung des Gemeindewesens gelegt. Capodistria hatte das vorgefundene System zu verbessern gesucht, und, da es ihm auch in der verbesserten Gestalt nicht genügte, ein ganz neues System angeordnet. Allein mit allen diesen Versuchen wollte es nicht gehen. Willkür herrschte noch wie vor, und jeder wünschte Verbesserung. Deshalb wurde von Seiten der Regentschaft einer aus Griechen bestehenden Commission ein von Abel bearbeiteter Entwurf eines Gemeindegesetzes vorgelegt, und dieser Entwurf am 27. Dec. 1833 (8. Jan. 1834) zum Gesetz erhoben[18]. Die Hauptbestimmungen dieses Gesetzes sind folgende. Das gesammte Gebiet des Königreichs soll in Gemeinden abgetheilt, jeder Gemeinde eine bestimmte Gemarkung angewiesen und diese genau begrenzt werden. Ortschaften von wenigstens 300 Seelen sollen eine eigene Gemeinde bilden. Alle übrigen Ortschaften, einzelne Häuser, Mühlen, Klöster u. s. w. sollen der nächsten Gemeinde zugetheilt werden. Denn jeder Staatsangehörige muß Mitglied irgend einer Gemeinde sein. Nach der Größe der Bevölkerung zerfallen die Gemeinden in drei Classen (Art. 1—8). Die Art und Weise des Erwerbes und des Verlustes der Eigenschaft und der Rechte eines Gemeindegliedes ist im Art. 9. und 10. bestimmt. Dann werden die Rechte und Verbindlichkeiten eines jeden Gemeindegliedes, bestehend in der Theilnahme und dem Mitgenuß des Gemeindevermögens, der Gemeindeanstalten u. s. w. in Art. 11. und 12. bestimmt, die politischen Rechte und Verbindlichkeiten aber, bestehend in dem Wahlrechte und der Wählbarkeit zu Gemeindestellen, im Art. 13. und 14. Jede Gemeinde soll eine selbständige Corporation bilden (Art. 49), mit allen Rechten und Verbindlichkeiten einer solchen. Insbesondere liegen ihr alle diejenigen Verbindlichkeiten ob, welche entweder aus ihrem gesellschaftlichen Zwecke, oder aus besonderen Rechtsgründen hervorgehen (Art. 17. 18). Die Mittel zur Bestreitung dieser Gemeindeverbindlichkeiten bestehen im Gemeindevermögen, im Ertrage der Polizeistrafen, in directen und indirecten Gemeindeauflagen, endlich in Gemeindediensten (Art. 19—37). Um Ordnung in den Gemeindehaushalt zu bringen, soll in jeder Gemeinde jedes Jahr ein Gemeindebudget gefertigt werden (Art. 105—109). Jede Gemeinde ist ferner berechtigt und verpflichtet: 1) zur Ausübung der niederen Orts- und Feldpolizei in ihrer Gemarkung nach den bestehenden Gesetzen; 2) zur selbständigen Führung der Gemeindeangelegenheiten und zur Verwaltung des Gemeindevermögens; 3) zur Besorgung der Verwaltung des örtlichen Stiftungsvermögens, sofern dieses nicht in gemischten Gemeinden einer einzelnen Religionsgesellschaft ausschließlich angehört; 4) zur Wahl ihrer Verwaltungsbehörden aus der Zahl ihrer eigenen Mitglieder (Art. 15). Die Ausübung aller dieser Rechte und Verbindlichkeiten steht jedoch nicht der versammelten Gemeinde selbst zu, sondern besonders dazu erwählten Gemeindebehörden. Die Gemeindeversammlung ist blos zur Wahl dieser Gemeindebehörden berechtigt. Die Gemeindebehörden sind: 1) ein Bürgermeister (δήμαρχος), welcher an der Spitze der ganzen Gemeindeverwaltung steht, und zu gleicher Zeit die handelnde, die ausführende und die vollziehende Behörde in allen Gemeindeangelegenheiten ist, namentlich die Ortspolizei, die Gemeindeverwaltung und die Führung der Civilstandsregister zu besorgen, oder wenigstens zu überwachen hat (Art. 39—44. 91—118); 2) nach der Größe der Gemeinde ein oder mehrere Beigeordnete (πάρεδροι), welche die Gehilfen des Bürgermeisters und bei dessen Verhinderung dessen Stellvertreter sind (Art. 39. 45—48); 3) ein je nach der Größe der Gemeinde aus 6 bis 18 Mitgliedern bestehender Gemeinderath (δημοτικὸν συμβούλιον), welcher dem Bürgermeister in mancher Hinsicht als berathende, in anderer als mitwirkende Behörde zur Seite steht (Art. 39. 49—60); 4) ein

14) Verordnung v. 20. April (2. Mai) 1833. 15) Verordnung v. 3 (15.) April 1833. 16) Verordnung v. 26. April (8. Mai) 1833 Art. 3. 15. 17) Verordnung v. 3. (15.) April 1833. Art. 15. 18) Dieses Gemeindegesetz ist mitgetheilt von Maurer Bd. 3 S. 223—264.

Gemeindeeinnehmer zur Besorgung der Einnahmen und Ausgaben der Gemeinde und zu deren Verrechnung (Art. 97—113); 5) ein Stiftungs-Oekonom zur Verwaltung des Vermögens einer örtlichen Wohlthätigkeitsanstalt, wenn diese nicht durch die Localschulinspectionen oder Kirchenräthe besorgt werden kann (Art. 15. 114—116). Die Wahl und Ernennung dieser verschiedenen Gemeindebehörden geschieht auf folgende Weise. Die versammelte Gemeinde wählt die Mitglieder des Gemeinderathes ohne Mitwirkung irgend einer anderen Behörde (Art. 38. 61—74. 86). Für die übrigen Behörden werden nur Candidaten erwählt, nämlich von einem besonders dazu gebildeten, aus dem Gemeinderathe und den Höchstbesteuerten bestehenden, Wahlcollegium, drei Candidaten für die Bürgermeisterstelle, und ein Candidat für jede Stelle eines Beigeordneten (Art. 75—86); ferner von dem Gemeinderathe drei Candidaten für jede Stelle eines Gemeindeeinnehmers oder Stiftungsökonomen (Art. 50. Nr. 12. und 98). Nach beendigter Wahlhandlung soll deren Gesetzlichkeit, die Wählbarkeit der Gewählten und die Zulässigkeit der gegen die Wahl vorgebrachten Ablehnungsgründe von dem Eparchen und Nomarchen, und auf Antrag auch noch von dem Staatsministerium des Innern geprüft und endgültig darüber entschieden werden (Art. 86). Nach Bestätigung der Wahl durch die eben erwähnten Behörden soll der gewählte Gemeinderath sofort verpflichtet werden (Art. 86. 90). Hinsichtlich der übrigen Behörden ist zur Ernennung zu schreiten. Nämlich aus den Candidatenlisten für Bürgermeister und Beigeordnete ernennt in den Gemeinden erster und zweiter Classe die Bürgermeister und Beigeordneten der König, in den Gemeinden dritter Classe in königlicher Vollmacht der Nomarch (Art. 87—89). Die Gemeindeeinnehmer und Stiftungsökonomen ernennt aber immer aus den betreffenden Candidatenlisten der König (Art. 50. Nr. 12). Nach dem Grundgedanken des Gesetzes soll die Gemeindeverwaltung unabhängig und selbständig sein (Art. 15. 117). Deshalb wurden den Gemeinden in Bezug auf das Gemeindevermögen die Rechte und Verbindlichkeiten einer volljährigen Privatperson eingeräumt (Art. 16). Bei der freien Stellung der Gemeinden bedurfte es der Aufsicht von Seiten des Staates (Art. 15. 17). Daher stehen die Gemeinden nicht nur unter der Aufsicht der Eparchen und Nomarchen (Art. 117. 118), sondern manche Beschlüsse des Gemeinderathes bedürfen sogar der Bestätigung des Nomarchen (Art. 119). Wegen Beschwerden gegen Wahlhandlungen, gegen Beschlüsse des Gemeinderathes u. s. w. ist der Recurs an den Nomarchen oder sogar bis an das Staatsministerium des Innern gestattet (Art. 86. 118. 122). Die gehörig gewählten und ernannten Gemeindebehörden sollen von dem Eparchen eingesetzt und verpflichtet werden (Art. 90). Noch wichtigere Gemeindeangelegenheiten sind sogar von der Zustimmung des Königs selbst abhängig. Außer der schon erwähnten Ernennung mancher Gemeindebehörden hat der König auch noch das Recht, die Bürgermeister, Beigeordneten und Gemeindeeinnehmer ihres Amtes zu entlassen (Art. 44. 46. 102), den gehörig bestellten Gemeinderath aufzulösen (Art. 59), und manche sehr wichtige Gemeinderathsbeschlüsse dürfen ohne königliche Bestätigung nicht vollzogen werden (Art. 120). Zur Beschleunigung der ersten Wahl der Gemeindebehörden wurde noch ein transitorisches Gesetz[19]), und für die vorzunehmenden Wahlen eine weitläufige Instruction gegeben[20]).

IV) Kirchen- und Schulwesen.

1) Griechische Kirche. Schon in den ersten Monaten ihres Wirkens setzte die Regentschaft eine, großentheils aus Geistlichen bestehende, Commission nieder, um den wahren Zustand der griechischen Kirche zu constatiren, die Mittel zur Verbesserung der Lage der Kirche, insbesondere der hohen und niederen Geistlichkeit, sowie wegen etwaiger Bildung einer beständigen Synode für geistliche Angelegenheiten in Vorschlag zu bringen, und über das Resultat ihrer Berathungen einen umfassenden Bericht vorzulegen[21]). Der eingegangene Bericht entwarf ein wahres Jammerbild von dem traurigen Zustande der griechischen Kirche und der Geistlichkeit überhaupt. Man war einstimmig der Ansicht, daß nur durch völlige Unabhängigkeit der Kirche von dem in türkischer Abhängigkeit stehenden Patriarchen zu Constantinopel der Weg zum Bessern gebahnt werden könne. Zwar gehörte die Freiheit der griechischen Kirche mit zu den Bestrebungen des Freiheitskampfes. Sowie man in politischer Beziehung frei von der türkischen Herrschaft sein wollte, so strebte man auch nach religiöser Freiheit, d. h. nach Freiheit von einem, vom Sultan eingesetzten und abzusetzenden, Patriarchen. Factisch bestand diese Freiheit ohnehin schon seit dem Beginn des Freiheitskampfes. Dennoch wollte man einen so wichtigen Schritt nicht thun, ohne reifliche Erwägung der daraus entspringenden Vortheile und Nachtheile, ohne nicht vorher die höhere Geistlichkeit selbst befragt zu haben. Deshalb ließ die Regentschaft durch den damaligen Cultusminister Trikupis und den damaligen Ministerialrath im Ministerium des Kirchen- und Schulwesens, Constantin Schinas, sämmtliche in Griechenland angestellte Bischöfe, Erzbischöfe und Metropolitane, und außer ihnen die meisten in Griechenland anwesenden Bischöfe im Privatwege um ihre Meinung befragen, und diese erklärten sich alle in ihren schriftlichen Antworten übereinstimmend für die Unabhängigkeit und für die Einsetzung einer von dem König zu ernennenden Synode. Kaum aber war es bekannt geworden, daß die Regierung sich mit der griechischen Kirche beschäftige, als Intriguanten aller Art die Absichten der Regierung zu verdächtigen suchten. Sogar fremde Mönche kamen herbei, um die sich häufenden Schwierigkeiten vermehren zu helfen. Namentlich predigte ein Mönch vom Berge Athos, Procopius, laut, sogar unter den Augen der Regentschaft in Nauplia selbst, Widerstand gegen dieselbe, unter dem Vorgeben gegen die Einen, man wolle alles römisch-katholisch machen,

---

19) Gesetz v. 24. April (6. Mai) 1834. 20) Verordnung v. 8. (20.) Juni 1834. 21) Verordnung v. 15. (27.) März 1833.

gegen die Anderen, es solle Alles dem Protestantismus zugewendet werden. Auch ein zu eben dieser Zeit angekommener gewesener Erzbischof von Adrianopel suchte auf die griechischen Bischöfe zu wirken. Auch Aeußerungen des russischen Gesandten wurden von den griechischen Bischöfen, welchen er sie gemacht hatte, in einem zum Widerstande mahnenden Sinne verstanden. Auch die öffentlichen Blätter mischten sich in diese Angelegenheiten. Ein Blatt, der Chronos, das Blatt der sogenannten Capodistrianer, sprach ganz im Sinne des von Adrianopel und vom Berge Athos gekommenen Prälaten und Mönches gegen die zu ergreifenden Maßregeln. Die anderen Blätter waren zwar dafür; nur wollten sie nicht allein die Berufung der Bischöfe, sondern auch noch der Archimandriten, sogar die Berufung der Repräsentanten der Priester, Mönche und Diakone. Sie verlangten außerdem noch öffentliche Berathung. Manche begehrten sogar für die Entscheidung dieses hochwichtigen Gegenstandes die Berufung einer Nationalversammlung. Dieses Treiben stand in schneidendem Widerspruche mit der durch den ganzen Freiheitskampf hindurch und auch noch unter Capodistria erstrebten Unabhängigkeit der Kirche Griechenlands von dem Patriarchen zu Constantinopel. Da nun zu eben dieser Zeit auch noch in Constantinopel — was man seit dem J. 1821 nicht mehr gewagt hatte, und was sich sogar Capodistria nicht gefallen ließ — ein Bischof für das befreite Griechenland ernannt werden und dieser in Zeituni angekommen war, um Besitz von dieser Diöcese zu ergreifen, so mußte diesem Treiben ein Ende gemacht, und die Sache rasch zur Entscheidung gebracht werden. Es wurden sämmtliche in Griechenland angestellte, oder auch nur anwesende Metropoliten, Erzbischöfe und Bischöfe auf den 15. (27.) Juli 1833 nach Nauplia berufen, um auch noch in officieller Weise die Ansicht der versammelten Vorsteher der griechischen Kirche zu vernehmen, sowie man sie früher schon einzeln und im Privatwege vernommen hatte. Um der Freiheit der Meinungen der versammelten Prälaten in keiner Beziehung zu nahe zu treten, wohnte die zur Leitung der Verhandlungen niedergesetzte, aus dem Staatssecretair und den beiden Ministerialräthen des Staatsministeriums des Kirchen- und Schulwesens bestehende Commission der Berathung nicht bei. Die Berathung begann am 15. (27.) Juli des Morgens um 9 Uhr, und dauerte ohne Unterbrechung bis Abends 5 Uhr. Nicht eine einzige Stimme ließ sich gegen die Erklärung der Unabhängigkeit vernehmen. Einstimmig wurde beschlossen, die Staatsregierung möge aussprechen: 1) daß die orthodoxe, morgenländische, apostolische Kirche des Königreiches Griechenland, indem sie geistig kein anderes Haupt anerkennt, als den Stifter des christlichen Glaubens, unsern Herrn und Heiland Jesus Christus, frei und unabhängig von jeder anderen Gewalt sei, unbeschadet der Einheit des Dogma, wie solches von allen orthodoxen, morgenländischen Kirchen von jeher anerkannt worden sei; was aber die Leitung und Verwaltung der Kirche betreffe, welche nur dem königlichen Throne angehören, so erkenne sie, weil es den Kirchengesetzen durchaus nicht zuwiderlaufe, den König von Griechenland als ihr Oberhaupt an; 2) daß eine dieser aus Prälaten bestehende und vom König zu ernennende beständige Synode eingesetzt werden möge, welche in Gemäßheit der Kirchengesetze die kirchlichen Angelegenheiten leiten solle [22]. Mehrere Prälaten, welche verhindert waren, an dem zur Versammlung bestimmten Tage zu erscheinen, traten später noch schriftlich oder mündlich zum Protokoll dem gefaßten Beschlusse einstimmig bei [23]. Hierauf erfolgte am 23. Juli (4. Aug.) 1833 die Declaration über die Unabhängigkeit der griechischen Kirche [24]. Sie ist folgenden Inhalts. Sie beginnt mit der Erklärung, die orthodoxe, morgenländische, apostolisch-katholische Kirche im Königreiche Griechenland, indem sie geistig kein anderes Haupt, als den Stifter des christlichen Glaubens, den Herrn und Heiland Jesus Christus anerkenne, hinsichtlich der Leitung und Verwaltung der Kirche aber den König von Griechenland zu ihrem Oberhaupte habe, sei frei und unabhängig von jeder anderen Gewalt, unbeschadet jedoch der Einheit des Dogma, wie solches von jeher von allen Kirchen des orthodoxen morgenländischen Ritus anerkannt worden sei (Art. 1). Die höchste geistliche Gewalt soll in den Händen einer beständigen heiligen Synode ruhen, und über derselben nur eine allgemeine Kirchenversammlung stehen (Art. 2. und 22). In allen inneren Angelegenheiten der Kirche soll diese Synode von der weltlichen Gewalt völlig unabhängig sein; zu diesen Angelegenheiten gehören: die Glaubenslehre, die Form und Feier des Gottesdienstes, die geistliche Amtsführung, der religiöse Unterricht, die Kirchendisciplin, die Prüfung und Ordination der Kirchenbeamten, die Einweihung der zum Gottesdienste gehörenden Gebäude und Geräthschaften; endlich die Ausübung der Gerichtsbarkeit in rein geistlichen Sachen, nämlich in Sachen des Gewissens oder der Erfüllung der Religions- und Kirchenpflichten, nach ihren Dogmen, dogmatischen Büchern und ihrer darauf gegründeten Verfassung (Art. 9—12. 17). Außer den inneren Angelegenheiten sollen aber auch alle diejenigen Angelegenheiten der Kirche, welche zwar die Kirche, aber nicht das Dogma selbst betreffen, welche vielmehr, ohne zu den rein weltlichen Dingen zu gehören, irgend eine Beziehung auf den Staat und auf das weltliche Wohl der Einwohner haben, zur Competenz der Synode gehören, jedoch der Mitwirkung und Genehmigung der Staatsregierung bedürfen (Art. 13—15). Die Synode soll endlich die Oberaufsicht über die Bischöfe des Reiches und das Recht zur Wahl derselben haben. Sie hat die Gewählten jedoch dem Könige zur wirklichen Ernennung oder zur Bestätigung der Wahl zu präsentiren (Art. 16). Der König, hinsichtlich der Leitung und Verwaltung der Kirche als Oberhaupt

22) Die Protokolle über diese Verhandlungen theilt mit Maurer Bd. 3. S. 204—209. 23) Reg.-Bl. von 1833. Nr. 23. u. 25. S. 176. 177. 268. 24) Sie ist mitgetheilt von Maurer Bd. 3. S. 209—224.

derselben anerkannt, soll die Kirche und jedes Mitglied derselben schützen (Art. 20. 21), nöthigenfalls eine allgemeine Kirchenversammlung berufen (Art. 22), jedes Jahr die Mitglieder der heiligen Synode ernennen (Art. 3. 4), die hoheitliche Oberaufsicht in allen inneren Angelegenheiten der Kirche ausüben, und daher den diesfälligen Synodalbeschlüssen die königliche Bestätigung (das Placet) ertheilen (Art. 2. 9. 10. 17), ohne sich jedoch in das Dogma einmischen zu dürfen (Art. 9. 22). Bei kirchlichen Angelegenheiten gemischter Natur soll der König mitwirken, von allen durch die Synode in dieser Beziehung getroffenen Anordnungen Einsicht nehmen, oder auch durch königliche Verordnungen dabei alles dasjenige, was dem öffentlichen Wohle nachtheilig sein könnte, verhindern (Art. 13—15). In rein weltlichen Dingen soll der König ganz allein handeln (Art. 18). Er soll ferner den von der Synode präsentirten Bischöfen die definitive Bestätigung ertheilen, gemeinschaftlich mit der Synode die Anzahl und Ausdehnung der Bisthümer bestimmen, und diese anderweitig besetzen (Art. 16). Endlich soll er die Unterhaltung geheimer Correspondenz der geistlichen Behörden mit dem Auslande verhindern (Art. 19). Die Synode sollte jedes Jahr erneuert werden, damit die Ehre der Theilnahme nach und nach jedem Bischofe, welcher sich auszeichne, zu Theil werden könne. Es wurde aber, weil eine gänzliche Erneuerung eines Collegiums dem Geschäftsgange nachtheilig zu sein pflegt, das Recht, die alten Mitglieder wieder zu ernennen, vorbehalten (Art. 4). Die Synode sollte aus 5 Mitgliedern, und zwar in der Regel aus Metropoliten, Erzbischöfen und Bischöfen bestehen. Da indessen definitiv Griechenland nur aus 10 Bisthümern bestehen sollte, so behielt sich die Staatsregierung für jenen definitiven Zustand das Recht vor, von den erwähnten 5 Mitgliedern 2 aus den Presbyteren und Hieromonachen zu wählen und als Beisitzer zu ernennen (Art. 3. 4). Sonst hätte, bei der Anwesenheit von 5 Prälaten bei der Synode, fortwährend die Hälfte der Diöcesen ohne Vorsteher bleiben müssen. Die Mitglieder der Synode, obwol vom König ernannt, sollten doch nicht königliche Beamte sein. Sie sollten vielmehr schwören: „— treue Bewahrung der Rechte und Freiheiten der orthodoxen morgenländischen apostolisch-katholischen Kirche im Königreiche Griechenland, Aufrechterhaltung ihrer Unabhängigkeit von jeder auswärtigen Gewalt, gewissenhafte Beförderung des Wohles derselben" u. s. w. (Art. 8). Nur der der Synode beigegebene Staatsprocurator und Secretair sollten wirkliche königliche Beamte sein, und daher den gewöhnlichen Beamteneid leisten (Art. 6. 8). Der Staatsprocurator sollte, ohne ein Stimmrecht zu haben, zum Zwecke der Oberaufsicht den Staat bei der Synode repräsentiren, der Secretair aber der Synodalkanzlei vorstehen und an den Berathungen Theil nehmen, ohne jedoch eine entscheidende Stimme zu haben (Art. 7). Die Anerkennung der Unabhängigkeit der griechischen Kirche im Königreiche Griechenland von Seiten des Patriarchen und der Synode zu Constantinopel ist erst im J. 1850 erfolgt. Die griechische Staatsregierung setzte nämlich durch ein Schreiben vom 30. Mai (11. Juni) 1850 [25] den Patriarchen und die Synode zu Constantinopel von der Niedersetzung einer eigenen Synode für das Königreich Griechenland, von der Genehmigung dieser Einrichtung durch die Repräsentanten des griechischen Volkes im J. 1843 in Kenntniß, und beantragte Anerkennung dieser Einrichtung von Seiten des Patriarchen und der Synode unbeschadet des dem Patriarchen zustehenden Vorranges als Oberhaupt der morgenländischen Kirche. Hierauf erfolgte, unter dem Patriarchen Anthimus durch einen Tomos synodikos der Synode zu Constantinopel vom 29. Juni (11. Juli) 1850 die Anerkennung der Synode des Königreiches Griechenland als einer selbständigen und unabhängigen [26]. — Am 6. Aug. (25. Juli) 1833 wurde die erste Synode für das Königreich Griechenland ernannt, und zwei Tage nachher feierlich eingesetzt. Nach Einsetzung der höchsten geistlichen Behörde erging auch eine Geschäftsordnung für dieselbe. Zwar enthielt schon die Declaration selbst einige Fundamentalbestimmungen (Art. 2—7); es mußte aber auch die Art der Ertheilung des königlichen Placet und der königlichen Bestätigung, dann die Requisitionen an die weltlichen Behörden und die Correspondenz mit ihnen, geordnet werden. In minder wichtigen Fällen sollte der Staatsprocurator handeln, in wichtigeren das Staatsministerium des Kirchen- und Schulwesens, und nur die wichtigsten Fälle wurden dem König selbst vorbehalten [27]. Hierauf erfolgte die Eintheilung der Diöcesen des Reiches [28]. Ihre Anzahl wurde definitiv auf 10 festgesetzt und bestimmt, daß jeder Kreis eine Diöcese bilden, jede Diöcese den Namen des Kreises führen, und der Sitz des Bisthums an dem Hauptorte des Kreises sein solle. Da sich indessen nach und nach 33 griechische Bischöfe eingestellt hatten, welche des Unterhaltes bedurften, so wurden für diejenigen, welche noch fähig waren, einem Bisthume vorzustehen, 40 provisorische Bisthümer geschaffen, für die übrigen aber in anderer Weise gesorgt [29]. Im Falle der Erledigung eines dieser provisorischen Bisthümer sollte dasselbe jedoch nicht wieder besetzt, sondern mit dem definitiven Bisthum des Kreises, dessen Bischof in der Kreishauptstadt seinen Sitz hat, vereinigt werden. Da nach der Declaration (Art. 10. 16.) die Bischöfe von der Synode präsentirt und ordinirt, von dem König aber ernannt werden sollten, so hatten diese eine doppelte Stellung, einerseits gegen die Kirche, andererseits gegen den König. Deshalb wurde auch ein doppelter Eid vorgeschrieben, einer für die weltliche Obrigkeit, ein anderer für die Kirche. Der Eid der Treue sollte in die Hände des Staatssecretairs des Kirchen- und Schulwesens oder

25) Abgedruckt in neugriechischer Sprache bei *Rhalli et Potles*, Coll. can. eccl. graec. T. V. p. 177. Note 1. 26) Dieser sogen. Tomos ist herausgegeben in neugriechischer Sprache bei *Rhalli et Potle*, Coll. can. T. V. p. 177—185. 27) Verordnung über den Geschäftsgang der Synode v. 15. (27.) Aug. 1833. Sie ist mitgetheilt von Maurer Bd. 3. S. 259. 28) Die Verordnung v. 20. Nov. (2. Dec.) 1833. 29) Die Namen dieser provisorischen Bisthümer theilt mit Maurer Bd. 2. S. 170—174.

eines von diesen beiden Nomarchen abgelegt werden; der der Kirche zu leistende Eid aber in die Hände der Synode oder eines von dieser dazu beauftragten Prälaten [30]. — Zur Unterstützung und Beratung der Bischöfe wurden noch zwei geistliche Würden geschaffen, oder vielmehr, da sie der griechischen Kirche niemals fremd gewesen sind, wieder eingeführt, nämlich Protosynkellen und Archidiakone [31]. Es sollten derselben [illegible], für jeden Kreis oder jedes besondere Bisthum einer sein, und dieselben in der Regel an dem Hauptorte des Kreisbisthums ihren Amtssitz haben. Der Protosynkellos sollte der geistliche Rath des Bischofs und bei dessen Verhinderung sein Stellvertreter sein, nöthigenfalls auch die Functionen des Archidiakonus verrichten. Der Archidiakonus dagegen hatte als erster Secretair des Bischofs die bischöfliche Kanzlei zu leiten und das Archiv zu bewahren. Beide sollten bei großen Festen und besonderen Feierlichkeiten auch an den gottesdienstlichen Verrichtungen Theil nehmen, und auf die Präsentation der Synode, wie die Bischöfe selbst, vom König ernannt werden. Auch sie hatten einen doppelten Eid in die Hände derselben Behörden zu leisten, wie die Bischöfe [32].

2) Griechische Klöster. Bei der Ankunft des Königs Otto und der Regentschaft in Griechenland gab es daselbst etwa 400 Mannsklöster, und etwa 30 bis 40 Frauenklöster. Die Nonnenklöster waren sämmtlich sehr arm, die Mannsklöster dagegen insgemein sehr reich. Die meisten Klöster hatte der Peloponnes; dann kamen die Inseln und zuletzt erst das griechische Festland. Schon der Nationalcongreß zu Argos hatte durch Decret vom 2. (14.) Aug. 1829 den Präsidenten Capodistria ermächtigt, zu Gunsten der Kirche, der Schulen und der Staatsbedürfnisse über die Einkünfte der Kirchen und Klöster zu verfügen, um daraus eine unter der Aufsicht des Staates stehende Kasse zu errichten. Dieses Decret war, wie so viele andere, unvollzogen geblieben. Die Regentschaft schritt nun zu dessen Ausführung. Sie verordnete deßhalb, daß die Güter derjenigen Klöster, in denen sich entweder gar keine Mönche, oder nicht mehr als 5 vorfänden, verpachtet werden und die Pachtgelder in die für das Kirchen- und Schulwesen errichtete Kasse fließen sollten. Die Mönche der auf diese Weise in Pacht zu gebenden Klöster sollten sich in ein anderes Kloster begeben, und in dieser Beziehung freie Wahl haben. Bei dieser Verpachtung sollten ferner die in einem Kloster befindlichen Mönche, welche den Pacht übernehmen wollten, den Vorzug vor jedem anderen Bewerber um den Pacht haben, und in diesem Falle sogar dann ihren Wohnsitz im Kloster beibehalten dürfen, wenn sich auch keine 5 Mönche darin vorfinden sollten. Die übrigen beibehaltenen Klöster sollten aber 10 Procent von ihren jährlichen Einkünften in die erwähnte Kasse einzuschießen verbunden sein. Die für diese Kasse erhobenen Gelder sollten blos für kirchliche und Unterrichtszwecke verwendet, und darüber nur auf Anweisung des Staatsministeriums des Kirchen- und Schulwesens verfügt werden dürfen. Diese Grundsätze wurden Anfangs, da sie diese Bestimmung eines früheren Beschlusses des Nationalcongresses waren, nicht öffentlich bekannt gemacht, später noch in einer bekannt gemachten Verordnung wiederholt [33]. So wurden die früheren 400 Mannsklöster auf etwa 82 vermindert. — Die Frauenklöster waren arm und in einem sehr zerrütteten Zustande. Auf Antrag der heiligen Synode erfolgte eine Organisation sämmtlicher Nonnenklöster [34]. Darnach sollten künftig nur noch drei Frauenklöster bestehen, in jedem der drei Hauptbestandtheile Griechenlands eines. Die beizubehaltenden Klöster sollte die Synode bezeichnen, was sie auch gethan hat. Nur für den Fall, daß die bezeichneten drei Klöster zur Aufnahme der vorhandenen Nonnen nicht hinreichten, sollte noch ein viertes Kloster, jedoch nur provisorisch, beibehalten werden. Die Nonnen, welche noch nicht 40 Jahre alt waren, sollten auf Antrag der Synode aufgefordert werden, wieder in die Welt zurückzukehren, was auch den älteren Nonnen gestattet wurde. An die Spitze eines jeden Klosters wurde ein von der Synode zu ernennender und aus der Klosterkasse zu besoldender Verwalter (οἰκονόμος) gestellt, welcher die unmittelbare Aufsicht über das Kloster führen, die Leitung sämmtlicher Angelegenheiten desselben besorgen, und insbesondere auch, im Einverständniß mit dem Diöcesanbischof, den Beichtvater des Klosters bezeichnen sollte. Hinsichtlich der geistlichen Angelegenheiten sollte dieser Oekonomos, wie das Kloster überhaupt, unter dem Diöcesanbischof und unter der heiligen Synode stehen; in Beziehung auf die weltlichen Angelegenheiten des Klosters aber unter dem Nomarchen und unter dem Staatsministerium des Kirchen- und Schulwesens. Für die Stelle der Aebtissin sollten die Nonnen eines Klosters, nach Mehrheit der Stimmen, aus ihrer Mitte drei Candidatinnen vorschlagen, aus welchen die Synode die Aebtissin selbst zu erwählen hatte. Die Rechte und Verbindlichkeiten der Aebtissin, sowie die Disciplin und Ordnung im Kloster überhaupt, die Erfordernisse zur Aufnahme der Nonnen u. s. w. sollten von der heiligen Synode, den alten kirchlichen Vorschriften gemäß, erst noch bestimmt und geordnet werden. — Hinsichtlich der im Privatbesitze befindlichen Kirchen und Klöster, welche sich in Griechenland, namentlich auf den Inseln, vorfanden, wurde durch eine Verordnung vom 26. April (8. Mai) 1834 bestimmt, daß alle Privatkirchen und Klöster, an denen der Besitzer das Eigenthum nachzuweisen vermöge, demselben ungestört bleiben und den hinsichtlich der Verpachtung der Klostergüter angeordneten Maßregeln nicht unterliegen sollten. Ferner wurde verordnet, daß dergleichen Privatkirchen und Klöster künftig nicht mehr für öffentliche Zwecke, sondern nur als Bethäuser oder Einsiedeleien benutzt werden sollten. Außerdem sollten

30) Verordnung v. 21. Nov. (3. Dec.) 1833. Art. 2. 31) Verordnung v. 8. (20.) Jan. 1834. 32) Von eben dieser Verordnung v. 8. (20.) Jan. 1834. Art. 2.

33) Verordnung v. 6. (18.) Febr. 1834. ι [illegible] 34) Verordnung v. 24. Febr. (8. März) 1834, mitgetheilt von Maurer B. 2. S. 262—263.

sie nicht mehr den Namen Klöster führen, auch nicht mehr zur Wohnung von Mönchen dienen. Alle Kirchen und Klöster endlich, welche einmal für den öffentlichen Gottesdienst benutzt werden, oder sogenannte Enoriale (ἐνοριακά) geworden sind, oder welche aus irgend einem Grunde aufgehört haben, unter der unmittelbaren Leitung derjenigen zu stehen, welche Eigenthumsrechte an ihnen zu haben behaupten, sollen künftig als öffentliche Kirchen und Klöster betrachtet und als solche behandelt werden.

3) Schul- und Unterrichtswesen. Um die zweckmäßigsten Mittel zur Verbesserung des völlig darniederliegenden Unterrichtswesens zu erforschen, wurde schon im März 1833 eine Commission niedergesetzt, und dieser die verschiedenen Bildungsanstalten, worauf sie ihr Hauptaugenmerk richten sollte, nämlich Volksschulen, hellenische Schulen, Gymnasien und eine Universität ausdrücklich vorgezeichnet [35]). Diese Commission berathschlagte mehrere Monate. Einstweilen suchte man die Institute, welche die Zeit vor der Ankunft der Regentschaft vorausgegangenen Anarchie überstanden hatten, möglichst vor dem völligen Untergange zu retten. In Aegina bestand noch, wiewol in einem sehr dürftigen Zustande, und fast ohne alle Schüler, die sogenannte Centralschule. Von Männern von Namen befand sich aber daselbst nur noch Georg Gennadios und Oekonomos. Gennadios wurde an die Spitze der Anstalt als Director gestellt, und, wie die übrigen Lehrer, aus der Staatskasse besoldet. Den in Aegina vorgefundenen Lehrern wurden nach und nach mehrere hinzugefügt. Das in Aegina befindliche Waisenhaus, welches sich im Zustande größter Zerrüttung befand, und weder Handwerksmeister, noch Gelehrte, wie es Capodistrias beabsichtigt hatte, erzielte, wurde durch eine Verordnung ganz neu organisirt [36]). Zu den vorgefundenen alten Anstalten kamen aber auch noch neue hinzu. Den Anfang machte man mit einer hellenischen Schule und einem Gymnasium in Nauplia. Nachdem man seit dem Juli 1833 Professoren dazu gesucht und endlich das nöthige Personal gefunden hatte, erfolgte die Organisation beider Schulen und die Ernennung der Professoren [37]). Unterrichtsgegenstände sollten in der hellenischen Schule das Alt- und Neugriechische, in den beiden letzten Classen auch das Lateinische, außerdem aber noch Religion, Rechnen, Geographie und Kalligraphie sein. Im Gymnasium sollte aber gelehrt werden, außer dem Alt- und Neugriechischen, das Lateinische, Deutsche und Französische, ferner Religion, Geschichte nebst Geographie, Mathematik, dann die Anfangsgründe der Physik, Chemie und Naturgeschichte. Obgleich man bereits im Juli 1833 mit der Bildung dieser Schulen begonnen hatte, so konnte man doch erst im März 1834 dieselben wirklich eröffnen, weil man, nachdem die schon gefundenen Lehrer ihre Zusage wieder zurückgenommen hatten, noch neue Lehrer zu suchen genöthigt war. Im Januar 1834 wurde für die in Aegina angesiedelten Ipsarioten eine eigene Schule errichtet. Ebenso gründete man für die in Nauplia in bedeutender Anzahl sich vorfindenden deutschen Familien eine deutsche Schule daselbst [38]). Außer diesen in Griechenland selbst errichteten Lehr- und Erziehungsanstalten wurde aber auch die Erziehung junger Griechen im Auslande nicht vernachlässigt. Zu diesem Zwecke wurde schon bald nach der Errichtung der Regentschaft dem Director der in München bestehenden griechischen Erziehungsanstalt ein Gehalt ausgeworfen, und dieser später um das Doppelte vermehrt. Später, im September 1833, beschloß die Regentschaft, an dieser Anstalt auf griechische Kosten 24 Freistellen für solche Knaben zu errichten, deren Väter im Befreiungskriege entweder gefallen wären, oder sich sonst um das Vaterland verdient gemacht hätten. Noch in demselben Jahre gingen 24 Jünglinge und Knaben aus den berühmtesten griechischen Familien nach München, denen bald wieder mehrere folgten. Außerdem wurden noch viele erwachsene Jünglinge zu ihrer weiteren Ausbildung auf deutsche Universitäten gesendet, und gleichfalls aus der griechischen Staatskasse unterstützt. Dem vom Staate gegebenen Beispiele der Sorge für Unterricht und Bildung folgten, nach Wiederherstellung der Ruhe und Ordnung im Lande, auch manche Gemeinden und Bezirke. Schnell nach einander erhoben sich etwa 20 von ihnen unterhaltene Schulen in den verschiedenen Theilen Griechenlands, unter ihnen auch einige hellenische Schulen, und eine Art von Gymnasium in Syra. Es fehlte indessen sehr an tüchtigen griechischen Lehrern, und dieser Mangel, sowie das bei den Griechen herrschende Vorurtheil gegen Fremde, stand dem Gedeihen guter Lehranstalten in Griechenland hauptsächlich im Wege. Die Regentschaft entschloß sich daher zur gründlichen Reform des Unterrichtswesens, wobei ein Hauptaugenmerk auf die Bildung tüchtiger Lehrer gerichtet wurde. Den Anfang machte man mit dem Volksschulwesen, welches durch ein eigenes Gesetz organisirt wurde [39]). Dessen Hauptbestimmungen sind folgende. Es sollten nach und nach in jeder Gemeinde, und zwar in der Regel auf Kosten der Gemeinde selbst, Volksschulen errichtet werden, und alle Kinder von 5 bis 12 Jahren schulpflichtig sein. Unterrichtsgegenstände sollten sein: Religion, Elemente der griechischen Sprache, Lesen, Schreiben, Rechnen, das gesetzliche System der Maße und Gewichte, Linearzeichnen und Singen, wo möglich auch die Anfangsgründe der Geographie, der Geschichte von Griechenland, und das zur Volksbildung Nothwendigste aus den Naturwissenschaften gelehrt werden. Am Ende eines jeden Halbjahres sollten Prüfungen stattfinden. Die Volksschullehrer wurden, nach ihrer Befähigung, und nach dem ihrer Befähigung entsprechenden Wirkungskreis in drei Classen eingetheilt, Kreis- und Bezirksschullehrer, dann Schullehrer der Gemeinden er-

35) Verordnung v. 27. März (8. April) 1833. 36) Verordnung v. 23. Oct. (4. Nov.) 1833. Das Nähere über die Organisation siehe bei Maurer Bd. 2. S. 134—136. 37) Verordnung v. 21. Nov. (3. Dec.) 1833.

38) Verordnung v. 1. (13.) Febr. 1834. 39) Gesetz v. 6. (18.) Febr. 1834, mitgetheilt von Maurer Bd. 2. S. 260—263.

ter Klasse, endlich Schullehrer der Gemeinden zweiter und dritter Klasse. Die Bezirksschullehrer sollten die Aufsicht über die Gemeindeschullehrer ihres Bezirks, und die Kreisschullehrer die Aufsicht über sämmtliche Schullehrer ihres Kreises führen. Ueber allen aber sollte der Oberschulinspector stehen. Außerdem aber sollten Schulinspectionen an der Seite eines jeden Schullehrers errichtet werden; an der Seite der Gemeindeschullehrer eine Localschulinspection, bestehend aus dem Bürgermeister als Vorstand, aus dem Ortsgeistlichen und aus 2 bis 4 von dem Gemeinderathe zu ernennenden Gemeindebürgern; an der Seite der Bezirksschullehrer eine Bezirksschulinspection, bestehend aus dem Eparchen als Vorsitzenden, aus dem Friedensrichter am Sitze der Eparchie, aus einem von dem Nomarchen zu bezeichnenden Geistlichen und einem Lehrer einer hellenischen Schule des Bezirks, endlich aus 2 bis 4 von dem Bezirksrathe zu ernennenden Bezirksbürgern; an der Seite der Kreisschullehrer eine Kreisschulinspection, bestehend aus dem Nomarchen als Vorsitzenden, dann aus dem Bezirksgerichtspräsidenten und Staatsprocurator, aus einem in der Nomarchie angestellten und von dem Staatsministerium des Kirchen- und Schulwesens zu bezeichnenden Geistlichen und Professor an einem Gymnasium oder an der Universität, endlich aus 2 bis 4 von dem Kreisrathe zu ernennenden Kreisbürgern. An die Spitze des Volksschulwesens stellte man ein Schullehrerseminar, bestehend aus einem Director und der nöthigen Anzahl Professoren, von welchen Einer, des Religionsunterrichtes wegen, geistlichen Standes sein sollte. Der Director dieses Seminars sollte zu gleicher Zeit Oberschulinspector und Referent über Volksschulangelegenheiten im Ministerium des Kirchen- und Schulwesens sein. Das Gesetz über das Volksschulwesen kam auch zur Ausführung. Auch an die definitive Organisation des gelehrten Schulwesens wurde gedacht und Manches unter der Regentschaft vorbereitet, was erst später zur Ausführung kam [40].

V) Rechtszustand.

1) Gerichtswesen im Allgemeinen. Bei der Ankunft des Königs Otto und der Regentschaft gab es gar keine Gerichte (vergl. den vorigen §. a. 6.); es war ein Zustand der Auflösung aller Justiz. Es bedurfte daher schleuniger Hülfe. Schon wenige Wochen nach der Ankunft des Königs und der Regentschaft wurden drei Gerichtshöfe, zu Nauplia, Theben und Missolunghi, eingesetzt, und zu gleicher Zeit strenge Strafgesetze gegen die Räuber erlassen [41]. Jeder dieser Gerichte sollte aus einem Präsidenten, vier Richtern, einem Staatsprocurator und einem Gerichtsschreiber bestehen [42]. Im Falle der Verhinderung eines Richters sollte der Friedensrichter des Ortes eintreten [43]. Da jedoch diese Maßregel, im Falle der Verhinderung zweier Richter, noch nicht genügte, so wurden später bei jedem Gerichte noch eigene Ergänzungsrichter ernannt [44], und aus ihnen, bei künftigen Ernennungen, die Richter genommen. Zur Vertretung des Staatsprocurators, sowol in als außer der Sitzung, wurden Substituten ernannt [45], und deren Geschäftskreis genauer bestimmt. Die Staatsprocuratoren und ihre Substituten sollten die Verfolgung und vorläufige Ermittelung der Verbrechen und Vergehen, dann die Anklage der Angeschuldigten in der Sitzung, endlich die Vollstreckung der gesprochenen Urtheile zu besorgen haben [46]. Der ursprüngliche Zweck dieser Gerichte war die Bestrafung der gegen die öffentliche Sicherheit im Innern des Staates unternommenen Verbrechen und Vergehen [47]. Bald nachher aber dehnte man ihre Zuständigkeit auf alle Verbrechen und Vergehen aus. Ferner wurde verordnet, daß diese Gerichte auch in Civilsachen erkennen sollten, wenn die Parteien sich freiwillig ihrer Jurisdiction unterwerfen wollten [48], oder wenn von der Erlassung conservatorischer Acte die Rede sein sollte [49]. Das Verfahren in Strafsachen sollte summarisch sein, in öffentlicher Sitzung stattfinden, und das Urtheil nach Mehrheit der Stimmen gefällt werden. Im Uebrigen aber sollte die Strafproceßordnung vom 6. (18.) Mai 1829 zur Anwendung kommen [50]. Das Verfahren in Civilsachen sollte gleichfalls öffentlich sein, im Uebrigen aber nach Vorschrift der Civilproceßordnung vom 15. (27.) Aug. 1830 verfahren werden [51]. Die Strafgerichte sollten namentlich auch über diejenigen gemeinen Verbrechen und Vergehen erkennen, welche von Militairpersonen oder bei dem Heere Angestellten im Urlaub, oder von einem Deserteur, oder von Militairpersonen gemeinschaftlich mit Personen aus dem Civilstande begangen worden sind [52]. Ebenso sollten sie erkennen über die von griechischen Unterthanen auf türkischem Gebiete verübten Verbrechen und Vergehen, und zwar nach den in Griechenland geltenden Strafgesetzen, ganz auf dieselbe Weise, als wenn sie im Königreiche selbst begangen worden wären. Dagegen sollte aber kein griechischer Unterthan an eine türkische Behörde zur Bestrafung ausgeliefert werden. Es sollte sogar nicht einmal die Auslieferung türkischer Unterthanen, welche sich auf das griechische Gebiet geflüchtet hätten, ohne höhere Ermächtigung stattfinden. Eine Ausnahme sollte nur dann eintreten, wenn durch Staatsverträge etwas Anderes bestimmt werden würde [53]. Nachdem die erwähnten drei Gerichtshöfe in Gang gebracht waren, wurde auch an die übrigen Zweige der Rechtsverwaltung Hand angelegt, namentlich an die aus früheren Zeiten vorgefundenen Friedensrichter, Notare und Handelsgerichte. Den Friedensrichtern, welche den Mangel der ordentlichen Civilgerichte einigermaßen ersetzen, oder wenigstens ihren

40) G. Maurer Bd. 2. S. 214 fg. 41) Verordnung v. 9. (21.) Febr. 1833. 42) Verordnung v. 9. (21.) Febr. 1833. Art. 8. 43) Verordnung v. 22. Febr. (6. März) 1833. Art. 3. 44) Verordnung v. 10. (22.) Jan. 1834.

45) Verordnung v. 20. Mai (1. Juni) 1833. 46) Verordnung v. 9. (21.) Febr. 1833. Art. 8. 47) Verordnung v. 22. Febr. (6. März) 1833. Art. 7. 48) Ang. Verordnung Art. 2. 49) Verordnung v. 11. (23.) Juni 1833. 50) Verordnung v. 9. (21.) Febr. 1833. Art. 8, 9. Verordnung v. 22. Febr. (6. März) 1833. Art. 1. 51) Verordnung v. 22. Febr. (6. März) 1833. Art. 2. Verordnung v. 11. (23.) Juni 1833. 52) Verordnung v. 2. (14.) Juni 1834. 53) Verordnung v. 4. (16.) Febr. 1834.

Mangel weniger fühlbar machen, ließ man nicht nur ihre vorgefundene, sehr ausgedehnte Competenz, sondern erweiterte sogar dieselbe noch bedeutend. Sie erhielten insbesondere noch die Bestrafung aller Zuwiderhandlungen gegen die Reinlichkeits-, Gesundheits- und Bau-Polizei [54]), sowie auch, wenigstens bis zum Erscheinen der Civilproceßordnung, die Entscheidung sämmtlicher Civilhandelsstreitigkeiten [55]). Außerdem wurden allenthalben Friedensrichter ernannt, wo dieselben nothwendig waren. Man nahm sogar im Januar 1834 eine ganz neue und durchgreifende Organisation mit denselben vor [56]). Ebenso ernannte man Notare an allen den Orten, wo man ihrer bedurfte. Das einzige, in früherer Zeit bestandene Handelsgericht in Syra befand sich, wie bei Ankunft der Regentschaft alle Gerichte, in dem Zustande völliger Auflösung. Auch dieses Gericht wurde wieder organisirt, und regelmäßig alle Vierteljahre, den bestehenden Gesetzen gemäß, wieder erneuert. Auch an die Gerichtsgebäude und Gefängnisse wurde gedacht. Gerichtsgebäude fanden sich bei Ankunft der Regentschaft in Griechenland ebenso wenig, als Gerichte. Es wurden daher schleunigst an den Sitzen der drei provisorisch errichteten Gerichtshöfe solche eingerichtet. Die Gefängnisse befanden sich in einem schauderhaften Zustande. Auch hier half die Regentschaft einstweilen der dringendsten Noth ab. Dann wurde in Nauplia ein neues Untersuchungsgefängniß erbaut; in Chalcis richtete man einige Gefängnisse neu ein, sowie einen Thurm in Athen. Von den Untersuchungsgefängnissen getrennt sollten auch noch mehrere Correctionsgefängnisse eingerichtet werden, drei für die zu bloßer Correctionsstrafe Verurtheilten, und eines für die schwereren Verbrecher. Von den drei Correctionsgefängnissen sollte eines für den Peloponnes, ein anderes für das griechische Festland, ein drittes auf den Inseln errichtet, und dazu, wo möglich, alte Bergfestungen verwendet werden. So wie für den regelmäßigen Lauf der Justiz gesorgt wurde, so trug man auch für außergewöhnliche Fälle durch Erlassung eines Gesetzes über die Anordnung eines Standrechtes Sorge [57]). Ein solches Standrecht sollte in zwei Fällen angeordnet werden; erstens, wenn ein Aufruhr an Umfang und Hartnäckigkeit so weit gediehen ist, daß außerordentliche Maßregeln zur Herstellung der Ruhe und Sicherheit nothwendig sind; zweitens, wenn in gewissen Gegenden Mord, Raub, Straßenräuberei oder Brandstiftung ungewöhnlich überhand genommen, zumal wenn sich ganze Banden zu solchen Verbrechen vereinigt haben, und die gewöhnlichen Mittel zur Wiederherstellung der öffentlichen Sicherheit erfolglos geblieben sind. Durch die Anordnung eines Standrechtes sollte die ordentliche Strafgerichtsbarkeit hinsichtlich derjenigen Verbrechen und hinsichtlich derjenigen Bezirke, für welche dasselbe namentlich angeordnet wurde, außer Wirksamkeit treten. Alle diejenigen, welche sich nach verkündetem Standrechte eines solchen Verbrechens schuldig gemacht, oder auch dabei nur Hilfe geleistet hätten, sollten binnen 24 Stunden vor Gericht gestellt und mit dem Tode bestraft werden. Die Anordnung und Aufhebung des Standrechtes sollte in der Regel nur dem König zustehen; nur bei Gefahr auf dem Verzuge war auch der Nomarch zu dessen Anordnung berechtigt. Das Standrecht wurde zusammengesetzt aus einem Präsidenten, einem Staatsprocurator, zur Hälfte aus den Richtern eines Criminalgerichts, zur anderen Hälfte aber aus Richtern, welche aus den Oberofficieren des Heeres zu nehmen waren, und aus einem Gerichtsschreiber. Nach den nöthigen Ernennungen und Beeidigungen sollte die Eröffnung des Standrechtes unter Trommelschlag und Trompetenschall verkündet, und sodann an dem zum Gerichtssitze bestimmten Orte auf einem öffentlichen Platze eine weiße Fahne aufgesteckt werden. Das Verfahren des standrechtlichen Gerichtes sollte sehr summarisch sein. Alle Behörden des Staates und der Gemeinden sollten den Requisitionen des Standrechtes schleunigst zu entsprechen verbunden sein. Rechtsmittel und Gnadengesuche sollten in der Regel nicht stattfinden. Zwei Stunden nach Fällung des Urtheils sollte dasselbe vollzogen werden. Die Regentschaft hat von diesem Standrechte nicht häufig Gebrauch gemacht.

2) Rechtsquellen. Der Zustand der Rechtsquellen im Königreiche Griechenland war, bei der Ankunft des Königs und der Regentschaft, ganz derselbe, wie er in dem vorigen Paragraphen beschrieben worden ist. Hinsichtlich des Handbuches des Harmenopulos wurde dessen Gültigkeit bis dahin, daß ein Civilgesetzbuch publicirt werden würde, ausdrücklich bestätigt, und die weltlichen Gesetze der byzantinischen Kaiser nur insoweit, als sie in dem Handbuche des Harmenopulos enthalten sind, anerkannt [58]). Die Gültigkeit des canonischen Rechts blieb nach der hergebrachten Weise. Bei mehreren Gelegenheiten wurde, in geistlichen Sachen, sogar ausdrücklich auf dasselbe verwiesen [59]). Auch das griechische Gewohnheitsrecht wurde als die zunächst zu berücksichtigende Rechtsquelle ausdrücklich anerkannt, soweit es in langdauernder ununterbrochener Uebung bestanden hätte, oder durch richterliche Erkenntnisse anerkannt wor-

54) Verordnung v. 6. (18.) März 1833. Art. 11—14. 55) Verordnung v. 12. (24.) Dec. 1833. 56) Verordnung v. 8. (20.) Jan. 1834. 57) Gesetz v. 5. (17.) Sept. 1833.

58) Gesetz v. 23. Febr. (7. März) 1835. Art. 1. „Οἱ πολιτικοὶ νόμοι τῶν Βυζαντινῶν αὐτοκρατόρων, οἱ περιεχόμενοι εἰς τὴν ἑξάβιβλον τοῦ Ἁρμενοπούλου, θέλουσι ἰσχύει μέχρις οὗ δημοσιευθῇ ὁ πολιτικὸς κώδηξ, τοῦ ὁποίου τὴν σύνταξιν διετάξαμεν. [illegible]“ Daher hat auch Klonaris die Hexabiblos in das Neugriechische übersetzt (s. §. 51 unter 20.) und Heimbach jun. hat im Auftrage der griechischen Staatsregierung im J. 1850 den Harmenopulos herausgegeben (vergl. §. 47). 59) Declaration über die Unabhängigkeit der griechischen Kirche v. 23. Juli (4. Aug.) 1833. Art. 16. Verordnung v. 15. (27.) Aug. 1833. Art. 1. Verordnung v. 21. Nov. (3. Dec.) 1833. Art. 2. Auch wird in dem Schreiben der griechischen Staatsregierung an den Patriarchen und die Synode zu Constantinopel wegen Anerkennung der Unabhängigkeit und Selbständigkeit der griechischen Kirche im Königreiche Griechenland v. 30. Mai 1850 auch die fortdauernde Gültigkeit des canonischen Rechts anerkannt. S. Rhallis et Potlis, Coll. can. eccl. graec. T. V. p. 179. flg.

den wäre 60). Das Gewohnheitsrecht sollte festgestellt und, so viel nur immer möglich, zu Papier gebracht werden, theils um den bestehenden Rechtszustand zu erforschen und für die Zukunft sicher zu stellen, theils um eine künftige Civilgesetzgebung vorzubereiten, wenn sie anders praktisch und gerecht, überhaupt möglich sein sollte. Die hierbei zu überwindenden Schwierigkeiten und die wenigstens von einigen Behörden angewendete Sorgfalt ist bereits früher geschildert worden (vergl. §. 52 unter II). Das bestehende Gewohnheitsrecht konnte nicht überall ermittelt werden. Aus manchen Provinzen und Städten kamen gar keine Berichte; in anderen Gegenden verhinderte es das Privatinteresse, der Sache völlig auf den Grund zu kommen. Auch der französische Code de commerce blieb nach wie vor im Gebrauche. Derselbe war jedoch schlecht in das Neugriechische übersetzt, und in dem Gesetzbuche selbst Manches vorhanden, was für die kleineren griechischen Verhältnisse nicht ganz passend schien. Daher wurde eine neue griechische Uebersetzung und eine Revision des Gesetzes angeordnet. Dieselbe erschien jedoch nebst einem Gesetze über die Competenz der Handelsgerichte erst nach dem Aufhören der Wirksamkeit der Regentschaft, im J. 1837 61). Eine Hauptrechtsquelle wurde, seit der Ankunft des Königs und der Regentschaft, die Gesetzgebung. Das Bedürfniß neuer Gesetzbücher für das Verfahren und das Strafrecht geht aus demjenigen hervor, was über den kläglichen Zustand der Gesetze und Verordnungen im vorigen Paragraphen berichtet worden ist. Die öffentliche Meinung, das Staatsministerium und die Nationalversammlung hatten daher sich gegen die bestehende Justizverfassung ausgesprochen, die Niedersetzung einer Commission zur Abfassung neuer Gesetze beschlossen, und bis zur Ankunft des Königs und der Regentschaft die Gerichte selbst gänzlich geschlossen. In gleichem Sinne berichtete der Regentschaft bei ihrer Ankunft der damalige Justizminister Klonaris 62). Das Justizministerium erhielt daher von der Regentschaft den Auftrag, die nöthigen Gesetzentwürfe vorzubereiten, und der Regentschaft zur Genehmigung vorzulegen. Es sind auch solche Entwürfe nach und nach ausgearbeitet und als Gesetze publicirt worden. Das Nähere kommt in der folgenden Darstellung vor.

B) Gerichtsverfassung. Von den in der ersten Zeit der Regentschaft errichteten drei Gerichtshöfen, von den aus früherer Zeit vorgefundenen Friedensrichtern und Notaren, sowie von dem in Syra bestandenen Handelsgerichte war vorhin unter I. die Rede. Durch die Gerichts- und Notariatsordnung vom 21. Jan. (2. Febr.) 1834 Art. 312 wurden alle bis dahin einschlagenden Verordnungen und anderen gesetzlichen Bestimmungen aufgehoben 63). Nach dieser Gerichtsordnung sollten Civil- und Criminalgerichte, sowie zur Besorgung der freiwilligen Gerichtsbarkeit, Notariate errichtet werden. Bei der ganzen Organisation ging man aber theils von den vorgefundenen Elementen, theils von demjenigen aus, was die Griechen selbst, während des ganzen Freiheitskampfes, erstrebt hatten, wozu insbesondere auch das Institut der Staatsprocuratur gehörte. An die Spitze des gesammten Gerichtswesens, jedoch seinerseits wieder unter dem Justizministerium, wurde ein Cassationsgericht gestellt, bestehend aus einem Präsidenten, Vicepräsidenten, 5 Räthen, einem Supplenten, einem Generalstaatsprocurator, einem Substituten und einem Gerichtsschreiber (Art. 1. 2. 9. 29). Dieses Cassationsgericht erhielt den Namen ὁ Ἄρειος πάγος zum Andenken an den alten Areopag, welcher ja auch der Hüter und Wächter der Gesetze sein sollte 64). Für die Verwaltung der Civilrechtspflege sollten errichtet werden wenigstens zwei Appellationsgerichte, in jeder Nomarchie wenigstens ein Bezirksgericht, in jeder Eparchie mindestens ein Friedensgericht, in jedem wichtigen Handelsorte ein Handelsgericht. Die Amtssitze dieser Gerichte sollten durch eine eigene Verordnung bestimmt werden (Art. 1—3). Jedes Appellationsgericht sollte bestehen aus einem Präsidenten, 5 Räthen, einem Supplenten, einem Generalprocurator, einem Substituten und einem Gerichtsschreiber (Art. 8); jedes Bezirksgericht aus einem Präsidenten, 3 Richtern, 4 Supplenten, einem Staatsprocurator und einem Gerichtsschreiber (Art. 6); jedes Friedensgericht aus einem Friedensrichter, 2 Supplenten und einem Gerichtsschreiber (Art. 5); jedes Handelsgericht aus einem Präsidenten, welcher Jurist sein sollte, dann aus 2 Richtern und aus 4 Supplenten, welche Handelsleute sein sollten, endlich aus einem Gerichtsschreiber (Art. 7). Die Richter und Supplenten der Handelsgerichte sollten aus einer Candidatenliste genommen werden, welche in einer Versammlung sämmtlicher Handelsleute des handelsgerichtlichen Bezirkes durch freie Wahl entworfen werden sollte. Um die Theilnahme von Personen, welche nicht dem Handelsstande angehörten, an diesen Versammlungen zu verhindern, sollte jedes Jahr für jede Eparchie ein Verzeichniß der in derselben wohnhaften und zu den handelsgerichtlichen Verrichtungen befähigten Personen von dem zuständigen Eparchen entworfen werden (Art. 10. 12. 14—21). Die Verwaltung der Strafrechtspflege wurde Polizeigerichten, Zuchtpolizeigerichten und Assisengerichten übertragen (Art. 29. 30). Die gehörig besetzten Friedensgerichte sollten die

60) Gesetz v. 23. Febr. (7. März) 1835. Art. 1. Siehe die in Note 53 angeführte Schrift. 61) [illegible] 1837. S. 62) Die Zeitung Sotir v. 27. April 1834. Nr. 27. p. 113 gibt einen Auszug aus diesem Berichte v. 5. Febr. 1833.

63) Diese Gerichts- und Notariatsordnung ist mitgetheilt von Maurer Bd. 2. S. 304—361. 64) Ein alphabetisches Verzeichniß der Entscheidungen des Areopags und der Appellationsgerichte zu Athen und Nauplia ist von Konstantin Jeannides verfaßt und herausgegeben von Demetrius Oekonomos unter dem Titel: [illegible] Athen 1845—1849. Es sind davon 5 Bände zu Athen erschienen.

Functionen der Polizeigerichte übernehmen. Die Stelle des öffentlichen Anklägers dabei sollte in der Regel der Bürgermeister oder Adjunct am Sitze des Polizeigerichts, oder der daselbst etwa angestellte Polizeicommissär, vertreten. Berechtigt zur Anklage sollte aber auch noch jeder andere nach den Bestimmungen der Strafproceßordnung zuständige Polizeicommissär, Bürgermeister, Adjunct, Staatsprocurator, oder endlich auch der Verletzte selbst sein (Art. 21). Jedes Zuchtpolizeigericht sollte aus einem Präsidenten und 4 Richtern, dann aus einem Staatsprocurator und einem Gerichtsschreiber bestehen. Die gehörig besetzten Bezirksgerichte sollten zu gleicher Zeit Zuchtpolizeigerichte sein, und die fehlenden Mitglieder aus den Ergänzungsrichtern des Bezirksgerichts ergänzt werden (Art. 32. 33). Die Assisengerichte sollten aus einem Assisenhofe und einem Geschworenengerichte bestehen; ersterer aus einem Präsidenten, 4 Räthen, einem Staatsprocurator und einem Gerichtsschreiber; letzteres aus 12 Geschworenen (Art. 34. 75). Das Justizministerium sollte den Präsidenten des Assisenhofes, die Räthe und den Gerichtsschreiber ernennen; den Präsidenten aus den Mitgliedern des Appellationsgerichts, die Räthe aber aus den Bezirksrichtern oder Appellationsgerichtsräthen (Art. 36. 37. 38). Hätte das Justizministerium keinen Gerichtsschreiber ernannt, so sollte der Bezirksgerichtsschreiber von Rechtswegen bei dem Assisenhofe die Stelle des Gerichtsschreibers vertreten (Art. 44). Die Functionen eines Staatsprocurators sollte aber der Generalprocurator an dem Appellationsgerichte, oder dessen Substitut, oder der von ihm substituirte Staatsprocurator eines Zuchtpolizeigerichts besorgen (Art. 43). Zu den Verrichtungen eines Geschworenen werden alle diejenigen berufen, welche, ohne eine mit dem Amte eines Geschworenen unverträgliche Stelle zu bekleiden, die Vermuthung der Bildung oder einer gewissen Selbständigkeit für sich haben. Daher gehören dahin alle Lehrer und Professoren der hellenischen Schulen, Gymnasien und der zu errichtenden Universität, alle inländischen Mitglieder der projectirten inländischen Akademie der Wissenschaften, alle Doctoren, sofern sie Inländer sind, alle Inländer, welche einen Grundbesitz von wenigstens 5000 Drachmen Werth, oder ein jährliches Einkommen von wenigstens 1000 Drachmen haben, endlich die Notare (Art. 45. 46). Jedes Jahr sollte für jede Gemeinde ein Verzeichniß der, in derselben wohnhaften, zu den Verrichtungen eines Geschworenen befähigten, Personen durch den Eparchen entworfen und von dem Nomarchen berichtigt werden (Art. 50. 51). Aus diesen Verzeichnissen hat der Kreisrath und der Nomarch, jeder 30 Personen auszuwählen, und diese aus 60 Personen bestehende Liste dem Präsidenten des Appellationsgerichts mitzutheilen (Art. 52—56). Bis zur Herstellung jener Listen aber sollte der Nomarch allein diese 60 Personen bezeichnen (Art. 60). Vier Wochen vor Eröffnung des Assisengerichts sollten aus sämmtlichen, aus den verschiedenen Kreisen eingelaufenen, Listen durch den Präsidenten des Appellationsgerichts in öffentlicher Sitzung 30 Geschworene und 4 Ersatzmänner durch das Loos gezogen werden (Art. 57—59). Das Verzeichniß der Staatsbürger, welche nach dem Ergebniß dieser Ziehung bei der nächsten Sitzung des Geschworenengerichts zu erscheinen haben, sollte sodann gehörig bekannt gemacht werden. Hierauf sollten die durch das Loos Bezeichneten zur Sitzung eingeladen, in der Sitzung selbst aber, wieder durch das Loos, 12 Geschworene für jeden einzelnen Fall gezogen werden (Art. 61—80). Der zweite Abschnitt der Gerichtsordnung handelt von den einzelnen richterlichen Beamten und ihren Amtsverrichtungen. Der Präsident steht an der Spitze des Collegiums, hat die Leitung der Verhandlungen in der Audienz, sowie der Berathung außer der öffentlichen Sitzung; außerdem hat derselbe die Unterschriften zu legalisiren, die Repertorien zu visiren u. s. w. (Art. 81—90). Die Staatsprocuratoren haben das Gesetz und die öffentliche Ordnung in Civil- und Strafsachen bei Gericht zu vertreten. Daher sollten sie die bestehenden Gesetze und Verordnungen überwachen, die Vollziehung der Urtheile in Civil- und Strafsachen betreiben, und jedesmal klagend oder anklagend auftreten oder auf sonstige gesetzliche Weise einschreiten, so oft es das öffentliche Wohl fordert. Sie haben deshalb namentlich die Oberaufsicht über alle richterlichen Beamten und Diener, sowie über die Gerichte selbst. Sie erhielten sogar eine nicht unbedeutende Disciplinargewalt über die richterlichen Beamten, was bei dem gänzlichen Mangel an aller Disciplin in Griechenland durch das Interesse des Dienstes selbst als nothwendig zu rechtfertigen gesucht wurde, wobei aber die Schattenseite übersehen ist, welche darin besteht, daß die richterlichen Beamten dadurch in eine gänzliche Abhängigkeit von der Regierung gerathen konnten. Die Staatsprocuratoren erhielten aus demselben Grunde die oberste Leitung des Gensdarmeriewesens. Ferner steht ihnen die Leitung des ganzen Untersuchungswesens vom Anfange an bis zur Vollstreckung der vom Strafgerichte erlassenen Urtheile zu. Sie haben zu dem Ende über die Gensdarmerie und Gerichtsdiener, sowie nöthigenfalls über die gesammte bewaffnete Macht zu verfügen. Sämmtliche Beamte der Staatsbehörde stehen in hierarchischer Unterordnung und Abhängigkeit. An der Spitze steht, unter der Oberaufsicht des Justizministeriums, der Generalprocurator an dem Cassationsgerichte; unter ihm die Generalprocuratoren an den Appellationsgerichten; unter diesen die Staatsprocuratoren an den Bezirksgerichten; unter diesen wieder die Bürgermeister, Adjuncte und Polizeicommissäre in ihrer Eigenschaft als gerichtliche Polizeibeamte. Jedem dieser General- und Staatsprocuratoren steht zur Beihülfe und Aushülfe ein Substitut zur Seite. Der untergebene Staats- oder Generalprocurator hat die von seinem Obern erhaltenen Weisungen zu vollziehen, und ihm Bericht zu erstatten. Insbesondere soll derselbe alle 8 Tage berichten über die zur Anzeige gekommenen strafbaren Handlungen, alle Vierteljahre über den Zustand der Strafrechtspflege seines Bezirkes, und am Ende eines jeden Jahres auch über die Civiljustizpflege (Art. 91—117). Die Untersuchungsrichter sollten die bei Verbrechen und Vergehen nothwendige Voruntersuchung führen (Art. 118—121). Die Functionen des Gerichtsschreibers sind genau bestimmt (Art. 122—130). Bei jedem Gerichte sollte eine bestimmte Anzahl Anwälte angestellt werden, als öffentliche Beamte, mit der Hauptfunction, ihrer Partei vor Gericht zu berathen, zu vertheidigen und zu vertreten. Jede Partei ist zwar berechtigt, bei Civil- und Strafgerichten selbst aufzutreten, um persönlich alle Gerichtshandlungen vorzunehmen und die Sache dem Gericht mündlich vorzutragen. Will oder muß sie sich aber im einzelnen Falle durch einen Andern vertreten oder Beistand leisten lassen, so darf dieses nur durch einen gehörig recipirten Anwalt geschehen (Art. 131—152). Die freiwillige Gerichtsbarkeit wurde in die Hände der Notare gelegt. In dem Bezirke eines jeden Friedensgerichts sollte wenigstens Ein Notar seinen Amtssitz haben. In denjenigen Friedensgerichten jedoch, in welchen noch kein Notar ernannt worden ist, sollte der Friedensrichter zu gleicher Zeit die Functionen eines Notars besorgen. Die Notare sollen insbesondere alle jene Verträge und andere privatrechtliche Willenserklärungen, denen die Parteien die Gültigkeit einer öffentlichen Urkunde verleihen sollen oder wollen, aufnehmen, solche Urkunden aufbewahren, Abschriften und executorische Ausfertigungen von ihnen liefern, und anderen Privaturkunden ein sicheres Datum verleihen. Die einzelnen Amtsverrichtungen der Notare sind genau bestimmt. Die Notare müssen wegen ihrer großen Verantwortlichkeit Cautionen stellen (Art. 166—213). Der dritte Abschnitt der Gerichtsordnung enthält die nöthigen Bestimmungen über Amtseid, Rang und Gehalt der richterlichen Beamten (Art. 214—239). Sodann folgen in mehreren Abschnitten die Bestimmungen, welche weder in die Civilproceßordnung, noch in die Strafproceßordnung gehören; insbesondere über den Geschäftsgang bei Gericht, über die Beitreibung der Taxen und Gebühren, über das bei zu gebenden Abschriften und Expeditionen zu beobachtende Verfahren, über die Sitzungszeit, Sitzungstage und Sitzungslocale u. s. w. (Art. 240—272). Den Schluß machen die Disciplinarvorschriften. In dieser Beziehung sind genau bestimmt die Disciplinarfälle (Art. 273—292); die Disciplinarstrafen (Art. 293—297); die Beamten und Behörden, welche Disciplinarstrafen zu erkennen haben (Art. 298—301); endlich das dabei zu beobachtende Verfahren (Art. 302—309).

4) Strafrecht. Bei der Ankunft des Königs und der Regentschaft galt das Strafgesetz von 1824. Dasselbe wurde abgeändert und ergänzt durch die transitorischen Bestimmungen des Gesetzes vom 9. (21.) Febr. 1833. Diese Strafgesetze wurden durch das neue Strafgesetzbuch vom 18. (30.) Dec. 1833. Art. 706—707 aufgehoben, und letzteres trat mit dem 1. Mai 1834 in Kraft [62]. Eine Hauptrücksicht bei Entwerfung desselben war größtmögliche Milde und Vollständigkeit. Das Gesetzbuch zerfällt in drei Bücher; das erste Buch enthält die allgemeinen Bestimmungen; das zweite handelt von den Verbrechen und Vergehen; das dritte von den Polizeiübertretungen. Die allgemeinen Bestimmungen beziehen sich zuerst auf Feststellung der Begriffe von Verbrechen, Vergehen und Polizeiübertretung. Verbrechen heißen nämlich diejenigen unerlaubten Handlungen und Unterlassungen, welche mit Criminalstrafe zu belegen sind; Vergehen aber, die mit Zuchtpolizeistrafe, und Polizeiübertretungen die mit bloßer Polizeistrafe zu belegenden unerlaubten Handlungen und Unterlassungen (Art. 2). Die Criminalstrafarten sind Todesstrafe (Art. 4—6), lebenslängliche Kettenstrafe (Art. 4. 7. 9. 10), Kettenstrafe auf bestimmte Zeit, d. h. von 10 bis zu 20 Jahren (Art. 4. 8. 9), und Arbeitshausstrafe nicht unter 5 und nicht über 10 Jahre (Art. 4. 11). Mit der Verkündigung des Urtheils auf Todesstrafe, sowie auf lebenslängliche Kettenstrafe tritt der bürgerliche Tod ein (Art. 5. 7). Außerdem zieht jede Verbrechensstrafe noch den Verlust der staatsbürgerlichen und mancher bürgerlichen Rechte (Art. 21. 23), sowie hinsichtlich des Vermögens die gesetzliche Interdiction nach sich (Art. 25—27). Jedes Criminalstrafurtheil soll im Auszuge gedruckt und bekannt gemacht werden (Art. 28). Die Zuchtpolizeistrafen sind Gefängniß und Geldstrafe (Art. 4), und zwar in der Regel Gefängniß nicht unter 8 Tagen, und nicht über 5 Jahre (Art. 12), und Geldstrafe von 15 bis 500 Drachmen (Art. 13), wenn nicht das Gesetz für den speciellen Fall etwas Anderes bestimmt hat. Verurtheilung wegen Diebstahls, Unterschlagung, Betrugs, Fälschung und ähnlicher Vergehen zieht ebenfalls den Verlust der staatsbürgerlichen und mancher bürgerlichen Rechte nach sich (Art. 22. 23). Wegen Amtsvergehen bestrafte Beamte und öffentliche Diener sind des Dienstes zu entlassen, und werden zur Wiedererlangung eines jeden Amtes oder öffentlichen Dienstes unfähig (Art. 24). In manchen Fällen tritt auch bei Zuchtpolizeistrafen eine öffentliche Bekanntmachung des Strafurtheilsausspruches ein (Art. 28. 29). Polizeistrafen sind Arrest und Geldbuße (Art. 4), und zwar in der Regel Arrest von 1 Tag bis zu einem Monat, und Geldbuße von 1 Drachme bis zu 100 Drachmen, außer wenn eine besondere gesetzliche Bestimmung eine Ausnahme macht (Art. 14. 15). Eine Vermögensconfiscation findet in keinem Falle statt, sondern nur in einigen vom Gesetze ausdrücklich bestimmten Fällen die Confiscation einzelner vom Gesetze bezeichneter Gegenstände (Art. 20). Eine Stellung des Verurtheilten unter besondere Polizeiaufsicht tritt bei Verbrechen von Rechtswegen ein, und kann auch bei Vergehen unter gewissen Umständen angeordnet werden. Den desfallsigen Bestimmungen sind die milderen Verfügungen des revidirten französischen Strafgesetzbuches von 1832 zu Grunde gelegt (Art. 33—37. 188). Nach diesen ganz allgemeinen Bestimmungen folgen die näheren Vorschriften über rechtswidrigen Vorsatz (Art. 38—42. 45) und Fahrlässigkeit (Art. 38. 39. 43—45); sodann über Vollendung einer strafbaren That (Art. 46. 78), sowie über deren Versuch (Art. 47—55. 59. 61—63. 65. 69. 71. 79. 80). In letzterer Beziehung hat man die milderen Grundsätze des teutschen Strafrechts angenommen, nach welchen der Versuch stets milder, als die vollendete That, bestraft werden soll. Hierauf wird bestimmt, wer als Urheber

62) Es ist mitgetheilt von Maurer Bd. 3 S. 361—504.

(Art. 56. 58. 59), und zwar insbesondere bei Complotten (Art. 57—65) und Banden (Art. 66—70), und wer als Gehülfe zu betrachten sei (Art. 71—80). Hinsichtlich der bloßen Theilnahme an strafbaren Handlungen sind gewisse Anhaltspunkte für das richterliche Ermessen, jedoch blos beispielsweise, angegeben. Hierauf folgen die Bestimmungen über Zurechnung im Falle der Jugend, der Nothwehr, der Unwissenheit, der mangelnden Freiheit, der erhaltenen Erlaubniß u. s. w. (Art. 81—101); sodann Bestimmungen über die Zumessung der Strafe, endlich über die Gründe, welche die Strafbarkeit ausschließen oder ganz tilgen; insbesondere auch über die Verjährung in Strafsachen (Art. 108—122). Das zweite Buch handelt von den einzelnen Arten von Verbrechen und Vergehen. Obwol bei den Strafbestimmungen im Ganzen der Geist der Milde obgewaltet hat, so sind doch manche Verbrechen und Vergehen im Interesse Griechenlands und im Interesse der daselbst herzustellenden Ordnung selbst, mit strengen Strafen bedroht worden. Dahin gehört der Hochverrath und Staatsverrath (Art. 123 fg.), um durch in dieser Hinsicht eintretende große Strenge den die ganze Revolution hindurch fortwährenden Parteienkampf völlig niederzudrücken. Dahin gehören ferner die Handlungen gegen den der Obrigkeit schuldigen Gehorsam, namentlich gewaltsame Widersetzung, Aufruhr u. dergl. (Art. 164—188), weil man das völlig geschwundene Ansehen der Beamten auf jede Weise herzustellen suchen mußte. Ferner gehören dahin die in Griechenland so verbreiteten geheimen Gesellschaften und Verbindungen (Art. 212—221), die Anmaßungen von nicht übertragenen Ämtern und anderen Rechten (Art. 226—233); die Verletzungen der für den Verkehr im Orient so wichtigen Quarantaineanstalten, und die Verbreitung ansteckender Krankheiten (Art. 318—330), durch den Misbrauch der Presse verübte Verbrechen und Vergehen (Art. 344); der Raub, namentlich der Straßenraub und Erpressungen (Art. 364—370); endlich die Amtsvergehen und Dienstpflichtverletzungen der Staatsbeamten, der öffentlichen Diener, und insbesondere auch der Geistlichen (Art. 449—489), weil die dem Beamtenstande gänzlich unbekannten Amtspflichten mit allem Nachdruck eingeschärft, und die gänzlich geschwundene Disciplin wiederhergestellt werden mußte. Das dritte Buch des Strafgesetzbuches handelt von den Polizeiübertretungen. Auch hier machen die allgemeinen Bestimmungen den Anfang. In der Regel sollen, auch bei Polizeiübertretungen, die im ersten Buche aufgestellten Regeln zur Anwendung kommen (Art. 500). Sodann folgen die abweichenden Bestimmungen über Verwendung der Geldbußen, über rechtswidrigen Vorsatz und Fahrlässigkeit, über Versuch, über Urheber und Gehülfen, über Zurechnung und Zumessung (Art. 501—508. 511—518). Insbesondere kommen dann die Vorschriften über die Haftung für die von dritten Personen begangenen Polizeifrevel, namentlich über die Haftung der Handwerksmeister, Fabrikanten und Händler, sodann der Ältern, Vormünder und Schullehrer für die Polizeiübertretungen ihrer Ehefrauen, Gesellen, Gehülfen, Diener und Arbeiter, sodann ihrer Kinder, Pflegebefohlenen und Schüler (Art. 506—510). Hierauf werden die einzelnen Polizeiübertretungen abgehandelt. Zu ihnen werden insbesondere auch gezählt unbedeutende Körperverletzungen, unbedeutende Injurien, kleine Diebstähle, Unterschlagungen, Beschädigungen und Zerstörungen fremden Eigenthums, unerlaubtes Ausgraben und Veräußern von in Griechenland aufgefundenen Antiquitäten, unbedeutende Betrügereien, Bettelei, Landstreicherei, Glücksspiel u. s. w.

5) Strafverfahren. Von dem in den ersten Zeiten der Regentschaft geltenden Strafverfahren ist bereits unter 1. das Nöthige bemerkt worden. Alle bis dahin geltenden Verordnungen und gesetzlichen Bestimmungen sind durch das Gesetz über das Strafverfahren vom 10. (22.) März 1834. Art. 569 abgeschafft worden[66]. Dasselbe besteht aus vier Büchern; das erste handelt von dem Gegenstande des Strafverfahrens; das zweite von den bei dem Strafverfahren vorkommenden Personen und allem demjenigen, was mit dem Personellen der Gerichte zusammenhängt, z. B. von der Zuständigkeit der Gerichte, von der Recusation der richterlichen Personen, von der Verweisung von einem Gerichte an ein anderes u. s. w.; das dritte handelt von dem Verfahren in Strafsachen, sowol von dem Vorverfahren, als von dem Verfahren in der Audienz, in erster Instanz sowol, wie in den höheren Instanzen; das vierte Buch endlich handelt von dem Ende des Strafverfahrens und den Strafen selbst, namentlich von der Vollstreckung der Strafurtheile, von den Strafgefängnissen, von der Verjährung der Strafurtheile, der Rehabilitation u. dergl. Die ordentlichen Strafgerichte sind das Polizeigericht für alle Polizeiübertretungen (Art. 313), das Zuchtpolizeigericht für alle Vergehen, und die dabei gemachten Polizeiübertretungen (Art. 373), und das Assisengericht für alle Verbrechen (Art. 419. 421). Ueber diesen Strafgerichten steht der Areopag als Cassationsgericht. Das einzige außerordentliche Gericht ist das Standrecht. Einen besonderen Gerichtsstand haben blos die Militairs und Militairbeamten bei Militair- und Dienstvergehen; die Marineofficiere, Matrosen und Marinebeamten bei Marine- und Dienstvergehen; die Nomarchen, Staatsräthe und Staatssecretaire; die Bischöfe, Erzbischöfe und die Mitglieder der Synode, mit Einschluß des Staatsprocurators, der Beisitzer und des ersten Secretairs; sodann sämmtliche Justizbeamte von den Bezirks- und Handelsgerichten aufwärts; endlich der Präsident, Staatsprocurator, Vicepräsident und die Räthe des obersten Rechnungshofes; alle übrigen stehen unter den vorhin genannten ordentlichen Strafgerichten (Art. 36—45). Bei jedem dieser verschiedenen Gerichte ist das Vorverfahren von dem endlichen Verfahren in der Audienz wesentlich verschieden. Das gesammte Untersuchungswesen in dem Bezirke eines jeden Appellationsgerichts steht unter diesem Gerichte, welches daher berechtigt ist, Untersuchungen anzuordnen, und über die

66) Dieses Gesetz ist mitgetheilt von Maurer Bd. 3. S. 545—646.

begangenen Voruntersuchungen Rechenschaft zu fordern. Unter der Autorität des Appellationsgerichts steht jedoch die oberste Leitung des Untersuchungswesens dem Generalprocurator an diesem Gerichte zu (Art. 13. 14), welcher deshalb die Oberaufsicht über sämmtliche Untersuchungsbeamte des obergerichtlichen Bezirks hat, zu deren Behuf ihm alle 8 Tage eine Liste über die zur Anzeige gekommenen strafbaren Handlungen übersendet, und alle Vierteljahre über den Zustand der Strafrechtspflege Bericht erstattet werden soll (Art. 15). Die Leitung des Untersuchungswesens im Bezirk eines jeden Zuchtpolizeigerichts hat der dortige Staatsprocurator, unter dessen Oberaufsicht sämmtliche Untersuchungsbeamte seines Amtsbezirkes stehen, nämlich der Untersuchungsrichter, Friedensrichter, Bürgermeister, Adjunct, Polizeicommissair und die Officiere der Gensdarmerie. Deshalb haben ihm alle 8 Tage die Bürgermeister, Adjuncten und Polizeicommissaire eine Liste über die zur Anzeige gekommenen Polizeiübertretungen einzusenden, und alle Vierteljahre über den Zustand der Polizeistrafrechtspflege zu berichten (Art. 16. 17). Zur Constatirung begangener strafbarer Handlungen berechtigt ist auch der Nomarch und Eparch, ohne dazu verpflichtet zu sein (Art. 18). In der Regel gilt für das Vorverfahren die Untersuchungsmaxime. Daher sollen die genannten Untersuchungsbeamten von Amtswegen einschreiten (Art. 20). Nur in wenigen bestimmten Fällen kann nicht von Amtswegen, sondern nur auf eine Beschwerde des Verletzten eingeschritten werden (Art. 22. 23. 278—282). Neben dieser Verfolgung von Amtswegen oder auf Beschwerde ist auch der Verletzte selbst als Privatankläger die Untersuchung zu veranlassen berechtigt (Art. 24). Die Zulässigkeit dieser Privatanklage ist jedoch, zur Verhütung von Mißbrauch, von einer vorher wegen Haftung für sämmtliche Schäden und Kosten zu bestellenden Caution abhängig (Art. 283—290). Dritten unbetheiligten Personen das Recht der Privatanklage einzuräumen, wurde, bei der großen Neigung der Griechen zur Privatanklage, für bedenklich erachtet. Das Vorverfahren in allen diesen Fällen ist an keine Zeit und an keinen Ort gebunden. Es ist nicht öffentlich, aber schriftlich, indem über jede Untersuchungshandlung ein Protokoll aufzusetzen ist. In dem Vorverfahren ist alles das vorzunehmen, was zur Entdeckung der Wahrheit dienen kann, weshalb nicht allein die Schuld, sondern auch die Unschuld des Beschuldigten zu erforschen ist. Denn es bezweckt die Sammlung aller zur Entscheidung der Frage, ob eine Anklage stattfinden könne, nothwendigen Materialien. Es soll nicht nur die Thatsache der Uebertretung eines Strafgesetzes und die strafrechtliche Eigenschaft dieser Thatsache constatiren, sondern auch die Anzeigen und Beweise sammeln, welche Verdacht gegen eine gewisse Person begründen können. Beendigt wird das Vorverfahren durch eine Ladung in die Audienz oder durch einen Beschluß der Rathskammer (Art. 69—75). Bei dem Audienzverfahren gilt immer der Anklageproceß (Art. 20. 76), entweder Privatanklage oder öffentliche Anklage. Die im Namen des Staates anklagenden Behörden sind bei dem Polizeigericht der Bürgermeister, Adjunct oder Polizeicommissair; bei dem Zuchtpolizeigericht der Staatsprocurator; bei Assisengerichten der Generalprocurator an dem Appellationsgericht oder der von ihm substituirte Staatsprocurator (Art. 21). Das Verfahren in der Audienz ist zur endlichen Verhandlung und zur Aburtheilung der Sache bestimmt; es ist daher das Hauptverfahren. Es können deshalb dort außer den im Vorverfahren schon vorgebrachten Zeugen und Beweisen noch neue Zeugen und andere neue Beweise vorgebracht werden (Art. 76). Das Verfahren ist öffentlich und mündlich (Art. 77. 79). Ein Vertheidiger wird immer zugelassen und ist in Criminalsachen sogar nothwendig (Art. 25. 26). Die Gerichte sind bei Aburtheilung der Sache an keine gesetzlichen Beweisregeln gebunden; sie sollen vielmehr im Ganzen nach ihrer aus der Verhandlung erlangten Ueberzeugung urtheilen. Damit sie jedoch unter diesem Vorwande nicht Willkür üben, enthalten die Gesetze für ihre Richtschnur gewisse Anhaltspunkte, und im Urtheil selbst muß das Gericht die Gründe seiner Ueberzeugung schriftlich angeben (Art. 92—134). Bei Polizeigerichten ist in der Regel, ohne schriftliches Verfahren, die Sache mittels Ladung in die Audienz zu bringen (Art. 145). Wenn jedoch der Bürgermeister, Adjunct, Polizeicommissair oder Staatsprocurator ein schriftliches Vorverfahren, z. B. eine Zeugenvernehmung, Haussuchung, Beschlagnahme u. dergl. für nothwendig erachten, so ist dasselbe wenigstens sehr summarisch zu führen (Art. 135—143). Auch der Privatankläger darf ein schriftliches Verfahren bei dem zuständigen Bürgermeister, Adjunct oder Polizeicommissair verlangen, wenn er die unmittelbare Vorladung nicht ausüben will (Art. 292). Die Vorladung in die Audienz geschieht, wenn die Sache von Amtswegen oder auf Beschwerde betrieben wird, auf Betreiben des Polizeicommissairs, Adjuncten, Bürgermeisters oder Staatsprocurators; bei Privatanklagen auf Betreiben des Privatanklägers. Die Beschuldigten und Zeugen dürfen jedoch auch freiwillig in der Audienz erscheinen (Art. 144—148. 293). In der Audienz werden zuerst von dem Friedensrichter die Zeugen und Beschuldigten vernommen, sodann die Protokolle verlesen und die sonstigen Beweise vorgelegt. Hierauf beginnt die Verhandlung. Zuerst trägt der öffentliche oder Privatankläger seine Anklage, der Civilkläger aber seine Civilklage, und dann der Beschuldigte seine Vertheidigung vor, worauf das Urtheil erfolgt (Art. 330—350). Gegen das Urtheil findet, da es von einem Einzelrichter gesprochen wird, ausnahmsweise Appellation an das Zuchtpolizeigericht statt, jedoch nur, wenn schwerere Polizeistrafen ausgesprochen sind. Jede Partei ist zur Einwendung der Appellation berechtigt. Ueber die Einwendung der Appellation und die Gründe derselben ist ein Protokoll aufzunehmen. Sodann erfolgt die Vorladung der Verurtheilten, der Privatankläger, und auf Verlangen auch der Zeugen, und zwar auf Betreiben des Staatsprocurators. Letzterer vertritt den öffentlichen Ankläger an dem Polizeigerichte, welcher nicht vorgeladen werden soll; die öffentliche Verhandlung beginnt mit dem Berichte eines Zuchtpolizeirichters. Dann werden die Beweise vorgelegt und die vorgeladenen Zeugen vernommen. Sodann hat der Appellant, nach ihm der Appellat das Wort. Der Staatsprocurator, wenn er nicht selbst Partei war, spricht zuletzt. Darauf erfolgt das Urtheil (Art. 352—358). Von jedem in einer Polizeisache erlassenen Urtheil kann Cassation nachgesucht werden, und zwar von jeder Partei in der Sache (Art. 359—362). Jedes Strafurtheil, wenn es auch auf Betreiben eines Privatanklägers erlassen worden ist, soll von dem zuständigen Bürgermeister, Adjunct oder Polizeicommissair zum Vollzug gebracht werden. Der civilrechtliche Theil des Urtheils aber ist auf Betreiben des Civilklägers zu vollziehen (Art. 851). — Bei den Zuchtpolizeigerichten findet immer ein schriftliches Vorverfahren statt. Dieses ist aber entweder ein blos summarisches Verfahren vor den Untersuchungsbeamten, oder ein weitläufigeres Verfahren vor dem Untersuchungsrichter. Die Leitung des ganzen Vorverfahrens steht dem Staatsprocurator zu, an welchen in der Regel die Anzeigen von Vergehen gemacht werden sollen (Art. 149—156). Auf geschehene Anzeige oder auch von Amtswegen ist der Staatsprocurator verpflichtet, zur Ermittelung des Thatbestandes und zur Sammlung der Beweise hinsichtlich des Thäters, die erforderlichen Requisitionen an die Friedensrichter, Bürgermeister, Adjuncten oder Polizeicommissaire seines oder eines fremden Bezirkes, oder auch an die Officiere der Gensdarmerie und an andere Staatsprocuratoren zu erlassen. Der Staatsprocurator darf aber auch eigene unmittelbare Nachforschungen machen, und in dieser Beziehung alle Handlungen des Vorverfahrens selbst vornehmen. Reicht diese vorläufige Untersuchung, welche immer nur summarisch sein soll, zur Begründung einer Anklage in der Audienz hin, so darf der Staatsprocurator die Sache durch unmittelbare Ladung in die öffentliche Sitzung des Zuchtpolizeigerichts bringen (Art. 150—161). Gleiche Rechte, wie der Staatsprocurator, hat auch der Privatankläger; er ist jedoch auf bloße Requisitionen beschränkt (Art. 296). Findet der Staatsprocurator oder Privatankläger die vorläufige Untersuchung nicht hinreichend zur Anklage, oder soll, außer dem Falle der frischen That, ein Vorführungsbefehl oder Verwahrungsbefehl erlassen werden, oder fand, aus irgend einem Grunde, gar keine vorläufige Untersuchung statt, so sind die Untersuchungsacten, nebst dem Antrage des Staatsprocurators, dem Untersuchungsrichter zu übergeben (Art. 181—186. 296). Der Untersuchungsrichter hat alle zur Herstellung des Thatbestandes und zur Erhebung der Beweise hinsichtlich des Thäters erforderlichen Handlungen vorzunehmen, nach eigenem Ermessen, oder auf Antrag des Staatsprocurators, Zeugen und Beschuldigte förmlich zu vernehmen, alle die Untersuchung betreffenden Beweisstücke zu den Acten zu bringen, und zu diesem Ende die nöthigen Haussuchungen, Beschlagnahmen und Besichtigungen vorzunehmen. Er hat dabei die Voracten zu Grunde zu legen, und daher die schon vorgenommenen Untersuchungshandlungen nur dann erneuert vorzunehmen, wenn diese mangelhaft oder nicht in gehöriger Form vorliegen. Er ist in dieser Beziehung namentlich berechtigt zur Vornahme von Haussuchungen, Beschlagnahmen, Besichtigungen, Vernehmungen von Beschuldigten und Zeugen, sowie zur Vornahme von andern Handlungen der Voruntersuchung. Insbesondere darf derselbe Zeugen und Beschuldigte förmlich vorladen oder vorführen lassen, dieselben vernehmen, einen Verwahrungsbefehl gegen dieselben erlassen u. s. w. (Art. 183—246). Zu jeder Untersuchungshandlung hat der Staatsprocurator den Zutritt; er kann bei dieser Gelegenheit Bemerkungen machen, Fragen an die Zeugen und Beschuldigten richten, und weitere Anträge stellen, weshalb er von jeder Untersuchungshandlung vorher in Kenntniß zu setzen ist (Art. 204. 205). Der Privatankläger hat dieselben Rechte und Verbindlichkeiten, wie der Staatsprocurator; doch ist er auf bloße Anträge und Requisitionen beschränkt (Art. 296. 298). Die durch den Untersuchungsrichter geführte Voruntersuchung kann nur durch die Rathskammer des Zuchtpolizeigerichts für geschlossen erklärt werden, weshalb der Untersuchungsrichter, wenn er Nichts mehr zu untersuchen findet, die Acten dem Staatsprocurator zur Stellung weiterer Anträge mitzutheilen hat (Art. 208). Die Sitzungen der Rathskammer sind nicht öffentlich. Doch hat der Staatsprocurator und der Privatankläger Zutritt. Die Rathskammer kann, nach den Umständen, die Untersuchung einstweilen ganz einstellen und die Freilassung des Beschuldigten verfügen, oder eine weitere Untersuchung anordnen, oder erklären, daß keine Anklage statt haben solle, oder die Verweisung vor ein Strafgericht aussprechen (Art. 247—250). Die Staatsprocuratoren, Privatankläger, Beschuldigten und Civilkläger haben gegen die Beschlüsse der Rathskammer das Rechtsmittel der Opposition, über welches, wenn es eingewendet worden ist, in der Rathskammer des Appellationsgerichts zu verhandeln ist (Art. 260—262). Gegen die Ordonnanzen der Rathskammer darf auch in gewissen Fällen Cassation nachgesucht werden (Art. 263). Ist die Sache von der Rathskammer in die Sitzung des Zuchtpolizeigerichts verwiesen worden, so geschieht die Vorladung der Beschuldigten und Zeugen, bei einer Anklage von Amtswegen oder auf Beschwerde, auf Betreiben des Staatsprocurators, bei Privatanklagen aber, auf Betreiben des Privatanklägers (Art. 162—164. 166. 295). Von dem Zeitpunkte der geschehenen Vorladung darf der Beschuldigte oder sein Vertheidiger von den Untersuchungsacten, jedoch nur im Beisein einer Gerichtsperson, Einsicht nehmen, und nöthigenfalls sich auf eigene Kosten Abschrift nehmen, um seine Vertheidigung vorzubereiten (Art. 165). Die Audienz beginnt mit dem Vortrage der Anklage von Seiten des Staatsprocurators oder des Privatanklägers (Art. 374. 377. 401). Dann wird zur Vernehmung der Zeugen und der Beschuldigten, sowie zur Vorlegung der übrigen Beweise geschritten. Der Präsident hat das ganze Verfahren zu leiten, die Zeugen und die Beschuldigten zu vernehmen, und die Polizei in der Sitzung zu handhaben. Ueber die Aussagen der Zeugen können von Seiten des Präsidenten, Staatsprocurators, Civilklägers, des Beschuldigten und dessen Vertheidigers, Bemerkungen gemacht, neue Fragen gestellt, zur Erforschung der Wahrheit Erläuterungen verlangt werden; ebenso über die Vernehmung des Beschuldigten von Seiten des Präsidenten, Staatsprocurators, Privatanklägers und Civilklägers. Der Präsident insbesondere ist verpflichtet, alle seine Bemühungen auf die Ermittelung der Wahrheit sowol zum Nachtheil, als zum Vortheil des Beschuldigten zu richten, und zu diesem Zwecke von allen von Seiten der Anklage oder von Seiten der Vertheidigung beantragten Mitteln Gebrauch zu machen. Zugleich soll derselbe alle auf unnütze Verlängerung des Verfahrens abzielenden Anträge zurückweisen. Beruhigt sich der Antragsteller dabei nicht, so entscheidet das Gericht darüber. Ueberhaupt sind alle während der Verhandlung in der Sitzung entstandenen Anstände und gestellten Anträge, nach vorheriger summarischer Verhandlung, von dem Zuchtpolizeigerichte sofort zu entscheiden, entweder definitiv, oder, wenn es an den nöthigen Beweisen fehlen sollte, blos interlocutorisch (Art. 3[illegible]—393. 400—404). Nach Beendigung des Beweisverfahrens und der Vernehmung des Beschuldigten hat der Staatsprocurator oder Privatankläger die Anklage, der Civilkläger aber seine Civilklage zu entwickeln, die zu deren Begründung aus dem Beweisverfahren hervorgegangenen Ergebnisse vorzutragen, und hiernach seine Anträge zu stellen. Darauf folgt die Vertheidigung des Beschuldigten oder seines Vertheidigers. Auf Verlangen steht der Anklage dagegen eine Erwiderung zu, und es hat gegen solche die Vertheidigung noch einmal das Wort. Eine weitere Erörterung ist nicht gestattet; vielmehr soll die Verhandlung geschlossen und zur Findung des Urtheils geschritten werden. Zuerst ist über die Thatfrage abzustimmen und das Urtheil darüber zu verkündigen; erst im Falle der Verurtheilung soll zur Verhandlung über den Rechtspunkt und zur Fällung des Strafurtheils geschritten werden (Art. 394—399. 401. 402). Gegen das erlassene Urtheil ist, außer der Opposition gegen Contumacialurtheile, nur das Rechtsmittel der Cassation zulässig (Art. 373. 406—408). Die Vollziehung des Strafurtheils, auch wenn es auf Privatanklage erlassen worden ist, geschieht auf Betreiben des Staatsprocurators; die Vollziehung des civilrechtlichen Theils aber auf Betreiben der Civilpartei (Art. 405). — Der Verhandlung vor einem Assisengerichte muß stets ein schriftliches Vorverfahren vorausgehen. Eine unmittelbare Vorladung in die Audienz, wie dieses bei Polizei- und Zuchtpolizeigerichten geschehen kann, findet nicht statt (Art. 161. 421). Hinsichtlich dieses Vorverfahrens gelten im Ganzen dieselben Vorschriften, wie bei den Zuchtpolizeigerichten. Nur müssen bei Criminaluntersuchungen die Beschuldigten stets verhaftet (Art. 207. 236) und, weil keine directe Vorladung geschehen soll, die Acten immer dem Untersuchungsrichter zur förmlichen und umständlicheren Untersuchung übergeben werden (Art. 161. 186). Hat nun aber die Rathskammer des Bezirksgerichtes die Sache vor das Assisengericht verwiesen, so kann dieselbe doch noch nicht sofort dahin gebracht werden; vielmehr ist von dem Staatsprocurator oder von dem Privatankläger erst noch ein Anklageact zu entwerfen, und dieser zur Revision und etwaigen Abänderung an den Generalprocurator und an die Rathskammer des Appellationsgerichts einzusenden (Art. 264—272. 300). Ist die Verweisung vor das Assisengericht auch noch von der Rathskammer des Appellationsgerichtes bestätigt worden, so geschieht die Zustellung der Anklage nebst der Verweisungsverordnung, sowie die Vorladung der Angeklagten und der Zeugen, auf Antrag des Generalprocurators oder des von ihm substituirten Staatsprocurators, bezüglich des Privatanklägers (Art. 271—276. 300). Unmittelbar nach Zustellung der Anklage ist der Angeklagte und dessen Vertheidiger zur freien Einsicht der Acten und zum freien Verkehr mit einander berechtigt (Art. 273). Der Angeklagte wird sodann in das Gefängniß an dem Orte des Assisengerichts gebracht, an welchen Ort auch die Beweis- und Ueberführungsstücke einzusenden sind (Art. 277). Wenigstens drei Tage vor der öffentlichen Sitzung ist dem Angeklagten und dem Assisenpräsidenten die Liste der vorgeladenen Zeugen von dem Generalprocurator, bezüglich von dem Privatankläger oder dem Civilkläger zuzustellen (Art. 413. 414). Die Audienz beginnt mit der Bildung des Geschworenengerichts. Es werden nämlich die Geschworenen aufgerufen, die 12 Geschworenen von dem Präsidenten durch das Loos gezogen und sodann beeidigt [67]). Nachdem die 12 Geschworenen in der durch die Ziehung bestimmten Ordnung, dem Angeklagten gegenüber, Platz genommen haben, erhält der Angeklagte, wenn er noch keinen Vertheidiger haben sollte, einen solchen von Amtswegen. Hierauf hat der Gerichtsschreiber die Verweisungsverordnung nebst der Anklage vorzulesen. Dann wiederholt der Präsident kurz dem Angeklagten die verschiedenen Anklagepunkte, worauf dann die weitere Verhandlung ganz in derselben Weise, wie bei Zuchtpolizeigerichten, folgt (Art. 422—425). Ueber während dieser Verhandlung entstandene Anstände oder Zwischenpunkte entscheidet der Assisenhof; das Geschworenengericht entscheidet blos über den factischen Theil der Anklage (Art. 429). Nach Beendigung des Beweisverfahrens hat der Generalprocurator, bezüglich der Privatankläger und Civilkläger die Anklage, der Angeklagte und dessen Vertheidiger aber seine Vertheidigung zu entwickeln. Darauf ist eine Replik und Duplik, aber keine weitere Erörterung zulässig. Hierauf hat der Präsident die Verhandlungen für geschlossen zu erklären, die Beweise für und gegen den Angeklagten kurz zu wiederholen, sodann die Geschworenen daran, daß sie die bloße Thatfrage zu entscheiden haben, zu erinnern; endlich die Fragen, über welche sie entscheiden sollen, schriftlich zu stellen, und sie ihnen mit der Anklage und sämmtlichen Acten zuzustellen. Die Geschworenen berathen abgesondert vom Sitzungssaal. Der Wahrspruch der Geschworenen gegen den Angeklagten verlangt eine Mehrheit von wenigstens 7 Stimmen. Die Geschworenen haben, nach

67) Strafproceßordnung Art. 412. 415. 417. 418. [illegible] Art. 55—80.

ihrer Rückkehr in den Sitzungssaal, in Abwesenheit des Angeklagten den gefaßten Wahrspruch, schriftlich abgefaßt und von ihrem Vorstande unterschrieben, dem Präsidenten zu übergeben, welcher, wenn Nichts dagegen zu erinnern ist, dem wieder vorgeführten Angeklagten den Wahrspruch in öffentlicher Sitzung eröffnet (Art. 426—446). Wurde der Angeklagte für nicht schuldig erklärt, so spricht der Präsident denselben von der Anklage frei (Art. 447). Wurde der Angeklagte für schuldig erklärt, so beginnt dann die Verhandlung zwischen der Anklage und der Vertheidigung über die Anwendung des Strafgesetzes vor dem Assisenhofe, und hierauf erfolgt das Strafurtheil (Art. 420. 449—456). Gegen den Wahrspruch der Geschworenen sowol, als gegen das Strafurtheil ist nur das Rechtsmittel der Cassation zulässig (Art. 443. 455. 457. 458). Der Vollzug des Strafurtheils geschieht auf Betreiben des Generalprocurators oder des von ihm substituirten Staatsprocurators, hinsichtlich des strafrechtlichen, und auf Betreiben des Civilklägers, hinsichtlich des civilrechtlichen Theils (Art. 459). — Bei dem Cassationsgericht besteht hinsichtlich des Anklägers, sowol des öffentlichen als des Privatanklägers, und des Verurtheilten, das ganze Vorverfahren in der bei dem Gerichtsschreiber zu machenden Cassationserklärung, über welche, sowie über die Cassationsgründe ein Protokoll abzufassen und nebst den vollständigen Acten an den Generalprocurator bei dem Cassationsgericht einzusenden ist. Die Kosten der zur Rechtfertigung der eingelegten Cassation eingereichten weiteren Schriften trägt immer derjenige, welcher sie einreicht. Hinsichtlich des vom Civilkläger einzureichenden Cassationsgesuches und dessen Zustellung gelten die Bestimmungen der Civilprocessordnung (Art. 482—484). Ist das Cassationsgesuch unzulässig, so soll die Sache, ohne weitere Vorladung der Parteien, auf Betreiben des Generalprocurators in die Audienz des Cassationsgerichts gebracht, und dort auf den Bericht eines Cassationsrathes, und nach Vernehmung des Generalprocurators verworfen werden (Art. 487). Bei einem zulässigen Cassationsgesuche sind, auf Betreiben des Generalprocurators am Cassationsgericht, die Verurtheilten, die Privatankläger und die Civilkläger in die Audienz vorzuladen. Die öffentlichen Ankläger sollen durch den Generalprocurator vertreten, also nicht vorgeladen werden (Art. 488. 489). Die Audienz selbst beginnt mit dem Berichte eines Cassationsrathes. Dann hat der Cassationskläger oder dessen Bevollmächtigter das Wort. Die Verhandlung ist nur bis zur Duplik gestattet. War der Generalprocurator nicht selbst Partei, so ist ihm ganz zuletzt das Wort zu gestatten, worauf sodann das Urtheil zu fällen ist (Art. 490—500). Das Urtheil des Cassationsgerichts soll von dem Generalprocurator alsbald an den Staatsprocurator oder Generalprocurator desjenigen Gerichts, dessen Urtheil im Wege der Cassation angefochten worden ist, zur ungesäumten Eröffnung und Vollziehung übersendet werden. Auch ist jedes Urtheil des Cassationsgerichts, wenn eine Cassation ausgesprochen worden ist, auf Kosten des unterliegenden Theils zu drucken und am Rande des Originals des cassirten Urtheils einzuschreiben (Art. 501). — Das einzige außerordentliche Strafgericht ist das Standrecht, welches nur wegen Aufruhr, Mord, Raub, Seeräuberei und Brandstiftung angeordnet werden soll, und zwar nur dann, wenn diese Verbrechen so überhand genommen haben, daß die ordentlichen Zwangsmittel zur Herstellung der Ruhe und öffentlichen Sicherheit nicht mehr genügen (Art. 511). Durch die Anordnung des Standrechtes treten die ordentlichen Strafgerichte in Ansehung derjenigen Verbrechen und innerhalb desjenigen Bezirks, für welche dasselbe angeordnet worden ist, außer Wirksamkeit (Art. 512. Nr. 1). Ueber die Anordnung und Aufhebung des Standrechts, sowie über die Besetzung des Gerichts sind im Wesentlichen die Bestimmungen des Gesetzes vom 5. (17.) Sept. 1833 (siehe unter 1.) wiederholt (Art. 513—526. 539—541). Ein schriftliches Vorverfahren ist dabei in der Regel unzulässig. Vielmehr soll der Beschuldigte verhaftet, in 24 Stunden vor Gericht gestellt, die Zeugen auf Betreiben des Staatsprocurators direct in die Sitzung vorgeladen, und sodann vor versammeltem Gerichte zur Verhandlung vom Anfange bis zum Ende, ohne alle Unterbrechung geschritten werden. Weder die Untersuchung, noch die Beweisführung ist an die Förmlichkeiten des Verfahrens bei den ordentlichen Gerichten gebunden. Alle Staatsprocuratoren und deren Hülfsuntersuchungsbeamten, sowie alle übrigen öffentlichen Beamten und Diener, müssen den Aufträgen und Requisitionen des standrechtlichen Gerichts, und des Staatsprocurators insbesondere, schleunigst entsprechen. Auch das Verfahren in der Audienz ist sehr summarisch. Ein Vertheidiger ist zwar zulässig; doch darf dessen Wahl die Verhandlung nicht aufhalten. Das Standrecht spricht nur Todesstrafe aus gegen diejenigen, welche überwiesen sind, nach dessen Verkündung sich eines zur standrechtlichen Behandlung geeigneten Verbrechens schuldig oder mitschuldig gemacht zu haben. Das Strafurtheil ist dem Verurtheilten sofort zu verkündigen und ohne Aufschub zu vollziehen, — erkannte Todesstrafe binnen zwei Stunden. Rechtsmittel und Gnadengesuche sind unzulässig, und bewirken daher keinen Aufschub, außer wenn das Gericht von Amtswegen auf Begnadigung angetragen hat (Art. 512. 527—538).

6) Civilrecht. Ein Civilgesetzbuch besaß Griechenland unter der Regentschaft noch nicht. Doch wurde schon im Januar 1835 eine Commission zu dessen Abfassung niedergesetzt. Die Rechtsquellen für das in Griechenland damals geltende Civilrecht sind das Handbuch des Harmenopulos, das kanonische Recht für das Eherecht, das französische Handelsgesetzbuch für das Handels- und Wechselrecht, und außer diesem geschriebenen Rechte noch eine Menge Localgewohnheiten. Dieses Gewohnheitsrecht hat seine Quelle theilweise in dem römischen und kanonischen Rechte, theilweise auch im türkischen Rechte, großentheils aber in alten, den germanischen ähnlichen Sitten und Gebräuchen [60]).

---

60) Eine Darstellung des Gewohnheitsrechts, sowie es nach rechtlichen Inhalts G., gibt Maurer Bd. 2. S. 365—448, und

7) Civilproceß. Die Civilproceßordnung vom 2. (14.) April 1834 zerfällt in 5 Bücher[69]). Das erste handelt von dem Gegenstande des Civilprocesses; das zweite von den bei dem Civilverfahren vorkommenden Personen; das dritte von dem Verfahren selbst; das vierte von der Execution; das fünfte endlich von dem besondern Verfahren bei Ergreifung von Vorsichtsmaßregeln zur Sicherung von Rechten, bei freiwilligen Veräußerungen und bei gerichtlichen Theilungen gemeinschaftlicher Güter. Das Ganze enthält 1101 Artikel. Der große Umfang des Gesetzes hat seinen Grund hauptsächlich darin, daß es Gegenstände behandelt, welche, streng genommen, weniger in eine Civilproceßordnung, als vielmehr in ein Civilgesetzbuch gehören, z. B. den Familienrath, die Tutoren und Curatoren, die Beweismittel. Diese Gegenstände wurden geordnet, damit die Civilgerichte überhaupt in Gang kommen konnten, und weil ein Civilgesetzbuch nicht in so kurzer Zeit abgefaßt werden konnte. Die verschiedenen Gerichte sind Schiedsgerichte, Friedensgerichte, Bezirksgerichte, Handelsgerichte, Appellationsgerichte, endlich ein Cassationsgericht. — Der Areopag. a) Schiedsgerichte. Sie sind theils erkennende, theils bloße Vergleichs-Schiedsgerichte. Letztere sollen nicht erkennen, sondern sich bemühen, die Parteien in Güte auseinanderzusetzen. Sie sind weniger an das strenge Recht, auch nicht hinsichtlich des einzuhaltenden Verfahrens gebunden (Art. 124. 125). Die erkennenden Schiedsrichter sind wieder von zweifacher Art, je nachdem freiwillig auf sie compromittirt wird, oder dies gezwungener Weise geschieht. Die freiwilligen Schiedsgerichte können nur von solchen Personen, welche sich überhaupt vergleichen können, und bei solchen Streitigkeiten eingegangen werden, bei welchen ein Vergleich zulässig ist (Art. 105—107). Auch über das zu beobachtende Verfahren können die Parteien übereinkommen. In Ermangelung einer darüber getroffenen Uebereinkunft sind die gewöhnlichen Civilgesetze und das bei den Friedensgerichten vorgeschriebene summarische Verfahren einzuhalten. Das Erkenntniß soll vor seiner Vollziehung von dem Präsidenten des Bezirksgerichts hinsichtlich seiner Rechtsbeständigkeit untersucht, und wenn es an seiner Richtigkeit leidet, für vollstreckbar erklärt werden (Art. 111—123). Ein gezwungenes Schiedsgericht tritt, wie nach manchen Gewohnheitsrechten, z. B. dem von Naxos[70]), nur in Handels- und Wechselsachen ein, und zwar auf Antrag des Klägers (Art. 106. 108—110). Dem Kläger ist deshalb der Vorzug vor dem Beklagten gegeben worden, weil er in Handels- und Wechselsachen in der Regel mit schriftlichem Beweise versehen ist; dann aber auch noch deshalb, weil eine Begünstigung des Beklagten in dieser Beziehung zu Weitläufigkeiten geführt haben würde, welche man in Handelssachen, als den Credit beeinträchtigend, vermeiden wollte. Dieses Vorrecht des Klägers in Handels- und Wechselsachen ist auch ausländischen Handelsleuten eingeräumt worden, weil das Mißtrauen gegen die griechischen, wenn auch mit Handelsleuten besetzten Gerichte, dem Credit und den Handelsspeculationen der Griechen nachtheilig im Wege stand. — b) Friedensgerichte. Die Friedensrichter haben in Civilstreitigkeiten eine vierfache Competenz erhalten: als Richter in streitigen Sachen, als Schiedsrichter oder prorogirte Richter in streitigen Sachen, dann in nicht streitigen Sachen, und bei Vergleichsverhandlungen. Als Vergleichsbeamte sind die Friedensrichter weder an das bestehende Recht, noch an die Formen des gerichtlichen Verfahrens gebunden, sondern sie haben sich blos zu bemühen, die Parteien zu vergleichen (Art. 493. 521—527). In nicht streitigen Sachen liegt ihnen ob die Versiegelung und Entsiegelung in allen Fällen, in welchen eine solche vom Gesetze vorgeschrieben oder von den Parteien verlangt wird; ferner das Notariat in den Bezirken, in welchen kein besonderer Notar angestellt ist; dann der Vorsitz und die Leitung der Verhandlungen des Familienrathes; endlich das Vormundschaftswesen in der Art, daß der Friedensrichter provisorisch Vormünder bestellt, den Vorsitz im Familienrathe führt, jedes Jahr wenigstens Ein Mal im Beisein des Familienrathes von den Vormündern Rechnungsablegung fordert, von ihren Rechnungen zu jeder Zeit Einsicht zu nehmen, und überhaupt deren Geschäftsführung zu überwachen hat (Art. 492. 649 fg. 1039—1040). Als Schiedsrichter oder prorogirter Richter darf der Friedensrichter nur in Folge ausdrücklicher Uebereinkunft der Parteien, welche schriftlich oder zu Protokoll zu erklären ist, handeln (Art. 491). In streitigen Sachen entscheidet der Friedensrichter in erster und letzter Instanz bis zum Betrage von 20 Drachmen; dann, mit Vorbehalt der Appellation dagegen, über alle Personal- und Mobiliarklagen, deren Gegenstand 100 Drachmen nicht übersteigt; sodann ohne Unterschied des Werthes über alle geringfügigen Streitigkeiten, deren Erledigung jedoch einer schnellen Entscheidung bedarf (Art. 490). Das Verfahren in streitigen Sachen ist sehr einfach und summarisch. Das ganze Vorverfahren besteht in der Vorladung des Gegners (Art. 494—496). Doch können die Parteien auch freiwillig und ohne Vorladung erscheinen (Art. 496). Jede Partei darf die Vorladungsurkunde selbst entwerfen, oder durch ihren Bevollmächtigten, oder durch den Friedensrichter selbst entwerfen lassen (Art. 495. 514). Das Hauptverfahren ist mündlich und öffentlich; die Anträge der Parteien werden nur mündlich gestellt (Art. 499). Gegen eine ausgebliebene Partei wird sofort in contumaciam erkannt, und die so verurtheilte Partei hat dagegen binnen 8 Tagen das Rechtsmittel der Opposition (Art. 503—512). Den in der Audienz erschienenen Parteien soll zuerst ein Vergleich vorgeschlagen, oder zu Schiedsrichtern gerathen werden. Erst wenn beides mißlingt, soll zur contradictorischen Verhandlung geschritten, das Urtheil aber spätestens in der nächsten Audienz eröffnet werden (Art. 500—502). Präparatorische und interlocutorische Erkenntnisse sollen, wenn die Gegenpartei bei der Eröffnung gegenwärtig war, nicht zugestellt, ja

es mag auf diese, da seitdem nicht viel mehr Neues bekannt geworden ist (nur das Gewohnheitsrecht von Naxos ist in der griechischen Zeitschrift Themis Bd. 5. S. 134—174 vollständig veröffentlicht worden), verwiesen werden.

69) Sie ist ausgezogen bei Maurer Bd. 3. S. 625—678.

70) Vergl. Maurer Bd. 1. S. 222.

nicht einmal erwidert werden (Art. 513). Die Appellation geht in den Fällen, in denen sie überhaupt zulässig ist, an das Bezirksgericht. Außer der von dem Appellanten selbst oder dessen Bevollmächtigten abgefaßten und unterschriebenen Appellationsurkunde findet kein weiteres schriftliches Vorverfahren statt. Die Verhandlung in der Audienz des Bezirksgerichts geschieht, wie in anderen summarischen Sachen (Art. 515—518). Die Cassation geht in den wenigen Fällen, wo sie überhaupt zulässig ist, an das Cassationsgericht. Von der Cassationsurkunde gilt das von der Appellationsurkunde Bemerkte (Art. 519. 520). — c) Bezirksgerichte. Auch diese haben eine vierfache Competenz; als Vergleichsrichter (Art. 477. 569), als Schiedsrichter oder prorogirte Richter in streitigen Sachen (Art. 529. Nr. 3. Art. 530. Nr. 3), sodann in nicht streitigen Sachen (Art. 640—694. 1082 fg. 1088 fg.), endlich als erkennende Richter in streitigen Sachen. In der letzten Eigenschaft erkennen die Bezirksgerichte über alle Sachen, welche nicht an die Friedensgerichte oder Handelsgerichte gewiesen sind (Art. 529. Nr. 1), und haben daher hinsichtlich aller Civilrechtsstreitigkeiten die Regel für sich. In den Bezirken, in denen kein eigenes Handelsgericht besteht, erkennen sie auch in Handels- und Wechselsachen, jedoch in der für die Handelsgerichte vorgeschriebenen Form [71]). Hinsichtlich der Appellationen von Urtheilen der Friedensrichter und Schiedsrichter sind sie die letzte Instanz (Art. 529. Nr. 2). In erster und letzter Instanz haben sie zu entscheiden bei Personal- und Mobiliarklagen, deren Gegenstand 500 Drachmen nicht überschreitet, sowie bei Realklagen auf Immobilien, deren Einkommen nicht über 25 Drachmen beträgt (Art. 530. Nr. 1. 2). Das Verfahren vor den Bezirksgerichten ist wesentlich verschieden in gewöhnlichen und in summarischen Sachen. Unterarten des ordentlichen langsameren Verfahrens sind das schriftliche Verfahren, welches jedoch nur dann eintritt, wenn es durch ein Urtheil angeordnet worden ist (Art. 581. 611—617); sodann der Rechnungsproceß bei freiwilligen oder gezwungenen Rechnungsablegungen (Art. 695—716), welcher jedoch nach Umständen auch als summarische Sache behandelt werden kann (Art. 702). Unterarten des Verfahrens in summarischen Sachen sind das Verfahren vor dem Bezirksgerichtspräsidenten, und das Verfahren auf bloße Bittschriften. Das erstere tritt bei sehr dringenden provisorischen Maßregeln ein; ferner bei Schwierigkeiten, welche bei Gelegenheit der Vollziehung eines Erkenntnisses oder einer andern executorischen Urkunde, oder bei Gelegenheit der Verhaftung eines Schuldners entstanden sind (Art. 634). Die Parteien erscheinen an einem vom Präsidenten bestimmten Tage, Stunde und Orte, nöthigenfalls sogar in dessen eigener Wohnung. Die Entscheidung erfolgt sofort, ist jedoch nur provisorisch, unbeschadet der vor dem ganzen Gericht zu verhandelnden Hauptsache. Sie ist sofort zu vollziehen (Art. 636—639). In der Regel wird jeder gerichtliche Antrag mittels Einreichung einer Klagschrift und Vorladung angebracht. Jeder Antrag an ein Gericht, welcher keine Klage enthält, z. B. auf Ernennung eines Vormundes, auf Bestätigung eines Gutachtens des Familienrathes, auf eine Interdiction, Gütertrennung u. s. w. ist in Form einer Bittschrift vorzubringen (Art. 640—694). Die bei Gericht eingereichte Bittschrift wird in der Regel der Gegenpartei (oft giebt es eine solche nicht) nicht zugestellt. Vielmehr hat ein Richter darüber in der Audienz Bericht zu erstatten, worauf nach Vernehmung des Staatsprocurators und der Parteien, wenn sie anwesend sein sollten, das Urtheil erfolgt (Art. 641—643). Die Hauptmomente des Verfahrens in gewöhnlichen Sachen sind folgende. Der Anstellung der Klage muß, mit Ausnahme weniger Fälle, ein Vergleichsversuch vor dem zuständigen Friedensrichter, oder vor Vergleichsschiedsrichtern, vorausgehen (Art. 531. 532). Das Vorverfahren besteht in der Zustellung der Klagschrift (Art. 533—542); der Vertheidigungsschrift, welche auch die etwaige Widerklage enthalten muß (Art. 543—567), und in der Replikschrift (Art. 568. 569). Ein weiterer Schriftenwechsel ist unzulässig; und sollte er dennoch vorgekommen sein, so sind die dadurch veranlaßten Kosten nicht zu ersetzen (Art. 569). Vielmehr ist die Sache sodann auf die Audienzrolle zu setzen und zur Verhandlung an einem bestimmten Tage in der Audienz anzusetzen [72]). Das Audienzverfahren ist öffentlich und im Ganzen mündlich. Die Audienz beginnt mit dem Aufrufe der Sache durch den Audienzgerichtsboten, in der vom Gesetze bestimmten Reihenfolge. Sind sämmtliche Parteien erschienen, so wird zur contradictorischen Verhandlung der aufgerufenen Sache geschritten. Jede Partei beginnt mit Ablesung eines schriftlichen, auf das Vorverfahren gebauten Antrags (petitum); zuerst der Kläger und dessen Streitgenosse, dann der Beklagte und dessen Mitverpflichteter oder Gewährsmann. Nach Ablesung dieses schriftlichen Antrags darf jede Partei oder ihr Bevollmächtigter dasselbe mündlich weiter auseinandersetzen. Nachdem der Beklagte gesprochen, darf der Kläger mündlich repliciren, der Beklagte aber dupliciren, und so fort, bis das Gericht die Verhandlung für geschlossen erklärt. Hierauf erhält der Staatsprocurator das Wort, in den Fällen nämlich, wo er vernommen werden muß oder das Wort nehmen will. Sodann erfolgt das Urtheil, entweder sofort, oder bei schwierigeren Sachen, erst nach weiterer Berathung. Im letzten Falle soll dasselbe zur Berathung ausgesetzt, oder bei ganz verwickelten Processen sogar ein schriftliches Verfahren angeordnet werden [73]). Ist bei dem Aufrufe einer Sache der Beklagte oder der Kläger ausgeblieben, oder keine Partei erschienen, so wird zum Contumacialverfahren geschritten. Gegen das Contumacialurtheil ist, binnen 8 Tagen vom Tage der Zustellung des Urtheils, Opposition zulässig (Art. 590—600). Das Verfahren in summarischen Sachen tritt ein bei Vorsichtsmaßregeln zur Abwendung bevorstehender Gefahr, bei Incidentsachen, bei Appellationen von friedensrichterlichen Erkenntnissen

71) Gerichts- und Notariatsordnung Art. 4.

72) Civilprocesordnung Art. 570—578. Gerichts- und Notariatsordnung Art. 263—266. 73) Civilprocesordnung Art. 579—589. Gerichts- und Notariatsordnung Art. 267—269.

und bei ähnlichen dringenden Sachen; ferner bei Personalklagen aus in beweisender Form vorliegenden, nicht angefochtenen Urkunden; bei Personalklagen, deren Betrag 500 Drachmen nicht übersteigt; bei Streitigkeiten über Pacht- und Miethverträge; endlich bei Besitzstreitigkeiten (Art. 618). Der Verhandlung in der Audienz geht nur eine Zustellung der Klageschrift voraus, und 3 Tage nachher kann zu dieser Verhandlung geschritten werden, außer wenn der Termin ausdrücklich von dem Kläger verlängert, oder wegen Gefahr des Verzuges vom Bezirksgerichtspräsidenten verkürzt worden ist. Findet es sich in der Audienz, daß die Sache zur summarischen Verhandlung nicht geeignet ist, so ist der Kläger in dieser Processart abzuweisen. Zur Anstellung der Klage im ordentlichen Processe bedarf es der abermaligen Zustellung der Klageschrift nicht (Art. 578, 579, 619—625). — d) Handelsgerichte. Das Verfahren vor diesen ist noch summarischer, als in den summarischen Sachen selbst. Den Tag nach der Zustellung der Klageschrift haben die Parteien vor Gericht zu erscheinen. Dieser Termin kann aber noch mehr abgekürzt werden, und zwar bei Gefahr des Verzuges von dem Präsidenten, und in Seesachen, wenn ein Schiff im Begriffe steht, in die See zu gehen, sogar von den Parteien selbst (Art. 720—726). Das Verfahren in der Audienz ist sehr summarisch. In Wechselsachen sind nur solche Einreden, Repliken und Dupliken zulässig, welche entweder noch in derselben Sitzung erweislich, oder so wichtig sind, daß sie besser von Amtswegen ergänzt werden müssen (Art. 727—729). Bei Rechnungsstreitigkeiten können die Parteien an Vergleichsrichter gewiesen werden (Art. 731). Die Vollziehung des gefällten Urtheils erfolgt, ohne Rücksicht auf eine etwa eingelegte Opposition oder Appellation, in Wechselsachen unmittelbar nach dessen Zustellung, in anderen Handelssachen aber nach drei Tagen (Art. 733). Die Appellation geht an die gewöhnlichen Appellationsgerichte, die Cassation an das Cassationsgericht. Die Appellation ist nicht suspensiv, und es wird auch in höherer Instanz summarisch verhandelt und entschieden (Art. 719, 733, 735). Die obsiegende Partei ist zur Stellung einer Caution anzuhalten, so oft, bei diesem summarischen Verfahren, für den unterliegenden Theil Nachtheil zu besorgen ist (Art. 729, 733, 734). — e) Appellationsgerichte. Diese erkennen in letzter Instanz über alle in erster Instanz von den Bezirks-, Handels- und ihnen gleich geachteten Schiedsgerichten gefällten Urtheile (Art. 116, 719, 737). Das ganze Vorverfahren besteht in ordentlichen Sachen in der Zustellung der Appellationsurkunde von Seiten des Appellanten, und der Vertheidigungsschrift von Seiten des Appellaten. In summarischen Sachen ist das Vorverfahren schon nach der Zustellung der Appellationsurkunde geschlossen. In dem einen, wie in dem anderen Falle wird sodann die Sache auf die Audienzrolle gesetzt. Ehe zur Verhandlung in der Audienz geschritten werden darf, ist, mit Ausnahme weniger Fälle, die gesetzliche Geldbuße von 10 Drachmen zu hinterlegen (Art. 767—773). Die Verhandlung in der Audienz ist, wie bei den Bezirksgerichten, öffentlich und mündlich. Auch soll der Generalprocurator in denselben Fällen, wie in erster Instanz, vernommen werden. Im Urtheile ist der unterliegende Appellant in die vorher schon deponirte Geldstrafe zu verurtheilen (Art. 774—784). — f) Cassationsgericht. Das Cassationsgericht hat, mit Ausnahme des Falles der Klagen gegen manche richterliche Beamten (Art. 58. 59), niemals über eine Thatsache zu erkennen, sondern immer nur über Rechtspunkte. Dahin gehören alle Amtsüberschreitungen der Gerichte, insbesondere auch wegen Incompetenz; sodann die Regulirung der Zuständigkeit der Gerichte; die Verweisung von einem Gerichte an ein anderes; ferner die Handhabung alles dessen, was für die Besetzung der Gerichte und deren Verfahren für wesentlich nothwendig erklärt worden ist; dann die Einschreitung, wenn mehrere sich widersprechende, in derselben Sache, und unter denselben Parteien, von verschiedenen Gerichten erlassene, rechtskräftige Urtheile vorliegen; endlich die falsche Anwendung oder falsche Auslegung eines Einzelgesetzes (Art. 29. 49. 51. 117. 123. 125. 519. 801—810). Die eingewendete Cassation ist in der Regel ohne Suspensiveffect (Art. 818). Für das Vorverfahren werden nur zwei Schriftsätze zugelassen, das Cassationsgesuch des Cassationsklägers und die Vertheidigungsschrift des Cassationsbeklagten. Sodann ist die Sache auf die Audienzrolle zu setzen und von dem Präsidenten ein Cassationsgerichtsrath zum Referenten zu ernennen. Vor der Vornahme der Verhandlung in der Audienz ist, mit wenigen Ausnahmen, die gesetzliche Geldbuße von 200 Drachmen zu deponiren (Art. 819—825). Die Verhandlung in der Audienz beginnt mit dem Vortrage des Referenten. Dann hat der Cassationskläger, nach ihm der Cassationsbeklagte das Wort. Mit der Duplik ist die Verhandlung geschlossen. Der Generalprocurator ist in allen Sachen zu hören, und zwar zuletzt nach den Parteien, außer wenn er selbst Partei in der Sache ist, welchenfalls ihm die oben erwähnten Rechte der Parteien zustehen (Art. 826). Bleibt eine Partei in der Audienz aus, so wird dennoch, wie bei dem Erscheinen sämmtlicher Parteien, verhandelt; gegen das erlassene Contumacialurtheil ist keine Opposition zulässig (Art. 827). Das Audienzverfahren zerfällt in zwei ganz verschiedene Abtheilungen, vor und nach der erfolgten Cassation. Im ersten Stadium ist über die Zulässigkeit, und dann über den Grund des Cassationsgesuchs zu verhandeln, über beides aber in Einem Urtheile zu erkennen. Wird das Gesuch als unzulässig oder unbegründet verworfen, so ist der unterliegende Cassationskläger in die gesetzliche Geldstrafe zu verurtheilen (Art. 829. 830. 832). Wird aber ein Urtheil cassirt, so tritt dann ein weiteres Verfahren ein. Ist nämlich die Cassation wegen falscher Auslegung oder falscher Anwendung des Gesetzes ausgesprochen worden, so soll in derselben oder einer späteren Sitzung über die Anwendung oder Auslegung des Gesetzes verhandelt, und von dem Cassationsgericht selbst das richtige Gesetz angewendet werden (Art. 836). In jedem anderen Falle aber ist blos die Cassation auszusprechen, und sodann die Sache zur neuen Verhandlung an das zuständige Gericht, oder nach Umständen an ein anderes Gericht von denselben Range und derselben Eigenschaft, als dasjenige war, dessen Urtheil cassirt worden ist, zu verweisen (Art. 831—833). Gegen ein Urtheil des Cassationsgerichts ist kein weiteres Rechtsmittel, mithin auch keine zweite Cassation mehr zulässig (Art. 837). Jedes Urtheil, welches eine Cassation ausspricht, soll auf Kosten des unterliegenden Theils gedruckt, und am Rande des Originals des cassirten Urtheils eingeschrieben werden (Art. 839). — g) Execution. Mit der Eröffnung des Urtheils hört die richterliche Thätigkeit auf; denn der Vollzug eines jeden executorischen Urkunde soll auf Betreiben der Parteien selbst geschehen. Zu diesem Zwecke darf sich nun jede Partei direct an den Gerichtsboten wenden; aber auch, wenn sie es für zweckmäßiger hält, an den zuständigen Friedensrichter oder Bezirksgerichtspräsidenten. Die Parteien, Friedensrichter oder Präsidenten haben sodann dem Gerichtsboten die vorzunehmenden Zwangsmittel, und die Art und Weise ihrer Vornahme, genau, und zwar schriftlich, anzugeben (Art. 870). Welche Zwangsmittel zulässig seien, wann und wo dieselben angewendet werden sollen, ist genau bestimmt; namentlich haben sich über die verschiedenen Arten von Beschlagnahmen, über die darauf folgenden Zwangsveräußerungen und die Vertheilung des Erlöses ausführliche Vorschriften. — h) Concursverfahren. Hinsichtlich desselben bestehen zwei Systeme, das des universellen Concurses und das des Particularconcurses. So viele Vortheile auch der Grundsatz der Universalität mit sich bringt, so sind doch auch die Klagen über dessen Nachtheile nicht gering, namentlich über die lange Dauer solcher Concursprocesse, welche bedeutende Kosten verursachen, auch die Bereicherung der Advocaten zur Folge haben mögen, gewöhnlich aber zur Verarmung der Gläubiger und Schuldner führen. Ein solches Verfahren in den Händen eines griechischen, weniger geübten Richters, würde die Concursprocesse noch länger dauernd gemacht haben. Mit dem Princip der Specialität und Publicität der Hypotheken, wie dies im Art. 991 der Civilprocessordnung angenommen ist, verträgt sich das Princip der Universalität des Concursprocesses ebenfalls sehr wenig. Daher ist in der Civilprocessordnung das System der Particularconcurse vorgezogen. Bei in Concurs gerathenen Handelsleuten dagegen ist das System des im französischen Handelsgesetzbuche vorgeschriebenen allgemeinen Concurses, trotz der damit verbundenen Mängel und Unzuträglichkeiten, beibehalten worden, weil die Griechen daran gewöhnt waren (der Code de commerce war schon vor der Regentschaft in Griechenland eingeführt, vergl. den vorigen Paragraph), und man, ohne die dringendste Nothwendigkeit, bestehende Gesetze nicht ändern wollte. Für Personen, welche nicht zum Handelsstande gehörten, und in Concurs verfielen, wurde, hinsichtlich der Location, sowol bei Mobiliarversteigerungen (Art. 936—953), als bei Immobiliarversteigerungen (Art. 986—997) ein kurzes, einfaches und nicht kostspieliges Verfahren vorgeschrieben. Zur möglichsten Förderung des Fortgangs desselben wurde insbesondere verordnet, daß der Friedensrichter oder Notar, welcher die Zwangsveräußerung besorgt, unmittelbar nach beendigter Versteigerung auch den Plan der Location der Gläubiger entwerfen, und der Bezirksgerichtspräsident zur dessen Revision und endliche Feststellung bringen, und denselben dann für executorisch erklären solle (Art. 938. 945. 988. 989. 994). Hinsichtlich der Location der Gläubiger selbst finden sich auch in den griechischen Gewohnheitsrechten einige wenige Bestimmungen, unter Anderem, daß inländische Gläubiger vor fremden ein Vorzugsrecht haben sollen, z. B. in Mykone [74]) und Siphnos [75]). Auch noch einige andere Privilegien finden sich im geschriebenen Gewohnheitsrechte von Santorin [76]). Durch die Bestimmungen der Civilprocessordnung Art. 940—944. 991. Nr. 1. 2. sind aber alle älteren Privilegien, hinsichtlich der Mobilien, aufgehoben worden.

(C. W. E. Heimbach.) *)

74) Vergl. Maurer Bd. 1 S. 222. 75) Vergl. Maurer Bd. 1. S. 229. 76) z. B. auf Vorzugsrecht der [illegible] vor den [illegible], der Kapitalien und der [illegible] in dem zum Nachlaß einer Verstorbenen entstandenen Concurse; bei den Gerichtsdiener werden diejenigen unter den Gläubigern vorgezogen, welche die Gelder für Waaren der letzten Reise hergeliehen haben, und deren Waaren sich noch vorfinden. Vergl. Maurer Bd. 1. S. 325.

*) Der Verfasser beabsichtigte, die Geschichte des neueren Griechischen Rechts bis auf die Gegenwart hinab fortzuführen. Der Tod aber übereilte den unermüdlichen Arbeiter in der Ausführung seines Planes, und so ist dieser letzte Abschnitt leider ein Fragment geblieben. Die Redaction.

GRIECHENLAND.

B. Griechenland im Mittelalter und in der Neuzeit.

Geschichte Griechenlands im neunzehnten Jahrhundert.

Einleitung.

Die Vorgeschichte der Erhebung der Neu-Griechen gegen die osmanische Herrschaft.

Nachdem in den letzten Abschnitten dieses Werks die Geschichte der Griechen unter der osmanischen Herrschaft bis herab zu dem großen mit dem Jahre 1821 eintretenden Wendepunkte der Geschichte des türkisch-griechischen Orients geführt worden ist, bleibt uns nur noch übrig, die großen Ereignisse und furchtbaren Kämpfe zu schildern, in Folge deren wenigstens ein Theil der griechischen Nation seine äußere Selbständigkeit wieder gewonnen, einen unabhängigen Staat gebildet, einen Platz in der Reihe der Glieder der europäischen Völkerfamilie eingenommen hat. — Seit den schrecklichen mit dem J. 1770 anhebenden Ereignissen in Morea, die den damaligen russisch-türkischen Kriegen zur Seite gingen, war es auf der großen Donauhalbinsel in Wahrheit niemals wieder vollständig ruhig geworden; seit jener ersten unglücklichen Erhebung eines Theiles der Moreoten in eben jenem Blutjahre 1770 war der Gedanke einer künftigen griechischen Erhebung des buntgemischten Volkes griechischer Zunge und griechischer Religion gegen das Regiment des Padischah zu Stambul und weit mehr noch gegen die Herrschaft seiner Statthalter aller Grade niemals wieder ganz erstickt worden. Griff einerseits der Wogenschlag der französischen Revolution, der Revolutions- und der Napoleonischen Weltkriege selbst in die Bewegungen der Küstenländer des europäischen Türkenreichs wiederholt fühlbar ein; so konnte die gerade in den letzten Zeiten des 18. und in den ersten Jahrzehnten des 19. Jahrhunderts immer merklicher heraustretende innere Zerrüttung des osmanischen Staatswesens am wenigsten den scharfblickenden griechischen Patrioten verborgen bleiben. Gaben die unter buntem Schicksalswechsel doch mit zäher Energie und entschieden glücklichem Erfolge geführten Unabhängigkeitskämpfe der kriegerischen glaubensverwandten Serben im fernen Norden (1804 bis 1817) ein anregendes Vorbild, sich zu gelegener Zeit vor Allem mit eigenen Mitteln, mit Helden, wie man deren im J. 1770 an dem tapfern mittelgriechischen Capitain Andrutsos und (1790—1792) an dem kühnen Schiffshauptmann Lambros Kanzonis gehabt hatte, zu dem großen Waffengange mit den Osmanen zu stellen: so wurden die stillen Freiheits- und Erhebungsgedanken der Griechen andauernd genährt durch den Blick auf die, an die Zustände der persischen Satrapien Kleinasiens im letzten Jahrhundert der Perserherrschaft erinnernde, selbstwillige und halbsouveraine Haltung der großen türkischen Provinzialstatthalter in Europa gegenüber der Centralregierung zu Stambul, namentlich seit dem letzten Drittel des 18. Jahrhunderts. In dieser Richtung am wirkungsvollsten und für die spätere Erhebung der Griechen weitaus am bedeutungsvollsten war bekanntlich die lange Herrschaft des berufenen Ali-Pascha in Albanien. Dieser merkwürdige Mann hat bei allen entsetzlichen Greueln, die er Zeit seines Lebens an Christen wie an Moslemen aller Stämme verübt, jedenfalls — immerhin wider Willen und Verhoffen — sehr viel zur Förderung der späteren griechischen nationalen und religiösen Erhebung beigetragen. Die blutige Tigernatur seines Wesens und das Blutregiment, das er so oft ausgeübt, hatte doch mit der brutal-planlosen, launisch-gedankenlosen Grausamkeit und dem unter Umständen leidenschaftlich ausbrechenden, blind zerstörungssüchtigen Wüthen des ordinairen türkischen Despotismus Nichts gemein. Im Ge-

genthell: Ali Pascha, der schillische Albanese, zugleich ein vollendeter Heuchler und derber Freigeist, hat in seiner Weise in dem ausgedehnten Gebiet, das er (s. unten) regierte, für die von ihm beherrschten Albanesen und Griechen „den Bruch mit dem Mittelalter" vollzogen; er hat in diesen Ländern, wo seit alten Jahrhunderten bei einer wilden, beziehentlich verwilderten Bevölkerung mit völlig mittelalterlichen Zuständen das Faustrecht, rohe Raubwirthschaft auf den Straßen, hergebrachte Bedrückung der Armen und factische Rechtlosigkeit der christlichen Rajah an der Tagesordnung war, im Sinne des sogenannten aufgeklärten Despotismus des 18. Jahrhunderts, aber mit orientalischer, blutig-gewaltsamer Färbung, nach den verschiedensten Seiten hin der modernen Civilisation die Bahnen geöffnet. Namentlich für Albanien gilt die durch ihn vollzogene Vernichtung des Regiments der selbständigen Clan- und Stammeshäuptlinge, ihrer „feudalen" Privilegien, und besonders die mit durchgreifender Strenge erzielte vollständige Sicherheit der Landstraßen und des Handelsverkehrs; während er allgemein (sobald nicht seine persönlichen Interessen in Betracht kamen) für die Rajah „parteilose Gerechtigkeit, Gleichheit vor dem Gesetz" durchführte. Was sonst an Culturelementen unter der Herrschaft dieses Mannes in dem epirotischen Albanien aufgekeimt ist und ihn überlebt hat, besprechen wir hier nicht. Wohl aber ist nun zu sagen, daß dieser Ali-Pascha, nachdem er in langer und wechselvoller Laufbahn „vom Klephten auf" sich endlich (1788) zum Pascha von Janina aufgeschwungen hatte, seit etwa 1810 von seiner glänzenden Hauptstadt Janina aus über die ganze albanesisch-epirotische Küste von Dulcigno bis Arta und Akarnanien gebot und zugleich (seit 1787) als Pascha von Trikkala und Derwendschi-Pascha (d. i. Oberaufseher aller Straßen in Rumili) in den Pindus- und Salambriagebieten als oberster Hüter der allgemeinen Sicherheit eine überaus starke militärische Stellung einnahm. Es kam aber dazu, daß er auch (das eigentliche centrale, böotisch-attische Ostgriechenland ausgenommen) indirect über das ganze alte Land der Hellenen gebot, da seit 1806 seine Söhne Muchtar und Veli die Paschaliks Lepanto und Morea regierten. In dieser Weise hat Ali-Pascha viele Jahre lang mit Griechen und griechischen Christen andauernd in den vielseitigsten Beziehungen gestanden. Zuerst haben die kriegerischen Beziehungen lange überwogen. Denn Ali hat Jahre lang die verwegensten christlichen Vorkämpfer der Unabhängigkeit mit grimmiger Erbitterung bekämpft. Den später so hochberühmt gewordenen Heldenstamm der Sulioten — Abkömmlinge albanesischer griechischer Christen, vielleicht mit einigem Zusatz griechischen Blutes, die in dem 17. Jahrhundert vor der Macht der Osmanen in die wilden kassiopeischen Berge gewichen waren und hier in einer schwer zugänglichen Felsenlandschaft an dem antiken Flusse Acheron inmitten der rauhesten Klippen neue, sichere Wohnsitze sich geschaffen hatten, — diesen wilden trotzigen Stamm harter Klephten und Krieger, der in der letzten Hälfte des 18. Jahrhunderts 7000 Seelen, darunter 2000 Krieger, zählte, und, lange Jahre durch seine Raubzüge zugleich eine Plage der Moslemen wie der Christen der Umlande, seit Jahrzehnten alle Angriffe der albanesischen Statthalter der Pforte glücklich abgewehrt hatte: diese Sulioten hat Ali-Pascha seit dem J. 1790, und mehr noch seit dem J. 1792, und mit besonderem Nachdruck seit dem J. 1800 energisch bedrängt und nach vielfachem Glückswechsel endlich im J. 1804 aus ihren Felsennestern vollständig vertrieben. Wohl aber, während der Rest der Sulioten, etwas über 1000 Krieger, grollend im Auslande, namentlich auf den ionischen Inseln, der Zukunft harrte, hat Ali, im J. 1804 Seitens der Pforte zum „Rumili Valessi" ernannt, nicht allein die makedonischen Raubbauern gebrochen, sondern nachmals auch die ganze Kraft der griechischen Klephten und Armatolen zwischen Makedonien und Aetolien, die seit 1805 durch die serbischen Bewegungen zu kühneren Unternehmungen aufgeregt waren, in den blutigen Kämpfen der Jahre 1805 bis 1807 niedergeworfen; er hat endlich noch im J. 1819 die letzte unabhängige christliche Stadt in Epirus, Parga, in seine Gewalt bekommen. — Allein, wenn auch seine Hand oft genug schwer auf den griechischen Kriegern lastete: ein nationaler oder religiöser Haß gegen die Griechen, beziehentlich die Christen beseelte ihn nicht. Wiederholt haben griechische Armatolen unter seiner Leitung gefochten; griechische Soldaten und Offiziere (wie jener Athanasios Vaja [Vagias], der tapfere Mann und zugleich der furchtbare Henker der unglücklichen Gardikioten [1812], den die griechischen Volkslieder noch heute verfluchen), standen dauernd in seinem Dienste; nicht wenige der Capitani's, die später in dem griechischen Unabhängigkeitskriege eine namhafte Rolle spielten, haben längere oder kürzere Zeit in seinem Dienste gestanden. Und wie eine intelligente Person, wußte auch er sehr zahlreiche brauchbare und gewandte Griechen aller Stämme in bürgerlichen Stellungen jeder Art andauernd zu verwenden. Alle seine Wildheit hielt ihn nicht ab, sich stets für alle Fälle die Verbindung mit den angesehensten Führern der Griechen in den von ihm abhängigen Gebieten offen zu halten. Wir sehen unten, wie seine letzten Schicksale den Anfängen der griechischen Nationalerhebung in hohem Grade zu Gute kamen; der Dienst in seiner Armee aber schulte nicht wenige griechische Capitani's für größere Kämpfe größerer Art in ähnlicher Weise, wie andere Griechen während der Napoleonischen Kriege in russischen und britischen Kriegsdiensten ihre Schulung erhielten.

Dennoch war Ali's Regiment nicht der Boden, von wo aus eine Erneuerung der griechischen Nation hätte ausgehen können. Der rohe und eigennützige Charakter des Ali war doch zu großen und zukunftreichen Schöpfungen nicht angethan. Eine moderne Karrikatur großer antiker griechischer Tyrannen, etwa des sicilischen Dionysios, waren dämonische Leidenschaft, die für hohe Gedanken, und blutig tückisches Mißtrauen gegen Alle, was für begeisterte Hingebung und Treue gegen ihn keinen Raum und Boden übrig ließ, doch die letzten Züge seines Wesens. Der Art, daß weder die Pforte ihm trauen durfte, noch die kühne Idee, mit dem albanesischen Volke auch die Griechen unabhängig zu machen und einen starken Staat schwerlich dem Verfall zu gründen, endlich etwas Anderes als „[illegible]" erzeugen konnte. Eine erfolgreiche Erhebung der Griechen gegen die Osmanen war doch nur möglich, wenn sie aus der eigenen Kraft der Nation heraus und aus einer Vermählung des griechischen Volks- und Kriegergeistes mit dem neuerwachten, durch die Einflüsse der neuen nunmehr die abendländische Welt bewegenden Ideen befruchteten, geistigen Leben der edelsten Theile dieser Nation hervorging. Namentlich im Laufe des 18. Jahrhunderts hatte die „geistige Wiedergeburt" der griechischen Nation beträchtliche Fortschritte gemacht. Hatte die Kirche seit Jahrhunderten, eigentlich schon seit der Eroberung der Lateiner über das romäische Kaiserthum nach dem Siege des Jahres 1204, und weit mehr dann seit der Vollendung der Osmanenherrschaft in der ganzen Hämushalbinsel, den festen Haltpunkt abgegeben, an den gesammelt die Griechen geradezu ihre Nationalität bis zum 19. Jahrhundert hinab gerettet haben: war das orientalische Christenthum geradezu zu einem Stück ihrer Nationalität geworden: ging mitunter in den Klephten- und Armatolenschaaren der Priester mit dem Soldaten, das Kreuz mit dem Schwert zusammen: — seit Anfang des 18. Jahrhunderts war nun auch auf vielen Punkten der griechischen Welt ein sich zunehmend steigernder geistiger und materieller Aufschwung eingetreten. Ausgehend zunächst von der durch Alexander Maurokordatos und seine Nachkommen dem griechischen Phanariotenadel zu Stambul, dann den gebildeten Kreisen der Nation überhaupt gegebenen Anregung, war man auf vielen Punkten an das Studium des Altgriechischen gegangen, hatte man aus den großen geistigen Schätzen der alten Hellenen eine geistige Verjüngung der gerade geistig so tief heruntergekommenen Nation der romäischen Neugriechen zu gewinnen gesucht; und gerade in der letzten Zeit des 18. und zu Anfang des 19. Jahrhunderts stand, wie Ali-Pascha zu Janina, auch die türkische Regierung überhaupt solchen Bestrebungen keineswegs feindselig gegenüber. Es kam dazu, daß gerade jetzt die griechische Nation auch einen hohen materiellen Aufschwung nahm. Stark unterstützt durch die russische, später selbst durch die türkische, Politik seit dem J. 1774, hatten die griechischen Kaufleute in ganz ungeahnter Weise die alte Unternehmungslust, die alte Kühnheit, die alten Erfolge wieder gewonnen; und während griechische Kaufleute und Seeleute, — stark gefördert durch die Lähmung der französischen und österreichischen Handelsmarine während der Revolutionskriege und der Napoleonischen Zeit —, wie schon längst zu Odessa, so auch zu Livorno, Triest und anderen Hafenstädten des Mittelmeeres eine starke und glänzende Stellung gewannen, und in dem ganzen westlichen Orient die erste Rolle zu spielen anfingen, haben sich in der eigenen Heimath der Griechen verschiedene Punkte mit überraschender Schnelligkeit. Wuchs an der griechischen Küste von Kleinasien die neue Stadt Aivali oder Kydonia (Lesbos gegenüber) in den letzten 30 Jahren des 18. Jahrhunderts mit zauberhafter Schnelle zu einer blühenden Handels- und Industriestadt von 30,000 Griechen empor: so gediehen ferner, um von der alten Blüthe der Insel Chios nicht zu sprechen, die erst im 18. Jahrhundert ernsthaft colonisirten Inseln, die alte griechische Insel Psara bei Chios und die im Alterthum kaum genannten, jetzt von gräcisirten Albanesen bewohnten Inseln Hydra und Spezia namentlich durch gewinnbringenden russischen Getreidehandel kaum minder schnell zu seltenem Wohlstande, ja ebendeshalb selbst großem Reichthum. Und während die türkische Marine nur mit griechischen Matrosen bemannt werden konnte; während zahlreiche griechische Kaufleute, Rheder, Schiffsführer mit russischen Patents ausgestattet waren, beziehentlich unter russischer Flagge fuhren, gehörten im J. 1800 christlichen Unterthanen der Pforte in den Häfen und Inseln von Rumelien, Morea und den Inseln über 600 Schiffe mit 17,000 Matrosen und 6000 Kanonen. Weiterwirkend nahm die neue Thätigkeit der Griechen auch im Innern ihres Landes einen wachsenden Aufschwung: unter Ali-Pascha war Janina zu einer der schönsten und reichsten Städte des Reiches erblüht, in Thessalien war nicht nur die Stadt Larissa mit unverwüstlicher Lebenskraft, sondern auch die Pindusdörfer und kleinere Städte wie Tyrnawo und Ambelakia durch ihre Garnfärbereien namhafte Plätze der Industrie und des bis nach Deutschland reichenden Verkehrs geworden. Die seit 1770 mehrfach so hart heimgesuchte Halbinsel Peloponnes mit ihrer Ausfuhr von Oel, Korinthen, Seide hatte allmählig ebenfalls wieder an Wohlstand und Einwohnerzahl bedeutend gewonnen.

Dieser neue und schnell steigende Wohlstand in vielen Theilen der griechischen Welt, die nun geweckte geistige Regsamkeit der griechischen Nation, hat nun gewaltig beigetragen zu der Schöpfung und Entfaltung zahlreicher neuer höherer Bildungsanstalten. Der mächtige Lern- und Bildungstrieb, den sich diese neuen Hellenen aus einer besseren Vergangenheit heraus gerettet hatten, kam mit schönem Eifer den Anstrengungen und Anregungen wie den werthvollen Unterstützungen entgegen, welche theils aus dem Phanar in Stambul ausgingen, theils von reichen und patriotisch gesinnten, im Abendlande und in Rußland (namentlich in Odessa) angesiedelten griechischen Kaufleuten entgegengebracht wurden. Ueberall entstanden jetzt Schulen, Gymnasien; Bildungsstätten: Stambul, Kydonia, Smyrna, Chios, Patmos, Janina, Salonichi wurden Ausgangspunkte der neuen hellenischen Bildung, die dann an der Hand zahlreicher schnell entstehender neuer hellenischer Schulen auch in die inneren griechischen Cantone eindrang, wo wir von gleichstehenden Anstalten der Art doch aber auch namentlich die schon länger bestehende namhafte gelehrte Schule und Bibliothek zu Dimitzana in der rauhesten Gebirgslandschaft des mittleren Arkadien nennen wollen, die lange für Morea der Hauptheerd der classischen Studien gewesen ist.

Und während nun zahlreiche junge Griechen auch in den großen Kulturstätten des italischen und des romanischen Abendlandes ihre kaufmännischen, medicinischen oder andere gelehrte Studien machten, hier mit den socialen und politischen Verhältnissen des gebildeten

Europa immer näher vertraut wurden, gewann, — um von hervorragenden neugriechischen Gelehrten, wie **Koraïs** zu Paris und Anthimos Gazis zu Wien nicht zu sprechen, — dieser neue Aufschwung des griechischen Geistes auch die warme Sympathie ausgedehnter Kreise des gebildeten Europa, die bald genug werkthätig sich fühlbar machen sollte. Die neue geistige und materielle Hebung der Griechen wirkte aber bald sehr fühlbar zurück auf die nationalen Gesinnungen des griechischen Volks. Allerdings drang zunächst die neue Bildung in vielen Theilen der griechischen Welt noch nicht sehr tief ein; allerdings waren gerade die Kern- und Hauptländer des alten classischen Hellas, der Peloponnes und die jetzt meist mit gräcisirten Albanesen besetzten Cantone Böotien und Attika von der neuen Bewegung am wenigsten betroffen. Allein, an dem Studium der großen Alten, an der Wiedererkenntniß des hohen Ruhmes der alten Hellenen entzündete sich bei diesem Volk — gleichgültig wie viele fremde Blutmischungen vor Jahrhunderten die altgewordenen Hellenen der Vorzeit physisch neu aufgefrischt und zu einem byzantinischen Volke umgeschmolzen hatten — ein warmer und leidenschaftlicher Patriotismus. Und geschärft durch die welterschütternden Ereignisse, die seit dem Ausbruch der französischen Revolution mehr als 20 Jahre hindurch ganz Europa in seinen Grundfesten aufwühlten, wurden nun auch die griechischen Rajah in vielen Theilen des osmanischen Reichs von Europa immer abgeneigter, die Herrschaft der Muselmanen auf die Dauer ruhig zu ertragen. Der Ruhm, die Helden, die Freiheit der alten Hellenen waren nicht mehr blos für den griechischen Gelehrten große Namen und zündende Klänge: gar nicht zu reden von den Griechen in Europa, in der Diaspora, — am lebendigsten waren die Erinnerungen an die alte Größe der Themistokleischen Griechen und ihrer Zeit geworden bei den griechischen Seeleuten, die schon jetzt als die intelligenteste und am besten organisirte Kraft des griechischen Volks gelten konnten, und die schon lange vor dem Ausbruche des Kampfes an Kühnheit und nautischer Tüchtigkeit mit den großen Alten der classischen und der Zeit des Johannes Tzimiskes sehr wohl verglichen werden konnten. Aber auch unter den wilden Kriegsgesellen, auf deren tapfere Arme bei dem Ausbruche eines Krieges doch am meisten gezählt werden mußte, unter den Häuptlingen der Armatolen und selbst der freien Klephten, war die Größe des alten Hellas nicht ohne Anklang; auch unter diesen wetterharten und grimmigen Gesellen gab es gar Manche, bei denen die neue hellenische Bildung Boden gewonnen hatte, und die höher dachten, als blos auf den ewigen rohen Waffenkampf und Raub in den türkischen Ebenen.

Unter solchen Stimmungen wurden seit der französischen Revolution, von den Osmanen kaum verstanden, die neuen griechischen Schulen mehr und mehr auch zu Pflanzstätten einer national-politischen Agitation. Und es hatte schon während des großen europäischen Weltbrandes einigemal Ansätze zu einer nationalen Erhebung der Südgriechen in Europa gegeben. Es war ein Anhänger und Freund der großen Phanariotenfamilie der Ypsilanti's, — jenes griechischen Fürstengeschlechtes, welches, den Griechen überhaupt durch seine patriotischen Gesinnungen werth, seit der letzten Hälfte des 18. Jahrhunderts namentlich in den dem griechischen Wesen wohl geneigten sogenannten rumänischen Donaufürstenthümern durch mehrmalige gute Verwaltung des Hospodariats sehr einflußreich, namentlich durch den genialen, auch in Europa angesehenen Constantin Ypsilanti andauernd die Idee einer künftigen Befreiung Griechenlands nährte, — es war der begeisterte hochpatriotische Thessalier Constantin Rhigas aus Velestino (Pherä), welcher, ein Zögling, dann Staatssecretair des alten Fürsten Alexander Ypsilanti, dann später mehr selbständiger Agitator, angeregt durch die französische Revolution, die Befreiung der Griechen mit französischer Hilfe zu erreichen hoffte. Ein zündender patriotischer Dichter, mit seiner Idee auf eine allgemeine Erhebung aller anatolisch-christlichen Stämme bis zum Orient hin gegen die Osmanen sinnend, hatte er seit 1796 die Griechen in Wien enthusiasmirt, bereits mit der französischen Diplomatie angeknüpft, als er von der österreichischen Regierung verhaftet und (1798) an den Pascha von Belgrad ausgeliefert wurde, der ihn dort an der Donau hinrichten ließ. Heute noch als der „große" Rhigas, als der edle Märtyrer der Unabhängigkeit bei seinem Volke gefeiert, — war seine Idee nicht verloren; es waren die Führer der nordgriechischen Klephten und Armatolen, die er für die nationale Sache hatte gewinnen wollen, die zuerst losschlugen.

Anknüpfend an die serbische Bewegung (s. oben) hatten seit 1806 die ätolisch-thessalischen Häuptlinge, besonders die am Olymp, vor Allem der kühne Nikotsaras aus Alassona und der noch heute in Liedern gepriesene starke Euthymios Blachavas mit seinem Freunde, dem Priester Demetrios, eine sehr ernsthafte Erhebung versucht, die aber (bis zum J. 1807) an Ali-Pascha's Wachsamkeit und Energie scheiterte. Ebenso vertrieb Veli-Pascha die unruhigen Häuptlinge Kolokotronis und Anagnostaras aus dem Peloponnes, und deren Pläne, von den ionischen Inseln aus in der alten Heimath wieder Boden zu gewinnen, hatten vorläufig keinen Erfolg.

So waren denn die griechischen Patrioten vorläufig auf Abwarten besserer Momente und größerer Gunst der Umstände angewiesen. Die Hoffnungen der Insulaner und Peloponnesier auf England, Anderer auf Frankreich, der Massen und vieler Politiker vor Allem auf das glaubensverwandte Rußland, wo noch dazu mehrere hochgeborene Griechen, vor Allem der ionische Graf Johann Kapodistrias und jenes Constantin Ypsilanti ältester Sohn Alexander in hohen Würden standen, gingen aber vorläufig zu keiner Zeit in Erfüllung; der wiener Congreß, von dessen Beschlüssen viele sanguinische Hellenen Großes für die Sache der Unabhängigkeit erhofft hatten, änderte principiell in ihrer politischen Lage Nichts. So waren denn die Griechen, bei denen mehr und mehr alle patriotisch erwärmten Elemente, die Gebildeten mit dem durchaus volksthümlichen, eminent national gesinnten Klerus, Klephten, Armatolen, Kaufleute, Primaten zu einer einheitlich empfindenden Masse zusammenschmel-

gen, sehr bestimmt darauf hingewiesen, ihre künftige Befreiung mit eigenen Kräften vorzubereiten. Da gingen denn zwei Strömungen neben einander hin. Auf der einen Seite, namentlich durch den trefflichen Korais in Paris gepflegt und genährt, waltete die Idee vor, vor allen Stücken die geistige Erneuerung des griechischen Volks noch lange, voraussichtlich noch sehr lange zu fördern und zu leiten, die dann allerdings endlich auch zu der vollen politischen Befreiung führen müsse. Auf der andern Seite dagegen bereitete man sich auf einem Wege und mit Mitteln, wie sie damals in dem romanischen Europa und auch in Rußland sehr an der Tagesordnung waren, zu einer womöglich binnen Kurzem zu ergreifenden umfassenden bewaffneten Erhebung vor.

In dem bis dahin sehr wenig literarischen Athen nämlich war (in Erneuerung einer älteren Idee des geistreichen Phanarioten Alexander Maurokordatos) im J. 1814 unter auswärtigen, namentlich englischen, Einwirkungen die Gesellschaft der „Philomusen" gegründet worden, ganz in dem Sinne der bisher verfolgten griechisch-literarischen Bestrebungen, zunächst zu dem Zwecke der Anlage einer Bibliothek, eines Museums und neuer hellenischer Schulen, und für sonstige humane Stiftungen. Es war bei Gelegenheit des wiener Congresses, daß jener einflußreiche Korfiote, der russische Minister Graf Johann Kapodistrias, der Günstling des Kaisers Alexander, der Freund des edeln, bei der Gründung des Bundes besonders betheiligten britischen Philhellenen Lord Guilford, der bereitwillig die Vorstandschaft dieser literarischen „Hetärie" übernommen hatte, unter eifriger Mitwirkung des jungen Alexander Ypsilanti mit großem Erfolg namhafte Gelehrte des Abendlandes, vor Allem aber die Fürsten, Prinzen, Minister, Diplomaten der europäischen Welt dahin gewann, sich bei dieser von der Sympathie der Gebildeten des Zeitalters getragenen Gesellschaft zu betheiligen. Aber dieser Bund und die Gunst, in die er durch Kapodistrias bei den Machthabern Europa's getreten war, dienten sehr bald nur zu einer Handhabe, um unter der schützenden Maske der harmlosen „Philomusen" eine andere, geheime Gesellschaft mit sehr positiven politischen Plänen ins Leben zu rufen.

Die leicht erregbare Phantasie der Griechen, namentlich der in der Diaspora und besonders der in Rußland, glaubte bei der Nachricht von der Betheiligung so zahlreicher europäischer Staatsmänner an der Verbindung der Philomusen leicht an die Existenz eines geheimen Planes zur politischen Herstellung Griechenlands, welcher, wie die Griechen meinten, namentlich von Rußland gebilligt werde. Und bei dieser Stimmung unter den Griechen faßten einige Männer zu Odessa noch im J. 1814 den Plan, einen geheimen politischen Bund, die sogenannte Hetärie der Philiker, zu gründen, den sie an die Stelle der literarisch-humanistischen zu schieben gedachten und dem sie mit Hilfe der letzteren Mitglieder zu gewinnen gedachten. Es waren Nikolaos Skuffas aus Arta, Athanasios Tsakaloff aus Janina, und Panagiotis Anagnostopulos aus dem arkadischen Andritsena. Ihr kühner Plan ging aber nicht auf die Wiederherstellung des alten Griechenlands in seinem vergleichsweise beschränkten Grenzen, sondern auf die Herstellung eines griechischen Reiches mit der alten Hauptstadt Byzanz [1]). Sie arbeiteten nun das ganze System aus, wie es bei den geheimen Gesellschaften dieses Zeitalters üblich war, mit den verschiedenen Abstufungen der mehr oder weniger Eingeweihten [2]); sich selbst gaben sie den neu aufgenommenen Genossen nur als die Werkzeuge einer weit höheren, leitenden Macht, die nicht genannt, aber von den patriotischen Enthusiasten darum nicht weniger bestimmt vermuthet wurde. Bereits hatten diese Führer in Rußland (hier zuerst mehr noch als in Griechenland) sehr zahlreiche Anhänger gewonnen, als sie die Nothwendigkeit empfanden, ihrer Sache einen wirklichen Halt zu geben, und ihre Hetärie in die Hand des von allen Griechen damals als der Stolz und der mächtige Hort ihres Volks betrachteten Grafen Kapodistrias zu legen. Die Sendung des jungen Nikolaos Galatis aus Ithaka (1816) nach St.-Petersburg führte nun zwar zu keinem Ergebniß der Art, wie die Hetäristen es gehofft hatten; aber die immerhin schonende Behandlung des jungen „Glücksritters" aus Ithaka, und mehr noch eine Reihe kleiner, aber bedeutungsvoller Symptome machten es den Hetäristen leicht, nicht nur sich selbst immer mehr in den täuschenden Wahn einer energischen Billigung ihrer Pläne Seitens der russischen Macht einzuwiegen, wie auch neue zahlreiche Anhänger mit solcher Perspective für sich zu gewinnen. Diese „unterirdische" Arbeit gewann aber an Schwung, als die Hetärie, um den Kernpunkten des griechischen Lebens näher zu treten, im Frühjahr 1818 ihren Centralsitz nach Stambul selbst verlegte. Von hier aus wurden nun eine Reihe namhafter griechischer Sendboten ausgeschickt, um unter den Armatolen- und Klephtenhäuptlingen, dem Klerus und den Primaten des inneren Landes zu werben. Makedonien und Thessalien, Hydra, das lakonische Mainotenland mit seinem mächtigen Häuptling Peter Mauromichalis (oder Petrobei) wurden zuerst und nicht ohne Erfolg beschickt. Allein, — ihrem Hauptziele kam die Hetärie darum doch nicht näher. In die unteren Classen vermochte der Bund so leicht überhaupt nicht einzudringen, und gerade die patriotischen Capitaine und Primaten im Peloponnes traten in Erinnerung an die Schrecknisse des 18. Jahrhunderts nur sehr vorsichtig auf. Der mächtigste und klügste dieser Männer, der alte Mainotenfürst Petrobei namentlich, brachte in seiner schlauen Weise sehr bald dahin, über die wahre Stellung der russischen Regierung und namentlich des Grafen Kapodistrias zu der griechischen Bewegung klare Auskunft zu erhalten. Aber während die Hetärie bereits in weiter Ausdehnung in den griechischen Umgebungen der türkischen Pascha's in Europa, Ali-Pascha nicht ausgenommen, in den meisten griechischen Klöstern, in der grie-

1) Vergl. v. Prokesch-Osten, Geschichte des Abfalls der Griechen vom türkischen Reiche. Bd. I. S. 8. 2) Vergl. das Schema bei Zinkeisen (Th. Gordon), Geschichte Griechenlands. Bd. III. (oder Gesch. der griech. Revolution) Bd. I. S. 44 fg.

tischen Marine, bei Klephten, Armatolen und Sulioten, in den großen griechischen Familien des Orients vom Phanar bis zum Letzten herab Fuß gefaßt hatte; während ihre Ideen namentlich auch in den Donaufürstenthümern immer eifriger cultivirt wurden, mußten sich die Führer in Stambul überzeugen, daß ihre Hoffnungen auf Kapodistrias zunächst eitel waren. Der Graf hatte zu Anfang des J. 1819 bei einem Besuche in seiner Heimath Korfu eine Schrift veranlaßt, die, ohne seinen Namen zu tragen, unter dem 18. April d. J. erschienen die Richtung lebhaft empfahl, welche die natürliche Kraft des griechischen Volks pflegen und abwarten wollte, andererseits die Priester als die leitenden und leitenden Führer des Volks lebhaft warnt. Damit vermochte der Graf, auch wenn er es gewollt, die Wogen der Bewegung nicht mehr zu beschwichtigen. Erschien vielen Griechen und namentlich dem Abendlande der angegebene Weg nur als der Pfad, der Griechenland zu der Stellung eines Vasallenlandes des glaubensverwandten Rußlands führen sollte: für die Masse der griechischen Patrioten war Kapodistrias' Erscheinen in seiner Heimath, umstrahlt von der entsprechenden Gunst seines Kaisers, eine Thatsache, die ihnen viel mehr wog, als jene Schrift, die man sich sehr gern als einen diplomatischen Rücksichten halber ertheilten noch entfalteten Schleier vorstellte. Inzwischen hatte jedoch Kapodistrias selbst, der nach seiner Einsichtsweise von einer selbständigen Erhebung der Hellenen ohne gleichzeitiges kriegerisches Vorgehen Rußlands gegen die Pforte nur Unheil für Griechenland erwartete, die Ueberzeugung gewonnen, daß sein Kaiser Alexander bei allem Wohlwollen für die Griechen zur Zeit doch keineswegs gewillt sei, für die griechische Sache etwas zu thun. Verwickelungen mit der Pforte bestanden zur Zeit nicht, und der Ausbruch der spanischen Revolution (Januar 1820) wirkte auf die Politik und Stimmung des Kaisers überhaupt in einer Weise ein, daß für die Hetärie und ihre Sache zunächst Nichts mehr zu erwarten war. So hat dem Kapodistrias wie schon vorher einem Vetter des alten Petrobei, dem Kamarinos Kyriakos und einem Abgesandten anderer peloponnesischer Häuptlinge, so namentlich dem Kaufmann Emmanuel Xanthos, der in dem intimen Rathe der Hetärie zu Stambul saß und zu Anfang des J. 1820 nach St. Petersburg kam, um dem Grafen die ganze Lage der Dinge offen zu entfalten und ihm die Führung der Hetärie zu übertragen, — bestimmt abweisende, abschreckende Antworten ertheilt und damit lebhafte Abmahnungen verbunden.

Unter diesen Umständen wäre bei größerer Besonnenheit leicht der Ausbruch wenigstens der von der Hetärie unmittelbar veranlaßten Bewegungen, wie sie nachher an der Donau erfolgten, unterblieben, hätte nicht gerade der Ausbruch der romanischen Revolutionen wie zuerst in Spanien, so nun auch auf der italienischen Halbinsel die verwandten Elemente in der Hetärie bestärkt, die bisher noch immer eine gebotene Linie praktischer Mäßigung gab zu überschreiten, — während fast gleichzeitig der Ausbruch eines großen Krieges unter den Moslims selbst auf der Balkan- und Pindushalbinsel gerade den Griechen der 'alten Erzfeinde' dieses Volks die günstige Zeit und den letzten Anstoß zum Losschlagen zu bieten schien.

Der Ausbruch der griechischen Revolution.

Die an Xanthos gerichtete Abmahnung des Grafen Kapodistrias war in Wahrheit doch nicht so entschieden gewesen, um den Hetäristen alle Hoffnungen abzuschneiden. Nicht ohne seinen Wink *) setzte sich Xanthos nun in Verbindung mit dem jungen Fürsten Alexander Ypsilanti, jenes Konstantin Ypsilanti im J. 1792 geborenem, ältestem Sohn, der seit längerer Zeit schon im russischen Heerdienst stand, hoher Gunst am petersburger Hofe sich erfreute und damals General und Adjutant des Kaisers Alexander war. Mit drei jüngeren Brüdern gewissermaßen erblich eingeweiht in die griechischen Befreiungsideen; nicht gemindert durch des (im J. 1816) sterbenden Vaters Abschiedsworte, der ihm sagte: „Vergiß nie, daß die Griechen, um frei zu werden, sich nur auf sich selber stützen müssen!“; doch gebildet; für seine Person kühnen Geistes und voll Opfermuth, der ihn damals schon die sichere Aussicht auf die Rückgabe der in der Türkei eingezogenen Familiengüter aufs Spiel setzen ließ; zugleich aber fast unbewußt so sehr zum Russen geworden, daß er sich bei seinen Anstrengungen so gut wie ganz auf russische Hülfe verließ; endlich entbehrend — so nach den neueren Darstellungen der heidelberger Historiker — der männlichen, sehr umsichtigen Haltung seines Freundes Kapodistrias [illegible]; jedenfalls aber ohne wirkliche Kenntniß der wahren Zustände und Mittel der Griechen, der wahren europäischen Weltlage, und mit starker Ueberschätzung seiner eigenen Fähigkeiten: so übernahm Alexander Ypsilanti in der Mitte April des J. 1820 aus der Hand des Xanthos die unbeschränkte Oberleitung der großen Hetärie. Ypsilanti nahm zunächst seinen Abschied aus russischem Dienste noch nicht; noch immer erhielt auch er sämmtlich den Wahn aufrecht, daß auch über ihm noch im Hintergrunde leitend und sympathisch für die Hetärie die russische Macht walte. Bis zur Mitte Juni 1820 wurde er überall von den Hetäristen als ihr leitendes Haupt anerkannt und ermunterte überall durch schwungvolle Briefe die griechischen Patrioten, bis er endlich die Zeit gekommen glaubte, auf irgend einem Punkte offen loszuschlagen.

Die Verhältnisse gestalteten sich für einen solchen Schlag gerade damals in der Südhälfte der großen

*) Die wenig günstige Darstellung der halb zweideutigen, halb innerlich unentschiedenen Haltung des Grafen Kapodistrias (schon bekannt durch Gervinus, Geschichte des neunzehnten Jahrhunderts Bd. V. S. 138 fg. und Mendelssohn-Bartholdy, Graf Johann Kapodistrias S. 50 fg. Dagegen schreibt v. Prokesch-Osten a. a. O. S. 12 fg. u. 31 dem Grafen Kapodistrias sehr entschieden den jeder zweideutigen Mitwissenschaft und Zustimmung zu Ypsilanti's Unternehmungen freisprechenden. Charakteristisch ist besonders, daß die Bemerkung des Kamarinos, Petrobei's Vetter, der sich bei der Aussicht auf Ypsilanti laut gegen den Wahn der Theilnahme des Kapodistrias an der Hetärie aussprach, bei Prokesch. S. 14, unbedingt auf Ypsilanti's Befehl getödtet wurde.

Donauhalbinsel günstig genug. Sultan Mahmud II. war seit mehreren Jahren mit dem großen albanesischen Machthaber Ali-Pascha in immer gespannteres Verhältniß gerathen. Namentlich seit dem J. 1812 war die Spannung in der Zunahme. Auf Grund der Klagen der Moreoten hatte der Sultan Ali's Sohn Veli aus Morea entfernt und nach dem thessalischen Paschalik Trikkala versetzt, was er dem Vater Ali zu diesem Zwecke entzog. Die Nachgiebigkeit Veli's gegen die Centralregierung aber kam auf Rechnung eines Verwandten der Familie, des von Ali selbst seiner Zeit zum Erzieher bei seinem Sohne ernannten Ismael-Pascho-Bei, der aber als strenger orthodoxer Türke und fanatischer Sunnit eigentlich die Autorität des Padischah vertreten hatte. Seit dieser Zeit von Ali mit Erbitterung verfolgt, war Ismael nach Stambul gezogen, hatte hier mit allen Mitteln alle gegen Ali erbitterten Elemente aufgestachelt; in der Gunst Mahmud's zunehmend, war er dann zum Kämmerer des Divans ernannt worden. Und als nun Ali die neue Herabdrückung seines Sohnes Veli zum Pascha von Lepanto durch einen Mordversuch gegen Ismael zu rächen suchte, dieser Mordplan aber mislang und Ali's Urheberschaft entdeckt wurde: da drängten alle Gegner Ali's den Sultan, den übermüthigen Vasallen endlich mit Gewalt zu stürzen. Wirklich ward der hohe Rath der Pforte schlüssig (Frühling des J. 1820), Ali's Macht zu brechen; nur der Moment, wo der Schlag zu führen sei, wurde noch abgewartet. Und hier, so sagt ein neuerer Biograph des blutigen Albanesen [4]), „ist nun der Punkt, wo die feinen Fäden zusammenlaufen, die den griechischen Freiheitskampf mit Ali's letzter Erhebung wider die Pforte verknüpfen." Ali, der den aus Stambul heranziehenden Sturm kommen fühlte, gedachte ihn zu beschwören; er wußte sehr wohl, daß die anti-osmanischen Elemente der Halbinsel in einer zunehmend sich steigernden Gährung begriffen waren; die Stiftung der Hetärie — die in der neuesten Zeit sich immer nachhaltiger und energischer in den griechischen Kantonen verbreitete — war ihm durch falsche Brüder bereits verrathen worden; nun ließ er jetzt verschiedene hellenische Capitani's, die in seine Hände fielen, foltern und tödten, um ihnen die speciellen Details des Geheimbundes abzupressen. Dann gab er sich, seiner Vergangenheit freilich ganz widersprechend, den Anschein eines eifrigen Gläubigen und machte der Pforte genaue Anzeige von der Gefahr, welche dem Islam von den griechischen Aufrührern drohe. Diese Wendung sollte aber Ali nicht mehr retten, sondern merkwürdiger Weise gerade der griechischen Bewegung zu Gute kommen. Mit derselben Unerfahrenheit und Stumpfheit, mit welcher die osmanischen Machthaber bis zum Ausbruch des Aufstandes alle Zeichen der Gefahr dieser Art verkannten, alle Warnungen misachteten, — erklärte die Majorität des Divan in Stambul Ali's Anzeige für eine bloße gegen die neuen Unternehmen der Pforte gerichtete Intrigue. So wurde das blinde Mistrauen der Pforte gegen Ali zunächst zu einer Schutzwehr für die weiteren Verbreitungen der Griechen zum Aufstande.

Inzwischen arbeitete die türkische Regierung mit derselben List gegen Ali, die er selbst seiner Zeit so oft angewandt hatte. Auf Rath des Albanesen Vessinas war beschlossen, Ali nicht unmittelbar anzugreifen, sondern zuerst Bezirk nach Bezirk ihm aus der Hand zu winden, bis er auf Janina beschränkt sei. Ali selbst ließ sich durch denselben Vessinas überlisten und gegen die Aussicht auf Amnestie beschwatzen, wirklich auf seine Besitzungen außer Janina und Berat zu verzichten. Da er aber fand, daß ihm dieses schließlich doch nicht nützen würde, so entwickelte er für den letzten Kampf alle seine diplomatische Gewandtheit, um möglichst viele Anhänger für sich ins Feld zu ziehen. Und wie nun Ali es mit den verschiedensten Richtungen, mit den Häuptlingen seiner Albanesen und mit den Slawen des Nordens versuchte, so suchte er jetzt namentlich den tapfern und schlagfertigen Griechen persönlich so nahe als nur möglich zu treten. Im eifrigsten Wettkampf mit den heimlichen Bearbeitungen Seitens der Agenten der Pforte suchte er jetzt die von ihm sonst so hart niedergedrückten Armatolen, ja auch die freien Klephten zu gewinnen; und wie es ihm keine Schwierigkeiten machte, vor griechischen Häuptlingen auf das Wohl der Panagia zu trinken, so stand Ali auch nicht an, den seinen Worten zugänglichen Griechen von Freiheit und nationaler Unabhängigkeit zu sprechen, die ihnen zufallen sollte, wenn sie zu seiner Fahne hielten. Bald sollte es sich zeigen, was für Ali und was für die Hellenen mit der neuen Wendung der Dinge zu gewinnen war. In Stambul überwog im Divan Sultan Mahmud's mehr und mehr der glühende Haß wider Ali. Bereits waren Ali's Feinde, jener Ismael und Mehmed Dramali zu Wezieren ernannt worden; dann aber bewirkte es — wider die Abmahnungen des Ministers des Innern, des Saïda-Efendi — namentlich der Einfluß des mit Ismael verbündeten mächtigen Günstlings Chalet-Efendi, daß endlich ein Ferman des Wali der Albanesen zum Rebellen erklärte, daß dann im Juli 1820 der Hatti-Scherif veröffentlicht wurde, welcher Ali des Majestätsverbrechens für schuldig, und für einen geächteten Reichsfeind erklärte, wenn er nicht binnen 40 Tagen zu Stambul erscheine und sich hier rechtfertige! Damit war denn der Krieg erklärt.

Der nun ausbrechende Krieg sollte zunächst lediglich der griechischen Sache zum Vortheil gereichen. Es war ein seltsames Beispiel, daß sich der Pascha Suleiman von Thessalien durch seinen Secretair, einen kundigen Hellenen, bestimmen ließ, eine Proclamation zu erlassen, welche die Rajahs zur Erhebung gegen ihren Tyrannen aufforderte [5]). Suliman büßte dafür dem Sultan mit seinem Kopfe. Den Gewinn aus dem Kampfe zogen aber doch die Griechen. Als nämlich — um bei den Hauptpartien dieses wichtigen Vorspiels der griechischen

4) Mendelssohn-Bartholdy, Ali-Pascha von Janina, in Raumer's historisch. Taschenbuch. Vierte Folge. Achter Jahrgang. 1867. S. 159.

5) Zinkeisen a. a. O. Th. I. S. 93.

Revolution nicht ohne Noth zu lange zu verweilen — als nämlich nun der Vezier Ismael mit der osmanischen Armee gegen Ali aufbrach, rief der Divan gleichzeitig die vertriebenen Sulioten aus dem Exil zurück nach Epirus zum Kampfe gegen den alten Feind. Ali aber, der zugleich nach allen Seiten, freilich ohne Erfolg, mit dem Auslande, d. h. hier mit England und Rußland zu verhandeln suchte, begann seinerseits den Krieg im großen Stil. Er stellte drei Heere auf, zum großen Theil griechischer Armatolen und Klephten, die den Krieg nach Makedonien tragen sollten; sein General Omer aus Vrione sollte über Trikkala und Larissa, Selichtaris auf dem directen Wege, Passano von Berat her auf Makedonien operiren; das spätere Ziel sollte Adrianopel sein. Jetzt aber brachen die gehofften Stützen des alten greisen Tyrannen zusammen; die alten Waffen kehrten sich gegen ihn selbst. Seine Generale waren insgesammt Verräther, die in ihrem eigenen Interesse mit der Pforte verhandelten. Passaris und Ali's eigener Sohn Muchtar machten im Norden ihren Frieden mit der Regierung; ein Beispiel, dem auch Veli bei der Ankunft einer osmanischen Flotte unter dem Kapudan Pascha Kara-Ali vor Prevesa folgte. Selichtaris ging ohne Phrasen zu den Türken über. Und Omer von Vrione räumte unter militärisch-strategischen Redensarten Thessalien und die Pindospässe, retirirte auf Epirus, — während die Armatolen vom Olymp bis nach Aetolien sich nur lau hielten und ein Liebling des Ali, jenes tapferen Capitains Andrutsos später so berühmt gewordener Sohn Odysseus, als Page zu Janina aufgewachsen, jetzt Commandant der griechischen Krieger in Phokis und Boeotien, aber nun durch einen Aufstand der Stadt Livadia bedrängt, den alten Pascha verließ und sich zunächst nach Ithaka zurückzog. Bald sah sich Ali von allen Seiten in Janina bedrängt. Der wilde und kriegerische Bulgaren-Pascha Pehlewan Baba war durch Thessalien, Bärnim, Phokis marschirt, hatte Lepanto gewonnen, dann Janina blokirt, welche blühende Stadt Ali nun selbst aus seinen Forts heraus zerstörte. Bald war, während von Makedonien und von Norden her andere Schaaren nach Süden drängten, Ismael Pascha, der Höchstcommandirende dagegen vom Pindus her herabgestiegen, wo nun die mit Omer Vriones verbundenen Führer und Truppen Ali's zu ihm übergetreten waren. Seit Ende August des J. 1820 sah sich Ali in seinen Forts bei Janina durch eine höchst bunt combinirte Masse belagert; zu den osmanischen Truppen aller Art waren die vielen zu Ismael übergetretenen Armatolen gekommen, und zur See hatte der Kapudan Pascha nicht blos albanesische Chimarioten (aus neapolitanischem Dienst entlassen), sondern auch Contingente von Hydra und der Maina mitgebracht, und namentlich 800 Sulioten unter Markos Bozzaris, denen man (entschlossen, die Zusage nicht zu halten) die Erlaubniß ertheilt hatte, ihr Suli gegen Anerkennung der türkischen Oberhoheit sich zurückzuerobern. Mit Anfang September begann der Seraskier Ismael die ernsthafte Belagerung Ali's in seinen Schlössern; aber das bisherige Glück wich — größtentheils durch eigene Schuld — von den osmanischen Führern. Einerseits nämlich that Ali durch seine verwegenen Ausfälle den Osmanen wiederholt großen Schaden; andererseits verdarb es Ismael sehr bald gründlich mit seinen christlichen, beziehentlich griechischen Verbündeten. An sich schon hatten die scheußlichen Gewaltthaten und die unbändige Zerstörungssucht der Horden des Pehlewan Baba auf ihrem Marsche durch die noch befreundeten griechischen Cantone bis nach Lepanto weithin die Griechen erbittert. Jetzt aber, wo Ali in seiner Bedrängniß alle Mittel aufbot, um die christliche Bevölkerung für sich mobil zu machen, verstand es Ismael, durch sein anmaßendes, brutales, alttürkisch-orthodoxes Auftreten, dem die muthwillige Mißhandlung, Zerstörung und Plünderung griechischer Gemeinden, Dörfer und Städte ringsum durch seine Leute wacker secundirte, binnen Kurzem nicht blos die Armatolen, sondern die gesammte Rajahbevölkerung ringsumher den Türken gründlich zu entfremden. Und als bereits die alten Armatolen des Odysseus anfingen, die Verbindungen der türkischen Armee zu belästigen, da machte sich mit bewunderungswürdigem Ungeschick Ismael auch die Sulioten schon jetzt zu Feinden. Ismael war thöricht genug, schon jetzt das Versprechen zu brechen, welches der Kapudan Pascha ihnen gegeben hatte; in seinem dummen Christenhasse wies er sie schnöde nach den ionischen Inseln zurück und mußte es nun erleben, daß sie sich (in der letzten Hälfte des December 1820) kurz entschlossen mit Gewalt in Besitz einiger Positionen im Gebiet des Gebirgs von Suli setzten. Ismael durfte mit Recht annehmen, daß hier Ali die Hand im Spiele hatte. Wirklich hatte Ali heimlich mit ihnen über den Abfall verhandelt, ihnen namhafte Mittel zu Gebote gestellt, und nicht gehindert, als sie sich nun in der angegebenen Art ihrer Berge wieder bemächtigten; nur die neue Citadelle von Kiapha behielt er zunächst noch in seiner Hand. Freilich sahen sich dann sowol Ali wie die Osmanen in ihrer Beurtheilung der Dinge doch getäuscht; Ali hat durch die Sulioten die gehoffte Rettung doch nicht gewonnen, und die Türken wiegten sich andauernd mehr und mehr in den Wahn ein, alle Bewegungen der Griechen, auch die bald genug explodirenden peloponnesischen großen Aufstände, seien Nichts als Ergebnisse der Intriguen des Ali, die nach Beseitigung Ali's ohne Mühe zu dämpfen sein möchten. Inzwischen hatte Ismael ungenirt seine Kunst der Herzensverderberei ruhig fortgesetzt. Er hatte es glücklich dahin gebracht, daß nicht blos die Armatolen die Verbindung mit ihm völlig aufgegeben; daß verschiedene christliche Führer wieder mit Ali angeknüpft hatten: sein Ungeschick trieb auch Schaaren mohammedanischer Albanesen wieder hinüber auf die Seite ihres früheren Herrn. Die Sulioten aber, durch neuen Zuzug jetzt bis auf 3000 Krieger verstärkt, erhoben einen Mann aus einer ihrer alten namhaften Familien, den Notis Bozzaris, zu ihrem Polemarchen; sein tapferer Neffe, jener Markos, griff bald genug in den Krieg ein, indem er den strategisch höchst wichtigen Platz Pentepigadhia auf halbem Wege zwischen Arta und Janina besetzte und von hier aus während des Winres 1820/21 mit großem Erfolg die türkischen Stellungen angriff.

Diese Fehlschläge und Ismael's ganze Haltung kosteten demselben endlich die Gunst am Hofe zu Stambul; er wurde deshalb zu Anfang des J. 1821 abberufen und sein Commando wie auch die Stelle des Rumili-Valessi dem alten und kriegserfahrenen Churschid-Pascha übertragen, der zur Zeit (seit dem November 1820) Statthalter in Morea war. Churschid erschien aber erst zu Anfang des März 1821 vor Janina. In der Zwischenzeit hatte Ali noch einmal den Versuch gemacht, sich durch einen kühnen Streich seine Dränger vom Halse zu schaffen; ein gewaltiger Ausfall am 7. Februar, von ihm selbst mit höchster Energie geleitet, hätte wol seine Lage ändern können, — wäre die Mehrheit der Sulioten, mit denen ein gleichzeitiger Angriff auf den Rücken der Belagerer verabredet war, aus Besorgniß vor der Zukunft nicht in den letzten Momenten zu dem Entschluß gekommen, in dieser Krisis noch nicht unmittelbar thätig einzuschreiten. Der Gewinn dieser Kämpfe fiel, wie schon bemerkt wurde, den Griechen zu; denn nunmehr kam Churschid-Pascha, der gefürchtete und energische Statthalter von Morea, nachdem er schon im Januar seinen Regierungssitz verlassen, mit Anfang März 1821 zu langwierigen Kämpfen nach dem Lager vor Janina. Churschid, der über die unterirdischen Bewegungen in Morea, die ihm nicht verborgen blieben, bedenklich genug geworden war, hatte alle Kräfte anstrengen müssen, um die geschmolzene Belagerungsarmee vor Janina zu ergänzen, und so blieb schließlich in dem Moment der höchsten Erregung die Regierung zu Tripolitza in der Hand eines unfähigen Kaimakams Mehmed-Saleh-Aga, der weder Osmanen noch Griechen mehr durch seine Person oder durch seine Machtmittel imponirte. So war in Morea, überhaupt in dem Süden, Alles reif zu dem großen Schlage.

Eine Erwägung der großen Gunst der Umstände, welche seit der Mitte des J. 1820 in den südlichen Gebieten der Donauhalbinsel sich entwickelten, hätte, sollte man meinen, den jugendlichen Chef der Hetärie, den Fürsten Alexander Ypsilanti, bestimmen müssen, alle Mittel und Kräfte, über die er zu verfügen hatte, eben nach dem griechischen Süden zu werfen und den Befreiungskrieg am Pindus oder am Taygetos zu beginnen. Bekanntlich ist dieses zu seinem eigenen größten Schaden nicht geschehen. Alexander Ypsilanti für seine Person, ohne politischen Weitblick, fortgerissen durch das Hinübergreifen der spanischen Revolution nach Italien, durch den lodernden Ungestüm der jüngeren phantastischen Hetäristen, war im Sommer 1820 unter dem Vorwande eines Urlaubs zu einer Badereise nach Odessa gegangen. Anfangs selbst gewillt, in Morea loszuschlagen, hatten ihn nähere Mittheilungen (im September d. J.) über die noch mangelnde Vorbereitung dieses Landes umgestimmt; im October wurden dann alle möglichen Pläne erörtert — man entschied sich endlich doch für die militairisch und diplomatisch doch immer am zweckmäßigsten einzuleitende Erhebung im griechischen Süden. Aber, während die hierzu nöthigen Vorbereitungen getroffen wurden, die Boten und Agenten der Hetärie überall in den griechischen Ländern vom Olymp bis zur Maina das Feuer schürten, überall auch die russischen Consuln, soweit sie geborene Griechen waren, ihnen zur Hand gingen, hatte Ypsilanti, der sich inzwischen in dem bessarabischen Kischenew aufhielt, sich durch andere Einflüsse zu anderen Plänen bestimmen lassen. Umgeben von jungen Poltrons und enthusiastischen Feuergeistern, hatte er selbst sich wiederholt mit höchst überspannten und unbedachten Ideen getragen; und in alt-phanariotischer Verblendung, die — noch heute nicht erloschen — auf Grund der geschichtlichen Erinnerungen und in eitler Selbsttäuschung die nur durch die gleiche Religion umfaßten, unter einander und gegen die Griechen keineswegs freundlich gesinnten Stämme verschiedener Nationalität aber griechischen Glaubens für das rechte Material eines neuen byzantinischen Reichs mit der Hauptstadt Byzanz erachtend, nicht den nationalen Griechenstaat des Südens, sondern die Restauration des Paläologenreiches träumte, beschloß er endlich den ersten Stoß in den rumänischen Donaufürstenthümern zu versuchen. Es war ein ebenso verwegenes wie unheilvolles Experiment. Es ist wahr, die Bevölkerung dieser Provinzen war unzufrieden genug; aber, ihre Unzufriedenheit hatte mit den Osmanen Nichts zu thun, sie war vielmehr hervorgegangen einerseits aus der gedrückten Lage des niederen Volks überhaupt, andererseits aus der Erbitterung der Bojaren wegen der harten Erpressungen der letzten Hospodare, und des zur Zeit in der Wallachei fungirenden Hospodaren Alexander Sutzo, — also aus der Aufregung gerade gegen das phanariotische Element. Freilich gab es in Folge der vieljährigen Verwaltung phanariotischer Hospodare in diesen Ländern sehr zahlreiche Griechen; aber sie waren nach dem Urtheil intelligenter Hetäristen selbst intellectuell und moralisch nicht viel werth, und die meisten übrigen Elemente dieser Länder waren natürlich entweder für die Pläne der Hetäristen nicht zu verwenden, oder Hülfsmittel der bedenklichsten Art. Daß auch die Hoffnungen auf die Unterstützungen durch den Serbenfürsten Milosch durchaus hohl waren, war schon damals leicht zu erkennen. Nichtsdestoweniger richtete Fürst Ypsilanti mit aller Energie und unglaublicher Selbsttäuschung, immer mehr sich und andere in die Hoffnung auf Rußlands sichern Beistand einwiegend, seit dem November 1820 seine ganze Kraft auf die Insurgirung Rumäniens. Es war ihm endlich gelungen, während noch unter den Hauptagenten auf dem bestimmten Kriegsschauplatze die stärksten Meinungsverschiedenheiten obwalteten, den feingebildeten, mit der Pforte bisher auf bestem Fuße stehenden Hospodar der Moldau, Michael Sutzo, zu gewinnen, bei dem endlich zugleich nationale Hingebung und der in ihm erweckte sichere Glaube an die Billigung der byzantinischen Restaurationspläne durch Rußland und andere Mächte den schweren Entschluß reiften, die Freundschaft des Sultans und eine glänzende sociale Stellung aufs Spiel zu setzen. Als endlich am 1. Febr. 1821 der Hospodar der Wallachei Alexander Sutzo starb, ein neuer Hospodar noch nicht angelangt war; als ferner an den verschiedensten Orten der europäischen Türkei die Pläne der Hetäristen theils verrathen, theils der Entdeckung nahe waren: da glaubte Ypsilanti nicht mehr länger zögern zu dürfen. Trotz der Abmahnungen seiner Freunde und Vettern aus Jassy, des Dukas Constantinos und des Gerasimos Orphanos, gab er nun das Signal zum Losschlagen. Die Hetäristen des Südens erhielten die nöthigen Befehle; sein Bruder Demetrios sollte als Chef des Aufstandes nach Morea abgehen. Er selbst, hatte er vorher seine Entlassung aus dem russischen Heerdienst genommen, so ging er nun am 7. März 1821 mit einer kleinen Schar bei ihm versammelter Griechen und Freunden ihrer Sache 6 Uhr Abends über den Pruth, und rückte bald darauf in Jassy, der Hauptstadt der Moldau, ein. Bald zeigte es sich nun, daß niemand weniger befähigt war, die mit ebenso großem Leichtsinn als ungerechtfertigter Zuversicht eingeleitete Unternehmung zu einigermaßen gedeihlichem Ende zu führen als gerade Ypsilanti. Allerdings fiel ihm bei der Verbindung mit Michael Sutzo die zur Zeit von Osmanen so gut wie unbesetzte Moldau, deren Bojaren ihn nur als Vorläufer einer russischen Macht ansahen, ohne Mühe zu; die im Lande vorhandenen Türken wurden überall entwaffnet, gefangen oder getödtet; die schändliche und muthwillige Ermordung einiger türkischen Soldaten zu Galatz durch den Ithaker Basilios Karavias und nachher anderer Osmanen zu Jassy gab leider von Anfang an dem Kampfe den Charakter eines greulichen Racen- und Vertilgungskrieges. Da nun kurz zuvor — Anfang Februar — in der Wallachei ein sehr zweideutiger Hetärist, ein gewisser Theodor Wladimiresko, ein rumänischer kleiner Edelmann, früher russischer Officier, einen Aufstand erregt hatte, der seinen Kundgebungen nach sich gegen die griechische Hospodarenherrschaft und die Bojarenmacht kehrte, der aber insgeheim doch mit orientalischer List von dem sonst durchaus wackeren Hetäristen, dem tapferen, in Bukarest in der Hospodarengarde die Musketiere commandirenden griechischen Obersten Jorgaki oder Georg dem Olympier angestiftet war und jetzt mit vieler List militairisch gefördert wurde: da dann Theodor allmählig immer stärkere Fortschritte machte, die Osmanen aber zur Zeit diesseits der Donau gar keinen festen Punkt mehr inne hatten, — so war in der That momentan das türkische Rumänien vollkommen in der Hand der Insurrection. Für Ypsilanti waren nun, sollte man meinen, die Wege vorgezeichnet, die er zu gehen hatte. Wenn er wirklich im Ernst an die Möglichkeit glaubte, „die große griechische Idee," die Restauration eines byzantinischen Staates verwirklichen zu können, so galt es vor Allem, das gesammte Volk, auf dessen Boden er jetzt stand, für seine Sache zu entzünden und die rumänischen Länder zu der Basis eines energischen Krieges gegen die Osmanen zu machen. Mußte er sich aber überzeugen, daß nur der russische Nimbus, der ihn zur Zeit noch umstrahlte, seinem ersten Auftreten die Wege ebnete; daß die anatolisch-gläubigen Rajah zwischen den Karpathen und den südlichen Hochlandschaften von Makedonien gar nicht gewillt waren, um der Griechen halber gegen die Pforte zu fechten: mußte er sich sofort überzeugen, daß sein Auftreten an der Donau für die bevorstehende Bewegung in Griechenland nur den Werth haben konnte, derselben neben dem epirotischen Kriege eine zweite nützliche Diversion zu machen und die Kräfte der Pforte nach Norden abzulenken: so galt es um so mehr, alle etwa in Rumänien zu sammelnden Mittel zu vereinigen, um hier — da man doch nun einmal mit arger Rücksichtslosigkeit fremde Interessen mißhandelte — wenigstens durch möglichst ausgiebigen und hartnäckigen Widerstand möglichst viele osmanische Streitkräfte für lange Zeit zu beschäftigen, — wenn man keinen Weg fand, die an der Donau vereinigten Mittel lieber dem Insurgenten des griechischen Südens zuzuführen. Allein, Fürst Alexander Ypsilanti zeigte sich sofort bei seinem ersten activen Auftreten nach jeder Seite hin unklar und schwankend. Ohne jede bestimmte Idee über seine Stellung zu den Rumänen, hochmüthig gegen die Bojaren, zu sehr unpolitischen Zwangsanleihen bei reichen Banquiers geneigt, abwechselnd gestimmt, die Rumänen in seine Bewegung hineinzuziehen, und wieder geneigt, ihr Land nur als Durchgangsstation zu betrachten, — so konnte er diesem Volke und seinem Adel natürlich kein Zutrauen einflößen. Es wäre gut gewesen, wenn er nun wenigstens die militairischen Rüstungen energisch und mit Erfolg betrieben hätte. Nun strömten ihm allerdings von verschiedenen Seiten aus dem Auslande Scharen junger begeisterter Hellenen zu. In Rumänien selbst konnte er — wenn auch der waffenfähige Theil der Eingeborenen, die sogenannten Panduren der kleinen Wallachei, die sogenannten Plaeschen der Grenzgebirge, und andere halb militairische Elemente des Landes nur sehr theilweise zu gewinnen und zu brauchen waren — immerhin neben zahlreichen griechischen und slawischen Abenteurern, die zum Theil in der russischen und serbischen Armee gedient hatten; neben vielen angesessenen und waffenfähigen Griechen im Lande, namentlich auf die zahlreichen sogenannten Arnauten oder fürstlichen Garden rechnen, die sich aus rumelischen und Inselgriechen, aus Serben und Albanesen und anderen Stämmen der Halbinsel rekrutirt hatten. Die härtesten Beurtheiler des Aufstandes, wie Prokesch-Osten, bestreiten nicht, daß es damals nicht schwer gewesen sein würde, ein Heer von 30,000 Mann zu bilden, wenn nur ein erfahrener Mann mit überlegenem Geiste die Sache geleitet hätte. Ein solcher Mann war aber Ypsilanti eben nicht. Die Rüstungen gingen schlaff vor sich; mit vielen Redensarten stellte man wol die Skelette der Regimenter und der Armeecorps her, schob die Günstlinge der Umgebung des Fürsten (unter denen wol Dukas der befähigtste war) an die Spitze und vergriff sich dann andauernd in den Männern des Landes; derart, daß Ypsilanti zunächst die schmachvolle Metzelei zu Galatz nicht nur nicht bestrafte, sondern ihren Urheber, jenen Arnautencapitain Karavias, zum General erhob. Während nun die Streitkräfte Ypsilanti's nur langsam zunahmen, die ganze Sache mit unbeschreiblicher Schlaffheit sich bewegte, hatte Wladimiresko endlich gegen Ende März seinerseits Bukarest besetzt. Nur langsam vorwärts schreitend, offenbar unsicher und schwankend, rückte Ypsilanti endlich am 7. April in Kolentina bei Bukarest ein. Hier stellten sich allerdings die dortigen Führer unter seinen Befehl; nur daß Theodor, der Ypsilanti's Schwäche bald erkannte, schon jetzt auf Verrath und auf eigene Interessen sann, während der alte erfahrene Bimbaschi Sawas Kaminaris, Commandeur von 1000 berittenen Arnauten, der nur von russischer Hülfe Gutes erwartete, sich sehr reservirt hielt, und die treuen Männer, der Makedonier Pharmakis und namentlich der treffliche Olympier Georg, bei aller Hingebung kühl zurückgeschoben wurden.

Und nun traf den Fürsten aus der diplomatischen Region der Schlag, der binnen Kurzem sein ganzes Unternehmen lahm legte. Ypsilanti hatte von Anfang an so bestimmt als möglich sich selbst als einen Beauftragten Rußlands erklärt; er hatte dann namentlich in einer feurigen Proclamation (18. März) an die Griechen in höchst unbesonnener Weise Rußland compromittirt. Er hatte auch am 8. März aus Jassy an den damals auf dem Congreß zu Laybach befindlichen Kaiser Alexander einen Brief geschrieben, um denselben Kaiser, der zur Zeit mit der heiligen Allianz die Wege betrieb, um den romanischen Revolutionen Einhalt zu thun, für Griechenland und die griechische Revolution, die Ypsilanti selbst mit jenen Aufständen in gleiche Beleuchtung stellte, zu erwärmen. Alles Wohlwollen Alexander's und seines Ministers Kapodistrias für den bethörten Befreier Griechenlands hinderten nicht, daß nunmehr der Kaiser mit ihm in entschiedenster Weise brach. Sofort erhielt der russische General Wittgenstein in Bessarabien den Befehl, den griechisch-rumänischen Unruhen gegenüber die strengste Neutralität zu bewahren; Ypsilanti's Name wurde aus der russischen Armeeliste gestrichen, — von Laybach aber ergingen aus der Feder des Grafen Kapodistrias (26. März) Depeschen, die eine an den russischen Gesandten Baron Stroganoff in Stambul, die andere — im Namen Alexander's, und etwas milder gehalten, — direct an Alexander Ypsilanti, welche in höchst entschiedener Weise jede Theilnahme, jede Sympathie der russischen Regierung mit den rumänischen Unruhen in Abrede stellten, und Ypsilanti's Unternehmung sehr bestimmt mißbilligten. Durch Baron Nesselrode aber erhielt [6]) Ypsilanti unter demselben Tage den Befehl, nicht weiter zu gehen, sondern, womöglich, sein Heer zu entlassen und eventuelle Ansprüche an die Pforte durch Baron Stroganoff geltend zu machen, der in dieser Beziehung die nöthigen Instructionen erhalten habe. Ebenso erhielten die diplomatischen Agenten Rußlands in der Türkei und anderwärts den Befehl, die ausgesprochenen Gesinnungen des Kaisers so viel als möglich zur Oeffentlichkeit zu bringen, wie denn schon am 9. April der russische Generalconsul zu Jassy die Willensmeinung des Kaisers laut verkündigte.

Für Ypsilanti, dessen Unternehmung seit Ende März auf Befehl des Sultans durch den (wenn auch immerhin nur der Gewalt weichenden) Patriarchen von Stambul bereits mit dem Fluche der Kirche belegt, nun auch von Rußland officiell verurtheilt war, war jedenfalls der Augenblick einer schweren Entscheidung gekommen. Mit Recht bemerkt Gervinus, daß für einen Mann von Herz und Kopf jetzt nur noch zwei Wege offen standen. Ypsilanti konnte entweder in diesem Moment, wo noch keine osmanischen Heersäulen die Donau überschritten hatten, die Bewegung einstellen, alle Schuld allein auf sich nehmen und den gewiß nicht hoffnungslosen Versuch machen, mit russischer Hülfe, die ihm auf diesem Punkte nicht gefehlt haben würde, für seine Anhänger in Rumänien eine Amnestie zu erwirken. Wollte er dieses nicht, so blieb ihm nur übrig, mit verzweiflungsvoller Energie Alles an Alles zu setzen, die möglichst kühnsten Würfe zu thun und mit den besten seiner Genossen durch einen ehrlichen Soldatentod seine furchtbare Schuld zu zahlen. Ypsilanti that keines von Beiden. Seitdem ihm die Aussicht auf russische Hülfe offen versagt war — eine Wendung, in deren Folge die Bojaren der Moldau bereits am 10. April den Hospodaren Michael Sutzo in Jassy entthront und zur Flucht nach Bessarabien genöthigt hatten —, seit diesem Moment bewegte sich Ypsilanti in unglücklichen Winkelzügen der bedauerlichsten Art. Seine bisherige souveraine Haltung und seine festen Versicherungen der russischen Hülfe, die nun plötzlich so arg desavouirt waren, machten es ihm jetzt sehr schwer, ja gefährlich, den durch ihn fortgerissenen Elementen offen die Wahrheit zu sagen; der finstere Sawas, nun tief erbittert, sann seitdem mit Erfolg auf Rache und Verrath. Um aber nunmehr mit verzweifelter Energie den Krieg aufzunehmen, dazu fehlte dem Ypsilanti in dem letzten Moment wieder der nöthige Heldenmuth; leicht war ein solcher Entschluß auch darum nicht, weil er gerade die bedeutendsten Männer der Bewegung von sich fern gehalten hatte, und weil einerseits seine Günstlinge, namentlich die Dukas und Karavias, unter einander ebenso uneinig und eifersüchtig waren, wie sie ihm unleidsam gewesen waren, andererseits zwar Theodor Wladimiresko im Geheimen in seinem persönlichen Interesse verrätherische Unterhandlungen mit den Osmanen betrieb. Bei dieser Lage der Dinge dachte Ypsilanti selbst, der kein Herz mehr für die Sache hatte, nur noch darauf, unter pathetischen Formen sich einen sicheren Rückzug zu gewinnen: ohne eine Ahnung zu haben von den trotz allen Hindernissen zum Theil ausgezeichneten Kräften, die noch immer sich in seiner kleinen Armee befanden. An Nesselrode's Brief anknüpfend, spann er zunächst ein Netz von Unterhandlungen an theils mit Baron Stroganoff in Stambul, theils mit den Vertretern des neu ernannten Hospodars der Walachei; den türkischen Grenzbehörden an der Donau versprach er Waffenstillstand, wenn man ihn nicht angreifen würde, — in Stambul bei Stroganoff wünschte er die Vorschläge zum Besten der griechischen Nation angenommen zu sehen, theilte auch dem russischen Gesandten zugleich mit, daß er mit seiner Armee den Rückzug angetreten habe. Die Streitkräfte der Insur-

6) Zinkeisen a. a. O. Bd. VII. (1.) S. 169 fg.

zenten in Rumänien werden*) mit einiger Uebertreibung im April 1821 auf etwa 13,000 Mann angegeben; davon waren aber einerseits nicht wenige in der Moldau zerstreut, andererseits waren mehr als 1000 unter Savvas und angeblich 6000 unter Wladimiresko nicht mehr ernstlich zu rechnen, und der Rest an Zahl jedenfalls nicht so hoch, als Ypsilanti angenommen hatte. Jedenfalls verfügte Ypsilanti selbst in der Mitte April bei Bukarest wol schwerlich über mehr als 4000 Mann. Als er nun damals seine stillen Beschlüsse gefaßt, ist er, noch immer einen dünnen Schleier über seine wahren Beziehungen zu Rußland deckend, am 15. April nach Tergowischt zurückgegangen mit etwa 3000 Mann und drei Geschützen, während Savvas Bukarest behaupten sollte, und Wladimiresko in der Nähe dieser Stadt campirte. In Tergowischt verschanzte sich Ypsilanti und dehnte in militärisch unverantwortlicher Weise sein schwaches Heer in einer langen Linie (von 16 Meilen) von Ploeschti bis Piteschti an den südlichen Ausläufern der siebenbürgischen Karpathen aus, wo er sich eifrig mit Rüstungen und namentlich mit Ausbildung der wackeren griechischen Freiwilligen gebildeten Corps, der sogenannten Mavrophoren oder der „heiligen Schar“ beschäftigte. Während sich nun in Stambul das schwere Ungewitter vorbereitete, welches nur zu bald die rumänische Bewegung zerschmettern sollte; während der Verrath, den Wladimiresko plante, immer offenkundiger wurde, — gelang es zu Ende April dem Hetäristen Penteducas, mit geringer Macht das Bojarenregiment in Jassy wieder zu stürzen und die Moldau für einige Zeit der Sache der Griechen wieder zu gewinnen. Nur hatte Ypsilanti davon keinen weiteren Gewinn. Denn allmälig hatte die Pforte — deren südanubische Provinzen zur Zeit wegen des epirotischen Krieges nicht sehr stark besetzt waren — ihre Streitkräfte aus Stambul und dem Innern gegen Rumänien in Bewegung gebracht.

Auf Ypsilanti's Briefe hin hatte Baron Stroganoff in Stambul Alles aufgeboten, einen Einmarsch größerer osmanischer Streitkräfte in Rumänien abzuwehren, überhaupt eine Vermittelung zwischen Ypsilanti und der türkischen Regierung zu ermöglichen, namentlich aber (hierbei durch den österreichischen Internuntius unterstützt) die Pforte zur Milde und Nachsicht zu bestimmen. Die schrecklichen Greuel, welche — wie zur Antwort — die Pforte dann auf die Kunde von den Aufständen im Süden (S. unten) in Stambul selbst verüben ließ; die wachsende Spannung zwischen Stroganoff und dem Divan, machte mehr und mehr eine friedliche Ausgleichung unmöglich. Auslieferung der hetäristischen Insurgenten in Rumänien, Verzögerung der Absendung neuer Hospodare, einstweilige Verwaltung Rumäniens durch türkische Militairgouverneure, waren die zäh festgehaltenen Pläne und Forderungen der Pforte: im schroffsten Gegensatz zu Stroganoff's Erklärungen. Inzwischen waren dann gegen Ende April und Anfang Mai starke Janitscharenmassen aus Stambul nach der Donau gezogen, die unter Selim Mehmed und den Pascha's von Braila, Silistria und Widdin operiren sollten. Der erste Angriff des Jussuf-Pascha von Braila auf Galacz wurde von den tapferen Capitainen, dem Peloponnesier Kotiras und dem ätolischen Athanasios aus Karpenisi am 13. Mai mit schwacher Macht tapfer abgeschlagen; die von ihnen nachher geräumte Stadt zur Rache dann von den Türken ausgemordet (14. Mai). — Bald wälzte sich nun auch die osmanische Heeresmacht von der wallachischen Donau her gegen Ypsilanti's Stellung, der — wie er in thörichter Selbstverblendung andauernd an die Wahrheit der verschiedensten Gerüchte von Unruhen in Serbien, Bulgarien und bei Stambul zu seinen Gunsten, ja noch jetzt selbst an den nahen Einmarsch der Russen in die Moldau glaubte und seine Umgebung zu gleichem Optimismus zu bestimmen suchte — noch jetzt unbefangen genug war, einen seiner Officiere, den Fürsten Georg Kantakuzenos (früher Oberst eines russischen Uhlanenregiments) am 22. Mai mit tausend Reitern nach der Moldau zu entsenden; einer am 24. Mai nachgeschickten Contreordre folgte Kantakuzenos nicht mehr. Und nun rückten am 27. Mai 6000 Türken von Silistria in Bukarest ein, während die Verräther Wladimiresko und Savvas ganz harmlos zurückwichen, Savvas diesmal noch nach Tergowischt marschirte, der Wallache dagegen nach der sogenannten kleinen Wallachei ausbog, um, den Frontangriff der Türken secundirend, die Griechen von Westen her zu flankiren. Ypsilanti hatte indessen den Capitain Georg beauftragt, den Wladimiresko, gegen den seine eigenen hetäristischen Officiere bereits complotirten, zu überwachen und womöglich unschädlich zu machen. Und als sich Wladimiresko am 30. Mai der Stellung Georg's bei Piteschti näherte, gelang es wirklich, den intriganten Mann am 31. Mai zu verhaften, der dann am 4. Juni zu Tergowischt als überwiesener Verräther summarisch niedergehauen wurde. Von seinen Scharen traten dann 250 Reiter und 4000 Rumänen mit 4 Geschützen unter Georg's Befehl.

Inzwischen begann der offene Kampf mit den in immer stärkerer Masse sich über die Wallachei ausbreitenden Osmanen. Um von kleineren Gefechten zu schweigen, so wollte Ypsilanti seine ganze Macht zunächst westlich nach Piteschti ziehen, von hier aus mit Georg die Osmanen in der kleinen Wallachei schlagen, um dann ostwärts gewandt sich wieder auf den Pascha von Silistria zu stürzen. Dazu ließen die Türken ihn jedoch nicht kommen. Eine Reihe heißer Gefechte am 8. Juni, die die Führer der östlich zerstreuten Abtheilungen Ypsilanti's auf ihrem Marsche nach Tergowischt zu bestehen hatten, wirkte trotz ihrer geringen Verluste so nachtheilig auf ihre Haltung, daß Ypsilanti noch in der Nacht zum 9. Juni (während deren Savvas nun offen zu den Türken überging) den verwirrten Rückzug nach Piteschti anordnen mußte, wo sich am 11. Juni das sehr zerrüttete und verminderte Heer sammelte. Hier blieb man aber nicht lange. Von Osten her durch Savvas und die Türken gedrängt, andererseits bemüht die wildesten Osmanen aus der kleinen Wallachei zu treiben, zog das Heer am

*) Zinkeisen a. a. O. S. 170 fg.

Abend des 12. Juni aus Pitesti weiter nach Rimnik; hier führte Ypsilanti noch immer 2500 Reiter, 500 Mavrophoren und 3—4000 rumänische Panduren nebst 4 Geschützen. Und nun gab der Anmarsch dieses Heeres gegen ein Corps türkischer Reiter, die bis Draggaschan (4 Meilen südlich von Rimnik) bereits gelangt waren, binnen Kurzem den Anlaß zu der großen Katastrophe dieser Erhebung. Capitain Georg hatte mit seinen Panduren und seiner Reiterei am 19. Juni bereits Alles eingeleitet, um am folgenden Tage die Osmanen zu vernichten. Da machte an demselben 19. Juni der verwegene General Karavias mit 500 Reitern und dem Geschütz einen planlosen Angriff, dem des Oberfeldherrn Bruder Nikolaos Ypsilanti sofort mit den Mavrophoren folgte. In Unordnung gerathen wurden aber diese jungen Hellenen durch die osmanische Reiterei in Masse niedergehauen, und wennglich der tapfere Georg den Rest vor Vernichtung retten konnte, so floh doch die ganze griechisch-rumänische Streitmacht in panischem Schrecken nun in wilder Flucht rückwärts nach Rimnik. Damit verlor Ypsilanti den letzten moralischen Halt. Er retirirte am 21. Juni nordwärts nach Kosia, nahe der österreichischen Grenze, und sann nun nur noch auf Mittel, sich selbst zu salviren. Nach zwei Tagen eröffnete er dem treuen Georg seine Absicht, sich auf österreichisches Gebiet zu retten; obwol der tapfere Capitain diese Wendung nur mit Schmerz und Mißbilligung aufnehmen konnte, entfernte er doch die Pandurenführer, von denen Ypsilanti bei seinem Abzuge gehindert zu werden besorgte. Als dann Georg selbst mit seinen Leuten abmarschirt war, suchte der unselige Ypsilanti den Rest seines Heeres noch einige Zeit durch Täuschungen der unwürdigsten Art über angeblich von Oesterreich zu erwartenden Beistand zu hintergehen und gab an, er wolle nur nach der siebenbürgischen Grenze abreisen, um sich dort mit den Oesterreichern zu benehmen. Am 23. Juni verließ er dann unter kaum noch verhülltem Hohne seiner besten Offiziere Kosia und zog dann mit noch 2000 Mann nordwärts bis dicht an die Grenze. Hier entließ er einige Abtheilungen, und erhielt nach einigen Tagen die Erlaubniß, nach Oesterreich überzutreten. Dann (27. Juni) betrat er mit einigen Begleitern Siebenbürgen, während ein Rest von 1000 Mann sich voll Verzweiflung nach allen Seiten zu retten suchte, 100 Mann derselben (Rest der Mavrophoren) im traurigsten Zustande nach Siebenbürgen gelangten. Ypsilanti selbst, dieser moderne Aristagoras, schmähte noch einmal in einem zu Hermannstadt concipirten Tagesbefehle (der nominell vom 20. Juni und aus Rimnik datirt war) in unwürdigster Art sein Heer und mehrere seiner Offiziere und Beamten, um vor Europa seine eigene persönliche Unfähigkeit und Thorheit zu decken; dann verfiel er seinem Schicksale. Denn nach einem für den nun eintretenden Fall zwischen Oesterreich und Rußland verabredeten Beschlusse[8]) wurde Ypsilanti jetzt von der österreichischen Behörde verhaftet, und — um einerseits Kaiser Alexander nicht in die Lage zu bringen, diesen Mann bestrafen zu müssen, und andererseits um den Verträgen mit der Türkei gerecht zu werden und den Fürsten nicht etwa nach Morea entkommen zu lassen, — zunächst nach der ungarischen Festung Munkacs, später nach Theresienstadt gebracht. Die mehrjährige Haft, Seelen- und Körperleiden brachen den unglücklichen Mann, der erst im J. 1827 unter veränderten Verhältnissen auf Rußlands Betrieb entlassen wurde und dann im August 1828 zu Wien gestorben ist.

Das widerliche rumänische Drama hatte aber noch ein prachtvolles heroisches Nachspiel; denn die tapfersten Capitaine Ypsilanti's, jetzt von ihrem traurigen Chef und allen unbrauchbaren Günstlingen befreit, zeigten den Osmanen, den Russen und der erstaunten Welt durch wahrhaft antike Tapferkeit, welche Kräfte dem Aufstande selbst auf diesem Boden zu Gebote gestanden hatten. Nach Ypsilanti's Flucht rieben zunächst die Osmanen und die Arnauten des Savvas in dem Oberlande der Wallachei die zerstreuten Reste des Insurgentenheeres auf, wo dann fast überall die einzelnen Capitaine ihr Leben und ihren Untergang mit höchster Tapferkeit theuer verkauften. Bis um die Mitte Juli war dann die Wallachei wieder völlig unterworfen, worauf dann die Türken nach orientalischer Gewohnheit den ihnen so nutzbar gewordenen Verräther Savvas zur Belohnung durch den Pascha von Silistria zu Bukarest (19. August) ermorden ließen! Viel grimmiger waren die Kämpfe in der Moldau. Hier hatte während der Agonie Ypsilanti's jener Fürst Kantakuzenos seit Ende Mai oder Anfang Juni in Jassy mit und neben dem Pentedekas die Herrschaft übernommen, hier auch die Stellung von Skuleni am Pruth verschanzen lassen. Mehrere Wochen lang unbelästigt, wurde er bedrängt, als auf die Kunde von der sogenannten Schlacht bei Draggaschan nunmehr Jussuf-Pascha von Braila sein Heer nach der Moldau warf, um dann am 25. Juni Jassy ohne Kampf zu nehmen. Kantakuzenos war dann sogleich, in treuer Analogie mit Ypsilanti, über den Pruth nach Rußland entwichen; aber der Rest der Insurgenten zu Skuleni, namentlich jener tapfere Kämpfer von Galacz, Athanasios, und der Epirote Kontos, und etwa 500 Mann hielten zur Bewunderung der Türken wie der Russen den Angriff von 6000 Mann stundenlang mit größter Energie aus, um dann nach achtstündigem Gefechte fast sämmtlich zu fallen. Mit dem Rest der Armee von Jassy, mit einigen Reitern schlug sich der serbische General Mladen, der bei Skuleni nicht hatte helfen können, ins innere Land und vereinigte sich mit dem tapferen Capitain Georg, der nach Ypsilanti's Flucht sich mit Capitain Pharmakis bei Rebnitsch vereinigt, dann vor den Osmanen weichend einen kühnen Zug durch das südliche Siebenbürgen gemacht und mit 1500 Reitern die Moldau erreicht hatte. Mit Mladen vereinigt, hat nun Georg mit seiner allmälig zusammenschmelzenden Schar in der östlichen und nördlichen Moldau noch Wochen lang den kleinen Krieg mit den Türken geführt, in der Hoffnung, sich endlich nach Bessarabien durchzuschlagen. Seine kühnen Thaten und mit ihnen der gesammte Aufstand fanden ein Ende mit seinem Heldentode in den

8) Prokesch-Osten a. a. O. Bd. 1. S. 75.

Kämpfen in dem Kloster Sekka (20. September). So war also eine Fülle ausgezeichneter Kräfte in der Hauptsache nutzlos verbraucht worden. Unschätzbar werthvoll für die griechische Erhebung im Süden, wie sie hätten werden können, wenn sie nach Morea oder Rumelien verpflanzt wären, — haben sie dem eigentlichen nationalen Aufstand in Altgriechenland, der wahren Volkserhebung des Südens — wenigstens zunächst — lediglich als eine höchst kostspielige Diversion genützt, allerdings auch das Interesse des Abendlandes und der russischen Armee an der griechischen Tapferkeit nicht unwesentlich geweckt.

Wir wenden uns jetzt von dieser traurigen Partie der phanariotisch-rumänisch-großslawischen Geschichte, von der künstlich gemachten und darum hinfälligen Revolution naturgemäß zu der auf echt volksthümlichem Boden erwachsenen, zu der griechischen Volkserhebung in dem alten Lande der Hellenen, die bereits während des Ypsilanti'schen Spiels in voller Gluth stand. Lange genug vorbereitet, namentlich in Morea bei den Primaten, dem Klerus, und den Mainotten genährt, auf den Handelsinseln nicht minder gepflegt und bestimmt erwartet, kam hier der Ausbruch zu Stande, nachdem — wie wir früher erzählt — der Statthalter von Morea, Churschid-Pascha, im Januar 1821 die Halbinsel verlassen hatte, um das Obercommando in dem epirotischen Kriege zu übernehmen. Abgesehen von der Gesammtstimmung der griechischen Nation, soweit die niemals vollkommen eingeschlummerten nationalen und religiösen Antipathien gegen die Osmanenherrschaft neuerdings durch den wieder erwachten patriotischen Schwung neu geschärft und erregt waren: so konnte der Aufstand in diesen Landschaften zwischen dem Olymp und den kretischen Gewässern auf ganz andere und ungleich zuverlässigere Kräfte zählen, als in den rumänischen Ländern mit ihren unbeweglichen, den Hellenen in letzter Linie immer abgeneigten Massen. In diesen Landschaften saß — die ethnographische Frage hier nicht wieder zu erörtern — die national-griechische Bevölkerung in dichten Massen bei einander. Allerdings waren in das griechische Volk auch in diesen Ländern andere Elemente hineingesprengt. Abgesehen von den als Soldaten und Beamten in den festen Plätzen zerstreuten Moslims, abgesehen von den namentlich in den Städten zahlreich wohnenden Osmanen, gab es namentlich in Thessalien auf dem Lande zahlreiche Türken, bestand ein sehr beträchtlicher Theil der kretischen Bevölkerung aus den Abkömmlingen des seit der osmanischen Eroberung zum Islam übergetretenen Theils der alten Einwohner griechischen Geblütes. Und im Peloponnes standen an zwei Stellen, zu Lala im alten Nord-Elis und in dem lakonischen District Bardunia, d. i. in dem Berglande zwischen dem untern Eurotas und den Nordgrenzen der Maina, seit dem 18. Jahrhundert dichte Massen kriegerischer Muhammedanischer Albanesen. Dagegen war die sonst in Griechenland, außer einigen Theilen des Peloponnes namentlich auf Hydra, Spezzia, auf anderen Inseln, in Attika und Böotien in Masse vorhandene altalbanesische Bevölkerung, nicht minder die Wlachen des Pindos (besonders bei Metzowo) in Glauben, Sprache und Brauch wesentlich gräcisirt. Die Bewohner dieses Landes waren nun allerdings zu sehr großen Theilen im Laufe langer Jahrhunderte völlig unkriegerisch geworden; namentlich die große Masse des griechischen Herz- und Kernlandes Morea, wie auch die Masse der Kreter, sowie die Bewohner von Attika und Böotien mit ihren Mitteln allein niemals — weit weniger noch als einst gegen die fränkischen Barone des Mittelalters — die Erhebung mit einiger Aussicht auf Erfolg haben würden wagen können. Zum Glück für die Sache der Neugriechen gab es aber sehr zahlreiche Elemente der Kraft unter ihnen. Abgesehen von dem ausgezeichneten maritimen Material auf den früher besprochenen Handelsinseln des ägäischen Meeres, so gab es einerseits einige Gebirgsstämme, die niemals die Waffen aus der Hand gelegt hatten; es waren auf Kreta die kriegerische Bevölkerung der unzugänglichen südwestlichen Gebirgsdistricte, die tapferen Sphakioten, — in Morea aber die bereits mehrfach genannten wilden Mainotten oder Maniaten. Diese ebenso und vielleicht noch mehr räuberischen wie kriegerischen Bewohner der wildgebirgigen Halbinsel des Taygetos, deren Trotz und Rachsucht selbst von den entschlossensten Osmanen gefürchtet wurde, die in ihren Gebirgsschluchten und festen Thürmen noch völlig in mittelalterlichen Zuständen verharrten und noch immer in fast korsischer Art die Blutrache pflegten, waren erst seit dem J. 1770 zur Anerkennung der türkischen Oberhoheit genöthigt worden; seit dieser Zeit waren sie zu einem mäßigen Tribut genöthigt gewesen, die Bestätigung ihres einheimischen, aber von den Kapitani's selbst zu wählenden, Bei's durch die Pforte zugestanden worden. In ihrem nordwestlich bis gegen Kalamata hin sich ausdehnenden Gebiet konnten sie jetzt (in drei Hauptbezirken und neun Capitainschaften) in etwa 100 Gemeinden gegen 8000 waffenfähige Männer aufbringen; nur daß diese als Piraten wie als Klephten gleich gefährlichen Menschen die Kraft und den Aufschwung ihres Landes durch ihre endlosen inneren Fehden sehr geschädigt hatten. Waren nun die Mainotten, wie einst die alten Spartaner die geborenen Krieger des Peloponnes, so konnten dagegen die rumeliotischen Cantone des griechischen Festlandes bedeutend besser organisirte Krieger in Menge aufstellen; es waren die sogenannten Armatolen. Als im Laufe der Jahrzehnte einerseits die Kraft und Nachhaltigkeit der osmanischen Herrschaft in Griechenland nachgelassen hatte und die Griechen wenigstens des Nordens mit seinen ungleich kräftigeren Stämmen die byzantinische Erschlaffung zu überwinden begannen, — da fand der Druck und die Gewaltthat der osmanischen Provinzialmachthaber ein Gegengewicht an der politisch gefärbten Brigandage, in dem Klephtenthum. Und namentlich seit der Zeit, wo (im 17. Jahrhundert, abschließend im J. 1685) die Pforte den sogenannten Knabenzins der Rajah zur Ergänzung der Janitscharen abstellte und die kräftige griechische Jugend zu Hause bleiben durfte, war es namentlich in den wilden Landschaften von Nordhellas bis zum makedonischen Haliakmon hin mehr und mehr gewöhnlich geworden, daß sich die kühne griechische Jugend in das Hochland zog und hier in wilder Freiheit ein romantisches Räuberleben führte, dessen Thaten, die Raubzüge nach den türkischen Ebenen, die grausamen Kämpfe mit den Kriegsknechten der Pascha's, die Rache für Druck und Beleidigung der Rajah-Angehörigen Seitens der Behörden, die wilde Liebe in diesen Bergen, die mit den Klephten ziehenden Priester, in der Sinnesweise und der Poesie der griechischen Nation andauernd verherrlicht wurden; hervorragende Klephten und ihre Waffen werden noch heute in den Liedern der Griechen gefeiert. Dem Treiben dieser freien Räuber, die in starken Massen namentlich in dem Hochlande von Agrapha (das alte Dolopien und die nordwärts grenzenden Districte, also das Gebiet zwischen dem mittleren Acheloos, den südlichen Ketten des Pindus und dem Bergriesen Veluchi, Tymphrestos), dann auf den Höhen des immer freien Hochlandes des Olympos, und in dem alten thessalischen Magnetenlande hausten (während im Peloponnes außerhalb der Maina die Klephtenhäuptlinge viel seltener auftraten), — dem gefährlichen Treiben dieser Klephten zu begegnen; aber auch um gegen die unbotmäßigen Albanesen und andere gefährliche Elemente, namentlich die Janitscharen, sich ein Gegengewicht zu schaffen, erneuerte nun die Pforte selbst im 17. Jahrhundert eine ältere byzantinische Einrichtung, und formirte die griechischen Gemeinmilizen und Landwehren des rumeliotischen Griechenlands zu der griechischen Miliz der Armatolen. Die Osmanen setzten sich mit den Häuptlingen der Klephten in Verbindung, und theilten zunächst das thessalische und das Acheloosgebiet vom Olymp bis zum unteren Acheloos in 14 Hauptmannschaften oder Armatoliks (nördlich von den Thermopylen: Karaveria, Servia, Alassona, Grevina, Milias, Elymbo, Mavrovuni, — Kakia, Agrapha, Malakasi, Patradschik; in Aetolien und Akarnanien Venetiko, Loidoriki, Xeromeros [9]). Später sind diese Armatoliks dann noch vermehrt worden, indem im Westen des mittleren Hellas auch noch zu Vonitza, Arta, Vrachori, im Osten auch zu Livadia und Talanti analoge Milizen formirt wurden. Privilegirt durch großherrliche Diplome, mit bestimmten Einkünften versehen, unter Capitanen, in deren Geschlechtern der Oberbefehl vielfach erblich war: so sollten die tapferen jungen „Palikaren" einerseits dem wildfreien Räuberleben entwöhnt, andererseits zur Sicherheit des Landes gegen das doch niemals aussterbende Räuberthum geschult werden. Allerdings blieb nun das Verhältniß zwischen Klephten und Armatolen stets ein sehr flüssiges. Freilich hatten die Armatolencapitaine die polizeiliche Selbstverwaltung ihrer Cantone in ihrer Hand; aber den Osmanen gegenüber lebte auch bei diesen Capitainen der alte Klephtengeist ununterbrochen fort. Wenn einmal die Armatolen mit der Regierung zerfielen, so fraternisirten sie nicht nur ganz offen mit den Räubern, sondern traten auch selbst, dann durch ausländische Bauern verstärkt, in alter Klephtenart auf. Ihr Leben in Wäldern und Gebirgen hat sie dann sehr abgehärtet und zu einer sehr furchtbaren leichten Infanterie gemacht. Die Pforte gewann übrigens schon in der ersten Hälfte des 18. Jahrhunderts die Ueberzeugung, daß die Armatolen für sie eine sehr bedenkliche Waffe waren; sie hat sie deshalb seit dieser Zeit wiederholt unter albanesische Pascha's gestellt, mit denen dann ewige Fehden vorkamen. Wir haben oben gesehen, wie schwankend ihr Verhältniß zu Ali-Pascha war, und wie sie bald selbst Aufstandsversuche gewagt haben, bald unter seinen Fahnen fochten. Die aus den Armatoliks aufzubringende Macht wurde im J. 1814 auf 10,000 Mann berechnet; außerdem war aber noch für den Kriegsdienst der kriegerischen albanesischen Bauern in Megaris die Vertheidigung der Gebirgspässe dieser Landschaft anvertraut.

Es war jedenfalls in den Gebieten nördlich vom Parnaß und von dem Oeta viel mehr brauchbares militärisches Material vorhanden, als in Morea. Hatten nun die ewigen Fehden im Lande selbst, ferner die Beziehungen zu Ali-Pascha, die militärische Kraft der Rumelioten geschult, so wurde es andererseits für den Aufstand überhaupt sehr werthvoll, daß im J. 1815 die englische Regierung zwei wohl größere Bataillone leichter Infanterie aufgelöst hatte, die während der Napoleonischen Kriege aus flüchtigen Sulioten, aus Mainoten, peloponnesischen Klephten und rumeliotischen Armatolen formirt gewesen waren, während andererseits die Franzosen ein Corps christlicher Albanesen entlassen hatten. So fehlte es also in den Jahren des Ausbruches nirgends an gewandten, zum Theil auch europäisch gebildeten Führern, freilich gewöhnlich von sehr wilder Art. Da endlich die Osmanen sowol durch den epirotischen Krieg wie durch die rumänische Revolution stark beschäftigt waren; da ferner die osmanische Armee seit Jahrzehnten innerlich mehr und mehr desorganisirt war und den Griechen hauptsächlich nur durch Artillerie und stürmische Reiterangriffe, und durch die Uebung, in geschlossenen Massen zu fechten, in großer „rangirter" Schlacht überlegen war: so standen die Chancen der Hellenen nicht so sehr verzweifelt. Freilich blieb jeder Aufstand bei dem Mißverhältniß der Kräfte — sobald deren Nachhaltigkeit und Ausgiebigkeit in Anschlag kam — sehr gewagt; die an dem Aufstande nachhaltig sich betheiligenden Cantone von der Maina bis nach Thessalien hinein und die insurgirten Inseln zählten nach der umsichtigen Berechnung eines britischen Zeitgenossen und Theilnehmers an dem Aufstandskriege [10]) in runder Summe etwa Eine Million Einwohner; dabei berechnet derselbe die Bevölkerung von Morea in 1400 Gemeinden verschiedenster Größe auf 4 bis 500,000 Seelen, von denen wieder etwa 40 bis 50,000 Osmanen und Muhammedaner waren (wo sich dann von dem damals allein angebauten Fünftel des Bodens etwa *, in muhammedanischen Händen befanden). Die christliche Bevölkerung von Attika wurde auf nur 25,000 Seelen, die von Westgriechenland — von Akarnanien bis Phokis — auf

9) Zinkeisen a. a. O. Bd. I. (III.) S. 31.

10) Zinkeisen a. a. O. S. 54 fg.

80,000 Seelen, von ganz Mittelgriechenland bis auf höchstens 140,000 Seelen, angeschlagen. Von jener Million rechnete der angeführte britische Officier auf geübte Soldaten und Seeleute aus den Sitzen der Armatolen, Mainotten, Megareer, Sulioten, Sphakioten und von den Handelsinseln etwa 30,000 Mann, zu denen etwa noch 20,000 Mann bewaffneter brauchbarer Bürger und Bauern oder Hirten kommen konnten. Ihnen gegenüber standen nun nicht blos die für den Krieg mobil zu machenden Heere und Flotten des osmanischen Reichs, sondern auch neben den Festungen auf dem Schauplatze des Aufstandes etwa 12,000 M. unter den Christen zerstreute türkische Milizen.

Der lange eingeleitete große Aufstand der Griechen begann gerade in dem am wenigsten kriegerischen Theile des ganzen Landes, in Morea. Als einerseits der Abmarsch des gefürchteten Churschid-Pascha (s. oben) aus der Hauptstadt Tripolitza nach Epirus die militärischen Aussichten der Hellenen namhaft verbesserte, andererseits in Rumänien Alexander Ypsilanti zuerst die Feuerzeichen aufsteckte, war in der That das Volk zum Abfall reif. Waren die höher gestimmten Gemüther erfüllt von den geschärften nationalen und religiösen Gegensätzen gegen ihre Muhammedanischen Herren; war andererseits bei den Mainotten und bei einem großen Theile des niedern Volks die räuberische Sehnsucht nach den Reichthümern der Türken in ihrer Mitte erregt: so wurde ferner der Aufstand gerade in Morea getragen durch die beiden Classen, die während der Türkenzeit bei ihrem Volke die höchste Bedeutung gehabt hatten; nämlich durch die Geistlichkeit und die Primaten, dieselben Classen, durch welche die Pforte — die ihre Rajah-Unterthanen wesentlich nur in militairischer und satrapenartiger Umrahmung gefaßt hielt — diese Griechen bekanntermaßen eigentlich regiert hatte. Der Einfluß des griechischen Klerus, der in den Provinzen durch seine fremden Interessen und durch seine überlegene Bildung von dem Volke geschieden war, mußte der Pforte gefährlich werden, sobald nur diese Geistlichkeit für die Sache der Insurrection ernstlich entzündet war. Auf der anderen Seite standen seit Alters, durch stete Interessengemeinschaft mit dem Klerus verknüpft, die sogenannten Primaten. Allerdings kannte das griechische Volk damals so wenig wie heute einen Adel nach europäischer Art, — der Adel der Phanarioten und der ionischen Inseln kommt hier nicht in Betracht. Allein, wie in der römischen Kaiserzeit, wie in abgeschwächter Weise auch im Mittelalter, so hatten sich andauernd auch unter Venetianern und Osmanen doch überall große und reiche Familien behauptet, die durch ausgedehnten Grundbesitz, Kapitalienreichthum (so namentlich wieder auf den neu aufgeblühten Handelsinseln) und persönliche Bedeutung in ihren Gemeinden großen Einfluß behaupteten, — wir lernen deren nachher gar viele kennen. Aus solchen Familien war denn bei den eigenthümlichen Verhältnissen der Griechen unter osmanischer Herrschaft eine Art von „Amtsadel" erwachsen. Die Pforte hatte, wie schon bemerkt, bei der Unvereinbarkeit der Muhammedanischen mit der christlichen Religion es niemals zu einer Verschmelzung ihrer Unterthanen zu Einem Volke bringen können; sie hatte namentlich die griechische Welt, deren Angehörige sonst von ihr so vielfach benutzt wurden, stets als einen Staat im Staate bestehen lassen. Und wie sie nun dem griechischen Klerus neben seiner geistlichen Stellung in seiner Gemeinde auch richterliche Gewalt beließ, so hat sie auch den griechischen Gemeinden ihre municipale Selbstverwaltung nicht geraubt. An der Spitze der Gemeinden standen gewöhnlich selbstgewählte Vorsteher, die man Demogeronten, Archonten, Proësti oder Epitropi nannte. Die Gemeinden hatten das Recht der Selbstbesteuerung, beziehentlich das Recht (analog den Zuständen in Achaja seit der Unterwerfung unter die Römer der Republik), die Steuern in den Gemeinden zu repartiren. Genauer gesagt — in den einzelnen Gemeinden wählten Alle aus Allen ihre Demogeronten, und diese wieder die Vorsteher oder die sogenannten Kodschabaschi's der Districte oder Eparchien aus den Einwohnern des Bezirks. In Morea wurde die Steuersumme unter Mitwirkung der türkischen Regierung zu Tripolitza von einer Versammlung der Demogeronten festgestellt, von den Kodschabaschi's dann unter Mitwirkung der Demogeronten auf die Gemeinden vertheilt, und von den Demogeronten wieder auf die Familien. Und das analoge System bestand auch in den rumeliotischen Cantonen. Diese Gemeindebeamten, die also eine vermittelnde Behörde bildeten zwischen den Griechen und der türkischen Regierung, hatten eine übrigens nicht scharf begrenzte Gerichtsbarkeit in den bürgerlichen und fiscalischen Angelegenheiten in den Gemeinden. Nun aber waren die Kodschabaschi's der Regierung, wie einst die Decurionen im römischen Reiche, für die richtige Zahlung der Steuern verantwortlich; und andererseits waren sie bei öffentlichen Calamitäten oft genöthigt, zum Wohl ihrer Districte auf ihre eigene Verantwortlichkeit zu hohen Interessen Gelder aufzunehmen. Diese Stellung konnte daher nur begüterten Männern übertragen werden; und so behaupteten in dieser immerhin schwierigen, oft gefahrvollen und für den Charakter dieser Classe griechischer Männer nicht sehr förderlichen Position die reichen Primaten des Landes ein sehr bedeutendes Ansehen, und eine Macht, die allerdings nach unten hin wiederholt stark mißbraucht worden ist. Die Primaten von Morea nun waren neuerdings mehrfach wider die Osmanen gereizt. Nicht nur daß manche, wie die mächtigen Deligiannis von Karitena in Westarkadien der Regierung stark verschuldet waren und schon darum eine gewaltsame Veränderung der Verhältnisse wünschten, so hatten die Osmanen neuerdings, — so namentlich der sonst nicht bösartige Weiwode von Korinth, der glänzende Kiamil-Bei, angefangen, Beispiele von Vermögensconfiscation und selbst Todesstrafen zu geben; so waren unter Anderen Georg Deligiannis, Sotiri Londos von Vostitza (Aegion) und ein Mitglied der in Achaja bei Trikkala (Pellene) mächtigen Familie Notaras den Türken erlegen. So waren also noch persönliche Gründe hinzugekommen, um die Primaten für den

Aufstand zu gewinnen. Primaten aber und Geistlichkeit hofften, nach Austreibung der Osmanen in ihrem freien Lande dann als Territorialmagnaten in ihrem Interesse eine regierende Oligarchie derselben zu können.

Der Aufstand in Morea leitete sich nun in folgender Weise ein. Während die Gemüther bereits derart erhitzt waren, daß überall der Zündstoff sich häufte, war im Januar 1821 der seit Jahren (s. oben) aus dem Peloponnes vertriebene verwegene Klephte Theodor Kolokotronis (im J. 1770 in Messenien geboren), selbst der Sohn eines tapfern, endlich sammt seinen Brüdern im J. 1780 den Osmanen erlegenen Klephtenführers, — war dieser Mann, der lange Jahre erst in russischen, dann als Major in britischen Diensten auf den ionischen Inseln gestanden hatte, auf Alexander Ypsilanti's Veranlassung, mit 3 Begleitern aus Zante nach der Maina gekommen, wo er sich mit seinem trefflichen Neffen Nikitas, wie auch mit seinem Freunde, dem als der Retter der Klephten geschätzten, ebenfalls durch die Türken zur Zeit Veli-Pascha's aus Morea vertriebenen, dann lange in britischen Diensten gestandenen Anagnostaras bei dem (seit 1811 regierenden) Petrobei verbarg. Nun waren die Griechen von Morea eben jetzt durch die schweren außerordentlichen Steuern arg gereizt, welche ihnen Churschid-Pascha zum Zweck seiner Expedition gegen Ali-Pascha auflegte. Und als er nun im Januar nach Epirus ausmarschirt war, da zeigten sich an verschiedenen Punkten der Halbinsel — zunächst noch kleine — Symptome der Gährung, der Widersetzlichkeit; so namentlich in Patras, wo damals (parallel mit der Klephtenburg der Maina) der Brennpunkt und Sammelplatz der nationalgesinnten Primaten war. Hier war der Sammelplatz jener einflußreichen Männer, die auch nachher eine so große Rolle gespielt haben, hier treten bereits Namen auf, die auch in viel späterer Zeit — seit der Einführung der constitutionellen Ministerien des Königs Otto — in der obersten Staatsleitung des neuen Königreichs erscheinen. Hier leitete — in naher Verbindung mit dem Griechen Vlassopulos in Patras, der damals hier aber die Stellung als russischer Consul versah — die Bewegung der Erzbischof Germanos, ein Mann von bedeutenden Gaben, großer Macht der Rede, scharfem Verstand, der leider nur unter seinem heiligen Kleide zu viel Stolz, Ehrgeiz und selbst ungeeignete Vergnügungssucht verbarg. Neben ihm standen in dieser Gegend der Halbinsel namentlich die Familien Zaimis zu Kalavryta (Kerpini) in den wilden Hochgebirgen zwischen Achaja und Arkadien, wo dann der tüchtige Andreas, einer der ehrenhaftesten Charaktere der griechischen Revolution, an der Spitze stand, und Londos zu Vostitza (Aegion), unter denen Andreas schon längst als glühender Patriot bekannt war. Bereits im Januar hatten die Freunde in Patras, angeregt noch durch einen heimlichen Agenten aus Rumänien, unter einander und mit dem Erzbischof von Arkadia, und ebenso Petrobei zu Kalamata mit den Bischöfen und Primaten aus Messenien und Lakonien ernsthafte Berathungen wegen des Aufstandes gehabt.

Die Osmanen in Morea waren nicht so verblendet, um die Vorzeichen des Aufstandes völlig zu verkennen; sie hatten auf die erste Kunde von den rumänischen Dingen bereits die Citadelle von Patras armirt, sie hatten angefangen, daselbst ihre Familien und ihr Eigenthum zu sichern; und da sie des gefürchteten Kolokotronis auf keine Weise habhaft werden konnten, so beschlossen sie endlich, sich zahlreiche Geiseln zu verschaffen, indem sie die bei drohendem Kriege oder bei Unruhen gewöhnliche Versammlung der Erzbischöfe, Bischöfe und Kotschabaschi's nach der Hauptstadt Tripolitza beriefen; außerdem befahl die Regierung den Rajahs, ihre Waffen an die Behörden auszuliefern und legte derselben Classe der Unterthanen für das laufende Jahr ein doppeltes Kopfgeld auf. Es war eine harte Probe für die Griechen; viele waren noch nicht ausreichend gerüstet, noch mehrere hätten gern jetzt wieder „zurückhalten" mögen, in der Hauptsache aber beschleunigte dieser Schritt der Türken den Ausbruch. Die Primaten beschlossen, zunächst durch angebliches Erscheinen den Verdacht der Osmanen vorläufig noch für einen Augenblick zu beschwichtigen, und es gingen ihrer viele wirklich nach Tripolitza, darunter ein Sohn des Petrobei und die Bischöfe von Korinth, Arkadia und Monembasia. Auch Germanos und Andreas Londos gaben sich den Anschein, als wollten sie nach der Hauptstadt gehen; sie verließen in der Nacht des 18. März Patras, kamen nach Kalavryta, zogen hier den Bischof und die Primaten an sich, machten dann aber auf dem weiteren Wege zu Kapana Halt und erklärten, sie hätten briefliche Nachricht erhalten, daß ihrem Leben in Tripolitza Gefahr drohe. Hier im Gebirge blieben sie nun unter steter Correspondenz mit der Regierung 14 Tage lang, während sie zugleich die benachbarten Bergbewohner in ihrem Sinne bearbeiteten. Darüber brach endlich der Aufstand aus. Mehrere freche Gewaltthaten in der Nachbarschaft hatten den osmanischen Woiwoden von Kalavryta, den Arnaut-Oghlu, bestimmt, sich zu rühren und zu verschanzen. Dadurch aufgeregt, sammelten sich die Griechen der Umlande und zwangen am 2. April 1821 den Woiwoden, mit seinem Gefolge und 200 Moslims zu capituliren. Auf diese Kunde flohen die Türken von Vostitza nach Rumelien; in Patras aber brach Zwist mit den Türken, dann offener Aufstand mit Hülfe zuströmender Bauern aus, während die Osmanen aus der Citadelle die Stadt beschossen und einen Theil der Stadt in Brand steckten, den die Griechen mit Anzündung des türkischen Viertels erwiderten: an blutigen Scenen fehlte es schon jetzt nicht. Nun rückten Germanos, Londos und Zaimis mit ihren großentheils nur schlecht bewaffneten Schaaren und zahlreichen Priestern in Patras ein, besetzten den Sprengel St.-Georg, pflanzten das Kreuz auf, riefen in ihrer Proclamation „Friede den Christen! Achtung den Consuln! Tod den Türken!" den Aufstand förmlich aus, der auch den fremden Consuln angekündigt wurde. Dieser Tag, der 4. April 1821, gilt als der Geburtstag der griechischen Freiheit.

Der Aufstand aber, am 2. April begonnen, lief mit

der Schnelligkeit eines Steppenbrandes von Berg zu Berg, von Ort zu Ort und loderte bald in allen Theilen der Halbinsel empor; am nachhaltigsten zunächst im Süden. Hier hatten schon zu Anfang des April Nikolaos Soliotis und Petmezas von der Maina aus mehrere nach Tripolitza ziehende Türken überfallen; dann waren Th. Kolokotronis, Nikitas und Anagnostaras mit den Mainotten nach dem messenischen Kalamata marschirt. Am 4. April ergab sich der Woiwode dieses Platzes an Petrobei; am 5. April erfolgte hier das feierliche Hochamt zur Eröffnung des Freiheitskampfes, und am Orte dieses Erfolges bildete Petrobei sofort einen Senat, eine Gerusia, in deren Namen er am 9. April ein Manifest an die europäischen Höfe erließ, in welchem die Absicht, das türkische Joch abzuschütteln, angekündigt, und der Schutz der Mächte angesprochen wurde. Und während nun überall die bewaffneten Bauern sich erhoben und die Türken, die in Dörfern oder offenen Städten wohnten, tödteten oder zur Flucht nach den festen Plätzen nöthigten; während am 6. April die kriegerischen Demogeronten der Megaris sich zu Perachora erhoben und zur Belagerung von Korinth aufbrachen, dessen Burg sie dann auch mit Geschützen aus Hydra beschossen; während im westlichen Messenien der kriegsmuthige Bischof Gregorios von Modon die Insurgenten commandirte und bald genug von der Landseite her die in dem festen Navarino zusammengedrängten Türken des Cantons und der Küstenstadt Arkadia blokirte: gingen die Heerführer des Südens allmälig mehr planmäßig weiter. Der wilde Stoß der Mainotten nöthigte zunächst die Osmanen von Mistra, dann aber auch die albanesischen Bardunioten, ihre Sitze zu verlassen und nach Tripolitza sich zurückzuziehen. Und weithin wirkte der Schrecken auf die türkische Civilbevölkerung; sodaß man aus Argos nach dem Fort von Nauplia, aus dem elischen Gastuni nach der alten Burg Chlumutzi (Castell Tornese), dann nach Patras floh. Nur die tapferen albanesischen Lalioten hielten muthig in ihren Besitzungen aus; und nur in Korinth hatte eine türkische Dame Geistesgegenwart genug zu einer Sicherungsmaßregel osmanischer Art. Unter den beiden namhaftesten in Morea angesessenen Häuptern der Türken, die sowol unter ihren Glaubensgenossen wie bisher unter den Primaten eine Partei hatten, — Scheikh Nazif Effendi und Kiamil Bei —, war der letztere, Woiwode zu Korinth, durch Reichthum, Pracht, Glanz und persönliche Würde der angesehenste. Da er gerade in Tripolitza sich aufhielt, so ließ seine Mutter, die auf die Kunde von dem Anmarsch der Megareer sich auf die Burg zurückgezogen hatte, sofort den mächtigen Primaten Andreas Notaras aus dem nahen Ostachaja einfangen und als Geisel mitnehmen. Inzwischen nun drangen die griechischen Führer des Südens aus Messenien auf Arkadien vor. Schon waren die Osmanen aus Leondari (bei Megalopolis) nach Tripolitza aufgebrochen; Kolokotronis aber warf sich nun mit 300 Mann auf die Stadt Karitena, wo sich die Osmanen in dem alten Schlosse der fränkischen Feudalbarone tapfer schlugen. Der Zug von 2700 türkischen Flüchtlingen aus der Nachbarschaft und aus Triphylien fiel am Alpheios in die Hände der Griechen und fand einen jämmerlichen Untergang; 11. April. Karitena aber wurde nun auch von dem tapferen Beizade Elias, dem ältesten Sohne des Petrobei, von den Helleniken Kanelos Deligiannis, von Anagnostaras und anderen Capitani's umschlossen, die jetzt über 6000 M. verfügten und bereits auf den Marsch nach Tripolitza dachten.

Die Erhebung der Griechen blieb nicht lange auf Morea allein beschränkt, sondern griff bald genug sowol nach den Handelsinseln wie nach Rumelien hinüber. Auf den reichen Inseln Hydra und Spezzia, die durch ihre ungestörte Selbstverwaltung und das unruhige, an die bewegliche demokratische Republik des alten Hellas erinnernde, Treiben ihrer Einwohner weitaus die regsamsten der Inselgemeinden waren, mit ihrer tapferen und zahlreichen nautischen Bevölkerung, von großer Brauchbarkeit, aber leider auch mit schlimmen Charakterfehlern und sehr ausgeprägter Abneigung gegen alle Fremden, — war, wie auf Psara der nationale Schwung sehr groß. Obwol diese Inseln von den Osmanen (wie die Inseln überhaupt) sehr milde behandelt wurden und außer einem mäßigen Tribut jährlich nur ein Matrosencontingent für die besten Schiffe der osmanischen Flotte zu stellen hatten; obwol die Inseln (die denn auch durch den Krieg leider völlig heruntergekommen sind) durch die Insurrection eigentlich nicht viel zu gewinnen hatten, — so war doch eben hier, neben manchen untergeordneten Motiven momentaner Unzufriedenheit (sowol gegen die Pforte wie wegen der Abnahme ihrer Handelsfahrten seit Ende der Napoleonischen Kriege) und neben der Thaten- und Beutelust des Volks gerade der religiös-nationale Zug ganz besonders stark. Allerdings waren die Primaten, obwol zur Hetärie gehörig, nicht ohne Vorsicht; haben doch die Hydrioten noch im April 1821 daran gedacht, ihr Contingent nach den Dardanellen zu schicken. Aber auch sie wurden durch die Demokratie fortgerissen. Das Feuer flammte zuerst in Spezzia auf, wo man am 7 April die griechische Fahne aufpflanzte; unmittelbar folgten die Psarioten, die sich ganz demokratisch regierten. Die Primaten von Hydra hätten gern gezögert; sie sahen sich aber durch das Volk getrieben. Hier nämlich schürte schon seit einiger Zeit das Feuer unter den unbeschäftigten Matrosen und dem der Aristokratie stets aufsässigen Volke der kühne Hetärist Antonio Oekonomos. Dieser Capitain, sowol von Ehrgeiz wie von Privatgroll gegen die Archonten erfüllt, regte die Menge auf, sich auch ohne und gegen den Willen der Primaten zu erheben. Als nun die Botschaft von dem Aufstande der Megareer gegen Korinth am 8. April nach Hydra kam, erhob sich das Volk; der Demagog Oekonomos drückte stark auf die Primaten, erpreßte von ihnen für das Volk die Summe von 140,000 spanischen Thalern. Und als dann auch 2 Schiffe aus Spezzia vor Hydra erschienen, da gewann das Volk das Uebergewicht. Oekonomos wollte weder Gewaltherr sein noch auch mit den Primaten völlig brechen; so vereinigte sich denn endlich Alles zu einer geordneten Erhebung. Am 27. April feierte man die Einleitung des Aufstandes kirchlich; dann wandten sich die Primaten dem Kriege mit Energie und Nachdruck zu. Man rüstete sofort ein starkes Geschwader, ernannte den Capitain Jakob Tombasis zum Admiral (Navarchen), rief die Inselwelt des ägäischen Meeres zum Aufstand auf, traf zweckmäßige Veranstaltungen für die Beuteverteilung und stellte ein Kriegsrecht auf, dessen anständige Bestimmungen freilich in der Barbarei, die der Krieg nur zu bald annahm, schnell vergessen wurden.

Die Theilnahme der Inseln an dem Aufstande war in einem Kriege, wo bei der Natur der geographischen Verhältnisse dieses Theiles der Levante so unendlich viel auf die Mitwirkung einer starken Flotte sowol zur Abwehr wie zum Angriff, und namentlich zum Weitertragen des Aufstandes ankam, für die Sache der Hellenen von dem höchsten Werthe; auch abgesehen von der höheren Bildung, den Geld- und Kriegsmitteln, welche die Insulaner von den Griechen des Festlandes voraus hatten. Die drei Handelsinseln konnten ohne Mühe sofort 100 Schiffe von 10 bis 24 Kanonen ausrüsten (überhaupt besaßen sie damals 176 Fahrzeuge, meistens zu 10—14 Kanonen, Hydra 90, Spezia 44, Psara 40), und an 7000 gute Seeleute aufstellen. Sie griffen dann auch sofort lebhaft in den Krieg ein. Hydriotische Kanonen machten es den Moraiten möglich, Korinth zu bombardiren. Eine psariotische Escadre verbreitete durch einen keckn Anfall bei Smyrna so großen Schrecken, daß ein hier sich gegen die Peloponnesier sammelndes türkisches Corps sich zerstreute. Ende April und Anfang Mai halfen die Spezioten, die lakonische Festung Monembasia (s. unten) zu blokiren, eroberten auch bei Milos (7. Mai) zwei türkische Kriegsschiffe, während die (im Abendlande mit unverdient poetisch-romantischem Nimbus geschmückte) reiche Dame Bobolina, die Wittwe eines zu Stambul hingerichteten (s. unten) Handelsherrn aus Spezia, rach- und beutegierig mit einem Geschwader den Golf von Argos blokirte. Bald verbreiteten sich die Schiffe der drei Inseln über den ganzen Osten, bis nach den Dardanellen und nach Kypros hin, machten überall große Beute, verübten aber auch nur zu bald — zur Rache für die inzwischen (s. unten) von den Türken verübten entsetzlichen Bluttaten — zu Wasser wie zu Lande an den Osmanen abscheuliche Greuel. Die Hauptsache war zunächst, daß Admiral Tombasis, der am 3. Mai mit 11 hydriotischen und sieben spezziotischen Schiffen nach dem Osten abgegangen war, überall die Griechen der Kykladen und viele Sporaden zum Aufstand bestimmt hatte; nur die Reste der lateinisch-katholischen Einwohner auf den Inseln hielten sich neutral. Nur auf Chios fasste der Aufstand damals keinen Boden, während die kriegerischen Einwohner von Samos schon am 29. April dem Aufruf der in ihren Gewässern erschienenen Spezioten gefolgt waren. Tombasis kehrte am 21. Mai von seiner Expedition nach Hydra zurück; zwei Tage nachher stürzten die Primaten unter des Admirals Bruder Emanuel den Demagogen Oekonomos, der allmälig durch Anmaßung seine Popularität verloren hatte. Gefangen nach Morea geführt hat er hier einige Zeit nachher bei neuen Unternehmungen seinen unrühmlichen Tod gefunden.

Parallel mit der Erhebung der Inseln verlief nun auch der Aufstand in Rumelien. Die Armatolen hatten lange geschwankt. Persönliche Interessen oft nicht sehr edler Art und Zwietracht lähmten lange jeden kühnen Entschluß; mehr aber, in Westen drückte die Nähe der in Epirus versammelten türkischen Armee und die Scheu vor einer plötzlichen Aussöhnung zwischen Ali-Pascha und der Pforte auf Kosten der Griechen, — hier schwankten selbst die Sulioten. Mehr Wagemuth zeigten dagegen die Bauern im östlichen Griechenland. Trotzdem brach der Aufstand auch in Rumelien zu Anfang April aus. Am 5. April erhoben sich bei Salona die Capitaine Panurgias und Gouras; am 7. April nahm Panurgias mit 600 M. die Stadt Salona, und nun erhob sich ein ehemaliger Offizier des Odysseus, der tapfere und hochsinnige Albanese Diakos aus Livadien, bei Livadia in Böotien und besetzte am 11. April diese Stadt, zwang dann das Kastell zur Uebergabe und zog dann, als am 13. April auch Theben gefallen war, mit 600 M. nach den Thermopylen, wo sich in der Gegend von Zeitun (Lamia) am 24. April der Capitain Joh. Dyovuniotis erhob und bald nachher das lokrische Budonitza eroberte. Bei Komboturlos am Spercheios dann bis auf 2000 M. versammelt, gewannen die Capitaine dann auch den Armatolenführer Kontoghiannis in der Sperchios (Hypata) Nevpatras eher Patratschick; aber die Einnahme (30. April) dieser Stadt nützte Nichts, weil sie sofort wieder aufgegeben werden mußte, da sich bereits im Unterlande bei Zeitun kampfbereite türkische Schaaren zeigten.

Blicken wir jetzt, wo wir die Ausbreitung der Erhebung von Patras bis nach Samos, von der Maina bis zu den Thermopylen skizzirt haben, auf die Haltung der Pforte und der türkischen Bevölkerung. Die osmanische Regierung war vollständig überrascht. Eine solche Erhebung hatte sie niemals erwartet. Die osmanischen Staatsmänner sagten sich, daß die Lage der Griechen unter ihrer Herrschaft im 19. Jahrhundert sich gegen früher eher verbessert als verschlimmert hatte; der Wohlstand zahlreicher Griechen, die einflußreichen Beziehungen der phanariotischen Politiker und Banquiers zu den Staatsgeschäften waren Thatsachen; es gab kein äußeres Ereigniß, welches — Gewaltthat oder erhöhter Druck — zu einer Empörung führen zu können geschienen hätte; es gab keine schweren Verwickelungen mit dem Auslande, etwa mit Rußland, die in den Augen der Regierung die Griechen etwa zum Kampfe hätte ermuntern mögen. So hatte die Pforte denn seit geraumer Zeit, da sie die geheimen Regungen des griechischen Nationalgeistes nicht verstand und nicht zu würdigen wußte, alle Warnungen der verschiedensten Art wegen der unterirdischen Arbeit der Hetäristen nicht geachtet; alle Bewegungen, die ihr doch nicht entgingen, schob man gern auf die Intriguen des Ali-Pascha. Als aber nun die ersten authentischen Nachrichten in Stambul einliefen von Ypsilanti's Einbruch in der Moldau, von griechischen Blutthaten (s. oben) in Galaz und Jassy; als Ypsilanti's Auftreten ihr den nicht mehr aufzuhaltenden Verdacht wider Rußland erweckte und ihr dann allmählig die Beweise der hetäristischen Conspiration in die Hände fielen: da bemächtigte sich der Regierung grenzenloses Mißtrauen und der Volksmassen bald wilder Fanatismus. Und bald wurde der Zorn der osmanischen Bevölkerung so glühend, daß sich die Regierung bei den schauderhaften Blut- und Gewaltscenen soweit unterstützt, wie gedrängt sah. Zunächst wurden mehrere der angesehensten griechischen Kaufleute, mehrere rumänische Bojaren und griechische Prälaten (21. März) verhaftet; dann folgten seit dem 23. März die Hinrichtungen verschiedener vornehmer Phanarioten und anderer Griechen; gewaffnete Haufen wurden in die griechischen Dörfer am Bosporus, in die Vorstädte und in die Stadt selbst gelegt. Der Widerspruch des Mufti, eine allgemeine Niedermetzelung der griechischen Bevölkerung durch ein Fetwa zu sanctioniren, wurde durch die Verbannung des ehrenhaften Mannes bestraft — (der nachher leider auf einem Schiffe mit anderen Türken von rachsüchtigen griechischen Insurgenten getödtet wurde). Kundmachungen des Sultans vom 29. und 31. März beschuldigten die Griechen des Versuches, den Thron des Sultans über den Haufen zu werfen, bedrohten sie dafür mit der ganzen Schwere seines strafenden Armes, und riefen das Volk auf, sich zu rüsten und gaben für die fanatischen muselmännischen Massen weithin das Signal zu allgemeiner Bewaffnung und wilden Thaten. Bereits begleiteten neue Hinrichtungen diese Proclamation. Und als nun erst in der Hauptstadt, mit Hülfe des Patriarchen, die allgemeine Entwaffnung durchgeführt wurde, da gab es furchtbare Excesse des scheußlichen Pöbels von Stambul und wachsende Willkühr auch der Janitscharen gegen die Christen; sie wuchs, weil — „im Wiederhall der früheren unbesonnenen Großsprechereien vieler Hetäristen“ — von Tage zu Tage immer neue lügenhafte Gerüchte in Umlauf kamen, die theils aus den griechischen Provinzen Schreckensnachrichten für die Türken brachten, theils den Hetäristen schauerliche Mord- und Brandpläne für Stambul (letztere allerdings nicht immer blos aus der Luft gegriffen) selbst zuschrieben. Bei solchen Stimmungen drohte jeden Augenblick die Gefahr einer allgemeinen Niedermetzelung aller Christen in Stambul. Nun kamen aber auch die Nachrichten aus Morea, denen bald die von den Inseln und einigen rumeliotischen Städten folgte, mit dem Zubehör von Niedermetzelung, Aushungerung, Verhaftung zahlreicher Türken, Zerstörung der Moscheen u. s. w.; sie steigerten den Zorn des Sultans zur schauerlichsten Wuth. Die Pforte, die jetzt ihre schlimmsten Besorgnisse für gerechtfertigt ansah, ließ sofort ihren griechischen Großdragoman, den Fürsten Konstantin Murusis enthaupten (16. April); er sollte namentlich verrätherische Mittheilungen an Ypsilanti gemacht haben. Demselben Schicksale verfielen sein Bruder Nikolaus, ebenso andere fürstliche Phanarioten (16. 17. April). Dann wurden viele hohe Kleriker verhaftet; 8000 nach Rumelien eingeschiffte Janitscharen durften am Bosporus schändliche Greuel verüben; griechische Kirchen in Stambul wurden geplündert und zerstört. Als aber nun immer schlimmere Nachrichten aus dem Süden kamen, da antwortete die Pforte — zugleich mit tiefem und unauslöschlichem Mißtrauen gegen Rußland erfüllt — auf eine ihr unbequeme Forderung (s. oben) in Sachen Ypsilanti's und der Donaufürstenthümer und zugleich auf die Erhebung der Moreoten mit einer entsetzlichen Gewaltthat. Man ließ nämlich am 22. April, nach der Feier der Ostermesse, den hochbejahrten Patriarchen Gregorios, wie auch alle Priester des Phanar und der griechischen Vorstädte, festnehmen, den Patriarchen vor seinem Palaste an der Thür der patriarchalischen Kirche, 3 Erzbischöfe und 3 Priester in anderen Stadttheilen vor ihren Kirchen aufhängen. Drei Tage blieben die Gemordeten so hängen; dann mußte der jüdische Pöbel die Leichen durch die Straßen nach dem Meere schleifen. Der Metropolit von Ephesus, Eugenios, wurde — von den Griechen niemals anerkannt — von der Pforte zum Patriarchen ernannt.

Diese Schandthat ist den Türken theuer genug zu stehen gekommen. Die Pforte mochte immerhin Recht haben, wenn sie in dem Gregorios (beiläufig einem Moreoten aus Dimitsana) und seinen Unglücksgenossen einen eifrigen Eingeweihten der Hetärie erblickte; aber die Hinrichtung selbst, dazu die in ihren Details ausgesuchte Rohheit und Scheußlichkeit des Vorganges, entzündete mit vollem Rechte in ganz Europa die tiefste Empörung gegen eine solche Regierung. Die Griechen haben zu dauernd während ihres Befreiungskrieges ähnliche Abscheulichkeiten der himmelschreiendsten Art verübt; aber das ist den Türken nicht mehr zu Gute gekommen. Die Greuel des 22. April, wie nachmals im J. 1822 die endlose Vertilgung der Chioten, haben es dahin gebracht, daß das gebildete Europa immer wieder die Wagschale der Schuld auf die Seite der Osmanen sinken sah. Mehr aber: während die Gewalt der Pforte in den letzten Wochen die eine Kluft zwischen Phanarioten und anderen Griechen wenigstens für die Kriegszeit verschwinden machte, wurde der sonst keineswegs immer sehr populäre Gregorios zu einem Märtyrer der Unabhängigkeit; die Griechen sahen sich jetzt überall zu den scheußlichsten Vergeltungsacten berechtigt, — der Krieg wurde für mehrere Jahre ein mit religiöser Wuth geführter Vertilgungskrieg, während zugleich die Beziehungen zwischen dem Sultan und Rußland sich seitdem immer schroffer gestalteten. Und nun hatte die Pforte, die den Aufstand der Griechen nur als eine durch Rädelsführer erregte Bewegung ansah, die schon vorher überall in den größeren Städten des Reiches die Vorsteher der griechischen Zünfte hatte festnehmen lassen, weder den Willen noch die Kraft, weiteren Unheilen zu steuern. Nach kurzer Pause begannen (1. Mai) in Stambul selbst, um sich dann an der ganzen Küste Kleinasiens fortzusetzen, Tumulte des Pöbels, Plünderungen der Kirchen, Mordthaten. Und als diese aufhörten, setzten sich vom 1. Mai an bis tief in den Juli hinein in Stambul förmliche Hinrichtungen vornehmer Geistlichen, reicher Kaufleute, Verbannungen niederer Männer nach Sinope(?) u. s. w. fort. Hinrichtungen aber in dieser Art, so-

entbrennt durch Volksaufstände gegen die Griechen, zogen sich, wie gesagt, durch das ganze Reich von Makedonien bis nach Kypros hin; es war viel, wenn irgendwo ein energischer Pascha die Greuel in mäßigen Schranken hielt. So flossen Ströme Blutes in Ainos, in Adrianopel, in Saloniki; so seit Mitte April schon, namentlich durch die Wildheit asiatischer Rekruten, in besonders langer Dauer in und bei Smyrna (bis zum August); so auf Kos, und selbst — hier ebenso scheußlich als fanatisch und zwecklos — auf der (Mitte Mai) unglücklichen Insel Kypros.

In solcher Weise waren die beiden Parteien in diesen entsetzlichen Krieg eingetreten. Wir haben bisher die Vorgeschichte, die Zustände, die Anfänge des griechischen Befreiungskrieges mit der gebotenen Ausführlichkeit geschildert. Unserer Aufgabe weiter folgend, können wir nun die folgende Geschichte bis zur Schöpfung des Königreiches Griechenland nicht mit derselben Ausführlichkeit erzählen; es muß genügen, von den späteren Ereignissen mehr eine knapp gehaltene Skizze zu geben, — zuvor aber eine Charakteristik der Art der Hellenen und ihrer Kriegführung zu entwerfen. Ueberrascht wie sie durch den Ausbruch der griechischen Empörung in Rumänien und Südgriechenland war, rüstete die Pforte doch sofort mit aller Anstrengung zu Wasser und zu Lande; weniger noch wegen der Griechen selbst. Seit Jahrhunderten nicht mehr mit echten Volkserhebungen vertraut; mehr erbittert über diese verachteten Rajahs, die — freilich die alten Herren dieses Landes — seit Jahrhunderten ihr verächtlich erschienen; noch immer der Meinung, daß für den Süden zum guten Theil Ali's Intriguen zu Grunde lägen, glaubte man einerseits doch nicht an ernsthafte Zusammenhänge zwischen den Griechen und den Albanesen, hoffte man andererseits nach Ali's bald zu hoffender Beseitigung auch die griechischen Insurgenten bald überwältigen zu können. Aber, da man wußte, welche Bedeutung — trotz der schlimmen Erfahrungen zu Ende des 18. Jahrhunderts — das mächtige, glaubensverwandte, seit Napoleon's I. Sturz in vollster Macht glänzende Rußland für die Hellenen hatte; da man den Griechen ernsthafte Wagnisse ohne die geheime Zuversicht auf russische Hilfe nicht zutraute: da man endlich in Stambul über die Arbeit vieler untergeordneter russischer Agenten (besonders derer griechischer Abkunft) in griechischem Interesse Einsicht gewonnen hatte: so beharrte man andererseits in Stambul in dem hartnäckigsten Mißtrauen gegen Rußlands sicher vorausgesetzte griechenfreundliche und der Pforte feindliche Pläne. Es ist nun den Griechen sehr zu Statten gekommen, daß während des ersten Kriegsjahres die Pforte, vielfach beschäftigt, wie sie war, nicht sofort mit gesammelten Kräften die Anfänge des Aufstandes bekämpfen konnte; daß sie einige Zeit zu besserer Organisation ihrer Streitmittel bedurfte. Trotzdem wäre ohne die eigenthümliche Natur des griechischen Landes und Volkes der Aufstand mit leichter Mühe zu zerstampfen gewesen. Wäre Griechenland damals ein Culturland gewesen mit verfeinerter Bevölkerung und einigen reichen Städten; wäre Griechenland ein Land mit großen Ebenen, mit Einem oder Zwei dominirenden Stromthälern, mit wenigen dominirenden Positionen; wäre endlich das griechische Volk von Anfang an lediglich mit einer regulären Kriegsmacht den osmanischen Linientruppen entgegengetreten, — dann wäre sehr wahrscheinlich der griechische Aufstand ebenso niedergeworfen worden, wie die Insurrection der Polen zu Anfang der dreißiger, und die der Magyaren am Ausgange der vierziger Jahre unseres Jahrhunderts.

So standen aber die Dinge nicht. Den Griechen ist diesmal die alte Natur ihres Landes im hohen Grade zu Gute gekommen. So oft die griechische Nation nicht so furchtbar entnervt war, wie z. B. die Romäer Rumeliens und Morea's am Ausgange der lateinischen Zeiten oder der paläologischen Despoten der Halbinsel, konnte dieses Land nicht leicht mit zwei oder drei Schlachten gewonnen werden. Das griechische Land ist in dem ganzen Gebiet vom Pindus bis zur Maina wie geschaffen zum Vertheidigungskriege gegen überlegene Massen; es ist hier sehr wohl möglich, von Terrainabschnitt zu Terrainabschnitt den Kampf immer neu aufzunehmen, den Feind aller Orten zu flankiren, dem vordringenden Sieger an immer neuen Paßwegen zu widerstehen, seine Verbindungen zu zerschneiden, seine Zufuhr zu hemmen. In diesem Lande muß bei energischer Gegenwehr des Volkes wirklich Canton für Canton erkämpft werden, bis von endlicher Unterwerfung die Rede sein kann. Kriege solcher Art wirken dann freilich auf das Land so vernichtend ein, wie die Kämpfe der antiken Diadochen oder wie die Fehden bei dem Verfall der lateinischen Herrschaften im Mittelalter.

Nun war aber damals Land und Volk zu solcher Kriegführung noch vollständig geeignet. Griechenland besaß keine Hauptstadt, besaß keine großen Centralplätze, deren Verlust oder Zerstörung jeden Widerstand hätte brechen müssen; wenn auch immerhin der allmälige Ruin der reichen Handelsinseln schwer genug empfunden worden ist. Verheerung und Verwüstung großer Landstriche, wenn sie nicht so systematisch ausgeführt wurden, wie es Ibrahim Pascha endlich einige Zeit lang that, vermieden die Türken selbst, um sich nicht die Verproviantirung unnöthig zu erschweren; die Griechen selbst waren großentheils noch solche Natursöhne, daß sie in schwerer Krisis ohne zu große Bedenken weit und breit ihr Land verheerten, ihre leichtgebauten Hütten niederbrannten. Und nun waren ihre kampfbereiten Männer zu Lande so sehr an den Gebirgs- und Guerillakrieg gewöhnt, zugleich so abgehärtet, daß sie auf ihrem Gebiet den Osmanen sehr wohl die Spitze zu bieten vermochten. Mit bewundernswürdiger Gewandtheit haben die Klephten- und Armatolenführer wiederholt — wenn man Griechenland schon für verloren hielt — große türkische Heere, die ohne Widerstand tief in das Land gedrungen waren, durch die Kunst des kleinen Krieges geradezu vernichtet. Nach Art der Kriege des Orients unermüdlich ausdauernd, wenn sie hinter Schanzen, oft nur der armseligsten Art, zu fechten hatten, haben sie mehrfach bei Vertheidigung ihrer Städte den alten Ruhm von Gegant und Rhodus erneuert. Freilich bedurften auch sie längerer Zeit, um den Krieg im größeren Stil zu lernen; es hat sehr lange gedauert, bis namentlich ihr Fußvolk auch in größeren Gefechten im offenen Felde den Osmanen Stand zu halten lernte, bis andererseits der massenhafte griechische Säbelangriff unter den Moslims Schrecken und Entsetzen verbreitete. Für die Griechen war es ein wahres Glück, daß ihnen nicht von Anfang an Muhammedanische Truppen solcher festen Formation und harter Disciplin gegenüberstanden, wie sie nachher — geraume Zeit zu großem Schaden der Insurgenten — Ibrahim Pascha aus Aegypten nach Morea führte; daß vielmehr, es war noch die Zeit vor der blutigen Militairreform Sultan Mahmud's II., die osmanische Kriegsmacht damals in Disciplin und Organisation arg verfallen, daß die alte Angriffskraft der Osmanen arg verrostet, daß die Landheere der Pforte, bei aller Tapferkeit der einzelnen Männer, namentlich der Albanesen und vieler Asiaten, in ihrem Material und in dem Wesen der Mannschaften denen der Griechen sehr ähnlich waren, und daß endlich damals in der Türkei — unbeschadet der ausgezeichneten Begabung einiger Generale — kein Feldherr von genialer Anlage war, der zugleich als großer Taktiker und vollendeter Stratege den Unterwerfungskrieg systematisch hätte betreiben mögen.

Der Krieg selbst wurde nun, wie es die geographischen Verhältnisse seit den Zeiten des Mardonius hier immer wieder vorgezeichnet haben, von den Osmanen in der Art geführt, daß sie — namentlich seitdem sie sich des Ali-Pascha entledigt hatten — sowol von Epirus her wie aus Thessalien südwärts vorzudringen suchten, während von den Dardanellen und von Asien her ihre große Flotte energisch secundiren sollte. Die Griechen ihrerseits haben instinctmäßig ihre Defensive zu einer offensiven zu gestalten gestrebt. Ebenso sehr von dem Wunsche beseelt, einen möglichst großen Theil ihrer Landsleute von dem Joche der Pforte loszureißen, wie andererseits darauf bedacht, einen Theil des Kriegs der Pforte in das eigene Land hinüberzuspielen, — warfen sie den Brand sowol nach der makedonischen Küste, wie nach dem Westrande Kleinasiens, und namentlich nach Kreta. Dieses Verfahren aber hat leider dem Kriege sehr wesentlich seinen entsetzlichen Charakter gegeben. Es hat sich gezeigt, daß — ein warnendes Exempel für die Pläne der Träger der großgriechischen oder byzantinischen Ideen in jener wie in unserer Zeit — im Wesentlichen nur wenige der jenseit der Grenzen des heutigen griechischen Königreichs belegenen griechischen oder gemischten Territorien mit griechischen Kräften zu behaupten waren. Kreta und Samos ausgenommen waren die entfernten Inseln gegen die nahe und gesammelte Macht der Osmanen gar nicht zu behaupten, wie namentlich das entsetzliche Schicksal von Chios gezeigt hat. Und auf der Landseite wäre lediglich Thessalien, die nothwendige Ergänzung für ein gedeihliches neugriechisches Staatsleben, unter günstigeren Verhältnissen als die Hellenen sie gehabt haben, ernsthaft zu gewinnen gewesen.

Eine solche Gunst der Verhältnisse ist aber den Griechen nicht zu Theil geworden. Denn auf der Wiedererhebung dieses Volkes zu einem selbständigen Gliede der europäisch-christlichen Staatenfamilie lastete ein schweres Verhängniß; mit anderen Worten gesagt, — so entschieden von dem ersten Tage ihrer Erhebung an bei den Griechen der Gedanke zum Bewußtsein trat, ihre ganze und volle Freiheit zu erobern, sie waren nicht im Stande, sich den Consequenzen ihrer Vergangenheit zu entziehen, die zum Theil noch heute als dunkle Schatten auf ihr gegenwärtiges Staatsleben fallen. Die alten Charakterfehler der Griechen, wie jene, die erst durch die lange Zeit der Knechtschaft bei ihnen erwachsen waren, machten sich von Anfang an geltend; Habgier, die wiederholt selbst die furchtbare Noth der bedrängten Bluts- und Glaubensverwandten scham- und schonungslos ausbeutete, — die den hohen Erwerb des Schwertes statt zum Zwecke des Ganzen zum Privatvortheil zerpflückte, und arge Treulosigkeit, die zum größten Schaden der Sache und des politischen Credits der Insurgenten nur selten geschlossene Capitulationen ehrlich halten ließ, fallen besonders unangenehm auf. Letzteres war einer der Züge, der allerdings nur zu oft Kämpfen, „wo der Sklave seine Ketten bricht," ihren entsetzlichen Charakter aufprägt; es fiel zusammen wie mit der Raublust so namentlich mit der Blutgier, die nun einmal mit den Klephtenkämpfen und dem Corsarenthum unzertrennbar verbunden zu sein pflegen, und mit der lang verhaltenen Rachsucht, die allerdings durch die Greuel der Pforte stark herausgefordert war, und die nun die Griechen vielmals zu Schauerthaten herausgefordert hat, welche schwerlich hinter den Schandthaten der schlimmsten muselmanischen Schlächter zurückstehen. Mehr aber: gleichviel wie stark der Rest des echten hellenischen Blutes bei diesen Nachkommen der alten Hellenen aller Stämme sein mag, ein böses Erbstück der Antike haben sie nur zu treu bewahrt: den alten Cantonalgeist und die alte Uneinigkeit. Rumelioten und Moraioten sind noch heute keine besonders feurigen Brüder, — wenn sie auch während des Kriegs einander oft wacker beigestanden haben; schlimmer war aber der früh einbrechende Parteigeist, namentlich der Gegensatz zwischen den bürgerlichen Primaten und den Klephten- und Armatolenhäuptlingen, der namentlich dann zu Tage trat, als nach den ersten Erfolgen die nothwendigen Versuche gemacht wurden, aus den ganz unfertigen Zuständen heraus zu einer Zusammenfassung der Kräfte und zu einer geordneten Regierung zu gelangen. Und weil es nun, bei aller ausgezeichneten Tüchtigkeit sehr vieler dieser Führer, doch keinen Mann gab, der zugleich der beste Soldat und der beste Staatsmann dieses Volks gewesen wäre, weil alle hier sich sammelnden Elemente schließlich nur in dem Einen Punkte, in der gemeinsamen Feindschaft gegen die Osmanen sich zusammenfanden: so hat denn auch dieses griechische Volk seine endliche Befreiung mit ganz unverhältnißmäßigen Opfern bezahlen müssen, so ist dann endlich die Ordnung der griechischen Dinge dem Auslande in weit höherem Grade zugefallen, so ist nachmals das neue griechische Königreich in weit höherem Grade ein Spielball des Auslandes geworden, als es von vorn herein unbedingt nothwendig und unvermeidlich gewesen wäre. So aber ist es zu einer großen und planvollen Kriegführung niemals gekommen; kein Erfolg ist vollständig ausgenutzt, kein concentrirter Stoß nachdrücklich geführt worden, — zu Lande namentlich hat erst erst die bittere Noth die besten Häuptlinge, von denen die meisten erst sehr allmälig die rohen Schlacken des Klephtenthums abstreiften, zu ihren Meisterthaten gezwungen. Ebenso hat es lange genug gewährt, bis die nachtheiligen Nachwirkungen der alten Beziehungen zu den Albanesen, namentlich zu Ali-Pascha und seinen Generalen, völlig überwunden waren.

Bewundernswerth war und blieb aber immer die unerschütterliche Ausdauer und Standhaftigkeit, mit welcher — einzelne Fälle allerdings ausgenommen — die Hellenen an ihrer Sache festhielten und sowol den Waffen, wie dem Gelde und auch den schlauen Verlockungen der Osmanen Stand hielten. Bewunderungswürdig die niemals völlig abhanden gekommene Elasticität, mit der diese Griechen immer und immer wieder nach tausend Fehlschlägen und aus der bittersten Noth heraus zu neuen Thaten und neuem Wagniß sich aufrichteten. Und namentlich diese Standhaftigkeit und unverwüstliche Naturkraft hat am meisten dazu beigetragen, die zahlreichen europäischen Philhellenen bei ihnen festzuhalten, die vom Anfang an in und außerhalb der Grenzen Griechenlands werkthätig für die griechische Sache eintraten. Denn in vollem Gegensatz zu der Ungunst der europäischen Mächte, die (s. oben) so lange die griechische Erhebung nur im Lichte der romanischen Militair- und Carbonari-Revolutionen betrachtet haben, waren sofort die weitesten und namhaftesten Kreise des gebildeten Abendlandes, unendlich weniger aus politischen Motiven wie aus humanen und historisch-humanistischen Stimmungen heraus, für die Sache dieses Volks begeistert, welches damals fast noch ohne Widerspruch als die ungemischte Nachkommenschaft der großen antiken Hellenen galt, dessen tapfere Krieger, deren manche, wie namentlich Odysseus, selbst mit ihren Namen ganz unmittelbar an die große Vorwelt erinnerten, auf dem durch die erhabensten classischen Erinnerungen geweihten Boden ihren Kampf für die edelsten Güter ihrer Nation führten. Das erste Aufleben des abendländischen Philhellenismus, der mit den Jahren und mit dem Mißgeschick der Insurgenten allmälig solche Stärke gewann, daß er nachmals wesentlich die Kälte der Kabinete schmelzen half, führte den Griechen schon jetzt viele europäische Mitkämpfer zu; neben manchen Abenteurern Schaaren begeisterter Jünglinge und viele erprobte Officiere aus mehreren europäischen Kriegsheeren, deren mehrere, wie namentlich der wackere schottische Oberst Thomas Gordon (und in neuester Zeit wieder George Finlay) auch die Geschichtschreiber dieses Kampfes und Volks geworden sind. Die Arbeit der Tages-Presse; zahlreiche Vereine für Griechenland in fast allen Ländern Europa's zur Aufbringung von Geldmitteln und Hülfsmannschaften; die zahlreichen Schriften, die in dem besonders rein und lebhaft begeisterten Deutschland wie in Frankreich und England die neugriechischen Verhältnisse nach allen Richtungen hin behandelten; die Stimme selbst der Poesie in den drei großen Culturländern des Abendlandes, — dieses Alles hat dauernd die warme Theilnahme für Griechenland wach gehalten und unter dem Eindruck der Schicksale dieses Landes andauernd gesteigert. Der Philhellenismus jener Zeit wurde auch dadurch nicht geschwächt, daß diese Sympathie des Abendlandes von den meisten Griechen nicht gewürdigt wurde. Die Zahl der griechischen Eingeborenen war eben nur klein, welche die Philhellenen nicht mit der rohen alt-osmanischen Antipathie und dem byzantinischen souverainen Fremden- und Frankenhasse behandelt hat. Es dauerte lange Zeit, ehe in dieser Richtung auf griechischem Boden eine Besserung eintrat; besonders langsam auf militairischem Gebiet. Die alten Klephten- und Armatolenführer sind Jahre lang den Versuchen der Philhellenen mit ihren eigenen europäisch geschulten Landsleuten, dem griechischen Heerwesen einen mehr geregelten Charakter zu geben, scheelsüchtig oder feindlich gegenübergetreten; das wiederholte gründliche Mißgeschick der neuen Schöpfungen in dieser Art hat ihr Widerstreben allerdings nur stärken können. So trug denn Alles dazu bei, nur allzulange in diesen Kämpfen auch die unheilvollen und bis heute nachwirkenden nachtheiligen nationalen Züge des neugriechischen Kriegswesens ungebrochen fortarbeiten zu lassen und endlich der europäischen Intervention einen möglichst breiten Spielraum vorzubereiten.

Die Kämpfe der Jahre 1821 und 1822.

Indem wir uns wieder zu der zusammenhängenden Schilderung der kriegerischen Ereignisse in Griechenland wenden, bemerken wir, daß sich also im April und Mai des J. 1821 zunächst drei Kriegsschauplätze gebildet hatten: Morea, Ostgriechenland und das ägäische Meer. Dazu entwickelten sich aber sehr bald noch verschiedene andere Kriegstheater: nämlich — unmittelbar hinter der Bühne des epirotischen Ali-Pascha-Krieges — der Aufstand in Westgriechenland, ferner die kretischen Erhebungen, und endlich die sporadischen Erhebungen in Thessalien und Makedonien. Es ist unsere Aufgabe, dem „Nebeneinander" wie dem Ineinandergreifen dieser localen Kämpfe demnächst genau zu folgen.

In Morea hatten wir die südpeloponnesischen Insurgenten verlassen, als sie in der Mitte des April, in dichten Massen das Schloß von Karytäna blokirten; bei dem Mangel an Wasser und Proviant war das Fort dem Falle nahe, da erschienen bald nach dem schrecklichen Gemetzel des 11. April (s. oben S. 124) starke Massen bewaffneter Türken aus Tripolitza zum Entsatz und scheuchten die Belagerer fast ohne Kampf in die schimpflichste Flucht. Und fast gleichzeitig (am 15. April) erlitten die Insurgenten von Achaja einen nicht minder harten Schlag. Germanos und die zu Heerführern sich umbildenden Primaten der Umlande blokirten die Citadelle von Patras in primitiv kunstloser Weise. Während aber Abtheilungen rückwärts geschickt werden mußten, um den Raubzügen der Albanesen von

Lasse zu wehren, erschien plötzlich der Pascha Jussuf-Selim, der für Negroponte (Euböa) bestimmt war, aus Churschid's Lager vor Janina in Mesolongion (Missolunghi), erfuhr hier die Lage von Patras, setzte schnell über den korinthischen Golf und warf sich am 15. April auf dem Landwege mit 1000 Reitern auf Patras, wo er dann die Belagerer schnell zersprengte und nun mit der Besatzung der Citadelle mehrere Tage lang in der wehrlosen Stadt die schandbarsten Verbrechen verübte. Germanos und seine Genossen mußten sich vorläufig begnügen, die Stadt von den Gebirgen der Nachbarschaft aus zu beobachten; sie konnten es natürlich nicht hindern, daß gegen Ende April Churschid gegen 5000 M. von Janina durch das noch immer ruhige Westgriechenland nach Patras schickte, die wesentlich zum Entsatz des damals schwer bedrohten Tripolitza bestimmt waren, wo Churschid's Frau und Schätze sich befanden.

Die bei Kalavryta zerstreuten Griechen nämlich hatten sich doch bald wieder ermuthigt, und namentlich unter dem Einfluß des tapferen alten Kolokotronis beschloß man, der türkischen Hauptstadt *Tripolitza* energisch zu Leibe zu gehen. Diese Stadt, auf dem Ostplateau Arkadiens, ziemlich gleich weit von den Ruinen der alten Orte Mantinea und Tegea, wie von den Ueberresten von Nilli und Muchli belegen, als große Stadt noch kaum 150 Jahre alt, *damals* — mit den vielen Flüchtlingen — von etwa 30,000 Osmanen (darunter 10,000 Bewaffnete) besetzt, war wesentlich nur durch Gräben und eine steinerne Ringmauer von 14 Fuß Höhe und 6 bis 8 Fuß Dicke, mit Thürmen und halben Bastionen, und durch ein schwaches Fort geschützt, darum aber doch mit ihren 30 Kanonen für die Griechen ein hartes Hinderniß. Letztere griffen deshalb zu dem uralten Mittel der Taktik in diesem Lande, d. h. sie gedachten allenthalben die Pässe zu sperren, die aus den angrenzenden Cantonen nach dem arkadischen Ostplateau führen, die Stadt auszuhungern und die Einwohner durch stete Gefechte zu ermüden. Nach den ersten unglücklichen Gefechten machten die *Griechen* den Chef der Mainotten, den liebenswürdigen, leider nur für die neuen Aufgaben zu schwachen, mehr geachteten als kraft- und talentvollen *Petrobei* zu ihrem Oberfeldherrn; die Mainotten sollten zu dem Kern des peloponnesischen Heeres umgeschaffen, durch einen Monatssold der Primaten mehr regulirt werden; ihre besten Führer waren Petrobei's Bruder und Sohn, der tapfere Kyriakulis und der treffliche Elias Mauromichalis. Die Seele der Kämpfe aber war der alte *Kolokotronis*, weitaus der bedeutendste griechische General des Peloponnes; ein Klephtenführer von vollendeter Meisterschaft, auch für größere Pläne sehr verständig, und — bei allen seinen Schwächen — das Musterbild eines neugriechischen Häuptlings im Guten wie im Schlimmen, dabei aber in letzter Linie immer wieder für das Richtige zu gewinnen, auch in strikter Weise von den Aufgaben durchdrungen, die Griechenland jetzt zu bestehen hatte. In Folge dieser Anfänge planmäßiger Organisation hielten sich der nordarkadische Primate Charalampis bei Levidhi (5 Stunden nördlich von Tripolitza, an der Hauptstraße nach Kalavryta), Kolokotronis und andere Führer westlich in dem arkadischen Mittelgebirge; das Hauptcorps unter den Mauromichalis und dem Bischof Theodoret aus dem lakonischen Vresthena stand zu Valtetsi, 3 Stunden südwestlich von Tripolitza, in dem Mänalon; südlich zu Verzova und Thollana hielten die Scharen des lakonischen Kaptes Giatrakos aus Mistra und des Nikitas. Nur die Pässe nach Argolis waren noch nicht zu sperren. Während nun die Hellenen in zahllosen kleinen Scharmützeln sich an den Krieg langsam gewöhnten, nahte ihnen plötzlich eine große Gefahr. Aus *Patras* nämlich brach der Kiaja Churschid's, der tapfere und geschickte *Mustapha-Bei*, Ende April mit 3500 M. zum Entsatze von Tripolitza auf. Er zog zuerst durch Achaja, zerstörte Vostitza, vertrieb (5. Mai) die (jetzt unter dem Messenier Gregor Phlessas — bekannter unter dem Namen des früher in Rumänien agitirenden Archimandriten Dikäos — fechtenden) Griechen vor Akrokorinth; (die dabei erfolgte Zerstörung von Kiamil-Bei's Palast in Korinth rächte Kiamil's Mutter durch Hinrichtung ihres gefangenen Gabriles Notaras). Mit leichter Mühe schlug er auch die Griechen des ebenfalls aufgestandenen Argos, die bisher Nauplia blokirt hatten, und sich jetzt am Inachos zersprengt sahen; die Stadt Argos selbst blieb jetzt wieder in türkischer Hand. Am 13. Mai rückte der glückliche Feldherr in Tripolitza ein, und wollte nun die Stadt sofort durch einen großen Schlag befreien. Am 24. Mai brach er mit sehr bedeutenden Kräften auf gegen die *griechische Hauptmacht zu Valtetsi*. Es kam (24. Mai) zu einem 23stündigen Kampfe, der wol eine Schlacht zu nennen war; der zähe Widerstand des Kyriakulis Mauromichalis und die gewandte Unterstützung des alten Kolokotronis entschied das Gefecht *für die Griechen*: es war der entscheidende Wendepunkt des Aufstandes, der fast gewiß niedergeschlagen worden wäre, wenn die Hellenen in dieser ersten größeren Probe schlecht bestanden hätten. Da gleich nachher ein zweiter Angriff des Mustapha (30. Mai) auf Verzova und *Thollana* durch Nikitas und den Bischof von Vresthena tapfer abgeschlagen wurde, so wurden die Griechen jetzt so kühn, ihr Hauptlager auf dem Trikorpha, einem Zweige des Gebirges Mänalon, Angesichts der Stadt Tripolitza aufzuschlagen und dieselbe nunmehr aus einer Entfernung von nur 900 Klaftern zu belagern. Hier nahmen sie in vier Heerhaufen im Halbkreise um die Stadt ihre Stellung; im Centrum 1000 M. unter Anagnostaras, links 2500 M. unter Kolokotronis, rechts 1500 M. unter Giatrakos, 1500 M. als Reserve unter Petrobei. Dann aber — um auch die *Verwaltung*, zunächst im Interesse der Versorgung der Armee, *einheitlicher* zu gestalten — verwandelte man die Gerusia von Kalamata jetzt am 7. Juni in eine *Centralregierung*, in einen *leitenden Senat*, der von den Primaten und Abgeordneten der aufständischen Eparchien gewählt wurde. Abgesehen von dem nominellen Oberfeldherrn Petrobei, stand an der Spitze des Senats der Bischof *Theodoretos* von Vresthena; ihm zur Seite arbeiteten die Primaten Sotirios Charalampis aus Kalavryta, Athanasios Kanakaris aus Patras, Anagnostis Papajannopulos Deligiannis aus Karytäna, Theocharis Rendis aus Korinth und Nikolaos Poniropulos aus Pyrgos. Die neue Regierung, zunächst bis zur Einnahme von Tripolitza bevollmächtigt, ohne formelle Verantwortlichkeit, mit ihren Competenzen sehr wesentlich auf die Förderung und Unterstützung des Kriegs gegen die Osmanen hingewiesen, dem dann auch, an die gewohnten Ordnungen anknüpfend, die zu gründenden kleineren Unterbehörden in den Städten und Districten dienen sollten, war zuerst in dem Kloster Kaltezä eingerichtet und nahm dann ihren Sitz zu Stremnitza (zwischen Karytäna und Dimitzana), dann zu Vervena. Leider griff gleich nachher in diese dem Lande und dem Aufstande vollkommen angemessenen primitiven Bildungen und Organisationen dieselbe Gewalt unheilvoll und hindernd ein, die sich eben damals (s. oben) in Rumänien so schlecht bewährte: das Haus Ypsilanti und sein hetäristischer Anhang. Des Fürsten Alexander Bruder Demetrios nämlich, bei der Erhebung der griechischen Fahne im Norden durch Alexander beauftragt, in seinem Namen den Aufstand im Süden zu führen, war auf großen Umwegen aus Bessarabien nach Hydra gekommen, wo er am 19. Juni 1821 (gerade dem Schlachttage von Dragatschan) anlangte. Die Griechen, damals noch nicht über Alexander Ypsilanti und die Haltung Rußlands enttäuscht, instinctiv auf feste einheitliche Leitung bedacht, empfingen den Demetrios zuerst in Hydra, nachher auch in Morea, mit wahrer Begeisterung. Dieser junge Mann, bisher Capitain in russischen Diensten, ein geistig wohl begabter, edler und patriotischer Grieche, dessen Entschlossenheit und Tapferkeit auch durch seine äußerlich unbedeutende Erscheinung nicht beeinträchtigt wurde, verstand es aber leider nicht, mit verständiger Schonung der Vorurtheile wie der berechtigten Ansprüche der naturwüchsigen peloponnesischen Machthaber sich der von ihm beanspruchten höchsten politischen und militärischen Gewalt zu bemächtigen. Außer Stande durch seine Persönlichkeit eine solche Ueberlegenheit herzustellen, war er noch dazu durch eine große Zahl von Griechen aus verschiedenen Gegenden der hellenischen Diaspora umgeben (bedeutend darunter namentlich ein Fürst Kantakuzenos, des oben mehr erwähnten Bruder, dann der Chevalier Ainalis, Malteserritter und früher russischer Officier, dann der Papa Bambas, früher Rector zu Chios), die ihn stark beeinflußten und sich großentheils sehr zur Unzeit in dem Wahne gefielen, als sei in Morea Alles fertig, um unter Demetrios' Herrschaft als seine Staatsbeamten alle Stellen zu bekleiden. Diese Umgebung erregte natürlich sehr bald die schlimmste Eifersucht der in Morea dominirenden Primaten, die nun in aller Kunst der Intrigue und gestützt auf ihren alten Einfluß in dem Lande dem Demetrios alle möglichen Schwierigkeiten bereiteten. Und statt nun mit aller Energie die Kriegsfurie zu entflammen, verbrachte Demetrios, dem der Senat die, im Namen der noch immer fingirten geheimnißvollen höchsten Regierung geforderte, unbeschränkte höchste Gewalt (unter Auflösung eben des Senates) bestimmt abschlug, und der seinerseits die angebotene Leitung des Senates ablehnte, seine Zeit mit der Fabrication eines Verfassungsentwurfes, der auf die Berufung einer griechischen Nationalversammlung und auf seine eigene Ernennung zum Oberbefehl abzielte. Und da es seinen Begleitern nicht gelang, durch Drohungen mit Rußland und Alexander Ypsilanti die Senatoren umzustimmen, so beschloß er auf Rath der befreundeten Häuptlinge Anagnostaras und Dikäos plötzlich, 10. Juli, die Stellung zu Vervena, wo er bisher gewesen, zu verlassen, und sich nach Kalamata zu begeben, anscheinend um nach Epirus zu gehen. Darüber aber entstand unter den griechischen Truppen vor Tripolitza die größte Unruhe; man meuterte, bedrohte die Primaten und Capitaine mit dem Tode, und zwang sie endlich, durch Anagnostaras den Fürsten nach dem Lager zurückzuführen, wo er am 15. Juli mit so großer Freude von der Armee empfangen wurde, daß er nun ohne Widerstreben den Oberbefehl übernehmen konnte. Aber auch jetzt verstand er es weder, sich sofort die volle Dictatur zu sichern, noch auch benutzte er die Umstände, um den Senat zur Annahme seiner Verfassung zu nöthigen, noch ließ er seine Machtstellung in irgend einer Weise formell fundiren. Inzwischen wurde Demetrios zunächst namentlich in den insurgirten Cantonen gern als höchste Autorität anerkannt; er konnte die peloponnesischen Cantone durch seine Stellvertreter beschicken, — so namentlich Kalamata, wo der treffliche französische (in Kreta naturalisirte) Officier Balesto ihm eine Abtheilung regelmäßiger Truppen ausbildete, so Monembasia in Lakonien, dessen Blokade jetzt unter Kantakuzenos energisch betrieben wurde. Die nunmehr (s. unten) von Athen bis zum Golf von Arta insurgirten Cantone Rumeliens, dann auch die Kreter, erbaten und erhielten von ihm Rath und Officiere. Sein Ansehen schien zu wachsen, je besser für die Griechen die Dinge in Morea sich gestalteten; denn mit Ausnahme von Korinth, Patras, Castell von Morea und Lalla waren die Festungen in der Halbinsel, die die Osmanen bei dem jähen Ausbruch des Kriegs nicht genügend hatten mit Proviant versehen können, allmälig in die bitterste Noth gerathen, die viel mehr als die griechische Blokade zu Wasser und zu Lande sie zur Ergebung reif machte. So ergab sich namentlich die seit dem 4. April von den Lakonen und den Spezzioten blokirte, gewaltige Felsenburg Monembasia an Kantakuzenos, der (4. August) auch wirklich im Stande war, die gefangenen Osmanen unversehrt nach Asien überschiffen zu lassen. Dagegen haben die Griechen, als die Messenier und ein ihnen zu Hülfe gezogenes ionisches Corps, wie auch die Spezzioten, um die Mitte August Navarino zur Ergebung genöthigt hatten, die geschlossene Capitulation schmachvoll gebrochen und die gefangenen Türken theilweise in der scheußlichsten Art um ihr Leben gebracht. Am ungünstigsten für die Hellenen standen noch immer die Dinge bei Patras. Allerdings hatte die geringe Beweglichkeit des Jussuf-Pascha den blokirenden Griechen nach dem Aufbruch des Mustapha-Bei nach Tripolitza wieder mehr Muth gemacht; der Monat Mai verging hier unter sehr zahlreichen kleineren Gefechten, bei denen die Griechen allmälig sich immer näher der Festung dieser Stadt näherten. Inzwischen hatten sich die albanesischen Lallioten andauernd den Griechen sehr lästig gemacht; seit Ausbruch des Aufstandes wurden sie durch ihre Raub- und Rachezüge namentlich dem westlichen Elis, besonders den Bezirken von Pyrgos und Gastuni gefährlich, und waren nur sehr unvollkommen durch die bewaffneten Bauern der Umgegend aufzuhalten gewesen. Nun aber hatten sich die durch die Hetärie mit Eifer bearbeiteten Ionier, unbekümmert um die Neutralität, beziehentlich um die dem Aufstande wenig geneigte Haltung der damaligen britischen Regierung in London und in Korfu — wie sie schon sonst zu Wasser und zu Lande ihren Stammverwandten eifrig Hülfe brachten — der Sache eifrig angenommen. Gegen 700 Ionier, zwar gut geschult, aber wenig disciplinirt, landeten unter den mit Kolokotronis befreundeten Grafen Andreas und Constantin Metaxas am 21. Mai zu Glarentza, und vereinigten sich zum großen Theil mit den Aufgebote der Elier unter dem Primaten Georg Sisinis von Gastuni. Unter vielen großen Redensarten und ähnlichen Compromittirungen der bisher immerhin nachsichtigen britischen Regierung, hatte man wenigstens die Raubzüge der Lallioten stark eingeschränkt; eine Katastrophe erfolgte hier aber erst zur Zeit des Eingreifens der Inselgriechen in die nordwestgriechischen Verhältnisse.

Wir haben oben des ersten größeren Seezuges der Inselgriechen gedacht, der — wie denn damals dieselben wunderlich und nachtheilig genug in der Regel immer nur für je einen Monat in See gingen — gegen Ende Mai seinen Abschluß gefunden hatte. Aber gleich nachher unternahmen sie wieder, und zwar gleichzeitig, zwei Seezüge von namhaftem Interesse. Einerseits nämlich trieb der Admiral Tombasis, auf dessen Flotte diesmal zuerst in diesem Kriege jene den Osmanen so furchtbar gewordene Waffe der Brandschiffe zur Anwendung kam, eine starke aus den Dardanellen ausgelaufene türkische Flotte, die bis Lesbos gekommen war, durch den Schrecken ob der Verbrennung eines großen Linienschiffes (8. Juni) zur Rückkehr nach den Dardanellen. Dagegen führte der unbesonnene Versuch, auch das blühende, aber von Osmanen dicht umwohnte und mit Truppen stark besetzte, Kydonia zu gewinnen, am 15. und 16. Juni lediglich zu dem jammervollen Untergange dieser herrlichen Stadt. — Andrerseits waren Ende Mai unter Andreas Vokos Miaulis und Nikolaos Botasis auf Wunsch der Moreoten aus Hydra und Spezzia mehr als 20 Schiffe nach den westlichen Gewässern abgegangen, die sich am 1. Juni vor Patras zeigten. Jussuf-Pascha gerieth zuerst in großen Schrecken; und wirklich entschied die Ankunft dieser Flotte denn auch in dem noch ruhigen westlichen Rumelien die Erhebung der blühenden ätolischen Städte Mesolongion und Anatoliko für die griechische Sache. Auch die Durchfahrt durch die kleinen Dardanellen (Sund von Rhion) war durch die Kanonen der Schlösser von Rumelien und Morea (Antirrhion und Rhion) nicht zu hindern; aber weiter richteten die Griechen hier Nichts aus. Plan- und erfolglose Angriffe auf Lepanto und Antirrhion beruhigten die Türken bald über ihre Lage; und an die Blokade von Patras und Sperrung des Seeverkehrs zwischen Churschid und Jussuf dachte man nicht, sondern die Flotte kehrte Ende Juni nach dem Archipel zurück. Da hatte denn Jussuf-Pascha den Muth gefunden, die durch die Ankunft der griechischen Flotte ebenfalls eingeschüchterten, und seit dem 14. Juni durch die Metaxas und Sisinis stark bedrängten Lallioten zu retten. Am 21. Juni brach er mit 1200 M. aus Patras auf, und lieferte am 24. d. M., durch 1500 Lallioten verstärkt, den nur 1500 Griechen bei Pussi ein Gefecht der äußersten Hartnäckigkeit, bei welchem beide Theile mit höchster Tapferkeit und starken Verlusten fochten. In der Nacht räumten aber die Griechen ihre Stellung; dann zerstörten die Lallioten ihre Stadt, zogen am 30. Juni aus den alten Sitzen ab und kamen am 6. Juli nach Patras. Sofort schlossen nun aber die Griechen aus Elis und Achaja die letztere Stadt wieder ein; es waren etwa 5000 M. Bewaffnete, die unter Primaten der Umgegend und unter Germanos die Stadt in alter Art mit ewigen Gefechten wechselnden Glückes unablässig mit nur zwei Kanonen beschossen, während ihnen jetzt mit Einschluß der Lallioten etwa 4000 türkische Krieger entgegenstanden.

Vor Tripolitza entwickelten sich die Dinge dagegen besser. Hier unter sehr geschickten Führern hatten die Griechen sich ebenfalls in dauernden Gefechten bewegt und mehr und mehr an kriegerischer Schulung gewonnen; allmälig auch in größeren Gefechten den Sieg gewonnen und seit Anfang des Septembers auch bei beständigem Näherrücken die osmanische Reiterei lahm gelegt. Das Hauptgewicht fiel aber doch hier mehr und mehr in die Hände des Kolokotronis. Denn Demetrios Ypsilanti, den die Primaten jetzt noch schlimmer als zuvor haßten, vermochte sich nicht zu behaupten; mit dem Senat, zu dem sich seit August der intriguante und ehrgeizige Erzbischof Germanos gesellt hatte, verhandelte er, jetzt zu Zarachova, noch immer über Verfassungsfragen. Und ebenso wenig vermochte der Fürst sich bei den Militärhäuptlingen höheres Ansehen zu gewinnen. Und als erst die sichere Kunde von Alexander Ypsilanti's Untergange nach Morea drang, da war es auch mit der Machtstellung des Demetrios, der ohnehin für seine Person nur über geringe Machtmittel verfügte, vorbei. Der ihm in jeder Hinsicht an Begabung und politischer Fähigkeit weit überragende junge Fürst Alexander Maurokordatos, der schönste Vertreter der europäisch gebildeten griechischen Jugend, der mit mehreren philhellenischen Begleitern und Kriegsmaterial am 3. August aus Italien nach Mesolunghi gekommen, dann nach dem Lager bei Patras gegangen, endlich am 26. August vor Tripolitza erschienen war, hätte ihm bei mehr persönlichem Ehrgeiz leicht gefährlich werden können. Indessen einerseits waren die Zustände hier zu wild, Maurokordatos war den Kapitani's zu sehr gebildeter Europäer, um etwa bei diesen Männern Anhang zu finden, — selbst wenn er dahin gestrebt hätte. Dagegen sah sich allerdings nicht blos das Primaten-Element, sondern auch Alles, was in Griechenland und im Lager und auf den Inseln für Bildung und Ordnung Sinn hatte, zu ihm hingezogen, wie denn auch Kantakuzenos von Ypsilanti sofort zu ihm übertrat. Ueberzeugt, daß er vor Tripolitza Nichts leisten könne, verließ Maurokordatos am 9. September wieder diese Gegend; sein und seiner Begleiter (darunter auch der rumänische Hetärist, der noch neuerdings von der Pforte zum Gesandten in Paris bestimmt gewesene, hochbegabte, aber byzantinisch-charakterlose Theodor Negris) Ziel war Missolunghi und das westliche Rumelien, dessen nun schon (s. unten) lange brennenden Aufstand er auf Bitten der Einwohner energisch organisiren wollte, — wie andererseits sich auch noch in Argos mehrere Deputirte aus Ostgriechenland angeschlossen hatten, deren Plan es war, den Demetrios fallen zu lassen und zur Gründung einer rumeliotischen Regierung zum 26. September einen Nationalcongreß nach Salona zu berufen.

Die Belagerer von Tripolitza überhaupt hätten die Stadt schließlich leicht mit Sturm nehmen können, da die Kräfte der Türken in der Stadt, uneinig, wie sie ohnehin waren, mehr und mehr schwanden; hofften sie aber, durch einfache Ergebung bequemer zu großer Beute gelangen zu können, so mußten sie jetzt noch einmal alle Kräfte anspannen, um den großen Heereszügen zu Wasser und zu Lande zu begegnen, die jetzt — im September 1821 — zum Entsatz des peloponnesischen Hauptortes unternommen waren. Zu Lande nämlich sollte die Stadt von Thessalien her entsetzt werden. In diesem Gebiete hatten die Osmanen noch immer die Obmacht. Die oben geschilderte ostgriechische Erhebung des April war Ende dieses Monats am Spercheios zum Stehen gekommen; um dieselbe Zeit, wo Churschid-Pascha seinen Kiaja über Patras nach Tripolitza schickte, hatte er auch, um dem Brande in seinem Rücken das Uebergreifen nach Thessalien zu wehren, unter Omer-Vrione und Mehmed-Pascha etwa 7000 Mann nach Zeitun detachirt, mit denen nunmehr die Griechen unter Panurgias, Dyovuniotis und Diakos zu fechten hatten. Omer und Mehmed hatten nun seit dem 4. Mai diese Capitaine am Spercheios und Oeta ohne Mühe geschlagen; Diakos, an den Thermopylen gefangen genommen, wurde am 6. Mai grausam hingerichtet. Trotz dieses argen Mißerfolges suchten nun Panurgias und Dyovuniotis wenigstens die inneren Pässe nach Salona zu halten. Und den höchst wichtigen und leicht zu vertheidigenden Hauptpaß bei dem Chan von Gravia (das alte Kytinion in Doris, der Paß zwischen dem Oeta und dem Parnaß) deckte nun auch der tapfere und kluge Odysseus mit seinen Schaaren. Odysseus, dieser am Hofe Ali's gebildete Sohn des lokrischen Capitains Andrutsos und einer Albanesin aus Prevesa, ein sehr bedeutender Mensch, der aber die griechischen mit den albanesischen Lastern verband, der bei hoher Begabung und Belehrungstrieb eine arge Rachsucht und vollendete Falschheit und Verstellungskunst besaß, der aber jetzt seine bedenklichen Eigenschaften noch nicht zeigte, sondern nur seine kriegerischen Talente, hatte nämlich während der Vorgänge am Oeta sich aus Ithaka nach Rumelien begeben, den Aufstand in Phokis und am Oeta aufzufrischen. Als jetzt (20. Mai) die Osmanen vor Gravia erschienen, hielten die anderen Capitaine die Höhen, Odysseus aber mit Gurras und mit Angelis aus Euböa den Platz so zähe und tapfer, daß Omer-Vrione von diesem Wege abließ und sich ostwärts nach Böotien wandte, und — durch die Flankenbewegungen des Odysseus und Gurras nicht gehindert — in langsamen Bewegungen zuerst Livadia wieder gewann (gegen Ende Juni), dann in den nächsten Wochen theils Truppen nach der ebenfalls unruhigen, durch die Garnisonen von Chalkis und Karystos mühsam gezügelten, Insel Euböa warf, theils durch Mehmed-Pascha ein peloponnesisches Corps unter Nikitas und Elias Mauromichalis zurückschlug. Inzwischen verlief dieser Zug des Omer-Vrione bald, so zu sagen, im Sande. Denn während Odysseus sein Corps bald genug aus dem Hirtenvolk der phokischen Griechen von Arachova am Parnaß wieder ergänzte, dann auch die Citadelle von Livadia wieder gewann, wogte in Omer-Vrione's Rücken andauernd der, aus den Inseln dahin getragene, durch die Hetärie verbreitete thessalische Aufstand der Griechen des magnesischen und des Pelion-gebietes, der seit dem 17. Mai aufgelodert war, dann auch durch die Gewaltstreiche des makedonischen früheren Mahmud-Pascha Dramali von Larissa nicht völlig gedämpft werden konnte. Griechen aus dieser Landschaft haben — während die Revolution seit Ende Mai auch hinübergriff nach dem südlichen Makedonien, nach den Halbinseln der alten Chalkidike, namentlich nach dem Athos, nach dem Canton Chassia, der Halbinsel von Kassandria, und die Griechen hier von den Armatolen des Olympos Zuzug erhielten — dann auch die Flammen in dem nördlichen Euböa geschürt, wo es dann namentlich zu einer griechischen gegen die Hauptstadt Chalkis gerichteten Aufstellung bei Vrysakia kam, die, auf der Seeseite auch durch ipsariotische Schiffe gedeckt, durch Angelis vertheidigt, Omer-Vrione am 27. Juli mit schlechtem Erfolg angriff.

Dagegen führte der türkische General einen glücklichen Schlag gegen Attika aus. Die albanesischen Bauern in Attika waren ebenfalls schon seit Anfang oder Mitte April in Bewegung gerathen; seit dem 21. April wurden die Dinge ernster, weil jetzt die Bauern von Chassia, durch Megarer verstärkt, bei Menidi (Acharnä) ein starkes Insurgentenlager bildeten, und mit ihren Streifzügen sich bis dicht an die Mauern von Athen wagten. Allmälig gerieth die bisher sehr verträgliche Bevölkerung der Stadt unter einander in Spannung; die waffentragenden Osmanen rüsteten die starke Akropolis zur Vertheidigung, — da erhob sich in der Nacht vom 6. zum 7. Mai die griechische Bevölkerung, verband sich mit den draußen liegenden Insurgenten und begann nun (während mit thörichter Grausamkeit die Türken auf der Burg mehrere Geiseln ermordeten) sofort unter dem livadischen Capitain Dimo und einem Mönch von Chassia die Burg mit Hülfe der Griechen von Salamis, Aegina, Keos und Hydra zu belegen; Hunger und Wassermangel machten freilich auch hier das Ihre thun. Die Einnahme von Livadia durch Omer-Vriones wirkte selbstverständlich sehr niederschlagend auf die attischen Insurgenten; doch kämpften sie andauernd sehr tapfer mit den Burg umschließenden Osmanen, — bis denn endlich (27.—30. Juli) Omer-Bei von Karystos und General Omer-Vriones Kräfte mit ihren Schaaren (1800 M.) überschwemmten, die Insurgenten aus der Landschaft verjagten und die Akropolis entsetzten. Die Masse der Insurgenten war, nach Art ihres Verfahrens in den verschiedensten Krisen, nach Salamis und Aegina entwichen.

Omer-Vriones in Athen und Mehmed-Pascha mit 8000 M. in Theben blieben nun mehrere Wochen lang vollkommen unthätig in ihren Stellungen liegen; sie sollten hier auf die aus Rumelien gebildete Armee warten, mit welcher Bairam-Pascha durch Makedonien heranzog, um dann (unter entscheidender Mitwirkung einer türkischen Flotte) mit Mehmed und Omer-Vriones in den Peloponnes vorzudringen. Die dumpfe Ruhe der Osmanen in Ostgriechenland gab inzwischen den griechischen Kapitani's die Zeit und den Muth, diesen Schlag zu pariren. Gikas Mavromichalis und Diakos sperrten mit Moloniten und Dervenochoriten die Pässe nach Megaris und nach dem südwestlichen Böotien; Odysseus hielt den Parnassos, und die rumeliotischen Armatolen die Oeta-Pässe. Nun erschien Bairam-Pascha wirklich zu Ende August mit drei anderen Pascha's auf dem Marsche mit 7000 M. von Larissa nach der Linie des Spercheios. An den Thermopylen kam es zu den ersten Gefechten; dann aber ließen die unter Dyovuniotis und Gouras vereinigten, an Zahl viel schwächeren Griechen die Osmanen (7. September) sich in den Schluchten des (den Oeta fortsetzenden) [illegible] verwickeln, welches die große Heerstraße von den Thermopylen und dem lokrischen Gebirge nach Livadia und dem Thal des Kephissos überschreitet. In den Pässen von Vassilika (auf dem Knemisgebirge) vereinigt, warfen sich hier die Griechen auf die Feinde und brachten den Türken eine möglichst vollständige Niederlage bei, derart, daß die Trümmer dieses Heeres angstvoll nach Thessalien zurückflohen.

Damit war nun nicht blos der große nördliche Stoß auf den Peloponnes parirt: auch die osmanische Flotte sah sich in Folge der Niederlage Bairam's ohne die erwartete Unterstützung. Die griechische Marine hatte im Sommer 1821 sich minder wacker gezeigt als bisher. Als nämlich in der Mitte des Juli die türkische Flotte unter dem neuen Kapudan Pascha, dem grimmigen Kara-Ali, abermals aus den Dardanellen auslief, theils um asiatische Truppen von Scalanuova nach Samos überzusetzen und diese durch den energischen Kommandanten Georgios Logothetis (Lykurgos) tüchtig gerüstete und militärisch wohl organisirte Insel — deren Insurgenten das gegenüberliegende Festland andauernd schwer heimsuchten — zu erobern: da war allerdings die Flotte unter Tombazis rechtzeitig, 90 Segel stark, erschienen und hatte den Türken den Muth benommen, sich weiter gegen Samos zu versuchen. Nachher aber ließen sich die übrigen Matrosen auf keine Weise bestimmen, über den herkömmlichen Monat hinaus an Bord zu bleiben; und dieses hätte der griechischen Sache sehr gefährlich werden können. Denn Kara-Ali, bald nachher noch durch 14 ägyptische Schiffe verstärkt, war zwar nach den Dardanellen zurückgekehrt, aber diesmal nur, um demnächst wieder auszulaufen, — ungehindert durch die Hellenen sich über Kreta nach der Südküste des Peloponnes zu wenden, wo die Flotte (7. September) zuerst das belagerte Modon, dann Koron mit neuem Proviant versah, nachher aber sich nach Patras wandte, wo sie am 19. September anlangte. Ihre Ankunft gab den Belagerten solchen Muth, daß sie in vergeblichem Ausfall am 21. September die ebendort unruhigen Griechen aus allen ihren Stellungen warfen. Dann brannte Kara-Ali noch zu Anfang Octobers die blühende rumeliotische Seestadt Galaxidi nieder; — als er nun aber erfuhr, daß eine starke türkische Armee in Ostgriechenland, mit der er zusammenwirken sollte, nicht mehr vorhanden sei, so kehrte er ohne Weiteres nach Stambul zurück. Und nun räumten Omer-Vriones und Mehmed-Pascha im Laufe des Octobers ebenfalls Ostgriechenland und zogen sich über Zeitun nach Thessalien zurück, sodaß die Ostseite wieder ganz in den Händen der Hellenen war und die Athener in der Mitte des Novembers wieder in ihre Stadt zurückkehren und die Blokade der Akropolis erneuern.

Mit dieser Wendung der Verhältnisse wurde nunmehr Tripolitza zum Untergange reif. Nachdem Demetrios Ypsilanti, der bei seinen absolutistischen Wünschen mit den oligarchischen und geizigen Primaten sich noch immer nicht verständigt hatte, und der immerhin den Heerführern der Moraiten, die auf förmliche Ausraubung von Tripolitza brannten, als unbändiger Soldat bei dem letzten Schlage im Wege war, — den für seine Stellung großen politischen Fehler gemacht hatte, den am 24. September zur Herstellung der Blokade von Patras dahin bestimmten Mannschaften unter Panos und Gennaios Kolokotronis (des alten Theodor Söhnen) und dem Corps des [illegible] am 25. September dahin zu folgen: nahte sich die Hauptstadt von Morea ihrem Fall. Unter den Türken sonderte sich der Albanese Elmaz-Bei mit seinem Corps, trotz der albanesischen [illegible] Sonderstellung in den ersten Jahren des Krieges, von den übrigen ab; die Osmanen waren unter einander sehr uneinig, indem die nicht in Morea einheimischen Führer den Versuch wagen wollten, sich nach Nauplia durchzuschlagen, während die Moraiten durch Ismail-Bei mit den griechischen Primaten zu verhandeln wünschten. Inzwischen führten die ersten durch das verhungerte Volk den Führern abgenöthigten (seit 27. September) Unterhandlungen zu keinem Ergebniß; inzwischen verließen Massen ausgehungerter Nichtcombattanten die Stadt und wurden von den Griechen in der Richtung auf Kalavryta beseitigt. Allmälig fingen aber bei [illegible] die einzelnen Gruppen der Moslemen in der Stadt an, mit solchen Griechen zu verhandeln, von denen sie sich

sich leidliche Bedingungen bessern. Und während Elmaz-Bei seinen Abzug nach Epirus erlangte, benutzten die griechischen Führer, auch die vielgepriesene Bobolina, die jetzt in das Lager kam, die Zeit, um den einzelnen Machthabern in der Stadt enorme Schätze abzulocken: um so schmachvoller, als bei der Wildheit und Beutegier der bis auf 10,000 M. angeschwollenen griechischen Soldaten schwer abzusehen war, wie ein Vertrag auch nur einigermaßen anständig gehalten werden sollte. Und wirklich hatte die griechische Soldateska sehr entschieden im Sinne, bei erster Gelegenheit die Stadt auf eigene Hand mit Sturm zu nehmen. Als nun am 5. October Elmaz-Bei sich zum Abmarsch rüstete, da benutzten die Soldaten einen zufälligen Anlaß zu solchem Beginnen. Eben war wieder zwischen den griechischen und osmanischen Führern eine neue Unterhandlung im Gange, da erstiegen mehrere Griechen, die zum Zweck des Proviantverkaufs von den Türken bis dicht an die Mauern der Stadt gelassen waren, plötzlich die Zinnen; sofort folgte ihnen die Compagnie des Hauptmanns Kephalas und besetzte einen Thurm und eine Mauerstrecke bei dem östlichen, dem Thore nach Argos (wie 40 Jahre später ein 112jähriger Theilnehmer dieser Schreckensscenen dem berühmten Friedrich Thiersch erzählt hat, waren es 120 Krieger aus der Stadt Hagios-Petros in der alten Kynuria). Kaum wehte das griechische Heer die griechischen Fahnen und das Kreuz auf den Zinnen von Tripolitza, so begann ein allgemeiner Sturm. Nur die Albanesen hielten sich geschlossen und konnten den Abzug aus der Stadt erzwingen; Kolokotronis rettete wenigstens die angesehenen Osmanen und ihre Familien; die ganze Masse der übrigen Einwohner und Soldaten aber wurde, zum Theil im Kampfe, von den wahnsinnig wüthenden Griechen zur Rache für die mehrhundertjährige Sklaverei und für die osmanischen Metzeleien der letzten Zeiten in Stambul und Asien in Stücke gehauen, — die vorzugsweise verhaßten Juden aber (hier wie überall in diesem Kriege) zum Theil unter bestialischen Grausamkeiten. Ein düsterer Himmel und eine schwere Luft gab vollends diesen Höllenscenen ihren vollendet schrecklichen Charakter. An 8000 Menschen wurden damals erwürgt, die Griechen hatten nur 300 M. verloren. Die 15—1800 Albanesen unter Elmaz-Bei wurden durch Plaputas sicher am 7. October nach Vostitza zur Ueberfahrt nach Epirus geleitet; an demselben Tage aber ermordete noch eine Bande griechischer Schlächter die 2000 türkischen Nichtcombattanten im Mänalon, die man lang zuvor nach Kalavryta dirigirt hatte, während das Leben der Osmanen in der Citadelle, die am 8. d. M. sich ergaben, geschont wurde. An 40 Türken hatten sich tapfer genug nach Nauplia hinausgeschlagen.

Die Plünderung von Tripolitza, bei der Petrobei und Kolokotronis in schmachvoller Habsucht den Löwenantheil davon trugen, war vollständig. Das infame Benehmen der Helden bei diesem Sturme übte auf die europäischen Philhellenen einen so scheußlichen Eindruck, daß manche, wie namentlich der wackere Schotte Thomas Gordon, für längere Zeit ihre Reihen verließen. Trotzdem war der Eindruck dieses Schlages auf die Osmanen in den übrigen Festungen der Halbinsel so gewaltig, daß die Griechen es nun leicht gehabt haben würden, sich mit einigen kühnen Zügen aller dieser Feinde zu entledigen, die noch auf peloponnesischem Boden standen. Es schien auch wahrlich geboten — nachdem nun das Innere von Morea völlig frei war, — Alles daran zu setzen, um den Krieg möglichst bald nach den rumelischen Nordgrenzen zu tragen. Leider aber war daran nicht zu denken; es fehlte eben die consequente einheitliche Leitung, und die gegenseitige Eifersucht und Raubgier ließ es zu den nöthigen Schritten, namentlich gegen Patras, nicht kommen, wo (4. December) die Lalioten und Jussuf-Pascha den Belagerern wieder einmal eine derbe Schlappe beibrachten. Im Osten aber, wo jetzt die Stadt Nauplia mit ihren drei starken Forts und das Küstenland von Akrokorinth die Hauptobjecte der griechischen Angriffe wurden, scheiterte ein von dem in Mitte Octobers nach Tripolitza zurückgekehrten Demetrios Ypsilanti unbesonnen gewagter Sturm auf Nauplia am 15. December vollständig. Dagegen gelang es wenigstens, bei der Stimmung der Albanesen, bis Ende Januars 1822 die Türken zur Uebergabe von Akrokorinth zu bestimmen.

Während der peloponnesischen und ostgriechischen Kämpfe hatte sich inzwischen ein neues, das westgriechisch-rumeliotische Kriegstheater entwickelt, welches für die nächstfolgenden Feldzüge von der höchsten Bedeutung geworden ist. Der große osmanische Seraskier Churschid-Pascha hatte gleich nach seiner Ankunft vor Janina im Anfang des März des Jahres 1821 sowol mit den Sulioten wie mit Ali-Pascha neue Unterhandlungen angeknüpft, um entweder die Sulioten wieder zu einem Bündniß gegen Ali zu gewinnen, oder um Ali zu friedlicher Ergebung an die Pforte zu bestimmen. Die am 15. März eröffneten Verhandlungen scheiterten aber gegen Ende März nach allen Seiten; Gewinn davon hatten nur die Sulioten. Denn Ali-Pascha, welcher einerseits den Griechen, deren Pläne ihm jetzt genau bekannt waren, ein sicheres Pfand geben wollte, andererseits durch die Geneigtheit der Sulioten, mit den Osmanen zu verhandeln, erschreckt war, ließ ihnen nunmehr zu Anfang des April die letzte und stärkste Festung im Suliotengebirge, das gewaltige Kiapha, mit allen Kriegsvorräthen, durch seinen Commandanten übergeben und schuf ihnen dadurch eine überaus starke Stellung im Rücken des türkischen Hauptquartiers. Trotzdem hielt Churschid mit zäher Energie an der Spitze seiner 25—40,000 Mann fest an Ali's Nacken; und auch als der griechische Aufstand in Morea und dem östlichen Rumelien ihn zu den oben geschilderten starken Detachirungen (Ende April) nach dem Süden und Osten nöthigte, verlor dieser eiserne Mann, dem allerdings mit der Ueberlegenheit an guten Truppen aller Waffengattungen, mit überreichen Geldmitteln, auch die in seiner Person concentrirte Einheit der Kriegsleitung die größten Vortheile gewährte, sein Hauptziel nicht aus den Augen. Indessen wurde seine Lage allmälig doch sehr schwierig. Die Sulioten, unter ihrem ausgezeichneten Führer, dem edlen Markos Bozzaris, wenn sie sich auch nicht in der Ebene mit der Artillerie und Cavallerie des Seraskiers in Kämpfe begeben durften, führten, mit anderen christlichen Epiroten jetzt etwa 4000 Mann stark, doch im Mai und Juni den kleinen Krieg in seinem Rücken, auf seinen Flanken und auf seinen Verbindungslinien mit gefährlicher Meisterschaft und Energie. Es kam dazu, daß vorläufig — auch in dem außhellenischen Griechenland — auch die mohammedanischen Albanesen damals viel mehr mit den Griechen und den Sulioten sympathisirten als mit den Türken, weil sie sich gern dem Glauben hingaben, daß die griechischen Bewegungen wesentlich doch dem alten Herrn, der Befreiung des von ihnen noch immer bewunderten Ali gälten. Außerdem war es die beinahe naive Treulosigkeit vieler albanesischer Führer, die, wie sie ebenso bei der längeren Dauer dieser Kämpfe ihre Rechnung fanden, viele dieser Männer längere Zeit und wiederholt zwischen den streitenden Parteien schwanken, beziehentlich wechseln ließ; in letzter Instanz eigentlich nur entschlossen, schließlich in dem entscheidenden Momente der Partei ernsthaft sich anzuschließen, welche dauerhaft von dem Glücke begünstigt werden würde.

Und als nun auf dem Kampfplatze bei Janina selbst Churschid dem alten epirotischen Löwen mit Ende des Mai wirklich Vortheile abgewann: da begann nun auch der Boden ganz in seiner Nähe und auf seiner Hauptverbindungslinie, d. h. in dem westlichen Rumelien und in dem Pindus unter ihm zu wanken. Die Armatolen in Aetolien, Akarnanien und Agrapha waren allmälig auch unruhig geworden; schon griffen hier die türkischen Behörden zu ihren beliebten Maßregeln, — Einziehung der Bischöfe und Primaten als Geiseln, — die so oft das Feuer dann nur noch schürten. Da gab der Aufstand von Missolunghi und Anatoliko zu Anfang des Juni (s. oben) auch hier das Signal zu größeren Unruhen. Angeregt durch die Primaten von Missolunghi erklärten sich, nicht ohne längeres Schwanken, endlich die meisten Armatolenführer dieser Landschaft für den Aufstand. Mit großer Tapferkeit haben sie dann die sehr feste Binnen-Hauptstadt dieser Cantone, das stark, von vielen Moslims und Juden bewohnte, Vrachori (im Westen der beiden großen ätolischen Binnenseen) am 11. Juni angegriffen; nach einem Kampfe von sieben Tagen capitulirte die Stadt. Der albanesische Gouverneur Nurka-Bei mit seinen Landsleuten gewann durch seine Verbindungen mit griechischen Häuptlingen den Abzug nach Epirus; die Osmanen capitulirten auf Schonung ihres Lebens (21. Juni), die Juden wurden todtgeschlagen, Vrachori abgebrannt. Nun machte der Aufstand in diesen Gegenden rasche Fortschritte. Während in dem inneren Lande bei verschiedenen festen Plätzen heiße Gefechte und Belagerungskämpfe sich entwickelten, blokirte Kapitain Zongas die Citadelle des akarnanischen Vonitza, gewannen die Brüder Grivas im Juli auch das wichtige Karpenisi (im nordöstlichen Aetolien, an dem Verbindungspunkte der Ausläufer des Tymphrestos mit dem ätolischen Gebirge Chelidonia). Noch wichtiger ist es geworden, daß es den Hellenen gelang, freilich nicht ohne Anfangs die herkömmliche Confusion und Unzuverlässigkeit verschiedener Häuptlinge überwinden zu müssen, auch die wichtigen Engpässe der Gebirge zwischen dem mittleren Acheloos und dem Golf von Arta (namentlich das waldbedeckte Gebirge Makrynoros) zu besetzen, welche alle Straßen von Arta nach Aetolien sperren. Der von Churschid zur Behauptung dieser Positionen abgeschickte Ismail-Pliassa-Pascha hatte zu Anfang des Juni wenig Energie gezeigt; als er dann am 29. und 30. Juni mit 4000 M. den Paß von Langadha angriff, schlug ihn der tapfere Albanese Gogos Bakolas, ein alter Officier Ali's, mit einer Handvoll Armatolen, verstärkt durch mohammedanische Albanesen, Ali's Freunde, mit großem Verluste zurück. Seitdem war den Türken in Epirus die Straße nach dem Golf von Patras und Korinth volle 15 Monate lang gänzlich gesperrt. Während dagegen die Armatolen von Agrapha unter Stamulis bei einem Ausbruch gegen Thessalien (Ende Juni) abgeschlagen; während der Aufstand der Pinduswalachen (seit Mitte Juli), der die Hauptverbindung und die Proviantstraße Churschid's nach Thessalien bedrohte, durch Churschid's Generale schnell gedämpft, die Walachen zu massenhafter Auswanderung nach Missolunghi genöthigt waren; während auch die Erhebung des Sturnaris am oberen Acheloos schnell gelähmt war: suchten nun die Armatolen, Sulioten und die für Ali aufgestandenen Albanesen auf alle Weise auf Churschid zu drücken. Da man sich unmittelbar an den Seraskier nicht wagte, so suchte man namentlich das südliche Epirus zu gewinnen, und besonders die Verbindungen zwischen Janina, Arta und Prevesa zu sperren, was auch wiederholt gelang; womöglich sollte auch das wichtige Arta erobert werden. Indessen, alle diese Unternehmungen, auch der ruhmvolle Kampf, den Gogos Bakolas mit nur 250 M. in der Position von Peta zwei Stunden von Arta gegen eine große türkische Uebermacht am 27. Juli bestand, waren weder ausdauernd noch nachdrücklich genug, um Churschid's zähe Energie von Ali abzulenken, dem er langsam, aber nachdrücklich im Laufe des Sommers immer gefährlicher wurde. Und so kam es denn endlich auch hier zu einer großen, für die griechische Sache ungünstigen Katastrophe.

In Westgriechenland nämlich war (s. oben) Fürst Maurokordatos mit seinen Begleitern um die Mitte des September wieder aus Morea erschienen, um hier den Aufstand systematisch zu organisiren. Von den Kapitanen sehr gern gesehen, berief er mit seinen Freunden namentlich nach dem früher gefaßten Plane auf den 28. September eine Versammlung aller sogenannten Notabeln des nördlichen Hellas nach Salona. Momentan durch die Ankunft der türkischen Flotte im korinthischen Golf und die Zerstörung von Galaxidi (1. October) gestört, hat dieser Nationalkongreß erst geraume Zeit nachher seine Sitzungen im November wieder aufgenommen. Maurokordatos aber begab sich nach Missolunghi, wo er nun eine neue Verbindung mit den

Albanesen von Ali's Partei einzuleiten suchte. Vereitelt war dieser Versuch durch einen Freund Ali's, den Polemarchen Kitsos Kostos aus Zagori; die Idee war — denn Ali fand sich Ende October bis auf sein letztes Fort mit nur noch 600 M. beschränkt, — daß ein starkes griechisches Heer in Epirus einbrechen, mit Sulioten und Albanesen Janina entsetzen, Ali befreien und nach Morea führen sollte, daß dann der Krieg nach Thessalien hinübergetragen sei. Maurokordatos brachte es wirklich dahin, daß die Rumelioten und Sulioten, mit moslemitischen Albanesen verbunden, 3000 M. stark zu Peta und Kombeti sich sammelten. Nach harten Gefechten, bei denen namentlich Gogos und Bozzaris sich auszeichneten, wurde der größte Theil von Arta am 25. November erstürmt; aber die festen Plätze in der Stadt nöthigten die Angreifer zu einer 14tägigen Belagerung. Und während dieser Zeit kehrte der Albanese Tahir-Abbas, früher Ali's Polizeiminister, der zu weiteren Besprechungen in Missolunghi gewesen war, und auf seiner Reise sowol die islamfeindliche Richtung der Hellenen wie die materielle Schwäche der Insurgenten erkannt hatte, in das Lager zurück; er so gut wie jener Elmaz-Bei von Tripolitza, der übrigens Arta mit bestürmen half, überzeugte die Albanesen, daß ihre und der Griechen wahre Absichten nicht mehr zusammenstimmten. So traten denn die Albanesen heimlich mit Churschid in Verbindung, versprachen ihm ihre Hilfe gegen Ali und die Griechen, und brachen dann offen mit den Griechen und Sulioten, die nun Arta räumen und sich nach Peta und Kombeti zurückziehen mußten.

Damit war Ali's Schicksal entschieden; zu Anfang des Januar 1822 war sein letztes Schloß gefallen, er selbst in Churschid's Hand, und am 5. Februar d. J. [11]) ist er dann kurz und gut aus dem Wege geräumt worden, während in Janina der obengenannte Omer-Brione seine Stellung als Pascha erhielt. Damit war denn nun den Hellenen ein gewaltiges Bollwerk entrissen; die Osmanen hatten nunmehr ihre Hände auf dieser Seite wieder ganz frei, hatten neue Kräfte zu ihrer Verfügung, deren Macht den Griechen sehr bald sehr fühlbar werden sollte. Und es war nur ein sehr mäßiger Gewinn für die letzteren, daß sich im Laufe des J. 1821 auf Kreta noch ein neuer Kriegsschauplatz entwickelt hatte, der seinerseits starke türkische Streitkräfte in Anspruch nahm und der seinerseits mehr und mehr zu einem Bollwerk und Vorwerk der Griechen gegen Angriffe von der Südostseite her sich gestaltete. Auf Kreta nämlich, einer Insel, die an Umfang dem Peloponnes nahe kommt, bestanden unter den damals 250,000 Einwohnern zwischen den an Zahl etwas überlegenen Muhammedanern und den Christen seit Alters um so schlimmere Verhältnisse, weil die Muhammedaner weitaus zum größern Theil Abkömmlinge der ältern griechischen Bevölkerung waren, die früher zum Islam übergetreten waren, darum aber den christlich gebliebenen Theil ihrer Landsleute von Geschlecht zu Geschlecht viel härter zu bedrücken gewohnt waren, als dieses sonst in der Art der Osmanen lag. Frei nach Mainottenart hatten sich seit der Venetianerzeit erhalten nur die tapferen, raublustigen und anmaßenden Sphakioten in dem wilden Küstengebirge im fernen Südwesten der Insel, die etwa 1000 Krieger stellen konnten. Als nun der Aufstand in Morea ausbrach und die Kreuzer der insurgirten Inselgriechen Kreta zu blokiren anfingen, begannen die Moslims in den Städten, wo sie die Mehrheit bildeten, seit Mitte Mai namhafte Christen zu verhaften, beziehentlich zu tödten. Und seit Ende Juni eröffneten in großer Anzahl und unter aufrichtiger Mitwirkung des türkischen Pöbels die Pascha's der Insel die wahnsinnigsten Greuel gegen die Christen. In Kanea, in Megalokastron, in Rhethymno, auf dem platten Lande begann die Zerstörung der Kirchen, das Schänden der Frauen, das Niedermetzeln der wehrlosen Bevölkerung, die Verschacherung zahlloser Christen in die Sklaverei, das Niederbrennen der Dörfer, um geraume Zeit in umfassendem Maße sich fortzusetzen. Die Wuth der Muhammedaner hob sich, — freilich um nachher empfindlich abgekühlt zu werden, als die Sphakioten, den Anschlägen der Gegner zuvorkommend, nicht blos die Entwaffnung abgeschlagen, sondern auch am 29. Juni ihre Berge verlassen und 900 M. stark nach der Ebene von Kanea sich gewandt hatten. Damit begann der kleine Krieg, der einerseits den Sphakioten viele Kreter zuführte, andererseits zu selbständigen Erhebungen anderer Kreter, namentlich in dem westlichen Theile der Insel Anlaß gab; der Krieg verlief hier geraume Zeit in vielen glücklichen kleinen Gefechten der Griechen gegen überlegene türkische Schaaren, in Angriffen der Griechen auf die Städte und Ausraubung der Ebenen durch die Sphakioten. Ernsthaftere Kämpfe gab es erst seit Ende August, wo der Pascha von Rhethymno bei einem Gesammtangriff auf das Land der Sphakioten am 26. August auf der Ebene von Ouzalen schwer geschlagen wurde und mit Mühe den verfolgenden Griechen entging. Und ein neuer Angriff der Türken im September hatte ebenso wenig Erfolg; sodaß dann die Sphakioten, mehr und mehr die Seele dieser Bewegungen, mit Hülfe der Insurgenten in den westlichen und mittleren Districten der Insel, ihrerseits wieder vorgehen und Kanea bis tief in den Herbst hinein blokiren konnten. Unterstützt wurden die Kreter, die nun im September auch mit Demetrios Ypsilanti in Verbindung traten, dabei durch die Erhebung der benachbarten Insel Kasos, deren seegewandte Einwohner mit ihren Corsarenschiffen die maritime Verbindung zwischen den türkischen Festungen zerschnitten. Das Commando auf Kreta aber übernahm Anfang November ein Officier aus des Demetrios Ypsilanti Umgebung, der früher schon genannte Chevalier Afendulli.

So war denn gegen Ende des J. 1821 das Resultat der Bewegungen folgendes: die Saat der Hetärie war überall aufgegangen, — im Norden bis zum Olympos, am allenthalben theils unter Strömen

11) So nach Gervinus, Geschichte des neunzehnten Jahrh. Bd. V. S. 278; dagegen gibt Mendelssohn-Bartholdy, Ali Pascha von Janina, in Raumer's Taschenbuch 1867. S. 171 den 16. Januar alten Styls als den Todestag an.

Blutes erstickt zu werden, theils um auf hartem und ungünstigem Boden schnell zu verdorren; im Süden, um von einer echten Volksbewegung aufgenommen und gefördert zu werden. Während die Aussicht auf die Hülfe des in den Ländern griechischer Zunge namentlich seit Napoleon's Sturze allbewunderten Rußlands sich immer mehr verflüchtigte, derart, daß die Hellenen wohl fühlten, wie sie für lange nur auf ihre eigene Kraft und Ausdauer angewiesen waren, und daß allmälig Rußland bei ihnen sehr unpopulär wurde, — war nun wirklich, mit Ausnahme einiger türkischer Festungen in Morea, auf Kreta, und der Akropolis von Athen, alles Land von Arta und Kombos bis nach Plara und den keräschen Kaisschibergen, von den Thermopylen und dem Tymphrestos bis zum Cap Matapan in der Hand der Insurgenten. Ihre Kraft und Tüchtigkeit wie ihre starke Schwäche hatten sie bereits zur Genüge kennen gelernt; nun kam es darauf an zu zeigen, ob sie auch im Stande waren, ihre Sünden und Schäden abzuthun und sich zusammenzufassen, um nunmehr in viel ernsterem Ringen das Gewonnene zu behaupten und zu erweitern. Denn die Hauptentscheidung über ihre und der jungen hellenischen Unabhängigkeit Zukunft, ja über ihre Lebensfähigkeit stand erst jetzt bevor. Bisher war die Pforte doch immer arg überrascht gewesen; bisher war man doch noch in Stambul nicht völlig von der Idee abgekommen, als sei der Klephtenaufstand doch wesentlich ein Werk des untergehenden Ali-Pascha, das nach des alten Fuchses Sturz leicht zusammensinken müsse; bisher hatte selbst der umsichtige und thatkräftige Churschid-Pascha in seiner überaus schwierigen Stellung am See bei Janina nur isolirte Stöße gegen Hellas und Morea führen können, die von den Insurgenten leicht parirt waren. Jetzt aber hatte die Pforte in Europa vollkommen freie Hand. Bis zum südlichen Makedonien und bis nach Arta hin war jetzt für sie die Bahn völlig frei; die Albanesen waren ihr wieder gewonnen; die europäischen Mächte waren dem Aufstand der Hellenen (s. unten) möglichst antipathisch; Rußlands Haltung — mochte immerhin (s. unten) aus den diplomatischen Conflicten seit Alexander Ypsilanti's Einfall in Rumänien und seit des Patriarchen Gregorios Hinrichtung mit dem petersburger Kabinet eine sehr bedenkliche Spannung fortbestehen — war doch nicht unmittelbar drohend; und der plötzliche Ausbruch eines neuen Kriegs an der asiatischen Ostgrenze mit Persien machte bei der lahmen und planlosen Art der persischen Kriegführung der Pforte nicht zu große Mühen. So entschloß man sich denn, — anstatt sich fortdauernd, wie es im Sommer und Herbst in Stambul geschehen, mit elender Rache, mit der Hinrichtung gefangener Insurgenten, namentlich aus Rumänien, oder, wie es nach dem Fall von Tripolitza und wegen der ewigen Ausfälle der Samier gegen Kleinasien, namentlich in Sielanova und Smyrna geschehen, mit neuen schandbaren Niedermetzelungen friedlicher griechischer Rajahs zu trösten, — Griechenland zu Wasser und zu Lande nach einem großen und umfassenden Plane anzugreifen, von dem man eine schnelle und vollständige Vernichtung der Insurgenten und damit dann auch die Beseitigung aller weiteren diplomatischen Schwierigkeiten erwartete. Man rüstete deshalb in Stambul mit voller Energie; der Plan selbst, dessen Ausführung der Seraskier Churschid-Pascha übernahm, bestand darin: Churschid selbst sollte mit den Albanesen Westgriechenland bis zum korinthischen Golf erobern, während zugleich ein stärkeres Heer das östliche Hellas zu nehmen, den Isthmus zu überschreiten, Morea zu bezwingen hatte. Die Flotte sollte in mehreren Geschwadern sich auf die griechischen Inseln werfen, Nauplia entsetzen, Patras verstärken und endlich Churschid's Heer aus Rumelien nach Morea führen.

Solchen Plänen gegenüber waren die Griechen nicht eben in der besten Verfassung. Nach ihren ersten großen Erfolgen machten sich nun im Innern tausend Eifersüchteleien und kleinliche Interessen geltend; und wenn auch nur selten solche Scenen vorkamen, wie in Navarino, wo zwei Kapitani's mit ihren Soldaten sich förmliche Gefechte lieferten, — so war dagegen doch einerseits die Verwilderung, andererseits die gemüthliche Anarchie im Zunehmen. Noth, Raubgier und uraltes Herkommen bei aufgelösten Zuständen in diesen Gewässern ließen schon jetzt die Inselgriechen von Spezzia und Hydra bis nach Kasos aus antitürkischen Kapern in Menge zu gemeingefährlichen Piraten werden; ließ die habgierigen Matrosen von Hydra nur gegen schweres Geld (nämlich praenumerando!) Getreide nach dem Athos führen, wo 30,000 makedonische Rajahs vor den Osmanen flüchtend zusammengedrängt waren. Und mit dem Sturze der osmanischen Herrschaft und der erwachenden griechischen Freiheitsliebe wollten nicht blos die demokratischen Massen auf Hydra und Spezzia — die von den großen attischen Demokraten des Alterthums nur die Beweglichkeit und den stürmischen Ungestüm, nicht aber deren wunderbare politische und militairische Disciplin geerbt hatten — sich nur sehr schwer zügeln lassen: auch auf dem Festlande gab es nur noch wenige der alten Capitaine, Kodschabaschis, Archonten und Bischöfe, welche über ihre nächsten Kreise hinaus Gesetz und Ordnung hätten handhaben können; in Pyrgos wurde sogar ein etwas gewaltthätiger Primat am hellen Tage in seinem Hause von mehreren beleidigten Bürgern todtgeschossen.

Indessen hatte man sich doch endlich Mühe gegeben, die inneren Verhältnisse des befreiten Landes einigermaßen in Ordnung zu bringen. Demetrios Ypsilanti hatte bei seiner Rückkehr aus Achaja nach Tripolitza, während man sich zu dem Zuge nach Nauplia rüstete, bei seiner unhaltbar gewordenen Stellung zu dem Senat wie zu den Capitainen, endlich seinen letzten Trumpf ausgespielt, und die Berufung einer allgemeinen Nationalversammlung zur Bildung einer neuen allgemeinen Regierung veranlaßt, die — allerseits mit sehr sanguinischen Erwartungen erhofft — in der längst wieder durch die Griechen besetzten Stadt Argos zusammentreten sollte. Während der nicht leichten Vorbereitungen zu dieser Versammlung hatte Demetrios seinerseits jenen (S. 135) erfolglosen Angriff auf das nunmehr ernsthaft blokirte Nauplia versucht. Andererseits entstanden inzwischen auf Grund der früheren Vorbereitungen in Rumelien zwei Centralbehörden; die eine für Westgriechenland, von Maurokordatos mit ähnlichen Aufgaben und Beschränkungen wie der peloponnesische Senat ins Leben gerufen (16.—21. November); die andere, zu Salona, der Areopagos genannt, für Ostgriechenland, die sich unter Theodor Negris' unpraktischer Leitung aus dem fast gleichzeitig zu Salona tagenden Congreß entwickelte, und deren Verfassungsbestimmungen theils unzweckmäßiger, theils sehr particularistischer Anlage waren. Darüber hatten auch die Primaten von Morea ihrem alten Senat, in ähnlicher Art wie Maurokordatos den seinigen, als Provinzialregierung neu formirt.

Die allgemeine Nationalversammlung nun, die schließlich nach Piadha (bei den Ruinen des alten Epidauros) zusammenkam, bestand aus 20 Abgeordneten von Morea, aus 26 Ostgriechen, aus einigen Westgriechen, und aus den Vertretern der Inseln Psara, Skopelo, Kasos, Hydra und Spezzia; ihre Arbeiten begannen am 1. Januar 1822 unter Maurokordatos' Vorsitz. Es zeigte sich bald, daß Demetrios Ypsilanti hier Nichts zu hoffen hatte. Sein und der alten Hetäristen Einfluß war bis auf den Nullpunkt gesunken. Andererseits hatten die „bürgerlichen" Elemente, d. h. die Primaten aus Morea, aus Maurokordatos' Gebiet, und aus den Inseln, in der Art das Uebergewicht, daß die Partei der Kapitani's, die gern den Krieg in ihrer Art in jeder Weise bestimmt, die gern das alte Regiment der Armatolenführer in dem freien Griechenland nach Cantonen souverain fortgeführt hätten, nicht aufkommen konnte. Maurokordatos und seine Freunde strebten aber auch dahin, dem neu zu constituirenden Griechenland gesetzliche Formen zu verleihen und seine Verhältnisse in einer Richtung zu leiten, die dem Abendlande Zutrauen erwecken könne. Bis zum 27. Januar arbeitend, schuf man eine freie repräsentative Verfassung („das organische Gesetz von Epidauros"), die Negris und der Italiener Gallina entworfen hatten; vortrefflich durchdacht, war sie jedoch für die damaligen Zustände Griechenlands so wenig praktisch wie möglich. Man hatte es nicht dahin bringen können, die drei anderen Particularregierungen oder Senate abzustellen, unter denen namentlich der von Morea andauernd mit einer herben Selbständigkeit, die an die antike Stellung des Peloponnesos erinnert, auftrat. Man hatte, indem man (mit stillschweigendem Vorbehalt einer späteren monarchischen Spitze) formell in republikanischer Art die neue Legislative von 70 Deputirten und die neue executive Centralregierung von 5 Mitgliedern bestimmte, den argen Fehler gemacht, beiden Gewalten immer nur eine einjährige Dauer zuzugestehen. Die neue Regierung nun wurde von dem Congreß sofort ernannt: Maurokordatos sollte als Präsident, Anastasios Kanakaris aus Patras als Vicepräsident, und neben ihnen Joh. Logothetis aus Livadia, Anagnostis Delijannis aus Karytäna, und Johannes Orlando aus Hydra fungiren. Das Ministerium dieser Regierung bestand aus: Negris Staatssecretair und Auswärtiges, Panuzzos Notaras Finanzen, Bulgaris Marine, der Wlache Dr. Kolettis aus Metzowo Krieg, der Bischof von Andrusa Cultus, Graf Metaxas Inneres, der Korfiote Graf Theotokis Justiz. — Petrobei und Demetrios Ypsilanti (der merkwürdigerweise auch von seinen alten Gegnern, den peloponnesischen Primaten, zum Chef des Senats von Morea ausersehen war) sollten Präsidenten der Legislative werden. Um endlich die Abschüttelung der hetäristischen Beziehungen auch äußerlich auszudrücken (im Sinne Vieler sicherlich auch, um Demetrios Ypsilanti persönlich zu ärgern!), schaffte man die schwarze Fahne und den Phönix der Hetärie ab, und machte nunmehr Weiß und Blau zu den neuhellenischen Nationalfarben und die Athene zum Staatssiegel und Wappensymbol: ein Beschluß, gegen den sich nur Ypsilanti noch für kurze Zeit ohne Erfolg entgegenstemmte. Am 28. Januar 1822 schloß Maurokordatos die Session; und die neue Regierung, nun auch zur Aufnahme einer Anleihe von 5,000,000 Piaster ermächtigt, nahm (vorbehaltlich der späteren Uebersiedelung nach Athen) ihren Sitz in dem so eben (s. S. 135) durch Demetrios Ypsilanti gewonnenen Korinth.

Die sanguinischen Griechen rechneten jetzt mit Sicherheit auf neue Erfolge; sie sollten aber in der That die furchtbarsten Kämpfe zu bestehen haben. Durch ihre bisherige Situation und eigene Schuld dazu verurtheilt, mit Ausnahme der Seeseite blos defensiv die Ankunft der Osmanen abzuwarten, mußten sie wenigstens ihre Kräfte dazu verwenden, um vor der türkischen Ueberfluthung wenigstens in Morea mit den türkischen Festungen fertig zu werden. Sie haben dieses denn auch ernstlich versucht. Während Fürst Demetrios, grollend über den Ausfall der Nationalversammlung, mit Recht empört über neue schändliche Infamien der Griechen, die bei der Einnahme von Korinth unter seinen Augen begangen waren, und verdrossen über das bei dem Versiegen seiner Geldmittel nicht mehr zu hindernde Auseinanderlaufen von Baleste's Regulairen — (Baleste selbst zog für seine Person nach Kreta), — die Leitung des Senats von Morea schroff ablehnte und ein peloponnesisches Corps dem Odysseus nach den Thermopylen zuführte, setzte man die Belagerung von Nauplia mit Eifer fort, und General Kolokotronis, durch seinen Sohn Panos nun auch mit der Familie der Bobolina verschwägert, warf sich mit den Achäern energisch auf Patras.

Inzwischen nahete sich das Ungewitter des Jahres 1822 zunächst von der Seeseite. Nach angestrengten Flottenrüstungen ließ die Pforte zu Anfang des Februar die Vorhut der Hauptflotte unter ihrem Viceadmiral zu einigen Kreuzfahrten in See gehen, die nun — 35 Segel stark mit 4000 Mann — zuerst die Insel Hydra anlief, wo sie umsonst auf verrätherisches Einverständniß mit angeblich 700 türkenfreundlichen Subjecten speculirte. Dann versuchte die Flotte ebenfalls vergeblich einen Angriff auf die Citadelle von Navarin, die aber (11. Februar) durch eine kleine Schar Griechen und Philhellenen unter dem würtembergischen, in Napoleonischen Kriegsdienste ergrauten General Normann tapfer gehalten wurde.

Ende Februar erschien die Flotte dann vor Patras, wo sie ihre 3—4000 M. anatolischer Landsoldaten unter Mehemet-Pascha mit vielen Geschützen ausschiffte. Inzwischen hatten die griechischen Kriegsinseln, deren bereits durch die vielen niemals wieder ersetzten Geldopfer hart mitgenommenen Primaten der Regierungschef Maurokordatos aus der korinthischen Beute 800,000 Piaster zuwandte, ihre Schiffe gerüstet. Der diesjährige Admiral, Andreas Bokos Miaulis, ein tiefernsthafter Mann, aber bei bereits reifem Alter (um 1770 zu Hydra geboren) von der Gicht geplagt, einer der besten Charaktere dieses Krieges, durch patriotischen Schwung, einfache Sittenreinheit, Ausdauer und tüchtige seemännische Eigenschaften ausgezeichnet, führte gegen Ende Februar etwas über 60 Schiffe nach den westgriechischen Gewässern, und scheuchte mit leichter Mühe die osmanische Flotte in der ersten Hälfte des März bis nach den Gewässern von Alexandria zurück. — Während nun zunächst der Krieg bei Patras neue Lebhaftigkeit gewann, wo Kolokotronis etwa 6300 M. Achäer, Arkadier und Eleer commandirte und namentlich am 21. März einen besonders glänzenden Sieg über die in Masse ausbrechenden Osmanen gewann; während bei Modon und Koron andauernd scharmuzirt, Nauplia aber durch Nikolas Nikitas und die Bobolina immer härter bedrängt wurden; während ferner in dem makedonischen Norden der blutige Pascha Abulobud von Salonichi, ein in der Schule des wilden Djezzar-Pascha von St.-Jean d'Acre in Syrien großgezogener georgischer Renegat, als Oberfeldherr für Makedonien und Thessalien seit Anfang November 1821 mit seltener Energie und scheußlichen Greueln (bis zum 27. December) den Aufstand in der Chalkidike und auf dem Athos gebrochen, dann aber (bis zum Ende des April des J. 1822) den durch seine harten Forderungen neu veranlaßten, durch den olympischen Capitain Diamantis unterstützten Aufstand des südlichen Makedoniens zwischen dem unteren Axios und der Peneusmündung mit dem Centralpunkte Naussa, mit bestialischer Grausamkeit und mehr als tigerartigem Wüthen mit 15,000 Mann vollständig ausgerottet hatte: fielen nun die bisherlich so bedeutsam gewordenen Schläge in den kleinasiatischen Gewässern.

Die türkische Hauptflotte, unter dem gefürchteten Kapudan-Pascha Kara-Ali, sollte nämlich ihren Hauptstoß zunächst gegen die waffenmächtigen Inseln des ägäischen Meeres führen. Die Samier nun, die für sich am meisten fürchteten, kamen auf den heillosen Gedanken, einem Angriff auf ihrer Insel vorzubeugen, indem sie die schöne nordwärts belegene Insel Chios insurgirten, welche — damals das Apanagegut der Prinzessin Esma, der Schwester des Sultans — durch üppige Blüthe, große Volkszahl (100,000 Griechen und 6000 Osmanen), Bildung und Reichthum ihrer Einwohner eine Perle der türkischen Herrschaft war, deren Einwohner aber bei ihrer bequemen Lage weder Motive noch Neigung zum Aufstande hatten, und die bei der geographisch so exponirten Stellung der Insel und der unkriegerischen Volksart vernünftigerweise nur unter dem Schutze starker griechischer Streitkräfte sich von der Pforte lossagen konnten. Nichtsdestoweniger ließen sich — die Insel war seit 1821 durch eine Anzahl sehr lässiger anatolischer bewaffneter Soldaten, die aber Räubern nur zu ähnlich sahen, unter Vechib-Pascha besetzt — schließlich doch einige wenige unbedeutende Chioten sehr zur Unzeit von dem Haß gegen die Osmanen fortreißen. Und während die griechische Regierung in Morea ebenso wie die verständigen Psarier jeden Stoß auf Chios ablehnte, veranlaßten jene Chioten, hinter dem Rücken ihrer eigenen Behörden — wahnsinnigerweise in dem Augenblick, wo die Ankunft der osmanischen Flotte nahe bevorstand, — den nur allzugeneigten samischen Chef Lykurgos Logothetis, wirklich den Einfall gegen Chios zu führen. Ehe die Samier noch erschienen, hatte die Pforte drei vornehme Geißeln aus Chios abgeführt; und als nun (21. März) 38 samische Schiffe bei der Insel sich zeigten, ließ Vechib-Pascha zahlreiche Insulaner als Geißeln in das Fort der Hauptstadt schleppen. Lykurgos landete dann mit 2500 Mann, zog zahlreiche Bauern an sich, formirte eine nationale Regierung, erhielt aber keine rechtzeitige Hülfe aus Griechenland. Und nun schlug die Pforte los; in Stambul wurden ohne Weiteres 60 Chioten hingerichtet, dann lief der Kapudan-Pascha aus und erschien am 11. April mit 46 Segeln und 7000 M. anatolischer Soldaten, bombardirte die schöne Hauptstadt, die damals in Flammen aufging, während unter Strömen Blutes viele griechische Einwohner zu Sklaven gemacht wurden. Als dann am 14. April von den bis zu 30,000 M. am asiatischen Ufer bei Tschesme versammelten asiatischen Soldaten starke Schaaren ans Land gesetzt wurden, und die mit den Samiern in das Innere ziehenden Chioten die verbrecherische Tollheit begangen hatten [19], Vergleichsvorschläge des Kapudan-Pascha nicht blos abzulehnen, sondern auch die türkischen Abgesandten zu tödten: da war der Rach-, Blut- und Raubgier des anatolischen Gesindels kein Maß. Ohne Aufhören durch neue Zuzügler aus Asien vermehrt, die durch kein Commando zu zähmen waren, schwärmten seit dem 14. April die Osmanen in das Innere, verübten überall an der wehrlosen Bevölkerung aller Classen namenlose Greuel, zwangen die Samier zum Abzuge nach Psara, machten unter schrecklichen Zerstörungen massenhafte Beute und Tausende von Frauen und Kindern zu Sklaven, soweit die Chioten nicht in Wald und Gebirge oder auf den Schiffen der benachbarten griechischen Inseln Rettung finden konnten. Die Scenen, die vor mehr denn 2300 Jahren unter analogen Umständen zu Syloson's Zeit die Perser auf Samos aufgeführt hatten, wiederholten sich in hundertfach wilderer Gestalt. Inzwischen suchte Kara-Ali wenigstens den reichen, dem Harem seine Producte steuernden, Canton der 22 Mastix-Dörfer zu schützen, auch sonst die Insel einigermaßen zu erhalten; er ließ deshalb am 17. April und nachher durch die Consuln Ricpowich und

19) Dieses gibt — allein unter den Detailschriftstellern — an v. Prokesch-Osten a. a. O. Bd. I. S. 150.

Dygeon (Oesterreich und Frankreich) Amnestie verkünden. Nun wurden allerdings die Mastixdörfer demnächst durch den wackeren Türken Elez-Aga wirklich geschützt; aber Kara-Ali und Vechib-Pascha vermochten die wahrscheinliche weitere Ausraubung der Insel durch die Asiaten um so weniger zu hindern, als sie selbst andauernd nicht blos Hunderte gefangener Insurgenten in der Hauptstadt hinrichten, sondern endlich auch — nach dem scheußlichen Brauche des Orients — die Geiseln in der Citadelle, die in diesem Falle ganz speciell unschuldig waren, zu Anfang Mai in schimpflicher Art hinrichten und ihre Leichen in das Meer werfen ließen. Bis Ende Mai waren 25,000 Chioten ermordet, 45,000 aber als Sklaven verkauft worden [17]; und wenn humane osmanische Kaufleute aus Smyrna viele Chioten loskauften, so waren dagegen seitdem die Sklavenmärkte zu Smyrna, Aegypten, Stambul und in der sogenannten Berberei lange mit christlicher Menschenwaare überfüllt. Wenn aber tausende unglücklicher Chioten in ihrer Noth ihre Rettung den fremden Consuln, namentlich dem österreichischen verdankten, so hatten, wie man in Griechenland erzählte, leider doch manche Consulate den reichen Primaten ihren Schutz um Geld verkauft, ein Neapolitaner aber — angeblich — den Griechinnen sogar nur um einen schmachvollen Preis. Freilich hatten manche Griechen sogar ihren Landsleuten die rettenden Schiffe nur für Geld geöffnet!

Etwa 15,000 Chioten waren von der Insel entkommen. Beredte Zeugen des schrecklichsten Elends, wurde ihr Loos für die griechische Sache von der höchsten Bedeutung. In dem christlichen Abendlande erwachte der Abscheu der öffentlichen Meinung gegen die thierische Barbarei der Türken und die Sympathie für die Griechen und Chioten jetzt mit solcher Stärke, daß sich selbst die Politik der Cabinete dieser Macht auf die Dauer nicht völlig entziehen konnte. Die Hellenen selbst fühlten sich mehr und mehr zu einem Verzweiflungskampfe „bis aufs Messer" mit einem solchen Gegner getrieben. Für den Feldzug aber des Jahres 1822 hatte diese Katastrophe eine doppelte Bedeutung: zuerst nämlich war wirklich durch das gräßliche Opfer von Chios die maritime wie die anatolische Streitmacht der Pforte fern von dem Hauptschauplatz des griechischen Krieges, beziehentlich von Hydra und Spezzia, festgehalten worden, — dann aber ließ sich selbst die zuchtlose Rotte der Matrosen der letztgenannten Inseln im Interesse der Selbsterhaltung zu wilder Energie und grimmig vernichtender Rache herausfordern.

Die griechische Flotte, diesmal 56 Segel (Schiffe bis zu 20 Geschützen) und 8 Brandschiffe stark, die Spezzioten unter Andrutsos, die Psarioten unter dem altbewährten Nikolaos Apostolis, die gesammte Flotte wieder unter dem Admiral Andreas Miaulis aus Hydra, unterstützt durch verschiedene europäische Marine- und Artillerieofficiere, unter denen seit dieser Zeit namentlich der kühne englische Capitain Frank Abney Hastings eine hervorragende Bedeutung gewonnen hat, — vereinigte sich am 10. Mai bei Psara, um dann die Osmanen aufzusuchen. Als Miaulis erfuhr, daß die Türken beschlossen hatten, nach ihrer Liebhaberei den Monat Ramazan (der mit dem 22. Mai begann) in behaglich friedlicher Ruhe zu verbringen, so beschloß er, den Kapudan-Pascha bei Chios anzufallen. Ein erster Angriff am 31. Mai und 1. Juni blieb ohne besonderen Erfolg. Dann aber haben, als die Osmanen aus Stambul und Aegypten große Verstärkungen erwarteten, die kühnen Branderführer Constantin Kanaris aus Psara und Georg Pepinis aus Hydra in der von den Osmanen festlich gefeierten Nacht vom 18./19. Juni auf der Rhede von Chios die feindliche Flotte mit Glück in Brand gesteckt und unter Mannschaften und Schiffen der Türken eine entsetzliche Verheerung angerichtet; Kara-Ali verlor selbst das Leben. Der Jubel in Griechenland und Europa über diese gelungene Rache war groß; auf Chios aber fielen nun die Asiaten auch über die Mastixdörfer her und verheerten, trotz der tapferen Abwehr des Elez-Aga, am 19. Juni nun auch den Rest der Insel so sehr, daß Chios im August nur noch 1800 christliche Einwohner hatte. Damit hatten indessen Seitens der Pforte wenigstens die massenhaften Schlächtereien ein Ende. Die türkische Flotte dagegen kehrte zunächst nach den Dardanellen zurück, um — von den am 20. Juni heimkehrenden Hellenen zunächst unbelästigt — mit ägyptischen Schiffen verstärkt, am 12. Juli wieder auszulaufen. Ihr Ziel war Patras, wo sie den dort anlandenden Kara-Mehemet-Pascha als ihren neuen Admiral an Bord nehmen sollte.

Inzwischen waren nun die Kämpfe auf dem Festlande in vollem Gange; hier vorläufig, überwiegend durch die Schuld der Griechen selbst, zu entschiedenem Nachtheil für die Sache der Insurgenten. Während nämlich die nördlichen Vorposten am Golf von Thessalonich (s. S. 140) verloren gingen und sich Thessalien zu einer großen Angriffsbasis gegen den Süden gestaltete, begannen die Primaten nach einander mit ihren besten Generalen in bedenklicher Weise zu zerfallen, da bei dem Ringen um den dominirenden Einfluß der Weg vorläufig nicht gefunden wurde, um einerseits durch kluge Behandlung diese Männer zu hingebenden Verfechtern der griechischen Sache zu machen, andererseits die Eifersucht der Primaten manche dieser Männer, die meist gründliche Verächter der „Schreiber" waren, auch auf dem unmittelbar militärischen Gebiet in zweckmäßiger Weise einzuengen suchte. Darüber waren zunächst zwischen dem bedenklichsten aller dieser Kapitani's, dem Odysseus, und dem ehrgeizigen Areopagos unheimliche Conflikte ausgebrochen. Odysseus, der in Osthellas und Euböa nach der dominirenden Stellung strebte, hatte im Januar und Februar 1822 — (während Athens Akropolis nun schon seit Mitte November 1821 wieder energisch blokirt wurde und seit Schöpfung der Centralregierung Elias Mavromichalis hier commandirte) — mit den euböischen Insurgenten und mit eben diesem Elias Mavromichalis vereint, sich mit sehr

17) [illegible] von Chios waren damals etwa 5000 Seelen; 15,000 befanden sich noch in den Mastixdörfern; verschont blieben überhaupt nur die katholischen Chioten.

schlechtem Erfolg, wobei auch Elias und der tapfere Angrias fielen, mit den Türken auf Euböa herumgeschlagen. Dann aber hatte er, noch mit dem Areopagos im Einverständniß, mit Demetrios Ypsilanti und anderen Capitainen des Nordens — zu einer Diversion für Südostthessalien und die damals noch schwankenden Makedonier — Mitte April einen Kriegszug nach dem Spercheiosthale unternommen, der aber ebenfalls zu nichts Gutem geführt, endlich zwischen Odysseus und Demetrios eingerissen, den Areopagos gegenwärtig bitterer Spannung erzeugt, schließlich den Odysseus veranlaßt hatte, in hochmüthiger Absicht (24. April) seinen Abschied zu nehmen. Und als nachher die Centralregierung von Korinth durch zwei Deputirte gegen Ende Mai den Ypsilanti zurückrufen ließ, den Odysseus aber nach Korinth citiren wollte, — da ließ Odysseus, der — nach Ali's, seines alten Lehrmeisters Praxis — sich persönlich bedroht hielt, die Boten des Staats in der Nähe der Thermopylen durch seine Palikaren [illegible] ermorden (6. Juni). Die Regierung setzte nun einen Preis auf seinen Kopf; aber die Kapitani's in Ostgriechenland hielten fest zu Odysseus, der sich voll Zorn auf den Parnassos zurückzog; und als gegen Ende des Juni Regierung und Areopag einlenkten und ihre Beschlüsse zurücknahmen, da war über diesem unbesonnenen Hader die ostgriechische Kriegsmacht auseinandergelaufen, Odysseus den Behörden gegenüber hochmüthiger als je, — und der Einbruch der Osmanen aus Thessalien unmittelbar vor der Thür.

Dagegen war der Kampf im Westen schon im vollen Gange. Allerdings hatte Chursid-Pascha in Epirus, der auch für die Neubildung eines Heeres in Thessalien sorgen mußte (weil bei der Natur der Albanesen, Bosniaken u. a. m. die irregulären osmanischen Heerschaaren nach jedem kleinen Rückschlag sich zu verlaufen liebten), nicht sofort nach Ali's Falle südwärts ziehen können. Die Jahreszeit, die Faulheit der Albanesen, die Abneigung der letzteren, wider die Sulioten zu fechten, der Wunsch vieler Albanesen und Chursid's selbst, unter allen Umständen mit den tapferen Sulioten Frieden zu schließen, endlich des Serasker Wunsch, vorerst seinen zu Tripolitza gefangenen Harem ausgelöst zu sehen, was erst am 2. Mai geschah, — ließen ihn seine militärische Arbeit momentan suspendiren. Nun erst, und da die Sulioten mit fester Treue an den Hellenen festhielten, ging es vorwärts, und zwar richtete Chursid seinen Hauptstoß gegen Suli, dessen Krieger auch in diesem Jahre das Bollwerk Rumeliens im Westen wurden. Vom 28. Mai bis zum 13. Juni bestürmten 17,000 Moslims die von 6000 Sulioten und christlichen Epiroten heldenmüthig vertheidigten Positionen ihres Felsenlandes ebenso zähe wie erfolglos und verlustvoll. Am 14. Juni verließ dann Chursid dies Terrain und begab sich nach Larissa, und der neue epirotische Pascha Omer-Brione setzte eine Blokade an die Stelle der Sturmangriffe auf Suli. Bald aber sollte diese Fehde einen höheren Charakter annehmen. Von der hohen Bedeutung dieses Kriegstheaters für die griechische Sache mit Recht überzeugt, und des Glaubens, daß Ostgriechenland zur Zeit weniger bedroht und leichter zu halten sein werde, hatte Fürst Maurokordatos, der ohnehin in dem westlichen Hellas schon seit 1821 hauptsächlich populär war, am 23. Mai sich von der gesetzgebenden Versammlung für zwei Monate mit der obersten militärischen Leitung der westgriechischen Dinge betrauen lassen; leider besaß der sonst ausgezeichnete Mann aber nicht die überlegenen strategischen Fähigkeiten, die er hätte besitzen müssen, um seine neue Aufgabe glücklich zu lösen und dann dominirend der griechischen Bewegung Herr zu bleiben. Maurokordatos hatte bisher zu Korinth mit Energie gewirkt und zwar durchaus mit der Tendenz, die regulären Kriegsschaaren möglichst zur Geltung zu bringen. Die alten Regulären des Ypsilanti waren neu formirt und bis auf 600 Mann gebracht worden, unter dem Commando des Italieners (Piemontesen) Tarella; außerdem hatte man die vielen Schaaren tapferer Philhellenen, die — (so fortlaufend bis zum November 1822) — andauernd aus allen Ländern des Abendlandes nach Hellas kamen und zum großen Theil aus tüchtigen Soldaten und Offizieren bestanden, zu einem Bataillon von freilich nur hundert Mann formirt, dessen zwei Compagnien der General Normann und der Capitain Dania aus Genua commandirten. Am 26. Mai brachen diese Truppen aus Korinth nach Vostitza auf, denen dann der Präsident selbst mit einigen hundert Peloponnesiern, mit einem suliotischen Corps unter Markos Bozzaris und mit einer ionischen Compagnie folgte. Maurokordatos' Idee war, durch einen sichern Schlag die bedrohten Sulioten zu retten; er hoffte nicht blos die Armatolen in Westhellas in Masse aufbieten zu können, sondern auch aus Morea namhafte Streitkräfte nach sich ziehen, und in Epirus mit etwa 8000 M. operiren zu können. Indessen seine Erwartungen schlugen fehl. Als er in Patras ankam, lehnte Kolokotronis den Befehl, ihm mit 2000 M. nach Rumelien zu folgen, bestimmt ab; und nur 300 M. unter einem Sohne des alten Häuptlings wie auch 250 Mainotten unter Kyriakulis Mauromichalis schlossen sich ihm an. Mit schwacher Macht also setzte Maurokordatos am 2. Juni von Patras nach Missolunghi über, wo er allerdings sehr festlich begrüßt wurde. Da er indessen nur 800 M. regulärer Truppen und 1400 Irreguläre mitbrachte und auch zu Missolunghi weniger Armatolen an sich ziehen konnte, als er erwartet hatte, so kam Alles darauf an, seine Streitkräfte möglichst geschlossen zu halten. Leider geschah dieses aber nicht; denn gleich von Anfang an wurde Kyriakulis Mauromichalis mit 600 M. zu Wasser abgeschickt, um an der thesprotischen Küste zu Phanari zu landen und von hier aus, 3—4 Meilen von Suli entfernt, die Verbindung mit den Sulioten zu eröffnen. Am 13. Juni rückte Maurokordatos selbst mit seiner kleinen Armee von Missolunghi aus, und marschirte nordwärts nach dem sogenannten Valtos, d. i. dem mit Waldgebirgen bedeckten nordöstlichen Theile von Akarnanien (und dem Gebiete des antiken Argos Amphilochikon). Unterstützt durch die maritimen Bewegungen des früher in Ali-Pascha's

Diensten gestandenen) Castro Passano auf den Golf von Arta, kam Maurokordatos am 21. Juni in Kombotì bei Arta (s. oben S. 137) an, wo er die albanesischen Armatolen unter Capitain Varnakiotis fand, während Jskos die Stadt Vonitza blokirt hielt, der alte Gogos Bakolas aber nahe bei Kombotì und Arta die mehr genannte berühmte Stellung von Peta noch immer inne hatte. Hier nun gewann Maurokordatos bald die Ueberzeugung, daß ohne anderweitige Glücksfälle sein Plan schwerlich auszuführen sei; der Präsident verfügte überhaupt nur über 3000 Mann, die bei der Schwierigkeit der Verpflegung in dieser Gegend sich durch Desertionen verringerten. Um ihn gegenüber leitete Omer-Brione von der centralen Stellung zu Varlades (in der Mitte zwischen Janina, Suli, Arta und dem oberen Acheloosthal) die Blokade von Suli so geschickt und concentrirt; Arta und dessen Nachbarschaft wurde von dem tapferen und entschlossenen Reschid-Mehemet-Pascha (Kiutahi) und Ismail-Pliassa-Pascha so scharf gehalten, daß für einen Entsatz der Sulioten wenig Hoffnung blieb. Und in der That scheiterten auch alle Versuche in dieser Richtung. Ein gefährlicher Versuch des tapferen Markos Bozzaris, mit 300 Mann und mit einigen anderen Armatolen seinen braven Landsleuten die Hand zu reichen (4.—11. Juli), wurde von den Moslims mit Macht zurückgewiesen. Und während die Türken von Prevesa in den ersten Tagen des Juli die kleine Flottille des Passano vernichteten und damit den Hellenen die bequeme Verbindung nach Akarnanien abschnitten; während ferner am adriatischen Meere am 10. Juli in heißem Kampfe bei Phanari der tapfere Kyriakulis Mauromichalis fiel und nunmehr die Mainoten entmuthigt nach Hause absegelten: kam es auch bei Arta selbst zur Katastrophe. Von Kombotì nach Peta gezogen, hier aber dauernd beengt durch ihr Mißtrauen gegen den Gogos Bakolas —, der trotz seiner vorjährigen Tapferkeit andauernd mit den Moslims verhandelte, und als Ideal eines selbstsüchtigen Albanesen gegen seine Partei treu sich verhielt, der durch die schwache Macht des Präsidenten und durch den nationalen [illegible] Absichten gegen die abendländischen Philhellenen und regulären Kriegskunst ebenso den Plänen des Maurokordatos antipathisch gestimmt war, — viel schwächer als die Muhammedaner in und bei Arta, die über die numerische Schwäche der Hellenen nur zu schnell unterrichtet waren: so konnten die Hellenen trotz aller Tapferkeit in kleinen Gefechten hier Nichts ausrichten. Und nun griff denn endlich der tapfere Reschid-Pascha von Arta mit 7—8000 Mann (unter Führern, die zum Theil im Vorjahre mit den Griechen Arta angegriffen hatten) am 16. Juli die wichtige und starke Stellung der Griechen zu Peta an; zur Zeit waren hier 2000 bis 3000 M. vereinigt, Maurokordatos augenblicklich mit 2—300 Albanesen und Moreoten zu Vrangopitsa, etwa 3 Stunden östlich von Peta. Es war ein Unheil, daß einerseits die Philhellenen und Capitain Tarella in stolzem Selbstvertrauen die griechische Kriegspraxis mißachteten, und daß andererseits nicht allein die regulären Corps die erste Linie, die Troßgefährten die hintere Linie einnahmen, sondern auch dem zweideutigen Gogos der Schlüssel der Stellung anvertraut war. So geschah es, daß trotz der glänzenden Tapferkeit der Regulären und Philhellenen und mehrerer griechischer Capitaine die Anfangs schwankende Schlacht durch das mindestens sehr ungeschickte und feige (vielfach für verrätherisch gehaltene) Benehmen des Gogos verloren ging. Das Corps der Philhellenen war fast vernichtet; die Hälfte der Jonier und ein dritter Theil der Schar des Obersten Tarella war gefallen; die Griechen hatten zusammen 400 M. verloren. Die Türken, die 600 M. eingebüßt hatten, benutzten ihren Sieg aber schlecht; sie ließen die Griechen ruhig entkommen, nahmen auch nicht einmal die Pässe des Makrynoros, die Maurokordatos durch Armatolen besetzen ließ.

Trotzdem war es ein furchtbarer Schlag für die griechische Sache. Maurokordatos selbst konnte diesen schweren Schlag für sein politisches Ansehen Jahre lang nicht mehr überwinden; die Abneigung der Klephten und Armatolen, sich zu abendländischer Taktik und Kriegführung zu gewöhnen, gewann durch die Niederlage der Regulären bei Peta neue Stärke. Und militärisch war Westgriechenland vorläufig verloren. Denn am 18. Juli mußte Maurokordatos sein kleines Heer nach Missolunghi zurückführen, und konnte erst allmälig wieder stärkere Scharen um sich sammeln, während sich das Verderben für Akarnanien und Aetolien vorbereitete. Die Ankunft der osmanischen Flotte mit 36 Segeln bei Patras erregte auch von der Seeseite her Schrecken und Besorgniß. Die Sulioten aber, die durch Hunger und Seuchen schwer heimgesucht waren, mußten endlich mit Omer-Brione (9. August) capituliren, der ihnen denn auch den freien Abzug nach den ionischen Inseln gewährte, dann aber, was Reschid-Pascha schon begonnen, seine Diplomatie und seine Armee gegen Rumelien wandte.

Während dieser unheilvollen Ereignisse waren Ostgriechenland und Morea noch viel schlimmer mitgenommen worden. Churschid-Pascha hatte hier bis zur Mitte des J. 1822 seine großen Rüstungen gegen die Hellenen vollendet. Man hatte in Thessalien an 30,000 Mann gesammelt, darunter 6000 Pferde; dazu viele Geschütze; die Infanterie bestand großentheils aus Albanesen. Den Zug in das innere Griechenland führen sollte nun der tapfere und glänzende Mahmud-Dramali-Pascha, der freilich auch unbesonnen, tollkühn und seinen Collegen gegenüber auf seinen Ruhm und seine Unternehmungen sehr eifersüchtig und egoistisch war. Zum künftigen Gouverneur von Morea bestimmt, sollte er sich seine Provinz selbst erobern. Die bisherigen Zustände in Ostgriechenland (S. 142) machten es nun möglich, daß Dramali ohne alle Gegenwehr am 11. Juli den Spercheios überschritt, dann ebenso ungehindert bis nach dem südlichen Böotien vordringen konnte. Und während der ostgriechische Areopag nach Salamis flüchtete, verstärkte Dramali aus die Osmanen in Chalkis um 1500 Mann, gegen die nun auch die Belagerungsstellung zu [illegible] nunmehr unhaltbar wurde, die flüchtige

Olympier unter Diamantis sie wieder besetzen. Athen dagegen hatte Dramali nicht mehr entsetzen können. Die andauernd blokirte Akropolis, deren Belagerung neuerdings unter der Leitung des Franzosen Voutier energisch genug betrieben worden war, hatte sich endlich, da durch Mangel und Seuchen unter der Besatzung die Kraft geschwunden war, bereits am 21. Juni ergeben müssen; es befanden sich noch 1160 Osmanen jedes Standes, Alters und Geschlechtes (darunter nur noch 180 Soldaten) auf der Burg. Die griechischen Behörden und die europäischen Consuln in Athen wollten den Vertrag ehrlich halten. Leider verging längere Zeit, ehe die zur Ueberfahrt der Gefangenen nach Asien nöthigen Schiffe bei Athen erscheinen konnten. Und da nun die drohende Kunde von dem Anmarsch Dramali's das Volk aufregte, so fiel der grausame und schuftige Theil der Massen und Soldaten am 10. Juli, noch mehr aufgereizt durch rachgierige Flüchtlinge aus Chios und Kydonia, über die gefangenen Osmanen her und ermordeten deren an 400. Die Übrigen wurden durch die Entschlossenheit der europäischen Consuln Gropius, Fauvel und Origone (für Frankreich, Oesterreich und die Niederlande) gerettet, denen glücklicherweise am 15. Juli ein französisches Kriegsschiff mit seiner Mannschaft zu Hilfe kommen konnte, welches bald nachher noch durch ein anderes derselben Flagge wirksam unterstützt wurde. Die Einwohner von Athen aber flüchteten vor Dramali in Masse nach Salamis, die Burg blieb von einer Schar Insurgenten besetzt. So konnte denn Dramali ohne Widerstand nach dem Isthmus von Korinth marschiren; hier aber wiederholten sich die Scenen von Nordgriechenland. Die durch Mavrokordatos' Abwesenheit stark geschwächte Regierung hatte sich bald von Korinth nach Argos zurückgezogen; sie machte nun eine Reihe schlimmer Mißgriffe. Neuerdings einerseits durch die Hoffnung auf die nahe Capitulation von Nauplia zu guten Hoffnungen geschwellt, andererseits über den nahen Fall von Patras beruhigt, hatte sie sich sehr zur Unzeit mit Kolokotronis überworfen. Einerseits um den alten Häuptling zu hindern, mit großer Macht nach Nauplia zu ziehen und die dem Falle nahe Stadt umfassend plündern zu helfen, — andererseits in der Idee, möglichst viele Peloponnesier zur Abwehr Dramali's nach dem Norden zu ziehen, hatte man (theilweise nicht ohne raffinirte List [14])) dem alten Feldherren die meisten seiner vor Patras gelagerten Blokadehaufen entzogen. Wüthend, wie er war, hob Kolokotronis die Belagerung dieser Stadt auf, wollte dann doch mit aller Kraft sich nach Megaris wenden, erhielt aber dann wieder Befehl, nun doch vor Patras zu bleiben, weil die Regierung hinlängliches Material zum Schutz der Isthmuspässe aufgebracht habe.

Thatsächlich hatte die Regierung wirklich verschiedene Capitaine mit starker Mannschaft nach dem Isthmus dirigirt; aber — bald faßte der Schrecken, der vor Dramali herging, diese thörichten Landsknechte, die nun trotz aller Bemühungen ihrer Capitaine nirgends Stand halten wollten. So fand Dramali den Isthmus offen, Korinth verlassen; selbst das unbezwingliche Akrokorinth hatte der Commandant Achilles Theodoridis geräumt, weil ihn seine feigen Soldaten nach Ermordung des gefangenen Kiamil-Bei verlassen hatten. Am 17. Juli besetzte Dramali die Festung, wo denn Jussuf-Pascha aus Patras mit ihm in Verbindung trat. Anstatt nun nach des letzteren Rathe eine dreifache Expedition, nach Patras, Kalavryta und Argos, einzuleiten, wollte Dramali (der in Korinth beiläufig Kiamil's Wittwe heirathete) Alles allein ausführen und setzte sich mit gesammter Macht in Marsch zunächst gegen Argos, um namentlich Nauplia zu retten. Denn diese Stadt hatte schon am 30. Juni mit den Griechen dahin capitulirt, daß sie binnen 25 Tagen sich ergeben wolle, wenn dann kein Entsatz komme. Das Hafenschloß, der sogenannte Burtzi, war bereits von einer Schar Griechen aus Kranidhi besetzt; und 8000 Mainotten und Peloponnesier harrten zu Argos der künftigen Plünderung. Die Nachricht von der Einnahme Korinths durch die Osmanen setzte nun die Griechen in dem südlichen Argolis in solchen Schrecken, daß die Regierung in äußerster Noth nach dem Mühlendorfe an der Küste floh, dort sich auf 2 Schiffe, von hier nochmals nach der Südecke der Halbinsel Argolis flüchtete. Die Bewaffneten zu Argos stoben aus einander; die Bauern der Landschaft, die Bürger von Argos und zahllose Flüchtlinge aus dem Norden flüchteten südwärts, — sodaß 40 türkische Reiter am 18. Juli ohne alles Hinderniß von Korinth nach Nauplia gelangen konnten. Mit gewohnter Nichtswürdigkeit benutzte ein Theil der Mainotten die Zeit, um — zum Theil mit gemeiner List — die Häuser von Argos und die Flüchtlinge auf den Landstraßen zu plündern; und die schuftigen Matrosen von Hydra und Spezzia ließen sich die Ueberfahrt anderer Flüchtlinge nach dem südlichen Morea und nach den Inseln blutig theuer bezahlen.

Bei dieser allgemeinen Auflösung war der Retter aus der ersten Noth derselbe Demetrios Ypsilanti, der bisher eine so traurige Rolle gespielt hatte. Bei der allgemeinen Flucht aus Argos hatte nur der tapfere Mainotte Kariojannis mit 10 Mann die alte Burg Larissa behauptet, dann auch mit einigen Argivern jene türkische Reiterpatrouille wieder aus der Stadt geschlagen, und bald noch einen anderen griechischen Haufen an sich gezogen. Und bald erschien an derselben Stelle eben Demetrios Ypsilanti mit 700 Mann unter drei Männern aus dem Hause Mavromichalis und Panos Kolokotronis. Demetrios war bei dem blutigen Ausbruch des Hasses des Odysseus gegen die Boten der Regierung (S. 142) in der letzten Juniwoche von den Thermopylen über das phokische Dystomo (Ambryssos) nach Morea zurückgekehrt, dann zur Regierung nach Argos gegangen; bei der allgemeinen Flucht war er mit Perrhebos nach Tripolitza aufgebrochen, um mit Kolokotronis zu berathen, was zu thun sei. Der letztere war bei dem letzten Conflicte (s. oben) und bei der Auflösung der Blokade von Patras zornschnaubend mit 2000 M. auf-

14) Vergl. hier die pikante Schilderung bei Zinkeisen, I. (III.) S. 409

gebrochen, um zu Tripolitza an seinen Feinden in dem Senat von Morea und der Regierung Rache zu nehmen. Seine Gegner waren ihm ausgewichen; mit allen übrigen aber vereinigte er sich bei der großen Türkennoth sofort. Der Senat von Morea machte ihn zum Oberfeldherrn, und nun wurde er die Seele alles Widerstandes. Zu Tabuli waren ihm Petrobei und Ypsilanti begegnet; sie hatten sich sofort geeinigt, und von hier aus hatte Ypsilanti jenes Corps schnell nach der Larissa geführt. Und während nun Kolokotronis seine weiteren Rüstungen traf, leitete Ypsilanti in Argos den ersten Widerstand. Demetrios ließ vor Allem die reiche Ebene von Argos nach allen Richtungen hin systematisch verwüsten, namentlich das Getreide auf den Feldern abbrennen; dann verproviantirte er die Larissa, besserte die Werke aus und beschloß, hinter ihren Mauern dem ganzen Anprall der Osmanen Stand zu halten, während Petrobei die feste Stellung von Myli, d. i. bei dem schon genannten Mühlendorfe am Strande, an dem Uferpasse nach Süden, festhielt. Es gelang dem Ypsilanti wirklich, den Dramali, der nun unter Gefechten mit den Mainotten südwärts vordrang und am 26. Juli mit ganzer Macht vor Argos erschien, zu veranlassen, daß er — strategisch fehlgreifend — mit dem Gewalthaufen seines Heeres sich auf die Belagerung der Larissa warf. Und während sich nun eine Reihe erbitterter Kämpfe entspann, die sich um diese Citadelle drehten, gedieh der Plan des Kolokotronis zur Reife; derselbe ging dahin, das osmanische große Heer, welches auch für das ausgehungerte Nauplia mit zu sorgen hatte, in der öden Ebene von Argos festzuhalten und auszuhungern. Die übereilte Schnelle des Dramali hatte schon früher ihn gehindert, seine Verbindungen mit Thessalien hinreichend zu sichern; schon bei seiner Ankunft zu Korinth erfuhr er, daß die griechischen Milizen in seinem Rücken seine Zufuhren abschnitten. Nun hatte er auch nicht daran gedacht, die gefährlichen Paßwege zwischen Korinth und der Ebene von Argos (die Pässe des von der alten Landschaft Phliasia nach Südosten zum saronischen Golfe streichenden Mittelgebirges, namentlich des Treton und des Karvanaki) zu besetzen; und während bereits in seinem Rücken der alte Kolokotronis die Stellung von St. Georg (Phlius) und einen Theil dieser Pässe, die Dervenakia, besetzte, zeigte es sich, daß die türkische Flotte (Ende Juli) — ein militärischer Skandal erster Größe — ganz harmlos bei der Halbinsel Argolis vorbeifuhr, um nach Patras zu steuern (s. oben), anstatt vernunftgemäß dem Dramali bei Nauplia die Hand zu reichen. Während nun die Primaten von Morea damals es versuchten, zunächst freilich ohne Erfolg, ihr Land unter britischen Schutz zu stellen, nahmen seit dem 29. Juli die Gefechte bei Argos und Myli an Ausdehnung und Erbitterung fortdauernd zu; Kolokotronis, der allmälig 7000 bis 10,000 M. unter die Waffen gebracht hatte, leitete die militärischen Bewegungen ganz vortrefflich und wußte den Muth der Griechen sehr glücklich zu beleben. Und darüber gerieth das Heer des Dramali allmälig in große Noth; die anfängliche Verschwendung der Lebensmittel, die Öde der Ebene; der Mangel an Trinkwasser in der durch besondere Dürre dieses Jahres ausgedörrten Ebene, und der Genuß unreifer Weintrauben erzeugten schlimme Seuchen. Die Insubordination der vielen vornehmen Reiteroffiziere in seiner Armee, der Widerwille der Soldaten gegen seine harte Disciplin, die Verluste in den kleinen Gefechten, verstimmten die Armee; und während man erfuhr, daß nun auch die Megarer ihre Pässe besetzten und die Idrioten die Magazine in Kenchreä wegnahmen, — nützte eine Beschießung der durch Capitain Hastings und die Kranidioten tapfer gehaltenen Burgen durch die Forts von Nauplia (3.—6. August) so viel wie gar Nichts. Auch der endliche Fall der Larissa am 3. August besserte die Lage Dramali's nicht, der sich endlich entschloß, Argolis zu verlassen. Den Einbruch in die arkadischen Ebenen machten aber Kolokotronis' Anstalten unmöglich; und so zog denn Dramali am 5. August nordwärts. Schon aber hatte Kolokotronis (während Petrobei mit dem Gros die Stellung bei Myli hielt) mit Ypsilanti, Niketas, Dikäos und etwa 4000 M. die schwierigen Paßwege des Treton nach Nemea und Kleonä, westlich von den Ruinen von Mykenä, besetzt und verrammelt. Die schwache albanesische Infanterie schlich sich allerdings ohne namhafte Verluste nach Korinth durch. Aber die Reiterei Dramali's, sein Vortrab, erlitt am 6. August auf den Hauptwegen, bei St.-Basilios und Agio-Sostis durch Ypsilanti und Niketas furchtbare Verluste; und während der Gouverneur von Korinth umsonst von Norden her zu helfen suchte, konnte Dramali selbst am 8. August, als er den Zug über Birbati, östlich von Mykenä, versuchte, nur mit großer Mühe, doch minder verlustvoll, sich durchschlagen.

Mit Verlust seiner Kriegskasse, seiner Geschütze, zahlloser Pferde und Zugthiere, und tief gedemüthigt, war Mahmud wieder in Korinth angelangt. Die Griechen theilten sich nun zwar wieder nach ihrer schlimmen Sitte; indessen waren ihre Bewegungen doch geordneter als bisher. Des tapferen Niketas Bruder Nikolaos erneuerte die Blokade von Nauplia mit 800 Mann, denen dann noch Petrobei sich zugesellte; an des bald nachher gefallenen Nikolaos Stelle trat dann Staikos und Dimitzana; und Kolokotronis begann den Seraskier in Korinth in derselben Art auszuhungern, wie vorher in der Ebene von Argos. Niketas und Ypsilanti sperrten den inneren Isthmos, Odysseus zog aus dem Norden mit frischem Aufgebote heran, um Megaris zu besetzen. Gennäos Kolokotronis sperrte bei Basilika (Sikyon), der alte General selbst bei Soli die Wege nach Vostitza, andere Scharen die Wege nach Argos und Nauplia. Bald waren alle ernsthaften Landverbindungen den Scharen Dramali's entzogen, der nur zu Wasser aus Patras Zufuhr, und zu Lande durch Churschid aus Thessalien Hülfe hoffen konnte. Denn die ungeheure osmanische Flotte, die bis zum 8. September ohne jeden ernsthaften Plan die Zeit bei Patras und Lepanto vertrödelt hatte, verließ am 8. September unter Mehemet-Pascha die Rhede von Patras, fuhr dann südwärts gegen Hydra und Spezzia.

Hier aber wurden ihre Pläne, seit 19. September diesen Inseln gefährlich zu werden, durch die Wachsamkeit und Tapferkeit des Miaulis vereitelt. Ohne Energie, durch Brandschiffe geschreckt, konnte Mehemet-Pascha nicht einmal Nauplia frisch mit Proviant versehen, und nachher auf der Rückfahrt nach den Dardanellen verlor er sogar noch bei Tenedos durch einen Brander desselben tapferen Psarioten Kanaris ein Schiff mit 1600 Mann, während die psariotischen Corsaren die türkische Kauffahrtei bis nach Syrien und Aegypten hin ruinirten.

Trotz der Zurückdrängung des Dramali nach Korinth und der Befreiung des Peloponnes gewannen indessen die griechischen Dinge seit dem September 1822 ein recht bedenkliches Aussehen; dieses durch die Ereignisse in Rumelien. Während nämlich (s. oben) Omer-Brione die Sulioten zur Ergebung nöthigte, hatte bereits der kühne Reschid-Kiutagi von Arta sammt Ismail-Pliassa mit 8000 Albanesen eine Bewegung in Akarnanien unternommen und in diesem Gauen den Krieg entfacht; Maurokordatos hatte ihm mit Mühe bei Machala am Ozeros-See Stand gehalten. Als aber seit Mitte September Omer-Brione selbst mit seiner Hauptmacht nachrückte, war Akarnanien zunächst nicht mehr zu halten. Und nun ließ Omer-Brione, ein durchaus besonnener und mit den schwachen Seiten der Griechen sehr wohl vertrauter Feldherr, auch seine diplomatische Kunst arbeiten. Mit manchen der aufständischen Capitaine der Länder bis zum Parnassos (die ohnehin unter einander höchst uneinig waren), aus der Zeit ihrer gemeinschaftlichen Dienste unter Ali-Pascha bekannt und befreundet, suchte er zunächst manche derselben durch freundschaftliche Anträge zur Rückkehr unter die Hoheit der Pforte zu bewegen; wie denn schon jener alte Gogos Bakolas zwei Tage nach der Schlacht bei Peta aus Unglauben an der Sache der Hellenen zu den Türken übergetreten war. Namentlich der Abfall des westakarnanischen Armatolenführers Varnakiotis, der längere Zeit für Maurokordatos und den westgriechischen Provinzialsenat mit Omer-Brione Unterhandlungen geführt hatte, zu den Albanesen, — dieser Abfall (Anfang October), dem mehrere andere Capitaine folgten, warf ganz Akarnanien vollkommen in Omer-Brione's Hände, öffnete den 8000 M. Omer's die Bahn bis nach Brachori. Umsonst suchte Maurokordatos mit den treuen Capitainen Tsongas, Makris, Stachopulos, Kitsos und Markos Bozzaris sich noch bis Anfang November im offenen Felde zu halten. Bald mußten sie sich nach den Lagunenfestungen, den schlecht befestigten Städten Anatoliko und Missolunghi zurückziehen, die nun von Reschid und Omer, wie auch von Varnakiotis, Gogos und anderen abgefallenen Armatolen blokirt wurden. Nur der Heldenmuth des Maurokordatos und des Markos Bozzaris, die wohl wußten, daß mit der Preisgebung auch dieser Städte der Peloponnes und Ostgriechenland sofort den Osmanen offen liegen würden, rettete jetzt die griechische Sache. Entschlossen in Missolunghi zu siegen oder zu sterben, nur gestützt auf den durch ihr Beispiel entzündeten Heldenmuth des Volks im Missolunghi (die Reste des Corps Tarella waren längst durch Rumelien nach Athen entlassen worden), hielten sie hier wacker und unverdrossen hinter Missolunghi's elenden Schanzen, deren Schwäche zum Glück den Osmanen nicht bekannt war, zu hartnäckiger Gegenwehr, obwol sie Anfangs nur über 380 Soldaten und 14 Kanonen verfügten, und bald auch von Jussuf-Pascha von Patras und Lepanto her mit einigen Schiffen auf der Seeseite blokirt wurden, die Stadt selbst aber nur 5000 Einwohner hatte. Die Philhellenen in der Stadt gewannen Zeit, die Werke zu vermehren und zu verstärken, Kartätschen herzustellen, Kanonenboote auszurüsten, den Feind mehrfach zu täuschen, der mit etwa 11—12,000 M. und 15 Geschützen vor der dünnen Enceinte lag; Hülfstruppen kamen aus [illegible]. Am meisten aber nützten den Griechen die Zustände im feindlichen Lager. Jeder der drei Generale, Reschid, Omer-Brione, Jussuf-Pascha, hatte seine eigenen Pläne; jeder wünschte die reiche Stadt zu erobern und den Kopf des Maurokordatos nach Stambul zu schicken. Der kühne und furchtbar zweckmäßige Gedanke Reschid's, die Stadt sofort zu erstürmen, mißfiel dem Omer-Brione, der die Stadt nicht zerstören wollte, sondern — im Einklang mit der damals zu Stambul aus Rücksicht auf das Abendland eingetretenen milderen Stimmung — durch humane Bedingungen zu gewinnen hoffte. Jussuf endlich suchte durch schreckliche Drohungen den Muth der Griechen zu beugen. So entspannen sich längere Unterhandlungen zwischen den griechischen Führern und den türkischen Generalen, welche von den Hellenen benutzt wurden, um immer „den einen osmanischen General gegen den andern auszuspielen," und soviel Zeit zu gewinnen, daß ihnen die Peloponnesier und Hydrioten Jussuf's Geschwader zerstreuen und namhafte Verstärkungen zuführen konnten. Bis zum 20. November waren außer vieler Munition namentlich 700 Peloponnesier mit Petrobei, Andreas Zaimis und Kanellos Deligiannis angelangt, und nun brachen die Hellenen, denen bald noch 1000 [illegible], bald auch Sulioten unter Andreas Iskos, endlich auch rumeliotische Armatolen zuzogen, die Unterhandlungen ab. Die Osmanen sahen sich auf sehr ernsthafte Kämpfe angewiesen.

Trotzdem war die Gesammtlage von Rumelien noch immer sehr bedenklich. Als Dramali nach Korinth zurückgedrängt war und sehr dringend in Larissa um Hülfe bat, arbeitete der kleine Krieg in Ostgriechenland und auf der Insel Euböa andauernd weiter. Während namentlich Nikitas und Hypsilanti die Gebirge der Landschaft Megaris unter vielen Gefechten streng gesperrt hielten, rückten dann Odysseus und Guras im September in Athen ein, und hier wurde durch eine Versammlung der Einwohner von Attika sammt den Primaten und Bischöfen der Umlande am 8. October Odysseus zum militärischen Dictator von Ostgriechenland ernannt, auch der Areopag aufgelöst. Guras erhielt das Kommando auf der Akropolis, die nun durch Odysseus wesentlich verstärkt wurde, indem derselbe zum Schutz der wieder entdeckten Quelle Klepsydra eine starke Bastion erbaute. Inzwischen hatte aber Tscharschli-Pascha sehr stark

zur Befreiung des Dramali geeilt. Ein erstes Corps von 8000 M. hatte jedoch gegenüber den Anstrengungen der Häuptlinge Gura's und Tsongas's nicht über die Höhen am Nordufer des oberen phokischen Kephissos vordringen können. Nun aber war im October eine Macht von 12,000 M. unter Kiose-Mehemet-Pascha nachgerückt, die sehr gefährlich werden sollte. Dieses Geschwader nämlich brach aus den Stellungen zwischen dem Oeta und dem oberen Kephissos direct südwärts vor, um Rumelien militärisch quer zu durchschneiden. Mehemet's linker Flügel allerdings wurde von den kümmerlichen Hellenen des phokischen Arachowa (bei den Ruinen von Delphi) geschlagen; Mehemet selbst aber besetzte (Anfang November) nach Vertreibung des Panurias die starke Centralstellung von Salona. Nun hatten damals die osmanischen Generale anscheinend Griechenland in ihrer Gewalt. Sie hatten außer Athen alle festen Plätze Rumeliens besetzt: in Euboia namentlich Karystos und Chalkis; in Böotien die meisten Städte, in den Centralcantonen also Salona; Missolunghi war fest umschlossen, — Jussuf-Pascha gebot über das Becken Lepanto-Patras, Dramali lag zu Korinth, Nauplia war noch türkisch, — überhaupt hatten sie mehr als 30,000 M. zu ihrer Verfügung, während die Hellenen kaum über 10 oder 12,000 M. brauchbare Landtruppen auf den Beinen hatten. Nach europäischen Anschauungen war Griechenland — trotz der Niederlage Dramali's bei Mykene — noch immer so gut wie verloren. Weil aber die Osmanen, mit Ausnahme Omer-Brione's und des Reschid Kiutahi, schlechte Generale waren; weil sie unter einander nicht weniger gehässig und eifersüchtig waren, als die meisten Griechen; weil von Einhaltung gemeinsamer Pläne nie die Rede war, sie auch die nothwendigste Vorsicht gewöhnlich außer Acht ließen, so mißlang diesmal beinahe Alles und gingen ihre Heere durch die List der Griechen, durch Hunger und Seuchen zu Grunde.

Zunächst verliefen Mehemet-Pascha's Erfolge im Sand. Odysseus hatte auf die Kunde von dem Fall von Salona seinen Hort geräumt, und war mit etwa 1500 Mann auf Dhadhi (Amphikleia) in Phokis marschirt, wo er die Verbindungen zwischen Salona und den Thermopylen bedrohte. Mehemet, der ihn viel stärker glaubte, als er wirklich war, räumte Salona und ging rückwärts nach der wichtigen Straßenposition von Gravia; dann überfiel er allerdings am 13. November die Griechen zu Dhadhi, schlug sie so vollständig, daß Odysseus nur mit Mühe nach Arachowa entkam, — rückte dann am Kephissos hinab bis nach Velitza (Tithorea). Anstatt nun aber jetzt energisch nach Athen und Korinth vorzudringen, fing er jetzt an mit Odysseus auf Vermittelung [illegible] nach Korinth zu unterhandeln. Da war denn der schlaue Odysseus wieder oben auf! Er ging scheinbar auf diese Ideen ein, erwirkte vor Allem einen Waffenstillstand für drei Wochen. Inzwischen wußte er mit griechischer List die Albanesen Mehemet's, die doch nur der Beute halber kämpften, zu überzeugen, daß in Rumelien zur Zeit nicht viel zu holen sei! Darüber zogen diese Musterhelden denn in Masse nach Hause; und da außerdem die türkische Armee, der andauernd die Armatolen die Zufuhr abschnitten, in dem verheerten Berglande Hunger litt, da ferner die Botschaft kam, daß Mehemet's Gönner, der alte Churschid, ob der schlechten Erfolge in Hellas bei dem Sultan in Ungnade gefallen, sich durch Gift getödtet habe: so gab Mehemet den Krieg auf, verlängerte den Waffenstillstand bis zum Frühjahr 1823, retirirte nach Zeituni und hielt nur noch die Pässe des Oeta besetzt. Da nun nur noch auf Euboia die Fehden sich fortschleppten, da ferner Dramali am 8. December zu Korinth starb, wo sein Heer durch Hunger und Seuchen zu Grunde ging, so konnte bei allgemeiner Beruhigung Ostgriechenlands Odysseus mit schwacher Macht nach Westgriechenland marschiren, wo die Nachricht von seinem Zuge viel zur Erleichterung der Griechen in Missolunghi beitrug.

Hier nämlich hatte Omer-Brione den Kampf nunmehr mit Kraft aufgenommen. Seine Lage war bereits sehr unbequem. Stürme und Herbstregen erzeugten bei seiner Armee Seuchen, sodaß man die Truppen mehr vertheilen mußte. In seiner westlichen Flanke und in seinem Rücken hatten sich die Armatolen Akarnaniens wieder erhoben und die Verbindungen mit Arta und Prevesa abgeschnitten; der ausbleibende Sold bestimmte die Albanesen, in Masse zu desertiren; die schlimmen Nachrichten aus dem Osten demoralisirten die höheren Chargen der Armee. Da versuchte Omer-Brione den zur Unzeit vertagten Sturm. Aber die Stadt und die jetzt bis auf 3000 Krieger angewachsenen Hellenen waren jetzt voll Schwung, der die Osmanen verlassen hatte. Am Weihnachtsfeste wurde dann — den Griechen vorher verrathen — der Sturm gewagt, der mit höchster Energie begonnen, mit Kraft abgeschlagen wurde und den Osmanen furchtbare Verluste bereitete. Da nunmehr dieselben Armatolen, die vorher zu Omer-Brione abgefallen waren, wieder auf Seite der Griechen traten; da Petrobei zu Wasser nach dem Acheloos fuhr, um die Belagerer zu überflügeln; da endlich auch die Armatolen anfingen, den Makrynoros zu sperren, so mußte der Pascha am 12. Januar 1823 die Belagerung aufheben, und trat nun den Rückzug an, auf dem er — von den Griechen verfolgt — noch in Aetolien schwere Verluste an Geschütz und Menschen erlitt. Der Uebergang über den hochgeschwollenen Acheloos bei Lepenu am 27. Februar kostete neue schwere Verluste; und nur mit Mühe erreichte die flüchtende Armee in den ersten Tagen des März 1823 die Südküste des Golfs von Arta, den sie dann zu Schiffe passirt hat.

Parallel mit diesen Ringen in Griechenland liefen nun die Kämpfe auf Kreta im J. 1822; nur daß hier keinerlei Entscheidung eintrat; nur daß hier die Wildheit des Kampfes alle Schandthaten des festländischen Kriegs noch hundertfach überbot. Hier hatte jener (S. 137) Abgesandte des Demetrios Ypsilanti, der Chevalier Michael Komnenos Afentulli, von den Insurgenten der Insel zum Statthalter und Oberfeldherrn erwählt, am 15.

November 1821 die Führung übernommen und sich als tüchtiger und umsichtiger Mann in der That lebhaft bemüht, der Sache Halt zu geben. Leider aber hatte dieser Grieche aus Morea einerseits wenig persönlich Gewinnendes, andererseits keine höhere militairische Fähigkeit, sodaß er namentlich den Sphakioten nicht imponirte. Ihre Anmaßungen und schreckliche Wildheit konnte er nicht bändigen; und seine Absichten, sich unter russischer Hoheit auf Kreta eine selbständige Macht zu bilden, brachte ihn nachmals auch mit der Centralregierung Griechenlands in Spannung. Die Kämpfe des Jahres 1822 drehten sich Anfangs um die Mauern der Städte Kanea und Rhetymno; die Griechen, unter denen außer den Sphakioten noch die Scharen mehrerer anderer insularer Capitaine und namentlich die Schar des tapferen Antonio Melidoni (Bruder von Afentuli's Arzt) von Werth waren, hielten mit zusammen etwa 7000 M. lange den 18—20,000 Türken die Wage, obwol letztere über 27 Städte und viel Geschütz verfügten. In dem Paschalik Kandia indessen hatten die Türken die entschiedene Ueberlegenheit. Die infame Ermordung des altbeliebten Melidoni durch die eifersüchtigen Sphakioten aber (Ende März) verdarb hier für längere Zeit die Sache der Kreter; und der Anfangs April gelandete edle und ausgezeichnete Baleste (S. 139), der mit aller Kraft die Osmanen zu bekämpfen suchte, verlor in der Schlacht bei Castello bei Rhetymno am 26. April durch den Verrath der Sphakioten Sieg und Leben. Nun concentrirte sich der Krieg namentlich bei Kanea, wo auch die Schiffe der Kasioten lebhaft mitwirkten. Die Energie der Kriegführung wurde aber auch hier im Mai dadurch gelähmt, daß nunmehr zwischen Afentuli und dem Sendboten der Centralregierung aus Korinth, dem Chioten Skilitzi Homerides, der jetzt auf Kreta erschien, sehr erhebliche Differenzen ausbrachen, und daß jeder der beiden Machthaber unter den kretischen Insurgenten eine Partei für sich gewann, beziehentlich zu gewinnen suchte. Afentuli, der sich durch Homerides in seinen despotischen Plänen wie in seiner schrankenlosen Machtvollkommenheit erheblich beeinträchtigt fand, war bereits entschlossen, die Insel zu verlassen, als ihm dieses zunächst durch die Ankunft (11. Juni) einer großen ägyptischen Flotte (derselben, die sich nachher mit der osmanischen Hauptflotte zur Fahrt nach Patras, s. oben, verbinden sollte) mit 5000 M. guter Truppen unter Hassan-Pascha unmöglich gemacht wurde. Nun nahm der Krieg einen neuen Aufschwung. Die Aegypter landeten bei Suda. Die Tapferkeit der Hellenen reichte dann doch nicht aus, um vor der Uebermacht dauernd das offene Feld zu halten; sie zogen sich daher aus den Ebenen hinauf in die feste Stellung von Malaxa, die aber im Juli von Hassan-Pascha gestürmt wurde. Grauenvoll genug flammte der Kampf weiter, indem die Insurrection bald da bald dort neu aufloderte, überall bald mit Feuer und Schwert gedämpft wurde, bald das Land mit Strömen osmanischen Blutes tränkte. Schließlich wurde aber doch Nichts entschieden. Denn Hassan-Pascha betrieb nach der Weiterfahrt seiner Schiffe die Bewegungen nur lau, vereinigte sich langsam mit den Scharen der Pascha's von Kanea und Rhetymno, zog dann in den ersten Tagen des September nach Kandia, wo auch der Pascha dieses Cantons zu ihm sich gesellte. Der Plan, mit vereinigten Kräften nunmehr die Sphakia anzugreifen und die kretische Insurrection völlig zu ersticken, kam aber nicht zur Ausführung; während die Griechen sich unter einander die Hände reichten, Homerides die Insel wieder verließ, Afentuli seine alte Stellung behauptete, — endete die Bewegung der Osmanen damit, daß sie für den Winter Gebirge und Binnenland den Christen wieder offen ließen, sich selbst in ihre Lager und Städte einschlossen, wo die Pest andauernd ihre Reihen lichtete.

Während somit schon jetzt ziemlich deutlich sich zeigte, daß die Insel Kreta für die griechische Sache nur einen beschränkten Werth hatte, nur als Vorwerk diente, an dem starke feindliche Scharen sich abzumühen hatten, — war dagegen das Kriegsjahr 1822 überall auf dem Festlande glänzend für die Hellenen zu Ende gegangen. Während in Rumelien die schlimmste Gefahr abgewandt war, hatte sich der Rest der stolzen Armee des Dramali im Januar 1823 im schrecklichsten Zustande theils zur See, theils zu Lande von Korinth nach Patras unter schlimmen Verlusten durchzuschlagen gesucht, wo der Rest aber erst im März ankam. In Argolis aber war die Stadt Nauplia mit ihrem Castell Itschkale und dem steilen Palamidhi endlich (10./11. Januar 1823) auch in die Hände der Hellenen des Kolokotronis gefallen. — Griechenland bis zum Oeta, Tymphrestos und Makrynoros war wieder frei; nur noch wenige türkische Festungen an seinen Küsten unbezwungen. Die hellenistische sogenannte „große Idee" von dem neuen Byzantinerreiche freilich war längst in Rauch und Nebel aufgegangen; aber es hatte sich gezeigt, daß die Pforte mit ihren damaligen Mitteln und mit ihrer damals vorwaltenden militairischen Organisation zu Wasser und zu Lande nicht im Stande war, den Aufstand einer Handvoll Klephten, Armatolen und Primaten zu überwinden. Griechenland hatte sich unter den Augen des Abendlandes — der kalt und feindlich beobachtenden Politik der Cabinete, wie der immer lebhafter sympathisirenden öffentlichen Meinung — behauptet. Seine Freunde durften hoffen, daß dem vielgeprüften Lande endlich noch günstigere Sterne leuchten würden. — Bemerkt sei endlich, daß in eben dieser Zeit allgemeiner Zerstörung und des Verfalls der Blüthe der griechischen Kriegs- und Handelsinseln sich der Grund legte zu der Blüthe der Insel, die heute an Stelle der ruinirten Inseln Hydra, Spetzä und Psara die üppig reiche Handelsmetropole des Archipelagus und des neuen hellenischen Staates geworden ist, nämlich Syra. Es ist für diesen Krieg sehr charakteristisch, daß die Insel Syra, damals bewohnt von römischen Katholiken, die, in fanatischem Hasse gegen die Romäer, der Pforte mit Ostentation treu blieben, seit 1821 ein neutraler Handelsplatz werden konnte, dessen Bevölkerung schnell von 4000 bis auf 30,000 Seelen stieg. Mit orientalischer Gemächlichkeit von der Pforte nicht gestört, entwickelte sich hier ein enorm blühender Handel, der namentlich den noch immer oder anerkannte Flagge führenden Hellenen von höchstem Nutzen werden mußte und von ihnen sorgsam geschont wurde. Der Schutz des katholischen Frankreichs endlich, unter den sich die Lateiner von Syra klüglicherweise noch außerdem gestellt hatten, deckte sie auch gegen den Fanatismus und die Raubgier griechischer Piraten, die sich gar gern an den Reichthümern der neuen Handelsmetropole gemästet hätten.

Die Kriegsjahre 1823 und 1824.

Man hätte bestimmt erwarten sollen, daß die Griechen, belehrt und gewarnt durch die wechselvollen Schicksale des Jahres 1822, nunmehr alle Kraft zusammennehmen würden, um sich schnell und sicher zu consolidiren, die letzten Stellungen der Türken in ihrem Lande zu erobern, und namentlich dahin zu arbeiten, daß die neu zu erwartenden Angriffe der Feinde mit Erfolg in Epirus und am Spercheios aufgehalten werden könnten. Zeit genug hatten sie dazu; denn trotz der pomphaften Rüstungsberichte der Pforte zeigte es sich bald genug, daß die Kraft der Türkei stark erschöpft war, daß sie namentlich den Landkrieg nur noch sehr lax zu führen im Stande war. Leider aber wiederholten die Hellenen, namentlich die Peloponnesier, nunmehr das alte Spiel, diesmal in gefahrvollster Weise: in der Zeit, wo die Gefahr ihnen nicht ganz unmittelbar vor der Thür war, — schien es ihnen wohlgethan, sich mit wahrem Behagen den inneren Zwistigkeiten hinzugeben; und wirklich nahmen in diesem Jahre die Streitigkeiten zwischen der neuen Centralgewalt und den Provinzialsenaten, zwischen den Elementen der Centralgewalt, zwischen den Capitanen und den Primaten, wie unter den großen Häuptlingen und unter den mächtigen Familien des Landes einen wahrhaft gefahrdrohenden Aufschwung. Allerdings ging man damit nicht so weit, um nicht im entscheidenden Moment sich doch schnell wider den Feind verbinden zu können; aber selbstverständlich wurde über solchen Thorheiten eine Menge Kraft und Zeit vergeudet, und machte sich diese Art innerer Auflösung doch oft sehr nachtheilig für die Kriegsoperationen fühlbar. Und nur der Umstand, daß die Masse des Volkes — namentlich in Morea, wo dieses Unwesen am ärgsten wirthschaftete — für die localen und persönlichen politischen Interessen seiner Häuptlinge kein besonderes Interesse entwickelte, bewirkte, daß diese Conflicte, die sehr oft mit den Waffen ausgetragen wurden, gewöhnlich nur zu localen Verwüstungen, zu frivoler Pulververschwendung führten, im Ganzen aber unglaublich wenig Blut kosteten.

Während nun in Osthellas der schlaue Odysseus fast souverain herrschte, in Westgriechenland aber die Kämpfe um Missolunghi die alte Ordnung umgestoßen hatten, entwickelten sich die eben skizzirten Verhältnisse aus den Arbeiten zur Neubildung der Centralregierung. Die Regierung des J. 1822 hatte durch ihre Flucht bei Dramali's Einbruch, die sie schließlich (October 1822) nach dem Städtchen Kastri (Hermione) geführt hatte, alles Ansehen verloren, und dasselbe auch nachher gegenüber dem übermächtigen Oberfeldherrn Kolokotronis und dem sehr starken Provinzialsenat von Morea nicht wieder gewinnen können. Dieses um so weniger, weil es ihr völlig an Gelde fehlte, um die Soldaten zu bezahlen und weil ihr wackerer Vicepräsident Athanasios Kanakaris am 26. Januar 1823 völlig verarmt zu Kastri starb. Unter diesen Umständen war nur von der vollkommenen Neubildung der Regierung etwas zu hoffen. Im Februar und März 1823 kam nun endlich die neue Nationalversammlung zusammen, und zwar zu Astros in der Landschaft Thyreatis; es war eine Unzahl Deputirter, indem oft verschiedene Parteien derselben Cantone gleichzeitig ihre Landboten schickten, Andere aus eigenem Belieben erschienen, noch Andere blos Soldatenhaufen repräsentirten, auch wol Männer aus der alten Versammlung einfach mit eintraten. Beinahe 300 Mann stark, hatte die Versammlung einen sehr tumultuarischen Charakter. Die Anfangs zu Nauplia versammelte Soldatenpartei, von Odysseus, Ypsilanti und Kolokotronis geführt, wollte das Land in Militairbezirke theilen, wo die Capitaine den Krieg nach Gutdünken zu führen, die Civilbehörden nur Geldmittel und Proviant zu liefern haben sollten. Die Primaten standen unter Petrobei, Anagnosti Deligiannis, Andreas Zaimis und Londos. Die Ankunft des allgemein geachteten Maurokordatos mit seinen Rumelioten gab den Primaten das Uebergewicht, und brachte die Versammlung zu Astros (wo die Parteien in einem Citronenwalde, durch einen Bach von einander getrennt, in Hütten einander gegenüber lagen) erst vollkommen zu Stande. Unter der Leitung des Petrobei, Theodoret und Negris arbeitete man längere Zeit mit schlecht verhaltener Eifersucht. Die Hauptsache war, daß man formell die Provinzialsenate in Griechenland abzuschaffen beschloß, und ferner unter Abschaffung der Würde eines Obergenerals die Generale Markos Bozzaris, Odysseus und Kolokotronis für West- und Ostgriechenland und Morea zu Commandanten ernannte. Die Schöpfung der neuen Regierung aber gab bald Anlaß zu bösem Hader. Präsident wurde Petrobei, neben welchem Sotiris Charalampis, Andreas Zaimis und der Graf Andreas Metaxas, des Kolokotronis nächster Freund, fungiren sollten. Die fünfte Stelle sollte für einen Inselprimaten offen bleiben. Maurokordatos wurde Staatssecretair. Diese Ernennungen, die viele Interessen und Parteien unberücksichtigt ließen, erregten aber bald viele Gegenwirkungen. Unterstützt durch den aus Wuth über seine Zurücksetzung zu den Soldaten übertretenden Negris brachte zunächst Kolokotronis durch, daß die neue Regierung ihn nun selbst in ihre Mitte aufnahm, wo er nun in der Art eines Kriegsministers arbeitete, dann aber auch zu neuer Stärkung seiner Macht sich mit der Familie Deligiannis verbündete, und auch die Leitung der in dem allmählig hergestellten Tripolitza arbeitenden legislativen Versammlung sich zu sichern strebte. Durch ein überaus brutales und drohend gewaltsames Auftreten gelang es ihm auch wirklich, an Stelle des von der Versammlung selbst lebhaft gewünschten Maurokordatos, den er zur Abreise nach Hydra factisch zwang, die Erhebung des miserablen

Kanellos Delijannis zu dieser wichtigen Stelle zwar nicht zu erzielen, — wol aber die von ihm beherrschte Regierung zum bittersten Hader mit der Legislative zu treiben. Und während nun unter den alten Anhängern des Kolokotronis wegen seiner neuen Verbindung mit dem Hause Delijannis arge Conflicte und Zerwürfnisse eintraten, bewirkte die immer offener zu Tage springende Verfeindung zwischen der Regierung und der Legislative (die nur zu Zaimis Vertrauen hatte und besonders aus Ydra ermuthigt wurde) in ganz Morea die elendesten cantonalen und localen Händel. Ohne auf alle einzelnen Details dieses Sommers einzugehen, sei nur bemerkt, daß endlich im October die feindlichen Gewalten sich in der Art stellten, daß die Regierung in Nauplia, die Legislative in Argos ihren Sitz nahm; bemerkt sei auch, daß in diesem Sommer zuerst der Wunsch nach einer künftigen Berufung eines europäischen Prinzen zum König der Hellenen ernstlich sich geltend machte, wie denn schon jetzt Trikupis und Maurokordatos mit dem Gedanken, den hochbegabten Prinzen Leopold von Sachsen-Coburg seiner Zeit zu berufen, bei den Patrioten vielen Anklang fanden.

Ueber dem unheilvollen Parteihader blieb nun der Krieg in bedenklicher Weise liegen. In Morea wurde die Blokade der messenischen Festungen Modon und Koron schleppend und planlos betrieben; und Patras, dessen Belagerung Zaimis und Londos hatten in die Hand nehmen sollen, ließ man freilich in der Art außer Acht, daß die Osmanen ungehindert ihre Raubzüge bis tief nach Elis und Nordarkadien hinein ausdehnen konnten. Und in ebenso liederlicher Weise trieben es die Inselgriechen. Die an Kanonen überreichen Psarioten plünderten mit den Samiern die asiatische Küste; die Ydrioten brandschatzten die Latiner auf den Inseln Syra, Naxos und Santorin, — zur Abwehr der feindlichen Flotte hatten sie keine Zeit. Unter diesen Umständen war es ein unverdientes Glück, daß die Pforte zwar große Rüstungen anordnen, eingehende Operationspläne aufstellen konnte, aber keine Kraft hatte, dieselben auszuführen. Der Plan war dieser: Ostgriechenland sollte durch zwei Corps aus Thessalien angegriffen werden, die einerseits westlich bis Salona und Livadien, andererseits östlich durch Böotien vordringen sollten. Der Westen sollte durch Omer-Vrione und durch den mit Ansammlung eines Heeres bei dem thessalischen Trikkala beschäftigten Mustapha-Pascha von Skodra überschwemmt, Missolunghi wieder eingeschlossen, dann mit Hülfe der bei Salona anlangenden Armee der Uebergang nach Morea gemacht werden. Die wohl gerüstete, bis auf 130 Segel zu bringende Flotte unter Chosrew-Pascha sollte sich nicht wieder auf gewaltsame Zerstörungen einlassen, sondern lediglich die Bewegungen der Landtruppen unterstützen, namentlich aber frische Schaaren nach Euböa und dann nach Patras führen.

In Ostgriechenland war es seit dem 16. April 1823, wo Mehemet-Pascha den mit Odysseus geschlossenen Stillstand aufkündigte, zu ziemlich ernsten Kämpfen gekommen. Die etwa 6000 M. Mehemet's versuchten sich in wenig erfolgreichen Angriffen auf die Insurgenten, die sich noch immer unter dem Olympier Karatassos in dem macedonischen Theile Thessaliens hielten. Außerdem mochten andauernd mit wechselndem Glück die Kämpfe auf der Insel Euböa, während die Osmanen von Chalkis zuweilen auch Raubzüge nach Attika und Böotien versuchten. Auf Euböa erhielten die Türken das Uebergewicht, als zu Anfang des Juni die türkische Flotte zu Karystos 3—4000 M. ans Land setzte; die Flotte hat dann ferner Modon und Koron entsetzt, und langte gegen Ende Juni ungehindert auf der Rhede von Patras an. Inzwischen nahmen die Dinge in Ostgriechenland eine ernsthaftere Gestalt an. Zu Anfang des Juni brach das thessalische Heer der Osmanen wirklich aus Zeituni nach Süden vor. Aber das eine für Salona und Galaxidi bestimmte Corps unter Jussuf-Pascha Berkofdjali (oder Berkofzeli) war nur 6000 M., das andere unter dem Wesir Selim-Pascha von Adrianopel nur 4000 M. stark. Trotzdem hatten sie Anfangs ganz gute Chancen, weil für die Abwehr bisher sowol von Odysseus wie von der Staatsregierung gar Nichts organisirt war, und Odysseus seinerseits nur erst allmählig und mit Gewalt Geld aufbringen konnte, um ein Heer mobil zu machen. So konnte namentlich Jussuf-Pascha zuerst ohne Mühe Salona und Livadia besetzen; dann drang er siegreich bis über Arachova und Kastri (Delphi); bei Chryso im südwestlichen Phokis zurückgeworfen, drang dann dieses Corps östlich vor bis Desphina und erreichte hier die Ostküste der Bucht von Galaxidi, ist aber dann doch wieder nach [illegible] am mittleren Kephissos zurückgegangen. Selim-Pascha dagegen marschirte ohne Widerstand durch Böotien und verwüstete die Landschaft am Helikon, während Omer-Pascha von Chalkis mit 800 M. zu Roß nach Theben vorging. Während nun die Griechen in Ostgriechenland wieder in Masse nach den Inseln und nach Morea flohen, war Odysseus am 23. Juni endlich mit 600 M. aus Athen ausmarschirt; seit Anfang Juli durch Nikitas mit 3000 Moreoten unterstützt, führte er längere Zeit mit den Osmanen einen Plänklerkrieg, unterstützt im Süden durch die Milizen von Megara, während am Oeta der Capitain Andreas den Türken die Zufuhr abschnitt. Allmählig mußten die Osmanen ihre Kräfte in den böotischen Ebenen zusammenziehen, wo sie ihre Reiterei besser gebrauchen konnten. Ein Sieg, den Odysseus in der Nacht des 15. Juli davontrug (am Kephissos), machte ihn den Türken wieder furchtbar; und nach seiner bedenklichen Gewohnheit hielt er die Pascha's wieder durch trügerische Unterhandlungen hin, bis endlich zu Ende Juli die osmanischen Führer nach ihrer behaglichen Praxis ihre Hauptaufgabe wieder einmal fallen ließen. Jussuf-Pascha ging nämlich mit seiner Hauptmacht aus Böotien mit Omer-Pascha nach Euböa, während Selim mit einer Abtheilung bei Theben stehen blieb. Euböa ging freilich für die Griechen verloren. Der tapfere Olympier Diamantis, von Odysseus mit bitterer Eifersucht verfolgt, unterlag in der ersten Hälfte des August; und Odysseus selbst, der dann mit 1000 M. auf der Insel erschien, richtete Nichts aus, veranlaßte vielmehr durch seinen Haß gegen Diamantis den Letzteren, mit den Türken Frieden zu schließen und nach seinem makedonischen Armatolik zurückzukehren. Euböa aber verlor damals in seiner Nordhälfte 150 Dörfer, während die Griechen in Masse nach dem Archipel der Skiathos auswanderten. Damit fiel auch die Bewegung in dem angrenzenden Thessalien mit ihrem Centralpunkte Trikeri zusammen. Von Euböa her warfen sich nun die Osmanen mit Anfang des September auf Attika, welches damals der allerdings rohe, anmaßende, oft brutal und erpressend auftretende, aber tapfere und gewandte Gurás, ein Unterfeldherr des Odysseus, mit etwa 1400 M., großentheils Athenern — (von einem Theile der damals nach Salamis gewanderten Regierung, Petrobei, Charalampis und Metaxas mit einigen Peloponnesiern nur miserabel unterstützt) — lebhaft vertheidigte. Der Hauptsache nach nur auf Plünderung bedacht, gingen dann die Osmanen schon am 18. September zurück nach ihrem Lager bei Kalamos (an der Nordostküste von Attika, nahe bei Oropos), wo sich die Armee mehr und mehr auflöste und eine verheerende Seuche große Massen Soldaten dahinraffte. Darüber retirirte Omer nach Chalkis, Jussuf und Salih nach Zeituni. Unwillig über die Heeresverderberei Jussuf's setzte nun der Sultan ihn ab und ließ an seine Stelle den furchtbaren Abulobud von Saloniki, den makedonischen Tiger, treten; dieser Feldherr übte in Thessalien seine üblichen Schandthaten an Wehrlosen aus, sammelte auch etwa 15,000 M. (im October); aber Griechenland hat er doch nicht wieder beunruhigt. Und bei solcher Trägheit der Feinde nahm Odysseus den Plan wieder auf, Euböa nun doch zu erobern. Er verband sich mit dem tapferen und gewandten Kolettis, der ihm zunächst zu Anfang des November 500 M. nach Athen führte, dann aus der Insel Psara mehrere Kriegsschiffe holte. Am Ausgange des November setzten beide Feldherren mit 3000 M. (Thessalier, Athener, Albanesen, Moraiten), vielem Geschütz und ihrer kleinen Kriegsflotte von Porto Raphti (Prasiä) in Attika nach dem südlichen Euböa über, wo ihnen der Karystier Griziotis 600 M. zuführte. Man blokirte sofort Karystos, schlug die Osmanen in mehreren Treffen, schloß die Stadt eng ein, und wandte sich dann nordwärts, um auch Chalkis systematisch und ernsthaft zu bedrohen. Ausgerichtet wurde aber auf dieser für die Griechen so unheilvollen Insel schließlich auch diesmal Nichts. Die mangelnde Disciplin der Soldaten, der Mangel an Geld, decimirte die Armee. Ernsthafte Angriffe auf Karystos scheiterten; und die von den Psarioten nur schlaff gehandhabte Blokade machte die Osmanen keineswegs mürbe; bis dann Odysseus selbst, außerdem durch den Stand der Politik auf dem Festlande (s. unten) stärker gelockt, im Frühjahr 1824 seinerseits Euböa räumte und nach Athen zurückkehrte; — der Rest der hier arbeitenden Griechen ist dann zu Anfang Mai 1824 durch die türkische Flotte und 2000 frische Janitscharen zum Abzug genöthigt worden.

Ebenso elend verliefen die Dinge auf Kreta. Bis zum Frühjahr 1823 durch die Pest decimirt und in allen Bewegungen gehindert, hatten die Türken sich zuletzt doch nur in der Osthälfte der Insel vollkommen behaupten können, während die Hellenen Kanea immer enger einschlossen und auch den Canton von Kissamos mit Erfolg insurgirten. Dann haben die Sphakioten, unwillig über seine Abneigung gegen ihre Raubwirthschaft, den Afentuli endlich genöthigt, ihre Insel zu verlassen. Weil man aber denn doch einen guten Führer nöthig hatte, so stellte man den tapferen Hydrioten Emanuel Tombasis, als Harmosten an die Spitze. Am 29. Mai führte dieser General aus Nauplia etwa 2000 Rumelioten, Moraiten, Bulgaren (und für den Geschützdienst an 15 Kanonen eingeschulte Kranidioten unter Hastings) nach Kreta, wo er am 3. Juni bei Kissamos landete. Rasch und energisch, wie er war, zwang er schon am 5. Juni diese feste Stadt zur Uebergabe; dann zog er mit etwa 5000 Mann gegen die kriegerischen Muhammedaner des Cantons Selino, denen er am 12. Juni bei Ghaverne ein Treffen lieferte; freilich konnte er dasselbe bei der Haltlosigkeit der kretischen Milizen nicht gewinnen, nöthigte aber doch die Einwohner und Soldaten von Ghaverne, am 14. Juni zu capituliren. Zu seiner Schmach ließ er sich aber durch die kretischen Scharfen bestimmen, die Capitulation nach der schlimmen Art dieses Krieges zu brechen und die abziehenden Türken auf ihrem Marsche zu überfallen; die Vorsicht und Energie der Türken ließ es dann freilich zu keinem von den Griechen gewünschten Gemetzel kommen, die dafür sich durch Ermordung der türkischen Kranken zu Ghaverne entschädigten. Freilich wetteiferten die kretischen Türken ihrerseits an ehrlosem Benehmen aller Orten mit den kretischen Piratenchristen. Während nun mit Ende Juni Mehemet-Ali von Aegypten auf 43 Schiffen seinen General Mustapha-Bei mit 5000 M. frischen Truppen nach dem östlichen Kreta schickte, versuchte Tombasis vor Allem, zwischen den übrigen Insurgenten der Insel und den durch Raubgier und Anmaßung bei ihren Landsleuten allgemein verhaßten Sphakioten eine ernstliche Aussöhnung zu Stande zu bringen; um so mehr als die Spannung in dieser Richtung bereits bis an die Schwelle des Bruderkrieges geführt hatte, und die Sphakioten immer mit Einstellung des Kampfes gegen die Osmanen drohten, sobald man ihnen sich ernstlich widersetzte. Die zu diesem Ende von Tombasis nach Archadena in dem Canton Apokorona berufene Nationalversammlung führte aber zu keinem Ergebniß, weil (Anfang Juli) die Sphakioten so unverschämte Forderungen stellten, daß weder Tombasis noch die Kreter darauf eingehen konnten, und weil man andererseits die rohe Tapferkeit dieser Berghirten doch nicht entbehren konnte. Tombasis wandte sich daher lieber nach dem Osten, wo das Land durch 10,000 Osmanen und Aegypter in Kandia niedergehalten wurde. Als er nun gegen Ende Juli nach Osten marschirte, bewirkte der freche Hochmuth des Sphakioten Russo, den Tombasis an die Spitze der kretischen Insurgenten gestellt hatte, eine solche Verstimmung, daß zu Amurgelli bei Kandia nur noch 2000 Eingeborene zu den griechischen Fahnen hielten. Mit etwa

8000 Mann wurde der Harmost Tombasis dann in dieser Gegend zu Anfang October durch die an Zahl wie namentlich an guter Reiterei bedeutend überlegene Armee des Mustapha-Bei völlig geschlagen. Obwol die Griechen nur 300 Mann verloren hatten, war die Niederlage von Amurgeli doch der Todesstoß für die kretische Insurrection. Denn alle Bemühungen des Tombasis, immer und immer wieder neue Milizhaufen aufzubieten und den Osmanen entgegenzustellen, scheiterten andauernd an der Nachwirkung des tödtlichen Schreckens von Amurgeli. Dazu kam, daß Mustapha-Bei, um für den Winter Ruhe zu haben, seinen Sieg mit ungewöhnlicher Energie verfolgte, und unter schrecklichen Verheerungen bis zum Eintritt in die Winterquartiere noch an 3000 Griechen den Tod, 7000 aber die Sklaverei bereitete. Noch heute verrufen ist die (in Algerien später von dem französischen General Pélissier in den Kabylenfehden nachgeahmte) entsetzliche That bei Megarikos; hier hatten sich nach dem Gefecht bei Amurgeli an 600 Christen, zum großen Theil Weiber und Kinder aus Melizoni, in die große Höhle von Stonarambella geflüchtet, die leicht zu vertheidigen und mit Proviant wohl versehen war. Einen Monat lang blokirten sie die Türken; dann der Blokade überdrüssig — erstickten die Muhammedanischen Henker die ganze Masse der Höhleninsassen durch Rauch, den sie in die Grotte trieben! Bis zum Ausgang des Feldzuges 1823 war die Insurrection auf Kreta bis westlich von Rhetymne überall niedergeworfen. Außer der Sphakia hielt sich nur noch ein kleiner District; Tombasis selbst stand verzweiflungsvoll zu Kasa in dem Canton Apokorona, und die kretischen Christen wanderten in Masse aus nach Cerigo und den Inseln des ägäischen Meeres.

Höhere Bedeutung und höheren Schwung hatten in diesem Jahre 1823 nur die Kämpfe in den westlichen Acheloos-Kantonen Rumeliens. Hier wurde die griechische Sache von Norden und Nordwesten her bedroht. Während nun hier die Armatolen von Agrapha und vom oberen Acheloos unter den Capitainen Karaiskakis (einem tapferen Mann aus Ali's Schule, dessen im Kerne wackere Art aber erst sehr allmälig die schlimmen Klüfen des Klephtenthums abstreifte) und Stornaris im Lenz 1823 angriffsweise bis nach dem thessalischen Trikkala streiften, hatte der energische und ehrgeizige Jussuf-Pascha von Patras im Mai auf eigene Hand zu Veniza an 6000 Albanesen geworben, mit denen er in Rumelien einbrechen wollte. Diesen Mann hinderte aber die Eifersucht des Omer-Brione, der selbst mit den Griechen correspondirte und in Jussuf's Scharen Meuterei anstiftete, seine Pläne auszuführen. Nun erst sammelten sich die Heerhaufen der Pforte. Omer-Brione sammelte etwa 3000 M. in Epirus; jener Mustapha- (oder Mustai-) Pascha von Skodra dagegen an 13,000 M. Albanesen, tuniesische Gheges und römisch-katholische Miriditen, mit denen er im Juli den Marsch antrat, der sowol die Pässe des Makrynoros wie den Pindus umging, und seinen Zug über Thessalien nahm und durch die südwestliche Ecke dieses Landes zog, um diesmal durch das östliche Agrapha, an dem Tymphrestos hin, über Karpenisi in Aetolien einzubrechen. Agrapha wurde denn auch schnell erobert, während Omer-Brione von Kombotti her vordrang, und die Flotte Chosrew-Pascha's die Südküste bis Lepanto hin beobachtete. Unter diesen Umständen glaubte der heldenmüthige Sulietengeneral Markos Bozzaris mit seiner schwachen Macht den Stoß der Albanesen im offenen Felde brechen zu müssen. Während Capitain Makris und Andere gegen Omer-Brione ausrückten, zog (11. August) Markos Bozzaris von Missolunghi aus mit seinen Sulioten nordwärts, konnte aber auch nach seiner Verbindung mit den Armatolen der Capitaine Karaiskakis und Giotrakis sein Heer nicht über 1200 M. bringen, während bereits die Vorhut des Pascha's von Skodra, etwa 5000 M. katholischer Miriditen, unter Dschelaladin-Bei bei Karpenisi am Fuße des Tymphrestos lagerte. Bozzaris hielt es für unmöglich, mit seiner schwachen Macht der albanesischen Uebermacht lange in offener Schlacht Stand zu halten; daher faßte er den heldenmüthigen Entschluß (20. August), den Feind durch nächtlichen Ueberfall zu erschüttern, der auch in der nächsten Nacht ausgeführt wurde. Leider machte die Zuchtlosigkeit der Soldaten den zum Angriff von den Bergen her bestimmten Commandanten der griechischen Flügel unmöglich, nachhaltig mitzuwirken. Markos Bozzaris aber, der mit seinem Centrum, mit nur 350 M., von der Ebene her, in Dschelaladin's Lager eindrang, erkämpfte brillante Vortheile. Die Miriditen hatten gegen 1000 Mann verloren, die Griechen kaum 100 Krieger, — leider aber war, ein unersetzlicher Verlust, der herrliche Markos Bozzaris auch gefallen.

Markos' Tod hätte es dem Mustapha-Pascha nun doch leicht gemacht, in raschem Vorgehen seine Gegner bis zu den Lagunen von Missolunghi zu werfen. Allein, der schreckliche Eindruck dieser Nacht machte ihn vorsichtig. Und als die beiden suliotischen Capitaine Tzavellas mit einem Theile der Sulioten und vielen Armatolen, zusammen etwa 3000 M., bei dem Gebirge Kaliakuda (südöstlich von Karpenisi) eine feste Stellung einnahmen, wandte er sich erst gegen diese Position, die erst nach harten und verlustvollen Gefechten am 9. September genommen wurde. Nun erst zog er südwärts, vereinigte sich mit dem (über Lepenu vorgedrungenen) Omer-Brione bei Vrachori. Jetzt 15,000 M. stark, drangen sie nach den Lagunen vor, suchten die Verbindung der mit der Flotte und begannen in der Mitte des October Anatoliko und Missolunghi zu blokiren. In Erinnerung an die vorjährigen Mißfälle vor Missolunghi, warfen sie diesmal ihre Kraft vor Allem auf Anatoliko, das, zuerst nur von 600 Soldaten und dem tapferen Ingenieur Michael Kokinis tapfer vertheidigt, seit dem 19. October beschossen, aber mit höchster Zähigkeit vertheidigt wurde. Von Morea her und durch die einmal damals vollkommen in innerem Hader aufgelöste, Regierung nur schlecht unterstützt, wurde Anatoliko endlich vorzugsweise durch Eintritt des Regens, der Seuchen im türkischen Lager und durch die Guerilla's, welche den Osmanen den Proviant abschnitten, gerettet. Nach einigen heftigen, aber erfolglosen Angriffen gegen Ende November brachen die Pascha's am 12. December auf, und traten ihren ruhmlosen Rückzug nach ihren albanesischen Residenzen an. Ja, da die große osmanische Flotte unter Chosrew-Pascha bei ihrem Aufenthalt vor Patras und Lepanto (seit Ende Juni) gar Nichts geleistet, nicht einmal das durch den Ostiochären Johannes Notaras energisch blokirte Korinth zu entsetzen verstanden, endlich nur wenige Schiffe für Jussuf-Pascha bei Patras zurückgelassen hatte, dann aber — (entsprechend der damaligen, durch die Verarmung der meisten Inselgriechen motivirten, Thatenlosigkeit der griechischen Flotte) — Ende August wieder nach dem ägäischen Meere abgesegelt war, wo endlich doch eine griechische Flotte sie zu belästigen begann; — da sie endlich nur noch (s. oben) bei der Unterwerfung der thessalischen Magnesier mitwirkte: so konnte endlich auch das starke Korinth am 7. November zur Ergebung genöthigt werden. Der wackere Nikitas setzte es diesmal mit Gewalt durch, daß die Capitulation ehrlich eingehalten wurde.

Inzwischen hatte der Conflict zwischen der elenden Centralregierung und der Legislativen sich immer fortgesponnen und allmälig ganz Morea mit Unruhen erfüllt. Auch das Ansehen des Kolokotronis nutzte sich immer mehr ab, sodaß er endlich nur noch in Arkadien höheres Ansehen behauptete. Und während die Spannung sich in Arkadien und Elis bis zum freilich völlig unblutigen Bürgerkrieg steigerte, setzte endlich (7. December) aus formell-constitutionellen Vorwänden die Legislative den Grafen Metaxas ab und ernannte an seiner Stelle den Koletis zum Mitglied der Regierung. Als dafür die Regierung von Nauplia aus (10. December) die Versammlung mit Waffengewalt sprengen wollte, zog sich die letztere zurück nach Kranidhi, wo ihr die befreundeten Insulaner nahe waren, und wo sie nun (18. Januar 1824) eine neue Regierung ernannte: die Hydrioten Georg Kunduriotis und Botasis; dann Nikolaos Londos, Koletis und Spiliotakis. Die alte Regierung dagegen verlegte ihren Sitz aus Nauplia nach Tripolitza, und schrieb neue Wahlen aus.

Unterstützt durch die Insulaner und die Cantone des westlichen Rumeliens, noch mehr durch die Aussicht auf das Zustandekommen einer Anleihe, die seit einiger Zeit in England negociirt wurde und voraussichtlich nur den bürgerlichen Elementen zu Kranidhi zufallen konnte, ging die neue Regierung energisch vor. Gegen Ende des März 1824 suchte sie sich namentlich der starken Festung Nauplia zu bemächtigen, die von Kolokotronis' Freunden gehalten wurde. Man blokirte diese Stadt, gewann (2. April) selbst Korinth und marschirte dann auf Tripolitza, wo es aber nur zu einer großen Pulververschwendung kam und in dem Gefecht mit den Truppen der alten Regierung — nur Ein Soldat fiel. Inzwischen mußten Kolokotronis und seine Freunde doch nach Karytäna weichen (17. April). Da jetzt aber die Nachricht sich verbreitete, daß jene namhafte Anleihe, welche seit geraumer Zeit in England negociirt wurde, nicht allein abgeschlossen, sondern daß auch ein bedeutender Theil des Geldes bereits in Zante (gegen Ende April) angekommen sei, so beschloß der alte Kolokotronis, der wohl erkannte, daß der Empfänger dieser Geldmittel das volle Uebergewicht gewinnen müsse, noch einmal einen großen Schlag zu wagen. Er sammelte zu Karytäna starke Massen, und während in seinem Clane Petrobei den Raubkrieg gegen die Messenier von Kalamata einleitete, konnte der alte General seit der Mitte des Mai Tripolitza wieder blokiren, ohne die Stadt jedoch zu gewinnen. Andererseits zogen die Häuptlinge aus seinem Geschlecht, sein Sohn Gennäos, sein Neffe Nikitas, sein Schwager Kolliopulos und der Plaputas auf Nauplia, um diese blokirte und von Panos Kolokotronis fest gehaltene Stadt zu entsetzen. Außerdem ließ Graf Metaxas die Tzakonen aufbieten. Seit den beiden letzten Wochen des Monats Mai gab es nun auf dem Terrain von Myli bis nach Nauplia überaus zahlreiche Gefechte mit den Streitkräften zu Wasser und zu Lande, welche der jetzt zu Argos residirenden Regierung zu Gebote standen. Da jedoch die Truppen der Regierung in diesen Scharmützeln andauernd die Oberhand behielten, auch am 30. Mai sich gegen Tripolitza in Bewegung setzten, so stellte der alte Kolokotronis, der Zukunft bei Zeiten Rechnung tragend, seinen Krieg ein und beschloß zu unterhandeln. Er schloß am 3. Juni mit den bisher von ihm in Tripolitza blokirten mächtigen peloponnesischen Organen der neuen Regierung, den beiden angesehenen nordpeloponnesischen Primaten Zaïmis und Londos einen Vertrag; um das Uebergewicht der Rumelioten und Insulaner nicht zu groß werden zu lassen, machten ihm diese Primaten — (wie sich denn die Griechen unter einander bei solchen „Raufereien" merkwürdig gut verstanden) — möglichst milde Bedingungen. Kolokotronis mußte die neue Regierung anerkennen; sein Sohn Panos mußte (19. Juni) Nauplia übergeben, erhielt aber 25,000 Piaster zur Soldzahlung für seine Soldaten. Ueberall hörte der Kampf auf, und die neue Regierung konnte am 14. Juli allgemeine Amnestie verkünden. Nur Zaïmis und Londos waren verdrießlich nach ihren Heimathsorten zurückgekehrt; einmal weil ihnen die Regierung wegen ihrer zu großen Nachsicht gegen Kolokotronis grollte, und dann weil wider ihre Verwendung der Regierungspräsident Georg Kunduriotis die Bobolina, die während des Winters nicht blos Kanonen zu Nauplia auf ihre Rechnung verkauft, sondern auch durch einen Armenier leichte Münzen hatte prägen lassen, aus Nauplia auswies.

Das Hauptinteresse für die neue Regierung war aber (nachdem sie schon seit dem 18. April die Wahlen zu der Erneuerung der Legislative in Gang gesetzt hatte), sich in Besitz der flüssigen Gelder der englischen Anleihe zu setzen. Daß eine solche Anleihe überhaupt möglich wurde, verdankte Griechenland in erster Linie dem fortschreitenden philhellenischen Enthusiasmus, der allmälig auch England, hier zuerst und mit Erfolg die whiggistische Partei, erfaßt hatte. Seit Abschluß des Congresses von Pladha zu Anfang des J. 1822 hatte ein Freund des Maurokordatos, Andreas Luriotis aus Argos, sich umgethan, im Abendlande eine solche Anleihe zu ermöglichen — auf Sicherheit der griechischen Nationalländereien. Seine und andere Versuche (den vielfältigen romantischen Schwindel, der sich, oft recht phantastisch, in Europa da und dort an die Kämpfe und politischen Entwicklungen auf Griechenlands classischem Boden heftete, denken wir nur ganz flüchtig an) waren lange ohne greifbaren Erfolg. Endlich konnte der umsichtige Luriotis in London Beziehungen anknüpfen mit Herrn Blaquière, der ihm dann (März 1823) die Bekanntschaft der englischen Whigs vermittelte. Die londoner Philhellenen schickten dann die Herren Blaquière und Luriotis zu genauerer Erkundigung nach Griechenland. Und nach zwei Monaten kehrte Blaquière zurück, um durch seine Berichte den neuen Unterhändlern Griechenlands die Wege zu ebnen. Diese Männer, die Herren Luriotis, Orlando von Hydra und G. Zaimis blieben indessen aus Rücksicht auf die heillose Anarchie, die im Sommer und Herbst 1823, wie wir sahen, Morea erfüllte, lange in Hydra, bis sie dann endlich am 26. Januar 1824 in London anlangten. Sie hatten aber den Vortheil, daß sie gerade zu einer Zeit in England ankamen, wo sich eines Theils der Finanzwelt eine „gewisse Wuth zu jeder Art wilder Speculationen“ bemächtigt hatte [15]). Unterstützt durch das britische Philhellenen- oder Griechencomité, schlossen dann die hellenischen Abgeordneten am 21. Februar 1824 mit der Firma Loughnan und O'Brien den Vertrag wegen einer Anleihe von 800,000 Pfund zu 59 Pc. und zu 5 Procent Interessen, vom 1. Januar 1824 an zahlbar. Als Sicherheit wurde den Darleihern griechisches Nationaleigenthum, und speciell die Einkünfte der Zölle, Fischereien und Salinen verpfändet. Da die Banquiers sogleich die 5% Interessen der beiden ersten Jahre, und das Amortissement von 1% für zwei Jahre ebenfalls zurückhielten, ferner auch 3% für Commissionen, Courtage u. dgl. m., und ½% für Commissionen auf die Zinszahlung bezogen, so hat Griechenland thatsächlich nur die Summe von 348,000 Pfund erhalten [16]). Trotzdem war der Abschluß dieser Anleihe für die Sache der Griechen von unermeßlichem Werthe. Nicht nur daß die Griechen bei ihrer so sehr unsicheren Lage von Glück sagen durften, daß sie überhaupt Credit erhalten hatten, und daß dieses Geld ihnen materiell sehr zu Gute kam, so galt in vielen Kreisen Englands — wo überhaupt (s. unten) an Stelle der ämtlichen harten Castlereagh'schen Auffassung ihrer Sache die wohlwollende Canning'sche getreten war, — „diese finanzielle Anknüpfung als eine thatsächliche Anerkennung der griechischen Unabhängigkeit;“ mindestens waren jetzt namhafte materielle londoner Interessen nunmehr mit der griechischen Sache verflochten. Die griechische Regierung konnte aber noch keineswegs sofort in den Besitz der neuen britischen Schätze treten. Allerdings kam Herr Blaquière mit der ersten Rate von 40,000 Pfund am 24. April nach Zante; hier sollte er das Geld den Herren Bligh, Graf Cäsar Logothetis auf Zante und Herrn Samuel Barff übergeben, der griechischen Regierung aber (um zu hindern, daß das Geld in unrechte Hände käme) nur mit Zustimmung einer Commission ausgezahlt werden. Diese sollte bestehen, so war bei Abschluß der Anleihe ausgemacht, aus den Herren: Lazarus Konduriotis; dem berühmten Lord Byron, — diesem gefeierten Dichter und Griechenfreund, der ein vielbewegtes Leben mit der ebenso idealen wie praktisch verständigen Aufopferung für die Hellenen beschloß, unter denen er seit dem Sommer 1823, namentlich in Westgriechenland weilte, und der den englischen Philhellenismus lebhaft geschürt hatte, — und dem Obersten Leicester Stanhope, der (wie Byron ein Organ der englischen Philhellenen, und vornehmlich weil er auf seiner Reise nach Hellas im Herbst 1823 die Verbindung des britischen Griechencomité's mit den deutschen und schweizerischen Philhellenen vermittelt hatte), als schwärmerischer Republikaner nachher (s. unten) in Griechenland freilich eine wenig glückliche Rolle gespielt hat. Als nun Blaquière in Zante ankam, erfuhr er mit schwerem Bedauern, daß Lord Byron gestorben sei. Der wackere Mann, der mit Stanhope und Maurokordatos in Missolunghi (seit dem Anfang des Januar 1824) die bewaffneten Philhellenen zu reorganisiren gesucht, dann aber an seinen geliebten Sulioten — die nach Markos Bozzaris' Tode hungernd und heimathlos bei dieser Stadt lagen, und bei denen jetzt die albanesische Wildheit unangenehm zum Vorschein kam — sehr verdrießliche Erfahrungen gemacht hatte, war schwer erkrankt und am 19. April 1824 zu Missolunghi gestorben. Nunmehr hatte Blaquière den Oberst Stanhope nach Zante berufen, der hier auch am 12. Mai erschien, aber die Auszahlung der Gelder an die griechische Regierung zu Nauplia nicht zuließ. Darüber gerieth die Primatenregierung natürlich in die größte Verlegenheit; der Hader der Capitäne wuchs zusehends, als auch die zweite Sendung von neuen 40,000 Pfund in Zante am 13. Juni anlangte und mit der ersten zurückgehalten wurde. Erst mit Ende Juli des J. 1824 erhielt die Commission in Zante aus London die Weisung, das Geld endlich an die Hellenen zu zahlen. Es kam sehr zu guter Zeit; denn über dem tollen inneren Hader und über dem Ringen um die Anleihe war für die Wehrkraft des Landes seit Monaten so gut wie Nichts geschehen; und doch hatte die Pforte bereits einen neuen Feind aufgeboten, der die Hellenen in viel furchtbarerer Weise beunruhigen sollte, als die bisher gegen Griechenland ausgesandten Heerführer.

Militairisch und finanziell erschöpft, wie die Pforte war; entschlossen, im J. 1824 die bisherigen Fehlschläge um jeden Preis wieder gut zu machen; hatte der Sultan Mahmud sich zu dem schweren Schritt entschlossen, seinen stärksten Vasallen, den ebenso gefürchteten wie im Stillen gehaßten Vicekönig von Aegypten, den berühmten Mehemed-Ali um Hülfe im großartigen Stile zu bitten. Mehemed-Ali hatte bereits (s. oben) auf der Insel Kreta seit 1822 den Osmanen sehr erfolgreiche Hülfe gegen die Insurgenten geleistet; jetzt bat die Pforte den

15) So bei Zinkeisen a. a. O. Bd. IV. (XI.) S. 313.
16) So nach Gervinus a. a. O. Bd. VI. S. 14. Zinkeisen (Gordon) a. a. O. S. 314 gibt nur 280,000 Pfd. an.

hochstrebenden, ehrgeizigen Mannes, der mit aller Macht darnach drängte, unmittelbar in das Getriebe der orientalisch-europäischen Politik eingreifen zu können, durch seinen Agenten in Stambul, durch Nedschib-Efendi, der am 17. März 1824 in geheimer Sendung in Kahira ankam, den Oberbefehl gegen die Griechen zu Wasser und zu Lande. In kluger Verfolgung derselben Politik, die — soweit das Mittelmeer in Frage kommt — die Lage des Nillandes schon den alten Pharaonen vorgezeichnet hatte, gewann er jetzt als Preis für die zu leistende Hülfe zu seinem afrikanischen Reiche und seinen arabischen Ländern die Inseln Kypros und Kreta, und sein kriegerischer Stiefsohn Ibrahim-Pascha sollte sich das Paschalik Morea selbst erobern. Man entwarf den Plan, daß demgemäß Ibrahim seine ganze Kraft auf Morea werfen, der Kapudan-Pascha das ägäische Meer, die osmanischen Generale und Omer-Vrione dagegen Rumelien erobern sollten.

Die Hellenen konnten bald genug die Wellenschläge der neuen drohenden Fluth verspüren. Noch ehe die frischen Kräfte der Aegypter im Felde erschienen, war Kreta völlig überwunden. Der wilde ägyptische General Hussein-Pascha war, während der Harmost Tombasis damals zu Suda lag, mit 20,000 M. Türken und Aegyptern aus seinen Winterquartieren aufgebrochen und hatte die christlichen Cantone mit Feuer und Schwert zu verheeren begonnen. Tombasis konnte sich um so weniger im Felde halten, weil jetzt in unverständlicher Bosheit die Sphakioten nicht allein auf eigene Hand mit Hussein über ihre Unterwerfung zu verhandeln begonnen, sondern auch versprochen hatten, den Harmosten den Osmanen in die Hände zu liefern. Da verließ Tombasis die Insel und zog sich bei Zeiten an Bord seines Schiffes zurück. Und während nun die Moslems alle Hände voll zu thun hatten, um Anfang April tausende von Kretern zu retten, die noch entkommen konnten, fielen auf dem Ida andere Tausende, oft noch von den Sphakioten geplündert, dem Schwert oder den Ketten der Moslims anheim. Am 18.—24. April kehrte auch Tombasis, vor einem ägyptischen Heere weichend, nach Hydra zurück. Hussein aber erließ nunmehr eine Amnestie und milderte die Last der Abgaben; die Capitaine der Sphakioten aber, namentlich den kleinen Russos, sandte er mit sich nach Kanea, um sie hier Jahre lang in strengem Kerkern gefangen zu halten.

Inzwischen rüstete Mehemed-Ali mit seiner vollsten Energie zu dem Kriege gegen die Hellenen. Seine schon längst zu ansehnlicher Stärke in europäischer Taktik geschulte Armee war seit 1823 bedeutend erhöht worden; hatte er schon im J. 1824 an 15,000 ausgebildete und 8000 in der Uebung begriffene reguläre Krieger, so ist seine (allerdings von Kordofan bis nach Morea zerstreute) Armee im J. 1826 bis auf 30,000 M. geschätzt worden. Während gleichzeitig bei Stambul die türkische Flotte furchtbare Rüstungen machte, waren Alexandria und Kahira, wo nicht wenige abendländische Offiziere thätig, belebt durch den Lärm der Arbeit in Arsenalen, Docks und Exercierplätzen. Für die Expedition, von der man schnellen und leichten Sieg erwartete, waren mit 54 Kriegsschiffen und 400 Transportfahrzeugen (darunter 86 europäische Kauffahrer) 12,000 Reguläre, 2000 Albanesen, 2000 Reiter, 700 Artilleristen und Ingenieure, und 150 Geschütze bestimmt. — Die Hellenen sahen diesen schrecklichen Vorbereitungen mit sehr verschiedenen Empfindungen zu. Da sie Mehemed-Ali's und Ibrahim's Art und furchtbaren Nachdruck nicht kannten; da sie noch nicht wußten, welchen Vorsprung die europäische Schulung den Aegyptern vor den Osmanen gab; da sie Mehemed-Ali's Soldaten lediglich für weichliche Afrikaner, Fellahs und gepreßte Neger hielten, — so glaubten sie, auch der neue (so gefahrvoll gut berechnete) osmanisch-ägyptische Kriegsplan müsse ebenso kläglich scheitern, wie die früheren. Jetzt schon gewohnt, die Osmanen zu verachten, rechnete die Masse der Palikaren bereits auf reiche Beute an Waffen- und Schmuckstücken und Pferden der ägyptischen Soldaten. Die Regierung freilich war in einer wahrhaft verzweiflungsvollen Stimmung; denn noch niemals war Griechenland so gründlich schlecht zur Abwehr gerüstet gewesen. Wir erinnern uns, daß erst im Juni 1824 der verderbliche innere Krieg sein Ende nahm. Aber, während die britischen Pfunde noch auf Zante verschlossen lagen; während es nicht möglich war, die Flotte zu bezahlen, welche diesmal eine Rolle hätte spielen müssen, wie in Themistokles' und Kimon's Zeit, welche die noch getrennten Geschwader der Osmanen und der Aegypter hätte zertrümmern müssen; während man in toller Wuth und Angst (20. Juni) die griechischen Kaper ermächtigte, alle mit türkischen Transportfahrten beschäftigten europäischen Schiffe zu zerstören, während die tapferen Seeleute der Insel Kasos durch den ägyptischen Admiral Ismail-Gibraltar und Hussein-Pascha am 18. Juni unterworfen wurden, war auch Rumelien fast wehrlos. Hatten die albernen und kleinlichen Intriguen der peloponnesischen insurgirten Capitainspartei in Aetolien dem edeln Lord Byron und Maurokordatos die größten Schwierigkeiten bereitet: jetzt nach Byron's Tode fiel hier das Werk der neuen militärischen Schöpfungen wieder auseinander; in Agrapha aber befehdeten einander Karaiskakis, damals in seiner schlimmen Periode, und die Capitaine Rhangos und Stornaris zu großem Schaden des Landes, bis Karaiskakis endlich zur Flucht nach Morea genöthigt war. Und im Osten war der Stern des Odysseus im Untergehen. Odysseus, zu Anfang des J. 1824 (s. S. 151) noch auf Euböa kämpfend, war gewillt, sowol bei den Conflicten zwischen Kolokotronis und der neuen Regierung, wie in den Beziehungen zu den Vortheilen, die Lord Byron dem Westen gebracht, eine Rolle zu spielen. Er war deshalb nach Athen gegangen, um mit dem daselbst am 4. März angelangten Oberst Stanhope zu conferiren. Odysseus mit seinem Freunde Negris war dem Politiker Maurokordatos ebenso abgeneigt, wie Kolokotronis in Morea; indessen, auf gut albanesische Art nicht gewillt, sich zu schnell zu compromittiren, außerdem auch mit Kolokotronis selbst über seine letzten Ziele nicht völlig einverstanden, hielt er sich bei den moralischen Unruhen vorläufig reservirt. Weil es ihm zunächst viel mehr daran lag, die englische Hülfe sich zuzuwenden, und namentlich die britischen Philhellenen von dem verhaßten Maurokordatos abzuwenden, — so wußte er nun den biedern Stanhope, dessen republikanische Gesinnung sich durch des Maurokordatos constitutionell-monarchische Wünsche beleidigt fand, mit unvergleichlicher Schlauheit dermaßen zu bezaubern und zu berücken, daß Stanhope in Odysseus einen hellenischen Washington erblickte. Auch die Umgebung Stanhope's wurde durch Odysseus völlig bethört; Mr. Trelawney hat später sogar die Schwester des Odysseus geheirathet. Nun ging Stanhope, kaum etwas ernüchtert durch eine Reise nach Argolis zu der Centralregierung, gern auf den Schwindel seines neuen Freundes ein, der einen Congreß nach Salona berufen wollte, — sowol aus egoistisch-politischen Absichten, wie um Lord Byron zu sich herüberzuziehen. Die Versammlung in Salona kam zu Anfang des April 1824 auch zu Stande; aber Byron und Maurokordatos waren viel zu klug, um daselbst zu erscheinen. Und da Byron bald nachher starb, da Stanhope durch die Mahnungen der Regierung aus Argos endlich doch vorsichtiger gestimmt wurde, da die sinkende Macht des Kolokotronis auch den Odysseus ruhiger machte, so gab der letztere zunächst seine Idee auf, die Rumelioten gegen die Regierung nach Argos zu führen, löste die Versammlung am 7. Mai auf und begnügte sich damit, sich von Stanhope — der einige Wochen nachher auf Befehl seines Regiments nach England zurückkehrte — Geschütze und Munition zuschicken zu lassen. Die Niederlage seiner Armee auf Euböa und der volle Sieg der Regierung zu Argos über die Capitalar erschütterten indessen Odysseus' Ansehen in dem Osten so sehr, daß (nicht ohne Einwirkung der Centralregierung) selbst sein neuer Genoß, der Burghüter zu Athen, zu wanken anfing. Im Sommer 1824 kehrte Odysseus, mit Allen zerfallen, grollend und gedrückt nach Rumelien zurück.

In solcher Lage der Dinge brach der neue Sturm über Griechenland herein. Der große Schlag kam diesmal von der Ostseite, da die Muhammedaner beschlossen hatten, vor Allem die griechischen Kriegsinseln zu bezwingen. Chosrew-Pascha lag seit Ende April mit 50 Schiffen in den Dardanellen; es galt zunächst, die Insel Psara zu erobern, deren Bewohner durch ihre furchtbaren Raubzüge sich unablässig bereichert und die Osmanen der Umlande zu wahrer Verzweiflung gebracht hatten. Nach einigen Kreuzfahrten an der Südküste von Thessalien und Makedonien ging er auf die Kunde von der Einnahme von Kasos südwärts, wandte sich am 1. Juli mit seiner ungeheuren Macht von Mitylene gegen Psara. Die Insel Psara hatte damals mit den vielen Flüchtlingen aus Chios, Kydonia u. s. w. mehr als 20,000 Einwohner. Im Besitz von 200 Kanonen, mit Hülfe eines albanesischen Corps bis zu 5000 Soldaten stark, sahen die Psarioten dem Kampfe ruhig entgegen; da sie aber den Fehler gemacht hatten, ihre Kanonen auf der Insel zu zerstreuen, anstatt sich eine starke Citadelle zu bauen, — da sie ferner, wider des Kanaris' Rath (und ohne Unterstützung aus Hydra und Spezzia), es für unzweckmäßig hielten, den Kampf schon auf offener See zu beginnen, — so verfiel die Insel einem greulichen Schicksale. Am Abend des 1. Juli schloß Chosrew-Pascha die Insel mit seiner Flotte von 80 größeren und 120 kleineren Schiffen ein; an Landtruppen hatte er 14,000 Mann. Am 3. Juli begann der Angriff; und während man die Kriegsschiffe den Hafen und die Stadt mit Wuth und ohne Erfolg angriff, landete unbemerkt auf einer ihrer entlegenen Stellen ein anderes Corps, nahm dann eine Redoute mit drei Kanonen mit Sturm; ein zweites Landungscorps erstürmte eine Stellung bei Phtelion; beide Schaaren trieben dann flüchtige Rumelioten und Psarioten vor sich her. Als sie dann auf den Höhen erschienen, welche die Stadt Psara von der Binnenseite her beherrschen, ergriff die Einwohner ein furchtbares Entsetzen. Viele Schwärme der fremden Flüchtlinge und der Psarioten stürzten sich in Boote; dabei kamen viele in den Wellen um oder fielen in die Hände der Osmanen. Die psariotische Flotte fiel, hundert Schiffe stark, in die Hände der Osmanen; nur 19 Briggs retteten sich mit den Primaten, deren Familien, mit vielen Matrosen und einigen schwimmenden Flüchtlingen (so war die 50jährige Tante des Kanaris zwei englische Meilen weit zu ihrer Rettung durch das Meer geschwommen). Als nun die Osmanen zu Lande wie zu Wasser in die Stadt drangen, erfolgte bei der unbändigen Rachewuth der Osmanen, namentlich der Anatolier, ein über alles Maß furchtbares und gräßliches Gemetzel, die Stadt ging in Flammen auf. Nur die Citadelle, das befestigte Kloster St.-Nikolaus, wurde von 600 Olympiern mit ihren Familien mit 24 Kanonen wacker gehalten, obwol die Griechen hier an Proviant und Wasser Mangel litten. Als dann am 4. Juli der Kapudan-Pascha mit seiner ganzen Macht Sturm lief, die Olympier aber bis auf ein Drittheil zusammengeschmolzen waren: da ließen sie gegen Abend die Türken in Masse in das Fort eindringen, — steckten dann ihren Pulverkeller in Brand, und begruben sich sämmtlich (nur zwei Olympier entkamen lebend!) mit zweitausend Osmanen in den Trümmern der auffliegenden Festung! Von den Psarioten selbst waren nur 3000 Seelen gerettet; die Rumelioten auf der Insel fast ohne Ausnahme todt, und von den fremden Flüchtlingen waren wol an 17,000 verloren, d. h. zum größten Theil todt; denn bei der Wuth der türkischen Soldaten, bei der Verzweiflung und dem Todesmuth der Hellenen waren nur relativ wenige zu Sklaven gemacht worden.

Der von den jubelnden Osmanen überall als Held und Sieger gepriesene Chosrew-Pascha ließ 2000 M. als Garnison auf der öden Insel zurück. Er hätte nun sehr leicht auch Samos erobern können, zu dessen Ausrottung sich bereits tausende von Anatoliern in Skalanova sammelten. Aber der türkische Admiral feierte jetzt zur Unzeit einen ganzen Monat lang zu Lesbos den Ramazan-Bairam, und darüber faßten die Griechen neuen Muth. Die Hydrioten und die von Spezzia mußten jetzt schon der eigenen Sicherheit halber sich energisch wieder rühren. Und während die Regierung die gemieteten Pikarioten zuerst in Monembasia, dann in Aegina ansiedelte, dann peloponnesische Truppen nach Hydra zog, ging der tapfere Viceadmiral Sachthuris nach Samos, um die entschlossenste Partei daselbst zu hartem Widerstande zu ermuntern, dann nach Psara. Hier war der Admiral Miaulis schon am 15. Juli angelangt, der nun auf der Insel unter den daselbst in Menge befindlichen Osmanen eine arge Verheerung anrichtete, sie auf ihre 27 Schiffe im Hafen trieb, dann — mit dem zu rechter Zeit ankommenden Sachthuris vereinigt — die türkische Flotille bei Psara vernichtete. Darauf bis scheite am 19. Juli Chosrew-Pascha mit seiner Hauptflotte nach Psara zurück, nöthigte die Griechen zur Rückkehr aus diesen Gewässern, verwüstete die kleine Insel vollständig und füllte ihren Hafen mit Steinen aus. Als er aber nach einiger Zeit wirklich sich gegen die Insel Samos wandte, deren kühne Bewohner die Landungsplätze mit 10—12,000 M. deckten, waren die Hydrioten und Spezioten — nun durch die endlich ausgezahlten britischen Hülfsgelder frisch ermuthigt — schon zur Hand. Am 8. August war Sachthuris mit Schiffen von Hydra, Spezzia und Psara (namentlich den Brandern der überlebenden Capitaine Kanaris und Apostolis) ausgelaufen, und seit dem 11. August gab es bei Samos eine Reihe erbitterter Seegefechte; der Hauptkampf fand am 17. August statt, wo Sachthuris namentlich mit Hülfe der Branderschiffe einen ruhmvollen Sieg gewann und den Osmanen sehr bedeutende Verluste an Schiffen und Mannschaften zufügte. Samos war abermals gerettet.

Chosrew-Pascha zog sich nach diesen Mißerfolgen nach Kos und Halikarnaß (Budrun) zurück; allerdings aber nur, um sich mit den Aegyptern zu vereinigen, die gegen Ende Juli mit ihrer Landungsarmee unter Ibrahim-Pascha aus Alexandria ausgelaufen waren und am 1. September bei Budrun zu den Osmanen stießen. In ungeheurer Uebermacht, allein 100 größere Kriegsschiffe, 50,000 M. Soldaten und Matrosen und 2500 Geschütze stark, standen sie jetzt gegen die Hellenen, die unter Miaulis mit 70 Schiffen und 800 Kanonen bei Patmos lagen. Nach einigen gegenseitigen Demonstrationen kam es am 10. September bei Leros und Kalymnos zu einer schlaff geführten Kanonade, bei der nur die Brander wieder gute Dienste leisteten. Unwillig über diesen Aufenthalt, der für dieses Jahr ihm den Krieg auf Morea unmöglich machte, wollte Ibrahim nun wenigstens Samos noch einmal angreifen. Aber als ein furchtbarer Seesturm (27. September) alle Flotten zerstreut hatte, kehrte Chosrew-Pascha mit der Masse seiner Flotte, verdrossen und dem Ibrahim überhaupt wenig wohlgesinnt, nach den Dardanellen zurück. Ibrahim, nicht ohne namhaften Verlust durch griechische Brander zu erfahren, zog sich nach Budrun zurück, um hier zu Anfang des November sein arg mitgenommenes Heer zur Ueberwinterung nach Kreta einzuschiffen. Leider hatten aber viele der Seegriechen in ihrer herkömmlichen Dummheit bereits die Flotte verlassen, anstatt gerade jetzt den nun wieder isolirten Aegyptern hart zuzusetzen. Trotzdem hat Miaulis, nur noch 25 Schiffe stark, die Ueberfahrt Ibrahim's nach Kreta zu stören versucht; er hat dieses in den Tagen vom 12.—14. November mit vielem Geschick gethan. Ibrahim kam erst zu Anfang des December in die Winterquartiere des kretischen Suda, nachdem er den dritten Theil seiner Armee verloren, eine Menge Schiffe eingebüßt, Morea aber nicht einmal von ferne gesehen hatte.

Inzwischen hatten auf dem Festlande die Türken wie die Griechen ihre Zeit ausserhalb schlecht benutzt, soweit nämlich der auswärtige Kampf in Frage kam. Die für den Angriff von Norden her combinirten Pläne der Pforte gegen Griechenland — der Pascha von Skodra sollte Westgriechenland erobern, Omer-Vrione dagegen mit seinen Albanesen zugleich mit dem neuen Seraskier, dem Rumeli-Valessi Derwisch-Pascha (von Widdin) aus Thessalien nach Ostgriechenland einbrechen, Jussuf-Pascha in Patras aber durch die Flotte mit 10,000 Janitscharen verstärkt werden — scheiterten sämmtlich. Abgesehen davon, daß die Aegypter und die Flotten, auf deren Mitwirkung im Osten und Süden Alles berechnet war, gar nicht über das ägäische Meer hinüberkamen, so waren sowol Mustapha von Skodra wie Omer-Vrione fast regungslos geblieben; die europäischen Muhammedaner aber hatten überhaupt den Geschmack an den griechischen Feldzügen so vollständig verloren, daß Derwisch-Pascha nur etwa 7000 M. nordrumeliotischer Milizen aufbringen konnte, mit denen er im Juni in Thessalien erschien; zunächst ließ er die Oetapässe besetzen, um den Raubzügen der Armatolen nach Thessalien hinein Einhalt zu thun. Dem neuen türkischen General gegenüber besetzten die Armatolenführer Panurias, Siphakas und andere nicht an der phokischen Grenze einige feste Stellungen, um den Weg nach Salona zu sperren. In Attika gelang es um dieselbe Zeit dem tapferen Gurias, der jetzt ohne Rücksicht auf Odysseus seinen Krieg führte, 2000 Janitscharen, die aus Euböa nach Oropos gekommen waren, am 18. Juli bei Marathon in die Flucht zu schlagen. Allmälig gelang es dem Derwisch-Pascha, etwa 8 bis 10,000 M. aus dem nördlichen Albanien zu werben; sein Plan war es nun — während Omer-Pascha von Euböa aus lebhaft auf Attika drücken sollte —, den Marsch nach Lepanto zu machen, und von hier aus dem Omer-Vrione die Hand zu bieten, den die Pforte beständig zu einem neuen Einfall in Akarnanien ermahnte. Er selbst ging bis zum Spercheios nach Alamanna und Neopatras vor und schickte nun den Jussuf-Perkofitsali und den Abbas-Pascha mit etwa 7000 Mann südwärts, in den letzten Tagen des Juli. Allein etwa 4000 Hellenen aus Phokis, Salona, Ostätolien (Kravari), unter Panurias und Makris, Sulioten unter einem Tzavellas, und einige Moraiten unter Londos und Panagiotis Notaras hielten sowol die übrigen Pässe, wie namentlich ihre starken Schanzen bei Gravia und Amplieni so tapfer, daß alle Angriffe der Osmanen scheiterten. Als erst der Herbst einbrach, die Griechen in dem Rücken der Türken den Proviant abschnitten, die Albanesen nach altem Herkommen zu desertiren anfingen, da trat Derwisch-Pascha am 18. October den Rückmarsch nach Thesfallen an. Ebenso waren die meisten Unternehmungen der Türken in Attika im Juli und August völlig im Sande verlaufen. — In Akarnanien endlich, wo auf steten Drängen der Pforte Omer-Brione nun doch mit 6000 M. über den Golf von Arta eingedrungen war, und bei Kravasara eine Stellung genommen hatte, war noch viel weniger geschehen. Maurokordatos, jetzt von der neuen Regierung zum Generaldirector des Westens ernannt, war am 9. August mit 2000 Armatolen aus Missolunghi ausmarschirt, und hatte von Lygovitzi aus die Gegner beobachtet; drei Monate lang beobachtete man einander, dann kehrte Omer-Brione am 18. November nach Epirus zurück.

Die Erschöpfung der Pforte, die Erfolge der griechischen Flotte, die relative Sicherheit des inneren Hellas, auf die man für das J. 1824 gar nicht hatte rechnen dürfen, hätte die Hellenen endlich bestimmen sollen, nun endlich die letzten türkischen Stellungen in Morea zu erobern. Leider ist auch dieses nicht geschehen; vielmehr sind die inneren Wirren bald genug wieder ausgebrochen. Der neuen Regierung, namentlich dem Konduriotis aus einer hochgeachteten hydriotischen Familie und dem Rumelioten Kolettis (s. oben), einem Arzt von Ali-Pascha's Hofe, der bei aller hoher politischer Bedeutung und abendländischer Cultur die Capitaine, namentlich die des Nordens, doch viel besser zu fassen verstand, als dieses dem für die damaligen Zustände Griechenlands zu feinen Maurokordatos möglich war, — standen starke feindliche Elemente gegenüber. Kolokotronis und Petrobei waren innerlich keineswegs versöhnt; namentlich der erstere arbeitete heimlich an einer neuen Erhebung gegen die Primatenpartei, der jetzt auch die Männer der Ordnung, die mächtigen Primaten Zaïmis, der schöne, sittenstrenge, edle Mann des Friedens, und der tapfere, aber häßliche und tyrannische, ausschweifende Londos feindlich waren, weil sie fanden, daß Insulaner und Rumelioten Morea völlig in den Schatten drängen wollten. Londos und der alte Sissinis, der blutige Machthaber von Gastuni (zum Scherz auch Herzog von Klarentza genannt), hielten bald die Einkünfte von Westachaja und Nord-Elis zurück; angeblich um die völlig verfallene Citadelle von Patras herzustellen. Die Moraiten wurden noch unwilliger, als die Regierung (unter beiläufig [illegible] Entlassung des erprobten Obersten Gubernatis) in Nauplia durch den (völlig unbrauchbaren) Rhodios das reguläre Corps neu herzustellen begann; die Capitaine hielten einmal abendländische Taktik und Disciplin für unnütz, die Archonten fürchteten die zu große Machtverstärkung der Regierung nach Innen. — Die Unzufriedenheit kam zum Ausbruch, als die neuen Volksvertretungswahlen vorüber waren. Die neue Legislative, die, 60 Köpfe stark, am 13. October zu Nauplia zusammenkam, formirte am 15. October die neue Regierung. Sie bestand wieder aus Konduriotis, Botasis, Kolettis, Spiliotakis und aus dem Peloponnesier Phokias aus Kalavryta. Die Legislative arbeitete unter Panuzzos Notaras und dem Bischof Theodoret von Vrestheni. Da die neue, abermals überwiegend hydriotisch-rumeliotische, Regierung den Primaten wie den Capitainen von Morea in gleichem Maße mißfiel, so entdeckten dieselben angebliche constitutionelle Formfehler bei der Ernennung, erklärten die Wahl für gesetzwidrig und beschlossen sich zu empören. Mit Ausnahme der Maina war der ganze Peloponnes von den Rebellen umspannt. Kolokotronis, die Notaras, Londos, Zaïmis, Sissinis, Delijannis hielten zusammen, — selbst der Regierungsmann Phokias verließ (20. November) heimlich Nauplia und ging zu ihnen über. Konduriotis war eben krankheitshalber nach Hydra gefahren; da proclamirte — nachdem bereits die Arkadier die Steuern verweigert und den zu deren Eintreibung ausmarschirten Nikitas zurückgeworfen hatten — Kolokotronis mit Anagnostis Delijannis in Messenien den Aufstand, nachdem er bereits mit mehreren Capitanis des Nordens Verbindungen angeknüpft hatte. Da faßte Kolettis die Zügel mit fester Hand. Die Mainotten gewann man, indem man den Platz des Phokias in der Regierung durch Petrobei's Bruder Constantin Mauromichalis besetzte. Dann wußte Kolettis (während Maurokordatos das westliche Rumelien festhielt), mit kluger Benutzung des alten Hasses zwischen Rumelioten und Moraiten, die Häuptlinge des Nordens für die Regierung zu stimmen. Bulgaren, Olympier von den Inseln, Gura aus Athen, die Sulioten in Salona, sie alle zogen jetzt der Regierung zu Hilfe. So scheiterten denn alle Unternehmungen der Rebellen. Ein Angriff des Kolokotronis auf Tripolitza scheiterte so vollständig, daß Panos Kolokotronis selbst umkam, Staikos gefangen wurde. Nikitas mit den Lalioten wurde durch Dikäos bei Kapupoli geschlagen; Gura und Karaiskakis trieben die Londos und Notaras von Korinth nach Phlius zurück. Die Energie des Kolettis, welcher den Krieg im Ganzen leitete, brachte es dahin, daß die ersten Erfolge schnell und durchgreifend benutzt wurden; so konnte Gura am 19. December die feste Stellung von Phlius (St.-Georg) erstürmen, zu Anfang des Januar 1825 wurde die Familie Sissinis aus Gastuni vertrieben; Tzavellas mit den Sulioten hatte von Vostitza aus die Zaïmis aufgescheucht; der Bulgarenführer Hadschi-Christos unterwarf Karytäna, Dikäos aber und Makrojannis die Messenier. Damit war der Aufstand zu Ende; der alte Kolokotronis, ohnehin durch seines Sohnes Panos Tod gebeugt, unterwarf sich (11. Januar 1825) in Nauplia der Regierung, die ihn dann sammt den compromittirten Gefangenen aus den Familien Delijannis, Notaras, Grivas, Sissinis und Anderen nach Hydra führen und daselbst in dem St.-Eliaskloster als Staatsgefangene halten ließ. Auch dieser Bürgerkrieg hatte, trotz erhöhter Erbitterung der Parteien, nur wenig Blut gekostet, weil die Moraiten den Rumelioten wenig Widerstand leisteten, die Rumelioten nicht blutgierig auftraten; desto ärger aber hatten die Rumelioten das seit 1822 merkbar aufblühende Land ausgeplündert.

Die starke Regierung Konduriotis-Kolettis war im Innern nun auch noch dadurch im Vortheil, daß es — eben zu der Zeit, wo aus dem besiegten Morea die Primaten Zaïmis und Londos mit dem tapferen Nikitas nach dem Nordwesten flohen und bei Maurokordatos auf alter Freundschaft allerdings Aufnahme fanden, aber sich dann dahin bescheiden mußten, daß Nikitas bei dem braven Capitain Tzavelas Unterkommen fand, Londos und Zaïmis nachher auf der benachbarten ionischen Insel Kalamos (zwischen Leukas und Akarnanien) Quartier erhielten — dem Maurokordatos, Trikupis, Tzavelas und anderen Männern der Ordnung gelungen war, durch einen am 29. December 1824 zu Anatoliko eröffneten westgriechischen Provinzialkongreß wenigstens einen Theil der wirren Zustände der Westhellenen zu schlichten und namentlich die unruhigen, raubsüchtigen Capitaine, wie namentlich Makris, zu bewältigen, Alle aber zur Anerkennung der neuen Regierung zu bestimmen. Am 6. Januar 1825 ist Maurokordatos seinerseits nach Nauplia abgereist, wo er die Nachricht erhielt, daß sein Gegner, der intrigante Negris, am 4. December 1824 in voller Berathung am Typhus gestorben war. Hatte andererseits die griechische Regierung auf das Drängen der englischen Regierung neuerdings die britische Ordonnanz vom 30. Juni 1824 (wegen des Rechts der Wegnahme „neutraler" Schiffe in osmanischen und ägyptischen Diensten durch griechische Kreuzer) zurücknehmen müssen (zu Anfang December), so hatte sie nun auch den Gewinn, daß der schlimmste Gegner der Ordnungspartei, derjenige griechische Capitain, der bei der schlimmsten Selbstsucht weitaus der unzuverlässigste war, daß Odysseus sich damals selbst seinen Untergang bereitete. Odysseus hatte im J. 1824 während der Kämpfe mit Derwisch-Pascha eine sehr untergeordnete Rolle gespielt; von seinen alten Kameraden bald und bald aus dem Lager bei Ampliani ausgewiesen, hatte er schmollend in Livadien gesessen; als dann bei Ausbruch des neuen Bürgerkrieges die Regierung seine Dienste nicht begehrte, daher den Guras und den Tzavellas nach Morea gezogen hatte, hatte Odysseus zuerst auf eigene Hand mit Omer-Pascha von Euböa Stillstand geschlossen, dann aber geheime Unterhandlungen angeknüpft, die, wie man schon Ende Januar 1825 zu Athen erfuhr, dahin führten, daß Odysseus gegen die Zusage eines bedeutenden Armatoliks seinen Frieden mit dem Sultan machte und seine Mitwirkung bei der Bekämpfung Griechenlands versprach. Bald drangen Osmanen durch die Thermopylen vor; verschiedene Gegner des Odysseus in Ostgriechenland wurden ermordet, Odysseus selbst forderte Ende Februar von der Stadt Athen unter schweren Drohungen große Summen. Da riefen die Athener, indem sie sich zur Abwehr rüsteten, sofort den Guras aus Morea nach Hause zurück. Bereits (14. März) waren Osmanen und Leute des Odysseus verheerend in Böotien und Attika eingebrochen, als (15. März) Guras in Athen eintraf. Bald durch Truppen, die ihm aus Morea folgten, verstärkt, brach er am 24. März aus Athen auf, den Odysseus zu bekriegen. Odysseus, der 600 M. und dazu 400 türkische Reiter hatte, hielt zu Chäronea, war aber nicht stark genug, um den Guras zu erwarten, sondern wich zurück nach der Eparchie von Talanton (das opuntische Lokris), zog sich hier nach Livanates zurück, wo er sich verschanzte. Am 12. April in einem Gefecht geschlagen; für seine Person bereits voll Reue über seinen Abfall zu den Osmanen; nicht wagend, zu den letzteren zu flüchten, — so ergab er sich am 19. April an Guras, der ihn nach Athen führen ließ, während er selbst einen Anzug des Abbas-Pascha nach Grabia und Salona abzuwehren hatte. Odysseus, in Athen von dem Volke mit wilder Schmach begrüßt, blieb lange auf der Burg in Haft; sein Leben hing nur noch an dem Wohlwollen seines alten Schützlings Guras, der ihn lange schonte, endlich aber — wie die Zeitgenossen meinen, nicht ohne Einwirkung des Maurokordatos und Kolettis — sich bestimmen ließ (was er später laut bereute), zur Hinrichtung des alten Armatolen seine Zustimmung zu geben. Wahrscheinlich zuvor erdrosselt, fand man Odysseus' Leiche am Morgen des 17. Juni am Fuße des Tempels der Nike Apteros liegen.

Die Kriegsjahre 1825 und 1826.

Der Moment nach der Besiegung des Aufstandes der Moreoten durch die starke und geachtete Regierung Konduriotis-Kolettis war der letzte glückliche Moment Griechenlands für viele Jahre. Allerdings schien nach den Ereignissen des Jahres 1824 die Unabhängigkeit der Hellenen gesichert. Während nach dem Falle der Insel Psara die griechischen Staatsschuldscheine bis auf 15 Procent gefallen waren, konnte die Regierung im Februar 1825 ohne Mühe mit dem Hause Ricardo in London eine neue Anleihe von nominell zwei Millionen Pfund (zu 56½ Proc. abgeschlossen) machen. Leider aber fehlte es der Regierung, wo allmälig auch zwischen Kolettis und Maurokordatos eine merkliche Eifersucht erwuchs, einerseits an einem Manne, der auch ein überlegener Feldherr gewesen wäre; so aber geschah es, daß man immer neue Gelegenheiten, Patras zu gewinnen, bei der schwerfälligen Art des Konduriotis versäumte, daß man nicht mit der nöthigen Energie auftrat, um dem grimmigen und überaus energischen Ibrahim-Pascha den Herweg von Kreta nach Morea zu verlegen. Andererseits war in dem zunächst bedrohten Morea das Volk offenbar müde geworden, und die führenden Führer größtentheils voll tiefer Antipathie gegen ihre jüngsten Besieger, die hydriotisch-rumeliotische Regierung, — während Osmanen und Aegypter, zur Zeit mit allen Mächten vollkommen im Frieden, mit aller Macht rüsteten, um die Ausfälle des Vorjahres zu ersetzen.

Und nun war der energische Ibrahim-Pascha, der beste muhammedanische Heerführer, der den Griechen bisher gegenübertrat, durch neue 5000 M. aus Aegypten und durch eine Schar kandiotischer Türken verstärkt, mitten in der schlimmsten Jahreszeit, im Februar 1825 von dem kretischen Suda ausgelaufen und vollkommen ungehindert nach Messenien gelangt. Am 23. und 24. Februar landete die Flotte 4000 M. und 400 Reiter bei Modon, wo Ibrahim ein Lager aufschlug; am 17. März kamen neue 7000 Mann und 800 Reiter aus

Land. Bereits in kleinere Gefechte mit den benachbarten Griechen verwickelt, beschloß Ibrahim nun, sowol das neuerdings zu Wasser und zu Lande wieder hart blockirte Patras zu entsetzen, wie namentlich die wichtige Festung Navarino mit ihrem unvergleichlichen Hafen zu erobern. Die griechischen Blokadeschiffe vor Patras wurden bald durch ein starkes ägyptisches Geschwader zum Abzug genöthigt; Ibrahim selbst nahm am 21. März vor Navarino eine starke Stellung ein. Diese unheilvollen Nachrichten veranlaßten die Regierung zu Nauplia, die noch sehr zahlreiche Rumelioten in Morea stehen hatte, und die ihr ergebenen Häuptlinge des Peloponnes, wie auch die Inselgriechen zu eifriger Arbeit, die aber leider nicht zweckmäßig genug geleitet wurde, um gute Erfolge bringen zu können. Giatrakos, zwei Mauromichalis, Makrejannis und andere Führer eilten nach Navarino, Hadschi-Christos mit seinem bulgarischen Corps nach Altnavarino; bei Kremmydi vor Modon sammelten sich, da die Regierung alle Kräfte nach Messenien dirigirte, 5000 Rumelioten, Sulioten und Olympier unter Kara-Iskakis, Kitsos Tzavellas, Constantin oder Kostas (des Markos wackerer Bruder) Botzaris und Karaiskos (2000 M. unter Kolliopulos hielten andauernd Patras blokirt). Unglücklicherweise machte Kondurietis, der schwerfällig genug erst am 28. März selbst aus Nauplia aufzog, später erst in der Mitte April zu Skala am Pamisos ankam und hier stehen blieb, den schweren Fehler, an die Spitze der bei Kremmydi sich bis zu 7000 M. steigernden Palikaren — als ob er noch in der Zeit des Admirals Goligan und der amphibischen Feldherren am Ausgang des Mittelalters lebte — als Oberfeldherrn den nur als Seemann tüchtigen ydriotischen Capitain Skurtis zu stellen, was namentlich den Karaiskos schwer verstimmte. Indessen, die ersten Gefechte zwischen den Aegyptern und den Griechen bei Modon und Navarino seit dem 27. März waren für die letzteren nicht eben ungünstig; aber der Taktik Ibrahim's und der Disciplin seines Heeres erlagen die Griechen in einem großen, schlachtartigen Gefechte bei Kremmydi am 19. April in sehr umfassender Weise; 600 Griechen, darunter viele der ausgezeichnetsten Sulioten, waren gefallen, — besonders schlimm der moralische Eindruck des nachhaltigen und den Hellenen noch nicht bekannten, geschlossenen Bajonnetangriffs. Unwillig, wie sie waren, erbittert auf General Skurtis, überdem durch Botschaften aus dem Norden über den Anmarsch der Osmanen gegen Rumelien beunruhigt, verließen die Rumelioten nunmehr etwa 3000 Mann stark die Halbinsel Morea. Damit schwand die Hoffnung der Griechen, Navarino auf der Landseite retten zu können. Noch war die Seeseite offen; allein Miaulis war damals nur erst sehr unvollkommen in der Lage, der ägyptischen Flotte die Spitze zu bieten. Er konnte nicht hindern, daß am 1. Mai die 90 ägyptischen Schiffe wieder mit frischen Vorräthen und Truppen von Kreta bei Navarino anlangten. Und nun gedachte Ibrahim, vor Allem die den Hafen und die Forts von Navarino beherrschende altberühmte Insel Sphakteria zu erobern, die von Maurokordatos mit mehreren hundert Mann und einer Anzahl ausgezeichneter griechischer und abendländischer Officiere tapfer vertheidigt wurde, wie auch durch den hydriotischen Schiffscapitain, den ausgezeichneten Tsamados, mit 8 Briggs. Am 8. Mai griffen Ibrahim's Kriegsschiffe die Insel energisch an; da bei schlechtem Wind Miaulis nicht helfen konnte, so wurde die Insel erobert; die meisten Griechen und viele wackere Officiere, darunter jener Tsamados und der alte Klephte Anagnostaras, sielen, Maurokordatos und die Schiffe entkamen. Nun rächte allerdings Miaulis diese Niederlage durch Verbrennung eines Theils der ägyptischen Flotte (12. Mai) in dem Hafen von Modon; aber er konnte nicht hindern, daß Ibrahim — der übrigens damals seine Verträge besser hielt als gewöhnlich die Griechen, der auch damals im Allgemeinen die Gefangenen, namentlich die von Rang, anständig behandelte —, nachdem Altnavarino bereits gefallen war, am 18. Mai Navarino zur Ergebung zwang; die Besatzung durfte nach Kalamata abziehen.

Ibrahim hatte einen großen Gewinn gemacht; im Besitze der drei messenischen Festungen Koron, Modon, Navarino, und des herrlichen Hafens der letztern Stadt, hatte er nun für alle seine weitern Unternehmungen eine fast unbezwingliche Basis gewonnen. Und von hier aus wurde er den Hellenen bald immer gefährlicher. Die Regierung zu Nauplia hatte zur Zeit in Morea außer dem als Feldherrn wenig bedeutenden Petrobei und den außerhalb ihres Gebirgslandes nur selten in größerem Umfange zuverlässigen Mainoten nur sehr wenige recht brauchbare Mittel zur Hand. Noch immer mit Geldmitteln reichlich versehen, fand sie sich doch in übler Lage gegenüber den Primaten und Milizen der Halbinsel, die nur auf ihre zur Zeit verhafteten oder vertriebenen alten Führer Zutrauen setzten, und deren Freilassung lebhaft begehrten. Noch immer zögernd, namentlich durch den strengen Koletis dominirt, wollte die Regierung noch immer nicht nachgeben, bis sie endlich bei der steigenden Noth des Landes durch die Legislative genöthigt wurde, am 30. Mai allgemeine Amnestie auszusprechen. Nun kehrten die Primaten des Westens nach Gastuni und Kalavryta heim; nun wurde der alte Kolokotronis aus Hydra nach Nauplia geführt, in der Kirche zu St.-Nikolaos eine allgemeine Versöhnung begangen, dann der alte General zum Oberfeldherrn der Halbinsel ernannt, der dann auch sofort die nöthigen Rüstungsbefehle ertheilte. Seine Idee war es, den Aegyptern ähnlich wie einst dem Dramali durch allgemeine Verheerung des Landes, namentlich durch Zerstörung von Tripolitza, zu begegnen. Das geschah zur Zeit aber noch nicht, weil Ibrahim damals noch auf der westlichen Seite bei Arkadia durch Dikäos, im Osten durch Petrobei bei Kalamata bedroht schien. Der methodische Ibrahim aber ging sehr besonnen vor. Er warf sich zu voller Sicherung seiner Basis zuerst nordwärts, eroberte zuerst die Stadt Arkadia (3. Juni), stürzte sich zugleich persönlich auf den Dikäos, von dessen 1000 Mann nur 300 bei ihm ausharrten, und vernichtete in einem Gebirgskampfe bei Petemeru und Maniaki, der den Aegyptern 600 M. kostete, nach neunstündiger Blutarbeit diese Heldenschar bis auf zwei Mann! (1. Juni). Nunmehr zog Ibrahim ostwärts, verheerte das blühende Pamisosthal, zerstörte Kalamata (9. Juni), und wandte sich dann mit etwa 9000 M. aus Messenien gegen Tripolitza. Kolokotronis suchte ihn mit 7000 Milizen durch Besetzung der Pässe des Makriplagi aufzuhalten; da ihn Ibrahim aber mit Hilfe erkaufter landeskundiger Führer durch einen Seitenmarsch über Poliane östlich umging und die schwachen Scharen der Griechen, die er hier fand, ihn nicht aufhalten konnten (18. und 19. Juni), das griechische Hauptcorps aber sich vor der Reiterei und der Artillerie der Aegypter fürchtete, so mußten die Hellenen aufgelöst über Leondari, Karytäna, nach der Gegend von Dhimitzana entweichen. Ibrahim aber marschirte ungehindert auf Tripolitza; als er am 23. Juni hier erschien, fand er allerdings die Stadt brennend, Mauern und Citadelle aber in brauchbarem Zustande. Nun zog das afrikanische Heer ohne Rasttag gegen Nauplia; als Ibrahim am 25. Juni am Golf von Argolis erschien und in dußliger Ferne die griechischen Kriegsinseln erkannte, rief er die berühmten Worte gegen Otto: „Ah! Kleines England! wie lange wirst du mir noch entgehen!" Für die Griechen in Nauplia war die Gefahr sehr groß. Da Niemand auf so sehr schnelle Siege der Aegypter gerechnet hatte, so lagen bei dem vielgenannten Mühlendorf (bei dem Sumpf von Lerna) große Magazine, die auf alle Fälle gerettet werden mußten. Hier trat wieder der schon lange bei Seite geschobene, aber ehrlich patriotische Demetrius Ypsilanti ein, eilte mit Makrijannis und Constantin Mavromichalis zu Wasser nach dem Mühlendorf, mit nur 230 Mann, und hielt diese Stellung, durch einige Kanonenboote unterstützt, so tapfer, daß ihm bald noch etwa 600 M. zuziehen konnten. Die Griechen hielten sich so tapfer, daß die Aegypter wirklich mit starkem Verlust abgewehrt, der Ruf der Unbesiegbarkeit ihrer Scharen aber in den Augen der Hellenen stark abgeschwächt wurde. Ibrahim zog weiter, in der Hoffnung das schwer geängstigte, mit Flüchtlingen überfüllte, zur Zeit schlecht verproviantirte, und zur Abwehr in Wahrheit nur schlecht gerüstete Nauplia überrumpeln zu können. Am 26. Juni verbrannte er Argos, am 27. erschien seine Reiterei dicht vor Nauplia. Hier aber machte er Halt; sei es, daß er die wahre Lage der Stadt nicht kannte, sei es, daß er umsonst auf Verrätherei im Innern speculirt hatte, daß er dann, durch serbische und bulgarische Reiter und kretische Schützen attakirt, es nicht mehr wagte, ohne Flotte und schweres Geschütz die Stadt anzugreifen, die im letzten Momente ihre Vertheidigung in die Hände eines tapferen Philhellenen, des französischen Obersten Fabvier, legte; sei es endlich, daß Ibrahim erfuhr, daß der englische Stationscommandant in diesen Gewässern, der als Philhellene und wohlmeinender Rathgeber von den Griechen hochverehrte Capitain Hamilton, den die Griechen in Canning's Pläne eingeweiht glaubten, mit der Regierung zu Nauplia seit einigen Tagen verhandelte, daß man nach einem Gerücht im höchsten Nothfall die Aufsteckung der englischen Fahne auf den Thürmen von Nauplia und auf den Inseln erwartete, — und daß Ibrahim wirklich die (noch mal)ische Politik Englands seine Wege kreuzen zu sehen glaubte: genug[17]), Ibrahim griff Nauplia nicht an, der Zug nach der Ebene von Argos wurde als eine einfache „Recognoscirung" im großen Stile dargestellt, und die afrikanische Armee kehrte (bis zum 29. Juni), nicht ohne einige Gefechte mit den Scharen des Kolokotronis bei Achladokampo, nach Tripolitza zurück. Es war der neue Wendepunkt des Krieges. Die griechische Sache war seit 1821 allmälig so sehr erstarkt, hatte bei dem gebildeten Europa so feste Wurzeln geschlagen, daß nicht blos die öffentliche Meinung, sondern auch verschiedene große Cabinete nicht mehr gewillt waren, Griechenland unter allen Umständen wieder bedingungslos unter die Herrschaft des Islam, sei es nun in altürkischer Form, sei es unter modern aufgefärbter Gestalt, zurückfallen zu lassen. Aber es wäre für die Hellenen in dieser Richtung Nichts mehr zu machen gewesen, wenn auch Nauplia in raschem Anlauf gefallen, wenn der Krieg wieder vollständig zu einem Hecken- und Räuberkriege geworden wäre.

In Tripolitza hielt Ibrahim einige Zeit an, um seiner arg strapazirten Armee einige Rast zu gönnen. Inzwischen wiederholte Kolokotronis das alte Spiel, das er 1821 gegen Tripolitza, 1822 gegen Dramali versucht hatte. Er ließ nämlich wieder ringsum in weitem Umkreise die nach dem arkadischen Plateau führenden Pässe durch griechische Heerführer mit ihren Kriegerbanden sperren; so standen denn die Kalavrytaner unter Zaimis, Londos und Nikitas im Norden bei Levidhi, — die Karytainer unter den Kolokotronis und Delijannis bei Chrysowitzi (westlich im Mänalon), — die Milizen aus Andrusa und Leondari südwestlich in dem Makriplagi, — die Hagio-Petriten, Tzakonen und einige Rumelioten unter Ypsilanti im Süden bei Verwena, — die Argiver endlich und Ostarkader zu Tsipiana nordöstlich in den Schluchten des Artemision (Malevo). Die Idee, die Afrikaner in Tripolitza auszuhungern, war ganz verständig; leider aber kam Kolokotronis, wider die Meinung der Londos und Zaimis, auf die Idee, den Afrikanern eine große Schlacht zu liefern. Er zog daher seine gesammte Macht auf und bei den Höhen des Trikorpha, etwa 1½ Stunde von Tripolitza, zusammen, wo er am Morgen des fünften Juli mit etwa 8000 Mann in guter Schlachtordnung stand. Ibrahim ließ nicht lange auf sich warten, und so kam es zu einer heißen Schlacht, in welcher namentlich des alten Heerführers Sohn Johannes sich durch kühne Tapferkeit und neunstündiges Ausharren an der schwersten Stelle den Ehrennamen „Gennäos" erwarb, die Hellenen aber schließlich doch mit Verlust von 400 Todten und 800 Gefangenen vollkommen geschlagen wurden; seitdem sind die Peloponnesier den Afrikanern nicht wieder in offener Schlacht

17) Das letztere ist die Vermuthung bei Gervinus a. a. O. Bd. VI. S. [illegible]

gegenübergetreten. Bald hernach durch Hussein-Pascha von Navarino aus mit neuen Scharen verstärkt, trieb Ibrahim die weichenden Hellenen im mittleren Nordarkadien noch einmal bei Alonistäna und Magaliana auseinander, kehrte dann um, und zerstörte auch (8. August) die Armee des Ypsilanti bei Verwena und Theliana. Und wenn auch noch hier und da die Griechen einzelne ägyptische und arabische Truppe vernichteten, — in der Hauptsache verloren die Peloponnesier doch den Muth. So gewandt auch der alte Kolokotronis den Heckenkrieg führte, es wollte ihm Nichts mehr glücken; Ibrahim verheerte von der Festung Tripolitza aus im August und September Tzakonien, das Eurotasthal mit Mistra und Marathonisi (Gythion), die Thäler des Ladon, des Alpheios, die messenischen Ebenen. Ohne besondere Grausamkeit zu verüben, ließ er in seinem Zorn über die Hartnäckigkeit der Griechen jetzt doch zu, daß seine Soldaten nach Belieben marodirten, die niederen Gefangenen sehr schlecht behandelten, wie auch daß zu Modon ein Markt eröffnet wurde, wo zahlreiche Griechen und Griechinnen als Sklaven verschachert wurden. Endlich aber mußte er, da sich seine Mittel doch erschöpften, am 1. October den Feldzug beschließen und, zufrieden, die zu Navarino, Modon und Koron wüthende Pest mit Mühe von seiner Armee abzuhalten, zu Tripolitza in die Winterquartiere gehen, um aus Aegypten neue Machtmittel zu erwarten.

Inzwischen hatten die Griechen, deren Wagschale unter der Last des Unglücks und der türkischen Erfolge so hoch emporgeschnellt war, die namentlich zur Zeit der Ankunft Ibrahim's vor Navarino momentan der Verzweiflung nahe gewesen waren, trotz des Unheils im Peloponnes, — welches aber den Aegyptern doch noch keine durchschlagenden Erfolge bereitet hatte, — auf anderen Punkten glücklicher gefochten. Zunächst hatte ihre Flotte sich sehr thätig gezeigt. Admiral Miaulis hatte mit unermüdlichem Eifer während der Züge Ibrahim's im inneren Peloponnes sich bemüht, die Wasserverbindung zwischen Kreta und Navarino zu hemmen. Den Hauptgewinn machte aber Sachturis, der die am 24. Mai aus den Dardanellen ausgelaufene osmanische Flotte am 1. Juni zwischen Andros und Euböa völlig geschlagen und total gesprengt hatte. Dagegen waren Miaulis' und Sachturis' Versuche, mit etwa 70 Segeln die große ägyptische Flotte bei Suda zu vernichten, bei ungünstigem Wetter im Laufe des Juni nur sehr theilweise gelungen, wie auch der kecke Versuch des Kanaris, am 10. August Schiffe und Arsenal zu Alexandria zu verbrennen, nicht gelang. Da es sich nun herausstellte, daß die kleinen griechischen Schiffe den großen Kriegsschiffen der Aegypter, die Brander aber der besseren Nautik derselben Aegypter nur selten noch gewachsen waren, so mußte man vorläufig in banger Spannung auf die Ankunft der (damals in den griechischen Gewässern noch kaum bekannten) Kriegsdampfer, [illegible] der größeren Schiffe warten, welche auf Antrieb des tüchtigen Capitains Frank Abney Hastings (seit dem August 1824) die Regierung schon seit Anfang des Jahres 1825 in Aussicht genommen hatte. Beiläufig aber ging allerdings bei der auch auf den Inseln wachsenden Noth und bei der wüsten demokratischen Masse der Spezioten und Hydrioten sich steigernden Verwilderung, und bei dem Elend und der Raubgier der unzähligen griechischen Flüchtlinge mehr und mehr der Seekrieg in furchtbare Piraterie über, die namentlich den verhaßten österreichischen Handelsschiffen (die unablässig die griechischen Blokaden mißachteten und oft genug im Interesse der Osmanen arbeiteten), aber auch anderen Flaggen, die griechische selbst nicht ausgenommen, immer gefährlicher wurde. Die neutrale Handelsinsel Syra (s. oben) diente damals auch als ein Platz, wo nicht allein flüchtige Piraten[19]) Zuflucht suchten und den Grund zu der neuen, jetzt so blühenden Stadt Hermupolis legten, sondern wo auch, wie in Smyrna und mehreren occidentalischen Häfen, das Piratengut mit Vortheil verkauft wurde. Einen neuen Halt aber gewann die Piraterie, als im Sommer 1825 eine Anzahl flüchtiger Kreter unter Demetrios Kalergis und anderen Führern von Tzakonien aus (Ende August) die starke kretische Festung Karabusa oder Grabusa überrumpelt hatten; nur daß dieser Schlag auch die Bedeutung hatte, daß damit der Anfang gemacht wurde, den Aegyptern große Schwierigkeiten zu bereiten und die schlummernde Insurrection auf Kreta neu zu beleben.

Viel energischer aber ist der Landkrieg in Rumelien geführt worden. Die Pforte hatte jetzt den besten und thatkräftigsten General, den sie damals besaß, den Sieger von Peta, den Rumili Reschid-Mehemet-Pascha, mit außerordentlichen Vollmachten zum Rumeli-Walessi ernannt und zugleich zu größerer Einheit im Commando seinen alten Rivalen, den ihr jetzt entbehrlichen Omer-Vrione, aus Janina nach dem Paschalik von Salonichi versetzt. Mit reichen Geldmitteln versehen, kam Reschid, dem energischen Ibrahim-Pascha parallel arbeitend, im Januar 1825 nach Larissa, beruhigte die neu aufgetauchten Unruhen unter den südlichen Albanesen und gewann die namhaftesten Albanesenführer durch hohen Sold für seine Fahnen. Schnell arbeitend, drang Reschid mit starker Macht von Arta her durch den Makrynoros nach Akarnanien vor, ehe ihm die Griechen (Anfang April) unter Zongas diese Pässe sperren konnten. Akarnanien war schnell gewonnen; Zongas und Makris konnten auch den Achelous nicht halten, und schon am 25. April stand Reschid vor Anatoliko und Missolunghi, während er zugleich, was bis dahin noch nicht versucht war, 1500 Albanesen durch Ost-[illegible] nach Salona ziehen ließ.

Reschid wandte nun seine gesammte Kraft auf die Eroberung von Missolunghi; denn seine hohe Machtstellung war ihm nur unter der Bedingung verliehen worden: „Missolunghi falle, oder dein Kopf!" Die Lage der Vertheidiger von Missolunghi war sehr schwierig. Reschid verfügte über etwa 20,000 M. (darunter 8000 Albanesen, Bosniaken u. s. w., wie auch 4000 zu [illegible]

19) Gervinus a. a. O. Bd. VI. S. 88.

neueren Pionieren berühmte christliche und türkische Bauern aus Makedonien und Thessalien); sein geringes Geschütz sollte ihm aus Patras und Lepanto ergänzt werden. Jussuf-Pascha, durch des Kolokotronis Abmarsch nach dem inneren Morea seit dem Mai ganz ohne Sorge, konnte ihm über den offenen Golf von Patras die beste Hilfe bieten. Missolunghi dagegen war allerdings seit Lord Byron's Anwesenheit von Kolliwas durch viele neue Außenwerke und Bastionen, die freilich mit europäischen Schanzen nicht zu vergleichen waren, bedeutend verstärkt worden; die Stadt hatte 51 Kanonen, und jetzt unter Jskos, Makris, Tzavelas, Sturnaris, Notos Botzaris, Georg Kitsos und anderen Führern mit ihren Armatolen etwa 5000 Krieger, die von dem besten Kriegsmuthe beseelt waren. Reschid, der zuerst auf Geschütze aus Patras und die Hülfe einer ottomanischen Flotte zu warten hatte, begann die Belagerung sehr methodisch, diesmal durch fränkische Ingenieure angeleitet. Viele Wochen lang arbeitete der osmanische General an der Anlage und allmähligen Vorschiebung seiner Parallelen (seit dem 7. Mai) wider die Hauptpunkte der griechischen Stadt, dabei wiederholt durch eine wenig erfolgreiche Kanonade unterstützt. Ihrerseits arbeiteten die Griechen, die freilich aus Morea nur wenig Hülfe erhalten konnten, die andauernd durch die Kriegsnachrichten aus dem Süden und von der See bald erschüttert, bald gehoben wurden, an immer neuer Verstärkung ihrer Werke. Am 10. Mai durch die Ankunft einer kleinen hydriotischen Flotille von sieben Schiffen unter Kriezis erfrischt, sahen sie dann mit Schrecken um die Mitte des Juli die muhammedanische Flotte, 56 Schiffe, unter dem Kapudan-Pascha mit großen Vorräthen für Reschid und Jussuf-Pascha aufkommen, und Jussuf-Pascha führte mit flachen Booten 2000 M. in die Lagunen, trennte Missolunghi von Anatoliko und dem Fort Wassiladi. Nach erfolglosen Anträgen auf Ergebung versuchte dann Reschid, der unter schweren Verlusten mit seinen Arbeiten endlich der Stadt sehr nahe gekommen war, vom 28. Juli bis zum 2. August mehrere Sturmangriffe auf die Hauptwerke der Stadt, wurde aber überall mit schweren Einbußen glänzend abgeschlagen. Aber bei aller heldenmüthigen Energie hätten die tapferen Rumelioten doch bald unterliegen müssen, da ihnen Proviant und namentlich die Munition in bedenklichster Weise auszugehen begann. Da endlich, am 3. August, erschien die griechische Flotte unter Miaulis und Sachturis, die (lange durch die Hab- und Geldgier der Matrosen aufgehalten) am 17. Juli aus den Gewässern von Hydra ausgelaufen waren, sich mit Mühe gegen den Wind bis nach dem Norden durchgekämpft hatten, und nun sofort mit nur 40 Schiffen die feindliche Flotte vertrieben, ihr dann in offener Schlacht zwischen Missolunghi und dem achäischen Cap Papas solche Schrecken einjagten, daß der Kapudan-Pascha angstvoll nach dem östlichen Mittelmeer entfloh. Am 6. August brachte dann ein wohl combinirter Angriff der Griechen — griechische Schiffe gegen die Türken in den Lagunen, Ausfall der Garnison gegen Reschid's Lager, und Mitwirkung von 500 Rumelioten unter Tzavellas und Kara-Iskakis, die von Osten her anmarschirt waren — den Belagerern eine schwere Niederlage bei, die auch von Reschid durch einen neuen wüthenden Angriff auf die schwer bedrohte Bastion „Franklin" (16.—31. August) nicht gutgemacht werden konnte. Und da nun auch Alexandrien wieder mobil wurde, Missolunghi von allen Seiten her seit Ende August neue Zufuhr erhielt, in Reschid's Lager Mangel, Seuchen und die gewohnten Desertionen der Albanesen bemerkbar wurden, sondern die Griechen selbst angriffen und durch List namentlich am 21. September viele Türken auf einen Platz lockten, wo man sie in Masse durch eine Mine in die Luft sprengte. Da nun auch sowol zwischen Ibrahim-Pascha und Jussuf in Patras, wie zwischen Ibrahim und Reschid starke Eifersucht und Spannung bestand; da ferner durch Abzug der Albanesen und Krankheiten Reschid's Heer bis auf die Hälfte geschmolzen war, so hörte die Belagerung der Stadt seit Mitte October factisch auf, zumal auch die Regen des Herbstes neue Arbeiten verhinderten.

Aller Ruhm der tapferen Griechen von Missolunghi machte aber ihre Lage für die Dauer nicht besser. Hilfe für sie war schwer zu erwarten. Der athenische General Guras, der nach der Ueberwältigung des Odysseus, mit Hülfe des Baruches bei Amphissa und am Kephissos die Osmanen des aus Zeituni vormarschirenden Abbas-Pascha beobachtet, dann diesen General am 19. und 23. April in Phokis bei Dhavlia und Turkochori geschlagen hatte, war auf die Kunde von dem Einbruch der Albanesen Reschid's in Salona nach Distomo (Ambrysos) im südlichen Phokis gewichen. Hier durch die aus Messenien (nach der Schlacht bei Kremmydi) abmarschirten Rumelioten unter Tzavellas, Notos Botzaris und Kara-Iskakis verstärkt, hatte er bis jetzt mit Abbas-Pascha zu Salona vereinigten Albanesen blokirt und wiederholt beschossen, ihnen auch die Zufuhr aus Thessalien abgeschnitten. Die Desertion der Albanesen bestimmte auch hier die Osmanen, am 6. November Salona und Griechenland südlich vom Oeta wieder zu räumen. An einen Zug nach Missolunghi dachte Guras aber nicht; und obwol Reschid zuletzt nur noch 3000 M. hatte, so blieb er doch, tief in seine Verschanzungen vergraben, diesmal für den Winter vor Missolunghi liegen. Die Stadt sollte fallen; so wollte es der Sultan. Daher wurden denn während des Winters 1825/26 nicht blos die Verhältnisse zwischen den Generalen der Pforte geordnet, sondern auch in dem übrigen türkischen Reiche wie in Aegypten wahrhaft riesige Rüstungen angestellt, um die Eine Stadt Missolunghi zu überwinden.

Der neue Verbündete zu Kahira, Mehemed-Ali, hatte im Herbst abermals gewaltige Rüstungen angestellt und endlich es dahin gebracht, daß vom 17.—19. October eine türkisch-ägyptische Flotte von 135 Segeln (dabei 79 Kriegsschiffe) unter dem von den Gewässern bei Patras nach Alexandria geflohenen Kapudan-Pascha mit 10,000 Mann frischen Soldaten aus dem Hafen von Alexandria auslaufen und am 5. November 1825 zu Navarino landen konnte. Als der jetzt in Morea sich liegende Ibrahim diese Verstärkung erhielt, beschloß er, den stolzen Reschid zu demüthigen, einen Winterfeldzug zu eröffnen, und sich mit seiner vollen Macht selbst auf Missolunghi zu stürzen. Jussuf-Pascha, der sich bisher rührig und thatkräftig genug gezeigt hatte, mußte jetzt Patras verlassen, er wurde nach Kleinasien versetzt. Ibrahim aber ließ — sein Hauptquartier sollte jetzt Patras werden — zu Wasser seine Geschütze und ein starkes Truppencorps nach Patras führen; diese Truppen bezogen zunächst bei Cap Rhion ein Lager, während die Flotte dann seit dem 18. November den Sund von Rhion sperrte und Missolunghi zu blokiren begann. Ibrahim selbst marschirte mit 4000 M. aus Messenien an dem Strande des ionischen Meeres nordwärts. Die Griechen des Peloponnesos hatten inzwischen so sehr den Kopf verloren, daß sie zur Abwehr der neuen schweren Gefahr für Missolunghi fast gar Nichts thaten; daß sie sich weder zu neuen Angriffen auf die messenischen Festungen oder auf Tripolitza in Ibrahim's Rücken anschickten, noch auch — was Kolokotronis wollte — aus Elis die Vorräthe nach Missolunghi schafften, noch auch dem Aegypter auf seinem Landmarsche größere Hindernisse bereiteten. Ohne Gefahr konnte Ibrahim in Triphylien den schwierigen Strandpaß bei Kleidi (Samikon) passiren und am 20. November den Alpheios erreichen. Hier erlitt er freilich bei dem Angriff auf die Lagunen von Agulinitza starken Verlust. Am 21. setzte er dann über den Alpheios, verheerte das reiche Elis mit Feuer und Schwert, und fand nur in einigen Dörfern nachhaltige Gegenwehr. Am 29. November erreichte er Rhion und das „Schloß von Morea," und während in seinem Rücken Hussein-Pascha ihm Elis vollkommen erobern sollte, conferirte er zunächst in Lepanto mit Reschid und dem Kapudan-Pascha, vertrieb die wenigen griechischen Schiffe der Gegend bis zurück nach Galaxidi, und setzte dann die Masse seiner Infanterie (12—13,000 M.) mit Zurücklassung der Reiterei am 9. December nach Kryoneri in Aetolien über, wo er selbst ungeheure Magazine anlegte und für Chosrew-Pascha eine Flottenstation schuf.

Bis zum 7. Januar 1826 verlegte er dann sein Lager dicht neben jenes des Reschid bei Missolunghi; mit Reschid war er aber sogleich dermaßen zerfallen, daß dieser General fortan den Kampf einstellte, sein Heer in die entfernteren Linien zurückführte und den Aegyptern die Belagerung nunmehr der Hauptsache nach allein überließ.

Inzwischen hatten die griechischen Admirale bei der beständigen Unzuverlässigkeit ihrer Matrosen und bei der ewigen Eifersucht zwischen Ydra und Spezzä sich trotz aller Anstrengung nur mit sehr lahmen Erfolgen gegen die feindliche Flotte im Golf von Patras und zur Verproviantirung von Missolunghi abgemüht. Und erst als namhafte freiwillige Geldmittel in Nauplia und Syra aufgebracht waren, konnte Miaulis seit der Mitte des Januar 1826 mit seinen Briggen und Brandern der feindlichen Flotte bei Missolunghi mehrere namhafte Schläge beibringen und Ende Januar die Stadt für zwei Monate mit Kriegs- und Mundvorrath versorgen. — Ibrahim hatte inzwischen 6 Wochen lang mit großen und sehr zweckmäßigen Vorbereitungen zum Angriff zugebracht, während deren seine Araber durch den Winter, Seuchen und Mangel nicht viel weniger litten, als die Einwohner von Missolunghi mit knappen Vorräthen und decimirter Zahl ihrer Vertheidiger, die erst neuerdings durch Makris und Photomaras wieder um 600 M. vermehrt wurden.

Der Belagerungskrieg im engeren, im eigentlichen Sinne begann nun, da die Griechen jede Unterhandlung mit hoher Entschlossenheit abwiesen, am 24. Februar, wo Ibrahim nach Vollendung seiner Batterien ein dreitägiges entsetzliches Bombardement eröffnete, welches die Stadt in Ruinen warf, aber nur 20 Einwohner tödtete. Dann begann am 27. d. M. auf der Landseite ein furchtbarer Sturmangriff, der von den Griechen so glanzvoll abgeschlagen wurde, daß Ibrahim tief gedemüthigt war und nunmehr den Reschid selbst um seine active Mitwirkung bei der Belagerung bitten mußte. Dafür gelang es allerdings dem Hussein-Pascha, durch Angriffe mit einer ungeheuren Macht flacher Boote am 10. und 12. März die dünn besetzten Lagunenforts Vasiladhi und Dolma zu erstürmen und dadurch nun auch Anatoliko zur Ergebung zu nöthigen. Aber die weiteren Angriffe auf Missolunghi selbst, namentlich die wüthenden Angriffe auf das Inselfort Klissowa, die Reschid und Hussein (der hier selbst fiel) am 6. April versuchten, wurden unter entsetzlichen Verlusten durch Kitsos Tzavellas mit wahrem Heldenmuth abgeschlagen.

Leider begann nun aber Mangel und Hunger auf Missolunghi zu drücken; und der Zustand der Dinge in dem übrigen Griechenland war derart, daß ernstliche Hilfe für die tapferen Rumelioten kaum zu erwarten stand. Während gegenwärtig der gesammte griechisch-türkisch-ägyptische Krieg sich so gut wie ausschließlich um Missolunghi drehte, fand Gura in Athen kein Mittel, den wackeren Aetoliern zu helfen, — war in Morea die Schlaffheit und Muthlosigkeit so schlimm, daß man hier auch nicht Einen ernsthaften Versuch machte, durch neue Erhebung Ibrahim in seinem Rücken zu bedrohen. Und die Regierung in Nauplia war noch übler daran. Als der erste scharfe Marsch Ibrahim's im Sommer 1825 nach Nauplia den helleuischen Capitanen und Primaten deutlich zeigte, daß irreguläre Schaaren wol hinter Mauern und Tamburias, aber nicht in offener Schlacht der modernen Taktik gewachsen waren, da hatte man sich ernstlich um europäische Ausbildung auch der griechischen Soldaten bemüht und dem französischen Obersten Fabvier, einem eifrigen Philhellenen und mit dem Orient wohl vertrauten Artillerieofficier, einem sehr energischen Manne, die Vollmacht ertheilt, zu Athen ein Corps von 3—4000 Mann auszubilden. Freilich waren dieses nur schwache Anfänge; es war sehr zweifelhaft, wie lange man ein solches immerhin kleines Corps werde besolden können, — und namentlich schien es kaum möglich, aus dem wirklich guten Material der Klephten und Armatolen binnen kurzer Zeit brauchbare Reguläre zu machen; vorläufig fürchteten auch verständige Capitaine in solcher Formation ihre besten soldatischen Eigenschaften nicht genügend verwerthen zu können. Indessen, Fabvier hatte gethan, was er konnte. Als es aber nun darauf ankam, dem bedrängten Missolunghi zu helfen, da zeigte es sich, daß einerseits der kühne Armatole Karaiskakis, dessen glänzendste Zeit damals anhob, in dem verödeten Ostätolien und Lokris nur 500 M. aufbringen konnte, und daß die für ihn zur Mitwirkung bestimmten Schaaren Fabvier's dahin nicht geschickt werden konnten, weil das öde Aetolien ihn nicht mehr zu ernähren, die momentan am Ende ihrer Geldmittel angelangte Regierung aber sein Corps dort nicht mehr zu besolden vermochte. Und zu weiterem Unheil verloren Fabvier und die europäische Kriegskunst und Schule dadurch vollkommen ihr Ansehen, daß der französische General bei einem Zuge nach dem euböischen Karystos (14. März bis 6. April) vollständig Fiasko machte. Die Neubildung seiner Schaaren auf der Halbinsel Methana war vorläufig ein sehr weitaussehendes Unternehmen.

Ebensowenig konnte die Regierung auf dem Seewege erhebliche Hülfe für Missolunghi aufbringen. Hier namentlich durch die schwere Schuld habgieriger und wenig gewissenhafter Geschäftsleute in England und Nordamerika. Bei dem Abschluß der zweiten Anleihe im Februar 1825 (s. oben) hatte die griechische Regierung von vornherein beschlossen, einen Theil dieser Gelder in dem Bau neuer großer Kriegsschiffe anzulegen, die man in New-York und London zu gewinnen wünschte. In London baute man sofort die Dampfcorvette „Karteria;" aber die Vollendung des Schiffes wurde merkwürdig verschleppt, — man hegte bitteren Verdacht gegen den Maschinenbauer Galloway, dessen Sohn zu Kahira in Mehemet-Ali's Diensten stand. Inzwischen, etwa zur Zeit des Aufmarsches der Afrikaner gegen Argolis, kam in England aus Südamerika zurück der in den Kämpfen der jungen südamerikanischen Republiken gegen Spanien namhaft gewordene britische Seeheld, Lord Cochrane. Die britischen Philhellenen und das Haus Ricardo schlugen den griechischen Agenten Orlando und Luriottis vor, unter Cochrane's Leitung möglichst viele Kriegsdampfer anzuschaffen. Und wirklich nahmen diese Agenten nun Lord Cochrane durch einen Vertrag vom 17. August 1825 für Hellas bis zum Ende des Kriegs in Dienst; sein Sold sollten 57,000 Pfund sein, von denen er sofort 37,000 erhielt; fünf neue Kriegsdampfer sollten außerdem für 150,000 Pfund sogleich gekauft werden. Weil aber das Haus Ricardo hinter dem Rücken der griechischen Agenten auf eigene Hand den Bau solcher Schiffe eingeleitet, und dem den Hellenen so verdächtigen Ingenieur Galloway abermals die Herstellung der Maschinen anvertraut hatte (noch dazu ohne eine Geldstrafe festzusetzen, falls er seine Verbindlichkeiten nicht rechtzeitig erfülle!); weil diese Banquiers außerdem, unter hochfahrender Haltung gegen die armen Griechen, bei der Geldfrage in unwürdiger Weise nur ihren eigenen Vortheil suchten, — so geriethen die Interessen der griechischen neuen Marine in heilloser Weise in Stocken. Von der londoner Dampfflotille, die bis Ende 1825 in Griechenland hatte ankommen sollen, wurde die Corvette „Karteria" erst im Mai 1826 segelfertig, sie kam — diese allerdings noch immer sehr zu rechter Zeit — erst im September 1826 nach Griechenland. Von den übrigen Schiffen kamen — während auch Lord Cochrane noch immer nicht bei den Hellenen erschien (er ist selbst erst im März 1827 eingetroffen) und in London bei dem Bau der Schiffe sehr zur Unzeit Experimente mit Hochdruckmaschinen betrieb — die beiden anderen erst im Herbst der J. 1827 und 1828 (!!) nach Griechenland; drei andere sind in der Themse verfault! So waren 120,000 Pfund der zweiten englischen Anleihe in London verloren! Und in Nordamerika waren die Griechen geradezu betrogen worden. Mehr als 150,000 Pfund wären nach New-York geschickt, um hier zwei Fregatten von 64 Kanonen zu bauen, aber die amerikanischen Schiffbauer forderten in unredlicher Berechnung noch andere 50,000 Pfund, wenn die neuen Schiffe nicht meistbietend verkauft werden sollten. Nur durch die Vermittelung des chiotischen Kaufmanns Kondostavlos und vieler ehrenhafter Amerikaner wurde endlich die amerikanische Regierung selbst (die schon im November 1823 im Einklang mit Philhellenencomité's in New-Orleans, Philadelphia, New-York ihre Sympathie für die Griechen ausgesprochen hatte) bestimmt, das eine der neuen Schiffe selbst anzukaufen und dadurch im März 1826 die Bezahlung und das Auslaufen des anderen, der Fregatte „Hellas," zu ermöglichen, die dann gegen Ende des J. 1826 nach Nauplia gelangte. Während in solcher Weise von der zweiten Anleihe im fernen Auslande etwa 400,000 Pfund ausgegeben wurden, waren die englischen Zahlungen nach Griechenland selbst mit dem October 1825 zu Ende gegangen; es kam dazu, daß die Einnahmen aus dem Lande selbst, die man bis zu Anfang des J. 1825 in verständiger Weise bis zu jährlich 5,589,000 Piastern hatte bringen können, unter den Einbrüchen Ibrahim's und Reschid's so sehr gesunken, daß man kaum noch auf 1½ Millionen Piaster rechnen konnte. In solcher Geldnoth hatte die Regierung endlich nur durch verzweifelte Opfer wenigstens die einheimische Marine noch einmal zu einem Rettungszuge für Missolunghi bestimmen können.

Der immer unermüdliche Miaulis war am 31. März 1826 mit nur 30 schlecht gerüsteten Schiffen nach Rumelien ausgelaufen. Aber auch er vermochte diesmal nichts Rechtes mehr auszurichten; er konnte Missolunghi weder zu Wasser entsetzen, noch die bereits fast ausgehungerte Stadt namhaft verproviantiren. Und doch gestand Ibrahim-Pascha später selbst, daß er die Belagerung hätte aufgeben müssen, wenn (seit seinem letzten Angriff zu Anfang des April) die Griechen noch über drei Wochen Proviant gehabt hätten. Nun aber zehrte der Hunger an den Heldengestalten in Missolunghi. Das Brod war zu Ende; der Kampf hatte selbst die Fische aus den Lagunen verscheucht; die Einwohner und Soldaten lebten nur noch von Katzen, Ratten, Häuten und Seegras; die Arzneimittel fehlten, der Boden war mit Kranken, Verwundeten, Verhungernden bedeckt. Da endlich beschlossen die griechischen Feldherren, sich, mit Hülfe der von Außen her heranziehenden Armatolen und Sulioten unter Kara-Iskakis und Notsos Bozzaris, in der Nacht des 22. April durchzuschlagen. Ihr Plan war sehr verständig angelegt, auch mit vieler Umsicht Alles geordnet, um die Weiber und Kinder zu retten. Leider konnten aber die außerhalb der Stadt operirenden Capitaine nicht die nothwendige Masse von Soldaten aufbringen, und in der letzten Stunde vor dem Ausfall verrieth ein bulgarischer Ueberläufer den Plan an Ibrahim, der sofort sich zum Schlage rüstete. Als endlich am Abend des 22. April die Besatzung den Lärm eines Gefechtes von der Stadt hörte, brach man (nur eine Schar Greise, Kranke und anderer Einwohner zog sich sterbensmuthig in das Magazin der Patronen, der Primat Kapsalis mit seiner Familie in das Pulvermagazin zurück) um 8 Uhr des Nachts in der Art auf, daß 3000 M. unter Kitsos Tzavellas, Notsos Bozzaris und Makris voranmarschirten; ihnen folgten 6000 Einwohner (die Weiber als Männer gekleidet), 1000 Soldaten schlossen den Zug. Als man die Werke passirt hatte, lagerte man sich mit Vorsicht, um die Signale des Kara-Iskakis zu erwarten. Von den Osmanen ohne Erfolg blindlings beschossen, warteten sie eine Stunde, bis der Mond aufging. Dann erstürmten die Soldaten mit furchtbarem Stoß die nächsten ägyptischen Schanzen vollständig und hatten nun das offene Feld vor sich, — leider aber waren die meisten Nichtcombattanten und einige Soldaten unter Georg Tzavellas durch falsche Schreckensrufe so bethört, daß sie heulend nach Missolunghi zurückflüchteten. Die Ausgebrochenen trafen etwa ½ Stunde von der Stadt bei Bochori auf Ibrahim's Reiter. Bozzaris, Kitsos Tzavellas schlugen sich kraftvoll durch, aber die Division Makris erlitt große Verluste. An dem Berge Zygos hatte man noch einmal mit den Albanesen zu kämpfen, die man aber mit Hülfe von 300 Rumelioten unter Deales abschlug. Die Griechen hatten 500 M. und die meisten mit ihnen ausgebrochenen Nichtcombattanten verloren. Ueber Dervekista und Platanos kam die Heldenschaar dann, nur noch 1800 M. (dabei 200 Weiber), nach Salona. Inzwischen waren bei dem Ausbruch der griechischen Soldaten die Muhammedaner sogleich in Missolunghi eingedrungen. Die Stadt wurde nun der Schauplatz einer Reihe ebenso grauenhaft-herrlicher Scenen von wahrhaft antikem Pathos wie scheußlicher Gewaltthaten. Es gab eine Masse von wilden Einzelkämpfen; und während Georg Tzavellas sich nach Bochori hindurchschlug, einige Griechen durch die Lagunen entkamen, sprengten sich fast überall die Krieger auf den Batterien, in dem Pulvermagazin, in einigen festen Häusern schließlich mit Pulver sammt ihren Feinden in die Luft. Da übrigens auch die Osmanen Reschid's und die Afrikaner Ibrahim's um der Beute halber mit Wuth auf einander stießen, so hatten die Pascha's an Menschen ebenfalls namhafte Verluste. Gefangene Männer, die man morden oder enthaupten konnte, gab es nur sehr wenige in Missolunghi, — gefallen waren von namhaften Offizieren namentlich Sturnaris und Kossinas, aus der Stadt zwei Brüder Trikupis; Ibrahim hatte 3000 gefallene Köpfe als Siegesbeute, — 3 bis 4000 Weiber und Kinder wurden als Sklaven verkauft.

Der Untergang von Missolunghi wirkte wahrhaft gewaltig nach allen Seiten hin. Zunächst war die bemerkbarste Folge der Sturz der Regierung Konduriotis-Kolettis. Die Regierung hatte, als die Noth des Landes immer größer und größer wurde, eine neue Nationalversammlung berufen, die endlich, 127 Köpfe stark, unter dem Vorsitz des Panagis Notaras in der Mitte des April zu Piadha (Epidauros) sich zusammengefunden hatte. Die neue Versammlung war sofort mit einer wichtigen politischen Frage beschäftigt. Die Griechen, die überhaupt schon ziemlich früh als das letzte Ziel ihrer Kämpfe eine beschränkte Monarchie unter einem abendländischen Prinzen ins Auge gefaßt hatten, waren während der kritischen Momente ihrer Revolution zu wiederholten Malen auf den Gedanken gekommen, sich unter auswärtigen Schutz zu stellen. Darüber waren denn auch die Griechen getheilt worden in den merkwürdigen Parteiungen, die — zur theilweise mit den alten eingewurzelten Parteien des Landes sich deckend — sich dann durch die ganze Regierung des Königs Otto hindurch fortgesetzt haben. Ursprünglich waren nur die Anfänge einer russischen Partei vorhanden, sehr begreiflich bei dem alten Zusammenhange zwischen den Hellenen und dem glaubensverwandten Kaiserhaus des Nordens. Aber der russische Einfluß war seit dem Jahre 1821 sehr gesunken, und dafür hatte jene Englands, dem Manufacturstaate, viele Moreoten und Inselgriechen immer Sympathie zeigten, namentlich seit dem Sommer 1822, dem Regierungsantritt Canning's, der die hellenische Sache schonend und freundlich behandelt hatte, stark gewachsen. Die russische Partei, zu der namentlich Kolokotronis zählte, durch den Grafen Kapodistrias (der allerdings, s. unten, damals nicht mehr in activem Staatsdienste stand) geleitet, gerieth aber völlig ins Hintertreffen, als (s. unten) zu Anfang des J. 1824 ein russischer Pacificationsplan bekannt wurde, der in rein russischem Interesse darauf hinauslief, aus Ostgriechenland, Epirus mit dem Küstengebiet, und Morea mit Kreta, drei separate unter der Pforte stehende Hospodarate oder Fürstenthümer zu machen, deren innere Organisation durch die abendländischen Mächte verbürgt werden sollte. Dieser Plan erbitterte die Hellenen nicht weniger als die Pforte; so sehr, daß der 80jährige Primat Barwakis, ein reicher Patriot zu Odessa, der anfangs den Griechen ungeheure Geschenke gemacht hatte, als er im Spätjahr 1824 in Nauplia erschien und sein ganzes Vermögen dem Vaterlande schenkte, — in tiefe Mißachtung fiel und sich zu jammervollem Ende nach Zante zurückziehen mußte, weil er den Hellenen lebhaft gerathen hatte, jetzt den Grafen Kapodistrias an das Staatsruder zu berufen. Die griechische Regierung aber hatte in einer amtlichen Note (die füglich zugleich einen diplomatischen Verkehr mit dem britischen Ministerium eröffnen sollte) unter dem 23. August 1824 bei Canning gegen fremde Intervention und namentlich gegen jenen russischen Pacificationsplan nachdrücklich protestirt

den. Canning [illegible] hatte unter dem 1. December 1824 den Hellenen, wie einer souveränen Macht, sehr [illegible] geantwortet, schließlich auch — der Keim des Gedankens, der nachmals den Vertrag vom 6. Juli 1827 ins Leben rief — bestimmt gesagt, daß Se. Majestät der König von Großbritannien bereit sein würde, zur Beendigung des Kampfes nach Kräften mitzuwirken, wenn die Griechen später zur englischen Vermittelung ihre Zuflucht nähmen und diesen Wunsch formell an England aussprächen. Diese Erklärung trug nachmals ihre Früchte. Allerdings war schon im J. 1824 von Seiten einer französischen Partei versucht worden, bei Maurokordatos die Idee einer Erhebung des zweiten Sohnes des damaligen Herzogs von Orleans zum König der Hellenen anzuregen; die schlauen Griechen hatten diese Pläne aber [illegible]. Als aber im April 1825 ein Abgeordneter des sehr thätigen pariser Philhellenencomité's, der General Roche in Nauplia anlangte, da versuchte dieser Agent (während der pariser Verein gerade jede Einmischung in die innere und äußere Politik Griechenlands vermieden wissen wollte), auf eigene Hand für die Orleanistische Idee zu wirken, wofür ihm die damalige Bedrängung der Griechen über Ibrahim's Eindringen in Messenien nur zu geeignet schien. Die Eifersucht des Demetrios Hypsilanti und des Kolettis, der verschiedene Familienhäupter nach sich zog, auf Maurokordatos machte es ihm auch möglich, den Grund zu einer französischen Partei zu legen, die jedoch nur sehr geringe Fortschritte machte, weil sich der damalige französische Flottencommandant in den griechischen Gewässern, Admiral de Rigny, ebenso herbe und rücksichtslos zeigte, als der englische Capitain Hamilton [illegible] und philhellenisch (s. oben). Als dann Ibrahim Pascha, wie wir früher erzählten, vor Nauplia gerückt war, sammelten die Franzosen in den griechischen Vorstädten Unterschriften für ihre Orleanistische Idee. Da entwarfen denn die englische Partei, der die meisten Männer der Regierung, der Legislative und der Primaten angehörten, damit, daß sie Anfang August eine Adresse an Canning in Umlauf setzten, welche Griechenland unter den unbeschränkten Schutz Großbritanniens stellte, und durch die Legislatur in geheimer Sitzung bestätigt wurde (während der Präsident Kondurioti aus localer Abneigung gegen die katholischen, seiner Familie rivalisirenden Geschlechter die Unterschrift verlegte). Unterstützt durch den englischen Lord Obercommissär der ionischen Inseln, den Philhellenen Sir Frederic Adams, gewann die Adresse — trotz der Gegenbemühungen der Kolettis und Kolokotronis und des (dafür von dem pariser Comité energisch desavouirten) General Roche — bald an 2000 Unterschriften namhafter Griechen aller Stände; Demetrios Miaulis, des Admirals Sohn, brachte sie dann zu Canning, der jedoch unter Rücksicht auf den damaligen Stand der allgemeinen Politik, das angetragene Protectorat nicht annahm, den Hellenen jetzt rieth, um eine gemeinsame Vermittelung aller Mächte anzuhalten. Inzwischen trachtete Canning darum doch entschieden dahin, ebenfalls unter nomineller Mitwirkung Rußlands, in der Hauptsache nur durch Englands Ansehen die Vermittelung in dem Kampfe Griechenlands und der Pforte zu erzielen. Der von ihm neu nach Stambul abgeordnete Gesandte, Lord Stratford Canning, verhandelte auf seiner Reise nach Stambul zu Anfang des Jahres 1826 zu Perivolakia (Hydra gegenüber) mit den Admiralen Miaulis und Tombasis, und mit den Agenten der griechischen Regierung, den Herren Maurokordatos und Zographos, die ihm jetzt, bei der unter Ibrahim's und Reschid's Druck zunehmenden Noth, andeuteten, daß die Hellenen nicht mehr auf souveräner Unabhängigkeit bestehen würden. Daraus entwickelte sich denn eine formelle Bitte der griechischen Regierung bei dem britischen Gesandten in Stambul, im Namen Englands bei der hohen Pforte eine freiere Stellung Griechenlands unter der Oberhoheit des Sultans zu vermitteln. Und dieser Schritt der Regierung wurde nun — da unter dem Eindruck der furchtbaren Noth Missolunghi's und der Schlappe General Fabvier's bei Karystos die Griechen diesmal ihrem Parteienhaß Schweigen geboten — auf Antrag des Epiroten Trikupis fast einstimmig genehmigt, Stratford Canning zugleich gebeten, den Akten einen Waffenstillstand zu erwirken. Wesentlich protestirte nur Fürst Demetrios Hypsilanti in heftigster Weise gegen diese Anrufung einer einzelnen europäischen Macht, und wurde dafür durch ein Decret der Versammlung der Rechte als griechischer Bürger für verlustig erklärt.

Nun hatte aber auch die bisherige Regierung Kondurioti's-Kolettis gleich von Anfang an ihre Macht in die Hände der Nationalversammlung zurückgegeben. Die Nachricht von Missolunghi's Fall machte sie für die Zukunft völlig unmöglich; es wurde eine neue Regierung bestellt, und um die ewige Eifersucht der verschiedenen Landschaften zu beschwichtigen, bildete man jetzt ein ziemlich complicirtes System: eine verwaltende Regierung, die jetzt aus 11 Mann bestand, — A. Zaimis als Präsident, mit [illegible], Sissinis und [illegible] Deligiannis für Morea; Spiridion Trikupis und Missolunghi, Johann Vlachos aus Athen und Zenos aus Zeitun für Rumelien; Tsamados für Hydra, Anarghyros für Spezzia, Monarchides für die Psarioten, und Demetrakopulos für die anderen Inseln, zur Leitung der Civil- und Militärangelegenheiten, — und ferner eine ständige Deputation der Volksvertretung, — Erzbischof Germanos als Vorsitzender; Porphyrios, Erzbischof von Arta, Panagiotis Notaras, Kapsalis von Misitra, [illegible], und die [illegible] Dariotis und Bulgaris; Dr. Kalophonopulos von Korfu, Emanuel Xenos und Basil Bulgaris von Hydra, Georg Ainian und [illegible] aus Rumelien, und der Arzt Dr. Renieri, zur Leitung der Unterhandlungen.

Noch hatte man den General Kolokotronis für Morea, Guras für das östliche und den Karaiskakis für das westliche Griechenland als Oberfeldherrn bestellt. Aber die Lage war momentan doch verzweifelt. Der Geldmangel war so furchtbar, daß die neue Regierung bei ihrem Eingange in Nauplia (Ende April

1826) in dem Schatze nur noch 16 Piaster vorfand. Die Noth war so groß, daß überall die Matrosen meuterten, daß die peloponnesischen Generale kaum 2—3000 M. zusammenhalten konnten; daß bei der allgemeinen Furcht vor nahen Angriffen Ibrahim's auf Nauplia und Hydra namhafte Primaten, wie die Konduriotis und Botassis, nur durch die Wachsamkeit des tobenden Pöbels an der Auswanderung gehindert wurden. Und da sich dann die britische Vermittelung sehr verschleppte, erhoben die Anhänger der russischen und französischen Partei in voller Wuth ihre Intriguen und wilden Drohungen gegen die englische Partei, unterstützt durch heftige Diatriben in der griechischen Presse.

Unter diesen elenden Umständen, wo ein scharfes Vorgehen der Generale des Sultans die zum Sterben müde Nation leicht völlig gebrochen, wo auch so bei einiger Nachgiebigkeit der Pforte die Griechen sehr leicht jede irgend nur erträglichen Ergebungsbedingungen angenommen haben würden, rettete Griechenland einerseits die seit dem Falle Missolunghi's bemerkbare Laxheit der feindlichen Unternehmungen, namentlich Seitens der Albanesen, eine Folge ihrer enormen Verluste vor der „heiligen" Stadt Rumeliens; ferner die starke momentane Schwächung der türkischen Macht, die Sultan Mahmud, gleichwohl durch seiner Generale griechische Siege, jetzt durch Vernichtung der zuchtlosen und aufrührerischen Janitscharen in Stambul (16. und 17. Juni), vollzog; und vor Allem die starke moralische und materielle Hülfe, welche die Hellenen jetzt durch den neuen und werkthätigen Aufschwung des Philhellenismus im Abendlande erhielten. Hier war es neuerdings ganz besonders Frankreich gewesen, wo sich aus den gemüthlichen und ehrenhaften Gesinnungen heraus, die dieser Nation in ihren besten Schichten eigenthümlich, wo sich auch aus dem religiösen Interesse namhafter Männer, bis in die strengen Royalistenkreise hinein, eine starke Antipathie erhoben hatte gegen die Theilnahme so vieler französischer Seeleute und Exercirmeister im ägyptischen Dienste gegen die Hellenen. Im Februar 1825 hatte sich in Paris aus Männern vom höchsten Range ein philhellenisches Comité gebildet, dessen Seele der feurige Chateaubriand war; Hand in Hand mit diesem Vereine ging nun der Genfer Griechenverein, der unter dem berühmten Banquier Eynard, einem der humansten, edelsten und werkthätigsten Philhellenen in ganz Europa, bald der Centralpunkt der in der Schweiz und in Deutschland unter den ägyptischen Eindrücken mit neuer Stärke erwachten griechenfreundlichen Bestrebungen wurde. Von Paris aus waren schon im Herbst 1825 namhafte Mittel nach Hellas abgegangen; und nun steigerte die Kunde von Missolunghi's Fall die Theilnahme in Liebe und Zorn in Europa aufs Höchste. Die kolossalen Thaten der tapferen Rumelioten, deren Reste in Griechenland selbst bewundernd verehrt wurden, erregten in Europa Grauen und Staunen; das scheußliche orientalische Kriegsrecht aber, welches die elenden Gefangenen als Sklaven zu verschachern erlaubte, den tiefsten Unwillen, der sich in den erfolgreichen Anträgen Chateaubriand's und anderer Philhellenen in der französischen Volksvertretung, der Betheiligung von französischen Bürgern an der Hinschlachtung Griechenlands ein Ziel zu setzen, besonders scharf ausprägte. Mächtig unterstützt durch den neuen und werkthätigen Aufschwung der griechischen Sympathien in Deutschland, — in München, wo der junge König Ludwig selbst ein lebhafter Philhellene war, in Stuttgart, in Leipzig und Dresden, in Berlin, wo sich das königliche Haus reichlich an den Spenden betheiligte, — im Norden und in den Niederlanden: konnten die Genfer und Pariser Griechenfreunde höchst bedeutende Summen flüssig machen, die Griechenland in den Stand setzen sollten, bis zu der langsam sich vorbereitenden diplomatischen Rettung durch die Staaten des Abendlandes, sich über den Wogen des Unheils zu halten. Die Verwendung der allmälig bis Ende des J. 1826 die Höhe von 2—3 Millionen Francs erreichenden Beiträge aber aus Europa, die vorzugsweise durch Eynard nach Hellas geleitet wurden, wurde jetzt unter lebhafter Unterstützung der griechischen neuen Regierung zum Schutz gegen Unterschleif durch eine oder mehrere gemischte Commissionen aus Griechen und Europäern überwacht.

Die erste und vorzugsweise rechtzeitige Geldhülfe brachte aber der griechischen Regierung in der schwersten Krisis ein englischer Philhellene. Als nämlich die neue Regierung des Zaïmis mit leeren Taschen in Nauplia einzog; als man aus Furcht vor einem Zuge der muhammedanischen Flotte gegen Hydra und Spetzä die Spezioten zur Uebersiedelung nach dem leichter zu vertheidigenden Hydra bestimmt, auch sonst sich zur Abwehr gerüstet hatte; als nun allenthalben die unbezahlten Krieger nicht mehr zu halten, die verhungernden Sulioten und Rumelioten von Missolunghi (seit Ende Mai aus Salona nach Nauplia gekommen) nahe daran waren, Nauplia gewaltsam zu plündern: da traf sehr zu rechter Zeit der Philhellene Oberst Gordon mit etwa 14,000 Pfund ein, dem letzten Reste der zweiten englischen Anleihe. Gelder, mit denen man nun Fabvier's Corps besolden, die Rumelioten und Sulioten beruhigen, bezahlte Arnauten und Reguläre nach Hydra legen, die Sache hinziehen konnte, bis die Ströme der philhellenischen Gelder kamen, mit denen dann wirklich ein volles Jahr lang die sämmtlichen griechischen Kriegskosten getragen worden sind.

Gordon's Ankunft hob den Muth der Griechen wieder, zumal sie als Vorbote der Ankunft von Cochrane und Hastings galt; und obwol Cochrane, der schon jetzt mit seinen Schiffen im Mittelmeere kreuzte, erst im Frühling 1827 eintraf, Hastings aber durch einen Schaden an der Maschine seines Dampfers noch in Cagliari aufgehalten wurde, so half doch dieses Alles den Griechen über die erste schlimmste Zeit der Betäubung und Muthlosigkeit hinweg. Und man faßte um so mehr Muth, weil die Feinde den gefürchteten Streich gegen Hydra nicht führten. Die Kriegsschiffe des Sultans und die des Mehemet-Ali waren in der Mitte des Mai, jene nach den Dardanellen, diese nach dem Nil zurückgekehrt. Indessen schon in der ersten Hälfte des Juli 1826 verließ die Flotte des Sultans die Dardanellen von Neuem und theilte sich in zwei Geschwader, deren eines nach Navarino segelte, um hier drei Monate aber unthätig liegen zu bleiben. Die andere Abtheilung unter dem Kapudan-Pascha Tahir-Pascha sollte einen neuen Versuch auf Samos machen. Dem Hülferuf der auch durch anatolische Landtruppen bedrohten Samioten, die einen Theil der Kriegskosten zu decken versprachen, versagten die Inselgriechen sich nicht. Nicht ohne daß gerade damals die vielgeplagte griechische Regierung mit dem österreichischen Admiral Paulucci in unangenehmen Hader gerieth, der mit seiner Flotte den namentlich gegen die Blokadebrecher und Kauffahrer seiner Flagge mit Vorliebe gewendeten griechischen Kaperei begegnen sollte, sich aber (seit dem Mai bis in den Juli und August hinein) möglichst unweise benahm, Naxos beschoß, bei Mykonos und Tinos griechische Kriegsschiffe wegnahm und mit Sachtur[illegible] Händel gerieth, — führte Admiral Sachturis am 23. Juli eine Flotte von 41 Schiffen nach Samos. Es kam zuerst nur zu einigen Demonstrationen gegen die feindliche Flotte, bis dann nach längerer Pause Miaulis und Sachturis am 4. September mit großer Kühnheit die Osmanen bei Mitylene aufsuchten und am Abend des 10. September den Osmanen eine Seeschlacht lieferten, die mit ganz besonderer Zähigkeit bis zum Abend des 11. durchgefochten wurde, und, ohne entscheidend zu sein, die schwer betroffenen Türken zur Abfahrt nach dem Golfe von Smyrna, dann zu vollkommener Unthätigkeit nöthigte. Ruhmlos kehrte Tahir-Pascha im November nach den Dardanellen zurück, wo die Flotte von Navarino bereits angelangt war. Bereits durch diese maritimen Kämpfe zu neuer Hoffnung erhoben, wurden die Griechen dann wieder überfroh, als ihnen endlich in der Mitte September der wackere Capitain Hastings seine Dampfcorvette „Karteria" zuführte, und am 6. December Konstantinos die Fregatte „Hellas" aus New-York nach Aegina brachte, die dann dem Admiral Miaulis zugewiesen wurde.

Inzwischen waren die Dinge in Morea weder für die Aegypter noch für die Griechen erfreulich gegangen. Bei seiner Rückkehr von den Ruinen von Missolunghi nach Patras hatte Ibrahim-Pascha nur noch 5500 M. dienstfähige reguläre Soldaten. Verstärkt durch seine Reiterei und durch einen Theil der Garnison von Patras wollte er nun Tripolitza neu verproviantiren, dessen Garnison damals in ihrer isolirten Lage sich sehr gedrückt befand. Er marschirte auf Kalavryta, dessen Einwohnern (sammt 400 Soldaten unter den beiden Brüdern Petmezas) er auf den Höhen des Gebirges Chelmos eine blutige Niederlage beibrachte; 17. Mai. Sein Angriff auf das berühmte, durch seine Mönche und durch die Petmezaden wohl vertheidigte, Grottenkloster Megaspiläon dagegen scheiterte. Dann kam er am 22. Mai nach Tripolitza. Nun gedachte er, zuerst das südwestliche Arkadien, dann die noch unbezwungenen Mainotten zu unterwerfen. Am 29. Mai verließ er wieder Tripolitza und wandte sich gegen Karytäna; nun aber begann das Glück ihn zu verlassen. Der alte Kolokotronis hatte endlich die verzweifelnden Peloponnesier ernsthaft wohl gemacht, sie zu einem Guerillakriege animirt, der Art, daß bei jeder Bewegung der Aegypter die Griechen ihre Wohnsitze verließen und in Masse sich auf den Höhen, Schluchten, Felsgrotten und festen Punkten des Gebirges setzten, um die Afrikaner überall zu umschwärmen, zu überfallen, zu beschädigen, zu ermüden. Unter solchen unbequemen Verhältnissen erzeugten Ibrahim's Verheerungen, die bei den damaligen Zuständen Griechenlands — sobald nur erst einmal Ruhe eintrat — doch leicht wieder zu ersetzen waren, für die Afrikaner mehr Schaden, als für die Hellenen. Ohne Karytäna selbst zu besuchen, erzwang Ibrahim nun gegen (3. Juni) Kolokotronis, Nikitas und einen Eisenis den Marsch durch den Makriplagi, zerstörte dann die triphylische Bergstadt Androusa, zog sich südwärts durch Messenien nach dem peloponnesischen Westen, um nach vier Wochen die Maina anzugreifen. Bei der Vertheidigung ihres eigenen Landes rechtfertigten die Mainotten endlich wieder den längst schon sehr zweifelhaft gewordenen Ruf ihrer alten Tapferkeit. Ibrahim bombardirte am 3. Juli mit zwei Kriegsschiffen mehrere lakonische Uferplätze. Am 4. Juli drang seine Landmacht, 7—8000 Mann, von Kalamata aus in die Maina vor, wurde aber von etwa 5000 Mainotten, die bei Armyros wohl verschanzt standen, nach mehrstündigem Kampfe blutig zurückgeworfen. Um die Mainotten zu umgehen, schickten die ägyptischen Führer nun 1500 M. südwärts ab, die auf die Hafenstadt Tzimova operiren sollten. Auf diesem Punkte aber erlitten die Muhammedaner in den Kämpfen vom 5.—7. Juli durch Demetrios und Konstantin Mavromichalis derbe Schläge, während die ägyptische Hauptmacht am 6. Juli bei einem neuen Stoße auf Armyros abermals blutig abgeschlagen wurde. Unter diesen Umständen zog Ibrahim wieder nach Tripolitza, während die neu ermuthigten Griechen nun schaarenweise dem Kolokotronis zuströmten, der seit Ende des Juli die Centralstadt von Morea von Verwena her zu blokiren anfing. Gefechte mit wechselndem Glück zogen sich einige Zeit hin; ein Stoß Ibrahim's auf Karytäna war mislungen, zwei arabische Compagnien wurden bei Tripolitza in oder bei dem Dorfe Mehmet-Aga durch 200 griechische reguläre Reiter unter dem Portugiesen Almeida vernichtet; dagegen hatten die Aegypter bei Alonistena gesiegt, Verwena und das Thal von Phonia (Pheneos) verheert. Als aber Kolokotronis im August einmal nach der Gegend von Korinth verreist war, brach Ibrahim mit drei Colonnen südwärts vor, verscheuchte die Griechen aus Verwena, und verheerte Kynurien und Lakonien in schrecklicher Weise; es wurde aber die eine Colonne vor Astros am Golf von Nauplia durch Nikitas und Zacharopulos am 16. und 17. August hart geschlagen, nicht minder am 29. vor anderen Schanzen. Diese und die auf das bei Hagios-Petros belegene Arachova dirigirte Colonne zog dann Ibrahim wieder zu seiner dritten Colonne, und marschirte über Vembaku am Parnon auf Mistra und das Eurotasthal, um die Maina diesesmal von der Ostseite her anzugreifen. Seine Angriffe (2. und 8. September) auf die Pässe des Taygetos scheiterten aber vollständig; und nachdem er nur das Stromthal des Eurotas bis nach Marathonisi verheert hatte, mußte er wieder nach seinem Tripolitza zurückkehren. Neue Raubzüge nach den Grenzen von Argolis, Phlius, Korinth, nach Sopoto im Süden von Kalavryta führten zu gar Nichts, und endlich mußte Ibrahim mit seinem hungernden und erschöpften, arg zusammengeschmolzenen Heere um die Mitte des November 1826 nach Modon in die Winterquartiere gehen. Da nun auch die Mittel seines Vaters Mehemed-Ali sich zu erschöpfen begannen, da der kluge Vicekönig von Aegypten gegen die Pforte mißtrauisch zu werden begann, außerdem in seinen Augen die Einmischung des Abendlandes in die griechisch-türkischen Händel so gut wie entschieden war: so gab er die Sache factisch auf und schickte keine neue Armee nach Morea. Ibrahim blieb dann auch seinerseits bis zum April des J. 1827 ruhig in seinen Cantonnirungen liegen.

Die Hellenen ihrerseits dachten leider gar nicht daran, ihn hier irgendwie zu belästigen. Denn abgesehen von dem Kampfe um Athen (s. unten), hatten sie sich sehr bald nach ihrer Lieblingsgewohnheit in arge innere Uneinigkeit vertieft. Die Zustände in Nauplia waren auch nach Aufhören der höchsten Gefahr im Sommer 1826 sehr unerfreulich. Es gab selbst unter den Rumelioten Hader, so namentlich zwischen dem akarnanischen Armatolenführer Theodor Grivas im Palamidhi und dem Sulioten Photomaras in der unteren Stadt. Die in dem Fort Burdsi wohnende Regierung ließ unter Umständen werthvolle Sendungen, wie selbst englische Kanonen, halb verkommen; der Typhus, der im Juni in und bei Nauplia unter den vor Ibrahim geflüchteten Bauern ausbrach, raffte viele Menschen dahin, namentlich den Erzbischof Germanos. Mehr aber, wo Ibrahim nicht gerade stand, da hielten die Machthaber in Morea es an der Zeit, sich local zu befehden. Die verächtlichen Fehden zwischen zwei elenden Burschen, zwei Vettern aus dem Hause Notaras, die — wegen der Korinthen-Ernte und der Hand eines schönen und reichen Mädchens! — mit einander Krieg anfingen, Johannes als Commandant von Korinth und Panagiotis als Führer der Localmannschaft, verheerten die Provinz Korinthia, namentlich den Platz Sophiko! Fast wäre aus diesem verworfenen Hader eine allgemeine Fehde entstanden, weil bei Ausgleichungsversuchen Seitens der Regierung nun auch Kolokotronis (s. oben) und Zaimis im August 1826 mit einander in Hader geriethen!

Daneben liefen in gesteigerter Weise die Intriguen der französischen Partei, die jetzt an dem General Fabvier einen Halt suchte, und der russischen, die seit Kaiser Nikolaus' Regierungsantritt wieder frisch belebt war, gegen die Regierung und die englische Partei weiter fort, um endlich zu gewaltsamen Spaltungen zu führen, wobei auch der als Präsident der letzten Regierung so kläglich gescheiterte Konduriotis mit Hülfe der hydriotischen Zeitungen lebhaft mitwirkte. Bei der notorischen Schwäche der französischen Partei wurde jetzt der bedenklichste Agitator der als Heerführer so viel verdiente General Kolokotronis, der, lebhafter Anhänger der russischen Partei, in seinen Manövern besonders durch Metaxas, einen lebhaften Feind Englands und Freund Rußlands geleitet, schon jetzt den Plan cultivirte, den Grafen Kapodistrias an die Spitze der griechischen Angelegenheiten zu berufen. Um seinem Drängen und dem widerwärtigen Aufenthalt in Nauplia zu entgehen, dachte die zur Zeit besonders durch England gehaltene Regierung, ihren Sitz zu verlegen, und nach verschiedenen Zwischenfällen siedelte sie wirklich am 23. November nach Aegina über, wohin sie (den Beschlüssen von Piadha gemäß) demnächst auch die Landesversammlung berief. Nun aber erfolgte der schmachvolle Skandal, daß Kolokotronis, der sich nach Kastri (Hermione) begab, auch seinerseits eine Landesversammlung ausschrieb, gleichviel ob die alten Deputirten kommen wollten oder ob die Gaue (Eparchien) neue Deputirte senden wollten. Da nun Konduriotis sich völlig dem alten Gegner anschloß und momentan die Macht des Miaulis überbot, so zogen außer vielen Moreoten die Insulaner zu Kolokotronis. Versuche der momentan schwächeren englischen oder Regierungspartei zur Versöhnung wurden schnöde abgewiesen; und während in Nauplia die Generale Grivas und Photomaras mit einander einen mit Kanonen geführten Krieg trieben, wurden im Februar 1827 sowol zu Aegina, wie zu Hermione — Landesversammlungen abgehalten.

Diese schmachvolle Wirthschaft wurde durch auswärtigen Einfluß oberflächlich beschwichtigt, d. h. durch mehrere Engländer, die jetzt in griechische Kriegsdienste eintraten. Einerseits hatte die Regierung Zaimis schon im Sommer 1826 den mit vielen griechischen Soldaten und Offizieren seit den Napoleonischen Kriegen her bekannten britischen General Robert Church (denselben, der seinerzeit Major des griechischen Bataillons auf den ionischen Inseln gewesen war, wo Kolokotronis gedient hatte) an die Spitze ihrer Landtruppen berufen. Church war am 9. März 1827 in Argolis angelangt, hatte aber bestimmt erklärt, vor Schlichtung der hellenischen Zwietracht keine Führerstelle annehmen zu wollen. Und als Versammlung und Regierung in Aegina zur Ausführung geneigt, die in Hermione aber hartnäckig waren, da drohte der Commodore Hamilton, über die Hellenen nachtheilig an die britischen Minister in Bern und London zu berichten; ihn unterstützte der Umstand, daß Konduriotis — der von den Plänen des Kolokotronis zu Gunsten des Kapodistrias aus persönlichem Ehrgeiz Nichts wissen wollte — jetzt die Insulaner von der Versammlung in Hermione wieder abwandte. Und nun kam auch am 17. März der längst sehnsüchtig erwartete Lord Cochrane mit der von den pariser Philhellenen für ihn angekauften Brigg „Le Sauveur" mit 18 Kanonen und mit frischen 335,000 Francs nach Griechenland. Da auch Cochrane sich ebenso wie Church und Hamilton aussprach, so gab die Gesellschaft zu Hermione endlich nach, und am 1. April 1827 eröwie man zu Damala (Trözene) in einem Orangengarten die vereinigte Nationalversammlung, deren Beschlüsse sowol für die Kriegführung wie für die weitere innere Entwicklung Griechenlands von der höchsten Bedeutung werden sollten.

Bei der Kriegführung kam vor Allem die seit dem Sommer 1826 schwer gefährdete Lage von Athen in Betracht. Während nämlich nach dem Fall von Missolunghi Ibrahim-Pascha seine Züge in Morea (wie wir oben sahen) wieder aufnahm, hatte seiner Zeit auch der energische Kiutayeh Reschid-Pascha Alles aufgeboten, um binnen einigen Wochen einerseits eine neue brauchbare Armee von 10,000 Mann mit starker Artillerie herzustellen, andererseits mehrere der griechischen Armatolen — die nach Missolunghi's Fall die griechische Sache für verloren hielten —, die Capitaine Rhangos, Siskas, Tsavelas, einen Konstantinis und N. Jakos dahin zu bringen, daß sie ihren Frieden mit dem Sultan machten. Im Juni 1826 nach Ostgriechenland ausmarschirt, hatte er Salona gewonnen und mit 3000 M. besetzt; mit seinen übrigen Truppen marschirte er nach Theben, wo er am 10. Juli sein Lager aufschlug. Nachdem bereits der stets rüstige Omer-Pascha von Euböa den seit dem 21. Juni die herkömmlichen Raubzüge gegen Attika eröffnet hatte, drang nun Reschid-Pascha mit seiner Armee gegen Attika vor; die ersten Versuche seines Vortrabs unter Arslan-Bei, die Capitaine Vassos und Kriezotis aus Eleusis (24. Juli) zu vertreiben, scheiterten. Dagegen gelang es nun dem Reschid, die meisten Bauern von Attika, die Guras durch seine Erpressungen erbittert hatte, für sich zu gewinnen, indem er ihnen osmanische Staatsgüter zum Anbau überließ. Aus solchen Bauern bildete Reschid sogar Gensdarmen zur Abwehr der griechischen Marodeurs. So war Guras mit 400 Soldaten bald auf Athen beschränkt. Die Athener aber hielten diesesmal fest aus; nur die Nichtcombattanten flohen wieder nach Salamis, aber 1000 Mann Milizen mit einigen Salaminiern beschlossen, ihre Stadt zu halten, die freilich schlecht zu vertheidigen war. Die Burg dagegen hatte Proviant auf 18 Monate und 17 Geschütze.

Nun wurde allerdings die Stadt Athen seit dem 23. Juli durch Mustapha-Bei und den Pascha von Euböa, seit dem 28. Juli durch Reschid selbst energisch angegriffen, dann am 15. August mit Sturm genommen. Aber die Akropolis war in dieser Weise nicht zu gewinnen, und um die Eroberung oder Behauptung der Burg von Athen drehte sich seitdem, wie früher um die Stadt Missolunghi, bis Ende Mai des Jahres 1827 das Hauptinteresse des ganzen jetzt schwebenden Krieges. Reschid, der seine Stellung und seine Verbindungen mit Euböa und dem Golf von Korinth durch Anlegung von Schanzen zu Oropos, Theben und Dobrena gesichert hatte und über 26 schwere Geschütze verfügte, sah sich bald von griechischen Entsatzungstruppen angegriffen. Der von der Regierung Zaimis (s. oben) an Stelle des trägen Guras zum Oberfeldherrn für Ostgriechenland ernannte, in zahllosen Kämpfen in Rumelien in den letzten Jahren wacker geschulte Kara-Iskakis, nach vieler Meinung der beste Feldherr des griechischen Befreiungskrieges[18]), war am 31. Juli mit 600 M. aus Nauplia ausmarschirt, verband sich zu Eleusis mit den Corps der Hauptleute Vassos, Kriezotis und Panurias, zu denen dann auch (leider zu spät, um die Stadt Athen noch retten zu können) General Fabvier mit seinen neu formirten Regulairen (den sogenannten Taktikern) zu Fuß, zu Roß und bei den Geschützen, sammt einigen leichten Truppen und französischen Philhellenen stieß. Diese combinirte Macht von zusammen 3500 Mann brach am 17. August von Eleusis auf und gewann das Dorf Chaidari (1½ Stunde nordwestlich von Athen, nicht mehr fern von dem großen Olivenwalde der Athener). Hier gab es am 18. August mit Reschid, und am 20. August mit Reschid's und Omer's Uebermacht heiße und für die Griechen ganz rühmliche Gefechte. Aber die Unzuverlässigkeit vieler Griechen, die einem unmittelbar nachher beschlossenen nächtlichen Angriff auf die Osmanen sich durch Abmarsch entzogen, nöthigte beide Generale zum Rückzug erst nach Eleusis, dann nach Salamis und führte zu bitterem Hader zwischen Fabvier und Kara-Iskakis. Guras hatte inzwischen diese Kämpfe benutzt, um eine große Menge von Nichtcombattanten nach Salamis entfernen zu können, sodaß er auf der Burg nur noch 1030 Menschen, darunter 800 Bewaffnete, zurückbehielt.

Reschid setzte seitdem der Akropolis lebhaft zu; aber mit wenig Erfolg. Mit Gewalt oder durch Aushungerung war die Burg damals nicht zu nehmen; er bombardirte daher die Burg fleißig und suchte ihr namentlich das Wasser abzuschneiden, indem er die die Quelle Klepsydra schützende Bastion „Odysseus" zu sprengen versuchte. Der dazu nöthige Minenkrieg hatte aber bei der energischen Gegenarbeit des Ingenieurs Kostas Chormovitis, eines begabten Naturalisten, und bei den energischen Ausfällen des Generals Makrijannis wenig Erfolg. Auch der Tod des Guras, der in der Nacht des 12. October durch einen Schuß umkam (seine heldenmüthige Gattin, eine schöne und wackere Dame aus Livadia, wurde nachmals, zu Ende des Januar 1827, in dem Tempel des Erechtheus durch eine von einer Bombe getroffene Säule und ein Stück des Daches erschlagen), half den Osmanen so wenig, daß zwei Stürme der Albanesen auf die Schanzen der Athener bei der Quelle Klepsydra am 18. und 19. October mit Glanz abgeschlagen wurden. Und jetzt begannen auch die Griechen, sich lebhaft zu rühren. Zwei Versuche eines ionischen Corps, Ende September und October den Athenern Hülfe zu bringen, waren allerdings in wenig rühmlicher Weise gescheitert. Nun aber vereinigten sich die Generale Fabvier, durch neue Reiter verstärkt, Kriezotis und Kara-Iskakis, dieser durch die Sulioten verstärkt, zu einem größeren Unternehmen. Fabvier sollte Theben erobern,

18) Ueber seine Herkunft, Jugendleben und Geschichte bis zum J. 1821 s. Brandis, Mittheilungen aus Griechenland, Th. II. S. 200 fg.

Kara-Iskakis durch Angriffe von Eleusis her die Feinde auf Chaidari ziehen, und Kriezotis inzwischen mit 300 Mann in die Burg von Athen einziehen. Dieser Plan wurde auch insoweit ausgeführt, daß Kriezotis wirklich am 23. October glücklich die Akropolis erreichte, deren Commando er nun übernahm. Fabvier's Plan auf Theben aber war mißlungen; weil der französische General nun die Schuld dieses Mißgeschicks dem Kara-Iskakis zuschob, mit diesem völlig zerfiel, sich grollend nach Methana zurückzog, so blieb es dem Kara-Iskakis allein überlassen, eine verwegene, von ihm geplante Diversion nach dem inneren Rumelien zu machen.

Um nämlich die Belagerer von Athen im Rücken zu beunruhigen, Reschid's Verbindungen mit dem Norden und Westen zu stören, und namentlich seine Zufuhren abzuschneiden, wandte sich Kara-Iskakis — (während in seinem Sinne der Dr. Kolettis einen Theil der alten Olympier, 1500 Mann, unter Karatassos bestimmte, von den Inseln Skopelos, Skyros und Skiathos her zu Schiffe nach dem opuntischen Lokris und den Thermopylen zu gehen) — mit 3000 tüchtigen Soldaten, darunter die Sulioten, die Reste der Besatzung von Missolunghi und der tapfere Hauptmann Nikitas, am 6. November von Eleusis gegen die Türken in Dobrena (im südwestlichsten Böotien). Capitain Vassos mit seinen Leuten und den Megareern bewachte inzwischen Eleusis und Salamis. Kara-Iskakis griff die Türken zu Dobrena in ihren Forts an, während seine Unterfeldherren die Umlande neu insurgirten. Ohne rechten Erfolg in dieser Gegend, wie auch (trotz des Zuzugs der berittenen Bulgaren unter Hadschi-Michali) in einem Gefechte am 21. November mit der osmanischen Reiterei von Theben nicht sehr glücklich: entschloß sich der griechische Feldherr, nach Art dieser Kriegführung nicht in dieser verlorenen Ecke von Böotien liegen zu bleiben, sondern kühn nach Phokis vorzudringen. Er marschirte daher am 26. November mit seiner ganzen Armee von Dobrena ab, marschirte unter beständigen Gefechten über das boeotische Chostia (Thespia) auf das phokische Dystomo, und detaschirte am 30. November 500 Mann unter Gardikiotis Grivas und Georg Wajas ab nach Arachova. Sie sollten hier eine mobile Colonne abfangen, die Reschid aus Attika nach Norden und Westen entsandt hatte, um seine Verbindungen zu schützen. Reschid nämlich war — während Kolettis nur langsam die Schiffe für die Olympier auftreiben und die letzteren selbst versammeln konnte — durch seine Spione von den Plänen auf die Thermopylen unterrichtet worden, und hatte bei Zeiten eine mobile Colonne, 1500 auserlesene Albanesen, unter Mustapha-Bei, Elmaz-Bei und Kaminsli-Bei nach dem Norden abgeschickt, um die Olympier aufzufangen. Kolettis und Karatassos waren erst am 15. November zu Schiff gegangen und am 17. d. M. zu Talanda-Nisi (auf der alten Insel Atalanta in der Bucht von Talandi) gelandet. Ein schwacher Angriff in der Nacht des 20. November auf das schwach besetzte Talandi scheiterte, weil plötzlich Mustapha-Bei erschien und die Olympier mit Uebermacht wieder auf die Schiffe trieb. Die Abfahrt einiger Hülfsschiffe von Spezzä entmuthigte die Griechen so sehr, daß sie am 23. November unverrichteter Sache wieder nach dem Archipel von Skopelos zurückfuhren. — So hatte Mustapha-Bei die Hand frei bekommen, um nunmehr den Operationen des Kara-Iskakis begegnen zu können. Seine Colonne fiel aber vollständig in die ihr von dem griechischen General gelegte Schlinge. Kaum nämlich hatte Gardikiotis Grivas, wie oben bemerkt wurde, an dem 30. November die Parnassos-Ortschaft Arachova, die drei Thäler beherrscht, mit seinem Corps besetzt, so erschien in derselben Absicht Mustapha-Bei mit etwa 2000 Mann. Und während sie nun die Soldaten des Grivas energisch angriffen, erschien Kara-Iskakis in ihrem Rücken mit seiner Hauptmacht, sperrte die drei Thäler vollständig und schloß die Albanesen vollkommen ein. Da jeder Entsatz abgeschlagen wurde und der Hunger und die barbarische Kälte dieser Landschaft hart drückten, so wollten die Albanesen unterhandeln. Weil aber der griechische General die Uebergabe von Salona und Livadia und die Ablieferung der Waffen begehrte, so beschlossen die Albanesen, obwol der tapfere Mustapha-Bei gefallen war, sich mit Gewalt durchzuschlagen. Aber bei diesem Zuge über den schneebedeckten Parnassos, von den Griechen hart verfolgt, von einem Schneesturm überfallen (derart wie ihn schon Plutarch seiner Zeit erlebt hat, und der — nach Bernhard Taylor's Erfahrung — dann diese Gegenden unwirthlicher und kälter als selbst Lappland macht), kamen die meisten um; nur 300 Albanesen gewannen halb erfroren das Parnassoskloster Jerusalem bei Daulis. Damit war der Siegeszug des Kara-Iskakis aber noch lange nicht abgeschlossen. Zunächst theilte er sein Heer und schickte die stolzen Sulioten, die immer nur ungern unter dem unmittelbaren Commando eines Griechen fochten, zur Belagerung von Salona ab, wo sie auch Panurias unterstützte. Der Feldherr selbst zog, um die Stellung des Belagerers von Athen besonders schwer zu gefährden, den ohnehin viele der geworbenen Albanesen und Bosniaken nach alter Praxis wegen des Winters zu verlassen anfingen, nach den Thermopylen, eroberte bei Velitza (Tithorea) eine gewaltige für Reschid-Pascha bestimmte Proviantcolonne, und schickte seine Plänkler bereits bis nach Bodonitza in dem opuntischen Lokris und bis nach Patradschik am oberen Spercheios.

Inzwischen suchte Reschid-Pascha durch starke Entsendungen den Bewegungen in seinem Rücken Einhalt zu thun. Er hatte schon vor einiger Zeit Zusendungen der neuen (nach dem Sturz der Janitscharen vom Sultan Mahmud formirten), zu Stambul europäisch organisirten Osmanen erhalten. Er ließ aus Missolunghi 1500 Albanesen gegen die Sulioten vor Salona ausrücken und rüstete zu einem durch Osman-Pascha und den tapferen Omer-Pascha von Euböa mit 2500 bis 4000 Mann zu führenden Zuge nach Livadia. Da das Winterwetter ohnehin Märsche am Oeta und Spercheios unthunlich machte, so warf sich Kara-Iskakis wieder nach Arachova, schlug die aus Missolunghi gekommenen

Albanesen zurück nach Lepanto, gewann Liddoriki wieder für den Aufstand, streifte bis hinüber nach der Landschaft Krawari (das Eurnosthal oder Ost-Aetolien), bestimmte auch die abgefallenen Capitaine Jsko, Rhangos u. a. m., sich wieder gegen die Türken zu erheben; (Burschen, die ihm freilich durch die unverwüstliche Neigung dieser Häuptlinge schlechtester Sorte, ihr landsmannschaftliches Bauernvolk durch Erpressungen zu ermüden, dann viele Noth machten). Noch in Krawari stehend, hörte er, daß Omer-Pascha mit seiner starken Macht vor Dyskome angelangt war und (zu Ende des Januar 1827) die hier liegende faliotische Garnison, die nur durch einige hundert Mann aus dem bei Salona liegenden Corps verstärkt war, gewaltig bedrängte. Der unermüdliche, durch die Schnelligkeit seiner Bewegungen berühmte Kara-Iskakis eilte nun in Eilmärschen aus Krawari herbei, lieferte seit dem 11. Februar den Osmanen eine Reihe ebenso verwegener wie glücklicher Gefechte, zwang endlich den Omer-Pascha, am 18. Februar seine Stellung aufzugeben und mit Preisgebung namhafter Vorräthe nach Livadia zu retiriren. Die neuen türkischen Linientruppen, die zuerst bei Dyskome wider die Griechen gefochten hatten, zeigten sich den Griechen nicht sehr furchtbar; auch hat nachher nur eine sehr mäßige Zahl derselben sich bei den weiteren attischen Kämpfen betheiligt. Da nun nach Omer's Rückzuge die Griechen ohne Mühe die nunmehr von den Osmanen schnell geräumten Plätze Salona, Jerusalem, Thalia gewannen, die Schaaren des Kara-Iskakis auch bereits Posten bis nach den Thermopylen schoben, so war zu Ende des Februar 1827 Rumelien von dem Golf von Arta bis nach Livadia und Doberna hin (mit Ausnahme des Festungs-Systems von Missolunghi und Lepanto) wieder in den Händen der Hellenen.

In der Zwischenzeit hatte General Fabvier einen der wenigen Erfolge gehabt, welche diesem tapferen, aber auf hellenischem Boden von dem Kriegsglück nur wenig begünstigten Heerführer in diesem Kriege zufielen. Nach dem Eindringen nämlich des Generals Kriezotis in die Burg von Athen waren Ausfälle und erbitterter gegenseitiger Minenkrieg nur noch kurze Zeit, bis zu Anfang des December 1826, fortgesetzt worden. Der ohnehin in sehr unbequemer Lage befindliche Reschid mußte sich darauf beschränken, die Akropolis streng zu blokiren. Da nun die Besatzung der Burg zwar mit Proviant sehr gut, aber mit Munition und Kleidern für den Winter nur sehr schlecht versehen war, so wagte es der tapfere Capitain Makriyannis, sich mit nur 5 Begleitern durch die feindlichen Linien zu schleichen, um die Regierung zu Aegina dringend um Hülfe und Unterstützung zu bitten. Unter diesen Umständen beschloß General Fabvier, der ohnehin erregt war durch die Kunde von den frischen Erfolgen seines Gegners Kara-Iskakis bei Arachova, mit seinen Taktikern der Burg von Athen Hülfe zu bringen. Er schiffte sich zu Methana auf einer psariotischen Brigg am 10. December mit 650 auserlesenen Soldaten ein, und landete in der Mitternachtsstunde des 13. December 1826 etwas östlich von dem alten Hafen Munychia. Mit höchster Verwegenheit wurde dann das Wagstück ausgeführt, in der Art vorzugehen, daß jeder der griechischen Soldaten, Fabvier selbst mit eingeschlossen, auf seinem Rücken einen Sack von mehreren Oka Gehalt voll Pulver schleppte! Bei vollem Mondschein begann der Zug und geschickt geleitete Marsch; und unterstützt durch einen Ausfall des Kriezotis kam Fabvier mit nur 20 Mann Verlust glücklich in die Burg. Hier nun hat er, während Reschid von dem nahen Dorfe Patissia her die Stadtburg dauernd blokirte und nur dann und wann mit einigen Bomben bewarf, die ganze weitere Belagerung der Akropolis mit ausgehalten. Die Regierung Zaimis suchte nun auf jede Weise die wichtige attische Stellung zu retten, da namentlich Fabvier's junge Soldaten bei der Kälte des Winters stark durch Krankheiten decimirt wurden. Durch gute Vorräthe und Geldmittel der Philhellenen, die namentlich der verdiente (vom König Ludwig von Baiern abgeschickte) Oberst Heydeck gebracht hatte, unterstützt, hatte man im Januar 1827 stark gerüstet, das Corps des Vassos namentlich durch die Soldaten der endlich zum Frieden bestimmten beiden korinthischen Notaras (s. oben), durch athenische Flüchtlinge unter Makriyannis, durch die Reste der Fabvier'schen Regulairen und andere Truppen bis auf 5000 Mann mit reichlichen Mitteln verstärkt. Gegen des erfahrenen Gordon Rath, Reschid durch immer stärkere Bewegungen in seinem Rücken und vollständige Abschneidung aller seiner Verbindungen zur Aufhebung der Blokade Athens zu zwingen, gebot Zaimis einen andern höchst bedenklichen Plan. Man theilte die Armee; die eine Hälfte sollte unter Vassos und dem im französischen Kriegsdienst gebildeten Jonier Burbachis von Eleusis her auf Chaidari und Menidhi operiren, — die andere aber unter Gordon (mit Heydeck), und unterstützt durch Capitain Hastings mit der „Karteria" und anderen Schiffen, von Salamis her in dem Hafen Phaleron landen. Die Bewegungen der Vassos und Burbachis seit dem 3. Februar bei Menidhi und Chaidari zogen wirklich Reschid an sich; und so konnte Gordon in der That am 5. Februar mit 2300 Mann im phalerischen Hafen landen, sich hier stark verschanzen, dann mit den Albanesen in einer benachbarten Uferschanze fechten. Inzwischen waren Vassos und Burbachis mit ihren jetzt etwa 3500 M. nach Kamateros bei Chaidari marschirt, wo (8. Februar) Burbachis, der (in Folge der leider so oft gerügten Mißachtung der griechischen Kriegspraxis Seitens der fränkisch gebildeten Officiere dieses Kampfes) unbesonnen mit seinen Irregulairen in die offene Ebene marschirt war, von Reschid selbst total geschlagen wurde und selbst sein Leben verlor. Dann griff Reschid am 10. Februar die Schanzen von Phaleron und Munychia an, wurde aber hier (namentlich durch Makriyannis und die Kanonen der „Karteria") am 11. Februar energisch abgewiesen. Weitere Angriffe der Osmanen auf die hier verschanzten Griechen hatten keinen Erfolg; aber ebenso wenig einige neue maritime Expeditionen der Griechen nach Oropos und Talanti. Unter diesen Umständen rief Zaimis den trefflichen Karaiskakis aus Dystomo nach Eleusis, um seinerseits energisch auf die Osmanen zu schlagen; dieser kam auch am 11. März mit nur 1000 Mann hier an, verstärkte sich durch Vassos und Panagiotakis Notaras bis auf 3000 Mann, und marschirte dann nach Attika hinein, wo er bei Keratsini, nur wenige Stunden von dem Piräeus entfernt, eine feste Stellung einnahm. Hier schlug er dann am 15. und 16. März die Osmanen glänzend in die Flucht. Reschid indessen wußte doch dauernd die Verbindung zwischen Kara-Iskakis und Gordon zu sperren; die Griechen selbst — die Athen um jeden Preis retten wollten, weil ihnen Stratford Canning mitgetheilt hatte, daß, wenn die Akropolis falle, dann leicht Rumelien von der zur Zeit sich vorbereitenden europäischen Vermittelung ausgeschlossen werden würde — kamen zu neuen großen Schlägen erst nach dem Eintritt von Church und Cochrane in ihre Dienste.

Die Jahre 1827 und 1828.

Es nahte nämlich die Zeit, wo die Schicksale Griechenlands in schwerwiegender und bis in unsere Zeit hinein reichender Weise durch die Diplomatie, durch die Intervention der europäischen Diplomatie und ihrer Waffen bestimmt werden sollten. Um dieselbe sachgemäß darzustellen, müssen wir die Stellung des Abendlandes zu Griechenland seit dem J. 1821 entwickeln. Es ist uns dabei lediglich gestattet, eine kurze Skizze zu geben, ohne etwa in detaillirter Ausführlichkeit die sogenannte diplomatische Geschichte der griechischen Revolution, die Gervinus und von Prokesch-Osten neuerdings in weitberühmten Schriften in umfassender Art glänzend behandelt haben, hier darstellen zu wollen.

Die Erhebung der griechischen Nation im J. 1821 ist mehrere Jahre hindurch von der Politik der europäischen Mächte mit ausgesprochener Ungunst behandelt worden. Wir sahen, daß selbst Kaiser Alexander von Rußland, auf den die Hetäristen und Ypsilanti so sicher gezählt hatten, die Erhebung des Alexander Ypsilanti sehr bestimmt desavouirte. Und der Congreß zu Laybach verurtheilte die hellenische Erhebung, die lediglich als ein Ausläufer der damals Spanien und Neapel bewegenden Revolutionen angesehen wurde, ebenso entschieden, wie nur immer die Aufstände in den romanischen Halbinseln. Von den für die griechische Frage direct in Betracht kommenden Großmächten war Frankreich, damals noch unter dem Ministerium Richelieu, den Hellenen nicht gerade entschieden abgeneigt, nachgiebig bis zur Duldung philhellenischer Freischaaren, in seinen Befehlen an die Stationscommandanten in den griechischen Gewässern nicht geradezu unfreundlich. In England war der dominirende Minister Marquis Londonderry (Lord Castlereagh) dagegen der griechischen Sache grundsätzlich abgewandt; in London galt der Grundsatz vor Allem, daß die Erhaltung der Türkei, beziehentlich der Integrität des osmanischen Reiches unbedingt ein britisches Interesse ersten Ranges sei, und der englische Gesandte in Stambul, Lord Strangford, vertrat in dieser Richtung die englische Politik mit Entschlossenheit und Erfolg, auch abgesehen von der persönlichen Abneigung dieses Staatsmannes gegen die griechische Erhebung, — die schon wegen ihrer Gefahr für die britische Herrschaft auf den ionischen Inseln der englischen Politik sehr bedenklich war. Am entschiedensten aber stand für längere Jahre den Griechen sowol in der Grundauffassung wie in den einzelnen Acten seiner Politik der leitende Staatsmann Oesterreichs, Fürst Metternich, entgegen; dieser sowol aus seiner jeder Volksbewegung abgeneigten politischen Grundanschauung heraus, wie im Hinblick auf die von ihm befürchtete neue Machtausdehnung Rußlands nach dem orientalischen Süden hin. Metternich ist denn auch Jahre lang der hartnäckigste Gegner aller Schritte gewesen, die auf eine wirkliche Befreiung der Hellenen von der vollen Herrschaft der Pforte abzielen konnten; dieses ganz unmittelbar nach und seit dem Laybacher Congreß und der Desavouirung der Schritte des Alexander Ypsilanti durch die russische Regierung.

Der Kaiser Alexander von Rußland war allerdings, dieses wird jetzt sowol von Prokesch-Osten wie von Rosen [19]) angenommen, bei aller ererbter Sympathie für seine griechischen Glaubensgenossen und viele einzelne Hellenen, der Sache des griechischen Aufstandes keineswegs geneigt; er hat nur dann und wann der mehr und mehr für die Griechen sich erhitzenden Stimmung in weiten Kreisen des russischen Volkes und der Armee einigermaßen Rechnung getragen. Alexander konnte wol aus russischem Staatsinteresse einen Krieg mit der Pforte führen, der auch den Hellenen zu Gute gekommen wäre; aber in seinem tiefen, mit den Jahren sich steigernden Widerwillen gegen Revolutionen und geheime Gesellschaften konnte er die Sache der Hetäristen nicht zu seiner eigenen machen wollen; „auch mag es ihm [20]) nicht entgangen sein, daß die Bewegung in dem eigentlichen Hellas denn doch Ziele hatte, die nur bis zu einem bestimmten Punkte mit den Interessen Rußlands zusammentrafen." Das Streben der Hellenen nach voller Selbständigkeit, sei es in Gestalt eines neuen großen byzantinischen Reiches, sei es in mehr bescheidener Weise in Gestalt eines kleinern neugriechischen Königreiches, konnte, wenn es gelang, „der orientalischen Politik Rußlands vielleicht eher einen starken Hebel aus der Hand nehmen, als derselben einen neuen zuführen." Die persönlichen Ansichten des Kaisers Alexander waren es allem Anschein nach, die für die nächste Zeit seit dem Ausbruch des Krieges in Griechenland den diplomatischen Feldzugsplan Metternich's bestimmten. Denn, wenn auch Alexander nicht gewillt war, für die griechische Sache Rußlands Einfluß in Bewegung zu setzen, — aus den Unruhen in Rumänien und in Morea und aus deren Rückwirkungen auf die Pforte waren im Frühling und Sommer 1821 Zerwürfnisse zwischen Rußland und Sultan Mahmud entstanden, welche momentan einen Krieg zwischen beiden Mächten nach sich ziehen zu sollen

19) G. Rosen, Geschichte der Türkei von 1826—1856. Bd. I. S. 25. 20) Vergl. Rosen a. a. O.

schienen. Die Pforte, durch die officiellen russischen Erklärungen über Rußlands Stellung zu der griechischen Bewegung innerlich keineswegs beruhigt; erfüllt von unüberwindlichem Mistrauen gegen die altfeindliche nordische Macht, ohne deren Connivenz, insgeheime stille Förderung nach der Ansicht der Pforte die Rajahs die Erhebung nicht versucht haben würden, — und gegen deren vermuthete weitere Pläne gegen das osmanische Reich; war namentlich seit den in Stambul an dem griechischen Patriarchen und anderweit verübten Gewaltthaten allmälig mit dem russischen Gesandten, Baron Stroganoff, mehr und mehr in die heftigsten Differenzen gerathen. Dieser Conflict führte endlich dahin, daß Stroganoff in etwas sehr brüsker Weise den Verkehr mit der osmanischen Regierung abbrach (10. August) und aus Stambul nach Odessa abreiste; in einer Zeit, wo die russische Regierung selbst (neben den bereits mit der Pforte schwebenden Streitigkeiten über die neue Organisation Rumäniens nach der Dämpfung des Ypsilanti-Aufstandes) nun auch die griechische Frage vor das Forum der europäischen Mächte zu bringen gedacht und in einem Ultimatum vom 28. Juni 1821 der Pforte selbst die gegen die christliche Religion gewendete Wildheit ihres jüngsten Verfahrens vorwarf und die „fernere Coexistenz" der Türkei neben den anderen Staaten Europa's namentlich an die Bedingungen knüpfte, daß die Pforte die christliche Religion nicht mit Krieg und Beschimpfung bedrohe, und daß sie nicht die Absicht der Vernichtung eines ganzen Volks (des griechischen) argwöhnen lasse.

Die russische Kriegspartei, die energischen Gegner der Pforte in Rußland, deren diplomatische Führer eben Stroganoff, Pozzo di Borgo und (dieser mit seinem landsmannschaftlichen Interesse für Griechenland) Kapodistrias, hielten, wie die Mehrheit der Politiker des Abendlandes, den Ausbruch eines Kriegs zwischen Rußland und der Türkei für nahe bevorstehend. Aber Kaiser Alexander selbst war nicht für diesen Krieg gestimmt, und so fand Metternich, den alle Interessen seines Landes und die stärksten Rücksichten auf die tiefe innere Erschöpfung des damaligen Oesterreich bestimmten, einen Krieg in diesen gefährlichen, mit Zündstoffen überfüllten Gebieten; einen Krieg, der bei der materiellen Schwäche der Türkei Rußlands Machtgewicht in gefahrvoller Weise steigern konnte, mit allen Kräften zu verhindern, — secundirt durch Lord Castlereagh, und in Rußland selbst durch Nesselrode, Tatistschew und General Diebitsch, — die Möglichkeit, durch eine Reihe klug geleiteter Verhandlungen den Einfluß seiner diplomatischen Gegner in St.-Petersburg abzuschwächen, den gefürchteten Ausbruch schwererer Verwickelungen zwischen Rußland und der Pforte zu verhindern, Kaiser Alexander bei den seiner Zeit in Laybach ausgesprochenen Ideen festzuhalten. Aber, während es der Diplomatie, namentlich der englischen in Stambul, im Interesse des allgemeinen Friedens bis zu Anfang des Mai 1822 gelungen war, die Pforte zur Annahme von vier (auf Rumänien bezüglichen) Forderungen zu bestimmen, auf welche der Streit sich neuerdings sehr wesentlich concentrirt hatte, — hatte Metternich selbst in gefährlichem Mißgriffe ein Memorandum entworfen, in welchem schließlich auch die Verfechter der Aufständischen in Griechenland angeregt, Mittel dazu angewandt waren (unter dem 19. April). So geschah es, daß (wie Gervinus sich ausdrückt) der türkisch-russische Streit nicht sofort geschlichtet, sondern der Faden gegeben wurde, an welchem diese Händel sich neu wieder anspinnen konnten. Denn dieser neue fünfte Punkt war es zunächst, auf den man nunmehr in Rußland das höchste Gewicht legte. Der Eindruck der Schreckensscenen in Chios, die steigende philhellenische Bewegung (die sich auch mehrfach der diplomatischen Agenten der europäischen Mächte im Orient selbst bemächtigte), hatte allmälig auch die britische Regierung zu einer Bestimmung zum Antrag humanerer Maßregeln gegen die Hellenen bewogen. Inzwischen wurde diese Frage sobald noch nicht „brennend," da Kaiser Alexander mehr und mehr von jeder etwa vorhandenen kriegerischen Anwandlung zurückkam. Die Gegner des Kriegs und der Hellenen konnten es als einen großen Gewinn ansehen, als der Graf Kapodistrias den Kaiser auf seiner Reise nach Wien und zum Congreß von Verona (gegen Ende August 1822) nicht mehr begleitete, bald auch sich selbst „Urlaub auf unbestimmte Zeit" erbat und nachher (es war eine Entlassung in vollen Gnaden) sich nach dem damals so mächtig philhellenisch bewegten Genf begab, wo er namentlich den trefflichen Eynard (s. oben) unbedingt für sich gewann und auch sonst mehrfach in dem Interesse seiner griechischen Landsleute thätig war. Alexander aber ließ in Verona unter guten Formen die griechische Frage vorläufig so gut wie ganz zurücktreten; die hier vereinigten Mächte stellten im Wesentlichen der griechisch-türkischen Sache gegenüber eine vollständige Neutralität her, der allerdings (während die Pforte sich bemühte, durch manche mildere Maßnahmen den Wünschen der Anhänger des Friedens entgegenzukommen) den Griechen gegenüber möglichst feindselig war. Es war damals, daß der von der griechischen Regierung nach Verona entsendete Graf A. Metaxas (sammt dem Philhellenen Jourdain) in schroffster Weise (3. November 1822) von dem Zutritt zu dem Congreß zurückgewiesen wurde, wo er für Griechenland hatte plaidiren sollen. Selbst der Papst, dem eben damals der Erzbischof Germanos und ein Sohn des Petrobei lockende Anträge machten, ihre Nation der römischen Kirche und dem heiligen Stuhl näher zu führen, durfte es nicht wagen, solche Vorschläge anzunehmen.

Während aber in solcher Weise die unglückliche griechische Nation noch immer lediglich auf ihre eigene Kraft und Ausdauer verwiesen war; während Oesterreichs Haltung ihnen gegenüber systematisch feindlich war und auch Seitens der auf das Ministerium Villèle folgenden französischen Staatsleitung und deren Agenten im griechischen Meere die Griechen wenig wohlwollend behandelt wurden: gab der Regierungswechsel in England, der nach Lord Castlereagh's Tode (12. August 1822) den großen Georg Canning an die Spitze des auswärtigen Amtes in London führte, der diplomatischen Geschichte der griechischen Revolution eine neue und unerwartete Wendung. Lord Canning nämlich, für seine Person der griechischen Sache befreundet, ließ allmälig die liberalere Behandlung, die englischerseits auch den südamerikanischen Insurgenten zu Gute kam, auch den Hellenen zu Theil werden. Die britische Regierung auf den ionischen Inseln hatte zu Anfang des Aufstandes eine wohlwollende Neutralität behauptet, und kleinere Verletzungen dieser Neutralität zu Gunsten der Griechen von Seiten der lebhaft national erregten Ionier übersehen. Allein seitdem der Graf Metaxas (s. oben) durch Zuführung eines „Corps der Zakynthier und Kephalenier" zu den Belagerern von Lalla die britische Regierung schwer compromittirt hatte, hatte der britische Lord-Obercommissair zu Korfu, Thomas Maitland, spottweise auch „König Tom" genannt, in den Jahren 1821 und 1822 eine schroffe Parteilichkeit zu Gunsten der Osmanen an den Tag gelegt. Hier schritt Canning zuerst ein, indem er namentlich unter dem 25. März 1823 die von den Griechen ausgesprochenen Seeblokaden anerkannte. Und weil der englische Staatsmann voraussetzte, daß Rußland wahrscheinlich nicht immer den griechisch-türkischen Kämpfen ruhig zusehen werde; weil er zu verhindern wünschte, daß nicht unter Umständen die Hellenen sich unbedingt den Russen in die Arme werfen möchten, daß nicht bei wachsender Unpopularität der Türkei jedes Einschreiten des Westens zu ihren Gunsten unmöglich würde, Rußland aber eventuell den ganzen politischen Gewinn aus diesen Verhältnissen ziehe: so suchte er den Weg zu finden, um die Interessen Englands im Orient mit den Interessen der Menschlichkeit und denen der Griechen zu vereinigen. Die Hilfe, die Griechenland durch englische Anleihen der Banquiers, dann durch die Sympathien des Commodore Hamilton erhielt, kennen wir bereits; ebenso die wachsende Sympathie eines großen Theils der Griechen für England. Inzwischen spann sich bei den erregten Interessen und Leidenschaften sowol in Stambul wie in St.-Petersburg trotz der verworfenen Beschlüsse der russisch-türkische Hader fort; hier namentlich boten die rumänische Angelegenheit und anschließende Fragen zweiten und dritten Ranges, namentlich commerzieller Art, immer wieder neue Anlässe zu Differenzen. Inzwischen hatte sich der Kaiser von Rußland doch bestimmen lassen, factisch die unmittelbaren Beziehungen zu der Pforte wieder anzuknüpfen durch die Sendung des Staatsraths von Minciaky, der im Januar 1824 in Stambul eintraf und von der osmanischen Regierung mit großer Aufmerksamkeit behandelt wurde, und dem dann nach Ausgleichung der rumänischen Schwierigkeiten Herr von Ribeaupierre als Gesandter folgen sollte. Inzwischen wurde aber die schon oben erwähnte neue russische Idee bekannt, welche die einst durch Fürst Metternich angeregte „Pacification" Griechenlands durch die Intervention des Abendlandes, dann durch die Herstellung drei griechischer suzeräner Hospodariate unter osmanischer Hoheit herzustellen anrieth: ein sicheres Mittel, um einerseits die der russischen Politik nicht erwünschte Herstellung eines selbständigen und größeren Griechenlandes abzuwehren, andererseits aber der russischen Politik für die Zukunft im Süden der Türkei neue und weit stärkere Haltpunkte zu verschaffen, als dieselbe seit dem Ausgange des 18. Jahrhunderts bereits in Rumänien besaß. Hier wurde es bemerkbar, daß die russische Politik, betroffen sowol über die gegenwärtige tiefe Unpopularität Rußlands bei den Hellenen, wie über die fortschreitende Annäherung der Hellenen an England, allmälig ihre Stellung zu Griechenland anders als 1821 zu gestalten anfing; nur daß zunächst die bezeichnete neue Idee weder in Griechenland, noch in der Türkei, noch sonst Anhang zu finden vermochte.

Die Idee vor Allem, daß die Großmächte Rußland etwa mit der Pacification im Orient betrauen sollten, fand namentlich bei Metternich und Canning die entschiedenste Antipathie; inzwischen kam es doch (nachdem endlich Ribeaupierre zum Gesandten in Stambul ernannt war) zu Conferenzen in Petersburg (seit dem 17. Juni 1824), die jedoch, da sowol Canning als Metternich nicht für Rußlands Pläne zu gewinnen waren, zu keinem Ergebniß führten. Die Anerkennung der südamerikanischen Republiken durch Canning zu Anfang des Jahres 1825 trieb dann Metternich wieder mehr auf die russische Seite; ja der österreichische Minister machte jetzt die Schwenkung, für den Fall, daß es doch zu Unterhandlungen mit den verhaßten Griechen komme, wenigstens die Anknüpfung nicht mit den England befreundeten (s. oben) Insulanern, sondern mit der Partei der Kapitani's zu empfehlen[21].

Inzwischen wurden unter dem Eindruck der schlimmen Schicksale Griechenlands durch Ibrahim's Siege im J. 1825 die Sympathien der Russen für die Hellenen immer lauter und lebendiger; aber auch die ohne Englands weitere Betheiligung seit dem 24. Februar 1825 fortgesetzten petersburger Conferenzen führten bei der Abneigung der übrigen europäischen Mächte gegen gewaltsame Eingriffe in die orientalischen Händel bis zum 7. April nur zu dem Resultate, daß die Pforte in „vertraulicher Weise" um die Annahme einer friedlichen Vermittelung angegangen werden sollte. Nun war dabei klar zu Tage getreten (was Metternich wiederholt mit großer Schlauheit nachher auszunutzen verstand), daß Rußland selbst die volle Unabhängigkeit Griechenlands nicht wünschte. Jedenfalls geriethen seitdem die russische und die österreichische Diplomatie darüber auseinander; die Pforte aber, die sich andauernd gegen jede Concession an ihre empörten Rajahs, an die griechischen „Rebellen" mit höchster Hartnäckigkeit gestemmt hat, war unter den damaligen Umständen, wo zwei Drittheile des aufständischen Griechenlands von ihren Generalen überschwemmt waren, weniger denn je gewillt, auf irgend eine Vermittelung einzugehen.

Inzwischen hatte Canning, dessen Politik durch seine griechenfreundliche Haltung in Stambul vorläufig alles Terrain verloren hatte, durch die Acte, welche (s. oben)

21) Gervinus a. a. O. Bd. VI. S. 125 fg.

im Spätsommer 1825 das verzweifelnde Griechenland unter Englands Schutz stellte, hier im Süden eine neue starke Position gewonnen. Darüber rückte nun wieder Rußland dem britischen Cabinete näher, welches damals an Stelle des türkenfreundlichen Lord Strangford den energischen Stratford Canning als seinen Gesandten nach Stambul gehen ließ. So sah Canning seinen Plan reifen, die Lösung der orientalischen Frage im ägäischen Meere mehr und mehr in feiner, in die Hand Englands zu ziehen, da er namentlich mit Kaiser Alexander sich leicht zu verständigen hoffte. Da erfolgte bekanntlich unerwartet der Tod Alexander's zu Taganrog in Südrußland am 1. December 1825. Der Regierungsantritt des neuen Kaisers, Nikolaus, gab den griechisch-türkisch-russischen Dingen bald eine neue Wendung. Die russische Regierung war mehr und mehr bereit, sich mit England in der Orientfrage in Einvernehmen zu setzen. Und wenn auch Canning sich allmälig überzeugen mußte, daß er nicht im Stande sein würde, lediglich mit Englands Mitteln und Ansehen die angestrebte Vermittelung zwischen Rußland und der Pforte, zwischen der Pforte und den Hellenen zu erzielen; wenn auch der auf Rußlands Interessen stolz eifersüchtige Kaiser mit Energie daran festhielt, in den specifisch russischen und in den rumänischen Differenzen mit der Pforte sich die unbedingteste Freiheit des Handelns vorzubehalten, und er in dieser Richtung unter dem 17. März 1826 an die Pforte sein Ultimatum richtete: so gelang es dagegen dem von Canning im Februar 1826 nach Petersburg geschickten Herzog von Wellington — (während auf Oesterreichs Rath die Pforte sich anschickte, das russische Ultimatum anzunehmen, welches der griechischen Frage gar nicht gedachte) — die russische Regierung, die ihrerseits den Briten den wachsenden Einfluß bei den Griechen nicht gönnte, zur Unterzeichnung des (von Wellington, Lieven und Nesselrode unterschriebenen) Protokolls vom 4. April 1826 zu bestimmen, worin beide Mächte sich unter einander verpflichteten, die Aussöhnung zwischen der Pforte und Griechenland zu vermitteln. Als Grundlagen der Aussöhnung wurden festgestellt: die Oberhoheit der Pforte über Griechenland, die Bestimmung eines ein für allemal gemeinschaftlich festzusetzenden griechischen Tributs, die Abschätzung und Abtretung des türkischen Grundbesitzes in Morea und auf den Inseln gegen Geldentschädigung; die von der Pforte nur zum Theil abhängende Wahl der Verwaltungsbehörden, die ganz aus Griechen zu bestehen haben würden; die Freiheit der Religion und des Handels, und endlich die getrennte und unabhängige Verwaltung. Ueber die griechischen Landestheile, auf welche das Protokoll Anwendung erhalten sollte, wollte man sich noch einverstehen.

Dieser Schritt (was auch immer die praktischen Bedenken anderer Diplomaten über den Werth dieser Verabredungen sein mochten; wie zweifelhaft es auch war, ob es England auf diesem Wege gelingen würde, einen Krieg zwischen Rußland und der Pforte abzuwenden, seinerseits aber die Pforte zur Annahme solcher Stipulationen zu vermögen) wurde nun der Ausgangspunkt der Verhandlungen und Kämpfe, die dann Griechenland nachmals wirklich gerettet haben. Während nun die specifisch russisch-türkischen Streitfragen, in denen nachzugeben die Pforte am 4. Mai 1826 sich entschloß, in längeren Verhandlungen zu Akjerman in Bessarabien, 6. August bis zum 6. October 1826, unter dem Druck Rußlands auf die durch Vernichtung der Janitscharen zur Zeit sehr schwache Pforte, im eminent russischen Sinne gelöst wurden, ohne daß dabei die Pforte glauben durfte, von weiteren Forderungen nunmehr in der griechischen Sache sich losgekauft zu haben: war Sultan Mahmud in der griechischen Frage andauernd fest und unnachgiebig. Alle Bemühungen des englischen Gesandten Stratford Canning vor und nach dem Vertrage zu Akjerman, unter englischer Vermittelung eine directe Verhandlung zwischen der Pforte und den Hellenen zu ermöglichen, welche jede weitere russische Einmischung ausschließen sollte, scheiterten vollständig; die Pforte konnte England die Unterstützung der Griechen nicht verzeihen und hatte kein Verständniß für die englische Politik, die in der schwierigen Lage war, so widerstrebende Dinge wie die Erhaltung der Pforte, die Rettung Griechenlands, die Zurückhaltung Rußlands vom Süden und die Ablenkung der seit Nikolaus' Regierungsantritt für Rußland neu sich regenden Sympathien der Griechen auf England, zugleich betreiben zu müssen. Vor der Hand war also jedenfalls Rußland die Macht, deren Chancen die günstigeren waren.

Inzwischen hatte aber Lord Canning auch das französische Cabinet — welches durch die religiösen Sympathien bis in die höchsten Kreise hinauf und durch die Fluth des französischen Philhellenismus bereits für die Griechen günstiger gestimmt war — für das Protokoll vom 4. April gewonnen; nur daß Frankreich lebhaft wünschte, das Protokoll in einen förmlichen Vertrag verwandelt zu sehen. Unter dem bemerkbaren Drängen der russischen Politik, in London wie in Stambul (wo Herr von Ribeaupierre am 11. Februar 1827 als russischer Gesandter eintraf), die mehr und mehr auf entschiedene Zwangsmaßregeln gegen die Pforte hindeutete, legten dann Stratford Canning und Ribeaupierre am 9. März 1827 der Pforte, von den übrigen Gesandtschaften unterstützt, das Protokoll in seinem ganzen Umfange vor; ein sofort eintretender Waffenstillstand sollte die Herstellung des Friedens anbahnen.

Der Sultan antwortete hierauf mit der Ernennung eines der strengsten und hartnäckigsten Altürken, des Pertew-Effendi zum Großvezier; die Vermittelung wurde abermals in der entschiedensten Weise rund abgelehnt. Ein türkisches Manifest vom 9. Juni, nicht ohne schlecht erwogene Beleidigungen Rußlands, wies dann ein für allemal jede fremde Einmischung in die Angelegenheit der Rajahs des Sultans schroff zurück. Diesem Mißgriff gegenüber entwickelten sich die Dinge im Abendlande nun schneller. Während Rußland in London immer stärker auf rascheres Vorgehen drängte, wurde auch Frankreich vollständig zur Theilnahme an allen weiteren Schritten der beiden Protokollmächte gewonnen.

Und am 6. Juli 1827 wurde zu London der entscheidende Vertrag der neuen Tripelallianz abgeschlossen. Der Pforte sollte die Vermittlung der contrahirenden Mächte durch eine Collectiv-Note ihrer drei Vertreter in Stambul angeboten und zugleich vor allen weiteren Verhandlungen ein Waffenstillstand angeboten, beziehentlich angeordnet werden. Der der Pforte vorzuschlagende Vergleich garantirte ihr die Oberherrlichkeit über den neu zu schaffenden griechischen Staat und einen von diesem zu zahlenden jährlichen Tribut, gegen die den Griechen zuzugestehende autonome Verwaltung unter frei gewählten, aber der Pforte nicht missliebigen Obrigkeiten. Die beiden Griechenland bisher bewohnenden Religions-Genossenschaften sollten vollständig geschieden, d. h. die Muhammedanischen Eigenthümer gegen Entschädigung expropriirt werden. Die Bestimmung der Grenzen Griechenlands sollte weiteren Verhandlungen überlassen bleiben. In geheimer Verabredung wurde namentlich bestimmt: wenn eine der beiden kriegführenden Mächte oder beide binnen Monatsfrist den vorgeschlagenen Waffenstillstand nicht annähmen, so sollte ihnen erklärt werden, die drei Cabinete würden, um ihren Zweck zu erreichen, die den Umständen angemessenen Mittel ergreifen. Und ferner, sollten diese Maßregeln wider Erwarten nicht genügen, so gedächten die Contrahenten das Friedenswerk dennoch nach den festgesetzten Grundsätzen fortzuführen und würden ihre Vertreter in London ermächtigen, sich weiter über die zu ergreifenden Maßregeln zu verständigen. — Die Instructionen der drei Gesandten in Stambul gaben der Pforte also eine Monatsfrist zur Antwort; nach fruchtlosem Verlauf dieses Termins sollte eine zweite Erklärung der Pforte die Maßregeln ankündigen, welche die unmittelbaren Wirkungen des Waffenstillstandes zu erzielen bestimmt seien, ohne darum die friedlichen Beziehungen zu der Pforte zu stören. Für diesen Fall sollten dann die Gesandten die Admirale der Vertragsmächte in den griechischen Gewässern sofort davon benachrichtigen, damit dieselben dann den ihnen mitgetheilten Instructionen nachkämen. Die Admirale aber wurden instruirt, falls also die Pforte die Pacification ablehne, mit den Griechen in freundschaftliche Beziehungen zu treten, alle feindlichen Schiffsendungen an Menschen und Kriegsmaterial abzuschneiden, aber sorgsam darauf zu achten, daß solche Maßregeln nicht zu directen Feindseligkeiten gegen die Pforte ausarteten. Gewalt würde nur dann anzuwenden sein, wenn die Türken sich darauf erpichten, die abgeschnittenen Verbindungen mit Zwangsmitteln behaupten zu wollen. Da jedoch nicht im Voraus für jeden Fall detaillirte Instructionen gegeben werden könnten, so wurde den Admiralen ein gewisser Spielraum zum Handeln nach eigenem Ermessen gewährt, — es war dieses die Wendung, die dann den Hellenen in einer Zeit des Jahres 1827 Luft machte, wo ihre Angelegenheiten geradezu verzweifelt standen.

Die beiden mit Sehnsucht erwarteten und mit Jubel bei ihrer Ankunft in Griechenland begrüßten Veteranen, General Church und Admiral Cochrane, sind nach der Vereinigung der griechischen Nationalversammlungen (s. oben) zu Damala in aller Form für den griechischen Heer- und Seedienst bestätigt worden; Cochrane als Admiral der griechischen Flotte am 10. April, der tapfere Church fünf Tage später. Aber in derselben Zeit wurde von der Versammlung der Beschluß gefaßt, der dann Jahre lang unheilvoll auf Griechenland zurückgewirkt hat. Die Amtszeit der Regierung Zaimis war (7. April 1827) abgelaufen; auf Grund der letzten Erfahrungen der letzten Zeit war man jetzt darüber einig, die Regierungsgewalt in die Hand eines Präsidenten zu legen. Da war es denn die Ostensible Schlauheit des Kolokotronis, der „die Freunde Englands durch Engländer selbst zu schlagen wußte," der die seit langem schon vorbereitete Wahl des Grafen Kapodistrias zu erzielen wußte. Schon seit der für die griechische Sache günstigeren Wendung der diplomatischen Verhältnisse seit dem April 1826 war im Abendlande mehrfach von einer Berufung dieses früheren russischen Ministers an die Spitze Griechenlands die Rede gewesen; seine Berufung war bereits[23]) ein Gegenstand ernster Verhandlungen auf den petersburger Conferenzen zwischen Wellington und dem russischen Cabinet gewesen. Kapodistrias selbst hatte mit Geschick jeden Schein der Mitwirkung an diesem, in Hellas namentlich durch den alten Kolokotronis betriebenen, Arbeiten vermieden; in Griechenland aber circulirte zur Zeit der Entscheidung bereits eine von 117 Notabeln unterschriebene Erklärung, die den berühmten russischen Staatsmann und seine Wahl bereits unverfänglich ins Auge faßte. Als nun in der Versammlung zu Damala am 7. April die Präsidentenwahl durch Mirajas zuerst in Anregung kam, geriethen der ehrgeizige Kondurlotis und die Hydrioten bei der Nennung von Kapodistrias' Namen in solchen Zorn, daß sie sofort die Sitzung verließen. Weil aber namentlich die peloponnesischen Deputirten in dieser Zeit, wo alle einheimischen Größen abgenutzt und verbraucht waren, mit anderen Hoffnungen auf ihren gefeierten Landsmann in der Fremde blickten; weil man auf keinen Fall einen Mann aus dem wüsten Dunkel und Treiben des bisherigen griechischen Parteitreibens wählen wollte; weil ferner die sogenannte englische Partei Mavrokordatos-Zaimis aus nur zu gerechtem Mißtrauen sich mit Kondurlotis und den Insulanern nicht sofort vereinigen konnte: so hatte die russische Partei mit Kolokotronis gutes Spiel. Kolokotronis wußte den Generalen Church und Cochrane, die als Engländer „den Schein eines bornirten Anglicismus vermeiden wollten," ihre Zustimmung abzugewinnen; ja selbst dem Commodore Hamilton rang er eine verbesserte Zustimmung ab; Hamilton und Stratford Canning hofften wol, die Wahl werde nicht angenommen werden[24]). Mit solchen Autoritäten gewaffnet, riß Kolo-

22) Mendelssohn-Bartholdy, Graf Johann Kapodistrias, S. 62. 23) Nach Prokesch-Osten Bd. II. S. 317 hatte im Winter 1826 auf 1827 die russische Regierung die Berufung des Kapodistrias nach Hellas dem Lord Canning dringend vorgeschlagen, Canning nicht widersprochen, und Kapodistrias [illegible] [illegible] für sich agitiren lassen.

bekanntlich die Schwankenden auf seine Seite. Und so wurde denn am 11. April 1827 Kapodistrias auf sieben Jahre zum Chef der ausübenden Gewalt ernannt; zugleich war ihm die Vollmacht übertragen, im Namen der griechischen Nation und gegen Verpfändung der Staatsländereien ein Anlehen von fünf Millionen aufzunehmen. Bis zu seiner Ankunft ernannte die Versammlung dann mit sehr unglücklicher Hand eine neue interimistische Regierung. Sie bestand aus dem „Bei-zade" Georg, einem Sohne des alten Mainottenfürsten Petrobei Mauromichalis, einem lebhaften Parteigänger des Grafen, aber einem sittenlosen Manne; ferner aus dem ebenfalls übel beleumundeten Psarioten Milaitis, und dem unbedeutenden Johannes Nakos aus Livadia. Die Ankunft des neuen Präsidenten verzögerte sich aber noch geraume Zeit. Der Graf Kapodistrias befand sich zur Zeit der Wahl in Paris; als er privatim die Nachricht von seiner Ernennung erhalten, beschloss er zunächst nach St. Petersburg zu gehen, wohin er denn gegen Ende April abreiste. In Petersburg selbst erhielt er zuerst durch seinen Bruder, Graf Viaro, eine Copie des Beschlusses von Damala; erst beträchtlich später den Beschluss selbst. Am 2. Juli 1827 empfing er dann in verbindlichster Weise die förmliche Entlassung aus dem russischen Staatsdienst. Die Bedeutung seines Aufenthalts in Petersburg und sein Auftreten in Griechenland haben wir erst später zu besprechen.

Als die Versammlung von Damala (die mit merkwürdiger Unbefangenheit in einem ihrer Beschlüsse ihren um die Revolution so vielverdienten Klerus für die Zukunft von der legislativen Versammlung und von allen weltlichen Ämtern ausschloss) am 17. Mai 1827 ihre Arbeiten beendigte, waren die Kämpfe um Athen im heftigsten Gange. Man wusste, dass Ibrahim-Pascha sich wieder zu rühren gedachte; dass auch die türkische Flotte demnächst unter Segel gehen sollte. Es wäre nun vor Allem Cochrane's Aufgabe gewesen, mit allen alten und neuen Mitteln der griechischen Marine den Gegnern zu Wasser zu begegnen. Leider aber hielt sich dieser Seeheld aus Rücksicht auf den massenhaften ihm aus Paris zugekommenen Beistand für verpflichtet, vor Allem zur Entsetzung des belagerten Athens mitzuwirken, — und da hat er denn sehr viel Schaden angerichtet. Während bei der damaligen Lage (s. oben) Reschid's auf dem Wege der Absperrung der türkischen Armee in Attika und der kleinen Gefechte Vieles zu gewinnen stand, drängte der hochmüthige und herrische Lord Admiral mit unverständiger Hast zu scharfen, großen und entscheidenden Schlägen, die die Griechen ins Verderben stürzen sollten. So wurden denn gegenwärtig mit Eifer und Erfolg die Palikarenscharen aufgeboten, und bis zum 22. April war die griechische Armee in Attika bis auf 10,000 Mann angeschwollen. Nun waren zwar die verständigen Griechen und Philhellenen der Meinung, den Krieg hier nicht im großen Stile zu führen. Namentlich riethen Gordon und Kara-Iskakis, unter Festhaltung der Stellung bei den athenischen Häfen, mit der Hauptmacht zu Wasser und zu Lande von dem euböischen Ende aus in Reschid's Rücken zu arbeiten. Die glänzenden Erfolge, die Capitain Hastings damals mit seiner „Karteria" sowohl bei Volo wie zu Kumi auf Euböa durch Vernichtung der türkischen Proviantschiffe und Magazine erreichte, hätte der Stimme der einsichtigen Offiziere wohl Gewicht geben müssen. Aber (19. April), der hohe Ton, das diktatorische Auftreten, und die scharf gewonnene Popularität Cochrane's bei den griechischen Massen entschieden leider für den directen Angriff auf die türkische Armee zu Athen.

Cochrane hatte 1200 Mann aus Hydra und Kreta speciell in seinen Dienst genommen, die er unter den Befehl des ihm verwandten Majors Urquhart stellte und am 20. April nach dem Hafen von Phaleron führte. Vereinigt mit den attischen Soldaten des Generals Makrijannis bestanden diese Schaaren sogleich eine Reihe energischer Gefechte mit den Osmanen; namentlich aber gewann Cochrane selbst am 25. April durch schneidiges Eingreifen an der Spitze der Truppen des Generals Kalergis in einem größeren Gefecht einen glücklichen Sieg, durch welchen die Verbindung der beiden griechischen Lager, des bei den Häfen und jenes des Kara-Iskakis, ermöglicht und eine zusammenhängende griechische Linie vom Hafen Phaleron bis zum Berge Korydallos hergestellt wurde. Um nun sicherer gegen die Akropolis vorgehen zu können, wurde vor Allem das feste Kloster St. Spiridion, die stärkste türkische Position bei den Häfen gegen die Stellung der Griechen, am 26. April zu Wasser und zu Lande mit hoher Energie angegriffen, aber auch von den dort aufgestellten Albanesen mit gleicher Ausdauer vertheidigt. Inzwischen mussten sich die Albanesen am 28. April gegen freien Abzug nach Athen denn doch ergeben. Aber als sie abmarschirt waren, fiel plötzlich ein Haufe blut- und beutegieriger Griechen über die Abziehenden, die nur noch 300 Mann stark waren, während der; trotz aller Anstrengungen des wackeren Kara-Iskakis, der Generale Church und Cochrane, und der Griechen Nikitas und Kostas Bozaris, wurden die tapferen Albanesen bis auf 70 M. niedergehauen! Dieser Schurkenstreich hatte für die Griechen verdientermaßen sehr schlimme Folgen. Oberst Gordon verließ voll Verachtung diese Armee; Cochrane und Church (welcher letztere erst allmälig seine Fehler, Wichtigthuerei und erbärmliche Zurückhaltung am Bord seines Schooners, abstreifte und sich zu einem wahrhaft werthvollen Führer der Armee entwickelte) waren voll Zorn und Ärger wüthend; Kara-Iskakis entrüstet, — und das Ansehen der Führer stieg natürlich nicht, als nun — da Church mit Kraft auf Bestrafung der Verbrecher bestand — mit schlauer List die schuldigen Hauptmörder der Strafe entzogen, dagegen der persönlich ganz unschuldige Johann Notaras (von dessen Leuten einige sich stark an dem Gemetzel betheiligt hatten), auf Betrieb seiner Gegner, namentlich der Kolokotronis, zur Untersuchung gezogen wurde.

Inzwischen war die Lage Reschid's eine solche geworden, dass bei consequenter Fortsetzung wenigstens der bisherigen Kriegsweise seine Armee unterliegen musste.

Aber so geschah es leider nicht. Die innere Lage der Akropolis schien den fränkischen Officieren schlimmer, als sie war; die Garnison von Athen war zwar vielfach in Noth, aber sie hatte noch immer starken Proviant, — aber ihr fehlte der Heroismus der Helden von Missolunghi. Durch übertriebene Berichte aufgeschreckt, versammelten Church und Cochrane am 2. und 3. Mai alle Capitaine zu einem Kriegsrathe über die zu thuenden entscheidenden Schritte. Der verständige Kara-Iskakis rieth an, die Rumelioten im Rücken der Osmanen zu steigernder Aushungerung Reschid's über den Parnes bis nach Dekeleia zu schieben, jede Hauptschlacht zu vermeiden, im kleinen Kriege namentlich von dem Berge Korydallos her unter steten Verschanzungen sich der Westseite des großen Olivenwaldes zu nähern. Die Rumelioten außer Makrijannis standen zu ihm; ebenso der ohne Amt anwesende Oberst Gordon. Church aber und namentlich Cochrane, noch immer nicht über die Natur der unregelmäßigen griechischen Soldaten zur Genüge belehrt, wollten (unterstützt durch die Ansicht der Peloponnesier und Insulaner) mit Einem Schlage nur mit concentrirter Macht von der phalerischen Bucht direct nach Athen marschiren; sie bedachten nicht, daß sie hier eine offene und völlig baumlose Ebene vor sich hatten, auf der ihnen die von den Griechen noch immer gefürchtete osmanische Reiterei ebenso gefährlich werden konnte, wie vor vielen Jahrhunderten zur Zeit des Hippias die thessalischen Schwadronen den dorischen Linientruppen der Spartaner. Leider mußte sich aber Kara-Iskakis dem tollen Drängen des englischen Admirals fügen. Und der edle Kara-Iskakis, der beste Feldherr Griechenlands, fiel nun zu allem Unheil schon am folgenden Morgen bei einem zufällig entstandenen Gefecht (4. Mai) am Phaleron durch eine türkische Kugel. Unbekümmert um die tiefe Entmuthigung, welche dieser unersetzliche Verlust bei den Griechen erzeugte, bestand Cochrane für den 6. Mai auf den allgemeinen Angriff. Der Angriffsplan war verwegen genug. Taktiker, Philhellenen, Sulioten, Kreter, Hydrioten, Moraiten und Athener, unter Makrijannis, Vassos, und den beiden Notaras wurden, etwa 3000 M. stark, bei Cap Kolias (Trispyrgi bei der Kapelle St.-Georg) Nachts gelandet; sie sollten von hier aus vorgehen, während das Hauptcorps unter Kitsos Tzavellas, 7000 M., vom Piräeus und der Südseite des Olivenwaldes her sie unterstützen sollte. Church überwachte die Details nicht; so stellten sich die einzelnen Führer des Ostcorps je nach Belieben auf. Ohne Reiterei (!) rückten dann am 6. Mai die Griechen von Cap Kolias auf Athen, gegen den sogenannten Musenhügel, vor. Sie lösten sich bald in eine weit auseinander gezogene Marschlinie auf; und als nun der Vortrab sich dem Musenhügel näherte und die Griechen die durch keinen Ausfall aus der Akropolis beschäftigte türkische Infanterie in guter Ordnung zwischen dem Ilissos und den Ruinen des Olympieion aufgestellt fanden, — da verschanzten sie sich nun zwar in aller Eile, wurden aber (während ein Theil ihrer Schaaren sich umsonst an einigen türkischen Schanzen abmühte) durch die feindliche Reiterei zuerst geworfen, dann von der Küste abgeschnitten. Die Weichenden fanden auf der Flucht nach dem Phaleron keine Hilfe; denn die nachrückenden Schaaren waren (der Angriff des Tzavellas auf den Olivenwald war unterblieben) durch die aus dem Olivenwalde ausbrechenden Osmanen vertrieben worden, und die englischen Führer mußten auf die Schiffe flüchten.

Binnen zwei Stunden hatten hier die Griechen die schwerste Niederlage des ganzen Krieges erlitten. Nahe an 2000 Mann waren todt oder gefangen; gefallen waren viele der tapfern Vertheidiger von Missolunghi; die Schaaren der Sulioten, Kreter, Philhellenen, Taktiker, waren fast völlig vertilgt, Drakos und Demetrios Kalergis waren gefangen, Veikos, Johannes Notaras, Georg Tzavellas und andere gefallen. Reschid ließ zur Rache für das Gemetzel des 28. April an 240 Gefangene enthaupten. Ein Gewaltangriff der Osmanen auf das Ufer (welches jetzt nur durch die Kanonen der Kriegsschiffe geschützt wurde) hätte leicht die ganze griechische Armee vernichten können. Aber auch so konnte — da das Ansehen von Church und noch mehr jenes des Lord Cochrane einen furchtbaren Stoß erlitten hatte, da die Entmuthigung der Griechen vollständig war; da die Armee sich nach allen Seiten hin verlief — General Church nur noch 3500 M. zusammenhalten, mit denen er noch mehrere Wochen lang die nächsten Stellungen bei dem phalerischen Hafen behauptete.

Mit dieser Niederlage war Griechenland zu seinem schweren Unheil mehr als man vorher noch hatte erwarten dürfen, in die Hände der Diplomatie geworfen. Denn die Besatzung der Akropolis, auch Fabvier, hatte nicht die Ausdauer der Missolunghiten, obwol sie noch für Monate Proviant besaß. Und als dann General Church am 27. Mai auch den phalerischen Hafen räumte, da ließ die Besatzung der Burg durch den französischen Admiral de Rigny, der damals bei Aegina lag, die Capitulation vermitteln; weil Reschid-Pascha fürchtete, daß Ibrahim-Pascha komme, um ihn auch bei Athen wegzuschieben, so bewilligte er den Griechen (und hielt es sehr treu) den freien Abzug mit Gepäck und Waffen (5. Juni 1827). Damit war Athen, mehr noch durch seinen Namen als durch die militairische Bedeutung der Akropolis werthvoll, für die Griechen verloren; zugleich auch die schönen rumeliotischen Eroberungen des Kara-Iskakis, — und in der europäischen Diplomatie (auch bei Canning) hatten die Stimmen ein neues Beweisstück für sich, welche das spätere Griechenland auf Morea und die Inseln beschränken wollten. Aber auch Morea, wo jetzt nur noch die Ostseite von Korinth bis nach Monembasia von dem Feinde unberührt war, wäre nunmehr — fast unmittelbar vor dem wirksamen Eingreifen des Abendlandes in die griechisch-türkischen Händel — so gut wie verloren gewesen, hätte Reschid seinerseits (anstatt bis tief in den Sommer hinein in Theben ruhig liegen zu bleiben) dem erneuten Heereszuge des Ibrahim durch Morea die Hand bieten wollen oder können.

Denn der Zustand der Griechen war furchtbar; die griechischen Capitaine haderten mit den fremden

Offizieren, denen wie der fränkischen Kriegführung Autorität nun abermals bis auf den Nullpunkt gesunken war, — und beide Klassen wieder unter einander, namentlich Fabvier mit Church. Die Geldmittel waren erschöpft; und die über alle Begriffe elende „interimistische“ Regierung war (während bereits in den Dardanellen und in Alexandrien starke Seerüstungen zu dem letzten Schlage gegen Hydra und Nauplia gemacht wurden) in höchster Noth, weil die rumeliotischen Capitaine in Nauplia im Juni unter schmachvollen Blut- und Gewaltthaten mit einander und mit Kolokotronis um den Besitz dieser Stadt und ihrer Forts kämpften. Während andererseits Church sich wenigstens bemühte, mit dem Rest seiner Armee die Schanzen und Berge des korinthischen Isthmus zu decken, wurde der Muth der Griechen durch die Kunde von dem Abschluß des Vertrags der drei Großmächte am 6. Juli 1827 sehr wesentlich gehoben; die Regierung kehrte daher zu Ende Juli nach Aegina zurück; und am 2. September ging man gern auf den durch die Admirale der Alliirten verkündeten Waffenstillstand ein, der jedoch — da er von der Pforte ihrerseits nicht angenommen war — bald wieder durch neue Unternehmungen der griechischen Führer unterbrochen wurde.

Inzwischen hatte Ibrahim-Pascha seit Mitte April des J. 1827 seine Heerzüge, diesmal in dem westlichen Peloponnes, wieder aufgenommen, überall bemüht, in dieser für die Sache der Muhammedaner bei der sich vorbereitenden Einmischung des Abendlandes kritisch sich gestaltenden Zeit sowol durch Unterhandlungen wie durch Gewalt noch möglichst viele Hellenen zur Unterwerfung zu bestimmen; nur daß ihm der Versuch der Ablenkung der Griechen von ihrer nationalen Sache nur in mäßigem Umfange glückte. Freilich blieb das Land lange sich selbst überlassen; als Ibrahim mit 6000 Mann am 18. April von Messenien her den Alpheios überschritt und in Elis einbrach, gelang es ihm diesmal, mit Hülfe einiger Kriegsschiffe, ohne Mühe, die Insurgenten aus ihren sonst schwer zugänglichen Stellungen in den Lagunen der Küste des ionischen Meeres zu vertreiben. Dann detachirte er eine Colonne nach Patras; er selbst warf sich auf das alte mittelalterliche Küstenfort Chlemutzi oder Kastel Tornese (zwischen Gastuni und Cap Klarenza), welches Michael, ein Sohn des alten Sissinis, mit 1800 M. und 8 Geschützen hielt. Nach einer Belagerung von drei Wochen mußte sich die Besatzung am 17. Mai ergeben, um theilweise in die Sklaverei verschachert zu werden. Nur wenig gestört durch einen vergeblichen Versuch der „Hellas“ und der „Karteria,“ Ibrahim's Schiffe bei Klarenza von Patras abzuschneiden, wandte sich Ibrahim selbst nach dieser Stadt; sein Gedanke, von hier aus nach Athen zu ziehen, verschaffte, wie oben erzählt wurde, der Besatzung der Akropolis von Reschid die ungewöhnlich milde Capitulation. Als aber die Nachricht von dem Fall der Akropolis nach Morea kam, dachte Ibrahim selbstredend nicht mehr an den Marsch nach Attika; wohl aber erschütterte die Kunde von diesem Unheil die Widerstandskraft der Griechen in dem ganzen nordwestlichen Peloponnes in bedenklicher Weise. Ja, einer der Häuptlinge der Eparchie Patras, Namens Nenekos aus Zubeli, trat jetzt offen zu Ibrahim über, unterstützte ihn lebhaft und rieth ihm an, ferner das Land nicht mehr zu verwüsten, sondern die Saaten zu schonen, sogar seine Bedürfnisse zu bezahlen. Unter solchen Umständen nahmen jetzt die Griechen weit und breit in den Eparchien Pyrgos, Gastuni, Patras, Vostitza und Kalavryta Amnestie an! Da war es dem Kolokotronis, der — da bisher die Capitaine seines Hauses, die Genaios, Kolliopulos und Nikitas nicht viel ausrichteten — dem Schmaus zu Nauplia den Rücken wandte und von St. Georg (Phlius) aus die Peloponnesier neu aufmunterte. Als die Afrikaner mit 10,000 M. nach Kalavryta zogen, um in dem inneren Lande die Ernte zu holen und das alle Aufforderungen zur Ergebung ablehnende Kloster Megaspilaeon zu erobern (Ende Juni), war er es, der 500 M. den tapferen Mönchen schickte, die dann Ibrahim's Angriffe tapfer abwehrten. Andere Schaaren sandte er den standhaften Insurgenten in der Eparchie Vostitza, die aber gegen Nenekos doch wiederholt den Kürzeren zogen (im Lauf des Juli). Als aber Ibrahim selbst über Karytäna nach Tripolitza, dann (nach einem Rückzuge gegen Mistra) nach Messenien marschirte, rief Kolokotronis überall Guerilla's hervor, die seinen Schaaren beträchtlichen Schaden thaten und in seinem Rücken überall die Empörung wieder ins Leben riefen. Nur die Streifzüge des Achmet-Pascha von Patras, die (zu Anfang des August) namentlich auf Einheimsung der Korinthen-Ernte der Umlande berechnet waren, konnte der alte Griechenfeldherr nicht hindern. Unter solchen kleinen Kämpfen zog sich der Krieg endlich bis zum Ende September 1827 zusammen in Messenien, wo Ibrahim von Navarin aus mit aller Kraft seinen Fuß behaupten wollte, und wo zu Ende September oder Anfang October auch Kolokotronis mit tausend Mann erschien. Es war die Gegend, wo sich von der See her die große Katastrophe der Osmanen und Afrikaner vorbereitete.

Nach dem Fall der Akropolis lag das Schwergewicht der griechischen Revolution nur noch in Nauplia, Hydra und der griechischen Marine. Um nun auch diese letzten Hauptheerde der Empörung zu zerstampfen, hatten, wie schon oben bemerkt wurde, der Sultan und Mehemed-Ali noch einmal große Seerüstungen angeordnet. Die Ausfahrt der 28 osmanischen Kriegsschiffe unter Tahir-Pascha aus den Dardanellen nach Navarino zu hindern, beziehentlich die osmanische Flotte zu zerstören, hatte Lord Cochrane über seinen unsinnigen Unternehmungen bei Athen versäumt; seine Fahrt nach Klarenza (s. oben) war ohne erhebliches Ergebniß geblieben. Weil man aber noch die ägyptische Flotte in Aussicht hatte, wollte Lord Cochrane, auch um seinen bereits erbleichenden Ruhm herzustellen, in kühnem Zuge diese Flotte in Alexandria selbst zerstören. Er sammelte also bei Cerigo 23 Schiffe und erschien am 16. Juni 1827 auf der Rhede von Alexandria. Aber die Feigheit und der Ungehorsam der meisten Griechen machten es unmöglich, die schlecht vorbereiteten Ägypter zu verscheuchen; so mußte der Lord sich mit Zerstörung einer einzigen Brigg begnügen, und bis Anfang des Juli nach dem Hafen von Poros (auf der alten Insel Kalauria, gegenüber den Ruinen von Trözene), der jetzt immer mehr zu dem Hauptkriegshafen Griechenlands sich zu gestalten begann, zurückkehren; nur die Samier hatte er anregen können, ihre Raubzüge unter Logotheti's Lykurgos gegen die anatolischen Küsten mit neuem Eifer aufzunehmen. Cochrane's Ansehen aber war seit diesem neuen Fehlschlag völlig bei den Hellenen dahin; sie hielten ihn, sehr ungerechterweise, seitdem nur für einen leeren Windbeutel. Und nun ist seit dem 31. Juli die große ägyptische Flotte, 92 Segel stark (darunter 51 Kriegsschiffe), unter dem Kapudan-Bei und unter Muharrem-Bei mit großen Vorräthen und mit 4000 M. neuer regulärer Soldaten wirklich aus den ägyptischen Häfen ausgelaufen und ohne Hinderniß bis zum 2. September nach Navarino gekommen, wo Ibrahim nunmehr über 120 Schiffe verfügte. Kleine Vortheile, die Cochrane inzwischen über einige türkische Schiffe Ende Juli und Anfang August in den ionischen Gewässern erfochten hatte, änderten an der Gefahr der Lage für Griechenland Nichts; denn man fürchtete allgemein, die Muhammedaner mit ihrer großen Flotte und jetzt fast 23,000 M. würden schnell den letzten Schlag gegen Nauplia und Hydra versuchen, um der europäischen Intervention förmlich jeden Boden zu entziehen.

Inzwischen hatten sich aber die diplomatischen Verhältnisse für die Pforte immer ungünstiger gestaltet. Nach Abschluß nämlich des Juli-Vertrags (s. oben) hatten die drei zu Gunsten der Griechen verbündeten Mächte ihre Gesandten und Flottenführer in der Levante mit den oben bezeichneten Instructionen sofort versehen; am 16. August erhielt die Pforte die Collectivnote der drei Mächte durch die Gesandten in Stambul. Der Sultan aber, stolz auf den Fall von Athen, stolz auf seinen Janitscharen-Sieg und die schnell fortschreitende Ausbildung seiner neuen Armee; nicht minder voll Hoffnung auf die große Flotte des Mehemed-Ali, — überdem noch der Meinung, daß namentlich England niemals zu Angriffen gegen die Osmanen vorgehen könne; hindlickend auf Oesterreichs, (dessen Marine immer neue Händel mit den griechischen Kreuzern und Corsaren hatte), der Intervention schroff abgeneigte Haltung, und auf einen damals laufenden Krieg zwischen Rußland und Persien: der Sultan ließ am 19. und am 30. August die Anträge der drei Mächte rund und grell abweisen. Nun drohten — während bereits die Flotten der Alliirten England und Frankreich in der Levante unter dem Contre-Admiral Sir Edward Codrington und unter de Rigny sehr vereinigt wurden, der gleich nach Abschluß des Julivertrags nach England ausgelaufene russische Admiral Heiden von dort am 20. August den Grafen von Heyden mit 10 Kriegsschiffen nach dem Mittelmeer schickte; während russische Truppen am Pruth sich sammelten — die Gesandten in Stambul am 31. August und 9. September mit der Erzwingung des Waffenstillstandes zur See durch ihre Flotten. Während aber die österreichische Diplomatie noch immer bis zum letzten Moment einerseits zwischen den Alliirten Zwiespalt zu verbreiten suchte und andauernd der Pforte Rathschläge ertheilte, die auf möglichst schnelle Wiedereroberung Griechenlands, und auf Hinschleppung der Verhandlungen zwischen der Pforte und den Alliirten abzweckten, — während ferner am 18. September der Vezir zu Stambul dem Sultan zwei Ergebungserklärungen aus Rumelien (die eine von 12 livadischen Bezirken, die andere von den akarnanischen und epirotischen Häuptlingen ausgefertigt) übergab und von Mahmud für diese früheren Insurgenten volle Amnestie erhielt; während endlich Oesterreich schließlich eine neue Wendung machte, der Pforte eine gewisse Nachgiebigkeit anrieth und es wirklich dahin brachte, daß (20. October) der Großvezir sich anschickte, die Vermittelung Oesterreichs zwischen der Pforte und den Alliirten in Anspruch zu nehmen: eilten die Dinge auf dem Kriegsschauplatze einer schweren Katastrophe entgegen.

Die griechische Regierung hatte allerdings (s. oben) unter dem 2. September den von den Alliirten geforderten Waffenstillstand gern angenommen. Nun hatten damals die Admirale Codrington und de Rigny ihre Flotten zum Schutz der Inseln bei Hydra, Thermia und Melos zusammengehalten. Als sie dann erfuhren, daß die große ägyptische Flotte nicht direct gegen Hydra ausgelaufen, sondern nach Navarin gesegelt war, fuhr Codrington nach Navarin, um Ibrahim-Pascha zur Annahme der Waffenruhe zu bestimmen und die muhammedanische Flotte eventuell von Hydra abzuschneiden. Hier kam er am 12. September an, und stellte nun am 19. September, als die Moslims schon wieder gegen Nauplia und Hydra auslaufen wollten, in sehr energischer Weise die Forderung, daß die Flotte ihre Arbeit einstellen sollte. Ibrahim beantwortete die Mittheilung dahin, daß er ohne ausdrücklichen Befehl der Pforte den Krieg nicht fortsetzen wolle, daß aber, sobald ihm Verhaltungsregeln aus Stambul zugegangen, Nichts abhalten werde, denselben gemäß zu verfahren. Am 21. September erschien auch de Rigny mit seiner Flotte, hatte am 22. September mit Ibrahim eine lebhafte Unterredung. Am 25. September fand dann in Gegenwart der türkischen Oberoffiziere zwischen Ibrahim, Codrington und de Rigny eine große Zusammenkunft statt, bei der Ibrahim endlich so weit nachgab, daß er sich bereit erklärte, bis zum Eintreffen neuer und bestimmter Verhaltungsregeln aus Stambul oder Alexandrien, — als Antwort auf seinen einzuschickenden Bericht über die Mittheilungen der Admirale, — zur See Nichts unternehmen und die Flotte im Hafen von Navarin halten zu wollen. Codrington versprach dagegen seinerseits, den Lord Cochrane zur Ruhe verweisen zu wollen; diese Zusage wurde jedoch schon am folgenden Tage zurückgenommen, weil die Pforte den von den Verbündeten vorgeschlagenen und von den Griechen angenommenen Waffenstillstand verworfen habe[36]. In der Erwartung, die Sache auf

36) Rosen, Geschichte der Türkei. Th. 1. S. 43.

gute Wege gebracht zu haben, ließen die beiden europäischen Admirale zunächst nur zwei Signalschiffe vor dem Hafen von Navarin liegen; dann begab sich de Rigny nach den Gewässern von Cerigo; Codrington aber schickte seine Schiffe theils nach Malta, theils fuhr er selbst nach Zante, um von hier aus Lord Cochrane zu überwachen.

Bei den Griechen war inzwischen unter diesen Umständen, wo sie den Kampf gegen die Pforte gefahrlos glaubten führen zu können, die Kriegslust wieder erwacht. Bereits hatte zu Ende des Juli eine Fahrt des Lord Cochrane nach dem Westen (s. oben) den Muth der Rumelioten wieder gehoben; die Capitaine Tzavelas und Rhangos hatten in Westgriechenland den Bandenkrieg wieder begonnen. In Aegina, Nauplia, Poros aber trug man sich wieder mit vielen neuen Plänen; nach alter thörichter Weise aber wieder in der gewohnten Art, die vorhandenen Mittel nach allen Seiten zu zersplittern. Man gedachte, gleichzeitig Chios durch Fabvier anzugreifen, Thessalien neu aufzuwiegeln, und dann unter Church, Cochrane und Hastings Albanien und Westgriechenland anzugreifen. Auf Rath der Gesandtenconferenz zu Stambul bezeichneten die Admirale den Hellenen (Anfang September) die wahrscheinliche Linie des künftigen Griechenlands (das griechische Festland südlich von einer von dem Acheloosdelta bis zum Golf von Volo laufenden Linie, Euböa und die Inseln außer Samos und Kreta) als das Gebiet, auf welches sich die Sperrung der europäischen Flotten zu beschränken, und somit auch die eventuellen Unternehmungen der Griechen zu beschränken hätten [30]. Nun wandten die Griechen ihre Hauptkraft gegen Westen. General Church brach in der Mitte des September mit allen ihm zu Gebote stehenden Streitkräften von dem korinthischen Isthmus auf nach der Gegend von Vostizza; hier sollte ihn Cochrane mit 23 Schiffen nach Albanien übersetzen. Cochrane bombardirte vorläufig am 10. September die Verschanzungen von Missolunghi, erhielt aber schon am 18. September von Codrington die Botschaft, daß die Alliirten Angriffe auf Albanien nicht gestatten würden. Geldmangel nöthigte ihn dann, mit 17 Schiffen vorläufig nach Poros abzufahren. Bei Missolunghi ließ er nur Hastings mit der „Karteria," Thomas mit dem „Sauveur," und vier kleinere Schiffe zurück, die er dem General Church zu Gebote stellte. Und hier erfolgte nun die berühmte Waffenthat in der „Skala von Salona." Denn Thomas und Hastings, die die Einfahrt in den Golf von Korinth erzwungen hatten, lieferten am 30. September in der Bucht von Salona einer starken osmanischen Flotille, neun Kriegsschiffe stark, ein Seegefecht, in welchem durch das Bombenfeuer der britischen Führer binnen einer halben Stunde sieben feindliche Schiffe zerstört wurden!

Als Ibrahim-Pascha diese Unglücksnachricht erfuhr, wurde er wüthend vor Zorn und gab nun Befehle in echt afrikanischer Barbarenart. Er ließ einerseits zwei Heerhaufen aus Navarin ausmarschiren, gegen Karytäna und gegen das untere Messenien (2. October) mit dem Befehl, das ganze Land mit Feuer und Schwert zu verwüsten; und binnen wenigen Tagen wurden nun in Messenien nicht blos eine Menge Ortschaften zerstört, sondern auch an 60,000 Feigenbäume und 25,000 Olivenbäume umgehauen! Es war dann der eben hier eingerückte Kolokotronis, der in gerechter Entrüstung über dieses schändliche Wüthen von Arnaut aus sich mit den Admiralen in directe Verbindung setzte und dem Commodore Hamilton zu Kalamata die Greuel direct zeigte. Es war sicherlich der tiefe Zorn über diese Verwüstungen, was nachher zu dem Entschluße der Admirale, gegen Ibrahim loszuschlagen, stark mitgewirkt hat. Der ägyptische Feldherr aber — nunmehr entschlossen, sich seinerseits nicht mehr an die mündlichen Verabredungen mit de Rigny und Codrington zu binden — hatte eben damals auch zwei Abtheilungen seiner Flotte nordwärts dirigirt; er selbst befand sich bei dem einen Geschwader, welches Hastings aufsuchen und die Herrschaft auf dem Golfe von Korinth wieder für die Muhammedaner erobern sollte. Unter diesen Umständen wich Church von Vostizza südwärts auf die Höhen bei Dhiakophto, während Hastings sich in einer Bucht bei Perachora (auf der Westspitze von Megaris) zu verschanzen suchte. Diese maritimen Bewegungen Ibrahim's führten dann die längst in der Wolken hangende Entscheidung herbei. Als Codrington in Zante von der Ausfahrt der Aegypter nach dem Norden hörte, hielt er (2. October) unter dem Vorwande des Wortbruchs die erste Flottenabtheilung an, zwang sie zur Umkehr; ihnen folgte Ibrahim am 5. October. Da er aus Stambul noch keine neuen Befehle hatte, verhielt er sich eben noch passiv. Einige muhammedanische Schiffe, die bereits den Golf von Patras erreicht hatten, wurden — nicht ohne scharfe Schüsse — bis zum 6. October nach Navarino zurückgescheucht. Am 13. October vereinigte sich dann Codrington bei Zante mit den verbündeten Flottenführern. Jetzt sehr genau über die messenischen Verwüstungen unterrichtet; in ihrem Unwillen noch dazu in der schlimmen Perspective, bei der herbstlichen Jahreszeit wahrscheinlich Navarino gar nicht mehr lange wirksam blokiren zu können, — gedachten sie, den ägyptischen Feldherrn (der übrigens am 9. October die officielle Kunde erhalten hatte, daß die Pforte auf ihrem Widerstande beharre) [31]) durch energische Ermahnungen von seinem barbarischen Vorgehen abzubringen. Dieses blieb aber um so unwirksamer, weil Ibrahim zur Zeit sich gar nicht in Navarino, sondern in Pyrgos befand; (es hieß, er sei nordwärts gezogen, um sich in dem Golf von Lepanto mit Reschid-Pascha, der seit dem August aus Theben über Salona nach Janina gegangen war, zu besprechen, respective um dem Verkehr mit den Admiralen auszuweichen). Unter diesen Umständen beschlossen die drei Admirale, mit ihrer gesammten Macht in den Hafen von Navarino einzufahren und durch den Druck ihrer imposanten Kraft die Muhammedanischen Flottenführer zu

30) Gervinus a. a. O. Bd. VI. S. 362.

31) Keßler a. a. O. Bd. I. S. 49.

bestimmen, die Flotte nach dem Nil und den Dardanellen zurückzuführen und den Krieg auch zu Lande einzustellen. Es ist möglich, daß sie — hier die Grenzen ihrer Instruction überschreitend — noch hofften, dieses wirklich durch eine einfache Demonstration zu erreichen; factisch war aber auf beiden Seiten eine solche Stimmung, daß eine große Schlacht „geradezu in der Luft lag." Als sie dann (Ibrahim war noch immer abwesend) am 20. October 1827 in den Hafen von Navarin einliefen, fanden sie die Muhammedaner in voller Schlachtordnung. Wer den ersten Schuß that, ist noch heute von allen Seiten bestritten; genug, nicht lange nach Mittag begann jene entsetzliche Seeschlacht, bei welcher die Verbündeten mit 27 Kriegsschiffen (darunter zehn Linienschiffe) und 1276 Kanonen gegen 130 Schiffe (darunter 89 Kriegsschiffe mit 2438 Kanonen der Muhammedaner) und gegen die Batterien des Hafens zu kämpfen hatten. Da der Kampf in geschlossenem Raume und meistens auf Pistolenschußweite geführt wurde, so war binnen vier Stunden die Muhammedanische Flotte bis auf 29 arg zerschossene Schiffe zerstört. Etwa 6000 Osmanen waren umgekommen; die Verbündeten hatten an Schiffen schwere Verluste, aber nur gegen 700 Mann verloren. Ibrahim, der am andern Morgen zurückkehrte, stellte den Kampf sofort ein, schickte später den Rest der Schiffe nach Aegypten zurück.

Diese kolossale Schlacht, die an die Schlacht des Juan d'Austria bei Lepanto im 16. Jahrhundert erinnerte, und dann wieder im J. 1854 bei Sinope ihr Gegenstück gefunden hat, wurde zwar in den philhellenischen Kreisen Europa's und in Griechenland mit lauter Freude aufgenommen; aber außer Rußland und Frankreich mißfiel sie den Cabineten gewaltig. Namentlich in England, wo Lord Canning am 8. August gestorben war, war man schwer betroffen über diesen Schlag, der über alle Berechnungen der Regierung hinausging und durch eine furchtbare Schwächung der Macht der Pforte sehr überwiegend der Macht Rußlands in die Hände zu arbeiten schien. Und so geschah es, daß man nun dem ungeheuren Ereigniß nicht die erwarteten schnellen weiteren Folgen gab, sondern daß die Periode der diplomatischen Schleppereien und Zerrereien mit der Pforte sich wieder erneuerte, allerdings mit einem Charakter zunehmender Gereiztheit.

Den nächsten Gewinn aus der großen Katastrophe zogen die Griechen; doch freilich nur in sehr unvollkommenem Grade. Denn leider war das so plötzlich aus seiner höchsten Gefahr gerissene Volk damals andauernd in höchst anarchischen Zuständen. Graf Kapodistrias ließ sich noch immer nicht blicken; die elende interimistische Regierung hatte gar keine Macht, und die weitere Kriegführung war ebenso planlos als die frühere. Gegen den Rath und die sehr entschiedene Abmahnung der befreundeten europäischen Flottenführer Codrington und de Rigny, die aber auf diesem Punkte sich dann passiv verhielten, und nur später erst hart durchgriffen, als sich namentlich die neue kretische Erhebung mit den schauderhaften Greueln der griechischen Piraterie verschlang, — hatten namentlich Fabvier und Cochrane damals an die Ausführung sehr wenig zeitgemäßer Feldzüge auf Chios und Kreta gedacht, die nur zu völlig nutzlosen Blut- und Geldvergeudungen führten. Um in aller Kürze diese für die Geschichte Griechenlands nur secundäre Bedeutung beanspruchenden Dinge zu skizziren: so war namentlich in Syra von einer Anzahl flüchtiger Chioten der Plan entworfen, die Insel Chios, die sich seit 1822 langsam wieder erholt, wieder etwa 22,000 Einwohner, besonders in den sogenannten Mastixdörfern, gewonnen hatte, durch Fabvier erobern zu lassen; ein paar große chiotische Handelshäuser zu Syra wollten die Kosten der Unternehmung tragen. Fabvier ging sehr gern auf diese Idee ein, ermuthigt durch Cochrane, selbst von dem Admiral de Rigny (seinem Landsmann, Freund und Verwandten) einigermaßen bei seinen Unternehmungen mit Connivenz behandelt. Bereits im September hatten die Spezzioten und einige Corsaren begonnen, die Insel zu blokiren und ihre Verbindung mit Anatolien zu stören, dadurch aber nun den Commandanten von Chios, den alten und entschlossenen Jussuf-Pascha, gewarnt und zur Vorbereitung starker Gegenwehr aufgeschreckt. Am 21. October nun segelte Fabvier mit seinen etwa 1000 Regulären, mit 19 Geschützen, aus Methana ab nach dem alten Piräus, landete dann seine Schaaren und 1500 M. Chioten und Rumelioten am 28. October auf der Insel Chios und schloß bald genug Jussuf-Pascha in der Citadelle der Inselhauptstadt ein. Cochrane erschien Ende October ebenfalls mit mehreren tüchtigen Schiffen vor Chios; da aber der tapfere Jussuf sich nicht so leicht ergeben wollte, und der Lord sich mit dem ebenso anmaßenden und schroffen Fabvier nicht vertragen konnte, so kehrte er bald wieder nach Griechenland zurück. Inzwischen mußte sich der General Fabvier bei aller Brauchbarkeit seiner Soldaten bald überzeugen, daß der osmanische Pascha ein wackerer Gegner war; er sah sich genöthigt, eine langwierige Belagerung der Citadelle von Chios zu beginnen, die zu keinem Erfolg führte. Anstatt die mehrfachen Aufforderungen der Verbündeten, namentlich de Rigny's, zu drängen, um die in der ersten Hälfte des November 1827 bereits hoffnungslos gewordene Unternehmung unter anständigen Formen fallen zu lassen, hing sich Fabvier immer fester an seinen Plan, obwohl er seit Anfang December die Belagerung in eine langwierige Blokade hatte verwandeln müssen. Mit Ende Januar 1828 konnte der aus Asien verstärkte Jussuf dann zu gefährlichen Ausfällen schreiten; und als Fabvier's Ausdauer die Osmanen dann doch so sehr zu bedrängen wußte, daß in der Citadelle Mangel und Seuchen ausbrachen, war es der tapfere türkische Kapudan-Pascha Tahir-Pascha, der zu Anfang des März eine namhafte Flotte aus den Dardanellen nach Chios führte und bald aus Anatolien dem Jussuf eine Verstärkung von 2500 M. übersetzte. Da nun die griechischen Soldaten selbst meuternd wurden, so mußte Fabvier — durch de Rigny's Vermittelung geschützt — bis zum 26. März die Insel völlig räumen, deren Einwohner dann diesesmal von den Osmanen sorgsam und human geschont worden. Der tapfere, edle und unglückliche Fabvier aber kehrte am 31. März nach Methana zurück, machte dem (s. unten) bereits in Hellas regierenden Grafen Kapodistrias seine Aufwartung, legte dann seinen Dienst nieder.

Die kretische Bewegung dagegen ging viel blutiger weiter, und zwar im Zusammenhange mit der Unterdrückung der griechischen Piraterie. Die Noth der Zeit hatte es damals dahin gebracht, daß im J. 1827 nahezu der vierte Theil des griechischen Volks aller Stände sich der Piraterie ergeben hatte, unterstützt durch alles mögliche levantinische Gesindel aus allen Küstenländern bis nach Dalmatien und Malta. Die Dinge hatten einen Charakter angenommen, wie einst zur Zeit des Mithridates und des großen Pompejus; nicht blos Oesterreicher und andere den Griechen verhaßte Abendländer, auch die Handelsschiffe der Franzosen, Engländer, Amerikaner und der Griechen selbst wurden, in der Regel aber doch häufig genug unter schandbarem Frevel, vernichtet. Ernsthaftes war dagegen bisher nur von den Amerikanern geschehen; aber zur Zeit der Schlacht bei Navarino war die Gefahr aufs Höchste gestiegen. Hatte man nun theils aus Sympathie mit den Griechen, theils in der Absicht, durch die Noth der Piraterie den diplomatischen Druck zu Gunsten der Hellenen zu verstärken, namentlich britischerseits die Piraten in bedenklicher Weise geschont, deren Ausrottung bei der hydrographischen Gestalt Griechenlands ohnehin nicht leicht war: die Frechheit der Seeräuber, die bereits an Streifzügen nach dem Ocean dachten und unter den Augen der Verbündeten es wagten, Cerigo zu blokiren und bei Zante und Korfu zu rauben, bestimmte Codrington und de Rigny, seit Abschluß des Juli-Vertrages strenger aufzutreten. Die Verbündeten errichteten von Venedig bis Smyrna Kreuzerstationen, sie schrieben unter dem 30. September und 8. October 1827 drohende Briefe an die griechische Regierung. Als dann am 24. October 1827 die Admirale unter den stärksten Drohungen die griechische Regierung nun im höchsten Grade beschworen, der Piraterie ein Ende zu machen, konnte diese Regierung allerdings ihre Kreuzer und Kaper nach der Küste zurückziehen und der Seeräuberei (namentlich der Spezioten) in den nächsten Strichen ihrer Gewässer steuern; aber es gab zwei Gebiete, über welche sie keine Gewalt hatte, — die Sporaden bei Skopelos, wo die Olympier plünderten, und namentlich die kretische Burg Grabusa (s. oben), welche letztere, mit flüchtigen Kretensern in Masse belegt, seit 1825 einerseits der Ausgangspunkt der unter der Asche auf Kreta fortglimmenden kriegerischen Bewegung gewesen war, andererseits aber der Sitz der schändlichsten Seeräuberei wurde, an deren Spitze die Kreter Dekanemos und Antoniades standen. Im September 1827 hatte diese Wirthschaft ihren Höhepunkt erreicht; denn damals besaßen die Räuber von Grabusa außer kleinen Raubbooten etwa 8 Briggs und 40 Schooner; ihre Stadt blühte mit geraubtem Gute in Wohlstand und Ueppigkeit, und die Kapelle, welche diese frommen Briganten der heiligen Jungfrau, der sogenannten Panagia Kleptrina (d. i. der Patronin der Räuberei) auf der Spitze des Felsens erbaut hatten, strotzte von kostbaren Weihegeschenken! Man hat berechnet, daß diese Kreter (außer den im offenen Meere zerstörten) an 487 neutrale Kauffahrteischiffe, darunter 93 britische, ausgeplündert haben. — Anscheinend durch Codrington's Drohungen etwas eingeschüchtert, ließen die Kreter seit der Schlacht bei Navarin ihre Räubereien etwas pausiren; aber — zunächst nicht gestört durch die bei Navarin stark erschütterte, auch sonst auf anderen Punkten beschäftigte, Flotte der Verbündeten — dachten jetzt die Männer von Grabusa ernsthafter als bisher auf die neue Entflammung des Kriegs auf ihrer Insel. Da sie aus Griechenland wegen des Zuges nach Chios und anderer Unternehmungen (s. unten) zur Zeit keine europäischen Führer gewinnen konnten, zogen sie doch zu Anfang December 1827 an 2000 geworbene Leute, meistens Rumelioten, aus Morea nach Grabusa, die hier bis auf 4000 M. sich verstärkten, dann zum Theil unter dem Befehl des Capitains Johann Chali zu Schiffe nach dem östlichen Kreta übersetzten, um hier den Aufstand neu zu entzünden, während ein anderer Trupp bis nach Megalokastron plündernd streifte. Die Vereinigung mit 1200 aus den Inseln Naxos und Milos zu ihnen gestoßenen östlichen Kretern schwächte die Unternehmung sehr bald, weil bei den alten Antipathien zwischen Ost- und Westkretern heftige Differenzen entstanden, die viele Desertionen veranlaßten und es den Türken aus Candia möglich machten, den Capitain Chali bei Mehs am 22. December total zu schlagen und zur Rückkehr nach Grabusa zu nöthigen. Unter diesen Umständen setzten sich Dekanemos und Antoniades mit den bisher in Ruhe gebliebenen Sphakioten in Verbindung und warben in Morea neue 2000 Mann, die diesmal von dem tapferen und vielerprobten Reiterführer Hadschi-Michalis commandirt wurden, der im Januar 1828 in Kreta landete. Eben jetzt aber hatte der neue Regent von Griechenland, Graf Kapodistrias, der die Räuber von Grabusa verabscheute, schon auf seiner Reise zu Malta mit den Admiralen die Eroberung der Räuberburg verabredet. Und bald erschienen der Commodore Sir Thomas Staines mit 5 englischen, und Reverseaux mit 4 französischen Kriegsschiffen, nahmen in Cerigo britische Landtruppen, dann am 30. Januar den Maurokordatos als griechischen Regierungscommissar an Bord, liefen vor Grabusa an und forderten die Kreter, deren Krieg auf der Insel nicht gehindert werden solle, nunmehr auf, ihre Schiffe, das Raubgut, und 12 Räuber auszuliefern. Da man sich nicht einigen konnte, so begann Staines am 31. Januar den Kampf, bei dem dann nach heftigem Ringen die Piratenflotte zerstört, nach längerer Blokade aber auch bis Anfang März das Castell genommen und mit regulairen Griechen und Engländern besetzt wurde. Michalis seinerseits war am 11. März von Grabusa nach Sphakia gesegelt, wo er bei der Unentschlossenheit der Sphakioten bald in große Noth gerieth, dann am 21. Mai mit seiner Schar in die Eparchie von Rhetymno einbrach und nach einem Siege bei Kaßtele von dem Gouverneur der Insel, Mustapha-Pascha, bei seinem Landungsplatz Franco-Castello mit 4 bis 5000 M. angegriffen, in einem der grimmigsten Kämpfe des ganzen Kriegs am 29. Mai mit 338 M. den Tod fand. Die Wegnahme des türkischen Gepäcks durch räuberische Sphakioten in den Engpässen des Ida (5. Juni) war der letzte Act dieser Partie mörderischer Kämpfe, — während andererseits der tapfere Miaulis auf Befehl des Kapodistrias im März 1828 mit der Fregatte „Hellas" die Inseln der Olympier von Skopelos besucht und (unter großer Schonung der Personen) durch Wegnahme von 16 Raubschiffen auch hier die Piraterie ausgerottet hatte.

Indem wir mit unserer Schilderung wieder zurückkehren nach dem eigentlichen Griechenland, so ist nun zu bemerken, daß — für Aufhebung der neuen Lage der Dinge, wo doch Reschid im Norden noch immer dominirte, Ibrahim das westliche Morea mit den Landtruppen im Zaume hielt, — seit October 1827 auch hier zwei Unternehmungen gemacht wurden. Der Zug der Generale Vassos und Kriezotis nach Skopelos, von dort mit Karatassos und zusammen 3000 M. nach Thessalien führte zwar zur Eroberung von Trikeri, zu einigen guten Erfolgen über die Türken von Volo und Larissa, und zur Ausbeutung der Umgegend, hatte aber keine bleibenden Resultate. — Allein werthvoll war nur der neue Feldzug der Generale Church und Hastings nach dem westlichen Rumelien. Gegen Ende November nämlich schlich sich Church mit großer Gewandtheit von Thielophio bei Vostizza (s. oben) über Nopera bei Kalavryta nach der Gegend von Patras, umging den Streifschaaren des Delhi-Achmed-Pascha zwischen Patras und Gastuni, schiffte dann seine 1200 M. bei Karavostasi am Cap Papas auf des Capitain Hastings Schiffen am 29. November ein, landete am 1. December in den westlichen Strichen von Akarnanien bei Dragomestre und Kandili, reichte hier den Armatolen die Hand. Dann rief er hier die Hellenen zu den Waffen, und nun begann der Krieg in diesen Landschaften langsam von Neuem, wobei namentlich Hastings am 27. December 1827 sich an Anatoliko und Missolunghi versuchte und am 27. December das Castell Vassiladi wieder eroberte.

Während die Griechen sich solchergestalt in Rumelien wieder ernsthaft beschäftigten; während Lord Cochrane am 10. Januar 1828 Griechenlands überdrüssig nach England zurückkehrte, — ist dann endlich der lange sehnsuchtsvoll erwartete Graf Johann Kapodistrias am 18. Januar 1828 in Griechenland angekommen. Der berühmte Korfiote hatte, wie wir oben sahen, die officielle Mittheilung seiner Ernennung zum Präsidenten Griechenlands in St.-Petersburg erhalten. Die Bedeutung eines Theiles der dort von ihm gepflogenen Unterhandlungen trat erst später in das hellere Licht; äußerlich war namentlich hervor sein durch die Hellenen selbst und durch die Lage des Landes ihm so sehr nahe gelegtes Streben, die nöthigen Geldmittel für seine Regierung flüssig zu machen. Am 25. Juli 1827 verließ er dann St.-Petersburg, um zunächst noch die großen Höfe von Europa zu besuchen, wo er dann in Berlin wohlwollend, in England aber (wo man in ihm sowol den russischen, mit Eifersucht beobachteten Minister, wie den natürlichen Führer der gegen die britische Schutzherrschaft allezeit aufsässigen Ionier sah) mit tiefer Kälte aufgenommen wurde; dies um so mehr, da er gerade unmittelbar nach dem Tode Lord Canning's eintraf, auf den und dessen Hülfe er noch sehr gezählt hatte. Dagegen fand er in dem damals von russischen Einflüssen erfüllten bourbonischen Paris wieder eine sehr wohlwollende Aufnahme. Die Nachricht von der Schlacht bei Navarin hatte ihn dann, als er eben zu Turin sich aufhielt, zu rascherer Reise bestimmt; doch in Italien noch mehrfach aufgehalten, war er am 19. December von Ancona auf der englischen Corvette „Wolf" abgesegelt, die unterwegs auf der Höhe der Insel Saseno mit dem Linienschiffe „Warspite" vertauscht wurde; dieses Schiff brachte ihn dann, durch ein französisches und ein russisches Schiff geleitet, am 18. Januar 1828 nach Nauplia, wie er denn im Mittelmeere von den englischen Behörden alle Förderung erfuhr. Am Morgen des 19. Januar begrüßten ihn hier der Jubel des Volks und die Ehrensalven der Forts; die drei fremden Kriegsschiffe aber zogen die griechische Fahne auf und lösten ihre Kanonen; „es war die erste öffentliche Anerkennung, welche der griechischen Flagge von Seiten der Alliirten zu Theil wurde" [27]. Sein erster Schritt in Nauplia war von guter Vorbedeutung; denn vor ihm beugten sich jetzt die hadernden Rumeliotenführer in den Forts, die Grivas und dessen Gegner, — Ruhe und Ordnung wurde hergestellt, und der kluge Kolettis beauftragt, über die Haltung der Capitane sorgsam zu wachen.

Der neue Präsident segelte nach kurzem Aufenthalt aus Nauplia nach Aegina, dem damaligen Sitze der interimistischen Regierung und der Legislatur; auch hier mit lauter Freude begrüßt (23. Januar), sah er die bisherige Regierung abdanken und ihre Competenz in seine Hände, als die des neuen Chefs der Executive niederlegen. Kapodistrias' ganze weitere Arbeit als Regent Griechenlands schildern wir unten; es erübrigt zunächst, die Kriegsgeschichte des Jahres 1828 zu Ende zu führen. Wir sahen bereits, wie die Dinge auf Chios verliefen; wie unter Kapodistrias' Mitwirkung die Piraterie auf Kreta und im Archipel von Skopelos ausgerottet wurde. Aber es blieb ihm nun übrig, Rumelien und Morea vollkommen aus der Hand der Muhammedaner zu befreien. Und hier ist der Punkt, wo die große Politik der drei Verbündeten wieder mit der Griechenlands zusammenfällt, und wo zugleich die wahre Stellung, die Kapodistrias sich vorgezeichnet hatte, zuerst recht scharf bemerkbar wird.

Die Beziehungen der Pforte zu den drei Mächten des londoner Vertrags waren begreiflicherweise seit der Schlacht bei Navarin immer gespannter geworden. Und

27) Mendelssohn-Bartholdy, Graf Johann Kapodistrias S. 85.

zwar wollte die osmanische Regierung in ihrer schwer aufgeregten Leidenschaftlichkeit sich andauernd zu keiner Nachgiebigkeit verstehen, konnte es auch nicht über sich gewinnen, sich England und Frankreich mehr zu nähern, um durch deren Unterstützung sich eventuell des gefährlichen russischen Nachbars zu erwehren. Da nun Pertew-Effendi andauernd erklärte, die Unterwerfung Griechenlands sei und bleibe die einzige Grundlage der Friedensstiftung (27. und 29. November 1827), so kam es endlich zu dem förmlichen diplomatischen Bruche, und nach den energischen Beschlüssen des großen Raths der Pforte, welcher (2. December) die Zumuthungen der Alliirten für unzulässig, die Freundschaftsverträge für zerrissen erklärte, die Nothwendigkeit für das Volk, die Waffen zu ergreifen, aussprach, verließen am 8. December die Gesandten Englands und Frankreichs, am 16. d. M. der russische Gesandte Ribeaupierre, während bei solcher Wendung der Dinge auch Metternich die früher (s. oben) angestrebte Vermittelung ablehnte. Bei dem türkischen Volke aber erwachte seit dem 2. December ein großer Kriegsenthusiasmus, der, obgleich noch kein bestimmtes Object vorlag, sich schon jetzt instinctmäßig gegen Rußland kehrte. Und dieser Enthusiasmus riß nun den leicht entzündbaren Sultan Mahmud mit sich fort, derart, daß er dann in der ersten Hälfte des December (resp. am 18. December) an die osmanischen Dorfvorsteher und Notabeln in Rumelien und Anatolien jene fanatisch-kriegerische Proclamation richtete, welche nun — nachher noch durch immer schroffere und unbesonneneres Auftreten der osmanischen Staatsmänner secundirt und interpretirt — am 26. April 1828 durch das russische Kriegsmanifest erwidert wurde, dem dann am 7. Mai der bewaffnete Ausbruch des großen russisch-türkischen Kriegs folgte. Die Haltung Griechenlands und des Grafen Kapodistrias während dieses Kriegs und die Stellung der seit dem Juli 1827 mit Rußland zur Lösung der griechischen Frage verbündeten Westmächte war nun folgende. Energische Schritte Seitens der Westmächte gegen die Pforte waren seit Abbruch der diplomatischen Beziehungen zunächst nicht eingetreten. Wol aber hatte Rußland schon seit Anfang Januar 1828 in London und Paris in dieser Richtung energisch gedrängt. Rußland hatte auf Fortwirkung der Flotten im Mittelmeere, auf starke finanzielle Unterstützung des Kapodistrias, auf feste Aufstellung der Gesandtenconferenz zu Korfu gedrängt, welche letztere sich mit Kapodistrias bleibend in Einvernehmen zu setzen hätte. In Paris war man sehr entgegenkommend; in London aber zurückhaltender, — hier hätte man lieber die Drohung vorgezogen, Griechenland sofort als unabhängigen Staat anzuerkennen; hier war man auch wol geneigt, allerdings die Räumung Morea's unter Umständen zu erzwingen, — nur den großen Krieg gegen die Pforte wollte man unbedingt vermeiden. Schon aber lag der Krieg Rußlands gegen die Pforte ganz unmittelbar in der Luft; daher konnte auch der unermüdliche Metternich, der (seiner alten, jetzt namentlich durch Prokesch-Osten's Werk klar gestellten Idee, „entweder die volle Unterwerfung Griechenlands unter die Pforte, oder im — in seinem Sinne — schlimmeren Falle die volle Emancipation Griechenlands," mit Zähigkeit folgend) jetzt (im März) die Unabhängigkeit Griechenlands vorschlug, um England von Rußland zu trennen und die Pforte zur Nachgiebigkeit zu bestimmen, Nichts mehr ausrichten. Bereits (Ende Januar beziehendlich Anfang März) hatte die russische Regierung in London erklärt, daß sie in specifisch russischem Interesse ihren Krieg in dem Norden führen würde; in Bezug auf den Juli-Vertrag würde Rußland seine Maßregeln zur Verwirklichung der vereinbarten Zwecke des Vertrags dienen lassen, aber — wenn einmal die Waffen ergriffen — sich auch verpflichtet sehen, die Ausführung des Vertrags auch durchzusetzen. Den Westmächten wurden dabei alle ihnen convenirenden Maßregeln überlassen. Metternich's Vorschlag wurde nachher von Rußland höflich abgelehnt.

Unter diesen Umständen, und da auch in Paris das neue Cabinet Martignac-Laferronays ebenso russenfreundlich als philhellenisch auftrat, wollte der jetzt in London die Geschäfte leitende Herzog von Wellington, der nicht in der Lage war, in der griechischen Frage das von Canning eingeleitete System aufzugeben, sich nicht von der Tripelallianz trennen, sondern lieber den Versuch machen, durch Pflege der Beziehungen zu Frankreich womöglich Rußland zu fesseln. Schließlich, nach verschiedenen Schwankungen, gelang es dann doch der russischen Politik, Wellington zu stillschweigender Genehmigung bei Rußlands Kriegführung im Norden zu bestimmen; für Griechenland aber wurde bestimmt, daß der russische Admiral Heyden im Mittelmeere seine Kriegsrechte so mäßig wie möglich ausüben, seine Bewegungen denen der anderen Admirale möglichst annähern sollte; die Gesandtenconferenz zu Korfu sollte zusammentreten. So war zu Anfang des Juni beschlossen. Es war in dieser Zeit, daß die Pforte selbst mehrere hohe griechische Geistliche nach Poros schickte, die (2. Juni) dem Grafen Kapodistrias directe Unterhandlungsanträge brachten. Es war ein großes Unheil für Griechenland, daß dieses Land jetzt nicht mehr selbständig über sein Schicksal entscheiden konnte, — mehr aber (diese Auffassung bricht wenigstens bei Gervinus und mehr noch bei Mendelssohn-Bartholdy sehr entschieden durch), daß der neue Präsident der Hellenen kein unabhängiger griechischer Patriot war. Wie Kapodistrias als russischer Staatsmann andauernd die Interessen der Griechen mit Eifer wahrgenommen hatte: jetzt, als Chef der Hellenen, fühlte er sich andauernd den Interessen des Staats verpflichtet, in dessen Staatsdienst er eine lange und ruhmvolle Laufbahn gemacht hatte. Und das ist wol sicher: der ionische Staatsmann hatte gegen Rußland, gleichviel in welcher Form, außer anderen Zusagen auch die geschäftliche Verbindlichkeit übernommen [29], in dem russischen Kriege gegen die Pforte (eventuell auch wider den Willen der Westmächte) als Bundesgenosse nützlich zu

29) So spricht es auch namentlich Gervinus a. a. O. Bd. VI. S. 556 und 558.

sein. Factisch wenigstens hat sich das wirklich nachmals so gemacht. Zunächst ließ sich also Kapodistrias (nachdem er, was an sich in der Natur der Dinge lag, den Ausbruch des russischen Krieges an der Donau durch eine Proclamation vom 30. Mai 1828 freudig begrüßt hatte) auf die von der Pforte angebotenen Separatverhandlungen nicht ein, obwol dieselben bei der inneren Stimmung der Westmächte, namentlich Englands, wol nicht ganz aussichtslos gewesen wären. Aber die Pforte hatte auch mit den Westmächten kein Glück; ihr Antrag an England und Frankreich vom 19. Mai, die Gesandten statt nach Korfu wieder nach Stambul zu schicken und hier die griechische Frage „freundschaftlich und einträchtig zu ordnen," der wol zu einem Ausgleich hätte führen können, mußte bei der momentanen Lage der Dinge abgelehnt werden. Derselbe beiläufig noch zweimal wiederholte Antrag ist immer wieder, dort genug (11. Aug. u. 11. Sept.), abgelehnt worden; diesesmal durch die Gesandten Guilleminot und Stratford Canning, die sich seit dem Juli zur Conferenz in Korfu befanden. Am 19. Juli hatte auch Wellington die von Frankreich längst und lebhaft ersehnte Sendung einer Armee nach Morea zugegeben, die England mit seiner Flotte unterstützen wollte.

Während nun der russische Krieg an der Donau, keineswegs so schnell und so glücklich, wie man vorher allgemein angenommen hatte, seinen Verlauf nahm, dachten auch die Griechen, sowol um die günstige Gelegenheit für sich zu benutzen, wie andererseits, im Sinne des Kapodistrias, um die russischen Bewegungen zu unterstützen, die Waffen auf dem Festlande wieder aufzunehmen. General Church hatte in dem westlichen Rumelien seit Ende des März 1828 seine Unternehmungen auf des Präsidenten Befehl wieder aufgenommen, sein Hauptziel sollte die Wiedergewinnung von Missolunghi sein. Andererseits dachte man an die Wiedereroberung von Athen; und hier war der Fürst Demetrius Ypsilanti (seit 1826 in Griechenland wieder rehabilitirt) mit den Schaaren der Tzavellas, Hadschi-Petro und Stratos von Eleusis aus vorgegangen. Inzwischen hinderten sowol der drückende Mangel an Geld, wie die Liebhaberei des Präsidenten, die irregulären Soldaten zu großen Körpern (Chiliarchien) zu organisiren, jeden raschen Fortgang der Waffen. Auf Morea lastete noch immer die Macht der Armee Ibrahim's, der zur Zeit bei Navarino 19,000 Mann und 4000 Reiter, außerdem aber[99]) in den Festungen des Südens und Tripolitza 6800 Arabern und Albanesen, in Patras 1500 Mann stehen hatte. Die Jahreszeit hatte es dann sogar im Februar 1828 an 32 ägyptischen Schiffen möglich gemacht, sich durch die gegnerischen Schiffe bis nach Suda mit vielen Vorräthen durchzuschleichen, die dann mit gleichem Glück nach Navarino spedirt waren. Da nun die englischen Bemühungen, den Aegypter zu dem Versprechen der Einstellung aller Feindseligkeiten auf Morea zu bestimmen, vergeblich blieben, so hatte Kapodistrias durch den trefflichen Sachturis mit Erfolg wenigstens die weitere maritime Verbindung zwischen Kandia und Messenien sperren lassen; aber, wenn auch allmälig Ibrahim's Albanesen und Araber anfingen meuterisch zu werden, wenn auch andererseits Kapodistrias durch Unterhandlungen den Aegypter zur Auslieferung vieler Gefangenen bestimmte: noch widerstand Ibrahim, jetzt bei der Aussicht auf den Krieg der Pforte mit Rußland erst recht entschlossen, der gemeinsamen Sache des Sultans und der Muslimanen treu zu bleiben, allen Mahnungen der Alliirten, Morea zu räumen.

Während also die Dinge in Morea noch immer in jedem Momente sich wieder bedrohlich gestalten konnten, waren im Norden die Waffen nur in dem westlichen Rumelien lebhafter thätig. Reschid-Pascha, obwol damals noch in Epirus und Thessalien beschäftigt, konnte nur matte Anstalten zur Abwehr treffen, und Church konnte wirklich Akarnanien erobern, dann mit Hastings sich gegen Anatoliko und Missolunghi wenden. Aber der Geldmangel und die neuen regularisirenden Experimente der Regierung lähmten den Schwung der griechischen Soldaten; so konnte Church nicht hindern, daß sich im Juni 1828 etwa 3000 Osmanen von Arta her den Uebergang über den Acheloos bahnten und sich nach Missolunghi warfen. Es war dann ein ungeheures Unglück, daß der edle Philhellene Hastings, der mit Aufopferung seines kleinen Vermögens der griechischen Sache die größten Dienste geleistet und die Hellenen mit seiner „Karteria" zuerst gelehrt hatte, sich der neuen Kriegsdampfer mit schwerem Geschütz für Brandbomben und glühende Vollkugeln mit Erfolg zu bedienen, bei einem vergeblichen Angriffe auf Anatoliko am 25. Mai schwer verwundet und am 1. Juni gestorben war. Church selbst mußte nach vergeblicher Berennung von Missolunghi endlich nach Dragomestre an der Westküste von Akarnanien (den ionischen Inseln Kalamos und Kastos gegenüber) zurückkehren.

Nun ließ sich indessen Ibrahim-Pascha wenigstens soweit durch die Admirale der Verbündeten bändigen, daß er seinen Zug in das Innere von Morea weiter unternahm. Durch Sachturis und die Abendländer von Kreta abgeschnitten, gerieth er sogar im Juni in böse materielle Noth; und dieses bestimmte seine Albanesen, 1800 M. und 800 Reiter stark, am 27. Juni sich von seiner Sache zu trennen. Sie verließen Koron, gaben die griechischen Gefangenen los, schlugen die ihnen entgegentretenden Afrikaner zurück, wollten sich dann den Weg nach dem Isthmus bahnen, um nach Hause zu ziehen. Sie verständigten sich bald mit den in Morea stehenden Capitainen aus der Familie des Kolokotronis. Nikitas führte sie sicher bis nach Korytäna, Gennäos dann nach Vostitza; dann wandten sie sich westwärts nach Rhion (Castell von Morea), setzten nach Rumelien über und kehrten nach Albanien zurück.

Inzwischen hatte Rußland — (nachdem Kapodistrias mehrere Monate lang in der herbsten Geldverlegenheit geschwebt hatte) — seit der Zeit, wo der Krieg

99) Prokesch-Osten a. a. O. Bd. II. S. 347 fg.

mit der Pforte beschlossen war, sich seiner finanziell lebhaft angenommen. Am 12. März 1828 hatte es sich, mit Frankreichs Zustimmung, bei der londoner Conferenz bereit erklärt, nicht blos einige unmittelbare Subsidien zu spenden, sondern auch für ein Drittheil der Anleihe von zwei Millionen Pfund, die der Präsident als für Griechenland unbedingt nothwendig erklärt hatte, die Garantie zu übernehmen. Allerdings wollte England von solchem Vorgehen Nichts wissen; aber Frankreich und Rußland sagten dem Präsidenten nunmehr wirklich regelmäßige monatliche Hilfsgelder von je einer halben Million Francs zu; und im Juni schickte zuerst Rußland die Summe von 1½ Million Rubeln, denen dann auch bald regelmäßige Zusendungen von französischen Geldmitteln und Vorräthen folgten. Da nun Kapodistrias erfuhr, daß bald genug ein französisches Corps in Morea erscheinen würde, was ihm aus Gründen seiner Politik nicht sehr erwünscht war; da er auf jeden Fall im Norden Eroberungen machen wollte, um die Osmanen nicht ausschließlich durch die Westmächte aus Griechenland vertrieben zu sehen, so arbeitete er nun mit Eifer an der Ausrüstung namentlich von Ypsilanti's Schaaren. Hier aber machte er schwere Mißgriffe. Nicht nur, daß er durch den trefflichen Philhellenen Freiherrn von Reineck den Krieg auf Kreta zu erneuern gedachte, so bemühte er sich — wie selbst der ihm sehr wohlgesinnte Friedrich Thiersch es laut ausspricht, ohne Kenntniß der Erfordernisse des Kriegs überhaupt, ohne Kenntniß namentlich der speciellen Bedingungen und der historisch eingebürgerten Kriegsweise der Griechen — vor Allem die bisher unter guten Führern ausgezeichnet brauchbaren unregelmäßigen Schaaren in regelmäßige Truppen umzubilden. Dabei opferte er dem, was er Ordnung nannte, die Verwendbarkeit der Soldaten. Er verschwendete an diese neuen militärischen Organisationen große Summen und kostbare Zeit; und während er allerdings die sehr nöthige Reiterei zu stärken, die alten Taktiker bis auf 3000 M. zu bringen suchte, war er in die schwerfälligen und damals für die Griechen noch völlig unzweckmäßigen großen Bataillone oder Chiliarchien so verliebt, daß er selbst die Irregulairen nur dann anerkennen wollte, wenn sie eben in Chiliarchien einträten. Hatte er doch den Kapitänen verboten, bewaffnetes Landvolk aufzunehmen, wodurch er mit Demetrios Ypsilanti in Konflict gerieth, der in seinem Aufruf vom 14. August alles waffenfähige Volk aufgefordert hatte, zu ihm zu stoßen. So kam es, daß — während der Präsident Ende Juni die Armee des Church inspicirt hatte — die bis auf 8000 M. gebrachte Armee des Ypsilanti bei Megara und Eleusis (auf Kapodistrias' Befehl im August durch den russischen Oberst Richter inspicirt), auch noch durch seine Einmischung in die Bewegungen selbst gelähmt, zunächst freilich gar Nichts leistete!

Inzwischen waren England und Frankreich aus einander sehr feindlichen Absichten für die volle Befreiung von Morea lebhaft thätig. Ibrahim-Pascha hatte noch am 5. und 6. Juli aus Stambul neue Befehle der Pforte erhalten, die ihn anwiesen, so lange als möglich in Morea zu bleiben, dann aber über den Isthmus zu ziehen. Da nun die britische Regierung sehr wenig wünschte, den nach dem griechischen Orient hindrängenden Franzosen in Griechenland eine lange und glänzende Beschäftigung zu gewähren — (eine Meinung, die mit der des Kapodistrias sehr zusammentraf) —, so hatte man schon immer dahin gearbeitet, den Vicekönig von Aegypten, den alten Mehemed-Ali, zu freiwilliger Rückberufung seines Sohnes zu bestimmen. Der Admiral Codrington — auch noch durch Kapodistrias bestürmt, und für seine Person bei weitem mehr philhellenisch gesinnt, als das britische Cabinet dieser Zeit — war endlich mit strikten Aufträgen für Alexandria betraut worden; er segelte daher aus den ionisch-peloponnesischen Gewässern im Juli 1828 mit sieben großen Kriegsschiffen nach den Nilmündungen, erschien am 31. Juli vor Alexandria und bewog den alten Vicekönig um so leichter, auf Englands Wünsche einzugehen, als die eigenen geheimen Wünsche Mehemed-Ali's völlig mit den britischen Anträgen übereinstimmten. Am 9. August wurde eine Uebereinkunft unterzeichnet, welche darauf berechnet war, der neuen französischen Intervention geradezu „die Spitze abzubrechen." Man schloß ab auf gegenseitige Auslieferung der Gefangenen und auf unverweilte Rückkehr Ibrahim's und seiner Armee auf ägyptischen Schiffen. Nur 1200 Mann sollten zur Verstärkung der türkischen Besatzungen der (auf vier Monate zu verproviantirenden) noch in Muhammedanischen Händen befindlichen Festungen zurückbleiben. Als dann Codrington nach Navarin zurückkehrte, fand er — kalt und undankbar in England behandelt —, seine Abberufungsordre vor; an die Stelle dieses für Kapodistrias sehr wohlgesinnten Rathgebers trat nun als britischer Flottenführer der Sir Pulteney Malcolm.

Nun machten die Dinge schnellere Fortschritte. Die französische Regierung, überhaupt lebhaft bemüht, einerseits für frischen Kriegsruhm ihrer Armee, andererseits für die Gewinnung einer guten politischen Stellung im Orient neben England und Rußland zu arbeiten, betrieb den Abgang ihrer Armee nach Griechenland aus allen Kräften. General Maison landete am 29. August mit 8000 Mann auf 52 Schiffen zu Petalidhi im Golfe von Kalamata; (Sebastiani dann mit einer zweiten Brigade bei Koron, eine dritte Brigade unter General Schneider vor Patras; das Gesammtheer betrug 14,000 M. und 1500 Reiter). Bereits aber hatte Ibrahim von seinem Vater den Befehl zur Räumung der Halbinsel erhalten und dieselbe eingeleitet. Die unter den seit der Schlacht bei Navarin für die Aegypter zum Nachtheil veränderten Verhältnissen unhaltbar gewordene Stadt Tripolitza war schon im Februar geräumt, dann unter Trompetenschall dem Erdboden gleich gemacht und mit Salz bestreut worden. Als nun die französischen Schaaren in Messenien sich ausbreiteten, und zum Theil auch vor Navarino erschienen, konnte Ibrahim, selbst wenn er gewollt hätte, nicht mehr zögern. Vom 1. bis zum 4. September erschien bei Modon die ägyptische Transportflotte. Kapodistrias und die drei seit dem August vollständig zu Korfu versammelten) Gesandten der Verbündeten kamen in das französische Lager; am 7. September wurde mit Ibrahim die Ausführung der alexandrinischen Abkunft vom 9. August unterzeichnet, und zwei Tage darauf begann die Einschiffung der ägyptischen Armee. Aber die Franzosen zwangen auch — indem sie erklärten, Codrington habe bei dieser Bestimmung des Vertrags mit Mehemed-Ali eigenmächtig gehandelt — den Ibrahim, die Verproviantirung der Festungen zu unterlassen; ein Wortbruch, den Ibrahim nicht mehr hindern konnte [30]. Vom 16. September bis zum 4. October gingen die verschiedenen Abtheilungen der afrikanischen Armee nach Alexandrien unter Segel.

Dann begann General Maison, auch die Festungen in Morea zu erobern. Nicht ohne vielen Zwist mit dem Präsidenten, der seine Mitwirkung begehrte, that der französische General, als ob er herrenloses Gut vor sich habe, und wandte sich nun gegen die festen Plätze. Die Pforte, die durch eine Collectivnote der londoner Gesandtenconferenz von der beschlossenen französischen Intervention unterrichtet war, und die, wie Rosen bemerkt, unter dem Druck des russischen Kriegs in dieser Lösung der moreotischen Dinge „mehr eine Erlösung als ein Unglück sah," wollte den Franzosen keinen Widerstand leisten; und da die letzteren ohnehin bei dem ihnen überaus gefährlichen Klima Griechenlands sichere Quartiere brauchten, so nahmen sie ohne großes Bedauern die sämmtlichen Festungen in Besitz; nirgends außer bei Rhion (Castell von Morea) hatten die Osmanen Widerstand geleistet. — Truppen und Civilbevölkerung ließ Maison nach Asien führen. Bis zum 30. October 1828 war Morea vollkommen von allen Muhammedanern entleert.

In Griechenland und in Europa erwartete man nun vielfältig, daß Maison's Armee auch den Isthmus überschreiten und zu der Eroberung von Rumelien vorgehen würde. Namentlich lag dieses dem Präsidenten Kapodistrias sehr am Herzen, dessen Stellung schon jetzt sehr unbequem zu werden anfing. Der Ausgang der Schlacht bei Navarin hatte die Stimmung der Griechen im Allgemeinen sehr gehoben; sie waren höchst unwillig über das früher in höchster Noth gemachte Zugeständniß, demzufolge das hellenische Land nur eine halbe, eine tributaire Unabhängigkeit von der Pforte erlangen sollte. Und sie hatten vollkommen Recht; denn nur bei wirklicher und voller Unabhängigkeit konnte ernsthaft von einer „Zukunft" des neuen Griechenlands die Rede sein. Und nun hatte Kapodistrias — so ist jetzt die Ansicht seiner schärfsten Beurtheiler [31] — bei seinem letzten petersburger Aufenthalt sich gegen Rußland bestimmt dahin verpflichtet, sich mit voller Entschiedenheit an den ursprünglichen londoner Vertrag zu halten, d. h. für seine Person Griechenland im Sinne der russischen Interessen, die kein freies starkes Hellas, sondern eine neue schwache und unselbständige politische Schöpfung, nach Art der Donaufürstenthümer, im Süden der Türkei forderten, von der vollen souverainen Unabhängigkeit zurückzuhalten. Nun mußte der Präsident aber die Griechen, die von Tage zu Tage schmerzlicher die Aussicht auf die Verkümmerung ihrer nationalen Wünsche empfanden, auf einer anderen Seite entschädigen; und — hier einem richtigen Instinct folgend — lag es ihm vorzugsweise daran, wenigstens die Grenzen des neuen Hellas möglichst weit gesteckt zu sehen; denn die alte Idee der londoner Großmächte, das durch Kibrus Haß den Griechen seiner Zeit völlig entfremdete Rumelien völlig von der neuen Freiheit auszuschließen, den neuen Staat nur auf Morea und die kleinen Inseln des ägäischen Meeres zu beschränken, erregte mit Recht bei allen Hellenen und Philhellenen den tiefsten Unwillen. Nun war seit dem 19. September 1828 die Gesandtenconferenz von Korfu nach Poros verlegt worden und mit Kapodistrias in feste Berührung. Es begann die Zeit der Denkschriften, die als nothwendige Grenze für Griechenland mindestens die Linie von dem Golf bei Arta bis nach Volo forderten; der Präsident selbst hätte am liebsten auch noch Thessalien, ein Stück von Epirus, und Kreta mit Griechenland vereinigt gesehen. Die Vertreibung der Osmanen endlich durch die Franzosen war den ungeduldigen Griechen gar nicht angenehm; denn das verbesserte Volk [32] sah in ihnen nur das Werkzeug, um den Griechen die verhaßten Bestimmungen des londoner Vertrags mit Gewalt aufzuzwingen. Kapodistrias suchte nun sehr eifrig den General Maison zu neuen gemeinsamen Unternehmungen gegen Rumelien zu bestimmen; dem aber versagten sich die Franzosen. Die Westmächte waren allmälig immer heftiger gegen das „verbündete" Rußland geworden; die Absicht Rußlands, seine Mittelmeerflotte nunmehr gegen die ursprüngliche Verabredung zur Sperrung der Dardanellen zu brauchen, verstimmte noch mehr; und da man sich nicht gern offen von dem londoner Bündniß lossagen wollte, so kam man wenigstens abwechselnd auf Mittel, der Pforte annehmbare Vorschläge zu machen, um die griechische Sache möglichst schnell zu Ende zu bringen; nur daß die in London und Paris mehr und mehr sich herausarbeitende Idee, Griechenlands volle Unabhängigkeit als die beste Bürgschaft gegen Rußland durchzuführen, noch immer nicht zu entschiedenem und greifbarem Ausdrucke kam.

Inzwischen hatte Kapodistrias, da namentlich England das Vorgehen der Franzosen über den Isthmus hinaus sehr bestimmt ablehnte, Schritte eingeleitet, die einerseits seinen russischen Freunden zu Gute kommen sollten, andererseits die nothwendige Grenzausdehnung Griechenlands nach Norden im Auge hatten. Er hatte (und damit wurde seine wahre Stellung zu Rußland den Westmächten ausgesprochen klar) schon seit dem 21. September unter mancherlei Vorwänden durch Admiral Sachturis die Dardanellensperre unterstützen lassen. Er hatte ferner, als nun die Admirale und Maison sowol

30) Prokesch-Osten, Bd. II. S. 267 fg. 31) Gervinus, Bd. VI. S. 506 fg. Mendelssohn-Bartholdy, Kapodistrias S. 98 fg.

32) Prokesch, Bd. II. S. 271.

gegen neue feindliche Bewegungen wie gegen den Krieg in Rumelien sich erklären, und ihm von den messenischen Festungen zunächst nur Koron überliefert wurde, dennoch seinen Generalen befahlen, den Krieg in Rumelien energisch aufzunehmen. Andreas Zaïmis sollte das Gebirge Makrynoros bei Arta nehmen; Church sollte die Acheloosländer erobern; Tzavellas und Stratos wurden nach Lidoriki, Ypsilanti aber auf Salona und die Thermopylen dirigirt. Und diese Unternehmungen, denen die durch den Russenkrieg im Norden so schwer beschäftigten Osmanen nicht mehr energisch begegnen konnten, haben wirklich für Griechenland sowol unmittelbar wie später sehr werthvolle Erfolge nach sich gezogen. Ypsilanti rückte seinen Befehlen entsprechend in Böotien und Phokis vor; die im mittleren und westlichen Rumelien stehenden Griechen marschirten auf das in Kravari belegene Lobotina (Lombotina) und trieben die Osmanen zurück nach Lepanto; im fernen Westen öffnete sich ein griechisches Geschwader den Zugang zu dem Meerbusen von Arta; und wie in dem mittleren Rumelien das vielbestrittene Salona mit Ende November, an den Nordostgrenzen von Aetolien und bei den Zugängen zu der alten Armatolenlandschaft Agrapha das wichtige Karpenisi zu Anfang December wieder gewonnen wurde, so eroberten die Hellenen in Akarnanien auch Loutraki (etwa in der Mitte des Südrandes des Golfs von Arta) und endlich am 27. December 1828 auch noch Vonitza.

Darüber gerieth Kapodistrias nun freilich mit den Vertretern der Westmächte in unangenehme Differenzen. Die Westmächte, namentlich England, die sich Oesterreich und der Pforte mehr und mehr näherten, waren freilich nicht geneigt, etwa mit Gewalt sich gegen Rußland zu kehren. Aber sie wollten bei der durch die Jahreszeit factisch erzwungenen Waffenruhe an der Donau und am Balkan die Zeit zur Herstellung des Friedens benutzen; und wie sie des Kapodistrias' stetes Drängen auf namhafte Geldunterstützungen und anderweitige Hülfe abwiesen, so fand dann auch seine feste und selbständige Kriegführung in England und selbst in Frankreich eine entschiedene Mißbilligung. Mehr aber, während noch am 8. December die Botschafter zu Poros gegen den Präsidenten als ihre unmaßgebliche Meinung ausgesprochen hatten, daß nach ihrer Ansicht in der That Griechenlands beste Landgrenze die von Arta bis Volo, für die Inseln aber die zwischen dem 36. und 39. Breiten-Grade und zwischen dem griechischen Festland und dem 26. Längen-Grade (Greenwich) sein würde; daß Chios aufzugeben sei, daß sie sich aber für Samos und Kreta verwenden wollten: war am 16. November 1828 in einer Conferenz der Verbündeten zu London beschlossen worden, der Bund wolle, ohne der später zu treffenden endgültigen Entscheidung über die Grenzen Griechenlands vorzugreifen, vorläufig Morea und die Kykladen unter seinen Schutz nehmen; darauf hin sollte in Stambul selbst durch die Gesandten der Westmächte mit der Pforte verhandelt werden. Und während namentlich der damalige britische Minister des Auswärtigen, der Lord Aberdeen, in seiner Abneigung gegen Kapodistrias, seinem Gesandten Stratford Canning die Hinneigung zu den Grenzwünschen des Präsidenten scharf verwies, sich namentlich mit höchster Schroffheit gegen die Abtretung von Kreta an Griechenland aussprach, ging der Franzose Jaubert nach Stambul, wo er am 1. Januar 1829 eintraf und mit Hülfe der deutschen Gesandten die Rückkehr der westmächtlichen Botschafter einzuleiten suchte.

Kapodistrias machte gegen die durch die Beschlüsse des 16. November angebotene Lösung mit Recht die nahe liegenden Bedenken geltend; und wenn nun auch Frankreich den General Maison abberief und seine Hülfsgelder nur noch unter der Bedingung fortsetzen wollte, daß die griechische Armee auf ein Corps von 6000 Moraiten beschränkt würde; wenn der Präsident auch dringend auf der Belassung von wenigstens 2—3000 Franzosen in Griechenland bestand: so hielt er doch nun trotzig an seiner Kriegführung fest. Der Kampf schleppte sich also in Rumelien während des Winters 1828/29 fort; und während im Westen die Osmanen in Lepanto und Missolunghi in große Bedrängniß geriethen, hielten die Schaaren des Ypsilanti, dessen Hauptquartier Dracheno in Phokis war, mit den Vortruppen Talandi am Sund von Euböa und die Thermopylen besetzt.

Griechenland unter der Präsidentschaft des Grafen Kapodistrias.

Die diplomatisch sehr unangenehme Lage, in welcher sich Griechenland zu Anfang des Jahres 1829 befand, wurde aber bald sowol durch die ungefüge Hartnäckigkeit der Pforte, wie durch den Verlauf des russischen Krieges im Norden sehr wesentlich gebessert. Die Pforte, die Anfangs gar nicht abgeneigt schien, auf die von Jaubert empfohlenen Vorschläge der Londoner Conferenz einzugehen, wich nachher, über die innere Uneinigkeit unter den Verbündeten sehr wohl unterrichtet, sehr bald aus: die Ausschließung Rußlands von den griechischen Verhandlungen, die Beibehaltung der Rajah-Qualität der Hellenen sollte festgehalten, — neue türkische Truppen allerdings vorläufig nicht nach Morea und den Inseln geschickt werden. Es kam es denn hier zu keinem für die Hellenen ungünstigen Abschlusse. Inzwischen verhandelten die verbündeten Staatsmänner andauernd über Griechenlands künftige Gestaltung; da die Vorschläge vom 16. November 1828 in Stambul abgelehnt waren, so machte es nunmehr — unter langwierigen Verhandlungen, bei denen namentlich Lord Wellington nur wenig überlegene Staatskunst entfaltete — die russische Politik, die durch den klugen Pozzo di Borgo dießmal namentlich das philhellenische Frankreich vorzuschieben wußte, möglich, daß am 22. März 1829 (unterstützt durch die neuen rumeliotischen Erfolge der Griechen) zu London ein neuer Plan entworfen und unterzeichnet wurde, welcher den Griechen ungleich günstiger war. Die Hauptbedingungen dieses neuen Unterhandlungsplans waren: 1) die Nordgrenzen des neuen Hellas (aus Gründen der militairischen Vertheidigungsfähigkeit namentlich durch den gelehrten Oberst Leake, verlirlich zu dem höchsten Unwillen der britischen Tories auch durch Stratford Canning warm empfohlen) sollten nun wirklich von dem Golf von Arta bis zu dem von Volo laufen; außer den Kykladen sollte auch die vielbestrittene Insel Euböa dem neuen Staate angehören. 2) Griechenland sollte der Pforte einen jährlichen Tribut von 1,500,000 Piastern (155,000 Thalern) zahlen. 3) Die zur Auswanderung aus Griechenland genöthigten Türken sollten für ihren Grundbesitz nach dessen Werthe entschädigt werden. 4) Die Griechen sollten dem Namen nach unter osmanischer Oberhoheit verbleiben und sollten eine ihre religiöse und politische Freiheit sicherstellende Regierungsform erhalten. Dieselbe sollte sich möglichst der Monarchie nähern und in der Familie eines von den drei alliirten Höfen im Einverständniß mit der Pforte zu wählenden christlichen Prinzen erblich werden. Letzterer sollte keinem der drei souverainen Häuser angehören, welche den Vertrag vom 6. Juli 1827 unterzeichnet haben.

Man sieht, diese Verabredungen traten bereits nahe an die vollständige Unabhängigkeit Griechenlands heran; die Westmächte, namentlich England (wo übrigens Wellington darauf bestand, daß aus der neuen Grenzlinie und der Erblichkeit des neuen griechischen Fürstenthums kein Ultimatum gemacht würde), waren namentlich darum so weit gegangen, weil sie gern die Erledigung dieser Frage herbeiführen wollten, ehe der Friede der Pforte mit Rußland Griechenlands neue Existenz zum Object neuer russisch-türkischer Verträge machen könnte. Allein auch dieser Vermittelungsversuch blieb ohne Erfolg. Die Griechen, die man freilich wenig beachtete, waren keineswegs zufrieden; die Pforte aber, wo jetzt die Gesandten der Westmächte, Graf Guilleminot und (an des philhellenischen Stratford Canning's Stelle) des Lord Aberdeen Bruder, Sir Robert Gordon im Juni 1829 in Stambul wieder erschienen, — hartnäckig wie zuvor, auch nur zu gut über Wellington's Abneigung gegen die größeren Concessionen an Griechenland unterrichtet, lehnte die angebotene Vermittelung im Juli zum vierzehnten Male ab, und am 8. August erklärte der Reis-Effendi, daß die Pforte nicht einmal in die tributaire Autonomie Griechenlands willigen könne, auch die Festungen in Morea nicht aufgeben wolle. Die Anerkennung der vollen Unabhängigkeit Griechenlands drängte sich jetzt den Westmächten immer entschiedener als unbedingt nothwendig auf.

Inzwischen führten die Griechen ihren Krieg in Rumelien munter weiter fort, ohne sich durch irgend jemanden darin stören zu lassen. Allerdings war zu Ende des Jahres 1828 ein türkisches Heer von 6000 Mann und 600 Reitern aus Zeituni unter Mahmud-Pascha nach den Thermopylen vorgedrungen und hatte sich zu Anfang des Jahres 1829 wieder in dem ebenen Kephissosthal festgesetzt. Hier mußte Ypsilanti sich auf die Defensive werfen, die dann auch von dem Capitain Vassos mit Glück geführt wurde. Das Jahr 1829 brachte dann den Gewinn, daß der Sultan den tapferen und energischen Reschid-Pascha nach dem Norden berief, um ihn an die Spitze der gegen die Russen fechtenden Schaaren zu stellen. Damit wurde der von Thessalien und Albanien her auf Griechenland lastende militärische Druck immer leichter, und nun konnten die Griechen in Akarnanien und Aetolien am 17. März auch das Schloß von Vonitza erobern und zu Anfang April auch das wichtige Paßschloß des Makrynoros wieder gewinnen, die Osmanen aber in Anatoliko und Missolunghi immer härter bedrängen. Dagegen wurden die Operationen in Ostgriechenland durch des Präsidenten eigene Schuld mehrfach aufgehalten. Mit einem der gefährlichen Mißgriffe, die (s. unten) dem leitenden Staatsmann nachmals so theuer zu stehen gekommen sind, hatte Kapodistrias im Februar 1829 seinen Bruder Agostino (Augustin), der von dem Kriegswesen nicht eben viel verstand, mit ausgedehnten Vollmachten zur obersten Leitung der Kriegs- und Verwaltungsangelegenheiten Rumeliens betraut. Als Ypsilanti nun bereits an neue Angriffe auf Theben und Athen dachte, zog Agostino im März ohne Rücksicht auf die Pläne des verdienten Generals einen Theil der Ypsilanti'schen Truppen an sich, um Lepanto zu blokiren (welche Stadt sich dann im Mai ergeben hat); mehr aber, was ihm an Feldherrn-Eigenschaften abging, suchte er thöricht genug durch Begünstigung derer zu ersetzen, die von Ypsilanti zu ihm übergingen. Ja, die dem Ypsilanti treu gebliebenen Hauptleute konnten sich in einer unter dem 16. Mai aus Arachova an Kapodistrias gerichteten Eingabe aufs Bitterste über Verweigerung der Soldzahlungen durch Agostino, und über Mangel an Lebensbedürfnissen beschweren.

Trotzdem stockte indessen der Krieg nicht, und der Präsident ließ sich auch nicht irre machen, als am 18. Mai 1829 der britische Generalconsul Dawkins seiner Regierung das Märzprotokoll überreichte, und dazu — eine begleitende Note, in welcher er (da nun einmal Wellington den Hellenen das rumelische Festland hartnäckig mißgönnte) im Namen der Allianz die Einstellung der Kämpfe auf dem Festlande und die Einstellung der griechischen Blokade der ätolischen Küste forderte; es war in derselben Zeit, wo die bereits mit Blut getränkten Lagunenfestungen der Uebergabe nahe waren. Kapodistrias aber wies diese Einmischung mit gutem Art zurück; es kam ihm zu Statten, daß die Agenten der französischen und der russischen Regierung dem eigenmächtigen Einschreiten des Herrn Dawkins widersprachen. Und als nun der britische Consul auf eigene Hand mit Gewalt dazwischenzufahren gewollt und den Capitain Spencer mit der Fregatte „Madagascar" nach Missolunghi geschickt hatte, um die Auflösung der Blokade drohend zu fordern, da war am Tage vor der Ankunft dieses Schiffs, da war am 14. Mai bereits die Capitulation dieser Stadt und des benachbarten Anatoliko mit Church und Miaulis unterzeichnet worden. Und ebenso wendeten sich die Dinge in Ostgriechenland. Trotz vieler Hindernisse unternahm Demetrios Ypsilanti im Sommer 1829 die Belagerung von Theben mit etwa 700 Mann, nachdem er zuvor die Pässe nach den Thermopylen, wie auch die Städte Salona, Arachova und Dy-

Sterne durch Besatzungen gesichert und, um sich gegen Ausfälle des Omer-Pascha aus Euböa zu decken, den General Kriezotis mit starker Macht zur Beobachtung von Chalkis und dessen Brückenkopf Karababa detachirt hatte. Ob es bei den damaligen Zuständen der Türkei etwa möglich gewesen wäre (unter völliger Hingabe der Ideen des Kapodistrias von dem möglichen Gewinn von Kreta), mit mächtiger Kraftanstrengung auch in Thessalien Eroberungen zu machen und dieselben dann für den endlichen Frieden zu behaupten, muss dahingestellt bleiben. Genug, Kapodistrias hatte sich jetzt in die Arta-Volo-Grenze gefunden; er hatte im Juni die Generale Church und Ypsilanti beauftragt, diese Linie defensiv festzuhalten, auch die hitzigsten Olympier beschworen, sich ruhig zu verhalten. Aber innerhalb der Thermopylen ließ er energisch den Krieg führen. Ypsilanti und seine Genossen fochten dann auch längere Zeit rüstig in Böotien; Ypsilanti selbst mit dem Bulgarenführer Hadschi-Christos und seinen Reitern hielt die Osmanen in Theben in Schach, Kriezotis schlug sich mit den Türken von Chalkis wacker herum. Aber Mangel an Geld und Proviant, und Misverständnisse zwischen Ypsilanti und dem Präsidenten lähmten im Sommer diese Bewegungen; obgleich siegreich räumten endlich die Griechen ihre böotischen Stellungen, bis die Energie des Kapodistrias und zeitgemäße Geldzahlungen es möglich machten, daß Ypsilanti sein Corps im südwestlichen Böotien einigermaßen zusammenhalten und sich zwischen Dystomo und Salona stabiliren konnte. Aber diese Wirren und eine Seuche, welche das Corps des Capitains Karatassos an den Thermopylen lähmte, machten es jetzt dem Türken Aslan-Bei möglich, mit 1500 M. Albanesen aus Thessalien durch Livadien bis nach Athen zu dringen; er sollte Athen mit neuen Vorräthen und Mannschaften versehen, sonst aber die ostgriechischen Garnisonen aus dem Lande ziehen, um sie bei den gefährlichen Fortschritten der Russen in dem Balkanfeldzuge nach Adrianopel zu führen. Als er aber durch Böotien zurückmarschirte, stellte sich ihm Ypsilanti bei Petra (an dem nordöstlichen Passe zwischen den Vorbergen des Helikon und dem Kopais-See) entgegen; und hier wurden, am 24. September 1829, in dem letzten Gefechte des Insurrectionskrieges, die Albanesen überall geschlagen. Aslan-Bei mußte unterhandeln und sich den Durchmarsch nach Thessalien durch Auslieferung aller Stellungen erkaufen (Livadia, Turkochori, Fondana und andere Punkte), welche die Muhammedaner zwischen Livadia und den Thermopylen noch besetzt hielten.

Die weiteren Entscheidungen über Griechenlands Zukunft lagen vollkommen in den Händen der Diplomatie. Es dauerte nicht lange nach jener letzten Ablehnung der westmächtlichen Vermittelung durch Sultan Mahmud (s. oben), so brach bei dem Vordringen des russischen Generals Diebitsch auf Adrianopel die Widerstandskraft Mahmud's zusammen. Schon unter dem 15. August erklärte sich die Pforte gegen die englischen und französischen Gesandten bereit, dem kaum kurz zuvor abgelehnten londoner Vertrage beizutreten; nur daß sie das Maß ihrer Zugeständnisse und die Einzelheiten der Ausführung weiteren Verhandlungen vorbehielt, nur daß sie verlangte, daß die Bedingungen dieses Vertrags — wie es Wellington am liebsten gesehen hätte — lediglich auf Morea und die Inseln angewandt würden. Aber der General Diebitsch, mit welchem dann seit dem 1. September zu Adrianopel verhandelt wurde, verlangte im Gehalt des Ultimatums außer seinen specifisch russischen Forderungen — die Ordnung der griechischen Frage auf Grund des Protokolls vom 22. März. Die Pforte hätte gern durch vollständige Hingabe (9. September) an die Westmächte mit diesen allein in der griechischen Sache noch bessere Bedingungen gewonnen; aber die Gesandten konnten Diebitsch selbstredend nicht dazu bringen, daß er in den Friedensartikeln seine Forderungen in Beziehung auf Griechenland unterdrückte. Indessen gab er doch soweit nach, daß er erklärte: die Zustimmung der Pforte zu dem Märzprotokoll sollte als ein gemeinsamer Erfolg der Verbündeten angesehen werden. Der russisch-türkische Friede wurde am 14. September endgültig unterzeichnet; die Folgen kamen Griechenland demnächst vollständig zu Gute. Während Rußland mit sehr berechneter Großmuth bei der Ausführung der Friedensbedingungen der Pforte einen erheblichen Nachlaß in den stipulirten Kriegszahlungen bot, wenn sie sich dem londoner Ultimatum fügte, waren die Westmächte, die Rußlands Uebergewicht im Orient in bedenklicher Weise hergestellt und erweitert sahen, jetzt vollkommen gewillt, Griechenlands vollkommene Unabhängigkeit auszusprechen. Und Rußland seinerseits hatte bei seiner neuen Machtstellung im Osten jetzt keinen Grund mehr, sich ihren Wünschen zu widersetzen. Gleich nach dem Abschluß des russisch-türkischen Friedens war die londoner Conferenz wieder zusammengetreten, um die letzte Entscheidung über Griechenland zu treffen; die Arbeiten zogen sich mehrere Monate lang hin. Die Pforte hätte gern noch etwas gerettet, namentlich empfand sie die stipulirte Ausdehnung der griechischen Grenzen bis zu der Arta-Volo-Linie und die Abtretung der so lange mit Glück behaupteten Insel Euböa sehr unangenehm; sie hoffte noch im December 1829, durch völlige Freilassung von Morea und der Inseln wenigstens die Tributpflichtigkeit Rumeliens erhalten zu können; aber ihre Bemühungen waren vergeblich [33]. Wenn aber nun auch namentlich der hartnäckige Wellington jetzt die Unabhängigkeit und Tributfreiheit Griechenlands zugestand, so wußte er dafür den neuen Staat mehrfach zu verkleinern. Er bestand mit Erfolg auf den Ausschluß der Insel Kreta; und allerdings war diese Insel (so wünschenswerth ihr Besitz schon aus militairischen Motiven für das neue Griechenland gewesen wäre) factisch sehr fest in den Händen der Muhammedaner; diese Insel, deren letzte Insurgenten allerdings lebhaft gegen den Ausschluß von Griechenland protestirten, wurde dann von dem Sultan dem alten Vicekönig Mehemed-Ali zu seinen bisherigen Besitzungen hinzugefügt. Die rein griechische

33) Rosen a. a. O. Bd. I. S. 125.

Bevölkerung der völlig unbezwungenen Insel Samos dagegen wehrte sich nach wie vor gegen die Aufnahme der türkischen Beamten. Da jedoch die Pforte keine ernsthaften Unternehmungen gegen Samos angestellt hat, so kam die samische Frage noch lange nach der provisorischen Erledigung der griechischen Frage in London wieder zur Sprache. Im November 1831 beschloß die londoner Conferenz, daß die Samier zuerst die Oberhoheit der Pforte wieder anerkennen sollten; sei das geschehen, so könne man sich wol für sie verwenden. Als die Samier sich dann endlich entschlossen hatten, die angesonnene Bedingung zu erfüllen, schlugen die Mächte der türkischen Staatsregierung vor, die Insel Samos zu einem selbständigen tributären Fürstenthum zu machen, welches unter einem von dem Sultan auf Lebenszeit zu ernennenden christlichen Fürsten stehen sollte. Nach längeren Verhandlungen wurde die samische Frage in dieser Richtung gelöst; und zwar ernannte die Pforte im Februar 1833 den Phanarioten Stephan Vogorides zum Fürsten von Samos. — Das übrige Griechenland angehend, so erzwang Wellington aber auch, anscheinend aus ängstlicher Rücksicht auf die britische Herrschaft auf den ionischen Inseln, die man durch zu nahe Berührung mit den freien Griechen gefährdet glaubte, den Ausschluß Akarnaniens mit seinen tapferen Klephten und Armatolen aus dem Bereiche des neuen hellenischen Staates. Dann aber suchte man über den neuen König von Griechenland schlüssig zu werden; nachdem die Intriguen um die Besetzung des neuen Thrones schon längere Zeit gedauert hatten und sehr zahlreiche europäische Prinzen theils selbst abgelehnt hatten, theils bald von der einen bald von der andern Conferenzmacht abgelehnt waren, — neigte sich die Wagschale mehr und mehr zu Gunsten des Prinzen Leopold von Coburg. Dieser ausgezeichnet begabte Mann, damals durch seine nahen Beziehungen zu dem englischen Hofe schon viel genannt, in Griechenland (wie wir früher sahen) schon ziemlich früh als der künftig zu gewinnende Herrscher genannt, war schon seit Unterzeichnung des Julivertrags von der britischen Regierung immer als der Mann betrachtet worden, dem Griechenland einst anvertraut werden könnte [34]). Von Seiten der englischen Staatsregierung begünstigt, hatte sich Leopold auch das Zutrauen Rußlands zu gewinnen gewußt; das englische Ministerium wußte dann auch dem König Georg IV., der persönlich dem ihm seit langer Zeit verhaßten früheren Schwiegersohn hart widerstrebte, die Zustimmung zu der Wahl Leopold's abzuringen (15. Januar 1830). Unter diesen Umständen wurde dann endlich das Protokoll vom 3. Februar 1830 vollendet, welches die Unabhängigkeit Griechenlands formell aussprach. Die Nordgrenze sollte bei der Acheloosmündung beginnen, an diesem Strome hinlaufen bis zum See von Angelokastron, diesen See und die Seen von Vrachori und Saurovitza durchschneiden, den Berg Artotina erreichen, dann der Kammhöhe des Oxias, dem Thale Kotori und der Kammhöhe des Oeta folgen bis zum Golfe von Zeituni, diesen aber an der Mündung des Spercheios erreichen. Euböa, die sogenannten Teufelsinseln, Skyros und die Kykladen bis zwischen dem 36. und 39. Grade nördlicher Breite und dem 26. östlicher Länge von dem Meridian von Greenwich, sollten zu Griechenland gehören. (Griechenland sollte also außer Akarnanien auch Agrapha, das nördliche Aetolien, und das Spercheiosthal zwischen Oeta und Othrys, die alten Hauptlandschaften seiner besten Armatolen, einbüßen.) In einem gesonderten Protokolle gaben die Minister der drei Mächte ihre Stimme dem Prinzen Leopold und ersuchten ihn nun amtlich, die angetragene Würde anzunehmen. In einem anderen Protokoll entsagte Frankreich seinem bisher über die Katholiken des neuen griechischen Staats geübten Schutzrecht zu Gunsten Griechenlands unter der Bedingung, daß dieselben in allen bis dahin genossenen Rechten und Vorrechten erhalten werden sollten. England und Rußland fügten hinzu, daß alle Unterthanen des neuen Staates ohne Unterschied der Religion vor dem Gesetze gleich und zu allen Ehren und Aemtern befähigt sein sollten.

Die neuen Bestimmungen wurden der Pforte mit einer Note vom 8. April 1830 zugestellt, und von derselben unter dem 24. April angenommen. Man glaubte endlich die griechische Frage erledigt; sie war es aber noch lange nicht. Die Griechen, die man bei allen diesen Entscheidungen über ihre Zukunft gar nicht zu Rathe gezogen hatte, und denen man nun gleichzeitig mit der Pforte durch die Residenten der drei Mächte, Dawkins, Rouen und Graf Panin, die Bestimmungen des Protokolls zu unverweilter Annahme zustellte, waren nach manchen Seiten hin sehr wenig erbaut über das Protokoll. Kapodistrias erklärte allerdings am 16. April den Residenten seine Unterwerfung unter die Beschlüsse der Mächte; durch den griechischen Senat (s. unten) aber ließ er eine Denkschrift entwerfen, die in verständiger Weise Verwahrungen für die Rechte des Volks und Vorstellungen gegen die neue höchst unzweckmäßige Landesgrenze einlegte, — eine Grenze, deren Unhaltbarkeit übrigens auch in England schon damals den schärferen Beurtheilern einleuchtete, und gegen welche General Church eine eigene Schrift schrieb. Praktisch erklärten die Akarnanier, daß sie sich nicht fügen würden; und wirklich blieb (namentlich unter den späteren Ereignissen in Europa) die Aufstellung der neuen Grenze thatsächlich völlig unerledigt bis zu nachmaliger Aufstellung einer besseren Grenzlinie. Aber leider blieb Griechenland auch in der Kapitalsache dauernd unter nur provisorischen Zuständen. Prinz Leopold nämlich, der schon seit längerer Zeit mit den Philhellenen des Auslandes viel verhandelt, sich auch seit dem März 1829 ernsthaft um die Zustände Griechenlands bekümmert und sich namentlich mit Kapodistrias in nähere Verbindung gesetzt hatte, hatte von Kapodistrias seiner Zeit eine Denkschrift erhalten, die ihm einerseits die Grenzlinie Arta-Volo sammt Samos und Kreta empfahl, andererseits aber darauf hinwies, daß die Griechen verlangen würden, daß ihr neuer Fürst und seine

34) Prokesch-Osten, Bd. II. S. 326.

Nachkommen die Religion des Landes annähmen; daß durch ein geregeltes Uebereinkommen zwischen ihm und dem griechischen Volke die Grundlagen der Verfassung festgestellt würden, und daß im Falle des Aussterbens der Dynastie die Wahl des neuen Fürsten dem Volke anheimfiele, mit Vorbehalt seiner Anerkennung durch die Mächte und die Pforte. Außerdem sollten die Mächte dem Fürsten eine Anleihe von 60 Millionen Franken verbürgen, er selbst mit 1800 oder 2000 M. deutschen oder schweizerischen Truppen im Lande auftreten können. So hatte Kapodistrias im Mai 1829 geschrieben. Leopold selbst hatte selbst, als in der Mitte des Januar 1830 seine Wahl für gesichert gelten konnte, mehrfach die Bestimmungen des sich entwickelnden londoner Schlußprotokolls angefochten; er hatte namentlich Kreta für den neuen Staat in Anspruch genommen, war aber zunächst von Lord Aberdeen (30. Januar) derb abgefertigt worden. Nach den Beschlüssen des 3. Februars erneuerte Leopold bei den britischen Staatsmännern die Einwürfe wegen Kreta, erklärte auch die Nordgrenze für ungenügend, drückte den Wunsch aus, daß die Zustimmung zu seiner Wahl den Griechen frei gestellt würde, verwahrte sich gegen jede Verpflichtung, die Verfassung des Landes betreffend. Aber Leopold war, wie Mendelssohn-Bartholdy [84]) mit Recht bemerkt hat, durch den Umstand, daß das toryistische Cabinet Wellington im Januar aus Leopold's Wahl dem König Georg IV. gegenüber eine Cabinetsfrage gemacht hatte, in dem Nachdruck seiner Forderungen diesem Ministerium gegenüber gelähmt; wie denn auch nach deutschen Schriftstellern hieran die von Leopold mit den dominirenden Whigs im Parlament entworfene Combination, mit seiner Erhebung die ionischen Inseln an das neue Griechenland abzutreten, vollständig scheiterte. Genug, Leopold nahm in einem Schreiben an die Conferenz vom 11. Februar 1830 den Antrag der Höfe an, und fügte dabei noch die Begehren hinzu: völlige Bürgschaft von Seiten der drei Mächte für den neuen Staat und Zusage von Hilfe im Falle eines Angriffs auf denselben; Schutz und Verwendung für die Bewohner von Kreta und Samos; eine bessere Grenze im Norden; Hülfsgelder und Hülfstruppen. Hatte Leopold vorher den Punkt der Zustimmung der Griechen wesentlich aufgeführt, um den Hellenen den Beweis zu liefern, daß nicht an ihm die Schuld des Ausschlusses des griechischen Volks von der Wahl seines Fürsten liege, so wich er dann den Vorstellungen der Staatsmänner, die eine solche Theilnahme des griechischen Volks als der Rolle und Würde der Mächte zu nahe tretend verwarfen. Die übrigen Fragen wurden in seinem Sinne erledigt, die noch in Morea befindlichen französischen Truppen (5000 Mann unter General Schneider) ihm zugesagt; nur die Frage wegen der Nordgrenze blieb im Wesentlichen unerledigt.

Während Leopold dann in weiteren Verhandlungen (zum Theil gereizter Art) durch die Drohung seiner Entsagung die Bürgschaft der Mächte für ein Anlehen von 60 Millionen Franken erzielte (im April), hatte er sich mit Kapodistrias unter dem 28. Februar bereits brieflich in Verbindung gesetzt. Die Antwort des Präsidenten (vom 6., 22. und 24. April), in mehrere Schriftstücke gefaßt, war sehr eigenthümlich; so eigenthümlich, daß eine Reihe der namhaftesten Geschichtschreiber dieser Zeit ganz bestimmt den Gedanken aussprechen, — Kapodistrias, durch seine Zurückschiebung von der Leitung der griechischen Dinge schwer gekränkt, und selbst bestrebt, dauernd an der Spitze Griechenlands zu bleiben, habe die Kunst sehr wohl verstanden und mit wahrer Meisterschaft ausgeübt, in diesen Briefen unter feinsten Formen und mit vollendeter Gewandtheit dem Prinzen Leopold die Stimmungen, Zustände, Parteiverhältnisse in abschreckendster Weise darzustellen und die Aufgabe eines Fürsten der Hellenen als mit so immensen Schwierigkeiten umgeben (namentlich auch in Sachen der neuen und bevorstehenden Grenzregulirung) zu bezeichnen, daß dadurch dem neugewählten Oberhaupte des jungen Staates mindestens die Lust, sich in diesen „Strudel“ zu begeben, schwerlich wachsen konnte. Wie weit nun solche Mittheilungen unter anderen Verhältnissen bei Leopold durchschlagend gewirkt haben würden, muß wol dahin gestellt bleiben. Es zeigte sich aber allmälig — so stellt es die neueste Historiographie mit vieler Schärfe dar [85]), — daß bei Prinz Leopold andere Pläne, die seiner innersten Natur mehr zusagten, in den Vordergrund getreten waren. Es war seit dem Januar 1830 die Gesundheit des Königs Georg IV. von England schwankend, seit Anfang April dieses Jahres verzweifelt geworden. Und nun bot sich dem Prinzen Leopold die Aussicht auf eine Regentschaft in England, wenn vielleicht seine Nichte, die Prinzessin Victoria, minderjährig zur Regierung kommen sollte. Es half nunmehr Nichts, daß das toryistische Cabinet, um den unbequemen Prinzen aus England zu entfernen, in den griechischen Dingen ihm gegenüber mehrfach nachgiebiger wurde. Einmal von dem starken Interesse an der Uebernahme des griechischen Thrones von Schwierigkeiten jeder Art innerlich abgelenkt, konnte sich Leopold durch die inzwischen eingetroffene Denkschrift des griechischen Senates (s. oben), durch die eben jetzt in London erscheinende Schrift des (übrigens mit Kapodistrias völlig verfeindeten) Generals Church über die schweren Fehler der Nordgrenze des neuen Protokollstaates, durch aus Griechenland nach London und Paris verpflanzte seiner Herrschaft sehr feindliche Zeitungsstimmen, nicht sehr ermuntert fühlen, um doch noch nach jener glühenden Krone zu greifen. Inzwischen war die Zustimmung der Pforte zu dem Februarprotokoll in London angekommen, und der Prinz mußte sich bald entscheiden. Er legte daher am 15. Mai der Conferenz die Denkschrift des griechischen Senates und des Kapodistrias Briefe vom 22. und 24. April vor und benutzte bereits auf seine definitive Ablehnung

84) a. a. O. S. 270.

85) Mendelssohn-Bartholdy, S. 211 fg. Gervinus, Bd. VI. S. 529. Prokesch-Osten, Bd. II. S. 417.

vor, indem er erklärte, daß er durch den Inhalt der griechischen Actenstücke sich der eingegangenen Verbindlichkeiten für enthoben ansehe, da diese auf Voraussetzungen gegründet gewesen, welche durch die Mittheilungen aus Griechenland aufgehoben würden. Die Conferenz suchte ihn in einer Antwort vom 17. Mai zu beschwichtigen, betonte seine eingegangene Verpflichtung sehr entschieden, stützte sich auf eine Depesche des britischen Residenten Dawkins, die den Eindruck der londoner Beschlüsse in Griechenland als einen sehr günstigen schilderte. Ihre Bemühungen blieben aber ohne Erfolg. Gestützt auf die griechischen Actenstücke lehnte Leopold am 21. Mai die griechische Krone definitiv ab. In der Hauptsache erklärte er, er könne sich nicht einem abgeneigten Volke aufdrängen; und mehr, es widerstrebe ihm im höchsten Grade, Dank der neu aufgestellten Grenzlinie, in seinem ersten Acte als neuer Herrscher der Griechen seine neuen Unterthanen durch fremde Gewalt zur Abtretung von Gebieten (Akarnanien, Agrapha, Nord-Aetolien) zwingen zu sollen, die für Griechenland von unschätzbarem Werth, die die Heimath vieler ihrer besten und namhaftesten Krieger wären, die sich sicher nicht ohne Widerstand unter die Herrschaft der Osmanen zurückführen lassen und von den übrigen Griechen nicht wohl ihrem traurigen Schicksal überlassen werden würden. In ähnlicher Weise schrieb Leopold am 1. Juni auch an Kapodistrias.

Die Ablehnung Leopold's erregte in Griechenland selbst die tiefste Betrübniß, gemischt mit schwerem Aerger und herber Enttäuschung. Bei dem steigenden Wunsche der tief monarchisch gesinnten Griechen nach Erlösung aus dem Provisorium, bei ihren phantastischen Hoffnungen auf das Glück, das ihnen ein neues Königthum nothwendig sofort bringen müsse; bei der tiefen und weitverbreiteten Unpopularität des Präsidenten, dem man schon damals mit allen Mitteln entgegenarbeitete, waren (trotz des Unwillens über verschiedene Punkte des Februarprotokolles) verschiedene Adressen in Umlauf gesetzt, die (etwa 1000 Namen tragend) von vielen namhaften Griechen, auch von Mavrokordatos, Zaimis, Miaulis, Petrobei, Sisinis, und anderen unterschrieben, durch Dawkins nach London befördert, ein Gegengewicht hatten bilden sollen gegen die unter Kapodistrias' Einfluß entstandene Denkschrift des Senates. Dieses Alles war nun vorbei. Die Griechen haben es in der That bis heute zu bedauern gehabt, daß Prinz Leopold nicht ihr politischer Führer geworden ist. Es kann dahingestellt bleiben, ob dieser Mann in jeder Beziehung der Mann gewesen wäre, den Griechenland nöthig hatte, — einen solchen Mann hat das beklagenswerthe Volk überhaupt bisher noch nicht gefunden. Aber angesichts der ausgezeichneten Leistungen desselben Leopold nicht lange nachher auf dem belgischen Throne muß es noch heute beklagt werden, daß er den Entschluß nicht fand, das unglückliche Land und Volk der Hellenen aus seiner traurigen Lage heraus zu retten und mit Aufbietung seiner reichen Kräfte zu einem glücklichen Gliede der europäischen Völkerfamilie zu machen.

Aber auch dem Ehrgeize und den Hoffnungen des Kapodistrias blühte kein Glück auf diesem Boden. Ehe wir weiter gehen, müssen wir noch die „innere" Geschichte Griechenlands seit der Ankunft des ionischen Grafen auf griechischem Boden nachholen. Die Aufgabe, die Kapodistrias bei seiner Ankunft in Griechenland vorfand, war wahrhaft kolossal. Auch abgesehen von den Kriegszuständen zu Anfang des J. 1828 (s. oben), so war damals Griechenland in einem furchtbaren Zustande. Rumelien zum größten Theil grausam verwüstet, Morea durch Ibrahim Pascha's Züge zum großen Theil schrecklich verheert, die Inseln mehr und mehr verarmend; die erwerbende Bevölkerung war an vielen Stellen fast zur Verzweiflung getrieben, die Parteien unter einander tief erbittert, das Heer in schlechtestem Zustande, die Capitaine mit einander in Hader, — die Sitten schrecklich verwildert und die Kassen leer. Hier nun sollte nicht blos das Land aus dem Kriegsstürme heraus in ruhigere Verhältnisse geleitet, sondern auch ein neuer Staat geschaffen werden nach europäischer Art, — es mußte beinahe Alles von Grund aus neu gebaut, Vieles erst nach Griechenland verpflanzt werden. Es galt, die Parteien und die Häuptlinge unter einander zu versöhnen, berechtigte Ansprüche zu erfüllen, unberechtigten die Spitze zu brechen; es galt vor Allem, die wilde Freiheit der Kriegsführer, der Armatolen, der Klephten, der aus langer Sklaverei befreiten bürgerlichen Bevölkerung mit verständiger Hand in geregelte Bahnen zu leiten, mit kluger Benutzung der Verhältnisse, wie sie sich hier nun einmal ganz bestimmt und scharf ausgebildet hatten. Eine warme Liebe für dieses unglückliche Volk, das schärfste Auge für seine Bedürfnisse und sein inneres Leben, das feinste Gefühl für seinen Herzschlag, Freiheit von fremden Vorurtheilen und Verpflichtungen, eine feste Hand, und das Geschick, je zu rechter Zeit hier hart, dort nachgiebig zu sein, endlich die vollkommenste Selbstlosigkeit, waren die nöthigsten Vorbedingungen für diese Riesenaufgabe. Man glaubte mit Ernst in vielen Kreisen, gerade in dem Kapodistrias diesen Mann gefunden zu haben, der, selbst ein altpatriotischer Grieche, ein Staatsmann von großem Namen, lange der Stolz der griechischen Nation, den unmittelbaren Parteiwirren in den heimathlichen Landschaften fremd war. Und trotz der Abneigung der Gegner des Kolokotronis und der russischen Partei wurde Kapodistrias' Auftreten in Griechenland auch von der ungeheuren Mehrheit der besitzenden und erwerbenden Bewohner des Landes mit lauter Freude und ungeheuchelter Sympathie begrüßt; Alles war der wüsten Anarchie der letzten Monate vor seiner Ankunft überdrüssig und erwartete mit hellenischem Sanguinismus von ihm eine neue bessere Zeit. Nun war der ionische Staatsmann unbedingt ein hochbegabter Mann mit großer Feinheit des Geistes, ungemeiner Gewandtheit in den Formen des Umgangs und der Rede; ein Mann von unverdrossener unermüdlicher Thätigkeit, von uneigennütziger und unbestechlicher Art, einfach und von haushälterischer Gewissenhaftigkeit und tadellosem Privatleben, und in seinem Sinne von warmer Liebe für Griechenland erfüllt. Aber ihm mangelte imponirende Genialität, ihm mangelte gerade die für die schwere Lage Griechenlands nothwendige Ueberlegenheit; und mehr, wie Kapodistrias zu seinem großen Schaden kein Kriegsmann gewesen, so waren auch seine besten Talente, seine glänzendsten Eigenschaften — die des Diplomaten, nicht die des Regenten. Ein sehr competenter Beurtheiler, Prokesch-Osten, sagt von ihm, daß er treffliche Eigenschaften mit großen Schwächen verband; daß sein Charakter stark, aber seine Erfahrung sehr einseitig, sein Wissen zu gering war und seine Befähigung nicht über das Maß des Erlernten hinausging; womit sich dann trotz seiner frommen Heftigkeit und Undankbarkeit, und wie Gervinus bemerkt, auch eine geringe Fähigkeit, sich auf fremdem Boden durch neue Erfahrung weiter zu bilden, verbanden. In seinem ganzen Wesen bei alledem eine sehr bedeutende Erscheinung, war Kapodistrias unglücklicher Weise durchaus nicht der Mann, der die damaligen Hellenen aus ihrer unerträglichen innern Lage retten konnte.

Mit großem Recht hat Gervinus bemerkt, daß der Staatsmann, der in diesen griechischen Sumpf des Blutes, des Schmutzes, der unergründlichen Parteiwuth, des höchsten menschlichen Jammers, in dieses Pandämonium hinabsteigen wollte, alle Traditionen und Vorurtheile seiner Vergangenheit abstreifen mußte. Und dieses hat Kapodistrias nicht vermocht. Bei allem guten Willen haben diesen Mann einerseits gewisse Beziehungen zu Rußland, dann aber vorzugsweise eine im Grunde falsche Auffassung der griechischen Dinge, endlich gewisse Fehler seines Charakters zu vollständigem Scheitern seines mit vieler Zuversicht unternommenen Werkes gebracht. Wir haben bereits erwähnt, daß nach der Ansicht verschiedener neuerer Historiker Kapodistrias so weit mit Rußland im Einvernehmen stand, daß er namentlich während des russisch-türkischen Krieges andauernd seine Bewegungen im russischen Interesse eingerichtet habe. Es ist der Punkt, der von Seiten der Vertheidiger des Grafen am ehesten eine Apologie zuläßt; er konnte seinerseits die volle Ueberzeugung haben, daß gerade die Benutzung jener mächtigen Diversion an der Donau, am Balkan, in Armenien zu neuen Unternehmungen der Griechen in Rumelien, die wir oben schilderten, in dem vollen Interesse Griechenlands liege. Und es kam dazu, daß die Haltung der verschiedenen Protokollmächte zu Griechenland und namentlich ihre verschiedene Stellung zu ihm selbst — ihn auch so fast nothwendig zu Rußland neigen lassen mußte. Denn während nach Canning's Tode die regierenden Gewalten des tory'istischen England, und nach Codrington's Abberufung in Griechenland selbst die englischen Agenten, besonders der Resident Dawkins, sich zu Kapodistrias so feindselig wie möglich stellten, der letztere britische Agent namentlich (wie Prokesch-Osten mit vieler Schärfe durchführt) mit verschiedenen Engländern und britisch gesinnten Griechen in Griechenland dem Präsidenten andauernd große Schwierigkeiten bereiteten; während die französischen Agenten und Offiziere in Griechenland allerdings mit dem Grafen auf sehr gutem Fuße standen, die französische Politik aber bei im Grunde durchgehendem Wohlwollen doch schwankend und ungleich sich blieb, — war Rußland mit großer Gewandtheit und der überlegenen Klugheit, die seine damalige orientalische Politik charakterisirt, andauernd bemüht, den Präsidenten in seinem Interesse zu halten und zu fördern. Die Sache war die: einmal durch die sogenannte russische Partei in Griechenland erwählt, galt der neue Präsident seinen Gegnern in und außer Griechenland von Anfang an immer nur als der russische Staatsmann und Agent; auch wenn er es wirklich gewollt, konnte er in deren Augen seine russische Vergangenheit nicht los werden, und so wäre er unter allen Umständen an die Seite Rußlands hinübergetrieben worden, welches ihm mit Unterstützung aller Art dauernd zu Hülfe kam und dessen Agenten und Flottenführer ihm stets mit activem Beistande und wohlmeinendem Rathe zur Seite standen.

Es wirkte aber Anderes nach Innen doch ungleich nachtheiliger. Wie bemerkten schon früher, daß nach der Ansicht der genannten neueren Historiker Kapodistrias soweit der russischen Politik entgegengekommen war, um die damals noch namentlich in Petersburg eifrig festgehaltene Idee, das neue Griechenland nur als „suzeränen" Staat zu gestalten, sich anzueignen. Und dieses gab ihm in Griechenland von Anfang an eine falsche Stellung, da er nicht verkennen konnte, daß die glühendsten Wünsche der Hellenen gerade auf Erwerbung der vollen Unabhängigkeit hinausliefen; wenn er dann mit den Hellenen (s. oben) zum Kriege wenigstens auf bessere Grenzen drang, wenn nachmals die Ereignisse sowol Rumelien wie die volle Unabhängigkeit den Hellenen gewährt haben und Rußland selbst sich endlich, so gut wie Wellington, eben für ein vollfreies Griechenland entschieden (s. oben), so hatte Kapodistrias wenigstens an letzterer Wendung kein Verdienst. Viel aber war es sehr schlimm, daß er gleich von Anfang an durch seine Auffassung der künftigen staatsrechtlichen Stellung des neuen griechischen Staates in eine innerlich falsche Position sich setzte. Kapodistrias hatte, bei seiner Ankunft in Griechenland, in Aegina zu Ende Januar 1828 aus den Händen der damaligen interimistischen Regierung die Herrschaft übernommen; er hatte dann mit der Legislation verhandelt, der Verfassung der damals neuesten auf der Nationalversammlung zu Trözene (s. oben) ausgearbeiteten, von dem Geiste der damaligen südeuropäischen Verfassungen (namentlich der Cortesverfassung von 1812) erfüllten, griechischen Verfassung, die bei der Lage der Dinge im J. 1827 natürlich nur erst zum allerkleinsten Theil hatte in Wirksamkeit treten können. Diesen Männern erklärte Kapodistrias in geheimen Verhandlungen [17]), die Verfassung von Trözene verlange, daß er die „Unabhängigkeit" des Landes zu erhalten beschwöre; wie er das könne, da das Land sie nicht besitze? Weiter aber, er stellte dann der Versammlung die Alternative: sich aufzulösen, die Ver-

17) Mendelssohn-Bartholdy a. a. O. S. 86.

fassung von Trözene zu suspendiren, und ihm die Regierung der Regierungsgeschäfte zu überlassen, oder zu gewärtigen, daß er Griechenland wieder verlasse, ohne sein Amt auch nur angetreten zu haben. Unter dem Druck der Situation löste die Legislative sich auf; man kam überein über eine provisorische Form der Regierung, durch welche die legislative Versammlung vorläufig beseitigt, Kapodistrias selbst aber „mit den nöthigen Vollmachten bekleidet wurde, die künftige Existenz Griechenlands auf den Grundlagen des londoner Vertrags zu regeln." Dann legte der Präsident (7. Februar) den Eid ab, nach den Grundlagen der Congresse von Piadha, Astros und Trözene, der nächsten Nationalversammlung verantwortlich, seine Pflicht zu erfüllen. Wie jene Grundlagen aber mit denen des damaligen londoner Vertrags in Sachen der Unabhängigkeit Griechenlands zu vereinigen waren, ist nicht abzusehen. Daß diese schiefe Stellung des Präsidenten durch die Ereignisse selbst nachmals corrigirt wurde, daß Griechenlands Unabhängigkeit schließlich doch noch ausgesprochen werden mußte, haben wir bereits gesehen. Aber die Beseitigung der in Griechenland allmälig entwickelten constitutionellen Gewalten und die Suspendirung der Verfassung von Trözene (mochte dieselbe auch immerhin zum sehr großen Theil wie ein Kleid erscheinen, in welches Griechenland erst langsam hätte hineinwachsen müssen) war ein Schritt, der uns zu der Betrachtung der grundfalschen inneren Politik des Präsidenten führt.

Die neuere Historiographie stellt es als die ausgesprochene Absicht Rußlands hin, mit der sich Kapodistrias im vollen Einvernehmen befunden, Griechenland innerlich so geordnet zu sehen, daß es seine Hülfsquellen entwickeln könne, „ohne die Ruhe der übrigen Länder durch die Form seiner Institutionen zu gefährden." Die Regierung Griechenlands sollte im streng monarchischen Sinne geführt, eine straff gesetzliche Ordnung hergestellt, „der anarchische und revolutionaire Geist gebändigt werden" [33]). Es war dieses aber vollkommen in dem Sinne des neuen Präsidenten. Es ist nun sehr wahr; sollte Griechenland aus den trostlosen Zuständen seiner damaligen Lage herausgeführt werden, so bedurfte es unter allen Umständen einer starken einheimischen Regierung, die sowol dem befreundeten Auslande Zutrauen einflößte, wie auch im Innern respectirt wurde, deren Anordnungen nicht blos bei einer Partei Nachachtung fanden, deren Befehlen die Militair- und Flottenführer folgten, die im Stande war, bei dem allmäligen Absterben der Kriegsbewegungen der Pflege der materiellen Interessen des Landes ihre Sorgfalt zu widmen und die Einleitungen zu treffen, mit schonender Hand die edelsten Formen der europäischen Civilisation in diesem noch immer seinem Grunde nach byzantinischen Lande heimisch zu machen. Aber, — damit ist ganz und gar nicht gesagt, daß Griechenland nunmehr unter absolutistische Formen gestellt werden mußte. Ganz im Gegentheil: so eminent nützlich die Leistungen der europäischen Philhellenencomité's gewesen waren, so wichtig die Schlacht bei Navarin und nachher die Ankunft der Franzosen unter General Maison gewirkt haben, die schwere Last des Krieges hatten doch die Patrioten von Psara und Hydra, die tapferen Capitaine, die heldenmüthigen Palikaren, die besseren Primaten und Staatsmänner Griechenlands mit ihrem ausdauernden Volke getragen. Und ohne überall für die politischen Schöpfungen der drei Nationalversammlungen sprechen zu wollen: wie konnte man daran denken wollen, als Abschluß so furchtbarer Kämpfe diesem Volke eine nur matt verschleierte Tyrannis zuzutheilen! Kapodistrias aber war im Grunde seines Herzens dem Geiste der freien Selbstregierung dieses Volks tief abgeneigt; ohne bei passenden Momenten es zu verschmähen, zum Zweck der Politik sich auf den ausgesprochenen Volkswillen zu stützen, hielt er die Hellenen, deren nationale Fehler ihm allerdings nur zu wohl bekannt waren, für eine verständige Selbstregierung vollständig ungeeignet. Der alte demokratische Instinct dieses Volks schien ihm höchst verderblich zu sein; und mehr, er hatte auch von den Primaten wie von den Capitainen im Allgemeinen eine über Gebühr ungünstige Anschauung. Wol konnten die vielen schlimmen Erscheinungen, welche in den letzten Jahren gerade bei diesen Classen zu Tage getreten waren, ihn stark abstoßen; aber, — es war nun doch einmal ohne energische Gewinnung, Aussöhnung, Mitwirkung der Primaten, Priester, Capitaine, die denn doch seit 1821 so Vieles für Griechenland gethan, in diesem Lande Nichts auszurichten. Und dieses verkannte der Graf, der seit Jahren in dem Dienste des absolutistischen Rußlands mit seinem ganzen Wesen der Heimath fremd geworden war, vollkommen. Für seine Person von beherrschender ehrgeiziger Herrschsucht erfüllt, darauf gestellt Alles allein thun zu wollen; verblendet genug, um zu glauben, Alles allein thun zu können, — wollte er nun sowol die Macht jener einflußreichen Classen, die er höchst geringschätzig auffaßte, entwurzeln, wie auch das Land modernisiren, indem er sich anschickte, in diesem Lande roher Kraft und trotziger Selbständigkeit mit seiner durch siebenjährigen gewaltigen Krieg verwilderten Bevölkerung freigewordener Sklaven den modernen bureaukratischen Verwaltungsstaat, mit der Unmündigkeit der Massen und der Allmacht und der überall sich einmischenden Art der Regierung anzupflanzen. Es waren die Wege, die ihn dann in unauflösliche Schwierigkeiten geführt haben.

Zunächst allerdings waren seine Aussichten günstig genug. Grollte auch ein Theil der Hellenen über die Beseitigung der Legislativen, — die frische Zuversicht, mit der er die furchtbare Lage des Landes anfaßte, das Selbstgefühl seiner überlegenen Persönlichkeit, der Glaube der Massen an seinen für das Land nützlichen Anhalt bei den befreundeten Mächten, namentlich Rußland, gab namentlich den verarmten Massen ein neu belebendes Gefühl der Sicherheit, der wiederkehrenden Ordnung, der Hoffnung auf eine bessere Zukunft, die man aus sich selbst heraus nicht mehr erobern zu können hoffte. Die persönliche Einfachheit des Grafen, seine — zu allen

33) Gervinus, Bd. VI. S. 560 f. Mendelssohn Bartholdy, S. 54 f.

Zeiten in Griechenland selten gewesene und darum stets bei Männern solcher Art bewunderte — edle Uneigennützigkeit und strenge Selbstlosigkeit in Geldsachen gewann die Gemüther; seine energische Arbeitslust und riesige Arbeitskraft imponirte: die ersten Erfolge (s. oben) gegen die Piraten, die volle Entlastung des peloponnesischen Landes durch General Maison, die russische Diversion an Donau und Balkan, die der politischen Lage des ganzen Landes so stark zu Gute kam, konnten des Präsidenten Stellung doch auch nur stärken. Und die etwa vorhandenen Bedenken der Verfassungsfreunde waren bei seinem Regierungsantritt wenigstens dadurch beschwichtigt, daß er in einer Proclamation versprach (unter dem 1. Februar 1828), für den April des laufenden Jahres eine neue Nationalversammlung zu berufen.

Unterstützt also zunächst durch die Zuversicht der Massen, durch die zwingende Noth, und eine Zeit lang durch die höher gebildeten denkenden Männer des Landes, begann der Graf seine Regierung. Seine erste Schöpfung war (1. Februar) das an Stelle der bisherigen legislativen Versammlung ernannte sogenannte Panhellenion, ein Staatsrath aus 27 Mitgliedern, bei deren Ernennung allerdings die Wünsche des Volks und der bisherigen Legislativen im großen Umfange berücksichtigt wurden; nur daß schon jetzt Unzufriedenheit sich regte, als der Präsident auch einen seiner Brüder, den durch seine despotische Willkür und schlimme Laster später so bitter verhaßt gewordenen Bruder Viaro und andere Jonier in eben diese Behörde berief. Es regte sich eben schon jetzt in Griechenland neben dem berechtigten Selbstgefühl der Griechen, die so Vieles geleistet, jener grimmige Fremdenhaß, der zwar die in dem Heerdienst verwendeten Philhellenen noch nicht, wol aber die neu in das Land kommenden Jonier, die „heterochthonen" Griechen traf: eine Erscheinung, die dann unter König Otto sich in weit umfassenderem Maße weiter entwickelt hat. Das neue Panhellenion nun gliederte sich in die drei Abtheilungen für Finanzen, Inneres und Krieg, unter dem Vorsitz von Georg Konduriotis, Andreas Zaimis und Petrobei. Während der Präsident dann den Mauroferdatos ohne bestimmtes Portefeuille an sich zog, schuf er sich ferner als eigentliche Regierung ein Ministerium oder „allgemeines Secretariat," welches Nikolaos Spiliades und A. Papadopulos für die Finanzen, Georg Glarakis und Christodulos Klonaris für das Innere, Constantin Zographos und Chr. Klonaris für den Krieg enthielt. Spiridion Trikupis aus Missolunghi wurde zum Staatssecretair ernannt; die neue Regierung am 7. Februar (dem Tage seiner Geburtsfeier) zu Aegina installirt. Das neue Secretariat zog dann bald die meisten aller Geschäfte im Wesentlichen an sich. Es war mit diesen Schöpfungen leider der Anfang gemacht zu einer bureaukratischen Regierungsweise, welche allmälig den schlimmen Uebelstand erzeugte, daß — da der Präsident selbst in der Verwaltung nicht fachmäßig gebildet war, da aber doch wieder Alles darauf ankam, schnell und fest einzugreifen und sichere Ordnung herzustellen — mehrfach eine Fülle von Decreten erschienen, die theils nur experimentaler und provisorischer Art sein konnten, theils unausführbar waren und dadurch Zuversicht und Vertrauen zu dem neuen Regiment erschütterten. Das Bedenklichste war und blieb aber, daß Kapodistrias so lange ohne Geldmittel genügender Art blieb; nur mit 300,000 Franken ankommend, konnte der Präsident lange von seiner Seite der genügenden Geldmittel entbehren; seine beste Hülfe war zunächst noch in dem Lande selbst die neue, auf seine Anregung am 14. Februar zu Aegina geschaffene Nationalbank. Gegen acht Procent Zinsen und das Anerbieten von Nationalgütern als Hypothek sollte es Griechen und Ausländern freistehen, Gelder in der Nationalbank anzulegen, in welcher der Präsident aus seinem eigenen Vermögen 25,000 Thaler anlegte. Am 16. Februar wurden durch ein Circular alle noch irgend begüterten Bürger des zur Zeit von den Aegyptern und Osmanen befreiten Gebietes zur Einlage in die Bank aufgefordert; Eynard schickte im Mai 1828 die Einlage von 50,000 Franks, und wenn auch viele Griechen nur ihre Schuldforderungen an den Staat der Bank zuschreiben ließen, so stieg doch das Kapital der Bank bis zum Mai bis auf 100,000 Kolonnaten. Die Finanznoth des Präsidenten aber nahm erst in seiner höchsten Noth, seit Juni 1828, ein Ende; wir sahen früher, daß seit dieser Zeit erst Rußland und Frankreich namhafte Subsidien nach Griechenland sandten, die der Präsident selbst bis zum October 1830 auf zusammen 8 Millionen Franken berechnet hat; nur daß diese namhaften Mittel bei der fehlenden Aussicht auf bestimmte Dauer und bei ihrem wenig regelmäßigen Zuströmen die Ordnung des griechischen Finanzwesens immer nur ruckweise ermöglichten. Eine wirklich verständige Gewinnung guter Finanzmittel aus dem Lande selbst war allerdings sehr schwierig; abgesehen davon, daß es gar nicht leicht war, die alte byzantinische und osmanische Besteuerungsweise rationell so umzubilden, daß nicht die Bevölkerung (seit Jahrhunderten an den regellosen türkischen und Kotzcha-Baschi-Druck gewöhnt, und sehr empfindlich gegen die consequente fränkische Belastungsart) über die neuen Formen und die neuen Sätze in Erbitterung und Zorn gerieth: so war bei der Anwesenheit Ibrahim's in Morea, bei der langen Ungewißheit über den künftigen Umfang des Staates und bei dem Mangel jeder Katastrirung und Bodenabschätzung, wie bei der Unmöglichkeit, die beweglichen Vermögen zu schätzen, zunächst an directe Steuern gar nicht zu denken; indirecte (nicht sehr zweckmäßig erhöhte) Steuern (der Zehnte, die Zölle, die Abgaben von einigen Manufacturen, Licenzen und Taxen) mußten noch immer nach alter Art verpachtet werden, was zuerst nur bei den Inseln wirkliche Erträge brachte.

Die nächste Sorge des Präsidenten war natürlich die Kriegführung und die Herstellung des griechischen Kriegswesens. Das rein Historische dabei ist bereits oben geschildert; ebenso daß Kapodistrias, selbst kein Soldat und der griechischen Kriegführung fremd, nicht nur die Ausbildung der Regulairen mit neuem Eifer betrieb, sondern auch die Irregulairen mehr zu organisiren suchte, freilich in wenig glücklicher Weise, wenn auch sein erster Schritt, — namentlich die Trockenlegung eines großen Theils der Rumelioten zu Church nach Akarnanien, die Concentrirung der übrigen unter Ypsilanti bei Trözene (von wo sie, s. oben, dann später nach Megara und Attika ausmarschirten), ganz zweckmäßig war. Nur daß die weiteren Reformen in Sachen des Soldes, der Verpflegung, der Disciplin der Irregulären durch den Mangel an regelmäßigen Geldmitteln immer und immer wieder gehindert wurden; nur daß die Idee einer wesentlichen Erhöhung der etwa 2500 Mann starken Regulären (die nach Fabvier's Rücktritt durch Oberst Heideck geführt wurden) durch ein am 22. April erlassenes Conscriptionsgesetz für diese Zeit noch völlig unausführbar blieb.

Und nun begannen auch schon die Schattenseiten des neuen Regime's sich zu zeigen. Es war ein großes Unheil, daß der Präsident — da doch die Marine nur erst wenige größere Kriegsschiffe besaß, die dem Staate als solchem gehörten, da doch die meisten der kleinen activen Kriegsfahrzeuge ursprünglich Handelsschiffe waren, die sich factisch und rechtlich noch immer im Besitze der insularen ursprünglichen Eigenthümer befanden — bald nach seiner Ankunft sich mit den Primaten von Hydra, welche für ihre bisherigen Leistungen eine gewaltige Entschädigungsforderung stellten, in der bedenklichsten Art überworfen hatte; der Art, daß dieser Bruch in Wahrheit niemals wieder ausgeglichen worden ist. Es war nicht minder unheilvoll, daß der Präsident, der in Hellas sehr oft nicht die sclavische Gefügigkeit, an die ihn seine russische Vergangenheit gewöhnt hatte, antraf, sondern oft genug, wie auf kühnen Freimuth, auch bei dem niederen Volke, so auch auf rohe und trotzige Widerspänstigkeit, auf feine Streiche und Intriguen, auf Complotte — aus den Kreisen des von ihm mit berechneter Nichtachtung behandelten Primaten und vieler Kapitani's, stieß, in seiner herrischen Weise mehr und mehr sich daran gewöhnte, möglichst fügsame Organe seines Willens sich zu schaffen, bis er endlich dahin gekommen ist, nur noch blinde Werkzeuge zur Durchführung seiner Absichten zu ertragen. Und da war es denn vor Allem unheilvoll, daß er sich mehr und mehr mit ionischen Griechen (oft bedenklicher Art) umgab, unter denen seine Brüder Agostino und Viaro namentlich einen unheilvollen Ruf erlangt haben. Während er in Bezug auf den Süden wenigstens so klug war, zur Gewinnung des Landes mit mehreren der namhaftesten Kriegshäuptlinge sich eng zu alliiren, — so namentlich mit Theodor Kolokotronis und dessen ausgedehnter Geschlechte, so auch mit einfach schlichten Naturen wie mit Niklas und dem Seehelden Kanaris, — hat er dann namentlich für Rumelien den schweren Fehler gemacht, durch die Ernennung seines Bruders Agostino (Frühjahr 1829) zum rumeliotischen Oberdirigenten der gesammten Kriegsangelegenheiten auf dem Festlande, zuerst den verdienten General Church (im August 1829), dann auch den Demetrios Ypsilanti (1. Januar 1830) zur Abdankung zu veranlassen. Und so fing denn schon im Sommer 1828 die Opposition an sich zu regen; sie hat ihr publicistisches Organ zuerst gefunden in dem seit dem 23. Februar 1828 erscheinenden „Courier de Smyrne," der nachmals, oft in wachsender Uebertreibung, oft aber auch sehr treffend, mit höchster Schärfe die Fehde gegen den Präsidenten führte.

Und wenn nun der Präsident seinen Gegnern namentlich dadurch eine starke Handhabe bot, daß er die Berufung der zugesagten Nationalversammlung beständig verschob; wenn der scharfblickende Maurokordatos schon im August 1828 daran dachte, völlig aus dem Staatsdienste sich zurückzuziehen; wenn mit dem Verlauf des Jahres 1828 bei den Agenten des Westens, namentlich bei England, und in Griechenland selbst namentlich bei der alten englischen Partei mehr und mehr die Ueberzeugung Boden gewann, daß Kapodistrias durchaus russisch gesinnt sei: — wenn nun die Gegnerschaft gegen den Präsidenten in dieser Tonart allmälig immer wilder wurde, auch von Church und anderen Philhellenen genährt wurde, Kapodistrias aber seinerseits sowol die griechischen Gegner seiner Berufung wie Philhellenen, die ihm mißfielen, dauernd mit Mißgunst behandelte und seine russischen Sympathien in vielen Symptomen durchklingen ließ (wie er auch die griechische Athene in dem Wappen des Landes wieder durch den Phönix ersetzt hatte): so war es dagegen sein stärkster und weit über seine Zeit hinaus nachwirkender Mißgriff, daß er sich bei der inneren Neugestaltung des Landes auch an der uralten, selbst in der Türkenzeit nicht erschütterten, freien Gemeindeverfassung Griechenlands vergriff.

Kapodistrias theilte schon im April des J. 1828 den griechischen Staat, soweit er damals in seinen Händen war, in 13 Bezirke. Morea enthielt sieben (Argolis, Achaja, Elis, Obermessenien, Niedermessenien, Lakonien und Arkadien); die Inseln dagegen sechs (nördliche, östliche und westliche Sporaden, nördliche, südliche und mittlere Kykladen). Jedem dieser Bezirke wurde ein außerordentlicher Commissar der Regierung (ein sogenannter Epitropos) vorgesetzt, welcher die zur Organisirung der Verwaltung nothwendigen Arbeiten leiten, die Zählung der Bewohner im Ganzen, wie nach Classen, Erforschung der Lage und Bedürfnisse des Volkes, der Schulverhältnisse, der Finanzverhältnisse, Einrichtung der Polizei u. dergl. m. betreiben sollte. Jedem dieser Commissare wurden einige Truppen beigegeben, die zusammen unter dem Commando des Generals Makrijannis standen. Aber mit diesen Epitropen führte Kapodistrias leider auch seinen Krieg gegen die alte Gemeindefreiheit. Die Hellenen hatten, wie wir früher sahen, auch während der türkischen Zeit mit dem Rechte, die Steuern durch Griechen in den Bezirken zu repartiren, das Recht sich unverkümmert behauptet, mit einem guten Stück communaler Selbstverwaltung und communaler Selbständigkeit die Behörden ihrer Communen und Eparchien selbst zu wählen. Diese höchst schätzenswerthe Grundlage des Volkslebens wäre von einem guten Kenner des griechischen Volks benutzt worden, um gerade hierauf unter Abstellung mancher Mißstände die

Neubelebung des Volks und einem neuen wirthschaftlichen und socialen Aufschwung zu begründen. Die von Ausländern mit Freuden betrachtete communale Selbstverwaltung, die nach der Meinung anderer auswärtiger Staatsmänner die beste, bequemste und billigste Gelegenheit bot, Griechenland in origineller, naturwüchsiger Weise politisch zu organisiren, konnte sehr wohl als Grundlage dienen zu einem organisch zu entwickelnden Verfassungsleben dieses Volks, wenn man auch immerhin manche der griechischen Congressbeschlüsse praktisch hätte rectificiren müssen. Zu zweckmäßiger Weiterbildung hatte bereits die Nationalversammlung von Piadda (1822) nicht blos die Primaten, sondern jeden Gemeindegenossen im Alter von 35 Jahren für wählbar erklärt. Aber für diese alte volksthümliche Einrichtung hatte Kapodistrias ganz und gar keine Sympathien; vielmehr wünschte er gerade auch auf diesem Punkte mit seiner Gewalt recht festen Fuß zu fassen; so wurden denn — nachdem er durch seine neue Bezirkseintheilung die alten Eparchien beseitigt und überwiegend solche Epitropen ernannt hatte, welche den neuen Provinzen fremd waren — die Epitropen angewiesen, die Wahlen der Gemeindevorsteher, der Demogeronten zu leiten und zu überwachen. Wahlberechtigt sollten alle 25jährigen Eingeborenen, wählbar die 30jährigen Höchstbesteuerten sein; die Wahlart selbst war einigermaßen verwickelt. Als der erste Versuch dieser Art zu Argos bei den Primaten auf Widerstand traf, erhob der Präsident — dem die trotz ihrer alten Gepflogenheiten bei ihren Gemeinden höchst angesehenen Primaten, namentlich alle Männer, die früher in irgend einer der vielen Regierungen gewesen waren, besonders widerwärtig waren — sofort, „bei ferneren Intriguen dieser Leute werde er die Demogeronten selbst ernennen." Und wie die neue Bezirksordnung überhaupt schon die Gemeindebehörden den Staatsbeamten gleich stellte, die Ausübung ihrer Amtsbefugnisse (Gesundheits- und Straßenpolizei, Aufsicht über Kirchen, Schulen und öffentliche Anstalten) unter die Aufsicht des Commissars brachte; wie selbst die unabhängige Verwaltung ihrer eigenen Gelder ihnen allmälig aus den Händen gewunden wurde, — so gaben nachher die Erwaltung des Volkes, die Schrecken der aus dem ägyptischen Lager sich verbreitenden Pest (wie zur Einführung einer strengen Quarantaine, mit der zugleich die Entwaffnung des Volks verbunden wurde) im Sommer 1828 die Möglichkeit, das neue System und die Erzielung gefügiger Gemeindebeamten vollkommen durchzuführen. Und in dieser Richtung ist der Präsident, dessen immerhin mildere Natur dann durch seinen gewaltthätigen, maßlos willkürlichen Bruder Viaro, den er zum Epitropos der wichtigsten Sporaden gemacht hatte, getrieben und gehärtet wurde, nachmals immer weiter gegangen. Konnte er doch nachmals im October 1829 dem neu geschaffenen Senat (s. unten) neue Vorschläge in Sachen der Gemeindeverfassung machen, die alle Wahlfreiheit vernichteten. Der Kernpunkt war, daß die Provinzial-Demogeronten künftig aus einem Rath von 12 Demogeronten bestehen sollten, die von der Regierung direct ernannt wurden und Gehalt bezögen. Dieser Rath sollte dann in vier Sectionen zerfallen, deren jede ein Vierteljahr lang die Geschäfte zu verwalten hätte. Zu Anfang des J. 1830 wurden diese neuen Vorschläge als Gesetze verkündet; nur der allgemeine Widerspruch und die schwierigen sich gestaltende Lage der Zeit hinderten dann die Ausführung.

Bedenklicher noch war und wurde die so genannte Organisation des Gerichtswesens durch Kapodistrias. Bis zu dem Ausbruche des Unabhängigkeitskriegs hatten den Gemeindebeamten, vielfach auch den Bischöfen, schiedsgerichtliche Befugnisse in bürgerlichen Streitfällen zugestanden. Der Klerus hatte seine Entscheidungen gewöhnlich nach dem byzantinischen Rechte gegeben, wie dasselbe sich aufgezeichnet fand in dem aus dem 14. Jahrhundert stammenden Handbuche des Armenopulos; die Gemeindebeamten entschieden nach einem Gewohnheitsrecht, welches bei manchen localen Verschiedenheiten doch in weiten Gebieten ziemlich gleichmäßig war und im Wesentlichen mit jenem Handbuche übereinstimmte. Der Krieg hatte nun vielfach anarchische Zustände auch in dieser Richtung hervorgerufen; aber so nothwendig gerade hier die Herstellung gesicherter Verhältnisse war, so langsam und streng prüfend mußte dabei vorgegangen werden. Der Präsident war denn damit auch von Anfang an beschäftigt. Da man aber in diesem Lande ein tüchtiges und persönlich zuverlässiges Richterpersonal nicht aus der Erde gestampft werden konnte; da doch ferner Nichts gebotener war, als auf Grund sorgfamster Forschung und aus den dringendsten Bedürfnissen heraus mit weiser Benutzung der Arbeiten der verschiedenen griechischen Nationalversammlungen die möglichst einfache Organisation vorsichtig zu schaffen: — so versuchte es Kapodistrias nichtsdestoweniger auch hier mit wiederholten Experimenten, bei denen leider andauernd und im wachsenden Grade das Streben bemerkbar wurde, auf Kosten der Unabhängigkeit der Richter der Verwaltung auch auf diesem Gebiete Einfluß zu verschaffen. Nach verschiedenen kürzeren Anläufen erschien dann am 27. December 1829 die Verordnung, welche den Grundstein der Gerichtsverfassung Griechenlands bilden sollte. Sie schuf drei Reihen von Gerichtshöfen: Friedensgerichte, Gerichte erster Instanz, ein Handelstribunal, und ein Appellationsgericht. Die Friedensgerichte waren den Demogeronten anvertraut; sie hatten unwiderruflich aber nur über Bagatellsachen zu entscheiden, während bei Geldstreitigkeiten von höherem Belang sie nur als Schiedsrichter fungirten. In Correctionssachen (abgesehen von mehr politischen Fragen) und in Geldsachen über 60 spanische Thaler appellirte man von ihnen an die Tribunale erster Instanz, deren in Morea sieben, auf den Inseln sechs, und zwei auf dem Festlande gebildet werden sollten. Das umfassend angelegte Handelsgericht sollte in Syra, schon jetzt (s. oben) der ersten Handelsstadt des jungen Staates, angelegt werden. Oberste Instanz war dann das Appellationsgericht. Bei dem Mangel an gebildeten und integren Richtern dauerte es indessen sehr lange, bis die Gerichte wirklich ins Leben gerufen wurden;

die Höfe erster Instanz kamen erst bis zum Herbst 1829, das Handelsgericht zu Syra erst im Februar 1830 zu Stande. Gefährlich aber wurde dabei die Fluth der ausführenden und ergänzenden Verordnungen der Regierung; gefährlicher und unheilvoller noch das neue Strafgesetzbuch, welches (da bis 1821 alle Criminalfälle vor die türkischen Gerichte gekommen waren) am 30. December 1828 versprochen worden war. Die Arbeit des französisch gebildeten Juristen Klonaris, die am 18. Mai 1829 veröffentlicht wurde, bei der namentlich die schlechte Composition des Untersuchungsgerichts erschreckend auffiel, genügte in keiner Weise. So hat denn der Präsident seit dem Sommer 1829 (namentlich unter Mitwirkung des korfiotischen Advocaten Gennatas, den Viaro mitgebracht hatte, und unter Viaro's schlimmem Einflusse) ein neues umfassendes Civil- und Criminal-Gesetzbuch ausarbeiten lassen, welches am 27. August 1830 (Gerichtsorganisation, Criminalinstruction und Civilproceßordnung) publicirt wurde. Die Friedensgerichte waren besser geordnet; für das jetzt bis zu den Thermopylen ausgedehnte Land wurden drei Gerichtshöfe zweiter Instanz errichtet, dazu ein oberster Cassationshof, der am Sitze der Regierung zusammentreten sollte, aber nie ins Leben trat. Selbst von dem Secretair des Präsidenten, Herrn Dutrône, befürwortet, erregte die neue Schöpfung allgemeine Besorgniß durch die vorherrschende Tendenz, die richterliche Gewalt möglichst vollständig in den Händen des Präsidenten zu concentriren; nicht minder durch die vielfach legalisirte Macht der Verwaltung zum Eingriff in die Justiz; dann durch die „unheilvolle" Nachahmung des französischen Codex, den man zum Muster genommen hatte, durch die Unwissenheit und juristische Unerfahrenheit der Verfasser, die sich namentlich in der Lehre von den Beweismitteln deutlich zeigte (wo unter Anderem bestimmt war, daß der Trotz des nicht geständigen Angeklagten durch die Drohung der geistlichen Excommunication sollte gebrochen werden können!); durch die gefährliche Unbestimmtheit des Ausdrucks und Verworrenheit der Darstellung, gröbliche Verletzung der gewöhnlichsten Rechtsgrundsätze, und namentlich auch durch die Ausführlichkeit und Strenge, mit der das neue Gesetzbuch sich über das bedenkliche Gebiet der Majestätsverbrechen erstreckte. Ausnahmsgerichte für den Fall der Staatsverraths und Majestätsverbrechen gewannen bald eine gefährliche Bedeutung für dieses Land; und neue ergänzende Ordonnanzen; die Weigerung des Präsidenten, die Unabsetzbarkeit und Unversetzbarkeit der Richter anzuerkennen; die gefährliche Neigung, sich der Gerichte als einer politischen Waffe zu bedienen: haben dann in den letzten Zeiten des Systems Kapodistrias es dahin gebracht, daß mit furchtbarem Hohne nach dem Sturze der Herrschaft die Schließung aller Gerichte im October 1832 in Griechenland „als eine Wohlthat empfunden wurde und als der erste Schritt zur Rückkehr zur Gesetzlichkeit betrachtet werden konnte" **).

Neben solchen dunkeln Schattenseiten dieses Systems war allerdings nicht zu übersehen, daß der Präsident mit Eifer und Wohlwollen (wenn auch mit vielen Fehlgriffen, die theils in der Neigung, den zweiten Schritt zu thun, ehe der erste gethan war, theils in ungenügender Kenntniß des griechischen Bodens ihren Grund hatten) an dem Aufschwunge des Landes arbeitete. Die Anregung der Jugendbildung; die bei dem großen Vertrauen zu seiner Regierung neu erwachte Bildungslust der Hellenen, die schon bis zum 1. Mai 1828 auf den Inseln an 22 Schulen wechselseitigen Unterrichts auf Kosten der Gemeinden hatte entstehen lassen; die von Heydeck im December 1828 organisirte, nachmals von Pauzié weiter geleitete Militairschule der „Evelpiden," die sich frisch entwickelte; die am 13. November 1829 zu Aegina gegründete Centralschule (ein „hellenisches" Gymnasium); das ebenfalls in Aegina angelegte Militairwaisenhaus; die im October 1828 in Poros eingerichtete Waisenanstalt, und manches Aehnliche hatte wenigstens in den ersten beiden besseren Jahren seiner Herrschaft den Anblick erfreulichen Gedeihens.

Allerdings ist ein sehr wichtiges Moment andauernd vernachlässigt worden; und darin sind theilweise auch die späteren Regierungen nicht sehr viel weiter gekommen. Um Griechenland von Grund aus zu heben, mußten vor Allem durch das unwegsame Land neue Straßen und Handelswege gezogen werden; denn es war doch sehr schlimm, daß damals (wie z. B. noch heute der athenische Bäcker sein Korn aus Triest bezieht, während die Fülle des livadischen Korns im Lande umkommt) z. B. der Ueberfluß des arkadischen Getreides unbenutzt blieb, während Nauplia sich mit Korn aus dem Auslande versorgen mußte! Hier blieb das Beispiel der französischen Occupationstruppen, die während ihres Aufenthaltes in Morea einige Straßen bauten, namentlich die von Modon nach Navarino, ohne Nachahmung. Aber für solche Arbeiten, die auch die Engländer auf den ionischen Inseln mit Eifer und Erfolg betrieben haben, und die ein Land von der Gebirgsnatur wie Griechenland eben so wol erst recht verkehrsfähig, wie im besten Sinne zugänglich machen können, fehlte der Sinn und vorläufig auch das Geld. Allerdings verzehrte vorläufig die Armee, unter den obwaltenden Umständen bis zum Abschluß des Friedens von Adrianopel unvermeidlich, und deren Neugestaltung geraume Zeit die meisten flüssigen Mittel; allerdings wurde nach dieser Seite manches Schätzbare geleistet, namentlich durch Oberst Heydeck, und wurden (als Oberst Heydeck im August 1829 mit erschöpfter Gesundheit aus dem fieberischen Klima Griechenlands nach Deutschland zurückgekehrt war) durch seinen Nachfolger, den französischen General Trézel mit seinen Offizieren und Unteroffizieren, die Regulären allmälig sehr gut ausgebildet; auch die Chiliarchien wurden seit Ende 1829 durch General Gérard, Trézel's Nachfolger, in 20 leichte Bataillone von zusammen 8000 M. verwandelt, auch die zu naturwüchsige Art des bisherigen griechischen Kriegswesens, die Art der militairischen Gefolgschaften, die zu engen Beziehungen zwischen den alten Kapitani's und ihren Clans, sollte in abendländische Formen um-

**) Mendelssohn-Bartholdy, S. 168.

gebildet. Nur daß die Zahl von 9000 Soldaten für das griechische Heer (seit 1830) dann vorläufig doch zu groß, das Heer zu kostspielig war; nur daß die (anfangs unter Miaulis) ebenfalls unter dem unseligen Stern Kapodistrias' gebildete Marine bei der alten Verfeindung des Präsidenten mit Hydra stiefmütterlich genug behandelt wurde und trotz aller reglementirenden Decrete schließlich in bedauerlichen Verfall gerathen ist.

Aber auch auf einem anderen Punkte hat Kapodistrias Nichts gethan und erreicht. Es hätte sich wohl empfohlen, sowol die neue Regierung mächtig zu stärken wie dem Lande eine Menge neuer nützlicher Kräfte zu gewinnen, indem man die große Masse der sogenannten Nationalgüter (der aus der türkischen Erbschaft zu übernehmenden Grundstücke) benutzte, indem man das ländliche Proletariat und viele der alten Klephten in Bauern umschuf; thatsächlich ist in dieser Richtung etwas Rechtes nicht geschehen. Mehr aber: die Griechen litten, wie noch in unseren Tagen Edmond About mit Bedauern bemerkt hat, seit langer Zeit (nur zum Theil in Folge der Einwirkung der türkischen Steuer- und Regierungsweise) an dem schweren Mißstand, daß sie mit Vorliebe nur solche Geschäfte trieben, die einen schnellen Gewinn abwerfen; productive Ausgaben — Anlagen, die nicht schon von einem Jahre zum anderen Erfolgt bieten, — Verbesserungen namentlich der uralt primitiven Art ihrer Land- und Bodenwirthschaft, sind noch heute sehr wenig bei ihnen populär, sie waren es damals noch viel weniger. Hier war (und ist noch immer) die Heranziehung fremder Kapitalien und nicht minder fremder Ansiedler unter kräftigem Schutz der Staatsregierung nothwendig, um die Hellenen durch das Beispiel des gelingenden Neuen zu ermuntern. Leider aber war Kapodistrias allem Anschein nach gerade auf diesem Punkte viel zu sehr in dem uralten romäischen oder byzantinischen Bann der Antipathie gegen das Fremde befangen; hier hat er wiederholt sich nützlichen Unternehmungen wohlmeinender Abendländer hinderlich gezeigt, unter Anderem der Erweiterung einer von dem Amerikaner Dr. Howe zu Hexamilia auf dem korinthischen Isthmus gegründeten Colonie, die zuerst auf Aufnahme griechischer Flüchtlinge aus Kydonia und anderen Orten berechnet war, (dann freilich unter den späteren Unruhen zu Grunde gegangen ist).

Trotz aller Mängel seiner Regierung war Kapodistrias doch (die drohende Opposition unter den höheren Classen der Gesellschaft und die allmälig sich regende Opposition des Volks gegen die ungewohnte überall fühlbare und centralisirende bureaukratische Regierungsart hier nur ausgenommen) bis weit in das zweite Jahr seiner Herrschaft hinein wenigstens bei den Massen ganz populär. Die Zuversicht auf seine Person, der endlich gesicherte Friede im Lande, das Aufhören der ägyptischen Raubzüge hatte namentlich die erwerbende Classe sehr zu seinen Gunsten gestimmt. Und diese Stimmung hat wesentlich mitgewirkt zu dem Ausfall der Wahlen der endlich im J. 1829 nach Argos berufenen Nationalversammlung. Der Präsident hatte die Berufung dieser Versammlung lange verschoben; das Drängen namentlich der höheren Classen in Griechenland aber, die Wünsche der damals (s. oben) in Poros versammelten Gesandtenconferenz und die momentane Zeitlage hatte ihn dann im November 1828 bestimmt, die neuen Wahlen ins Auge zu fassen und sich mit dem Panhellenion wegen Organisirung der Wahlen in Verbindung zu setzen. Nicht ohne Streitigkeiten mit dieser Versammlung, die er zu seinem Zwecke im Frühjahr 1829 durch neun neue Mitglieder vermehrte, und erst nachdem er seinen widerstrebenden Staatssecretair Trikupis in seiner Stellung durch Spiliadis ersetzt (Trikupis aber zum Secretair des auswärtigen Amtes gemacht) hatte, gewann er (4. März 1829) die Zustimmung des Panhellenion zu seiner neuen Wahlordnung, welche im Wesentlichen das bei den Gemeindewahlen eingeführte System auch für die Landtagswahlen zur Geltung brachte und ferner der Regierung das Recht gab, unter den Wählern jedes Districtes den Vorsitzenden der Wahlcollegien zu ernennen. Eine Reise, welche Kapodistrias — der überhaupt zu verschiedenen Zeiten die Provinzen persönlich zu inspiciren pflegte — von Aegina aus im Monat März mit Kolokotronis und Metaxas durch Morea und dann auf den Inseln machte, war bei der Begeisterung des Volks für die gewinnende Persönlichkeit des Präsidenten, für die Wahlen sehr erfolgreich, die ohnehin durch die Beamten der Regierung stark beeinflußt wurden. Thatsächlich wählten dann 30 Wahlbezirke den „Vater Johann" zu ihrem Vertreter; und da er diese nicht annehmen konnte, so doch völlig im Sinne seiner Regierung. Als nach den vielen dadurch nöthig gewordenen Nachwahlen die Nationalversammlung — die beiläufig aus directen Wahlen hervorgegangen war — endlich am 23. Juli 1829 in dem alten Theater zu Argos zusammentrat, war sie (nicht ohne Heranziehung einiger Deputirten aus Chios, Kreta, Epirus, Thessalien) sehr wesentlich zu Gunsten des Präsidenten gestimmt[40]; nur daß die Ernennung eines Ober-Ausschusses durch die Regierung zur Prüfung der Wahlen die Gelegenheit bot, den dennoch hineingewählten Deputirten der Opposition gefährlich zu werden. Und wenn daneben der Präsident Alles aufbot, um Freunde und Gegner durch liebenswürdiges Benehmen und mannichfache und wohlberechnete Gunstbezeugungen zu fesseln und zu bezaubern, so konnte er zwar nicht hindern, daß Männer wie Mavrokordatos und Church ihm gerade jetzt vollständig den Dienst aufsagten; aber er hatte zu seinen Füßen eine vollständig ergebene Versammlung, die noch außerdem unter dem Druck der Schaaren des dem Präsidenten vollständig anhänglichen alten Kolokotronis stand. Die Beschlüsse der Versammlung hatten eine doppelte Seite. Schwer greift durch das sonderbare Märzprotokoll, in welchem namentlich auf einen aus-

40) Die Versammlung bestand (ohne die Kreter) aus etwa 227 Deputirten. Es waren Abgeordnete anwesend: 81 aus Morea, 56 aus Rumelien, 36 aus Euböa, Kreta, Epirus, Thessalien und dem Olymp; 14 aus den drei Kriegsschiffen, 27 aus dem Archipel, Aegina und Salamis, 4 aus Psara, 9 aus Samos und Chios; dazu kamen dann noch etwa 20 Kreter.

übrigen Fürsten als Griechenlands künftigen Herrscher hingewiesen wurde, hatte Kapodistrias, der sich jetzt völlig als Grieche fühlte, dessen glühender Ehrgeiz in ganzer heißer Einseitigkeit auf Herrschaft gerichtet war, der in Wahrheit an der Spitze Griechenlands bleiben wollte und der sich jetzt selbst von Rußland bei Seite geschoben fühlte, den Plan, dem Auslande gegenüber sich auf die Griechen zu stützen. Und wie er mit Freuden die glühende Dankadresse der Versammlung in Empfang nahm, so war es für ihn ein Gewinn, daß die Versammlung ihm die Vollmacht übergab, mit den Mächten zu verhandeln unter dem Vorbehalt der späteren Genehmigung der Versammlung; es war dieses letztere gerade das Moment, welches er nachher bei der späteren absoluten Entscheidung der Mächte über Griechenlands künftigen Herrscher mit Erfolg bei und gegen Leopold's von Coburg Entscheidung (s. oben) ausgebeutet hat. Auf der andern Seite diente ihm der Congreß, sein inneres System möglichst fest zu fundiren. Unter den Beschlüssen des am 18. August geschlossenen Congresses, die dem Präsidenten thatsächlich die volle Gewalt in die Hand gaben, die ihm namentlich volle Macht gaben, auf dem Wege der Verordnungen vorzugehen, war am bemerkenswerthesten jene, die an Stelle des doch mehrfach selbstwillig gewesenen Panhellenions einen Senat (Gerusia) setzte. Der Senat sollte aus 27 Mitgliedern bestehen; 21 Mitglieder wählte der Präsident aus einer von dem Congreß aufgestellten Liste, sechs andere ernannte er direct. Seine Macht war aber nur gering; zwar sollte der Senat mit dem Präsidenten das Verfassungswerk vollenden, dessen Sanction dann dem wieder zu berufenden Congreß vorbehalten blieb. Allein zunächst sollte der Graf nur an die Zustimmung des Senats bei Finanz- und Nationalgüterfragen unbedingt gebunden sein, während er in anderen Angelegenheiten — vorbehaltlich der Verantwortung vor dem Nationalcongreß — das Recht hatte, seine Decrete auch gegen die Ansicht des Senats auszuführen. Die Uebernahme ferner der bisherigen Gemeindeschulden Seitens der Regierung (die Anweisung der Forderungen der Gemeindeglieder, Forderungen, für die bisher die Demogeronten gebürgt hatten, auf die Staatskasse) löste ferner in unerfreulicher Weise namentlich den inneren Zusammenhang zwischen den Gemeinden und ihren Beamten. Und endlich war es bei der Vergangenheit Griechenlands seit 1821 im höchsten Grade gefährlich, es konnte eine furchtbare Waffe werden, daß man einen Gerichtshof aus drei Mitgliedern ernannte, der in letzter Instanz über Vergehen und Verbrechen entscheiden sollte, die zwischen 1821—1825 begangen waren; und dabei ernannte die Regierung nicht blos einen dieser drei Richter, sie behielt sich auch das Recht vor (nicht nur die Strafen zu vollziehen, sondern auch) im Allgemeinen und im Speciellen Abweichungen von dem gewöhnlichen Proceßgange eintreten zu lassen. Erwähnt sei endlich, daß der Congreß auch den hellenischen Orden, den Erlöserorden, geschaffen hat, dessen Insignien zuerst Kapodistrias trug, der ihn später unter Anderen an Codrington, Maison und Eynard verlieh.

Kapodistrias mit seinem neuen Senat, der am 20. September organisirt wurde, und am 13. October zu arbeiten begann, und mit dem daran geknüpften Ministerium stand jetzt auf der Höhe seiner Macht. Aber dieselbe begann zu wanken, seitdem das Februarprotokoll vom J. 1830 in Griechenland und namentlich die Ernennung des Prinzen Leopold durch die Mächte bekannt wurde. Die weitverbreitete Freude über diese Ernennung verletzte den Präsidenten tief; und wenn er auch Leopold's Rücktritt, zu dem er ja selbst (s. oben) mitgewirkt hat, noch als einen Gewinn betrachten konnte, so hübe doch seit dieser Zeit die persönliche und principielle Opposition gegen ihn und gegen sein System immer energischer auf. Hatten im Herbst 1829 wenigstens die Miaulis, Kondurioti, Tombazi und Mavrokordatos den Eintritt in den Senat abgelehnt, so war die Opposition schon dadurch schwer gereizt, daß der Präsident die Unterzeichner der Adresse des J. 1830, die die Freude über Leopold's Wahl ausgesprochen hatten, verfolgte und maßregelte; daß namentlich die politische Spionage und die Verletzung des Briefgeheimnisses in böser Weise betrieben wurden; in letzterer Richtung wurde außer Anderem namentlich der Proceß berüchtigt, der dem Priester Kormasithis gemacht wurde, weil ein Brief dieses Mannes, der in die Hände der Regierung gefallen und erbrochen war, gegen einen Freund Mißfallen mit dem Präsidenten geäußert hatte, und der nun vom September 1829 bis zum März 1830 in schwerer Haft saß, bis ihn das Appellationsgericht zu Argos zwar vom Verbrechen freisprach, ihn aber doch eines (durch die lange Haft allerdings genügend bestraften) Vergehens für schuldig erklärte.

Und da nun die definitive Ordnung der griechischen Dinge durch die langsame Geschäftsführung auf sich warten ließ, Europa sehr bald durch die französische Juli-Revolution für längere Zeit von Griechenland abgelenkt wurde, die Räumung der Cantone Euböa und Attika Seitens der Pforte sich verschleppte, die Vortheile politischer und materieller Art, die man sich von der Erhebung eines europäischen Prinzen auf Griechenlands Thron vielfach versprochen hatte, ausblieben, so nahm die Unzufriedenheit der Opposition andauernd zu; namentlich auf den Kriegsinseln, besonders auf Hydra. Denn auf diesen Inseln (wo nun auch der hochangesehene Navarch Kondurioti zu Anfang des J. 1830 aus dem Dienste der Regierung zurückgetreten war) war auch, seitdem es weder Krieg, noch Seeraub, noch Handel gab, die Noth sehr groß; selbst die Wohlhabenden verarmten, manche Hydrioten gingen selbst wieder nach alter Art nach Stambul, um dort in den türkischen Arsenalen Arbeit zu finden. Und bei aller Mühe konnte die Regierung auch die berechtigten Entschädigungsforderungen der Inseln nur sehr ratenweise begleichen. Weiter aber entwickelten sich jetzt die starken Fehlgriffe der neuen Regierung in der Behandlung der Gemeinden und der Justiz. Kapodistrias selbst, obwohl unermüdlich, leicht verletzt, stolz und heftig, wie er war, verlor seine frühere Sicherheit des Auftretens; er wurde unruhiger, gewaltthätiger. Er zeigte mehr und mehr die romantische Abneigung gegen das Eindringen des abendländischen Wesens mit der gefürchteten revolutionairen Färbung; wie denn namentlich in dem höheren Schulwesen derselbe Mann, der einst Griechenlands Freiheit vor Allem von der hohen Bildung seiner Bewohner erhofft hatte, der andauernd das lebende Geschlecht der Griechen so gut wie preisgab und die wesentlichste Hoffnung auf die Jugend Griechenlands setzte, bei der Einrichtung des höheren Schulwesens unter Anderem selbst Geschichte, Geographie und Naturwissenschaften möglichst beschränkte und in einer berühmt gewordenen Verordnung bei der Lectüre des Platon den „Gorgias" bestimmt ausschloß und wesentlich nur die Lesung der „Apologie" empfahl.

Der weitverbreitete Unwille der Hellenen über die Mitwirkung ihrer Regierung bei der Ablehnung des ersehnten Prinzen Leopold hatte Kapodistrias doch unsicher gemacht. Aber seine Versuche, durch mehrfache verständige Maßregeln sich populairer zu machen, scheiterten; die Gründung der Assecuranzgesellschaft zu Syra, die bei den Verhandlungen angestrebten Bemühungen um die Freiheit der griechischen Flagge bei den Fahrten nach den Dardanellen, die endliche Einrichtung des Handelstribunals zu Syra, die Erhebung der Insel Ydra auf fünf Jahre zum Freihafen, wurden dankslos hingenommen. Und wie die Organisirung des Kaufmannsstandes in zwei Classen mit verschiedenem Rechte am 24. April 1830 zu Syra unangenehme Unruhen erregte; wie die Bemühungen, die bei mangelndem Hypothekenwesen und bei der Ausbeutung zu Staatszwecken wieder erblichene Nationalbank endlich (im Februar 1830) selber zu fundiren, ohne Erfolg blieben (die Bank ist 1834 ohne Sang und Klang aufgehoben worden); so erregte die Art, wie in Morea der alte Kolokotronis die an sich ganz verständige Heerdensteuer in altürkischer Manier eintrieb, nur den Unwillen auch des Landvolks; und die falsche fiscalische Praxis, hohe Export- und Einfuhrzölle aufzulegen, die bis zum Sommer 1831 bei steigender Geldnoth immer mehr erhöht worden sind, lähmte nur den Binnenhandel; und es erregte schweren Unwillen, als in der Zeit nach der Abtrennung von Akarnanien durch das Februarprotokoll die nach dem freien Hellas übersiedelnden Akarnanier an der griechischen Grenze zwölf Procent ihrer Habe als Zoll abgeben sollten.

Die endlich seit Anfang des Jahres 1830 sich theilweise vollziehende Räumung von Attika und Euböa durch die Osmanen nützte nur wenig. Denn schon war die Opposition immer fester und hartnäckiger geworden. Während die englische Partei, auf die britischen Agenten gestützt, namentlich auf den Inseln immer hartnäckiger wurde, warf nun auch die französische Juli-Revolution den Brand nach Griechenland. Die Franzosen in Griechenland waren durch dieselbe lebhaft angeregt; mehr aber die Griechen selbst, deren Stolz der greise Koraïs in Paris, des Präsidenten heftiger Gegner, schürte, und die bei ihrem erregbaren Naturell gern und schwungvoll sich in tragisch-revolutionairem Pathos mit französischen Decorationen und antiken Anklängen sich bewegen. Ein Soldatenaufstand des jungen Tzami Karatassos, der mit seinem Bataillon im Mai 1831 wegen Ausbleibens des Soldes Argos verließ und sich bei Talanti mit anderen Unzufriedenen vereinigte, und dem sich zu Salona andere mißvergnügte Palikarenführer anschließen wollten, wurde allerdings durch die Uebermacht des Augustin Kapodistrias und der Generale Rangos und Mitzaras gedämpft, die Empörer über die türkische Grenze getrieben. Aber viel bedenklicher wurde dann der Conflict der Regierung mit Ydra und mit den Mainotten. Die mit der Regierung des Präsidenten in stets zunehmender Spannung befindlichen Ydrioten, die übrigens mit der größten Hartnäckigkeit auf der vollen Entschädigungssumme von 18 Millionen Phönix beharrten, gewannen seit dem März 1831 ein gefährliches Mittel, um auf die Stimmung in dem gesammten Lande einzuwirken. Die dem Präsidenten feindselige Zeitung, der „Courier de Smyrne" (der beiläufig mit Ende Juni 1831 zu erscheinen aufhörte), hatte bei der Entfernung der Stadt Smyrna von Griechenland und wegen ihres Erscheinens in französischer Sprache, einen wirksamen Einfluß auf das griechische Volk im Großen nicht gehabt. Nun aber war zu Ende des Jahres 1830 aus Paris der mit neufranzösischen Ideen erfüllte, begabte junge thessalische Gelehrte A. Polyzoidis nach Nauplia, neuerdings dem Sitze der Regierung, gekommen, um hier ein Oppositionsblatt zu gründen. Graf Viaro suchte ihn (der Präsident war gerade in Aegina) zuerst durch Vorstellungen davon abzubringen; dann ließ er, als die erste Nummer der neuen Zeitung „Apollo" am 1. Januar 1831 erscheinen sollte, unmittelbar vor der Vollendung des Drucks die Exemplare mit Beschlag belegen; auf weitere von der Regierung versuchte Beschwichtigungen ging Polyzoidis nun nicht mehr ein. Vielmehr siedelte er nach Ydra über, wo man ihn mit Freuden aufnahm, die Kosten des Drucks deckte, sodaß dann am 16. März 1831 die erste Nummer des „Apollo" wirklich erschien. Und wie die Versuche der Regierung, ihren Senat zu einem strengen Vorgehen zu bestimmen, selbst in dieser Corporation keinen Erfolg hatten, so nützte auch das Verbot und wiederholte Beschlagnahmen des Blattes in Morea dem Präsidenten Nichts, denn es auch nicht gelang, die (angeblich durch Maurokordatos inspirirten) Ydrioten zur Beseitigung des „Apollo" zu gewinnen. Vielmehr wurde dieses Blatt, das täglich an Leidenschaft und Heftigkeit der Sprache zunahm, der Tummelplatz für unzählige Zuschriften aus dem ganzen Lande, die einen neuen Congreß und eine echte und wirkliche Verfassung verlangten und gegen den „russischen Proconsul" eiferten. Es kam endlich soweit, daß die Ydrioten ihren Gouverneur Mauromati vertrieben, sich eine selbständige Verwaltung (bestehend aus Konturiotis, Miaulis, Budaris, Emanuel Tombasis, Demetrios Bulgaris, Antonios Kriezis, Nikolaos Oekonomos) bildeten, unter Aufpflanzung der Tricolore sich unter französischen Schutz stellten; ihrem Beispiel folgten die Spezzioten, und bald fiel auch Syra von dem Präsidenten ab.

Der Abfall von Syra war namentlich finanziell ein schwerer Schlag für die Regierung. Ihr Finanzwesen war bis zur ersten Hälfte des J. 1830 in guten Zug gekommen. Französische und russische Zahlungen, dann der gute Ausfall der Korinthenernte im J. 1829 auf den Staatsländereien, Geschenke und Vorschüsse Eynard's, hatten wenigstens die geordnete Verwaltung möglich gemacht. Aber im Laufe des Jahres 1830 gestalteten sich die Dinge schlimmer; die Verwaltung wurde immer kostspieliger, und trotz aller Geschenke von Außen [41]) stockten die Subsidien [illegible], nur daß noch die drei Mächte auf Vorschuß der durch Leopold angebotenen Anleihe bis Ende 1830 noch einige mäßige Summen spendeten. Der Steuerdruck im Innern, die strengen Maßregeln gegen säumige Steuerzahler wurden immer empfindlicher; schon wurde es schwer, die Beamten regelmäßig mit baarem Gelde zu besolden. Und da nun mit Syra's Abfall die reichen Einkünfte der dortigen Douanen ausblieben, so sah sich der Präsident zu immer verzweifelteren Finanzmaßregeln genöthigt, die dann (29. Juni 1831) in der Ausgabe von 3 Millionen Phönix (= 1/6 des spanischen Thalers) unverzinslichen Papiergeldes gipfelten, dem man durch Verordnung vom 13. September 1831 den Umlauf sicherte.

Da nun die Opposition sogar Anstalt machte, nach Hydra eine neue Nationalversammlung zu berufen, so sahen sich die Vertreter der Schutzmächte genöthigt, vermittelnd einzugreifen. Auf ihre Veranlassung kamen zu Anfang des Juli 1831 fünf Primaten von Hydra nach Nauplia, um mit der Regierung zu verhandeln. Kapodistrias — bei aller seiner Strenge und Zähigkeit sonst kein Mann von durchschlagender despotischer Kraft und Energie (wie noch seine matte Haltung bei einem Miniaturaufstande der unter Director Mustoxidis und Korfis in der Centralschule zu Aegina, einem Mittelding zwischen „hellenischer" Schule und Akademie, versammelten jungen Leute gegen die despotische Zucht der Anstalt zu Anfang des J. 1831 gezeigt hatte) — war hier unnachgiebig. Er sah in den Insulanern lediglich Empörer; er lehnte unter constitutionellen Formen die Ausgleichung ab. Nun waren damals die Westmächte in Nauplia noch durch Rouen und Dawkins vertreten, während ihre Geschwader nur unter den Stationscommandanten, den Capitainen Lalande und Lyons standen. Rußland aber, auf dessen Seite sich Kapodistrias durch seine Vergangenheit (trotz seiner Verstimmung 1829 und 1830) immer wieder gedrängt sah, — Rußland, dessen Machtstellung (mit seiner Autorität auch bei den Hellenen) damals sowol durch den Sturz Karl's des Zehnten von Frankreich und Frankreichs Abschwenkung zu England, neuerdings aber noch mehr durch den schwierigen Krieg mit den aufständischen Polen gelähmt und geschwächt war: Rußland war in Griechenland einerseits durch den energischen Admiral Ricord vertreten, andererseits durch den Residenten Baron Rückmann. Beide Männer waren dem Präsidenten Kapodistrias vollkommen ergeben und dienstwillig, Rückmann (keine so bedeutende Persönlichkeit wie früher des Präsidenten Freund, der Russe Bulgari, 1828/29) namentlich nicht so selbständig wie vor ihm der tüchtige Graf Panin. Nun waren die drei Residenten unter einander nicht einig über die in Bezug auf den hydriotischen Conflict zu ergreifenden Maßregeln. Kapodistrias aber folgte am liebsten Rückmann's Ansichten, der der Meinung war, es sei entschieden gegen die Empörer vorzugehen. Also verweigerte der Präsident zunächst den aufständischen Insulanern die zum Auslaufen ihrer Schiffe nöthigen Schifffahrtspapiere. Dann aber wurde in dem Arsenal zu Poros im Stillen stark gerüstet, die griechische Flotte gerüstet und bemannt, es sollte namentlich die Insel Syra zurückerobert werden.

Da faßten die Hydrioten einen kühnen Entschluß und beauftragten den entschlossenen, bekanntermaßen seiner Gemeinde unerschütterlich ergebenen Miaulis, die Pläne des Präsidenten mit Gewalt zu vereiteln. In der Nacht vom 26. zum 27. Juli segelte Miaulis mit 200 Seeleuten nach Poros, und mit Hülfe der Einwohner gelang es ihm, sich der Flotte und des Arsenals zu bemächtigen; nur das gelang ihm nicht, den damals der [illegible], wie später der russischen Partei anhängend unerschütterlich ergebenen Navarchen Kanaris (den Commandanten der Corvette „Spezzia"), seinen alten Kampfgenossen, für seine Partei zu gewinnen. Bei der Unsicherheit über die eventuelle Haltung seiner Soldaten, die zur Zeit aus Geldmangel nur schlecht bezahlt waren, wandte sich Kapodistrias (der Franzose Rouen war eben abwesend, Lyons und Lalande ebenfalls zur Zeit nicht in Nauplia) an die Residenten, ihre Hülfe gegen den kecken Handstreich der Hydrioten anzusprechen. Ricord, der die Gefahren eines einseitigen Vorgehens nicht verkannte, fügte sich dem bestimmten Willen des schwer gereizten Präsidenten, der als ehemaliger russischer Minister auch ihm imponirte; und so begann die Intervention, die dann in den Augen der Griechen das Ansehen der Hydrioten, als gegen den russischen Einfluß in Griechenland gewandt, mehr oder minder gerechtfertigt erscheinen ließ. Während nun Nauplia in Belagerungszustand erklärt, dann auch tausend Mann (Taktiker, Irreguläre, und 200 Reiter unter Demetrios Kallergis) unter General Niketas nach Poros geschickt wurden, blokirte Ricord mit einer Fregatte und einer Brigg den Hafen von Poros. Seine Verhandlungen mit Miaulis, der gegen das einseitige Vorgehen des russischen Admirals protestirte, blieben ohne Erfolg; die Beziehungen wurden bald sehr gereizt. Die nun erscheinenden Capitaine Lyons und Lalande richteten auch Nichts aus, wollten aber doch nicht mit Gewalt gegen Miaulis vorgehen, kehrten nach Nauplia zurück, ihre Residenten zu befragen. Als nun Ricord den Hafen von Poros auf allen Seiten sperrte, schon am 5. August im offenen Kampfe mit dem Fort von Poros die Corvette „Spezzia" am Auslaufen, ein Schiff aus Hydra am Einlaufen mit Gewalt hinderte, Miaulis aber den Kampf mit

41) S. die Uebersicht bei Mendelssohn-Bartholdy, S. 249 fg.

voller Macht entgegenzutreten sich entschloß, da schritt Ricord zu immer heftigeren einseitigen Schritten fort. Am 10. August machte er (während die griechischen Regierungstruppen im letzten Moment den Muth zum Angriff auf das Fort von Poros verloren) den erfolgreichen Angriff mit seiner Flotte auf den Hafen, bei dem dann die Corvetten „Spezzia" und „Hydra" zu Grunde gingen. Unter dem Eindruck der Vorstellungen von Dawkins und Rouen wollte Kapodistrias nun doch nicht weiter gehen; vielmehr machte er nun den Insurgenten die Concession der vollen Amnestie, auch sollte ein neuer Congreß möglichst bald berufen werden. — Miaulis aber sollte im Namen aller Verbündeten aufgefordert werden, das schwimmende Eigenthum des Staats wieder herauszugeben. Eilends segelten (12. August) Lyons und Lalande aus Nauplia nach Poros, um den Frieden herzustellen; schon aber war hier eine böse Wendung eingetreten. Miaulis nämlich fand, daß die Pforten seiner Umgebung aus Rücksichten auf den rhetorischen Handel mit Rußland über ihr Gefecht mit Ricord schwer betroffen waren; die Bürger aber von Poros unterhandelten am Abend des 12. August mit Ricord und gaben zu, daß ihre Stadt am folgenden Morgen durch Regierungstruppen besetzt werde, während Ricord in der Nacht die compromittirten Einwohner und die meisten Begleiter des Miaulis nach Hydra entweichen ließ. Miaulis, der nur noch etwas über 20 Mann an Bord der Fregatte „Hellas" hatte, der aber glaubte, daß die Flotte nach Rußland entführt werden sollte (was die Westmächte natürlich niemals zugegeben hätten), der mit energischer Zähigkeit sich nur an die Beschlüsse seiner Gemeinde hielt, beugte sich nicht, sondern drohte dem russischen Admiral — (er wollte Lyons' und Lalande's Rückkehr abwarten und nur mit den verbündeten Flottenführern zusammen unterhandeln), — daß er bei der geringsten feindlichen Bewegung die Schiffe, die er noch hätte, in Brand stecken würde. Nach der Darstellung bei Mendelssohn-Bartholdy [42]) erhielt Ricord dann durch einen Boten die Nachricht von dem neuesten Compromiß zu Nauplia, und von der nahen Ankunft der westmächtlichen Capitaine; um aber doch noch vor ihrer Ankunft eine vollendete Thatsache herzustellen, ließ er am 13. August früh 10 Uhr seine Flotte in den Hafen eindringen, während die Regierungstruppen in Poros landeten. Da — führte Miaulis seine furchtbare Drohung aus; die Fregatte „Hellas" und die Corvette „Hydra" flogen in die Luft [43]), von Miaulis angezündet; der Admiral selbst und seine Begleiter entkamen auf einer Schaluppe den russischen Kugeln nach Hydra. Die übrigen Schiffe und das schon brennende Arsenal wurden noch gerettet, — die Stadt Poros aber wurde von den griechischen Regierungstruppen in schmachvoller Weise geplündert.

Die That des Miaulis galt damals der Oppositionspartei, später und heute den sämmtlichen Hellenen als ein Akt des großartigsten Heroismus. Damals jedoch war die Stimmung auf dem Festlande sehr bestimmt gegen die der Flotte so sehr nachtheilige Action der Insulaner; und bei dieser Stimmung der Griechen hoffte Kapodistrias, der jetzt alle Beziehungen zu der Gegenpartei fallen ließ, der jetzt (wegen des harten Tadels, den General Gérard gegen die Plünderer von Poros aussprach) auch mit den Franzosen mehr und mehr zerfiel, und mit ansehen mußte, wie die Agenten der Westmächte den Admiral Ricord an der Blokade von Hydra hinderten: er hoffte, unter stillschweigender Auflösung der letzten bisher nur vertagten Nationalversammlung, bei den am 15. August ausgeschriebenen Wahlen zu einer neuen (für den 13. Sept. nach Argos berufenen) Landesversammlung (von der die oppositionellen Landschaften so lange ausgeschlossen bleiben sollten, bis sie sich mit der Regierung versöhnt hätten) günstige Wahlergebnisse für sich; freilich arbeiteten auch die Gegner lebhaft an der Berufung eines Gegencongresses nach Hydra. Dazu kam es nun aber nicht. Denn während der Präsident zu weiterer Gewinnung des Volks zu Anfang September die verhaßten Günstlinge Viaro und Gennaios „auf Urlaub" aus Griechenland entfernte; während sein Justizminister Klonaris die Klage gegen die Rebellen von Hydra und Poros juristisch formulirte, und während den minder Compromittirten die (nicht acceptirte) Amnestie angetragen wurde; während dann die Hydrioten zu Schiffe Versuche machten, Verbindungen zum Nachtheil des Präsidenten auch auf dem Festlande anzuknüpfen und den unruhigen Mainoten (s. unten) die Hand zu reichen, dabei jedoch von dem Admiral Ricord gedrängt, bei Koron zu Wasser geschlagen, in Kalamata aber (zu hohem Unwillen des Präsidenten) dann von dem französischen General Guéhéneuc nicht ausgeliefert wurden: während dann die neue unbestimmte Vertagung des jüngst berufenen Congresses in dem Lande neue Mißstimmung erzeugte, — fand Kapodistrias ein unerwartetes Ende durch die Kugel eines schwer gereizten Mainoten.

Die lebhafte Betheiligung der Familie Mauromichalis zu Gunsten der Wahl des Grafen Kapodistrias zum Präsidenten von Griechenland hatte diese Familie doch nicht davor geschützt, daß auch sie, ja sie vor Anderen, durch den neuen Herrscher schwer gedemüthigt wurde. Es war dieses für die Mauromichalis eine sehr empfindliche Sache. Was auch immer die Freiheitsliebe der Mainoten und die Art ihrer Kriegführung befleckt haben mochte: sie hatten aus ihrem engeren Kreise an 40, aus ihrem Clan zusammen 60 Männer in dem Freiheitskampfe fallen sehen, ihre Vermögensverhältnisse waren schwer zerrüttet worden. Der alte Chef des Hauses, der vor allen anderen griechischen Notabeln hoch angesehene Petrobei, Anfangs ein großer Verehrer des Grafen; an sich auch einsichtig genug, um sich in die neuen Verhältnisse zu schicken, bis die alte Ausnahmestellung seines Hauses allmälig stark erschüttert wurde, gerieth aber nach und nach in Abneigung gegen die neue Herrschaft. Nicht nur daß diese alle alte

42) A. a. O. S. 300 fg. 43) Nach Prokesch-Osten, II. S. 453 (der alle diese Dinge lediglich für die Haltung der Pforte ungünstig und für Kapodistrias und Ricord sympathisch beschreibt) hätte Capitain Kriezis vor das Steuer der „Hellas" ausharren wollen.

Bedeutung der Primaten absorbirte, so war es ein starker Mißgriff des Präsidenten, daß er die Entschädigungsforderungen der verarmten Familie wiederholt in einer Weise behandelte, die, auch wenn er Geld als Abschlagszahlung gab, gerade für eine solche Familie verletzend und empfindlich genug war, — auch davon abgesehen, daß die Mavromichalis über systematische Begünstigung der rivalisirenden Familie Murzinos klagten. Darüber kehrten dann manche Glieder des Hauses Mavromichalis zu ihrer alten Eigenmacht und Willkür zurück; nur daß Petrobei selbst, seit dem Herbste 1829 Mitglied des neuen Senates, noch längere Zeit am Sitze der Staatsregierung eine vermittelnde Stellung einnahm, factisch auch eine Art Geißel darstellte.

Nun war unter den unruhigen Mainotten, die mit alter Zähigkeit an den Mavromichalis hingen, zu Ostern dieses Jahres ein Aufstand gegen den Eparchen Genovelli ausgebrochen, und zwar zu Tzimova; der Bruder des Petrobei, Giannis Mavromichalis, stellte sich an die Spitze. Da es schwer und unzweckmäßig schien, diese Bewegung mit Gewalt der Waffen zu bekämpfen, so wußte Kapodistrias den Giannis durch die Vermittelung seines arglosen Neffen Georg nach Nauplia zu locken, wo man ihn dann — wegen eines Mordes, den er vor Jahren verübt haben sollte, vor Gericht zog und 18 Monate ohne Entscheidung in den Gefängnissen des Forts Palamidhi gefangen hielt. Gleichzeitig wurden die übrigen Mitglieder der Familie, die sich zu Argos und Nauplia aufhielten, unter polizeiliche Aufsicht gestellt. Da wußte aber des gefangenen Giannis schöner und tapferer Sohn Elias zu entkommen; er erschien in der Maina, eben als der Gouverneur Kornelios von Kalamata die meisten Mainotten durch Geld gewonnen hatte und sich anschickte, die Aufständischen zu Tzimova schnell zu unterwerfen. Kaum erfuhren nun die Mainotten, wie die Familie Mavromichalis von der Regierung behandelt werde, so wurde die Erhebung allgemein. Kornelios mußte schnell ihr Land räumen, und unter Leitung des ebenfalls eintreffenden Constantin Mavromichalis (eines Bruders des alten Petrobei) organisirte man sich zu Ende des J. 1830 sehr energisch zum Aufstande. Man wollte der Regierung große Geschenke bieten, wenn sie die verhafteten Mavromichalis frei gäbe; andernfalls drohte man mit 5000 Mann nach Nauplia zu ziehen. Dieses geschah nun zwar nicht; aber man stellte den Constantin an die Spitze der Armee, wählte eine Behörde von 12 Männern und beschloß nachmals, als auch Hydra sich erhob, sich mit den Hydrioten in Verbindung zu setzen.

Petrobei war inzwischen von der Regierung, die ihn schon lange als im Geheimen an den Schritten seiner Familie betheiligt meinte, scharf überwacht und über die Details der Zustände seiner Familie und seines Volks in der Maina in Ungewißheit erhalten worden; und da er doch bald genug über die Lage der Dinge unterrichtet war, auch den Präsidenten vergeblich um Erlaubniß gebeten hatte, die Empörung der Mainotten persönlich beschwichtigen zu dürfen, — so folgte er endlich nur noch der Stimme seiner heftig erregten Leidenschaft. Er wußte sich mit seinem in Argolis verhafteten Verwandten in Verbindung zu setzen, und plante dann — wenn er nicht ernstlich daran dachte, sich nun selbst an die Spitze der aufständischen Mainotten zu stellen, ein starker Fehler — nur noch die Flucht. Er benutzte zu Ende Januar 1831 den Lärm eines Festes zu Nauplia, um mit einem seiner der Haft glücklich entkommenen Verwandten auf einem Schiffe unter englischer Flagge, welches dem Obersten Gordon gehörte, aus Nauplia zu entkommen und (sein Begleiter war in Monembasia ausgestiegen) nach Zante zu gehen. Hier miethete er ein kleines Schiff, das ihn nach Limeni, dem Mittelpunkte des Mainottenaufstandes, bringen sollte. Nun hatte Petrobei bei seiner Flucht aus Nauplia ein Schreiben an den Präsidenten zurückgelassen, in welchem er seine Flucht mit dem Verfahren der Regierung gegen ihn und sein Geschlecht zu vertheidigen suchte und es als sein Recht erklärte, sich nach Limeni zu begeben, um die Unruhen in der Maina zu stillen. Kapodistrias aber hatte sein Entweichen als Desertion betrachtet, nach allen Seiten hin Befehle ertheilt, den Flüchtling aufzugreifen und nach Nauplia zurückzuführen. Und als nun Petrobei mit seinem kleinen Schiffe auf der Fahrt von Zante nach der Maina durch einen Sturm nach Katakolo an der Küste von Elis verschlagen wurde, fiel er dem Nivarchen Kanaris in die Hände und wurde nach Nauplia zurückgebracht.

Hier wurde Petrobei vor eine unter Viaro's Vorsitz gebildete Senatscommission gestellt (sie bestand aus Viaro, Demetrakopulos und einem Chorafampis), welche einen förmlichen Anklageact entwarf und aus acht Klagepunkten (namentlich angebliche Beförderung der Unruhen in der Provinz Lakonien, Mitwissenschaft und Theilnahme an widerrechtlicher Einforderung der Zölle und Abgaben in jener Provinz durch seine Brüder Giannis, Anastasios und Constantin; Entweichung von seinem Platze als Senator, um nach dem Schauplatze des Aufstandes zu gehen) die Klage auf Hochverrath herleitete und den Greis zu vorläufiger Haft in dem Fort Itschkale verurtheilte (Mitte Februar 1831). Hier saß der alte Fürst nun viele Monate lang, ohne daß irgend ein richterlicher Endspruch erfolgt wäre. Alles Verkehrs mit seinen Freunden und aller gewohnten Bequemlichkeiten beraubt, hielt er doch lange wacker aus. Inzwischen waren die Mainotten durch die Kunde von diesen Vorfällen immer trotziger geworden; die Versuche des Generals Hadschi-Christos, des Kornelios von Kalamata, des zur See bei Armyro operirenden Kanaris, sie zu beruhigen, führten zu keinem Erfolge und man begnügte sich endlich eine Zeit lang damit, die Maina durch Kolokotronis und Nikitas von Kalamata aus überwachen zu lassen. Auch der Versuch des Präsidenten selbst, von Methoni aus die Mainotten zu beruhigen, blieb ohne Erfolg, da sie als Grundlagen eines Vergleichs die Freilassung des Petrobei und die Proclamation einer Verfassung forderten, welche die persönliche Freiheit der Bürger für die Zukunft sichern sollte.

Inzwischen bereits mit den Hydrioten in nur wenig

gebildeter Verbindung, waren zu endlicher Befreiung des alten Hauptes der Familie Constantin Mauromichalis und Georg noch einmal nach Nauplia gegangen, um — gegen Zusicherung persönlicher Freiheit — persönlich mit Kapodistrias zu verhandeln. Die Unterhandlung hatte jedoch abermals kein Ergebniß, und beide Mauromichalis wurden in für sie sehr beleidigender und schimpflicher Weise zu Nauplia in Stadtarrest festgehalten. Als nun die verzweifelnde 80jährige Mutter des Petrobei fast sämmtliche Mitglieder ihres Hauses in Gefangenschaft sah, gewann sie die Fürsprache des vor der Maina kreuzenden Admirals Ricord. Durch diesen bestimmt, wollte Kapodistrias endlich die Freilassung des Petrobei verfügen, wenn der alte Fürst schriftlich um Gnade bitten würde. Petrobei aber lehnte das standhaft ab, da er sich nicht schuldig fühle, und wollte, da er seine Grundsätze nicht ändern könne, ohne den Schutz der wiederhergestellten Verfassung seinen Kerker nicht verlassen. Allmälig aber brach die lange Haft die Kraft des alten Mainottenbei's. Und als die Vorstellungen Ricord's erneut wurden [44], Petrobei bereit war, zu bekennen, was die Regierung verlangte, da sollte nun am 8. October 5 Uhr Nachmittags eine Unterredung zwischen ihm und Kapodistrias in Ricord's Gegenwart stattfinden. Nach der Schilderung von Mendelssohn-Bartholdy und Gervinus [45] war nun der von beinahe allen namhaften griechischen Staatsmännern damals aufgegebene Präsident zu allem Unheil an diesem Tage durch die Lesung eines zornathmenden Artikels eines damals sehr einflußreichen liberalen londoner Journals, des „Couriers," der seine russische Haltung, sein Regierungssystem, seine Intriguen gegen Leopold, seine Verfolgung der Mauromichalis heftig angriff, auf das Furchtbarste erregt worden. Und so weigerte er sich nachher, als Ricord mit Petrobei zur Audienz erschien, den alten Mainotten zu empfangen. Der russische Admiral konnte die hochaufgeregte Hartnäckigkeit des Grafen nicht überwinden, — und Petrobei, nun in dem Wahn, der Präsident habe sich nur an seiner Erniedrigung weiden wollen, zu Wuth und Verzweiflung gestachelt, „Kehr mit entblößtem Haupte zu Gott um Rache gegen den Tyrannen von Hellas und den Verfolger seines Geschlechts." Und dann ließ er sich durch seinen Wächter auf dem Wege nach dem Itschkale bei dem Hause vorüberführen, wo Georg und Constantin Mauromichalis wohnten und schon lange über blutiger Rache an Kapodistrias brüteten. Hier rief er die Männer ans Fenster, deutete ihnen mit einigen Worten sein Schicksal an und entflammte sie dann zu dem Beschluß, nun sofort in dem Sinne altmainottischer Vendetta zu handeln. Petrobei selbst erhielt seine Freiheit erst im folgenden Jahre zurück bei dem vollständigen Sturze der kapodistrianischen Partei; Kapodistrias aber fiel schon am nächsten Tage. Georg und Constantin Mauromichalis nämlich — deren länger gehegte Rachepläne scharfblickenden Männern nicht entgangen, von Kapodistrias aber nicht beachtet waren — hatten ihre ihnen zugetheilten Polizeiwächter, den J. Karajannis und den A. Georgis, völlig für sich gewonnen; als nun am nächsten Tage, Sonntag den 9. October, der Präsident früh 6 Uhr sich nach seiner streng religiösen Gewohnheit nach der Kirche St.-Spiridion begab, nur begleitet von seinem treuen einarmigen Diener Kokonis und dem Sergeanten Leondas, traten sich ihm an der Thür der mit Betenden gefüllten Kirche Georg und Constantin in prachtvoller Kleidung entgegen, — ihre Wächter ihnen gegenüber an der anderen Seite der Straße. Als Kapodistrias die Kirchtreppe hinaufstieg, schoß ihn Constantin in den Kopf, der Schuß des Karajannis fehlte, Georg aber stieß dem Grafen seinen Yatagan zweimal in das Herz. Kokonis fing den todten Präsidenten auf, legte ihn nieder, eilte dann den fliehenden Mördern nach. Georg, der bei dem allgemeinen Tumult leicht durch ein nahes Thor aus Nauplia hätte entkommen können, flüchtete mit Karajannis in das Haus des französischen Residenten Baron Rouen. Constantin aber wurde zuerst von einem Schusse des alten Kokonis verwundet; während sich weiter schleppend, traf ihn ein Schuß, den ihm der alte Suliotengeneral Photomaras aus dem Fenster seines Hauses zuschickte. Nunmehr zu Boden geworfen, wurde er von dem wüthenden Volke auf einen Platz geschleppt, in Stücke gehauen, sein Körper in eine Mistgrube, dann in das Meer geworfen.

Inzwischen hatten die Regierungsbehörden gehandelt. Der Senat versammelte sich, und während das Volk Gassen und Plätze füllte, überall ein Aufstand befürchtet wurde, zog man die Truppen zusammen, sperrte die Thore, übergab (da man dem General Gérard den Befehl in der Stadt abschlug) dem philhellenischen Portugiesen Oberst Almeyda das Commando der Regulären, ernannte sofort eine neue Regierung, — sie bestand aus Augustin Kapodistrias als neuem Präsidenten, aus dem hochangesehenen Kolettis und dem zur Zeit noch abwesenden alten Kolokotronis. Die neue Regierung sollte sofort die Nationalversammlung berufen; sie wurde insofern beschränkt, daß die Verantwortlichkeit und Anklagbarkeit der Staatssecretaire; der Vorbehalt des Senats, in den äußeren Verhältnissen mitzusprechen; die Rechnungslegung in Finanzfragen vor

44) Mendelssohn-Bartholdy a. a. O. S. 349 fg. Gervinus a. a. O. Bd. VIII. S. 868. 45) Von allen andern Schilderungen auch in einigen Details abweichend, gibt Prokesch-Osten, II. S. 456 fg. und S. 459 fg. folgenden Bericht, den von der Familientradition der Mauromichalis [illegible] weiß. Georg und Constantin Mauromichalis erhielten zu Anfang August 1831 durch Vermittelung des Senators Renieri von dem Präsidenten die Erlaubniß nach Limeni zu gehen, um die Mainotten zur Niederlegung der Waffen zu bestimmen. Renieri geht mit ihnen, der geängstigte Präsident verspricht Amnestie, will die sämmtlichen Mauromichalis frei in Aegina wohnen lassen und dort unterhalten. Aber Georg und Constantin gehen nur zu ihren Wächtern nach [illegible], bereiten mit den Übrigen ihre That, kehren dann nach Nauplia zurück und lassen sich durch den von der Opposition fast offen gepredigten Aufruf zum Tyrannenmorde noch mehr entflammen. Sie wollen durch erheuchelte Ergebenheit ihre Haft zu erleichtern, Wächter zu gewinnen; sie erwarten den Präsidenten mehrmals auf offener Straße, wagen aber die That noch immer nicht, — bis sie endlich am 9. October den blutigen Streich führen.

dem Senate u. s. w. ausgesprochen worden. Im Namen der neuen Regierung forderte dann Oberst Almeyda von dem durch tobende Volkshaufen umlagerten französischen Residenten die Auslieferung des Georg Mauromichalis, der dann nach dem Fort Itschkale abgeführt wurde.

Das Urtheil der Hellenen über die Blutthat des 9. Oct. war sehr verschieden. Nachdem man bisher vielfach den Mord mehr oder minder leichtsinnig in den Mund genommen, verdammten auch die Journalisten zu Hydra die That „vom menschlichen Standpunkte" aus; aber, während gar Viele wenigstens die politische Seite der schrecklichen Katastrophe als hoffnungsreich auffaßten, standen den zürnenden Anhängern des Präsidenten, die in weiten Kreisen ihre Gegner als Complotisten und Mordgesellen anklagten, — Stimmungen gegenüber, wie (selbstverständlich, in der Maina, und) in Aegina, wo die Jugend des Gymnasiums die (auch von dem Dichter Alexander Sutzo gefeierte) That der Mauromichalis mit jener des Harmodios und Aristogiton verglichen, und in Missolunghi, wo die Wittwen der Helden des Unabhängigkeitskrieges „nunmehr die schwarze Kleidung ablegten, da die Trauer um das Vaterland vorüber!" Georg Mauromichalis aber wurde von dem Senat vor ein Kriegsgericht unter Tzavelas' und Photomaras' Vorsitz gestellt und (obwol der Angeklagte und sein Vertheidiger, der britische Philhellene Masson, die Competenz dieses Gerichtes bestritten) am 19. October 1831 zum Tode durch die Kugel verurtheilt. Ein zu dieser Sache speciell niedergesetzter Revisionshof unter Kiriakos bestätigte einfach das Urtheil; am 22. October wurde Georg, unter den Augen des alten Petrobei, der ihm segnend winkte, auf dem Glacis des Itschkale erschossen.

Die Zeit der Anarchie

Einen Augenblick konnte es scheinen, als sollten sich die wüthenden Parteien über dem Grabe des ermordeten Kapodistrias die Hände reichen. Denn die Hydrioten stellten zunächst die herbere Opposition gegen die letzten Beschlüsse des Senats ein und zeigten sich unter stillschweigender Anerkennung der neuen Regierung zu Unterhandlungen mit den Gewalten in Nauplia. Allein, es war eben nur ein Moment. Kaum war (der englische und französische Resident hatten die Gesetzlichkeit der neuen Regierungswahl aus formellen Gründen angefochten) Kolokotronis (11. October) in Nauplia erschienen, so kamen am 13. October die Deputirten des constitutionellen Ausschusses aus Hydra und der zuletzt bis auf 60 Mann vereinigten Abgeordneten, — Miaulis, Tombasis, Trikupis, Mavrokordatos, Zaimis — in Nauplia an; sie erklärten, daß sie bereit wären, sich der neuen Nationalversammlung anzuschließen. Da sie jedoch ihr Schreiben nur an den Senat gerichtet, auch daran erinnert hatten, daß nach strenger Gesetzlichkeit die Wahl der neuen Regierung nur der Nationalversammlung zustehe; da ferner die Mitwirkung des Miaulis schwer verletzte und zugleich hinter dem Rücken der Deputirten hydriotische Insurgenten zu Port Tolon gelandet waren; so ließ sich die neue Regierung auf Nichts ein. Die Hydrioten mußten am 14. October nach ihrer Insel zurückkehren, und die Regierung von Nauplia, wo Augustin Kapodistrias und Kolokotronis (unter dem Einfluß von Männern wie Metaxas, Glarakis, Demetrios Perukas) entschlossen waren, das System des ermordeten Präsidenten, gestützt auf die zahlreichen ergebenen Beamten und Parteigenossen, unter allen Umständen fortzuführen, — setzte sofort die feindselige Haltung gegen die Hydrioten fort, ließ Hydra dauernd durch eine russische Brigg blokiren, rüstete Schiffe aus, um die den Hydrioten ergebenen Inseln zum Gehorsam zu nöthigen. Gewaltthaten kamen indessen nicht vor, da ein französisches Kriegsschiff die Bewegungen beobachtete; im Allgemeinen richteten die Regierungsschiffe Nichts aus, nur daß die Handelsinsel Syra versprach, gegen Amnestie und Anerkennung ihrer Gemeindewahlen auch ihrerseits die neue Regierung anerkennen und derselben die Zölle der Insel zukommen lassen zu wollen.

Inzwischen ließ die Regierung mit Hülfe der fortisch gesinnten Mehrheit des Senats, gegen welche der zur Vermittelung arbeitende Kolettis nicht aufkommen konnte, das alte Gewaltsystem unverändert fort, obwol namentlich die [illegible] andauernd [illegible]. Alles kam nun auf die Beschlüsse der bevorstehenden Nationalversammlung an. Da waren es denn die Hydrioten mit ihren Anhängern, die im Interesse der Ausgleichung (unter Antrieb und Mitwirkung des münchener Philhellenen Thiersch) wiederholt in neue Unterhandlungen mit den Gewalten zu Nauplia traten, um wenigstens die Abhaltung einer gemeinschaftlichen Nationalversammlung zu erzielen. Aber, dieses war nicht zu erlangen. Die Regierung hatte durch ihre Agenten mit den schmählichsten und oft gewaltsamsten Mitteln auf dem Festlande die Wahlen in ihrem Sinne zu beeinflussen gesucht; man hatte selbst mit roher Gewalt Seitens der Epiroten vielen mit voller Majorität gewählten Männern die Anerkennung abgeschlagen und Minoritätscandidaten proclamirt. Und da nun im Laufe des November 1831 zahlreiche Deputirte (habe oft die Gegencandidaten aus den verschiedenen Bezirken) in Argos zu erscheinen sich anschickten, und es nicht ausführbar war (mit Ausnahme der insularen Opposition), alle Abgeordneten auszuschließen, die ohne Zustimmung der Provinzialbehörden gewählt waren, so ernannte die Regierung zu Anfang des November aus dem Senat eine Commission zur Prüfung wenigstens der eingereichten Vollmachten der Gewählten; die Commission übertrug dann dieses Geschäft einem Ausschusse bereits zu Argos anwesender und der Regierung ergebener Deputirten. Viel half dieses freilich nicht; denn die gegen Mitte November zu Argos mit starker kriegerischer Begleitung ankommenden rumeliotischen Deputirten, großentheils namhafte Häuptlinge, wie auch die Deputirten aus Ostgriechenland, die am 18. und 19. November zu Argos anlangten, waren unter Umständen sehr gereizt, sich selbst von der zu Nauplia gesammelten Regierungstruppen des Kolokotronis mit ihren Palikaren zu widersetzen. Und bei der Prüfung der Wahlen wurden dann zunächst bis 146 anerkannt (etwas über zwei Drittheile der constitutionellen Zahl von 210 Abgeordneten), sodaß die Versammlung nach dem Gesetze wenigstens beschlußfähig wurde. Dann wurden noch weitere 90 Abgeordnete anerkannt. Unter diesen Deputirten waren aber etwa 60 Mann, meistens Rumelioten, der Regierung abgeneigt und sehr gewillt, die Zulassung der Opposition von den Inseln und von der Maina zuzugeben. Ihren Halt gewann diese Partei endlich dadurch, daß ihr gefeierter Staatsmann Kolettis sich ihnen zuzuneigen begann. Kolettis war sehr wenig erbaut über das Auftreten des sowol an Talent wie an Charakter weit hinter seinem jetzt Bruder zurückstehenden Augustin Kapodistrias, der seinen Halt eigentlich nur in Kolokotronis hatte; der sich mit völliger Hingebung nur auf Rußland stützte, seines Bruders System sklavisch festhielt und sich täglich verhaßter machte. Kolettis mißbilligte dieses laut, fand bald an den Residenten Dawkins und Rouen seine Stütze, und begann, sich nach der Seite der Hydrioten zu neigen.

Am 19. December hielt nun die neue Versammlung ihre erste Sitzung zu Argos unter Leitung des kapodistrianisch gesinnten D. Tzamados aus Hydra, die Augustin Kapodistrias mit einer Rede eröffnete, um dann die Gewalt der neuen Regierung in die Hände der Versammlung zurückzugeben. Am folgenden Tage beschloß die Versammlung kurz und gut, den Augustin Kapodistrias zum provisorischen Präsidenten von Griechenland zu ernennen, mit eben der Gewalt, die die bisherige Regierung gehabt hatte, und bis die Verfassung die Grenzen der ausübenden Gewalt näher bestimmt haben würde; jene ersten 146 Deputirten unterzeichneten diese Erklärung. Nun aber war die rumeliotische Opposition, schwer erbittert über die Beseitigung der Minderheit, auf ihre ursprünglichen Ideen und auf Bildung einer Regierung aus fünf Personen eingegangen, bereits unter Leitung von Panagos Notaras, Grivas, Kolettis selbständig constituirt; man hatte den alten Notaras zum Präsidenten dieser Gegenversammlung gemacht, man hatte gegen die Schritte der Majorität protestirt, endlich an die Ernennung einer Regierung Kolettis, Zaimis, Ypsilanti gedacht. Bei solcher Spannung und bei der schwankenden Stimmung der bewaffneten Schaaren drang schon am Abend des 20. December der alte Kolokotronis auf einen derben soldatischen Schlag und zog aus Nauplia frische Truppen und Geschütze heran. Die Majorität der Versammlung aber erhielt Befehl, nach Nauplia überzusiedeln. Darüber (21. December) kam es aus zufälligen Anlässen zu einer Rauferei zwischen den Schaaren des Grivas und des Suliaten Tzavellas, die sich bald zu einer Schlacht in der Stadt Argos ausdehnte. Am 22. December gebieten gewaltige Regengüsse Ruhe; aber am 23. December kam es zu einer vollständigen Hauptschlacht, bei der die Rumelioten von dem Kanonenfeuer der Regulairen zwar gewaltig litten, aber dennoch sich hielten, bis am 24. December die fremden Residenten und der aus London eben neu angekommene, jetzt wieder für Stambul designirte Gesandter Englands, Stratford Canning, mit Hülfe von Kolettis und Notaras, die jetzt offen zu den Rumelioten übertraten, die Waffenruhe vermittelten. Die Rumelioten, mit ihren Deputirten etwa 1200 M. stark, zogen nach Korinth ab, wo sie am 25. December ankamen. Und während nun Stratford Canning nach London dringend um die endliche Wahl eines mit den nöthigen Geldmitteln ausgerüsteten griechischen Fürsten aus abendländischem Geblüte schrieb, — das einzige Mittel, Griechenland aus der Agonie der Anarchie zu retten, — wählten die Rumelioten zu Korinth Halt, erwählten, nun die Hand nach Hydra ausstreckend, als Verfassungspartei oder Syntagmatiker gegenüber der kapodistrianisch-präsidentischen Partei der Kybernitiker, als neue Regierung die Herren Kolettis, Zaimis und Kondurriotis, und den Maurokordatos zum Staatssecretair. Dann verlegte man die Nationalversammlung und Regierungscommission nach Perachora in Megaris, welcher Kanton mit Gewalt gehalten werden sollte; Rumelien sollte insurgirt, neue Eparchen und Demogeronten nach alter Art gewählt, die Deputirten durch neue Wahlen ergänzt, endlich der Maina und den befreundeten Familien in dem übrigen Morea die Hand geboten werden.

Und nun arbeitete Kolettis mit Energie. Sein General Kriziotis entriß den Truppen der Kybernitiker ohne Mühe das wichtige Megara, und bald kamen aus dem Norden frische Zuzüge nach dem Isthmus, namentlich 500 Palikaren aus Salona, und 1500 Olympier, während andere Krieger aus Hydra nach Attika fuhren und ebenfalls nach Megara marschirten. Noch im Januar 1832 hatte Kolettis etwa 8000 M. versammelt, die vorläufig aus einer von den Capitalien gebildeten Kasse und aus Geldbeiträgen mehrerer noch wohlhabender Hydrioten besoldet wurden. Ebenso erhielt Miaulis den Auftrag, sechs Schiffe zu rüsten und die griechischen Stationen im Archipel für die Regierung von Perachora unter seine Befehle zu nehmen. Auch die Zahl der Deputirten wuchs. Maurokordatos kam mit den insularen Deputirten nach Megara und durch Zuzug der inzwischen neu Gewählten stieg die Zahl der Abgeordneten zu Perachora bis gegen Ende Januar auf 145 Mitglieder. Während inzwischen die Regierung zu Nauplia andauernd an innerer Kraft und Haltung, ihre Nationalversammlung aber an Zahl und Würde immer mehr abnahm; während diese Regierung andauernd theils willkürliche Maßregeln, theils finanzielle Operationen der bedenklichsten Art verfügte, um sich nur über dem Wasser zu erhalten, und dabei trotz aller Rüstungen nur 2000 M. für den Krieg mit Kolettis mobil machen konnte, — kam es denn Ende Januar zu wichtigen Kämpfen, die aber vollkommen zu Gunsten der Rumelioten ausfielen. Denn ein bei Megara selbst gelandetes Corps der Kybernitiker wurde bald fest blokirt; ein anderes aber, das über Salamis nach Kondura im nordöstlichen Megaris gegangen war, um hier den Rumelioten von Perachora die Verbindung mit dem Osten und Norden abzuschneiden, wurde vollkommen geschlagen, am 24. Januar auch die mächtige Verbindung mit Gleichs von den Rumelioten gewonnen; und nun erklärte sich fast das gesammte rumeliotische Festland für die Zwischenregierung. Letztere dachte bereits daran, in Morea wieder einzubrechen (wo man durch Theodor Grivas mit den bereits gegen Kalamata und Tripolitza vorgeschobenen Mainoten Verbindungen angeknüpft hatte), und mit den Mainoten auf Nauplia zu marschiren.

Inzwischen hatten die diplomatischen Verhandlungen wieder rascher verwendet. Nachdem im November 1830 in England das Cabinet Wellington zurückgetreten war, das Whiggistische Ministerium Grey die Geschäfte übernommen hatte, hatte der damals der griechischen Sache wohlgeneigte Minister des Auswärtigen, Lord Palmerston, bei seinem Verkehr mit dem Grafen Johann Kapodistrias wie mit Dawkins und der griechischen Opposition schon im Januar 1831 darauf hingedeutet, daß die londoner Conferenz wahrscheinlich den Griechen doch die Grenzlinie Volo-Arta bewilligen werde. Der damals von dem Präsidenten gemachte Vorschlag, die Grenzlinie auf den Punkten Gheipa, Makrinoro, Attika und Euböa durch alliirte Krieger besetzen zu lassen, war dann ohne Beachtung geblieben; die griechische Sache blieb liegen bis zum September 1831. Damals erst kam wieder volles Leben in die diplomatischen Unterhandlungen. Endlich über die Unzweckmäßigkeit der Grenzlinie des Februarprotokolls vom J. 1830 aufgeklärt, nahm (26. September) die Conferenz die Linie Arta-Volo an, beschloß sich sehr ernsthaft mit der Wahl eines Fürsten für Griechenland und mit Regulirung der schon dem Prinzen Leopold zugesagten großen Anleihe zu beschäftigen. Gewarnt endlich durch die Ereignisse von Poros schrieb die Conferenz der Gesandten zu Stambul und London an ihre politischen und militairischen Agenten in Griechenland, daß es ihre Aufgabe sei, die bestehende Regierung in Griechenland auf alle Weise zu unterstützen, und daß man auf alle Mittel denken solle, der Ausbreitung der Bewegung von Hydra über die Inseln zu begegnen, wie auch, daß man namentlich — dem Vorbilde der verbündeten Staaten folgend — in Handlungen und Kundgebungen der verbündeten Residenten und Truppenführer das genaueste Einvernehmen an den Tag legen solle. Der, wie oben bemerkt, jetzt wieder nach Stambul als Gesandter entsendete Stratford Canning sollte gleich bei seiner Ankunft am Goldenen Horn mit der Pforte die Erledigung der griechischen Grenzfrage betreiben. Alle diese Beschlüsse hatten indessen die Katastrophen vom 9. October und vom Ende December des J. 1831 nicht hindern können. Nun aber traten die Conferenzbevollmächtigten zu London am 7. Januar 1832 wieder zusammen, um den Residenten in Nauplia die nöthige einheitliche Instruction zu geben; die Conferenz erkannte damals ausdrücklich den neu ernannten Augustin Kapodistrias als Präsidenten Griechenlands an, — kündigte auch die Bürgschaft für die 60 Millionen Franken-Anleihe als gegeben, die Wahl des Souverains für Hellas als nahe bevorstehend an.

Inzwischen arbeiteten sowol Stratford Canning, der noch bis tief in den Januar 1832 zu Nauplia verweilte, wie die Residenten, und mit ihnen Admiral Ricord, lebhaft dahin, den Präsidenten Augustin zu nachgiebigen Maßregeln zu bestimmen. Er sollte seiner persönliche Gereiztheit fahren lassen, die politischen Gefangenen freigeben, die Nationalversammlung unter Zuziehung der Männer von Perachora und Hydra wieder berufen und sich mit der insularen Opposition verständigen. Aber Graf Augustin, hartnäckig wie er war und ohne weiteren politischen Blick, voll Mistrauen gegen Englands und Frankreichs Residenten, in falscher Zuversicht auf seiner militairische Macht, und in der irrigen Erwartung, wenigstens den rinfußreichen Zaïmis zu sich herüberziehen zu können, — widerstrebte jeder Art solcher Nachgiebigkeit so sehr, daß er selbst den Spiridion Trikupis, als dieser aus Hydra zu einem Besuche bei Stratford Canning nach Nauplia kam, ausweisen ließ. Er mußte die Demüthigung erfahren, daß nun der englische Gesandte diesen Trikupis durch ein englisches Kriegsschiff zu sich holen ließ. Stratford, Dawkins und Rouen glaubten mehr und mehr, daß zwar auf Augustin's Seite das formelle Recht, Billigkeit und Mäßigung aber bei den Männern von Perachora zu finden sei. Um diesen Eindruck zu schwächen, gab der Graf zu Anfang Januar 1832 den Wünschen Stratford's wenigstens soweit nach, daß er damals fünf Bevollmächtigte nach dem isthmischen Lutraki bei Korinth schickte, um mit seinen Gegnern zu verhandeln. Aber, während er nun die Wiedervereinigung der Versammlung von Argos unter gewissen Modalitäten vorschlug, bestanden die Rumelioten jetzt auf dem Rücktritt des Augustin von den Geschäften und der Wahl einer Regierung von 5 Männern durch die Nationalversammlung. Darüber war Alles wieder abgebrochen. Kolettis hatte seine Regierung weiter ausgebildet, die Männer von Perachora hatten (22. Januar) ihre neue Constituirung den fremden Residenten amtlich mitgetheilt, — inzwischen waren jene Kämpfe in Megaris erfolgt, denen dann von beiden Seiten Proclamationen zur Hand gingen, in denen man einander — die Männer von Nauplia die Rumelioten als Rebellen, die Männer von Perachora den Augustin als Usurpator, als Hauptursache des Bürgerkrieges, den sie in Anklagestand versetzten — erklärte.

Während aber die Kybernitiker andauernd an Kraft und Autorität verloren, die Syntagmatiker dagegen sich während des Februars ernstlich zu dem Zuge gegen Nauplia bereiteten, traf am 24. Februar zu Nauplia das londoner Protokoll vom 7. Januar ein, und somit mußten jetzt die Residenten die Regierung des Augustin anerkennen und auf alle Weise unterstützen. In ihrer peinlichen Lage, wo Rumelioten und Hydrioten energisch gegen diese Wendung der Dinge protestirten, wo die Admirale dann wenigstens die Seeblokade aufrecht hielten, die Gegenpartei aber sich nicht bewegen ließen, auf Aufforderung der Residenten die Waffen niederzulegen, — suchten die Residenten nun wenigstens den Präsidenten zu möglichster Beilegung der Gegensätze zu bestimmen; er bot denn auch am 8. März nochmals allen denen Amnestie angeboten, welche binnen zehn Tagen die Waffen niederlegen würden; nur einige Männer waren ausgenommen als der Mitschuld an des ermordeten Kapodistrias' Tode mitverdächtig. Viele politische Gefangene in Nauplia wurden frei gegeben. Und nun erhielten am 11. März die Residenten die Kunde, daß die londoner Conferenz den jungen Prinzen Otto von Baiern am 13. Februar zum Herrscher Griechenlands ernannt habe. Nachdem man die neue Fürstenwahl ernstlich ins Auge gefaßt, hatte die Conferenz wieder längere Zeit vergeblich sich nach einem passenden und allgemein gern gesehenen Thronkandidaten umgesehen. Endlich war man denn bei dem von der bairischen Regierung vorgeschlagenen zweiten Sohne des um die griechische Sache so viel verdienten philhellenischen Königs Ludwig von Baiern stehen geblieben, für den schon seit 1829 mehrere Stimmen, namentlich auch die Eynard's, sich erhoben hatten; auch Graf Johann Kapodistrias war seiner Zeit, wenn er selbst doch endlich zurücktreten mußte, für diesen jugendlichen Fürstensohn gewesen, weil er sich, wie Prokesch-Osten sagt, „in dem Gedanken gefiel, Griechenland seinen Beherrscher zu erziehen." Die französische Regierung bevorwortete den Vorschlag, weil sie namentlich hoffte, daß der junge Prinz in Griechenland aufwachsend sich dem Lande und seinen Sitten sicherer werde anpassen können. Auch Rußland und England stimmten dem Vorschlage bei, am 13. Februar wurde die Wahl in London förmlich getroffen und an König Ludwig die Bekanntmachung und Einladung für seinen Sohn erlassen.

Die in Griechenland schnell verbreitete Nachricht von dieser neuen Wahl erregte allerdings allgemeine Freude, etwa die wenigen schroffsten Kybernitiker zu Nauplia ausgenommen; aber sie gab dem Lande keinen Frieden. Die Rumelioten, die von jeher Nachgiebigkeit ihrer Partei fürchteten, daß sie die Kybernitiker nur stärken und denselben auch unter der künftigen Regierung eine feste Stellung sichern würde, beharrten bei dem Plane, Morea zu erobern, wie sie bisher schon mit den wenigen Posten der Kybernitiker in dem mittleren Rumelien (so in Lepanto, so mit des Gatsos' Neffen Mamuris in dem Schloß von Salona, so mit des Grafen A. Metaxas' Neffen Konstantin in Delphi, so in dem [illegible] und in Attika) sich dauernd herumschlugen. Die Constitutionellen also erklärten den Residenten sehr bestimmt, daß sie die Waffen nicht niederlegen würden, so lange Augustin Kapodistrias sich noch in Hellas befände. Und dabei verlor der Präsident auch in Morea immer mehr an Terrain; bei dem Geldmangel der Regierung ging Kitsos Tzavellas mit den Sulioten zu Kolettis über, die Mainoten besetzten Monembasia, viele Messenier riefen die französischen Garnisonen in ihren Festungen zu Hülfe gegen Kolokotronis.

Um wenigstens einer neuen blutigen Katastrophe vorzubeugen, vereinigten sich die Residenten, die Admirale und der bairische Hofrath Thiersch — der seit längerer Zeit, mit Empfehlungen vom König Ludwig und vom Feldmarschall Fürst Wrede an Johann Kapodistrias, in Griechenland anwesend, nachher für die Wahl des Prinzen Otto bei den Griechen thätig, und bei seiner unpersönlichen und verständigen Weise in weiten Kreisen des Landes sehr angesehen war — in der zweiten Hälfte des März zu einer Berathung. Man beschloß, von der senatorischen Regierung die Entlassung der Mauromichalis aus ihrer Haft zu fordern, die besser die Mainoten beschwichtigen sollten. Der Isthmus sollte von den Alliirten besetzt, Thiersch aber als Unterhändler zu Kolettis geschickt werden, damit die Rumelioten wenigstens den Marsch nach Nauplia einstellen möchten. Nun sind allerdings die Mauromichalis nach einiger Zeit wirklich losgelassen worden; aber die Sendung des Hofraths Thiersch, der seit dem 25. März von Argos nach Perachora reiste, scheiterte. Die wohlgeordnete Armee der Constitutionellen, die bisher gute Ordnung gehalten, konnte nach Kolettis' Angabe sich nicht lange mehr in dem verödeten Megaris halten; die elende Regierung in Nauplia könne nicht mehr lange geduldet werden. Und freilich war damals kein Einheimischer und kein Fremder von solcher Macht vorhanden, der zur Zeit die provisorische Staatsleitung bis zur Ankunft des neuen Herrschers hätte übernehmen können, um nach allen Seiten Ruhe und Ordnung zu gebieten. Kolettis und seine Freunde gewährten (30. März) dem Hofrath Thiersch endlich nur noch vier Tage Aufschub des Krieges; sei es, daß die Regierung zu Nauplia sich selbst auflöse, Augustin zur Abdankung bestimmt werden, oder aber die Ankunft eines Bevollmächtigten des Prinzen Otto den Dingen eine bessere Wendung geben könnte. Inzwischen hatten die Reste der kybernitischen Nationalversammlung zu Nauplia — (da eben jede Partei sich die Machtstellung für die Zeit der Minderjährigkeit des noch unernannten Fürsten Otto sichern wollte) — vor ihrer Auflösung den Grafen Augustin zum Generalstatthalter oder Regenten bis zur Ankunft Otto's ernannt; eine Maßregel, die die Gegner dahin deuteten, daß der Graf damit umgehe, beziehentlich sich damit schmeichle, während Otto's Minderjährigkeit die Vormundschaft zu gewinnen. Auch soll damals eine von 42 Deputirten seiner Partei unterschriebene Petition in diesem Sinne zur Absendung nach London und nach Petersburg verfaßt, Petitionen in demselben Sinne in Morea in Umlauf gewesen sein.

Dieses entschied den Einbruch der Rumelioten in die Halbinsel. Kolettis und die Capitaine seiner Partei proclamirten laut, daß sie nur die wahren Abgeordneten des Landes wieder nach Argos führen wollten; dann überschritten sie am 6. April den Isthmus, trieben die schwache Macht der Kybernitiker aus einander, rückten am 7. April in Argos ein und erschienen am 8. April vor Nauplia, von zahlreichen Unzufriedenen aus dieser Stadt jubelnd begrüßt; Kolettis hielt an in Pronia, einer unter Johann Kapodistrias von zahlreichen griechischen Flüchtlingen vor den Mauern von Nauplia angelegten Vorstadt, — die Spannung war gewaltig. Die fremden Residenten schritten vermittelnd ein, Soldaten ihren Kriegsschiffe besetzten die Thore von Nauplia und eine mehrstündige Waffenruhe wurde angenommen.

Da löste die rechtzeitige Ankunft einer Entscheidung der londoner Conferenz die dringste Spannung. Auf Grund der Mittheilungen Stratford Canning's und der Residenten aus dem Monat Januar 1832 über die wahre Lage der Dinge zu Nauplia war unter dem 7. März zu London ein Protokoll entworfen, welches alle Versöhnungsschritte der Residenten billigte, ihnen und den Admiralen auftrug, zwischen die streitenden Parteien zu treten, keine Feindseligkeiten zuzulassen, und unter Hinweisung auf die nothwendige Versöhnung zwischen den Parteien nur diejenige Regierungsgewalt als die gesetzliche zu betrachten und zu schützen, die im Sinne der Nation im Stande sein würde, durch das ihr geschenkte Vertrauen die Ruhe herzustellen und zu erhalten. Dieses Protokoll kam über Stambul gerade am 7./8. April nach Nauplia; es entschied den Streit. Der Stab war damit in Aller Augen über den Grafen Augustin gebrochen; die Officiere der Garnison Nauplia reichten am 9. April ihre Entlassung ein, auch mehrere peloponnesische Heerführer erklärten sich für die Sache der Rumelioten. So veranlaßten denn die Residenten den Senat, sich so schnell als möglich zu versammeln; Augustin Kapodistrias, dem am 8. April die Residenten das Protokoll präsentirt hatten, den sie aufgefordert hatten, seine Hand zur Herstellung des Friedens in Hellas auf dem von den drei Mächten vorgezeichneten Wege zu bieten, und dem sie dann die Einrichtung einer aus den Hauptparteien gemischten neuen Regierung vorgeschlagen hatten, erschien nur noch in dem Senat, um seine Entlassung und Abdankung zu nehmen; er hat am Abend des folgenden Tages mit der Leiche seines ermordeten Bruders an Bord eines russischen Kriegsschiffes Griechenland geräumt. Nunmehr abermals die einzige gesetzlich bestehende Staatsgewalt in Hellas, verhandelte der Senat noch am 9. April weiter mit den Residenten und übergab die höchste Gewalt einer neuen Regierungscommission, die eine Verschmelzung der griechischen Hauptparteien darstellen und aus den Herren Kolettis, Theodor Kolokotronis, A. Zaimis, Vasil Buduris, und A. Metaxas bestehen sollte. Inzwischen hielt sich diese Combination nicht; die Rücksicht des noch sehr stark hybernitisch gefärbten Senats auf das gestürzte System, die sich namentlich in der Ernennung so ausgeprägter Kapodistrianer wie Metaxas und Kolokotronis ausgesprochen hatte, mißfiel der höchst erbitterten Nationalpartei in hohem Grade; die Rumelioten wollten namentlich von Kolokotronis Nichts wissen und Kolettis selbst, der am 10. April seine Hauptmacht nach Pronia zog, erklärte (nachdem zur Abwehr eines zwischen seinen und den hybernitischen Truppen abermals drohenden Kampfes die Alliirten Nauplia und das Fort Palamidi abermals stark besetzt hatten) nach seiner Ankunft in Nauplia den Residenten, daß Er unmöglich als Einziger neben vier Gegnern Regent sein könne (Zaimis nämlich hatte sich ganz neuerlich von ihm losgesagt, weil er den Einbruch in Morea bestimmt mißbilligte und hatte sich mit dem alten Kolokotronis zu verständigen begonnen). Unter diesen Umständen acceptirten die Residenten seinen Vorschlag, die zu Perachora ernannte Regierung als Grundlage der neuen zu nehmen und sie auf sieben Mitglieder zu erhöhen; nach langem Streite kam es dann dahin, daß der Senat ein neues Decret abfaßte, wodurch die neue Regierung endlich formirt wurde aus dem rumeliotischen Staatsmanne Georg Kunduriotis, Demetrios Ypsilanti, A. Zaimis, A. Metaxas, aus dem Kolettis, Demetrios Plaputas Kolliopulos, und Spiridion Trikupis. Der Senat behielt sich die Ersetzung der Mitglieder vor, die etwa die eingetragenen Stellen in der Regierung nicht annehmen würden und ersetzte dann namentlich den Mehreren mißliebigen Trikupis nach einigem Wechsel durch Kosta Bozzaris (21. April), sodaß Kolettis endlich mit drei Parteigenossen die Majorität hatte; die Regierung erließ am 19. April ihre erste Proclamation an das Volk, die Milde, Unparteilichkeit, Gesetzlichkeit, schnelle Berufung einer Nationalversammlung verhieß. Die Glieder der Regierung sollten monatlich in dem Vorsitze abwechseln, Kunduriotis beginnen. Trikupis, Zographos und Mavrokordatos wurden die Staatssecretaire für das Auswärtige, Krieg und Finanzen, Klonaris für die Justiz.

Die Hoffnung, durch die neue Regierung die Anarchie zu ersticken, war aber eine vergebliche. Der Geldmangel, die Unbotmäßigkeit der Armee, die Intriguen der noch immer unter den Beamten, dem Senat und der Armee sehr mächtigen Kapodistrianischen oder „russischen" Partei waren die Hauptmotive; nicht minder die Hartnäckigkeit, mit welcher die hybernitischen Mitglieder der Regierung selbst den ihr widerwärtigen Schritten der nationalen Majorität sich lähmend und hemmend entgegenstemmten. Zunächst war es nun nicht leicht, die Soldaten los zu werden, die bis 8000 M. stark bei Nauplia lagerten und namentlich den seit Monaten rückständigen Sold verlangten. Die Truppen des Kolettis allerdings gehorchten, als er ihnen Quartiere in dem Rayon von Argos bis Patras anwies, den sie nicht überschreiten sollten; die hybernitischen Truppen wollten aber nicht nach den ihnen zugewiesenen Plätzen marschiren. Bei dem drückenden Geldmangel, dem zunächst gar nicht abzuhelfen war, begannen endlich die ohnehin schon wilden und raubgierigen Rumelioten, mit Gewalt zu nehmen, was sie brauchten, wodurch denn die Verbitterung der Parteien in dem unglücklichen Peloponnes immer größer wurde; namentlich haben die Soldaten des Theodor Grivas, unter denen sich viele Mohammedanische Albanesen befanden, in Argos und dessen Umgebung arge Plünderungen verübt. Und weil man sich in der Regierung über die Dislocirung der Soldaten nicht einigen konnte, so dauerte diese tolle Wirthschaft fort, die zugleich die Verpachtung der Zehnten unmöglich machte und diese Einnahme in Morea völlig in die Taschen der Kapitani's fließen ließ.

Die Kapodistrianer aber erhielten neuen Zuzug, als die Regierung in einer schlimmen Stunde die Scharen der meisten sogenannten Taktiker entließ, sowol weil dieselben nicht mehr zu bezahlen waren, wie weil sie als lebhafte Parteigänger der Kybernitiker galten; aber diese Soldaten (im Mai), deren Entlassung als ein mit geschickter List eingefädelter Streich der Kybernitiker selbst galt, schlossen sich nun als gern gesehener Zuwachs wühlend und schmelzend den Palikarenbanden beider Parteien an. Daneben lief in Morea die consequente Bemühung der Kapodistrianer hin, die Macht der Sieger zu brechen und die Halbinsel von der rumeliotischen Ueberfluthung zu befreien. Nicht ohne Connivenz von Seiten der Agenten Rußlands und Englands [44], die Frankreichs Uebermacht fürchteten (namentlich weil der mächtige Kolettis als Freund der Franzosen galt), agitirten unter den Kapitani's namentlich Kolokotronis, Nikitas, Kanghos; dann viele durch die rumeliotischen Soldaten bedrängte Primaten, die Schiffsführer Andrutsos und Kanaris, gegen die neue Regierung. In besserer Haltung beschloß dieselbe dann, ihre wesentlichen Hauptfestungen durch französische Truppen besetzen zu lassen; dies war nun schwer auszuführen, weil das französische Heer in Morea zur Zeit kaum noch über 2000 Mann stark war und man momentan nur etwa 1000 M. zu diesem Zwecke disponibel machen konnte. Indessen wurden dann doch 1200 M. unter General Corbet auf die Forts Palamidhi und Itschkale zu Nauplia (20. Mai) gelegt. Aber als auch Patras in solcher Weise besetzt werden sollte, kam den Franzosen der Suliote Tzavellas, der mit den Kapodistrianern verfeindet und mit Kolokotronis verschwägert war, zuvor; dieser General occupirte Patras, zog die Phönixfahne auf, setzte die alten kapodistrianischen Beamten wieder ein und erklärte dem Franzosen Guéhéneuc, er werde — indem er sich von der jetzigen Regierung lossage — die Stadt für den künftigen Fürsten Griechenlands bewahren, französische Soldaten aber mit Gewalt abschlagen; und Gewalt wurde denn auch weiter ihn nicht ernstlich versucht. Und wenn nun auch des Tzavellas Versuch, mit Hülfe des Generals Rhangos auch Missolunghi aufzuwiegeln, an der Energie der Einwohner scheiterte: so entwickelten doch die heftigen Mamuris zu Salona und die Anhänger des Kolokotronis in Morea, denen wieder die Mainoten und die Primaten in Messenien entgegentraten, wiederum einen Bandenkrieg (namentlich von Karytaena und Leontari), der dem Lande sehr schädlich wurde.

Eine Rettung aus ihrer schwierigen Lage hoffte die nationale Partei der Regierung nun namentlich von der neuen Nationalversammlung; allerdings war man auch hierüber verschiedener Meinung. Die nationale Partei, hierin dem Wege des Johann Kapodistrias folgend, wollte die Vertheilung der Nationalgüter in dem Lande an das Volk bereits vor Ankunft des neuen Königs principiell festgestellt, beziehentlich geordnet wissen; sie wollte auch die Verfassung festgestellt wissen, über die dann nachher Prinz Otto bei seiner Ankunft mit den Griechen sich zu verständigen habe. Während aber der Senat und andere Männer die Versammlung gern verschieben wollte, hielten auch die Residenten deren Berufung nicht für opportun, weil sie von der schnell zu constituirenden Verfassung keinen Gewinn erwarteten, und dann auch überdies die Nationalgüter als das Pfand für die große zu verbürgende Anleihe ansahen; sie hatten auch die Conferenz veranlaßt, unter dem 26. April eine Beschränkung wegen der Veräußerung der Nationalgüter förmlich in ihre Beschlüsse aufzunehmen. Aber solche Gegenwirkungen drangen zur Zeit doch nicht durch; der Senat sah sich genöthigt, am 30. April die Regierung zur Berufung der Nationalversammlung zu ermächtigen, und am 1. Mai hatte der alte Panagos Notaras, der Präsident der Versammlung von Pronia, einen Aufruf zu demselben Zwecke erlassen. Während nun aber nur wenige von Grund aus neuen Wahlen ausfielen, die Abgeordneten aber in Masse sich allmälig nach Argos sammelten, hatte die von Kolettis wider den Widerspruch des Zaimis einseitig angeordnete Verlegung der wilden Banden des Theodor Grivas nach den Kantonen von Kravari und Xiromeri zur Beobachtung des auf Karytäna lauernden Kolokotronis den Bandenkrieg energisch neu belebt. Kolokotronis hatte sammt den ihm anhängenden Bezirken seine Abgeordneten nach Argos geschickt; nun erließ er am 22. Juni einen Aufruf an die Hellenen, der die jetzt herrschende Partei für Feinde des Vaterlandes erklärte, die Nationalversammlung als eine ungesetzliche verwarf, die Erhebung für gerecht erklärte, und zu den Waffen gegen die Anarchisten des Grivas rief. Da kam dann, während in Argos am 23. Juni ein Ausschuß zur Prüfung der Wahlvollmachten ernannt wurde, und am 30. Juni an 44 bereits zu Argos als Deputirte angelangte Primaten und Kapitani's eine Erklärung gegen Kolokotronis' Auftreten erließen, der Kampf unter Nikitas in Messenien, unter Gennaios Kolokotronis vor Tripolitza, unter Kalergis bei Argos und Mili, welchem letzteren Kriezotis sich entgegenwarf, zu bedenklicher Heftigkeit. Da Zaimis und verschiedene Kriegsleute, Kriezis und Kalliopulos als Freunde der Insurgenten nichts Ernstes thun wollten, so erließ Kolettis, mit drei Collegen unter den Mitgliedern der Regierung, die Achterklärung gegen Kolokotronis; die Nationalversammlung aber gedachte nach Nauplia überzusiedeln.

Inzwischen waren zu London wichtige Beschlüsse gefaßt. Der König Ludwig von Baiern (auch durch Senat und Regierung aus Nauplia um Zustimmung zu der Wahl seines Sohnes und Beschleunigung der Abreise desselben gebeten) hatte seiner Zeit unter folgenden Bedingungen für seinen Sohn die Fürstenwahl angenommen. Er forderte für den neuen Griechenfürsten den Königstitel, dann die Grenzlinie von Arta bis Volo (womöglich mit Einschluß letzterer Stadt, womöglich auch Kreta); dann die Bürgschaft der Mächte für die 60 Millionen-Anleihe; er versprach dem jungen König die Beibehaltung seiner Ansprüche als bairischer Prinz; die Ernennung einer Regentschaft; Offiziere zur Bildung des griechischen Heeres, die ihren Sold aus bairischen Kassen beziehen sollten; dann ein durch Werbung zu bildendes

44) Prokesch, II. S. 487.

Heer aus allen Waffengattungen von 3500 Mann. Er wahrte seinem Sohne Otto seine Rechte auf den bairischen Thron und schlug eventuell die Nachfolge in der Reihe der jüngeren Brüder desselben vor; er überließ den Mächten die Entscheidung über die Anberaumung der Zeit der Volljährigkeit des (im J. 1815 geborenen) jungen Königs, und verlangte endlich die Einholung der Zustimmung des griechischen Volks zu der von den Mächten getroffenen Wahl. — Diese Antwort wurde am 26. April auf der londoner Conferenz berathen, im Wesentlichen angenommen, nur die Grenzerweiterung über die Grenzen des 26. Sept. 1831 hinaus abgelehnt, Manches amendirt und erweitert. Der vollständige Vertrag ist am 7. Mai 1832 abgeschlossen worden. Es war nun im Wesentlichen bestimmt: 1) der König von Baiern nimmt im Namen seines minderjährigen Sohnes die diesem angebotene Souverainetät an; 2) Prinz Otto von Baiern soll den Titel eines „Königs von Griechenland" führen; 3) Griechenland bildet unter der Souverainetät des Prinzen Otto und unter der Garantie der drei Protokollmächte einen monarchischen und unabhängigen Staat nach den Bestimmungen des Protokolls vom 3. Febr. 1830; 4) die drei Höfe werden ihren Einfluß geltend machen, um dem Prinzen Otto die Anerkennung als König von Griechenland bei allen Souverainen und Staaten zu sichern; 5) die Krone des Königreichs Griechenland soll erblich sein nach dem Rechte der Erstgeburt; im Falle Prinz Otto ohne directe und gesetzliche Nachkommenschaft sterben sollte, so geht die Krone auf seinen jüngeren Bruder und dessen gesetzliche Nachkommenschaft über, ebenfalls nach dem Rechte der Erstgeburt, — aber mit dem besonderen Vorbehalt, daß in keinem Falle die Kronen von Baiern und Griechenland auf Einem Haupte vereinigt werden. 6) Die Volljährigkeit des Prinzen Otto als König von Griechenland ist auf den Zeitpunkt bestimmt, wo derselbe sein 20. Lebensjahr vollendet haben wird, also auf den 1. Juni 1835. 7) Während seiner Minderjährigkeit werden seine Souverainetätsrechte in ihrer vollen Ausdehnung durch eine Regentschaft wahrgenommen werden, welche aus drei von dem König von Baiern ernannten Räthen besteht. 8) Prinz Otto bleibt im vollen Besitze seiner Apanage in Baiern. Der König von Baiern verpflichtet sich überdies, soweit es in seiner Macht steht, den Prinzen Otto in seiner Stellung in Griechenland zu unterstützen, bis ein Einkommen für die Krone in jenem Staate ausgemittelt sein wird. 9) Zufolge des Protokolls vom 20. Febr. 1830 verpflichten sich die Großmächte, eine von dem König Otto zu contrahirende Anleihe, die die Summe von 60 Millionen Franken nicht übersteigen soll, zu garantiren; jedoch so, daß das Ganze in drei Abtheilungen von je 20 Millionen erhoben werden soll, und zwar so, daß zuvörderst nur die erste erhoben wird, für welche die drei Mächte die Zahlung eines Drittheils des jährlichen Betrags der Zinsen und der Tilgung garantiren; ebenso wird bei den zwei anderen Abtheilungen verfahren werden, sobald die Bedürfnisse des griechischen Staates ihre Erhebung nöthig machen sollten. Dagegen verpflichtet sich der Souverain von Griechenland, zur Zahlung der Zinsen und der Tilgung der erhobenen Abtheilungen der Anleihe die ersten Einkünfte des Staates so anzuweisen, daß die wirklichen Einkünfte des griechischen Schatzes vor Allem hierzu bestimmt werden, bis die Zahlungen für Rechnung des Anlehens auf das laufende Jahr vollständig gesichert sind. Die Residenten der drei Mächte werden beauftragt, über die Erfüllung der letzten Bedingung besonders zu wachen. 10) Im Falle die definitive Feststellung der Grenzen des griechischen Staats, worüber bereits in Stambul die Unterhandlungen eingeleitet sind, eine Geldentschädigung an die Pforte nöthig macht, so wird dieselbe aus der Anleihe bezahlt werden. 11) Der König von Baiern wird den Prinzen Otto durch ein Truppencorps von 3500 M. unterstützen, welches vom griechischen Staate ausgerüstet und besoldet werden wird, und überdies eine Anzahl bairischer Officiere nach Griechenland schicken, die ein Nationalheer organisiren sollen. Die Truppen der Allianz ziehen sich nach Ankunft der Baiern zurück. 12) Die von dem König von Baiern zu ernennende Regentschaft wird sich sobald als möglich nach Griechenland begeben und ihr wird König Otto demnächst folgen. 13) Die drei Höfe werden der griechischen Nation die Wahl des Königs Otto officiell ankündigen und der Regentschaft jeden möglichen Schutz angedeihen lassen.

In den begleitenden Noten hatte die Conferenz die vom König Ludwig angeregte Zustimmung des griechischen Volks für unnöthig erklärt [47]), weil dieses Volk den Mächten das Recht dazu übertragen habe; sie gestand indessen einen erneuten Ausspruch durch griechische Abgeordnete, die deshalb nach München kämen, zu. König Ludwig ratificirte den Vertrag am 27. Mai. Die Griechen, die über die Sachlage wohl unterrichtet waren, feierten voll Freude schon am 1. Juni den Geburtstag ihres neuen Herrschers; in der Hoffnung auf Rettung aus Anarchie übersahen sie damals (was in dem englischen Parlamente scharf bemerkt wurde), daß in dem Vertrage über die Institutionen, nach denen Griechenland regiert werden sollte, gar Nichts bestimmt war. Die Conferenz-Übersicht beschäftigte sich bei dem 28. April mit den nöthigen Weisungen an ihre Residenten und Admirale, und stellte die französischen Truppen und die Geschwader zur Verfügung.

Die Ankunft der Regentschaft in Hellas zog sich aber noch lange hin, und so nahm die Anarchie in Hellas andauernd zu. Die Residenten in Nauplia wollten nach Abschluß des Mai-Vertrags die Nationalversammlung, die (s. oben) eben nach Nauplia überzusiedeln wollte, gern suspendirt wissen; sie drohten selbst mit Zurückziehung der französischen Bataillone aus dem Bezirk von Nauplia. Aber die Griechen blieben fest; sie wollten mindestens durch die Nationalversammlung die Entscheidung des Volks über die neue Königswahl aussprechen lassen und der noch bestehenden

47) Prokesch, Bd. III. S. 466.

Regierung des Landes eine bessere Form geben. Als man endlich 224 Deputirte zusammen hatte, wurde am 27. Juli die Versammlung in der Vorstadt Pronia bei Nauplia eröffnet, deren Präsidium aus Panutsos Notaras, Maurokordatos und jenem Polyzoides bestand. Am 28. Juli begannen die Arbeiten, bei denen sich sofort die volle Zustimmung zu der Wahl des Königs Otto zu erkennen gab. Ehe man jedoch diese Zustimmung in einem förmlichen Beschlusse ausprägte, sprach man erst noch (1. August) die allgemeine Amnestie aus, die die Partei des Kolokotronis gewinnen sollte, ertheilte auch zu gleicher Zeit auf den Wunsch der Pforte, mit der man dadurch zum ersten Mal als neuer Staat friedlich verkehrte, den Befehl an alle etwa im ägyptischen Dienste stehenden Griechen, diesen Dienst zu verlassen, weil zur Zeit zwischen Mahmud und Mehemed Ali kriegerische Verwickelungen eingetreten waren. Da wurde am 2. August die Versammlung plötzlich von einem Theile ihrer eigenen Soldaten unter General Krizotis überfallen, die mit der Drohung, der Stadt und der Vorstadt von Nauplia das Wasser abzuschneiden, ihren rückständigen Sold forderten; und am 4. August schnitten sie auch wirklich die einzige Wasserleitung dieser Gegend ab. Da die Residenten keine Hilfe boten, vielmehr die Auflösung der Versammlung forderten, benutzte die Versammlung eine von Krizotis gelassene Bedenkzeit von 10 Tagen, um am 8. August einstimmig den Beschluß zu unterschreiben, welcher Seitens der Hellenen die Wahl des Prinzen Otto anerkannte und bestätigte; Hofrath Thiersch kehrte mit dieser Botschaft nunmehr nach München zurück, von welchem Orte bereits die Kunde von der Ernennung der Regentschaft und der Bildung des bairischen Truppencorps gekommen war.

Leider brachen zu derselben Zeit in Pronia selbst neue constitutionelle Conflicte aus. Die Versammlung nämlich, die die andauernd „kybernitische" Haltung der Senatsmajorität verabscheute, sprach nach kurzer und heftiger Debatte ebenfalls am 8. Aug. die Auflösung des Senats aus; sie wollte eben die Regierungsstellen umbilden, die alten Verfassungsentwürfe revidiren und eine neue Verfassung entwerfen, die den monarchischen Formen angepaßt sein sollte, auch die angemessene Vertheilung der Nationalgüter ins Auge fassen, so, daß sowol die Staatsschulden dabei berücksichtigt, wie auch alle jene Griechen befriedigt würden, die sich durch ihre Dienste gerechte Ansprüche auf Entschädigung erworben hatten. Der Senat nun weigerte sich, sich auf den Beschluß einer von ihm nicht als vollberechtigt anerkannten Versammlung hin aufzulösen; er protestirte auch, als am 9. August der Staatssecretair des Innern Soldaten schickte, die seinem Vorstande Siegel und Archive abforderten. Und nun ergriffen die Residenten Partei für den Senat und erklärten am 10. August in einer Note an Trikupis: 1) die provisorische Regierung müsse bis zur Ankunft der Regentschaft in ihrer Gesammtheit und Gestalt unverändert fortbestehen; 2) man dürfe sich nicht erlauben, Nationalgut zu veräußern, noch irgend eine die Finanzverwirrung vermehrende Maßregel zu ergreifen; 3) ohne Mitwirkung der königlichen Autorität dürfe weder eine permanente Verfassung noch Fundamentalgesetze vorgeschlagen oder sanctionirt werden. Die Auflösung aber des Senats sei völlig unzulässig.

Auf diese massive Erklärung antwortete die Majorität der Versammlung nicht minder derb am 17. August; sie rechtfertigte ihre Haltung, hielt die Auflösung des Senats fest, versprach auch, den Senat durch eine geeignetere Behörde zu ersetzen. Nun aber mißbilligte die gemäßigte Minorität die Haltung dieser Antwort; und nicht nur mehrere der namhaftesten Deputirten, selbst Miaulis, nahmen einige Zeit keinen Theil mehr an den Versammlungen, — auch vier der Staatssecretaire, nämlich Maurokordatos, Trikupis, Zographos und Klonaris, richteten unter dem 19. August ein Schreiben an die Regierung, baten die Antwortsnote der Versammlung den Residenten nicht zu übergeben, schlugen der Versammlung aber vor, sich einerseits positiv über das Recht der Mitwirkung des Königs zur Gesetzgebung und speciell zur Verfassung auszusprechen; ferner nicht schon jetzt definitiv über die Nationalländereien zu entscheiden, sondern auch hier das Recht der Mitentscheidung des Königs anzuerkennen; dann unter vorläufiger Ernennung von Commissionen für die Verfassungs- und Nationalgüterfrage, unter Anerkennung der bestehenden Regierung bis zur Ankunft der Regentschaft, und unter Umbildung des Senats im Sinne einer Vertretung aller Parteien, sich bis zur Ankunft der Regentschaft zu vertagen.

Die Uebergabe der Antwort der Versammlung an die Residenten unterblieb allerdings; aber die anderen Vorschläge wurden abgelehnt, auch die in demselben Sinne gehaltene Zuschrift der Minorität unter Miaulis fruchtete Nichts (22. Aug.). Während inzwischen in Morea die Gegner unter Tzavellas, Nikitas, Kolokotronis, Kalergis, zu denen auch Capitain Tsokris von Argos übertrat, gegen die Mainotten und gegen die Rumelioten des Grivas in Arkadien und des Tzami Karatassos in Korinth immer mehr Boden gewannen; während in Rumelien selbst der General Gardikiotis Grivas Missolunghi plünderte und andere Scharen nach dem Isthmus marschirten; während man die Palikaren des Sulioten Zervas als unruhiges Volk aus Nauplia entfernen mußte, — beschloß die zu Pronia unter dem Schutze eines schwachen Restes der Taktiker tagende Versammlung, nach dem Tode des am 18. August verstorbenen Demetrios Ypsilanti auch den Grafen Metaxas aus der Regierung zu drängen, und ersetzte am 22. August beide Männer durch K. Mauromichalis (Sohn des Petrobei) und durch Markos Milaitis aus Psara. Die Beschlüsse der früheren kybernitischen Versammlung von Nauplia wurden cassirt; an Stelle des Senats sollte eine Legislative nach älterer Art treten, die die Versammlung diesmal aus ihrer eigenen Mitte ernennen wollte. Das sollte am nächsten Tage geschehen; da — (wie Manche vermutheten, nicht ohne Einwirkung der Kapodistrianer, die über des Metaxas Ausscheidung grollten) — brachen die soldgierigen Palikaren des Krizotis, die ihre letzte Gnadenfrist für abgelassen erklärten, in die Versammlung ein, schleppten den alten Panayotes Notaras und acht andere Deputirte von großem Vermögen mit sich fort, trieben die anderen aus einander, führten jene Männer als Geiseln mit nach ihrem verschanzten Standquartier Aria bei Argos, und erklärten, sie würden dieselben nur gegen die Zahlung eines Soldes von 150,000 Piastern freigeben. Es gelang dem Kolettis und seinen Freunden, eine Summe von 110,000 Piastern aufzubringen; so erhielten die Geiseln in 8 Tagen ihre Freiheit zurück. Auf Grund einer Botschaft des Königs Otto, daß die Regentschaft Anfangs November nach Hellas abreisen werde, daß die Versammlung sich bis zu deren Ankunft vertagen möge, damit die Regentschaft dann gemeinsam mit dem Congreß die neue Verfassung entwerfen könne, — vertagte sich dann die Versammlung am 1. September in der entsprechenden Weise.

Indessen, diese Wendung, wie auch die Ankunft Stratford Canning's aus Stambul (15. August), der die volle Ausgleichung mit der Pforte (mit Ausnahme einer Differenz über die Linie der Grenze bei Zeituni und Volo) meldete, besserte im Innern nur wenig. Die Regierung schickte zunächst auf Antrieb des Residentencorps den Admiral Miaulis, die Regierungsmitglieder Kosta Botzaris und (weil Kolokotronis die Betheiligung seines Sohnes Gennaios ablehnte) Demetrios Plaputas am 5. Sept. nach München, um durch sie die Huldigung des Landes dem Prinzen Otto zu überbringen. Diese Männer haben, nachdem am 5. Oct. in München die Ernennung der Regentschaft — Staatsrath und Staatsminister a. D., Reichsrath Joseph Ludwig Graf von Armansperg als Vorstand; Staats- und Reichsrath Dr. Georg Ludwig von Maurer; Generalmajor Karl Wilhelm von Heideck, und Geh. Legationsrath Karl von Abel — amtlich bekannt gemacht war, am 15. Oct. dem jungen König die Huldigung geleistet. Aber die Schwierigkeit, das versprochene baierische Corps herzustellen, an dessen Stelle dann vorläufig eine Abtheilung der baierischen Armee abcommandirt wurde, die unter Generalmajor von Hertling bis Ende November in Triest erscheinen sollte, und andere Hindernisse hielten die Abreise der neuen Regierung nach Nauplia noch längere Zeit auf.

Inzwischen standen sich in Nauplia die Parteien der Regierung — Kolettis und Kunduriotis, und Metaxas und Zaimis — hartnäckig gegenüber; und da nach einer gleich Anfangs getroffenen Senatsbestimmung zu jeder Regierungshandlung fünf Männer gehörten, so kam Alles in Stillstand. Weil nun Kunduriotis (wie Kolettis) dem als legal angeblich anzuerkennenden Senate, der nur factisch noch fortbestand, das Recht zur Ergänzung der Regierung nicht zugestand, so kehrte dieser Staatsmann am 2. Oct. grollend nach Hydra zurück. Seitdem war dann völliger Stillstand der Regierung und rettungslose Anarchie, die namentlich bei dem unheilbaren Geldmangel immer drückender empfunden wurde. Darüber machten dann die bewaffneten Gegner immer größere Fortschritte. Kolokotronis vertrieb gegen Ende August den Theodor Grivas aus Arkadien, warf ihn zurück nach Argos; mit Tzavellas verbunden, drängte er ihn dann auch aus Argos, schob den Kalergis bis nach Tirynth bei Nauplia vor. Dann setzte er sich bei Nauplia mit den Admiralen Ricord und Hotham und mit den Residenten in Verbindung und forderte die Bildung einer neuen Regierung; da nun auch Mamuris aus Rumelien ihnen zuzog, so fielen viele Soldaten von Kolettis ab, Theodor Grivas selbst räumte Morea, schlug sich bei den Flammen der Stadt Korinth durch die Scharen des Mamuris durch und retirirte endlich zu seinem Bruder Gardikiotis nach Missolunghi. Es waren Zustände, die einen deutschen Satyriker zu dem schneidenden Hohne über Griechenland stimmten, daß er es mit einer in das Meer gestürzten Katze verglich, die dann in einem Fasse gerettet wurde, aber in dem Fasse noch zu ersaufen drohte!

Während nun viele Städte sich durch selbständige provisorische Behörden zu helfen suchten, und wenigstens der Handel von Syra blühte, auch Athen wieder sich zu heben begann, hatte der Senat am 3. Oct. aus eigener Macht die drei Regierungsmänner Kolettis, Zaimis und Metaxas mit der Gesammtmacht der Regierung betraut; nur um den Kolettis definitiv in legale Minorität zu bringen. Lediglich um den darauf folgenden scharfen Conflicten des Senats mit den Franzosen ein Ende zu machen, ließ sich Kolettis dieses endlich gefallen. Daneben aber hatte Kolokotronis zu Argos mit seinen Capitainen eine eigene provisorische Regierung gebildet, die in Morea völlig nach ihrem Belieben dominirte. Conflicte des Senats mit dem französischen Commandanten in Nauplia, und der Umstand, daß die Regierung in der Mitte des November 1832 (s. oben) die Kapodistrianischen Gerichtshöfe vorläufig schloß, veranlaßte viele Senatoren, am 20. Nov. sich nach Astros zu begeben, sich hier als Senat zu vereinen und am 3. Dec. (in einer Zeit, wo man nun in Nauplia schon wußte, daß König Otto's und der Regentschaft Reise im Zuge war; wo bereits in Nauplia der königliche Befehl eingetroffen war, Vorbereitungen für die Wohnung des Königs und seiner Begleiter zu treffen) eine Verordnung zu erlassen, welche die gesammte Wirksamkeit der Regierung in Nauplia für ungesetzlich erklärte. Zugleich setzten sich diese senatorischen Secessionisten mit Kolokotronis in Verbindung, um dessen Militairregierung formell zu constituiren; sie sollen sogar die Absicht gehabt haben, Augustin Kapodistrias (oder gar Admiral Ricord) als Präsidenten an die Spitze zu stellen. Da brachen denn auch (17. Dec.) Metaxas und Zaimis mit diesen ehemaligen Parteigenossen.

Während so die Anarchie allgemein war, aber wenigstens die bewaffneten Kämpfe aus Mangel an Mitteln mit Ausnahme der Fehden zwischen Moraiten und Kolokotronisten pausirten, nahte sich endlich die doppelte Entscheidung. Zur Ausführung des in Stambul entworfenen abschließenden Protokolls der londoner Conferenz vom 21. Juli 1832 hatte eine Grenzcommission der betheiligten Mächte (der russische Oberst Scalon, der französische Major Barthelemy, der Engländer Baker, der Türke Hussein-Bei, der Grieche Johannes Stailos) die Nordgrenze abgesteckt. Im Akarnanien anfangend hatten sie am Südrande des Sundes von Prevesa die Spitze Punta den Osmanen gelassen (daher den Griechen freie Einfahrt in den Golf gewährt), dann die Linie durch den Golf von Arta gezogen, weiter von dem Ausgange des Passes von Menidi bis zum Makryoros, an diesem hin bis zu dem Flüßchen Dokpa. Mit diesem stieg die Grenze bis nach der Schlucht von Kombotti, der sie folgte bis zum Berge Gkriona. Ueber die Berge Plakorami, Rochijergopulo, Grademo, erreichte sie durch das Thal von Stauklopous den Acheloos. Diesem Flusse folgte sie bis zur Mündung der Platonia, dann längs diesem Bache bis zu dem Berge Zurnatos; dann auf der Höhe fort bis zum Berge Bugiliali. Von hier folgte sie dem Bache Karipa, bis zu dessen Einströmung in den Mengari, folgte dann diesem Gewässer bis zu dem Berge Jnamo in der Hauptkette des Pindus. Von hier lief sie über mehrere Gebirgsgipfel, namentlich den Balgara, bis zu dem von Peri Plakovali, erreichte bei der Quelle Zaforali die Wasserscheide zwischen dem Stromgebiete der Flüsse Acheloos und Spercheios, lief auf der Wasserscheide von Zurbila bis nach Phliloracki, dann auf dem Gebirge Othrys hin bis nach Jerasvoni, um endlich an dem Bache Stamandrula hin den Golf von Volo zu erreichen. Die Grenzausgleichung war am 18. Nov. 1832 beendigt[45]). Für die Abtretungen nördlich vom Spercheios und jenseits des Acheloos sollte die Pforte eine Entschädigung von 40 Millionen Piaster erhalten. Die Pforte [illegible], da einmal die londoner Conferenz am 30. Aug. die Richtung der Grenze in der angegebenen Weise principiell anerkannt hatte, acceptirte die eben bezeichneten Grenzbestimmungen und erkannte dann noch vor Ablauf des J. 1832 den Prinzen Otto als König von Griechenland an.

Inzwischen hatte auch die neue Regentschaft in München lebhaft gearbeitet; sie hatte entschieden darauf bestanden, daß die große Anleihe nicht in drei Raten gezahlt würde; und erst als die londoner Conferenz unter dem 13. Nov. sich bereit erklärt hatte, wenn das erste Drittheil nach Abzug der Entschädigung für die Pforte unzureichend sei, den Mehrbedarf, namentlich die zweite Rate, eventuell selbst die dritte, zu bewilligen, wenn die Regentschaft dieses nach ihrer Ankunft in Griechenland als nothwendig erkennen sollte, galt die Sache als im Hauptwerk für erledigt. Inzwischen hatte durch Vermittelung des Barons von Eichthal zu München das Haus Agnado die Anleihe übernommen, jedoch so, daß durch einen besonderen Vertrag mit ihm das Haus Rothschild mit der Leitung des Geschäfts beauftragt wurde. Während noch die nöthigen Ausführungsmaßregeln schwebten, waren die übrigen Reisevorbereitungen zu Ende November 1832 vollendet. So verließ denn (die griechische Deputation verließ München am 7. Dec.) König Otto am 6. Dec. seine Heimath, kam am 20. Dec. in Rom an, schiffte sich am 10. Jan. 1833 zu Neapel ein, erreichte am 13. Jan. Brindisi, wo die zu seiner Ueberfahrt nach Griechenland bestimmte englische Fregatte „Madagascar" bereits angekommen war. Die Männer der Regentschaft waren am 10. und 13. Dec. von München nach Triest abgereist; da dann auch die Einschiffung der bairischen Truppen Ende December hier sich vollzog, so segelte die Expedition, 35 Schiffe, am 5. Jan. 1833 von Triest ab. In dem zum Sammelplatz bestimmten Hafen von Korfu traf Otto am 18., die Truppen am 21. Jan. ein, und am 23. Jan. ging die gesammte Flotte nach Nauplia unter Segel. Gerade aber in den letzten Januartagen, fast unmittelbar vor Otto's Ankunft in Nauplia, wurde noch einmal — zum letztenmal während der schwankenden, nun abschließenden Zeit der Geburtswehen des jungen Staats — griechisches Blut in Strömen vergossen. Die griechische Regierung zu Nauplia hatte längst gewünscht, wenigstens Argos militärisch besetzt zu sehen, einerseits um die Kapetanios von Nauplia zurückzuschieben und den vielen Flüchtlingen in Nauplia mehr Raum zu schaffen, dann auch um einem erneuerten Unfug der Kolokotronisten bei Otto's Landung vorzubeugen. Zu diesem Ende sollte ein französisches Corps aus Nauplia ausrücken; dieses auch auf Wunsch der Residenten, auch um dort für die Baiern Platz zu machen. Bis zum 14. Jan. zogen etwa 750 Franzosen aus Nauplia[46]) nach Argos. Hier lagen aber dichte Massen von Palikaren unter Kalergis, Krijiotis, Tzongas. Viele meinten nun, der alte Kolokotronis habe neuerdings mit Absicht so viele Griechen in und bei Argos concentrirt, um hier in seinem Sinne eine Nationalversammlung zu halten, den jungen König aber bei seiner Landung zu gewinnen, in Argos zu erklären, und dem Lande eine den Kapetanianern zusagende Verfassung zu geben. Genug, am 15. Jan. kam es in Argos zwischen den Franzosen und den Griechen aus politischen Anlässen zu einem leichten Gefecht. Aber am Abend des folgenden Tages überfielen die Griechen unter Krijiotis und Tzongas zerstreute Franzosen und deren Kasernen mit starker Macht. Oberst Stoffel aber schlug sie ab, verfolgte sie, und in blutigem Straßenkampfe verloren, meistens durch Geschützfeuer, mehrere hundert Griechen (Weiber, Kinder und 300 Palikaren) ihr Leben. Dann folgten Hinrichtungen mehrerer Gefangenen; namentlich wurde des Capitains Kalergis' Anagnost Kalopulos kriegsrechtlich erschossen, ein Sohn und Secretair aber des Kolokotronis nach Itschkalé abgeführt. Nun mußten die Palikaren Argos räumen; die Spannung aber ob der nahen Ankunft des Königs hielt die Griechen endlich ruhig. Am 28. Jan. erhielt man in Nauplia durch Offiziere die Nachricht von der Vorbeifahrt des Königs bei Navarino. Und nach ziemlich beschwerlicher Seefahrt erschien endlich am 30.

45) Prokesch-Osten, Bd. II. S. 513. 514 fg.

46) So nach Prokesch-Osten, Bd. II. S. 515; nach Zinkeisen (Bd. IV.) II. S. 506 zwei Compagnien aus Nauplia und 400 M. aus Modon.

Jan. 1833 das bairische Geschwader, jetzt 43 Segel stark, im Hafen von Nauplia, wo Massen des Volks und Donner der Geschütze den König begrüßten. Die Ausschiffung der Baiern dauerte bis zum 5. Febr., am 3. d. M. hatten sie bereits von den Franzosen die Posten übernommen. Am 6. Febr. hielt Otto dann mit der Regentschaft unter dem Jubel des Volks (von der bisherigen Regierung begrüßt, die ihm nun ihre Gewalt übergab) seinen festlichen Einzug in Nauplia. Dem Hochamt zu St.-Georg folgte die Huldigung der anwesenden Beamten und Officiere, dann die Proclamation der Regentschaft, die den Griechen Eintracht und Gehorsam empfahl, dagegen gewissenhaften Schutz ihrer Religion, treue Pflege ihrer Gesetze, ungeschmälerte Bewahrung ihrer Rechte und Freiheiten, schleunige Herstellung der Ruhe und Ordnung, und Amnestie der bisherigen politischen Verirrungen zusagte. In dem durch Kapodistrias hergestellten sogenannten Palaste wurden die Residenten und Admirale, die Führer der Franzosen und viele namhafte Griechen dem Könige vorgestellt; Kolokotronis aber und Kalergis erhielten erst am folgenden Tage Zutritt zum König und Amnestie. An diesem Tage (7. Febr.) hielt Otto dann noch Heerschau über seine Baiern, und zwei Tage später zu Argos über die Franzosen.

Die Regentschaft.

Zum ersten Mal also seit den mythischen Zeiten des Deukalion hatte Gesammt-Griechenland wieder einen König. Es war zu bedauern, daß Otto nicht bereits als volljähriger Mann die Regierung antreten konnte; denn der Zauber der neuen königlichen Gewalt verlor in den Augen des griechischen Volks dadurch etwas an seiner Wirksamkeit, daß der Name und der Glanz des königlichen Amtes und dessen Ausübung eine Zeit lang von einander getrennt bleiben mußten. Die Regentschaft nun fand eine entsetzliche Arbeit vor; die greuliche Anarchie des J. 1832 hatte die Verhältnisse unheilvoll zerrüttet, die Kassen waren leer, das Land weithin verwüstet, die Gerichte aufgelöst, die Zahl der Einwohner seit 1821 bis 1829 in den sämmtlichen insurgirt gewesenen Landschaften zusammen um fast 300,000 Köpfe zurückgegangen; (nach aller Wahrscheinlichkeit hatte Congreß-Griechenland zur Zeit kaum noch gegen 700,000 Einwohner). Mehr aber: die unglücklichen Versuche des Präsidenten Johann Kapodistrias, das Land europäisch zu civilisiren, hatten den Boden für solche Arbeit stark verdorben; und nun waren die Gerichte meist aufgelöst, die traurigen Reste der bisherigen Schöpfungen dem Neubau mehr hinderlich als förderlich. Und doch mußte aus dem Chaos nunmehr ein Staat geschaffen werden. Es war dieses um so schwerer, als ja die gebildeten Griechen des Festlandes und mehr noch die der Inseln durchweg mit europäischen Ideen lebhaft vertraut, andernfalls oft leidenschaftlich bewegt waren, während das niedere Volk des Innern, seit Menschenaltern an das naturwüchsige Regiment der Osmanen, der Primaten, der Kapitani's gewöhnt, auch bei gutem Zutrauen zu der neuen Regierung jede consequente finanzielle und administrative Leitung im europäischen Sinne, leicht als neuen und ungewohnten Druck empfinden konnte. Die Regentschaft mußte also sich sehr geschickt benehmen, wenn sie nicht bald in ähnliche Klippen gerathen sollte, wie einst Kapodistrias. Es kam ihr jedoch zu Statten, daß das Gesammtvolk wahrhaft verzweiflungsvoll nach Rettung aus der neuen Anarchie sich sehnte, daß alle griechischen Staatsmänner und Parteien bei dem vollen politischen Bankerot angekommen waren. Nur daß leider auch sie mit Sprache, Sitten und Bedürfnissen des neuen Landes nur erst obenhin vertraut war; nur daß die Hoffnungen der Griechen zu hochgespannt, die Ansprüche und Erwartungen der verschiedenen Volkselemente unter einander in gefährlicher Weise verschieden waren.

Da die Regentschaft nun aber über viel größere Machtmittel verfügte, als alle ihre Vorgänger, so konnte sie sofort mit einer Energie auftreten, welche ihren Freunden Zutrauen einflößte, den Gegnern imponirte; nur daß es ihr nicht möglich wurde, die bisherigen griechischen Verhältnisse so vollständig zu durchschauen, um von Anfang an alle Mißgriffe zu vermeiden. Die ersten Schritte waren sehr verständig und entschieden darauf berechnet, dem Volke endlich das nöthige Gefühl wiedergefundener Ruhe und voller Sicherheit einzuflößen, der neuen Herrschaft Achtung zu verschaffen. Man decretirte allgemeine Amnestie für politische Vergehen, ordnete die Ermittelung begründeter Ansprüche, wie auch die nöthige Beschränkung des Gebrauchs der Schußwaffen an. Die bairischen Truppen wurden schnell und angemessen vertheilt; die Räumung des Restes der von Türken noch besetzten Striche wurde schnell erwirkt, Athen wurde am 1. April von den Baiern besetzt, Karababa am 6., die Stadt Chalkis am 7., Karystos am 13. April übergeben; Zeituni war schon am 9. April übergeben, den hier noch befindlichen Osmanen Schutz und Religionsfreiheit gewährt; dann wurde die Nordgrenze durch einige bairische Posten besetzt.

Nun galt es vor Allem, die militairische Organisation des Landes festzustellen; man mußte einerseits sich mit den verwilderten Palikaren abfinden, andererseits ein neues Nationalheer schaffen. Die viel begehrenden Palikaren, die allerdings Großes geleistet, aber auch schwere Thaten verübt hatten, waren sehr schwer zu zähmen; sie sollten theils gewonnen werden, indem man den Veteranen des Freiheitskrieges Nationalgüter zusagte, die jüngeren unter 30 Jahren für die Linie, die älteren für den leichten Dienst als Jäger (in der Nationalwache) an den Grenzen und in den Gebirgen des Innern bestimmte. Um die Masse aber unschädlich zu machen, wies man ihnen bestimmte Sammelplätze an, in Morea (in Achaja), bei Eleusis, und in Westgriechenland. Bald aber zeigte sich starke Abneigung der Palikaren, sowol in die Jägerbataillone wie in die Linie einzutreten. Und namentlich die Veteranen des Kolokotronis und Kalergis zu Argos, durch alte Kapodistrianer aufgehetzt, meuterten, weil sie den regulairen Dienst scheuten. Sie wurden nun zwar durch imponirende Machtentfaltung gebändigt; viele aber zogen plündernd in Rumelien umher, bis zu dem endlichen Abmarsch von 6000 M. der Unruhigsten, die mit dem Albanesen Tahir-Bass (im Mai 1833) nach Epirus austraten, wo sie 25./26. Mai Arta plünderten, endlich mit Gewalt zerstreut wurden. Da nun die Einführung der verhaßten (allerdings für dieses Klima wenig entsprechenden) abendländischen Uniformen und die Bestimmung, daß die Officiere der Irregulairen bei dem Eintritt in die Linie einen Grad tiefer angestellt werden sollten, als sie bei den Palikaren gehabt hatten, die Werbungen für die Linie sehr aussichtslos machten; da auch die Werbungen in München nur langsam vorrückten, so blieb diese Formation wie die der Jägerbataillone (die der Oberst von Schmaltz leitete) lange ohne namhaften Erfolg. Da schuf man wenigstens das Gensdarmencorps (1200 M. in 10 Compagnien), ein Corps mit hohem Sold, unter mehreren namhaften Kapitani's, wie Hadschi-Christos, und unter Oberleitung eines französischen Philhellenen; Tracht und Waffen blieben die nationalen. Nur deckte man damit nur langsam die Nothwendigkeit eines Nationalheeres, zumal im Sommer 1833 auch die letzten Franzosen das Land verließen.

In der Civiladministration ging man zuerst vorsichtig zu Werke, zumal da die vielen brauchbaren Kräfte unter einander mehrfach durch Parteiungen geschieden waren. Die alten Staatssecretaire oder Minister blieben Anfangs alle in ihren Stellen. Im April wurden dann Trikupis (als Vorstand) für das Aeußere, Cultus und Unterricht, Mauromichalis aber für die Finanzen, Koletti für Marine und Handel, der Athener Psyllas für das Innere, Praïdis für die Justiz angestellt. Alle Minister waren Griechen der nationalen und constitutionellen Partei. Damit war die Organisation des Verwaltungspersonals der Ministerien verbunden. Weiter wurde Griechenland zu specieller Ausbildung der Verwaltung in 10 Kreise und 42 Eparchien zerlegt, bei deren Benennung man bekanntlich nach Möglichkeit zu den classischen Namen zurückgriff. Es waren Argolis und Korinth mit sechs Eparchien und der Hauptstadt Nauplia; Achaja-Elis, 4 Eparchien, Hauptstadt Arkadia; Arkadien, 4 Eparchien, Hauptstadt Tripolitza; Lakonien, 4 Eparchien, Hauptstadt Mistra; Akarnanien-Aetolien, 5 Eparchien, Hauptstadt Brachori; Lokris und Phokis, 4 Eparchien, Hauptstadt Salona; Attika-Böotien mit der Hauptstadt Athen; Euböa; die Kykladen. Den Kreisen sollten Nomarchen, den Eparchien die Eparchen vorstehen, die (hierin nach Kapodistrias' Vorgang) die Regierung ernannte. Indessen sollte, so war in Aussicht genommen, später den Nomarchen ein von den Einwohnern frei gewählter Kreisrath, den Eparchen ein Bezirksrath zur Seite stehen. Die Nomarchen sollten die Vollzugsorgane der Ministerien des Innern, des Cultus und des Unterrichts sein; Eingriffe aber in kirchliche Dinge und Privatverhältnisse waren durch bestimmte Verordnungen scharf untersagt. Damit waren nach verschiedenen Seiten hin die Wege gebahnt zu europäischer Verwaltungsweise; man darf nicht leugnen, daß bei dem eigenthümlichen Zuständen Griechenlands hier ein Sprung in der Entwickelung hat gemacht werden müssen; nur daß die Regentschaft wie die folgenden Regierungen darin gefehlt haben, daß — neben manchen Einrichtungen, bei denen die Vorbedingungen im Lande noch gar sehr fehlten — die neue Organisation zu schnell in zu umfassender, complicirter und darum zu kostspieliger Weise eingerichtet wurde. Schwieriger nun wurde die Auswahl der Beamten; unter der Masse der zu solchen Aemtern sich drängenden Candidaten, namentlich aus der schlimmen Kapodistrianischen Erbschaft, waren nicht sehr viel brauchbare Elemente, — und so erfolgte denn beinahe unvermeidlich die massenhafte Durchsetzung des Landes mit europäischen, besonders mit deutschen, namentlich bairischen Beamten, die bei aller Tüchtigkeit (einzelne starke Mißgriffe in der Auswahl sind nicht allzu stark zu betonen) später als Fremde, „die das Mark des Landes verzehrten," wie die griechische Eifersucht sagte, die wilde Gehässigkeit der fremdenfeindlichen Moraiten stark erregt haben. Zunächst aber gewann der Staatsdienst Ordnung und Regelmäßigkeit, Bestand und Sicherheit, und bei der Masse war dauernd Zufriedenheit, obwol manche Specialinteressen schon jetzt unvermeidlich verletzt wurden, namentlich die von Nauplia, weil man sehr einsichtig daran dachte, an Stelle des engen, unbequemen, ungesunden Nauplia das classische Athen zur Landeshauptstadt zu machen, dessen Neubau nach einem Plane des Architekten Kleanthes betrieben werden sollte.

Mit besonderem Eifer hat man sich ferner mit der Herstellung der Rechtszustände des Landes beschäftigt. Hier hat namentlich Herr von Maurer (der auch die Arbeiten für den öffentlichen Unterricht leitete) sich namhafte Verdienste erworben. Vorsichtig vorgehend, bildete bei der Rechtsverwirrung auf dem Festlande die Regentschaft zunächst nur drei außerordentliche Tribunale, — zu Theben (dem später auch Euböa und die Kykladen zugewiesen wurden), Missolunghi und Nauplia, die wesentlich nur zur Zähmung der Räuber und Mörder bestimmt waren, die aber (Verordnung des 6. März) auch in Civilsachen entscheiden konnten, wenn die Parteien sich an sie wenden wollten; dabei galt öffentliches Verfahren. Das Institut der Friedensrichter wurde nur provisorisch bestätigt, sonst nach und nach nur solche Bestimmungen getroffen, die unumgänglich nöthig waren. Während die Ausarbeitung eines wirklich brauchbaren Gesetzbuches und entsprechender Gerichtsverfassung aus guten Gründen nur langsam sich vollziehen konnte, kam man leider aber auch mit Organisation des Schulwesens nicht über einen groß angelegten Plan hinaus. Dagegen verfuhr man bei dem Finanzwesen ganz verständig. Bis zum Juli 1833 war endlich die Garantie der Großmächte für die zwei ersten Serien der Anleihe (zu je 20 Millionen Franken) vollständig gewährt. Aber bei dem noch schlecht entwickelten Finanzsysteme des Landes mußte man sehr sparsam zu Werke gehen, vorläufig (selbst auf Kosten der Popularität) außerordentliche Ausgaben, selbst die vielbegehrten Entschädigungen, meiden und die Hülfsquellen des Landes erforschen und erklären. Zu letzterem Zwecke war seit April unter K. Theocharis neben dem Finanzministerium eine griechische Finanzcommission thätig; und andererseits wurden zweckmäßige Maßregeln getroffen, um den Nachwirkungen der grenzenlosen Münzverwirrung und Münzverschlechterung aus den letzten schlimmen Zeiten der Präsidentschaft zu begegnen. Das neue Nationalgeld (nach dem Drachmen-(Franken-)System) wurde eingeführt, und verständige Verordnungen in Betreff der in Masse umlaufenden fremden Münzen getroffen (nur fremdes Kupfergeld wurde ausgeschlossen, die alten inländischen Kupfer- und Silbermünzen sollten nur noch bis zum 1. Mai 1833 gelten, dann bis Ende October zu 80 Procent des Nennwerths umgewechselt werden). Das System der indirecten Steuern blieb zunächst noch unangetastet; die Zehntenverpachtung konnte man auch nicht sogleich abstellen, nur daß die griechischen alten Schäden, Unterschleif und Bestechung, sich nicht beseitigen, Händel mit den Zehntpächtern sich nicht vermeiden ließen. Dagegen bewies sich die strenge Controle bei den Zöllen gegen Unterschleif sehr ersprießlich. Bei der zu erzielenden Hebung des Verkehrs, der Industrie, des Landbaues mußte natürlich das Meiste von der dem Volke zu gebenden Anregung erwartet werden; daß die Anlage von Straßen im Innern eine Lebensbedingung für die Hebung und Neubelebung Griechenlands sind, hat die Regentschaft nicht verkannt; daß aber die Anlage der am 16. Aug. 1833 beschlossenen Heerstraßen: von Patras über Mistra nach Gytheion; von Navarino über Leondari und Tripolitza nach Nauplia und Korinth; von Athen über Theben und Livadia nach Agrinion (Vrachori), Missolunghi, Arta und Vonitza; von Theben nach Chalkis und von Salona nach Zeituni (Lamia): bis heute nur zum allerkleinsten Theile wirklich ausgeführt ist, gehört zu den schlimmsten Unterlassungssünden der modernen Hellenen und ihrer verschiedenen Beherrscher. Daß freilich fremde (europäische und griechische) Kapitalisten ihr Geld noch nicht so bald in die griechischen Dinge stecken mochten; daß die Blüthe der Insel Hydra ein für allemal vorüber war, daß selbst große Entschädigungen, auch wenn sie sofort zu ermöglichen gewesen wären, Hydra nicht mehr zu seinem alten Flor, der jetzt auf Syra übergegangen war, zurückverhelfen konnten; daß viele Hydrioten wieder in Stambul und Alexandrien ihren Erwerb suchen mußten, war nicht mehr oder nicht sobald zu ändern. Auch die durch Viaro Kapodistrias' Ungeschick und durch die Verzweiflungsthat des Miaulis stark verbrauchte Kriegsmarine, die sofort durch Sachturis, Kanaris und Andrutsos (diesen aus Spezzia) übernommen worden war, konnte, unter des verdienten Miaulis Oberleitung, nur allmälig reorganisirt werden; sie ist andauernd auf die Hülfe der Handelsmarine angewiesen, wie in dem Befreiungskriege.

Im Allgemeinen aber erholte sich jetzt das Land, und die Mehrheit des Volks war der Regentschaft aufrichtig ergeben; was allerdings nicht ausschloß, daß nicht die griechische Presse, sowol die wirklich liberale des Brüderpaares Alexander und Panagiotis Sutsos („die Sonne"), wie die (nach Art der heutigen teutschen „Hietzinger Demokraten") der Kapodistrianer, die in ihrem „Chronos" ihre absolutistische Richtung unter wild radicaler Phrase verbargen, die Männer und Zustände des neuen Regime's heftig anfochten. Aber ein Theil der alten Kapodistrianer arbeitete im Stillen energisch gegen die neue Regierung, so namentlich Kolokotronis. Ihn förderte das Mißvergnügen vieler Palikaren, der sich schon in der Stille regende byzantinische Haß gegen die Fremden und deren Begünstigung, die Enttäuschung mancher zu hoch gespannter Hoffnungen. Dann auch die Neuerungen in dem Kirchenwesen, die hier mit zwei Worten zu bezeichnen sind. Schon bei Gelegenheit nämlich der allerdings etwas nebelhaften Separat-Verhandlungen, die die Pforte bei dem Ausbruch des russischen Kriegs im J. 1828 durch mehrere hohe griechische Geistliche mit Kapodistrias hatte anknüpfen wollen, hatte der Patriarch von Stambul sondirt, ob der junge Griechenstaat nicht doch das alte kirchliche Verhältniß zu dem Stuhle des Patriarchen beibehalten werde. Kapodistrias hatte dieses abgelehnt; die freie griechische Kirche war factisch von Stambul abgelöst; eine neue und selbständige Organisation war aber damals noch nicht erfolgt. Die Regentschaft nun, die mit Recht die Verbindung mit Stambul, mit dem bald durch die Pforte, bald aus Rußland bestimmten Patriarchen, über den die griechische Regierung gar keine Gewalt hat, nicht herstellen konnte, hatte am 3. April 1833 eine Commission, aus Panagos Notaras, aus drei Geistlichen (darunter der vielgenannte Theokletos Pharmakides, Schuldirector zu Aegina), und zwei Laien (darunter Constantin Schinas) bestehend, ernannt, die unter Leitung des Cultusministers die kirchlichen Angelegenheiten Griechenlands ordnen sollte. Man hatte sich für die bleibende Abtrennung der griechischen Kirche von Stambul entschieden, die dann (23. Juli 1833) durch die Synode aller höheren Kleriker des Staates bestätigt und zu Anfang des August öffentlich proclamirt wurde. Man proclamirte die Einheit des Dogma's; aber die unabhängige anatolische Kirche in dem Königreich Griechenland sollte unter Oberhoheit des Königs durch eine permanente „heilige Synode," deren Mitglieder der König jährlich ernennt (ein Präsident, zwei Räthe und zwei Beisitzer), geleitet werden. Außer anderen organisirenden Bestimmungen wurde angeordnet, daß der Klerus und die Kirche in allen inneren Angelegenheiten unabhängig handeln, — in solchen Kirchensachen aber, die Bezug auf den Staat haben (Fasttage, Klostereinrichtung, Besetzung der Kirchenämter, geistliche Bildungsanstalten, Ehegesetze u. s. w.), an die Mitwirkung und Genehmigung des Staates gebunden, Bischöfe und Pfarrer künftig auch von Staatswegen besoldet werden sollten. In weltlichen Angelegenheiten sollte der Klerus und seine Beziehungen den ordentlichen Civil- und Criminalgerichten unterworfen sein, bei denen Jedermann gegen eventuellen Mißbrauch der geistlichen Gewalt einkommen kann. — Die Abtrennung der griechischen Kirche von Stambul war damals in großen Kreisen des orthodoxen Volks an sich schon wenig populair; der Streit um diese Grundfrage hat sich bis tief in die Mitte unsres Jahrhunderts fortgeschleppt; im Speciellen erkannte man die Tendenz der neuen Regierung, den Klerus möglichst in Abhängigkeit von der Staatsgewalt zu bringen und auch finanziell in die Hände der Regierung zu bringen. Dieses und die erkennbare Richtung, die höchst einflußreiche Geistlichkeit in ihrem Einfluß auf die Masse zu schwächen, statt ihre Bildung und die Möglichkeit zu solcher höheren Bildung schnell zu fördern, erregte allerdings viele Mißstimmung, die der hyperultrischen Opposition allerdings nicht wenig zu Hülfe kam.

Diese Opposition aber gewann an Stärke, seit sich (seit Mai 1833) die fortastische Partei bei den Ernennungen der Beamten die Aussicht verschlossen sah, bei der neuen Landesgestaltung einen vorherrschenden Einfluß zu behaupten. Auf die geheime Phönix-Gesellschaft gestützt, spann ihr Haupt Kolokotronis immer kecker seine Intriguen, die allmälig zu einem über ganz Griechenland sich verzweigenden Complott (alte Palikaren, entlassene Beamte, verdrossene Primaten) sich gestalteten. Ein erster Versuch, mit Hülfe eines thörichten deutschen Dolmetschers der Regentschaft, Adressen nach München und Petersburg zu schicken, welche den Wunsch aussprachen, der König möge für volljährig erklärt, die Regentschaft aufgelöst, und nur Graf Armansperg als erster Minister beibehalten werden, wurde zu Anfang Juli durch Entfernung jenes Dolmetschers aus Hellas vereitelt, nachdem bereits die Palikaren der Kolokotronis, Plaputas, Demetrakopulos ihre Räubereien erneuert und die griechischen Minister Maurokordatos und Kolettis bei Zeiten gewarnt hatten. Inzwischen hatte Demetrakopulos die livadischen Palikaren heimlich aufgewiegelt, Livadia zum Centrum des Complotts gemacht; man spann die Fäden bis nach Euböa, Missolunghi, Lepanto und Patras. Der 10. Sept. sollte der Tag der allgemeinen Empörung sein; da verrieth Capitain Vassos der Regentschaft den ganzen Plan, der auf Ermordung mehrerer hohen Beamten, Entsetzung der Regentschaft, Errichtung einer neuen Regierung im Sinne der Kapodistrianer hinauslief; den König, der nominell an der Spitze bleiben sollte, wollte man zur Anerkennung der neuen Schöpfung zwingen. Jetzt handelte die Regierung schnell und kraftvoll; ein starkes Corps marschirte nach Livadia, wo die Chefs der Verschwörung versammelt waren; die Nomarchen erhielten Befehl zu anderen Verhaftungen, — und binnen Kurzem waren die Intriguanten sämmtlich in der Gewalt der Regierung. Als die Häupter der Verschwörung wurden Theodor Kolokotronis und Demetrios Plaputas Kolliopulos erkannt. Diese Männer wurden vor das Criminalgericht zu Nauplia gestellt, wo jetzt (des Georg Mauromichalis früherer Vertheidiger) der englische Philhellene Eduard Masson als Ankläger des Staates fungirte. Sie wurden im April 1834 zum Tode verurtheilt, aber sofort zu 20jähriger Haft begnadigt. Von den vielen anderen mehr oder minder Compromittirten wurde Graf Metaxas, bisher Nomarch von Lakonien, als der am wenigsten Schuldige als Generalconsul nach Alexandrien entfernt. Die Zustimmung des Volks zu der schnell und sicher unterdrückten Verschwörung imponirte den Gegnern der Regentschaft, welche letztere ihre Stellung jetzt als sehr fest ansehen konnte, und jetzt rascher und sicherer vorschritt. Suchte sie (23. Sept. 1833) durch Einführung der Caution von 8000 Drachmen für jede politische Zeitung die oppositionelle Presse zu lähmen, so wurde den Wünschen des Volks, das mit der theilweisen Langsamkeit und Unfähigkeit des Aprilministeriums unzufrieden war, durch Bildung eines neuen Cabinets (27. Oct. 1833) nachgegeben. Dasselbe wurde Maurokordatos (Aeußeres, Marine und königliches Haus); Kolettis, Minister für das Innere, Theocharis für die Finanzen, Constantin Schinas für Cultus, Unterricht und Justiz, Oberst von Schmalz für das Heerwesen, an dessen Stelle wenigstens als Kriegsminister dann am 12. März 1834 der bairische Generalmajor von Lesuire ernannt worden ist.

Die neue Verwaltung hatte in der That bald namhafte Schöpfungen aufzuweisen. Ein Hauptmoment war selbstredend die Organisation der griechischen Armee. Und hier kamen die neuen Formationen allmälig in besseren und rascheren Gang. Die Gensdarmencorps schritten in ihrer Bildung schneller fort; für die Linie hatte man bis Mitte September 1833 doch schon 1200 M., den Stamm für 5 Bataillone, gewonnen; in Theben bildete man ein Corps griechischer Uhlanen, konnte endlich auch aus den Palikaren ein Jägerbataillon bilden. Als dann endlich die in Baiern geworbene Truppe die Stärke von 4000 M. erreicht hatte und diese sämmtlich in den ersten Monaten des Jahres 1834 in Hellas angelangt waren, konnten die bairischen Hülfstruppen nach Hause zurückkehren. Unter den geworbenen Baiern waren die Uhlanen weitaus das geachtetste Corps, sie sind nachher auch bei den Postengefechten mit den Räuberbanden des Nordens von den Klephten ganz gewaltig gefürchtet worden. Es muß nun bemerkt werden, daß bei den damaligen Zuständen Griechenlands die Ausbildung einer starken und stets schlagfertigen Kriegsmacht ganz unvermeidlich war; einerseits um denjenigen Palikaren, die zum Pflug und zum Markt nicht greifen konnten oder wollten, eine angemessene Laufbahn zu eröffnen, andererseits um der Regierung die nöthige Kraft zu verleihen, die factionsgrade Gährung im Zaume zu halten, die Jahrhunderte alte Neigung zum Klephtenthum zu ersticken, das Räuber- und Bandenwesen im Innern und noch mehr an der Nordgrenze mit Kraft zu dämpfen und den schlimmen Intriguanten zu widerstreben. Aber es ist ein Unheil gewesen, daß man auch später die Armee auf hohem Fuß behalten hat. Ein Griechenland, welches verständig regiert wurde, und dessen Bewohner anstatt des Cultus phantastischer Eroberungspläne und der Pflege der „großen Idee,“ vor Allem erst dahin arbeiteten, aus diesem kleinen Stück freier griechischer Erde ein Musterland im Orient zu gestalten, brauchte unzweifelhaft (so urtheilen auch wohlunterrichtete europäische Militärs) höchstens 3000 Gensdarmen; neben einem Jägerbataillon in der Hauptstadt, und neben einigen kleinen Reiter-, Pionier- und Artillerieabtheilungen wäre es viel besser gewesen, wenigstens später eine Wehrhaftmachung des Gesammtvolks nach schweizerischem, oder, was noch näher lag, nach neu-serbischem Muster zu erstreben. Leider ist dieses aber niemals geschehen; enorme Mittel sind bis zu des Königs Otto Ausgang verschleudert worden, um eine Armee von schmachvoller Unbrauchbarkeit und verächtlicher Zuchtlosigkeit zu erhalten, die nach 30 Jahren als eine gefährliche Last für dieses Land sich gezeigt hat.

In der Civiladministration war dagegen zu jener Zeit besonders wichtig die Regulirung des Gemeindewesens, wo (unter dem 27. Jan. 1834) Umfang und Klassen der Gemeinden und Angehörigkeit zu denselben näher bestimmt, die Verwaltungscompetenzen und Pflichten der Gemeinden scharf begrenzt, die freie Wahl der Gemeindevorsteher (Demarchen), ihrer Beigeordneten, und der Gemeinderäthe anerkannt, die Form der Wahl und die Amtszeit der Gewählten näher bestimmt wurde. Dagegen behielt sich die Regierung das Recht vor, einerseits aus einer präsentirten Candidatenliste den Demarchen zu bestimmen, die Beigeordneten zu bestätigen, andererseits aber die Controle der Gemeindeverwaltung zu behalten und die wichtigeren Beschlüsse der Gemeinderäthe zu bestätigen. Die Bildung der Districtsräthe (s. oben) ist erst etwa sieben Jahre später durchgeführt worden. Daneben hatte Herr von Maurer mit Energie und Eifer, durch deutsche und griechische Juristen unterstützt (namentlich durch Herrn Constantin Schinas), die Justizarbeiten fortgeführt. Seinen Arbeiten hat Maurer namentlich die französischen Code's zu Grunde gelegt, aber mit sorgfältiger Benutzung der lebensfähigen Keime der bisherigen griechischen Rechtszustände, die ihn in wesentlichen Punkten auch zu Abweichungen, namentlich im Civilverfahren bestimmten. (Das französische Handelsrecht war schon zugleich früher ohne Veränderungen eingeführt.) Am 1. Mai 1834 wurde das Strafgesetzbuch veröffentlicht, dem dann die Gesetzbücher über das Criminal- und Civilverfahren folgten, wie auch die Gerichts- und Notariatsordnung. Die Gerichtsorganisation trat erst seit dem October 1834 schrittweise ins Leben; wo dann ein Cassationshof oder Areopag, zwei Appellhöfe (zu Athen und Tripolitsa), und 10 Kreisgerichtshöfe erster Instanz, Schwurgerichte bei dem Strafproceß, und Friedensgerichte für jede Eparchie geschaffen wurden. Dem Handelsgerichte zu Syra folgten später die zu Nauplia und Patras.

Ein umfassendes Volksschulgesetz, welches die Anlage der Elementarschulen den Gemeinden zuwies, wurde am 15. März 1834 publicirt; ein Schullehrerseminar sollte am 14. April zu Aegina begründet werden. In Ermangelung höherer Unterrichtsanstalten (erst im April 1834 wurde das Gymnasium zu Nauplia eröffnet) wurden auf Kosten des Staats junge Griechen zur Ausbildung nach Europa, namentlich nach München, geschickt. Die Kirche angehend, so war Griechenland am 2. Dec. 1834, analog den Nomarchien, in zehn Metropolitandiöcesen getheilt worden, die wieder in 40 Diöcesen zerfielen, so daß auf jede Kreishauptstadt ein Bischof kam. Daneben hat nun die Regentschaft auch das Klosterwesen reformirt. Griechenland hatte damals etwa 518 Klöster mit 4000 Mönchen und 267 Nonnen, und einem Jahreseinkommen von etwa 517,000 Drachmen. Bei der näheren Behandlung der Klöster wurde nun deren Zahl auf 85 reducirt (namentlich alle Nonnenklöster bis auf drei beschränkt), indem man die Mönche auf diese kleinere Anzahl geistlicher Sitze concentrirte. Der Ueberschuß des Klostervermögens wurde zu einem Fonds für Kirchen- und Schulzwecke umgeschaffen; der zu tiefe und rasche Schnitt in das Klosterwesen hinein wurde dann dadurch gemildert, daß man in den nächsten sieben Jahren die Zahl der Klöster wieder bis auf 133 erhöhte, die zugleich Ausgangspunkte einer lebhaft betriebenen Landwirthschaft sind.

Leider aber dauerte diese Zeit hoffnungsreicher Schöpfungen nicht lange. Nicht daß der ewige Hader im Ministerium zwischen Kolettis und Maurokordatos (welcher letztere am 12. Juni 1834 durch Rhigas Palamides ersetzt wurde) so schädlich gewesen wäre; aber, während er, wie schon Trikupis, zum auswärtigen diplomatischen Dienst verwandt wurde[50]), brach unter der Regentschaft selbst Zwiespalt aus. Seit der Zeit schon, wo die Verschwörung des Kolokotronis entdeckt war, waren Spaltungen eingetreten, die sich zwar nicht in den Regierungsmaßregeln äußerten, wohl aber die Regentschaft in eine Minorität und eine Majorität theilten; die Majorität unter von Maurer, die gegen den durch Dünkel gehässigen Armansperg stand, wollte nicht, daß Graf Armansperg ausschließlich die Regentschaft auch diplomatisch repräsentire, und setzte es durch, daß die Regentschaft in ihrer Gesammtheit (2. Mai 1834) den officiellen und repräsentirenden Verkehr mit der diplomatischen Welt ausübe. Weil nun darüber doch viel persönliche Spannung sich entwickelte und die Regenten selbst fürchten mußten, daß sich daran in Griechenland bedenkliche Parteiungen knüpfen möchten, so schrieben beide Theile an König Ludwig von Baiern, um dessen Entscheidung einzuholen. Wie man gemeint hat, durch mitwirkenden russischen Einfluß bestimmt, entschied König Ludwig gegen Herrn von Maurer; es war sehr zu beklagen, denn mit diesem Manne verlor nicht bloß die bedeutendste Kraft der Regentschaft das Land, sondern auch der Staatsmann, der durch seine überall gediegenen Schöpfungen für die Griechen den Boden schaffen wollte, auf dem dann die so sehr begehrte Verfassung wirklich sollte gedeihen können. Genug, zu Ende Juni 1834 entschied König Ludwig, daß Maurer und Abel nach München zurückkehren, durch die Staatsräthe von Kobell und von Greiner ersetzt, Heideck in Griechenland bleiben, Armansperg aber das eigentliche Haupt der Regentschaft

50) Maurokordatos wurde Gesandter in München und Berlin, Trikupis war es in London seit Anfang 1834. In Paris fungirte seit dem April Fürst Constantin Karadja, in Petersburg Michael Suzo.

bleiben sollte. Am 2. August dankte von Maurer ab und kehrte am 11. August nach Europa zurück.

Namhafte Veränderungen folgten hierauf in Griechenland indessen nicht. Armansperg, der nachher in dem Cabinet Schinas durch Praïdis ersetzte und Rhigas Nerulos auch das Cultusministerium übertrug, regierte mit Wohlwollen, obwol nicht mit der Kraft und dem Scharfblick für das Innere, wie sein früherer College. Im Ministerium blieb die Seele Kolettis, der erst (da man sein zu großes Uebergewicht und das seiner Partei bedenklich fand) im Juni 1835 nach dem Ablauf der Regentschaft als Gesandter nach Paris geschickt, und für das Innere zuerst durch Praïdis, dann durch Drosos Mansolas ersetzt worden ist.

Während dann die etwas übereilte Absicht der Regierung, durch Abbrechung der mainottischen Schlösser (die bei dem System der Blutrache in diesem Canton noch immer von der Einwohnerschaft zäh festgehalten wurden) und durch Forderung der Entwaffnung auch den lakonischen Süden zu entwildern, unter Mitwirkung des Eindrucks der Kirchentrennung und Klösteraufhebung bei diesem Stamme, zu blutigen Conflicten mit den Mainotten, dann zu einem (trotz der treuen Ergebenheit des Hauses Mauromichalis an die Regentschaft) nicht sehr glänzenden Feldzuge griechischer und bairischer Truppen in der Maina (Mai bis Juli 1834) führte, der endlich in eine Beobachtung der letzten noch unbotmäßigen Theile dieser Landschaft verwandelt werden mußte; — während ferner seit Mai und Juni bei Salona Kirchenbewegungen zu dämpfen waren und, nicht ohne Anlehnung an die Mainottenbewegungen, im August in Messenien und Westarkadien Unruhen zu beschwichtigen waren, die von den Familien des Kolokotronis und Kolliopulos ausgingen: so machte doch das Land langsam Fortschritte. Namentlich die seit dem Juni 1834 eingeleitete Vergabung von Ländereien an die Veteranen des Befreiungskrieges wirkte sehr wohlthätig, wie andererseits die Palikaren auch durch die Bewilligung einer Denkmünze und namhafter persönlicher Ehrenrechte (freilich auch des Waffentragens) gewonnen, und theilweise auch durch die Errichtung eines Pensionsfonds für Invaliden (und die Familien gefallener Krieger) unterstützt wurden. Die dauernde Schattenseite blieb aber die Finanzpartie; man kam noch immer nicht über das Zehntenwesen hinaus, die Zollwirthschaft blieb auch ohne durchgreifende Reformen; und da bei einer Jahreseinnahme von zehn Millionen Drachmen etwa vier Millionen zur Zinsenzahlung der großen Anleihe nöthig waren, so kam man mit den übrigen Einnahmen aus dem Deficit nicht heraus.

Besser stand es mit den diplomatischen Verhältnissen; der Verkehr mit den übrigen Mächten kam in guten Gang. Auch die Pforte, welche 1833 zunächst noch keinen griechischen Gesandten in Stambul dulden wollte, weil sie noch keinen Friedens- und Freundschaftsvertrag mit Griechenland geschlossen; die ferner mißtrauisch war, weil noch immer griechische Emissäre ihre Rajah aufregten, auch Samos noch immer aus Griechenland

Unterstützungen erhielt, — auch die Pforte duldete doch seit Januar 1834 griechische Consuln zu Kreta, Smyrna, Prevesa, Salonichi, und erkannte zu Stambul[51]) den der griechischen Gesandtschaft attachirten Legationsrath Manos als Chef der Handelskanzlei an. Und endlich wurde Herr Zographos als griechischer Gesandter am 11. Aug. 1834 in feierlicher Audienz von dem Reis-Effendi empfangen.

Inzwischen hatte König Otto am 22. März 1834 in dem seit dem Februar d. J. zur künftigen Residenz erklärten Athen den Grundstein zu seiner künftigen provisorischen Residenz gelegt; in die nach dem durch von Klenze revidirten Plane sich langsam neu erhebende Stadt hielt er dann am 25. Dec. mit der Regentschaft und den übrigen höheren Staatsbehörden seinen feierlichen Einzug. Er nahm seitdem persönlich Antheil an den Sitzungen der Regentschaft und hat dann am 1. Juni 1835 die Herrschaft selbst übernommen.

König Otto.

Es war immerhin (und so wurde es seiner Zeit auch schon in dem englischen Parlament ausgesprochen) ein sehr gewagter Versuch, zu dem Regenerator und König der Neugriechen einen ganz jugendlichen und politisch unerfahrenen Prinzen zu ernennen. Es ist wol wahr, lockend war die Idee, einen Jüngling nach Griechenland zu schicken, der mit dem Volke und Lande innig verwachsen, der völlig zum Hellenen werden sollte, — wie aber, wenn es nun dem Jüngling, so trefflich er immer sein mochte, dann gerade an den Eigenschaften fehlte, um gerade für dieses Land der rechte Mann zu werden? Mit Recht sagt Gervinus[52]), „nach Griechenland gehörte ein Herrscher von so classischer Gesundheit und Körperkraft, daß er mit dem furchtbar verarmten Volke um die Wette zu ringen vermochte gegen die Last des materiellen Elends, der Leiden und der Entbehrungen; ein Mann von der Jugendfrische, die sich ganz in die Lebensfehler dieser Wildlinge zu versetzen, ihren Glauben anzunehmen, ihre Gesichtskreise zu begreifen vermochte; ein Mann von harter Selbstverleugnung, der bereit war, in glanz- und bandloser Existenz dem unglücklichen Volke das Beispiel des Duldens, des Fleißes, des einfachsten Lebens zu geben; der bereit war, mit stolzer Seelengröße — auf alle Fehlschläge, auf jede Verleumdung, auf jeden Undank gefaßt — Allem zu trotzen und sich durch Nichts abschrecken zu lassen, auf jede bittere Erfahrung und Enttäuschung mit stets neuen Opfern zu antworten!" So geartet war nun freilich Otto nicht. Wenn es weiter darauf ankam, die Führer der Parteien des Landes in Krieg und Frieden durch seine Persönlichkeit zu fesseln; durch imponirende Kraft zu bezaubern, durch unbeugsame Entschlossenheit und Strenge zu rechter Zeit zu schrecken und wieder zu rechter Zeit sich den berechtigten Wünschen der Nation anzuschmiegen; mit scharfem Blick

51) Rosen a. a. O. Bd. II. S. 201. 52) A. a. O. Bd. VI. S. 540.

die wahren Bedürfnisse des Landes zu erkennen und diese Erkenntniß festzuhalten; diesem Geschlecht, das am liebsten „mit dem Schwerte pflügte," die Nothwendigkeit immer und immer vorzuhalten, vor Allem in harter politischer und socialer Arbeit das freie Griechenland neu zu beleben, anstatt mit chronischem Sanguinismus immer auf neue Erweiterungen zu sinnen: so war Otto auch ein solcher Herrschergeist nicht. Eine sonst gesunde Natur, milde und liebenswürdig, pflichteifrig und arbeitsam gewöhnt, mit seiner Begabung eher für einen friedlichen deutschen Kleinstaat geschaffen als für die Riesenarbeit eines Königs der Neuhellenen, — hat Otto zwar eine warme Liebe für Volk und Sprache und Traditionen der Griechen gewonnen, aber diesem wilden Volke stand er gegenüber wie ein Alexander Severus, da er doch ein Aurelian (oder in moderner Art etwas von der Art der Kolokotronis oder Kapo-Jstrias) hätte sein müssen. Ein zarter Wille, eine thätige, aber unentschlossene und langsame Natur, eine gemüthliche Milde, verzehrte sich dann fast 30 Jahre lang in unfruchtbarem Ringen bis zu ruhmlosem Ende.

Wir skizziren die Geschichte Griechenlands seit 1835 nur in kurzen Zügen. Otto hat bei seinem Regierungsantritt am 1. Juni 1835 die Griechen durch eine wohlwollende Proclamation erfreut, mit verständiger Milde damals auch die Kolokotronis und Koliopulos vollständig begnadigt und rehabilitirt. Nach Auflösung der Regentschaft und Ausscheiden des Kobell (s. oben) wurde Graf Armansperg als Kanzler Ministerpräsident. Man suchte nunmehr namentlich die Hellenen näher an den Thron heranzuziehen. Zum Ersatz für die fehlende Volksvertretung wurde am 30. Sept. 1835 ein Staatsrath eingesetzt, dessen Vorsitz der König führte. Man nahm in denselben die Häupter des Landes auf, den Vorstand, der sich — namentlich im Interesse der Ernährung und materiellen Bereicherung seiner Mannen — der Regierung sehr treu anschloß; die Zaimis, G. Kunduriotis, General Church, Theodor Kolokotronis, Petros Mavromichalis und Panajotes Notaras, A. Metaxas, Anagnostis Delijannis, N. Botsaris aus Epirus, Georg Ainian, Basil Budunis, später auch Rhigas Palamidis, [illegible], Drosos Mansolas, Rhigas [illegible], Michael Soutsos, Trikupis, Mavrokordatos und Andere. Die Geschäftsführung wurde zwischen dem Generalsecretair und mehreren Referendarien vertheilt, die aus den Räthen der Ministerien, der Gerichte und anderer oberer Behörden gewählt zu werden pflegten. Von sechs zu sechs Monaten sollten Vicepräsidenten wechseln; Kunduriotis, Zaimis, [illegible] haben dieses Amt zuerst bekleidet.

Die namhaften Capitaine und Familien gewann man, indem man sie mit Geschick in die militärische hohe Hierarchie einreihte; so wurde der 1833 zum Contreadmiral ernannte Miaulis im J. 1835 zum Viceadmiral erhoben; er ist leider schon am 24. Juni 1835 zu Athen gestorben (und bei dem Grabmal des Themistokles begraben worden); sein Platz für die Marine wurde durch den 1836 zum Seeminister ernannten Kriezis besetzt, während sein Verwandter G. Sachturis Oberbefehlshaber des Königs und Vorstand der Werften und Arsenale zu Poros wurde. Kolokotronis war doch angesehener General; jüngere griechische Capitaine aus großen Familien wurden Adjutanten des Königs, auch in dem Hofdienste vielfach verwendet, — die Heirath des Königs bot später Gelegenheit, um die junge Königin junge Mädchen (Schwestern und Töchter namhafter Griechen) als Hofdamen aus den mächtigsten Geschlechtern zu versammeln.

Das neue Dotationsgesetz (7. Juni 1835), nach welchem jede ansässige Familie von den ungeheuern, übrigens andauernd nicht genau vermessenen, aus der türkischen Erbschaft überkommenen Staatsländereien einen Antheil zur Nutznießung erhalten sollte (bis zum Belauf von 2000 Drachmen), war sehr wohlgemeint, hat aber die Verhältnisse nicht gefördert, weil der Bestimmung, daß die Nutznießer auf 36 Jahre hinaus 6 Proc. des Kaufwerthes jährlich zahlen, und 2 Proc. Grundsteuer entrichten sollten, wenig Folge[33]). Auch die glänzende Einrichtung der sogenannten Phalanx, die den Palikaren sehr wohl gefiel; diese Bildung eines Elitecorps, in welchem die Offiziere den Rang von Unteroffizieren haben, welches einerseits im Nothfall zur Landesvertheidigung dienen, andererseits den nicht in den activen Dienst aufgenommenen Offizieren des Unabhängigkeitskrieges ein mäßiges Einkommen sichern sollte, wirkte mehrfach nachtheilig. Ohne militairisch sofort zu nützen, belastete es den Staat mit einer neuen Ausgabe, entzog (da sich viele Palikaren darauf hin wieder vom Landbau und Gewerbe abwandten) den erwerbenden Geschäften viele Arme. Viele Beobachter hätten einfache Belehnung mit Grundbesitz oder Militaircolonien bei Weitem vorgezogen.

Als dann im Mai 1836 König Otto für neun Monate nach Deutschland reiste, wurde Graf Armansperg mit sehr ausgedehnten Vollmachten an die Spitze des Cabinets gestellt. Diese Zeit war reich an neuen Gesetzen; die Hypotheken-Ordnung, die Zoll-, Post- und Forstordnung wurden festgestellt. Namentlich die Forstordnung war sehr nöthig, da Griechenland einerseits in manchen Gegenden (namentlich in Euböa, in dem rumeliotischen Nordosten, in Kravari, Aetolien und Akarnanien und in einigen Theilen des Peloponnes) noch sehr schöne Waldungen besaß, andererseits die Forstwirthschaft in Griechenland völlig vernachlässigt war. Aber freilich: es war nicht möglich, die Griechen, die (im Gegensatz zu den Osmanen) wie die Spanier barbarische Waldverwüster waren und deren Hirten nur zu gern durch Wald- und Strauchbrände zwar die Weiden verbessern, aber die Bewaldung der öden Gebirge unmöglich machen, so leicht zur Schonung und verständigen Nutzung des Waldes zu bestimmen. Und dann wurde bei diesen Verordnungen in Auswahl der Beamten wie in den auszuführenden Maßregeln zu scharf und nicht ohne Miß-

33) Brandis, Mittheilungen über Griechenland. Th. III. S. 274.

griffe verfahren; sodaß die bissige griechische Presse Gelegenheit zu beißendem Hohn in Menge fand. Auch die Statuten für Gymnasien und hellenische Schulen und für die zu schaffende Universität Athen waren hastig und mit zu wenig Rücksicht auf die specifisch griechischen Zustände entworfen, während die Verordnungen über Verwaltungsorganismus, Gemeindepolizei, Consulate, Berichterstattung vom Staatshaushalt, viel mehr Anerkennung fanden.

Inzwischen hatte Graf Armansperg, der sich namentlich auf den englischen Residenten Dawkins stützte, sowol durch seine auswärtige Politik sich viele Gegner gemacht, wie auch durch seine Verwaltung in Griechenland die Sympathien mehr und mehr eingebüßt. Kirchliche und abendländische Einflüsse arbeiteten deshalb lebhaft gegen ihn; und so geschah es, daß König Otto bei seiner Anwesenheit in Deutschland sich bestimmt fand, an Armansperg's Stelle den bisher als Regierungspräsident in Regensburg thätig gewesenen von Rudhardt zu setzen, der mit ihm am 14. Febr. 1837 in Athen eintraf und (da der König sich nunmehr in größerem Umfange an den Geschäften betheiligte) mit geringeren Vollmachten Ministerpräsident wurde. Rudhardt hatte sehr guten Willen; unter ihm wurde das durch Oberstlieutenant von Purkart entworfene Conscriptionsgesetz eingeführt, die Gründung der Universität Athen im Juni 1837 ins Werk gesetzt, die schon 1838 an 27 Professoren (darunter viele Deutsche) und mehrere Docenten zählte, und damals etwa 100 Studenten aufwies; es war die wichtigste geistige Schöpfung dieser Regierung, denn diese Universität — deren hohe Bedeutung selbst der alte Kolokotronis so sehr würdigte, daß er selbst in den Vorstand eines 1839 zur Errichtung eines Universitätsgebäudes und anderer akademischer Schöpfungen aus freiwilligen Beiträgen gebildeten Vereins trat — wurde mehr und mehr der geistige Centralpunkt der griechischen Jugend, die durch die attische Akademie weit über die engen Grenzen Congreß-Griechenlands hinaus immer inniger an das neue Königreich gefesselt wurde.

Rudhardt hielt sich, so bedeutend er war, indessen nicht lange. Es waren weniger noch die bureaukratischen Mißgriffe der Verwaltung, die ihn stürzten, als vielmehr die Schwierigkeiten mit dem Auslande, zuerst mit Frankreich und Rußland, die selbst die Zahlung der dritten Serie der Anleihe beanstandeten, dann mit dem an Dawkins Stelle getretenen herrischen und rankesüchtigen britischen Residenten Sir Edmund Lyons. Da auch die griechischen Parteien mehr und mehr die münchener Einflüsse perhorrescirten; da die Hellenen in immer größerem Umfange (freilich am meisten in Athen mit seiner maßlosen Presse, und in den Städten, viel weniger in den innern Landschaften) die Fremden, namentlich die deutschen Beamten, die deutschen Professoren, die (theilweise freilich sehr rohen und brutalen) bairischen Soldaten beleidigten und die Baiern oder „Bavaresen" jetzt genau so zu betrachten und (nicht nur in den Artikeln der Zeitungsschreiber) auch so zu behandeln anfingen, wie früher die Türken: so mußte Rudhardt fallen.

Rudhardt nahm im December 1837 seine Entlassung; seitdem sind nur noch griechische Minister an der Spitze der Geschäfte gewesen, zuerst der mehr genannte Staatsmann Zographos, dessen Cabinet sich als „national" namentlich durch Entlassung vieler deutscher Truppen und vieler deutscher Beamten auswies, sonst jedoch wenig Kraft entwickelte, auch in der Finanzpartie noch immer nicht über das chronische Deficit der Einnahmen hinauskam. Leider gerieth die griechische Regierung allmählich wieder in die Schwäche und Unsicherheit wie vor der Zeit der Regentschaft. Allerdings war König Otto persönlich noch immer beliebt; in seiner Gemahlin, der blendend schönen und geistig hoch begabten, dem griechischen Lande und Volke und seinen unsterblichen Erinnerungen mit Liebe zugewandten Gemahlin, der Prinzessin Amalia von Oldenburg (geb. am 21. Dec. 1818), mit der er sich während seiner deutschen Reise am 22. Nov. 1836 verheirathet, hatte der König eine Gefährtin von energischem, fast männlichem Geiste gewonnen, die ihn — in ihrer Weise bekanntlich ebenso rasch und schnell entschlossen, wie der König für seine Person bei seinen Schritten zaghaft und unentschlossen — später wiederholt als Regentin vertreten hat, wenn ihn das aufzehrende südliche Klima zeitweise nach den deutschen Thermen führte. Die Frische, Anmuth, ritterliche Kühnheit und Unermüdlichkeit der Königin, die andauernd ihrem Gemahl auf den vielen höchst beschwerlichen Reisen durch Griechenland begleitet hat, imponirte den Griechen lange; die Reinheit und Innigkeit des Verhältnisses des königlichen Paares hat auch die Verleumdung nicht anzutasten gewagt; aber auch die Königin (gleichviel ob der pikante Spötter Edmond About wirklich Recht hat, wenn er erzählt, daß die perfide griechische Intriguenpolitik es verstanden habe, einige weibliche Schwächen der hohen Frau zu ihrem und des Königs Schaden politisch auszubeuten) war den allmählich furchtbar sich aufthürmenden Schwierigkeiten der Lage nicht gewachsen; und zu allem Unheil legte sich, da dem königlichen Paare ein Thronerbe nicht geboren wurde, später bei den eigenthümlichen superstitiösen Ansichten der meisten Griechen über Kinderlosigkeit, endlich der Glaube fest, daß auf dieser Familie des Himmels Segen nicht ruhe.

Nun war es ein aus der Geschichte des Unabhängigkeitskriegs her fortwucherndes Unheil, daß der junge Staat unablässig von seinen drei Schutzmächten controlirt wurde. Da die Interessen dieser Mächte bei der immer stärker in den Vordergrund der europäischen Politik sich drängenden orientalischen Frage mit einander stark collidirten, Griechenland aber ein viel zu wichtiger Punkt war, um nicht sehr scharf beobachtet zu werden, so war Athen (wie früher Madrid unter anderen Verhältnissen) ein Sitz sehr energischer diplomatischer Agitationen und Intriguen, und wurde der Gang der griechischen Regierung dauernd durch die Einmischung der Großmächte, namentlich durch die Eifersucht Rußlands auf England und Frankreich durchkreuzt. Das damalige England seinerseits war bei der beständigen Neigung der Ionier zur Vereinigung mit Grie-

Gewand und bei einer im Grunde wenig weitsichtigen mercantilen und maritimen Eifersucht auf die Hellenen ihnen Nichts weniger als wohlgewogen, Frankreich damals noch immer am wenigsten eigennützig in den griechischen Dingen. Und nun lehnten sich an diese Mächte die verschiedenen Parteien in dem Lande selbst an, unter denen die englische noch immer die meisten Talente, die russische aber die meiste Energie entwickelte.

Die russische Partei war namentlich aus der alten kapodistrianischen oder föderalistischen Partei erwachsen; diese Partei repräsentirte das romäische oder byzantinische Wesen am bestimmtesten; sie stützte sich einerseits auf die religiösen fanatischen Elemente des Landes, und (während es doch auch die neue „Synode" wiederholt an Kundgebungen eines scharfen Confessionalismus nicht fehlen ließ), polemisirte (wie Aehnliches früher schon unter Kapodistrias geschehen war) eine theologische Fraction unter Constantin Oikonomos andauernd gegen die Abtrennung der griechischen Landeskirche von dem Patriarchen zu Stambul. Die freier denkende Gegenpartei unter dem schlagfertigen Archimandriten Pharmakides bekämpfte solche Anschauungen nun sehr energisch; die Sache hat sich dann dahin zugespitzt, daß nur noch die Frage blieb, ob nicht die angenommene Trennung der griechischen Kirche von Stambul und die neue Synode erst von dem Patriarchen anerkannt werden müßte, um zu Recht zu bestehen. Aber die Aufregung blieb doch; und mit solchen Bewegungen verband der trotzigere Theil der Föderalisten (jetzt auch Napisten genannt) Abneigung gegen höhere wissenschaftliche Bildung (ganz abweichend von ihrem früheren Führer Kolokotronis); Hinneigung zu der nächsten politischen Verbindung mit Rußland; und bei absolutistischen Neigungen auch die — freilich von der Mehrzahl der Griechen sehr zuversichtlich getheilte — unauslöschliche Idee zu neuen Eroberungen auf Kosten der Türkei.

In letzterer Beziehung hatte man allerdings stets fühlbare Antriebe, die noch heute wirken. Auch wer nicht an die Eroberung von Byzanz dachte und denkt, beklagte dauernd die Abtrennung von Kreta und Samos und der östlichen Inseln Kasos und Psara von dem neuen Staate; man fand (ohne das Congreßkönigreich erst zu voller Kraft erheben zu wollen) die Grenzen für einen selbständigen kräftigen Staat zu eng; nicht mit Unrecht erinnert man daran, daß ein Land doch zu klein sei, das durch Eine Mißernte der Korinthen, durch Einen den Oelbäumen schädlichen Winter leicht in die größte Noth gerathen könne. Aber in der Hauptsache war doch der unruhige Geist, die Nachwirkung des altgriechischen Abenteurergeistes, die leichte Beweglichkeit, die Neigung, über die Noth der Gegenwart durch kühne Unternehmungen sich hinwegzusetzen, das Hauptmotiv, was die Gemüther zu immer neuem Hader mit den Osmanen trieb. Und wie man mit der Pforte in stetem Hader lag, weil die Pforte verlangte, daß die Congreß-Griechen in ihrem Lande entweder volle Rajahs sein sollten oder nach Griechenland ziehen müßten, und weil sich die Entschädigungen der griechischerseits in Hellas eingezogenen ehemaligen Moscheengüter andauernd verschleppten: so gab die Haltung der Griechen bei dem Aufstande der (seit Anfang 1841 dem Mehemed-Ali wieder entrissenen) Insel Kreta gegen die Pforte im J. 1841 momentan eine solche Spannung zwischen Athen und Stambul, daß man an einen großen türkisch-griechischen Krieg glaubte. Es war dann die diplomatische Intervention der drei Schutzmächte, welche zu Anfang des J. 1842 den befürchteten oder gehofften Bruch mit der Pforte hintertrieb.

Nun aber galt die Haltung der „bayerischen" Regierung in der „nationalen" Frage für schwächlich und unwürdig. Und da man auch stets klagte, daß die Geldmittel der Anleihe durch die theure Verwaltung verschleudert seien; da ferner auch die englische und französische Partei andauernd verstimmt blieben, weil König Otto nicht den längst erbetenen Schritt that und zu der Constituirung einer Landesverfassung verschritt, die die gebildeten Elemente täglich forderten, und die (wie Thiersch und andere wohlgesinnte Freunde und Kenner Griechenlands schon zur Zeit der Regentschaft nicht verfehlt hatten) sowol im Hinblick auf die Vergangenheit der Hellenen, seit dem Kongreß von Pladda, wie im Hinblick auf die zusammenhaltende und politisch erziehende Kraft einer verständigen Verfassung für das vielgetheilte und vielgespaltene Land eine wahre Nothwendigkeit war, — (um so mehr als eine bodenlos wilde und mächtig einflußreiche Presse ohne alles Gegengewicht munter arbeiten und agitiren konnte), — so wandten sich die Dinge zu einer großen Katastrophe.

Auf Zographos war, nachdem abermals eine Verschwörung der Napisten im J. 1840 entdeckt und gedämpft war, im J. 1840 das Ministerium Maurokordatos gefolgt, wo sich dann die Finanzzustände endlich der Art besserten, daß allmälig das Deficit wenigstens überwunden wurde. Seit dem Sommer 1841 regierte (Maurokordatos kam 1842 im März als Gesandter nach Stambul) das Cabinet Christides-Neroulos; aber die wiederholten, zum Theil durch die Agitation der Presse erzielten Ministerwechsel verriethen die Schwäche des Regiments. Und nun kam dazu, daß jetzt, wo die Gemüther noch über den vereitelten Türkenkrieg zürnten, im Sommer 1843, die Schutzmächte, namentlich England und Rußland, mit der schroffsten Härte die rückständigen Zinsen der großen Anleihe forderten, durch scharfe Sparsamkeitsvorschriften den König persönlich im höchsten Grade vor dem Volke demüthigten und ihn durch die massenhaften Ersparungen geradezu nöthigten, Unzufriedenheit nach allen Seiten hin zu verbreiten.

Bei diesem völligen Zusammenbruche des königlichen Ansehens vereinigten sich nun, unterstützt durch den durch die griechischen Truppen und Zeitungen erzwungenen Abzug der letzten teutschen Truppen nach Triest (bis zum 11. Sept. 1843) die liberalen wie die orthodox-napistischen Parteien zu einem Staatsstreiche, der Seitens der Napisten (Kolokotronis war im Februar 1843 zu Athen gestorben) unter den unzufriedenen Kapitani's, namentlich Kalergis, des neuerdings durch die Regierung verletzten Makrijannis, und Metaxas, schon damals auf die Vertreibung der bairischen Dynastie abgelte; der russische Agent Katakazy soll in die Verschwörung eingeweiht gewesen sein. Bei der vollständigen Zuverlässigkeit der griechischen Armee gelang der projektirte Schlag zur Hälfte. Als der Aufstand am 15. Sept. 1843 ausbrach, als Volk und Soldaten mit dem Geschrei nach einer Verfassung drohend den (in den Jahren 1836—1842 erbauten) Palast des Königs belagerten, auch der Staatsrath sich dem Volke anschloß: da dankte Otto nicht ab, sondern fügte sich den Wünschen des Volks und der Palikaren. Er ernannte das ihm aufgedrungene Ministerium Metaxas, er ließ die geforderte constituirende Nationalversammlung berufen, er genehmigte die Entlassung der noch vorhandenen deutschen Beamten, sodaß seitdem nur noch wenige namentliche Philhellenen verschiedener Nationalität, einige deutsche Gelehrte, und ein paar deutsche Hofbeamte im griechischen Staatsdienste blieben.

Da nun zunächst Rußland diese Vorgänge desavouirte, den Gesandten Katakazy (28. Oct.) abberief und nur den Geschäftsträger Persiani in Athen zurückließ; da ferner die aus Stambul und Paris nach Athen zurückkehrenden Führer der englischen und französischen Partei, Maurokordatos und Koletis, mit Energie auf die Verfassung hinsteuerten, so blieb Otto's Thron erhalten und die Bewegung nahm den constitutionellen Gang. Am 20. Nov. wurde die Nationalversammlung eröffnet. Der 100jährige Panagos Notaras fungirte als Alterspräsident; dann übernahm Maurokordatos die Leitung der Verhandlungen der etwa 230 Deputirten. Die lebhaften und zum Theil glänzenden Debatten, die bei der Art der Parteiungen (die zum Theil durch die provinziellen Abneigungen der Rumelioten, Insulaner und Moraiten durchkreuzt wurden), und bei der Berührung auch anderer Fragen, wie der Kirchenfrage, höchst interessant waren und auf welche sowol der französische Gesandte, der Philhellene Piscatory, wie der höchst einflußreiche englische Gesandte Edmund Lyons stark einwirkten, führten zu sehr wichtigen Beschlüssen. In der Kirchenfrage, wo die Napisten unter dem streng orthodoxen Cultusminister Michael Schinas auf russische und sonstige Wiedervereinigung mit Stambul hindrängten, kam man zu dem Compromiß Maurokordatos', demzufolge man (trotz des principiellen Widerspruchs solcher Beschlüsse) formell zwar die kanonische Einheit mit Stambul anerkannte, aber doch mit Bestimmtheit die Unabhängigkeit und Selbständigkeit der hellenischen Kirche und ihrer Synode festhielt. Es war damit auf einen mit dem Patriarchen zu schließenden Vertrag hingewiesen. — Sehr schlimm und in dem bösartigsten Geiste beschränkten Kantönligeistes, romäischen Fremdenhasses und griechischen Stammeshochmuths aber war es, daß man bei den Berathungen über das hellenische Bürgerrecht in rohestem Egoismus, der nur an seinen Gewinn dachte; unbekümmert um das Blut des Befreiungskriegs und um die Wohlthaten, die Griechenland von den Griechen jenseits seiner engen Grenzen andauernd empfing; unbekümmert um die Nothwendigkeit, neue griechische Kapitaler in das menschenarme Land zu ziehen, — den (namentlich gegen die Phanarioten gerichteten) tollen Beschluß faßte, mit Ausnahme weniger alter griechischer und philhellenischer Freiheitskämpfer alle Fremden (die sogenannten Heterochthonen) von den öffentlichen Ämtern in Griechenland auszuschließen.

Aus den Verfassungsarbeiten ging endlich bis zum 16. März 1844 die neue, von König Otto am 30. März beschworene Verfassung hervor, die in der Weise moderner Verfassungen eine Anzahl Grundrechte aussprach, dann die anatolische Kirche (unter Duldung anderer Religionen) für die Staatsreligion erklärte, welcher die späteren Regenten des Landes angehören sollten. Die gesetzgebende Gewalt sollte gemeinschaftlich von dem König, der Deputirtenkammer und einem Senat ausgeübt werden. Die Senatoren (deren niedrigste Zahl 27 sein sollte) ernannte der König auf Lebenszeit; die Abgeordneten wurden auf drei Jahre gewählt und zwar durch directe Wahlen; sie erhielten monatlich per Mann 250 Drachmen Diäten. Einwanderer sollten nach sechsjährigem Aufenthalt das Wahlrecht erhalten. Das Abgeordnetenhaus und der Senat sollten jährlich auf mindestens zwei Monate im November in Athen zusammentreten. Dem König blieb die ausführende Gewalt, die er durch die von ihm zu ernennenden, verantwortlichen Minister ausübte, und nicht minder die ganze Fülle der Berechtigungen, welche gemäßigt liberale Verfassungen dem Staatsoberhaupte zuzusprechen pflegen.

Die von der neuen Verfassung erhofften Segnungen sind den Griechen bis heute leider nur sehr stoßweise zugeflossen. Auch die Griechen mußten sich nur sehr mühsam in das constitutionelle Leben hineinleben. Und zwar hatten sie nicht einer eingewurzelten Dynastie oder einer mächtigen Bürgerschaft, oder einer feudalistischen Aristokratie den Boden langsam abzugewinnen, sondern sie mußten und müssen ihrer eigenen Vergangenheit, den schlimmen Nachwirkungen der byzantinischen Zeit und der Osmanenherrschaft auf den Volkscharakter und den Nachwirkungen des Unabhängigkeitskriegs die Lebenskraft und den Raum für ein freies und gesetzliches Staatsleben abkämpfen. König Otto war freilich bei Seite gedrängt, seine Krone (trotz der monarchischen Gesinnung des Volks) factisch nur ein eleganter Schmuck des Staatsschiffes, in welchem jetzt die alten Parteien um die Herrschaft kämpften. Die schlimmeren Gesellen unter den Palikaren waren andauernd gestimmt, Unruhen anzuspinnen, weil ihnen viel mehr an Herstellung halbwild-räuberischer Anarchie und cantonaler Einzelherrschaft lag, als an regelmäßigem Verfassungsleben; die Politiker des Landes aber, andauernd (mit seltenen Ausnahmen) die durch die auswärtigen Mächte dirigirten Figuren auf dem hellenischen Schachbrett, rangen oft aus sehr egoistischen Motiven um die Herrschaft, indem sich an die wechselnde Herrschaft der Ministerien ein ungeheurer Schweif von Stellenjägern und Protegirten, der alte griechische Familienanhang und die griechische Geldgier hing; um so mehr, je mehr bei der geistigen Beweglichkeit der Griechen und bei der Abneigung vieler Hellenen gegen die schwerfällige Art des Gewinns durch mühsamen Landbau und Gewerbebetrieb, durch die Studien in Athen und in Europa die Zahl der politisirenden und händelsüchtigen Advocaten, Journalisten und Politiker beständig zunahm. Und wenn nun als ekelhafter Nachhall der Klephtenzeit die Opposition es nicht verschmäht hat, zu Zeiten mit wilden Räuberbanden (gegen die die elenden griechischen Linientruppen nur selten etwas ausrichteten) in Verbindung zu treten, damit dieselben einerseits Häuser und Familien ihrer parlamentarischen Gegner plünderten, und damit man andererseits darauf hin der jeweiligen Regierung Vorwürfe machen konnte wegen schlechter Sorge für die innere Sicherheit des Landes: so übernahm die Regierung aller Parteien die schlimme napoleonische Praxis, um durch polizeiliche Gewaltthaten, durch schmachvollen Mißbrauch der Armee, ja selbst wiederholt durch schnöde Fälschung der Stimmzettel die Deputirtenwahlen zu ihren Gunsten zu lenken. Es braucht kaum bemerkt zu werden, daß auch die Geldmittel des Staats zu solchen politischen Manövern in heillosester Art verschwendet wurden.

Der schwerste Nachtheil aber, den Griechenland erlitt, lag in den Arbeiten des Auslandes gegen die Dynastie; wo denn namentlich das Palmerston'sche England durch seine Politiker (und in Athen durch Edmund Lyons) Alles that, um König Otto vor den Augen seines Volks verächtlich und unmöglich zu machen. Zunächst war schon im Februar 1844 Metaxas aus Unwillen über eine ernste Niederlage in der Nationalversammlung aus dem Cabinet ausgeschieden, dann durch Kanaris ersetzt worden. Nach Abschluß der Verfassungsarbeiten bildete dann die englische Partei — Maurokordatos-Trikupis — (11. April 1844) unter Lyons' Einfluß ein neues Cabinet. Aber dieses Ministerium hatte nicht nur die napistische Partei gegen sich, die — in altbyzantinischer Weise — sogar die Orthodoxie der Regierung in Zweifel zog, sondern auch eine radicale Demokratenpartei unter Rhigas Palamidis, und ferner neben der ruhiger auftretenden Partei des Kolettis, die Insolenz unter Konduriotis nicht weniger; die Presse arbeitete mit wilder Energie gegen die englische Partei. Umsonst setzte nun selbst der Phanariot (!) Maurokordatos viele „Heterochthonen" Beamte ab, um das Volk zu gewinnen. Umsonst arbeiteten seine Beamten mit allen Mitteln für eine dem neuen Cabinet günstige Deputirtenwahl; während Kriezotis auf Euböa und Theodor Grivas in Akarnanien bis zu offenem Abfall schritten und mit Waffengewalt gebändigt, Grivas, der alte Schüler Ali-Pascha's, endlich nur durch zweideutige Vermittelung britischer und französischer Kriegsschiffe vorläufig aus Akarnanien entfernt wurde, — während in Athen selbst ein Volksaufstand (23. Juni) nur durch die von Kalergis (der dadurch höchst unpopulär wurde) mit Energie angewandte Gewalt der Waffen gebändigt wurde: fielen schließlich die Wahlen, bei denen es an vielen Stellen des Landes zu grimmigem Blutvergießen gekommen war, so vollständig zum Nachtheil der englischen Partei und des Cabinets Maurokordatos aus, daß dieser Minister endlich, als Athen mit seinen Waffen, und mit seinen schnell angewachsenen zahlreichen und gefährlichen Pöbelschaaren, der bösartigsten Mischung aus Elementen der Levante, sich im Aufruhr erhob (16. Aug. 1844), daß dieser Maurokordatos endlich entlassen werden mußte.

Sein Nachfolger, der hochbegabte, einflußreiche, ruhige und gewaltige Kolettis, der mit Metaxas Verbindungen hatte und auch die Partei des Rhigas Palamidis zu gewinnen wußte, vermochte, obwol die englische Partei (mit Recht empört, weil nun selbst General Church seine militairischen Aemter an Grivas (!) verlor) und Edmund Lyons gewaltig zürnten, allerdings die Geschäfte mit starker Hand zu leiten, traf viele treffliche Maßregeln in Administration, Straßenbau, Finanzwesen; er suchte die infame Räuberwirthschaft durch Heranziehung der Bevölkerung zur Räuberjagd zu erdrücken. Aber der geniale Staatsmann, der als besonderer Freund Frankreichs galt, von Rußland nur kalt behandelt wurde, ging unter an dem glühenden Hasse, mit dem die englischen Politiker ihn verfolgten. Während Lyons gegen Kolettis die heftigste und gefährlichste Opposition machte, war es die englische Politik, die seit dem October 1845 in der Schuld- und Zinsenfrage diese Regierung in der härtesten und ungroßmüthigsten Weise mahnte, bedrängte, mit bösen Noten mißhandelte (hier mehrfach durch Rußland secundirt), während die Opposition der Presse jedes vernünftige Maß weitaus überschritt. Kolettis endete in dem heillosen Streite, der sich seit Januar 1847 über die sogenannte Affaire Musurus' erhob. Die Pforte nämlich, die dem Kolettis sehr entschiedene Neigungen zu Uebergriffen gegen die Rechte der Türkei zuschrieb, hatte damals als Gesandten in Griechenland den durchaus antigriechisch gesinnten Phanarioten Musurus, der die Verhältnisse zwischen Athen und Stambul nur zu sehr verbitterte. Mit Lyons nahe liirt, hatte er endlich einem Adjutanten des Königs, dem Capitain Karatassos, der früher die türkische Grenze (1841) verletzt haben sollte, das Paßvisa zu einer Reise nach Stambul rund abgeschlagen (December 1846), worauf dann Kolettis den König, der für Karatassos ohne Erfolg persönlich bürgte, veranlaßte, am Abend eines Hofballs (im Januar 1847) dem Musurus persönlich Mangel an Rücksicht gegen seine Person vorzuwerfen. Es entspann sich eine lange diplomatische Verhetzung, die — da die Pforte auf persönlicher Abbitte des Königs bei Musurus bestand, — unter leidenschaftlicher Parteinahme der Griechen für Otto und bei dem Drucke Englands auf Griechenland, dem nur Frankreich zur Seite stand, im März 1847 zu einem schlimmen diplomatischen Bruche mit dem Sultan führte, der im Sommer bereits zu schweren Droh- und Gewaltmaßregeln vorzugehen sich anschickte. Unruhige Bewegungen der Capitaine Kriezotis in Euböa, der Kalergis, Grivas und Pharmakis in Aetolien und Akarnanien, steigerten die Noth der Regierung. Da starb der vielgeplagte Kolettis am 12. Sept. 1847, und sein Nachfolger, der napistisch gesinnte General Tzavellas, der auch wieder durch einen räuberischen Aufstand des Hauptmanns Merlidis zu Varnas (im September) geplagt war, konnte endlich — da ihm Rußland sich freundlich zeigte — die Musurus-Geschichte ausgeglichen haben, indem (14. Dec. 1847) unter russischer Vermittelung (die frühere österreichische Vermittelung hatte keinen Erfolg gehabt) endlich die griechische Regierung durch Rußland einen Entschuldigungsbrief an Musurus nach Stambul sandte, in dessen Folge Musurus am 21. Febr. 1848 nach Athen zurückkehrte, wo er bis zum September dieses Jahres blieb, um dann nach Wien versetzt zu werden.

Das europäische Sturmjahr 1848 (einige ernsthafte Räuberunruhen an der thessalischen Grenze des griechischen Gebiets ausgenommen) ging für Griechenland im Ganzen ruhig vorüber. Da erfolgte aber im J. 1850 der schwere Stoß, den Lord Palmerston der griechischen Krone versetzte. Der fanatische Pöbel von Athen hatte in der Osterwoche des J. 1847 am Charfreitage das Haus eines portugiesischen Juden, Don Pacifico, der unter britischem Schutze stand, demolirt und geplündert. Lord Palmerston, dem König Otto persönlich abgeneigt, der griechischen Regierung seit Jahren ob ihrer schlechten Zinsenzahlung aufsässig, grollend ob der noch 1848 und 1849 in Cerigo zu Tage getretenen Strebungen der Ionier zur Vereinigung mit Griechenland, auch wol gewillt, dem russischen Einfluß in Rumänien durch einen starken Druck auf Hellas ein Gegengewicht zu bieten, ließ nun (Lyons war im März 1849 abberufen) am 27. Nov. 1849 durch seinen Gesandten Wyse der griechischen Regierung außer anderen Forderungen namentlich das Begehren der Abtretung der angeblich zu Ionien gehörigen, strategisch bedeutsamen Inselchen Sapienza und Elafonisi bei Messenien und Lakonien, die England schon 1849 beansprucht hatte; dann, da die Regierung sich weigerte, erschien am 15. Jan. 1850 der Admiral Parker mit 14 Kriegsschiffen und etwa 7000 M. vor Salamis und forderte außer vielen anderen minder bedeutenden Verlangen namentlich für Pacifico die Entschädigung von 800,000 Drachmen, und jene beiden Inseln, — die Entscheidung sollte binnen 24 Stunden erfolgen. Die Regierung lehnte es ab, und nun wurden griechische Schiffe weggenommen, die griechische Flotte zu Poros mit Beschlag belegt, der Piräeus, dann alle griechischen Häfen, streng blokirt. Der durch den furchtbar harten Winter ungebeugte Widerstand des Volks, die Zähigkeit des neuen Cabinets Kriezis, die warme Intervention Frankreichs, rettete aber die Hellenen nicht. Und da auch Rußland, auf welches die Griechen jetzt besonders hofften, schließlich der englischen Gewaltpolitik nicht weiter ernsthaft begegnete (nach Mendelssohn-Bartholdy durch Palmerston's Zustimmung zu der anti-deutschen Lösung der damaligen schleswig-holsteinischen Frage gewonnen) [86], so mußte sich Griechenland endlich (Ende April) fügen und außer anderen demüthigenden Concessionen die auf 330,000 Drachmen ermäßigte Entschädigung zahlen. Aber Griechenland hatte enormen Schaden gehabt und dem Ansehen des Königs Otto war eine neue schwere Wunde geschlagen.

Dagegen gelang endlich die Lösung der Kirchenfrage. Durch den durch den Archimandriten Michael Apostolides in Stambul erwirkten Tomos-Vertrag erkannte endlich der Patriarch die Unabhängigkeit und Selbständigkeit der hellenischen Kirche (11. Juli 1850) förmlich an. Nur sollten jetzt die Mitglieder der Synode nicht mehr von dem König, sondern von dem Klerus selbst gewählt, ihr lebenslänglicher und unabsetzbarer Präsident der jedesmalige Bischof von Attika sein. Nun sollte aber die innere kirchliche Organisation durch Gesetz und Kammern geordnet werden. Während Pharmakides sich in bitterer literarischer Opposition zu dem nach seiner Ansicht überflüssigen Tomos-Vertrag verhielt, bekämpfte seit Anfang 1852 die napistische Partei der Kammer bei dem neuen Gesetzentwurf die Formel, daß die oberste kirchliche Autorität in der heil. Synode „unter der Souveränität des Königs" ruhen sollte, — unter dem Vorwande, daß König Otto katholisch sei. In demselben Sinne predigte in dem Lande der fanatische rohe Mönch Christophoros Papulakis aus Kalavryta, der namentlich in Morea, Hydra, Syra das Volk gegen den „Tomos" aufwiegelte, während gegen alle Andersdenkenden, gegen die Universität, höhere Schulbildung und die Regierung. Umsonst that die Synode ihn in den Bann; es half Nichts, daß endlich (24. Juni) die Kammer das Kirchengesetz sanctionirte, nachdem die Regierung endlich jenen oben erwähnten anstößigen Schluß der Formel entfernt und sich damit begnügt hatte, daß alle Bischöfe und die Mitglieder der Synode dem König Treue schwören müßten und daß die Sitzungen der Synode überwacht werden von einem königlichen Commissar, ohne dessen Anwesenheit und Unterschrift kein Beschluß gesetzliche Gültigkeit hat. Die Volksbewegung hatte sich bis nach Patras, Livadia, Theben verbreitet; die Mönche des Athos, der Insel Andros, der Sporaden schürten das Feuer, namentlich die Maina gerieth wieder in Unruhe und Aufstand, dem die Blokade durch die Corvette „Amalia" und durch die Soldaten des Generals Gennaios Kolokotronis lange keinen Einhalt thun konnten. Erst längere Zeit nach dem 24. Juni war die Maina zu beruhigen; dann lieferten (im Juli) einige Mainoten mit List den Mönch Christophoros im Taygetos an die Gendarmen aus. In Athen zur Klosterhaft verurtheilt, ist er dann nach Schloß Rhion in Strafhaft abgeführt worden. — Zu der religiösen Frage gehörte auch, daß im October 1852 die londoner Conferenzmächte die Anerkennung des 40. Artikels der Verfassung genehmigten, welcher von dem griechischen Thronfolger das Bekenntniß der anatolischen Kirche forderte. Da Otto kinderlos war und sein nächstberechtigter Bruder Luitpold den Religionswechsel bestimmt ablehnte, so übertrug ein Familienvertrag die Erbrechte auf Prinz Adalbert von Baiern, der sich aber vorbehielt, erst bei seiner eventuellen Thronbesteigung zur anatolischen Kirche überzutreten.

Inzwischen bereiteten die orientalischen Dinge der Otto'schen Dynastie einen neuen harten Schlag; der Haß gegen England und Gleichgültigkeit gegen Frankreich

86) Preuß. Jahrbücher, XIV. 1864. S. 506.

trieben die Griechen zu den stärksten Sympathien für die Unternehmungen Rußlands seit 1853 gegen die Osmanen. Da die sanguinische Masse wirklich die letzte Stunde der Türkei gekommen und den Augenblick nahe glaubte, wo die Hellenen die „große Idee" verwirklichen und die byzantinische Erbschaft antreten könnten, so loderte 1853/54 bei Arta, vom Agrapha, vom Olympos her der Aufstand auf, der bald Epirus und Thessalien mit Blut und Feuer erfüllte und der in Griechenland die stärkste Sympathie fand, die diesesmal auch vom Hofe selbst lebhaft getheilt wurde. Massenhafte patriotisch und religiös begeisterte Jünglinge, Scharen der Garnison aus Athen und anderen Orten strömten nach dem Norden, wo sich mit Albanesen und anderen Irregulären der alte wilde Krieg entwickelte. Mit der reclamirenden Pforte kam es im März 1854 zum Bruch; die Pforte wollte damals selbst, daß binnen 14 Tagen alle griechischen Schiffe und Unterthanen die Türkei räumen sollten. Da schritten Frankreich und England als Verbündete der Osmanen gegen Rußland und als „Schutzmächte" Griechenlands drohend ein. Unter dem allgemeinen Hohn des Abendlandes, welches seine alten philhellenischen Gesinnungen zum großen Theil längst mit Verachtung Griechenlands und (wenigstens damals) mit eifriger Sympathie für die Osmanen vertauscht hatte: erfolgte zuerst eine drohende Note der Westmächte unter dem 20. April 1854 an Griechenland. Da diese ohne Wirkung blieb, so erschien (namentlich auch um die Operationsbasis der Westmächte gegen Rußland nicht beunruhigen zu lassen) am 23. Mai eine Flotte der Westmächte vor dem „Piräeus," und am 26. Mai landete General Forey mit französischen Truppen; die griechischen Kriegsschiffe wurden besetzt. Am 27. Mai mußte König Otto alle Forderungen der Alliirten bewilligen, strenge Neutralität versprechen, die dann auch, da die französische Besetzung des Piräeus während des orientalischen Kriegs dann (bis 27. Febr. 1857) fortdauerte und das Cabinet Kriezis durch ein Ministerium Kalergis-Maurokordatos (seit 1855 Bulgaris) ersetzt wurde, eingehalten worden ist.

Seitdem war Otto's Popularität bleibend dahin. Da auch die finanziellen Schwierigkeiten sich steigerten und die Schulden an die Großmächte sich (bis 1860) bis auf 115 Millionen Drachmen vermehrten (man hatte endlich überhaupt — vergl. unten — bis auf beinahe 300 Mill. Drachmen Staatsschuld): so war es der Regierung auch nicht möglich, durch innere Fortschritte viel zu leisten. Da man durch theure Verwaltung, unnützen Militairaufwand, Verschwendungen zur Patronage und Wahlmanövern die Jahreseinkünfte von etwa 18 Mill. Drachmen großentheils aufbrauchte: so sind Straßenbauten sehr dürftig, nutzbare Verwaltung der Staatsdomainen, Forsten und Bergwerke, Banken und Creditanstalten (namentlich um dem unter Geldmangel und hohem Zinsfuße leidenden, sonst sehr bildungsfähigen Landvolke höheren Aufschwung zu geben), überhaupt die Flüssigmachung der Hilfsquellen des Landes Seitens der Regierung sehr lahm betrieben worden, nicht ausgenommen die unumgänglich nöthige Katastrirung des Landes. Blühend war nur der Seehandel und die Handelsmarine; und die vielen kostbaren und wohlthätigen Anstalten namentlich zu Athen sind fast alle Schenkungen der Griechen des Auslandes und der Diaspora. Denn trotz Allem war das freie Griechenland einmal das Lieblings- und Hoffnungsland aller Hellenen; nur daß diese Sympathien weder dem Lande noch der Dynastie einen Schatten der Macht verliehen, die analoge Verhältnisse dem Königreiche Sardinien unter Victor Emanuel II. und Cavour in Italien gewährten.

Im Gegentheil; das Ministerium Bulgaris, dem dann als Ministerpräsident der Sohn des verstorbenen Miaulis folgte, machte sich namentlich seit den schlimmen Wahlmanövern im Winter 1860/61 im höchsten Grade unpopulair. Da nun die Griechen besonders durch die italienische Bewegung und das neu auftretende sogenannte Nationalitätsprincip (das bei diesen Stämmen politisch, national und religiös wie eine elementarische Kraft arbeitet) immer höher erregt wurden: da ferner die Erkenntniß über die eigentliche Absicht der russischen Politik von ihren und den griechischen Interessen, die man zur Zeit des türkisch-russischen Kriegs aus den britischen „Blaubüchern" gewann, die russischen Sympathien erkältete, so wandte sich der Geist der Bewegung in Griechenland endlich dahin, daß man wünschte, sich lieber England zu nähern, so sehr auch die Integrität der Türkei britisches Axiom ist. Dazu mußte aber die bairische Dynastie fallen, die keine Liebe mehr im Innern, keine Achtung nach Außen hatte.

Die rohe Sympathie der Massen für den Mörder Aristides Dosios, der die Königin Amalie zu erschießen versucht hatte, dann zu Ende Januar 1862 zu lebenslänglicher Haft verurtheilt wurde, erschreckte den König Otto so sehr, daß er dem jetzigen Führer der liberalen Opposition, dem alten Admiral Kanaris, die Bildung eines neuen Cabinets übertrug. Da aber des alten Veteranen (Petrobei war 1848 gestorben, Gennäos Kolokotronis starb 1868) liberale Forderungen nicht bewilligt wurden, so trat am 1. Februar Miaulis die Herrschaft wieder an.

Nun aber brach die Militairemeute los. Die griechische Armee (mit Ausnahme der sehr zuverlässigen, aus den besten Unterofficieren und Soldaten der Linie ergänzten Gensdarmen) war sehr unzuverlässig. In ihr lebte fort die alte Zuchtlosigkeit der alten Klephtenheere; ihre Officiere, in Frankreich, England und Athen gebildet (auch zum Theil aus Unterofficieren ergänzt), bildeten kein gleichmäßiges Corps, sie hatten wenig Ansehen im Heere, sie waren — bei der stets unbefriedigten Schwärmerei für neue Kriegsthaten — unruhige Politiker geworden; die Protectionswirthschaft der Parteiregierungen hatte (auch bei der Phalanx) demoralisirend gewirkt. Mehr noch: die Auflösung der Armee in ganz kleine, überall zerstreute Detachements, die Verwendung der Soldaten zur Eintreibung der Steuern und zu directer Bearbeitung der Wahlen schadete noch mehr.

Das System der Soldvertretung und des Loskaufs schuf der Armee ebenfalls viele bedenkliche Elemente. Und während dieses kostspielige Institut, das bei 10,000 M. etwa 1000 Officiere und 70 Generale zählte, als ganz meuterisch und räuberisch sich zeigte, gewann Otto, der für Heerwesen kein Interesse hatte, niemals die allgemeine Anhänglichkeit der Soldaten.

Es war ein Soldatenaufstand, der schon am 13. Febr. 1862 zu Nauplia ausbrach. Die Niederwerfung dieser Empörung (wie kleinerer Revolten auf einigen Inseln) durch den schweizerischen Philhellenen General Emanuel Hahn (bis zum 20. April) benutzte Otto zu einer Amnestie und zur Ersetzung des Cabinets Miaulis durch ein mehr liberales unter Gennados Kolokotronis (8. Juni). Aber während der Hof sich in falscher Sicherheit einwiegte, arbeitete die von Außen durch fremde Hellenen mitgenährte Revolution im Stillen fort. Als Otto und Amalie am 13. Oct. eine Reise nach Morea antraten, erhob sich Grivas zu Vonitza am 19. Oct.; bald folgte (20. Oct.) Patras unter Benizelo Rhufos, und am 22. Oct. brach zu Athen der Aufstand aus, den der Kriegsminister Spiro Milios sehr ungeschickt bekämpfte. Bei der Unzuverlässigkeit der meisten niedern Führer fielen (unter furchtbarem Schießen) nach überaus tapferer — Pulververschwendung, die überhaupt 2 Mann (!), zwei Gensdarmen, das Leben kostete, bis zum 23. Oct. alle Truppen ab. Der Commandant des Piräeus wurde von seinen Soldaten ermordet; das Schloß und der Schloßgarten zu Athen geplündert, sonst auch die Häuser mehrerer Deutschen in Athen beraubt. Als Otto und Amalie auf die Kunde von Grivas' Aufstand schnell aus Kalamata nach Attika heimkehrten (Abend des 23. Oct.), fanden sie Athen schon in den Händen der provisorischen Regierung unter Bulgaris, Kanaris, Rhufos, welche die Absetzung Otto's und die Berufung einer Nationalversammlung verfügte. Da des Königs Leben bedroht war (auf seinem eigenen Schiffe, der Fregatte „Amalia," hielt nur die Energie des Capitains Palaslo die unruhigen Matrosen im Zaume); da Otto selbst von Ueberdruß an dieser jammervollen Krone erfüllt war, so begab er sich endlich an Bord eines bei Salamis liegenden englischen Schiffes, nahm — ohne im Moment einen Gegenschlag zu versuchen — am 24. Oct. in einer Proclamation Abschied von Griechenland, kehrte (ohne abzudanken) nach Baiern zurück, wo seine Hand noch wiederholt (12. April und 17. Juni 1867) durch Proteste seine Ansprüche wahrte, und wo er selbst am 26. Juli des J. 1867 starb.

Schluß.

Die neue Regierung zu Athen hatte lange mit der rohen Zuchtlosigkeit der Soldaten zu kämpfen, die erst durch die uniformirte Nationalgarde der Bürger und Studenten zu Athen gezähmt werden konnte; Grivas, der mit seinen Banden nach Athen marschiren wollte, „starb" plötzlich zu guter Stunde zu Mesolonghi. Die Hellenen konnten an einen neuen König denken, bei dem man namentlich (mit Speculation auf die ionischen Inseln) an Prinz Alfred von England dachte. Bei der Volksabstimmung 5.—12. Dec. 1862 wurde Alfred mit 230,016 Stimmen unter 240,301 erwählt; da jedoch England im Hinblick auf den Londoner Vertrag (s. oben) die Annahme der Wahl ablehnte (13. Dec.), so einigten sich die Schutzmächte endlich über den jungen Prinzen Christian Wilhelm Georg von Sonderburg-Glücksburg (geb. 24. Dec. 1845), Sohn des jetzigen Königs von Dänemark, dessen Wahl sie bei den Griechen (23. März 1863) befürworteten. Die jugendlichen seit dem 22. Dec. 1862 zu Athen arbeitende Nationalversammlung, die am 16. Febr. 1863 Otto's Absetzung bestätigt hatte, und seit dem 21. Febr. unter Rücktritt der provisorischen Regierung das Land durch ein von ihr ernanntes Cabinet (dessen Leitung endlich auf Rhufos überging) regieren ließ, wählte dann am 30. März 1863 den Prinzen Georg einstimmig zu ihrem Könige, auf den dann die Krone durch Tractat vom 13. Juli förmlich von den Schutzmächten übertragen wurde. Am 30. Oct. d. J. landete Georg im Piräeus, übernahm am 31. Oct. die Regierung, nachdem Griechenland (namentlich Athen) bisher der Schauplatz wilder Tumulte gewesen. Die durch die Nationalversammlung neu geschaffene, von Georg am 28. Nov. 1864 beschworene Verfassung gründete eine einzige Kammer mit vierjährigen Wahlperioden, deren 170 Deputirte aus allgemeinen directen Wahlen hervorgehen.

Die alten Schwierigkeiten bestanden für Hellas fort; Georg aber hatte für sich den Vortheil, daß er erstens als Morgengabe für die Griechen aus Englands Händen die ionischen Inseln erhielt. Bei der Unbotmäßigkeit der Ionier und bei ihrer unablässigen Sehnsucht, aus Englands strenger intelligenter Herrschaft zur Vereinigung mit den problematischen Zuständen Griechenlands zu gelangen; da ferner die englische Politik, in sicherem Besitze Malta's, auf die Position in Korfu verzichten und für den Orient Dank dieses großen Geschenks nun auch auf die Sympathie der Griechen zählen konnte: so war schon Ende December 1862 Seitens der englischen Regierung die Vereinigung der Ionier mit Griechenland in Aussicht gestellt worden. Am 5. Oct. 1863 erklärte die ionische Volksvertretung zu Korfu einmüthig in diesem Sinne; und nach weitern Verhandlungen mit den Großmächten gab England das ionische Protectorat auf, stipulirte mit den Mächten und Griechenland (zu London 29. März 1864) die Neutralisirung von Korfu und Paxos; und so konnte Lord-Obercommissär Sir Henry Storks am 28. Mai 1864 die ionischen Inseln an den griechischen Commissär Thrasybulos Zaimis übergeben. Die Inseln huldigten dem König Georg im Laufe des Juni und im Juli d. J. traten 80 ionische Abgeordnete in die griechische Landesvertretung ein. — Weiter aber hat Georg sich am 27. Oct. 1867 mit des Kaisers Alexander II. von Rußland Nichte, des Großfürsten Constantin Tochter, Olga (geb. am 3. Sept. 1851) vermählt, und am 2. Aug. 1868 wurde zur Sicherung der neuen Dynastie ein junger Kronprinz, Konstantin („Herzog von Sparta"), geboren.

Die Zukunft muß zeigen, ob die begabte Nation

zu Stande sein wird, ihre politischen Fehler, wilde Parteisucht, fanatische Zuchtlosigkeit, nebst Egoismus und engem Sinn für Intriguen zu überwinden; ob sie durch ernste politische Arbeit im Stande sein wird, sich zu einem echten Staatsleben zu erheben, das im Laufe der Zeit (schwerlich die großgriechische Phantasie erfüllen, wol aber) möglicherweise die nächsten griechischen Landschaften, namentlich das 1858 und nun wieder seit 1866 in schweren Kämpfen stehende Kreta noch an sich ziehen und zu einer starken orientalischen Mittelmacht gedeihen mag. Da der Kern der Nation gesund, da namentlich ihr Familienleben rein und sittlich ist, da das Volk sich einen schönen Bildungstrieb und einen heißen Patriotismus bewahrt hat: so mag man immerhin für dieses vielgeprüfte Volk eine endliche bessere Zukunft hoffen, dessen große Masse sich ja auch erst unter jahrhundertelangen Arbeiten zu dem einen Hellenenvolke entwickelt haben.

Statistisches [36]). Ueber die literarische Bewegung des neuen Hellas, welches gegen Ende des letzten Jahrzehends 800 Elementarschulen, 33 hellenische Schulen, 11 Gymnasien zählte und dessen athenische Universität zur Zeit etwa 700 oder 800 Studenten zählt, darunter 2/300 aus den nicht königlichen griechischen Ländern; über den wissenschaftlichen Aufschwung seit 1833 haben wir hier nicht zu sprechen; ebenso steht es mit der Betrachtung der Künste, wo wir nur beiläufig der Dichter Alexander und Panagiotis Sutsos (letzterer starb im Herbst des J. 1868 zu Athen) und des gelehrten Alexander Rhises Rhangawis („Die Hochzeit des Kutrulis"), wie auch des berühmten Geschichtschreibers Trikupis gedenken wollen. Ferner hatte Griechenland in den Jahren 1866 und 1867 etwa 77 wesentlich politische Zeitungen (davon 32 in Athen und 14 in Ionien); und 13 (11 zu Athen, 1 in Syra, 1 in Ionien) periodische Zeitschriften.

Nach der Vereinigung mit den (49 Q.-M. haltenden) ionischen Inseln zählt Griechenland 950 Quadratmeilen. — Blicken wir endlich noch auf die engeren statistischen Verhältnisse Griechenlands in der Gegenwart, so fehlt es darüber nicht an Material, welches bis nach Europa dringt. Um nicht zu sprechen von verständig angelegten „Volkskalendern" nach abendländischem Vorbild, welche gute Nachrichten bieten, so liegt jetzt namentlich vor die tüchtige Schrift des Herrn A. Mansolas, des Staatsdirectors im Ministerium des Innern zu Athen, die „Πολιτειογραφικαὶ πληροφορίαι περὶ Ἑλλάδος," d. i. statistische Nachrichten über Griechenland, die der griechische Staatsbeamte größtentheils nach amtlichen, gedruckten und ungedruckten Mittheilungen und Zusammenstellungen hergestellt hat. Aus diesem im J. 1867 zu Athen erschienenen Buche geben wir nach einem ausführlichen Referat von Th. Kind (in den „Göttinger Gelehrten Anzeigen," 1868, Stück 29, S. 1100—1120) folgende Daten. Die Bevölkerungszahl angehend, so erfahren wir hier, daß regelmäßige Volkszählungen mit Einsetzung der königlichen Regierung (1833) angeordnet worden, dieselben aber erst mit dem Jahre 1836 factisch ins Leben getreten sind. Sie sind dann zuerst bis zum J. 1845 alljährlich wiederholt worden, dann aber nur in den Jahren 1848, 1853, 1856 und 1861 wieder vorgenommen. Die bisher letzte fand eben in dem J. 1861 statt; sie war die genaueste, und hatte das Ergebniß, daß damals das Königreich Congreß-Griechenland 1,096,810 Einwohner, die ionischen Inseln aber damals 228,639 Seelen zählten. Unter den Einwohnern des Congreß-Griechenland befanden sich als Geschäfts- und Gewerbtreibende 377,650 Personen (und zwar 147,507 Bauern; 42,080 Schüler und 9335 Schülerinnen mit 1176 Lehrern; 38,953 Hirten und 19,303 Matrosen der Handelsmarine; 32,801 Gewerbtreibende, und 10,145 Handeltreibende). Auf den ionischen Inseln gab es in demselben Jahre 51,342 Bauern, 8365 Gewerbtreibende und 7292 Kaufleute. Die „Bewegung der Bevölkerung" ist nach dieser Darstellung nicht ungünstig; sie ergibt für Griechenland eine stete Zunahme der Bevölkerung, die bereits in den Jahren 1838 bis 1861 von 752,077 auf 1,096,810 Seelen gestiegen war, sich also im Ganzen um 344,733 (über 45 Procent), aufs Jahr durchschnittlich um 14,947 Köpfe (also beinahe um 2 Procent) vermehrte. Die bis zum J. 1865 herabgeführten Listen zeigen dann, daß die Mehrzahl der Geburten wie der Todesfälle (namentlich bei der ländlichen Bevölkerung) dem männlichen Geschlechte angehören. Auffallend ist die Menge sehr alter Personen; eine Tabelle über die Todesfälle des J. 1865 gibt unter 29,358 Todesfällen 218 von Personen beiderlei Geschlechts von 90—95, 106 von 95—100, 40 von 100—105, und 46 von 105 bis über 110 Jahre an.

Den Landbau angehend, so erfahren wir, daß im J. 1861 in Griechenland kaum erst ein Siebentel des gesammten Flächenraums, nämlich von 45,689,248 Stremmen (1 Stremma = 1000 Qu.-Ellen = 1 Kilometer) nur erst 7,435,900 Stremmen wirkliches Ackerland sind. Waldungen, die freilich bei der Abneigung der Griechen gegen den Betrieb und die Duldung geregelter Forstwirthschaft noch sehr vernachlässigt daliegen, bedecken ein Areal von 5,419,030 Stremmen. Der Handel hat an der im J. 1842 zu Athen gegründeten Nationalbank und an der im J. 1840 in Korfu ins Leben gerufenen ionischen Bank gute Stützen. Auch der Associationsgeist, der in dem westlichen Europa so bedeutende Ergebnisse geliefert hat, ist bei den Hellenen erwacht; nur daß der Mangel an Capitalien hier wie bei dem Ackerbau und der Industrie, bei den Unternehmungen der Regierung wie bei denen der Einzelnen, vielfach lähmend wirkt. Von 58 Handelsgesellschaften, die in Griechenland an den verschiedenen Handelsplätzen des Landes seit Errichtung des kleinen Königreichs gegründet worden, bestehen außer der athenischen Nationalbank (seit 1841) und der griechischen Dampfschiffahrtsgesellschaft gegen-

36) Interessante Mittheilungen über Bevölkerungszahl, [illegible], Verkehr, Ausfuhr, Einnahmen u. s. w. zu Kapodistrias' Zeit s. bei Zinkeisen a. a. O. Bd. 1. S. 76 fg.

wärtig nur noch 29. Von diesen waren 27 [illegible] Versicherungsanstalten gegen Seeschäden; und einige derselben verbanden auch Lombardgeschäfte und Diskontogeschäfte in der Eigenschaft von Diskontobanken. Die beiden anderen sind einestheils die Feuer- und Lebens-Versicherungsanstalt Phönix in Athen, und anderentheils die Wein fabricirende Gesellschaft in Patras. Handelsverträge hatte die griechische Regierung mit 19 auswärtigen Staaten, theils in Europa (wo auch die mit Frankreich und Oesterreich [illegible]), theils in Asien (mit Persien), theils mit Nordamerika abgeschlossen. — Abgesehen von den [illegible] Inseln waren in Griechenland 15 [illegible] Häfen [illegible]; in den Piräeus liefen 1867 an 7000 Fahrzeuge ein; die Handelsmarine hatte im J. 1866 in Ansehung der Zahl ihrer Schiffe und des Tonnengehaltes den Vorzug vor denen Italiens, der Türkei, Rußlands, Preußen's und Schweden's. Nach der Zahl seiner Handelsschiffe stand Griechenland nur Nordamerika, England, Frankreich, dem Norddeutschen Bunde, Schweden, Dänemark und Spanien nach. Im J. 1864 hatte Griechenland 4928 Handelsschiffe mit 290,342 Tonnen Gehalt und 20,000 Mann Besatzung.

Nachzutragen ist, daß nach noch neuerer Angabe bei Daniel, Lehrbuch der Geographie, 1867, Griechenland zur Zeit 1,330,000 Einwohner zählt, in 116 Städten (wobei Athen mit jetzt 50,000 Einwohnern), 352 kleinen Orten, 2783 Dörfern, mit etwa 204,000 Häusern. Hübner, statistische Tafel, 1868, gibt jetzt nur 1,348,412 Einwohner; dann (neben der oft besprochenen Armee) 34 Kriegsschiffe (10 Dampfer) mit 168 Kanonen; 5120 Handelsschiffe (dabei 1154 große Segler und 35 Dampfer) mit 302,000 Tonnen. Die Staatsschuld wird hier zu 19, die Ausfuhr zu 13 Mill. Thaler berechnet.

Das Jahresbudget berechnete zu Anfang August des J. 1868 des Königs Georg I. Minister Bulgaris auf 33 Millionen Drachmen (Franken) Einnahmen und auf 34 Millionen Drachmen Ausgaben. Hernach aber hat sich das Deficit doch noch in einer Höhe von 14 Millionen Drachmen herausgestellt. Die Schulden des Staates gab die Regierung im J. 1865 auf etwa über 270 Millionen, im Juli 1866 auf etwas über 233 Millionen (etwas über 178 Mill. fremde, etwa 55 Mill. innere Schuld), das Journal „Elpis" aber im Januar 1866 als etwas über 514 Millionen Drachmen an.

Die Kriegsstärke der Armee betrug im J. 1866 etwa 11,400 Mann; im J. 1867 beschloß man, die Kriegsstärke auf etwa 15,000 M. Reguläre, und 12,000 Irreguläre zu bringen.

Griechenland hatte im J. 1867 an 15 Erzbischöfe und 16 Bischöfe griechischer, und 6 Bischöfe römischer Confession. Neben dem Cassationshof und dem Rechnungshof in Athen gab es 1867 nur 4 Appellationsgerichte und 16 Gerichtshöfe erster Instanz.

Literatur. Die Verhältnisse der Neugriechen sind seit dem Erwachen der philhellenischen Bewegung in Europa in den verschiedensten Ländern nach allen Seiten hin lebhaft und andauernd behandelt worden. Und ebenso haben Schriftsteller der verschiedenen Nationen Europa's die Geschichte dieses Landes seit 1821 theils im Großen, theils im Einzelnen behandelt; Denkwürdigkeiten zahlreicher Philhellenen und deutscher Gelehrten in Griechenland (so namentlich in den vielen Schriften des Professors Ludwig Roß) sind dabei sehr wesentlich hervorzuheben. Wir nennen hier keineswegs die lange Reihe aller dieser Arbeiten, sondern bezeichnen nur die Hauptwerke.

Die Hellenen selbst haben sehr viel historisches Material geliefert; die Uebersicht über ihre schriftstellerischen Leistungen über die Geschichte ihres Unabhängigkeitskampfes ist namentlich zusammengestellt in dem zweiten Bande von Brandis' „Mittheilungen über Griechenland," S. 2 fg. Hier ist nur an die „Denkwürdigkeiten" des [illegible] Germanos, 1820—1823 (2. Ausgabe, Athen 1837) erinnert; an des Perrhäbos Geschichte der Sulioten und des griechischen Freiheitskriegs, 1820—1829 (2 Bände, Athen 1836), und namentlich an die Memoiren des alten Kolokotronis, welche der greise Feldherr zu Athen „in einem bescheidenen Griechisch" Herrn Tertsetis in die Feder dictirte, und die 1851 zu Athen erschienen. Größere Werke (unter Anderem von Philimon, Secretair des Demetrios Ypsilanti) über die Geschichte der Hetärie (Nauplia 1834) und des [illegible] Freiheitskampfes des Michail von Arkadia, des [illegible] Phrantzes' Geschichte Griechenlands von 1715—1835 (Athen 1839) u. a. m., sind jetzt alle übertroffen durch des Spiridion Trikupis Geschichte der griechischen Erhebung, London 1853 (I.—IV.).

Unter den englischen Arbeiten ragt epochemachend hervor des Obersten Thomas Gordon History of the greek revolution (London 1832), sehr brauchbar auch H. Parish, The diplomatic history of the monarchy of Greece (London 1838), und des Philhellenen und (als Kämpfer für Griechenland zum griechischen Major erhobenen, lange Jahre in Athen lebenden) als Verfasser ausgezeichneter Werke über Griechenland seit der Römerzeit bis auf das 18. Jahrhundert berühmten G. Finlay, History of the greek revolution (London 1861).

Unter deutschen Werken sind von frühern namentlich zu nennen [illegible], Pragmatische Geschichte der nationalen und politischen Wiedergeburt Griechenlands (Frankfurt 1835), und noch G. L. von Maurer, Das griechische Volk in öffentlicher, kirchlicher und privatrechtlicher Beziehung vor und nach dem Freiheitskampfe bis zum 31. Juli 1834; auch der zweite und dritte Theil von Chr. A. Brandis, Mittheilungen über Griechenland (Leipz. 1842).

In wahrhaft glänzender Weise hatte dann, für die Zeit bis auf Kapodistrias dem englischen Werke Gordon's folgend, dann selbständig bis 1835 weiter arbeitend, der verstorbene J. W. Zinkeisen in dem dritten und vierten Bande seiner „Geschichte Griechenlands vom Anfange geschichtlicher Kunde bis auf unsere Tage" (oder „Geschichte der griechischen Revolution," 2 Bde., Leipz. 1840) den schwierigen Stoff bearbeitet. Aber das deutsche Hauptwerk — die griechischen Dinge mit classischer Ruhe und Zuversicht behandelnd, die Charakteristik mit Meisterschaft handhabend — für die griechische Revolution wurden dann die beiden Bände V. und VI. (oder Band 1. und 2. der „Geschichte des Aufstandes und der Wiedergeburt Griechenlands"), der „Geschichte des Neunzehnten Jahrhunderts seit den wiener Verträgen" von G. G. Gervinus (Leipz. 1861 und 1862). In diesem Werke ist auch zuerst die diplomatische Geschichte dieser Revolution ausführlich entwickelt; bekanntlich mit sehr großer Schärfe gegen die Politik des Fürsten Metternich. Gervinus setzte dann diese Geschichte fort (übrigens in merklich herberem Tone und viel minder hoffnungsreich in Bezug auf die griechischen Dinge) in Bd. VII. S. 10 bis S. 96, und in Bd. VIII. S. 867 bis S. 902 bis zum Ausgang des Präsidenten Johann Kapodistrias.

Von besonderer Bedeutung ist dann das große Werk des Freiherrn Anton von Prokesch-Osten, „Geschichte des Abfalls der Griechen vom Türkischen Reiche im J. 1821 und der Gründung des hellenischen Königreichs, aus diplomatischem Standpunkte," welches schon im J. 1848 vollendet war, aber erst 1867 (Wien, bei C. Gerold) erschien; zwei Bände Text, denen sich 4 Urkundenbände anschließen. Dieses Werk gibt besonders genau die diplomatische Geschichte der Zeit 1821—1833, plaidirt mit großem Geschick und oft sehr wirksam für eine günstigere Beurtheilung der österreichischen Politik jener Zeit (und minder glücklich zuweilen auch für Kapodistrias). Nachdem dann eine kurze Uebersicht über die Geschichte Griechenlands von 1821 bis auf die Gegenwart erschien von dem marburger Docenten H. Thiersch (Frankfurt a. M. 1863), haben wir jetzt in der hirzelschen Sammlung historischer Werke über die „Staatengeschichte der neuesten Zeit" (Leipzig, bei S. Hirzel) ein vielversprechendes Werk über die Geschichte der Neugriechen zu erwarten von dem durch eine Reihe ausgezeichneter Specialarbeiten über diese Zeit bekannten Professor Dr. Karl Mendelssohn-Bartholdy, dessen Hauptwerk bisher das Buch „Graf Johann Kapodistrias" (Berlin 1864) war, mit reichen Mittheilungen über die früher über Kapodistrias erschienenen Werke.

Während dann (zu der Sammlung der Werke über die „Staatengeschichte der neuesten Zeit" gehörig) für die türkisch-griechischen Beziehungen seit 1821 sehr schönes Material bietet Dr. G. Rosen, Geschichte der Türkei von 1826—1856 (2 Bde., Leipz. 1866 und 1867), neben welchem auch F. Eichmann, Die Reformen des osmanischen Reiches (Berlin 1858) zu vergleichen ist, sind über König Otto's Regierung größere selbständige Werke uns bisher nicht bekannt geworden. Außer dem zerstreuten Material in Schriften zahlreicher deutscher und anderer Reisenden (wie Roß, Fallmerayer, W. Vischer, u. a. m.) kommt hier namentlich das geistreiche, aber höchst boshaft-pikante Buch über die griechischen Zustände von Edmond About, „La Grèce contemporaine," 3. édition (Paris 1858) in Betracht. Brauchbare Uebersichten über die Geschichte Griechenlands von 1841 bis 1852 finden sich in dem Sammelwerke „Die Gegenwart," Bd. IX. (Leipz. 1854) auf S. 344—397, und über Otto's Herrschaft überhaupt in dem Aufsatze von Mendelssohn-Bartholdy, „Die Verwaltung König Otto's und sein Sturz," in den „Preußischen Jahrbüchern," Bd. IV. (1864) S. 365—392. Otto's Sturz endlich schildert ausführlich R. von Randhardt in der Schrift „Die griechische Armee und die Revolution" (Athen 1862). (G. F. Hertzberg.)

GRIECHENLAND.

B. Griechenland im Mittelalter und in der Neuzeit.

Geschichte der byzantinischen und neugriechischen Literatur.

I.

Geschichte der byzantinischen oder mittelgriechischen Literatur, von Justinian's Thronbesteigung bis auf die Eroberung Constantinopels durch die Türken, von 529—1453.

Abgrenzung und Inhalt der byzantinischen Literatur.

§. 1.

Die Aufhebung der heidnischen Schulen durch das bekannte Decret Justinian's vom Jahre 529 n. Chr. bildet den Abschluß der alterthümlich-heidnischen Literatur und den Anfang der christlich-byzantinischen Literatur der Mittelgriechen. Hiermit wird angedeutet, daß die Eintheilung der griechischen wie überhaupt jeder Literatur nicht blos äußerlich oder chronologisch, sondern aus inneren Differenzen und scharf unterscheidenden Merkmalen des geistigen Bildungsganges einer Nation zu verstehen ist. Für den Historiker beginnt die Geschichte des byzantinischen oder oströmischen Reiches genau mit dem 17. Jan. 395 n. Chr., d. h. mit dem Todestage des Kaisers Theodosios des Großen und der von ihm verfügten Theilung des römischen Reiches in eine östliche und westliche Hälfte; anders für den Darsteller der Literarhistorie. Erst mit dem Ablauf des 6. Jahrhunderts, als der Uebergang vom Hellenismus zum Byzantinismus in Staat und Kirche längst erfolgt war, beginnt die eigentliche byzantinische Literatur. Vergl. A. v. Gutschmid, Grenzboten 1863. I, S. 342. Da nämlich das literarische Vermögen unter den Einflüssen des nationalen Lebens oder im genauesten Zusammenhange mit den Thatsachen des politischen, religiösen und sittlichen Verhaltens einer Nation steht, so erfordert die Abgrenzung der Literatur nach Perioden ein objectives Maß, welches in der Verschiedenheit des Standpunktes der älteren von der jüngeren Nationalität liegen muß. Hieraus folgt, daß die Anfangspunkte einer Periode der Literatur nicht einfach nach denkwürdigen historischen Ereignissen festzusetzen sind, daß vielmehr vorzugsweise die Momente des veränderten Volkscharakters, der gesellschaftlichen Ordnungen und der hierdurch bedingten verschiedenen Individualität, die Veränderungen in Institutionen, Erziehung, Lehr- und Denkweise, endlich die Differenzen in Ton, Farbe und im realen Gehalt der Sprache in den Schriftwerken erwogen und in diesem Betreff als Norm der Beurtheilung der neuen Cultur betrachtet sein wollen. Nun zeigt weder die Verlegung der Residenz nach Byzanz, noch die Trennung des römischen Weltreiches in eine östliche und westliche Hälfte so große Differenzen der vorausgegangenen von der unmittelbar nachfolgenden Cultur, daß wol die Anfänge der eigentlichen byzantinischen Ordnungen, nicht aber ihre Ausbildung und Reife hier aufzufinden sind. Es muß vorausgeschickt werden, daß in der Literatur der Byzantiner keine Geschichte einer Cultur liegt, welche einen bestimmten Charakter harmonisch ausgebildet und daher ein geschlossenes Ganzes dargestellt hat; denn sie steht nicht unter den wechselnden Einflüssen einer politischen Gesellschaft und trägt nichts weniger als ein nationales Gepräge. Ihr gesammter Reichthum und Bestand an Leistungen spiegelt das geistige Unvermögen der Byzantiner in verschiedenen Graden und Farben ab und bekundet die Zersplitterung und den jähen Verfall einer Literatur, deren Höhestand die gebildete Welt aller Jahrhunderte mit Bewunderung erfüllt hat. Wol hat die griechische Nationalliteratur eine schöne Nachblüthe an der späteren Sophistik seit Kaiser Hadrian erlebt, dieselbe geht aber in ihren letzten Ausläufern weit über jenes historische Ereigniß vom Jahre 395 hinaus. Hervorgegangen aus wahrem Bedürfniß, wurzelnd in dem Boden einer gründlichen propädeutischen Bildung, geknüpft an zahlreiche Studiensitze und öffentlich besoldete Lehrämter, dazu gefördert durch die verschwenderische Gunst und Vorliebe einer Reihe von freigebigen Kaisern, reichen Bürgerschaften und begüterten Individuen, endlich gehoben und getragen von dem glänzenden Beifall der griechischen Welt, hat das innere und äußere Wirken dieser jüngeren Sophistik nichts weniger als eine Erneuerung der griechischen Schriftsprache und eine gründliche Nachahmung der Alten in Stil, Ton und Sprachschatz der classischen Muster herbeigeführt; sie bewies augenscheinlich, daß die griechische Literatur vermöge ihres höheren geistigen Gehaltes und ihrer vollendeten Formen berufen war, den Ruhm der römischen zu überstrahlen und zu überdauern. Daher die reine Lust am künstlerischen Schaffen, die große Menge geschmackvoller Darsteller und der Reichthum des literarischen Zuwachses im 2. und 3. Jahrhundert, und als weitere Stufe oder Folge dieser neuen Bildung und Erhebung auf philosophischem Gebiet die Erscheinung der Neuplatoniker und die Bestrebungen der speculativen Philosophie, angesichts der Ausbreitung des Christenthums auf den Trümmern des Heidenthums eine kräftige Theologie zu begründen. Der Neuplatonismus des 3. Jahrhunderts, eine Art positiver Religion mit spannenden(?) Dogmen und Formen, entstanden in einer von gewaltsamen Anstrengungen erregten Zeit aus der Vereinigung orphischer und orientalischer Mystik und Theosophie mit platonischer Philosophie und christlichen Heilslehren, geweiht durch Plotin und Porphyrios, die letzten genialen Namen der erlöschenden griechischen Philosophie und Religiosität, ist die letzte Regung der hellenischen Denkkraft und Weisheit; einer solchen Anspannung aller Kräfte folgte eine allgemeine Erschlaffung, seitdem die Neuplatoniker den vorgezeichneten Weg verlassen und sich, wie Jamblichos und seine Nachfolger, in den Netzen eines theurgischen und pantheistischen Wunderglaubens hatten fangen lassen. Obgleich nun mit der Gestaltung der Studien der späteren Sophistik im 4. Jahrhundert einerseits und mit der Ausartung des Neuplatonismus in geistlosen(?) Symbolismus um den Beginn der byzantinischen Ordnungen andererseits der Ideenkreis der hellenischen Welt und Bildung erschöpft und in allen seinen Elementen, Wiederholungen und Einkleidungen(?) abgelaufen war, so verfolgt dennoch Leben, Studien- und Lehrweise, sowie die literarische Thätigkeit noch lange Zeit in Athen, Byzanz und an anderen Studiensitzen die gewohnten Bahnen, und ein schroffer Uebergang zu den Formen des byzantinischen Lebens wird nirgends wahrgenommen. Man erkennt auch hier, daß keine Periode der Literatur so leicht und vollständig zum Abschluß gelangt, sondern in mancher schwächeren Fortsetzung das allmälige Ermatten ihrer geistigen Kraft bezeugt, wie damals in den letzten Jüngern der späteren Sophistik, zu welchen wir noch lange nach Themistios, Libanios, Himerios und Julian eine ganze Reihe von Rhetoren, Declamatoren und Progymnasmatikern zählen; dazu die große Anzahl von Historikern vor Prokopios, der an die Spitze der eigentlichen byzantinischen Geschichtschreiber zu stellen ist. Ueberhaupt wird bei aller Trockenheit, die in den Zeiten der Kaiser Zeno und Anastasios namentlich an den Rhetoren aus Gaza, Timotheos, Zosimos, Prokopios, Chorikios u. A. bemerkt wird, den Begründern der in Schwulst und kläglicher Manier sich verlierenden byzantinischen Hofberedsamkeit, eine eigentliche Unproductivität nicht wahrgenommen, während sich die Aufgaben der Gelehrsamkeit zwar in immer engeren aber keineswegs eigenthümlichen oder neuen Grenzen bewegte. Selbst in der Poesie klingt die gewohnte Manier nach, wie bei Christodoros von Koptos und in den Ergüssen anderer Epigrammatiker vor und unter Justinian. Wenn ferner nach Restauration des Christenthums durch Jovian das christliche Princip für immer das Uebergewicht wieder gewann, so hat dennoch der Neuplatonismus seine letzte Kraft in den Schulen zu Athen, Alexandria und Constantinopel in einer ziemlich langen Nachwirkung behauptet. Vorzüglich Athen, wo Plutarchos, Syrianos, Proklos vor allen, der gefeierte Lehrer und Schöpfer einer auf die Spitze getriebenen speculativen Theologie, dann Marinos, Isidoros und Damaskios in ununterbrochener Folge der Scholarchen lehrten und fortgewirkt hatten, hat einen Theil seiner literarischen Thätigkeit in hergebrachter Weise fortgesetzt, nämlich die Exegese platonischer und aristotelischer Schriften. Diese commentatorische Betriebsamkeit der jüngeren Platoniker und Aristoteliker, letztere vornehmlich in Alexandria durch Ammonios, Joannes Philoponos und mit überlegener Größe durch Simplikios vertreten, scheint auch nach der Schließung der Schule von Athen nicht erloschen zu sein, sowie sich der Neuplatonismus auch in seinen heidnischen Zweigen noch einige Zeit lang erhielt. Simplikios hat einen Theil seiner Commentare erst nach der Rückkehr aus Persien, wohin er bekanntlich auf jenes Edict vom Jahre 529 mit Damaskios, Eulamios, Priskianos, Hermias und anderen Freunden und Anhängern ausgewandert war, geschrieben, und noch in der zweiten Hälfte des 6. Jahrhunderts begegnen wir in Alexandria dem jüngeren Olympiodor, einem unermüdlichen(?) aber fruchtbaren Exegeten platonischer und aristotelischer Schriften. Vergl. Zeller Philosophie der Griechen, 3. Thl. 2. Abtheil. 2. Hälfte, 2. Aufl. S. 771. Somit war erst mit Simplikios das goldene Geschlecht der Denker der Alten erloschen, erst mit Justinian's Machtspruch und durch seine strengen und selbst blutigen Maßregeln das Heidenthum im ganzen Umfange des Reiches mit Erfolg ausgerottet. Jetzt erst beginnt offenbar eine neue Zeit mit neuen Richtungen und Zwecken, die zwar unbestritten und seit Verlegung der Residenz nach Constantinopel und der Einführung des Christenthums in mancherlei Stufen des politischen und religiösen Lebens entwickelt, dem neuen Princip sicher und für immer das Uebergewicht verlieh. Diese neue Bildung, deren Urheber nicht die Nationalität, sondern das Christenthum und die in der christlichen Kirche waltende byzantinische Schule ist, entbehrt des schaffenden Triebes gänzlich, bewegt sich in immer enger gezogenen Grenzen und entnimmt ihren Stoff und ihre Elemente nur zum geringsten Theil den Traditionen und Schätzen der hellenischen Literatur. Auch in der Sprache zeigen sich auffallende und allgemeine Anzeichen des sinkenden Geschmacks nicht weit vor Justinian, und wenn auch die Einfachheit der sophistischen Sprache bald der studirten Zierlichkeit, Schwulst und häßlichen Manier weicht, so wird doch der Ungeschmack der byzantinischen Diction und die Doppelzüngigkeit des aus profaner und geistlicher Literatur bunt zusammengewürfelten byzantinischen Sprachschatzes vor Kosmas nicht empfunden. Schmutz und Gemeinheit der barbarischen Sprache aber zu den sicheren Thatsachen des absterbenden volksthümlichen Sprachgeistes sind erst das Resultat der Zeitigung des Hellenismus durch die Völkerwirren des Kaiserthums vom 7. Jahrhundert an. Diese Darstellung mag ergeben, daß die eigentliche Auflösung der hellenischen Literatur erst mit der vollständigen Ordnung des byzantinischen Hofes und Reiches durch Justinian anhebt; sie hatte allmälig alles verloren, ihren Boden, ihre Wurzeln, ihre geistige Triebkraft; in den Händen einer unbeholfenen, abgestumpften, sogar rohen Geistlichkeit ging die griechische Literatur ohnmächtig mit raschen Schritten ihrer Zerstückelung entgegen. Und dennoch hat sie, selbst in den schlimmsten und unfruchtbarsten Zeiten der byzantinischen Wildniß, als die Werke verdorrt, die Sprache verfallen und bis zur Unkenntniß entstellt, als unter den Stürmen des Reiches auch der letzte Rest von gelehrter Bildung erstorben war, in kleinen und beschränkten Kreisen des Hof- und Klosterlebens die Kraft ihres bildenden Wesens geltend gemacht, in ihren Gelehrten noch ihren Verehrern Trost und Segen gefunden, über die Welt aber den Samen einer neuen geistigen Entwickelung ausgestreut. Diese lange Periode, die Jahrhunderte literarischen Unvermögens, reicht bis zum völligen Untergange der griechischen Schriftsprache und bis zur Herrschaft des neugriechischen Idioms, um die Zeit der Einnahme Constantinopels durch die Türken im Jahre 1453; eine Katastrophe, deren Zeugen Georgios Phrantzes, Georgios Akropolites, Laonikos Chalkondylas und Joannes Dukas waren, der letzte vor anderen denkwürdig durch ein nebelhaftes Machwerk, welches in Syntax, Structur, Wortgebrauch und Bedeutung die hereingebrochene Barbarei des neuen Jargons außer Zweifel setzt. Auch dieser Literatur, die eine genauere Zerlegung von Epochen oder verschiedenen Uebergangspunkten wegen der Gebundenheit der Zeiten und Individuen, und wegen des fast gleichen Interesses der literarischen Betriebsamkeit nicht wohl gestattet, geht eine Reihe von Individuen voraus, welche als Vertreter oder vorbereitende Theilnehmer größerer literarischer Massen erscheinen; doch fehlen hier fest in einander schließende Gruppen gänzlich, während Unsicherheit und trübe Mischungen die Entscheidung, auf welchen Platz ein Autor am besten zu stellen sei, nicht selten erschweren. Wo aber nicht mehr der Einzelne in einem Fache glänzt, sondern viele Autoren auf mehreren Gebieten der Polyhistorie, in profaner und kirchlicher Literatur, die Kräfte ihres Geistes versuchen, wie Photios und Tzetzes in Poesie und Prosa, muß das Hauptfach entscheiden, worin das Individuum besondere Anerkennung fand. Hiermit ist zugleich angedeutet, daß die Schätze byzantinischer Productivität von der Reinheit und Besonnenheit des Organismus der alterthümlichen Literatur unendlich weit entfernt sind, ja selbst eine Vertheilung unter bestimmte Gattungen und Fächer erscheint fast zufällig. Zuerst offenbart sich der Verfall in der Poesie: nur erhebende Hof- und Bettelfänger neben und nach einer beschränkten Zahl von Epigrammatisten und Erotikern stümperte handwerksmäßig und formlos an prosaischen Stoffen und vermochte weder poetische Kraft noch Begeisterung zu erwecken. Um so größere Aufmerksamkeit muß den griechischen Anthologien byzantinischer Sammler gewidmet werden, die einen wahren Schatz kleiner poetischer Ergüsse aus dem Reichthume der griechischen Dichterwelt bewahren. Besser steht es im Allgemeinen mit dem Nachwuchs der Prosa: der Historiographie mit Chronographie und Geographie; der byzantinischen Rhetorik mit ihren Zweigen, der Grotik, Epistolographie und Paroemiographie; der Sprachwissenschaft mit den Arbeiten der Commentatoren, Scholiasten, Etymologen, Metriker und Musiker, wozu als Anhang auch die Bibliographie [illegible] sich gesellt. Von den Fachwissenschaften würde die Mathematik als Arithmetik und Geometrie, mit der Astronomie und Astrologie, der Optik, Mechanik und Kriegswissenschaft; die Naturforschung nebst der Medicin; zuletzt die Jurisprudenz mit einigen praktischen Anhängen, wie Staats- und Hausökonomie, eine besondere Berücksichtigung erfahren. Dies ist der Inhalt des weiten Speichers der byzantinischen Literatur mit seinen unbetretenen und lückenhaften, ungeordneten und unfruchtbaren Räumen. Die Wege, welche die byzantinische Literatur im Allgemeinen, sowie die Poesie und Prosa dieser Jahrhunderte im Besonderen nahm, sind an geeigneter Stelle in weiteren Umrissen gezeichnet. Ueber die Leistungen der Byzantiner in Philosophie, Mathematik, Medicin, Jurisprudenz und in kirchlicher Literatur, die außerhalb der Grenzen dieser Uebersicht liegen, ist auf die betreffenden Artikel in dieser Encyklopädie zu verweisen.

Geschichtlicher Ueberblick.

Allgemeine Literatur: Von älteren Gesammtarbeiten nennen wir: Ch. Du Fresne *Historia Byzantina duplici commentario illustrata.* 2 *Voll. Par.* 1680. *Venet.* 1729. *Fol.* — Tillemont *Histoire des* empereurs Romains. 6 Voll. Par. 1690—1738, und dess. *Mémoires pour servir à l'histoire ecclésiastique des six premiers siècles.* 16 Voll. Par. 1693—1712. — Le Beau *Histoire du Bas-Empire, en commençant de Constantin le Grand. Continuée par* Mr. Ameilhon. 24 Voll. (bis auf den Tod Andronikos' II. im Jahre 1341.) Par. 1757—1784., *Edit. nouv. revue, corrigée et augmentée par* St. Martin *et continuée par* Mr. Brosset jn. 21 Voll. Par. 1824—1836. — Ed. Gibbon *History of the decline and fall of the Roman empire.* 6 Voll. Lond. 1776—1788. 4. Abdruck 14 Voll. Basil. 1788., geistvoll und in glänzender Darstellung, aber nicht ohne falsche, vorgefaßte Meinungen, daher oft trübe und unkritisch. Uebersetzt von Sporschil. Leipzig 1837., 2. Ausg. in Einem Bande Leipzig 1843. 3. Aufl. 12 Bde. 1854. 12. — Von größter Wichtigkeit sind folgende 4 Werke G. Finlay's: *Greece under the Romans* (von 146 v. Chr. bis 717 n. Chr.) 1844, vermehrte und verbesserte *Edit.* II. 1857, wonach die vortreffliche deutsche Uebersetzung eines Anonymus vom Jahre 1861.; — dess. *Mediaeval Greece and Trebizond* (von 1204—1461) 1851., übersetzt von Reiching 1853; — *History of the Byzantine Empire* (von 716—1057) 1853; — *History of the Byzantine and Greek empire* (von 1057—1453) 1854. — Dazu die Darstellungen von J. W. Zinkeisen Geschichte Griechenlands, Fallmerayer Geschichte der Halbinsel Morea I., Curtius Peloponnesos, F. Gregorovius Geschichte der Stadt Rom im Mittelalter, bis jetzt auf 5 Bände (vom Jahre 300—1300) herangewachsen, die bezüglichen Capitel in Schlosser's Weltgeschichte, theilweise auch die deutschen Geschichtswerke von Leo, Giesebrecht, Dümmler u. A. Vergl. auch den Artikel „Byzantini" in Pauly's Real-Encyklopädie der class. Alterthumswissenschaft Bd. I, 2. Abth. S. 2571—2601, wie auch die Geschichte des byzantinischen Reiches in Ersch und Gruber's Encyklopädie. — Zur Chronologie: H. Clinton *Fasti Romani. The civil and literary chronology of Rome and Constantinople from the death of Augustus to the death of Justin II. Vol. I. Oxford* 1845. und die *Appendix (Vol. II.) from the death of Augustus to the death of Heraclius. Oxford* 1850. — Ph. Krug Kritische Versuche zur Aufklärung der byzantinischen Chronologie. Leipzig 1810., die Zeit von 842—961 n. Chr. umfassend. — Ed. de Muralt *Essai de chronographie byzantine.* Petersburg 1855., d. i. von 395—1057 n. Chr. — Auch Münzen der oströmischen Kaiser haben für diese Geschichte Werth, worüber nach Du Fresne *De imperatorum Constant. numismatibus* (hinter dem *Glossarium latin.*) einzusehen sind die Hauptwerke von F. de Saulcy *Essai de classification des suites monétaires Byzantines. Metz* 1836. und Sabatier *Description générale des monnaies Byzantines frappées sous les empereurs d'Orient, depuis Arcadius jusqu'à la prise de Constantinople par Mahomet II. Paris* 1862. Vergl. auch Warren *On byzantine numismatic art*, im *Numismatic chronicle N. S. I. London* 1861. p. 211 sq. und Prose *Médailles byzant. inédites*, in *Revue numism. belge* 1862. p. 183—204. — Ueber die reiche Detailliteratur (verzeichnet bei Finlay Griechenland unter den Römern S. 470 fg.) siehe den Text.

§. 2.

1. Bereits im Eingange ist bemerkt worden, daß Kaiser Justinian I., als er theils aus religiösem Fanatismus, theils im fiscalischen Interesse im Jahre 529 die Schulen der Philosophen in Athen zu schließen und das zu ihrem Unterhalt bestimmte Grundcapital einzuziehen befahl, den letzten Rest des antik-heidnischen Lebens vernichtete. Vergl. Finlay *Greece under the Romans*, Uebers. S. 300. S. 268—270. Lasaulx Untergang des Hellenismus S. 142—150. Bernhardy Griech. Literatur I, 3. Bearb. S. 657. S. 662 fg. Diese Gewaltthat des bigotten Monarchen erscheint nicht neu oder unerhört, wenn man der Bedrückungen gedenkt, welche seit Constantin dem Großen gangbar, bald den Charakter der Gewohnheit annahmen. Man mag über diese und ähnliche Maßregeln despotischer Willkür immerhin ein hartes Urtheil fällen, für die Erhaltung und besonders finanzielle Verwaltung des byzantinischen Reiches waren sie geradezu ein nothwendiges Uebel geworden. Ihre Inhibirung oder Bekämpfung verbot der kunstvolle Bau einer Staatsmaschine, die gegründet auf den Trümmern des militärischen Despotismus, im Despotismus des Hofes und der Macht der Hierarchie seine Stütze erhielt. An der Spitze stand der Kaiser, der unumschränkte Machthaber und Gebieter in geistlichen und weltlichen Dingen, umgeben von einem fast orientalischen, verschwenderischen Hofstaate und einer streng gegliederten, ängstlich eines prunkvollen Ceremoniells wachenden Büreaukratie, den bevorzugten Organen der kaiserlichen Politik und den Trägern und bindenden Kräften der neuen Ordnungen. Nicht wenig trug zur festen Gründung und Erhaltung dieses Systems das Christenthum bei, das bereits Constantin der Große nach Erhebung zur Staatsreligion seinen despotischen Zwecken dienstbar gemacht hatte. Endlich wurde die Kraft dieses weitschichtigen Mechanismus, worin Nationalität und Oeffentlichkeit und die Idee einer Berechtigung von Ständen oder freien Elementen des Unterthanenverbandes nicht bestand, durch die Schöpfung der neuen Weltstadt Constantinopel an der Einmündung des Bosporus in die Propontis verstärkt, wodurch die östliche Welt ihren geographischen und politischen, weiterhin auch ihren wissenschaftlichen Mittelpunkt erhielt. Hier liefen die Strahlen des weiten Ländergebiets zusammen, ohne jedoch mit erhöhtem Glanze und jener belebenden Kraft wieder zurückzustrahlen, welche die Herstellung und Erhaltung des Zusammenhangs und des Gleichgewichts der Provinzen mit der Haupt- und Residenzstadt erforderte. Denn wie schwierig es war, in den äußeren Stürmen, die immer drohender wurden, den Bestand des Kaiserreiches zu erhalten, hatte bereits Diocletian erfahren, als er zur Zerlegung des Ganzen sich bequemte. Einen anderen Zweck, als die folgsamere Beherrschung und bequemere Verwaltung des

Ganzen, hatten weder die zahlreichen Reichstheilungen seit Diokletian, noch die von Theodosius dem Großen angeordnete Ordnung erfüllen sollen. Sie war der Anfang einer wirklichen Trennung des Ganzen in eine östliche und eine westliche Hälfte. Daß diese Theilung trotz vielfacher Bestrebungen nach Wiedervereinigung und ungeachtet der freundschaftlichen Beziehungen, welche die Höfe von Rom oder Ravenna mit Constantinopel nachmals noch oft zu einander unterhielten, dennoch fortan eine bleibende wurde, ergab sich mit innerer Nothwendigkeit ebenso aus den Entwickelungen der socialen und politischen Entwickelung, wie aus dem Zusammenwirken einer Reihe von äußeren Ursachen, deren Bedeutung, verbunden mit den Thatsachen des inneren Verfalls, einen tieferen Blick in die Anfänge der Geschichte beider Staaten erheischt. Was Tacitus mit prophetischem Geiste geahnt und tief und schmerzlich vorempfunden hatte, die Furcht vor einer einst vom teutschen Norden über die römische Welt hereinbrechenden Gefahr, war in Erfüllung gegangen; man stand vor dem letzten entscheidenden Kampfe. Zu kurze Zeit, um der Aufnahme und Ansiedelung barbarischer Völker in das römische Reich zu steuern, hatte die ebenso der Religion wie Politik zugewandte kraftvolle Regierung Theodosius des Großen gedauert; sie war heftig erschüttert durch blinden Eifer und die Wahl falscher Mittel, und der Sturz des Arianismus im Oriente blieb ein politischer Fehler, dessen schlimme Folgen weder die Vertilgung der Reste des Heidenthums abwandte, noch die Erschöpfung der Unterthanen durch eine drückende Steuerlast weniger empfinden ließ. Die Ohnmacht und Unfähigkeit der entvölkerten und entnervten damaligen römischen Welt kündigt auch die gefährliche Aufnahme der Vandalen und Gothen in römischen Sold an, wovon die natürliche Folge die Veränderung der Waffen und der Kriegskunst in den römischen Heeren war. Selbst die genialste Kraft hätte kaum mehr hingereicht, was im Laufe der Jahrhunderte Glück, Vaterlandsliebe, Ordnungssinn und politisches Talent gewonnen, unter den neu eingetretenen Verhältnissen zu vertheidigen und zu erhalten. In der westlichen Hauptmasse, d. i. in den Provinzen im Westen der Syrte und des adriatischen Meeres, hatte der Proceß der Romanisirung bereits einen fast vollständigen Abschluß gefunden, während in der östlichen Hälfte, wo hellenische und hellenistische Lebensformen und Bildungselemente neben altnationalen Zuständen und den Einflüssen des römischen Elements die Kraft ihres bildenden Wesens in weitem Umfange bewährt und bewahrt hatten, eine neue Entwickelung, die allmälige Umwandlung der griechischen in die byzantinischen Ordnungen begann.

Die byzantinische Geschichte hat man neuerdings in 4 Hauptperioden getheilt: 1) Der Zeitraum von 395—716 n. Chr., vom Arkadios bis zur Thronbesteigung Leo's III., während dem das Reich noch den speciell oströmischen Charakter trägt; 2) der Zeitraum von 716—1057, die Periode der bilderstürmenden Kaiser und der makedonischen Dynastie, worin der Höhepunkt der byzantinischen Machtentfaltung ruht; 3) der Zeitraum von 1057—1204, die Herrschaft der griechischen Familien des Komnenos und Angelos, und die Periode der Ueberschwemmung des Ostens durch die Kreuzfahrer; 4) der Zeitraum von 1204—1453, die Zeit des lateinischen Kaiserthums und der vollständigen Auflösung des byzantinischen Reiches unter den Paläologen, bis zur Eroberung Constantinopels durch die Türken. Vergl. Finlay *Hist. of the Byzant. empire p.* 1—13. Das oströmische Reich erstreckte sich bei dem Regierungsantritt des Arkadios von der Adria und dem Drinus, der Save und der unteren Donau noch immer bis zum oberen Euphrat, zu den arabischen Wüsten und den Katarakten des Nil; eine ungeheure Ländermasse, welche in folgende zwei Haupttheile zerfiel: 1) die sogenannte Präfectur des Orients, d. i. Aegypten mit Kyrene, die syrischen Provinzen, Kleinasien mit Theilen von Armenien und Mesopotamien, und in Europa die thrakischen Provinzen; 2) das östliche Illyricum, d. i. Macedonien oder die griechisch-macedonische Halbinsel, Ober-Mösien und Neu-Dacien. Vergl. Wietersheim Gesch. der Völkerw. III, S. 87 fg., Gibbon *History of the decline and fall of the Roman empire*, übers. von Sporschil S. 654. Peter Röm. Geschichte S. 453 fg. Chr. F. Schulze Flavius Stilicho S. 36 fg. Diesen Länderkoloß in seinem ganzen Umfange zu vertheidigen und zu behaupten, war die Aufgabe einer über mehr als 10 Jahrhunderte bestehenden Regierung; und wegen dieser Dauer in Raum und Zeit, wegen des Reichthums an merkwürdigen Erscheinungen, an glücklichen, ja glänzenden Erfolgen neben furchtbaren Schicksalsschlägen, an erfreulichen Thatsachen neben ehrvergessenen Verirrungen, Fehlgriffen der Leidenschaft und des Fanatismus, Acten des Despotismus, der Grausamkeit und Barbarei, zumal wegen ihrer Bedeutung für die Entwickelung der abendländischen Reiche und die Wiederbelebung der europäischen Bildung am Ende des Mittelalters wird die Geschichte des byzantinischen Reiches immerhin ein reges Interesse erwecken und einen Glanzpunkt der historischen Forschung über das Mittelalter bilden. Während nun der Westen unter Honorius, umgarnt von den ehrgeizigen Plänen des tapferen Vandalen Stilicho, der, um die alleinige Verwaltung beider Reichstheile zu erlangen, den Westgothen und anderen barbarischen Stämmen den Weg bis in das Herz derselben bahnte, sich nicht wieder von den Schlägen und Verwüstungen des Radagais, Alarich, Geiserich und Attila erholte — und es lag fast nur an zufälligen Ursachen, daß diesem von selbst auseinanderfallenden Reiche erst durch Odoaker 476 n. Chr. das Ende bereitet wurde — befand sich der Osten unter Arkadios, von dem in Staatsämtern geübten Minister Rufinus beherrscht, in keiner besseren Lage. Denn wenn auch die grauenhaften Darstellungen von den gothischen Verwüstungen im damaligen Griechenland etwas übertrieben sind, und Griechenland mit dem Jahre 397 von den feindlichen Schaaren wenigstens wieder befreit war (vergl. Finlay *Greece under the Romans*, übers.

S. 140—147. 260 fg. 266 fg.), so hatten die Hellenen doch an Sklaven und Eigenthum so empfindliche Verluste erlitten, daß sie, zumal unter den längere Zeit ganz zerrütteten Verhältnissen und bei dem drückenden Finanzsystem des östlichen Reichs, nur langsam von den Stürmen und Leiden der Schreckenszeit von 395—397 sich wieder erholten, und kaum war diese Gefahr überstanden, so begannen die Hunnen unter Attila von Pannonien aus ihre verheerenden Züge. Vergl. Finlay a. a. O. H. Richter *De Stilichone et Rufino*, *Halle* 1860. Chr. F. Schulze Fl. Stilicho S. 40—53. Zinkeisen Gesch. Griechenlands I, S. 626 fg. R. Köpke Die Anfänge des Königthums bei den Gothen S. 115 fg. 124 fg. Curtius Peloponnesos I, S. 84 fg. II, S. 44. A. Thierry Attila und seine Nachfolger, übers. von Burckhardt I, S. 41 fg. II, S. 1—37. Dahn Die Könige der Germanen II, S. 60 fg. Die nächsten Kaiser selbst, zum Theil schlaffe, ungebildete, von Günstlingen, fürstlichen Damen und Eunuchen beeinflußte Machthaber, dazu strenge Eiferer gegen das ein dürftiges Nachleben fristende Heidenthum, wie Arkadios und Theodosios II. (vergl. Lasaulx a. a. O. S. 112—142. Finlay S. 263—270. Zinkeisen S. 624 fg.), vergaßen die Geschäfte der Regierung und die Würde des Reiches über den Hoffesten und Factionen der Rennbahn: Meutereien und Schlechtigkeiten im Cabinet, Umtriebe und Streitigkeiten auf dem Gebiete theologischer Rechtgläubigkeit, nur vorübergehend durch Kaiser Zeno's Henotikon (482) beigelegt und schon jetzt zur Erbitterung und fanatischen Wuth gesteigert, Anmaßungen der Patriarchen von Constantinopel, Vermehrung der Häresien, blutige Intriguen, Räubereien und Aufruhr um das [illegible], Verwickelungen mit Italien, endlich die Noth des Reiches von Seiten der Gothen, Hunnen, Isaurer, Perser und Bulgaren, solche und ähnliche Thatsachen des Wahns, der Willkür und Schwäche füllen die Zeiten des politischen, sittlichen und religiösen Verfalls vom Arkadios bis Justinian, von 395—527.

§ 3.

Mit Justinian I. (527—565) beginnt die eigentliche Geschichte der Byzantiner oder Mittelgriechen; sie hebt an mit der Regierung eines bigotten und verschwenderischen Despoten und liefert, ohne auf wirklich nationaler Grundlage zu ruhen, vielmehr nur durch äußere Formen und durch ein knappes Erbtheil antiker Bildungselemente als römisch-griechisch charakterisirt, dennoch ein merkwürdiges Zeugniß von der Macht der Gewohnheit, von der Vortrefflichkeit der centralisirten Administration und Finanzverwaltung, von der Kraft der Institutionen und Traditionen des römischen Kaiserthums, endlich von der Ueberlegenheit der Byzantiner in Politik und Diplomatie, in militairischer Technik und Strategie, gegenüber den wilden und ungeschulten Völkern und Fürsten des hinsiechenden Reichs. Nur so begreift man die fast unerhörte Thatsache, daß ein Staat, der Jahrhunderte lang an allen den inneren Uebeln gelitten hatte, die nur ein Reich zu Grunde richten können, bis auf die Komnenen und die Stürme von Westen, welche in den Zeiten der Ueberfluthung durch das Abendland den Osten erschütterten, ein festes Bollwerk blieb gegen den fortwährenden Andrang der Völkerwogen aus den Tiefländern vom Ural und Altai bis zur Theiß und Donau, sowie gegen die mit voller Schwungkraft des religiösen Fanatismus ausgeführten Eroberungszüge der Araber von Süden und Südosten her. Nur so wurde es möglich, daß das byzantinische Reich noch viele Jahrhunderte lang nach dem Abschluß der alterthümlich-heidnischen Wissenschaft, dem Erlöschen der literarischen Traditionen und dem Verfall der Sprache, die Trümmer der antiken Civilisation bewahren, der griechisch-christlichen Gesittung große Ländermassen erhalten, den mit frischer und reger Kraft ihre Nationalitäten entwickelnden Völkern des Abendlandes aber einen immerhin schätzbaren Schatz werthvoller Bildungselemente retten und zuführen konnte. Den Verlauf der historischen Begebenheiten bis zur Einnahme Constantinopels durch die Türken behandelt eine nicht zu reiche, aber verdienstliche Detaillitteratur, welche zum Theil im Texte verzeichnet ist; ihre Kenntniß darf hier vorausgesetzt werden, und man bewundert mit Recht den Muth und die Ausdauer so vieler Darsteller, welche die byzantinische Wildniß bis in ihre unheimlichen Winkel zu durchbrechen unternahmen, Leben und Bewegung da zu schaffen sich bemühten, wo keine zu sein schien, und über das, was sonst in Halbdunkel gehüllt oder in unbekannter Ferne gelegen war, ein klareres Licht, über manche Zeiten und Ereignisse sogar des Tages Helligkeit verbreiteten. Vergl. Schlosser Weltgeschichte V, Vorrede S. IX fg. Freilich stehen hier noch viele Fragen auf schwankendem Boden, und was aus dem Schiffbruch byzantinischer Geschichtsquellen bis auf unsere Tage sich gerettet hat — zum großen Theil ein kläglicher Nachlaß und Schatz byzantinischer Productivität und Rede — gewährt weder Wahrheit noch Vollständigkeit des geschichtlichen Berichtes. Nichts wird zuletzt empfindlicher, als der gänzliche Mangel an historischem Wissen, der aus diesen dürren und abschreckenden Werken spricht, sowie der Druck sittlicher Unfähigkeit und geistiger Hohlheit, die eine falsche, geschmacklose Rhetorik und eine bis zum Ekel beleidigende panegyrische Haltung sehr schlecht verbirgt. Wenngleich nun selbst die gewissenhaftesten Studien kein vollständiges und klares Bild der byzantinischen Geschichte ergeben werden — denn große, öde Strecken, kaum einigermaßen von dürren Berichten in Chroniken beleuchtet, hemmen den Zusammenhang der Forschung Schritt für Schritt —, so darf doch der Werth jener Machwerke, weil sie unmittelbare Zeugnisse jener Zeiten und Geister sind, nicht unterschätzt werden. Näheres hierüber in den einleitenden Umrissen zu den byzantinischen Historikern und Chronographen. Eine kleine Blüthenlese von historischen Bemerkungen soll nach dem Maße dieser Umrisse auch dieses Capitel begleiten, soweit nämlich die Darstellung der literarischen Thatsachen und ihre Abfolge ein solches Detail erfordert und verträgt.

Justinian I. hatte schon längst im Cabinet seines

mit den von den Karpathen herabgestiegenen Stämmen slawischer Abkunft, den Kroaten und Serbiern anvertraut mit gleichem Geschick geordnet hatte. Vergl. Dümmler Ueber die älteste Geschichte der Slawen in Dalmatien S. 3 fg. Wenig günstig war ihm das Glück in seinen Bestrebungen um Herbeiführung einer Union der Orthodoxen mit den in Syrien und Aegypten weit verbreiteten Monophysiten, die bei den zunehmenden Bedrängnissen von Seiten der Araber oder Sarazenen geradezu ein politisches Gebot war. Es ist Thatsache, daß die Monophysiten in Aegypten aus Haß gegen die Orthodoxie die griechische Sprache aus dem wirklichen Gebrauche verbannten, einen besonderen koptischen Patriarchen wählten und den Arabern bei der Eroberung Aegyptens wesentlich Vorschub leisteten. Der Kaiser nahm die Sache ernst genug; allein ehe noch die Einigungsformel zur Lehr- und Glaubensnorm für das ganze Reich erhoben war, entbrannte der heftigste Streit. Vergebens versuchte er, selbst als Monotheletet verketzert, die drohende Gefahr einer Kirchenspaltung abzuwenden; der Occident sagte sich von der Kirchengemeinschaft mit dem Orient los, und dies alles vor den Augen der Araber, die 632 ihre kühne Heerfahrt für den Islam antraten, Palästina, Syrien mit Jerusalem und Antiochien, dann auch Mesopotamien und Aegypten im raschen Siegeslaufe eroberten, 632—640. Da starb Heraklios, und es folgte eine zuchtlose und unglückliche Zeit, die Zerrüttung des Reiches in der zweiten Hälfte des 7. und zu Anfang des 8. Jahrhunderts, gleich verhängnißvoll für Kaiser und Volk, für Staat und Kirche. Die Kaiser, bei ihrem Regierungsantritt zum Theil kaum dem Knabenalter entwachsen, wie Konstans (II. 641—668), ein von Geistlichkeit und Volk gleich gefürchteter Despot und Brudermörder, und Justinian II. (685—711), wegen Verschwendung und Gewaltthaten verhaßt und vom Volk und Heer verlassen, dann nach seiner Restauration durch ein Barbarenheer nur noch bösartiger, ein Henker und Tyrann ohne Beispiel; zwischen beiden, nach Beseitigung des durch Jugend und Liebreiz gekennzeichneten Armeniers Mizis, der um Beilegung der monotheletischen Streitigkeiten verdiente und tolerante Konstantin IV. Pogonatos (668—685); weiterhin der Armenier Bardanes unter dem Namen Philippikos (711—713), der Monotheletie wegen verfolgt und geblendet; zuletzt Anastasios II. und sein Gegenkaiser Theodosios III., beide ohne eine nachhaltigere Erschütterung beseitigt und ohne Anspruch auf Theilnahme oder Bewunderung, fast sämmtlich aber mit wissenschaftlicher Bildung völlig unbekannt, gefühllos bei den unendlichen Leiden des Volks, und durch kein sittliches oder nationales Band mit ihm vereint: solche Züge charakterisiren die Männer, welche in jenem an Mißgriffen, Länderverlust und Unglück so reichen Zeiten auf dem oströmischen Throne saßen. Das Volk, ausgesogen und durch eine ununterbrochene Reihe von Treulosigkeit, Aufruhr, Verrath und Mord gründlich verdorben, über ihm die schwere Zuchtruthe des Despotismus; der Pöbel der Hauptstadt, von den Führern und Sprechern der Orthodoxie fanatisirt und ein Werkzeug zu verächtlichen, ungehörigen Thaten; das Heer in gelockerter Mannszucht, hier in offenem Aufstande begriffen, dort selbst bei den drohendsten äußeren Gefahren zu gefährlichen Zwecken der Selbstsucht und Willkür verwendet; die höheren Officiere und Beamten, entartet in höfischer Lust und gewohnt Verrath von Jedermann zu erwarten und gegen Jedermann zu üben; die griechische Orthodoxie und Geistlichkeit, ehrgeizig und in krampfhaftem Widerwillen gegen die Schismatiker und Anhänger der Monotheletie erhitzt und des Verbrechens fähig; dazu die Erfolge der äußeren Feinde des Reiches, der Bulgaren, die unter ihrem Fürsten Asparuch ein bis in den Anfang des 11. Jahrhunderts bestehendes Reich mit der Residenz Varna gründeten (679) und den rastlosen Slawenhorden eine sichere Angriffsbasis gegen Macedonien und Griechenland darboten. Aber weit nachtheiliger als die doch nur auf geringere Theile des Reiches sich beschränkenden Raubzüge der Avaren und Slawen war für die Existenz des Staates die gefürchtete Uebermacht der Araber, deren Heere durch lange und blutige Kriege und eine strenge Disciplin gebildet, durch fanatischen Trotz und Nationalstolz begeistert und erhalten im Andenken erfochtener Siege, eroberter Länder und geplünderter Reichthümer, immer wieder in Kleinasien, Afrika, Süd-Europa und auf den Inseln in beiden Becken des mittelländischen Meeres um sich griffen und den Zusammenhang des Kaiserreiches, in welchem die griechische Sprache herrschte, auflösten. Bereits war die Seeherrschaft auf dem Mittelmeere in ihrer Gewalt, ja selbst in Thrakien war man nicht mehr allein Herr, und die Hauptstadt hatte unter dem Chalifen Moawijah seit 672 von der Land- und Seeseite eine harte Blokade auszuhalten. Unter so mißlichen Verhältnissen erklärt sich die Freude der Byzantiner, als Leo III. der Isaurier im Jahre 717 seinen Einzug in Konstantinopel als Kaiser hielt und sofort mit kräftiger Hand energische Maßregeln zur Wiederherstellung des gesunkenen Reiches ergriff. Vergl. Schlosser Geschichte der bilderstürmenden Kaiser S. 48—146, Gibbon S. 1683—1730. 1829—1947, Finlay a. a. O.

§. 4.

II. Die Regierung der bilderstürmenden Kaiser (716—867) mit ihren verderblichen Folgen, der Verwilderung und Entnervung des Volkes, dem Druck und der Verfolgung der Geistlichkeit, dem Abfall des Papstes, dem Verluste der Kunst und literarischen Schätze, hat das 8. und die erste Hälfte des 9. Jahrhunderts zu einer der merkwürdigsten Perioden der Staats-, Kirchen- und Literaturgeschichte des Mittelalters gemacht. Es ist weniger das Außerordentliche der äußeren Begebenheiten, welche uns die Geschichte dieser Zeit in so reichlicher Fülle darbietet, auch nicht die Reihe hervorragender Menschen, als vielmehr die ungewöhnlichen Anstrengungen der Kirche, über die furchtbarere Macht der weltlichen Staatsgewalt in einem Streite obzusiegen, welcher die Spaltung der abendländischen und morgenländischen Kirche verbreitet und die letzten Spuren des früheren politischen Zusammenhanges zwischen Rom und Byzanz vernichtet hat. In dieser Zeit kam auch die Ueberlegenheit der fränkischen Waffen und die höhere Stellung des abendländischen Kaisers selbst bei rechtgläubigen Völkern zur Anerkennung, wurde jene Auffassung gefördert, nach welcher der Ausgangspunkt der Bildung der Völker und das Bollwerk des Christenthums gegen das Heidenthum nicht mehr an dem östlichen Becken des Mittelmeeres, sondern an den Ufern des deutschen Rheins zu suchen sei. Nun kennt die byzantinische Geschichte nicht viel Regenten, deren Thätigkeit nach Außen und Innen so auf die Probe gestellt worden ist, als die Kaiser Leo's III. (716—741), aber noch geringer ist die Zahl derjenigen, welche, einem hartnäckigen Entwurfe hingegeben, alles was in Politik, Heeresorganisation, Verwaltung und Finanzwirthschaft mit Energie und Glück unternommen und gewonnen war, diesem einen Zweck schonungslos zum Opfer brachten, der Abschaffung der Bilderverehrung. Diese tief in der Masse des byzantinisch-christlichen Volkes wurzelnde und hier vermeintlich unerlaubte Sitte des Bilderdienstes (εἰκονολατρεία), unterhalten und gefördert aus religiösen wie materiellen Gründen von der Mehrzahl der Mönche, von denen viele Maler waren, dann gepflegt namentlich von Frauen, welche die griechische Volksweise in stiller Häuslichkeit treu fortgeführt hatten, erschien dem Kaiser das stehende Hinderniß der Bekehrung der Juden und Mohammedaner, während sie diesen geradezu als Götzendienst galt. Diese Ansicht gewann bald bei Leo III. an Festigkeit und wurde zur Ueberzeugung. Nachdem er daher den Sturm der Araber auf Constantinopel (718) siegreich abgeschlagen und so dem Reiche auf einige Zeit Ruhe und durch zweckmäßige Reformen im Innern Ordnung verschafft hatte, erließ er als weitere Maßregel gegen das Umsichgreifen des Islam 726 ein Edict, welches die Bilderverehrung verbot und die Bilderdiener (εἰκονολάτρες, εἰκονοδοῦλοι) mit der ganzen Strenge der Staatsgesetze bedrohte. Diese anfänglich mit Schonung durchgeführte Maßregel erwies sich bei der Festigkeit des greisen Patriarchen Germanos von Constantinopel und bei dem Widerstande des Volkes und der Mönche, da der Streit von dem bedeutendsten Dogmatiker dieser Zeit, Joannes von Damaskos, auch literarisch zu Gunsten der Bilderverehrung geführt wurde, nicht nur erfolglos, sie führte sogar zur Aufstellung des Gegenkaisers Kosmas, der, in einem Volksaufstande auf den Kykladen proclamirt, sogar eine Seeexpedition gegen Constantinopel selbst 727 unternehmen konnte. Dies steigerte die Erbitterung Leo's III. aufs Höchste: nach Besiegung und Hinrichtung des Kosmas befahl er durch ein zweites Decret vom Jahre 730 die Entfernung aller Bilder von Engeln, Heiligen, Märtyrern u. s. w. aus den Kirchen, und nun begann durch militärische Gewalt ein fanatischer Bildersturm, dessen Wuth die entferntesten Provinzen des Reichs ergriff und blutige Verfolgungen herbeiführte. Da brach Papst Gregor II. die Bande, welche Rom mit dem Ostreiche noch verknüpft hatten; die venetianischen und römischen Landschaften waren bei ihrer Abneigung gegen die Bilderfeinde (εἰκονομάχοι, εἰκονοκλάσται) bereits 728 nach der Eroberung von Ravenna durch den Longobardenkönig Liutprand abgefallen, und wenn auch bald nachher die Eifersucht des römischen Papstes auf die Machtentwickelung der Longobarden den Griechen noch einmal Ravenna wiedergewann, so blieb doch fortan die Macht und das Ansehen der Byzantiner in Nord- und Mittelitalien so erschüttert, daß eine Wiedereroberung von Ravenna nach 751 aufgegeben und die Besitzungen der Oströmer oder Romäer in Italien auf Neapel und die südlichen Theile der Halbinsel beschränkt wurden. Dazu belegte ein feierlicher Spruch des Papstes und des Patriarchen von Jerusalem den Kaiser mit dem Banne, wodurch das Verhältniß, in welches die Päpste seitdem zu den fränkischen Herrschern getreten waren, vorläufig gewiß zum Heil und Gedeihen der abendländischen Kirche immer mehr an Innigkeit und Festigkeit gewann; zugleich brach sich, wie oben bereits angedeutet, die Anerkennung der geistlichen Oberhoheit des römischen Papstes unter den germanischen Völkern immer entschiedener Bahn. Das Unglück des Reichs ging 741 auf Leo's III. Sohn und Nachfolger, Constantin V. Kopronymos (741—775) über, der seinem Vater an Fähigkeiten und Energie nicht nachstand, an Leidenschaftlichkeit und rücksichtsloser Gewaltthätigkeit in dem traurigen Bilderstreit ihn aber bei Weitem übertraf. Nach Besiegung und Blendung seines Schwagers Artabasdos, der als Oberbefehlshaber in dem Legionsbezirk (Thema) Opsikion, zugleich an der Spitze der Bilderfreunde sich empört hatte, begann der Kampf der Ikonoklasten und Ikonolatren von Neuem und heftiger als zuvor. Auf einem Concil zu Constantinopel 754, das ganz von der Willkür des Kaisers abhing und von keinem einzigen Patriarchen beschickt war, wurde jede Art von Bilderverehrung für Teufelswerk erklärt und ihre Anhänger der schonungslosesten Verhöhnung und Verfolgung der rohen Soldateska preisgegeben. Dies führte zu einer gefährlichen Verwilderung des byzantinischen Mönchthums: man zwang die Mönche zu heirathen, zur Theilnahme an Lustbarkeiten, die Klöster wurden geschlossen, zum Theil zerstört oder in Kasernen verwandelt, die Unterthanen zu eidlicher Entsagung von dem Bilderdienste verpflichtet. Diese die Regierung Constantin's V. tief erschütternden Maßregeln haben keine Vergebung bei den Bilderfreunden, die seine Geschichte schrieben, gefunden; und dennoch bleibt es nicht minder wahr, daß er in den Kämpfen gegen die Araber, Bulgaren und macedonischen Slawen hohe Verdienste um des Reiches Fortbestand erworben hat. Constantin's V. Sohn, Leo IV. der Chazare (775—780), theilte seines Vaters Gesinnung, aber nicht seine Willenskraft; indem er die planmäßigen Verfolgungen der Mönche einzustellen befahl und ein milderes Verfahren einführte, verdarb er es mit einer großen Zahl seiner Anhänger, ohne an den Bilderfreunden eine Stütze zu finden. Zuletzt mußte er noch die bittere Erfahrung machen, daß seine Gemahlin, die schöne und begabte Athenerin Irene, als eifrige Bilderfreundin geheime Verbindungen mit den Feinden seiner Regierung unterhielt; an der energischen Niederhaltung derselben verhinderte ihn ein plötzlicher Tod. Die mancherlei aufrecht erhaltene Reaction der hinterlistigen Kaiserin, welche die vormundschaftliche Regierung für ihren unmündigen Sohn Constantin VI. zur Wiedereinführung des Bilderdienstes benutzte, wurde bei den fortdauernden Schwankungen des Throns und der drohenden Haltung der noch immer bilderfeindlichen Armee für das griechische Reich geradezu verhängnißvoll. Um an Elpidius, dem aufständischen Statthalter von Sicilien, Rache zu nehmen, entblößte die Kaiserin Griechenland und Kleinasien von Truppen. Dies war das Signal zur Empörung und Ausbreitung der Slawen und Araber: plündernd und verheerend drangen jene bis in den Peloponnes vor, während die Araber unter Harun Alraschid Kilikien eroberten und die geängstigte und gefährdete Kaiserin zu einem unrühmlichen Frieden zwangen, der das Reich dem Chalifate tributpflichtig machte. Nun erst konnte der Günstling der Irene, der Kanzler Stauracios, die Slawen aus Griechenland jagen (783), sowie durch Anwerbung eines neuen Heeres die bilderfeindlichen Veteranen aus der kaiserlichen Leibwache entfernen und die Herrscherin zur Veranstaltung des 7. ökumenischen Concils zu Nikäa (787) ermächtigen, wodurch die Beschlüsse vom Jahre 754 annullirt, die Bilderverehrung in ihr Recht eingesetzt und der früheren Verfassung wiedergegeben wurde. Große Erbitterung im Heere wie unter den Gegnern in der Hauptstadt rief auch ihr herzloses Verhalten gegen ihren Sohn Constantin VI. hervor, als derselbe, unter Weibern und Verschnittenen in Weichlichkeit und höfischer Lust erwachsen, zur Freiheit des Handelns sich zu erheben wagte. Erst verlobt mit Kaiser Karl's des Großen Tochter Rotrud (781), dann nach Auflösung dieser Verbindung (788), welche einen Streit mit der fränkischen Macht und den Verlust Istriens und Dalmatiens zur Folge hatte, zur Ehe mit der Armenierin Maria gezwungen, ferner nach dieser die Unzufriedenheit aller Parteien steigernden Trennung mit Theodota vermählt, war der Kaiser im Geheimen überall verächtlich und verhaßt gemacht und mit Netzen umstrickt, aus welchen ihn weder der erzwungene Rücktritt der Regentin-Mutter noch ihre Wiederaufnahme in den Palast befreite. Zuletzt im Begriff an der Spitze der ihm treu gebliebenen Truppen in Asien um seine Existenz zu kämpfen, wurde er von den Spionen der Irene gefangen genommen und während des Schlafes geblendet 797. Die Nemesis für diese unnatürliche That blieb nicht aus: ein Spielwerk in den Händen eifersüchtiger Günstlinge und intriguanter Generale vermochte die Kaiserin der Römer weder durch ihren Eifer für die Bilder und Mönche, noch durch Reduction der Steuern und durch Geldspenden den schlimmen Eindruck ihrer Schlechtigkeit zu verwischen. Schwer auch fielen die Schläge von den Bulgaren auf die Balkanhalbinsel, von Harun Alraschid's Heeren auf Kleinasien, und während das System der Verschwörungen und Blendungen am Hofe jede edlere Regung erstickte und jede bessere Kraft lähmte, siechte der Staat hoffnungslos dahin. Die Palastverschwörung des beleidigten Logotheten Nikephoros stürzte endlich die Kaiserin; sie starb in der Verbannung auf Lesbos in tiefer Armuth. Mit Irene erlosch der isaurische Stamm. Nikephoros (802—811) aus Seleukia in Pisidien, gleich thatkräftig nach Innen und Außen, aber wenig vom Glück begünstigt, hatte mit richtigem Blick die Niederhaltung der durch Wiedereinführung der Bilderverehrung übermächtig gewordenen Geistlichkeit als eine Nothwendigkeit und eine straffe Finanzverwaltung als die Stütze seiner Regierung erkannt. Wie die Dinge einmal standen, waren die Auswege, so gewaltsam sie sein mochten, doch noch erträglich, und unter anderen Verhältnissen würde ihn Heer und Volk, denen er [illegible], als Retter aus viel Noth und Willkür gelobt haben. Sein Heldentod in verzweifelter Gegenwehr der von ihm besiegten Bulgaren (811) erhob seinen schwer verwundeten Sohn Staurakios auf den Thron, der jedoch, vom Senat, vom Heere und von der Geistlichkeit verlassen, zu Gunsten des Gemahls seiner Schwester, des kaiserlichen Hausbefehlshabers Michael I. Rhangabe (811—813) noch in demselben Jahre resignirte. Mit diesem Schwächling, welcher ganz in den Händen des Klerus, die von Nikephoros gesammelten Schätze vergeudete, ging die Partei Leo's des Armeniers viel zu schonend zu Werke. Als erklärter Bilderfeind von der gegen die Bulgaren im Felde stehenden Armee zum Kaiser ausgerufen, begann Leo V. (813—820) mit Kraft, aber mit größerer Schonung als seine bilderstürmenden Vorgänger, das Mönchthum und die Bilderverehrung von Neuem zurückzudrängen; aber seine Vorsicht in geistlichen Dingen, welche vielen Parteigenossen als völlige Indifferenz erschien, durchbrach das Heer in wüthendem Bildersturm. Dies führte nach vielen glücklichen Erfolgen gegen die Bulgaren, die Araber in Afrika und Spanien und die Slawen in Griechenland, überhaupt auch nach einem planmäßigen und segensreichen Wirken im Innern eine Verschwörung herbei, durch welche Leo V. Thron und Leben verlor. Sein ehemaliger Freund, als Michael II. Balbus (820—829), der Begründer der amorianischen Dynastie (820—867), aus dem Kerker auf den Thron erhoben, gleich schwach wie gleichgültig gegen das Mönchswesen und die Bilderverehrung, aber durch die Leidenschaftlichkeit der Bilderfreunde zu strengeren Maßnahmen gegen dieselben gezwungen, gab wenigstens die Privatverehrung der Bilder frei. Sein Sohn und Nachfolger Theophilos (829—842), dessen Regierung durch eine Erhebung der ermatteten Araber ganz unerwartet glänzt, versuchte den letzten entscheidenden Schlag gegen die Idolatrie zu führen. Er brach zuerst den Widerstand der entschlossenen Mönche, an deren Spitze Theodoros, Abt des Klosters Studion, stand, ein Mann von hoher Frömmigkeit und unerschütterlichem Charakter; allein sein mit grausamer Strenge durchgeführter Plan ging mit ihm ins Grab: seine Witwe Theodora, eine warme Bilderfreundin, eilte die Herrheit, welche ihr die Unmündigkeit ihres Sohnes Michael III. (842—867) und die thätige Unterstützung ihres Bruders, des Patricius Bardas gewährte, zur feierlichen Wiederherstellung des Bilderdienstes auf einer Synode zu Constantinopel im Jahre 842 zu bewegen. Seitdem verstummte die Opposition in der orientalischen Kirche, und zum Andenken wurde seitdem am 19. Februar das Fest der Orthodoxie gefeiert.

Die heftigen Erschütterungen, welche der Bilderstreit mit seinem immer wieder sich erneuernden Feuerlärm und Löschungsdrang hervorgerufen hatte, waren vorübergegangen, aber die Weltlage und die Stellung des byzantinischen Reiches war darüber eine andere geworden. Durch die Erhebung Karl's des Großen zum römischen Kaiser war das abendländisch-römische Kaiserthum thatsächlich erneuert, in Folge der Krönung durch den Papst dem geistlichen Oberhaupt der occidentalischen Kirche, welchem Pipin's Schenkung bereits ein seiner Hoheit entsprechendes Maß weltlicher Macht und Herrschaft verliehen hatte, eine außerordentliche Gewalt in die Hände gegeben. Kein Wunder, daß bei dem in vollem Glanze strahlenden Ansehen beider Gewalten und bei dem innigen Verhältniß zwischen Kirche und Staat im römischen Reiche die Blicke so mancher noch zu Byzanz gehörigen Staaten und Städte westwärts sich wandten und die Hilfe des mächtigen Beschützers der Franken erbaten. So hatten bereits die Kroaten in Dalmatien die fränkische Hoheit anerkannt, und mit Jubel vernahmen die Venetianer und die Bewohner Istriens und der dalmatischen Seestädte, daß Karl der Große ihnen gestattete in ein gleiches Verhältniß zum abendländischen Kaiserthum zu treten. Hierdurch war die alte Eifersucht zwischen dem griechischen und römischen Kaiser von Neuem angefacht, der nationale Dünkel der Byzantiner schwer verletzt; ein Krieg an den venetianisch-dalmatischen Küsten führte zwar die streitigen Landschaften, jedoch außer Kroatien, dem Ostreiche wieder zu, hatte aber die wichtige Folge, daß in dem Friedensschluß vom Jahre 812 Karl der Große als Kaiser (Basileus) von den Griechen anerkannt wurde. Diese Ordnung der gegenwärtigen Beziehungen beider Kaiserreiche hat die Entwickelung von Byzanz nach Außen im 9. Jahrhundert unstreitig mehr gefördert als gehemmt. Es ist nicht unwahrscheinlich, daß ohne dieselbe die Unterwerfung, Christianisirung und Gräcisirung der Slawen in Griechenland und dem Peloponnes, das endliche Resultat einer seit Kaiser Nikephoros durch das ganze 9. Jahrhundert mit großer Zähigkeit und einer gewissen systematischen Weise betriebenen Politik, ebenso wenig gelungen wäre, wie die nach unsäglichen Leiden und Anstrengungen im Friedenstractat vom Jahre 860 den Bulgaren auferlegte Verpflichtung, nunmehr zum Christenthum überzutreten. Ihr König Bogoris entschied sich nach längerem Schwanken aus politischen Gründen für den Anschluß an Rom (865), wodurch die Erbitterung zwischen Papst Nicolaus I. und dem Patriarchen Photios jenen Höhepunkt erreichte, der den persönlichen Streit zu einem Schisma zwischen der ganzen lateinischen und griechischen Kirche machte. Erst später gewann in der Bulgarei Constantinopel wieder die Oberhand. Es war auch hohe Zeit, daß die Unsicherheit der Grenzverhältnisse hier im Norden des byzantinischen Reichs einige Zeit lang aufhörte: bereits regten sich die serbischen Slawen, und die räuberischen Petschenegen (Patzinaken) begannen unter Kaiser Theophilos in den Steppenländern Südrußlands vom Ural, der Wolga und dem Jaik her gegen den unteren Don zu drängen. Es waren unbequeme Nachbarn, von deren Einfällen zunächst die mit Byzanz befreundeten Chazaren viel zu leiden hatten. Bleibende Ergebnisse wurden hier bei den ewigen Kämpfen um so weniger gewonnen, als auch die Russen seitdem ihre Macht gegen das byzantinische Reich zur See zu entfalten begannen. Kaum dem Namen nach (Rôs) bekannt geworden, unternahm dieses slawische Volk unter der Führung normännischer Waräger eine kühne Heerfahrt den Dnieper hinab in das schwarze Meer, plünderte die Küsten und Inseln und belagerte zuletzt (865) sogar Constantinopel, bis ein Sturm ihre Flotte vernichtete und sie zur Rückkehr nöthigte. Vergl. Wilken Ueber die Verhältnisse der Russen zum byzantinischen Reiche S. 3—17. Gegen die asiatischen Araber ruhten zwar die Kämpfe fast nie, allein seit dem Tode Harun Alraschid's (809) begann die Macht des Chalifats in Folge von Zerwürfnissen und inneren Umwälzungen zu sinken. Theophilos errang hier namentlich in Syrien manche Erfolge. Dagegen war die ganze Südküste des Mittelmeeres, Afrika, Spanien und die Inseln eine furchtbare Angriffsbasis geworden, von wo aus die Sarazenen ihre vernichtenden Schläge um so sicherer und ungehinderter führten. Die Piraterie, gestützt besonders auf Rhodos und Kreta, weiterhin auf Sicilien, das durch Verrath 827 von den Aglabiden von Kairwan genommen, nach langen Kämpfen im Jahre 859 bis auf Syrakus ganz in die Hände der Araber überging, hatte immer weiter um sich gegriffen und sich immer fester organisirt, verhängnißvoll für den Handel der Griechen und den Wohlstand der Insel- und Küstenbewohner des Mittelmeeres. Im Jahre 878 ging auch Syrakus verloren, viele Städte Italiens, die bisher noch behauptet waren, wurden von den Ungläubigen besetzt, andere den longobardischen Herzögen oder Kaiser Ludwig II. übergeben, ja schon im adriatischen Meere begannen die Araber mit bestimmten politischen Zwecken Krieg und Piraterie ebenmäßig neben einander zu betreiben. Bereits war Ragusa in ihrer Gewalt, und ein Versuch ihnen Kreta wieder zu entreißen, wo spanische Araber seit 823 dauernd festen Fuß gefaßt hatten, mißglückte völlig. In dieser an Jammer und Frevel so reichen Zeit, und als die Zerwürfnisse zwischen der abend- und morgenländischen Kirche in eine förmliche Spaltung auszuschlagen drohten, fiel Kaiser Michael III., nachdem er Bardas hinterlistig hatte ermorden lassen, als Opfer einer Verschwörung, die sein Günstling Basilios der Macedonier im Jahre 867 geschürt hatte. Vergl. Walch Entwurf einer vollständigen Historie der Ketzereien, Spaltungen u. s. w. Th. X, entbehrlich gemacht durch Schlosser Geschichte der bilderstürmenden Kaiser. Frankfurt 1812. S. 341 fg. — Gibbon S. 1736—1741. 1802—1804. 2013—2019. 2088—2093. — Finlay p. 152—268.

§. 5.

Die Herrschaft der macedonischen Kaiserfamilie (867—1057) liefert ein weniger trübes, zum Theil sogar erfreuliches Bild; sie bezeichnet den Höhepunkt der Machtentwickelung des byzantinischen Reiches. Der besonnene Drang der Noth, Basilios I. (867—886), des Emporkömmlings aus niedrigem Stande klarer Verstand und sein in der Oberleitung der Staatsgeschäfte geschärfter Blick, dazu sein eifriges Bestreben den Antheil, welchen er an Michael's Laster genommen, nunmehr als Herrscher durch Tugend und Wohlthun vergessen zu machen, schufen politische, militairische und finanzielle Reformen, deren Zweckmäßigkeit dem Reiche längere Zeit Ruhe und Ansehen, dem Volke ein lange nicht mehr empfundenes Gefühl der Sicherheit und Wohlstand verliehen. Die Finanzen wurden durch Sparsamkeit und durch Einführung einer besseren Verwaltung so schnell wieder geordnet, daß sie den erhöhten Bedürfnissen des Staates genügten, ohne die Unterthanen irgendwie zu drücken. So gewann er die Mittel zu großartigen Bauten, wodurch er die arbeitende Classe beschäftigte und den Sinn für Thätigkeit und Kunst neu belebte, zur Reorganisation des Heeres und zur Herstellung einer starken Flotte, die in den dalmatischen Gewässern glücklich gegen die Araber focht, die griechische Schutzherrschaft über Venedig und Ragusa wieder herstellte und den griechischen Namen unter den saracenischen Seeräubern gefürchtet machte. Auch aus den vergeblichen Unternehmungen Kaiser Ludwig's II. in Unteritalien wußte Basilios I. politischen Nutzen zu ziehen, durch die Freundschaft des Papstes seinen Thron zu sichern und den Uebergriffen der barbarischen Völker im Norden und Osten des Reiches gründlich zu steuern. Den kirchlichen Wirren widmete er wenn auch ohne Folgerichtigkeit die größte Aufmerksamkeit: er vernichtete 871 gänzlich die Reste gnostisch-manichäischer Ketzerei, die Paulicianer, welche auf der Grenze des arabischen Gebiets feste Städte gegründet hatten und verheerend in die oströmischen Grenzländer einfielen, suchte die Geistlichkeit und Mönche mit der Regierung auszusöhnen und die Trennung der abendländischen von der morgenländischen Kirche zu verhindern. Auch ist das eine für den Geist, die Größe und Würde des neuen Herrscherhauses sprechende Thatsache, daß die Künste gepflegt, die literarischen Kräfte vereinigt, das römisch-griechische Recht neu und angemessen bearbeitet, daß überhaupt nichts versäumt wurde, des Reiches Glanz und Wohlfahrt im Innern zu begründen. Basilios I. hinterließ Thron und Reich streng geordnet seinem Sohne Leo VI. (886—912) dem Philosophen. Ohne das kriegerische Talent und die unermüdliche Thätigkeit seines Vaters zu besitzen, dagegen ausgezeichnet in gelehrten Dingen und lobenswerth in seinem Eifer um Weckung und Hebung der Wissenschaften und Rechtsstudien, friedfertig, aber nachsichtig und grausam gegen den widerstrebenden Gegner, sparsam, dagegen prachtliebend und verschwenderisch in den Freuden der Tafel, ausschweifend in den Neigungen der Sinnlichkeit und leidenschaftlich im Umgange mit Frauen, wie eine dritte und sogar die vierte Ehe mit seiner Geliebten Zoe beweist, deren kirchliche Einsegnung versagt wurde und ihn in einen ärgerlichen Streit mit den Häuptern der Geistlichkeit verwickelte, endlich schwach und unbekümmert bei dem tiefen religiösen und sittlichen Fall der Kirche und ihrer Diener, und seine geistigen Bedürfnisse in abergläubischen Wundern und Aberglauben befriedigend — so war als Herrscher, als Gelehrter und Mensch der berühmte Zögling des gelehrten Patriarchen Photios, Kaiser Leo VI. mit dem Beinamen „der Weise." Die nothwendige und durch seine ganze Geschichte bezeugte Folge einer solchen Regierung und echt serailistischen Wirthschaft war, daß fast alle seine Unternehmungen nach Außen mißlangen, und die Umtriebe der Günstlinge, wie des verschmitzten Samonas, die Hofluft verpesteten. Der neue Patriarch, mit Hilfe des letzteren erhoben, befreite den Kaiser von der entehrenden Kirchenstrafe und krönte auch seinen unmündigen Sohn von der Zoe, Constantin VII. Porphyrogennetos im Jahre 911 als Mitregenten. Leo selbst starb bald darauf, nachdem er seinem Bruder Alexander die Regentschaft übertragen hatte. Ein baldiger Tod des letzteren (913) rettete das Reich von einem unfähigen und wegen seiner Völlerei und Religionsspötterei bei Volk und Klerus gleich verhaßten Menschen. Nun begann die vormundschaftliche Regierung für Leo's Sohn Constantin VII. Porphyrogennetos (913—959), welche der Patriarch Nikolaos, ein Kirchengelehrter, einflußreiche Hofleute und anfangs auch die Kaiserin-Mutter Zoe führten. Nach Rückkehr der letzteren aus ihrer klösterlichen Verbannung führte die Entfernung des Patriarchen und die Eifersucht der beiden vornehmsten griechischen Generale, Constantin Dukas und Romanos Lekapenos eine Hofkabale herbei, durch welche der Armenier Romanos I. Lekapenos (919—944), übrigens ein abergläubischer, wüster und niederträchtiger Regent, mit Zustimmung des jungen Kaisers, dem er seine Tochter Helena vermählt hatte, unter dem bereits von Leo erfundenen Titel eines Kaiser-Vaters die vornehmste Stelle in der Gesammtregierung erhielt. Seine drei Söhne, Christophoros, Stephan und Constantin, nahm er nach und nach als Mitkaiser an und wurde nur durch die entschiedene Parteinahme des Volkes für Constantin VII. an einer gänzlichen Verdrängung des letzteren gehindert. Wir übergehen den Wechsel der Verschwörungen und Hofkabale, die in der byzantinischen Geschichte so etwas Alltägliches waren, sie erhielten ihren Abschluß mit dem Sturze des Romanos durch seinen eigenen Sohn Stephan. Constantin VII. würde zweifelsohne das Schicksal seines Schwiegervaters getheilt haben, wenn ihn nicht die allgemeine Entrüstung des Volkes und der Warager gegen seine Schwäger und die freundliche Begleitung der Bertha, die König Hugo vom cisjuranischen Burgund dem fünfjährigen Sohne des griechischen Kaisers verlobt hatte, gehuldigt hätten. So war Konstantin VII. nach Verbannung seiner beiden Schwäger in entlegene Klöster 945 Alleinherrscher, d. h. seine Gemahlin Helena führte mit einigen Hofbeamten die Zügel der Regierung. Wie man nun auch über die Individualität dieses Kaisers, der sich über die Sorgen der Regierung nicht den Kopf zerbrach, urtheilen möge, seine literarische Stellung bleibt in hohem Grade bedeutsam. Sie wird an geeigneter Stelle einer Würdigung unterzogen werden; doch verschweigen wir hier nicht, daß bei aller Oberflächlichkeit, Unproductivität und Schwäche dennoch des Kaisers Wesen und Regierung eine Außenseite zeigt, deren Glanz, ausgehend vom kaiserlichen Palaste und sich spiegelnd in einem von lauter Pomp und Formelwesen geleiteten Hofceremoniel, in die Oeffentlichkeit des Lebens drang und die Person des Herrschers beim officiellen Erscheinen wie mit einem Nimbus umstrahlte, der fortan vor den auswärtigen Gesandtschaften den vollen Schimmer des byzantinischen Hofes und das vereinte Gepränge des Orients und Occidents entfaltete. Hierin hat sich Kaiser Konstantin VII. selbst übertroffen und den Dank neuerer Höfe, für die sein Ceremoniale Muster wurde, in reichstem Maße verdient. Im Uebrigen begünstigte ihn das Glück wie in allem so auch darin, daß die auswärtigen Verhältnisse im südlichen Italien wie in Asien für die Griechen ruhmvoll, die Beziehungen zu Spanien und zu Rußland zeigte freundlich und ehrenvoll, zu den Bulgaren nach dem Tode ihres gefürchteten Königs Simeon (927) friedlich waren, seine Verbindung aber mit den langobardischen Fürsten im Neapolitanischen und mit Kaiser Otto dem Großen für die Würde und das Ansehen des Reiches wie für die Macht seines Hauses sehr vortheilhaft zu werden schien. Noch glücklicher und mit Lorbeern reich geschmückt war die kurze Regierungszeit seines Sohnes Romanos II. des Kindes (959—963). Vor den Ränken seiner wilden und herrschsüchtigen Gemahlin Theophano und ihrer Kreaturen durch stille in Harem verbrachte Muße gesichert, erlebte er, selbst den Regierungsgeschäften fern stehend, die volle Erhebung und einen solchen Ruhm der griechischen Waffen unter der ausgezeichneten Führung des Nikephoros Phokas und Leo Phokas, der beiden Söhne des unter Konstantin VII. erprobten Generals Bardas Phokas, daß ihre Siege in Mesopotamien und Syrien, sowie die Wiedereroberung von Kreta (961) und der Landschaft von Aleppo die Existenz der arabischen Welt im Osten völlig in Frage stellten und als Beute unerschöpfliche Reichthümer den kaiserlichen Schatzkammern zuführten — eine bezeichnende Thatsache für den neuen Gang in dem ungeheuren Zweikampf des Westens und des Ostens, der an die Zeiten Leo's des Isauriers erinnert und nicht ohne Einwirkung blieb auf die Kämpfe der Folgezeit. Nach Romanos II. Tode, der angeblich durch Gift von seiner Gemahlin aus dem Wege geräumt ward, übernahm Theophano die vormundschaftliche Regierung für ihre beiden unmündigen Söhne Basilios II. und Konstantin VIII. Um ihren Einfluß nicht zu verlieren, theilte sie mit dem von den Truppen des Orients auf den Schild erhobenen Nikephoros (II.) Phokas Thron und bald nachher auch das kaiserliche Ehebett. Kriegerischer Ruhm und eine ununterbrochene Reihe von Erfolgen gegen die Ungläubigen in Asien, auf Cypern und Sicilien, welches damals zum Reiche der stolzen Fatimiden gehörte, seine energische Haltung gegen die Bulgaren, die er mit arabischem Geld durch russische Truppen unter Swjätoslav bekämpfte, ein würdevoller Trotz, welchen er der zweideutigen Freundschaft König Otto's I. von Deutschland entgegensetzte, maßvolle Strenge, Einfachheit und Sparsamkeit in der Verwaltung verliehen diesem Kaiser den Ruhm eines der würdigsten Regenten des byzantinischen Reichs. Dieser seltene Verein von Herrscher- und Feldherrntugenden in einem Emporkömmling kappadokischer Abkunft führte seinen gewaltsamen Sturz herbei. Seine Strenge und sein schlichtes Wesen erkältete die Hofleute, seine Steuer- und Münzreformen brachten das Volk gegen ihn auf, sein selbständiges und eigenmächtiges Verfahren in der Besetzung der Bisthümer und seine Opposition gegen das System der Schenkungen an die Kirche machte ihn der Geistlichkeit verhaßt und entfremdete ihm viele Herzen der Bevölkerung der Hauptstadt. Dazu kam, daß seine Gemahlin Theophano, sei es aus Ueberdruß an seiner Person oder weil sie ihre Kinder den Verwandten des Nikephoros nachgesetzt sah, ihre Gunst und Liebe dem tapferen Feldherrn Tzimiskes zugewandt hatte, in dessen Zurücksetzung sich noch obendrein ein großer Theil der Soldaten beleidigt glaubte. Also fiel Nikephoros als Opfer einer Verschwörung, durch welche der Armenier Joannes I. Tzimiskes (969—976) auf den Thron kam, der größte Feldherr seiner Zeit, lange Zeit hindurch der Schrecken der Feinde des byzantinischen Reichs. Auf seiner Regierung haftet kein Makel, sie darf sogar auf unsere Bewunderung Anspruch machen. Um dem Vorwurf unrechtmäßiger Herrschbegierde zu begegnen und seinem Hofanhange die Spitze zu bieten, nahm er die Söhne des Romanos, Basilios II. und Konstantin VIII. ausdrücklich zu Mitregenten an und verwies die ehrsüchtige und des Mordes ihres beiden Gemahle verdächtige Theophano nach derselben Insel, auf welcher früher Romanos I. als Mönch sein Leben beschlossen hatte. Als Abkömmling aus einer der ersten Familien des griechischen Reiches vertraut mit hellenischer Bildung, kräftig organisirt und frei von Eitelkeit, Eigensucht und despotischer Willkür, reich begabt mit Herrscherfähigkeiten und kriegerischen Talenten, worin er von keinem byzantinischen Feldherrn übertroffen ist, belebte er alles neu, der durchaus ritterliche Mann, rastlos bemüht, seinen Einfluß und sein Gebiet nach allen Seiten hin auszudehnen: die Angelegenheiten mit dem deutschen Kaiser ordnete er durch Vermählung der sechzehnjährigen Schwester der beiden Mitregenten, der Theophano mit Otto II. zur allseitigen Zufriedenheit; am schwarzen Meer gegen die Russen wie an der Donau gegen die Ungarn und die Bulgaren, welche er dem Reiche hinzufügte, haben wie ihn, seine Heere und Flotten erfolgreich thätig. Nirgends aber bot sich ihm ein so glänzendes Feld für seine Siege wie im Osten. Wieder einmal spiegelten sich romäische Adler in den Fluthen des Tigris, die Fatimiden und Hamadaniden verloren den größern Theil Syriens, ja seine Pläne gingen schon auf eine vollständige Umgestaltung der Zustände des Orients; da ereilte ihn der Tod, man sagt durch Gift, das ihm ein habgieriger Staatsmann Basilios bereitet hatte. Jetzt erst beginnt die eigentliche Regierung des jungen Kaiserpaares, des Basilios II. (976—1025) mit dem Beinamen Bulgaroktonos und des völlig unbedeutenden, dem Sinnenleben verfallenen Constantin VIII. (976—1028). Allein die Herrschaft brachte Basilios II. anfangs nur Noth und Gefahr. Sein Vormund, jener Staatsminister gleiches Namens, ja wie es scheint die eigene durch diesen aus der Verbannung zurückgerufene Mutter Theophano standen dem Kaiser nach dem Leben. Dazu hatte er gegen zwei alte Generale, Bardas Skleros und Bardas Phokas, die als unabhängige Gebieter in Asien schalteten, einen verderblichen Krieg zu führen, während dem die Bulgaren durch eine Empörung ihre Unabhängigkeit wieder erwarben, und Otto II. auf den Rath seiner eigenen Gemahlin der geschwächten griechischen Herrschaft in Unteritalien ein Ende zu machen suchte. Es aber ward der Jüngling Basilios II. ein gewaltiger Mann. Seine Kraft, sein Muth und kriegerischer Geist bewährte sich nirgends glänzender, als in der furchtbaren Vernichtung der Bulgaren, von denen er, wenn man dem Berichte Glauben schenken darf, 14,850 Mann ganz, 150 auf einem Auge geblendet (1018) ihrem Bezaren Samuel in die Heimath schickte. Man mag über die kalte Berechnung der That, über die Zahl der Geblendeten und die Ausdauer in der Vollstreckung des Befehls fühlen und urtheilen, wie man wolle — und manche Nebenumstände, namentlich die Art der Gefangennahme der Unglücklichen, sind nicht hinreichend aufgeklärt, — diese Maßregel schien dem Kaiser ein Gebot politischer Nothwendigkeit zu sein; sie führte zur gänzlichen Abhängigkeit der Bulgaren bis in die Zeiten des Kaisers Isaak Angelos (1185—1195) und zog die Unterwerfung Serbiens und der kroatischen Slawen nach sich. Gleich kräftig erwies sich seine Politik und Kriegführung im Orient nach Niederwerfung der beiden oben genannten Gegenkaiser: er deckte durch die friedliche Erwerbung des kaukasischen Berglandes die Nordgrenze von Kleinasien, machte die sarazenischen Emirs in Syrien tributpflichtig, zwang die empörten Abasger zur Unterwerfung und eroberte Chazarien. Endlich beherrschte bei dem damaligen Mangel einer sonst namhaften Seemacht die griechische Flotte, gestützt auf die wieder aufblühenden See- und Handelsplätze Unteritaliens und die Häfen Dalmatiens, das adriatische, ionische und sicilische Meer ausschließlich; ja er rüstete schon gegen die Sarazenen eine Expedition zur Wiedereroberung Siciliens, als ihn der Tod ereilte.

Dieser imposanten Machtbildung und diesen glänzenden Erfolgen, die übrigens zum größern Theil durch Söldnerheere und nicht ohne eine starke Belastung mit Steuern errungen, die Unzufriedenheit des Volkes zur Erbitterung steigerten, folgte bis zur Erhebung des Isaak I. Komnenos (1057) die Zwischenstufe einer Weiberherrschaft, die eine lange Kette von innern Gährungen, Empörungen und Schändlichkeiten zeigt mit furchtbaren Kriegen und Länderverlusten, denkwürdig auch durch die Vollendung der Trennung der griechischen von der römischen Kirche durch Michael Cerularius, 1054. Constantin VIII. überlebte seinen Bruder noch drei Jahre, ohne sich auf die Höhe eines nur nennenswerthen Herrschers zu erheben. Da er keinen männlichen Erben hinterließ, so ging die Thronfolge an einen Verwandten des kaiserlichen Hauses über, Romanos III. Argyros (1028—1034), einen den Künsten des Friedens und der Weichlichkeit ergebenen Mann, den Constantin gezwungen hatte, seine längst den Jahren der Jugend und Liebe entwachsene Tochter Zoë zu heirathen und den Kaiser zu spielen. Wie wenig er sich in seine Rolle zu finden wußte, bewies die schmähliche Niederlage, welche er im Jahre 1030 von den Sarazenen erlitt, bis Georg Maniakes, an die Spitze des Heeres gestellt, durch Eroberung von Edessa die Ehre der griechischen Waffen und durch seine Tüchtigkeit als Statthalter der Provinzen am obern Tigris das Ansehen des Reiches wieder herstellte. Romanos III. starb, wie man sich erzählte, an einem schleichenden Gift, welches ihm ein hochgestellter Hofbeamter, Namens Joannes aus Paphlagonien, beigebracht hatte, um seinem der noch immer schamlos buhlenden Kaiserin erwünschten Bruder, dem Hofbankier Michael zum Thron zu verhelfen. Auch hier folgte der bösen That schnell die rächende Nemesis: der zum Kaiser und Ehegemahl erhobene Michael IV. (1034—1041) der Paphlagonier entpuppte sich als ein abgelebter mit Epilepsie und noch viel schlimmeren Krankheiten der Seele behafteter Mensch vom gemeinsten Schlage; Zoë, bald nachher von Michael's Bruder, dem herrschsüchtigen und von schmutzigem Geize erfüllten Joannes ihrer Freiheit und ihrer Freunde beraubt, sah sich völlig getäuscht; sie mußte sogar den Neffen ihres Gemahls, einen Sohn des vom Kalfaterarbeiter zum Admiral gestiegenen Stephanos, Michael V. den Kalfaterer adoptiren. Sie bestätigte ihn nach der Abdankung Michael's IV. gegen das Versprechen des beständigen Gehorsams. Der schnödeste Undank ward ihr Lohn; da aber empörte sich das Volk, Michael V. wurde geblendet in ein Kloster geschickt, und Zoë wieder auf den Thron gehoben, den sie nunmehr mit ihrer jüngern Schwester Theodora theilen mußte. Es kam schon nach zwei Monaten zwischen beiden zum Bruch: eine nochmalige Vermählung der Zoë mit Constantin IX. Monomachos (1042—1055), einem alten Hofmann und Wüstling, dessen schöner Geliebten Skleraina die Kaiserin sogar Rang und Titel einer Sebaste (Augusta) verleihen und eine Wohnung im Palast einräumen mußte, dazu eine ganze Kette von Empörungen, wie des tapferen Maniakes in Italien, des Leo Tornikios im Kriege mit den Arabern, und des Oberfeldherrn Theophilos

Stratiotes, und dies Alles während des Andringens der Barbaren auf fast allen Seiten des Reiches, mußte Thron und Regierung in Verruf und Mißcredit bringen. Der baldige Tod der Zoë (1050) und ihres Gemahles Constantin IX. (1054) gab der Theodora als der nächsten Erbin des Reiches um so mehr freie Hand, als der Versuch des Kaisers, den General Nikephoros Bryennios zum Nachfolger zu bestimmen, an der Energie Theodora's gescheitert war, und das Volk treu zu ihr stand. Mit der Regierung dieser bejahrten, aber noch immer rüstigen und talentvollen Fürstin, der letzten aus dem Hause des Basilios I., schließt die Geschichte der macedonischen Dynastie ab; sie zeugt von einer gewaltigen Erhebung der Gemüther und einer Anspannung aller Kräfte in Politik und Verwaltung, in militärischer Technik, Kunst und Literatur, beurkundet jedoch in ihrem Ausklingen die sicheren Anzeichen des langsamen Verfalls und der beginnenden Auflösung. Am verderblichsten hatten zeither die Streitigkeiten zwischen der byzantinischen und römischen Kirche gewirkt. Nachdem dieselben anderthalb Jahrhunderte geruht hatten, suchte der Patriarch von Constantinopel Michael Cerularius durch ein Schreiben an einen Bischof von Apulien (1053) dieselben von Neuem und noch heftiger an, vermehrte die in des Photios Rundschreiben (867) erhobenen Beschuldigungen der abendländischen Kirche noch um den Vorwurf des Gebrauches von ungesäuertem Brod beim Abendmahl als einer judaistischen Ketzerei (Azymiten) und konnte weder durch Drohung noch durch Gewalt zum Nachgeben bewogen werden. Bereits hatten sich die Gegensätze zwischen Byzanz und dem Abendland in Nationalität, Politik und Sitte so scharf entwickelt, daß ein friedlicher Ausgleich, trotz der Bemühungen des Papstes und des Kaisers Constantin IX. Monomachos, da die Geistlichkeit und das Volk von Byzanz wie ein Mann zu ihrem obersten Seelenhirten stand, unmöglich war. Der 16. Juli 1054, als die von drei römischen Legaten auf dem Altar der Sophienkirche niedergelegte Excommunicationsschrift von Michael und den orientalischen Patriarchen feierlich erwidert war, machte die Trennung zur vollendeten Thatsache, und die Kreuzzüge steigerten noch die gegenseitige Abneigung. Die noch spät von Joannes VII. Paläologos durch den gelehrten Erzbischof von Nikäa Bessarion in Florenz (1439) vollzogene Union entbehrte der Sympathien des Volkes und blieb auf dem Papier. Auch der Gang der auswärtigen Angelegenheiten zeigt seit Basilios II. ein entschiedenes Sinken des Reiches. In Syrien ging unter Romanos III. Argyros alles bis auf Antiochia verloren; das von Georg Maniakes schnell wieder eroberte Sicilien konnte von seinen ränkevollen und neidischen Nachfolgern mit Ausnahme von Messina nicht mehr gehalten werden; man reizte durch Geiz die normännischen Söldner zum Aufstand und gab ihnen sogar griechische Truppen preis. Zuletzt sahen sich die Griechen in Unteritalien vor der Uebermacht der Normannen auf den Besitz von Otranto beschränkt. Im Norden des Reiches war (1040) Serbien abgefallen und blieb, fortan selbständig, den Romäern eine gefährliche Nachbarschaft; auch in Bulgarien gährte es heftig unter Michael IV.: bulgarische und slawische Banden drangen unter der Führung des ausländischen Petros Deleanos siegreich bis vor Thessalonich und Dyrrhachion, andere sogar bis Nikopolis und Theben vor, bis Uneinigkeit unter den Führern das Unternehmen (1041) scheitern machte. Noch schlimmere Wege ging die griechische Politik in ihren Verwickelungen mit den Petschenegen. Hart bedrängt von den ihnen stammverwandten Uzen, Kumanen und Polowzern, machten sie, anfangs als Werkzeuge von den Byzantinern gegen die Bulgaren, Chazaren und Russen gebraucht, seit dem Jahre 1027 lange Zeit hindurch ungestraft Einfälle in das rhomäische Gebiet, drangen verheerend und verwüstend (1034) bis Adrianopel vor und benutzten die Schwäche der Regierung des Constantin IX. Monomachos, nach zwei entscheidenden Siegen über die Griechen ganz Thrakien, wehrlos wie es war, in wilder Wuth auszuplündern. Endlich durch die Zwietracht ihrer eigenen Khane geschwächt und gezähmt, unterlagen sie dem Schwerte des Nikephoros Bryennios und wurden theils in griechische Dienste aufgenommen, theils (1049) am Gebirge zwischen Nisa und Triaditza angesiedelt. In vielfacher Beziehung mit diesen Kriegen standen die Verhältnisse der Romäer zu den Russen. Seit dem Friedensschlusse des Jahres 945 und dem Uebertritt der Großfürstin Olga, der Wittwe Igor's, zum Christenthum (in Constantinopel 957) hatten die Versuche zur Bekehrung der Russen reiche Fortschritte gemacht und die Beziehungen zwischen beiden Reichen immer freundlicher gestaltet. Dennoch war es wegen des Angriffs der Russen auf Bulgarien zwischen Nikephoros Phokas und dem Großfürsten Swätoslav, einem Sohn der Olga, zu kriegerischen Unternehmungen gekommen (968), welche bei der feindlichen Haltung der Petschenegen und Magyaren dem byzantinischen Reiche bald gefährlich zu werden drohten. Der glänzende Sieg des Joannes Tzimiskes über die Russen und ihre Verbündeten bei Dorystolon (Silistria) verlieh dem Reiche den Frieden, doch brachte erst Großfürst Wladimir der Apostelgleiche, ein Enkel der Olga, durch seine Vermählung mit Anna, der Schwester des Kaisers Basilios II. (988), eine solche Innigkeit in die gegenseitigen Verhältnisse beider Staaten, daß das russische Volk willig seine heidnischen Götter dem Dnieper überantwortete und die Taufe nach griechischem Ritus empfing, dessen in vollem Glanze strahlende Herrlichkeit die russische Gesandtschaft in der Sophienkirche geschaut und empfunden hatte. Doch müssen politische Gründe eine gegenseitige Spannung unterhalten haben, da schon im Jahre 1043 ein geringer Anlaß, die Erschlagung eines russischen Bojaren bei einem Streite in Constantinopel, den Großfürsten Jaroslav I. mit seinen raubgierigen Scharen und Schiffen gegen die Hauptstadt des griechischen Reiches führte. Die kühne Heerfahrt der nordischen Abenteurer scheiterte völlig an ihrer Unkenntniß mit den physischen und klimatischen Verhältnissen des Bosporod, an der überlegenen Taktik der Byzantiner, ihrer Geschicklichkeit im Schwimmen und im Gebrauch des griechischen Feuers. Der Rest des Heeres suchte sich zu Lande zu retten, erlag aber an der Donau der Wachsamkeit des griechischen Feldherrn Katakalon; nur Wenige entkamen zu Schiffe, um die traurige Kunde von dem Untergange der Übrigen in die Heimath zu bringen. Vergl. Wilken Ueber die Verhältnisse der Russen zum byzant. Reiche S. 17—63. Gibbon S. 2063—2101.

§. 6.

III. Der Zeitraum von 1057—1204 umfaßt die Herrschaft der griechischen Adelsfamilien Komnenos und Angelos, sowie die Periode der Unterjochung des Morgenlandes durch das kreuzfahrende Abendland. Den Begebenheiten, welche diese Periode ausfüllen und für das Schicksal des byzantinischen Volkes und Reiches von so weittragenden Folgen sind, war eine Veränderung in der Stellung einzelner hervorragender Geschlechter und Familien vorausgegangen, deren Namen in der Geschichte des oströmischen Kaiserthums fortan bis zu seinem Untergange und darüber hinaus an erster Stelle genannt werden. Der byzantinische Absolutismus, welcher in den Zeiten von Kaiser Leo III. bis auf den Sturz der macedonischen Dynastie (von 717—1057) und zwar zum größten Glück des Reiches am schrankenlosesten geübt war, besonders die Herausbildung fester und stetiger Verhältnisse des Hofes und der Regierung hatte dem Emporkommen eines Territorial-Adels namentlich im griechischen Kleinasien wesentlich Vorschub geleistet. Ohne die Ritterlichkeit und den ursprünglichen Sinn des abendländischen Feudal-Adels zu besitzen, aber diesem an Bildung weit überlegen, ihm gleichend nur in der Tendenz ihre Befugnisse und Macht auf Kosten der centralen Administration und des niederen Volkes zu erweitern, haben diese griechischen Barone, die Dukas, Komnenos, Paläologos, die Skleros, Melissenos, Kamateros, Botaniates, Laskaris und viele andere noch häufiger erwähnt, dazu beigetragen den Rest des politischen Gemeinsinns der Nation zu vernichten, das in den bisherigen Stürmen des Reiches so glänzend bewährte System der römisch-byzantinischen Verwaltung und die straffe Centralisation zu erschüttern und auf den Trümmern des ersteren das aristokratische Element im Reiche zu erheben und zur Geltung zu bringen. Ihr Sieg datirt von der Erhebung des Isaak Komnenos (1057) und hat daher für Byzanz die Bedeutung einer vollständigen Staatsumwälzung; an die Stelle des intelligenten und kraftvollen Absolutismus der Vergangenheit trat ein verderbliches System persönlicher Despotie, wodurch die Zukunft des Staates mehr als in Frage gestellt schien. So war in der letzten Zeit dieser Periode, nach einer allerdings äußerlich glänzenden Zwischenregierung von drei ausgezeichneten Fürsten aus dem komnenischen Adelsgeschlechte (Alexios I. Komnenos, Joannes II. Komnenos und Manuel I. Komnenos), Alles im Verfall, Alles feil, Alles zuchtlos: die frühere Verwaltung zerfallen, die Gerichtspflege und städtische Polizei corrumpirt, das Steuersystem erdrückend, das Münzwesen verschlechtert, die Einheit des Reiches durch Decentralisation im Innern und nach Außen gelockert, der Umfang des Reiches auf Griechenland, Macedonien und Thracien beschränkt, das Kriegswesen verfallen und bei der Erschöpfung der Finanzen nur noch auf Kosten der unglücklichen Einwohner größerer Orte und Districte aufrecht erhalten, der Handel bei der Unbrauchbarkeit und Unzulänglichkeit der Flotte in den Händen der Italiener, namentlich der Venetianer, der Riß zwischen der abend- und morgenländischen Kirche bis zum fanatischen Haß und zur Verfolgung erweitert, die griechische Priesterwelt unfähig und unsittlich, die Geistlichkeit roh, unwissend und verdorben, das Volk trotz allem Glanze des Ceremoniells unter den Komnenen in namenloses Elend gestürzt; endlich ein unerwarteter und harter Schlag, die Einnahme und Plünderung Constantinopels durch die fränkischen Kreuzfahrer, die Verbrennung der prächtigsten Quartiere der Stadt und eine unermeßliche Beute, Verluste, wie ein Augenzeuge berichtet, seit Erschaffung der Welt nicht gemacht worden. Es war eine zu harte Probe, auf die das Verhängniß das entartete byzantinische Volk stellte, als daß es dieselbe mit Erfolg hätte bestehen können, so erscheint, je glänzender sich die Kraft der Komnenen seit Alexios I. und ihre Staatsklugheit in den Stürmen der Kreuzzüge bewährt hatte, nur um so unheilvoller: vergeblich hatte die Ausdehnung ihrer Gewalt auf Unteritalien, der Gehorsam der Kreuzfahrer, der Wiedergewinn Kleinasiens und die Oberhoheit über Antiochia, überhaupt die glückliche Erhaltung des morschen Reiches mitten in den größten Gefahren, dann ihre Sorge für den Glanz und die Wohlfahrt des Staates, ihr Verdienst für Hebung der Literatur und Kräftigung des erschöpften Lebens und politischen Sinnes ihrer Unterthanen eher alles Andere als die Nähe einer so verwüstenden Katastrophe erwarten lassen.

Es war ein Unglück, daß die Entwickelung der Macht der Seldschuken unter dem Sultan Alp Arslan (1063—1072) ihren Höhepunkt zu erreichen, eben in einer Zeit, wo schwere innere Zerrüttungen und eine fehlerhafte Politik das romäische Reich ohnmächtig und wehrlos machten. Anfangs schien es als würde die Erhebung des Isaak I. Komnenos (1057), nach dem freiwilligen Rücktritt des noch zuletzt von der Theodora zum Nachfolger erklärten Senators Michael VI. Stratiotikos, dem Reiche innere Ruhe und eine bessere Finanzlage wiedergeben. Auch hatte sein Bruder Joannes im Westen die Zügel der Heerführung mit kräftiger Hand ergriffen; allein Alter, Mißgunst und Entkräftung bestimmten ihn schon 1059 den Purpur, da Joannes Komnenos ihn ablehnte, freiwillig in die Hände seines Verwandten Constantin X. Dukas (1059—1067) niederzulegen. Diesem Dukas fehlte weder der Adel der Abkunft, noch Bildung und Reichthum oder eigenes Verdienst, überhaupt keine Bedingung, um nach der byzantinischen Krone zu greifen, als Umsicht und Energie in der Leitung der Staatsgeschäfte und Politik bei der Ver-

bedrängniß des Reiches durch äußere Feinde, sowie das Talent die widerstrebenden Adelsparteien unter sich und mit seiner eigenen Regierung auszusöhnen. Bei dem Tode dieses in der Geschichte der Literatur nicht unbedeutenden Mannes übernahm seine gelehrte, als Schriftstellerin bekannte Gemahlin Eudokia mit dem Beinamen Makrembolitissa für ihre drei minderjährigen Söhne, Michael VII., Andronikos und Constantin, die vormundschaftliche Regierung. Bereits nach drei Monaten erhob sie, dem Schwur zuwider, den sie ihrem scheidenden Gatten gegeben hatte, den durch seine Schönheit und Freimüthigkeit der Kaiserin wie dem Senat imponirenden Kappadokier Romanos IV. Diogenes vom Schaffot zum Gemahl und zum Beherrscher des Reiches. Damals gerade machte die Ausbreitung der seldschukischen Herrschaft in Kleinasien immer größere Fortschritte. Romanos, durch seine Befehlshaber irre geleitet, die seinen Stiefsöhnen ergeben waren, sah sich nach zwei glücklichen Feldzügen in einer Hauptschlacht bei Manzikert in Armenien (1071) verrathen und küßte die Erde als Alp Arslan's Gefangener. Auf die Nachricht hiervon wurde in Constantinopel Michael VII. Parapinakes, Sohn des Constantin Dukas, zum Kaiser ausgerufen, doch führte sein Oheim, der mächtige Joannes Dukas, die Regentschaft und nöthigte die Kaiserin Eudokia, als sie Miene machte ihren gegen das Versprechen der Zahlung eines Lösegeldes freigelassenen Gemahl wieder als Kaiser bei sich zu empfangen, den Schleier zu nehmen. Der Versuch des Romanos sich mit Gewalt zu behaupten, scheiterte an der Treulosigkeit seiner Anhänger; er gab sich in Kilikien den Truppen der Dukas gefangen und erlitt, ganz gegen die Heiligkeit des geschlossenen Vertrags, eine so empörende Behandlung und ein so grauenvolles Ende, daß wol Barbaren nicht aber seine Henker zu Thränen gerührt wurden. Aus dem sauberen Brüderpaar aber, Michael VII. und Constantin, wurde trotz der gelehrten Experimente des Michael Psellos, der als Polyhistor ebenso sehr wie als gewandter Hofmann in dieser Zeit der Greuel und Zerrüttung glänzt, schlechterdings nichts; selbst den inneren Empörungen und den Angriffen der Normannen, Magyaren, Serben und Seldschuken hatten sie nichts als eine halbgelehrte unkriegerische Thätigkeit entgegen zu setzen. Es lag dem unwilligen Volke wie den bei Hofe zurückgesetzten und verrufenen Feldherren Nikephoros Bryennios und Nikephoros Botaniates nahe genug, diesem unerträglichen Zustande gewaltsam abzuhelfen. Beide warfen sich fast zu gleicher Zeit, jener in Europa, dieser in Vorderasien zu Kaisern auf (1077); die Hauptstadt und die Familie der Komnenen erklärte sich, um die verhaßten Dukas zu stürzen, für den letzteren, und Michael VII. Parapinakes trat (1078) ohne Widerstand zum Mönchsleben über. Bald folgte ihm ebendahin Nikephoros III. Botaniates (1078—1081), nachdem Alexios I. Komnenos, der Neffe des Isaak Komnenos und Feldherr des Kaisers, von dem Heere auf den Schild gehoben, die Hauptstadt erobert und unter Zustimmung der Dukas, Paläologos und anderer Adelsfamilien durch Entthronung des Nikephoros den Aufständen der Kronprätendenten in fast allen Theilen des Reiches und dem allgemein empfundenen Unglück ein Ende gemacht hatte.

Alles drängte sich um den neuen Monarchen Alexios I. Komnenos (1081—1118), der durch seine Heirath mit Irene auch das Haus der Dukas für sich gewonnen hatte; er entsprach den Hoffnungen, die man auf ihn gesetzt, vollkommen. Wenn es wahr ist, was man ihm und seinen Nachfolgern zum Vorwurf zu machen pflegt, daß sie die innersten Motive und die tiefe Bedeutung der ihre ganze Regierung beunruhigenden Kreuzzüge nicht erkannt haben, so klingt dies bei der Rohheit und dem religiösen Fanatismus des fränkischen Ritterthums nur wie ein übel vermerkter Ruhm nach. Wahrhaft bewunderungswürdig war ihre Politik in diesen Zeiten der seltsamsten Gegensätze und der wild entfesselten Thatenlust des romanisch-germanischen Abendlandes. Ja der Verlauf der Begebenheiten bis zum Jahre 1180 scheint an ein Wunder zu grenzen: die ganze Kraft und Blüthe des Abendlandes mit der frischen Begeisterung eines sehnsüchtig entflammten und mit der kühnsten Weltverachtung nach einem wahrhaft göttlichen Ziele ringenden Zeitalters im Kampfe mit einer niedergedrückten und schwachen Nation! Wol vereinigte sich Alexios, die Gewalt des abendländischen Andrangs zu brechen und die Erhebung des byzantinischen Reiches zu begünstigen: hartnäckig und ungewiß rang der Feudalismus mit dem Despotismus, mit der ungeschwächten Kraft die größere Staatsklugheit, und mitten in den Stürmen segelte das morsche Schiff noch lange dahin; erst spät vollendete sich sein Schicksal. Alexios' I. Lage war schwierig. Kaum hatte er die innere Ruhe wieder hergestellt, als die größten Gefahren von Außen her überall auf das Reich einstürmten. Und dabei war die Schatzkammer leer, die Einkünfte größtentheils mit den Provinzen verloren, die Verwaltung in Unordnung, die Kriegszucht gelockert, das Volk in steter Furcht und Entsittlichung. Am dringendsten war seine Anwesenheit in Italien nöthig, wo die Normannen, nach Vernichtung der griechischen Herrschaft in Unteritalien, seit dem Jahre 1060 auch die Eroberung des sarazenischen Siciliens begonnen hatten und ihre Pläne gegen das byzantinische Reich erweiterten. Herzog Robert Guiscard, mit dessen Tochter Irene Kaiser Michael seinen Sohn Constantin Dukas verlobt hatte, führte unter dem Vorwand, den gestürzten Kaiser Michael, dessen Rolle ein griechischer Mönch spielen mußte, wieder auf den Thron von Byzanz zu erheben, seine kampfgewohnten Schaaren gegen Griechenland. In dieser drängenden Noth bewährte sich Alexios als kluger Staatsmann, wie als tapferer Soldat und geschickter Feldherr zugleich. Ein eilig im Jahre 1081 mit Suleiman geschlossener Friede, der freilich die türkische Grenze fast bis zur Propontis verschob, setzte ihn in den Stand, die Befreiung von Durazzo in Person zu unternehmen. Seine Truppen wurden in Europa und Asien vom Peloponnes bis zum schwarzen Meer aus allem Volk ausgehoben: Waräger, die skandinavischen Leibwachen, Franten, einige tausend Türken, scythische Reiterei, selbst die zweideutige Hilfe der verketzerten Paulicianer und Manichäer von Thracien und Bulgarien wurde nicht verschmäht, welche „mit dem Gelübde des Märtyrerthums den Muth und die Herrschsucht kampffähiger Tapferkeit vereinigten." An demselben Orte, wo vor mehr als tausend Jahren Cäsar und Pompejus um den Besitz der Weltherrschaft gekämpft hatten, erhob der Normannenherzog seine siegreiche Fahne, wurde aber an einer kräftigen Ausbeute seiner Erfolge durch die Klugheit des Alexios verhindert, welcher König Heinrich IV. von Deutschland gegen die Normannen hetzte. Dies nöthigte den Herzog seine Macht zu zersplittern, und während er selbst nach Italien eilte, erlitt sein Sohn Bohemund vor Larissa in Thessalien durch Meutereien, welche der griechische Kaiser unter den mißvergnügten fränkischen Grafen erregte, die empfindlichsten Verluste. So kehrte Alexios mehr mit dem Vortheile als mit der Ehre des Siegers nach Constantinopel zurück. Robert starb, mit neuen Entwürfen gegen Griechenland beschäftigt, auf der Ueberfahrt zu seinem östlichen Heere (1085). Daß die Verwickelungen der Komnenen mit den Normannen noch lange zu keiner Entscheidung kamen, ja unter den Königen Roger I. und Wilhelm II. von Sicilien geradezu den Charakter förmlicher Raubzüge und Ausplünderungen griechischer Provinzen und Städte annahmen, hängt mit dem Verlauf und der Richtung der Kreuzzüge zusammen; erst die Gunst des Zufalls und die Tapferkeit des Alexios Branas, eines Feldherrn des schwachen Kaisers Isaak II. Angelos, bereitete ihrem Siegeslaufe ein rasches Ende: nach Zerstörung der sicilianischen Flotte durch einen Sturm gelang es, die ganze feindliche Armee einzuschließen und gefangen zu nehmen (1185). Mit gleichem Geschick und Erfolg wahrte Alexios I. die Interessen des Reiches gegen die wilden Petschenegen und Kumanen im Norden, wie gegen die Seldschuken im Osten. Am bewundernswürdigsten erscheint aber, wie bereits angedeutet, sein Eingreifen in die großartige Bewegung der Kreuzzüge. Byzanz hatte ein dringendes Interesse daran, daß dieselben namentlich der Hauptstadt des Reiches fern blieben, um nicht die letzten Reste des Nationalcharakters durch die zunehmende Mischung der Elemente der Bevölkerung verkommen zu lassen, und die ohnehin großen Schwierigkeiten der Regierung und Polizeiverwaltung noch zu vermehren. Dagegen war es ein Gebot der Staatsklugheit, die frische Kraft der Abendländer im Interesse des Reiches besonders gegen den mohammedanischen Osten zu verwenden. In der richtigen Balancirung dieser beiden Wirkungen der abendländischen Völkerzüge, der zerstörenden und schaffenden, lag demnach die Aufgabe der byzantinischen Politik, ihre erste Aeußerung war die Abnahme des Lehnseides von den fränkischen Fürsten. Allein bereits die Eroberung von Nikäa öffnete den letzteren die Augen: sie hatten Alexios I. Treue und Gehorsam geschworen gegen das Versprechen, ihr Unternehmen in Person oder wenigstens mit seinen Truppen und Schätzen zu unterstützen. Beides unterblieb, wol aber wußte der griechische Kaiser die jetzt und später errungenen Vortheile aufs Beste zu verfolgen: die Türken mußten ihre drohenden Stellungen in der Nähe von Constantinopel aufgeben, die Inseln Rhodos und Chios wurden wiedergewonnen, und das Reich vom Hellespont bis an die Ufer des Mäander und die Felsengestade von Pamphylien erweitert; dazu erlangten die Kirchen ihren Glanz wieder, die Städte ihre Bevölkerung, die Grenzen ihre Besatzung; zuletzt sahen sich die Türken genöthigt, den Sitz ihrer Herrschaft nach Kogni oder Ikonium, einer von Constantinopel über dreihundert Meilen entfernt gelegenen Binnenstadt zu verlegen. Das drohende Ungewitter, welches sich über dem byzantinischen Reiche von Westen und Osten zusammengezogen hatte, war vorüber, abgewendet durch die Schlauheit und Zähigkeit der komnenischen Politik, die freilich von den Lateinern mit dem schmählichen Vorwurfe des Verraths und der Heimtücke gebrandmarkt blieb. Begreiflicher Weise ließen die übrigen Kreuzfahrer sich nicht genügen mit dem Abkommen, welches Alexios mit Bohemund über das Herzogthum Antiochia (1108) getroffen hatte: ein furchtbarer Haß, der durch die Verschiedenheit der Kirchenzucht und einiger religiösen Dogmen fortwährend genährt, während der drei ersten Züge sich zum gegenseitigen Abscheu der Griechen und Lateiner steigerte — auch war die weltliche Macht und das kriegerische Leben der abendländischen Geistlichkeit dem griechischen Volke ein großes Aergerniß — der gegenseitige Argwohn der Fürsten, Verrath und Mord, den man allerwärts von Priestern und Mönchen zu erwarten und zu üben gelernt, ließen jede gemeinsame Action scheitern; zuletzt vermochten selbst die Bande der Freundschaft und Verwandtschaft die Opfer des Nationalhasses, der Habsucht und des Religionseifers nicht zu retten: die Niedermetzelung der Lateiner zu Constantinopel im Jahre 1183 war ein Act jenes Drama's, welches 1204 mit der Eroberung des oströmischen Reiches durch die Franken und Venetianer seinen Abschluß erhielt. Es mußte weit gekommen sein mit dem Volk und der Geistlichkeit von Byzanz, als man Kirchen und Spitäler zum Schauplatze des Blutvergießens machte und viertausend abendländische Christen dadurch auszeichnete, daß man sie den Türken zu ewiger Sklaverei verkaufte. Wie viel zur Herbeiführung dieser Katastrophe das komnenische Herrscherhaus beigetragen hat, zeigt der Verlauf der Geschichte. Joannes II. oder Kalojoannes (1118—1143), der Sohn und Nachfolger des Alexios I., dessen kriegerische Tüchtigkeit, bewährt in einer Folge von glücklichen Feldzügen gegen die Serben, Magyaren, Petschenegen und Seldschuken, verdiente Anerkennung gefunden hat, wie seine von byzantinischen Kaisern selten geübte Milde und Hochherzigkeit, befolgte den Franken gegenüber die Politik seines Vaters, ohne ihnen jedoch das Herzogthum Antiochia entreißen zu können. Sein Sohn Manuel I. (1143—1180), nicht minder durch geistige Fähigkeiten ausgezeichnet, als durch Muth und persönliche Stärke und Gewandtheit, hat seine lange Regierungszeit mit einer Reihe glänzender Thaten erfüllt, den Normannen in Sicilien durch seinen tapfern Feldherrn Michael Paläologos, den Magyaren, Serben und anderen an der unteren Donau bis in das Innere von Rußland hinein sitzenden Völkern des Nordens, auch den Seldschucken seine gefürchtete Kraft gezeigt, die Oberhoheit der Griechen über Antiochia wieder zur Anerkennung gebracht und sogar, kühneren Entwürfen hingegeben, die Eroberung Aegyptens (1169) mit König Amalrich von Jerusalem unternommen. Auch hier ließ die Unschlüssigkeit des letzteren und das gegenseitige Mißtrauen den günstigen Erfolg eines neuen Unternehmens nicht erwarten; doch richtete sich von dieser Zeit an die Thätigkeit der Könige von Jerusalem mehr gegen Aegypten, wodurch auch die Politik von Byzanz in andere Bahnen einlenkte. Ueberhaupt nahmen unter Manuel I. und durch ihn die Beziehungen des byzantinischen Reiches zu den Franken einen veränderten Charakter an: nicht mit Unrecht beschuldigte ihn die öffentliche Meinung, hierin bestärkt durch seine Heirath mit zwei Fürstinnen aus dem fränkischen Geschlecht und durch seine Vorliebe für fränkisches Ritterwesen, eines parteiischen Hanges zu Gunsten des Volkes und der Religion der Lateiner. Schon hörte man von einem Bündniß mit dem verhaßten Papste, und die von dem Mönchthum genährte Ansicht, einen Fremden, Ketzer und Günstling auf dem Throne zu haben, beschleunigte jene Katastrophe vom Jahre 1183, wodurch diese dreifache Schuld von dem fanatischen Pöbel der Hauptstadt an den Abendländern furchtbar gebüßt wurde. Wie unsicher und gefährlich übrigens die Politik des byzantinischen Hofes bei den fortwährenden Schwankungen des Reiches bereits geworden war, zeigt auch die Thatsache, daß Manuel I. zuletzt sich sogar mit den Seldschucken gegen die eigenen Glaubensgenossen verband. Dies aber, sowie seine Verschwendung und eine erfolglose Unternehmung gegen die Türken (1176—1178) erregte die Erbitterung des Volkes und erleichterte die Rückkehr und Erhebung des Andronikos, während Maria, die Tochter des fränkischen Fürsten von Antiochia und Gemahlin des Kaisers Manuel I. für ihren unmündigen Sohn Alexios II. (1180—1183) die Vormundschaft führte und durch persönliche Abneigungen zu viel Aergerniß den Anstoß gab. Von Haß und Verrath verfolgt, wurde sie auf Geheiß des aus Heuchelei, Ehrgeiz und Tyrannei zusammengesetzten Andronikos I. erdrosselt, ihr Sohn aber noch in demselben Jahre (1183) entthront und ermordet. Die Regierung des Andronikos I. (1183—1185), des letzten männlichen Sprößlings aus dem komnenischen Hause auf dem Throne von Byzanz, ist gebrandmarkt durch eine ununterbrochene Reihe von Acten der Grausamkeit und Gewaltthätigkeit der unerhörtesten Art, die namentlich den ihm verhaßten griechischen Adel trafen. Man war in Byzanz im Wesentlichen wieder auf die zerrütteten Verhältnisse des Reiches vor Alexios I. zurückgekommen. Wieder erhoben die Normannen drohend das Haupt, eroberten Thessalonich, die zweite Hauptstadt des Reiches, und begingen Unmenschlichkeiten, welche nur die byzantinische Feder eines Eustathios würdig beschreiben kann; wieder folgte Empörung auf Empörung, und schwer traf die Nationalrache und die Wuth des Tyrannen, des Volkes und der Priester die ansässigen oder anwesenden Lateiner, die eine strenge Vergeltung übten an den schuldlosen Unterthanen des Reiches in näherer und weiterer Ferne; wieder zitterte der Senat und die Beamtenwelt vor der strafenden Rache des Wüstlings. Dabei begegnen wir wol einzelnen Zügen von Wohlthätigkeit und Gerechtigkeit, allein solche Anfälle von Billigkeit werden bei rohen Tyrannen überhaupt nicht vermißt; ein gewisser Grad von wissenschaftlicher Bildung aber und ein Interesse für die Wissenschaften hat bei keinem Komnenen gänzlich gefehlt. Durch die Umwälzung, welche Andronikos I. vom Throne stürzte und Isaak II. Angelos (1185—1195) erhob, der einer von mütterlicher Seite den Komnenen nahe verwandten Adelsfamilie angehörte, zerfielen die Trümmer des griechischen Reiches in Staub. Isaak II. war Barbar aus Berechnung, über welchen bereits die Mitwelt ihr vernichtendes Urtheil aussprach, dazu feig und in sultanischen Künsten und Lüsten von keinem byzantinischen Kaiser übertroffen. An dem Erfolg seiner Waffen über die Normannen hat er keinen Antheil, um so mehr Schuld dagegen an dem Verlust der Insel Cypern, welches Richard Löwenherz dem Hause Lusignan als Ersatz für den Verlust von Jerusalem rasch eroberte, und während das Volk in Armuth und Stumpfsinn der Erlösung von den furchtbaren Fesseln der Knechtschaft entgegenharrte, wandten die Bulgaro-Wallachen und Seldschucken ihre siegreichen Waffen gegen das sinkende Reich. Die Gründung eines neuen bulgarischen Reiches durch die beiden Häuptlinge Peter und Asan (1186) war eine geistliche Eroberung des Vaticans, für Constantinopel aber ein Ereigniß der tiefsten Erniedrigung, eine Quelle unsäglichen Jammers. Welches Bild damals diese Stadt, der Hauptsitz des Glanzes und des Elendes im ganzen Orient und Occident, den Augen des erfahrenen Reisenden darbot, läßt sich aus den Worten des Odo von Deuil, des Kapellans und Begleiters Ludwig's VII. erkennen: „Die Stadt ist schmutzig, übelriechend und an vielen Stellen zu ewiger Nacht verdammt; denn die Reichen bedecken gleichsam mit ihren Palästen die Straßen und lassen den Armen und Fremden nur den Schmutz und das Dunkel übrig. Da werden Mord, Raub und die anderen Verbrechen der Finsterniß verübt. Die Stadt hat ebenso viele Herren, als sie Reiche hat, und ebenso viele Diebe, als Arme. Von einem gesetzlichen Zustand ist daher keine Rede, und Niemand hat Furcht oder Scham, weil das Laster weder bestraft wird noch auch nur ans Tageslicht kommt." Jetzt hatte der Despotismus im Bunde mit dem ausgearteten Priesterthum sein letztes Ziel erreicht: Muthlosigkeit und Schrecken vor jeder Gefahr. Isaak II. zitterte vor den Folgen des dritten Kreuzzuges, denn in Friedrich Barbarossa war ein Mann erstanden, entschlossen, die Treulosigkeit und Unnatürlichkeit des Einverständnisses der Griechen mit den Ungläubigen und Feinden des christlichen Namens durch Feuer und Schwert im griechischen Reiche auf furchtbare

Weise zu rächen. So blieb Isaak II. nichts mehr zu hoffen übrig; das Lästige und Demüthigende des Vertrags vom Jahre 1190 rief geheime Verschwörungen und Volksaufstände hervor, und während er in den thracischen Thälern ein einsames Jägerleben führte, gewann sein noch erbärmlicherer Bruder Alexios III. (1195—1203) Heerführer und Soldaten und ließ sich im Lager mit dem Purpur bekleiden. Isaak, ein Flüchtling im eigenen Reiche, ward gefangen genommen und, des Augenlichtes beraubt, bei Wasser und Brod in einen einsamen Thurm gesperrt. Geschmückt mit dem stolzen und kaiserlichen Namen eines Komnenos erschöpfte sich der neue Herrscher in Eitelkeit und sinnloser Verschwendung, unterstützt von den Günstlingen und Buhlern seiner abergläubischen und rohen Gattin Euphrosyne, während eine ganze Reihe von Empörungen, Meutereien und die Einfälle der Bulgaren, Petschenegen, Kumanen und Türken das Reich seiner Zerbröckelung entgegenführten. Zum Glück war Alexios, der junge Sohn des geblendeten Isaak, der Gewalt seines Oheims nach Italien entkommen, und es gelang ihm, die Blüthe der abendländischen Ritterschaft, welche damals gerade in Venedig zur Befreiung des heiligen Landes sich sammelte, für die Sache seines unglücklichen Vaters zu gewinnen. Am 18. Juli 1203 erfolgte durch die Franzosen und Venetianer die erste Einnahme Constantinopels: der feige Thronräuber entkam mit einem Schatz von zehntausend Pfund Gold unter dem Schutze der Nacht, und der blinde Isaak kehrte aus dem Gefängniß mit seinem Sohne, jetzt Kaiser Alexios IV., auf den geretteten Thron zurück. Allein die Verbindung zwischen Alexios und den edelmüthigen Befreiern seines Vaters, einzig zusammengehalten durch die gewisse Aussicht auf Erfüllung der gegenseitig übernommenen Verpflichtungen, löste sich, als das Kreuzheer und das byzantinische Volk mit seinem Herrscher fortan wieder jedes besondere und wie gewöhnlich einander zuwiderlaufende Zwecke verfolgten. Unterwerfung des orientalischen Reiches unter den Papst, Hilfleistung dem heiligen Lande und eine unverzügliche Zahlung von zweihunderttausend Mark Silber war als Preis für die geleisteten Dienste von den Lateinern gefordert worden. Einer solchen Lage der Dinge, in deren Gefolge die drohende Gefahr politischer wie religiöser Knechtschaft und Sklaverei lag, war der junge Kaiser Alexios IV. nicht gewachsen. Schwankend zwischen Dankbarkeit und Patriotismus, zwischen der Furcht vor seinen Bundesgenossen und dem Abscheu seiner Unterthanen, verdarb er es mit beiden und verlor, ohne den Forderungen der Abendländer gerecht zu werden, die Achtung und das Vertrauen aller Parteien. Zuletzt als das Volk wegen des Uebermuthes und des unglaublichen Frevels der Fremdlinge in offener Empörung sich erhob, kam es zu gegenseitigen Feindseligkeiten, welche, da Alexios IV. sich ganz den Lateinern in die Arme werfen wollte, seinen Sturz und seine Ermordung durch Alexios Dukas Murzuphlos herbeiführten. Diese Umwälzung hatte die Natur des Zwistes zwischen den Lateinern und Griechen wie mit einem Schlage geändert. Gegen den neuen Thronräuber, der als Alexios V. zum Kaiser ausgerufen ward, wandte sich die ganze unverhohlene Wuth der Kreuzfahrer, die nunmehr, da alle Versuche der Aussöhnung sich vergeblich erwiesen, das griechische Reich zu vernichten und unter ihre Führer zu theilen beschlossen. So vergingen unter Gefechten und gegenseitigen Rüstungen etwa drei Monate, und mit aller Energie betrieb Murzuphlos die Vertheidigungen, den bevorstehenden allgemeinen Sturm der Belagerer abzuschlagen. Die fürchterliche Katastrophe der Eroberung bei dem dritten Sturme, der Plünderung und des Brandes, der die prächtigsten Stadttheile in Asche legte, die Theilung der Beute, die Flucht und das Elend namentlich der höheren Stände der griechischen Gesellschaft, der Hohn und die Drohungen der Fremden, der Kirchenraub und der Platz, wo die Kaisergräber entweiht worden und eine Schanddirne auf dem Throne des flüchtigen Patriarchen die Hymnen der Orientalen in bacchantischer Lust verhöhnt hatte, die Vernichtung der Kunstwerke und alterthümlichen Schriften — all die Einzelheiten dieser unerhörten Ereignisse gingen über von der Erinnerung der Augenzeugen in das Gedächtniß der Nachwelt und gaben Dichtern wie prosaischen Verfassern diesseits und jenseits des ionischen Meeres Veranlassung, einen reichen und wahrhaft tragischen Stoff in ergreifender Weise zu behandeln. — Vergl. Wilken *Rerum ab Alexio I. Joanne Manuele et Alexio II. Comnenis gestarum libri* IV. *Heidelb.* 1811. — Finlay *Hist. of the Byzant. and Greek emp. from* 1057—1453. s. l. — Tafel Komnenen und Normannen. Tübing. 1852. — Gibbon p. 1754—1774. 2173—2297.

§. 7.

IV. Die Eroberung von Constantinopel durch die Lateiner (1204) mit ihren Resultaten ist den folgenreichsten geschichtlichen Begebenheiten beizuzählen; sie vernichtete das großartige politische System, das seit dem Tode Theodosius des Großen am Bosporus seinen Centralpunkt gehabt hatte, und die acht Jahrhunderte lang aufrecht erhaltene Continuität des römischen Rechtes und der römischen Administration. Das lateinische Kaiserthum (1204—1261), zwar von kurzer Dauer, aber doch ausreichend, die letzten Reste des Wohlstandes zugleich mit den Denkmälern und Schätzen der Kunst zu vernichten und alle byzantinische Bildung auf ein halbes Jahrhundert in Stillschweigen zu begraben, sanctionirte das feudale System des mittelalterlichen Abendlandes und litt an allen Jämmerlichkeiten und Schäden des Königreichs Jerusalem. Der einen ganzen Monat vor der Einnahme Constantinopels zwischen dem Dogen von Venedig Dandolo und den fränkischen Rittern geschlossene Vertrag ward buchstäblich ausgeführt: Graf Balduin von Flandern ward zum Kaiser erwählt, und ihm der vierte Theil der griechischen Monarchie überwiesen; die drei übrigen Theile, zur größeren Hälfte der Republik Venedig vorbehalten, zur kleineren unter die Abenteurer aus Frankreich und der Lombardei vertheilt, waren gespalten in eine Reihe ritterlicher und feudaler Herrschaften, die unter der Hoheit des Papstes standen und nur durch das Band der Vasallenschaft mit dem Kaiserthume zu Constantinopel vereinigt waren. Dem Volk, aus dessen Mitte der Kaiser nicht gewählt werden würde, war die Ernennung des Patriarchen für die im griechischen Reiche neu zu constituirende lateinische Kirchenverfassung überlassen. Diese Theilung war anfangs nur nominell und blieb es zum Theil auch später, da die Griechen sich im Besitze nicht unbedeutender Theile des alten Reiches zu behaupten wußten. Von Naupaktos bis Dyrrhachion bis gründete der tüchtige Michael Angelos, Sohn des Constantin Angelos und Oheim der Kaiser Isaak II. und Alexios III., eine selbständige Herrschaft, Despotat von Epiros genannt, für sich und seine Familie unter dem Namen Angelos Komnenos Dukas; in Asien vereinigte der junge Alexios Komnenos, der Enkel des Andronikos I., die Küstenlandschaften vom Phasis bis zum Halys zu einem unabhängigen Reiche, dem spätern Kaiserthum der Groß-Komnenen von Trapezunt; noch wichtiger wurde das unmittelbar nach den beiden Belagerungen von Constantinopel von Theodor I. Laskaris gegründete Kaiserthum Nikäa, das, von den Ufern des Mäander bis an die Vorstädte von Nikomedien sich erstreckte, unter der Führung trefflicher Fürsten erstarkte und die Keime barg zur künftigen Erneuerung des byzantinischen Reiches. Das allgemeine Unglück hatte die Kraft der Griechen vorübergehend gestählt; alles was gelehrt oder geistlich, edel und tapfer war, fand in den unabhängigen Staaten von Epiros, Trapezunt und Nikäa Aufnahme und einigermaßen Trost und Entschädigung für den Verlust der Freiheit des gemeinsamen Vaterlandes. Die Regierung der beiden ersten lateinischen Kaiser Balduin I. (1204—1205) und seines Bruders Heinrich (1206—1216) mochte weise, ihre Verwaltung einsichtsvoll sein, aber auf Schritt und Tritt war sie durch jene Zuchtlosigkeit des Söldnerwesens und das romanische Schwert der Barone beschränkt und beirrt, und gerade da am meisten wo sie das Beste wollte, Versöhnung des griechischen Volkes durch Humanität und Weisheit. Diesen Weg verließ das Haus Courtenay, an der Spitze Peter von Courtenay, und die spätern Kaiser aus dem Hause Flandern, und gaben hiermit ihre Sache verloren; die starre Scheidewand der Religion und Sprache trennte die Eindringlinge für immer von den Unterworfenen. Es war ein gefährliches Spiel, als man die Hauptstadt von der Masse der Kreuzfahrer entblößte und durch fehlgeschlagene Unternehmungen die Meinung der Unüberwindlichkeit herabstimmen mußte. Und mit der Verminderung der Furcht der Griechen stieg der Haß gegen die Unterdrücker: Hohn sprechend dem Glauben, den Sitten und Institutionen der Eingeborenen, zügellos in Sinnenlust, Rohheit und in Werken des Friedens, ungeübt mit dem Schwert als einzigem Schiedsrichter, waren sie Gegenstand des Abscheues, der Verachtung und Entrüstung für Griechen wie Bulgaren und sahen sich bald auf die Bannmeile der Hauptstadt beschränkt; und was sollte aus einem Staate werden, in welchem das Oberhaupt, ein Titularfürst, oft nur der Diener seiner zügellosen Vasallen, das Volk materiell wie theils dem traurigsten Schicksal unterworfen, das geistige Leben durch Mönchswesen vergiftet, die Bande des Blutes und der Liebe gelockert, in welchem die Wohlthaten der Gesetze aufhörten und alles was Menschen für heilig achten, in seinem Werthe gesunken war? So zogen sich immer dichter die Wolken zusammen, und ein furchtbares Gewitter drohte über den Häuptern der Schuldigen sich zu entladen. Dasselbe ging von Kleinasien aus. Hier hatte der laute Ruf der Ehre und der innere der Rache und Noth einen Theil des griechischen Volks unter der Führung der Groß-Komnenen von Trapezunt, einen andern unter den Kaisern von Nikäa vereinigt. Wiewol unter sich selbst Feinde und mit neidischen Blicken auf die Fortschritte der Griechen von Epiros blickend, waren sie dennoch dem Vordringen der Lateiner in Asien und den Grenzverletzungen der Seldschuken und Türken mit Erfolg begegnet. Der Tod des Theodor I. Laskaris führte seinen Schwiegersohn Joannes III. Dukas Batatzes (1222—1254) auf den Thron von Nikäa. Unter demselben gelangte dieses griechische Kaiserreich zu einer für jene Gegenden unter den bestehenden Verhältnissen und bei der allgemeinen Weltlage ungewöhnlichen Blüthe und Kraftentwickelung; denn er verstand es die von ihm mit Energie geschaffene Macht auf gleich energische und treffliche Weise zu gebrauchen. Vor allen Dingen erweiterte er die Grenzen seines Reiches durch Eroberung fast sämmtlicher Besitzungen der Lateiner in Asien, knüpfte dann, um seinen Einfluß in Europa zur Geltung zu bringen, das Bündniß mit dem König der Bulgaren Johann Asan fester und wurde so den Lateinern doppelt furchtbar. Beide konnten mit vereinigter Gesammtmacht eine zweimalige Belagerung Constantinopels unternehmen. Der Eroberung großer Landstriche in Thracien bis zum Hebros folgte die Besitzergreifung vieler Ortschaften und Gebiete von Epiros, und durch Verrätherei mißvergnügter Epiroten ward ihm (1246) sogar der wichtige Platz Thessalonich in die Hände gespielt, nachdem er schon vorher (1241) bei den Despoten von Epiros die Anerkennung seiner Oberhoheit durchgesetzt hatte. Den geschwächten Zustand der Bulgarei nach dem Tode Johann Asan's verstand er in gleicher Weise für seine Interessen auszubeuten, bei der Annäherung der Mongolen unter Dschingischan verband er sich mit dem Sultan von Ikonium und verlobte sich, um den Eifer der abendländischen Fürsten zur Unterstützung der Lateiner abzuschwächen, nach dem Tode der Irene mit einer natürlichen Tochter des Kaisers Friedrich II. Mit gleichem Eifer und Erfolg widmete er sich der Entwickelung der innern Wohlfahrt seines Reiches, und während das lateinische von Constantinopel den Anblick der Jämmerlichkeit und äußersten Armuth gewährte, gelangten in Kleinasien unter vortheilhaftern Verhältnissen, durch eine gute ökonomische und finanzielle Verwaltung gehoben, Colonien und Domainen, Land und Leute zu großem Wohlstand. Dazu herrschte Schonung und ein duldsamer Geist, Künste und Wissenschaften erfuhren Pflege und reiche Unterstützung, die griechische Kirche in Nikäa, wohin der Sitz des Patriarchen verlegt war, behauptete ihre Unabhängigkeit und Gerechtsame. Ueberhaupt wußte er den Griechen sich in der Rolle des griechischen Kaisers, als Vertreter der griechischen Nation gegen die lateinische Fremdherrschaft darzustellen, sein Reich als die eigentliche Fortsetzung des Kaiserthums. Jedermann fühlte und hoffte, daß, wenn überhaupt noch Rettung vorhanden war, diese nur von Nikäa aus kommen würde. Mit Spannung und Freude vernahm man die Nachricht von der Erhebung der Gemüther der Griechen allerorts, von der Schwäche der Lateiner und dem Schicksale ihres Königs Balduin II., von der traurigen Existenz des eng geschmälerten Reiches und dem gährenden Zustande der Hauptstadt. Nach dem Tode des Joannes III. Dukas Batatzes folgte sein Sohn Theodor II. Laskaris (1254—1258), dessen Argwohn und Strenge die Früchte seiner Siege über die Bulgaren und die Despoten von Epirus in Frage stellte und jene Revolution vorbereitete, welche zur Erhebung der Dynastie der Paläologen und weiterhin zur Restauration des byzantinischen Reiches führte. Michael Paläologos, der Abkömmling eines alten, mit den letzten Herrscherfamilien verschwägerten Geschlechts, vermählt mit des Joannes III. Dukas Batatzes Nichte Theodora, wußte sich, wider Willen des Patriarchen Arsenios und seines Günstlings Georg Muzalon, aber unterstützt durch den Willen und die Anhänglichkeit des Volkes und Heeres, der Regentschaft für des Theodor II. Laskaris unmündigen Sohn Joannes IV. zu bemächtigen. In dieser einflußreichen Stellung ließ er kein Mittel unversucht das Ziel seiner Wünsche, Entfernung des jungen Prinzen und seine eigene Erhebung auf den Kaiserthron zu erreichen, und schon vier Monate nach dem Tode des Theodor II. Laskaris ward er zu Magnesia (1. Jan. 1259) als Kaiser Michael VIII. ausgerufen. Dem Protest des Patriarchen setzte er das beruhigende Versprechen entgegen, Leib und Leben des verdrängten Joannes IV. schonen und ihm bei seiner Volljährigkeit das Reich abtreten zu wollen. Aus allen Unternehmungen Kaiser Michael's VIII. spricht ferner unzweifelhaft ein höheres politisches Ziel, welches gegründet war auf die Schwäche des lateinischen Kaiserthums und in der Wiederherstellung des Reiches in seinem alten Umfange gipfelte. Nach den glänzenden Erfolgen seiner Waffen gegen Epirus und die fränkischen Fürstenthümer von Griechenland im Jahre 1259, und nach Abschluß eines Bündnisses mit den Genuesen wurden die Umgebungen Konstantinopels besetzt; sein General, der Cäsar Alexios Strategopulos, setzte mit einer unbedeutenden Macht über den Hellespont, und während Michael in dem Palaste von Nymphäon bei Smyrna in tiefer Ruhe lag, brachte der erste Bote die unerwartete Neuigkeit von der Ueberrumpelung und Wiedereroberung Konstantinopels und der eiligen Flucht des Usurpators Balduin, 25. Juli 1261. Groß war der Jubel und aufrichtig, wie die Absicht aufrichtig war, in welcher die befreiten Griechen schon am 14. August den Kaiser in feierlichem Aufzuge empfingen. Erfahrenere Männer freilich machten Fragen, was dem Freiheit ohne Einigkeit und Einheit der Nation werth sei, oder mit jenem Hofmann des Paläologen klagend ausrufen: „Was höre ich da? Ward das unseren Tagen vorbehalten? Was haben wir gesündigt, daß unser Leben in diese Zeit fallen mußte? Jetzt fällt jede Hoffnung dahin, seit Konstantinopel wieder griechisch ist!" Seine Ahnung ging bald in Erfüllung. Vergl. Fallmerayer Gesch. des Kaiserthums von Trapezunt. 1827. 4. — Finlay *Medieval Greece and Trebisond*, übers. von Reiching. 1853, nach Du Fresne du Cange *Histoire de Constant. sous les empereurs François. Par.* 1657. *Fol. Venet.* 1729. Wilken Gesch. der Kreuzzüge u. a., Gibbon p. 2297—2340.

§. 8.

Die Herrschaft der Paläologen bis zur Eroberung Konstantinopels durch die Türken (vom 25. Juli 1261 bis 29. Mai 1453) umfaßt die Periode der stückweisen Zerbröckelung und gänzlichen Zertrümmerung des neu erstandenen griechischen Reiches; wie ehedem kehrten alle diejenigen Zustände und Formen zurück, deren Lebensunfähigkeit die Geschichte der Vergangenheit außer Zweifel gesetzt hatte. Sieht man zunächst auf die Stellung und den Charakter der Bevölkerung in dem neuen byzantinischen Reiche, so bestand dieselbe allerdings überwiegend aus Menschen griechischer Zunge, daneben aber befanden sich zahllose Schaaren gemischter Menschen aller Völker und Stämme hierher und jenseits des Bosporus, welche der Wandertrieb oder das Räuberleben, das Kriegsglück oder der Handelsgeist und die Fluth der Kreuzzüge in diese Gegenden geführt hatte. Dabei war und blieb die Wiederherstellung des Reiches in seiner früheren Ausdehnung ein Wunsch: das Kaiserthum Trapezunt behauptete bis zu seinem Untergange seine Selbständigkeit; die von den Venetianern besetzten Inseln wurden nicht wieder mit der Krone vereinigt; andere Landschaften waren bald unabhängig, und was das Despotat Epirus betrifft, so kam dasselbe nur vorübergehend unter Kaiser Andronikos III. noch einmal an das Reich. Im eigentlichen Griechenland ging das fränkische Herzogthum von Theben und Athen in den Jahren 1456 bis 1460 unmittelbar an die Osmanen verloren; Morea wurde seit dem Jahre 1263 schrittweise den Franzosen und anderen Abendländern wieder abgerungen, bis auf Nauplia, Argos, Modon und Koron, worin venetianische Garnisonen sich hielten. Allein diese Halbinsel, der Schauplatz blutiger Kämpfe und bodenloser Verwirrungen der paläologischen Prinzen, welche dieses Despotat oder Theile desselben als Apanagen verwalteten, war doch ein zweifelhafter Gewinn, da eine Menge kleiner unabhängiger Gebiete blieb, und das von dem griechischen Adel begierig ergriffene Streben nach abendländisch-feudaler Selbständigkeit sich ebenso wenig unterdrücken ließ, wie das dem Abendlande analoge Verlangen der Landschaften und Städte nach größerer municipaler Unabhängigkeit. Solche und ähnliche Umstände machen das Bestreben der Paläologen begreiflich, bei der festen Begründung ihrer Familie sich namentlich auf die concentrirte und centralisirende Macht der griechischen Geistlichkeit zu stützen. Am meisten Schwierigkeiten verursachte die Wiederordnung der innern Verhältnisse: sie blieben, wie sie gewesen waren, in völliger Auflösung. Die Wiedereinführung der alten Etikette und die Bereicherung des prunkenden Ceremoniells mit neuen Erfindungen kaiserlicher Laune und Witzelei, die Vermehrung der Beamten und Hofämter, die man von Abendländern und sogar von den Türken entlehnte, an der Spitze der Großdomesticus, bald mit der unumschränkten Macht eines Major domus bei den Merowingern ausgestattet, paßten schlecht zu der äußersten Armuth des Hofes. Denn bei dem Verlust an Provinzen, Landstrichen und Städten und bei der großen Zahl von Privilegien und Immunitäten flossen die ordentlichen Einkünfte immer spärlicher; um daher die Finanzwirthschaft nur einigermaßen im Gang zu erhalten, sah man sich zu außerordentlichen Maßregeln genöthigt: freiwillige Beiträge, ein Appell an den Patriotismus der reichen Einwohner, und Anleihen gewährten nur vorübergehend Abhilfe; daher wurden selbst die nothwendigsten Bedürfnisse hoch besteuert, ja Michael Paläologos hatte sogar die Absicht, ein Maximum alles Privateinkommens festzusetzen und den Rest für den Staatsschatz zu verlangen; die Münzen wurden umgeprägt und durch Zusatz immer mehr entwerthet; Andronikos I. nahm, um seine meuternden Katalanier zu beschwichtigen, sogar nur fünf Theile Gold zu neunzehn Theilen Beimischung. Es war soweit gekommen, daß Prinzen aus dem regierenden kaiserlichen Hause betteln gingen; ja Joannes V. ward im Jahre 1369 auf seiner Reise in Venedig von seinen Gläubigern sogar in Schuldhaft gehalten. Die nothwendige Folge so großer Uebelstände war, daß sie Hof und Regierung um allen Credit, Handel und Verkehr aber in Stockung und Verwirrung brachten. Nichts zeigt den traurigen Rückgang der hellenischen Cultur deutlicher, als der damalige Zustand des Handels, der fast ausschließlich in fremden Händen war: nach Verdrängung der Venetianer hatten die Genuesen den ganzen Import von Konstantinopel an sich gezogen und beherrschten, auf das stark befestigte Pera und auf Galata gestützt und im Genusse großer Vorrechte, die Küsten und Meere diesseit und jenseit des Bosporus. Ihnen gegenüber behaupteten die Venetianer, Pisaner und fränkischen Kaufleute eine untergeordnete Stellung, wiewol auch diesen Handelsfreiheit und eigene Gerichtsbarkeit in ihren Stadtquartieren von Michael Paläologos wieder ertheilt war. Daher die furchtbaren Auftritte in Konstantinopel zwischen den Genuesen und Griechen einerseits und den Venetianern und Genuesen andererseits, und dies alles, während die Staatscasse banquerott und das Heer ohne Sold ist, die Türken sich drohend vor den Thoren lagern, das Gebiet verwüstet und die Landbevölkerung in die Sklaverei weggeschleppt wird; zahlreiche Bürger verlassen die Hauptstadt, selbst in derselben befinden sich seit jenen furchtbaren Plünderungen und Feuersbrünsten weite Sandfelder und Gärten, und man dachte schon daran sie ganz aufzugeben. Auch die Rechtspflege, die unter den Lascariden in gänzlichen Verfall gerathen war, gelangte, trotz der Bemühungen des Juristen Constantinos Harmenopulos um Verbreitung der Kenntniß des alten Rechts, nicht wieder zur früheren Blüthe, und die Willkür der Kaiser und die Bestechlichkeit der Richter sprach oft vernehmlicher als das Gebot des Rechts und der Ehre. Venetianer, Pisaner, Genuesen und Franken waren eximirt und hatten ihren eigenen Gerichtsstand; ja der türkische Kadi entschied seit den Zeiten des Manuel (II.) Paläologos (1391—1425) selbst in Streitigkeiten zwischen Griechen und anderen Völkern. Weit schlimmer aber war die Schwächung aller edlen Lebenskraft: das Volk, schwer niedergedrückt von den Lasten der Verwaltung, siechte in Wahnwitz, Stumpfsinn und wüstem Aberglauben dahin, einer patriotischen und kriegerischen Erhebung unfähig, und über den Kampf der religiösen Parteien vergaß man die von den Türken hereinbrechende Gefahr. Immer verderblicher wirkende Elemente finden jetzt Aufnahme und Begünstigung: Genuesen, abendländische Abenteurer, Katalanier genannt, selbst Türken bilden den Kern des Heeres, und zu roher Sinnlichkeit gesellt sich die Wuth des Fanatismus und das gebieterische Verlangen nach Beute und Raub. So lange der Dienst lebendig gewesen, hatten Waräger die Person des Kaisers beschützt; jetzt erscheinen neue Truppennamen, Muratei, Tzakonen, Monokaballer, Tzaggratoren, Kortinarier, Barbarioten u. a. in den Leibwachen, und in der letzten Zeit bestanden dieselben meist aus Kretern. Aus der Vernachlässigung der Flotte aber zogen Türken und Genuesen den größten Vortheil, und oft genug war die Regierung auf die zweifelhafte Hülfe der letztern angewiesen, deren Ausrüstung gleiche Höhe hielt mit der steigenden und sinkenden Noth des absterbenden Reiches. Zuletzt kündigten den allgemeinen Verfall und die Auflösung aller Verhältnisse innere Unruhen, fortwährend genährt durch die theologischen und politischen Parteikämpfe des entarteten Klerus und durch die Feindseligkeiten ehrgeiziger Kronerben oder Prätendenten, besonders aber der unpolitische Geist der Paläologen an. Ohne sich ihrer Pflichten recht bewußt zu werden, aber geübt in den Künsten polemischer Dialektik, suchten sie ihre Macht und ihren Einfluß, ohne politischen Gewinn zu erzielen. Daß die Geistlichkeit entartet, unwissend und roh und von unbezwinglicher Streitsucht über dogmatische Fragen beherrscht wurde, war nichts Neues; daß aber die Kaiser selbst ihren Hof zum Kampfplatz einer sehr lebhaften Polemik machten, selbst und nicht ohne große Ostentation an den Disputationen über das streitige Dogma Theil nahmen und so jede kirchliche Sache in das Gebiet der Politik verwiesen, rächte sich furchtbar, als man noch in der zwölften Stunde die rettende Hand des Abendlandes um den Preis einer neuen Verbindung der griechischen mit der römischen Kirche nachsuchte. Man zeigt dadurch nur, wie die Geschichte Constantin's IX. lehrt, den Fanatismus der Unterthanen, von denen viele im schlimmsten Falle lieber türkisch als lateinisch werden wollten. Diese Zustände, einigermaßen noch gemildert und erträglich unter den Regierungen der Kaiser Michael VIII. (1261—1282) und seines Sohnes Andronikos II. (1282—1328) fand Osman vor, als seine Schar, die zahlreichen Schwärme des in Auflösung begriffenen seldschukischen Stammes von Ikonium mit sich fortführend, von den Gegenden des alten Doryläon aus (1299) hinabstieg in die Ebenen Kleinasiens und die Griechen zu jenem gewaltigen Ringkampfe herausforderte, welcher mit dem Untergange des byzantinischen Reiches endete. In der Jugendfrische ihrer Kraft und von kühnem Unternehmungsgeiste beseelt, leidenschaftlich und grausam und doch wieder nüchtern und bedächtig, aufgewachsen unter den Augen von Helden, die fast alle durch staatsmännisches und militärisches Talent glänzen, unterwürfig und hündisch treu dem Herrscher in seinen Waffengängen für die Religion des Halbmondes, konnten die osmanischen Türken mit Riesenstärke handeln und ausdauern. Was sie in der That auszeichnet vor andern Nationen jener Zeit, ist ihre genialische Rührigkeit und die Intelligenz, womit sie alle neuen Mittel der Kriegführung den Zwecken der Eroberung in umfassendster Weise dienstbar machten; schon längst als leichte Reiter gefürchtet, schufen sie das beste Linienfußvolk der damaligen Zeit und setzten späterhin durch ihre Artillerie, welche das griechische Feuer gänzlich verdrängte, die Welt in Schrecken und Verwirrung. Politische Berechnung machte den Türken die Eroberung des byzantinischen Reiches möglich; zur Wirklichkeit wurde sie durch die Erbärmlichkeit des damaligen griechischen Volks- und Staatswesens. Man kann sagen, daß seit der Eroberung von ganz Kleinasien unter Andronikos III. (1328—1341), nachdem bereits vorher Osman's Nachfolger, Orchan, die feste Stadt Brussa erobert und zur Residenz des neuen Staates gemacht hatte, die Geschichte des griechischen Reiches sich in der Geschichte des osmanischen verliert; wenigstens befindet sich jenes seit der Mitte des 14. Jahrhunderts ausschließlich in der Defensive. Die Gründung des Serbenreiches durch Stephan Duschan, dessen Grenzen zwischen 1345 und 1350 bis tief nach Macedonien, Thessalien und Epirus hinein vorgeschoben wurden, der Fall von Gallipoli (1358) und Adrianopel (1361), welches Sultan Murad I. zur Residenz erhob, die Vernichtung der serbischen Macht durch die Türken in der Schlacht bei Kossowa (1389), endlich der Sieg des Bajasid über die verbündeten Magyaren, Deutschen und Franzosen bei Nikopolis (1396), dem ein verheerender Zug über das griechische Reich und die Inseln bis in den Peloponnes hinein folgte, entschied das Uebergewicht der Türken. Sichtbar und unerwartet griff die Hand der Vorsehung in das Geschick des sinkenden Reiches noch einmal ein: der Mongole Timur vernichtete in der Schlacht bei Ankyra 1402 die Macht der Türken und befreite Constantinopel von der drohenden Gefahr einer neuen Belagerung. Wie mit einem Schlage war die Lage der Dinge verwandelt und der Vernichtungsplan des Bajasid gescheitert. Wenn jetzt das Abendland rettend eingegriffen, das griechische Volk sich ermannt und Kaiser Manuel II. (1391—1425) die Zerwürfnisse zwischen den Söhnen des Bajasid schnell und energisch zur Ausrottung des geschwächten Feindes und zur Wiederherstellung der Flotte und des Heeres benutzt hätte, so würde man an die Restauration und den weitern Fortbestand des byzantinischen Reiches haben glauben können. Indem er aber die kostbare Zeit mit leeren Hoffnungen auf den Beistand der christlichen Fürsten, mit Hofkabalen und Niederträchtigkeiten hinbrachte, gab er sich und sein Reich verloren. Mit der Wiederherstellung der türkischen Macht durch Mohammed I. kehrten seit 1413 die alten Verhältnisse wieder; der Fall des griechischen Reiches schien unvermeidlich. Bereits 1422 erneuerte Murad II. (1421—1451) die Angriffe auf Constantinopel, ohne jedoch eines Erfolges gewärtig zu sein; Kaiser Joannes VI. (1425—1448), Sohn Manuel's II., mußte sich den härtesten Friedensbedingungen fügen, blieb aber dafür als zinspflichtiger Vasall einige Zeit lang in Ruhe. Noch gab er die letzte Hoffnung auf Rettung nicht verloren, aber es galt einen hohen Preis, die schon früher oft vergebens angestrebte Verbindung der griechischen Kirche mit der römischen durchzusetzen, im äußersten Nothfall der römischen Mutter in kindlichem Gehorsam sich zu unterwerfen. Die allgemeine Vereinigung der Christen und eine schnelle und mächtige Hülfe ward in Aussicht genommen. Auf der Kirchenversammlung zu Florenz erschien Kaiser Joannes VI. Paläologos persönlich mit dem gelehrten Erzbischof Bessarion von Nikäa, und die Vereinigung beider Kirchen fand (1439) durch den Machtspruch des Kaisers wirklich statt; aber der grundlose Bau der Union verschwand wie ein Traum und drohte im Staate Hader und Zwisten, die bei ihrer Aussicht von dem Fanatismus der wühlenden Mönche und dem öffentlichen Grimme des pfäffischen Pöbels bestärkt wurden, mit in die Tiefe hinabzuziehen. Nur die rasche Unterdrückung der Unionsurkunde und die gänzliche Trennung von Rom, weil es an ihre Entfernung erinnerte, beschwichtigte die drohende Haltung der Hauptstadt, die, zwei Jahre lang ihres weltlichen und geistlichen Oberhauptes beraubt, in Anarchie und religiösem Fanatismus zwei Jahre lang geschwelgt hatte. Inzwischen ward durch die Bemühungen des Papstes Eugen IV. und seines Legaten Julian die neue Expedition des Abendlandes gegen die Ungläubigen wirklich in Scene gesetzt: Magyaren und Polen, Deutsche und Franzosen, Walachen, Serben und kleinasiatische Griechen vereinigten sich unter der heiligen Fahne, und der neue Kreuzzug erhielt durch zwei bewunderliche Siege des Helden Joannes Hunyadi und durch neue Zuzüge sowol in Europa wie in Asien eine gewisse Stärke und Bedeutung. Aber auf dem Schlachtfelde von Varna (10. Nov. 1444), als Murad II., bereits an seinem und seines Reiches Glück verzweifelnd, den Propheten Jesus als Rächer christlicher Treulosigkeit und verletzter Ver-

hebung seines Namens zurück, bewies sich der Janitscharen seines Namens werth: zehntausend Christen benetzten mit ihrem Blute den Kampfplatz, darunter der König von Polen und Ungarn Ladislav. Der griechische Kaiser aber, den Schrecken oder Verführung zu einem Eingreifen in diese letzte Bewegung des Abendlandes, die ihn und sein Reich noch hätte retten können, verhindert hatte, erfuhr die Gnade des siegreichen Feindes. Der neue Sieg über die Magyaren bei Kossowa (1448) vollendete das Uebergewicht der Türken im östlichen Europa, und unter huldvollen Worten und mit reichen Geschenken vom Sultan entlassen, nahm der Geschichtschreiber Phrantzes, der nach dem Ableben Joannes VI. an den Hof von Adrianopel wegen der Ordnung der Thronfolge geschickt war, zugleich mit dem Eindruck der Oberhoheit desselben die Ueberzeugung von dem nahen Falle des griechischen Reiches nach der Heimath. Hier ward mit Murad's Genehmigung von den drei noch lebenden Söhnen des Kaisers Manuel II. (Constantin, Demetrios und Thomas) Constantin, bisher Despot von Lacedämon, als Kaiser Constantin XI. Palaiologos (1448—1453) auf den steinigen Thron gehoben; mit ihm beginnen die letzten Tage des byzantinischen Reiches. In Trapezunt, wohin der Oberkämmerer und Vertraute des Kaisers Phrantzes auf seiner Gesandtschaftsreise als Brautwerber für seinen Herrn mit den letzten Trümmern der blendenden Habe des kaiserlichen Hofes gekommen war, erfuhr man das vor Kurzem erfolgte Hinscheiden Murad's II. Sein Sohn und Nachfolger Mohammed II. (1451—1481), ein jugendlicher Held und Eroberer, ein redefertiger Mann, kundig vieler Zungen des sprachenreichen Orients, dazu nicht ohne geistige Bedürfnisse und verschwenderisch in der Belohnung fremder Gelehrten und Künstler, indifferent in Sachen der Religion, grausam und misstrauisch, nüchtern und unbeugsam, ein echter Sultan, den kein Gesetz binden, kein Hinderniss aufhalten kann, klar des Zieles sich bewusst und in der Wahl der Mittel und ihrer Anwendung bewundernswürdig, hatte bald einen Anlass zum Kampfe gefunden. Durch die rasche Anlage einer neuen Feste auf der europäischen Seite des Bosporus und durch die Beschäftigung der Streitkräfte der Brüder des Kaisers in Griechenland von besonderen türkischen Truppenkörpern vollendete er die Isolirung der Griechen auf dem Halbinselzipfel an der Einmündung des Bosporus in die Propontis. Auf diesem etwa drei Viertel deutsche Meile langen von sieben Hügeln eingeschlossenen Terrain lag Constantinopel mit seinem weit und tief in das Land einschneidenden Hafen, von wo aus die byzantinischen Kaiser in besseren Zeiten mit ihrer Flotte das Meer beherrscht und den Eroberungsgelüsten der Barbaren von Asien und Europa den Einhalt gethan hatten. Wenn nun auch die Bedeutung dieses Platzes seit der Erkämmung und Verwüstung durch die Lateiner mehr und mehr gesunken war, seine Lage war fast unangreifbar; noch immer war er, wie Dio LXXIV, 14. treffend bemerkt, [illegible] [illegible], so gerade die Geschichte der letzten hundert Jahre hatte außer Zweifel gesetzt, daß trotz der zinspflichtigen Vasallenschaft, zu welcher die Palaiologen (zuerst unter Kaiser Joannes V. im Jahre 1381) von den türkischen Sultanen herabgebracht waren, die Existenz des Reiches, geknüpft an den Besitz der Hauptstadt, noch lange sich fristen ließ. Nach vergeblichen sehr demüthigenden Unterhandlungen, als der schwere Druck des räuberischen Regiments in einer Weise zunahm, daß weder die Kirchen noch die Bauernhäuser mehr sicher waren vor dem Frevel der Muselmänner, daß jede Ehre für den Zwingherrn zu wachsen, jedes Kind freier Griechen für die Sklaverei geboren zu werden schien, beschloß Kaiser Constantin, der erste der Griechen an Muth wie an Rang, den Drohungen und der stolzen Sprache des Sultans das Schwert und die Entscheidung des Kriegsglückes entgegenzusetzen. Er selbst betrieb und leitete, gleich wie Mohammed die Vorbereitungen zur Belagerung, das Werk der Vertheidigung mit unermüdlichem Eifer, allein die Feigheit seiner geistlichen und weltlichen Räthe hinderten ihn an jedem raschen und energischen Handeln. Es war nicht möglich gewesen, die Zahl der streitbaren Griechen auf fünf Tausende zu bringen, und zweitausend Fremdlinge unter der wackeren Führung des Genuesen Johann Justiniani bildeten den Kern der schwachen Besatzung; so reiche Vorräthe auch aufgehäuft waren, sie konnten doch eine Bevölkerung von mehr als hunderttausend Köpfen unmöglich lange ernähren, auf Zufuhr und Succurs vom Auslande aber war bei der Stimmung der Lateiner in Folge der falschen Wiedervereinigung beider Kirchen, die als letzte Hülfe noch einmal versucht, fortwährend wie ein Gespenst die Augen der rechtgläubigen Griechen umschwebte, nicht zu rechnen. Dagegen war das Heer der Belagerer nach dem geringsten Anschlage des Phrantzes mindestens zweihundertachtundfünfzigtausend Mann, also stark genug, um im Verein mit den zahlreichen Schiffen in der Propontis Constantinopel vollständig abzusperren; dazu wohl versehen mit Kriegsbedarf und Lebensmitteln und ausgerüstet mit einer furchtbaren Artillerie und mit allen Mitteln, welche eine kunstgerechte Belagerung erfordert. Am 6. April 1453 begann der eigentliche Angriff: es galt, die Befestigungslinie auf der Landseite, die durch eine doppelte Mauer und einen tiefen, hundert Fuß breiten Graben geschützt war, zu durchbrechen. Furcht und Niedergeschlagenheit bemächtigte sich aller Gemüther, als die lange Reihe der türkischen Artillerie ihre Kugeln nach den Mauern entsendete; nur Kaiser Constantin, von einer edleren Begeisterung entflammt und entschlossen den Untergang der Stadt nicht zu überleben, bewies in diesen Tagen einen Heldenmuth und eine Standhaftigkeit, die den Fall des griechischen Reiches mit einer gewissen Glorie umgibt. Die Tage verflossen in Noth und gegenseitiger grausamer Vergeltung, dazu hatte der Geist der Zwietracht und Misstrauens die Ueberreste der griechischen Streitkräfte ergriffen und geschwächt; schon waren in der nun auch zu Wasser eingeschlossenen Stadt die Lebensmittel knapp, als unter dem triumphirenden

Jauchzen der Menge fünf Schiffe aus Genua, mit frischen Truppen, Kriegsbedarf und Proviant beladet, unversehrt und siegesfroh innerhalb der Kette des Hafens sich vor Anker legten. Dies war der einzige Versuch zur Befreiung Constantinopels. Ein genialer Plan Mohammed's, einen Theil seiner Schiffe auf Walzen über Land nach dem oberen Hafen zu schaffen, hatte den erwarteten Erfolg: der schwächste Theil der Stadt war hierdurch dem Angriff preisgegeben; die Katastrophe schien unvermeidlich. Nach gewaltigen Vorbereitungen der Türken zum allgemeinen Sturm verkündete der Sultan seinen Willen, in den Mauern Constantinopels entweder einen Thron oder ein Grab zu finden, während sich gleichzeitig der Kaiser der Griechen zum letzten Waffengange vorbereitete und unter Thränen und Gebet das heilige Sacrament des Altars empfing. Am Morgen des 29. Mai 1453 erfolgte ein verzweifelter Angriff auf die geängstigte, in kindischem Stumpfsinn verharrende Stadt von der Land- und Wasserseite; die äußere Umwallung wurde erstiegen, und von immer zahlreicheren Scharen vorwärts getrieben, drang die wol hundertmal stärkere Macht der Türken in die Festung ein. Den Kaiser Constantin XI., der bis zum letzten Augenblicke kämpfend an der Spitze der edlen Byzantiner ausgeharrt hatte, zog man, des Purpurs ledig und von unbekannter Hand getödtet, unter einem dichten Haufen von Erschlagenen hervor. Sein Tod ersparte dem griechischen Volke und Reiche die letzte noch übrige Schande eines ruhmlosen Unterganges, und verlieh seinem Namen einen Glanz, den ihm das Leben versagt hatte. Groß und allgemein war das Unglück, das die schwer geprüfte Stadt, deren Festungswerke Jahrhunderte lang der feindlichen Gewalt getrotzt, betroffen hatte; furchtbarer noch das Verhängniß, welches nach ihrer Einnahme über die wehrlose Bevölkerung hereinbrach: es waren entsetzliche Stunden der Verwirrung, der Metzelei, der Kirchenräuberei, der Schändung und des Weherufes, der schrecklich aus den Träumen der Erstarrung und des Aberglaubens aufrüttelte; entfesselt wüthete die wildeste Bestialität und eine Plünderung, wie man sie seit der Eroberung der Stadt durch die Lateiner nicht erlebt hatte. Glücklich mochte zu preisen sein, wer den Tod auf dem Platze der Ehre gefunden, glücklicher mindestens als die, welche, vom Schwerte der Janitscharen bedroht, in der Verzweiflung selbst Hand an sich legten oder, wie die meisten, in näheren oder entlegeneren Provinzen des osmanischen Reiches im Sklavenjoche frohndeten.

Mit der Eroberung Constantinopels war die Herrschaft der Türken in Europa eine Thatsache, die den Griechen nur die Wahl ließ zwischen hoffnungslosem Widerstreben oder hoffnungslosem Dulden. Man entschied sich, als Mohammed II. die Erhaltung der Stadt als Residenz seines weiten Reiches befahl und alles aufbot zur Wiederbevölkerung und Ausschmückung der verödeten Stätte, für das letztere. Die Forderungen der Vernunft und der Ehre hießen ihn eine verständige, ja versöhnliche Politik einschlagen, und noch vor Ende September waren fünftausend Familien aus Anatolien und Griechenland nach der Hauptstadt übergesiedelt, als Belohnung für ihren Gehorsam freie Religionsausübung unter ihrem Patriarchen Gennadios und die Zusicherung der Wahrung ihrer Rechte aus den Händen des Sultans entgegennehmend. Die Kirchen von Constantinopel wurden zur Hälfte in Moscheen verwandelt, darunter die prächtige Sophienkirche, zur Hälfte den Christen überlassen, und über sechzig Jahre erfreuten sich die Griechen der Schonung und Begünstigung von Seiten der muselmännischen Regierung. Während dieser Zeit waren auch die Despotate der Paläologen Demetrios und Thomas im Peloponnes (1460), sowie die Trümmer des griechischen Reiches von Trapezunt unter dem letzten Komnenen (1461) den Waffen Mohammed's II. erlegen. Ihr Fall war noch nicht das letzte Werk des Verhängnisses, das nunmehr mit der ganzen Macht der Unüberwindbarkeit sich nach Westen kehrte und die Völker des Abendlandes mit furchtbarem Ernste daran mahnte, daß das Drama, welches soeben am Gestade des Bosporus gespielt, keineswegs zu Ende war. Vergl. Gibbon S. 2330—2544, Finlay *Hist. of the Byzant. and Greek empires* p. 429—654. Dess. *Mediaeval Greece and Trebizond*, übers. von Reiching p. 272—302. 416 fg. — J. v. Hammer Gesch. des osmanischen Reiches I. — Zinkeisen Gesch. des osmanischen Reiches in Europa. 1. Bd. — Mordtmann Belagerung und Eroberung Constantinopels durch die Türken im Jahre 1453. Stuttg. 1858. — Ueber Constantinopel in physischer, geographischer, topographischer, commercieller und archäologischer Hinsicht vergl. die vollständige Literatur von O. Frick im Artikel „Byzantium" der Pauly'schen Real-Encyklopädie.

Allgemeiner Verlauf der byzantinischen Literatur.

§. 9.

Stabilender für Literatur, Charakter und Lehrweise der christlich-byzantinischen Zeit bis auf Justinian.

Die byzantinische Literatur beruht auf den Grundlagen der christlichen Bildung und unterscheidet sich durch dieses neue Element ganz bestimmt und eigenthümlich von dem Charakter der vorausgegangenen Literaturperiode. Den allmählich erfolgten Uebergang von den älteren zu den neuen literarischen Ordnungen und Richtungen bildeten, wie oben S. 238 angedeutet wurde, die Zeiten von Arkadios bis auf Justinian; um jedoch einen festen Ausgangspunkt für die Darstellung der literarischen Begebenheiten zu gewinnen, wird es nöthig sein, zurückzublicken auf die Zeiten Constantin's des Großen, dessen Regierung zwei für die Studien und Schicksale der griechischen Literatur so wichtige Begebenheiten auszeichnen: die Erhebung des Christenthums zur Staatsreligion und die Verlegung der Residenz von Rom nach Byzanz. Wie in politischer, administrativer und ökonomischer, so nahm auch in wissenschaftlicher Hinsicht die Bedeutung dieses Platzes rasch und beständig zu. Als Hauptsitzpunkt des gesammten

Weltverkehrs an der Schwelle Asiens und Europas, wo die großen Handelsstraßen des Westens und des fernen Ostens einmündeten und die Flaggen aller Nationen zusammenströmten, ward das christliche Byzanz, Neu-Rom, gewöhnlicher Constantinopel genannt, durch Hinzuziehung mehrerer Hügel erweitert und durch neue prachtvolle Bauten und Kunstwerke der edelsten Art mit Aufwand und Verschwendung geschmückt, seit Constantin und mehr seit Justinian I. der vorzüglichste, bald sogar der einzige Sammelplatz der Kunst und Literatur. Mit beinahe orientalischem Luxus und bemüht, die Völker der verschiedensten Sprachen und Bildungsstufen durch äußerliche Formen zu binden und in den starren, vielschichtigen Mechanismus des Kaiserthums einzuzwängen, hat Constantinopel schon im ersten Jahrhundert seiner neuen Gründung jenen Charakter ausgeprägt, den es für alle Zeiten behalten hat. Noch bildeten die Reste der Griechen einen Mittelpunkt, in welchem alle Gebildeten der hellenisirenden Völker sich einigten, ja seit der Theilung des Theodosius war die Selbständigkeit eines griechischen Staates, in welchem die griechische Sprache allmählich wieder die alleinherrschende wurde, gesichert. Aber im Vergleich mit der vorigen Periode nahm die griechische Bildung an Umfang, Strenge und Reinheit immer mehr ab, und starb, nach der allgemeinen Erstarrung der Studien der späteren Sophistik im vierten und fünften Jahrhundert, und weiterhin nach einer von den Einwirkungen der christlichen Cultur abhängigen Erhebung der christlich-griechischen Literatur und Kunst, in ihrem jähen Sinken beschleunigt durch den Verfall der Sprache, den Verlust der literarischen Traditionen und der antiken Schätze und durch das Unglück der Jahrhunderte, vollständig ab. Die Gründe dieses Niederganges und allmählichen Verfalls sind in den bisherigen Umrissen kurz angegeben. Zunächst übte das von der Hierarchie unterstützte Regierungssystem einen bis dahin unbekannten Geistesdruck aus; ein schwer lastender Steuerdruck und eine die ökonomische Kraft der Unterthanen erschöpfende Domanialwirthschaft, das maßlose Eindringen fremder Elemente und ein buntes Gemisch von Sprachen und Nationen, die Ohnmacht nicht bewältigter, durch ihre sittliche Würde mit den Interessen, Tugenden und Lastern und Schicksalen der Regenten verbundener Stände, der materielle Ruin der Landstädte, die politische Unfähigkeit und sittliche Verwahrlosung des gemeinen Volkes, ebenso befördert durch verschwenderisch ausgestattete Hoffeste und demoralisirende leidenschaftliche Vergnügungen der Rennbahn, wie durch Seelenangst, durch zerrüttende dogmatische Spaltungen und Kämpfe einer mehr in Politik und Hofintrigue als in christlichen Tugenden geübten Geistlichkeit, führten Zustände herbei, deren Gesammtresultat eine allgemeine Mattigkeit, ein Sinken der Bildung und literarischen Thätigkeit war; und wie diese Entkräftigung im inneren Verlauf der Literatur merklich wahrgenommen wird, so fand die Begeisterung und der liberale Sinn, welcher die Studien seit Hadrian zum [illegible] erhoben und der griechischen Literatur eine fruchtbare Nachblüthe gesichert hatte. Nur vorübergehend und gewöhnlich aus praktischen Interessen, selten aus reinem geistigen Bedürfniß, griffen die Herrscher in den Gang der Literatur ein. Die einzige Ausnahme macht hier allein Kaiser Julian der Apostat, der letzte und talentvollste Fürst aus dem Hause Constantin's. Sein Name führt auf die Verdienste einzelner Kaiser um Erhaltung und Förderung der griechischen Bildung und Literatur, sowie auf die wissenschaftlichen Anstalten und Schätze der Hauptstadt. Daß Constantin der Große, von mächtigem Ehrgeiz beseelt, griechische Kunst und Wissenschaft förderte, versteht sich; denn das neue Rom durfte dem alten an Reichthum und Glanz der Ausstattung nicht nachstehen, und in hastiger Eile wurden jene gepriesenen Kunstwerke hierher zusammengeschleppt, deren Mehrzahl erst bei der Einnahme der Stadt durch die Lateiner herabgestürzt oder zusammengeschmolzen und in die Münze geschickt wurde. Ueber die Ausschmückung des christlichen Byzanz mit künstlerischen und literarischen Schätzen vergl. Manso Leben Constantin's, Beilage 7. Breslau 1817. Einen Abriß der Geschichte der Culturentwickelung, der Topographie, des Cultus, der Kunst und Wissenschaft und der noch erhaltenen Denkmäler gibt O. Frick im Artikel „Byzantium" der Pauly'schen Real-Encyklopädie, woselbst auch die ältere und neuere Literatur über Byzanz vollständig verzeichnet ist. Unter den öffentlichen Schulen Constantinopels nahm die, wie es scheint, bereits von Constantin gegründete und nach dem Muster der Hochschule zu Rom innerlich geordnete kaiserliche Lehranstalt im neuen Capitol die vornehmste Stelle ein. Das Gesetz des Theodosius II. vom Jahre 425 im *Cod. Theodos.* XIV, 9, 3. gab dieser Hochschule zu Constantinopel eine neue Organisation, und zwar sollten fortan 3 lateinische Rhetoren, 5 griechische Sophisten, 10 lateinische und 10 griechische Grammatiker, 1 Philosoph und 2 Rechtslehrer (intra Capitolii auditorium) unterrichten. Joannes Lyd. *de magistr.* III, 29. spricht von diesem Lehrraum [illegible]. Hierüber Bähr *de litterarum universitate Constantinopoli V. post Chr. n. saeculo condita*, Progr. Heidelb. 1835. Einen ungleich höheren Antheil an den Studien und an der Erhaltung des literarischen Gutes hat Julian genommen, neben Libanius zugleich der geistvollste und beste Autor der späteren Sophistik. Er ehrte und zeichnete die Gelehrten der Wissenschaft aus, unterhielt einen steten, zum Theil vertrauten Umgang mit den Meistern der Sophistik und Philosophie, hob und unterstützte in liberaler Weise mehrere Studienorte, ordnete die Rechtsverhältnisse der Lehrer und [illegible], selbst im Besitze eines prachtvollen Bücherschatzes, Constantinopel mit der ersten größeren Bibliothek, welche im königlichen Porticus aufgestellt, bald bis zu 120,000 Bänden heranwuchs, leider aber bereits im Jahre 491 unter der Herrschaft des Basiliskos ein Raub der Flammen wurde. Zosim. III, 11. 5. [illegible]. Wie sehr man damals noch auf Erhaltung und Verbreitung der Bücherschätze hielt, kann vor anderen die Constitution des Valens im *Cod. Theodos.* XIV, 9, 2. beweisen, wonach 4 griechische und 3 lateinische Abschreiber an der Julianischen Bibliothek angestellt wurden ad bibliothecae codices vel componendos vel pro vetustate reparandos. Nicht gering mochte später die Zahl der Privatanstalten und Privatlehrer in der Hauptstadt sein; freilich war hier die Disciplin noch gelockerter, als in den vom Hofe begünstigten Auditorien, ein sicherer Beweis von dem Niedergange der Cultur und dem Sinken des wissenschaftlichen Geistes. Immer geringer wurde das allgemeine Publicum, welches an Unterricht und literarischem Studium Theil nahm, die uneigennützige Hingabe an die Wissenschaft verschwand und dilettantische Neigung, Eitelkeit und bald auch Gleichgültigkeit gegen jedes Lehrobject nahm überhand. Kein Wunder, daß die Lehrer, die übrigens in Constantinopel vor der neugierig zu- und abgehenden Jugend in glänzender Amtstracht auftraten, unbedeutender wurden und sogar mit neidischen Blicken, wie dem Prohäresius erging, einander zu verdrängen suchten, daß die Schüler zuchtlos und jeder ausdauernden geistigen Anstrengung abgewandt waren. Ein lehrreiches Material zur Geschichte des damaligen Unterrichts- und Studienwesens schüttet Libanios aus, der an Genauigkeit, Wahrheit, Wärme und Innigkeit über den Berichterstattern des 4. Jahrhunderts steht; wir erfahren hier eine Fülle der interessantesten Details bis auf das Schulgeld (σύνταξις), das immer dürftiger und von manchem Schüler sogar durchgebracht wurde, von dem Verfall der Schulzucht und den Bubenstreichen der Schüler, namentlich in Athen, von den körperlichen Strafen, von Verdruß und Ränken und der traurigen Lage der Lehrer u. a. Hier erscheint das System der Verbindungen oder Landsmannschaften (χορός, der Senior προστάτης) bereits bis zu jenem Grade zügelloser und wilder Ausschreitungen ausgebildet, welche auf unseren Universitäten noch immer im Schwunge sind. Im Allgemeinen hierüber P. E. Müller *De genio aevi Theodosiani*, 2 *Voll. Havn.* 1798, und ein anziehender Aufsatz von Schlosser Universitäten, Studirende und Professoren der Griechen zu Julian's und Theodosius' Zeit (Archiv für Gesch. und Literatur, Frankf. 1830, Bd. I, S. 217 fg.). Mehreres Schade im Weimarischen Jahrbuch VI, p. 316 fg. und G. R. Sievers Das Leben des Libanius, herausgegeben von G. Sievers, Berl. 1868, S. 16—42. Athen hielt sich unter so mannichfachem Wechsel, noch einmal durch die gefeierten Sophisten Himerios und Proäresios verjüngt, bis zur Schließung der heidnischen Schulen im Jahre 529. Daneben Alexandria, wo nach Stiftung der sogenannten Katechetenschule im 4. Jahrhundert Christenthum und Heidenthum sich feindlich gegenüberstanden, und der letzte Glanz heidnischer Wissenschaft mit dem letzten Reste des Museums (Theon der Mathematiker, das letzte namhaft aufgeführte Mitglied) erst seit der Ermordung der geistvollen Hypatia (März 415) vernichtet wurde). Antiochia, für Rhetorik lange Zeit thätig und vorzugsweise von Kleinasiaten frequentirt, auch geschmückt mit einer bedeutenden öffentlichen Bibliothek im Tempel des Trajan, die aber schon unter der Regierung Jovian's zu Grunde gerichtet ward (cf. Suid. v. Ἰοβιανός); Nikomedia, das bithynische Athen, durch Themistios *Orat.* XXIV. pr. XXIII, p. 300 von der glänzendsten Seite bekannt; Berytos, bedeutend für Jurisprudenz und ungeachtet seines in moralischer Beziehung wenig ehrenvollen Rufes bis in Justinian's Zeit namentlich von Söhnen aus den höheren Ständen besucht: diese und viele andere Studienorte bestanden auch nach dem Sinken der Sophistik und des Schulwesens in seiner allgemeinen Bedeutung seit dem 5. Jahrhundert fort; noch immer hört man von Belohnungen und Belehnungen einzelner Kaiser und Städte, von viel umworbenen Lehrstühlen und Berufungen, von Immunitäten und Vorrechten der Lehrer, noch immer reihen sich grammatische Lehrcurse, rhetorische Declamationen, philosophische Diatriben und in Specialschulen auch Vorträge über Jurisprudenz an einander, aber Unterricht und Studien ruhen jetzt in einem andern Boden. Es fehlte diesen Zeiten des Ueberganges weniger an gelehrten Hülfsmitteln, als an der wissenschaftlichen Grundlage und an dem Vermögen von dem Reichthum der literarischen Mittel zusammenhängend den rechten Gebrauch zu machen. Auch der Antheil, den die Kaiser an den Studien nahmen, verlieh keinen anderen Geist; sie besaßen bis auf Justinian nur wenig Kenntniß von griechischer Form, wie Valentinian, dessen Dialekt (φωνὴν διάλεκτον προσῳδῶν), die lateinische Sprache, Themistios *Orat.* VI, p. 6 spöttelnd zum ersten Mal zu sprechen wünscht. Dazu schwand die ehrliche Fürsorge der Behörden und Städte, und an Stelle der Liberalität und Sorgfalt in der Erziehung und Bildung eines reinen Geschmacks trat Zwang und polizeiliche Zucht. Aber auch diese konnte nicht immer noch lange halten. Wenn nun selbst in späteren trüben und verworrenen Zeiten Wißbegier und Fleiß niemals erlischt, so entzogen sich dennoch die Studien seiner allgemeinen Theilnahme mehr und standen mit dem Leben in keiner Verbindung. Als nun noch der Ideenkreis einer christlichen Literatur Wurzel faßte, wurde der Unterricht im Profanen immer dürrer, beschränkte sich auf ein immer geringeres Maß von Grammatik, Rhetorik und Recht, und nach dem frühen Erkalten des Interesses an Rhetorik auf das ähnliche Maß, das die Progymnasmata des Nikolaos kennen lehrten. Schon seit der Mitte des 4. Jahrhunderts suchten die Lehrer der Propädeutik in der Hauptstadt ihr Glück zu machen, während sich bereits die Anzeichen der schwülstigen und höfischen byzantinischen Hofberedtsamkeit mehren. Vergl. die Notizen §. 1, S. 208 und die einleitenden Bemerkungen zu den „Rhetoren." Auch die Kenntniß der Grammatik wurde immer seichter. Wie viel zu dieser geistlosen und mechanischen Wendung des Unterrichts die von den Kaisern begünstigte Brodwissenschaft und Beamtendressur beigetragen hat, bei der jedes freie und selbständige Streben, der wissenschaftliche Ernst, das Gefühl für schöne Form und geschmackvolle Darstellung erstickt wurde, läßt sich an manchen nicht uninteressanten Thatsachen erkennen. Hier also fand die

Literatur keinen Anhalt; das Geschlecht war arm an productiver Kraft, die Formen des Alterthums waren nach dem kläglichen Ausgange der Sophistik verbraucht, und geistige Trägheit und Ungeschmack wurden immer allgemeiner. Es war nicht die Feindschaft des Christenthums, durch welche die überlebten Formen des Unterrichts und der Propädeutik untergingen, sondern weil das geistige Leben der Hellenen abgestorben war. Nun ist offenbar, daß das Christenthum, nach der kurzen und wirkungslosen Reaction des Heidenthums unter Julian, die Kraft seines göttlichen Wesens zur Geltung gebracht und das Volk für eine reinere Gottesverehrung thätig und empfänglich gemacht hat: allein bei der Fortdauer des Parteitreibens und der dogmatischen Zwistigkeiten des Klerus, ihrem Einmischen in Politik und Hofwesen, ihrer Unwissenheit, Gleichgültigkeit und fanatischen Erbitterung gegen jede nicht christliche Tradition, welche unter Theodosios I. die Zerstörung der Tempel, darunter der Serapistempel in Alexandria, die Entfernung aller äußeren Zeichen und Denkmäler des Heidenthums, die Schließung und Leerung der Bücherschränke (Zerstreuung der reichen Bibliothek im Serapeion) und die Vertilgung der letzten heidnischen Reste herbeiführte, darf ihr Einfluß auf die sittliche Bildung des Volks durchaus nicht überschätzt werden. Solcher Zügellosigkeit einzelner Fanatiker gegenüber muß die conservative Wirksamkeit mehrerer Kirchenväter im günstigsten Lichte erscheinen. In Ermangelung einer eigenen Literatur und einer auf christlicher Unterlage ruhenden propädeutischen Bildung konnte auch das christliche Heidenthum der heidnischen Wissenschaft nicht entbehren; die christliche Jugend wurde von heidnischen Lehrern unterrichtet und machte hier den Cursus der poetischen, namentlich dramatischen Literatur, τὴν [illegible] καὶ [illegible] παίδευσιν bei Gregor. Nyss. Tom. II, p. 179. Ueberhaupt blieb das Alterthum, freilich in einer Blüthenlese profaner Autoren und Stücke als Stoff der Lectüre, Eigenthum der Schule, und die Kühnheit einzelner Zeloten, wie der beiden Apollinaris, durch rasche Zurechtlegung einer christlichen Literatur die heidnische zu verdrängen und zum Archiv zu machen, scheiterte an den beharrlichen Gegenbestrebungen des Gregor von Nazianz, des Gregor von Nyssa, des Basilios und des Joannes Chrysostomos, die mitten im Streite des christlichen Dogmas die Sprecher gegen jede profane Literatur zum Schweigen brachten (des Basilios noch erhaltene Schrift Πρὸς τοὺς νέους ὅπως ἂν ἐξ Ἑλληνικῶν ὠφελοῖντο λόγων), die beiderseitigen Elemente vermittelten oder mit einander verschmolzen und die Literatur in einer Auswahl profaner und kirchlicher Schriftsteller pflegten und erhielten. Somit war griechische Bildung und Weisheit in den Dienst der Kirche getreten, das Mönchthum vorbereitet und durch Erziehung und wissenschaftliche Studien fruchtbar gemacht; und das 4. und 5. Jahrhundert überfließt von glänzenden Erscheinungen auf dem Gebiete der kirchlichen Literatur, in deren Studien nicht Talent und Größe des Charakters, nicht Gelehrsamkeit, nicht Schärfe und Tiefe des Gemüths, wol aber eine feste Ordnung und Schönheit der Form vermißt wird. Das Christenthum hatte die Welt erobert; den neuen kräftig aufblühenden theologischen Schulen gegenüber (die neu-alexandrinische und die antiochenische Schule), deren Aufgabe die Begründung einer rein biblischen Theologie war, erwies sich die heidnische Wissenschaft unfähig und nebelhaft: ihre letzte und einzige Stütze, die wiedererstandene neuplatonische Schule zu Athen, hob Justinian durch Decret vom Jahre 529 auf, entzog den öffentlichen Lehrern ihren Gehalt und ihre Revenuen und trieb die letzten griechischen Philosophen in die Verbannung. Vergl. §. 2. S. 240. Das war die Sterbestunde des Heidenthums im griechisch-römischen Reiche und das Ende der heidnischen griechischen Literatur. Uebergänge zum Christenthum und Einflüsse der Kirchenväter: H. G. Tzschirner Fall des Heidenthums (unvollendet) 1. Bd. Leipz. 1829. Manches bei E. von Lasaulx Untergang des Hellenismus, und bei F. Chr. Baur Das Christenthum und die christliche Kirche der 3 ersten Jahrhunderte. 2. Aufl. Tübingen 1860. — H. Kellner Hellenismus und Christenthum, oder die geistliche Reaction des antiken Heidenthums gegen das Christenthum. Cöln 1865. — Vergl. die Umrisse zu dem Capitel „Die spätesten Neuplatoniker" in meiner Literat. S. 688 fg. — C. Schmidt *Essai histor. sur la société civile dans le monde Romain et sur sa transformation par le Christianisme. Strasb.* 1853. — A. F. Ozanam *La civilisation au cinquième siècle.* 2 *Voll. Par.* 1855. — Lalanne *Influence des pères de l'église sur l'éducation publique. Par.* 1850. Mehreres bei Charpentier *Études sur les pères de l'église.* Uebers. von Bittner. Mainz 1855.

Allgemeine Charakteristik der byzantinischen Literatur.

§. 10.

Die Literatur der Byzantiner oder Mittelgriechen, von Justinian's Thronbesteigung bis zur Einnahme Constantinopels durch die Türken (529—1453) gerechnet, ist langwierig an Dauer und Zeit, an Inhalt und Werth gering und unfruchtbar. Jene flachen und zur Auflösung neigenden Jahrhunderte, die kein nationales Bewußtsein, kein empfängliches Publicum oder eine freie Gesellschaft besaßen, die gleichgültig gegen ernstere Studien, mühsam aus den Trümmern einer zersplitterten und verschleppten Literatur erlernten und weder eine gemeinsame Schriftsprache noch ein lebendiges Sprachgefühl verriethen, waren keine schöpferischen, noch weniger eben originale. Das geistige Leben der Griechen war an der Wurzel abgestorben. Daher hängt diese Literatur weder mit der Nationalität der alten Griechen zusammen, noch steht sie in Wechselbeziehung mit dem Leben selbst; sie hebt an unter den Auspicien eines ungebildeten und bigotten Machthabers, zugleich mit dem Verluste der literarischen Schätze, steht unter denselben Einflüssen und Ueberlieferungen christlich-griechischer Lebensformen und

Justinian, unbedürftig ihr langes mühevolles Dasein in Einsamkeit und farblosem Mechanismus, in Ermangelung eigener Kraft zehrend an einem immer knapper werdenden Erbtheil antiker Schätze und Bildungselemente, und hat weder ein schaffendes Princip noch neue Methoden in eigenen Formen entwickelt. Die Schriftstellerei, unberührt von dem Studium des Alterthums und der historischen Forschung, ist Sache persönlicher Liebhaberei; sie knüpft an die Thatsachen des individuellen Lebens an und dient dem praktischen Bedarf und dem Interesse der Kirche und des Hofes fast ausschließlich; daher hat sie an der Beamtenwelt, an der Geistlichkeit und den Klosterbewohnern die verhältnißmäßig eifrigsten Förderer und Gönner; für eine freiere, kräftigere Bewegung der Literatur fehlte dem Leben jeder innere Antrieb. Kein Wunder, daß an dieser durch kein großes Motiv aus der Vergangenheit oder Gegenwart bestimmten Schriftstellerei im Allgemeinen alle die bösen Eigenschaften des Mechanismus haften, der Mühseligkeit, Zerrissenheit, Weitschweifigkeit und geistlosen Compilation in einer modernen, von falschem Pathos und Phraseologie aufgeblähten Manier. Ihre Theilnehmer und Hauptvertreter, der Mehrzahl nach ganz unbekannte zum Theil charakterlose Geister, stehen sämmtlich unter denselben Einflüssen der Kirche und der kirchlichen Bildung und unterscheiden sich in Tendenz, Sprache, Geschmack und Darstellungsweise nur wenig von einander: ihr der eigenen Kraft ermangelnder Fleiß ist ein compilatorischer; ihre Bildung, dem steten Untergehen immer mehr entfremdet, nicht von Zwecken der Öffentlichkeit, sondern von persönlichen Aufgaben bestimmt, ist bequem und knapp, hier auf den mechanischen Beruf berechnet, dort vom Zufall oder von dilettantischer Neigung abhängig; ihre Thätigkeit, je seltener das Verlangen nach selbständiger Kenntniß und Belesenheit wird, ein mühsames und todtes Einsammeln und Zerstückeln der literarischen Schätze der Vergangenheit; ihre ohne Auswahl, ohne höhere Zwecke und eine tiefere Einsicht geschaffenen und daher weder von Kritik noch Geschmack beherrschten Werke tragen sämmtlich dasselbe Gepräge, dieselbe religiöse Färbung, denselben Abglanz des hierarchisch-bureaukratischen Absolutismus; ihre Stellung, je allgemeiner Ungeschmack und geistige Trägheit wurden, gab das namenlose Unglück der Jahrhunderte zu dem materiellen Ruin jeden Sinn für bessere Bildung abstumpfte, zuletzt vereinsamt und unsicher. Während also in der unter dem Einflusse der neuen Bildung erwachenden und von ihr abhängigen christlich-griechischen Kunst ein frischer, jugendlicher Lebenstrieb waltete, der sich schöpferisch bis in das 13. Jahrhundert erhielt — man erinnere an die herrlichen Statuen und Kunstwerke der Malerei und Architektonik, und an den prächtigen Bau der Sophienkirche in der Hauptstadt unter Justinian nach Plänen des Mechanikers Anthemios —, stellt die Compilation, die Unfruchtbarkeit, der Mechanismus, die Trivialität und der Ungeschmack der christlich-griechischen Literatur den Verfall des byzantinischen Lebens in ein traurigeres Licht; sie ist zugleich der treueste Spiegel der kirchlichen und politischen Zustände, die naturgemäß ihren Gang begleiteten und bestimmten. Vollends erscheinen die späteren Jahrhunderte, wenngleich sie keineswegs immer Zeugniß von dem wachsenden Verfall und der Erschlaffung ablegen, lückenhaft und zersplittert; der Nachlaß aber, weder an literarische Tradition noch an Autoritäten geknüpft, je lebloser und vereinsamt der byzantinische Staat hinsiechte, desto dürrer und kleinlicher, und niemand möchte aus diesem für byzantinische Culturgeschichte nicht unwichtigen Material eine genauere Abfolge literarischer Thatsachen, geschweige denn ein Ganzes als byzantinische Literatur herausfinden. Und dennoch hat eine nicht unbedeutende Anzahl von schriftstellerischen Producten des byzantinischen Kaiserthums für uns einen hohen Werth; namentlich erinnern mitten in dieser Zerrissenheit und der einbrechenden Verwilderung die achtbaren Studien einiger Kirchenlehrer und Geistlichen, welche ohne Ruhm in stilistischer Hinsicht zu erwerben und zu verdienen, und ohne die Autoren planmäßig oder methodisch zu fördern, für Erhaltung und Verbreitung des classischen Gutes Sorge trugen. Durch sie kamen zum Theil correctere Abschriften der profanen und heiligen Bücher in Umlauf; sie legten in mehr oder minder umfangreichen Commentaren, die freilich oft genug nur den Werth von trivialen Compilationen haben, eine Summe gelehrten Stoffes nieder; entzogen so, nach Neigung und Liebhaberei studierend, zum Theil in höherem Lebensalter in klösterliche Stille und sorgenfreie Muße zurückgezogen, die wichtigsten Autoren der Vergangenheit, und vermittelten durch das Bindeglied der von ihnen geschaffenen Mönchsbildung zwischen der griechischen Literatur und der modernen Bildung. Einzelne erhoben sich sogar, einer edeln Beschäftigung zugewandt, über das Maß der Mittelmäßigkeit, gewannen vorübergehend einen bedeutenden Einfluß auf gewisse Kreise und Liebhaber und glänzen durch hervorragende Verdienste um Hebung und Förderung der Bildung und literarischen Thätigkeit. Selbst Vielwisserei und Vielschreiberei wird in trüben Zeiten nicht selten angetroffen und ein höheres Verlangen nach selbständiger Kenntniß und Belesenheit, die freilich über mehr Objecte spricht und schreibt, als sie gründlich versteht. Auch war die Geistlichkeit bald ausschließlich in dem Besitz der Schule und der profanen Bücher, und schon deshalb berufen, einen gewissen Zusammenhang mit der antiken Welt zu erhalten, in den Zeiten des Untergangs des byzantinischen Kaiserthums aber dem Abendlande einen immerhin achtbaren Bestand von Bildungselementen und Bücherschätzen zu retten und zuzuführen. Hier also, nicht in der verflachenden Nationalität, wo kein Platz mehr für liberale Formen des Unterrichts blieb und kein Publicum mehr einen bestimmenden Ton angab, wurzelte die byzantinische Bildung und Schule. Sprache, Lesung und Abschätzung der griechischen Autoren waren völlig von officiellen Zwecken bestimmt. Aus dieser bunten Belesenheit ausgewählter prosaischer und poetischer Stücke aus classischen und unclassischen Werken der Vorzeit und des Nachlebens der hellenischen Literatur, verbunden mit der Vorliebe der

Bibel und der an feste Dogmen und Glaubensformeln gebundenen Kirchenväter, erklärt sich die Doppelzüngigkeit des byzantinischen Sprachschatzes und der Ungeschmack des byzantinischen Stils, eines buntscheckigen mit angeeigneten Phrasen, Metaphern und Bildern aufgeputzten Gemisches aus den unähnlichsten Elementen der ganzen profanen und geistlichen Literatur. Bald im rhetorischen Farbentone, besonders aus den Redekünsten des alten Athenaeums, bald im naivsten Atticismus schillernd, zeigt die byzantinische Sprache nichts von jenem reinen und eleganten Atticismus, nichts von jenem Reichthum an den schönsten Herrlichkeiten griechischer Classicität, welchen der Autor in den Bonner Verhandl. der Philol. p. 18 begegnet zu haben meint. Vergl. Kreuser in den Verhandl. der Philol. in Ulm 1842, p. 43 fg. Allmählich führte der Egoismus und die feige Selbstüberhebung der Geistlichkeit, bei dem zunehmenden Fanatismus und den Gewaltthätigkeiten der Kaiser, eine Zersplitterung und Abgeschiedenheit von den frisch emporstrebenden Völkern des Abendlandes herbei; die antike Bildung sank bei den Geistlichen immer tiefer herab und blieb nur noch in beschränktem Umfange in den Händen einzelner Grammatiker; es entstand Mangel an biblischem Wissen, Unkenntniß selbst mit den in nächster Nähe sich entspinnenden Vorgängen und Verhältnissen, Erstarrung und Gewaltthätigkeit. Schon als das Unglück von den Slaven und Arabern hereinbrach, und weite blühende Strecken Kleinasiens, welche die griechische Sprache als Hellenismus in lebendiger Ueberlieferung erhalten, dann durch die Schulen der Sophistik befestigt und so der Hauptstadt überliefert hatten, von der Gesammtmonarchie losgerissen waren, hatte der Hellenismus sich getrübt und war mit fremden barbarisch klingenden Idiomen und Bestandtheilen vermischt worden. Bei den zunehmenden Völkerwirren und Verlusten hatte auch die Rede des Volks immer mehr an Reinheit und Eigenartigkeit eingebüßt und sank bis zur Barbarei herab. Nunmehr war auf allen Gebieten der geistigen und literarischen Thätigkeit ein Stillstand eingetreten, nur unterbrochen in der zweiten Hälfte des 9. Jahrhunderts durch die unbegrenzte Thätigkeit, den durchgreifenden Eifer und Einfluß des Patriarchen Photios, des größten und gelehrtesten unter den wenig bedeutenden Autoren der byzantinischen Periode. Sein Einfluß auf die Familie Basilios des Macedoniers, namentlich auf Leo den Philosophen und Constantin VII. Porphyrogennetos ist unverkennbar; und wenn auch unter den Auspicien des letztern die profane griechische Literatur verstümmelt und in einer encyklopädischen Auswahl, als ein umfangreiches Lehr- und Lesebuch hervorging, welches alles Quellenstudium entbehrlich machte und dem bequemen Bedarf des Hofes und Staates in Praxis und Berechtigung dienen sollte, so war dennoch die Frucht dieser compilatorischen Betriebsamkeit eine bleibende: sie hat uns einmal in Bruchstücken und Auszügen erhaltenen Autoren vorerst der Vergessenheit entrissen. Seit dem Anfange des 11. Jahrhunderts mehren sich die Anzeichen der in gänzlichen Verfall gerathenen griechischen Literatur: Michael Psellos, der productivste und gewissermaßen universellste unter den Byzantinern, weiterhin Joannes Tzetzes und der gelehrte Erklärer des Homer Eustathios stehen an Bildung und Kenntnissen über ihrer Zeit und bezeichnen noch einen Höhepunkt. Je unfähiger aber der Staat sich erwies, dem Eindringen fremder Nationen Einhalt zu thun und sein kümmerliches Dasein zu fristen, je tiefer das Volk in Barbarei versank, Geistliche und Mönche in Trägheit, Unwissenheit und Verdummung, sodaß selbst die schönsten Bücher verschleppt und fortgeworfen wurden (vergl. den Artikel „Eustathios"), je schroffer der Gegensatz zwischen Volkssprache und der noch gebildetern Rede der Darsteller, desto mehr schrumpfte die Literatur zusammen und wurde zum Archiv, desto formloser wurde der Stil und ärmer die Grammatik, desto rascher und sicherer starben die letzten Spuren des griechischen Sprachgeistes ab, ohne jedoch seiner Fähigkeit eines Nachlebens im Neugriechischen (Ῥωμαϊκή) ganz verlustig zu werden. Vergl. den Artikel „Theodoros Prodromos" und die Einleitung zu dem Capitel „die Sprachwissenschaft." Mullach Griech. Sprache und Dialecte, in Ersch und Grub. Encykl. 81. Theil S. 14 fg.

Verlauf der mittelgriechischen Literatur von Justinian bis auf die Regierung der bilderstürmenden Kaiser, 527—718.

§. 11.

Mit der Schließung der letzten heidnischen Schulen zu Athen durch das oben §. 2. S. 240 erwähnte Edict des Kaisers Justinian, und mit dem Untergange der alten Philosophie, dessen Studium die Vertreter des Neuplatonismus nach dem Mislingen des positiven Kampfes gegen das Christenthum mit erhöhtem Eifer ergriffen und durch Erklärung der Schriften des Platon und Aristoteles neu belebt hatten, war auch eine wesentliche Stütze antiker Bildung für den Augenblick gefallen; der byzantinische Staat trug nach Ausscheidung heterogener Elemente einen durchaus christlichen Charakter. Im Gegensatz zu den Ἕλληνες, worunter man die alten Griechen oder die jüngsten Anhänger des Heidenthums verstand, nannte man sich, analog der neuen Bezeichnung der Residenz (νέα Ῥώμη), mit dem bekanntern Namen Ῥωμαῖοι. Nun haben diese „Romäer," abgesehen von der Freiheit äußerer Formen, von dem Bestand, der Centralisation und der Beibehaltung der Umrahmung des Reichs und des gemeinsamen Rechts, ihren römischen Charakter schrittweise verloren. Vergl. Gibbon chap. 53. extr. Nach dem allmählichen Aufgehen der römischen, beziehungsweise romanischen Geschlechter in die herrschende Bevölkerung der Hauptstadt und der Provinzen, insbesondere seit dem Ueberwiegen des Einflusses der orthodoxen Kirche, deren Sprache die Griechische war, wandelten sie auf eigener Bahn, und griechische Sprache und griechisches Wesen gewann nach und nach immer entschiedener das Uebergewicht. Wie auf die

Eroberungen der Araber beherrschte die griechische Zunge ein ungeheures Ländergebiet: von Großgriechenland und Sicilien bis Armenien, von den Gestaden des schwarzen Meeres über Kleinasien, Syrien und Aegypten (dort jedoch im monophysitischen Streit aus Haß gegen die griechischen Katholiken zeitweilig aus dem kirchlichen Gebrauche verbannt, vergl. oben S. 244) bis nach Afrika; eben ward sie verbreitet und gewann seit dem 6. und 7. Jahrhundert durch die Geistlichkeit und die Klöster auch im Westen immer mehr an Boden. Bereits unter Justinian war die römische Sprache selbst am Hofe zu Gunsten der griechischen fast durchgehends außer Gebrauch gesetzt, doch blieb das Studium des Lateinischen, wie Kapiton, der elegante Uebersetzer des Eutrop unter Justinian, und etwas später der sophistisch gebildete Metaphrast Paeanios vermuthen lassen, von Grammatikern wie von Juristen und Geschäftsmännern noch längere Zeit gepflegt. Unhaltbar dagegen erscheint die Annahme von Harris *Philolog. inquiries* p. 298 von einer Fortdauer der lateinischen Sprache zu Byzanz in späten Zeiten, nicht einmal für den Bedarf der juristischen Praxis. Bereits unter Mauritios hörte die römische Sprache auf officielle Sprache zu sein, amtliche Verfügungen wurden seitdem nur noch griechisch erlassen; auch sprach die juristische Praxis des byzantinischen Reichs, nachdem das unter Justinian in großartigem Umfang redigirte römische Recht (*corpus juris civilis Justinianei*) durch neue Verordnungen in griechischer Sprache erweitert war, immer dringender das Verlangen nach einem griechischen Gesetzbuch aus. Durch den von Basilios I. unternommenen Versuch eines Rechtshandbuchs in griechischer Rede ward dann die eigentliche Abfassung der Basiliken des Kaisers Leo I. vorbereitet. Zugleich trat, als mit den neuen Formen und Organen auch das Material für kirchliche Angelegenheiten wuchs, besonders seitdem die Menge und Bedeutung der Synodalbeschlüsse zunahm, noch als selbständiger Zweig das Kirchenrecht (*jus canonicum*) hinzu, mit dessen Ordnung schon unter Justinian's Regierung ein Anfang gemacht wurde. Hiermit sind zugleich die Verdienste dieses literarisch wenig gebildeten Kaisers angedeutet. Ueber Studien und Kenntnisse Justinian's urtheilt nach Procop. *Anecd.* 8. 13. zu günstig Gibbon chap. 43. Vergl. den Artikel „Prokopios.“ Nun wird zwar dieser den praktischen Zwecken des Staats ausschließlich dienenden Thätigkeit Justinian's und der Mehrzahl seiner Nachfolger, unter welchen nur Mauritios als Freund und Gönner der Wissenschaften genannt zu werden verdient (cf. Theophyl. Simoc. VIII, 13. und Suid. v. *Μαυρίκιος Τιβέριος*), ein Stillstand oder ein jäher Verfall der Literatur nicht wahrgenommen. Noch besaß man einen Ueberfluß an gelehrten Mitteln, die artistischen und literarischen Schätze der Hauptstadt bewahrten noch ihre alte Anziehungskraft und weckten zu ferneren Studien; den Verlust der bei einem Aufstande unter der Regierung des Basiliskos (491) verbrannten öffentlichen Bibliothek Julian's (ἡ δημοσία βιβλιοθήκη ἐν τῇ βασιλικῇ στοᾷ) ersetzte eine, wie es scheint, schon unter Zeno angelegte neue Sammlung profaner Autoren (*cf.* Agath. *Hist.* III, 1); dazu stand eine geistliche Bibliothek (*βιβλιοθήκη Πατριαρχείου*), untergebracht in einem Θωμαΐτης genannten Saale des Patriarchenpalastes, zur Verfügung, während die Hofschule zu Constantinopel mit ihrem ansehnlichen Lehrerpersonal noch immer Lehrer wie Schüler von nah und fern zu den gewohnten Beschäftigungen versammelte. Vergl. die Umrisse von §. 9. S. 203. Welche Bewandniß es jedoch mit dem von Mauritios gestifteten oder, was wahrscheinlicher ist, wiederhergestellten Museum in Constantinopel hat, welches Philadelphion genannt wurde und der Nachahmung des alexandrinischen seinen Ursprung und Namen verdankte, ist nicht klar; auch ermangeln wir jeder näheren Zeitbestimmung. Die drei Epigramme in *Anthol. Pal.* IX, 799—801 (*Εἰκόνα μὲν βασιλεῖ Μουσήϊος — Μουσείου Ῥώμης ὁ γραμματεὺς καὶ βασιλῆος Εἰκόνα ἀνέστησεν ἔργματι δόξαν. Τῆνδε φιλοπονίας, πολλοῖς μέγαν, Παῦλε κομίζων. Ὅσσα δὲ τῆς ἀρετῆς, γράμματα τοῖς ἀγαθοῖς*) weisen auf eine Stiftung durch Privatwohlthätigkeit hin. Hierüber Klippel Ueber das alexandrinische Museum, Götting. 1838. S. 109 fg. Wenn man hier wie anderwärts den Studien wie der Schule, wo die Vortheile der Bildung und die praktischen Zwecke des Staates überwogen, wo mechanischer Zwang und polizeiliche Zucht oft genug die freiere Bewegung der Geister hemmten, die liberalen Formen des Unterrichts und eine feste Ordnung fehlten, so weist dennoch die Regierung Justinian's eine lange Reihe von Männern auf, die als Lehrer und Darsteller wol Beachtung verdienen. Als öffentliche Professoren am kaiserlichen Institute unter Justinian nennen wir den als bureaukratischen Alterthümler bekannten Joannes Laurentios Lydos und die beiden Grammatiker Metrodoros und Hermolaos; bedeutender wegen der philosophirenden Richtung seiner Schriftstellerei war der Grammatiker Joannes Philoponos, welcher den Uebergang von den letzten Commentatoren des Aristoteles zu den späteren gründlichen Compendienschreibern bildet. Die Beredtsamkeit erhob sich gewöhnlich nicht viel über einen dürftigen Kreis rhetorischer und panegyrischer Blüthen und sank zur Albernheit und zu leerem Wortgepränge herab. Zu den vielen zum größern Theil wenig bekannten Rhetoren, welche, unter und nach Kaiser Anastasios namentlich in Gaza blühten und, denkwürdig durch schwülstige Darstellung und gesuchte Eleganz, als Vorläufer der byzantinischen Hofberedtsamkeit gelten, wie Timotheos, Zosimos, Prokopios, Chorikios u. A., wird man unter Justinian den moralisirenden Rhetor Agapetos und den geschmacklosen Erklärer einer Weltcharte Joannes von Gaza rechnen. Der letztere kann wegen seiner mißlungenen Versuche von Gedichten im kleinern Stil, namentlich in anakreontischer Manier und im Epigramm, den allgemeinen Standpunkt der damaligen Poesie bezeichnen. Alles läuft hier auf das Epigramm und auf erotische und panegyrische Kleinigkeiten hinaus, woran man unwillkürlich die Flachheit und Unerreichheit jener Zeiten und Geister empfindet;

durch bessere Stücke ragen unter der Menge jener Gelegenheitsdichter und Epigrammatiker Paulos Silentiarios und der Scholastiker Agathias aus Myrina hervor. Weniger möchte Agathias als Darsteller auf dem Gebiete der Historiographie gefallen, worauf ein gewisser Glanz und die eigentliche Bedeutung der byzantinischen Schriftstellerei ruht. Alles, was diese Zeiten an geistiger Kraft und fähigern Köpfen noch besaß, suchte hierin zur Geltung zu gelangen. Bereits im 5. Jahrhundert hatte die von Eunapios begründete historische Schule den Sinn für das Studium der Geschichte neu belebt. Anschließend an des P. Herennios Dexippos Weltchronik, die Vorläuferin der byzantinischen Historiographie, hatte sie, wie Eunapios selbst und seine Fortsetzer Olympiodor und Kandides, theils Material aus der Zeitgeschichte zu künftiger Bearbeitung zusammengetragen, theils, wovon Priskos und sein Continuator Malchos zeugen, ausgeführte Gemälde aus der byzantinischen Staats- und Hofgeschichte versucht, theils auch Weltchroniken in wenigen Strichen oder kurzen Auszügen zusammengestellt, wie der Chronist Eustathios aus Epiphania am Ende des 5. Jahrhunderts. Der bedeutendste unter ihnen ist Zosimos, wegen seiner Freimüthigkeit in der Beurtheilung kirchlicher Zustände vom byzantinischen Klerus gründlich verachtet und geschmäht. Sie verdienen unser wärmstes Interesse, weil sie, wenn auch auf gesunkenem Boden stehend und in reiner und freier Lebensluft gedeihend, dennoch von Sachkenntniß und Geschick, zugleich gestützt auf ein ziemlich sorgfältiges Quellenstudium, noch genug Erinnerungen an die Vergangenheit des Staates retteten, die Schäden der Gegenwart aber nicht ohne die Gabe der Beobachtung mit objectiver Treue und Unbefangenheit schilderten. Auch in stilistischer Hinsicht verdienen sie, zum Theil als Nachahmer classischer Muster, unsere volle Würdigung. Vergl. darüber die Umrisse der Einleitung zur „Byzantinischen Historiographie." Hieran knüpften sich die schönsten Erwartungen für die Literatur; sie blieben unerfüllt, weil das Leben selbst, ohne die Triebfedern der Nationalität und Oeffentlichkeit, immer weniger Momente bot, einen großartigeren, weltgeschichtlichen Standpunkt einzunehmen. Sieht man daher von Prokopios ab, der die Reihe der eigentlichen byzantinischen Historiographen seit Justinian eröffnet, zugleich der letzte, der eine tiefere Kenntniß der politischen Zustände des Reiches und den praktischen Blick des Staatsmannes mit gesunder Einfachheit in der Darstellung verbindet, so begegnen wir nach Agathias einer langen Reihe von historischen Darstellern, deren Aufgaben immer geringer an Umfang, deren Standpunkte kleinlicher wurden, deren Darstellungsweisen aber kunst- und formlos erscheinen. Dahin gehören unter und nach Justinian der Rhetor Petros, Hesychios Illustrios, zugleich Verfasser eines literarhistorischen Abrisses über die namhaftesten griechischen Schriftsteller, Nonnosos, Theophanes, der Continuator des Prokopios, Menander Protektor, Fortsetzer und Nachahmer des Agathias, und unter Kaiser Herakleios ein Aegyptier Theophylaktos Simokattes. Der letzte, vor anderen merkwürdig durch eine bis zur Dunkelheit gewundene und nach ägyptischer Weise in Schwulst, Ueberladung in Phrase, Figur und Bild schwelgenden Sprache, stellt den Verfall dieser Historiographie in ein trauriges Licht; sie sank rasch zur ausführlichen, der Wahrheit ermangelnden Compilation in einer trockenen und aufgeblähten Manier herab, welche Georgios Pisides, ein überschwänglicher und weitschweifiger Dichter, Panegyriker und poetisirender Historiker unter Herakleios, auf die Spitze trieb und die Richtung der späteren höfischen Erzähler und Lobredner von Byzanz bestimmte. Nirgends aber erhalten wir ein so ungünstiges Bild geschmackloser Darstellung, als durch die volksmäßige, aller historischen Forschung Hohn sprechende Chronographie des Syrers Joannes Malalas, falls er schon in der zweiten Hälfte des 7. Jahrhunderts schrieb. Bis zu solchem Uebermaß von Schmutz und Gemeinheit der barbarisirenden Diction war denn doch das Griechische noch nicht gemißhandelt worden. Eigenthümlich und den Charakter der Zeit bezeichnend ist auch das gegen Ptolemäos gerichtete Unternehmen, ein eigenes mit der heiligen Schrift übereinstimmendes geographisches System zu schaffen, worüber die christliche Topographie des gelehrten Mönchs Kosmas Indikopleustes belehrt. Auch mochten topographische und namentlich statistische Abrisse der Provinzen und Städte des byzantinischen Reichs, theils für kirchliche Zwecke, theils aus Gründen der Politik und Staatsökonomie unternommen, wie der Synekdemos des Grammatikers Hierokles, nicht zu den Seltenheiten gehören. So kümmerlicher aber auch hier die Gesichtspunkte bei den vorwiegend praktischen Interessen wurden, desto dürrer war die Kenntniß geographischer Thatsachen, und für große Ideen, wie Ptolemäos, oder für umfangreichere Studien zugleich ethnischer Art, wie Stephanos von Byzanz an der Schwelle dieses Zeitraumes, hat kein byzantinischer Geograph geschwärmt. Erwägt man nun die Verkümmerung dieses Zeitabschnittes und die mannichfachen Anzeichen des gesunkenen Geschmacks, so müssen die Leistungen in Jurisprudenz in einem glänzenden Lichte erscheinen; die Meisterstücke dieser großartigen Thätigkeit der beiden von Justinian eingesetzten Commissionen, deren Seele Tribonianus war, welche die Fortdauer der juristischen Originalwerke überflüssig, die wissenschaftliche Forschung und Auslegung aber entbehrlich machten, gehören nicht in die Grenzen dieser literar-historischen Uebersicht. Einen nur geringen Werth für den Alterthumsforscher haben die Bruchstücke aus den Commentaren der griechischen Juristen, welche während der fast vierzigjährigen Regierung Justinian's theils als Gehülfen des Tribonianus, wie Dorotheos und Theophilos Antecessor, Verfasser einer griechischen Paraphrase der Institutionen, theils in früheren Arbeiten als Paraphrasten und Commentatoren sich einen Namen erwarben, wie Theodoros, Stephanos, Kyrillos, Philoxenos u. A. Ihr eigentlicher Platz ist die Geschichte des byzantinischen Rechts; Einiges in meiner Geschichte der griechischen Literatur S. 753 fg., woselbst die Literatur verzeichnet ist, wissenschaftlicher Heim-

dem Art. Geschichte des byzantinischen Reichs in dieser Encyklopädie.

Zustände der byzantinischen Literatur unter den bilderstürmenden Kaisern, 718—867.

§. 12.

Auf die Regierung Justinian's und seines Nachfolgers Mauritius, welche noch manchen fähigen Kopf beschäftigt und sogar behagliche Muße gewährt hatte, folgten etwa zwei Jahrhunderte der zunehmenden Ohnmacht des Kaiserthums, der politischen und religiösen Stürme, der Länderverluste, endlich der barbarischen Unwissenheit und Verachtung der Wissenschaften unter den Kaisern der heraklianischen und isaurischen Dynastie. Ἀλογία, ἀγροικία oder ἀγραμματία καὶ ἀμαθία sind die Ausdrücke, mit welchen noch späte Schriftsteller diese Periode der Leidenschaftlichkeit und Finsterniß, die durch keinen bedeutenden Namen erhellt ist und das Sinken der literarischen Tradition außer Zweifel setzt, treffend gezeichnet haben. Cf. Cedren. p. 547. Zonaras XVI, 160 sq. Bereits unter der tyrannischen Regierung des Phokas hatte das erschöpfte Volk seine Rache durch Brandstiftung abgekühlt, wobei eine Reihe öffentlicher Gebäude, auch das kaiserliche Archiv, ein Raub der Flammen wurde. Dann entführten wol die Siege des Eroberers Chosroës aus Tempeln und Sammlungen manches Werk der Kunst und Literatur, um den fernen Residenzen des Perserreichs fortan ein Schmuck oder erwünschtes Hülfsmittel der besseren Bildung zu sein. Sicher ist, daß Chosroës, anfangs wol mehr aus Eitelkeit als wahrem Bedürfniß, die ausgetriebenen Philosophen Athens schützte, durch sein Beispiel die Wißbegierde seiner durch Talent ausgezeichneten Unterthanen weckte und über das persische Reich Bildung und Wissen verbreitete. Berühmt ward das medicinische Institut zu Dschondisapur in der Nähe von Susa, welches allmälig zu einer freien Schule der Poesie, Philosophie und Rhetorik erweitert wurde. Auf sein Geheiß wurden die bedeutendsten Autoren der Griechen in die persische Sprache übersetzt, wie Dialoge Plato's (Gorgias, Phädon, Parmenides und Timäos von Agathias II, c. 66—71 genannt) und Schriften des Aristoteles; ja man hatte sich sogar dem Wahn hingegeben, ein Schüler Plato's ziere den persischen Thron. Vergl. Gibbon chap. 42. Kaum aber hatte Heraklios die entrissenen Länder wiedergewonnen, als die Araber ihre kühne Heerfahrt für den Islam antraten und den Zusammenhang des Ländergebietes, wo die griechische Sprache herrschte, durchbrachen. In rascher Aufeinanderfolge mußten sich drei Patriarchate, Alexandria, Antiochia und Jerusalem, den fanatischen Verbreitern der neuen Religion unterwerfen. Durch diese gewaltsam herbeigeführten Veränderungen wurde der Länderumfang des Christenthums beschränkt, das griechische Volkswesen und die Volkssprache mit barbarischen Elementen versetzt, die literarischen Kräfte gemindert und geschwächt, der Literatur selbst aber, die bis dahin an den östlichen Provinzen noch immer einen Rückhalt besessen hatte, der freie Boden entzogen. Und wie diese Beschränkung Schritt hielt und zunimmt mit der stückweisen Zertrümmerung des Reichs im Norden durch die Avaren, Bulgaren und Slavenhorden seit den letzten Jahrzehnten des siebenten und den Anfängen des achten Jahrhunderts, so wurden auch im Westen, nach der Erschütterung der byzantinischen Macht in dem nördlicheren und mittleren Theil Italiens durch die Eroberung von Ravenna durch den Langobardenkönig Aistulf (751), als der Bilderstreit heftiger als je wüthete, die letzten Spuren des politischen Zusammenhanges zwischen Rom und Byzanz gelöst. Im Verlaufe des 9. Jahrhunderts, während der Kampf um die Unterwerfung, Bekehrung und Gräcisirung der Slaven in Griechenland im Wesentlichen zum Abschluß gelangte, gingen dann nach mannichfaltigen Schicksalen die größeren Inseln, Kreta, Sicilien und die letzten Besitzungen in Unteritalien, verloren. Vergl. Zinkeisen Geschichte Griechenl. I, S. 762 fg. Dümmler Die Slawen in Dalmatien S. 44 fg. Curtius Peloponn. I, S. 91 fg. und oben die Umrisse von §. 4. S. 245 fg. Ungefähr zwanzig Jahre nach dem Siege der alten Orthodoxie (842) begannen dann die Angriffe der Russen auf das byzantinische Reich. Vergl. Wilken Ueber die Verhältnisse der Russen zum byzant. Reiche S. 3—17. Von solchen Zeiten der äußersten Schwäche, des Unglücks und des Frevels erfuhr Cultur und Gelehrsamkeit keine Gunst oder Förderung. Am wenigsten aber konnte die Literatur, deren eigentliches Terrain immer schmäler wurde und sich bald auf die Hauptstadt, mehrere größere Plätze und Klöster des Festlandes und einzelne Inseln beschränkte, von aller regen Theilnahme und aufmerksamen Wortführern verlassen, auf die Unterstützung der bilderstürmenden Kaiser bauen; sie erlitt vielmehr, zugleich mit den Denkmälern der Kunst, die empfindlichsten Verluste. Galt es doch, den Widerstand der auch materiell gefährlicheren Mönche und Geistlichen, in deren Händen damals fast ausschließlich die Pflege der Wissenschaft und Literatur lag, zu brechen und für Teufelswerk zu erklären, was dem Volke und namentlich den Frauen, in deren stiller Häuslichkeit griechische Sitte und Eigenthümlichkeit am meisten sich erhalten hatte, Gegenstand der heiligsten Verehrung war. Daher die Entschlossenheit des Volks und der Mönche, deren gewichtigster Sprecher Joannes Damaskenos war, gebildet in Dialektik und aristotelischer Philosophie, zugleich der größte Dogmatiker dieser Zeit, gegenüber dem verderblichen Einflusse des Despotismus und der wild entfesselten Wuth des Fanatismus. Diese so häufig beschäftigten Kaiser besaßen aber auch, mit geringen Ausnahmen, weder Sinn für Wissenschaft noch die nöthige Bildung, zum Theil waren sie, wie die Ikonoklasten, welche als Feinde des Alterthums bezeichnet werden, durch Erziehung und Neigung den Studien geradezu entfremdet. Leo der Isaurier, der Nachwelt durch die Schmähungen der Historiker, seiner Feinde, von keiner vortheilhaften Seite bekannt, soll, was in der bekannten Fassung bei Cedrenus I, p. 444, Zonaras XV, p. 104, Glycas

p. 261 mindestens stark zu bezweifeln ist, das kaiserliche Collegium, wo zwölf gelehrte Geistliche, die Professoren der verschiedenen Künste und Facultäten, unter der Oberaufsicht des kaiserlichen Directors (*οἰκουμενικός*) lehrten, sammt der darin befindlichen Bibliothek von c. 36,000 Bänden durch Feuer haben zerstören lassen. Ueber die Schicksale dieser Anstalt und ihren Sitz die Basilika s. Zonaras l. l.: οἶκος ἦν ἐν τῇ καλουμένῃ Βασιλικῇ [illegible] Καλουμπατελών [illegible], ἐν ᾧ καὶ βιβλία [illegible] (die profane Literatur) καὶ τῆς [illegible] πολλαὶ [illegible]. Cf. Du Fresne *Constantinopolis Christiana* II, p. 150. 151. Schlosser Geschichte der bilderstürmenden Kaiser S. 163 fg. Spanheim *Historia Imaginum* p. 99—111. (Opp. II, p. 736—740) Heeren Geschichte der class. Literatur im Mittelalter S. 103 fg. und G. Bernhardy Grundriß der griechischen Literatur I, S. Bearb. S. 677 (586.) Indeß war Kaiser Leo nicht der einzige, der die von der verhaßten Geistlichkeit geleiteten höheren Schulen unterdrückte, den Lehrern ihren Gehalt entzog (Theophan. p. 339) und sie mit Argwohn und Haß verfolgte. Kaum bedarf es einer besonderen Erwähnung, daß in jenen heftigen Erschütterungen die rücksichtslosen, von militairischer Gewalt und Rohheit unterstützten Verfolgungen, die von der Hauptstadt aus sich über die Provinzen verbreiteten und nicht blos die Geistlichkeit und Mönche, sondern auch Kirchen, Klöster und andere Stiftungen trafen, oft genug den Charakter von Plünderungen und Zerstörungen annahmen, wobei die Bücherschränke niedergestürzt und ihres Inhalts beraubt wurden. Verbürgter sind die Nachrichten vom Ruin der Klöster und Klosterbibliotheken, welchen der militairische Despotismus des Constantin V. Kopronymos verschuldete. Damals soll Constantinopel fast ganz leer von Mönchen geworden, die Klöster in Kasernen verwandelt, und die Furie des Aufstandes und der Verheerung durch dienstwillige Statthalter in die entferntesten Gegenden des Reichs getragen worden sein. Vergl. die kurze, öffentliche Charakteristik Constantin's V. von Gibbon chap. 48, und die allgemeine Darstellung oben §. 4. S. 245. Wahrscheinlich ist, daß damals die Bibliotheken der Klöster ausgeplündert, die profanen Bücher verkauft, die patristischen, weil diese dem Bilderdienst das Wort redeten, verbrannt wurden. Cf. Cedrenus p. 466 (aus Theophanes p. 375): οὗτος (der Statthalter von Thrakien Michael Lachanodrakon) [illegible] [illegible] [illegible] [illegible], worin Heeren S. 111 die richtige Bemerkung anknüpft, daß nach der Restauration der unterdrückten Partei unter der Regierung der Kaiserin Irene, als die vertriebenen Mönche wieder in ihre Klöster zurückkehrten, die Wiederherbeischaffung ihrer geraubten Schätze und das erste war, woran sie dachten. Es dauerte noch eine geraume Zeit, bis in Constantinopel der Sinn für heimische Literatur und Gelehrsamkeit wieder erwachte, und das was in jener Zeit der Verfolgung zerstreut war, durch neue Abschriften und eine zweckmäßige Aufbewahrung dem Untergange entrissen ward. Ganz unzulässig dagegen erscheint die sogenannte Angabe des Cedrenus p. 490, daß Michael II. der Stammler (820—829) in seiner rohen Gleichgültigkeit allen Unterricht der Jugend verboten habe: [illegible] [illegible] u. s. l. Damals wechselten die Regenten schnell, und weil Leo V. der Armenier (813—820) den kaum beschwichtigten Kampf gegen den Cultus der Bilder erneuerte, und die besonders bilderfeindliche Armee seine Wünsche in wüthendem Bildersturm durchbrach, so schloß sich die Masse des Volks und des Klerus nur um so fester zusammen, bereit mit zäher Energie am jeden Preis auszuhalten. Dagegen sammelten sich mehrere fähige Geister im Schooße der häretischen Kirche und suchten dem Streit einen mehr gelehrten Charakter zu verleihen, wie Joannes Grammatikos, von Leo V. mit der Aufgabe betraut, die Bibliotheken in Kirchen und Klöstern zu durchsuchen, um die Zeugnisse der älteren Väter gegen den Bilderdienst zu sammeln. Vergl. Walch Geschichte der Ketzereien X. S. 670. Zu schwachen Versuchen gegenüber muß der Eifer so vieler Vertheidiger der Kirche, darunter die noch erhaltenen Chronisten Georgios Synkellos, der Patriarch Nikephoros und Theophanes, die Homologeten, vor allen aber die nie rastende Thätigkeit des Abtes Theodoros von Studion im glänzenden Lichte erscheinen, der gleich Theophanes, noch in der Verbannung mit unerschütterlicher Stärke des Charakters und tiefer Frömmigkeit seine entscheidende Stimme zur Vertheidigung der Bilderverehrung erhob. Da that Theophilos (829—842), entschlossen den von seinen Vorgängern überkommenen Streit um jeden Preis zu endigen, den letzten Schritt, durch Niederwerfung der Mönche die gänzliche Ausrottung des Bilderdienstes durchzusetzen. Selbst nicht ohne Bildung und Sinn für Literatur (Glykas p. 290): [illegible] u. s. l.), ja ein Freund und Förderer begabter Gelehrten und Künstler, die seine politischen Pläne unterstützten, darunter sein gelehrter Erzieher und Lehrer Joannes Grammatikos und der zum Erzbischof von Thessalonich erhobene Mathematiker Leo, hat er in einer Zeit, wo mit der Gleichgültigkeit und dem Mangel an Schulbildung die Unwissenheit auf den Gebieten der Literatur sich paarte und selbst die höchsten Kreise des Hofpersonals berührte, einen erheblichen Antheil an dem Wiederaufleben der Liebe zu den Wissenschaften seit dem letzten Drittel dieses Jahrhunderts. Von seinem Interesse für Musik, welche übrigens bei den Byzantinern gering geachtet war und mehr in vornehmen Gesellschaften und in den Kirchen sich hören ließ, desgleichen von seiner Erfindung eines Harmoniums Glykas p. 289. Vergl. Vollmann zu *Psel. de musica* p. 101. Doch hat ihn seine leidenschaftliche, oft aufheraufende Natur Fehler und Mißgriffe aller Art begehen lassen, — z. um ein einzelnes Beispiel anzuführen, sein grausames Verfahren gegen den frommen und gelehrten Methodius zeigt, welchen die Kaiserin Theodora nach dem Tode ihres Gemahls zum Patriarchen beförderte. Glycas p. 224 sq. Den Namen der Theodora hat die Wiedereinführung der Bilder, während der vormundschaftlichen Regierung für ihren Sohn Michael III. Paropinakes (842—867), der byzantinischen Orthodoxie theuer gemacht. Mit ihrem Rücktritt von der Regentschaft, welchen ihr Bruder, Michael's III. tyrannischer Minister Bardas erzwang (856), wurde die Luft des Hofes, wo Ernst und Weisheit längere Zeit gewohnt hatten, von der abwechselnden Herrschaft des Lasters und der Thorheit verpestet. Die schlimmen Künste des Kaisers und seine ruchlose Verspottung der Religion verdarben den Charakter des Volks gründlich (vergl. Gibbon chap. 48.), und jede edle Lebenskraft starb bei dem innern Verfall des Kaiserthums ab. Bei diesem Grade des Niederganges der Bildung und der sittlichen Würde überraschen die übereinstimmenden Berichte mehrerer Schriftsteller von der Thätigkeit des Bardas für Wiederherstellung der fast gänzlich eingegangenen Schulen in vielen Städten des Reichs und für Hebung der gesunkenen Wissenschaften durch Gründung eines kaiserlichen Institutes im Palast Magnaura zu Constantinopel; über dasselbe führte der oben genannte Leo mit dem Beinamen der Philosoph anfangs die Aufsicht. Ὁ Βάρδας, berichtet Cedrenus p. 547 nach Zonar. XVI, p. 126, ἐπεμελήθη δὲ καὶ τῆς ἔξω σοφίας, d. h. die profane Literatur (ἦν γὰρ ἐκ πολλοῦ χρόνου παρερρυηκυῖα καὶ πρὸς τὸ μηδὲν ὅλως χωρήσασα τῇ τῶν κρατούντων ἀγροικίᾳ καὶ ἀμαθίᾳ) διατριβὰς ἑκάστῃ ἐπιστημῶν ἀφορίσας, τῶν μὲν ἄλλων ἄλλῃ που ἔνειμε, τῆς δ᾽ ἐπὶ πασῶν ἐπεχούσης φιλοσοφίας κατ᾽ αὐτὰ τὰ βασίλεια ἐν τῇ Μαγναύρᾳ· καὶ οὕτως ἐξ ἐκείνου ἀναζῆσαι αἱ ἐπιστῆμαι ἤρξαντο. τῆς μὲν οὖν φιλοσοφίας ἡγεῖτο Λέων ἐκεῖνος ὁ μέγας τε καὶ φιλόσοφος, worauf die Geschichte von Leo's weitreichendem Rufe als Mathematiker und von seiner Beförderung zum Patriarchen von Thessalonich weitläufig erzählt wird. Vergl. Schlosser Geschichte der bilderstürmenden Kaiser S. 494 fg., und zu Bardas S. 618—621. Heeren S. 139 fg. Ueber den Palast Hebdomon oder Magnaura in der Nähe des Palastes der Blachernen, jetzt Tekfur-Serai, vergl. nach P. Gyllius *Topographia Constant.* p. 286 sq. p. 417 sq. v. Hammer Constantinopel und der Bosporus, Pest 1822. I, S. 194 fg. Dieses kaiserliche Studienstift war von der Geistlichkeit wol weniger abhängig und auf Verbreitung allgemeiner, weltlicher Bildung berechnet; auch mag der Einfluß des durch Bardas zum Patriarchen von Constantinopel erhobenen Photios dieser Stiftung nicht fern geblieben, sowie der damals blühende Zustand der Literatur bei den Arabern der allgemeinen Erhebung der Gemüther günstig gewesen sein; wir wissen aber nicht, daß schon vor der Verbesserung dieser Schule durch Kaiser Constantin VII. Porphyrogennetos hier vollständige Curse in Philosophie, Geometrie, Astronomie und höherer Grammatik von der lernenden Jugend durchgemacht wurden. Vergl. Bernhardy Grundriß der griech. Literatur I, 3. Bearb. S. 686 (584) und unten §. 14. In welcher Weise übrigens diese von kirchlichen Zwecken freien Studien der damaligen Geistlichkeit zurückwirkten, können manche nicht uninteressante Züge lehren; freilich blieb bei den fortdauernden theologischen Streitigkeiten ihre Gelehrsamkeit eine mönchische, aber gerade hier fand die Poesie noch Aufnahme, und neben vielen schlechten Jamben, wie sie etwa der Dichterling Christophoros verfaßte, gingen bessere Ergüsse für die Bedürfnisse der Gemeinde her, namentlich das zur Andacht stimmende geistliche Lied (κανόνες καὶ στιχηρά), woran auch die von Kaiser Theophilos verschmähte schöne Ikasia in dem von ihr gestifteten Kloster Antheil hatte. Vergl. Du Fresne *Constant. Christiana* IV, p. 157. Glycas p. 536. Als Grammatiker sind für diesen Zeitraum zu nennen: Ignatios, Thregnastes, der das Studium der Orthographie neu belebte, der oben genannte Joannes Grammatikos Charax und vor allen der auch als Epigrammatiker und Kritiker Homer's genannte Kometas. Vergl. unten die „Grammatiker" und die diesem Capitel vorausgeschickten Notizen über die byzantinische Grammatik. Sonst findet man (wahrscheinlich unter Theophilos schrieb der Chronograph Theodosios aus Melite, etwas später Georgios Hamartolos) in der Literatur jener Zeiten nur wenig Namen und Denkmäler vor, noch weniger aber gelingt es, hieraus ein nur annäherndes Bild des literarischen Zustandes zu gewinnen. Hierüber A. Mraltschikow *De eruditione et re literaria Graecorum aetatis Byzantinae*, *Mosquae* 1849.

Studien und Einflüsse der Armenier, der Syrer und Araber auf die griechische Literatur.

§. 13.

Die Literärgeschichte der Byzantiner schließt eine Reihe von Thatsachen in sich, woraus man die Fortdauer der griechischen Werke im Mittelalter entnimmt: wir meinen die Studien der Armenier, der Syrer und vor allen der Araber in der griechischen Literatur; ihnen verdankt man die Erhaltung oder Ueberlieferung manches griechischen Autors und vieler Stücke aus dem Reichthum der griechischen Denkmäler in mehr oder weniger treuen Uebertragungen. Nur unter diesem einen Gesichtspunkte können die Literaturgeschichten dieser Völker hier einen Platz finden. Denn verbürgt scheint die Wahrheit dieses literarischen Satzes, daß damals als die Araber die Bahn der Eroberung betraten, die Hülfsmittel der Wissenschaft noch fast ungemindert, die Tradition der griechischen Werke in Handschriften noch ziemlich allgemein und verbreitet war.

In Armenien, dem entferntesten Punkt im Osten, wo die griechische Cultur Eingang gefunden hatte, entstand nach dem segensreichen Wirken des Gregorius

Illuminator, und nachdem Miesrob im 5. Jahrhundert den Armeniern ein eigenes Alphabet und eine Bibelübersetzung verliehen hatte, eine blühende christliche Literatur, wodurch das Studium der Kirchenväter und demnächst auch die profane griechische Literatur einen Zuwachs erhielt. Als Studienort erfreute sich Nisibis eines großen Rufes. Bereits im fünften Jahrhundert waren die Progymnasmata Theon's und ähnliche Arbeiten durch Moses von Chorene, von welchem wahrscheinlich auch die noch erhaltene armenische Uebersetzung des ersten Buches der Chronik des Eusebios und andere Stücke herrühren, und etwas später (c. 600) mehrere Bücher des Porphyrios durch den Armenier David übersetzt und commentirt worden. In dasselbe Jahrhundert setzen die Mechitaristen die armenische Uebersetzung der griechischen Fabeln des Olympianos, vergl. Neumann in Zeitschrift der deutschen morgenländ. Gesellschaft 2. Bd. S. 116 fg. und K. F. Koch im Philol. VIII, S. 132 fg.; in das sechste Jahrhundert gehört der armenische Kallisthenes und die erweiterte Grammatik des Dionysios Thrax, und nicht viel jünger mögen, um von den zahlreichen aus griechischen Kirchenvätern zu schweigen, die gleichfalls erhaltenen Uebersetzungen aus Philo Judäus sein; andere sind verloren oder harren noch der Veröffentlichung. Ueberhaupt erscheinen die Armenier, von denen viele namentlich im vierten und fünften Jahrhundert in Konstantinopel den Studien eifrig oblagen, als treue Bewahrer griechischer Schriften auf heimischem Boden. Vergl. die Nachweise bei Wenrich *De auctorum Graecorum versionibus et commentariis Syriacis, Arabicis, Armeniacis Persicisque. Lips.* 1842. p. 46 sq. und C. Fr. Neumann Versuch einer Geschichte der armenischen Literatur, Leipzig 1836.

Aus der Beschränkung des Christenthums dagegen gingen die Studien in Arabien hervor, woselbst die Feindseligkeit des dort weit verbreiteten Judenthums dem Christenthum fortwährend entgegenwirkte. Nach der raschen Eroberung Syriens (639), Palästinas und Aegyptens (640), Persiens (651), Nordafrikas (707) und Spaniens (711) und nach der zweimaligen vergeblichen Belagerung Constantinopels (669—676, 717—718) waren drei Patriarchate, Antiochia, Jerusalem und Alexandria den Anhängern des Islam unterthänig. Vergl. die Umrisse von §. 3. S. 244. §. 4. S. 247. An ihr Auftreten in Alexandria knüpft sich die bekannte jetzt in das Bereich der Sage verwiesene Nachricht von der Verbrennung der alexandrinischen Bibliothek im Jahre 640 durch Amru, den Feldherrn des Kalifen Omar. Die Geschichte von dem Schicksale dieser Bücherschätze (angeblich 50,120 Bände) nach Abulfaradsch *Hist. Dynastiarum* (übers. v. Pococke), p. 114 und nach Abdollatif, wonach die Araber sechs Monate lang damit die Bäder geheizt haben sollen, klingt mehr als parador und wird in den Annalen des Patriarchen Eutychios, eines Aegypters, der die Eroberung von Alexandria umständlich beschrieben hat, vergebens gesucht. Vergl. Gibbon *chap.* 51, Heeren S. 87 fg., Parthey Alexandr. Mus. S. 103 fg., Ueberweg Grundriß der Geschichte der Philosophie des Alterthums II, S. 156. Auf alle Fälle laufen dort die stärksten Uebertreibungen zu Gunsten der exclusiven Geltung des Koran unter: daß Alexandria nach der Zerstörung des Serapeums und der heidnischen Denkmäler durch die rohigen Christen unter der Führung des Bischofs Theophilos im Jahre 391 wirklich noch Büchervorräthe aus alter Zeit und namentlich noch manche unversehrte Privatbibliothek besaß, darf für ausgemacht gelten. Noch spät wurde hier, wie man aus dem glaubwürdigen Zeugniß des Theophylaktos Simokatta VIII, 13. ersieht, die Kunst des Bücherabschreibens durch Kalligraphen handwerksmäßig geübt, mithin konnte der Verlust an Büchern leicht und schnell durch neue Handschriften ersetzt werden; auch immer hatten Schulen oder Lehrvorträge während des fünften Jahrhunderts fortgedauert (J. Matter *Essai historique sur l'école d'Alexandrie, Par.* 1820. *Edit.* II. 1840—44. *Tom.* I, p. 337 sq.), und der letzte Glanz des Museums war nicht vor der Ermordung der Hypatia (415) erloschen. Vergl. meine Geschichte der gesammten griechischen Literatur S. 717 fg. Wenn man die Commentatoren des Aristoteles Ammonios und sein Schüler Joannes Grammatikos Philoponos, beide aus Alexandria c. 550, von vierzig Büchern der aristotelischen Analytika sprechen, welche neben anderen vormals in der großen Bibliothek (*ἐν τῇ μεγάλῃ βιβλιοθήκῃ*, Philop. *ἐν ταῖς παλαιαῖς βιβλιοθήκαις*) sich vorgefunden haben sollen, so ersehen wir doch nur, daß eben jene große Bibliothek oder jene alten Büchersammlungen in ihrem Zeitalter nicht mehr existirten, keineswegs aber folgt daraus der Schluß, daß Alexandria in der Mitte des sechsten Jahrhunderts keine Bibliothek besaß. Vergl. die Belegstellen bei Heeren S. 88. Auf jeden Fall war der Sitz und die Kirche der Patriarchen in Alexandria der Ort, wo neben den geistlichen auch profane Bücher aufbewahrt werden konnten; hier aber schienen sie geschützt, da nach Vorschrift der mohammedanischen Casuisten die Religionsbücher der Juden und Christen, aus Ehrfurcht vor dem Namen Gottes, nicht verbrannt werden durften. Vgl. Reland *De jure militari Mohammedanorum* III, p. 37. Ueberblicken wir jedoch die Folgen dieses vermeintlichen Bücherverlustes, die Belebung des Sinnes für gelehrte Kenntnisse bei den Arabern und ihren Geschmack an Literatur und literarischer Thätigkeit — dieser aber wurde ihnen von Syrien aus vermittelt, d. i. von einem Lande, welches ihre Züge in fast ununterbrochener Folge ertrug, ohne an literarischen Kräften und Hilfsmitteln geschwächt oder gemindert zu werden — so gewinnen wir eine analoge Beziehung zu dem Verhalten der Eroberer zu den Schriften der Griechen, welche in Alexandria damals etwa noch vorhanden waren. Freilich lastete zu den erhöhten Anforderungen an die Steuerkraft ein geistiger Druck schwer auf den eroberten Ländern, da aber bei Weitem der größte Theil der Städte Syriens und auch Aegyptens durch Capitulation an die Araber überging, so erfuhren jene vielleicht sogar eine weniger drückende Herrschaft, als die wahnsinnige Tynommel einzelner griechischer Kaiser seit Justinian II. gewährt hatte. Thatsache ist, daß die christliche Hierarchie auch unter der neuen Herrschaft fortbestand, die Patriarchenstühle von Antiochia und Alexandria fortdauernd besetzt und auch die Klöster in ihren Einkünften nicht wesentlich geschmälert wurden. Vergl. Heeren S. 113 fg. In ihrem ersten Anlaufe mochten nun diese fanatischen Verbreiter des Islam literarische Werke und Anstalten noch wenig beachten; bald aber bestimmte sie nationaler Stolz, weniger ein wahrhaft geistiges Bedürfniß, der griechischen Wissenschaft sich zugänglicher zu zeigen. Seit den letzten Jahrzehnten des achten Jahrhunderts, namentlich unter Almansor, Harun Alraschid und dem freisinnigen Förderer griechischer Wissenschaft Almamum, wurde griechische Propädeutik mit den starren und fanatischen Dogmen des Koran aufs Engste verknüpft, der wissenschaftliche Sinn wurde belebt und versprach die reifsten Früchte zu bringen. Vermittler zwischen griechischer Wissenschaft und mohammedanischer Cultur waren die der Theologie und Medicin eifrig ergebenen Syrer, deren Hauptstadt Damaskus die Kalifen zur Residenz erhoben und in diesem seit der Herrschaft der Seleukiden gänzlich gräcisirten Lande griechische Bildung und Literatur achten gelernt hatten. Doch diente die Nationalsprache der Syrer fortdauernd den populairen Zwecken des Unterrichts und wurde auch in gebildeten Kreisen gepflegt. So eines nahen Verkehrs mit den griechischen Männern und Denkmälern bedurfte, weil sie aus nationalem Dünkel das Studium jeder fremden Sprache verschmähten und die Dolmetscher und Uebersetzer des Griechischen aus ihren christlichen Unterthanen wählten, haben die Araber, durch das Bindeglied namentlich der bis nach Hochasien verbreiteten nestorianischen Syrer, fremde Weisheit, besonders Medicin, Naturwissenschaft und Philosophie, kennen gelernt. Vgl. Buhle in *Aristot. Tom. I, p. 320. Mirum tamen est non memorari genti Arabum, qui Graeca ipsa patrio sermone reddiderunt.* Mohammed selbst war mit nestorianischen Mönchen in vertrauten Verkehr getreten; die letzteren hatten an der Schule zu Edessa im fünften Jahrhundert, und nach Zerstörung derselben auf Befehl des Kaisers Zeno (489) wegen des hier herrschenden Nestorianismus, an dem Studienort Nisibis und der medicinisch-philosophischen Lehranstalt zu Dschondisapur in Persien Hauptsitze ihrer aristotelischen Studien. Zöglinge der Schule zu Dschondisapur wurden später Lehrer der Araber in Medicin und Philosophie. Mit geringerem Eifer betheiligten sich später auch die syrischen Monophysiten an dem Studium des Aristoteles, namentlich in den Schulen zu Resaina und Kinnesrin. Als ältestes Denkmal dieser Philosophie bei den nestorianischen Syrern gilt jetzt ein Commentar zu *Aristot. de interpretatione*, verfaßt von Probus, einem Zeitgenossen des Bischofs Ibas von Edessa, des Uebersetzers der biblischen Commentare des Theodoros von Mopsuestia; auch hatte er Commentare zu den *Analytica pr.* und *Sophist. Elench.* geschrieben. Verbreiter aristotelischer Studien unter den syrischen Monophysiten war Sergios von Resaina im sechsten Jahrhundert, von welchem in Handschriften des britischen Museums syrische Uebertragungen des Aristoteles existiren. Vgl. Renan *De philosophia peripat. apud Syros* p. 25 und die Literatur bei Fr. Ueberweg Grundriß der Geschichte der Philosophie des Alterthums II, S. 151 fg. Während alle dort und in anderen zahlreichen Schulen Syriens, Persiens und Armeniens die studirende Jugend eine ausgezeichnete Propädeutik empfing, worunter nachmals die Araber, deren Philosophie ein mit neuplatonischen Anschauungen versetzter Aristotelismus ist, die geometrischen Wissenschaften, Arithmetik, Geometrie, Astronomie, Geographie, Musik und die mathematische Relation verstanden, hatten die Unterthanen der Abbasiden Muße gefunden und den Trieb zur Erwerbung weltlicher Kenntnisse entwickelt. Almamum's Gesandter zu Constantinopel, seine Bevollmächtigten in Armenien, Syrien und Aegypten sammelten die profanen Schriften der Griechen, namentlich die ihrer Geistesrichtung zusagenden Schätze hellenischer Bildung und Wissenschaft; sie wurden auf seinen Befehl von den kundigsten Gelehrten ins Syrische und Arabische übersetzt und mit immer wachsender Begeisterung von Jung und Alt studirt. Der Wetteifer der Fatimiden in Afrika und der Ommijaden von Spanien, die Wißbegierde und Freigebigkeit der unabhängigen Emire der Provinzen verbreiteten den Geschmack an Gelehrsamkeit zugleich mit den Belohnungen der Kenntnisse von Samarkand und Bochara bis Fez und Cordova. Es ist überliefert, daß der Vezir eines Sultans die Summe von 200,000 Goldstücken zur Gründung eines Gelehrteninstituts zu Bagdad hergab und dasselbe mit einem jährlichen Einkommen von 15,000 Goldstücken ausstattete, und die königliche Bibliothek der Fatimiden soll aus 100,000 Prachtbänden (die der Ommijaden in Cordova sogar aus 600,000 Bänden) bestanden haben, welche den Studirenden von Kairo bereitwilligst geliehen wurden. Einem solchen Grade von Liberalität gegenüber erscheint die Eitelkeit und Eifersucht der Griechen auf ihre Studien in einem kläglichen Lichte. Bekannt ist die Geschichte von der thörichten Verdrießlichkeit, welche Kaiser Theophilos den Bitten und Anerbietungen des Kalifen Almamum, den Mathematiker Leo ihm auf kurze Zeit zu überlassen, entgegensetzte bei Cedrenus p. 549: διδάξαντος δὲ τὰ γράμματα (τοῦ Μαγείρου) ὁ Θεόφιλος, ἔγνωκεν ... [illegible] ... ἐν τῷ 'Ρωμαίων γένει θαυμάζεται, ... [illegible] ... ἐξαιτῶν οὐκ ἐπείσθη. Doch nur auf kurze Zeit wurden die Araber in ihren Studien von hellenischer Bildung und Literatur allgemeiner bestimmt. Bereits seit dem Jahre 850 wurde in den Kalifaten Asiens die Blüthe der Wissenschaft von den orthodoxen Seiten des Islam gewaltsam unterdrückt, und nur der Orden der lauteren Brüder oder der Brüder der Reinheit in Basra (Bassora), eine geheime wohlgegliederte Gesellschaft von Gelehrten, suchte die von den Griechen überkommenen Wissenschaften als Waffe gegen die alle geistige und sittliche Kraft niederhaltende Lehre der abseinen Prädestination zu schützen und fortzupflanzen. Vergl. Fr. Dieterici Die Naturanschauung und Naturphilosophie der Araber im zehnten Jahrhundert aus den Schriften der lauteren Brüder übersetzt, Berlin 1861. H. Steiner Die Mutaziliten oder Freidenker im Islam als Vorläufer der islamischen Dogmatiker und Philosophen, nebst kritischen Anmerkungen zu Gazzalis Munkid, Leipz. 1865. Dauernder war die Pflege der griechischen Bildung und Wissenschaft in den Kalifaten der spanischen Fürsten.

Die Uebersetzungen griechischer streng wissenschaftlicher Werke ins Arabische lassen sich auf Philosophie, Mathematik, Astronomie und Physik zurückführen; Poesie, sowie Geschichte und Beredsamkeit blieben ausgeschlossen. Zuerst unter Almamun (813—833) wurden aristotelische Schriften und zwar unter Leitung des Joannes Ibn Albatrik neu oder zuerst übersetzt: sie sind zum Theil noch erhalten. Vgl. Abulfaragius *Hist. dynastiarum* p. 153 u. a. Renan l. l. p. 57. Bedeutender wurde Honain Ibn Ishak c. 850, der vertraut mit der syrischen, griechischen und arabischen Sprache, an der Spitze der Uebersetzerfabrik in Bagdad stand, sowie sein Sohn Ishak ben Honain, als der beste Uebersetzer aristotelischer Schriften genannt. Des letzteren arabische Uebersetzung der Kategorien ist edirt von J. Th. Zenker, Leipz. 1846. Diese Thätigkeit erstreckte sich aber nicht allein auf Aristoteles, auch spätere Aristoteliker und Commentatoren, Alexander von Aphrodisias, Themistios, die Neuplatoniker Porphyrios und Ammonios u. a. wurden frühzeitig ins Syrische und Arabische übertragen. Unter Almamun verfaßte auch der Araber Achmet sein Traumbuch wahrscheinlich nach griechischen Unterlagen. Das zehnte Jahrhundert beschäftigte in gleicher Weise eine ganze Reihe von christlichen Syrern, darunter die Nestorianer Abu Baschar Mata, Jahja ben Adi, Isa ben Zaraa, deren Uebersetzungen (oder Revisionen älterer syrischer Uebertragungen) von Stücken des Aristoteles, Theophrast, Alexander von Aphrodisias, Themistios, Syrianos, Ammonios u. a. verloren gegangen sind, während ein günstigeres Geschick den arabischen zu Theil wurde, die weit verbreitet und geschätzt bis auf unsere Zeit erhalten, von vielen arabischen Philosophen und Commentatoren des Morgen- und Abendlandes benutzt worden sind. Wir heben aus der großen Zahl dieser Gelehrten einige als die bedeutendsten hervor; im Oriente: Alkendi von Bassra c. 850, vorzüglich als Mathematiker und Astrolog berühmt, Commentator der logischen Schriften des Aristoteles; Alfarabi in Bagdad, Aleppo und Damaskus c. 930, der die neuplatonische Emanationslehre annahm, ein scharfsinniger Aristoteliker; Avicenna aus Afsena in der Provinz Bokhara (980—1036), Lehrer der Medicin und Philosophie in Ispahan, verrieth einen reineren Aristotelismus und stand Jahrhunderte lang, durch lateinische Uebersetzungen bekannt, auch bei den christlichen Gelehrten des späteren Mittelalters im höchsten Ansehen; Algazel (1059—1111), Lehrer zu Bagdad, ein geistreicher Skeptiker, nach welchem im Orient keine namhafteren Philosophen mehr auftreten. Im Abendlande ragt vor anderen hervor Averroes aus Cordova (1126—1198), vorzugsweise Commentator des Aristoteles und Paraphrast der platonischen Republik, mit welchem um die Zeiten des Ausgangs der maurischen Herrschaft in Spanien die arabische Philosophie erlosch. Monographie von E. Renan *Averroès et l'Averroisme*, *Par.* 1852. Ueber Algazel handelt R. Gosche Ghazzâlî's Leben und Werke, in den Abhandl. der Berl. Akad. der Wissenschaften 1858. S. 239—311. Von Avicenna's Philosophie Schahrestani Geschichte der religiösen und philos. Sekten, übers. von Haarbrücker II, S. 213—332. Zu Alfarabi vergl. Wüstenfeld Geschichte der arab. Aerzte und Naturforscher, Götting. 1840. S. 53 fg., zu Alkendi ders. S. 21 fg. und G. Flügel Al-Kindi, genannt der Philosoph der Araber, ein Vorbild seiner Zeit und seines Volks, Leipz. 1857. Ueber ihre Logik Prantl Geschichte der Logik im Abendlande, 2. Bd. S. 297—396. Fast vollständige Angabe dieser Literatur bei Fr. Ueberweg Grundriß der Geschichte der Philosophie, Berl. 1867, 2. Bd. S. 156—165. Aber nicht nur griechische Philosophen und Commentatoren (zu den genannten kommen noch Plato's Timäos und Legg., Kebes, die goldenen Sprüche und Stücke aus Proklos), auch die Aerzte, Hippokrates, Galen und Paulos von Aegina, sodann die Mathematiker Euklid, Apollonios von Perga und Ptolemäos, wurden theils direct aus dem Griechischen, theils aus syrischen Uebersetzungen ins Arabische übertragen, ja selbst Homer war nach einer Notiz des syrischen Philosophen (13. Jahrh.) Abulfaradsch *Hist. dynastiarum* p. 26. 148 ins Syrische übertragen worden durch Theophilos, einen christlichen Maroniten vom Berge Libanon, der gegen Ausgang des 8. Jahrhunderts zu Edessa Astronomie lehrte. Vergl. Gibbon *chap.* 52. n. 70. und Villoison *Prolegg. in Hom.* p. 43. Diese Nachricht klingt weniger paradox als die andere von der Existenz eines arabischen Exemplars von Aristoteles Politik, welches man in Constantinopel gesehen haben wollte, vergl. Walpole *Memoirs* p. XVII. Jetzt darf man nach F. Woepcke *Comptes rend. de l'acad.* 1850. Nov. Stücke aus der höheren Mathematik in arabischen Uebersetzungen erwarten, sowie ältere syrische Uebersetzungen, welche im britischen Museum existiren, wie die des Monophysiten Sergios von Resaina, wohin auch die neuerdings von P. de Lagarde *Lips.* 1860 veröffentlichten Ueberreste einer syrischen Uebersetzung der von Constantin VII. Porphyrogennetos veranstalteten Sammlung der *Scriptores Geoponicorum* gehören. Die Frage nun, in welcher Weise das Aufblühen der Wissenschaften unter den Arabern und ihre Uebersetzungen auf die Erhaltung der antiken Literatur zurückgewirkt haben, ist von Heeren mit Einsicht erörtert worden. Derselbe bemerkt S. 117 sehr richtig, daß gerade das Aufsuchen und Ansammeln der Werke der griechischen Classiker an den Hauptsitzen der arabischen Gelehrsamkeit auch wiederum den Untergang derselben beschleunigte. „Es war schon, und konnte auch an und für sich gar nicht der Zweck sein, griechische Litteratur zu befördern; was für jene geschah, geschah dies gelegentlich. Bei dem gänzlichen Mangel aber an feineren Kenntnissen ahnete man es nicht, daß das Original noch einen Werth haben könnte, wenn schon die Uebersetzung da wäre;" und S. 151 fg. weist er die Vernachlässigung der Originale, sogar Beispiele von muthwilliger Vernichtung derselben nach: Leo Africanus *De viris inter Arabes illustribus* (in Fabricii *Bibl. Gr.* XIII, p. 259 sq.) führt die Vernichtung der griechischen Handschriften selbst auf den liberalen Förderer griechischer Gelehrsamkeit Almamun zurück, sich stützend auf das Zeugniß des arabischen Geschichtschreibers Genzi: *Dicit Genzi historiographus de civitate Bagdad, quod cum fuerunt traducti libri ad eos pertinentes, residui decreto Mamonis combusti fuerunt*; d. h. „Während die ihnen nützlichen Werke übersetzt wurden, wurden die übrigen, also die nicht übersetzten, die ihrer Geistesrichtung nicht zusagenden Manuscripte, zurückgestellt und auf Befehl Almamun's verbrannt." So ungefähr auch Bernhardy Grundriß der griech. Litt. I, S. 605. Anmerk. gegen Heeren S. 55, welcher unter *residui* die nach der Uebersetzung übrig gebliebenen Originale versteht. Auf jeden Fall haben wir hier eine glaubwürdige Notiz von dem Schicksal, welches eine bestimmte Classe von griechischen Autoren traf; ob ein gleiches Geschick den syrischen Exemplaren nach ihrer Uebersetzung ins Arabische bereitet wurde, bleibt dahingestellt. Manches Stück wurde auch aus dem Syrischen ins Griechische übertragen, wie der Roman vom König Cyrus und seinen sieben Hofphilosophen, und die äsopische Fabelsammlung des Persers Syntipas. Vergl. K. L. Roth Die äsopische Fabel in Asien, im Philol. VIII, S. 130 fg. Während also auf diese Weise der schon damals noch reiche Bestand der griechischen Bücherschätze gemindert wurde, ist durch diese Uebersetzungen doch auch Einzelnes, wegen der Armuth des arabischen Sprachschatzes freilich in einem der Urschrift wenig ähnlichen Gewand, erhalten, über die asiatischen und spanischen Kalifate von Arabern verbreitet und durch weitere Uebertragungen ins Hebräische, zuletzt ins Lateinische der Wissenschaft des Occidents als nützliches Hülfsmittel zugeführt worden. So erscheinen sie als Vermittler zwischen dem alten und neuen Wissen und haben, während die Wirkung der byzantinischen Litteratur sich nicht viel über die lateinische Schul-Logik und die Compendien erstreckte, nicht wenig zur Belebung der gelehrten logischen Studien des lateinischen Abendlandes seit dem Beginn des 13. Jahrhunderts beigetragen. Vergl. A. v. Humboldt Kosmos II, S. 449. Prantl Geschichte der Logik II, S. 297 fg. Ein allgemeines Bild von der Gelehrsamkeit und den Studien der Araber entwirft Gibbon *chap.* 52. Aeltere Litteratur bei Fr. Ueberweg Grundriß der Geschichte der Philosophie des Alterthums, Berlin 1867, 2. Bd. S. 154. — Buhle *De studii litterarum Graecarum inter Arabes initiis et rationibus*, in *Commentt. Götting. Vol.* XI. p. 216 sq. — Ein jetzt zu vervollständigendes Verzeichniß ihrer Uebersetzungen gibt J. G. Wenrich *De auctorum Graecorum versionibus et commentariis Syriacis, Arabicis, Armeniacis Persicisque*, *Lips.* 1842. — G. Flügel *De arabicis scriptorum graecorum interpretibus, Misniae* 1841. 4. — Vergl. Camus *Notices et Extraits des manuscr. de la bibl. nat. Tom.* VI. p. 392 sq. Von ihren Schulen: F. Wüstenfeld Die Akademien der Araber und ihre Lehrer, Götting. 1837. Dess. Geschichte der arabischen Aerzte, Götting. 1840. (Vergl. Sprengel Geschichte der Arzneikunde II, S. 340—348.) — Aug. Schmölders *Documenta philosophiae Arabum, Bonnae* 1836. Dess. *Essai sur les écoles philosophiques chez les Arabes, Paris* 1842. — G. Flügel Die grammatischen Schulen der Araber. 1. Die Schulen von Basra und Kufa und die gemischte Schule, in Abhandl. der Morgenländischen Gesellschaft, 2. Bd. N. 4. Leipz. 1862. — F. Dieterici Die Propädeutik der Araber im 10. Jahrhundert, Berlin 1865. — Philosophie der Syrer und Araber: A. Tholuck *De vi quam Graeca philosophia in theologiam tum Mohammedanorum, tum Judaeorum exercuerit, Part.* I. *Hamb.* 1835. — Vergl. Ravaisson *Mémoires sur la philos. d'Aristote chez les Arabes*, in *Comptes rend. de l'acad. Tom.* V. 1844. — E. Renan *De philosophia peripatetica apud Syros, Par.* 1852. — S. Munk *Mélanges de philosophie juive et arabe etc. Par.* 1859, und in einer Reihe von Artikeln (*Arabes, Kendi, Farabi, Gazali, Ibn-Badja, Ibn-Roschd, Ibn-Sina, Juifs, Maimonide*) im *Dictionnaire des sciences philos.* 6 *Voll. Par.* 1844—1852. — Dazu die im Texte genannten Werke von Fr. Dieterici und H. Steiner. — Litteratur: von Hammer-Purgstall Geschichte der arabischen Litteratur, 7 Bde. Wien 1850—56. — von Schack Poesie und Kunst der Araber in Spanien und Sicilien, 2 Bde. Berlin 1865. — Th. Nöldeke Beiträge zur Kenntniß der Poesie der alten Araber, Hannover 1864. — C. F. Neumann Versuch einer Geschichte der armenischen Literatur, Leipz. 1836. — Von den Uebersetzungen syrischer und arabischer Bücher ins Hebräische (Moses Maimonides *c.* 1170, Levi ben Gerson, genannt Magister Leon *c.* 1350): M. Beer Philosophie und philosophische Schriftsteller der Juden u. s. w. Leipz. 1852. — Steinschneider Jüdische Literatur, in Ersch und Grub. Encykl. Sect. II, Bd. 27. — Ins Lateinische: A. Jourdain *Recherches critiques sur l'âge et l'origine des traductions latines d'Aristote, Par.* 1819. *Edit.* II. 1843. (deutsch von Stahr, Halle 1831), zugleich mit den Schriften der arabischen und jüdischen Commentatoren. — Reiche Litteratur bei Fr. Ueberweg, 2. Bd. S. 169—180.

Wiederbelebung der griechischen Wissenschaften unter den Kaisern aus dem makedonischen Hause, 867—1028.

§. 14.

Der äußere Glanz, welcher auf der Regierung der Kaiser aus dem makedonischen Hause ruht, spiegelt sich auch in dem Zustande der byzantinischen Literatur während dieser Periode; ihn hebt eine Reihe zum Theil glänzender Namen und Thatsachen, durch welche die Literatur zu einem Höhepunkte der Blüthe gebracht wurde, wie sie bei der herrschenden geistigen Mittelmäßigkeit möglich war. Den Ton gaben hier die drei ersten Regenten selbst an, über deren Bildung des Basilios I. Schrift über die Regierungskunst an seinen Sohn Leo den Weisen, sowie des Constantin VII. Porphyrogennetos *Vita Basilii* Aufschluß ertheilen, vergl. besonders p. 205. Nach der Ermordung des Bardas, von dessen Bestrebungen um Wiederherstellung der Schulen und um Hebung der gesunkenen Wissenschaften oben §. 12. S. 272 gesprochen worden ist, brachte Basilios I. (867—886) durch Kraft und Weisheit in alle Zweige der Verwaltung die lang ersehnte Ordnung wieder zurück. Ohne selbst gelehrt zu sein, aber nicht ohne besonderes Interesse für Bildung und Wissenschaft, scheint er zu sehr mit Regierungsgeschäften, mit großartigen Bauten von Kirchen und Palästen und am Abend seines Lebens mit den damals so beliebten Künsten der Magie beschäftigt gewesen zu sein, um Zeit für wissenschaftliche Studien zu finden; doch zeigt die noch erhaltene Paränese an seinen Sohn Leo von gesunder Einsicht und praktischem Blick. Der letztere, sorgfältig gebildet von dem Patriarchen Photios, trat ganz in die Fußtapfen seines berühmten Erziehers, „des bedeutendsten Mannes der byzantinischen Periode, der die zweite Hälfte des neunten Jahrhunderts mit einem Reichthum an Bildung erleuchtet hat.“ Selbst schriftstellerisch thätig auf dem Gebiete der Taktik und der Gesetzgebung, hat Leo der Philosoph aus wahrer Neigung und mit Eifer die Studien gefördert, wahrscheinlich die von Bardas gestiftete weltliche Lehranstalt gehoben, und wenn auch nicht frei von dem Aberglauben seiner Zeit und den geheimen Künsten der Astrologie und Orakeldeuterei ergeben, einen belebenden Einfluß auf die neuen Richtungen und geistigen Elemente ausgeübt, welche den Beginn einer glanzvollen Epoche in der byzantinischen Literatur verkünden. Cf. Zonar. XVI, p. 140 ἦν γὰρ ἐραστὴς σοφίας κατεσπουδασμένος, καὶ αὐτῆς ἄκρα τῆς ἀπορρήτου, ἡ δ' ἐκμαθὼν μαντεύεσθαι τὰ μέλλοντα, καὶ περὶ τῆς τῶν ἀστέρων ἐσχόλαζε κινήσεως. Seine Schriften sind in dem Capitel „Die Mechanik und Kriegswissenschaft“ verzeichnet. Den größten Ruhm erwarb jedoch Leo's Sohn Constantin VII. Porphyrogennetos, dessen fast funfzigjährige Regierung durch eine Folge von literarischen Namen und Begebenheiten glänzt, die einen Wendepunkt in der Geschichte der griechischen Literatur bezeichnen. Heeren beginnt hier das zweite Buch seiner verdienstlichen Forschung, S. 175 mit der Bemerkung anknüpfend, daß es ebenso interessant wäre wie es unmöglich ist zu wissen, wie viel beim Anfange des zehnten Jahrhunderts von den Werken der römischen wie der griechischen Classiker vorhanden, wie viel schon auf immer verloren gegangen war. „Bei der römischen Literatur fehlt uns ein solcher Maßstab noch gänzlich; — bei der griechischen Literatur hingegen kann die Bibliothek des Photios, mit den darin enthaltenen Auszügen aus den von ihm selbst gelesenen Werken einige Auskunft darüber geben, was wir seit jenem Zeitpunkte erst verloren haben; denn auf die Lexikographen, einen Suidas und Andere, wage ich mich nicht zu berufen, weil nicht nur ihr Zeitalter meist ungewiß ist, und ihre Werke häufig interpolirt sind, sondern weil sie auch oft nur nach fremden Citaten citiren; Photios hingegen nur von Werken spricht, die er selbst vor Augen hatte.“ Und nachdem er an einer Uebersicht classischer Werke aus dem Gebiete der Historiographie, Beredsamkeit und Philosophie, welche Photios außer vielen anderen in seiner reichen Privatbibliothek angesammelt hatte und excerpirte, den gänzlichen oder theilweisen Verlust so vieler Schätze seit dieser Zeit nachgewiesen (ersteres auf besonders die Meisterwerke der griechischen Staatsredner), gedenkt er der Nachtheile, welche die classische Literatur durch Veränderung des Schreibmaterials erlitten hat. Nach der Verdrängung des ägyptischen Papyrus durch Verbreitung des Pergamentes seit dem neunten und zehnten Jahrhundert — denn der allgemeine Gebrauch des von den Arabern aus Inner-Asien eingeführten Seiden- und noch mehr des Linnenpapiers gehört späteren Zeiten an — nahm theils wegen der Seltenheit und Vertheuerung des Pergaments, theils im Interesse der ecclesiastischen Studien die Unsitte überhand, die profanen Texte, mehr oder minder verwischt und ausradirt, zur Grundlage neuerer meist kirchlicher Schriften zu machen. Die neueren und neuesten Erfahrungen, welche mit den glücklichen Entdeckungen von A. Mai in Mailand und an anderen Studiensitzen Italiens begannen, haben gezeigt, daß von solchen Palimpsesten die Herstellung mancher alten Autors herrührt und erwartet werden darf. Vergl. Heeren S. 89 fg. 180—182. G. Bernhardy Encyklop. der Philol. S. 128. 135. Manso Leben Constantin's S. 424. Beck *Specimen historiae bibliothecarum Alexandr.* p. 10. Wegener *De aula Attalica* p. 72 sq. Boissonade *Anecd. Gr.* I, 420. Wenn somit die Erhaltung der literarischen Schätze des Alterthums vom Gebrauch und von der Güte des Schreibmaterials ebenso abhing wie von der Fortdauer der gelehrten Institute, so läßt sich dies noch viel sicherer an der Geschmacksrichtung des zehnten Jahrhunderts nachweisen, als deren eigentlichster Repräsentant Leo's des Philosophen Sohn, Constantin VII. Porphyrogennetos (911—959) erscheint. Vergl. die historischen Umrisse §. 5. S. 248 fg. Zwar für den Thron geboren, aber bis auf die letzten funfzehn Jahre von allen Geschäften entfernt und sichtbar zurückgesetzt, dann als eigentlicher Regent schlaff und gleichgültig bei den ungünstigen Schicksalen des Volks und Reichs, gewann er unbeschränkte Muße und die reichsten Mittel, seiner Neigung für griechische Literatur zu folgen und als Wohlthäter des Studiums die Trümmer des Alterthums zu retten. Seine nächste Sorge war die Hebung und Verbesserung der gelehrten Institute der Hauptstadt durch Ernennung gediegener Lehrer, wobei freilich der praktische Gesichtspunkt, die Heranbildung eines geschulten höheren Hof- und Beamtenstandes

überzog. Ihre wahrscheinlich von seinem Vorgänger überkommene Organisation lehrt, worin damals die Zöglinge aus den gebildeten Ständen unterwiesen wurden; denn für jede Wissenschaft existirte auch eine besondere Fachschule: für Philosophie, zu deren Director (καθηγητὴς τῶν φιλοσόφων) er den kenntnißreichen Constantin, den Protospatharios oder Hauptmann der kaiserlichen Leibwache ernannte; für Rhetorik (und höhere Grammatik), deren Vorsteher Alexander von Nikäa wurde; für Geometrie, von dem Patricius Nikephoros geleitet; zuletzt für Astronomie, an deren Spitze sein Geheimschreiber Gregorios trat. Ueber diese vier Schulen (καθηγητὰς τῶν φιλοσόφων, τῶν ῥητόρων, τῆς γεωμετρίας, τῶν ἀστρονόμων) und die Motive ihrer besseren Bestallung ausführlich Theophanis Continuator VI, p. 446 ed. Bonn., kürzer Cedrenus p. 326 und Glycas IV, p. 561 mit Uebergehung der Rhetorik und Erwähnung der Musik, τὰς δὲ ἐπιστήμας, ἀριθμητικὴν μουσικὴν ἀστρονομίαν γεωμετρίαν καὶ πᾶσαν ἁπλῶς φιλοσοφίαν ἐκ μακροῦ χρόνου τῇ ἀμαθίᾳ καὶ ἀπειρίᾳ τῶν κρατούντων ἀπολωλυίας οἰκείᾳ σπουδῇ ἀνεκαλέσατο. So schuf er sich durch Belehrung, Unterweisung und vertrauten Umgang mit den Schülern einen Gelehrtenstand, aus dem er Richter, Senatoren, Statthalter der Provinzen und Mitarbeiter an seinem großen literarischen Unternehmen auswählte. Dasselbe führte zu einer vollständigen Verstümmelung der profanischen Literatur des Alterthums. Nach dem Vorgange des Photios, aber in kolossalem Umfange und mit anderen Zwecken, sammelte er das geistige Besitzthum der Vorzeit, ließ durch eigene Commissionen die überfließenden Massen excerpiren und, soweit es dieser Zeit praktisch schien, die Auszüge in einer großartigen, nach 53 bestimmten Titeln oder Rubriken geordneten Encyklopädie vereinigen. Man dachte sein bequemeres und übersichtlicheres historisches Handbuch für den Gebrauch des Handels, des Hofes, der Kanzleien und Heerführer wünschen, sowie dann die Gesandtschaftsberichte, die Taktik, Anreden an Heer oder Senat, Beispiele der Tapferkeit und Feigheit und Anderes genau verzeichnet waren. Ueber diese Thätigkeit Constantin's VII. Porphyrogennetos, die alle griechischen Historiker von Polybios bis Theophylaktos umfasst hat, denkwürdig durch ihre Leidenschaftlichkeit und Consequenz, seinem so excerpirten Autor den Untergang bereitete, weil aber das unaufhaltsame Sinken der Literatur beschleunigte, hören wir das verständige Urtheil G. Bernhardy's Grundriß der griech. Lit. I, S. 601 (508): „Betrachtet man zuerst den Mechanismus des Unternehmens und seinen nächsten Erfolg, so hat es der Trägheit schmeicheln, die Fortdauer der Quellenbücher, namentlich der bändereichen, überflüssig machen, die profanische Literatur verkümmern und ihren Bestand auf einen knappen gemeinnützlichen Auszug herabdrücken müssen, den jeder in praktisch angelegten Fachwerken übersah und mit Leichtigkeit für seinen Bedarf handhabte; soweit wäre mancher geneigt den Kaiser zu verdammen und ihm sogar den Verlust an unschätzbaren Denkmälern der Prosa beizumessen. Blicken wir aber auf die längst eingebrochene Verödung der Literatur, auf die Thatsachen der schon im 10. Jahrhundert wachsenden Barbarei, des Ungeschmacks und des immer dürftigeren Wissens, erwägen wie endlich wie klein der Studienkreis, wie beschränkt das gelehrte Studium geworden war: so läßt sich kaum bezweifeln, daß ein jäher Verfall auch ohne Constantin's Anstalten nicht ausgeblieben wäre. Daher müssen wir ihn rühmen und sein eigenes Verdienst darin erkennen, daß er einen Schatz von Bruchstücken und Excerpten noch zur rechten Zeit bergen und, soweit ein träges Zeitalter ihm Gehör gab, vor der Vergessenheit schützen ließ." Dieselbe compilatorische Weise veranlaßte auch die übrigen Sammlungen, die mit Ausschluß der gewöhnlichen Fächer, sich auf jeden Zweig des praktischen und geschäftsmäßigen Wissens erstreckten. So wurde in einem statistischen Abriß eine genaue Schilderung der Provinzen oder Themen von Europa und Asien gegeben, in einer taktischen Compilation aus früheren Schriftstellern das System der römischen Kriegführung und Heereszucht zu Wasser und zu Lande erläutert, in einer die Administration des Reichs betreffenden Schrift die Geheimnisse der byzantinischen Politik den fremden Nationen gegenüber im Kriege wie im Frieden enthüllt, der aber aber durch eine umständliche Beschreibung des glänzenden Ceremoniells des Hofes und der Kirche von Byzanz, dem auch neuere Höfe ihre Etikette zum Theil abgeborgt haben, der Nimbus der byzantinischen Kaiser verbreitet. Diesen literarischen Sammlungen — ein Verzeichniß der Werke Constantin's und eine kurze Beurtheilung derselben ist gegeben in dem Capitel „Die byzantinischen Historiker" — schließt sich eine Biographie des Basilios an zur Verherrlichung des Ruhmes der herrschenden Dynastie, sowie der unter Constantin VII. vollendete Gesetzcodex, die sechzig Bücher der Basiliken. Mit nicht geringerem Eifer wurden theils mittelbar durch diesen Kaiser veranlaßt, theils unmittelbar von Privatarbeitern und Nachahmern die Redactionen aus botanischen und landwirthschaftlichen Schriftstellern (Geoponiker) durch Kassianos Bassos, aus Pferdeärzten (Hippiatriker), aus Pathologen und Pharmakologen durch Theophanes Nonnos, aus den Heiligengrabern durch Simeon Metaphrastes, aus den griechischen Epigrammatikern die werthvolle Anthologie durch Constantin Kephalas besorgt. Fügt man hinzu die sicher vor Constantin VII. Porphyrogennetos von Joannes aus Antiochia verfaßte Archäologie, welche das mythische wie geschichtliche, das profane wie das biblische Alterthum umfaßte und wegen des Reichthums des hier chronologisch verzeichneten Materials eine Fundgrube für spätere Sammler und Epitomatoren ward, so gelangen wir zu der Ueberzeugung, daß man mehr mit den Schätzen der Vorzeit gründlich aufgeräumt war, daß die damalige gebildete Welt, im richtigen Gefühl ihrer eigenen Unproductivität und Schwäche, mit der Zeiten unter Dach und Fach zu bringen eilte, was sich aus dem Schiffbruch der literarischen Denkmäler des Alterthums noch retten und gebrauchen ließ. Denn die

Abfassung eines eigenen Werkes war selten, auch die theologische Literatur sehr unfruchtbar; was wir etwa noch von selbständigen Untersuchungen aus dem zehnten Jahrhundert besitzen, das setzt, sieht man von Joannes Kameniates ab, der in den Anfängen desselben durch gute Composition und einen leidlichen Stil noch Interesse erweckt, den Ungeschmack und die Unfähigkeit der Verfasser in Hinsicht auf Geist und Sprache außer Zweifel. Dahin gehören die Chroniken und Memoiren des jüngeren [illegible], Genesios, Leo Grammaticus, Georgios Monachos, Pollux, Hippolytos der Chronist, die Urheber des Chronicon Paschale, weiterhin Xiphilinos und noch später Leo Diaconus, zum Theil Compilationen der schlechtesten Art; hier erscheint die Continuität mit dem römischen Kaiserthum völlig unterbrochen, das historische Wissen auf ein sehr knappes Maß beschränkt, die Fähigkeit einer Beurtheilung des Zusammenhanges der Begebenheiten geschwunden, das Vermögen einer Unterscheidung zwischen Bedeutendem und Kleinlichem, zwischen Recht und Unrecht abgestumpft, die Denkart gewöhnlich, ja pöbelhaft; zuletzt wird die Darstellung geschmacklos und geschwollen, die Sprache formlos und uncorrect, der sprachliche Vorrath aber gefüllt mit groben Idiotismen, die deutlich den Uebergang zum Neugriechischen verrathen; ebendahin führt bereits die Grobheit, welche uns in den Constantin'schen Büchern *de Thematibus* und *de administrando imperio* entgegen tritt, und dem kaiserlichen Autor, falls er selbst Verfasser ist, in Hinsicht auf seine stilistische Bildung sehr wenig Ehre macht. Erwägt man jedoch den Verfall der grammatischen Studien, das Maß des grammatischen Wissens, welches aus trivialen Regel- und Wörterbüchern gewonnen, nur auf das Nothdürftigste sich beschränkte und bald nachher in einen Katechismus kläglich zusammenschrumpfte, so erscheinen jene Thorheiten des abgestorbenen Sprachgefühls weder wunderbar noch bei der Zerfahrenheit der byzantinischen Schule ganz und eher unerwartet. Gerade was man damals für Grammatik that, durch weitschichtige Darstellungen der Periode der Unkenntniß und Willkür in Orthographie und Aussprache entgegenzuarbeiten — und die Handschriften stimmen bereits von Fehlern dieser Art — zeigt deutlich, daß das schulgerechte Studium der Grammatik auf den Standpunkt einer mechanisch stehenden mechanischen Technik herabgesunken war. Ihr folgten die Verfasser der großen Verbal- und Reallexika, unter welchen Suidas durch große Belesenheit in profaner wie kirchlicher Literatur hervorragt, und das Etymologicum Magnum, beides achtungswerthe Denkmäler des byzantinischen Fleißes, und für die Kenntniß der Sprache und des realen Wissens des Alterthums ganz unentbehrlich. Völlig vernachlässigt war die Philosophie, denn die Blüthe des jüngeren Michael Psellos fällt in den folgenden Zeitraum. Was endlich die Poesie betrifft, so hatte nach Auflösung der classischen Metrik und Prosodik, seit dem neunten Jahrhundert, das accentuirende System allmälig das Uebergewicht erhalten, der zwölfsilbige Hinkiambus und der fünfzehnsilbige iambische Tetrameter mit der Cäsur nach dem vierten Fuße (versus politicus) als Alleinherrscher den Sieg über die Versmaße des Alterthums davon getragen. Diese politischen Verse dienten zur Darstellung jedes, selbst des gewöhnlichsten Stoffes aus der Zeitgeschichte, und nur selten kamen in gelehrter Poesie frühere Rhythmen zur Anwendung. Ueber diesen Niedergang der poetischen Kunst und den Zustand der Poesie der Byzantiner vergl. die Einleitung in die „Poetische Literatur." Die Erzeugnisse solcher Versificatoren sind oft viel besser in die Prosa zu verweisen, wie die Akroasen des Diakonen Theodosios, welche die Siege des Nikephoros Phokas in iambischen Trimetern kraftlos und mit einem schlimmen Aufwand von rhetorischen Mitteln und Ausschmückungen verherrlichen. So hatte sich die Prosa der Byzantiner bis zur fehlerhaften Erschlaffung der Poesie verstiegen, während ihre Poesie noch unter die Flachheit und Leere der Prosa herabsank. Daher müssen wir die vermuthlich auf Geheiß Constantin's VII. Porphyrogennetos von Constantin Kephalas, einem Schüler des Grammatikers Gregorios Magister, unternommene Anthologie, eine unmittelbar aus den besten epigrammatischen Blumenlesen der Vorzeit gezogene und in einer vortrefflichen Handschrift der ehemaligen heidelberger Bibliothek erhaltene Sammlung älterer und jüngerer Epigramme aus der profanen wie christlichen Literatur willkommen heißen und uns eines Schatzes freuen, der noch zur rechten Zeit geborgen, die Nachwelt mit den edelsten Gaben aus allen Jahrhunderten der hellenischen Dicht- und Denkart vertraut macht. Hiermit schließen die so verschieden beurtheilten Bemühungen der Kaiser aus dem makedonischen Hause ab: keiner der Nachfolger Constantin's VII. außer Nikephoros Phokas (963—969), der früher in dem Range eines Heerführers ([illegible] bei Glyc. IV, p. 565) thätig, in Sachen der Taktik und Gesetzgebung genannt wird, zeigte Neigung, die von seinen Vorgängern eingeschlagene Richtung zu verfolgen; und wie die Erschöpfung der geistigen Kraft auch der furchtbare Aberglaube bezeichnet, sowie das Lieblingsstudium der Astrologie und anderer geheimen Künste, woran Leo der Philosoph selbst den regsten Antheil genommen hatte, so artete auch die Kunst immer mehr aus; an die Stelle der Erhabenheit trat Künstelei und Kleinlichkeit der Arbeit, und den Mangel an schöpferischer und mächtiger Kraft suchte man durch die Kostbarkeit des Materials schlecht zu verdecken. Wie viel zu diesem traurigen Zustande des Lebens, der Künste und der Wissenschaften das äußere Unglück dieser beiden Jahrhunderte beigetragen habe, weiterhin die thatsächliche Verschmelzung der griechischen mit slavischen Elementen und die daraus hervorgegangene Verwilderung der Sitten und der Denkweise des gemeinen Volks, zuletzt der Streit zwischen der byzantinischen und römischen Kirche, der durch Photios auf die Spitze getrieben, durch die Gewaltthat des Patriarchen Michael Cerularius (1054) aber zur bleibenden Trennung beider Kirchen führte, mag der Ueberblick über den Gang der inneren und auswärtigen Verhältnisse des Reichs unter der Dynastie des Basilios ergeben. Unverkennbar war zu den tiefen Gegensätzen zwischen dem Abendlande und den Byzantinern in Nationalität und Politik die Verschiedenheit des Bekenntnisses und des Ritus getreten, die Scheidewand zwischen dem Osten und Westen für immer errichtet: davon mehr in §. 5 der historischen Darstellung S. 248 fg. Erst mit den *Komnenen* hebt allmälig wieder ein neuer für die Literatur ersprießlicher Zeitraum an.

Zustand der Bildung und Literatur während der Herrschaft der Familie der Komnenen, 1081—1185.

§. 15.

Die großen Veränderungen, welche für das byzantinische Reich an den Sieg des Isaak *Komnenos* (1057) anknüpfen, das Uebergewicht der großen Adelsfamilien des griechischen Kleinasiens mit seinen schlimmen Folgen, dem Zerfall des landsässigen Militairstands der Vorzeit und dem neuen System persönlicher Despotie, welches die bewundernswürdige Kraft der bisherigen Verwaltung, die, auf fester Grundlage ruhend, durch einen tüchtigen und seit Jahrhunderten in sicherer Schule und Tradition ausgebildeten Beamtenstand getragen war, von Grund aus erschütterte, die erdrückende Finanzverwaltung und die Jämmerlichkeit der Rechtspflege, die Unzulänglichkeit der Heeresorganisation gegenüber dem mächtigen Aufschwunge der Abendländer, endlich das in schweres Elend niedergebeugte, in Treulosigkeit, Starrsinn und Aberglauben versunkene Volk im Vergleich zu dem äußeren Glanz des Reiches und der herrschenden Pracht am Hofe, sind oben §. 6. S. 252 fg. in allgemeinen Umrissen dargestellt. Vergl. Finlay Griechenland unter den Römern S. 12, 139, 198 fg., 257 fg., 337 fg., 530—532. Auf die Theilnahme eines solchen Geschlechts konnte die schreibende Literatur nicht zählen, und in der ersten Hälfte des eilften Jahrhunderts fehlte ihr jede bewegende Kraft; ihr weiteres Bestehen war an die Wirksamkeit mehrerer Familienglieder der *Komnenen* und einiger vom Hofe begünstigter Männer geknüpft, welchen man neben der Hebung der kirchlichen Studien eine längere Zeit dauernde Sorge für die Reste der literarischen Cultur zu danken hat. Von dem Tode des Basilios II. (976—1025), lautet das Zeugniß der Prinzessin Anna *Komnena* *Alex.* V, p. 257 *ed. Bonn.*, bis auf die Regierung Alexios I. nahmen die Wissenschaften allerdings zwar ab, aber sie starben auch nicht gänzlich aus: καὶ γὰρ ἀπὸ τῆς *αὐτοκρατορίας Βασιλείου τοῦ πορφυρογεννήτου μέχρι αὐτῆς τῆς τοῦ Μονομάχου βασιλείας ὁ λόγος, εἰ καὶ τοῖς πολλοῖς ἐρραθύμητο, ἀλλ' οὖν γε πάλιν οὐ καταδέδυκεν· ἀνέλαμψε καὶ ἀνέθορε καὶ διὰ σπουδῆς τοῖς φιλολόγοις ἐγένετο ἐπὶ τῶν χρόνων Ἀλεξίου τοῦ αὐτοκράτορος, τὸ πρὸ τούτου χλευαζόντων τῶν πλειόνων καὶ παιζόντων ἀνθρώπων καὶ ὀρτυγίας καὶ ἄλλας αἰσχίους παιγνίας ἐνασχολουμένων διὰ τὴν χλιδήν, λόγον δὲ καὶ παίδευσιν ἅπασαν πάρεργον ἐν παρέργῳ τιθεμένων.* Wer diese φιλολόγοι sind, erzählt sie sogleich p. 259: *ἦσαν γὰρ φιλολογώτατοι οἱ Δοῦκαι καὶ οἱ τοῦ αὐτοκράτορος ἀδελφοὶ καὶ αὐτὸς δὴ ὁ βασιλεὺς Μιχαήλ*, also der durch Heirath der Familie der *Komnenen* nahe verwandte Zweig der Dukas, Constantin X. Dukas und seine drei Söhne Michael, Andronikos und Constantin, für welche Eudokia, die Tochter des Isaak *Komnenos*, die Regentschaft führen sollte. Wenngleich nun die Nachrichten der Anna *Komnena* nicht frei von Uebertreibungen, von Eitelkeit und Parteinahme für ihre Familie sind — und diesen Vorwurf darf man mit Recht ihrem sonst zu den besseren Producten jener Zeit gehörenden Geschichtswerk machen — so legt sie doch für das Interesse ihrer Zeitgenossen und für den Eifer und lebhaften Antheil ihrer Familie an den wiedererwachten Studien kein unerfreuliches Zeugniß ab. Fast alle Glieder des kaiserlichen Hauses hatten eine gelehrte Bildung genossen, liebten die Wissenschaften und beschäftigten sich in compilatorischer Weise mit denselben, wie Constantin IX. Dukas und seine Gemahlin Eudokia mit dem Beinamen Makrembolitissa, Verfasserin des mythologisch-historischen Buches *Ἰωνιά*. Von dem Sohne der letzteren, Michael VII. Parapinakes, dem Zögling des Michael Psellos, heißt es sogar, daß er aus unzeitiger Vorliebe für die Literatur, mit Versemachen und rhetorischen Studien beschäftigt, die wichtigsten Regierungsgeschäfte vernachlässigt habe. Cf. **Constant. Manass.** v. 6642 fg. Hanke *Script. Byz.* p. 483. Eigenthümlich scheint ihm die Liebhaberei für Botanik gewesen zu sein: ihm widmete der noch später berühmte Arzt und Sammler Simeon Seth, auch als Uebersetzer des indischen Romans bekannt, sein noch erhaltenes botanisches Werk, das in vielfacher Beziehung wichtig ist. Für den Augenblick also waren die literarischen Schätze gesichert, und die profane Literatur durfte sich glücklich schätzen, wenn neben der theologischen Polemik auch der weltlichen Gelehrsamkeit ein Platz eingeräumt, wenn vor allen wissenschaftliche Bildung ein Wegweiser zu Ansehen und Ehrenstellen wurde. Zugleich verwandte man am liebsten die gelehrtesten Männer zur Uebernahme wichtiger Staatsgeschäfte, wie z. B. Michael Psellos und zwei andere berühmte Männer, Leo und Constantin Lichudas von Kaiser Michael VI. Stratiotikos an Isaak *Komnenos* als Gesandte abgingen, um Friedensvorschläge zu machen. Auch scheinen die Bemühungen der komnenischen Kaiser um Wiedervereinigung mit der lateinischen Kirche, wogegen die ganze orthodoxe Geistlichkeit auch mit den Waffen der Dialektik sich erhob, der Verbreitung allgemeiner Kenntnisse mehr förderlich als hindernd gewesen zu sein, da das Volk selbst gleich den Kaisern an diesen Untersuchungen sich betheiligte und polemischen Disputationen beizuwohnen pflegte. Das geistige Leben ging fast ganz in den kirchlichen Interessen auf. Nie war seit langer Zeit so rüstig und gelehrt über das streitige Dogma gestritten, die Schulen so fleißig besucht, die öffentlichen von den Kaisern selbst ernannten Lehrer so hoch geschätzt worden. Dies lehrt die Geschichte des Michael Psellos und seines Gegners im dialektischen Streit Italos, worüber die interessante und für den Zustand der öffentlichen Schulen und Studien, sowie des damals herrschenden Geschmacks so lehrreiche Darstellung der Anna Comn. V, p. 258—266. Es waren die letzten glänzenden Namen, bedeutende Lehrer und Vertreter der philosophischen Dialektik, deren Studium ein großes Uebergewicht erhielt. Vor allen machte sich Michael Psellos, welcher den Inbegriff der populären Wissenschaft jenes Zeitraums bildet, durch einen Ueberfluß von Schriften, die kein Gebiet der byzantinischen Productivität in Prosa und Poesie ausschließen, verdient, und seine philosophischen Bücher und Commentare, populärer und schulmäßiger Art, darunter ein im scholastischen Abendlande weit verbreitetes und vielfach benutztes Compendium der Logik, erwarben ihm einen lang dauernden Einfluß. Nirgends jedoch erhebt sich das Wissen dieses Polygraphen über die Mittelmäßigkeit seiner Zeit, deren Höhestand er bezeichnet; sein Talent ist ein compilatorisches, und selbst die Compilation ist oft schwach und in oberflächlichem Geiste betrieben. Vergl. Doebner Quaest. Psell. II, p. 14 sq. und im Philol. XIV, S. 409 fg. Dagegen Italos, ein ungeschulter Mann und von rauher Außenseite, aber mit dialektischem Scharfsinn, und als Commentator Aristotelischer Schriften genannt, ist wegen seines freimüthigen Verhaltens gegen die orthodoxe Geistlichkeit zu ehren, die ihm, gleichwie Alexios I. dem Psellos, seine Ueberschätzung der alten Philosophie auf Kosten des biblischen Wissens zum Vorwurf machte. Ueber die Werke dieser beiden Philosophen, neben welchen andere Commentatoren, wie Michael von Ephesos und der Metropolit Eustratios einigen Ruhm erwarben, vergl. die betreffenden Artikel im Capitel „Die jüngsten Commentatoren des Aristoteles." Demnach war kein Mangel an gelehrten und eifrigen Theologen, in welchen mit dem Studium der dogmatischen Polemik und der Exegese theologischer Schriften die profane Literatur sich vertrug; dahin gehören: Euthymios Zigabenos unter Alexios I., berühmt in der Polemik und Schriftauslegung; Niketas, Bischof von Serrä, Exeget der Gedichte des Gregor von Nazianz; Theophylaktos, Erzbischof über die Bulgarei unter Constantin IX. Dukas, ausgezeichnet als Prinzenlehrer und Verfasser eines Summariums über die Erziehung eines Regenten; Theodoros Balsamon und Alexios Aristenos, beide als Bearbeiter des von Photios geordneten orthodoxen Kirchenrechts genannt. Während nun in Folge des erneuerten Studiums der Philosophie die kirchliche Literatur am Beginn des zwölften Jahrhunderts sich einer hohen Blüthe erfreute, entbehrten noch die classischen Studien einer uneigennützigen Fürsorge. Alexios I. Komnenos (1081—1118) war zu sehr mit der Zusammenhaltung des fast aufgelösten Reiches und mit der Ablenkung der Gefahren des ersten Kreuzzuges, zu eifrig mit theologischer Wissenschaft und Polemik beschäftigt, um der Profanliteratur eine ehrliche Hingabe und gleiche Begünstigung angedeihen zu lassen. Daher klingt das Lob, welches ihm seine Tochter Anna V, p. 265. cf. VI, p. 291 ertheilt wegen seiner Sorge um Hebung der sinkenden Gelehrsamkeit, um Aufmunterung und Förderung der talentvollen Köpfe, nicht ganz unbedingt und wird sowol durch den Zusatz, *προηγούμενα δὲ τὴν τῶν θείων βίβλων μελέτην τῆς ἑλληνικῆς παιδείας ἐπιμελῶς*, der eine wesentliche Beschränkung enthält, als auch besonders durch das Urtheil des Zonaras p. 310, *λόγους οὐχ ὡς ἔδει τιμῶν, εἰπὼν δὲ γε τιμῶν*, auf das richtige Maß herabgesetzt. Man sah ihn nur in Begleitung von Priestern und Mönchen, ja der kaiserliche Palast selbst glich einem Kloster, *ὡς τὰ βασίλεια μᾶλλον ἔχειν φροντιστηρίου εἶναι δοκεῖν*, Anna III, 8. p. 163 fg. Die Schriften, welche seinen Namen tragen, dürften schon wegen ihrer zweifelhaften Autorschaft nicht in Betracht kommen (darüber im Anhang zur Historiographie); ja selbst sein Verdienst um die Stiftung des bis zum Untergang des byzantinischen Reichs (Leo Orphanotrophos, vergl. Maximus Planudes) unterhaltenen Orphanotropheum, einer Elementarschule sowol für einheimische als fremde Kinder, muß uns in weniger günstigem Licht erscheinen, wenn man auf die Dressur der Schüler im grammatischen Unterricht blickt, auf die von Anna XV, p. 485 sq. selbst verurtheilte Schedographie, *τὴν τῶν σχεδῶν τέχνην*. Nirgends offenbart sich die Dürftigkeit des byzantinischen Wissens und die Verzettelung aller alten Wissenschaft deutlicher als in dem Wirken der damaligen Grammatiker, die in ihrem Unvermögen allmälig bis zum niedrigsten Range der Grammatisten herabgestiegen waren, die Compilation in immer dürftigerem Umfange betrieben und endlich, unbekümmert um die Theorie der Structur und die inneren Sprachgesetze, aus Mangel an aller Lectüre classischer Autoren bei jener letzten Methode des *σχέδος* und *σχεδογραφεῖν* anlangten, d. h. bei der grammatischen Analyse der Formen durch bequem zurecht gemachte Fragen und Antworten: eine Praxis, welche ebenso sehr der Trägheit der Lernenden schmeichelte, wie sie die Unwissenheit der Lehrer und die Mißachtung ihres eigenen Berufs bezeugt. Statt anderer Compilationen dieser Art in Vers und Prosa (*σχεδογραφίαι*) genüge hier ein Verweis auf das in politischen Versen abgefaßte grammatische Compendium des Polyhistor Michael Psellos. Ueber das Wesen dieser so verschieden gedeuteten Kunst vorläufig Henrichsen Om Schedographien i den Byzantinske Skoler, Progr. Kjöbenh. 1843, und G. Bernhardy Grundriß der griech. Literatur I, 3. Bearb. Anmerk. S. 718 fg. (621 fg.). Mehr davon im Capitel über „Geschichte der byzantinischen Grammatik." Ein noch ruhmloseres Ende fand die Rhetorik derer, die schon längst ihren selbständigen Werth verloren hatte und dem Leben entfremdet, mit Grammatik und Historiographie zusammenfiel. Wir kennen die Progymnasmata des Nikephoros Basilakes unter Alexios I., auch seines bedeutenderen Zeitgenossen Joannes Doxopatres Sikeliotes Commentar zum Hermogenes und die Homilien zu Aphthonios (letzterer auch als Verfasser einer Weltchronik bekannt), aber es sind müßige und saftlose Arbeiten, welchen die Geschwätzigkeit und Weitschweifigkeit zu seiner Empfehlung gereicht. Was also um die Zeit des Alexios I. in den Schulen der Grammatiker und Rhetoren gelehrt und gelernt wurde — und daß dieselben fortbestanden, beweist die Thätigkeit des Eustathios — möchte nicht gut vereinbar sein mit dem Reichthum des Wissens und dem Geschmack der ehemals gefeierten Lehrer, deren feiner Geist mit der Lectüre der classischen Werke genährt war. Die gewöhnliche Mundart der Stadt war unrein, zum Theil barbarisch, und nur in gebildeten Kreisen der höheren Gesellschaft, in Reden und Schriften der Kirche und des Palastes, vernahm man zuweilen einen Anklang an die Reinheit der attischen Muster. Hiernach mag man auch die Studien der Kaisertochter Anna Komnena beurtheilen, welche im Vorzug das übliche Quadrivium der Astronomie (Astrologie), Geometrie, Arithmetik und Musik studirt (*Praef.* τὸν νοῦν ἀπὸ τῆς τετρακτύος τῶν μαθημάτων πυκάσασα), die Wissenschaften der Rhetorik und Philosophie gepflegt und auch eine formale Bildung genossen hatte. Davon liefert ihr Geschichtswerk, ungeachtet des gänzlichen Mangels an kunstvoller Behandlung, gesunder Einfachheit und geschmackvoller Eleganz, dennoch bei Weitem das beste unter den gleichzeitigen Chroniken, die sichersten Beweise. An Bildung und Geschmack wird sie nur von dem etwas älteren Rechtsgelehrten und Historiker Michael Attaliotes unter Michael VII. Dukas übertroffen, von ihren Zeitgenossen, den Chronisten Georgios Kedrenos, Joannes Skylitzes und ihrem Gemahl Nikephoros Bryennios aber nicht erreicht. Daß man auch dieser gelehrten Frau der Lectüre kirchlicher Schriften den vorzüglicheren Platz einräumte, ergibt die Digression V, 9, p. 263 sq. und der Schluß des Gesprächs mit ihrer Mutter Irene, εἰ δὲ μὴ μικρὸν ἀναμείνῃς, καὶ ταῖς ἄλλαις ἐγκύψεις βίβλοις πρότερον, καὶ τῆς τούτων (der patristischen Werke) ἀκροάσεως ἠξίωσας κ. τ. λ. Wie sehr jedoch damals die durch das Beispiel der Fürsten gehobenen Studien in höheren Kreisen gediehen, davon zeugt die Reihe hochgebildeter Beamten des Hofes, z. B. die Gewandtheit des Senators Salomon Joannes mit Platonischer und Aristotelischer Philosophie, besonders aber die Geschichte des Usurpators Diogenes, der selbst nach seiner Blendung in dem Studium der Griechen Trost und Beruhigung fand, Anna IX, 10, p. 460. Dieser im Ganzen erfreuliche Zustand der Cultur, die indeß durch den Aberglauben und die selbst in die gebildetsten Kreise gedrungene Leidenschaft für Oneirokritik und Astrologie eine eigenthümliche Färbung erhält (Anna VI, p. 290 sq.), dauerte auch während der Herrschaft der Komnenen im zwölften Jahrhundert fort, wenn auch ein allmäliges Abnehmen der literarischen Thätigkeit sich bemerkbar macht. Die Neigung für gelehrte Erziehung und Bildung blieb in der Kaiserfamilie erblich, einige griffen auch wol in Stunden der Muße zur Feder, wie Isaak Komnenos Porphyrogennetos, mit Homer vertraut, und besonders Manuel I. Komnenos (1143—1180), ein auch wegen Eleganz des Vortrags gerühmter und beredter Verehrer der Aristotelischen Philosophie, ferner seine erste Gemahlin Irene, die gebildete und fromme Schwägerin Konrad's III. von Deutschland, deren Interesse für altertümliche Literatur und Heiligkeit Joannes Tzetzes *Chil. Hist.* 264. erwähnt, endlich der Despot Andronikos I. (1183—1185), der letzte Komnene und von dem ihm verhaßten, verwachsenen geistlichen Adel gestürzt, gelegentlich beschäftigt mit theologischer Schriftstellerei. Cf. Fabric. *Bibl. Graec.* VI, p. 303 sq. Wilken *Rerum ab Alexio* I., *Joanne*, *Manuele Comnenis gestarum libri* IV. *Heidelb.* 1811. p. 617 sq. Hiermit aber hört die Theilnahme der Fürsten an den Studien auf. Druck und Barbarei machten unter der jämmerlichen Regierung des Isaak II. Angelos und seiner Nachfolger, der Zustand der Bildung und Literatur wurde unter den Kriegszügen der Fremden, der Bulgaren-Walachen, Seldschuken und Kreuzfahrer bedrängt, und Byzanz stand auf dem Punkte, seinen noch reichen Vorrath an classischen Werken einzubüßen. Schon die Revolution, welche Isaak II. Angelos (1185) auf den Thron führte, war mit einer Plünderung des kaiserlichen Palastes und der Palastkirche verbunden, die für die Schätze der Kunst und Literatur verderblich ward, Nicetas Chon. *De Andronico Comn.* II, p. 453, *ed. Bonn.* Dazu war die Geistlichkeit, die sich bei aller Blüthe der theologischen Wissenschaft immer feindlicher verhielt gegen die Formen des liberalen Unterrichts, gleichgültig gegen Literatur und freie Bildung, die Klöster, die zahlreicher und glänzender ausgestattet als um die Zeiten und durch die Freigebigkeit Manuel's I. Komnenos (vergl. die lehrreiche Stelle bei Nicetas Chon. *De Manuele Comn.* VII, p. 268 sq.), förderten die Unwissenheit und Unthätigkeit der Mönche, und mit der Unwissenheit derselben stieg auch das Vorurtheil gegen profane Bildung und Literatur, obgleich sie längst den Interessen der Kirche sich untergeordnet. Wenn daher Manuel I. an eine Reform des klösterlichen Lebens dachte, so beabsichtigte er wol kaum mehr als eine Regel der geistlichen Uebungen, welcher die Mönche sich unterwerfen sollten. Vergl. Heeren Anmerk. S. 242. Bezeichnend in Hinsicht auf den damaligen Zustand der Klöster, auf die Faulheit und Verkommenheit des Klosterlebens ist die gleichzeitige Schrift des Erzbischofs Eustathios *de emendanda vita monach.* pp. 126, 132, 144, worin er die wachsende Barbarei der Mönche und deren verderbliche Folgen für die Büchersammlungen in ebenso derben wie bittern Worten schildert. Dort hatten selbst die Kirchenschriften einen zweifelhaften Schutz, man verschleuderte um geringen Preis die besten Werke, ja ein Abt, wegen des Verkaufs einer prächtigen patristischen Handschrift befragt, ertheilte ganz unbefangen die bezeichnende Antwort, ὡς οὐ χρεία καὶ ὠφελείας βιβλίων τοιούτων ἡμῖν; wenn dies von der höheren Geistlichkeit mit kirchlichen Schriften geschah, was dann mit den Beständen der heidnischen Literatur von der rohen Masse des niedern Klerus? Wir begreifen somit leicht die Erstarrung der kirchlichen wie profanen Bildung, den Verfall der Bibliotheken und die Verluste, welche die classliche Literatur schon lange vor den Verheerungen durch die Lateiner erlitten haben muß. Vergl. Wilken's Geschichte der Kreuzzüge V, S. 207.

Ueberblickt man nun die übrigen Leistungen der Byzantiner während des charakterlosen zwölften Jahrhunderts, so offenbart sich die entschiedene Erschlaffung der Studien schon in dem Mangel an literarischen Formen und Namen, und in der Schwäche und Oberflächlichkeit der Compilation. Einer wenig anziehenden Stücke grammatischen und rhetorischen Inhalts mag hier Gregorios von Korinth mit dem Beinamen Pardos angeführt werden, der noch eine verwässerte Kenntniß der Dialekte besaß, und Joannes Zonaras, angeblich Verfasser der immerhin brauchbaren Συναγωγὴ λέξεων. Weniger bedeuten des letzteren theologische Schriften, als seine weit angelegte historische Compilation, die, ungeachtet sie mit allen Fehlern des Jahrhunderts behaftet ist und die bunte Mannichfaltigkeit der Sprache zahlreicher Darstellungen aus vielen Jahrhunderten darstellt, dennoch von einer für jene Zeiten ungewöhnlichen Belesenheit zeugt und neben der dürftigen Epitome des Joannes Xiphilinus theilweise den Verlust mancher historischen Bücher ersetzt. Höher noch steht in Hinsicht auf glückliche Nachahmung älterer Muster der gebildete Theolog und Staatsmann Joannes Kinnamos in seiner Fortsetzung der Anna Komnena, wogegen die Chronik des Michael Glykas, der in unreiner Sprache mit alter Geschwätzigkeit sein bunt aufgeraffte Material ausschüttet, erheblich nachsteht. Dieser Annalist macht vor andern den Grundzug des zwölften Jahrhunderts anschaulich, „die charakterlose Redseligkeit und einen sonderbaren Hang zur Metapher, zur allerletzten gesuchten Eleganz und zu maßlosen Umschweifen." Gebildeter und gewandter als andere Geistliche seiner Zeit schreibt der thätige Erzbischof von Thessalonich Eustathios, sogar rühmte man ihn als gründlichen Vergleicher Homer's; jetzt verdankt er sein Ansehen seiner Belesenheit in profaner wie in kirchlicher Literatur und seiner Kenntniß von freier Wissenschaft, die ihn weit über den Standpunkt seines Zeitalters erhebt und ihm den Ruhm eines ausgezeichneten Lehrers der Grammatik und Rhetorik erwarb; auch bestätigt sein Nachlaß, daß er für Hebung der gesunkenen Studien, für Erhaltung der alten Schriftwerke, sowie für Reinigung und Veredlung des tief gefallenen Mönchsstandes unablässig thätig blieb. Vergl. oben S. 282 und die Beurtheilung seiner Schriften in dem Capitel „Commentatoren und Scholiasten." Nächst ihm gilt für den gelehrtesten Mann des Jahrhunderts Joannes Tzetzes, der eine ähnliche, nur geschmacklose und handwerksmäßige Bücherbelesenheit besaß; er nimmt in der Literatur des zwölften Jahrhunderts ungefähr dieselbe Stellung ein, die Michael Psellos im eilften Jahrhundert, den Höhepunkt der allgemeinen Bildung dieser Zeiten bezeichnend. Eifrig thätig auf fast allen Gebieten der damaligen Schriftstellerei in Dichtung und Prosa, aber ohne Urtheil und Geschmack, verdrossen und niedergedrückt durch bittere Armuth und Mißgunst, abschreckend und abstoßend in Hinsicht auf Darstellung, Sprache und Grammatik, wird er wie die Mehrzahl seiner Zeitgenossen fast ungenießbar. Charakteristisch ist ihm auch der krankhafte Hang zur allegorischen Interpretation, die seiner Zeit gänzlich fremd und namentlich seit Porphyrios und den neuplatonisirenden Erklärern bis über Tzetzes hinaus an Homer fleißig geübt, jetzt, nach vollendeter Uebertragung orientalischer Anschauungen und Formen in die Denk- und Redeweise der gelehrten Byzantiner, so allgemein wurde, daß sogar gewöhnliche Briefe von mystischen Anspielungen überfließen. Aus derselben Quelle mag, wie überhaupt die Neigung für symbolische Deutung, so auch die fieberhafte Leidenschaft für den Gebrauch der Metapher, weiterhin das Interesse für abenteuerliche und phantastische Gebilde herzuleiten sein. Denn diesen Zeiten mangelte der gesunde Stoff ebenso wie der gesunde Trieb des Schaffens. Schon lange war die Poesie, bei Tzetzes und Genossen kaum mehr als versificirte Prosa, im innersten Keime ersterben, das mythologische wie das historische Wissen verflacht, die metrische Composition aufgegeben, der politische Vers, die gebräuchlichste Form für die Versmacherei der Byzantiner, als normal anerkannt. In diesem Mißverhältniß aber Kraft und Wohlklang schlendert mythologischer wie historischer, profaner wie kirchlicher Stoff, welchem auch der durch Mittelmäßigkeit und den völligen Mangel an Gehalt und Form bedeutsame Romane der Mittelgriechen, deren Weise die Erzähler des Eustathios Makrembolites, Theodoros Prodromos, Constantinus Manasses und Niketas Eugenianos veranschaulichen. Auf die Bildung dieser Poesie gewann auch die fränkische Ritterwelt während der Kreuzzüge durch die Ueberlieferung ihrer Sagen und Form Einfluß, und umgekehrt zog die mittelalterliche Romantik manches Motiv aus griechischen Romanen, deren Kenntniß man aus Byzanz mit in die Heimath brachte. Hierüber am Schluß des Capitels „Die Erotik und mittelgriechische Romantik." Vergl. Henrichsen Ueber die politischen Verse bei den Griechen S. 124 fg.

Geschichte der byzantinischen Bildung und Literatur während des lateinischen Kaiserthums (1204—1261) und im Zeitalter der Paläologen, 1261—1453.

§. 16.

Die Schicksale des byzantinischen Reiches und Volkes nach der Eroberung der Hauptstadt durch die Lateiner (1204), jene lange Zeit durch den Neid, die Zähigkeit und Eigensinnigkeit der Komnenen abgewendete Katastrophe, sind oben §. 7. S. 250 fg. mit wenigen Strichen gezeichnet worden. Dieses weltbürgerliche Ereigniß trat in einem Zeitpunkt ein, wo zugleich mit dem Aussterben der allgemeinen Bildung der Geschmack und das Gefühl für reine Sprache erloschen, die literarischen Traditionen geschwächt, wo das Leben der Nation und die Formen der Regierung unheilbar zerrüttet waren. Wahn, Unwissenheit und Erstarrung hatte alle Schichten des

Bevölkerung ergriffen, und selbst die Geistlichkeit und die Klöster, welche im Verein mit einigen Staatsmännern und geistig bevorzugten Individuen Unterricht und Studien noch in Schutz genommen und in der Stille gepflegt hatten, waren der Unthätigkeit und Verdumpfung verfallen. Beschränkt und immer gehemmter, dazu vereinzelt fristete die literarische Thätigkeit mühsam ihr Dasein, schon konnte man Fleiß im Sammeln oder Abschreiben vermissen. Da brach die lang gedrohte Wuth der Kreuzfahrer unerwartet und furchtbar über das unglückliche Reich aus, Constantinopel ward mit Sturm genommen und der beste Theil seiner antiken Pracht und Herrlichkeit ein Raub der Flammen. Mit diesen verheerenden Feuersbrünsten, welche die prächtigsten und reichsten Quartiere in Asche legten, zuerst (1203) den ganzen Stadttheil vom Blachernischen Hügel bis zum Kloster des Heilandes, dann zweimal im Jahre der zweiten Einnahme (1204) in viel größerer Ausdehnung und mit fürchterlicher Stärke, wetteiferten alle Greuel der Verwüstung, die nur von Raubsucht, Religionshaß und brutalem Sinn ersonnen werden können. Wir übergehen hier alle die Schrecknisse des Wahns und des Frevels, die Beschimpfungen und Gefahren des als Schreiber verachteten und verhöhnten Volks, das Elend und die Verarmung der höhern Stände der Gesellschaft, das sich in der blühenden und wortreichen, aber wahren Schilderung der persönlichen Schicksale des Niketas Choniates, eines Augenzeugen jener Katastrophe, auf ergreifende Weise abspiegelt: das romäische Reich war vernichtet, und auf den Trümmern desselben hielt das lateinische Kaiserthum (1204—1261) seine kriegerischen Umzüge, überall Spuren der barbarischen Vernichtung zurücklassend. Es war eine lange, an Verlusten reiche und schwere Zeit der Prüfung: zertrümmert lagen die gefeiertsten Kunstwerke des Alterthums, ausgeplündert oder in Asche gelegt Kirchen, Paläste, Klöster, auch sämmtliche Villen der reichen Privatleute am Gestade der Propontis, die ehernen Statuen wurden zerstört und eingeschmolzen, und aus dem unedlen Metall schlug man Geld zur Bezahlung der Krieger; nur ein kleiner Theil der Kunstschätze wurde als Beute nach dem Abendland gerettet. Nachweise unten im Artikel Niketas Choniates Akominatos. Von den noch heute erhaltenen Denkmälern der Kunst O. Frick im Artikel „Byzantium" der Pauly'schen Real-Encyklopädie I, 2. p. 2623 fg. mit Angabe einer reichen Literatur. Kein günstigeres Geschick traf damals die noch vorhandenen literarischen Denkmäler; doch läßt sich die Größe dieses Verlustes nicht berechnen, da sich nicht einmal vermuthen läßt, wie viel an classischen Werken in öffentlichen und privaten Bibliotheken Constantinopel bei der Einnahme noch besaß, wie viel in den vorausgegangenen Zeiträumen verloren gegangen war. Vergl. oben S. 262 fg. Sicher ist durch die drei großen Feuersbrünste mehr untergegangen, als durch die muthwillige Vernichtung der Eroberer, die sich wenig um die ihnen ganz unverständlichen Bücher eines Volkes bekümmerten, welches bei ihnen in dem Rufe der Tintenkleckserei stand und als solches öffentlich verhöhnt wurde, Nicetas Chon. *de rebus post captam urbem gestis* p. 780. *ed. Bonn.* οἱ δὲ γραφίδας δόνακας καὶ βιβλία μέλανος φέροντες εἰς τὴν χεῖρα ἐδίδοσαν, ὡς γραμματεῖς ἡμᾶς κωμῳδοῦντες, vollständiger *Cod. B. Monac.* καλαμάρια καὶ κονδύλια κρατοῦντες καὶ χάρτας ἔφερον εἰς τὰς χεῖρας αὐτῶν καὶ ἐδείκνυον αὐτὰ ὡς δῆθεν ὑπογράφεσθαι. Vergl. Heeren S. 270 fg. Wilken Geschichte der Kreuzzüge V. S. 310 verglichen mit S. 297. Gibbon *chap.* 60. Schluß. Von der Hauptstadt aus verbreitete sich das Verderben über die Provinzen des Reichs, während durch die gleichzeitigen Einfälle der Bulgaren und der Wallachen die europäischen Ländertheile bis vor die Thore der Hauptstadt verwüstet wurden; Städte und Klöster wurden niedergebrannt, „und es schien," sagt Niketas Choniates l. l. p. 835, „daß Thrakien nur eine Wohnung wilder Thiere bleiben sollte." Unbedenklich dürfen wir vermuthen, daß auch hier, besonders in den zahlreichen Klöstern des europäischen Festlandes, eine Menge gelesener und nicht gelesener Bücher der profanen wie kirchlichen Wissenschaft untergingen; auch mochte die Gleichgültigkeit und Geldgier der neuen Besitzer oder die Noth der Eigenthümer selbst vieles fremden Händen durch Verkauf überliefern, wie z. B. bei der Eroberung von Thessalonich die Bücher spottwohlfeil veräußert wurden, βιβλία δὲ ὡς ἐκλεκτὰ τῆς ἀξίας ἐν τῷ φόρῳ ἐπωλοῦντο, καὶ φέρειν — οὐδ' αὐτὰ ἐγκαλῶ ἧττον τοῖς μικρὸν εἰδόσι καλὸν, ἀλλὰ κατατεταγμένου ὀλιγίστου τιμήματος bei Eustath. *de Thessalon. capta* 135. p. 304. Am schlimmsten aber wirkte die neue Herrschaft und ihr System, gegründet auf den Feudalismus des mittelalterlichen Abendlandes und gestützt auf das gewaltsam eingeführte Regiment des lateinischen Kirchenthums, auf das Volksleben und den Charakter der Byzantiner. Verachtet als durchaus verdorben, als betrügerisch und nur zum Verrath geschickt, verhöhnt von den rohen Massen der ungebildeten Abendländer wegen ihrer Sitte und Religion, wegen ihrer Institute und überlieferten Neigungen, niedergetreten in ein Verhältniß, das den Patriarchen abhängig von Rom, die Großen zu niedern Vasallen, die Priester zu Knechten machte, dazu ausgesogen und selbst gebrechlich siechte die Nation hoffnungslos dahin. Von öffentlichen Schulen ist bei dem Interesse der lateinischen Geistlichkeit, den Rest antiker Bildung und Gelehrsamkeit möglichst zu vernichten und mit den Einrichtungen auch die Sitte und Sprache der Sieger einzubürgern, keine Rede mehr, und alle byzantinische Bildung lag auf ein halbes Jahrhundert in Stillschweigen begraben. In dieser Periode der völligen Leere in der byzantinischen Literatur suchten die Edleren unter den Griechen die wissenschaftlichen Ideen, worin sie ihren Vorzug und gleichsam eine Bürgschaft ihrer Volkseigenthümlichkeit erkannten, in der Stille fortzunähren; besonders retteten die unabhängig gebliebenen Theile des alten Reichs den Anstrich gelehrter Bildung für bessere Zeiten, so das Reich der Groß-Komnenen von Trapezunt, vornehmlich aber das durch eine glanzvolle Politik schnell wachsende Fürstenthum Nikäa, welches als die eigentliche Fortsetzung des Kaiserreichs betrachtet, als Erbin des Glanzes und der Cultur des alten Hofes, sowie als Beschützerin des griechischen Ritus, von allen Seiten die besten Kräfte an sich zog und Wissenschaften und Künste in stiller Pflege erhielt. Von der Bildung dieser Fürsten hat Georgios Akropolites in seiner immerhin lesbar geschriebenen Geschichte des Kaiserthums Nikäa eine hohe Meinung: Manuel, der Bruder des Kaisers Theodoros I. Laskaris, und seine Schwester Irene erhalten ein gleich günstiges Lob; die letztere widmete sich als Kaiserin selbst der Erziehung ihrer Kinder, ehrte und begünstigte die Gelehrten und nahm selbst an ihren Verhandlungen Theil, p. 56. 67. *ed. Bonn.* *ἀνήγοντο δὲ παρὰ τῆς βασιλίδος Εἰρήνης καὶ ἐπεθάλποντο, οἷα ἐκείνης φιλούσης ἐραστὰς λογίων καὶ πρὸς ἄλλα πολλὰ ἐπεισφοιτᾶν — ἔργοις καὶ λόγοις καὶ σοφίαν ἠσπάζετο μεθ' ἡδονῆς, ἐτίμα δὲ τούτους ὑπερβαλλόντως, ὡς ἔστιν ἐν τούτοις γνῶναι κ. τ. λ.* Höher steht ihr Gemahl, der vortreffliche Joannes Dukas Batatzes (1222—1255, vergl. die historischen Notizen §. 7. S. 257), der durch Vorschrift und Beispiel auf die Veredlung der Sitten seines Volkes wirkte, vornehmlich häuslichen Fleiß empfahl und Erziehung der Jugend und Wiederbelebung der gesunkenen Wissenschaften zu den vornehmsten Gegenständen seiner Sorgfalt machte; diesem Kaiser hat sein künftiger Großlogothet, der oben genannte Historiker Georgios Akropolites, dessen Studien der kaiserliche Beschützer selbst prüfte und im vertraulichen Gespräche examinirte, ein schönes Denkmal gesetzt, indem er ihm die Worte in den Mund legt p. 53. *μόνον γὰρ ἐκεῖνον ἀνθρώπων ἀνεφαντάζοντο βασιλέως καὶ φιλόσοφος.* Sein Sohn Theodoros II. Laskaris (1255—1259), ein sinnreicher und kenntnissreicher Fürst, war durch Georgios Akropolites in der Philosophie unterrichtet und im Umgang mit Nikephoros Blemmydes gebildet worden, p. 112. *τὸν γὰρ λόγον, ἐν οἷς τὰ πολλὰ ἐπαιγάνοντο, διδάσκαλον καὶ αὐτὸν (τὸν Βλεμμίδην Νικηφόρον) ἐπεγράφετο· σοφὸς γὰρ ἦν εἰς ἄκρον τοῖς ἀληθείαις ὁ βασιλεύς.* Nikephoros Blemmydes, der gelehrteste Mann seiner Zeit, von welchem außer theologischen und philosophischen Schriften eine Metaphrase des Dionysios Periegetes und ein dürftiger Abriß der Erdkunde erhalten sind (vergl. unten „die Geographen"), gewährt neben seinem Schüler Georgios Akropolites einen Blick in den damaligen Unterricht und die Leistungen der Literatur. Der γραμματικὴ παιδεία (*ἐγκύκλιος παίδευσις, ἣν γραμματικὴν κατονομάζουσιν οἱ πολλοί*), der Jugendbildung der Zeit, über welche die niedere Geistlichkeit sich weit selten erhob (vergl. die Geschichte des nachmaligen Patriarchen Arsenios bei Georgios Acrop. p. 113), folgte ein höherer Cursus (*ἡ ὑψηλοτέρα τῶν λόγων παίδευσις*) in Logik, Rhetorik, wenn um diese Zeit zu Nikäa Theodor Hexapterygos und der Scholast Homer's Michael Senacherim als Lehrer glänzten, und auch in Poesie, wenn man dem Berichte des Georgios Akropolites p. 53 sq. über seinen und seiner Studiengenossen Erziehungsgang Glauben schenken darf; auch die Astrologie fand nach wie vor ihre Verehrer selbst in den gebildeteren Kreisen, und wurde namentlich jetzt bei den nahe bevorstehenden Umwälzungen fleißig geübt. Vergl. p. 69. Niceph. Greg. IV, 5. p. 98 sq. p. 108. *ed. Bonn.* Immer enger zogen sich die Grenzen des lateinischen Kaiserreichs zusammen, welches, selbst wenn es kräftigere Herrscher gehabt hätte, dennoch seiner ganzen Natur nach sich nicht halten konnte. Michael VIII. Paläologos, durch eine Verschwörung auf den Thron von Nikäa gehoben, konnte schon am 15. Aug. 1261 unter dem aufrichtigen Jubelrufen der Bevölkerung seinen feierlichen Einzug in die wieder gewonnene Hauptstadt Constantinopel halten, in einer rhetorisch aufgeputzten Rede vor den versammelten Bischöfen, Senatoren und Großen seinen und des neu erstandenen romäischen Reiches Glückstern preisend. Vergl. die historischen Umrisse §. 7. S. 258.

Mit der Erneuerung des byzantinischen Reiches und der Herrschaft der Paläologen (1261—1453) erholten sich die Griechen und die gräcisirten Völker auf griechisch-romäischem Boden nur langsam von den Leiden und Verlusten der lateinischen Periode. Vergleicht man die Schilderung, welche der fränkische Ritter Ville Harduin, Marschal von Champagne und Augenzeuge der Eroberung Constantinopels durch die Lateiner, in seiner *Histoire de la conqueste de Constantinople* p. 42 von dem prachtvollen Anblick dieser Stadt liefert mit dem Bilde, welches Nikephoros Gregoras von dem Zustande der Hauptstadt nach der Wiedereinnahme durch die Griechen entwirft, so muß hier in der Zwischenzeit von etwa 60 Jahren schrecklich gehaust worden sein. „Die Königin der Städte," berichtet der letztere in seiner romäischen Geschichte IV, 2. p. 87 sq. *ed. Bonn.*, „war damals ein Feld der Verwüstung; man sah nur Haufen von Schutt und Trümmern. Die Häuser waren theils eingestürzt, theils zeigten sie nur noch die dürftigen Reste der großen Feuersbrünste, die, so häufig sie auch in älteren Zeiten gewesen waren, doch niemals so furchtbar gewüthet hatten. Die großen Paläste und früheren kaiserlichen Schlösser waren entweder zerstört, oder auch, wie der Blachernische Palast, so voll Unrath und so mit Rauch überzogen, daß sie nicht bewohnt werden konnten." Vergl. auch §. 7. S. 255 die Schilderung Odo's von Deuil. Natürlich hatten die lateinischen Kaiser anfangs im Vorgefühl, sodann in der richtigen Ueberzeugung von der Unhaltbarkeit ihres Regiments, den Verfall der Stadt eher gefördert als gehindert, auch war sie bei der Ueberrumpelung von Neuem ein Schauplatz des Brandes geworden, womit der griechische Feldherr Alexios Strategopulos die feindlichen Lateiner zu schrecken gesucht hatte; was aber seit dieser Zeit an Denkmälern der Kunst, an öffentlichen und Privatschätzen oder an literarischen Vorräthen noch übrig geblieben war — viel Werthvolles mag es nicht gewesen sein —, das scheint bis auf die Einnahme der Stadt durch die Türken und darüber hinaus sich erhalten zu haben. Man muß dem neuen Kaiser des byzantinischen Reichs Michael Paläologos und einem Theil seiner Nachfolger nachrühmen, die Wunden mit gewohnter Gewandtheit schnell geheilt und das sinkende Reich, ungeachtet der Wiederkehr der verlebten Formen der früheren Regierung und der Schäden der geistlichen Gewaltherrschaft, bis zum Ausgang des ersten Drittheils des 14. Jahrhunderts noch immer in erträglichem Zustand erhalten zu haben. Erst nach dem Verluste von ganz Kleinasien unter Andronikos III. (1328—1341) sah man sich auf die Defensive beschränkt; der unpolitische Geist der Regenten, das anmaßende Uebergewicht der Fremdlinge, namentlich der Venetianer und Genuesen, der Fanatismus der griechischen Geistlichkeit, welcher jede Sympathie der Abendländer zum Schweigen brachte, dazu die politischen und religiösen Parteikämpfe, die Verkommenheit und der Stumpfsinn des Volks, das seine geistigen Bedürfnisse in dogmatischer Streitsucht, leidenschaftlicher Geschwätzigkeit und krankhaftem Aberglauben befriedigte, zuletzt das gänzliche Versiegen aller Hilfsquellen setzen die Gesinnungshaftigkeit des damaligen Griechenthums außer Zweifel. Ein allgemeines Bild der byzantinischen Welt in jenen Zeiten der äußersten Ermattung ist oben §. 8. S. 298 fg. mit wenigen Strichen entworfen worden, vergl. Gibbon chap. 62—68; wir versuchen hier die Zeichnung der literarischen Zustände, soweit dies bei der Unzulänglichkeit der Berichte des Joannes Glykas, Nikephoros Gregoras, Georgios Pachymeres und Joannes Kantakuzenos überhaupt möglich ist. Hierüber Herren S. 275—279. 303—316 und G. Bernhardy S. 711—717. und Anmerk. S. 724 fg. 3. Bearb. Der Verlust von Constantinopel hatte den Griechen namentlich im Kaiserthum Nikäa eine vorübergehende geistige Kraft verliehen, welche der neue Kaiser Michael VIII. Palaeologos (1261—1282) auf die alte Hauptstadt des Reichs übertrug und sein Nachfolger Andronikos II. in langer Regierung zu nähren und zu erhalten bemüht war. Ohne Zweifel gewann unter dem Schutze der Palaeologen die alte Literatur einen mächtigen Aufschwung, Kunst und Wissenschaft blühten, da jene die antike Cultur aus Interesse und Gewohnheit förderten und durch ihr Beispiel die Thätigkeit der in die Paläste ihrer Väter wieder eingesetzten Edlen aufmunterten, von Neuem auf, während die Pisaner, Venetianer und Genuesen den Handel des byzantinischen Reichs wieder belebten, der Hauptstadt die unter dem Drucke der Gesetzlosigkeit und des Elends verlorene Wohlhabenheit wiedergaben und byzantinische Kunst und griechische Gelehrsamkeit überallhin verbreiteten. Vergl. W. Heyd Die italienischen Handelscolonien in Griechenland während der Regierungszeit der drei ersten Palaeologen, 1261—1341, in der Tübinger Zeitschr. für das Staatsw. XVII. (1861), S. 444—495. Wir dürfen daher die literarische Bildung und die Studien der Familie der Palaeologen nicht ganz übergehen. Gleich der erste, Michael VIII. wird ein gebildeter Fürst genannt, aber die Angriffe seiner weltlichen und geistlichen Feinde ließen ihm wenig Zeit, für die Wissenschaften und einen literarischen Ruhm thätig zu sein. Dagegen wird sein Sohn und Nachfolger Andronikos II. (1282—1328) als der gelehrteste Fürst des Zeitalters gepriesen, der unablässig thätig für die Interessen der Kirche, seinen Palast selbst zum Kampfplatz theologischer Streitigkeiten machte und darüber in Büchern vergraben, die wichtigsten Geschäfte des Staats fremden Händen überließ. Nikephoros Gregoras hatte selbst im Umgang mit Andronikos manche Anregung zum Studium der Wissenschaften erhalten, VIII, 8. p. 327 *ed. Bonn.* ἐπῄδουν δὲ ἤδη καὶ τῆς τοῦ βασιλέως (ὁμιλίας) τυχεῖν τελεώτερον. αὐτός τε γὰρ πολλάκις ἐθεασάμην καὶ ἔτι παραπέμποντων ἠκηκόειν, ὁπόσα πρὸς ἄκρον ἐξήσκητο κάλλιστα αὐτοῦ, ὡς οὐ μόνον εὐνομίας καὶ ἠθικῆς ἁπάσης ἀρετῆς καὶ ἀκριβείας ἐργαστήριον τὸν βασίλειον καθίστασθαι οἶκον τῷ τε μακρῷ χρόνῳ καὶ τῇ περιούσῃ τῆς φύσεως πλεῖστον ἐπὶ ταὐτὰ κόλπον ξυνηθροικώς, ἀλλὰ καὶ λογικῆς φάναι παιδεύσεως κράτιστον γυμνάσιον καὶ οἷον εἶναι ἐλλογίμων γλωσσῶν στρατόπεδον, und in der darauf folgenden Rede an den Kaiser, welche vor anderen den Ton der höfischen Beredsamkeit und Schmeichelei beweisen kann, nennt er p. 335 den kaiserlichen Hof ein πρυτανεῖον παντοδαπῆς παιδείας οἰκειότερον. Derselbe Historiker rühmt auch die Bildung der Gemahlin des kaiserlichen Sohnes, des Despoten Constantin, die nach VIII, 3. p. 294 wegen ihres Geistes und ihrer Kenntnisse allgemein eine zweite Theano und Hypatia genannt wurde; ja vom Joannes, dem Neffen des älteren Andronikos, heißt es sogar, sein umfassendes Wissen in alter und neuer Literatur sei von einem Gedächtniß unterstützt worden, welches ihn zu einer lebendigen Bibliothek machte, βιβλιοθήκη γὰρ ἦν ἔμψυχος οὗτος καὶ τῶν ζητουμένων πρόχειρος εὐπορία VII, 11. p. 272. Andronikos III. dem jüngeren (1328—1341), dessen Regierung verderbenvoller noch glücklicher als die des älteren war, wird ibid. IX, 14. p. 461 (cf. X, 1. p. 471) das Interesse an gelehrten Gesprächen, sogar eine gewisse Feinheit des Vortrags beigelegt, συνῆθροιζε δ' ἦν αὐτῷ ἐλλογίμων τινὲς πρὸς ἡμᾶς καὶ σπουδαιοτέρῳ χρῆσθαι τῇ ὁμιλίᾳ μετά τινος ἀστειότητος καὶ χάριτος. Dergleichen rhetorische Lobsprüche, worin Nikephoros Gregoras Unglaubliches leistet, werden jedoch auf ein knapperes Maß herabgesetzt, wenn man zunächst den Unfug der theologisch-höfischen Disputationen und deren rein kirchliche Zwecke erwägt, und dagegen den Mangel an jeder wissenschaftlichen Bildung in Anschlag bringt, welcher bei Männern, für die Besetzung der höchsten kirchlichen Aemter bestimmt, oft geradezu erwünscht war. Wenn Geistliche von mönchischem Zelotismus, wie Athanasios nach Niceph. Greg. VI, 5. p. 180 (cf. Pachym. VIII, c. 13—16, 20—24 u. a.) oder Gerasimos VIII, 2. p. 292, beide ohne alle gelehrte Bildung und Kenntniß von theologischer Wissenschaft, jener von ungezügelter Strenge, dieser ein gefügiges Werkzeug für Kaiser Andronikos II. und knechtisch gehorsam (ὁ δ' ἀμαθὴς καὶ ἄλλως ἁπλοϊκὸς τρόπον τοῖς βασιλικοῖς ὁρισμοῖς πάντη προσέχων — καθάπερ ἀνδράποδον), an die Spitze traten und den gebildeteren hohen Klerus zum Schweigen bringen, ja verfolgen durften, so wirft dies kein günstiges

Licht auf die vermeintlich warme Neigung der Herrscher für Gelehrsamkeit und Gelehrte, und beweist nur den frühzeitigen Verfall der theologischen Wissenschaft. Vergl. die Klagen des Nicephorus Greg. VI, 5. p. 184 sq.; dagegen schien das Glück, für den gelehrtesten Mann zu gelten, zu jeder Art von Ränken und Verfolgung zu berechtigen, wie der als großer Kenner der profanen Literatur gefeierte Gregor von Cypern den minder glänzenden Widersacher Bekkos aus Neid verdrängte, ibid. V, 2. p. 128 sq. VI, 1. p. 163. Wir wundern uns daher nicht, daß durch die Leidenschaft dieser Parteihäupter, welche mit den politischen Hand in Hand gingen und das Volk in zwei oder drei Sekten spalteten, der Charakter der Nation verwildert, und jede bessere Regung erstickt wurde. Vergl. VI, 1. p. 161. XIV, 8. p. 721 sq. Noch mehr aber fällt jener Ruhm der Paläologen bei einer genaueren Betrachtung ihrer viel gepriesenen Religiosität. „Sklave des verworfensten Aberglaubens," sagt Gibbon *chap.* 63. *princ.* von dem älteren Andronikos, „war er von allen Seiten von sichtbaren und unsichtbaren Feinden umgeben. Die Flammen der Hölle schreckten seine Phantasie nicht weniger als die des katalonischen und türkischen Krieges." Solche Tugend und Gleichgültigkeit vermochte weder zu veredeln oder die Geistlichkeit zu beglücken, noch der Beschäftigung mit den Wissenschaften eine gesunde Richtung zu geben; dagegen fanden die Künste der Astrologen immer mehr Aufnahme und Verbreitung, chaldäische Orakel wurden wieder hervorgesucht, gelehrte Diskussionen über das Fatum und die göttliche Vorsehung angestellt, und die kaiserliche Gunst pflegte nicht auszubleiben, sobald die Weissagungen den hohen Intentionen entsprachen. Vergl. die Geschichte des Astrologen Gallos und seinen Streit mit Nikephoros Greg. XIV, 8. p. 722 sq. Zuletzt lehrt ein Blick in die Leistungen der damaligen Schriftsteller, der kirchlichen wie der profanen, daß jede gesunde Kraft erstorben war. Philologie mit theologischer Farbe bezeichnen den Charakter der Literatur der letzten Jahrhunderte des byzantinischen Kaiserreichs; die kirchliche hatte fast ausschließlich eine polemische Richtung angenommen: der Patriarch Bekkos schrieb über den gangbaren Streit vom Ausgang des heiligen Geistes, andere über das verklärende Licht auf dem Berge Tabor, Kaiser Manuel vertheidigte in einem noch erhaltenen Dialog mit einem Mohammedaner die Lehren des Christenthums gegen den Islam. Dieselbe kirchliche Tendenz verfolgen die Schriften des einflußreichen Patriarchen Gregor (Georg) von Cypern, nur zeigt er, wie oben bereits bemerkt wurde, eine größere Bekanntschaft mit der antiken Literatur, welche er nach Nikephoros Greg. VI, 1. p. 163 aus der Vergessenheit wieder ans Licht brachte, und ein gewisses Maß im Gebrauch des rhetorischen Aufputzes, [illegible]. Einen anderen Standpunkt vertreten die bekannten Leistungen des Nikephoros Blemmydes (vergl. oben S. 285) und des Polyhistor Georgios Pachymeres, der als Historiker, Philosoph und Theolog von seinen Zeitgenossen gerühmt, den Ungeschmack der byzantinischen Bildung und die Dürftigkeit des Wissens unter den Paläologen bezeugen kann. Ueber den Inhalt der damaligen literarischen Vorbildung unterrichtet ein Ineditum von ihm in *Codd. Nanior. Graec.* p. 448. *Σύνταγμα τῶν τεσσάρων μαθημάτων, ἀριθμητικῆς, μουσικῆς, γεωμετρίας καὶ ἀστρονομίας*, welches an den Zustand der Schulen und den Umfang des propädeutischen Unterrichts in den Zeiten der Anna Komnena erinnert. Vergl. §. 15. S. 282. Denn daß nach der Erneuerung des byzantinischen Reichs die Wiederherstellung der so lange niedergehaltenen und entehrten Schulen eine Hauptbedingung des neuen Lebens war, läßt sich nicht bezweifeln. Dies zeigen beiläufige Notizen weniger als eine Reihe von geschätzten Lehrern, welche unter den Paläologen neben und nach einander Ruf gewannen: Nikephoros Gregoras, von Theodoros Metochites in der Astronomie und Theologie unterrichtet, Lehrer der Kinder des Ministers in der Profanliteratur; Joannes Glykys, Grammatiker und Lehrer des ehemaligen Prinzen Joannes; der Rhetor Georgios Pachymeres, Lehrer des Manuel Philes; die Grammatiker Manuel Holobolos, noch später Thomas Magister, Georgios Lekapenos, Teicha, Manuel Moschopulos, Manuel Chrysoloras, Georgios Gemistos Plethon, nach des gelehrten Italieners Philelphus Urtheil der einzige Gelehrte im Peloponnes in der ersten Hälfte des 15. Jahrhunderts, Lehrer des Bessarion aus Trapezunt. Vergl. Gibbon *chap.* 66. Philelphi *Epist.* VI, 6. Chrysoloras, Plethon und Bessarion bilden den Uebergang zu den gelehrten Griechen, welche nach Verlust ihres Vaterlandes flüchtig, als Schreiber von Codices und als Lehrer des Griechischen in Italien eine neue Heimath fanden. Wie schlecht es übrigens zuletzt mit dem Unterricht stand, läßt sich aus dem kläglichen Nachlaß des oben genannten Philelphus vermuthen, welcher eine reine Sprache nur noch am Hofe, besonders bei Frauen aus vornehmen Ständen angetroffen habe. Cf. Philelphi *Epist.* V, 3. *A magistris ludi, quas publice docent, plena illis sunt imperiorum omnia; itaque neque de constructione grammaticae orationis, neque de syllabarum quantitate quicquam perfecti aut certi ex istorum praeceptis haberi potest.* H. Hody *De Graecis illustribus linguae Graec. litterarumque humaniorum instauratoribus*, *ed.* Jebb, *Lond.* 1742. p. 188. Meiners histor. Vergleichung der Sitten, der Wissenschaften und Lehranstalten des Mittelalters mit denen unsers Jahrhunderts, Thl. 3. Hannov. 1794. S. 165. Aus Mangel an Geldmitteln und zugleich an warmer Theilnahme waren zuletzt die Schulen oder öffentlichen Lehranstalten verkümmert; die kaiserlichen Bibliotheken befanden sich seit dem allmäligen Versiegen der Hilfsquellen des Reichs in den letzten hundert Jahren in [illegible] (vergl. oben §. 8. S. 250); die Männer der Literatur sammelten sich bewirkt mit kriechender Dienstbarkeit und Schmeichelei um die Person der Regenten, unter einander selbst entzweit und von einem ganz kleinlichen Dünkel bethört; und während das Land durch die ewigen Kriege und wilden Streifzüge der Türken völlig verödet, die sonst bevölkerte Hauptstadt, schon jetzt Stambul genannt, mehr entvölkert, die Handel treibenden Fremdlinge in Pera und Galata immer anmaßender wurden, litt das Volk unter dem schweren Druck materieller und sittlicher Unfähigkeit: das stolze Volk der Romäer, alternd, geschwächt, geistig leer und mit prächtigen Lappen kaum seine Blößen bedeckend. Vergl. Niceph. Greg. XV, 2. p. 751 sq. XVII, 4. p. 857. *ed. Bonn.* Mit der wachsenden Barbarei, welche nur dürftig durch den Schein griechischer Form und Belesenheit verdeckt wird, stieg die Gleichgültigkeit gegen allen Unterricht, die Schulen gingen ein, die Bibliotheken verfielen, und Studien und Literatur sanken zur äußersten Dürftigkeit herab. Am fühlbarsten wird der Mangel an historischem Wissen: wenn dem Apokaukos, dem ränkevollen und herrschsüchtigen Gegner des Joannes Kantakuzenos, eine große Kenntniß und Belesenheit in den alten Historikern zugesprochen wird bei Niceph. Greg. XII, 10. p. 606 (*πολλῶν βιβλίων ἱστορίας ἐπιτετευχὼς ἐν τῷ μαθεῖν*), so stimmt das schlecht zu dem geschichtlichen Nachlaß aus diesen Zeiten der Auflösung, der ebenso ritterhaft und gleichmäßig wie dunkel und verworren, ebenso widersprechend wie träumerisch und in Reminiscenzen schwelgend, den Untergang der historischen Kunst und das Erlöschen aller geschichtlichen Kenntniß bezeugt; letzteres vornehmlich der fabelnde Joannes Kanabutza aus dem 14. Jahrhundert und der unbekannte Verfasser des *Χρονικὸν σύντομον* aus noch späterer Zeit. Daran grenzt die gar dürftige poetische Chronik des Ephrämios mit den iambischen Beschreibungen der Patriarchen von Byzanz und anderen Kunststücken von seinem Zeitgenossen Nikephoros Xanthopulos, eine Reihe fragmentarischer Chroniken und herrenloser Stücke von nebelhaftem Wissen und barbarischer Gräcität, zuletzt die Geschichte des Patriarchats von Constantinopel unter der türkischen Herrschaft bis auf den Patriarchen Jeremias, wozu ein Seitenstück die politische Geschichte von Constantinopel, herausgegeben nach der Redaction des Theodosios Zygomalas von Martin Crusius *Turco-Graecia* I, *Basil.* 1584. Diesen auf der Grenzscheide der byzantinischen und neugriechischen Literatur stehenden dürftigen Versuchen war der Angriff Amurat's II. (1422), zuletzt die Einnahme von Constantinopel durch Mohammed II. (1453) vorausgegangen; jenen beschreibt Joannes Kananos mit mönchischem Ungeschmack, diese als Zeugen der Katastrophe die letzten byzantinischen Historiker Georgios Phrantzes, Laonikos Chalkondyles und der barbarische Stilist Joannes Dukas. Nicht ganz ohne Interesse ist noch Joannes Anagnostes, der die Schicksale von Thessalonich bei der Eroberung durch die Türken (1430) erzählt, und sein Zeitgenosse, der gelehrte Flüchtling Theodoros Gaza, in seiner Archäologie der Türken. Letzterem tritt für Alterthümer, Bauten und Kunstwerke von Byzanz der schwierige und dunkle Sammler Georgios Kodinos zur Seite mit anderen Compilationen über Staats-, Hof- und Kirchenämter zu Constantinopel. Für die Kenntniß der Würden der Sophienkirche liefert auch der Großecclesiarch oder Hauspriester Syropulos erhebliche Beiträge in seiner mit Freimüthigkeit und für jene Zeit in ganz lesbarem Stil geschriebenen Geschichte von der sogenannten falschen Vereinigung der römischen mit der griechischen Kirche unter Joannes VII. Paläologos zu Florenz (1439). Vergl. die historische Darstellung von §. 5. S. 251. Bei diesem Verfall der Historiographie wird man immerhin den beiden besseren Geschichtschreibern unter den Paläologen des 14. Jahrhunderts, Nikephoros Gregoras und seinem Gegner im Dogma Joannes Kantakuzenos Paläologos, Kaiser von 1344—1355, einige Aufmerksamkeit schenken müssen. Jener, mit dem Beinamen „der Philosoph" geehrt, bewährt als dogmatischer Kämpfer im Streite mit dem calabrischen Mönch Barlaam und geschätzt als gründlicher Lehrer der Rhetorik, Philosophie, Astronomie und Mathematik, dazu der kenntnißreichste unter den letzten byzantinischen Gelehrten, ist trotz aller Mängel in Composition, Ton und Sprache doch kein schlechter Historiker. So recht ein Kind seiner Zeit, der uns durch endloses Geschwätz, durch panegyrische Salbung und Verehrung gegen die kaiserliche Majestät und durch phantastisch-rhetorischen Bilderschwall ermüdet, ist sein Buch lehrreich und praktisch, in einzelnen Punkten des historischen und namentlich chronologischen Berichts treuer und vollständiger, als das nicht ohne Parteilichkeit unternommene Werk des gelehrten auch in Theologie und Philosophie schriftstellerisch thätigen Joannes Kantakuzenos. Daß mit der Dürre der historischen Kenntniß auch das Wissen in Geographie zusammengeschrumpft, ja träumerisch war, können Nikephoros Blemmydes und Laonikos Chalkondyles II, p. 36, 37, 44—50 (vergl. Gibbon *chap.* 66) darthun, sowie eine Declamation des Georgios von Trapezunt an Kaiser Joannes VII. Paläologos, welcher Europen oder Arigonen weit jenseits der Säulen des Herkules liegen läßt. Dies führt auf die Leistungen der letzten griechischen Rhetoren, deren Künste bei dem Betriebe der politischen und kirchlichen Parteien, besonders seitdem Andronikos II. den Hof selbst zum Kampfplatz der streitenden Dialektik und Beredsamkeit gemacht hatte, eine verhältnißmäßig bedeutende Rolle spielten. Vergl. oben S. 246. Daher haben diese Studien, so matt und dürftig sie auch geworden waren, auf Sprache und Schriftstellerei der letzten zwei Jahrhunderte keinen unbedeutenden Einfluß gehabt; ja selbst die Nachahmung älterer Muster, wie Lucian's (vgl. Hase in *Notices et Extr.* VIII, 129—150. IX, 129), wird bemerkt und geradezu empfohlen. Die Progymnasmata und die Auszüge daraus blieben in der gewohnten Dürftigkeit unverändert. Für einen vorzüglichen Kenner der edelen Beredsamkeit der Attiker gilt dem Nikephoros Phokas VII, p. 270 der spätere Patriarch Joannes Glykas; doch bestätigt die elegante Reinlichkeit in seinem erhaltenen grammatischen Büchlein dieses Urtheil nur wenig. Einen Geschmack aber von der Ueberschwänglichkeit der damaligen Hofberedsamkeit und Declamation in Ton, Phrase, Gleichniß, Bild, verrostetem Moral und Reminiscenz geben die in den Text aufgenommenen Reden des Nikephoros Gregoras, welche durch die Hyperbel der Lobhudelei, durch die Betheuerung der Dankbarkeit und das niedrige Klagen nach kärglicher Gunst geradezu ekelhaft werden. Zugleich läßt das Verzeichniß der Werke desselben den Umfang der damaligen rhetorischen Schriftstellerei erkennen: *Ἀπόλογοι, Εἰρησ.*, *'Επιστολαί, 'Εγκώμια, Μελέται, Λόγοι* aller Art, *Προλόγοι, Διηγήματα, 'Ηθοποιΐαι, 'Αντιλογικά, 'Εκφράσεις, Προσφωνήματα, Ἀναλύσεις, Μονῳδίαι, 'Επιτάφιοι, Μῦθοι, Ἀπογράμματα* und andere Stücke, deren Namen sämmtlich an eine bessere Zeit erinnern. Dahin gehören unter Michael VIII. und Andronikos II. Paläologos: der schon genannte Erzbischof Gregorios (Georgios) von Cypern, auch als Sammler von Briefen, Fabeln und von Sprüchwörtern bekannt, in deren Gebrauch das an Blumen und Erinnerungen aus dem Alterthum geschmacklos haschende Zeitalter der Paläologen förmlich schwelgte; wie Theodoros von Hyrtake, der schwächste von allen, Theodoros Metochites, Nikephoros Gregoras, jüngerer Glossen im Suidas und des Makarios Chrysokephalos *'Ροδωνιά* erwiesen; ferner Nikephoros Chumnos, der nebenbei auch in der Bekämpfung der Neuplatoniker sich versuchte; Georgios Pachymeres, dessen eignes Wissen im trüben Declamationen und Progymnasmaten in sehr beschränktem Maß hervortritt (vergl. oben S. 287); der Mönch Maximus Planudes in wässrigen Scholien zur Rhetorik des Hermogenes, bekannter als fleißiger aber geschmackloser Sammler auf verschiedenen Gebieten des byzantinischen Wissens, als Compilator der jüngeren Anthologie, als prosaischer Bearbeiter der Fabelliteratur, als Grammatiker, Rechenmeister, ja Dichter, zuletzt als unreifer Uebersetzer lateinischer Schriften, deren Sprache er während seines Gesandtschaftspostens in Italien oberflächlich kennen gelernt hatte; auch Thomas Magister und unter Kaiser Manuel II. Paläologos (1391—1425), welcher selbst unter den schwierigsten Verhältnissen des Reichs und angesichts der nahen Zertrümmerung desselben in theologischen Disputation und rhetorischer Schriftstellerei sich nicht stören ließ, Demetrios Kydones; etwas später Georgios von Trapezunt und am Ende der byzantinischen Literatur Matthäos Kamariotes und sein Zeitgenosse Georgios Gemistos Plethon, beide durch Schicksale und ähnliche Arbeiten, darunter Compilationen aus der Rhetorik des Hermogenes, sich geistesverwandter als durch die Gemeinsamkeit kirchlicher und ethischer Interessen. Zuletzt außer den rhetorischen Schriften der flüchtigen Griechen eine Ethopöie von Theodoros aus Kynopolis und aus ungewisser Zeit Polybios von Sardes. Auch hierin hatte Byzanz sich überlebt, und nicht minder in Hinsicht auf die Kenntniß anderer Fächer der Propädeutik, besonders in Metrik und Grammatik. Vergl. oben S. 287 das Urtheil des Philelphus. Die letzten ärmlichen Versuche in Metrik machen nach Elias und Tzetzes der Mönch Isaak Argyros, Scholiast des Euklid, und Triclia, Compilator der Scholien Hephästion's; früher aber hat die Unkenntniß mit den Gesetzen der Metrik zum Nachtheil der Textkritik namentlich der alten Dichter kühner und glänzender bewiesen, als die Familie der Moschopuli, namentlich Manuel Moschopulos, und der Scholiast und Kritiker Demetrios Triklinios, beide gegen Ende des 14. Jahrhunderts. Hatte man schon seit dem frühzeitigen Erlöschen der Schultradition aus dem erdrückenden Reichthum der alten gelehrten Arbeiten mehr oder minder umfangreiche Auszüge und Sammlungen grammatischer, kritischer und exegetischer Art angelegt, welche durch die folgenden Jahrhunderte in immer dürftigeren Compilation bis auf die Byzantiner gelangten, so erfolgte nunmehr — und daran haben Moschopulos und Triklinios einen schlimmen Antheil — ein vollständiger Niederschlag; erstaunlich verwässert und der gelehrten Ausstattung beraubt wanderten die Scholien oder die Trümmer der alten Commentare zugleich mit den verdorbenen Texten und den dürftigen Ueberresten der Grammatik aus den Händen der byzantinischen Kritiker und Grammatiker durch die flüchtigen Griechen im 15. Jahrhundert nach Italien und an andere Studiensitze des Occidents. Vergl. meine Geschichte der gesammten griech. Literatur §. 97. S. 236. §. 148. S. 429 fg. §. 180. S. 598—601. Alles, feine Arbeiten wie Scholien und etymologische Sachen, bekundet den gesunkenen Geschmack und den gänzlichen Mangel an Bekanntschaft mit Form, Metrik, Syntax und Sprachschatz der hellenischen Poesie. Den niedrigsten Standpunkt der byzantinischen Grammatik bezeichnen die grammatischen Schriften des Manuel Moschopulos, worunter auch ein Stück schedographischer Arbeit (vergl. oben §. 15. S. 281), in Hinsicht auf Syntax das dürre Büchlein des Joannes Glykas neben anderen syntaktischen Sammlungen von gleichem Werthe, worüber G. Bernhardy *Commentat. de Suidae lexico* p. 78. Mit den Schätzen der attischen Sprache beschäftigte sich etwa gleichzeitig der Grammatiker Georgios Lekapenos und der öfter genannte fleißige Grammatiker Thomas Magister; Scholien zur Theogonie schrieb gegen Ende des 14. Jahrhunderts der Paraphrast Joannes Diakonos Pediasimos, zu Homer der Pseudo- oder jüngere Aristarch; der Metaphrast der Batrachomyomachie Demetrios Zenos bewegt sich in der Umgebung der gemeinen Vulgärsprache und kann den Uebergang bilden zu den Leistungen der neugriechischen Grammatiker. Seine Zeitgenossen Michael Apostolios und dessen Sohn Arsenios, als thätige Gelehrte und Paroemiographen in der Literatur namhaft zu machen, stehen bereits auf einem anderen Boden; die Thätigkeit des letzteren erinnert an die überraschende, aber keineswegs beneidenswerthe Productivität des letzten byzantinischen Versmachers Manuel Philes, dessen sämmtlichen Nachlaß E. Miller noch kürzlich durch Veröffentlichung von mehr als 20,000 Versen vermehrt hat. Diesen von bitterer Noth und von deutbarer Verehrung für Kaiser Andronikos II. eingegebenen, formlosen und matten Machwerken — sogar eine Tragödie ist darunter, um neben verwandten Kunststücken des Theodoros Prodromos und Michael Plochiros das Drama würdig abzuschließen — reihen sich etwa gleichzeitig die politischen Moralverse des Georgios Lapithes an, die bei aller Weitschweifigkeit und Trockenheit dennoch eine bessere Bildung voraussetzen. Wie endlich die griechische Literatur mit dem Volksepos beginnt, so läßt sie sich gewissermaßen auch mit einem Volksepos abschließen: wir meinen das epische Gedicht in Hexametern und in immerhin einfachem Tone gehalten von Demetrios Moschos, einem fruchtbaren mittelgriechischen Dichter gegen Ende des 15. Jahrhunderts, von welchem neuerdings noch eine Komödie in Prosa herausgegeben wurde. Hiermit aber nehmen wir Abschied von der langen Reihe der byzantinischen Gelehrten und Schriftsteller und verweisen über alles Einzelne in dieser cultur- und literarhistorischen Uebersicht auf die betreffenden Sonderartikel und die den einzelnen Abschnitten vorausgehenden Umrisse, worin der Standpunkt der Kräfte und Leistungen auf den verschiedenen Gebieten der mittelgriechischen Productivität angedeutet ist. War um den Beginn der byzantinischen Ordnungen, heißt es im Eingange §. 1. S. 238, der Ideenkreis der hellenischen Welt und Bildung erschöpft und in allen seinen Elementen, Gliederungen und Entwicklungen abgelaufen, so ging jetzt, als die Katastrophe der Einnahme von Constantinopel durch die Türken (1453) erfolgte, und schon früher, nachdem die Nationalität und das nationale Bewußtsein erstorben, die Zeit verfiel, das Leben ohne Anspruch auf Werth und von jeder Hoffnung verlassen, die Gesellschaft ohne gesunden Ton und Geschmack leidenschaftlich und der Parteiwuth verfallen, der Trieb für eine liberale Bildung verschwunden und jede geistige Kraft gelähmt, nachdem auch die Sprache mit buntgemischten ethnischen und barbarischen Elementen versetzt, die Lesung der Classiker selbst in gebildeteren Kreisen immer seltener geworden, die schriftmäßige Gräcität aber mehr und mehr mit dem Absterben des antiken Sprachgefühls aus dem Studium und dem Gebrauche entschwunden und der Stil formlos, schwülstig und dunkel geworden war — so ging jetzt die Literatur, verkümmert und in dürftigem Umfang und Bestand hinüber auf den fremden Boden Italiens, unvermögend in der wüsten Heimath ein ärmliches Dasein zu erfristen. Kaum waren in der öden, verödeten und ohne Fürsten und Regiment gelassenen Stadt von literarischen Anstalten noch Trümmer vorhanden, woran die Eroberer ihre Zerstörungswuth auslassen konnten; die kaiserlichen Paläste und öffentlichen Gebäude blieben dem siegreichen Sultan vorbehalten. Auf seinen Befehl ward die erhabene Metropole der griechischen Kirche, die Sophienkirche, in eine Moschee verwandelt, und nach einem feierlichen Dankgebete an Gott und seinen Propheten der kaiserliche Palast, die gefeierte Wohnung der Nachfolger Constantin's des Großen, in Augenschein genommen; man fand sie ihrer ganzen kaiserlichen Pracht beraubt und völlig verödet. An Stelle der Plünderung und Metzeleien trat dann hochherzige Gnade und Schutz, und die verständige Politik Mohammed's, das Versprechen der Schonung ihres Lebens und der freien Ausübung ihrer religiösen und bürgerlichen Rechte führte der entvölkerten Hauptstadt viele der geflüchteten Scharen der Griechen, der neuen toleranten Regierung aber manches freudige und dankbare Herz zu. Vergl. den Schluß der historischen Darstellung §. 8. S. 262.

Der Bücherverlust endlich bei der Plünderung der Hauptstadt durch die Türken mit den daraus sich ergebenden Folgen kann um so weniger hier übersehen werden, je unsicherer die Beurtheilung ist, wie viele und welche Exemplare der Autoren schon vor Eintritt dieser Katastrophe von Abendländern und ausgewanderten oder flüchtigen Griechen nach Italien und anderwärtshin gerettet, was durch Feindeshand und durch Gleichgültigkeit der Kirchengeistlichen untergegangen war, endlich was nachher noch aus den Trümmern der kaiserlichen Bibliothek hervorgezogen, einen Bestandtheil der Büchervorräthe des großherrlichen Serai bildete. Nur ist nichts verbürgter, als daß seit dem Wiederaufleben der Wissenschaften in Italien in der zweiten Hälfte des 14. Jahrhunderts das Bedürfniß nach Bekanntschaft mit den classischen Schriftwerken der Griechen, als der eigentlichen Quelle aller höheren Bildung, Veranlassung wurde, griechische Bücher zu sammeln und weiterhin zu studiren. Hierfür hatten nach dem erfolgreichen Anstoß des Petrarcha und Boccaccio Fürsten, Staatsmänner und Gelehrte, auch wol einzelne Päpste Italiens aufs thätigste gewirkt und mit großem Aufwand griechische Bibliotheken angelegt. Unter den Italienern, welche von Wißbegierde und vom Eifer für die griechische Literatur nach Griechenland geführt, mehr oder minder glücklich mit literarischen Schätzen nach Italien zurückkehrten, sind vor der Einnahme Constantinopels durch die Türken an erster Stelle Guarino, Aurispa und Philelphus zu nennen, sämmtlich in Constantinopel namentlich unter der Leitung des Chrysoloras in griechischer Sprache und Literatur gebildet. Was Guarino zusammengebracht, ging leider durch Schiffbruch unterwegs verloren; dagegen landete Aurispa (1423) nicht weniger als 238 Handschriften zu Venedig, darunter nach Ambrosius Travers. *Epist.* XXIV, 53, sämmtliche Werke Plato's, die Schriften des Plotin, Proklos, Lukian, Xenophon, Dio, Arrian, Diodor von Sicilien, die Geographie des Strabo, die Dichter Kallimachos, Pindar, Oppian und die Orphika. Auch Philelphus, Schüler und Schwiegersohn des berühmten Grammatikers Joannes Chrysoloras, von den Kaisern Manuel und Joannes VII. Paläologos ausgezeichnet und mit wichtigen Staatsgeschäften betraut, hatte noch im günstigen Moment seinen geringen Vorrath von Codices nach Italien (1427) mitgenommen. *Cf.* Franc. Philelphi *Epist.* I, 4. Heeren II, S. 44 fg. S. 222—237. Daß bei dem traurigen Zustande der Provinzen des Reichs, bei dem Verfall der öffentlichen Institute und der Verarmung der Klöster und Privatpersonen die Bücherschätze gering

geraubt, zerstreut und zu Spottpreisen verkauft wurden, war nichts Neues (vergl. §. 15. S. 282) und wird für die Zeit unmittelbar nach der Eroberung Constantinopels durch ein Schreiben des Laurus Quirinus vom 15. Juli 1453 an den Papst Nicolaus V. ausdrücklich bestätigt (*cf.* Hody *de Graecis illustr. p.* 192): 120,000 Handschriften seien verschwunden sein; zehn Bände konnten für einen einzigen Dukaten gekauft werden, darunter Aristoteles und Homer, die edelsten Denkmäler der hellenischen Literatur. Aehnliches versichern wir in den Worten des Geschichtschreibers Dukas *c.* 42. *p.* 312. *ed. Bonn.*, wo er nach einem Klagelied über den Fall der verwüsteten Stadt von der Beute der Eroberer spricht: *τὰς δὲ βίβλους ἁπάσας ὑπὲρ ἀριθμὸν ὑπερβαινούσας ταῖς ἁμάξαις φορτηγήσαντες διέσπειραν ἐν τῇ ἀνατολῇ καὶ δύσει διάσπορα. δι' ἑνὸς νομίσματος δέκα βίβλοι ἐπιπράσκοντο, Ἀριστοτελικαὶ Πλατωνικαὶ θεολογικαὶ καὶ ἄλλο πᾶν εἶδος βίβλου. εὐαγγέλια μετὰ κόσμου παντοίου ὑπὲρ μέτρον ἀνασπῶντες τὸν χρυσὸν καὶ τὸν ἄργυρον, ἄλλ' ἐπώλουν, ἄλλ' ἔρριπτον.* Wir dürfen also vermuthen, daß Constantinopel zur Zeit der Eroberung durch Mohammed II. noch immer reiche zum Theil werthvolle Bücherschätze besaß, welche im Zeitalter der Paläologen in der Hauptstadt wieder zusammengebracht waren; Kaiser Manuel Paläologos hatte selbst eine prächtige Handschrift des Dionysios Areopagita als Geschenk nach Paris geschickt. Aus ihrer Zerstreuung in alle Winde folgt aber keineswegs ihre Vernichtung; vielmehr läßt sich die Schenkung Suleiman's II. an Diego de Mendoza, welche jetzt die Bibliothek des Escorial aufbewahrt, sowie die von Villoison in *Notices et Extr.* VIII, 2. p. 3—31 actenmäßig verbürgte Nachricht, daß 1687 bei einer politischen Revolution unter Mohammed IV. die Serai-Bibliothek geplündert, 200 griechische Handschriften an Unbekannte billig verkauft und 15 andere auf Verwendung der französischen Gesandtschaft der königlichen Bibliothek zu Paris übermacht wurden, nur so erklären, daß man an die Hauptmasse der kaiserlichen Sammlung des 15. Jahrhunderts glaubt. Zu den 15 pariser Codices, die zwischen saec. 11—15 geschrieben sind und zum Theil den ersten Rang einnehmen (ein Verzeichniß bei Bernhardy Griech. Lit. I, 3. Bearb. S. 727), ist ebendaher später noch manches alte griechische Manuscript hinzugekommen oder nach anderen Bibliotheken des Abendlandes gewandert; doch lohnt es nicht, bei den von Zeit zu Zeit wieder auftauchenden, doch schlecht bezeugten Sagen und Vorstellungen von geheimnißvollen Schätzen alter Handschriften in der Bibliothek des Serai zu verweilen; schon der Orientalist Carlyle, welcher (1800) durch Lord Elgin's diplomatische Vermittelung hier Zutritt erhielt, bezeugt in Walpole *Memoirs p.* 164 *sq.*, daß von hier kein griechisches Manuscript mehr zu erwarten sei, und die neueren Nachforschungen, durch die Bemühungen der Königl. Preuß. Gesandtschaft (1850) ermöglicht, haben diese Vermuthung bestätigt. Was bei dieser Gelegenheit vorgelegt wurde, bestand theils aus alten Druckwerken, theils aus Handschriften aus der letzten Hälfte des 15. Jahrhunderts; eine Vergleichung ergab, daß diese Schätze der Serai-Bibliothek wahrscheinlich Abschriften von den ersten griechischen Drucken, also von gar keinem Werth sind. Doch ist diese Frage noch nicht als geschlossen zu betrachten, vergl. die Mittheilungen im Philol. V, S. 758—761. Aus den bisher von keinem Ungläubigen betretenen inneren Räumen des Kaiserpalastes aber noch etwas zu erwarten, woran J. von Hammer Constantinopel und der Bosporos I, S. 256 fg. dachte, wäre nicht ganz unmöglich, wenn dieselben auch erst nach der türkischen Eroberung angelegt waren. Auch die Handschriften des Patriarchats von Jerusalem in Constantinopel sind meistens sehr jung (saec. 16—18) und enthalten die im byzantinischen Unterricht gebräuchlichen Lehr- und Hülfsbücher, eigentlich alte des 9.—11. Jahrhunderts enthalten nur den kirchlichen Schriften. Daß aber aus dem Orient im 15. und 16. Jahrhundert Handschriften von Werth selbst nach Deutschland gelangten, lehrt die Geschichte der alten Bibliotheca Palatina in Heidelberg, die Ueberlieferung des Zonaras, sowie der Codex des Peiresius mit den Excerptis Constantini περὶ ἀρετῆς καὶ κακίας, der im 17. Jahrhundert von Cypern herbeigeschafft wurde; endlich der Codex Bodleianus des Plato und die Fabelsammlung des Babrios, beide in unserem Jahrhundert, jener von Patmos, dieser aus dem an Bücherschätzen ebenfalls so reichen Kloster auf dem Berge Athos, von wo Janus Laskaris aus [illegible], welcher nachmals vom Papst Leo X. zum Hauptlehrer an das Gymnasium Mediceum auf dem Quirinal zu Rom berufen ward (1513), 200 zum Theil werthvolle Handschriften nach Italien entführt hatte. Jetzt liegt wol kaum irgendwo im Orient noch etwas Bedeutendes verborgen, wenigstens sind die Erwartungen, welche man namentlich an den zuletzt genannten Fund knüpfte, durch die bisherigen Forschungen nicht in Erfüllung gegangen.

A. Die prosaische Literatur der Byzantiner.

I.

Die byzantinische Historiographie.

Sammlungen der byzantinischen Historiker: Die ersten neben Ausgaben des Prokopios, Agathias, Kedrenos, Zonaras u. a. wurden durch den gelehrten Fleiß der Deutschen besorgt. Die erste große Sammlung ist auf Befehl von Ludwig XIV. nach und nach aus den königlichen Pressen des Louvre hervorgegangen unter Leitung des gelehrten Jesuiten Philipp Labbé, welchem eine Reihe anderer Gelehrten, Petau, Jac. Goar, Maltrait, Poussines (Combefis, Fabrot, du Cange, Leo Allatius, Boivin, Banduri u. A.) zur Seite standen: *Byzantinae historiae scriptores etc.* 30 *Voll.* (47 oder 23, auch 27) *Par. typogr. reg.* 1645—1711. *Fol.* Die verschiedene Anzahl der Bände rührt von ihrer verschiedenen Eintheilung und dem sehr ungleichen Werthe des Einbandes derselben ber. Der venetianische Abdruck (*Byzantinae historiae scriptores in unum corpus redacti, gr. et lat. Venet. ap.* Barthol. Javarinam, und nach dessen Tode bei Bonini, *Vol.* XXIII. bei J. B. Pasquali) in 23 *Voll.* (auch 27 oder 35) 1722—1733 ist zwar wohlfeiler und mit einigen Zusätzen versehen, steht aber der pariser Sammlung ebenso sehr an Correctheit wie an Pracht nach. Vergl. Baumgarten Nachrichten von einer hallischen Biblioth. V, p. 398—470. — Ph. Labbaei *De Byzantinae historiae scriptt. publicam in lucem emittendis Προτρεπτικόν. Par.* 1648. — Als Ergänzung dienen mehrere später erschienene Bände: 2 Bände des Constantin VII. Porphyrogennetos von J. H. Reiske und J. Reiske *Lips.* 1751; *Corp. histor. Byzantinae nova appendix* (Georgios Pisides, Theodosios, Korippos) von P. F. Foggini *Rom.* 1777; *Anonymi (Julii Pollucis) Historia* von Bianconi *Bonon.* 1779; das Chronicum des Phranzes *Vindob.* 1796. *Fol.*; J. Lydos *de magistr.* von C. B. Hase *Par.* 1812. und Leon Diakonos von demselben *ibid.* 1819. *Fol.* — Auszüge: *Histoire de Constantinople depuis le règne de Justin jusqu' à la fin de l'empire, trad. sur les originaux grecs par* L. Cousin. 8 *Voll. Par.* 1672—1674. 4., geschätzter (Holland) 8 *Voll.* 1685. — Eine neue unter Leitung und Mitwirkung des verewigten B. G. Niebuhr veranstaltete wichtige Sammlung ist das *Corpus Scriptorum historiae Byzantinae. Editio emendatior et copiosior, consilio B. G. Niebuhrii instituta, auctoritate Academiae litterarum Regiae Borussicae continuata* (Opera Niebuhrii, J. Bekkeri, L. Schopeni, G. et L. Dindorfiorum, J. Reiskii, A. Meinekii, M. Pinderi, J. Classeni, C. B. Hasii philologorum parata) jetzt 48 *Voll. Bonn.* 1828—1855. Die ersten Bände sind sehr nachlässig corrigirt; über andere Mängel dieser bonner Ausgabe vergl. Jahn in Neue Jahrb. für Philol. Bd. 75. p. 770 fg. — Die byzantinischen Geschichtschreiber in russischer Uebersetzung aus dem Griechischen. Herausgeg. von der geistl. Akademie in Petersburg. 4 Voll. Petersb. 1860—1863. Vergl. J. G. Buhle Versuch einer kritischen Literatur der russischen Geschichte. Moskwa 1810. p. 57—127. — Ergänzungen in *Bibliothèque historique Arménienne etc. Collection destinée à servir de complément aux chroniqueurs byzantins et slavons, par* Ed. Dulaurier. *Par. et Lond.* 1858. 4.

Erläuternde Schriften: *Cf.* J. A. Fabric. *Biblioth. Graecae Tom.* VII, *p.* 518 *sq.*, VIII, *p.* 1 *sq.*, J. Iriarte *Catal. Codd. Matrit. Vol.* 1. 1769. *Fol.* und Struve *Biblioth. hist. ed. Meusel* V, 1. *p.* 105 *sq. p.* 150 *sq.* — Einzelne Ausgaben und Erläuterungsschriften verzeichnet von A. Potthast *Bibliotheca historica medii aevi.* Wegweiser durch die Geschichtswerke des europäischen Mittelalters von 375—1500. Berl. 1862. Supplement 1868. — Ph. Labbé *Protrepticum de Byzant. hist. scriptoribus. Par.* 1648. *Fol.* M. Hanke *De Byzant. rerum scriptt. Graecis. Lips.* 1677. 4. — Wichtig sind die historischen Noten von du Cange, sowie seine Supplementarwerke, das *Glossarium ad scriptt. mediae et infimae graecitatis. Par.* 1688. 2 *Voll. Fol. Lugd. Bat.* 1688. 2 *Voll. Fol.* zur Kenntniss der Sprache, seine *Constantinopolis Christiana* und die *Familiae Byzantinae*, beides noch immer unentbehrliche, vortreffliche Vorarbeiten. Vergl. die Literatur vor §. 2. S. 239 fg. — A. Banduri *Imperium orientale. Tom.* I. *Par.* 1711. *Fol.* — J. S. Assemani *Bibl. orientalis.* 4 *Voll.* 1719. *Fol.* — Chr. G. Heyne *Antiquitates Byzantinae. Commentatt.* I. II., in *Commentatt. soc. Götting. Vol.* I. 1808—1811. — K. D. Hüllmann Gesch. des Byzant. Handels bis zu Ende der Kreuzzüge. Frankf. 1808., und über die ital. Handelscolonien in Griechenland unter den drei ersten Paläologen W. Heyd in der Tübinger Zeitschr. für Staatsw. XVII. (1861) S. 444—495. — H. A. Hamaker *De graecis latinisque historicis medii aevi ex Orientalium fontibus illustrandis. Leovard.* 1836. 4. — J. de Hammer *De Byzant. historiae ultimis scriptt. ex hist. ottomanica elucidandis et corrigendis*, in *Commentatt. soc. Götting. Vol.* VI. 1823—1827. — E. von Morgenstern Ueber das Studium der byzant. Geschichtschreiber. Aus den *Mémoires de l'acad. des sciences de Pétersbourg. Tom.* IV, *Liv.* 1. 2. *Pétersb.* 1837. 4. Vergl. A. von Gutschmid Grenzboten 1863. 1, S. 342 fg. — Fragmentensammlung (bis auf Kaiser Theodos) von C. Müller *Fragmenta historicorum Graecorum, Vol.* IV. *Par.* 1851. — Handschriftliches und Inedita: J. Bekker Die ungedruckten byzant. Historiker der St.-Marcus-Bibl. In Abhandl. der Berl. Akad. 1841. 4. — J. Müller Byzant. Analekten aus Handschriften der St.-Marcus-Bibl. zu Venedig und der k. k. Hofbibliothek zu Wien. (Aus den Sitzungsber. der kaiserl. Akad. der Wiss. 1852.) Wien 1853. — Für Chronologie und Chronographie: Ph. von Krug Krit. Versuch zur Aufklärung der byzant. Chronologie, mit besonderer Rücksicht auf die frühere Gesch. Russlands. Petersb. 1810. — E. de Muralt *Essai de chronographie Byzantine. Pétersb.* 1855. — Th. Mommsen Zur byzant. Chronographie. Im rhein. Mus. N. F. XI. S. 625 fg. — Zur Kritik: F. G. A. Mullach *Conjectaneorum Byzant. libri* II. *Berol.* 1852.

Standpunkt und Charakter der byzantinischen Geschichtschreibung.

§. 17.

Wie den Byzantinern überhaupt selbständige Forschung, Kritik und guter Geschmack fremd blieben, so haben auch ihre Historiker ohne Sinn für pragmatisches Studium und geistiges Raisonnement, ohne Begeisterung und historische Kunst geschrieben und die griechische Literatur mit einer Fülle von Denkmälern bereichert, in welchen sich, gleichwie auf anderen Gebieten, die byzantinische Denkweise in ihrer ganzen Dürftigkeit, Geschmacklosigkeit und Gleichgültigkeit gegen die Form abspiegelt. Nur erscheinen die jüngeren nicht eigentlichen byzantinischen Geschichtschreiber im strengeren Sinne, die zwar in der Hauptsache das byzantinische Kaiserthum zum Mittelpunkte ihrer Schriftstellerei machten, aber auch Abschnitte der allgemeinen Geschichte bearbeiteten, noch frischer und lesbarer, und von der durch Eunapios begründeten historischen Schule (vergl. §. 11. S. 209), deren namhafteste Vertreter Zosimos, Olympiodor, Priskian, Eustathios, weiterhin Prokopios, Agathias, und noch später Menander Protektor sind, mag immerhin das Urtheil C. Müller's gelten *Fragm. histor. Graec. Vol. IV, Praef. p. 2* (*qui quamquam sermone habeatur gravitatem exornaverunt, his tamen et auctoritate in orae quisque sanatis historia principem facile locum marinatur*); so einzelne unter ihnen, wie Zosimos, Priskos und Malchos, zeichneten sich vor ihren Zeitgenossen durch sorgfältige Studien, echt geschichtlichen Sinn, objective Treue und Unbefangenheit, durch Einfachheit und reineren Geschmack, durch einen den classischen Mustern nachgebildeten Stil und einen reineren Ausdruck (Prokopios) aus: alle aber huldigen durch pikanten Ton und künstliche Formen, durch eine mehr oder weniger prunkhafte und affectirte Eleganz und Weitschweifigkeit dem hereinbrechenden Ungeschmack ihrer Zeiten an. Eigenthümlich und gemeinsam ist ihnen auch der Hang zu Umschweifen und Beschreibungen aller Art, überhaupt die Vorliebe für rhetorische Manier, sowie das unbestimmte und laue Verhalten zum Christenthum. Vergl. A. v. Gutschmid Grenzboten 1863, I, S. 343 fg. W. S. Teuffel in Pauly's Real-Encyclop. I, S. 506—511. Diese Männer, welche grösstentheils Rhetorik mit Staatsgeschäften verbanden, erfüllten die Geschichte mit einem Reichthum an mehr oder minder umfangreichen Memoiren und Denkwürdigkeiten der Kaiserzeit von Constantin dem Grossen bis auf Herakleios. Vergl. die Historiker von Praxagoras bis Theophylaktos Simokattes. Nunmehr neben mit dem Absterben des volksthümlichen Sprachgeistes namentlich seit dem Ländersverlust durch die Araber die Verwilderung und Verflachung erstaunlich rasch überhand; man eilte, das Brauchbarste noch rechtzeitig unter Dach und Fach zu bringen. Nachdem daher durch des Constantin VII. Porphyrogennetos großartige Redaction aus den überlieferten historischen Massen von Polybios bis Theophylaktos Simokattes diese Literatur auf ein bequemes Maß herabgesetzt worden war (vergl. vorläufig §. 14. S. 277), besaßen die Byzantiner ein ihren Bedürfnissen völlig genügendes, wohl geordnetes Material für geschichtliche und politische Gelehrsamkeit; alles Quellenstudium war überflüssig geworden. Für die Kenntniß des kirchlichen und profanen Alterthums, besonders aber der römischen Kaisergeschichte, welche die Chronik des Joannes von Antiochia enthält, aus und vielen Quellen schöpfte man ein oft unverdautes Detail. Nunmehr war es die Geistlichkeit und höhere Beamtenwelt, die Erben des verwaisten Nachlasses und der gelehrten Rede, welchen die Historiographie wie als zünftiges Geschäft zufiel. Daher behandelt diese Literatur weltliche wie geistliche Stoffe, Staatsgeschichte wie Kirchengeschichte, besonders Denkwürdigkeiten der Gegenwart, Nachbarn, Geschichten einzelner Zeiträume und Regierungen, Zustände in Taktik und Strategie, in Politik, Verfassung und Recht, die Hofetikette, die Gebräuche, die Bauten, Alterthümer und Kunstwerke der Hauptstadt, Chroniken für Weltalter und Successionen der Kaiser und Patriarchen von Constantinopel: die Meisten jedoch beschränkten sich auf Darstellung der Zeitgeschichte des oströmischen Reiches und werden vorzugsweise byzantinische Historiker genannt. Meist in der Nähe des Hofes und öfter veranlaßt durch die Kaiser oder einzelne Mitglieder der kaiserlichen Familien, alle aber in der Wahl ihrer Stoffe, in Ton, Farbe und Betrachtungsweise durch die Regierungen und die Mannigfaltigkeit und den Wechsel politischer und religiöser Einflüsse bestimmt, haben diese Günstlinge und Würdenträger des Hofes und des Klerus, bald als Theilnehmer und Augenzeugen, bald der Ereignissen fern stehend und ohne eigene Forschung, ja selbst ohne die Gabe der Beobachtung die Thatsachen des politischen und religiösen Verfalls des Kaiserthums, die unerfreulichen Geschichten des byzantinischen Hofes, die Kämpfe mit den Feinden und die diplomatischen Beziehungen kalt und oberflächlich beschrieben, jedoch in steter Beziehung zu Kirche und Hof. Mehrere gingen in frühere Zeiten zurück, andere schlossen an die Werke der Vorgänger an, und bei dem mehr oder minder gleichen Gepräge, das ihre Herrlichkeiten zeigen, bei der Aehnlichkeit der Geschmacksrichtung und Darstellungsweise, bei der Gleichheit der Interessen für Hof und Kirche, erscheint eine strengere Scheidung in eigentliche Byzantiner und nicht eigentliche byzantinische Historiker wenig begründet. Auch wird die Verschiedenheit der Form einer Theilung nicht das Wort reden, und historische Dichtungen dieser Art, welche als selbständigen Versuch mit Poesie nur den Namen gemein haben, wie die epischen Sachen des Scholastikers Eusebios und des Diakons Ammonios, die iambischen des Georgios Pisides, Theodosios, Ephraemios u. A., die politischen Verse des Michael Psellos und des Constantin Manasses, sogar die dramatisirende Komödie des Timotheos von Gaza, gehören vorzugsweise zur Prosa. Vergl. die Notizen in §. 15. S. 283 und die Kunststücken des Nikephoros Kallistos Xanthopulos. Blickt man nun auf den Umfang dieser Unternehmungen, die zum Theil nur ein Material zu künftiger Bearbeitung (vergl. Eunapios, Olympiodoros, Nikephoros Bryennios) liefern sollten, so hat, wenn man die Weltchroniken des Eusebios und seiner Compilatoren und Nacharbeiter ausschließt, außer Zonaras, der zu den besseren und umsichtigen Darstellern dieser langen Perioden zählt, kein einziger sich eine größere Aufgabe gestellt: es sind Werke von geringer Ausdehnung, aber mit desto größerem Ueberfluß an Detail in weitschweifiger Erzählung, welche von declamirender Rhetorik überfließt und mit Prunk, Blumenschmuck und eitlen Reminiscenzen überladen ist, dazu ohne sorgfältige Ausbildung der Hauptmomente, ohne

Zusammenhang der in annalistischer Folge verzeichneten Begebenheiten, eine strenge Sichtung des Materials, zum Theil selbst eine ausreichende Sachkenntniß, bald mit absichtlicher Entstellung der Thatsachen, bald mit mehr oder minder unbewußter Parteilichkeit geschrieben, und wer ja in entferntere Zeiten zurückging, wurde von den Berichten und Sammlungen seiner Vorgänger durchaus abhängig. Aber den Werth dieser Quellen abzuwägen und von höheren Gesichtspunkten aufzufassen, dazu fehlte es diesen Zeiten der Entartung an Urtheil, politischer Bildung und zusammenhängender Kenntniß. Daher werden ihre Berichte immer unkritischer, zusammenhangsloser und dürftiger und schrumpfen endlich in sterile Kaiserverzeichnisse zusammen, welche die Armuth der Bildung und die Geschmacklosigkeit selbst in höheren Kreisen der byzantinischen Welt zuletzt in traurigem Lichte zeigen. Dazu die Polemik und Gehässigkeit im Streit über das kirchliche Dogma, der Hochmuth Einzelner, die Selbstgefälligkeit und der Dünkel (vergl. Anna Comnena) gegenüber dem höfischen Dienst und dem Ringen nach Gunst und Theilnahme der Machthaber in den demüthigsten Stimmen, endlich die Menge von Verstößen in Chronologie und in anderen Punkten der Tradition: solche und andere Kennzeichen einer sinkenden, leblosen, panegyrischen, zuletzt durch unedle Motive mißfälligen Darstellung fallen zu stark ins Auge, um die historische Glaubwürdigkeit vieler Autoren nicht zweifelhaft, ihren Werth aber als Quelle, worin doch allein ihre Bedeutung liegt, nicht sehr problematisch erscheinen zu lassen. Einen bescheideneren Platz nehmen hier Namen und Werke ein, deren Verfasser mit Selbständigkeit, Freimüthigkeit und nicht aus den engherzigen Gesichtspunkten eines Hofmannes oder einer politischen und religiösen Partei dies Feld bebauten und das Lob unterrichteter Beobachter und gewissenhafter Berichterstatter verdienen. Von den Hilfswissenschaften ward die Chronologie durch Eusebios auf eine Höhe gehoben, die von keinem seiner zahlreichen Compilatoren und Fortsetzer erreicht wurde. Am wenigsten aber läßt sich an die chronographischen Machwerke der Byzantiner der Maßstab einer kritischen Arbeit legen, da ihre Verfasser oft nicht einmal den mäßigen Anspruch des gesunden Menschenverstandes befriedigen. Ihre Chroniken, meist von Erschaffung der Welt bis auf die Gegenwart, reihen an einen schwachen Faden Wichtiges, Gleichgültiges und Triviales chaotisch und mit Widersprüchen und Wiederholungen aneinander; ihre Quellen sind gemeinsame, ihre Continuatoren, zum Theil noch urtheilsloser und verwirrter, erscheinen als Affen ihrer eigenen Vorgänger. *Cf.* L. Dindorf *Praef. ad Malal. Chronogr. p.* V. *Quum enim chronographorum alter alterius simia sit, ii qui per aliquot paginas ad verbum secum consentiunt, non est cur existimemus eos esse homines inter se diversos.* Natürlich geht ihnen der Begriff einer correcten Sprache oder der logischen Verknüpfung der Sätze ab; unbekümmert um chronologische Abfolge, berichten sie in abgerissenen Satzreihen roh und geschmacklos, ohne alle historische Kritik und Kenntniß des Alterthums.

Diesen Grad geistiger Armseligkeit und Stumpfheit stellt vorzugsweise die in barbarischer Sprache und mit mönchischem Ungeschmack geschriebene Weltchronik des Joannes Malalas auf dem Gipfel dar, ein spießbürgerliches Machwerk, welches, dem Geist der Zeit entsprechend, bald in seiner ursprünglichen, bald in erweiterter Gestalt, die byzantinische Annalistik bis auf Michael Glykas herab beherrscht hat. Vergl. A. von Gutschmid a. a. O. S. 345 fg. Als Erzgießer für eine Reihe verlorener Historiker und Chronographen haben jedoch auch diese Kompilatoren noch immer ihren Werth. Vorläuferin dieser byzantinischen Weltchroniken war die Weltchronik des P. Herennios Dexippos gewesen, wo summarische Nachrichten vom Alterthume der Zeit- und Tagesgeschichte beigesellt waren. *Cf.* C. Müller *Fragm. histor. Graec.* III, *p.* 666 *sq.* Von den übrigen Darstellern auf diesem Gebiet zeichnet sich durch gründliche Bildung und umfassende Belesenheit Stephanos von Byzanz aus, der in der zweiten Hälfte des fünften Jahrhunderts mit anerkannter Genauigkeit nach Herodian ein großes geographisches Lexikon gründete, dessen einstigen Reichthum noch die jetzigen Trümmer bezeugen; weniger geschah für kirchliche Topographie durch Kosmas Indikopleustes und für die Statistik des byzantinischen Reiches durch den Grammatiker Hierokles. Zuletzt läßt uns die von Fabeleien strotzende Darstellung des Joannes Kanabutzes [illegible] aus dem 14. Jahrhundert, sowie die nebelhafte Geographie des Laonikos Chalkondyles und Georg von Trapezunt das Verschwinden aller historischen und geographischen Kenntniß vermuthen. Vergl. oben §. 16. S. 288. Fabric. *Bibl. Graeca Tom.* II, *p.* 162. *Notices et Extr.* I, *p.* 538 *sq.* Was nun endlich alle diese Producte, deren Zahl nicht gering ist und aus Handschriften der Bibliotheken namentlich zu Leipzig, Wien und Petersburg noch immer vermehrt wird (vergl. die oben angegebenen Sammlungen und erläuternden Darstellungen), widerwärtig und zuletzt völlig ungenießbar macht, das ist die byzantinische Diction, die von der Einfachheit der sophistischen Sprache (Zosimos) zu steiferer Zierlichkeit und Schnörkelei (Prokopios), dann zur niedrigen mönchischen Mischung und Breite (Kosmas und Kedrenos) übergehend, den Ungeschmack des byzantinischen Wesens in sehr verschiedenen Graden und Farben abspiegelt. Bunt zusammengewürfelt aus profanen und kirchlichen Sprachschätzen, haschend nach Prunk und rhetorischem Effect, sich schraubend bis zum Gaukelspiel der überschwänglichen Phrase und Metapher, denkwürdig durch gehäufte Massen dunkler und gemeiner Wörter aus der Vulgärsprache (Malalas) und von eigener Erfindung, in geistlosem, überladenem und bis zum Räthsel gewundenem Stil schreibend, haben diese Byzantiner nicht nur an leerer Geschwätzigkeit und prunkhafter Declamation sich unter einander überboten, Hohes und Niederes mit gleichem Aufwand von pomphafter Erzählung, hohler Phrase und pathetischen Wendungen geschildert, gemeine Ausdrücke der Vulgärsprache, uncorrecte Wortformen, falsche Structuren und einen unedeln, mit fremden Idiotismen gespickten Sprachschatz eingeführt und so Form und Rede verwahrlost. An den Begriff eines Stils haben nur Wenige ernstlich gedacht, und ebenso gering ist die Zahl derjenigen, welche Beweise für einen reinen und gemäßigten Vortrag liefern und wirklich lesbare Autoren sind, wie auf verwandtem Gebiete Photios. Derselbe wird wegen seiner Belesenheit in den Historikern älterer Zeit für diesen Theil der byzantinischen Literatur lange unser Begleiter sein. Zuletzt zeigen die zahlreichen Thatsachen der neugriechischen Form den gänzlichen Verfall der Sprache außer Zweifel, bis diese unreine Gestalt in Laonikos Chalkondyles und noch mehr in Joannes Dukas mit völliger Barbarei abschließt; nur auf der Oberfläche verblieb ein schimmerndes Pigment griechischer Form und Redeweise. Vergl. die Beurtheilung der einzelnen Autoren und die Notizen in §. 11. S. 269, §. 14. S. 279. §. 16. S. 288. Einzelnes wenn auch nicht immer richtig beurtheilt von Mullach *Conject. Byzant.* und in Ersch und Grub. Encykl. 81. Thl. S. 21 fg.

A. Die byzantinischen Geschichtschreiber.

a. Historiker und Darsteller geschichtlicher Stoffe vor Justinian.

§. 18.

Praxagoras (*Πραξαγόρας*), der Sophist und lesenswerte Historiker aus Athen, von Constantin dem Großen trotz seines Festhaltens am alten Glauben geschätzt und daher ein eifriger Lobredner dieses Fürsten, behandelte verschiedene historische Stoffe im ionischen Dialekt und veröffentlichte in einem Alter von 19 Jahren 2 Bücher Geschichte der athenischen Könige, 3 Jahre später die Geschichte Kaiser Constantin's gleichfalls in 2 Büchern, dann im 31. Lebensjahre 6 Bücher über Alexander den Großen. Aus dem 2. Werke hat Photios *Cod.* 62 einige Excerpte erhalten, mit einer im Ganzen günstigen Beurtheilung seines klaren und angenehmen, aber etwas matten Stiles: ἔστι δὲ τὴν φράσιν σαφὴς καὶ ἡδύς, ὀλίγον δὲ τοῦ δέοντος ἀτονώτερος. κέχρηται δὲ Ἰωνικῇ διαλέκτῳ. Die Geschichte Constantin's des Großen hatte in 10 Büchern auch der Sophist Bemarchios aus Cäsarea in Kappadokien geschrieben, Gegner des Libanios, nach Suidas v. *Βημάρχιος* auch Verfasser von *Μελέται* und *Λόγοι*. *Cf.* Zonar. *p.* 386. Liban. *de vit. sua* I, pp. 24. 30 sq. *ed. Reiske* weist auf Constantius hin. Vergl. Sievers Das Leben des Libanios, Berl. 1868. S. 50 fg. C. Müller *Fragm. histor. Graec.* Tom. IV, *p.* 2 sq. Die Thaten des Kaisers Constans und eine Archäologie Kappadokiens verfaßte der ziemlich gleichzeitige Sophist Eudochios aus Kappadokien nach Suidas. *Cf.* C. Müller *ibid. p.* 3.

Eusebios (*Εὐσέβιος*), lesenswerter Geschichtschreiber unter Diocletian, Verfasser einer römischen Kaisergeschichte bis auf den Tod des Carus (283), erhält hier eine Stelle deshalb, weil aus seinem Werke ein kleines Bruchstück (*ἐκ τῶν Εὐσεβίου βιβλίων θ'*), in den Constantinischen Titel *Περὶ στρατηγημάτων* aufgenommen, erhalten ist; veröffentlicht von C. Müller *Append. ad* (Dindorfii) *Josephum p.* 12, wiederholt *Fragm. histor. Graec.* III, *p.* 728. *Cf.* Euagr. *Hist. eccles.* V, *extr.* verglichen mit XIII, 6. Von ihm verschieden ist der Scholastiker Eusebios unter Theodosios II (408—450), ein Gegner des Sophisten Troilos und berühmt als Dichter eines historischen Epos *Γαΐνεια* in 4 Büchern (nach dem Vorgange Claudian's), welches durch die Neuheit des Argumentes Aufsehen erregte. Denselben Stoff behandelte in gleicher Form etwas gleichzeitig der Dichter Ammonios. Ueber beide Socrat. *Hist. eccles.* VI, 6: τῷ *Γαΐνῃ* τοῦ *Σχολαστικοῦ Εὐσεβίου*, ὃς — ἐν τέσσαρσι βιβλίοις ἡρωικῷ μέτρῳ τὰ γενόμενα διηγήσατο, καὶ προσφάτων ὄντων τῶν πραχθέντων σφόδρα ἐπὶ τοῖς ποιήμασιν ἐθαυμάσθη, καὶ νῦν δὲ ὁ ποιητὴς *Ἀμμώνιος* τὴν αὐτὴν ὑπόθεσιν μετασκευάσας ἐν τῇ ἑξκαιδεκάτῃ ὑπατείᾳ τοῦ νέου Θεοδοσίου, — ἐπὶ τοῦ αὐτοκράτορος ἐπιδειξάμενος ἐπαινέθη, wiederholt von Niceph. *Hist. eccles.* XIII, 6. *Cf. Hist. trip.* X, 6. Den Werth dieser historischen Epen läßt sich aus einem Fragment (des Ammonios) im *Etym. M. v. Μίμαντος, p.* 588, 3. nicht recht erkennen, doch darf man ihnen füglich wol einen Platz in der Poesie dieses Zeitraums anweisen. Die Fortsetzung des P. Herennius Dexippus, des Vorläufers der byzantinischen Geschichtschreibung (vergl. §. 11. S. 269), lieferten des

Eunapios (*Εὐνάπιος*), des Rhetors und Historikers (geb. zu Sardes a. 347) 14 Bücher *Χρονικῆς ἱστορίας μετὰ Δέξιππον*, benutzt von Zosimos, von Photios *Cod.* 77, in zweiter Ausgabe (νέα ἔκδοσις) gelesen und in Hinsicht auf stilistische Gewandtheit zu günstig beurtheilt: ἔστι δὲ καλλιεπὴς τὴν φράσιν — καὶ τροπαῖς μὲν κέχρηται παραβόλως, ὥσπερ ὁ τῆς ἱστορίας οὐκ ἐθέλει νόμος, ἀφαιρεῖται δὲ τὸ ἐπαχθὲς ἡ τῆς λέξεως ἡμερότης τὰ πολλὰ καὶ ἀστειότης. τῇ συνθήκῃ δὲ καὶ τῇ ἄλλῃ πρὸς ἱστορίαν καὶ ταῖς περιόδοις συμμέτρως καὶ οἰκείως ἔχει, übrigens im Folgenden, παραβάλλει τὸν λόγον, νεωτερίζει δ' οὐκ ὀλίγα καὶ περὶ τὰς συντάξεις κ. τ. λ. Das hier zu späterer Verarbeitung zusammengetragene Material, jetzt nur in großen Bruchstücken aus den Constantinischen Titeln *Περὶ γνωμῶν* und *Περὶ πρεσβειῶν* und in Fragmenten namentlich bei Suidas erhalten, umfaßte die Zeiten von dem Tode des Claudius Gothicus bis auf die Verbannung des Joannes Chrysostomos (268—404), und zwar so, daß er nach kurzem Bericht über die vorausgehenden Ereignisse vom 2. Buche an die Geschichte Julian's, des glühend verehrten Restaurators des alten Glaubens, ausführlich und mit viel Salbung erzählte. *Cf. p.* 81 *sq. ed. Bonn.* Julian's Expedition gegen die Perser beschrieben auch zwei Theilnehmer, Magnus der Chronograph aus Sardes in Kleinasien und der Verwandten Chrysanthius. Cf. Malal. p. 325. ed. Bonn. Fragmente bei C. Müller Vol. IV, p. 6 sq. An einer Weiterführung des Ganzen bis zum Jahre 414 und darüber hinaus lassen zufällige Nachrichten in den Excerptis de legationibus zweifeln. Cf. Praef. p. XVIII sq. C. Müller IV, p. 6 sq. Sprache und Darstellung verrathen einen mittelmäßigen, in affectirtem Glanz und schwülstiger Rhetorik nicht weniger als in schwärmerischer Bewunderung für das Heidenthum, in Wunderlust und abergläubischen Geheimlehren gebildeten Sophisten. An seiner Glaubwürdigkeit ist erheblich zu zweifeln: sein Gesichtspunkt war feindlich, sein Urtheil unfrei, für Chronologie und andere Punkte der Tradition hat er weder Neigung noch Verständniß. Cf. Fragm. 1. Noch weniger durch Ruhe und edlen Anstand erfreut dieser eifrige Anhänger und Verehrer des phantastischen Neuplatonismus in seinen Lebensbildern der (23) letzten Philosophen und Sophisten, Βίοι φιλοσόφων καὶ σοφιστῶν, deren Werth für die Kenntniß der religiösen Bestrebungen des 4. Jahrhunderts, namentlich für die Thatsachen der Mystik und Theurgie, sowie für die Geschichte der Sophistik des 3. und 4. Jahrhunderts bei der Befangenheit des Verfassers und der Dunkelheit des gezierten und schwerfälligen Vortrags gering erscheint. Dennoch ist er bei dem Mangel an besseren Quellen für diesen Abschnitt der Literatur ganz unentbehrlich. Cf. Brucker Hist. philos. Tom. II, p. 217—303. Ausgaben: Historische Bruchstücke aus den Eclogis legat. von D. Hoeschel, Par. 1648. Fol. (Corp. scriptt. Byzantinorum) p. 13—27; von J. F. Boissonade mit Eunapii vitt. Sophistarum. Vol. I, p. 425 sq.; von A. Mai, in Scriptt. vett. nova Collectio Vol. II, p. 247—318 (aus Suidas) — (Dexippi) Eunapii, Petri Patricii etc. Historiarum quae supers. e recens. I. Bekkeri et B. G. Niebuhrii, Bonn. 1829. (Vol. I. von Corpus Scriptt. hist. Byzantinae) p. 41—118. in Fragm. histor. Graec. ed. C. Müller. Vol. IV, p. 7—56. — Vitae Sophistarum: Edit. pr. H. Junii, Antverp. 1568. — ed. H. Commelinus, Heidelb. 1596. — Colon. Allobr. 1616. — rec. notisque illustr. J. Fr. Boissonade (mit histor. Fragmenten) 2 Voll. Amstel. 1822. Accedit adnotatio D. Wyttenbachii, letztere auch in dess. Opusc. L.Bat. 1821. I, p. 42—50. — iterum ed. Boissonade (mit Philostr. und Kallistr. recogn. A. Westermann) Par. 1849.

Olympiodor (Ὀλυμπιόδωρος) aus dem ägyptischen Theben, zu Byzanz, wie es scheint, in hohen Staatsämtern, auch als Gesandter bei dem Hunnenkönig thätig, durch Reisen gebildet und nicht ohne Einfluß auf die Studien der damaligen Sophistik, liefert eine Fortsetzung des Eunapius in seinem Theodosius II. gewidmeten Werke Λόγοι ἱστορικοί in 22 Büchern, vom 7. Consulat des Honorius bis zum Regierungsantritt des Valentinian, 407—425. Aus Photius, welcher Cod. 80. einen Auszug gibt, lernen wir, daß Olympiodor Dichter war, auch kein eigentliches Geschichtswerk zu liefern, sondern für künftige Bearbeitung nur das Material zu sammeln beabsichtigte. Daher auch der andere Titel Ὕλη ἱστορίας. Gleichgültigkeit gegen die Form, Unreinheit und Gespreiztheit eines von Trivialem und gemeinen Ausdrücken durchflochtenen, unhistorischen Stils werden von Photius hart gerügt: [illegible] ὁ λόγος. Fragmente in F. Sylburg's Histor. Rom. scriptt. min. Vol. III, p. 661 sq.; in P. Labbaei Eclogae historicorum de rebus Byzant. p. 5—16; in I. Bekker's und B. G. Niebuhr's Dexippi, Eunapii etc. Historiarum quae supers. p. 447—471, und C. Müller's Fragm. histor. Graec. Vol. IV, p. 58—68.

Zosimus (Ζώσιμος), Staatsmann und Historiker, wahrscheinlich in Constantinopel, nach Photius Cod. 98. Comes und Advocatus fisci, dann zu dem Range der Viri spectabiles erhoben und wol auch in andern hohen Staatsämtern thätig, ein Mann von nicht gewöhnlicher Bildung und genauer Kenntniß der politischen und religiösen Zustände des Kaiserstaats, lebte in den Zeiten des sich vollziehenden Verfalls des weströmischen Reichs, nach Evagr. hist. eccles. III, 41. unter Theodosius II. c. 430. Cf. lib. V, 5. mit IV, 59. Sein uns zum größten Theil erhaltenes Werk in zweiter Bearbeitung, Ἱστορία νέα oder Ἱστορίας νέας ἐκδόσεως in 6 Büchern, erzählt im 1. Buche klar und bündig die unwürdigen Zustände Roms unter den Kaisern von Augustus bis Diocletian, in den folgenden 3 Büchern vollständiger bis auf die Theilung durch Theodosius den Großen in ein weströmisches und ein oströmisches Reich, im 5. und 6. Buche, welche den Kern des Ganzen bilden, die Ereignisse von 395 bis zur zweiten Belagerung Roms durch Alarich (410) und die daran sich knüpfenden Veränderungen in größter Ausführlichkeit. Vom 6. Buche fehlt wahrscheinlich der Schluß; sicher hatte er beabsichtigt, das Ganze bis auf seine Zeit fortzuführen. Cf. IV, 59. und J. F. Reitemeieri Disquis. p. XXVII sq. ed. Bonn. Dieses mit großer Selbständigkeit, freimüthigem Urtheil und Sachkenntniß, überhaupt mit Männlichkeit vollbrachte Werk zeichnet sich vor der Menge jener geistlosen Compilationen aufs Vortheilhafteste aus. Im Anschluß an die pragmatische Darstellungsweise des Polybius, seines erklärten Vorbildes in Vortrag, Ton und Sprache, versucht er den Nachweis zu führen, wodurch das römische Reich, nachdem es in kaum 53 Jahren nach dem drohenden Erscheinen Hannibal's vor den Thoren der Stadt zu jener kolossalen Größe herangewachsen war, in nicht gar langer Zeit einen so traurigen Verfall habe erleiden können: I, 57. [illegible] — [illegible] Cf. I, 1. Demnach ordnet er die historischen Begebenheiten einer leitenden Idee unter und entwickelt im 1. Buche klar und richtig die allgemeinen Gründe des Verfalls, die Sucht der eigenen Größe, die Nichtswürdigkeit unfähiger Regenten, die Ausartung der Herrschaft in Tyrannei, I, 5. Als zweiten Hauptgrund des Verfalls, und hierdurch hat er sich den Haß der Geistlichkeit so gründlich zugezogen, daß er bis auf die jüngsten Zeiten herab zu den verschrieensten Autoren des griechischen Alterthums gehörte, bezeichnet Zosimos mit großer Freimüthigkeit die prahlerische Macht des Christenthums. Freilich fehlte ihm der Einblick in das wahre Wesen, in die ausdauernde und durch göttliche Kraft wirkende und erhaltende Macht desselben gänzlich, und indem er zu halten sucht, was längst dem Tode verfallen war, gibt er oft harte Urtheile ab über Personen und Zustände, welche die Auflösung der alten Ordnungen beschleunigten; oft nicht mit Unrecht, wie er denn V, 23 das unwürdige Treiben der Mönche in grellen Farben und erfüllt mit gerechtem Unwillen schildert. Trotz dieses einseitigen Standpunktes darf jedoch seine Glaubwürdigkeit im Allgemeinen nicht angefochten werden; auch ist er gegen Photios, der ihn ganz einfach Eunapios (andere Quellen waren Herennios Dexippos und Olympiodor) copiren läßt, schon wegen der geistvollen Anordnung des Stoffes nach einem bestimmten Plan nachdrücklich in Schutz zu nehmen. Bringt man nun den Reichthum und Nutzen des hier verarbeiteten Materials, nur mit zu breitem Detail in den letzten Büchern, und die lichtvolle Darstellung in Anschlag, die mannichfache Beweise für des Verfassers gesunde Geschmacksrichtung liefert, seine richtige Einsicht in die Verhältnisse des römischen Staates neben eigenthümlicher Auffassung einzelner Thatsachen namentlich in Hinsicht auf kirchliche Zustände, auch den Gegenstand selbst, die denkwürdige Geschichte des Kaiserreichs, und erwägt man dann die ihn von den meisten Zeitgenossen unterscheidenden Vorzüge formaler Art, namentlich die Ermäßigung und Correctheit der Sprache, die von natürlichem Geschmack zeugt und sich durch Kürze, Reinheit und Lesbarkeit empfiehlt, so darf Zosimos für keinen zu verachtenden Geschichtsmann für die römische Kaisergeschichte gehalten werden. *Cf.* Phot. *Cod.* 98. *ἐστὶ δὲ τὴν φράσιν σύντομος καὶ σαφής καὶ καθαρός, καὶ τοῖς ἡδύσμασιν οὐκ ἀπᾴδων.* Superstitionen, Weissagungen und Prodigien, auf deren Erzählung große Sorgfalt verwandt ist, liefern erwünschte Beiträge zur Geschichte des bedenklichen Glaubens jener Zeiten, und seine religiöse Anschauung erhebt sich nicht über den Standpunkt der hierher gehörigen Theosophie. *Cf.* I, 1. II, 37. G. Heyne *Praef. ad novam Zosimi edit. p.* XVIII *sq. ed. Bonn.* Ausgaben: zuerst lateinisch per Jo. Leunclavium, *Basil.* 1531. (1576.) *Fol.* — griechisch (lib. I. II.) *ed.* H. Stephanus (mit Herodian) *Par.* 1541. 4. — *ed.* Fr. Sylburg, in *Rom. hist. script. min. Vol.* III, *p.* 623 *sq.* — *gr. et lat.* (edente Th. Sparke) *Oxon.* 1679. — *ex recens. Fr. Sylburgii c. lat. interpret. Jo. Leunclavii et notis varr. cur.* Ch. Cellarius, *Cizae,* 1679. *Edit.* III. *Jen.* 1728. sehr geschätzt. — *gr. et lat. rec., not. crit. et comment. histor. illustr.* J. F. Reitemeier, *Lips.* 1784. (C. animadv. Ch. G. Heynii) — *ex recogn.* J. Bekkeri, *Bonn.* 1837. (*Corp. Script. Hist. Byzant.*) — deutsch übers. mit Anmerk. von D. S. Seybold und K. Chr. Heyler, 2 Bde. Frankf. 1802. 1804. — *Cf.* Buchler *De Zosimi* (*et Eusebii*) *in Constantini M. Imperatoris rebus exponendis fide et auctoritate.* Progr. Herbl. 1856. 4. Vergl. F. Schmidt im Duisburger Progr. 1863. S. 7—10. 4. und J. Rosenstein in Forschungen zur deutschen Geschichte, Göttingen 1861. 1. Heft 2. S. 166. — K. C. Martin *De fontibus Zosimi, Diss. Berol.* 1866.

Priskos (*Πρίσκος*) aus Panion in Thrakien, Rhetor und Sophist vermuthlich in Constantinopel, Begleiter des Maximinus auf einer Gesandtschaft am Hofe Attila's (Gibbon *chap.* 34.), dann in Staatsgeschäften in Arabien und Aegypten unter Kaiser Marcian (450 bis 457), schrieb nach *Suid.* außer Declamationen und Briefen eine *Ἱστορία Βυζαντιακή* in 8 Büchern, wovon Fragmente und 2 größere Bruchstücke in den *Excerptis de legationibus* erhalten sind: *ed.* D. Hoeschel, J. Bekker und B. G. Niebuhr (mit Dexippos, Eunapios u. s. w.) *p.* 140—228, vermehrt von C. Müller *Fragm. histor. Graec. Vol.* IV, *p.* 69—110. Es umfaßte wahrscheinlich die Zeiten vom Jahre 433—474, vom Regierungsantritt des Attila bis auf die Herrschaft des Kaisers Zeno. Die Titel *Τὰ κατὰ Ἀττίλαν* und *Γοτθικὴ ἱστορία* bezeichnen dagegen den Inhalt seiner Historie und setzen kein besonderes Werk voraus. *Cf.* Niebuhr. *p.* XXVIII *sq. ed. Bonn.* Jornand. *de reb. Get. cc.* 24. 34. Evagr. *hist. eccles.* I, 17. V, 16. Priskos nimmt durch Unbefangenheit, Treue und sogar elegante Darstellung einen ehrenvollen Platz unter den besten Historikern dieser Zeiten ein.

Malchos (*Μάλχος*), der Sophist aus Philadelphia in Syrien, schrieb unter Kaiser Zeno (474—491) als Fortsetzung des Priskos 7 Bücher *Βυζαντιακά* vom Jahre 474 bis 480, worin er die merkwürdigsten Thatsachen der byzantinischen Hofgeschichten unter Zeno und Basiliskos, den Brand der öffentlichen Bibliothek und die Vernichtung anderer Kunstschätze der Hauptstadt in ernster, wahrheitsvoller Darstellung und mit dramatischer Beweglichkeit schilderte. An einer Weiterführung des Ganzen scheint ihn der inzwischen erfolgte Tod gehindert zu haben. *Cf.* Suid. *s.* Phot. *Cod.* 78. Niebuhr in *Excerpt. de legat. p.* XXX. *ed. Bonn.* Ihm ertheilt Photios das höchste Lob, denn *ὁ συγγραφεὺς δὲ οὗτος ἄλλως κατὰ συγγραφὴν ἱστορίας ἄριστος· καθαρός, ἀπέριττος, εὐκρινής, λέξεσι ταῖς ἐκλογιμωτάταις καὶ εἰς ὄγκον τινὰ ἀναφερούσαις χρώμενος — καὶ ὅλως κανών ἐστι ἱστορικοῦ λόγου· θρησκείαν δ' ἦν τὸ εὐσεβὲς καὶ ἐγκρατὴς ὡς ἄλλος Πηλεύς, καὶ τὴν θρησκείαν οὐκ ἔξω τοῦ χριστιανικοῦ θιάσου.* Ein begütigender Zusatz! Davon außer einer Reihe von Fragmenten aus Suidas 2 größere Bruchstücke in den *Excerptis de legat. gent. et Rom. p.* 231—278, *ed. Bonn.* und bei C. Müller *Fragm. histor. Graec. Vol.* IV, *p.* 111—132.

Kandidos (*Κάνδιδος*) der Isaurier, Zeitgenosse des Malchos und orthodoxer Christ, schrieb 3 Bücher oströmischer Kaisergeschichte von dem Regierungsantritt des Kaisers Leo I. bis auf Anastasius, also von 457—491, deren Inhalt Photios Cod. 79, mit wenig Strichen bekannt macht: in P. Labbaei Eclog. historicorum p. 17—20, wiederholt von J. Bekker und Niebuhr (mit Dexippos, Eunapios u. a.) p. 472—477 und C. Müller Vol. IV, p. 135—137. Photios tadelt seinen mit poetischen Wörtern überladenen, aufgeblasenen Stil, die Härte und Incorrectheit der Compositionen und seine unschönen Neuerungen in Syntax und Construction, [illegible].

Kapiton (Καπίτων) der Lykier aus Lykien, schrieb unter Kaiser Anastasius (491—518) oder Justin I. (518—527) mindestens 15 Bücher Ἰσαυρικῶν; er gilt für einen eleganten Uebersetzer der Epitome des Eutropius (Suid. Καπίτων — Μετάφρασιν τῆς Ἐπιτομῆς Εὐτροπίου), wie eine Reihe von Fragmenten bei Suidas und Joannes von Antiochia zur Genüge erweisen. Vergl. den anfänglichen Irrthum C. Müller's Fragm. histor. Graec. Vol. IV, p. 133, berichtigt durch p. 586. Cf. Steph. Byz. v. [illegible]. Suid. et interpret. ad v. [illegible]. Valesium in Excerpt. Constant. p. 116. und G. Bernhardy Commentat. de Suidae lexico p. LII. et ad v. [illegible]. — Die dagegen erhaltene, gegen Ende verstümmelte Μετάφρασις εἰς τὴν τοῦ Εὐτροπίου ῥωμαϊκὴν ἱστορίαν des griechischen Sophisten Päanios (Παιάνιος), aus dem Ende des 4. Jahrhunderts, steht jener an Gewandtheit des Vortrags und Eleganz der Sprache sehr erheblich nach. Doch mag sie bestätigen, daß das Studium des Lateinischen von Grammatikern, wol auch von Juristen und Staatsmännern in dieser Zeit noch immer gepflegt wurde. Cf. Jo. Lyd. de magistr. III, 68. und die Notiz oben §. 11. S. 208. Uebersetzungen aus dem Lateinischen ins Griechische: C. F. Weber De latine scriptis, quae Graeci vett. in linguam suam transtulerunt. Part. I—III. Cassel 1835—1850. 4. [illegible] Ausgaben: Edit. pr. F. Sylburgi Hist. Rom. Scriptt. minores. Francof. 1588—1590. Vol. III, p. 63 sq. — öfter mit Eutropius, z. B. von Havercamp Lugd. Bat. 1729, von H. Verheyk ibid. 1762. 1793. — cum comm. schol. ed. J. F. S. Kaltwasser. Goth. 1780.

b. Die byzantinischen Geschichtschreiber von Kaiser Justinian bis auf Constantin VII. Porphyrogennetos, 527—911.

§. 19.

Prokopios (Προκόπιος), Rhetor und Sachwalter aus Cäsarea in Palästina, war bereits unter Kaiser Anastasius im Dienste des Staates thätig gewesen. Seit 526 als Geheimschreiber und Rathgeber in beständiger Begleitung Belisar's auf den Kriegszügen gegen die Perser, Vandalen und Ostgothen, 533—536 in Afrika, 536—539 in Italien, Augenzeuge der tapferen Thaten dieses großen Feldherrn Justinian's, dann Senator und zum Range eines Illustris erhoben, ward 562 als Präfect von Constantinopel bei Gelegenheit einer Verschwörung des Sergios, in welche man auch Belisar verwickeln wollte, seiner Würde entkleidet und starb, wie es scheint, bald darauf über 70 Jahre alt eines plötzlichen Todes. Cf. Pers. I, 1. 12. Vand. I, 12. 14. II, 14. Goth. II, 4. 23. Pers. II, 22. Suid. und Niceph. XVII, 10. 69. Teuffel in A. Schmidt's Zeitschr. für die Geschichtswiss. VIII (1847), S. 39. M. Isambert Histoire secrète de Justinien ou Ἀνέκδοτα de Procope trad. Par. 1856. p. 517. In einen früheren Zeitpunkt legt seinen Tod (566) W. Gundlach Quaestt. Procopianae, Progr. Hanau 1861. 4. p. 11 sq. Je nach dem Wechsel seiner von höfischen Einflüssen bewegten Stimmung verfaßte Prokop allmälig die Geschichte, den Panegyrikos und die Satire seiner Zeiten. Sein großes Geschichtswerk in 8 Büchern Τῶν καθ᾽ αὑτὸν ἱστοριῶν (kurz Περὶ πολέμων citirt), fortgesetzt durch die 5 Bücher des Agathias, berichtet die Thatsachen der unter Justinian geführten Kriege mit den Persern, Vandalen und Ostgothen in der Weise, daß die Kämpfe mit jedem einzelnen Volke in ununterbrochener Folge der Ereignisse zusammengestellt werden, sodaß die beiden ersten Bücher die von den Oströmern gegen die Perser (407—550), Buch III. und IV. die gegen die Vandalen (395—545), Buch V. VI. und VII. die gegen die Gothen (487—550) geführten Kriege in umständlicher Erzählung vortragen, woran sich als 8. Buch (oder Goth. IV.) eine summarische Darstellung (σύμμικτος ἱστορία) der äußeren Geschichte des Reiches bis zum Jahre 554 anschließt. Diese 8 Bücher, wovon die 7 ersten im Jahre 551 zu Ende geführt und von seinen Zeitgenossen gern gelesen, rasch eine weite Verbreitung über das ganze Reich erhielten ([illegible] Ῥωμαίων ἀρχῆς), sind von ihm bei Lebzeiten veröffentlicht worden. Cf. Agath. prooem. p. 11. Euagr. IV, c. 12. Phot. Cod. 63. Vergl. 63. Teuffel S. 42—44. Für die in die Vergangenheit zurückgreifenden Partien benutzte Prokop schriftliche Quellen in großer Anzahl mit Sorgfalt und kritischer Genauigkeit, Agath. IV, 26, nennt ihn [illegible] ἱστορίαν ἀναλεξάμενον, Anderes beruht auf mündlichen Mittheilungen, der größte Theil jedoch ist ein wahrer Ausdruck eigener Erlebnisse und Anschauungen. Cf. Pers. I, 1. Goth. IV, 22. Hiermit sind als 9. Buch zu vereinigen die Ἀνέκδοτα des Prokop oder die Historia arcana, nach des Verfassers Tode herausgegeben, worin er ergänzend und berichtigend, was er unter dem Druck einer despotischen Regierung und aus Furcht vor der sicheren Rache Justinian's und seiner grausamen Gemahlin Theodora bei Lebzeiten derselben in den Kriegsgeschichten mitzutheilen nicht gewagt hatte, seinem lange verhaltenen Groll über die Gewaltthätigkeiten und Verbrechen der Machthaber seiner Zeit gründlich und mit einer Bitterkeit Luft macht, die einen trüben Blick in das geheime Getriebe der damaligen Welt und Geschichte thun läßt. *Cf. Hist. arcan. init.* und *Suid.*: ψόγους καὶ κωμῳδίας Ἰουστινιανοῦ τοῦ βασιλέως περιέχον [illegible] κ. τ. λ. Diese leidenschaftliche Erbitterung, welche in der Hervorhebung der Schattenseiten der Thaten und Charaktere und in einer pessimistischen, auf dem Standpunkte einer vernichtenden Kritik gehaltenen Schilderung sich kundgibt, sowie andere Gründe sachlicher und sprachlicher Art bewogen Gaier, Kannegießer Vorrede seiner deutschen Uebersetzung S. 25, den Akademiker Levesque de Ravalière (*cf.* Isambert p. 800) und andere, an der Glaubwürdigkeit des Prokop, sowie an der Echtheit der *Historia arcana* zu zweifeln. Auch Thierry *Annal.* II, p. 59—95 hat die Regierung Justinian's, wie früher namentlich die Juristen, noch zu verherrlichen gesucht. Dagegen haben Dindorf, Kritik über die Ausgabe des [illegible], Basel 1846, W. Teuffel S. 38 fg., Isambert p. XIX *sq.* und W. Gundisch p. 9 *sq.* mit Recht geltend gemacht, daß diese und andere Verschiedenheiten erklärlich und von den sichersten Beweisen für die Autorschaft des Prokop nicht stichhaltig sind, daß vielmehr die Memoiren, weniger aus Haß, Bosheit und niedriger Doppelzüngigkeit, als aus der Nothwendigkeit einer Ergänzung und Berichtigung des in den Historien ungenau Erzählten hervorgegangen, nach Ausscheidung der sicher falsch aufgefaßten Thatsachen und vielfach ungerecht beurtheilten Charakterzüge nach allen Spuren und authentischen Nachrichten wirklich ein wahrheitsgetreues Bild von Justinian's Charakter, von den schändlichen Thatsachen und unwürdigen Zuständen jener Zeiten liefern. Vergl. Gibbon *chap.* 40. und Justinian's schärfsten Tadler A. Schmidt Der Nika-Aufstand, Zürich 1854. Man vermißt noch die in den Memoiren wiederholt versprochene Darstellung der kirchlichen Verhältnisse unter Justinian, wie denn überhaupt die ganze Schrift erst durch Alemannus in Rom entdeckt und *Lugd. Bat.* 1623 [illegible] herausgegeben und commentirt worden ist. Wenn nun Prokop ein richtiges Gefühl des Schicklichen, ein geläuterter Geschmack und eine gerade Gesinnung eigen ist, der Verfasser der *Anecdota* aber an Carricaturen, kleinlich erzählten Bosheiten und Uebertreibungen Vergnügen zu finden scheint, so verträgt sich dies mit seiner im prooem. ausgesprochenen Absicht, seinem durch eigene Erfahrungen erläuterten Urtheil und seinen [illegible] veränderten Gesinnungen sehr wohl; denn das entworfene Bild muß ein anderes werden, sobald neue oder wesentlich verschiedene Züge sich geltend machen, und welcher Unterschied ist oft zwischen abgefaßten und herausgegebenen Büchern, zwischen Artikeln, die dem Drucke einer willkürlichen Censur unterworfen und davon befreit waren: „aber in den Büchern *de bellis* und den *Anecdotis* findet sich dieselbe Weltanschauung, derselbe religiös-fatalistische Pragmatismus, die nämliche Verknüpfung von Schuld und Strafe, derselbe Aberglaube, dieselbe Darstellung, die nämlichen Wendungen, dieselbe Jagd nach Gemeinplätzen, dieselben Lieblingsausdrücke wie [illegible] κ. τ. λ." So Teuffel S. 63. *Cf.* Alemanni *praef.* p. XXVI. und *Anecd.* c. XIV, p. 86. Im Ganzen ist die Darstellung klar und fließend, der Stil vom sophistischen Farbenschmuck befreit und reich an attischen Eleganzen, doch nicht frei von eitlem Flitterstaat und rhetorischem Prunk, nicht so einfach in den unvollendeten und deshalb weniger gefeilten Anekdoten. Ueber seine Nachahmung des Herodot und Thucydides s. Agath. IV. c. 26. Eine Untersuchung des Prokop'schen Sprachgebrauchs gibt F. Dahn Die Könige der Germanen, München 1861. 2. Abtheil. S. 260—268 und in seiner Monographie, s. unten. Nicht weniger interessante Blicke in die Finanzwirthschaft, die Verwaltung und die innere Geschichte des byzantinischen Reiches gestatten noch 6 Bücher *Περὶ κτισμάτων*, ein Werk der Schmeichelei vor 555 verfaßt; es verbreitet sich über die von Kaiser Justinian aus öffentlichen Mitteln ausgeführten verschwenderischen Bauten in allen Theilen des Reiches: Acte der Gewaltthat, zu deren Ausführung dieser grausame Monarch die bürgerlichen Stiftungen für Zwecke der Communen, ja sogar die Besoldung aller öffentlich angestellten Lehrer einzog, und welche für die Unterthanen um so drückender wurden, je schwerer sie die Despotie des Hofes und die Hierarchie der Geistlichkeit begründeten. *Cf.* Zonar. XIV, 6. Procop. *Histor. arcan.* 26. und die merkwürdige Uebersicht der aufgebürdeten Lasten *ibid.* 23. Beispiele von großartigen Bauten und Anlagen, die durch kaiserlichen Willen in weiter Ferne entstanden, *de aedif.* IV, 1. u. 4. Ein sprechendes Denkmal für den Fanatismus dieses ungebildeten und eigenen Machthabers, wichtig zugleich für die Kenntniß der Geographie, Topographie und Statistik des byzantinischen Reiches. Vergl. Gibbon *chap.* 40. Da nun Prokop in der Auffassung politischer und militairischer Verhältnisse keineswegs auf dem einseitigen Standpunkte eines Parteihauptes steht, vielmehr, wie eben angedeutet wurde, meistentheils nach eigenen Wahrnehmungen und Erfahrungen, freilich nicht ohne Bitterkeit und mit einem trüben Blick auf die heillos verderbenen Staatslenker seiner Zeit, woraus sich der satirische und grämliche Charakter namentlich in den Anecdoten erklärt, einen der wichtigsten Abschnitte der Zeitgeschichte behandelt, die politische Revolution unter Justinian, welche mit der schrankenlosen Despotie abschloß, die moralische Kraft des Volkes und Reiches brach und jeden politischen Geist vernichtete; da er weiterhin im Gegensatz zu seinen Zeitgenossen klar und deutlich darstellt, in einfacher und gleichen Rede und mit Frische des Vortrags, so begreift man, warum er in gebildeten Kreisen frühzeitig sich einen Namen erwarb und nicht ohne literarischen Einfluß auf die Späteren blieb. *Cf.* Phot. *Cod.* 160. Mit ihm schließt die Reihe der mit politischer Kenntniß, praktischem Blick und in gesunder Einfachheit schreibenden Historiker der Griechen ab. Doch ist sein Nachlaß ziemlich unglücklich und mangelhaft überliefert worden, wovon besonders der interpolirte und lückenhafte Text der *Anecdota* und der Schrift *de aedificiis* zeugt. Um Erklärung und Wiederherstellung nach-

tigere Verdienste haben sich noch Alemannus, Reiske und Pflugk, auch Isambert und der Grieche Eklekeis verdient gemacht. Vergl. C. Hopf in Jahn's Jahrb. Bd. 75. (1857) S. 769—777. — Die Bücher *de bello Gothico* wurden von Leonh. Aretin geplündert und lateinisch (*Fulginii* 1470, *Venet.* 1471. *cf.* Mattaire *Annal. Typogr. Tom.* I. *Edit.* II. *pp.* 290. 304. 379. 399) unter seinem eigenen Namen heraus. Die ersten lateinischen Uebersetzer Christoph Persona und Raphael de Volaterra (*cf.* Huet *de claris interpretibus p.* 166), verstümmelten die Werke des Prokop, ohne die ihnen zu Gebote stehenden Handschriften der Vaticanischen Bibliothek zu Rathe zu ziehen. Ausgaben griechischer Texte. *De bellis: Edit. pr. gr.* D. Hoeschelii, *Aug. Vindel.* 1607. *Fol. Par.* 2 *Voll.* 1662. *Fol. Venet.* 1729. *Fol.* — *Anecdota: Edit. pr.* Nic. Alemanni, *Lugd.* 1623. *Fol. Colon.* 1669, im Interesse des römischen Pontificats behandelt. — *c. commentario* J. Eichelii, *Helmst.* 1654. — übers. von J. P. Reinhardt, Erlang. 1753. — *c. notis varr. et lat. interpret. Nic. Alemanni ed.* J. C. Orelli, *Turici* 1827. Vergl. die Supplemente von J. G. Huschke *Anecd. liter. Lips.* 1826. *p.* 65. 71—76. 372. — *de aedificiis: Edit. pr.* B. Rhenani (mit einer lat. Uebers. von *de bellis lib.* I—VII) *Basil.* 1531. *Fol.* oft wiederholt. — Sämmtliche Schriften von C. Maltretus, 2 *Voll. Par.* 1661—1663. *Fol.* — *ex recens.* G. Dindorfii, 3 *Voll. Bonn.* 1833—1838. *C. praefatt., appar. crit., notis varr. et indice historico.* (*Corp. Scriptt. hist. Byzant.*) — *libri* IV *de bello Goth. c. excerptis ex Agathiae histor.* H. Grotio *interpr. Edit. novissima. Monach.* 1856. — *Histoire secrète de Justinien ou Anekdota de Procope trad. par* M. Isambert. *Avec des notes philol. et histor. Par.* 1856. Recension von Hopf a. a. O. — deutsche Uebers. der Geschichte seiner Zeit mit Erläut. von P. F. Kannegießer, 4 Bdchn. Greifsw. 1827—1831. — der geheimen Gesch. von J. P. Reinhardt. Erlang. 1753. — Kritische Beiträge z. dem Text von J. Pflugk in *Schedae crit. Gedani* 1835. — W. Teuffel Prokop, in A. W. Schmidt's Zeitschr. für die Geschichtswiss. Bd. 8. (1847.) S. 38—79. — W. Gundlach *Quaestt. Procopianae*, Progr. Hanau 1861. 4. — H. Eckardt *De anecdotis Procopii Caesariensis, Diss. Regiom.* 1861. Derselbe, Zur Charakteristik des Prokop und Agathias als Quellenschriftsteller für den Gothenkrieg in Italien. Progr. Königsb. 1864. 4. — Einzelnes bei A. Schmidt Der Nika-Aufstand in Constantinopel unter Kaiser Justinian, Zürich 1854, bei A. Hansen Wer veranlaßte die Berufung der Vandalen nach Afrika? (Papencordt Gesch. der vandal. Herrschaft in Afrika) gegen Prokop *Vand.* I, 3. Dorpat 1842. 4. und Pinder und Friedländer Die Münzen Justinian's, Berlin 1843. — J. H. Reinkens *Anecdota sintne scripta a Procopio Caesariensi inquiritur. Vratisl.* 1858. — Monographie von F. Dahn Procopius von Cäsarea, Berlin 1865. — Vergl. auch „Byzanz unter Justinian," im „Ausland," Stuttg. 1856. Nr. 36. S. 817 fg. und den folgenden Artikel „Agathias von Myrina."

Agathias (*Ἀγαθίας*), Sohn des Rhetor Memnonios, geb. c. 536 zu Myrina im kleinasiatischen Aeolis, erhielt seine Vorbildung zu Alexandria (*cf. Hist.* II, 16. *p.* 109 *ed. Bonn.*) und trat nach Beendigung seiner Rechtsstudien in Byzanz, wohin er als kleines Kind mit seinen Ältern übergesiedelt war, als Sachwalter auf; daher sein Beiname *Σχολαστικός*. Die von Berufsgeschäften freie Zeit verwandte er sorgfältig auf Erweiterung seiner allgemeinen Bildung, vorzüglich fesselte ihn die erotische Poesie; sie bildet den ersten und hauptsächlichsten Theil seiner literarischen Thätigkeit. Diese poetischen Ergüsse in Hexametern, vereinigt zu einer Sammlung in 9 Büchern unter dem Titel *Δαφνιακά* (*cf. Epigr.* 36. *Δαφνιακῶν βιβλίων Ἀγαθίου ἐννεάς* ... *Hist. Prooem. p.* 6), bilden in ihren Ueberresten (101 noch erhaltene Stücke) einen Theil der griechischen Anthologie, bei R. F. Ph. Brunck *Anal. Tom.* III, *p.* 33—66. Fr. Jacobs *Anthol.* IV, *p.* 3—39. XIII, *p.* 617 *sq.*, übers. von W. E. Weber Eleg. Dichter und von G. Thudichum, l. unter die griechische Anthologie; sie gefallen, trotz des Aufwandes an Kunst und rhetorischen Mitteln, dennoch durch Klarheit und Flüssigkeit des Stils, sowie durch einen heitern Ton, welcher die Wärme der Empfindung und die Eleganz der Bildung des Agathias außer Zweifel legt. Diese Vorliebe für Poesie war es auch, welche ihn bestimmte, seine und seiner Zeitgenossen Dichtungen, nach dem Stoffe geordnet, in eine Sammlung von 7 Büchern zu bringen, deren Grundstock der späteren Anthologie zu Grunde liegt, *Κύκλος τῶν νέων ἐπιγραμμάτων, ἐν κύκλῳ συνηθροισμένων* ... bei Suid. *Schol. Anthol. Pal.: Ἀγαθίου — οὐ ἐπίγραμμα ἀλλὰ συναγωγὴ νέων ἐπιγραμμάτων.* Vergl. das noch erhaltene Prooemium in *Anthol. Pal.* IV, 3., das Vorwort zu den *Hist. p.* 6, Hase in *Leon. Diac. p.* 230, *ed. Bonn.*, G. Bernhardy Grundr. der griech. Lit. II, 2. S. 675 fg. Dazu kamen noch andere Kleinigkeiten, erotische und prosaische, alles noch unter Justinian's Regierung vollendet. Erst nach dessen Tode wandte er sich im Alter von ungefähr 30 Jahren auf den Rath seiner Freunde historischen Studien zu (*cf. Prooem. p.* 11), deren Resultate in den an Prokop *de bellis* unmittelbar anschließenden 5 Büchern seiner Geschichte *Περὶ τῆς Ἰουστινιανοῦ βασιλείας* vorliegen. Die Vorarbeiten zu diesem neuen, mit seinem ganzen bisherigen Studiengange contrastirenden Unternehmen mögen geraume Zeit in Anspruch genommen haben, ehe er an die Ausführung selbst gehen konnte, zumal da er den besten Theil seiner Zeit, um den nöthigen Lebensunterhalt zu erwerben, den Berufsgeschäften zuwenden mußte. (*cf.* III, 1. *Menand. Prot. p.* 439. *ed. Bonn.* So kam es, daß er sein Geschichtswerk erst bis auf 5 Bücher gebracht hatte, als ihn der Tod ereilte. Dieselben umfassen die Jahre von 552 bis 558 und beschreiben die

Kämpfe der Römer, besonders unter Narses, gegen die Gothen, Vandalen, Franken und Perser, denen eine besondere Aufmerksamkeit gewidmet wird, bis zur Ankunft der Hunnen in Thrakien, mithin einen Zeitraum, in welchem Agathias noch zu sehr mit den Studien beschäftigt war, um auf die Vorgänge in der Ferne einen freieren Blick werfen zu können. Seine eigentlichen Quellen waren daher vornehmlich die mündlichen Berichte von Augenzeugen; auch die von ihm genannten persischen Urkunden waren keineswegs Originale, sondern ihm erst durch Excerpte in griechischer Uebertragung durch seinen Freund, den Dolmetscher Sergios, übermittelt worden. *Cf.* II, 27. IV, 30. Eigentlich amtliche Quellen scheinen von ihm nicht benutzt worden zu sein, wol aber nennt er eine Reihe von Autoren, deren Werken er älteren Thatsachen und beiläufige Bemerkungen entnahm, wie Asinius Quadratus, Diodor, Herodot und Xenophon, Berossos, Athenokles und Symmachus, Dio Cassius, Alexander Polyhistor und Ktesias; Nachweise von W. S. Teuffel Agathias von Myrina im Philol. I, S. 506. Agathias leistet weniger als er verspricht: um geschichtliche Wahrheit in allem Detail stets bemüht (*prooem.* p. 10. *ἐμοὶ τὸ ἀληθίζεσθαι περὶ πλείστου ἔσται ἢ ὅ τι χρῆμα*), hat er seinen an Umfang geringen, an Bedeutung wichtigen Stoff nicht ohne Fleiß und Sorgfalt behandelt, und wir verdanken ihm manche interessante und werthvolle Notiz über Ethnographie, Sitten- und Culturgeschichte fremder Völker, allein zum Geschichtschreiber hat er keinen Beruf, weder besitzt er ausreichende Sachkenntniß, noch praktischen Geist und klare Anschauung in bürgerlichen und militairischen Dingen. Hierin steht er weit unter seinem Vorgänger und rechtfertigt in allen Beziehungen das Urtheil Gibbon's *chap.* 43. *not.*, der ihn zum Unterschiede von Prokop, dem Staatsmann und Krieger, als Poet und Rhetor charakterisirt. Ihm fehlt der Sinn für Einfachheit und Natürlichkeit der Darstellung, und durch den Hang nach rhetorischem Effect wird er geradezu kalt und erzwungen. Seinem Vorsatz getreu, III, 1, *ταῖς Μούσαις τὰς Χάριτας καταμιγνύναι* — und dies läßt die Ansicht gerechtfertigt erscheinen, daß er über die eigentlichen Unterschiede der poetischen von der historischen Behandlungsweise sich gar nicht klar geworden ist —, wendet er denselben Apparat mit demselben Pathos und Verbrauch malerischer Mittel auf, welcher in seinen Gedichten bemerkt wird. Seine Sprache, ihrem Wesen nach künstlich, reich an dialektischen namentlich ionischen Formen und mit poetischen dem epischen Sprachschatz entnommenen Phrasen und Wendungen aufgeputzt (aus Homer, Herodot, Pindar u. s. w.), leidet daher an Unnatur, Zwang, Breite und Unklarheit; ja selbst Verstöße gegen Wortbildung, Wortgebrauch und Syntax (vergl. Teuffel S. 502. Niebuhr im *Index graecus*), besonders aber Flachheit in seichten und trivialen Gedanken machen ihn zum unerfreulichsten Spiegel seiner in Auflösung begriffenen Zeit. Und dennoch blieben seine Nachfolger weit hinter ihm zurück, wie Menander Protector, der nach des Agathias Tod an die Ausführung seiner Geschichte ging (*v. testim.* p. 439. *ed. Bonn.* *ὑφηγῆσθαι ἠξιώθη μετὰ τὴν ἀποβίωσιν Ἀγαθίου*), und noch spät unter der Herrschaft der makedonischen Kaiser ahmte man ihn wegen seiner Beredtsamkeit und seines blühenden und geschraubten Stils nach, wie Leo Diaconus; vergl. C. B. Hase *Praef.* in *Leon. Diac.* p. XX u. ö. Zuletzt ein Wort über des Agathias Ansicht von göttlichen und weltlichen Dingen. Sie ist ein kräftiger Ausdruck der skeptischen Stimmung jener ganzen Zeit, die gleichgültig und lau gegen das Christenthum, namentlich in den höheren Schichten der philosophisch gebildeteren Bevölkerung, den entbehrten Lehrbegriff entweder bekämpfte oder sich denselben möglichst vom Leibe hielt, wie auch Prokop. Ein bequem eingerichtetes System allgemeiner Religiosität mit den Begriffen Gott, Freiheit und Unsterblichkeit in flacher Auffassung, welche dem Fatalismus schnurstracks in die Hände läuft, sucht sich sowol in der Erkenntniß der Natur als auch in theologischen Dingen Geltung zu verschaffen. Daher konnte Hanke *De scriptt. Byzantinis* p. 176 getrost von Agathias sagen: *christianis sacris addictus non fuit.* Hierüber ausführlicher Teuffel S. 506—511. Vergl. A. von Gutschmid im Grenzboten 1863. I, S. 343 fg. Uebrigens wurden Theile dieses Werkes in die Constantinischen Titel *Περὶ πρεσβειῶν* und *Περὶ γνωμῶν* aufgenommen, vergl. L. Spengel und A. Mai *Scriptt. vett. nova Collect. Vol.* II. p. 464. Niebuhr *De vita Agathiae* p. XX sq. — Ausgaben: *Edit. pr. gr. et lat.* per Bon. Vulcanium, *Lugd. Bat.* 1594, 4. wiederholt c. vers. lat. *Par.* 1660. *Fol. Venet.* 1729. *Fol. Basil.* 1576. *Fol.* ... c. *vers. lat. et annotatt. Bon. Vulcanii recens.* B. G. Niebuhr (mit den Epigrammen) *Bonn.* 1828. (*Corp. Scriptt. histor. Byzant.*) — Vergl. Hase im *Journ. des Savans* 1829, p. 715 und Teuffel Ueber Agathias von Myrina im Philol. I, S. 495—511. Kritische Beiträge von A. Meineke Philol. XIV, S. 15 fg. Vergl. auch die Literatur unter Prokop.

Petros (*Πέτρος*), Rhetor und Sachwalter, war nach Procop. *de reb. Goth.* I, 3. von syrischer Herkunft und in Thessalonich geboren. Von seinen Zeitgenossen wegen seiner Bildung und seines charaktervollen Wesens allgemein geachtet, wegen seiner ausgezeichneten Beredtsamkeit 534 von Justinian als Gesandter an Amalasunde geschickt, dann von Theodat in Ravenna gefangen gehalten und erst von Vitiges 538 frei gegeben, wurde er zur Würde eines Magister Officiorum und ungefähr 550 zum Patriciat befördert (daher gewöhnlich Petros Patrikios), in welcher Stellung er wiederholt als Botschafter in Friedensangelegenheiten an den Perserkönig Chosroes thätig war. *Cf.* Procop. I, 6. 7. IV, 12. Menand. *fragm.* 46. Jo. Lyd. *de magistr.* II, 25. 26. Niebuhr *Excerpt. de legatt.* p. XXI—XXIX. *ed. Bonn.* Zwei kleinere Bruchstücke aus seinen von Suidas citirten *Ἱστορίας*, wovon das eine auf geschichtliche Thatsachen unter Tiberius, das andere auf die unter den Auspicien des Kaiten Constantius von Julian in Gallien geführten Kriege sich bezieht, in beiden Titeln *de legatt.* p. 121—136. *ed. Bonn.* Seine Quelle scheinen Dio, Dexippos und Eunapios gewesen zu sein. Ueber den Umfang dieses Werkes vergl. die Vermuthungen Niebuhr's p. XXIII *sq.* Von seinem zweiten Werke *Περὶ πολιτικῆς καταστάσεως* sind Theile in des Constantin VII. Porphyrogennetos Caeremoniale aufgenommen, jetzt nicht nur *lib.* I, *cc.* 84. 85. mit der Aufschrift *Ἐκ τῶν τοῦ Μαγίστρου Πέτρου*, sondern wahrscheinlich auch die folgenden bis *c.* 95, worin von den Functionen eines magister officiorum die Rede ist. *Cf.* Nieb. p. XXIV *sq.* J. Reiske *Praefatt. ad Tom.* I. *de caerimon. aulae Byzant.* p. XVIII *sq.* Von diesen in gewöhnlicher Vulgärsprache geschriebenen Bruchstücken, die offenbare Spuren einer barbarischen Gräcität enthalten, unterscheiden sich durch attische Eleganz umfangreiche Fragmente eines dritten Werkes *Περὶ πολιτικῆς ἐπιστήμης*, von A. Mai *Scriptt. vett. nov. Collect. Vol.* II, p. 571 *sq.* unter dem Namen des Petros bekannt gemacht, als Vorstellbarkeit. Die Gründe dieser Verschiedenheit sind noch wenig aufgeklärt. *Cf.* Phot. Cod. 37. Nieb. p. XXV *sq.* Wahrscheinlich war das zuletzt genannte Werk, wenn die Fragmente von Mai wirklich Eigenthum des Petros sind, von dem zweiten nicht verschieden. *Cf.* J. Voss *Histor. Graec.* p. 325. C. Müller *Fragm. histor. Graec. Vol.* IV, p. 181—191. *Addend.* p. 670.

Hesychios (*Ἡσύχιος*) aus Milet c. 530, von seiner Würde gewöhnlich Illustrios genannt, Verfasser einer Weltchronik in 6 Büchern (*διαστήματα*), *Σύνοψις ἱστορικὴ ἱστορίας*, auch *Ἱστορία Ῥωμαϊκὴ τε καὶ παντοδαπή* (*Suid. Χρονικὴ ἱστορία*) betitelt; sie begann nach Photios Cod. 69. mit dem assyrischen König Belos und endigte mit dem Tode des Kaisers Anastasius (518). *Cf.* Constant. Porphyrog. *de them.* I, p. 18. *ed. Bonn.* Hiervon ist ein wichtiges Fragment des letzten Buches unter dem Titel *Πάτρια Κωνσταντινουπόλεως*, von dem Ursprunge und den Verhältnissen der Hauptstadt des östlichen Reiches erhalten, ehemals dem Georgios Kodinos beigelegt und von G. Douza *Heidelb.* 1596. *Aurel. Allobr.* 1607 herausgegeben, unter dem Namen des Hesychios *e codice Palatino* von J. Meursius *L. Bat.* 1613. (*Opp. Meursii Flor.* 1746. *Vol.* III.), von P. Labbaeus *Eclogae histor. de rebus Byzant.* p. 24—30 und von J. C. Orelli *Hesychii Miles. Opusc. duo quae supers.* I: *De hominibus doctrina et eruditione clarissimis.* II: *De originibus urbis Constant.* (mit anderen Stücken) *Lips.* 1820. In C. Müller's *Fragm. histor. Graec. Vol.* IV, p. 146 *sq.* Jetzt wissen wir, daß Georgios Kodinos (s. unten §. 24) den größeren Theil seiner Chronik *Περὶ τῶν πατρίων τῆς Κωνσταντινουπόλεως* wirklich aus Hesychios Illustrios oder aus einer späteren Compilation hieraus abschrieb. *Cf.* Lambecii *Diss. de Georgii Cod. vita et scriptis* p. XIII. *ed. Bonn.* Heyne *de antiq. Byz.* in Orelli's *Hesych. Excurs.* I, p. 361 *sq.* Voss p. 321. Zur Literaturgeschichte R. Hercher im Philol. VIII, S. 720, J. Leopardi im Rhein. Mus. III. (1835), S. 12. Lehrs *ibid.* XVII, S. 453 *sq.* Zu günstig urtheilt über Sprache und Darstellung Photios, denn die σύντομος καὶ καλλιεπής' λέξις τε γὰρ ἐπίσημος καὶ κυρίως κέχρηται, καὶ ἡ συνθήκη τοῦ λόγου κατὰ λόγον αὐτῷ ἡρμοσμένη· σαφηνείας μὲν μάλιστα χαίρων — ὑπερχαίνοι δὲ καὶ ἀληθείας εἶναι φροντιστής; vielleicht liegt hier zuviel und erhaltenes Werkchen, die kurze alphabetische Uebersicht über die namhaftesten griechischen Gelehrten und Philosophen, ihre Leben und Schriften, *Περὶ τῶν ἐν παιδείᾳ διαλαμψάντων σοφῶν*, die jetzt als dürftiger Auszug einer Epitome des Diogenes von Laerte erscheint und auf eine beiden gemeinschaftliche Quelle, wiederum auf Hermippos zurückgeht, seine Unkenntniß und besonders seine Nachlässigkeit in Hinsicht auf Composition außer Zweifel. Uebrigens scheint es der von Suidas angefertigte Auszug aus einem größeren Werke desselben Verfassers zu sein, das den Titel trug 'Ονοματολόγος ἢ πίναξ τῶν ἐν παιδείᾳ ὀνομαστῶν und von Suidas excerpirt wurde. Vgl. Preller in Jahn's Jahrb. XVII, 1836 *sq.* Naeke *Choeril.* p. 34 *sq.* Ueber den von Suid. veranlaßten Streit, ob Hesychios Illustrios Heide oder Christ gewesen, vergl. J. C. Thorschmid *de Hesychio Ill. christiano. Vitemb.* 1716. 4., wiederholt von J. C. Orelli *Hesychii Miles. Opusc.* II. *Lips.* 1820. p. 261 *sq.* Diese Schrift wurde vor Orelli herausg. *ap. Plantin. Antverp.* 1572, von H. Stephanus (mit Diogenes L.) und J. Meursius *l. l.*, zuletzt von C. Müller in *Fragm. histor. Graec. Vol.* IV, p. 155—177.

Nonnosos (*Νόννοσος*), wahrscheinlich ein Syrer von vornehmer Herkunft, lebte unter Kaiser Justinian und verfaßte Memoiren über seine Gesandtschaftsreise (c. 533) an die Saracenen, Axumiten, Homeriten und andere Völker des Orients, wovon Photios Cod. 3. uns ein kleines interessantes Bruchstück mittheilt. Das Werk des Nonnosos kannten und benutzten die Chronographen Joannes Malalas und Theophanes. *Cf.* H. Hody *Prolegg. ad Malal.* p. XLVIII. *ed. Bonn.* Gibbon *chap.* 42. und *not.* 94. Ediert von J. Bekker und B. G. Niebuhr (mit Dexippos, Eunapios u. s. w.) p. 478—482, wiederholt von C. Müller *Fragm. Histor. Graec. Vol.* IV, p. 179—181.

Theophanes (*Θεοφάνης*) aus Byzanz, jüngerer Zeitgenosse des Nonnosos, hinterließ ein an Prokop anknüpfendes historisches Werk, dessen letzte 10 Bücher die Ereignisse nach dem Bruche des von Justinian mit dem Perserkönig Chosroes geschlossenen Friedensbündnisses unter Kaiser Justin II. bis zum 10. Jahre des Krieges (581) beschrieben. Hiervon ein Fragment bei Photios Cod. 64., abgedruckt von J. Bekker und B. G. Niebuhr p. 483—486 (mit den *exc. histor. et commode.* Ph. Labbaei zu Olympiodor, Candidus und Theophanes, wiederholt von C. Müller *Fragm. Histor. Graec. Vol.* IV, p. 270—271.

Menander (Μένανδρος) aus Konstantinopel, unter Mauritius (582—602), zur kaiserlichen Leibwache gehörig und daher mit dem Beinamen Protector, in seiner Jugend der Jurisprudenz beflissen, wurde nach Verschwendung seines väterlichen Vermögens in den entsittlichenden Lustbarkeiten des Circus und der Theater aus Noth Schriftsteller und verfaßte, anschließend an Agathias, eine Geschichte in mindestens 8 Büchern τῶν μετὰ Ἀγαθίαν, von der Ankunft der Hunnen in Thrakien bis zum Tode des Kaisers Tiberius II., d. i. von 558—582, worin der Friedensschluß mit dem Perserkönig Chosroes 562 besonders breit behandelt war. Die in den Constantinischen Titeln *Περὶ πρεσβειῶν* und *Περὶ γνωμῶν* von A. Mai *Script. vett. nova coll. Vol. II, p.* 352—366 veröffentlichten wichtigen und umfangreichen Bruchstücke, mit den Fragmenten aus Suidas von J. Bekker und B. G. Niebuhr mit *Dexippi, Eunapii etc. quae supers. p.* 282—444 und von C. Müller in *Fragm. hist. Graec. Tom.* IV, *p.* 200—269 herausgegeben, lassen in Menander einen mit weltmännischen Formen und der Gabe der Beobachtung vertrauten, aufmerksamen und lebhaften Menschenschreiber erkennen, dessen Werth weniger in der Agathias nachgeahmten Sprache, als in dem Reichthum und der Zuverlässigkeit des Materials in Ethnographie, Geographie, Statistik und anderen objectiven Theilen derselben liegt. Lästig wird er jedoch, wenn er mit Schärfen, Sentenzen und Künsteleien am Stil Ansehen zu erregen sucht. Sein Continuator ist Theophylaktos Simokattes. *Cf.* Suid. s. v. *Μένανδρος Προτήκτωρ.* Nieb. *Praef. p.* XXXII *ed. Bonn.* Von ihm verschieden ist ein älterer Historiker Menander, vergl. Meineke in *Menand. com. p.* 60, und C. Müller *p.* 204.

Theophylaktos mit dem Beinamen Simokattes (Θεοφύλακτος ὁ Σιμοκάττης, *Σιμόκαττος ap.* Tzetz. *Chil.* III, 60. Eustath. *in Dionys. v.* 735, seiner Abstammung nach ein Aegypter (*cf. lib.* VII, *c.* 16. *extr.*), ein Mann von guter Herkunft und allgemeiner wenn auch nicht hoher Bildung, war kaiserlicher Geheimschreiber und vielleicht auch Präfect einer Provinz; er schrieb unter Heraklios und auf Veranlassung des Patriarchen Sergios in Konstantinopel außer fingirten Briefen über ethische, erotische und ländliche Gegenstände, jetzt noch in 85 Nummern, auch naturwissenschaftliche Tractate (*Ἀπορίαι φυσικαί*, ein Dialog *Περὶ διαφόρων φυσικῶν ἀπορημάτων καὶ ἐπιλύσεων* in J. L. Ideler's *Physici et Medici Graeci, Vol.* I.), sowie eine an Menander Protector anschließende Geschichte der Regierung des Kaisers Mauritius (582—602) in 8 Büchern, später *Ἱστορία οἰκουμενική* benannt, mit eingelegten Reden, Schilderungen und Beschreibungen von Bergen, Flüssen, Gebräuchen, Ortschaften, Kämpfen und Sitten der Völker; charakteristisch ist auch die Voranschickung eines Dialogs, in welchem die Philosophie und Geschichte, unter einem Platanenbaum sitzend, zu den Tönen der Leier über Vernachlässigung sich beklagen. Sie behandelt in den 5 ersten Büchern besonders die Kriege des Mauritius mit den Persern, in den 3 übrigen die mit den Avaren und Slaven kalt und ohne Interesse, das nur bei dem traurigen Ende des Kaisers und der kaiserlichen Kinder zunimmt, mit höchst mangelnder Einsicht in die Bedeutung der Begebenheiten und deren Zusammenhang, sogar ohne Urtheil und strenge Wahrheitsliebe, in weitläufiger, krankhafter Darstellung und ohne Sinn für reinen Ausdruck und gemäßigte Eleganz. Dabei macht ihn der Hang zur rhetorisch aufgezogenen, geblähten und figürlichen Dictien, der häufige Gebrauch von Tropen und Allegorien bis zum Ueberdruß des Lesers lästig und dunkel, ja geradezu kindisch. Nirgends, weder in den erzählenden Briefen noch in den übrigen Werken durch unbedeutenden und dürftigen Proben seiner naturwissenschaftlichen Kenntnisse, weiß er Maß zu halten, und während er mit der Lectüre Homer's und anderer Autoren ersten Ranges renommirt, verdeckt er nirgends die Eitelkeit, den Ungeschmack und die geistige Leere seiner Zeit, noch den Nebel seiner heimathlichen ägyptischen Manier. *Cf.* Phot. *Cod.* 65, der ihn gelinde tadelt und umfangreiche Auszüge aus jedem Buche mittheilt, dazu die unglückliche Beurtheilung von J. Pontanus *Praef. p.* XI *sq. ed. Bonn.* Wegen des Reichthums und der Mannichfaltigkeit des Stoffes, welchen der Scholastiker Euagrios aus Antiochia unter Tiberius II. und Mauritius in seinen 6 Büchern *Ἱστορίας ἐκκλησιαστικῆς* zum Theil ergänzt, und wegen der gleichmäßigen und auf Stelzen gehenden Sprache wurde Theophylaktos nachmals viel gelesen und excerpirt, besonders von Theophanes, welchen Nikephoros compilirt, und weiterhin verdanken Paulus Diaconus, Zonaras, Kedrenos, Nikephoros Xanthopulos und andere ihre Nachrichten über die Tugenden und Fehler des Mauritius und seiner Zeit der gemeinsamen, aber einer davon abgeleiteten Quelle. *Cf.* Gibbon *chap.* 45, und Voss *de Histor. Graecis p.* 330. Im 4. und 5. Buche hatte er wahrscheinlich die Geschichte der Kriege mit den Persern (572—591) des Scholastikers und Expräfecten Johannes aus Epiphania benutzt, der nicht lange vor ihm ein einzelnes Buch Historien *Περὶ τῆς τοῦ νέου Χοσρόου προσχωρήσεως πρὸς Μαυρίκιον τὸν Ῥωμαίων αὐτοκράτορα* in einer ziemlich reinen, dem Thukydides nachgebildeten Sprache geschrieben hatte, und woraus den Anfang mittheilt C. B. Hase (mit Leo Diaconus) *Par.* 1819. *Fol. p.* 169 *sq.* Vergl. dess. *Praef. ad Jo. Lydum de magistr. p.* XVII (*p.* XIV. *ed. Bonn.*) C. Müller *Fragm. histor. Graec. Vol.* IV, *p.* 272—276. Es folgen die Ausgaben: *Edit. pr.* per Bon. Vulcanium, *Lugd. Bat.* 1596. — *ex bibliotheca* A. Schotti *c. praef.* J. Gruteri, *Palat.* 1598. — mit anderen Stücken *graece et lat. c. notis illustr.* per J. Pontanum, *Ingolst.* 1604. 4. — *recogn.* C. A. Fabrotus, *Par.* 1647. *Fol.*, wiederholt *Venet.* 1729. *Fol.* — *ex recogn.* J. Bekkeri, *Bonn.* 1834 (*Corp. Scriptt. histor. Byzant.*) — Die Epitome des Phot., auch in *Theophyl. Opp.* ap. Commelin. 2 *Partt.*

1598—1599, auch in *Excerpt. de legatt.* — Briefe: in den Sammlungen von Aldus und Cujacius, und in der *Edit. pr.* der Physica problemata von Bon. Vulcanius, *Lugd. Bat.* 1597, auch ap. Commelin. — A. Westermann *De Theophyl. epistolis.* In *Epist. scriptt. Graec. Part.* VIII. (1856) *Nr.* 151. — Physica problemata: *Edit. pr.* per Bon. Vulcanium, *Lugd. Bat.* 1597 (mit Cassius Felix), vollständiger Andreae Schotti et J. Gruteri *beneficio*, *Lugd.* 1598. — *Theophyl. Simocattae quaestt. physicas et epistolas ad codd. fidem rec., vers. Kimedonciana et nott. illustr.* J. F. Boissonade, *Par.* 1835. — Erläuternd G. Bernhardy in den Berl. Jahrb. 1836. Nr. 56—59, Boissonade *Praef. ad Theophyl. Sim. Quaestt. phys.* p. I—XXXIV., Struve *Biblioth. histor. ed. Meusel* V, 1. p. 242—244.

Georgios aus Pisidien (*Γεώργιος ὁ Πισίδης*), Diakon der Sophienkirche und Skeuophylax unter Kaiser Herakleios c. 630, bediente sich der iambischen Trimeter zur Darstellung verschiedener besonders historischer Stoffe, welche in *Ἀκροάσεις* getheilt sind. Zu letzteren gehören 3 Akroasen *Εἰς τὴν κατὰ Περσῶν ἐκστρατείαν Ἡρακλείου τοῦ βασιλέως*, worin er die Angriffe (*Acroas.* II, 128 sq.) durch 1098 ziemlich reine Iamben den Kriegsruhm und die Religiosität des Kaisers besingt, von allen das älteste; Bellum Avaricum, 541 Senare *Εἰς τὴν γενομένην ἔφοδον τῶν βαρβάρων καὶ εἰς τὴν αὐτῶν ἀστοχίαν, ἤτοι ἔκθεσις τοῦ γενομένου πολέμου εἰς τὸ τεῖχος τῆς Κωνσταντινουπόλεως μεταξὺ Ἀβάρων καὶ τῶν πολιτῶν*, dann die *Ἡρακλιὰς ἤτοι εἰς τὴν τελείαν πτῶσιν τοῦ Χοσρόου βασιλέως*, eine gedankenvolle Lobrede auf Kaiser Herakleios in 2 Akroasen und 471 Iamben. In diesen rhetorischen, von panegyrischen Deklamationen überströmenden Ergüssen über Ereignisse der Zeitgeschichte, welche den Eindruck höfischer Bildung und Schmeichelei machen, liegt die eigentliche Bedeutung des Georgios Pisides. Er ist überschwenglich und weitschweifig, und seine von Hyperbeln und hochtrabenden Wörtern eigener Erfindung gedrückte Rede kämpft mit Härten und mit Unklarheit, wodurch die Schwierigkeiten der Textkritik erheblich gemehrt werden. Im Uebrigen war er den höfischen Dichtern und Panegyrikern von Byzanz normal; er wurde fleißig gelesen (auch von Suidas) und gewann den Beifall des Mittelalters, woher auch die Menge schlechter Handschriften. Collation des *Codex Parisinus* von M. Pinder, *cf.* J. Bekkeri *Praef.* p. I. Weniger Interesse haben Themen geistlicher Art: ein *Ὕμνος ἀναστάσιμος* auf den Sieg über die Avaren, angekündigt *bellum Avar.* 502; die erbaulichen 129 Iamben *Εἰς τὴν ἁγίαν τοῦ Χριστοῦ τοῦ θεοῦ ἡμῶν ἀνάστασιν*; das dem Patriarchen Sergios gewidmete philosophirende Gedicht *Εἰς τὸν μάταιον βίον*, jetzt in 262 Iamben; ein *Ἐγκώμιον εἰς τὸν μάρτυρα Ἀναστάσιον* in Prosa, auch von Suidas genannt; die dunkle und gedrückte dogmatische Streitschrift *Κατὰ δυσσεβοῦς Σευήρου* in 731 Senaren, ein seltsames Problem; zuletzt von allen das Beste, *Ἑξαήμερον ἢ κοσμουργία sive de mundi opificio*, unternommen auf den Rath des Patriarchen Sergios, jetzt in c. 1880 iambischen Trimetern, „eins der ältesten Denkmäler der natürlichen Theologie," nach *Suid.* (*δι' ἰάμβων ἔπη τρισχίλια*) weit umfangreicher, in *Edit.* J. M. Querci in 1910 Versen, im Ganzen jedoch wol vollständig überliefert. *Cf.* P. F. Foggini *Praef.* p. X., Querci *Praef.* p. XIV sq. ed. *Bonn.* und R. Hercher (mit *Aelian. de nat. anim.*) *Lips.* 1864. Zuletzt Epigramme und Bruchstücke verschiedenen Inhalts. Ueber andere dem Georgios Pisides beigelegte Schriften, über Handschriften und kritische Eigenthümlichkeiten vergl. Querci *Praef.* p. XXIII sq., XXVII sq., XXXIX sq. ed. *Bonn.*, der an ihm Frömmigkeit, Rechtschaffenheit der Gesinnung, auch die rhythmische Schönheit und Reinheit seiner Trimeter mit Recht hervorhebt, bei der Beurtheilung des Gedankens und Stiles jedoch zu glimpflich verfährt. *Cf.* Fabric. *Bibl. Gr. Tom.* VIII, p. 612 sq., woselbst auch ein Stück *In templum Deiparae* mitgetheilt ist. Vergl. Henrichsen Ueber die sogenannten politischen Verse bei den Griechen, aus dem Dän. übers. von Friedrichsen, Leipz. 1839. S. 33. G. Bernhardy Grundr. der griech. Lit. II, 2. S. 683 fg., 2. Bearb. Nicht sehr zahlreich sind die Ausgaben: *Hexaëmeron s. de mundi opificio et de vanitate vitae prim. ed. et lat. versibus expr.* per F. Morellum, *Par.* 1585. 4. ap. Commelin. *Heidelb.* 1596. *Par.* 1618. 4. Auch in größeren Sammlungen, s. vor § 18. — *Hexaëmeron ex recogn.* R. Hercheri (mit *Aeliani de nat. animalium* und anderen Stücken) *Lips.* 1864. — die historischen Gedichte: *Exped. Persica, bellum Avaricum, Heraclias. Recogn.* J. Bekker, *Bonn.* 1836. (*Corp. Scriptt. hist. Byzant.*, mit Paulus Silent. und Nikephoros) — *Exped. Persica* (mit *Chron. Paschale*) ed. J. P. Migne, *Par.* 1860. — Einzige Gesammtausgabe: *ex codd. MSS. colleg. notisque illustr.* J. M. Querci, *Rom.* 1777. *Fol.*, in der *Nova appendix Corp. hist. Byzant.* (P. F. Foggini) mit Theodosios und Korippos.

Joannes (*Ἰωάννης*) von Antiochia, wahrscheinlich zwischen 610—650 und vor Joannes Malalas zu setzen, mit welchem er oft verwechselt wurde, ist Verfasser einer in zahlreichen Fragmenten erhaltenen *Ἀρχαιολογία*, welcher die Neuzeit ein aufmerksames Interesse zuwendet. Ueber seine Zeit C. Müller *Fragm. histor. Graec.* IV, p. 536. Diese vermuthlich umfassende Chronik der weltlichen Zeit, des profanen wie christlichen Alterthums, *ἀπὸ Ἀδάμ* bis mindestens auf die Zeiten des Kaisers Phokas (602—610), war nach guten Quellen gearbeitet und liefert namentlich für die römische Kaisergeschichte ein reiches Material. Von geringerem Werth ist der erste Theil, der sich nur wenig von den Berichten seiner Compilatoren Joannes Malalas, Kedrenos, Synkellos und Glykas unterscheidet, während er selbst den Sextus Africanus, Eusebios, Papias,

Didymos und andere als Gewährsmänner angibt; *fragm.* 2. *e cod. Paris. Vol.* 234, ἀπὸ τῆς ἐκδόσεως Ἰωάννου Ἀντιοχέως τῆς περὶ χρόνων καὶ κτίσεως κόσμου περιεχούσης, ὥς φησιν, ἀπὸ βιβλίων Μωσέως, Ἀφρικανοῦ, Εὐσεβίου, Πανιάνου καὶ Ἀνδρόνου καὶ ἑτέρων. Für die römische Geschichte war zunächst Dio Cassius und die elegante Uebersetzung des Eutropius vom Lycier Kapiton Quelle (vergl. oben §. 18. S. 298), von den Zeiten des Kaisers Commodus an Herodian, welchen er fast ganz aufnahm, dann wieder Eutropius und Zosimus, für die Kirchengeschichte Sokrates, weiterhin Priskos, zuletzt ein vorzüglicher Historiker, dessen Name unbekannt ist. Dieser Joannes von Antiochia war eine reiche Fundgrube für die Chronisten und Sammler der Folgezeit; ihn excerpirte im ersten Theile Joannes Malalas, später der Epitomator Constantin's VII. Porphyrogennetos (*cf. Prooem. ad Excerpt. de legat. p.* 6. *ed. Bonn.*) in dem von H. Valesius edirten Codex Peirescianus, diesen wieder der sogenannte Leo Grammaticus, Suidas, Zonaras u. a. Zu diesen den Constantinischen Titeln Περὶ ἀρετῆς καὶ κακίας angehörenden *Excerptis Peirescianis*, ed. H. Valesius *Par.* 1634. 4. *p.* 778—852, kritisch behandelt von J. Wollenberg *Excerpta ex Joanne Antioch. ad librum Peiresc. a se excussum emend. Progr. du Collège R. Franç. Berl.* 1861. 4., kommen die Stücke aus Περὶ ἐπιβουλῶν in Cramer's *Anecd. Graec. Paris. Vol.* II, *p.* 1—86, die *Excerpta Salmasii*, gleichfalls edirt von Cramer *ibid. Vol.* II, *p.* 383 *sq.*, zuletzt die von C. Müller aus einem bisher Codex Parisinus veröffentlichten Eklogen, mit den Bruchstücken aus Suidas vollständige Fragmentensammlung von C. Müller *Fragm. histor. Graec. Vol.* IV, *p.* 538—622. *Cf.* G. Bernhardy *Commentat. de Suidae lexico p.* LII. Das Unternehmen des Joannes von Antiochia, dieses tüchtigen Lesers der alten Geschichtschreiber, unterscheidet sich sowol in Form als auch in Darstellung von der rohen und schmutzigen Chronik des Joannes Malalas aufs Vortheilhafteste; er verdient immerhin das Lob eines wohlunterrichteten, den Spuren der guten Autoren und den Gedanken besserer Zeiten folgenden Historikers. *Cf.* Hody *Prolegg. ad J. Malal. p.* XXIV *sq.*

a. Die byzantinischen Geschichtschreiber von Kaiser Constantin VII. Porphyrogennetos bis auf die Eroberung Constantinopels durch die Lateiner, von 911—1204.

§. 20.

Constantin VII. Porphyrogennetos (Κωνσταντῖνος ὁ Πορφυρογέννητος oder ὁ τῆς πορφύρας ἀπόγονος), Sohn Kaiser Leo's VI. mit dem Beinamen des Weisen und Enkel des Basilios I., des Begründers der Herrschaft der makedonischen Kaiserfamilie, in welcher das Interesse für literarische Bildung und ein hoher Grad von Regsamkeit lange Zeit erblich war, ein sorgloser Fürst (911—959) und ohne eigentliche Herrschertugenden, aber ein Liebling des Glückes und von einem glänzenden Nimbus umstrahlt, nimmt in der Geschichte der byzantinischen Literatur eine bedeutsame Stellung ein. Je weniger die Geschäfte der Regierung, welche sowol während seiner Minderjährigkeit als auch nachher Verwandte und einflussreiche Hofleute leiteten, ihn drückten oder mit Sorgen erfüllten, desto unabhängiger und vollständiger vermochte er alle Mittel aufzuwenden, welche die geistige Kraft und materielle Leistungsfähigkeit eines Privatmannes übersteigen. *Cf.* Zonar. XVI, *p.* 193. Cedren. *p.* 635. *ed. Bonn.* Gibbon *chap.* 53. Heeren Geschichte der classischen Lit. im Mittelalter I, S. 185. Finlay *History of the Byzantine Empire, from* 716—1057 *p.* 340—353. Ed. de Muralto *Essai de chronographie byzantine, Petersb.* 1855, *p.* 446 *sq.* Vergl. die bibliothekarischen Notizen oben §. 5. S. 249 fg. und die vorläufige Kritik seiner literarischen Leistungen §. 14. S. 277—279. Zunächst muss hervorgehoben werden, daß Constantin VII. selbst ein ebenso fleißiger, als mechanischer und geschmackloser Schriftsteller war; und nur die Neuheit oder Seltenheit der behandelten Stoffe, welche über die Dunkelheit des 10. Jahrhunderts einen Strahl historischen Lichtes verbreiten, sowie die Folgen seiner encyklopädischen Thätigkeit für die classische Literatur sind es, welche uns die kaiserlichen Schriften mit einer gewissen Neugier zu öffnen heißen. Diejenigen, welche in erster Reihe stehen, sind größtentheils in reiferem Alter im Interesse des makedonischen Herrscherhauses oder zur Belehrung des Thronfolgers verfaßt und verbreitet, den Zustand des Kaiserthums sowol im Frieden wie im Kriege, im Innern wie nach Außen hin darzustellen und so des Reiches Glanz und Wohlstand zu sichern; freilich ruht hier noch Manches auf schwankendem Boden, und die Frage nach der Autorschaft einzelner Schriften oder Stücke, welche wegen des Mangels an einheitlicher Composition und wegen der Verschiedenheit der Gedanken nicht selten auf Mit- und Nacharbeiter von verschiedener Geschmacksbildung schließen lassen, ist noch immer als eine offene zu bezeichnen. Dem Gebiete

1) der Geschichte gehört an die Ἱστορικὴ διήγησις τοῦ βίου καὶ τῶν πράξεων τοῦ Βασιλείου (τοῦ ἀοιδίμου βασιλέως), *de Basilii Macedonis vita et rebus gestis*, eine Biographie seines Großvaters Basilios I., unternommen zur Verherrlichung der regierenden Kaiserfamilie der Makedonier. Dieses Werk, fortgesetzt von einem Unbekannten vom Jahre 886—963 und eingeleitet durch die Chronographie des jüngeren Leontios, ist im rhetorischen Ton gehalten und verräth keinen ungewandten Darsteller.

2) der Statistik: 2 Bücher Περὶ θεμάτων, *de praefecturis imperii orientalis*, von den militairischen Statthalterschaften, welche unter den Nachfolgern des Kaisers Heraklios vorherrschten, eine mit Benutzung älterer geographischer Sammelwerke (wie des Stephanos von Byzanz und des Grammatikers Hierokles Συνέκδημος) oberflächlich beschriebene Statistik

des Reiches, mit besonderer Beziehung auf die Vertheilung der einzelnen Heeresabtheilungen; Θέματα wie früher λεγεῶνες d. i. *legiones*, nachmals Standquartier oder Provinz. *Cf.* Maurit. *Strateg.* II, *c.* 2. Du Cange *Gloss. Graec. Tom.* I, *p.* 487. 488. A. Banduri *Animadversiones in Constantini Porphyr. de Thematibus p.* 276. *ed. Bonn.* Gibbon *chap.* 53. Ueber die Themen und ihre Vertheilung in Asien und Europa vergl. Finlay *Hist. of the byzant. empire, from* 716—1057. *p.* 13—15. *p.* 32—40, welcher die systematische Vollendung der von Heraklios nach seinen Siegen über die Perser eingeführten Theilung des Reiches in Themen oder Regionsbezirke, die Auflösung der alten großen Provinzen in kleinere militairisch-geographisch-administrative Bezirke auf Leo III. zurückführt. Hierüber auch Schlosser Geschichte der bilderstürmenden Kaiser S. 122 fg. 584 fg. Zinkeisen Gesch. Griechenlands I, S. 772—803.

3) des Politik: Πρὸς τὸν ἴδιον υἱὸν Ῥωμανόν; im Jahre 952 verfaßt, einer an seinen Sohn und Nachfolger Romanos, welcher ihn später vergiftet haben soll (dagegen Finlay *p.* 333), gerichtete Schrift über die Staatsverwaltung, gewöhnlich *de administrando imperio* citirt; sie enthält Belehrungen über die Regierungskunst und wie die äußere Politik gegenüber den fremden Stämmen und Grenzvölkern im Norden und Osten des Kaiserreichs zu handhaben sei, nach bestimmten aber oberflächlichen Principien, und ist wichtig wegen der zahlreichen und interessanten Nachrichten über Abstammung, Wohnsitze, Sitten und Machtverhältnisse der Petschenegen, Russen, Bulgaren, Türken, Sarazenen, Dalmatier, Chrobaten, Slawen, Franken und anderer Volksstämme, mit welchen man gerade damals in mehr oder minder feindlicher Berührung stand. Manches bei Wilken Ueber die Verhältnisse der Russen zum byzantinischen Reiche S. 3—17. Stellen dieser Schrift, welche sich beziehen auf die russische Geschichte, behandelt Jaßelow in Dorpat. Jahrb. für Literatur 3. Bd. S. 163—198. Vergl. Tümmler Die Slawen in Dalmatien S. 54. 63 fg. Finlay *p.* 341. 402. 414 *sq.* 424 *sq. u. s.* Gibbon *chap.* 53. Was uns an dieser Schrift auffällt, ist weniger die Beschreibung der einzelnen Völkerschaften, die zum Theil sehr genau für die eigenen Zeiten, sehr fabelhaft für die früheren ausfällt, als vielmehr ein völliger Mangel an Geschmack und Form. Hier erscheint das Uebergewicht des barbarischen Jargons und der Uebergang zum neugriechischen Idiom noch bestimmter als in den Büchern *de Thematibus*, und was erträglicher geschrieben ist oder nach Gelehrsamkeit schmeckt, ist älteren Sammlungen entnommen. In welchem Verhältniß diese in einem Gedächtniß stehende Schrift zu der in erheblich reinerer und gewandterer Sprache geschriebenen Biographie des Kaisers Basilios I. stehen, ist noch wenig aufgeklärt. Uebrigens gesteht der Kaiser selbst, daß er ein ordentliches und barbarisches Idiom gebrauche; barbarisch, sagt er, [illegible] *Vit. Basil. c.* 74. 75. 76. *p.* 165. 197.

4) Noch geschmackloser und gemeiner behandelt ist der rein kaiserliche Stil in der *Appendix ad librum primum de Caerimoniis*: Ἔκθεσις (Σύνταγμα in *cod. Lipsiensi*) τῆς βασιλείου τάξεως, *de caerimoniis aulae Byzantinae*, nach einer der Bereits entnommenen Aufschrift, in 2 Büchern und mit einer von fremder Hand herrührenden Appendix zum ersten Buche, scheint der Titel des durch Aufnahme von Partien aus früheren Werken (vgl. oben §. 18. S. 295 Petros Patrikios und S. 296 den Höflinger Eusebios), sowie durch spätere Zusätze bedeutend erweiterten Staatshand- und Ceremonienbuch des byzantinischen Hofes gewesen zu sein; dasselbe ist auch von neueren Höfen als Norm des glänzenden Ceremoniells abgezählt worden und erscheint als ein sprechendes Denkmal für den Geist, die eitle Laune und Erfahrungsarbeit des kaiserlichen Verfassers. Dasselbe beschreibt in umständlicher, mühsamer und doch wieder unvollständiger Ausführung die glänzende Etikette und den vielen Prunk, der in Staat und Kirche seit dem allmäligen Verfall der Macht des einen und der Reinheit der anderen verbreitet, bei jedem Erscheinen des Kaisers in der Oeffentlichkeit an kirchlichen und weltlichen Festen zur Schau getragen wurde, bei Geburts-, Tauf-, Vermählungs-, Krönungs- und Leichenfeierlichkeiten der kaiserlichen Familie, bei Ernennungen und Beförderungen der höheren Würdenträger des Hofes und der Kirche, beim Empfange und Abschiede der Gesandten auswärtiger Völker, bei Vorbereitungen zu kriegerischen Kriegen, bei Siegesfesten und andern officiellen Scenen; auch das Ritualwerk, die Vertheilung von Belohnungen bis auf die Speisen, die Verwaltung des Marstalls, sogar den Bestand der Hofbibliothek lernen wir kennen, welche unter anderen Gerätschaften, Gepäck, Hausgeräth, Kirchensachen den Kaiser ins Lager begleiten; *cf. Append. p.* 459—465. *p.* 467. *ed. Bonn.* [illegible] *Phocam p.* 350. *ed. Bonn.* (mit Leo Diac.) Liudprand vervollständigt die ehrliche und interessante Beschreibung der beiden Gesandtschaften, welche dieser Franke nach Constantinopel führen (*cf. Hist.* VI, *c.* 1—4), unsere Kenntniß von dem Ceremoniel des byzantinischen Hofes, besonders bei Aufnahme der Gesandten, die mit Beifall und materiellen Schwingen des Kaisers schließen, bei kaiserlichen Banketten, Umzügen, Anbetungen und Aufwartungen im Palast und in der Kirche. Kein ge-

tungen Moment bildeten die Festdemonstrationen; von allen Seiten wiederholten sie in untermischender Melodie den Ruhm des Kaisers; Dichter und Musiker [illegible] den Chor und langes Leben (πολυχρονίζειν) und Sieg war der Schluß jedes Gesanges: [illegible] — [illegible] — [illegible], wiederholt in griechischer, [illegible], ja selbst in englischer Sprache von den [illegible] Soldaten und den verschiedenen Nationen. *Cf. Cerim.* I, 75 *p.* 370. Codin. *de offic. p.* 90. Gibbon chap. 53. und über die barbarische Sprache und lächerlichen Formen der Devotion, übrigens ein Nachklang der aus der *Historia Augusta* bekannten [illegible] des Senats, J. Reiske *Comment. ad libr. I. de caerim. p.* 84 sq. u. i. Hase *Praef. ad Leon. Diac. p.* XX. Harris *Philol. inquiries p.* 296. Vergl. die Note §. 11. S. 268. Ueber den Zweck dieses alle Inschriften und Handlungen des öffentlichen Lebens mit der Person des Herrschers eng verbindenden Ceremonienwesens Reiske *Praef. p.* 3 sq., von der [illegible] des in einer prächtigen Handschrift erhaltenen Buches, von der Ueberschrift, dem Inhalt und andern Einzelheiten *Praefat. p.* XIII—XXXII. und *Comment. Vol.* II.

5) der Kriegswissenschaft: [illegible], und das gleichfalls ihm beigelegte [illegible], jenes eine Zusammenstellung von taktischen Vorschriften und Gebräuchen aus früheren Kriegsschriftstellern und Sammlungen über die kriegerischen Bewegungen zu Wasser und zu Lande, dieses eine [illegible] über die bei verschiedenen Völkern gebräuchliche Strategik und Kampfesart. Hier gleichwie in der Taktik Leo's erscheinen weder Stil noch Methode passend, Zeiten und Systeme sind nicht streng geschieden, ja selbst die Richtigkeit dieser militärischen Regeln und Maximen kann in Zweifel gezogen werden. Vergl. Gibbon chap. 53. *prima.* Von hier ist der Uebergang leicht zu den später zu nennenden Constantinischen Titeln der militärischen Abtheilung, [illegible], [illegible] und [illegible], den *Canones militares.*

6) der Jurisprudenz: 60 Bücher [illegible], das vollständige Gesetzbuch der griechischen Nation, von Basilius I. begonnen, von Leo VI. fortgesetzt und veröffentlicht, von Konstantin VII. Porphyrogennetos von Neuem durchgesehen und durch eigne Verordnungen vermehrt und vollendet. Die Herausbildung des byzantinischen Rechts beschränkt sich auf folgende Thatsachen. Nach der Erweiterung des römischen Rechts durch neuere Bestimmungen in griechischer Sprache wurde das Bedürfniß eines griechischen Gesetzbuches und einer Vereinfachung der überfließenden Masse immer dringender. Vergl. §. 11. S. 268. 269. Hieraus war der von Kaiser Basilius I. unternommene Versuch eines griechischen juristischen Handbuches hervorgegangen. Er ließ durch den Patricius Nikolaus und andere in einem [illegible] die justinianischen Rechtsbücher griechisch bearbeiten, als Digesten, Codex und Novellen zu einem zusammenhängenden Ganzen vereinigen (*Leonis et Constantini delectus legum*) in J. Leunclavii und C. E. Zachariae *Jus Graeco-Rom. Vol.* II. III. IV. Nun erst war man der eigentlichen Abfassung eines griechischen Rechtsbuches näher gerückt. Leo VI. der Philosoph, Sohn des Basilius I., Kaiser von 886—911, dessen Talent und schriftstellerische Thätigkeit an geeigneter Stelle eine kurze Beurtheilung erfahren wird (vergl. vorläufig §. 14. S. 277), ließ durch eine erschöpfende Redaction aus dem *Corpus juris civilis Justinianeum*, aus den späteren bürgerlichen und kirchlichen Gesetzen und den Commentaren der Rechtsgelehrten das umfassende Gesetzbuch der griechischen Nation, 60 Bücher [illegible], publiciren gegen Ende des 9. oder im Anfange des 10. Jahrhunderts. Einzelne Aufsätze wurden durch die [illegible] oder *Emendatae constitutiones* abgeändert, und am Ende seiner Regierung gab er noch die [illegible], eine Sammlung von Gesetzen im Auszuge heraus. *Ed.* H. Scrimger (mit den Novellen Justinian's) *ap. H. Stephanum Par.* 1558. *Fol.*, auch in den Sammlungen des *Corpus juris civ.*, [illegible] in Zachariae *Jus Graeco-Rom. P.* II. *Lips.* 1857. *Cf.* G. A. Beck *De Novellis Leonis. Ed.* Zepernick, *Hal.* 1779. [illegible] Biener Geschichte der Novellen Justinian's. Berl. 1824. Endlich ließ sein Sohn Constantin VII. Porphyrogennetos, dessen großartigen Plane und encyklopädische Wirksamkeit wir bereits oben §. 14. S. 277 fg. gekennzeichnet haben, eine Revision der Basiliken und eine vollständige dem Staatszweck [illegible] Redaction aller früheren rechtsgültigen Gesetze in griechischer Sprache besorgen und dieselbe durch eigene Verordnungen vermehren und zum Abschluß bringen. Diese [illegible] oder *Basilicorum* [illegible], gewöhnlich Basiliken genannt, umfaßt 60 Bücher in 6 Abtheilungen ([illegible]), enthält zugleich das Civil- und kanonische Recht und scheint nicht vor dem Jahre 945 der Oeffentlichkeit übergeben worden zu sein. Nachmals wurden die Basiliken vielfach corrigirt (vergl. des Michael Psellos und des Michael Attaliates [illegible]) und commentirt, einzelne Theile, wie das Kirchenrecht (darüber im Artikel Photios) ausgehoben, bearbeitet und durch neue Bestimmungen und spätere Zusätze erweitert. Im Westen wurden sie wol nicht vor der Mitte des 16. Jahrhunderts bekannt. *Cf.* C. G. Heimbach *De Basilicorum origine, fontibus &c. Lips.* 1825. und dess. Bearbeitung des byzantinischen Rechts in dieser Allgem. Encyklopädie Bd. 86. Was die Ausgaben betrifft, so kannte man früh nur die von J. Leunclavius *Basil.* 1575. *Fol.* [illegible] *Synopsis Basilicorum*, dazu C. Labbaei *Observat. et emendat. in Synopsin Basilicorum. Par.* 1606. [illegible]) und die von [illegible] Commentare und Glossen ([illegible] *& glossae verborum juris*) aus dem 9. Jahrhundert stammend; *Veteres glossae verborum juris &c. ed.* C. Labbaeus *Par.* 1606,

auch mit *Cyrilli, Philoxeni et aliorum gloss. Par.* 1579, und in Labbaei *Glossaria c. aliis opusculis. Lond.* 1826. *p.* 441 *sq. Cf.* J. A. Ernesti *De Glossariorum Graec. indole et usu, Lips.* 1742. 4. Hierauf erschienen *Basilicorum libri* LX *prim. ed.* C. A. Fabrotus, 7 *Voll. Par.* 1647 *Fol.*, d. h. 33 vollständige Bücher, die übrigen nach der Synopsis und durch andere Auszüge und Bruchstücke ohne Einsicht und Plan ergänzt. Vergl. Hugo's Civilist. Magaz. 2. Bd. Berl. 1812. S. 415 fg. und Heimbach *l. l. p.* 61 *sq.* Ergänzung durch G. O. Reitz *Supplem. Basilicorum libri* 49—51 *et libri* 52. *tit* 1. *L.Bat.* 1765. *Fol.*, wiederholt in *Meermanni Thesaur. juris civilis etc. Tom.* V, durch C. G. Haubold *Manuale Basilicorum. Lips.* 1819. 4., C. Witte *Basilicorum titulus de diversis regulis juris. Vratisl.* 1826. 4., C. G. E. Heimbach *Basilicorum libri* III, *Tom.* I. *Lips.* 1832. *Fol.* Am vollständigsten: *Basilicorum libri* LX *c. scholiis ed., vers. translat. latinam et adnotatt. crit. adjecit* C. G. E. Heimbach, 5 *Voll. Lips.* 1833—1851. 4. Freilich bleibt hier noch immer der Nachweis zu führen, ob diese Ergänzungen (*cf.* Zachariae *Supplementum editionis Basilicorum Heimbachianae, Lips.* 1846, und das *Jus Graeco-Rom. P.* II, *Lips.* 1857) und namhaften Bruchstücke den Basiliken des Constantin VII., oder was wahrscheinlicher ist, des Leo VI. ursprünglich angehörten. Nunmehr wurden die römischen Rechtsbücher bei Seite gelegt; daß aber daneben auch das *Corpus iuris civilis* im östlichen Reiche noch Rechtsgültigkeit besaß und zur Anwendung kam, ist erwiesen. Vergl. außer Heimbach auch J. A. B. Mortreuil *Histoire du droit byzantin*, 3 *Voll. Par.* 1843 fg. und A. F. Rudorff Röm. Rechtsgeschichte, 1, §. 127. S. 355—359. — Aus späterer Zeit ist zu nennen Romanos (*Ῥωμανός*) Lekapenos, Verfasser einer 919 veröffentlichten Ἐκλογὴ νόμων. Von den Gesetzen der folgenden Kaiser, unter denen Alexios I. Komnenos Beachtung verdient, ist außer Bruchstücken nichts erhalten; Nikephoros Phokas ist in J. Leunclavii *Jus Graeco-Romanum* I, *p.* 113 *sq.* II, *p.* 168 *sq.* durch 6 *Νεαραὶ* διατάξεις bekannt geworden, abgedruckt von C. B. Hase (mit *Leonis diac. Hist.*) *Bonn.* 1828. *p.* 307—323. Weiterhin wird Eustathios (*Εὐστάθιος*) Antecessor, Lehrer der Jurisprudenz zu Constantinopel wahrscheinlich nicht lange nach Constantin VII., aufgeführt mit einer juristischen Schrift *Περὶ τῶν χρονικῶν διαστημάτων, s. de temporum in jure observatione, ed.* J. Leunclavius *Vol.* II, *p.* 207 *sq.*, in J. Cujacii *Opp. ed. C. A.* Fabrotus, *Par.* 1658, *Fol. Vol.* I. (in *J. Cujacii Opp. Edit.* II. Prati. *Monach.* 1836.), *einzeln gr. et lat. c. Scholiis et notis emend. ed.* L. H. Teucher *Lips.* 1791. 1802. *Practica ex actis Eustathii Rom. Ex cod. Laurent. ed.* Zachariae, in *Vol.* I. *Juris Graeco-Rom. Lips.* 1856. Ueber des jüngeren Michael Psellos *Σύνοψις νόμων*, die viele juristische Irrthümer enthält, eine Notiz im Artikel „Psellos;" von der aus den Basiliken gezogenen *Σύνοψις πραγματική* des Rechtsgelehrten und Historikers Michael Attaliates weiter unten. Zuletzt Constantin Harmenopulos (*Ἁρμενόπουλος*) unter Kaiser Joannes Kantakuzenos (1344—1355), genannt als Verfasser grammatischer und kirchenhistorischer Schriften; doch ist er bekannter geworden durch zwei Compilationen juristischen Inhalts, durch das *Πρόχειρον τῶν νόμων s. Promptuarium juris civilis* in 6 Büchern, welches den Werth eines Supplements zu der gleichbetitelten Schrift des Basilios I. hat und durch eine Ἐπιτομὴ τῶν θείων καὶ ἱερῶν κανόνων, zum Kirchenrecht gehörig; jene ist herausgeg. von T. A. Suallenberg *Par.* 1540. 4. und G. O. Reitz in *Meermanni Supplem. thesauri juris, Hag. Comit.* 1780. *Fol.*, diese von J. Leunclavius *Vol.* I. Er darf, sieht man von des Georgios Gemistos Plethon *Νόμων συγγραφή* (*éd. par* C. Alexandre, *Par.* 1858) ab, für den letzten griechischen Schriftsteller in Jurisprudenz gehalten werden.

Hierzu kommen in zweiter Reihe, theils unmittelbar von Constantin VII. Porphyrogennetos geordert, theils mittelbar durch ihn veranlaßt, die großen Sammlungen aus alten gleichartigen Schriftstellern, jedoch mit Ausschluß der propädeutischen Literatur. An der Spitze steht:

7) die große Encyklopädie der Geschichte und Politik, auf kaiserliches Geheiß von einer Commission gelehrter Arbeiter aus den Beständen der bisherigen Literatur gezogen, weniger im Interesse des lesenden Publicums als für Zwecke des Hofes, der Regierung und des Geschäftslebens angelegt. Vergl. auch oben §. 14. S. 278 fg. Ueber die Weise, aus welcher dieses großartige Unternehmen hervorging, läßt sich der Verfasser des Proömium der *Excerpta de legationibus p.* 4 *sq.* folgendermaßen aus: ὁ τῆς πορφύρας ἀπόγονος *Κωνσταντῖνος — ἔργον βέλτιστον εἶναι καὶ κοινωφελὲς τῷ τε βίῳ ὀνησιφόρον, πρῶτον μὲν ζητητικῇ διεγέρσει βίβλους* ἄλλοθεν ἄλλας ἐξ ἁπάσης ἑκασταχοῦ οἰκουμένης συλλέξασθαι, παντοδαπῆς καὶ πολυειδοῦς ἐπιστήμης ἐγκύμονας, und weiterhin erfahren wir die Absicht, welche eine kürzere Fassung (*καταμερίσαι εἰς λεπτομέρειαν*) der bisherigen, übersichtlichen (*[illegible]*) und daher das Ziel des Zu erstrebenden Maßes erblicken, die Gesichtspunkte, welche bei der Auswahl der Stellen maßgebend waren (ἡ τῶν *λόγων εὐφράδεια*), dann die Vertheilung des Stoffes unter 53 Titel oder ὑποθέσεις mittelst einer erst jetzt praktisch durchgeführten Redaction: *μεγαλοφυῶς τε καὶ εὐφυῶς [illegible] καταμερίσαι εἰς* ὑποθέσεις διαφόρους, τρεῖς ἐπὶ τοῖς πεντήκοντα τὸν ἀριθμὸν οὔσας, — *[illegible]* δ' *[illegible]*. Hierauf nennt er uns die Ueberschrift des 1. Titels *Περὶ βασιλέως ἀναγορεύσεως*, ferner die eine Abtheilung des 27. Titels *Περὶ πρεσβειῶν* (*Ῥωμαίων πρὸς ἐθνικούς*) und schließt mit einem vollständigen Verzeichniß der excerpirten Autoren ohne Aus-

nologische Ordnung: Petros Patrikios, Georgios Monachos, Joannes von Antiochia, Dionys von Halikarnaß *de antiquitatt. Rom.*, Polybios und Appian, Zosimos, Josephus *de antiquitatt. Jud.*, Diodor, Dio Cassius, Prokop, Priskos, Malchos, Menander Protektor, Theophylaktos Simokattes; man vermißt unter andern hier Dexippos und Eunapios. Vergl. die byzantinischen Historiker der 1. und 2. Reihe §§. 18. 19. S. 295—305. Von diesen 53 Constantinischen Titeln, welche die Schätze der historischen Literatur vom Polybios bis auf Theophylaktos Simokattes herab (*ἐν οἷς καὶ ὑφ' οἷς ἅπασα ἱστορικὴ μεγαλουργία συγκλείεται* prooem. *Exc. de legatt.* p. 8) in einer mehr ängstlich getroffenen Auswahl der Autoren nach der Zeitfolge, bald in langen Auszügen bald in wörtlicher Kürzung oder in allgemeinen Bruchstücken und mit vielfachen Ergänzungen, Wiederholungen in verwandten Titeln und Vermeidungen derselben, nach Maßgabe des Inhalts für diplomatisches und staatsrechtliches Wissen, für Taktik und Strategie, für Tugendlehre oder Warnung, für Beredsamkeit (Ansprachen an Heer und Senat) und Geschichte in Fächer getheilt, wie in einem weiten Speicher bargen, sind uns bis jetzt 5 (6) mehr oder weniger vollständig bekannt geworden:

Ἐκλογαὶ περὶ πρεσβειῶν, *Excerpta de legationibus*, Titel 27 der gesammten Encyklopädie in 2 Abtheilungen (*Ἐθνῶν πρὸς Ῥωμαίους*, *Ῥωμαίων πρὸς ἔθνη*), redigirt von einem Θεοδόσιος ὁ μικρός. Sie enthalten wichtige Fragmente aus den Werken des Polybios, Dionys von Halikarnaß, Diodor, Appian, Dio Cassius (edirt von Fulv. Ursinus *Selecta de legatt. ex Polybio, Dionysio Halic.* etc. *Antv.* 1582. 4.), sowie Trümmer aus Schriften verloren gegangener Historiker, des Herennios Dexippos, Eunapios, Petros Patrikios, Priskos, Malchos, Menander Protektor, herausgegeben von D. Hoeschel (*Excerpta Hoeschelianа*) *Aug. Vind.* 1603. 4., dann mit Theophylaktos und H. Valesii *notis et animadv.* in *Corp. scriptt. hist. Byzant. Par.* 1648. *Fol.*, zum Theil aufgenommen in J. Bekkeri et B. G. Niebuhrii *Dexippi, Eunapii, Petri Patricii, Prisci, Malchi, Menandri Historiarum quae supers.* (*Corp. Scriptt. hist. Byzant. ed. Bonn.* 1829.) Vergl. die einzelnen dieser Historiker §. 18. S. 295 fg. genannten Artikel. Von der Wichtigkeit des gesandtschaftlichen Verkehrs der byzantinischen Regierung mit auswärtigen Völkern *Caerim. Constantini* I, c. 87—90. II, c. 47. Vergl. oben S. 306 Luitprand von Cremona.

Περὶ ἀρετῆς καὶ κακίας, *Excerpta* (*Peiresciana* oder *Valesiana*) *de virtutibus et vitiis*, Titel 50 der ganzen Sammlung, enthält zahlreiche Fragmente aus der Archäologie des Joannes von Antiochia (vergl. oben §. 19. S. 304), Beispiele zur Lehre oder Warnung aus vergangenen Zeiten, edirt von H. Valesius *Par.* 1634. 4. p. 775—852. Ueber den Codex, früher im Besitz des Nic. Claude Fabri de Peiresc, der ihn aus Cypern erhielt, jetzt in Paris, Dindorf *Praef. ad Diod. Sic. Par.* 1842—44. *Vol.* II.

Περὶ γνωμῶν, *Excerpta* (*Vaticana*) *de sententiis*, namhafte, zum Theil umfangreiche Fragmentergänzungen zu den griechischen Historikern, von A. Mai in *Scriptt. vett. nova Coll. e Vatic. codd. Rom.* 1827. 4. *Vol.* II. herausgegeben.

Περὶ ἐπιβουλῶν κατὰ βασιλέων γεγονυιῶν, *Excerpta* (*Scorialensia*) *de insidiis*, Stücke aus den Werken des Diodor und Polybios, theilweise in A. Crameri *Anecd. Paris. Graec.* 1839. *Vol.* II., *e cod. Escurialensi ed.* C. A. L. Feder, 3 *partt. Darmst.* 1848—1855; vollständig mit Beschreibung des Codex aus der Bibliothek des Escurial in C. Müller's *Fragm. histor. Graec. Vol.* II. *Praef.* p. VII—XXXI. Hierzu kommen kleinere Bruchstücke aus militairischen Titeln

Περὶ στρατηγημάτων, *Excerpta* (*Muelleriana*) *de strategematis*, herausgegeben von C. Müller *ad calcem Fl. Josephi graece et lat. recogn.* G. Dindorf, 2 *Voll. Par.* 1845—1847, vervollständigt durch die Fragmente aus der römischen Archäologie des Dionys von Halikarnaß in *Fragm. Histor. Graec. Vol.* II, p. XXXI—XLII. Die beiden zuletzt genannten Titel können vorzüglich das rohe Verfahren der Redacteure veranschaulichen, welche, sobald sie ihrem Stoff in einem verwandten Abschnitt mittheilen, die Continuität aufheben und sorglos auf die verwandten Abtheilungen verweisen mit der bequemen Phrase: *Ζήτει ἐν τῷ Περὶ συμβολῆς πολέμων, Ζήτει ἐν τῷ Περὶ δημηγοριῶν*, oder mit Beziehung auf die vielfachen Mittheilungen: *Ζήτει ἐν τῷ Περὶ στρατηγημάτων καὶ δημηγοριῶν κ. τ. λ.* Vergl. Berl. Jahrb. 1831. Sept. Nr. 42. u. C. Müller *Fragm. Histor. Graec. Vol.* II, p. XXI, XXXIII, XXXIX. Dieser Titel führt auf die Wichtigkeit der mit Sorgfalt ausgezogenen δημηγορίαι oder *Conciones militares*, worüber die *Append. ad Caerim. Constantini* I, p. 483 sq.; zu der Hauptrede der Taktiker in Bezug aus dem 10. Jahrhundert fügt zwischen alte Kriegsschriftsteller und die Strategik Constantin's wirkliche δημηγορίαι προτρεπτικαὶ πρὸς ἀνδρείαν oder Anreden an das Heer zur Aufmunterung der Tapferkeit ein. Hiervon Proben von A. Koechly *Anonymi Byzantini rhetorica militaris*, in 2 Programmen *Turici* 1855—1856. (*Opusc. acad.* 1881.)

8) die wichtige Sammlung der *Γεωπονικά*, d. h. der Schriftsteller über Ackerbau und Landwirthschaft. Einen selbständigen Theil der praktischen Wissenschaften bildete das Land- und Hauswesen, vor allen der gerechteste und naturgemäßeste Erwerbszweig, der Ackerbau, den die Alten preisen, weil er Körper und Seele kräftigt und zum Kriege geschickt macht. Frühzeitig haben die Griechen den Werth des Land- und Gartenbaues für Staats- und Privatleben erkannt, wenn sie auch in dieser Beziehung den praktischen Römern weit nachstehen, und wir vernehmen, daß bereits zu Sokrates Zeiten Schriftsteller über den Landbau ein-

dienen. Cf. A. Boeckh Praefat. ad Simonis Socr. dial. p. XIX. Das Gefallen am Nützlichen nahm seit dem Untergang der hellenischen Freiheit zu, als die Fülle der mannichfaltigen Interessen mit dem praktischen Bedarf oder Luxus gleichen Schritt hielt. Daher weist die Sammlung der *Scriptores geoponicorum* eine Reihe von theils bekannten, theils unbekannten Namen und Bruchstücken auf, welche seit dem 2. Jahrhundert n. Chr. immer reichlicher fließen; ja noch spät verfaßte Michael Psellos das von Boissonade *Anecd. Graec. Vol.* I, *p.* 242—247 bekannt gemachte Schriftchen Περὶ γεωργικῶν. Auch erließen nachmals die Kaiser ein durch Gesetze von Νόμοι γεωργικοί, wie dies von Justinian II. (685—711) bekannt geworden ist. Neben diesen *Leges de re rustica* sind herausgegeben von S. Schard *Leges (Rhodiorum navales, militares et) georgicae* (mit Gu...) *Basil.* 1561, und von G. O. Reitz *Supplem. thesauri Meermanni, Hag. Comit.* 1780. *Fol.* Bereits im 4. Jahrhundert hatte Vindanios Anatolios von Berytos aus dem herangewachsenen Material eine Συναγωγὴ γεωργικῶν in 12 Büchern zusammengestellt, welche Photios *Cod.* 163 las, ohne die Bemerkung unterdrücken zu können, daß ein großer Theil der Vorschriften damals sich nur Ueberfluß und Aberglauben zeige und beinahe immer dasselbe wiederhole; hieraus compilirte der Scholastiker Cassianus Bassus aus dem kleinen Maratonymos in Bithynien um das Jahr 950 auf Veranlassung seines Kaisers Constantin VII. Porphyrogennetos den noch vorhandenen Auszug, 20 Bücher Γεωπονικῶν *seu de re rustica*, eine ziemlich vollständige Arbeit aus botanischen und landwirthschaftlichen Autoren aller Zeiten, mit eigenen Zusätzen und Berichtigungen. *Cf.* Needham *Prolegg.* p. XXXIV *sq.* K. Baumstark im Artikel „Geoponici" der Pauly'schen Real-Encyklopädie, und über Vindanios Anatolios, vielleicht der in den Briefen des Libanios oft genannte ausgezeichnete Jurist Anatolios aus Berytos, der als Präfect von Illyricum im Jahre 360 starb, G. R. Sievers Das Leben des Libanios, herausgeg. von G. Sievers, Berl. 1868. Beilage I, S. 235—239. Diese Sammlung erschien zuerst in einer lateinischen Uebersetzung per Jan. Cornarium *Venet.* 1538 (wiederholt *Basil.* 1540 und *Lugd.* 1541. 1543), der griechische Text von J. A. Brassicanus *Basil.* 1539, vollständiger *cura* P. Needham *Cantabr.* 1704, brauchbar nur: Γεωπονικά. *Geoponicorum sive de re rustica libri* XX. *Cassiano Basso scholast. collectore, antea Constantino Porphyr. a quibusdam adscripti. Graece et lat. post Petri Needhami curas ad MSS. fidem denuo recens. et illustrata ab* J. N. Niclas, 4 *Voll. Lips.* 1781. Das 1. Buch handelt von den zur Landwirthschaft nöthigen Vorkenntnissen hinsichtlich der Einflüsse der Temperatur und der Gestirne, Buch 2 von den Getreidearten, und so weiter von der Vertheilung der zum Landbau gehörigen Geschäfte nach den einzelnen Monaten, vom Weinbau und der Behandlung des Weines, vom Oelbau und der Oelbereitung, vom Obstbau, von der Blumenzucht, vom Gemüsebau, von einigen den Pflanzen schädlichen Thieren, von den Tauben, von den Sympathien und Antipathien in der Natur, von den Bienen, von der Zucht der Pferde, Esel, Kameele, Rinder und Schafe, von den Hunden, Hasen, Hirschen und Schweinen, vom Einsalzen des Fleisches, zuletzt von den Fischen. Hinsichtlich der dem Ganzen zu Grunde liegenden Quellen ist zu bemerken, daß der Redactor in jedem Capitel die Worte des citirten Schriftstellers voranschickt und dann seine eigenen Bemerkungen ohne trennende Andeutung hinzufügt. Nach alphabetischer Ordnung folgen die von Cassianus Bassus benutzten Geoponiker, ausführlich behandelt von Needham und Niclas *Prolegg.* p. XLV—LXXV, in folgender Reihe: Sextus Julius Africanus, von *Georg. Sync. p.* 356 genannt; Vindanios Anatolios, s. vorher; Apsyrtos, s. unten die Hippiatriker; der Römer Appulejus; Aratos von Soli; Aristoteles *Geopp.* III, 3. XIII, 16. XV, 1. 9; der unbekannte Damegeron, oft angeführt; Demokrit von Abdera, Verfasser eines wissenschaftlichen Werkes Περὶ γεωργίας oder Γεωργικῶν, und am häufigsten citirt jedoch mit zweifelhaftem Recht; Didymos aus Alexandria, unbekannt welcher von den Homonymen, Verfasser von 15 Büchern Γεωργικῶν, hat ohne strenge Scheidung der Bücher [illegible] excerpirt; Cassius Dionysius aus Utika, welcher das die Grundlage der römischen Praxis (Varro und Columella) bildende landwirthschaftliche Lehrbuch des Puniers Mago griechisch in 20 Büchern übersetzte und durch Zusätze aus griechischen Autoren erweiterte, von dem gleichfalls hier benutzten Bithynier Diophanes auf 6 Bücher beschränkt, vergl. J. G. Schneider *Ind. ad script. rei rusticae Tom.* IV, 2. *p.* 87 *sq.*; Florentinus, dessen großes Werk über den Landbau, durch Photios *Cod.* 163 bekannt, die Hauptquelle unserer Sammlung (darin etwa 80 Fragmente) bildet, lebte vermuthlich unter Kaiser Macrinus; Fronto, wol verschieden von dem Rhetor M. Cornelius Fronto, vergl. A. Mai *Frontonis Opp. Comment. praev.* §. XXIV; Hierokles und Hippokrates, der Thierarzt von Kos, vergl. unten die Hippiatriker und *Geopp.* XVI, 20; Leontinos oder Leontios, von Photios *Cod.* 163 genannt, sonst unbekannt seiner Person und Zeit nach, *cf.* Fabric. *Bibl. Graec.* VII, *p.* 456 *sq.* 470; Nestor aus Laranda in Lykien, Verfasser eines epischen Gedichtes über den Gartenbau, Ἀλεξίκηπος genannt, ein Zeitgenosse des Kaisers Alexander Severus; Pamphilos aus Alexandria, wol schwerlich der Lexikograph aus Alexandria, genannt von Suid. s. v. als Verfasser von 3 Büchern Γεωργικῶν, *cf.* Phot. *Cod.* 163; Paxamos aus unbekannter Zeit, mit etwa 20 Stellen aus seiner von Suid. citirten Schrift Περὶ γεωργικῶν; Pelagonios, vergl. die Hippiatriker; Ptolemaeos aus Alexandria, *Geopp.* I, 16 in Sachen der Himmelskunde genannt; die beiden Brüder Condianus und Maximus Quintilius unter Kaiser Commodus, aus deren gemeinschaftlich verfaßtem Buch über den Landbau Cassianus Bassus etwa 15 Stellen anführt, *cf.* Casaub. in *Histor. August.* I, p. 485;

Sotion, ungewiß welcher (auch der Heilkunde); Tarentinus, gleichfalls unbekannt. Tremellius, ein Schriftsteller aus ungewisser Zeit; der Polyhistor Varro, welcher in seinen dreiunddreißigen libri III de re rustica die landwirthschaftlichen Bücher des Mago und der Griechen in die römische Oekonomie einführte; unter anderen hatte er, wie auch Columella, den Mnaseas aus Patara benutzt, cf. Varr. de re rust. I, 1, 9. Plin. Hist. Nat. XXXVII, 2. 11; Zoroaster, vermuthlich ein später aus Persien stammender Schriftsteller, zweimal in den Geopp. angeführt. Beiläufig hört man in dieser Sammlung auch von Asklepios, Homer, Hesiod (vergl. Fraas Geschichte der Landwirthschaft S. 9 fg.), Juba, Musride, Oppian, Orpheus, Philostratos, Plato, Plutarch, Pythagoras, Theophrast, Xenophon und Vergilius; doch fließt das Meiste spärlich und aus dunkeln Quellen, und nur wenige dieser Autoren vermögen mit ihren Zeugnissen völlige Gewähr zu leisten. Aus der poetischen Literatur der Landwirthschaft der Griechen ist nur Nestor von Laranda allgemein erwähnt wegen seines epischen Gedichtes (vergl. oben), beiläufig wird genannt Oppian, ganz unberücksichtigt dagegen sind die populären Γεωργικά des Nikander von Kolophon geblieben; daraus Fragmente in Nicandri Theriaca et Alexiph. ed. J. G. Schneider p. 173—283. Cf. R. Volkmann De Nicandri vita et scriptis, Hal. 1852. Auch Aeschrion, Antiphon und Dorion, als Verfasser von Werken über den Landbau genannt von Athen. XIV, 650 (cf. Aelian. de histor. animal. XVI, 32), wozu die Erklärer und Bröndsted [illegible] III, 73 u. IX, 370, ferner Diophanes aus Nikäa, aus dessen Γεωργικά sein Zeitgenosse Asinius Pollio nach Suid. v. Πωλίων ὁ Ἀσίνιος einen Auszug in 2 Büchern machte, sind verloren gegangen. Man erkennt aus der Anordnung und Durchführung des Ganzen, daß auch Cassianus Bassus, wie die anderen Redactoren, mechanisch und nach Belieben verfuhr, den einen Autor, welcher für seine eigenen Auffassungen passend schien, auszog, den anderen auf dem kürzesten Wege abfertigte oder ganz ausschied. Im Uebrigen ist es zweifelhaft, ob die lateinisch geschriebenen Stücke, welche hier sämmtlich in griechischer Sprache erscheinen, erst von Cassianus Bassus in diese Gestalt umgesetzt wurden, oder ob das von ihm benutzte Material, besonders der Vindanios Anatolios, bereits in dieser Form vorlag. Kaum bedarf es der Erwähnung, daß auch Römer, wie der Provinzial Palladius, bedeutende Bruchstücke über Garten- und Hauswirthschaft aus älteren griechischen Geoponikern zogen. Cf. J. G. Schneider Script. rei rust. Vol. III, p. V—XVI und Meyer Gesch. d. Bot. III, S. 141. Bei der Wichtigkeit, welche dieser praktische Theil der Literatur für Staats- und Hausökonomie überhaupt hat, überraschen die Uebertragungen der griechischen Geoponiker ins Syrische und Arabische nicht, cf. Herbelot Bibliothèque orientale, Vol. III, p. 67 sq.; Niclas Proleg. p. XXXIX. P. de Lagarde De Geoponicon versione Syriaca Lips. 1855. 4. weiter in Geoponicon in sermonem Syriacum versorum quae supersunt ed. P. de Lagarde, Lips. 1860. Im Allgemeinen Wüstemann Unterhaltungen aus der alten Welt für Garten- und Blumenfreunde, Gotha 1854. — W. Walter Die Obstbäume der Griechen und Römer, Reutlingen 1845. — B. Langkavel Botanik der späteren Griechen, Berl. 1866. Den letzteren Theil behandeln auch Schriften von Schuch, ferner E. Meyer Geschichte der Botanik, 2 Bände, Königsb. 1854—1855. Reynier Die Landwirthschaft der alten Völker, deutsch von Dumbeck S. 156—287. Hiermit berühren sich vielfach die Schriften über Veterinärkunde, besonders über die Pferdeheilkunst. Daher

9) die bedeutende Sammlung für Thierarzneikunde, die Ἱππιατρικά oder ars Veterinaria. Gleichzeitig mag man diesem Fach ein besonderes Interesse zugewandt haben, welches in dem Maße zunahm, je höher man den Werth starker und gesunder Pferde in den Kämpfen mit weitberühmten Barbaren schätzen lernte. Dies hatte unter Kaiser Constantin dem Großen der Brukter oder Nikomedier Apsyrtos (Ἄψυρτος) erfahren, welcher gegen die Skythen an der Donau kämpfte und nach Suidas (cf. Ludovic. Vind. bei Villoison Anecd. Gr. I, p. 63) 2 Werke über diese Kunst verfaßte, ein Ἱππιατρικόν und ein Φυσικόν βιβλίον περὶ τῶν αὐτῶν ζώων. Hiervon Bruchstücke über Pferdekrankheiten, besonders über den Rotz, in der noch erhaltenen Sammlung der Ἱππιατρικά oder Veterinariae medicinae libri II. per Sim. Grynaeum, Basil. 1537. 4. Cf. C. Sprengel De Apsyrto Bithynio, Halis 1832. 4. und in Geschichte der Arzneikunde, Bd. II, S. 318 fg. Auch lesen wir hier bei Suidas von einem Ἱππιατρικόν βιβλίον des Hippologen Simon von Athen, Xenophon's Quelle, welcher [illegible] mit einem Ἱππιατρικόν [illegible], cf. Plin. Hist. nat. XXXIV, 8. 19. Schneider in Xenoph. de re equestri p. 185. Blass Simonis Athen. de re equestri libri fragm. Misc. Bonn. 49—59. Weniger bekannt ist der spätere Thierarzt Eumelos aus Theben Hippiatr. p. 12, Anatolios, Archedemos, Diophanes, Himerios, Theomnestos und viele andere, worüber Oxann De Pelagonio Hippiatricorum scriptore, Giessae 1843. 4. p. 9. und not. 10. Ungleich wichtiger wurde der thierärztliche Schriftsteller Hippokrates von Kos aus der Zeit Constantin's des Großen, Geopp. XVI, 20 genannt und von einem neueren Herausgeber ohne zureichende Gründe an die Spitze der ganzen Sammlung gestellt: Hippocratis Veterinaria, graece, lat. et ital. redd. ac notis illustr. P. A. Valentini, Rom. 1814. Die eigentliche Grundlage unserer Sammlung hippiatrischer Schriften bildet jedoch Hierokles (lebte für den Statthalter von Bithynien unter Diokletian gehalten), welcher in zwei an den oben genannten Cassianus Bassus gerichteten Büchern Ἱππιατρικῶν βιβλία die Heilung der Pferde ausführlich behandelte. Man darf vermuthen, daß entweder dieser Hierokles oder Cassianus Bassus selbst Redacteur der noch erhaltenen, von Kaiser

Constantin VII. Porphyrogennetos veranstalteten Sammlung der 2 Bücher Ἱππιατρικά gerettet ist. Ihre Wichtigkeit erhellt aus der Genauigkeit, mit welcher in der *Append. ad libr. I. de caerim. p.* 459—463 *ed. Bonn.* über des Kaisers Marstall berichtet wird. Daß auch in dieser Sammlung keine feste Systematik waltete, lehrt die Wiederholung vieler Stücke aus Hippiatrikern in der Sammlung der Geoponiker, wo *c.* 15 von der Zucht der Pferde die Rede ist. An den Römern fanden diese Autoren fleißige Compilatoren und Uebersetzer, wie die barbarisch-lateinische *Ars veterinaria s. mulomedicina* des Publius Vegetius, und viel bestimmter der neuerdings bekannt gewordene Pelagonius *de Veterinaria cur.* C. Cionii *Florent.* 1826 zeigt, welcher größtentheils aus griechischen Hippiatrikern übersetzt ist. Vergl. Dfann nach der Analyse in Wiener Jahrb. Bd. 44. S. 141 fg. im Gießener Progr. *de Pelagonio Hippiatricorum scriptore* 1843. 4. *p.* 7 *sq.* 18. Schneider *Script. rei rust. Tom.* IV, *P.* 2. *Praef. p.* 3—21. Im Allgemeinen behandelt diesen Gegenstand Hecker Geschichte der Heilkunde, Bd. 2. S. 242—270. und Sprengel Geschichte der Arzneikunde, Bd. 2. S. 317 fg. Handschriftliches Miller *Notice sur le manuscrit grec N.* 2322 *de la Bibl. impér. contenant le recueil des* Ἱππιατρικά. *Par.* 1863. Zur Illustration A. Schleiden Die Pferde des Alterthums, Neuwied 1867.

10) In gleicher Weise ließ Kaiser Constantin VII. Porphyrogennetos ein Summarium der Arzneikunde aus älteren Quellenschriftstellern über Pathologie und Pharmakologie besorgen, hierzu veranlaßt durch den Umgang mit medicinischen Capacitäten, darunter Theophanes Nonnos. Damals war der Verfall der physikalischen und medicinischen Wissenschaft bereits fühlbar geworden. Nachdem die letztere in den medicinischen Schulen zu Alexandria unter dem Arzt Zeno um das Jahr 350 eine neue Blüthe erlangt und durch des Oribasios großartige Redaction aus den Schriften der gelehrten Aerzte des Alterthums befestigt war, fand sie nachmals in Verbindung mit der Philosophie noch immer einen bescheidenen Platz in den Hauptstädten des Reichs. Ihre Vertreter, meist Heiden, wie Gesios der Iatrosophist aus Petra, und Jakobos der gefeierte Hydropath aus Damascus mit dem Beinamen Psychrestos, Lehrer in Constantinopel unter Kaiser Leo I. *c.* 450—480 (*cf.* Suid. *v.* Γέσιος *et interpret.*, *v.* Ἰάκωβος und Phot. *Cod.* 242), begnügten sich jedoch bald hiermit, und wer etwa noch als Schriftsteller auftrat, compilirte gewöhnlich aus älteren Werken, besonders aus Galen, selten mit Hinzufügung eigener Beobachtungen oder Erfahrungen: Aëtios aus Amida in Mesopotamien *c.* 520, methodischer Arzt und Verehrer des Neuplatonismus, Verfasser einer Synopsis über Pathologie und Diagnostik, einer ziemlich freien Compilation aus älteren medicinischen Schriften, besonders aus Galen; sein Zeitgenosse Alexander von Tralles wird, wiewol er befangen war in den Superstitionen jener Zeiten, wegen seiner Einsicht und Empirie vor anderen gerühmt; Palladios der Iatrosophist aus Alexandria, wahrscheinlich im Anfang des 7. Jahrhunderts, Commentator des Hippokrates; Theophilos mit dem Charakter eines Protospatharios in der ersten Hälfte des 7. Jahrhunderts, compilirte aus älteren medicinischen Schriften; sein jüngerer Zeitgenosse Paulus von Aegina bearbeitete mit Selbständigkeit und nicht ohne die Gabe der Beobachtung einige Theile der Medicin, namentlich die Chirurgie, und theilte die Resultate seiner Empirie mit Auszügen aus älteren Schriften in 7 Büchern Ἐπιτομῆς mit, welche unter den Sammelwerken Ruf gewannen und von den Arabern geschöpft und fleißig übersetzt wurden. Ueber die Betheiligung der Araber an den medicinischen Studien durch Uebertragungen des Hippokrates, Galen und Paulos von Aegina s. die Nachweise bei Sprengel Geschichte der Arzneikunde, 2. Bd. S. 340—348. Vergl. oben §. 13. S. 275 fg. Je mehr jedoch der Aberglaube und die blinde Hingebung an gefürchtete Naturgeister um sich griff, desto tiefer sank diese Wissenschaft und mit ihr die Praxis. Da beauftragte Kaiser Constantin VII. Porphyrogennetos den Arzt Theophanes Nonnos mit einer Redaction aus den Schätzen der medicinischen Sammelschriftstellerei, namentlich aus den Werken des Oribasios, deren Resultat in der noch erhaltenen Ἐπιτομὴ τῶν ἰατρικῶν θεωρημάτων s. *De morborum curatione* vorliegt; alles, was namentlich in Pathologie und Pharmakologie Bedeutendes und Unbedeutendes geleistet war, ist hier in 7 Büchern und 296 Capiteln, mit consequent durchgeführter Unterdrückung der Namen der medicinischen Autoren, mit großer Mittelmäßigkeit und ohne festes Princip der Anordnung zusammengetragen. Ausgaben: *Edit. princ.* Hieremiae Martii, *Argent.* 1568. — *graece et lat. ope codd. Mss. recens. notisque adjecit* J. St. Bernard, 2 *Voll. Gothae* 1794—1795. *Cf.* Fabric. *Bibl. Graec. Tom.* VIII, *p.* 9. XI, *p.* 218 *sq. ed. Harl.* Hinsichtlich der weiteren Schicksale der medicinischen Wissenschaft wurde das *c.* 1150 in Constantinopel gestiftete große Hospital (Νοσοκομεῖον τῶν τεσσαράκοντα μαρτύρων) wichtig, woselbst namentlich das Studium der Chirurgie zeitweilig gepflegt und durch reiche Hilfsmittel gefördert wurde, welche der Chirurg Niketas, gerühmt als Redactor der chirurgischen Literatur, im 11. Jahrhundert aus den Schriften der alten Chirurgen zusammengestellt hatte. Der berühmte *Codex Florentinus* der Chirurgen stammt aus *saec.* XI. und trägt die Nachschrift, τὸ παρὸν βιβλίον ἐκτήσατο τοῦ νοσοκομείου τῶν μ μαρτύρων. Vergl. Sprengel 2. Bd. S. 427 fg. Einen Conspectus gibt A. Cocchi *Graecorum chirurgici libri Sorani et Oribasii e Collectione Nicetae, Florent.* 1754. *Fol. p.* 1 *sq.* Dann umfing auch diese Wissenschaft ein tiefer Schlaf; die Mehrzahl der Aerzte ergab sich zuletzt ganz dem Aberglauben und der Charlatanerie, am liebsten legte man sich auf das Purgiren, worüber Bernard in *Theoph. Nonnum Vol.* I, *p.* 29 *sq.* Sprengel S. 324. Wissenschaftlich verfuhr nur noch der unten zu nennende Michael Psellos der Jüngere. Noch kläglicher war es der Naturwissenschaft

ergangen, deren Kenntniß immer dürftiger wurde; sie sank zuletzt auf den Standpunkt der frommen Teleologie herab. Diesen Charakter tragen die Φυσιολογικά des Kosmas aus Jerusalem unter Leo dem Isaurier (*cf.* A. Mai *Spicilegium Romanum Tom.* II, *p.* 318—360) und das mönchische Handbuch der Physiologie des Arztes Meletios aus Byzanz im 11. Jahrhundert, *Περὶ τῆς τοῦ ἀνθρώπου κατασκευῆς*, welches gewürzt mit theologischen Gedanken und gelehrten Citaten, den Niedergang der physikalischen und medicinischen Wissenschaften außer Zweifel setzt. Mit Stephanos Magnetes, Demetrios Pepagomenos, Nikolaos Myrepsos und Joannes Aktuarios verschwinden die letzten Spuren dieser Wissenschaft unter den Schrecken der türkischen Herrschaft und den theologischen und politischen Streitigkeiten am byzantinischen Hofe, mit Georgios Sanguinatios aber um die Zeit der Einnahme Konstantinopels durch die Türken schließt in einer Zeit, wo die Medicin bereits verschollen und den Künsten der Superstitionen und der astrologischen Praxis gewichen war, die Folge der byzantinischen Aerzte ab. Eine Reihe medicinischer Schriften, deren Verfasser unbekannt sind, in J. L. Ideler's *Physici et Medici Graeci*, 2 *Voll. Berol.* 1841—1842; daß jedoch auch diese Literatur noch erheblich vermehrt werden kann, mag unter anderem H. Brugsch *Notice raisonnée d'un traité médical datant du* XIV. *siècle et contenu dans un papyrus hiératique du musée royal de Berlin, Lips.* 1863. 4. ergeben. Ueber die letzten Schicksale der Medicin Sprengel Bd. 2. S. 336 fg. Vergl. meine Geschichte der griechischen Literatur S. 723—732. B. Langkavel Botanik der späteren Griechen, Berl. 1866. Einl. S. IX fg.

11) für kirchliche Zwecke die Sammlung der Heiligengeschichten zur christlichen Erbauung und Askese, besorgt auf den Wunsch des Kaisers Constantin VII. Porphyrogennetos von Simeon Magister mit dem Beinamen der Metaphrast, welcher als Großlogothet am kaiserlichen Hofe im hohen Ansehen stand. Hierüber mehr §. 23 im Capitel über „Die byzantinischen Chronographen." Daß der Kaiser auch die Interessen der Kirche wahrnahm, darf bei der herrschenden Stimmung vorausgesetzt werden und wird durch die genauen Vorschriften für den Patriarchen, die Metropoliten, Erzbischöfe, Bischöfe und Kleriker bei der bunten Mannichfaltigkeit kirchlicher Feste und Processionen bestätigt. Hierüber *Caerimon.* I, *c.* 1—38. Auch existirt unter seinem Namen eine Schrift über das Bildniß Christi, welches von ihm an Augaros, den König von Edessa, gesendet und von hier aus wieder nach Constantinopel zurückgeführt ward, *Διήγησις περὶ τῆς πρὸς Αὔγαρον ἀποσταλείσης ἀχειροποιήτου θείας εἰκόνος Χριστοῦ τοῦ θεοῦ ἡμῶν*, in Combefisii *Manip. Origg. et Antiquitt. Constantinopolit., Par.* 1664. 4. *p.* 75 *sq.*, lateinisch auch ap. Surium *Tom.* IV, *p.* 14. Zuletzt

12) die unschätzbare Sammlung griechischer Epigramme, von Constantin Kephalas wahrscheinlich auf kaiserliche Veranlassung veranstaltet, von ihrer Ueberlieferung in einer vortrefflichen Handschrift der alten Heidelberger Bibliothek *Anthologia Palatina* genannt, über deren Geschichte, Entstehung und Werth im Capitel „Die Poesie der Byzantiner" das Wissenswürdigste mitgetheilt ist.

Ueberblickt man diese encyklopädische Thätigkeit des Constantin VII. Porphyrogennetos, die, um vollständig zu sein, zwar Vieles vermissen läßt, z. B. ein die Universalgeschichte in compendiöser Fassung darstellendes Handbuch, und auch die propädeutischen Fächer, die Philosophie, Rhetorik, Geometrie und Astronomie umfassen müßte, die aber auch so ohne Gleichen ist, so tritt zunächst das Bestreben hervor, das Nutzbarste und Beste aus der griechischen Prosa so vieler Jahrhunderte den Bedürfnissen des Hofes und der geschäftlichen Welt näher zu bringen und praktisch zu verwerthen. Ein so mechanisches Unternehmen, welches charakteristisch für das geistige Leben und die Thätigkeit einer Nation, die unfähig und unproductiv in Trägheit und Verkümmerung ihr langes Dasein führte, weiterhin eine Reihe gleich beschäftigter Männer anlockte, hat unzweifelhaft über die Geschicke der griechischen Literatur entscheiden müssen. Man war jetzt an dem Punkte angekommen, wo alles quellenmäßige Studium unnöthig gemacht, die Bibliotheken namentlich die Bestände an umfangreichen Werken verödet, die profane Literatur zerstückelt, wo überhaupt der Verlust an Originalen und mit ihnen der Verlust der literarischen Tradition zur Thatsache wurde. Und doch wird man in Erwägung, daß der damaligen byzantinischen Welt, die aller echten Bildung abgewandt war, nicht nur Geschmack, sondern auch Fleiß und das Interesse an der Literatur fehlten, in fernerer Erwägung, daß bei der Leere und der überhandgenommenen Barbarei seit dem Ausgange des 9. Jahrhunderts, bei der immer ungenießbarer werdenden Prosa und der allmälig sich bildenden Form des Neugriechischen alle Voraussetzungen für ein Fortbestehen der griechischen Literatur mangelten, die conservative Thätigkeit des Kaisers rühmen und anerkennen müssen, das durch ihn die einmal excerpirten Schriftsteller der Vergessenheit entrissen und erhalten blieben. Freilich läßt der Inhalt jener Sammlungen und das Ausschließen der propädeutischen Fächer erkennen, daß hierbei nicht die Rücksicht auf Verbreitung allgemeiner Bildung und die Interessen des lesenden Publicums vorwalteten, und daher mag auch sein Verkehr mit Gelehrten, sein Verdienst um die 4 propädeutischen Schulen der Residenz, die Belohnungen und Auszeichnungen der Lehrer und Schüler mehr äußerlich und ohne nachhaltige Wirkungen gewesen sein, wol aber scheint der Kaiser ein richtiges Verständniß für seine Zeit gehabt und, im Hinblick auf die längst eingetretene Stagnirung und Verirrung der Literatur und im Vorgefühl des sicheren Verfalles, seine Aufgabe darin gefunden und nach Kräften ausgeführt zu haben, die besten Gaben und Blumen der hellenischen Productivität und Weisheit noch zur rechten Zeit zu retten und der Nachwelt zu überliefern. Vergl. die allgemeine Beurtheilung seiner literarischen Thätigkeit

§. 14. S. 277 fg. Ausgaben: Vita Basilii Macedonis: ed. L. Allatius in *Σύμμικτα*, *Colon. Agripp.* 1653. *Part.* II. *p.* 1 *sq.* — *recogn.* F. Combefis in *Hist. Byzant. scriptt. post Theophanem* p. 132 *sq.*, die Fortsetzung p. 217 *sq.* — de Thematibus: *Edit. princ.* Bon. Vulcanii, *L.Bat.* 1588 (1. Buch); *libri duo graece et lat.* per F. Morellum, *Par.* 1609. — ed. J. Moersius in *Opp. Constant. Porphyr. L.Bat.* 1617. — *rec.* A. Banduri *Imper. orient. Par.* 1711. *Tom.* I, *p.* 1 *sq.* — *novis curis et epist. crit. ed.* Th. L. Fr. Tafel, *Tubing.* 1843. 4. — de administrando imperio: ed. J. Moersius, *L.Bat.* 1611. und in *Opp. Constant. Porphyr. Vol.* VI. — ed. A. Banduri *l. l. Tom.* 1, p. 53 *sq.* — Tactica: ed. J. Moersius *l. l.* und in dess. *Opp. Vol.* VI, *p.* 821 *sq.* — de Caerimoniis: *prim. graece c. interpr. lat. et comment. illustr. cur.* J. H. Leich et J. Reiske, 2 *Tomi. Lips.* 1751—1754. *Fol.*, wiederholt in *Corp. Scriptt. hist. Byzant.* 2 *Voll. Bonn.* 1829—1830. *Vol.* III. enthält die Schriften *de thematibus* und *de administr. imperio ex recogn.* J. Bekkeri, 1840. (mit Hieroclis Synecdemus). — Excerpta, s. den Text. — *Adnotatt. in Constant. Porphyr. opus de caerim. aulae Byzant. scrips.* C. F. A. Nobbe, *Progr. Lips.* 1829. — J. H. Leich *De vita et rebus gestis Constantini Porphyr. Lips.* 1746. 4., abgedruckt in *Edit. Bonn. Praefatt. p.* XXXII *sq.* — *Cf.* M. Hanke *De Byzant. rerum scriptt. p.* 461 *sq.* Saxe *Onomast.* II, *p.* 142 *sq.* Zur Illustration: Jules Labarte *Le palais impérial de Constantinople et ses abords, St. Sophie, le forum Augustéon et l'Hippodrome, tels qu'ils existaient au X*me *siècle, Par.* 1861. und dazu Götting. Nachrichten 1863. Nr. 46.

Genesios (*Γενέσιος*) aus Byzanz, Zeitgenosse des Constantin VII. Porphyrogennetos, auf dessen Wunsch er die 4 Bücher *Βασιλειῶν*, die Geschichte des byzantinischen Kaiserreiches von Leo dem Armenier bis auf Basilios I. dem Makedonier, von 813—867 in ebenso gemeinem Dialekt wie Diction verfaßte. Das Werk darf demnach als Einleitung zu der oben S. 305 unter Nr. 1 genannten Lebensgeschichte des Kaisers Basilios I. betrachtet werden. Denselben Zeitraum behandelt Leontios (*Λεόντιος*) des Jüngeren *Χρονογραφία* in 4 Büchern, worüber im Capitel „Die byzantinischen Chronographen" §. 23. Ausgaben: *Edit. princ. Venet.* (mit Georgios Phrantzes) 1733. *Fol.* — *ex recogn.* C. Lachmanni (mit Theophyl. Simokattes) *Corp. scriptt. hist. Byzant. Bonn.* 1834.

Theodosios (*Θεοδόσιος*), Diakon der Sophienkirche, dichtete unter Kaiser Romanos II. jener noch erhaltene "*Ἅλωσις τῆς Κρήτης*, welche in 5 Büchern (*Ἀκροάσεις*) iambischer Trimeter die glückliche Eroberung Kreta's (961) und den raschen Sieg des Kappadokiers Nikephoros über die Saracenen in Syrien verherrlicht. Ueber die großartigen bereits von Constantin VII. Porphyrogennetos zu dieser Expedition getroffenen militairischen Vorbereitungen vergl. *Caerimon. Constantini lib.* II, *c.* 45. *p.* 673 *sq. ed. Bonn.* Gibbon *chap.* 52. Finlay *Mediaeval Greece and Trebizond*, übers. von Reiching S. 293 fg. 315—331. 374—378. Zinkeisen S. 798 fg. Aus einem der 1. Akroase vorausgeschickten Brief erkennen wir übrigens, daß das Gedicht bereits früher verfaßt und, in der ursprünglichen Fassung belassen, erst kurz nach dem Tode des Romanos II. dem inzwischen von den asiatischen Truppen auf den Schild erhobenen Sieger Nikephoros II. Phokas (963—969) gewidmet war. Dieser in überschwänglicher Rhetorik, in Hyperbeln und einem übrigen Wortschwall von zum Theil eigener Gestaltung schwelgende Panegyricus gehört besser in die Geschichte als in die Poesie der Byzantiner. Auch wird er oft dunkel und schwierig und durch metrische Fehler lästig unnütz. *Cf.* N. M. Foggini *Monitum de Theodosii Acroasibus p.* XXXII *sq. ed. Bonn.* und die von Fr. Jacobs *ibid. p.* 563 *sq.* zusammengestellten *Vocabula Theodosio propria.* — Ausgaben: *Edit. pr.* per Flaminium Cornelium, in dess. *Creta sacra, Venet.* 1755. 4. *P.* II, *p.* 269—327. *c. interpr. latina.* — *rec.* P. F. Foggini, in *Nova Append. Corp. hist. Byzant. Rom.* 1777. *Fol. p.* 251 *sq.* — *e recens.* Fr. Jacobsii, in *Corp. scriptt. hist. Byzant. Bonn.* 1828. (mit Leo Diac. ed. C. B. Hase, Nikephoros Phokas und anderen Stücken).

Joannes Kameniates (*ὁ Καμενιάτης*), der fromme Kleriker und Kapellan aus Thessalonich, beschreibt in einem Brief von 79 Capiteln an Gregor von Kappadokien in declamirender Erzählung und einem für diese Zeit ganz leidlichen, sogar glatten Stil die schlimmen Zeiten der Einnahme seiner Vaterstadt und seine Gefangennahme durch die Araber 904, "*Ἅλωσις τῆς Θεσσαλονίκης*. Das Historische bei Finlay und Zinkeisen, s. vorher unter Theodosios. In der Wahrheit des Berichtes über ein Stück Zeitgeschichte liegt seine eigentliche Bedeutung. Von den weiteren unglücklichen Schicksalen dieses reichen und mächtigen Emporiums durch die Einnahme der Lateiner s. Eustathius *de Thessal. a Latinis capta*, durch die Türken s. Joannes Anagnostes *de excidio Thessal.* — Ausgaben: *Edit. pr.* L. Allatii, in dess. *Σύμμικτα P.* II, *p.* 179 *sq.* — *rec. c. interpr. latina* F. Combefis, in *Scriptt. hist. Byzant. post Theophanem p.* 317 *sq.*, wiederholt in *Corp. scriptt. hist. Byzant. Bonn.* 1838. (Mit Theophanes Continuatus, Symeon Magister und Georgius Monachus *ex recogn.* J. Bekkeri) *p.* 487—600. — Vergl. M. Hanke *De Byzant. rerum scriptt. p.* 516 *sq.*

Leo (*Λέων*) Diaconus, geboren zu Kaloë in Jonien (am Fuße des Tmolos) um das Jahr 950, kam als Jüngling früh nach Constantinopel und stieg rasch durch seine Bildung in der Gunst der vornehmen Welt.

In das Collegium der Hofpriester aufgenommen, begleitete er als Diakon 981 den Kaiser Basilius II. in den Krieg gegen die Bulgaren und gerieth nach der Niederlage des Heeres in den Engpässen von Mitren auf der Flucht in die größte Lebensgefahr. (*Cf. Hist.* X, *p.* 173. IV, *p.* 62. *ed. Bonn.*) Im höheren Alter, wahrscheinlich fern von kirchlichen Geschäften, beschrieb er in 10 Büchern Ἱστορίας die Geschichte seiner Zeit vom Jahre 959—975, besonders jene 3 furchtbaren und das griechische Kaiserthum heftig erschütternden Kriege gegen Kreta, die Sarazenen in Asien und gegen die Russen und Bulgaren unter Swiätoslav. Zweifelhaft bleibt, ob er dieselbe noch über den Tod des wackern Joannes Tzimiskes hat fortführen wollen. Vergl. die historischen Umrisse §. 5. S. 249—252. Citirt und gelesen und ausgeplündert, wie von Zonaras, Joannes Skylitzes und vermuthlich desgleichen von Georgios Kedrenos, ist dieses Werk nur aus dem einen *Codex Parisiensis Nr.* 1712 (früher 2561) bekannt geworden, der aus dem 11. oder 12. Jahrhundert stammt und außer kleineren Stücken das Chronikon des Simeon Logothetes, die Geschichte des Leo Diaconus und die Chronographie des Michael Psellos enthält. *Cf.* C. B. Hase *Praef. p.* XXI *sq.* Nun erzählt Leo zum großen Theil selbst Erlebtes und nicht ohne die Gabe der Beobachtung, wenn auch mit einem Aufwand an überflüssigem Detail, und man darf ihm in den wichtigsten Punkten Glauben schenken; dagegen ist sein Geschmack nicht viel besser als der übrigen mönchischen Chronisten jener Zeiten: der rhetorische Ton, der Hang zur Phrase, das Haschen nach Effect, der Gebrauch seltener, affectirter und dunkeler Wörter, die Häufung von Synonymen, Tautologien und Wiederholungen, dazu sprachliche Liebhabereien eigener Auswahl erfreuen ebenso wenig wie der Zwang, die Lockerheit und Unnatur des Vortrags. Sein Sprachschatz ist ein sonderbares Gemisch aus der Septuaginta, aus Homer und Agathias von Myrina. Proben und Nachweise bei Hase *Praef. p.* XIX *sq.* *Not. p.* 428 u. a. Sein Zeitgenosse war der Mönch Theodosios, der in einem Briefe an den Diakonus die Einnahme von Syrakus durch die Araber erzählt. *Ed.* Hase mit Leo *Diac. Par.* 1819. *p.* 176 *sq.* — Ausgaben: *Edit. pr.* C. B. Hase, *Par.* 1819. *Fol.*, wiederholt *c. Praef. et notis ejusd.* in *Corp. scriptt. hist. Byzant. Bonn.* 1828. (mit einer tactischen Schrift, dem Afrikanus des Theodosios, der *Novellae* des Nikephoros Phokas, der *Legatio Luitprandi ad Nic. Phocam* und anderen Stücken) — ein *Specimen versionis lat.* (*libri* VI.) von demselben bereits in *Notices et Extr. des Manuscr. de la Bibliothèque du Roi etc.* VIII, *p.* 254—296 und noch früher von Combefis in *Pagi Crit. Baron.* IV, *p.* 22. Vergl. G. Bernhardy in Berliner Jahrb. 1832. II, S. 121.

Michael aus Attalia in Pamphylien (Μιχαὴλ ὁ Ἀτταλειάτης, richtiger als Ἀτταλιώτης), Rechtsgelehrter und in dieser Eigenschaft unter den Kaisern Romanos IV. Diogenes, Michael VII. Dukas und Nikephoros III. Botaniates in hohen Staatsämtern thätig (κριτὴς τοῦ στρατοπέδου 1068, πατρίκιος 1070, κριτὴς καὶ ἀνθύπατος 1073, μάγιστρος, βέστης, κριτὴς ἐπὶ τοῦ ἱπποδρόμου καὶ τοῦ βήλου 1080) trug im Jahre 1072 auf Befehl Kaiser Michael's VII. Dukas für Unterrichtszwecke ein Rechtscompendium in 37 Titeln zusammen, Πόνημα νομικὸν ἤτοι Σύνοψις πραγματική (*Synopsis juris pragmatica*), dessen Kern aus den Basiliken und späteren Novellen gezogen ist, herausgeg. aus einer fehlerhaften Handschrift (in 95 Titeln) in J. Leunclavii *Jus Graeco-Rom. Vol.* II, *p.* 1—79. Vergl. Heimbach *ibid. Tom.* I, *p.* 125 *sq.* E. Zachariae *Historiae juris Graeco-Rom. delineatio*, *Lips.* 1839. *p.* 71. J. A. B. Montreuil *Histoire du droit byzantin*, *Par.* 1843 fg. *Tom.* III, *p.* 218. K. Fr. Ruberti Röm. Rechtsgeschichte 1. Bd. Leipz. 1857. S. 362. Vergl. oben §. 20. S. 307. An diesem Orte ist er wegen seiner Ἱστορία zu nennen, welche dem Kaiser Nikephoros III. Botaniates gewidmet (vergl. den neu aufgefundenen Λόγος προσφωνηματικὸς πρὸς τὸν βασιλέα τὸν Βοτανειάτην), die jämmerlichen Zeiten der Auflösung des byzantinischen Reiches von Michael IV. Paphlagon bis auf das zweite Jahr der Regierung des Nikephoros III. Botaniates (von 1034—1079) erzählt; summarisch für die 5 ersten Regenten, gewinnt es mit der Geschichte des Romanos IV. Diogenes und Michael VII. Dukas an Umfang und Genauigkeit und liefert von den Schwankungen des Hofes und den kriegerischen Zügen, an welchen er selbst Theil nahm, ein ziemlich anschauliches Bild. Den ursprünglichen Plan des Verfassers, dasselbe über das zweite Regierungsjahr des gefeierten Nikephoros III. Botaniates weiterzuführen, deuten die Schlußworte an: ἐν ἑτέροις ἀναλήψεται ὁ λόγος δεόντως προσθήσειν. Man kann immerhin seine Darstellung rühmen, da sie von eitlen Reminiscenzen und dem rhetorischen Ungeschmack seiner Zeit im Ganzen frei ist; auch schreibt er verständig und zeichnet sich durch eine gewisse Ruhe und Einfachheit des Vortrags nicht unvortheilhaft aus. Ueber den ursprünglichen Umfang der in einer Pariser Handschrift von Brunet de Presle aufgefundenen Geschichte dieses gebildeten Byzantiners vergl. *Praef. p.* IX *sq. ed. Bonn.*, über das Verhältniß seines Compilators Joannes Skylitzes zu ihm Hase in *Jo. Lydum de magistr. p.* XVIII *sq. ibid.* — Ausgabe: *Michaelis Attaliotae Historia. Opus a* Wladimiro Brunetto de Presle *inventum, descriptum, correctum* (*Par.* 1835) *recogn.* J. Bekkerus, *Bonn.* 1853. (*Corp. Scriptt. hist. Byzant.*)

Die Geschichte des Kaiserhauses der Komnenen (vergl. die historische Darstellung in §. 6. S. 252—256) wird von zwei Mitgliedern der Kaiserfamilie selbst beschrieben, von Nikephoros Bryennios und seiner Gemahlin Anna Komnena; als Fortsetzer beziehungsweise Ergänzer derselben sind Joannes Kinnamos, Joannes Zonaras und Niketas Akominatos Choniates zu betrachten.

Nikephoros (*Νικηφόρος*) stammte aus dem berühmten Geschlechte der Bryennier von Orestias in Makedonien und war der älteste Sohn des Dorstiales Nikephoros Bryennios, des gefährlichsten Rivalen des neuen Kaisers Nikephoros III. Botaniates. Nachdem dieser tapfere Feldherr bei Kalavrya in Thrakien dem Glück und der Geschicklichkeit des nachmaligen Kaisers Alexios I. Komnenos erlegen und des Augenlichtes beraubt war, ward sein jugendlicher Sohn an den Hof gezogen und stieg, durch Liebreiz und liberale Bildung ausgezeichnet (*cf.* Nicet. Chon. *p.* 15. *ed. Bonn. λογικὸν μέτοχος καθεστώς*), rasch in der allgemeinen Achtung der hauptstädtischen Bevölkerung wie in der Gunst der kaiserlichen Familie. Vergl. Finlay *Hist. of the Byzantine and Greek empires from* 1057—1453. *p.* 57 *sq.* und für Weiteres *p.* 135—137. Dann mit Anna Comnena, der gelehrten aber leidenschaftlichen Tochter des Alexios I. in legitimer Ehe verbunden und zu den höchsten Ehrenstellen befördert, Cäsar des Kaiserreichs und glücklicher Vertheidiger Constantinopels bei der Belagerung durch das Kreuzheer (1096), eine mit allen Vorzügen des Körpers reich geschmückte, imponirende Persönlichkeit, jedoch nicht ohne Herrschergelüste, mußte er bei dem Thronwechsel nach dem Tode des Alexios I. seinem Schwager Joannes II. Komnenos (1118—1143) weichen und starb nach einem bewegten, nur durch häusliches Glück verschönerten Leben im Jahre 1137. Vergl. den folgenden Artikel „Anna Comnena" und die litterarhistorischen Notizen §. 15. S. 280 fg. Ueber seine schriftstellerische Thätigkeit Anna Comn. *Alex. Praef.* c. 3: *ἀλλ' ὅ γε Καῖσαρ* (*Νικηφόρος*) *οὐκ ἐλάνθανε ἀμελεῖν τοῦ λόγου καὶ ἐν πόνοις καὶ κόποις, συνέγραψε μὲν καὶ ἄλλ' ἄττα συγγράμματα μνήμης καὶ λόγου ἄξια, προείλετο δὲ μάλιστα τὰ κατὰ τὸν Ἀλέξιον τὸν αὐτοκράτορα Ῥωμαίων καὶ ἐμὸν πατέρα συγγράψασθαι ἐξ ἐπιταγῆς τῆς βασιλίδος, καὶ ἐν βιβλίοις ἐκθεῖναι τὰς πράξεις τῆς βασιλείας αὐτοῦ, ὁπηνίκα ὁ καιρὸς ἐδίδου ῥοπήν, τῶν ὅπλων καὶ τοῦ πολέμου βραχύ τι ἀναλλαγέντι, ἐπιβλέψαι πρὸς συγγραφὰς καὶ λογικούς τινας πόνους.* Diese im Auftrag der Kaiserin Irene, der Mutter seiner Gemahlin, unternommenen aber unvollendet gebliebenen Commentare erzählen durch 4 Bücher die wechselvolle an Intriguen und blutigen Thaten so reiche Geschichte des byzantinischen Hofes und Reiches von dem Siege des Isaak Komnenos und der Erhebung des [illegible] (vergl. die litterarischen Umrisse §. 6. S. 252 fg. §. 15. S. 280) bis zur Entthronung des Nikephoros III. Botaniates durch Alexios I. Komnenos, d. i. von 1057—1081, und sind ergänzt und fortgesetzt vom Jahre 1069—1118 von seiner Gemahlin Anna. Der eigentliche Zweck des Nikephoros Bryennios ist zu zeigen, daß Alexios I., als er die seinem Vorgänger entrissene Herrschaft für sich und sein Geschlecht übernahm, nur von einem ihm zustehenden Rechte Gebrauch gemacht, und zwar zum Heil und zum Ruhm des Reiches bei der drohenden Gefahr der abendländischen Invasion: *ὡς ἐν καιροῖς ἐπιστάσης τῆς τῶν Ῥωμαίων ἡγεμονίας κεφαλαιοῦν, ἀνεγείρει τε τῶν Ῥωμαίων ἀπολόμενα πράγματα εἰς γῆν κατακαλυπτόμενα καὶ κινδυνεύοντα ἀφανισθῆναι, οἷον ἀνέστησέ τε καὶ εἰς ἄλλους ἀνήγαγε μέγιστον, praef. p.* 15 *sq. ed. Bonn.* Der Bryennier selbst war mit den Schwierigkeiten der Bearbeitung eines solchen Stoffes (*ἄθλον τοῦτο μέγιστον ἐπιτιθέντων, ὃν ἔφην*) vertraut und versprach daher, im Gefühl der eigenen Schwäche, nicht mehr als das Material für künftige Bearbeitung: *ἀλλ' ἀφορμήν τινα παρασχεῖν βουλόμενος τοῖς τὰ ἐκείνου συγγράφειν ἐθέλουσι πρὸς ταυτηνὶ τὴν γραφὴν ἐλήλυθα*, woher auch der Titel *Ὕλη ἱστορίας ibid. p.* 17. So scheint er in zerrissenem Vortrag und schlechter Erzählung ein buntes, wenig gesichtetes Material zu verarbeiten, gebrauchen, in unendlicher Breite verschwommener Dictum und zeigt die Oberflächlichkeit der Bildung unter den Komnenen, den Mangel an Geschmack und Sinn für gesunde Einfachheit und schöne Form in ein viel unerfreulicheres Licht als die Prinzessin Anna. Weil er jedoch, allerdings nicht frei von Parteilichkeit und einseitig in der Auffassung politischer Verhältnisse, die schwierige Lage des Kaiserreichs aus nächster Nähe beobachtet und Interesse zeigt für die seine Familie berührenden Thatsachen der Zeitgeschichte, so mag er immerhin für den forschenden Historiker keine ganz geringe Bedeutung haben. — Ausgaben: *Edit. pr. per* P. Possinum, *Par.* 1661. *Fol.*, wiederholt *c. commentario P. Possini, Venet.* 1729. *Fol.* — *recogn.* A. Meineke (*c. notis P. Possini et C. du Fresne*) *Bonn.* 1836, veröffentlicht mit Joannes Kinnamos in *Corp. Script. hist. Byzant.*

Anna Comnena (*Ἄννα ἡ Κομνηνή*) Porphyrogenneta, Tochter des Kaisers Alexios I. und der Irene aus der noch immer mächtigen Familie der Dukas, geboren 1083, dann verheirathet mit Nikephoros Bryennios, zog sich, getäuscht in ihrer Hoffnung, den gelehrten Gemahl (*Alex.* X. *p.* 295. 296 nennt sie ihn zärtlich *τὸν ἐμὸν Καίσαρα*) auf dem kaiserlichen Throne zu sehen, nach dessen Tod 1137 in ein Kloster zurück und verfaßte hier unter Thränen und Klagen über ihren bitteren Verlust, von dessen Größe die einem bis zum Uebermaß selbstgefälligen Ausdruck gleichende *Praefatio cap.* 4. einen Eindruck gibt, als Ergänzung und Fortsetzung des Nikephoros Bryennios die Geschichte ihres Vaters Alexios I. von 1069—1118, mit dem Titel *Ἀλεξιάς* in 15 Büchern. Fragt man zunächst nach den Quellen, welche diese den classischen Studien mit Eifer und warmer Liebe ergebene Darstellerin benutzt hat, so versichert sie wiederholt, daß ihre persönliche Kenntniß und die eigene Erfahrung durch mündliche Zeugnisse und Schriften der achtbarsten Veteranen unterstützt werden, daß nach einem Zwischenraum von 30 Jahren, vergessen wie sie von der Welt sei und wie sie selbst ihrer vergessen habe, ihre traurige Einsamkeit der Furcht wie der Hoffnung unzugänglich, und die nackte, ungeschminkte Wahrheit ihr theurer sei, als das Andenken ihres Vaters. *Praef. c.* 2: *ἄνευ δὲ τῶν* φίλων καθικετεῦσαι, οὔτε τοὺς ἐχθροὺς ἐπαινεῖν ἀπαγορεῦσαι. ὅρα δὲ καὶ τούτους ἐπαινοῦντας, καὶ τοὺς κατηγοροῦντας ὑφ' ἡμῶν καὶ τοὺς ἀπελεγχομένους ἡμᾶς παραμυθουμένους ἐν ἀπὸ τῶν πραγμάτων αὐτῶν καὶ τῶν ἑωρακότων τὰ πράγματα. αὐτούς τε καὶ τὰ πράγματα μαρτυρουμένη· ἐνίων γὰρ τῶν νῦν ὄντων ἀνθρώπων οἱ μὲν πατέρες, οἱ δὲ πάπποι ἐγένοντο οἱ τούτων συνίστορες. Cf. Alex. I, c. 16. p. 80. ed. Bonn. u. ö. Betheuerungen dieser Art, zumal da sie immer wieder und mit Nachdruck von ihr gegeben werden, lassen jedoch nicht zweifeln, daß sie im Bewußtsein des gerechten Argwohns ihrer Leser schrieb und ohne die sichere Ueberzeugung, das Vertrauen derselben gewinnen zu können. Dahin führt die ganze Schilderung des Alexios I.: sein eigentliches Wesen geht in einer wenig lichtvollen Häufung von Tugenden verloren, und wenn man auch ihrer Bemerkung beipflichten muß, daß die Wogen der Zeiten den Ruhm und das Unglück des Kaisers waren, und daß jedes Unglück, welches nur immer ein gebrechliches Reich heimsuchen kann, durch die Gerechtigkeit des Himmels und die Laster seiner Vorgänger auf seine Regierung überging, so verräth doch der schwülstige Ton der Erzählung und eine fast ununterbrochene Reihe von Lob und Vertheidigung, daß uns hier nicht der wahre Charakter des Staatsmannes und in den Gefahren der Kreuzzüge glänzend bewährten Fürsten entgegentritt. Am wenigsten aber dürfen wir Vollständigkeit des Berichtes und chronologische Treue erwarten; in Bezug auf die späteren Thaten des Kaisers ist sie kurz und unvollständig, Vieles erregt sogar Argwohn und Zweifel an der Wahrheitsliebe der Geschichtschreiberin, z. B. die parteiische Schilderung der Vorgänge zu Constantinopel und Nikäa Alex. X. XI. p. 283—317. Empfindlich wird der Hang zur Declamation: sie vermag weder durch das Talent der angenehmen Erzählung zu fesseln, noch durch Einfachheit und Klarheit der Sprache, und ihre gerühmte hohe Schätzung, welche auf formalen Vorzügen beruhte, steht auf wenig sicherem Boden. Mag sie sich immerhin ihres attischen Stiles rühmen (vgl. Ἑλληνίζειν ἐς ἄκρον ἐσπουδακυῖα Praef. p. 4.), und ihr Zeitgenosse und Lobredner Zonaras XVIII, c. 26. p. 306 von Bewunderung ihrer γλῶτταν ἀκριβῶς Ἀττικίζουσαν erfüllt sein, sie bleibt gleich weit in Vortrag wie in Ton und Redeweise hinter ihrem Vorbilde Xenophon zurück; befangen und verschwenderisch mit Lobsprüchen, wenn es sich um den Ruhm ihrer Familie handelt, pedantisch, affectirt und ohne Sinn für gesunde Einfachheit, rühmt und mehr von guter Absicht unterstützt, als aufmerksam auf Kunst und ebenmäßige Darstellung, hat sie, wenn auch besser als andere gleichzeitige Geschichtschreiber und Chronisten, eine für uns werthvolle Skizze des thatenreichen Lebens ihres Vaters mit einem Blick auf die geistigen, sittlichen und literarischen Thatsachen ihres Jahrhunderts vom Standpunkte des Interesses und entworfen, namentlich aber ihren als wissenswerth, die Sitten und den ganzen Hochmuth und Dünkel des byzantinischen Wesens zur Schau gestellt. Vergl. die richtige Beurtheilung ihrer Glaubwürdigkeit, ihrer Darstellung und Sprache von Gibbon chap. 48. C. B. Hase in C. Müller's Fragm. hist. Graec. IV, p. 272. H. v. Sybel Geschichte des ersten Kreuzzuges 1841. S. 291—293. und über die Studien und die Gelehrsamkeit dieser in Philosophie, Rhetorik und Form für ihre Zeit sorgfältig gebildeten Darstellerin, welche die Hauptquelle für die Kenntniß der literarischen Zustände unter den Komnenen des 11. Jahrhunderts ist, die allgemeine Darstellung oben §. 15. S. 280—282. Cf. Nicet. Chon. p. 15. ed. Bonn. Die Kritik des lückenhaften, überhaupt in argem Zustande sich befindenden Textes, welche nicht erleichtert wird durch die geringe Anzahl von Codices, ist noch immer im Rückstande. Cf. L. Schopeni Praef. p. VII sq., welcher auch p. XVI sq. Mittheilungen über die nachmals aus der Alexias gezogenen Arbeiten der Epitomatoren. — Ausgaben: Edit. pr. opera D. Hoeschelii, Aug. Vindel. 1610. 4., wiederholt 1618. 4., ein Auszug nicht aus den 8 ersten Büchern, sondern fast aus dem ganzen Werk. Cf. L. Schopeni Praef. p. XVII sq. — ed. P. Possinus c. interpr. latina (vollständig) Par. 1651. Fol. Venet. 1729. — graece ad codd. fidem nunc prim. rec., novam interpretationem lat. subjec., C. Ducangii commentarios suasque annotat. addidit L. Schopenus, Vol. I. (lib. I—VIII.) Bonn. 1839. (Corp. scriptt. hist. Byzant.) — trad. en franç. par L. Cousin, Par. 1685. — deutsche Uebersetzung in Schiller's Allgem. Sammlung historischer Memoiren vom 12. Jahrh. bis auf die neuesten Zeiten (Jena 1790) Abtheil. I. Bd. 1. 2. — Hilfsschriften: J. C. Fuesly De Alexiadis Annae Comnenae, Turici 1766. 4. — D. H. Hegewisch in histor. und liter. Aufsätze, Kiel 1801. S. 121 fg. — R. Wilmans Anna Comnena verglichen mit Gaufredus Malaterra, in Pertz Archiv X, S. 93 fg. — Manches bei Fr. Wilken Rerum ab Alexio I., Joanne, Manuele et Alexio II. Comnenis gestarum libri IV, Heidelb. 1811. und B. Kugler Boemund und Tankred, Tübing. 1862.

Joannes Kinnamos (Κίνναμος) unter Manuel I. Komnenos (1143—1180), aus guter und alter Familie, Geheimschreiber des kaiserlichen Hofes (βασιλικὸς γραμματικός) und Begleiter des Kaisers auf seinen Kriegszügen in Asien und Europa, von späteren Byzantinern besonders wegen seiner theologischen Bildung mit Auszeichnung erwähnt (cf. Nicet. Chon. de Andron. Comn. II, c. 5. p. 430. ed. Bonn.), setzte in 7 Büchern Ἱστοριῶν (Ἐπιτομὴ τῶν κατορθωμάτων τῷ μακαρίτῃ βασιλεῖ — Ἰωάννῃ τῷ Κομνηνῷ καὶ διήγησις τῶν πραχθέντων τῷ — βασιλεῖ — Μανουὴλ τῷ Κομνηνῷ), anschließend an Anna Komnena, die großartige Geschichte der Komnenen vom Jahre 1118—1176 fort. Das Werk, wie es scheint, erst nach dem Tode des Manuel I. Komnenos veröffentlicht (cf. I, 1: ὅσπερ (Manuel I.) δὲ ἐμοί τε ἐφ' ἡμῶν καὶ ἀκμὴν τοῦ βίου τὸν βασιλέα ἀνήψε λαμπρῶς ὑπὲρ τοῦ καλοῦ), behandelt die Geschichte des Joannes II. Komnenos seinem Plan gemäß durchaus summarisch, wird vom 2. Buche an ausführlichen und gewinnt an Umfang und Wärme der Darstellung bei kriegerischen Ereignissen, welche der Verfasser mit erlebt hat und deren Glanzpunkt die Figur des als Feldherr und Kämpfer von riesiger Stärke und Gewandtheit gefürchteten Kaisers Manuel I. bildet. Obgleich nicht ohne vorzügliches Interesse für seinen Helden geschrieben, dessen ritterliche, zum Theil romantische Thaten, namentlich sein in den Kreuzzügen bewährtes politisches Talent gerechte Würdigung finden, ist es dennoch von dem Vorwurf der Parteilichkeit frei, und liefert einen reichen Stoff, der um so werthvoller, je empfänglicher der Sinn des Autors für das geistige und je schärfer sein Verständniß für das politische Leben seiner Zeit ist. Nicht frei von Stolz und nationalen Vorurtheilen, welche namentlich in seiner heftigen Polemik gegen die Päpste und die lateinische Gemeinde sich kundgeben, berichtet er aufmerksam in geglätteter Darstellung und mit dem Gefühl der Sicherheit eines praktischen und erfahrenen Staatsmannes. Auch kann seine Sprache befriedigen: denn mit Ausnahme von fremdartigen Ausdrücken, sophistischen Blumen und Figuren, Neuerungen in Hinsicht auf Composition und harten zuweilen dunklen Constructionen ist sie elegant, sogar rein und läßt ihn als einen ziemlich glücklichen Nachahmer des Xenophon und Prokop erkennen. Mit diesen nicht gemeinen Eigenschaften läßt er die ungefähr gleichzeitigen Chronisten weit hinter sich, sowie er denn als Ergänzung und Berichtigung namentlich des Niketas Choniates oft herangezogen ist. Ueberliefert in dem einen *Codex Vaticanus*, beschrieben von Fr. Wilken *Rerum a Comnenis gestarum* p. XVIII, bietet es durch Lücken und starke Textverderbung der Conjecturalkritik noch immer einen reichen Stoff, auch wird der Schluß des Ganzen vermißt. *Cf.* A. Meinekii *Praef.* p. V, *et* C. Tollii *Praef. ad lectorem* p. XI. *ed. Bonn.* M. Hanke *De Byzant. rerum script.* p. 516 sq. Ueber die literarische Bildung des Manuel I. Komnenos vergl. §. 15. S. 282 und unten im Artikel „Joannes Tzetzes." — Ausgaben: *Edit. pr. c. interpret. lat.* per C. Tollium *(ad apographum* Isaaci Vossii) *De rebus gestis Joannis et Manuelis Comnenorum libri* IV. *Ultraj.* 1652. 4. — *rec.* C. du Fresne Ducange *(Libri* VI) *Par.* 1670. *Fol.* mit Commentaren zu Nikephoros Bryennios und Anna Komnena. — *ad fidem Codicis Vat. rec.* A. Meineke (7 Bücher) *Bonn.* 1836. *C. notis C. du Fresne (Corp. script. hist. Byzant.).* — Hierzu C. Ph. Conz *De Niceta et Cinnamo byzant. historicis, Tubing.* 1818. — Fr. Wilken *Rerum ab Alexio I., Joanne, Manuele et Alexio II. Comnenis gestarum libri* IV. *Heidelb.* 1811, und Mancherlei in dess. Gesch. der Kreuzzüge. — Tafel Komnenen und Normannen, Tübing. 1852. Vergl. oben §. 6. S. 254 fg.

Joannes Zonaras (Ζωναρᾶς) aus Constantinopel, ein Mann von vornehmer Herkunft und reicher Bildung, kaiserlicher Staatssecretair unter Alexios I. Komnenos (1081—1118), entsagte, um für sein Seelenheil zu sorgen und der Nachwelt sich nützlich zu machen, dem unersprießlichen Hofleben und schrieb, während seines fünfzehnjährigen unfreiwilligen Aufenthalts als Mönch auf einer kleinen Insel *(cf. lib.* IX., *extr.* Gyaros oder Lemnos), auf den Rath seiner Freunde das in 18 Büchern vorliegende historische Buch von Erschaffung der Welt an, gewöhnlich *Χρονικόν* (*Χρονικὴ διήγησις*) genannt, von ihm selbst *Praef.* 3. p. 9. und *lib.* III, 26. p. 333. *ed. Bonn.* als *Ἐπιτομὴ ἱστοριῶν* bezeichnet. *Cf. Praef.* c. 1 sq. Ducangii *Praef.* p. VIII sq., wegen die annotatt. L. Dindorfii p. XI, 3. und über seine Stellung im Palast H. von Sybel Geschichte des ersten Kreuzzuges S. 201—203. Das ganze Werk, eine nach einem umfassenden Plan angelegte Weltgeschichte, wofür er die wichtigsten Quellen benutzte, hat er selbst in 2 Haupttheile getheilt, deren erster die heilige Geschichte nach der Bibel und der jüdischen Archäologie des Flavius Josephus in größerer Breite behandelt, dann flüchtig die Geschichten auswärtiger Völker durchläuft, zuletzt die alte Geschichte Griechenlands und Roms bis auf die Begründung der Monarchie in compendiarischer Kürze beschreibt. Im zweiten Haupttheil (Ueberschrift: *Ἀρχὴ τῆς ἐκεῖ τῶν αὐτοκρατόρων ἱστορίας*) werden die Thatsachen des Triumvirats, hierauf zum Theil bündig die Begebenheiten der Kaiserzeit bis auf den Tod des Alexios I. Komnenos (1118) dargestellt; so recht ausführlich wird es nur in dem letzten Abschnitt und verweilt mit größerem Interesse bei der Gegenwart, bei Ereignissen, welche der Verfasser selbst sah und erlebte. Die ursprüngliche dem Plan des Zonaras *(Praef.* c. 3. 4.) angemessene Ordnung des Textes hat nach Hieronymus Wolf, welcher das Ganze nach drei Partien sonderte, Du Cange in der pariser Ausgabe des *Corp. Script. Byzantinorum* 2 *Voll. Par.* 1686. *Fol.* wieder hergestellt. Ueber die handschriftliche Ueberlieferung des Zonaras, besonders über den im Jahre 1554 durch Johann Dernschwam in Constantinopel von Antonios Kantakuzenos angekauften sehr alten *Codex Monacensis seu Fuggeranus (alter C.)* vergl. H. Wolfii *Praef.* p. XXXIX. und M. Pinderi *Praef.* (welcher unter anderem zuerst einen *Cod. Parisiensis*, geschrieben im Jahre 1289, und einen *Monacensis*, *ἀρχομένην ἀπὸ τῆς βασιλείας τοῦ μεγάλου Κωνσταντίνου*, benutzte, *cf. Tom.* II, p. 631) und des jüngsten Herausgebers (L. Dindorfii) *Praef.* p. V sq. *et annotatt.* über die Verschiedenheit der Recensionen und die Eigenthümlichkeiten in Sprache und Wortgebrauch. — Die Bedeutung des Zonaras liegt in dem Reichthum und Werth der Quellen, über deren wenig ängstliche und unselbständige Benutzung er selbst Aufschluß ertheilt *Praef.* c. 2. p. 8. verglichen mit *lib.* IX., *extr.* *οὐ γὰρ ῥᾳθυμίας μοι τὰ λείποντα παρεῖται, οὐδ' ἑκουσίως ἐάσω τὸ πᾶσαν καταλιπεῖν, ἀλλ' ἀπορίᾳ βίβλων ἐλίπη αὐτὰ ἐκθεῖναι, καὶ ταῦτα πολλάκις ζητήσαντί μοι ταύτας, μὴ εὑρηκότι δ' ὅμως, οὐκ οὐδὲ ἀλλ' ὅτι μὴ ἐσώζοντο, τοῦ χρόνου διαφθαρούσας αὐτάς, ἀλλ' ὅτι μὴ φροντιστικώτερον τὴν τούτων ἔλαχον ζήτησιν ἐποιησάμην ὡς εἰκὸς ἀναθέμενοι,* αὐτὸς ὑπερόριος ὢν καὶ πόῤῥω τοῦ ἄστεος ἐν νησῖδι ἐνδιαιτώμενος. Ueber die Quellen des Zonaras, von dem bonner Editor und L. Dindorf übersichtlich unter dem Text vermerkt, handelt W. A. Schmidt an dem unten angegebenen Orte; bisweilen nennt uns der Verfasser selbst seine Gewährsmänner. So gibt er für die mosaischen Zeiten *Praef. c.* 3. die heiligen Bücher und die archäologischen Schriften des Josephus an, für die Geschichte der Assyrier, Babylonier, Perser, Aegyptier kommt Herodot, für Makedonien Plutarch's Alexander hinzu; was den ältesten Zeitraum der römischen Geschichte betrifft, so benutzt er bisweilen gleichfalls Plutarch und andere Quellenschriften, folgt aber für die blühendste Periode des Freistaates fast ausschließlich dem Dio Cassius, dessen 20 ersten Bücher er so fleißig abgeschrieben hat, daß dieser Theil seines Nachlasses der Ausgabe Dio's unbedenklich einverleibt werden darf. *Cf.* Reimar. *ad Dionem Praef.* I, p. XXI. H. Vales. *ad fragm.* XXVIII, *p.* 13. Niebuhr Römische Geschichte 4. Bd. S. 105. L. Zander *Quibus e fontibus Jo. Zonaras hauserit Annales Romanos*, Progr. Ratzeb. 1849. 4. Der Grund dieser einseitigen Benutzung des Dio Cassius ist keineswegs in der Vorliebe des Zonaras für diesen Schriftsteller zu suchen, oder weil er ihn höher stellte als andere besser geordnete und geschriebene Quellen, sondern weil ihm, was die oben citirte Stelle außer Zweifel setzt, in seiner Einsamkeit andere Hülfsmittel nicht zu Gebote standen; seltener wurde Polybios und Appian herangezogen, desto häufiger der unbekannte Fortsetzer des Dio, dessen Bruchstücke C. Müller *Fragm. hist. Graec. Vol.* IV, *p.* 191—199 zusammengestellt hat. Für die späteren Zeiträume schöpfte er aus der Kirchengeschichte des Eusebios, aus der Archäologie des Joannes von Antiochia, der Chronik des Theophanes, vielleicht aus der Constantinischen Sammlung und mancher anderen abgeleiteten Quelle ein für seine Zwecke ausreichendes, zum großen Theil unverändertes Material. Indem er so die geschichtlichen Massen, sorglos und unbekümmert um innere Schwierigkeiten und streitige Punkte (ὅσα ταὐτὰ μου παρεῖεν διδόασιν τὰ ἐφ' οἷς ἀλλήλοις οἱ περὶ τῶν αὐτῶν συγγράψαντες ἠναντίωνται *praef. c.* 2.), ohne Urtheil und tiefere Sachkenntniß, selbst ohne die Fähigkeit, den Zusammenhang der Dinge recht zu begreifen und zwischen Bedeutendem und Kleinlichem zu unterscheiden, aufs gerade Wohl bunt aneinanderreiht, wird er von den Berichten seiner Gewährsmänner und Sammler durchaus abhängig, ersetzt jedoch, weil er sie wörtlich auszuplündern pflegt, den Verlust manches verloren gegangenen Buches. Sicher hat er einen rohen aber reichhaltigen, zu fruchtbaren Untersuchungen verarbeiteten Geschichtsstoff angesammelt und über die wichtigsten Ereignisse vollständigere Berichte zusammengetragen, als die Redactoren Constantin's VII. Porphyrogennetos und nach ihm Xiphilinos. Vergl. oben die Nachweise für Dio Cassius und §. 20. S. 309. Wie viel hier ganz übergangen oder allzu trocken und summarisch zusammengedrängt ist, lehrt beispielsweise H. Wolf zu den Worten *lib.* IX, *c.* 31 (*Vol.* II, *p.* 297. *p.* 636. *ed. Bonn.*) Τὰ μὲν οὖν μέχρι τοῦδε κατηγορημένα Ῥωμαίοις κ. τ. λ. Da nun Zonaras nicht nur den äußern Verlauf der Begebenheiten darstellt, sondern auch auf allerlei Beiwerke und ergötzliche Geschichtchen, von welchen er sich oft nur ungern trennt, sowie auf Zustände in Verfassung und Sitte eingeht, oft auch harte Urtheile über die Verkehrtheiten der Kaiser, der vornehmen Hofbeamten und modernen Griechen in Hinsicht auf Tracht und äußeres Verhalten fällt, dagegen an Tugend und Größe warmen Antheil nimmt, so gewinnt er an Interesse, und ein ernstes, unbefangenes Gemüth, ein frommer und rechtlicher Sinn und das Streben unparteiisch zu urtheilen, wird nirgends vermißt. Daher durfte jene Zeit kein besseres und bequemeres Geschichtscompendium wünschen, und wie sehr er den Beifall späterer Chronisten gewann, zeigt die Menge der aus ihm gezogenen Compilationen und Summarien, worüber Einiges in den Artikeln „Nikephoros der Patriarch und Ephrämios" in §. 23; auch schreibt er da, wo er selbständig berichtet, erträglicher als Mancher, für Anderes aber mag die Entschuldigung gelten *Praef. c.* 2. *p.* 8: εἰ δ' ὁ χαρακτὴρ τοῦ λόγου ποικίλλεται καὶ μὴ δι' ὅλου ὅμοιός ἐστιν ἑαυτῷ, θαυμαζέτω μηδεὶς μηδέ τις τὸν λόγον αἰτιάσθω ἢ τὸν τοῦτον πονήσαντα· ἐκ πολλῶν γὰρ βίβλων τὴν ἱστορίαν ἠρανισάμενος, ἐν γε πολλοῖς ταῖς τῶν συγγραφέων ἐκείνων χρησάμενος ἂν συνθήκαις καὶ φράσεσιν, ἐν ὅσοις δ' ἂν καὶ αὐτὸς παρέλιπον ἢ παρέγραψα, πρὸς τὸν ἐκείνων χαρακτῆρα τὴν ἰδέαν τοῦ λόγου μεταρρυθμίσας, ἵνα μὴ ἀσύμφωνος αὐτὴ ἑαυτῇ δοκῇ ἡ γραφή. Von andern Schriften des Zonaras, welche in die Geschichte der kirchlichen Literatur gehören und von Ducange *Praef. p.* XXI *sq.* verzeichnet, von J. P. Migne 2 *Voll. Par.* 1865 herausgegeben sind, darunter kanonische Briefe, Commentare zu den kanonischen Schriften der Apostel und Synoden, dogmatische und biographische Sachen, welche einige Kenntniß von Persönlichkeiten jener Zeiten gewähren (auch eine Biographie des heiligen Silvester), darf hier abgesehen werden; dagegen ist er als Exeget der Gedichte des Gregor von Nazianz namhaft zu machen. Hierüber und über sein Verhältniß zur gleichen Arbeit des Bischofs von Serrä Niketas David vergl. E. Dronke *De Niceta Davide et Zonara interpret. carminum S. Gregorii Naz. Confluent.* 1839. 4. und in der Ausg. der *Carmina selecta* des Gregor von Nazianz von demsel. *Gotting.* 1840. Vergl. den Artikel „Gregor von Nazianz" in der vorigen Literatur der Byzantiner. Dies führt auf das ungelöste Problem der noch unter dem Namen des Zonaras erhaltenen Συναγωγὴ λέξεων (συλλεγεῖσα ἐκ διαφόρων βιβλίων, παλαιᾶς τέ φημι γραφῆς καὶ τῆς νέας καὶ αὐτῆς ἔξωθεν τῆς θύραθεν, vergl. §. 12. S. 271), einer für Grammatik, Etymologie und Kritik sehr brauchbaren Compilation, welche meist aus bewährten Quellen geflossen ist, wie die verwandten Arbeiten des Hesychios, Suidas und des Etymologicum, aber auch manches Eigenthümliche enthält. Die hier aufgenommenen, namentlich für neutestamentliche Exegese wichtigen *glossae sacrae* sind behandelt von F. W. Sturz *Glossae sacrae e Zonara illustratae*, in 3 Programmen *Grimmae* 1818—1820. 4. An der Identität des Verfassers wird jedoch mit Recht erheblich gezweifelt. *Cf.* J. A. H. Tittmanni *Praef. ad Zonarae lex. Vol.* I, p. LXIV *sq.* p. LXXII. — Ausgaben der Chronik: *Edit. pr.* per H. Wolfium. *Graece et lat. c. notis, Basil.* 1557. 3 *Voll. Fol.* — *correctur graece et lat. c. notis ed.* Du Fresne Ducange, 2 *Voll. Par.* 1686. 1687. *Fol.*, wiederholt *Venet.* 1729. 2 *Voll. Fol.* — *ex recens.* M. Pinderi, 2 *Voll. Bonn.* 1841. 1844. (*Corp. scriptt. hist. Byzant.*) — *c. C. Ducangii suisque annotatt. ed.* L. Dindorfius, *Vol.* I. *Lips.* 1868. (lib. I—V.) — Hierzu C. F. Klaiber *Observatt. ad Zonarae bellum Punicum secundum. Stuttg.* 1823. 4. *Cf.* H. C. Michaelis *Quaestt. de bello Punico primo* (in *Nov. Act. litter. societ. Rheno-Traject. Vol.* IV, *part.* 2. p. 27—29). — Ueber die Quellen des Zonaras s. W. A. Schmidt und L. Zander im Text. — *Zonarae lexicon: ex tribus codd. MSS. nunc primum ed.* J. A. H. Tittmann, 2 *Tomi Lips.* 1808. (*Vol.* I. und II. von *Zonarae et Photii Lexica*) — *Zonarae Opp. omnia historica, canonica, dogmatica, accurante* J. P. Migne, 2 *Voll. Par.* 1865. Mit Joannes Zonaras verbindet sich am leichtesten

Joannes Xiphilinos (ὁ Ξιφιλῖνος) aus Trapezunt, Mönch in Constantinopel in der zweiten Hälfte des 11. Jahrhunderts und Neffe des als Kanzleiredner berühmten gleichnamigen Patriarchen der Hauptstadt, compilirte auf Veranlassung des in Literatur eifrig thätigen Kaisers Michael VII. Dukas Parapinakes (1071—1078, vergl. §. 15. S. 280 und S. 315 unter Michael von Attalia) für den Unterricht einen Auszug aus der römischen Geschichte des Dio Cassius von Buch XXXV—LXXX, welcher freilich in einer dem Zwecke des Xiphilinos besser entsprechenden Anordnung, wobei jedoch die Strenge der chronologischen Abfolge vermißt wird, den Verlust der beiden Dekaden (lib. LX—LXXX) in großentheils wörtlichem Excerpt ersetzt und Vorhandenes öfter ergänzt. Leider hatte der Byzantiner eine Handschrift vor sich, in welcher die 34 ersten Bücher des Dio fehlten, und diese sind bekanntlich auch bis auf einige schwache Bruchstücke untergegangen. Eigenthümlich ist ihm die Neigung, den römischen Historiker, welchem er natürlich nicht das Wasser reicht, zu tadeln und zu berichtigen, sowie auch Einzelnes aus anderen Quellen hereingezogen ist. *Cf.* Fabric. *Bibl. Graec. Tom.* V, p. 141 *sq. ed. Harl.* H. S. Reimar *De vita et scriptis Dionis Cassii* (*Tom.* II. der Ausgabe) p. 1533 *sq.* — Ausgaben der Epitome Xiphilini: *Edit. pr.* per R. Stephanum *Par.* 1551. 4. — mit Dio Cassius von H. Stephanus *Par.* 1591. *Fol.*, von H. S. Reimar *Vol.* II, p. 1368 *sq. Hamb.* 1752. *Fol.*, von F. G. Sturz 9 *Voll. Lips.* 1824—1825. 1843, von J. Bekker 2 *Tomi*, *Lips.* 1849, von L. Dindorf 5 *Voll. Lips.* 1863—1865. — übers. von L. Tafel, 16 Bdchn. Stuttg. 1831—1844. — Die von C. Fr. Matthaei (*Xiphilini, Joannis et Basilii M. aliquot orationes*) *Mosquae* 1775 edirten Predigten gehören dem oben genannten Patriarchen Joannes Xiphilinos an, *cf.* Glyc. IV, p. 606. *ed. Bonn.*

Die Einnahme und Plünderung von Thessalonich, der zweiten Hauptstadt des Reichs, beschrieb der berühmte Erzbischof Eustathios von Thessalonich, worüber man aus dem Abschnitt „Commentatoren und Scholiasten" das Erforderliche heranziehen möge. Vergl. auch den Artikel „Michael Psellos."

Niketas Akominatos (Νικήτας ὁ Ἀκομινάτος), nach seiner Vaterstadt Chonä in Phrygien, dem alten Kolossä des heiligen Paulus, gewöhnlich Niketas Choniates genannt, arbeitete sich, namentlich von Kaiser Isaak II. Angelos begünstigt, zu den hohen Würden eines Senators, Großlogotheten und Palastrichters empor (λογοθέτης τῶν σεκρέτων καὶ ἐπὶ τοῦ κοιτῶνος ἔφορος καὶ κριτὴς τοῦ βήλου), war im 3. Kreuzzuge Gouverneur des wichtigen Postens Philippopolis und Zeuge jener furchtbaren Katastrophen, welche das unglückliche Constantinopel vor und nach der Einnahme durch die Lateiner (1204) erlebte, Zeuge der großen Feuersbrünste, der Vernichtung der Denkmäler der Kunst, der Niederwerfung der Bildung und Religion, der Sitte und Einrichtungen des schwergeprüften Volkes. Empört über das Treiben der Eroberer, deren Rohheit, Verwegenheit und Hochmuth mit schwarzen Farben zu schildern er kein Ende findet, verließ er, unter dem edelmüthigen Schutze eines venetianischen Kaufmanns, mit den Trümmern seiner Habe die von Schrecken halbleere Stadt und flüchtete mit seiner Familie und einer edeln Jungfrau, welche er der schnöden Wollust eines fränkischen Soldaten noch rechtzeitig entrissen hatte und später zur Gemahlin erhob, nach Nikäa, woselbst er nicht vor 1206, wahrscheinlich erst 1216 starb. Von der Belagerung und dem zweimaligen Brand der Stadt p. 718. 722 *sq.* 731 *sq.*, Eroberung und Plünderung derselben p. 753 *sq.* 766 *sq.*, von seinen eigenen Abenteuern und der mit viel Gefühl beschriebenen Rettung der Jungfrau p. 779—782. *ed. Bonn.* Dazu die historischen Umrisse in §. 6. S. 255 fg. Sein Werk, 21 Bücher Χρονικὴ διήγησις, begonnen nach dem Sturz und Tod seines Wohlthäters Isaak II. Angelos, bildet die Fortsetzung zu Joannes Zonaras von 1118—1206; dasselbe durchläuft seinem Plan gemäß summarisch (ἐν κεφαλαιώδει ἐπιτομῇ *praef.* p. 7) die Begebenheiten während der Herrschaft des ebenso trefflichen wie glücklichen Joannes II. Komnenos (1118—1143), mit größerer Ausführlichkeit ἐν τόμοις ἑπτά die Regierungsgeschichte des gefürchteten, in unablässigen Kämpfen gestählten Manuel I. Komnenos (1143—1180), des unmündigen Alexios II. Komnenos (1180—1183) in 1 Buche, des in Grausamkeit und Henkerkünsten geübten letzten Komnenen Andronikos I. (1183—1185) in 2 Büchern, erzählt sodann die unwürdigen Thatsachen unter der Regierung des Isaak II. Angelos (1185—1195) und seines thronräuberischen Bruders Alexios III. (1195—1203) in je 3 Büchern, die Wiedereinsetzung des Isaak II. und das gemeinschaftliche Regiment mit seinem jugendlichen Neffen und Sohn Alexios IV. (1203 bis Januar 1204) und nach dem Tode beider die Schreckensereignisse des Jahres 1204 unter dem Held der Nationalpartei Alexios V. Dukas Murtzuphlos, die zweite Belagerung und die Eroberung Constantinopels durch die Lateiner, zeigt mit schmerzlichem Gefühl und in ergreifender Weise bei dem Unglück und Elend der Bürgerschaft verweilend, bei den persönlichen Schicksalen des Verfassers und allen den unerhörten Einzelheiten, welche auf die Einnahme folgten, bis in das zweite Jahr der Regierung des lateinischen Kaisers Heinrich, des Bruders von Balduin I. von Flandern, d. i. bis 1206. Vergl. die kurze Schilderung am Schlusse des §. 8. S. 295. Gibbon *chap.* 60. Finlay Griechenland im Mittelalter S. 75—96 und *History of the Byzant. emp. p.* 276—335. Daran schließt sich als Anhang die einer Bodlejanischen Handschrift entnommene pathetische Beschreibung der von den Lateinern bei der Eroberung vernichteten Kunstwerke Constantinopels, *De statuis aeneis post captam a Latinis Constantinopolim destructis (vel ipsi traditio)*, darunter Schöpfungen, welche die barbarischen Zerstörer hätten zu Gelde machen sollen, überschwenglich gepriesen von Harris *Philol. inquiries P.* II, *c.* 5, *p.* 301—318. Einzelnes ist gerettet worden, wie z. B. durch die Ueberführung der vier ehernen Rosse von Constantinopel durch die Venetianer, welche den St.-Marcusplatz zieren. Ueber diesen für die Geschichte der classischen Literatur, namentlich für die Schicksale der Denkmäler der Kunst und der Werke der Classiker so verhängnißvollen Abschnitt vergl. oben §. 16. S. 284; zunächst über die vernichteten Statuen Gibbon *chap.* 60. *not.* z über den Denkmälerschatz der früheren Stadt (Winkelmann *Histoire de l'Art, Tom.* III. *p.* 269 *sq.*) Ch. G. Heyne *Antiquitat. Byzantinae* in den *Commentatt. Soc. Gotting. Vol.* XI: *Priscae artis opera quae Constantinopoli extitisse memorantur* 1791; *Vol.* XI: *Serioris artis opera quae sub Imperatoribus Byzant. facta memorantur* 1791; *Vol.* XII: *De interitu operum tum antiquae tum serioris artis quae Constantinopoli fuisse memorantur eiusque caussis ac temporibus* 1792. 1793. Petersen Allgemeine Einleitung in das Studium der Archäologie, Leipz. 1829. S. 119—150 (die Schicksale der Kunstdenkmäler in Constantinopel) mit den weiteren Belegen. Vergl. Heeren Gesch. der class. Literatur im Mittelalter, 1. Buch S. 256—270. Fr. Wilken Geschichte der Kreuzzüge 5. Bd. S. 12 fg. 297 fg. 310 fg. und Beilage II, S. 12 fg. Unkritisch J. von Hammer Constantinopolis und der Bosporus, 2 Bde. Pest 1822. Ein Nachweis der noch vorhandenen Denkmäler der Stadt (mit einer ziemlich vollständigen Uebersicht der einschlagenden Literatur) C. Held im Artikel „Byzantium" der Pauly'schen Real-Encyklop. Bd. I. Abtheil. 2. S. 2622 fg. Niketas schreibt aus dem engherzigen Gesichtspunkte eines über den Verlust des Bestandes unverhältlichen Hof- und Staatsmannes von allgemeiner, wenn auch oberflächlicher Bildung. Den Ingrimm und Erbitterung gegen die Lateiner und die neue Religion des Papstes, welche er, das gottlose Bündniß des Alexios IV. verwünschend, mit den härtesten Namen belegt (οὐ [illegible] *p.* 715), überhaupt angesteckt von Nationalvorurtheilen und ohne Verständniß für die Bedeutung jener weltbürgerlichen Züge und ihre unvermeidlichen Folgen, trägt er grelle Farben auf und macht den Eindruck, daß der überschwenglichen Bewunderung, welche besonders für seinen Gönner Isaak II. Angelos stark ins Auge fällt, bald der übertriebenen Leidenschaft, namentlich in der Schilderung der fränkischen Ritter: [illegible] *p.* 391. *ed. Bonn.* Wenn daher Gibbon ihn einen ausgezeichneten Geschichtschreiber nennt, welcher im Ganzen über dem Verdacht der Schmeichelei stehe, so mag dies für einzelne Thatsachen, namentlich für Charakteristik der Kaiser, welche der Verfasser überlebte, Geltung haben; zu oft von Gefühlen hingerissen, welche wir an dem unglücklichen, an Hab und Gut geschmälerten Greise ehren und mit empfinden, wird sein Urtheil einseitig und von subjectiven Interessen bestimmt, bald pomphaft, bald kalt und erzwungen. Was wir aus ihm lernen, sind Einzelheiten, und diese hat er genau berichtet und oft vollständiger als andere, z. B. Kinnamos, bis auf die Bekleidung und den Zierrath der Pferde, sogar bis auf den Speisezettel und die breiten Schnauzbärte der Franzosen und Flamländer *p.* 780 *sq.* Blickt man dagegen auf die Wichtigkeit und den Reichthum des hier zusammengefaßten, freilich ohne historisches Talent und natürliche Einfachheit verarbeiteten Materials, so wird er, da er als Augenzeuge berichtet (Nachrichten über Ereignisse in entfernteren Theilen des griechischen Reiches empfing er wahrscheinlich von seinem Bruder Michael, dem Metropoliten von Athen, *cf. p.* 800) und immerhin eine leidliche Gabe der Beobachtung zeigt, sein eigenthümliches historisches und antiquarisches Interesse haben; doch erscheint sein Interesse für Kunst und Kunstwerke gering, sein oft gerühmter Geschmack bei näherer Betrachtung seines Berichts sogar erkünstelt und eitel. Noch weniger befriedigt seine Sprache: schwülstig und in allen Farben spielend, wird sie durch den Bilderreichthum und durch den Zwang der affectirten in poetischen Phrasen und Epitheta schwerfälligen Gang gezwungen und dunkel, in Verbindung mit der wortreichen, von überschwenglichem Pathos getragenen Erzählung geradezu unleidlich.

Als Probe seines maßlosen von [illegible] überströmenden Vortrags diene die Declamation über den Verlust Constantinopels p. 763—767. ed. Bonn. Ὦ πόλις, πόλις, πόλεων πασῶν ὀφθαλμέ, ἄκουσμα παγκόσμιον, θέαμα ὑπερκόσμιον, ἐκκλησιῶν γαλουχέ, πίστεως ἀρχηγέ, ὀρθοδοξίας ποδηγέ, λόγων μέλημα, καλοῦ παντὸς ἐνδιαίτημα· [illegible] κ. τ. λ. Quousque! Hiernach läßt sich beurtheilen, wie weit er seiner Versicherung, klar und einfach schreiben, alles Affectirte, Dunkle und Schwülstige aber vermeiden zu wollen, Praef. p. 6 ([illegible]) treu oder nicht treu geblieben ist. Im richtigen Gefühl dieses Widerspruchs machte daher ein witziger Kritiker im Codex Monacensis (Fuggeranus, derselbe, in welchem Zonaras erhalten ist, vergl. oben S. 318) die Randbemerkung: Οὐκ οἶδα εἰ φῂς ἐνταῦθα, Χωνιᾶτα — [illegible] — [illegible]. Dunkle und fremdartige Wörter zusammengestellt von Fabroti Glossarium in quo vocabula Graecobarbara explicantur, abgedruckt mit Niketas Bonn. p. 902—928. Ueber seine theologischen Schriften und Inedita, darunter ein Θησαυρὸς ὀρθοδοξίας in 27 Büchern, eine Lobrede auf Leben und die Beschreibung von Tempe in dem Codex Bodlejanus, vergl. Fabric. Bibl. Graec. Tom. VII, p. 742 sq. ed. Harl. und G. L. F. Tafel im akademischen Programm Tübing. 1832. 4. Sein Biograph war der ältere ihn überlebende Bruder, der oben genannte Metropolit von Athen Michael Akominatos, berühmt als Redner und panegyrischer Schriftsteller, in dessen interessantem und für die Kenntniß damaliger Verhältnisse und Personen wichtigem Nachlaß sich auch eine Trauerrede (Monodia) auf den Tod des Niketas findet, in lateinischer Uebertragung, abgedruckt in der Biblioth. Patr. Max. Lugdun. 1677. Vol. XXII, p. 1?? sq. Während bei S. Ellissen Michael Akominatos, Götting. 1846. §. 2; über Michael's Allocutio an Kaiser Isaak II. Angelos vergl. Tafel De regno Andronici (Progr. Tübing. 1846. 4.) p. 12 sq. — Mancherlei bei C. Hopf De historiae ducatus Atheniensis fontibus, Bonn. 1852 und bei B. Kugler Studien zur Geschichte des zweiten Kreuzzugs, Stuttg. 1866, S. 38—48. — Ausgaben: Edit. pr. per H. Wolfium, Basil. 1557. Fol. c. vers. lat. et notis. — c. chronologia notisque et vers. Wolfiana ed. S. Goulartius, Genev. 1593. 4. — c. variis MSS. collatum a C. A. Fabroto, Par. 1647. Fol. Acced. Fabroti Glossarium, in quo vocabula Graecobarbara illustrantur (abgedruckt in Edit. Bonn. p. 902 sq.) russisch in „Die byzant. Geschichtschreiber," Petersb. 1860. Bd. I. — ex recens. I. Bekkeri (Corp. Script. hist. Byzant.) Bonn. 1835. — übers. franz. par Cousin, Par. 1685. — ap. Buchon, Collect. III —, wiederholt Venet. 1729. Fol. — de statuis etc. in A. Banduri Imper. orientale I, p. 107 sq. — ex cod. Bodlejano ed. J. C. Wolfius in Fabric. Bibl. Graec. Tom. IV, p. 405 sq. — ed. Fr. Wilken De statuis, quas Franci post captam anno 1204 Constant. destruxerunt, Lips. 1830. übers. und mit Anmerk. in dess. Gesch. der Kreuzzüge, 5. Thl. Leipz. 1829. — Cf. C. P. Conz Laudatio Wielandii. Accd. sermo de Niceta et Cinnamo Byzant. historicis, Tubing. 1818.

d. Darsteller der byzantinischen Geschichte seit der Einnahme Constantinopels durch die Lateiner bis zur Eroberung durch die Türken, 1204—1453.

§. 21.

Die Geschichte des Kaiserthums Nikäa beschreibt als Zeitgenosse der Historiker Georgios Akropolites Logothetes.

Georgios Akropolites (ὁ Ἀκροπολίτης) stammte aus einer einflußreichen Beamtenfamilie und kam auf den Rath seines Vaters, ein glänzendes Vermögen im Stich lassend, als Jüngling von 16 Jahren (1233) von Constantinopel an den griechischen Hof von Nikäa, woselbst er unter den Augen des trefflichen Fürsten Joannes (III.) Dukas Batatzes (1222—1255, über seine Bildung §. 16. S. 28?) von Theodor Hexapterygos und Nikephoros Blemmydes in Rhetorik, Logik und Mathematik sorgfältig unterwiesen, zu den höchsten Ehrenstellen erhoben wurde. Erprobt als Feldherr und als Gesandter mit den wichtigsten Staatsgeschäften betraut, dann zum Großlogotheten des Reiches befördert, ein Mann von großer Umsicht und Staatsklugheit, von Theodor II. Laskaris (1255—1259), dem jähzornigen und grausamen Sohn und Nachfolger des Batatzes, schmachvoll behandelt, nach 1274 als Legat Michael's VIII. Paläologos auf dem zweiten Concil zu Lyon und zur Aussöhnung und Verbindung der griechischen mit der römischen Kirche gehemmt, starb 1282 nach einer Gesandtschaft an den Bulgarenfürsten Johann Asan, von den Schismatikern angefeindet, im Gefängniß im Alter von 62 Jahren. Sein Werk, Χρονικὴ συγγραφή betitelt, stellt jetzt in 89 Capiteln die Ereignisse von der Einnahme Constantinopels durch die Lateiner und der Begründung des rasch heranwachsenden Kaiserthums Nikäa bis zur Herrschaft Michael's VIII. Paläologos, also die zum Theil erfreulichen Thatsachen der von Nikäa ausgehenden Restauration des byzantinischen Reiches in kurzer, an Einzelheiten persönlicher Art haftender Ausdehnung dar (von 1204—1261) und erscheint um so erwünschter, da der Verfasser als einzig echter Zeugenschaft sie nicht nur erlebte, sondern selbstthätig und bestimmend auf ihren Gang einwirkte. *Cf. p. 61 sq.* 84. 137—145. 148—153. 158—161. *ed. Bonn.* und die [illegible] Umrisse in Bd. 1. S. 257 fg. Von diesem durch L. Allatius *graece et lat. Par.* 1651. *Fol.* (wiederholt *Venet.* 1729. *Fol.*) herausgegebenen Werke unterscheidet sich eine zweite Ausgabe, der früher von Th. Douza *graece et lat. nonnisque illustr. Lugd. Bat.* 1614. (*Colon. Allobr.* 1615. *Fol.*) veröffentlichte Auszug Χρονικὸν ὡς ἐν συνόψει τῶν ἐν ὑστέροις. *Πόνημα χρονικὸν ἐπιτομῆς in cod. Douzanus*, sowol durch Veränderung der Form und Diction, als auch besonders durch Kürze und Zurückführung des Stoffes auf ein geringeres Maß, welche namentlich in der Weglassung persönlicher Züge und Schicksale sich kundgibt. Douza's Werk ist in verbesserter Gestalt der *Edit. Parisiensis* beigefügt, verglichen und erweitert von J. Bekker *Georgii Acropolitae Annales, e Theodori Douzae et L. Allatii notis. Bonn.* 1836. (*Corp. scriptt. hist. Byzant.*) *Cf.* Fabric. *Bibl. Graec. Tom.* VII, 768—773. XII, *p.* 50 *sq. ed. Harl.* Von der Erklärung einer Chronologie von Constantinopel und einer Schrift [illegible] Κωνσταντινουπόλεως unter dem Namen des Georgios Akropolites *in bibl. Scorialensi*, vergl. L. Allatius *Diatribe de Georgiis p.* 352, M. Hanke *De Byzant. rerum scriptt.* I, *c.* 33. Fabric. VII, *p.* 471. Die Bewunderung für diesen an *Kenntnissen* über der Mehrzahl seiner Zeitgenossen stehenden Byzantiner leitet das der Ausgabe von Douza vorangestellte Enkomium des etwas jüngeren Patriarchen Gregor (Georg) von Cypern über, doch wird jener hier mit viel Salbung und Pomp gepriesene Geschichtschreiber in den Annalen fast gänzlich vermißt: so zuverlässig er in der Darstellung der Denkwürdigkeiten seiner Zeit sein mag, ihm fehlt Natur und Einfachheit [illegible]; in der Vorliebe für ausgesuchten Stoff und kleinlich erzählte Begebenheiten trägt er die Mittelmäßigkeit seines Geistes ebenso wie die Schwächen jener Periode zur Schau; sein Vortrag ist breit und verschwommen, gesucht und declamatorisch, weitläufig namentlich in Prologen, sein Stil schwülstig und dunkel: der Text hat stark gelitten und ist namentlich im Auszuge durch Lücken und [illegible] schwierig. Auf jeden Fall ist Georgios Akropolites kräftig gekürzt und durch die Hände der Epitomatoren verschiedenartig verkürzt worden.

Georgios Pachymeres (ὁ Παχυμέρης), geboren (1242) und erzogen zu Nikäa, kehrte nach der Vertreibung der Lateiner im Alter von 19 Jahren mit den Griechen nach seiner Vaterstadt Constantinopel zurück, dann ward er hoher Kirchen- und Staatsbeamter unter den beiden ersten Paläologen (Hieromnemon des Patriarchen, Protekdikos und kaiserlicher Dikäophylax), ein für seine Zeit gelehrter und kräftiger Polyhistor, welcher die meisten Gebiete der byzantinischen Productivität im Profanen wie in der Bibel umfaßte. *Cf. Vol.* I, 1. *p.* 11. *ed. Bonn.* und die iambische Trauerrede seines Schülers Manuel Philes in L. Allatii *Diatriba de Georgiis p.* 373. Von seinen zahlreichen Schriften in Vers und Prosa (*cf.* Fabric. *Bibl. Graec. Tom.* VII, *p.* 775—787. XII, *p.* 62—69. *ed. Harl.*) nennen wir an erster Stelle sein wahrscheinlich erst unter Andronikos II. begonnenes (*cf. Vol.* I, *p.* 181. ὁ Ἀνδρονίκῳ [illegible]) Geschichtswerk, welches in 6 Büchern die Regierung des Kaisers Michael VIII. Paläologos (1261—1282), des Begründers der letzten byzantinischen Dynastie, dann die ersten 26 Jahre der Herrschaft des Andronikos II. Paläologos (1282—1308) in 7 Büchern behandelt. Demnach bildet es die eigentliche Folge des Georgios Akropolites, wird durch Nikephoros Gregoras ergänzt und zum Theil berichtigt, durch Joannes Kantakuzenos von 1320—1357 aufgenommen und durch Joannes Dukas von 1341—1462 fortgesetzt; Ueberdies aber wird wahrscheinlich [illegible], der bald nach 1308 erfolgte Tod verhinderte Georgios Pachymeres an der Weiterführung, welche er selbst *Vol.* II, *p.* 650 *ed. Bonn.* mit den Worten ankündigt: [illegible] u. s. w. Diese im Interesse der orthodoxen Kirche unternommenen Memoiren behandeln die Zeiten der Wirksamkeit der weisesten Fürsten der späteren Regierung, namentlich die zur kirchlichen Vereinigung geschlossenen und mit den politischen Persönlichkeiten verknüpften Kämpfe um das kirchliche Dogma, die Verbannung des hochmüthigen Patriarchen Arsenios und das Schisma der Arseniten, die erneuerten Verhandlungen zur Verbindung der lateinischen Kirche mit der griechischen und die daraus sich ergebende feindseligere Haltung der Griechen und ihre Verfolgung, die Auflösung der Einigung und der Ermordung des Reiches durch Karl von Anjou, den [illegible] Versuch des Andronikos II., mit Hilfe der sogenannten großen Compagnie der Catalonier die in Kleinasien um sich greifenden Türken abzuwehren, welcher zu einem Raubkriege dieser Horden auf christlichem Boden führte (1303—1307), das Verfallen der Hülfsquellen des Staates, die fortschreitende Verarmung der alten Geschlechter (*lib.* XI, *c.* 21. XII,

c. 4. 5. 8. 14. 19), das Sinken des Credits und des Handels und viele andere Einzelheiten, welche den stufenweisen Verfall des byzantinischen Reiches im Innern und nach Außen hin bezeugen, in umständlicher Fassung und mit erträglichem Freimuth. Vergl. die historischen Notizen in §. 8. S. 258—260. Nun mag Georgios Pachymeres für gewisse Thatsachen glaubwürdig und unparteiisch erscheinen (vergl. seine Versicherung *lib.* I, *c.* 1. *p.* 12 und Gibbon *chap.* 62), immer aber mahnt er, als entschiedener Anhänger der schismatischen Griechen, zur größten Vorsicht: sein Wissen ist oft sehr unsicher, sein Urtheil befangen, sein Standpunkt beschränkt; leichtgläubig und von Wundersucht ergriffen, bald gering, bald schmerzlich und zu weinerlicher Klage gestimmt, überschwänglich und voll von hohlen Phrasen und unzeitigen Reminiscenzen, besitzt er weder sittliche Würde noch die Gabe der Erzählung. Hier wird alles, was Kunst und Form betrifft, gänzlich vermißt, dagegen setzt das Uebermaß von Prunk, durch falsches Pathos und eine Menge von Wörtern der dunkelsten und gemeinsten Art niedergedrückt, die hereinbrechende Barbarei außer Zweifel. Proben in P. Possini *Observatt. Pachym.* I. *Glossarium.* Vergl. §. 16. S. 287. — Ausgaben: *Edit. pr. ex biblioth. Barberina interpr.* P. Possino, *gr. et lat. Rom.* 1666. 1669. *Fol.* — zusammen *c. P. Possini Observatt., Glossar., Notis et Indice chronologico ex recens.* J. Bekkeri, 2 *Voll. Bonn.* 1835. *(Corp. Scriptt. hist. Byzant.)* — russische Uebers. in „Die byzant. Geschichtschreiber" Petersb. 1861. *Vol.* II. — Denselben Ungeschmack bezeugen 13 schwungvolle Declamationen in gesuchter und dunkler Sprache: *Georgii Pachymeris Declamationes* XIII (12 *ineditae*) *cur.* J. F. Boissonade (mit *Hieroclis* und *Philagrii* Φιλογέλως) *Par.* 1848, und die dürftigen Progymnasmata (*graece et lat. ed.* J. Wegelin, *Aug. Vindel.* 1605) in *Rhett. Graec. Vol.* I, *p.* 549 *sq. ed.* Walz. Einen Beitrag zur Kenntniß von dem Inhalt und Umfang des damaligen propädeutischen Unterrichts kann ein Ineditum von ihm liefern in *Codd. Nanior. Graec. p.* 448, Σύνταγμα τῶν τεσσάρων μαθημάτων, ἀριθμητικῆς, μουσικῆς, γεωμετρίας καὶ ἀστρονομίας (vergl. §. 15. S. 282. §. 16. S. 287), und was die letzte betrifft, zeigen astronomische Bruchstücke bei Th. H. Martin (mit Theon Smyrn.) *Par.* 1849. Wichtiger ist seine Paraphrase der aristotelischen Schrift *Περὶ ἀτόμων γραμμῶν s. de lineis insecabilibus, ed.* J. Schegkius *Par.* 1629. und öfter unter dem Namen des Aristoteles; doch darf man von ihm kein über das Uebliche hinausgehende Maß des Wissens in Philosophie erwarten: seine *Σύνοψις τῶν πέντε φωνῶν καὶ τῶν δέκα κατηγοριῶν* steht dem gleichbetitelten und mit ihm *Venet.* 1532 zusammengedruckten Schulcompendium des Michael Psellos an Dürftigkeit nicht nach; höher steht die *Ἐπιτομὴ τῆς Ἀριστοτέλους λογικῆς Par. ap. Vascosan.* 1548. *Oxon.* 1666, welche gleichfalls Schulzwecke fördernd, nach voraufgeschickter Eindrängung in die Philosophie und nach dem unvermeidlichen Excerpt aus der *Εἰσαγωγή* des Porphyrios einen fast wörtlichen Auszug aus des Aristoteles gesammtem Organon gibt. Hierüber C. Prantl Geschichte der Logik im Abendlande I. Bd. S. 658 fg. Auch hat Pachymeres zu Stande gebracht, 9 Bücher epischer Verse mit seiner Selbstbiographie auszufüllen, welche nicht gerade zu den allerschlechtesten gehören: Εἰς ἐν τοῖς κατ' Ἰωάννην δὲ Ἰνδὸν mit einer Probe *de Andron. Palaeol.* IV, *c.* 14. *Vol.* II, *p.* 304 *sq. ed. Bonn.*; dessen Fragment (aus Makarios Chrysokephalos) in Villoisoni *Anecd. Graec. Vol.* II, *p.* 78 *sq. cf. p.* 7 und andere Kleinigkeiten von J. Boivin (mit Niceph. Greg.) *Vol.* II, *p.* 764. und in A. Banduri *Imper. Orient. Tom.* II, *p.* 114 *sq. Cf.* M. Hanke *De Byzant. rerum scriptt. p.* 564—578.

Nikephoros Gregoras (*Νικηφόρος ὁ Γρηγορᾶς*) aus dem pontischen Heraklea, geboren 1295, sorgfältig gebildet in Constantinopel in Rhetorik von Joannes Glykas, in Astronomie von Theodoros Metochites und mit diesem im engen Freundschaftsbunde vereinigt, stieg rasch in der Gunst des älteren Andronikos Palaeologos nach und nach zu hohen Aemtern und zu dem obersten Range der damaligen gelehrten Gesellschaft, und übte als Schulhaupt einen gebieterischen Einfluß aus. Hierzu hatte nicht wenig seine in dem öffentlichen Wettstreite mit dem calabrischen Mönch Barlaam bewährte Gelehrsamkeit beigetragen: sicher ist die Thatsache, daß Nikephoros das Feld behauptete (*cf. Hist. lib.* XI, *c.* 10. XVIII, 7. XIX, 1.) und bald darauf als öffentlicher Professor der Rhetorik, Philosophie, Astronomie und Mathematik einen glänzenden Anhang gewann; sein ehrender Beiname ist Φιλόσοφος. Hierüber im Dialog Φλωρέντιος ἢ περὶ σοφίας. *Hist. lib.* XIX, *c.* 1. XXII, *c.* 4. Ueber die Geschichte und den Charakter des Barlaam, welcher mit Petrarcha in literarischem Verkehr, gleich gelehrt in der Philosophie wie in der Theologie, der griechischen wie der lateinischen Sprache gleich kundig war, ein Mann von großer Gewandtheit, der je nach dem Interesse des Augenblicks die entgegengesetztesten Meinungen umfassen konnte, ein tiefer und spitzfindiger Logiker und gefährlich den Mönchen des Berges Athos, deren Quietismus er unter der Regierung des jüngeren Andronikos heraus gefordert hatte, vergl. Cantacuz. II, c. 36. Canisii *Antiquarum lectt. Tom.* IV, *p.* 363 *sq.* Fabric. *Bibl. Graec. Tom.* X, *p.* 427—432. *Mémoires sur la Vie de Pétrarque Tom.* I, *p.* 406—410. *Tom.* II, *p.* 75—77. Gibbon *chap.* 63. 66. Heeren Geschichte der class. Literatur II, S. 351 fg. Mazzuchelli *Gli scritt. d'Italia* II, 1. *p.* 369 *sq.* Vergl. die literar-historischen Bemerkungen in §. 16. S. 286 fg. 288. Ueber seinen Nachlaß unten im Capitel „Die Metriker und Musiker." Durch diesen Barlaam, welcher durch sein glattes Wesen empfohlen und hierüber den Interessen des Hofes und der hohen Geistlichkeit, die Differenzen in dogmatischen Glaubenssätzen zur schroffsten Spaltung führte und mitten im Bürgerkriege der kaiserlichen Palast selbst zum Schauplatz theologischer Kämpfe machte, erwuchs ihm Zwist auf Zwist, als er von Neuem in Briefen an seine Freunde in Trapezunt und auf Cypern die byzantinische Kirche der Irrlehre anklagte und mit ihr die Häupter derselben. Unerschütterlich in seinen Grundsätzen und hartnäckig gegen Kaiser Joannes Kantakuzenos (1347—1355), fiel er in Ungnade und wurde auf Synodalbeschluß in ein Kloster gesteckt und hier sorgfältig bewacht. Während dieser Haft (1352) schrieb er zwischen Furcht und Hoffnung in kaum 50 Tagen 10 Bücher seiner Byzantinischen Geschichte Ῥωμαϊκὴ Ἱστορία, welche zum größten Theil dogmatisch und von Schmerz und bitterer Polemik gefärbt sind, jetzt *lib.* XVIII—XXVII. Da dieselbe Verstimmung mit Bitterkeit auch aus den letzten Büchern von *lib.* XXVIII—XXXVII spricht, dagegen in den 17 ersten Büchern nicht gefühlt wird, so darf man annehmen, daß dieselben vor der Palamitischen Synode geschrieben sind, als er noch im vollen Genuß seiner Freiheit war. Im Herbst 1354 der Haft, welche seine Schriftstellerei mächtig bestimmt hatte, entlassen, wurde er später auf den Verdacht hin, Lügen und Unwahrscheinlichkeiten über Kantakuzenos in seiner Geschichte verbreitet zu haben, abermals verurtheilt und starb wahrscheinlich im Gefängniß 1359, mit welchem Jahre sein Werk abbricht. Die Thätigkeit dieses ebenso gelehrten wie gefeierten und verfolgten byzantinischen Geistlichen muß außerordentlich gewesen sein. *Cf.* J. Boivini *Nicephori Gregorae Vita, Opera, Elogia* p. XIX—XCVI *ed. Bonn. Vol.* I. *Praefat.* Von theologischen Schriften, worin seine Stärke liegt, sind die meisten Inedita in *Codd. Vaticanis, Caesareis, Escorialensibus, Baroccianis, Regiis, aliis.* Ein Verzeichniß von J. Boivin *l. l. p.* XLIV *sq.* (Fabric. *Bibl. Graec. Tom.* VII, *p.* 632 *sq. ed. Harl.*): Διάλογοι, darunter Φλωρέντιος ἢ περὶ σοφίας, herausgeg. von A. Jahn aus einer besseren Handschrift in Jahn's Archiv X, S. 485—536 mit *Append. crit. et literaria* ebendas. XI, S. 387—392; Ἐπιστολαί in ungewöhnlich großer Zahl, einer herausgegeben von A. Normann *Opusc. Theoduli, Upsal.* 1693. 4., ein zweiter von F. A. Berger in Aretin's Beitr. Bd. IV, S. 609, 6 andere von A. Mustoxydes *Sylloge Graec. Anecd. Venet.* 1817, zuletzt 11 von Boissonade *Anecd. Graec.* III, *p.* 187—199; Ἐγκώμια, darunter εἰς τὸν Ὅμηρον über den Plan der Odyssee *gr. ed.* P. Matranga *Anecd. P.* II, und ein anderes zur Uebung im Stil εἰς τὸν βασιλέα im ionischen Dialekt; Μονῳδίαι und Λόγοι aller Art, paränetische, symbuleutische, prosphonetische; eine Gedächtnißrede auf Theodoros Metochites *ed.* J. Meursius *L.Bat.* 1618. 4. *cf. Hist. Byzant.* X, *p.* 474 *sq. ed. Bonn.*; Πρόλογοι; Διηγήσεις; Ἀντιλογικά; eine Παράφρασις; Προοίμια und andere Stücke, die ihn als Kenner der alten Literatur wie als tüchtigen Polygraphen charakterisiren. Hierzu kommen Biographien, wie die des Michael Synkellos, *cf.* L. Allatii *Diatr. de Symeonibus p.* 100, eine ganze Reihe grammatischer (*Τεχνολογία γραμματική, Περὶ ὀρθογραφίας, Περὶ συντάξεως ἀντωνυμίας, Παρασημειώσεις καὶ ζητήματα γραμματικά, Περὶ ἀνωμάλων*, eine Probe Περὶ ῥημάτων *ed.* J. Iriarte *Cat. Codd. Matrit. Vol.* I, *p.* 381 *sq.*) und exegetischer Arbeiten, wie die meisterhafte Auslegung der Odyssee, Ἐξήγησις διήγησις εἰς τὰς κατὰ Ὅμηρον πλάνας τοῦ Ὀδυσσέως in 11 kurzen Abschnitten: *De Ulixis erroribus prim. ed.* Opsopoeus *Hagan.* 1531, wiederholt von J. Columbus *L.Bat.* 1745, vermehrt von P. Matranga *Anecd. p.* 520 *sq.* (*cf.* Valcken. *Diss. de scholiis in Hom. p.* 143), sowie der von D. Petavius mit *Opp. Synesii Lutet.* 1612. 1633. 1640. *Fol.* herausgegebene Commentarius in librum Synesii de Insomniis. Einen bedeutenden Platz nehmen endlich Schriften astronomischen Inhalts ein, *Περὶ τῶν ἐφαρμόζειν τὴν ἀστρονομίαν, Παραλλαγαὶ περὶ ἀστρονομίας, Πῶς δεῖ κατασκευάζειν ἀστρολάβον* (nur lateinisch *interpr.* Georgio Valla *Par.* 1557. 12.) und andere über denselben Gegenstand; zuletzt noch nicht wenig iambische Poemata. Aus Vorstehendem ist ersichtlich, daß Nikephoros Gregoras alle Gebiete des byzantinischen Wissens in nicht gewöhnlicher Weise umfaßte, und man darf ihn für den fruchtbarsten unter den letzten byzantinischen Gelehrten halten. Höhere Forderungen an ihn zu stellen, namentlich in Hinsicht auf Methode und Stil, sind wir, wie überhaupt in Erwägung der Schwächen jener Zeit, so besonders deshalb nicht berechtigt, weil ein großer Theil seines Werkes, schon von *lib.* XI an, ohne Ruhe und Sammlung des Gemüths, vielleicht sogar unter Furcht und ohne genügendes Schreibmaterial zusammengestellt, die sichersten Anzeichen des eiligen Niederschreibens trägt; daß er aber auch jene beseitigen wollte, verspricht er *lib.* XXVII, *c.* 11—16, namentlich *p.* 132 *ed. Bonn.*, die Mängel in der Darstellung und Sprache mit den Leiden seiner unfreiwilligen Haft entschuldigend: [illegible] und *p.* 133 *sq.* [illegible] κ. τ. λ. Diese und ähnliche Stellen sind charakteristisch für das Streben und den Geist dieses Mannes, dem man glänzende Beredtsamkeit, hohes Genie und sogar einen γόνιμος [illegible] beilegte. Jetzt benutzen wir diese geschwätzigen, von dem einseitigen Standpunkte eines Parteimannes ohne strengen und gewissenhaften Fleiß verfaßten weitläufigen und dunklen Bücher mit größter Vorsicht; sie sind reich an werthvollen Schilderungen und schätzbaren Einzelheiten, aber auch an kleinen Thatsachen des Hoflebens, der Eigenliebe und des Selbstgefühls, reich an dogmatischer Polemik und verwässerter Moral, voll von Kakozelie und affectirter Eleganz, geschmückt durch falsche Rhetorik, Bilderpracht, Gleichnisse, Proverbien und Reminiscenzen aus dem Alterthum (man lese beispielsweise die salbungsvolle und überladene Rede an Kaiser Andronikos II. lib. VIII, p. 326—329 ed. Bonn.), dagegen niedergedrückt durch eine Fülle poetischer Ausdrücke, unerträglicher Figuren (Hyperbeln) und häufige Wiederholungen der Wörter, Phrasen und Gedanken; Zeugnisse des Haß und des unruhigen von der Gewalt der Leidenschaft niedergedrückten, aber unerschöpflichen und unbeugsamen Charakters. In Hinsicht auf Chronologie darf man ihm mehr trauen als Kantakuzenos, seinem Gegner im Dogma, welcher ihn in vielen Stücken ergänzt und berichtigt, Berichtigungen, wodurch es noch schwieriger wird, dem Nikephoros Gregoras recht gerecht zu werden. Sein Geschichtswerk ist erst in jüngster Zeit e cod. Vaticano et ex Parisiensibus regiis vollständig veröffentlicht worden. Cf. Praef. J. Bekkeri ad Vol. III. — Ausgaben der Geschichte: Libb. gr. lib. I—XI per H. Wolfium Basil. 1562. Fol. — in Hist. Byzant. scriptt. tres (Georgios Akropol.- und Laonikos Chalkond.) Graec. (Colon. Allobr.) 1615. Fol. — lib. I—XXIV graece et lat. ed. J. Boivinus, 2 Voll. Par. 1702. Fol. unvollständig, wiederholt Venet. 1729. — c. Annotatt. H. Wolfii, C. Ducangii, J. Boivini, Cl. Capperonnerii ed. L. Schopen, Vol. I. II. Bonn. 1829. 1830. Libri postremi (XXIV—XXXVII) ab J. Bekkero nunc prim. editi (Vol. III.) Bonn. 1855. (Corp. Scriptt. hist. Byzant.) — franz. par Cousin Par. 1685, russisch übers. von Schalfeeff in „Die byzant. Geschichtschreiber," Petersb. 1862. 2. Bd. — L. Schopen Beiträge zur byzant. Gesch. und Chronologie, aus den noch ungedruckten Büchern des Nikephoros Gregoras, Bonn 1834. 4. — Vergl. C. Hopf De historiae ducatus Atheniensis fontibus, Bonn. 1852. p. 68. — R. Hercher zu Nikephoros Gregoras De erroribus Ulixis, im Philol. VIII, S. 755 fg.

Joannes Kantakuzenos (*Καντακουζηνός*), von mütterlicher Seite ein Verwandter der Paläologen, ein Mann von Kenntnissen, von hohem Ansehen und mächtigem Einfluß, erst Großdomestikos und Befehlshaber der kaiserlichen Leibwache, dann [illegible] unter Andronikos II. Paläologos, hierauf vormundschaftlicher Verwalter des durch politische und religiöse Parteikämpfe arg zerrütteten und geschwächten Reiches, als Kaiser (1347—1355) von dem Patriarchen von Konstantinopel Philotheos und dem von Jerusalem Lazaros feierlich gekrönt, zog sich nach einem bewegten, an Ruhm, Glück und Unheil wechselnden Leben freiwillig abdankend, in das Kloster der *Manganorum* bei Konstantinopel zurück. Cf. Hist. lib. IV, p. 305 sq. ed. Bonn. Hier und in den Zellen des Berges Athos unter dem Namen Joasaph (Christodulos) nach [illegible] (cf. Ducange Fam. Byzant. p. 261) lang mit frommen Uebungen und wissenschaftlichen Studien beschäftigt, verfaßte er, außer dem Rat eines gelehrten, hochbetagten, tapferen und gottesfürchtigen Mannes, theologische (gegen den Mohammedanismus und Judaismus), philosophische (z. B. eine Paraphrase zu den 5 ersten Büchern der Ethik des Aristoteles) und historische Schriften. Sein Hauptwerk sind die noch erhaltenen 4 Bücher Ἱστοριῶν, welche die Geschichte des Verfalls und die Auflösung des byzantinischen Reiches vom Jahre 1320—1357 darstellen. Dieses Nikephoros Gregoras ergänzende und berichtigende Werk ist gewissermaßen eine Apologie seines Lebens und seiner staatsmännischen Thätigkeit an seinen Sohn Matthaios (cf. lib. IV, p. 300 sq.); hervorgegangen aus sittlichen Motiven und im Ganzen von Wahrheitsliebe bestimmt, aber unkritisch und namentlich in Hinsicht auf Chronologie unsicher, reich an interessantem Detail, das aber verwirrt und weitschweifig verarbeitet, den Leser ermüdet und dunkel wird, auch mit vieler Rhetorik und zusammengelesenem Wissen aufgeputzt, ist keine unerhebliche Leistung der damaligen Literatur und läßt immerhin die Bildung, die Belesenheit und den Eifer, welcher mitten in jenen Zeiten der Zersetzung und Entartung noch in den höheren Ständen herrschte, in einem nicht ganz trüben Lichte erscheinen. Vergl. die Beurtheilung von Gibbon chap. 63. — Ausgaben: zuerst lateinisch interpr. J. Pontano, Ingolst. 1603. Fol. 3 Voll. Par. 1645. Fol. wiederholt Venet. 1729. Fol. — graece et lat. cura L. Schopeni, 3 Voll. Bonn. 1828—1832. (Corp. Scriptt. hist. Byzant.) — Cf. J. de Hammer De Byzantinae Hist. ultimis scriptt. ex hist. Osmanica elucidandis. In Commentatt. soc. Gotting. Tom. VI, 1823—1827. p. 263 sq. und dess. Geschichte des osmanischen Reiches I. — Cf. M. Hanke De Byzant. rerum scriptt. p. 602 sq. Lambecii Comment. bibl. Caes. Vindob. Tom. V, p. 420 sq. VI, p. 58 sq. Fabric. Bibl. Graec. Tom. VII, p. 787—793. ed. Harl.

Auch für die Geschichte des 15. Jahrhunderts, namentlich für die Eroberung Konstantinopels durch die Türken fehlt es nicht an Darstellern und Sammlern, darunter mehrere Zeugen jener Katastrophe entsetzlichen, wie Georgios Phrantzes, Georgios Kodinos (s. §. 24), Laonikos Chalkondyles und Joannes Dukas. Für diese letzten Zeiten der byzantinischen Kaiserherrschaft ist zu verweisen auf die historische Darstellung und die Literatur §. 5, S. 300—302. §. 16, S. 288—291.

Joannes Kananos (*Κανανός*) beschreibt in seiner Διήγησις περὶ τοῦ ἐν Κωνσταντινουπόλει γεγονότος πολέμου den Angriff Murad's II. auf Konstantinopel (1422) und die glückliche Rettung der Stadt durch die wunderbare Dazwischenkunft der heiligen Jungfrau, welche im veilchenblauen Gewande herniederschwebend, den Muth der Belagerten belebte und sie, verweisend auf die [illegible] Dauer von 30 Jahren, die Weissagung des Seid Bechar, eines Abkömmlings des Propheten, zu Schanden machte. Vergl. Gibbon chap. 65. extr. Diese Declamation ist ebenso seicht wie überschwenglich, ebenso leichtgläubig wie mönchisch geschmacklos; nach Leo Allatius (mit Georgios Akropolites) Par. 1651. p. 187 sq. Fol. herausgegeben von J. Bekker (mit Georgios Phrantzes und Joan-

und Anagnostes) Bonn. 1838. p. 457—479. (Corp. Script. hist. Byzant.)

Des Joannes Anagnostes (Ἀναγνώστης) aus Thessalonich compendiarischer Bericht Περὶ τῆς τελευταίας ἁλώσεως τῆς Θεσσαλονίκης an einen Ungenannten erzählt in gleich unerträglichem Tone die Einnahme und Plünderung seiner Vaterstadt durch die Türken, 1430, worin Mittheilungen über die barbarische Vernichtung der Kirchen und Kunstschätze einiges Interesse erwecken: ed. Leo Allatius in Symmikta T. II, p. 317 sq., wiederholt Venet. 1733. Fol. mit Genesios, ac recens. J. Bekkeri Bonn. 1838. p. 483—534. Vergl. Joannes Kananos und über die früheren Schicksale dieses in Politik und Literatur wichtigen Platzes die Artikel „Eustathios von Thessalonich" und „Joannes Kameniates," auch „Demetrios Kydones." M. Hanke De Byzant. rerum script. p. 630 sq.

Georgios Phrantzes (ὁ Φραντζῆς), Mitglied der kaiserlichen Familie, von Manuel II. (1391—1425) hochgeschätzt und von früher Jugend an im Dienste des Staates und Palastes verwendet, ein treuer Anhänger der Palaiologen und bewährt in schwierigen Lagen daheim und im Felde, unter Joannes VI. Palaiologos (1425—1448) in den höchsten Ämtern thätig, Protovestiarios, Präfect von Sparta, zuletzt seit 1448 Großlogothet, gerieth bei der Einnahme Konstantinopels 1453 in türkische Gefangenschaft und in Sklaverei. Nach Wiedererlangung seiner Freiheit fand er bei Thomas, dem Palaiologischen Fürsten im Peloponnes, Aufnahme, flüchtete nach dem Sturze dieser Fürstenthümer nach Italien und wurde endlich 1468 auf Corcyra Mönch. Hier verfaßte er unter dem Namen Georgios Monachos, von einigen vornehmen Corcyräern veranlaßt, sein Χρονικὸν in 4 Büchern, worin er summarisch die ganze Geschichte der Palaiologen vom Jahre 1261 bis zur Eroberung Konstantinopels und weiterhin die im Peloponnes sich anschließenden Fehden zwischen den Palaiologischen Despoten Demetrios und Thomas einerseits und die Kämpfe mit den Osmanen andererseits bis zum Jahre 1477 beschreibt. Cf. Prooem. p. 5 ed. Bonn. Da er als Augenzeuge berichtet und an den meisten Ereignissen der letzten 40 Jahre selbst den thätigsten Antheil genommen, auch durch Alter und Einsamkeit seinen Ingrimm gekühlt hat, so führt er unserer Kenntniß der damaligen Geschichte ein erwünschtes Material zu. In Hinsicht auf Chronologie ist er klar und authentisch, in Hinsicht auf Composition und Sprache beinahe barbarisch. Daraus gebildet ist Georgii Phrantzae Chronicon parvum sui temporis, in A. Mai Auct. class. latin. Tom. IX. Rom. 1837. — Ausgaben: zuerst lateinisch interpr. J. Pontano (mit Theophyl. Simokattes) Ingolst. 1604, wiederholt (mit Genesios und Theodosios Gaza) Venet. 1733. Fol. — Editio pr. e cod. Monacensi Fr. C. Alteri, Vindob. 1796. Fol. — recens. e cod. Parisiensi J. Bekkerus (mit Joannes Kananos und Joannes Anagnostes) Bonn. 1838. (Corp. Script. hist. Byzant.) Cf. M. Hanke De Byzant. rerum script. p. 651 sq. Fabric. VIII, p. 14 sq. XII, p. 152 sq. Vergl. Gibbon chap. 67. extr.

Laonikos Chalkondylas (Λαόνικος ὁ Χαλκονδύλης, richtiger Χαλκοκονδύλης in der Aufschrift des Cod. R. Parisiensis und damit übereinstimmend im Text pp. 320. 321. 348. ed. Bonn.) stammt aus einer einflußreichen Familie Athens, welche in den schwankenden Zeiten dieses noch bis zum Jahre 1460 unter fränkischer Gewalt stehenden Herzogthums vertrieben, nach Italien kam und hier durch Demetrios Chalkondylas mächtig [illegible], zur Wiederbelebung der griechischen Sprache beitrug. Von Murad II. (1421—1451) zweimal, zuletzt als Gesandter des Despoten von Peloponnes Konstantin (XI.) Palaiologos Dragases in Gefangenschaft gehalten (1446), erlebte Laonikos Chalkondylas das Ende der Monarchie und den Sturz der beiden letzten kaiserlichen Dynastien, der Palaiologen in Konstantinopel (1453) und im Peloponnes (1460) und der Groß-Komnenen von Trapezunt (1461). Seine türkisch-griechische Geschichte, 10 ἀποδείξεις Ἱστοριῶν, gewöhnlich de rebus Turcicis libri X citirt, umfaßt die Zeiten vom Verfall der fränkischen Macht und der Erhebung der osmanischen Türken unter Osman bis auf die Besiegung der Venetianer und des Ungarnkönigs Matthias durch Mohammed II., d. i. von 1298—1463, mit welchem Jahre das Ganze unerwartet abbricht. Dieser Stoff, welcher das schnelle Wachsthum der seit Mitte des 14. Jahrhunderts völlig offenkundig vorgebrochenen türkischen Macht behandelt, gegenüber der immer deutlicher hervortretenden Altersschwäche des byzantinischen Griechenthums, ist unstreitig lehrreich und interessant, zeigt aber in dieser Behandlung, daß dem Verfasser aller Ueberblick und jedes Verständniß für die Gründe und den innern Zusammenhang der gewaltigen Ereignisse ebenso fremd war, als der Sinn für erträgliche Darstellung und das Gefühl für eine schickliche Form. Bald zu weitschweifig, wie in der Erzählung der unwürdigen Streitigkeiten und Unglücksfälle der beiden Despoten von Morea, der letzten Palaiologen Demetrios und Thomas lib. VIII. IX. X., bald im kleinsten Fragment aber mit um so größeren Abschweifungen fabelhaft berichtend, sobald der eigentliche Gegenstand in einem Meer von Episoden verschwimmt, besonders in Ethnographie und Geographie (vergl. Gibbon chap. 66), ja sogar unbekannt mit den in näherer oder weiterer Ferne vollbrachten Thatsachen der Geschichte, kündigt Laonikos Chalkondylas das Urtheil des historischen Forschens und Wissens an. Vgl. die literar-historische Bemerkung §. 16. S. 288. Seine geschichtliche Bedeutung wird aber, ganz abgesehen von seiner Befangenheit in Sache und Glaubwürdigkeit und von dem Widerwillen, welchen er selbst in sein Urtheil legt, durch eine Betrachtung der Form geradezu vernichtet: ein wüstes Gemisch von Wörtern der gemeinen und dunkelsten Art in schwieriger und barbarischer Sprache, in deren Häufung er nur von seinem Zeitgeneben Joannes Dukas überboten wird, stellt die Geschmacklosigkeit und das Unvermögen des gräko-barbarischen Idioms, welches bereits das Uebergewicht gewonnen hatte, an schweren Kennzeichen dar. *Cf.* J. Bekkeri *Praef. p.* V. mit Hinweis auf das hierdurch schwierige Geschäft der Textkritik. — Ausgaben: graece *lat. interprete* C. Clausero *Tiguri* 1556 und (mit Nikephoros Gregoras) 1562. *Fol.* — *Edit. pr. graece et lat. Genevae* 1615. *Fol.* — *c. lectt. var. et glossario ed.* C. H. Fabrotus *Par.* 1650. *Fol.*, wiederholt *Venet.* 1729. *Fol.* — *ex recogn.* J. Bekkeri *Bonn.* 1843. *(Corp. scriptt. hist. Byzant.)* — *trad. du grec par* Bl. de Vigenère *(Par.* 1577. 4. 1584. 4. 1612. *Fol.)*, *continuée par* E. de Mezeray 2 *Voll. Rouen* 1650. *Fol. réimpr. Par.* 1662. 2 *Voll. Fol.* — Hierzu Ph. Loniceri *Chron. Turc.* 3 *Voll.* 1578. *Fol.* J. von Hammer *De Byzantinae histor. ultimis scriptoribus ex histor. Osmanica elucidandis et corrigendis* (in *Commentatt. soc. Gotting. Tom.* VI, *p.* 1823—1827, woselbst *p.* 233—252 das Ende des 3. Buches des Chalkondylas, von Timur handelnd, kritisch commentirt ist). Vergl. dess. Geschichte des osmanischen Reiches I. und die oben §. 8. S. 252 angegebene Literatur (vergl. §. 2. S. 233); dazu Fallmerayer Geschichte des Kaiserthums von Trapezunt, 1827. S. 273 fg. Finlay *Mediaeval Greece and Trebizond*, übersetzt von Reiching S. 272—302. 456 fg. und C. Hopf *De historiae ducatus Atheniensis fontibus*, *Bonn.* 1852. — — Wie der an anderer Stelle zu nennende gelehrte griechische Flüchtling Theodoros Gaza (Γαζῆς) aus Thessalonich, ein etwas älterer Zeitgenosse des Laonikos Chalkondylas, denselben Stoff (*Περὶ ἀρχαιογονίας Τούρκων s. de originibus Turcorum*) in Briefform behandelt hatte, so wird Laonikos Chalkondylas ergänzt und fortgesetzt durch eines Anonymus Ἱστορία πολιτικὴ Κωνσταντινουπόλεως, welche in mageren Umrissen die türkisch-griechische Geschichte von dem Nachsuchen des Kaisers Manuel II. Paläologos bei dem Papste in Rom um Hülfe gegen die Türken bis auf den vom Sultan Selim II. bestätigten Patriarchen Jeremias, d. i. von 1391—1578 mittheilt. Als Urheber dieser in gewöhnlicher Vulgärsprache schlendernden Notizen nennt sich am Ende Θεοδόσιος ὁ Ζυγομαλᾶς, Protonotar des genannten Patriarchen von Constantinopel, bekannt als Abschreiber griechischer Schriften für den tübinger Professor Martin Crusius: *c. latina interpret.* M. Crusii *(Turco-Graeciae lib.* I, *p.* 1—43. *Basil.* 1584.) *recogn.* J. Bekkerus (mit der *Hist. Patriarchica* und den *Epirotica* im *Corp. Scriptt. hist. Byzant.*) *Bonn.* 1849. *Cf.* Fabric. *Bibl. Graec. Tom.* XI, *p.* 622. 724. *ed. Harl.*

Joannes Dukas (Ἰωάννης ὁ Δούκας) aus der kaiserlichen Familie der Dukas, Enkel des während der vormundschaftlichen Regierung des Joannes Kantakuzenos in den Bürgerkrieg (1341—1347) verwickelten Michael Dukas (*cf. c.* IV. *p.* 23. *ed. Bonn.*), entfloh nach der Einnahme Constantinopels mit vielen Flüchtlingen nach Lesbos an den Hof der Gattelusi, der Beherrscher dieser Insel, in deren Interesse er wiederholt als Gesandter bei dem Sultan Mohammed II. wirkte. *Cf. c.* XLIV, *p.* 328 *sq.* Nach der Unterjochung dieser Insel durch die Türken im Jahre 1463 schrieb oder vollendete er in der freudigen Hoffnung auf die Restauration seines Geschlechts (*c.* XLII, *p.* 318. 319) eine Geschichte von Byzanz, welche nach einer ganz kurzen Uebersicht der Weltbegebenheiten von Adam bis auf die Anfänge des Zerwürfnisses zwischen Joannes Kantakuzenos und der Kaiserin-Mutter Anna von Savoyen (cap. I—IV) in den folgenden 41 Capiteln den Zeitraum von 1341—1462 bald in breiterer Ausschmückung der Details, bald in bündiger Fassung behandelt. In dieser Unternehmung darf sie als Fortsetzung der Geschichte des Kantakuzenos angesehen werden, deren Glaubwürdigkeit sie in den meisten Punkten bestätigt; die Lücken, sowie den fehlenden Schluß ergänzt aus einem volleren Exemplar der etwa gleichzeitige, aber unbekannte und ungeschickte italienische Uebersetzer *p.* 512 *ed. Bonn.* Joannes Dukas ist, obgleich er theils als Zeuge der erzählten Ereignisse (*c.* XXXVII, *p.* 260) berichtet, theils ihnen nahe stehend namentlich die Vorgänge in Asien und auf den Inseln besser beobachten konnte, dennoch mit Vorsicht zu gebrauchen; er arbeitet aus dem Standpunkte eines verständigen und leichtgläubigen Staats- und Hofmannes, welchen auch das Unglück zu einem richtigeren Einblick in die Ereignisse und ihre Ursachen nicht geführt hatte, ohne Kritik und Urtheil, vermischt nicht ohne Moral und mit einem trüben Seitenblick auf die Leichtfertigkeit und Treulosigkeit der Griechen in ihrem Verhalten gegen die Abendländer; denn er war ein eifriger Christ und für Versöhnung der griechischen Kirche mit der lateinischen, wie es scheint, aufrichtig thätig. Dagegen legt die Erzählung des Werkes den gänzlichen Verfall der formalen Bildung jener Zeiten und Geister außer Zweifel: er schreibt, wie das gemeine Volk spricht, in einer Gräcität, welche ein an schöne Form gewöhntes Gefühl geradezu beleidigen kann, und schreitet somit durch einen Alles überbietenden Ungeschmack, durch beispiellose Nachlässigkeit und die volle in Flexion, Structur und Bedeutung offen zu Tage tretende Barbarei des neuen Jargons geradezu an. *Cf.* Bullialdi et Bekkeri *Praef. p.* V. *p.* IX *sq. ed. Bonn.* — Ausgaben: *Edit. pr. graece et lat. per* J. Bullialdum, *Par.* 1649. *Fol.*, wiederholt *Venet.* 1729. *Fol.* — *recogn. c. Bullialdi notis et interpretatione Italo addito* (von L. Ranke von Venedig an J. Bekker gesendet) *supplevit* J. Bekkerus, *Bonn.* 1834. (*Corp. Scriptt. hist. Byzant.*) — Hierzu F. G. A. Mullach *Conjectaneorum Byzant. libri* II. *Berol.* 1852. Fabric. *Bibl. Graec. Tom.* XIII, *p.* 33 *sq. ed. Harl.* — Der Geschichte des Joannes Dukas fügte Bullialdus das dürftige *Χρονικὸν σύντομον* eines Griechen von Cephalonia oder Zante bei, eines Unterthanen des venetianischen Dominium's, welches einige glänzende Thatsachen aus der Geschichte der Griechen, Türken und Venetianer vom Jahre 1089—1589 anmerkt und bemerkenswerth ist durch den italischen [illegible]-

sen und Königreichen des von historischen Ereignissen völlig verkommenen und trivialen Verfassers; abgedruckt (mit Johannes Dukas) Bonn. 1834. p. 515—527. Zur Sache W. Heyd Die italienischen Handelscolonien in Griechenland während der Regierungszeit der drei ersten Paläologen, 1261—1341, in der Tübinger Zeitschrift für die Staatswiss. XVII (1861) S. 441—495.

Michael Dukas (Μιχαὴλ Νεπότης τοῦ Δουκός), ein nicht näher bekannt gewordener Sprößling der kaiserlichen Familie der Dukas, wird genannt als Verfasser einer Geschichte des Fürstenthums von Epirus, von der Einnahme von Jannina durch die Serben unter ihrem Fürsten Stephan Duschan (zwischen 1345 und 1350) bis zur Uebergabe dieser Stadt an die Türken im Jahre 1431. Vergl. §. 7. S. 257 fg. Leider sind diese Ἠπειρωτικά, welche einen für die Kenntniß der äußeren und inneren Wirren der Griechen, Serben, Bulgaren und Osmanen wichtigen historischen Stoff behandelten, bis auf einige Bruchstücke verloren. Dem zweiten umfangreichen Fragment, Ἱστορία Πολέμων καὶ ἄλλων διαφόρων Δεσποτῶν τῶν Ἰωαννίνων ἀπὸ τῆς ἁλώσεως αὐτῶν παρὰ τῶν Σέρβων ἕως τῆς παραδόσεως εἰς τοὺς Τούρκους überschrieben und verfaßt von einem frömmelnden und weinerlichen Serbianten (cf. p. 238) in barbarischer Sprache, woraus wir furchtbar zusammengesetzte Wörter kennen lernen ([illegible]), folgt ein bereits kürzeres Stück: Σύνοψις ἱστορίας τῶν Ὀθομανῶν βασιλέων, ἀπὸ τῆς ἀρχῆς αὐτῶν ἕως τῆς βασιλείας τοῦ Μουράτ, ἐν ᾗ καὶ ἡ τῶν Ἰωαννίνων παράδοσις, καὶ ἕτερον ἱστοριῶν von gleichem Werthe und Geschmack; die nächsten 2 Fragmente beziehen sich auf spätere Thatsachen aus dem 17. und 18. Jahrhundert und können den Aberglauben und die völlige Unkenntniß der Verfasser mit den Weltbegebenheiten bezeugen, während das sechste und letzte größere Bruchstück, vermuthlich aus den Anfängen des 17. Jahrhunderts, den dürftigen Stoff ohne chronologische Folge wirr durcheinanderwirft und, mit Fabeleien jeder Art und wunderbaren Traditionen angefüllt, die erbärmliche Gesinnungsart eines barbarisch denkenden und schreibenden Chronographen auf dem Gipfel darstellt. Cf. Annot. p. 263. Die Ἠπειρωτικά sind herausgegeben von J. Bekker mit der Hist. politica et patriarchica Constantinopoleos, Bonn. 1849. p. 207—279. (Corp. Script. hist. Byzant.)

B. Die byzantinischen Chronographen.

a. Die älteren Chronographen von Byzanz. Vergl. die zu §. 17. S. 292 angegebene Literatur, auch S. 294.

§. 22.

Eusebius Pamphili (Εὐσέβιος ὁ Παμφίλου), d. i. Freund des Presbyters und Märtyrers Pamphilus, durch diesen Zusatz von dem gleichnamigen, ungefähr gleichzeitigen Bischof von Emisa in Phönicien unterschieden, geboren zu Cäsarea in Palästina um 264 n. Chr. und in Antiochia gebildet, ein [illegible] Gemeindemann, der berühmte Zeitgenosse Constantin's des Großen und demselben innig befreundet, Bischof seiner Vaterstadt seit 315, starb, nachdem ihm noch kurz vor seinem Tode in Nikomedia die Freude geworden war, den Kaiser durch die heilige Taufe dem Christenthum zuzuführen, im Jahre 340. Die Verdienste dieses in profaner wie in kirchlicher Literatur gleich heimischen und vorzüglich belesenen Mannes, den man wegen seiner 10 Bücher Ἐκκλησιαστικὴ ἱστορία mit Recht als Vater der christlichen Kirchengeschichte feiert, sowie eine Würdigung seiner theologischen Gelehrsamkeit gehört in die Gebiete der Kirchengeschichte. Vergl. Baur Epochen der kirchlichen Geschichtschreibung, Tübingen 1852. S. 9 fg. In dieser Darstellung erhält er einen ehrenvollen Platz wegen des großen Aufwandes seiner chronologischen Forschungen, deren Ergebnisse und Resultate, in seiner Allgemeinen Geschichte (Παντοδαπὴ ἱστορία) niedergelegt, auf die verwandten Arbeiten der Chroniken des Mittelalters [illegible] aber durchgreifend eingewirkt haben. Dieses Chronicon Eusebii zerfiel in 2 selbständige Theile oder Bücher, eine ethnographisch geordnete Χρονογραφία, und einen synchronistisch angelegten Χρονικὸς κανών. Jenes enthielt die Geschichte aller Völker und Staaten, nach Maßgabe der denkwürdigsten Ereignisse und der Dauer der einzelnen Regierungen und zwar mit zahlreichen Fragmenten und Auszügen aus verlorenen Schriftstellern ausgestattet. Hauptquelle war für die älteren Völker Alexander Polyhistor, dessen Auszüge in der Hauptquellen auf die wiederum in auffallender Weise übereinstimmenden Geschichten der Assyrer und Meder des Berossus und Abydenus zurückgingen; vergl. B. G. Niebuhr Kleine Schriften, I, S. 179 fg. M. v. Niebuhr Geschichte Assur's S. 469 fg., welcher die im armenischen Eusebius enthaltenen Bruchstücke aus Berossus, übers. von H. Petermann. J. G. Hullemann Comment. de Corn. Alexandro Polyhist. Traj. ad Rhen. 1849. p. 54 sq. C. Müller Fragm. Histor. Graec. Vol. III, p. 206 sq. IV, p. 279. Eine Zusammenstellung der Bruchstücke aus Berossus bei Josephus, Alexander Polyhistor, Eusebius, Syncellus u. A. (begonnen von J. Scaliger) in J. D. G. Richter's Berosi Chaldaeorum historiae quae supersunt, Lips. 1825. p. 47 sq., vollständig in C. Müller's Fragm. hist. Graec. II, p. 495—510. Vergl. A. von Gutschmid im Rhein. Mus. VIII, S. 252—257. Ein zweites von Eusebius benutztes Werk des Alexander Polyhistor waren die Ἰουδαϊκά, woraus bedeutende Stücke übergingen auch in die Praeparatio Evang. I, 17—39. Für die Geschichte Aegyptens zog er die Königslisten in den Aegyptiaca des Manetho aus, welcher wiederum eine große [illegible] Berossus zeigt (vergl. Richter l. l. Prolegg. §. 16); für die Denkwürdigkeiten anderer Völker wurde die Aus-

weltliche Weltgeschichte des Apollodor aus Athen, welcher in Stoff und Methode von Eratosthenes abhängt, dem Begründer der wissenschaftlichen Chronographie, weiterhin des Kastor von Rhodos Ἀναγραφὴ τῶν Βαβυλωνίων καὶ Ἀσσυρίων καὶ Χρονικά, vorzüglich aber das die Zeit von Erschaffung der Welt bis auf Alexander Severus 221 n. Chr. umfassende Πεντάβιβλον χρονολογικόν des Sextus Julius Africanus herangezogen. Die manethonischen Fragmente in Bunsen's Urkundenbuch, in Ideler's Hermapion I, S. 32 fg., in C. Müller's *Fragm. histor. Graec.* II. und Lepsius Königsbuch II. Hierzu die neuere Literatur über ägyptische Chronologie: A. Boeckh Manetho und die Hundssternperiode, Berl. 1845. St. Poole *Horae Aegyptiacae, or the Chronology of anc. Egypt. Lond.* 1851. Lepsius Chronologie der Aegypter, Berl. 1849, mit den Fortsetzungen 1852. 1856. 1858 (aus den Abhandl. der berl. Akad.), ferner Das Königsbuch der alten Aegypter, Berl. 1858. Fol., H. Brugsch Zur Chronol. der Aegypter, in Zeitschr. der deutsch-morgenl. Gesellsch. IX. X. und *Matériaux pour servir à la reconstr. du calendrier des anciens Egyptiens*, Lips. 1864. 4. S. Reinisch Zur Chronol. der alten Aegypter, in Zeitschr. der deutsch-morgenl. Gesellsch. XV (S. 256 fg.) G. Fr. Unger Chronologie des Manetho, Berl. 1867. Ueber des Eusebios Verhältniß zu Kastor von Rhodos vergl. Clinton *Fasti Hellen. Tom.* III, p. 565. Heyne *Commentat.* II *super Castoris epochis*, in *Nov. Commentatt. Goetting. Tom.* I, *P.* 2 *p.* 64 *sq. Tom.* II, *P.* 2 *p.* 40 *sq.* und die *Diss.* von G. W. Goodwin *De potioribus vett. gentium sagrarumque epochis ap. Eusebium, Goeting.* 1855. Ueber des Sextus Julius Africanus olympische Liste bei Eusebios s. Corsini *Diss. agonist. p.* 151 *sq.*, über die Königslisten Lepsius Königsbuch S. 8, über seine Berechnungsweise nach der sogenannten alexandrinischen Aera Ideler Handbuch der mathem. und technischen Chronologie II, S. 456 fg. 467 fg., überhaupt J. Rutgers *Sexti Julii Africani Ὀλυμπιάδων ἀναγραφή, adjectis ceteris quae ex olympionicarum fastis supersunt, Lugd. Bat.* 1862. *Commentt. crit.* I. Noch mehr war Sextus Julius Africanus, welcher ausführlich sein Material aus den ersten älteren historischen und chronologischen Schriften zusammengetragen hatte, Hauptquelle für das zweite Buch des Eusebios, den chronologischen Kanon, nur daß hier, was bei dem Zweck und Umfang des Werkes natürlich war, Zusätze aus Manetho, Josephus und anderen Historikern und Chronisten auf dem kürzesten Wege eingeschoben wurden. Den Verlust dieses auf je vielen zum größern Theil vortrefflichen Vorarbeiten beruhenden Werkes, wovon bis zum Jahre 1792 nur Bruchstücke des 1. Buches aus des Eusebios *Praeparatio evangelica*, aus Georgios Synkellos, Georgios Kedrenos und anderen Compilatoren, sowie aus der Sammlung der griechischen Fragmente durch Joseph Scaliger bekannt waren, macht hierdurch und durch den Fund einer im 9. Jahrhundert gemachten Auszugs, Ἐκλογὴ ἱστοριῶν ἐν τῷ Ἐκκλησ(ίᾳ)

τοῦ Βασιλίου κοινωνίας, von A. Mai *Scriptt. vett. Nova Collect. Tom.* I, *P.* 2, *p.* 1 sqq. bekannt gemacht, nur theilweise ersetzt. Derselbe ist bis zum Jahre 854 fortgeführt, enthält auch das armenische Reich der Sassaniden bis auf die Königin Boran, Kobads Theodorich des Großen, die Herrschaft des Kaisers (Heraklios) bis auf Leo, den Harun-Al-Raschid und die Reichstheilungen vom Jahre 827. In völliger Klarheit über die ursprüngliche Verfassung des ganzen Werkes führten die Uebersetzungen, die lateinische Bearbeitung des Kanons von Hieronymus und die armenische Uebertragung von unbekannter Hand.

Hieronymus, im Jahre 331 zu Stridon in Dalmatien von christlichen Eltern geboren, classisch gebildet in Rom von den gefeierten Grammatikern Aelius Donatus und Marius Victorinus und auf längeren Reisen besonders im Orient, dann thätig als Secretär in Rom, eine der glänzendsten Erscheinungen auf dem Gebiete der lateinischen Patristik des 4. Jahrhunderts, berühmt als Begründer der Bibel-Vulgata, aber nicht ohne Ehrgeiz und Leidenschaft, starb, nachdem seine literarischen Arbeiten, welche sowol von umfassender Gelehrsamkeit als auch von Verständniß und Sinn für classische Form zeugen, im hohen Alter 420 in seinem Kloster bei Bethlehem. Ebenso hat sich Hieronymus durch seine Uebersetzung, Bearbeitung und Fortsetzung der Chronik des Eusebios ein hohes Verdienst um das Alterthum und unsere Studien erworben, wenngleich in seinen Angaben oft Sorgfalt und Genauigkeit vermißt wird. Ueber die durch Ueberarbeitung noch vermehrten Fehler des Hieronymus s. Jos. Scaliger (vergl. Bernays p. 221). Das Original erscheint hier besonders im ersten Theile vielfach umgeändert, durch Aufnahme mancher Notiz, namentlich aus der griechischen und römischen Geschichte aus nicht mehr zugänglichen Quellen erweitert, und bis zur Gothenschlacht bei Adrianopel 378 fortgeführt, d. i. nach der aera vulgaris des Dionysios, nach der einen Unterschied von 4 Jahren ergebenden Zeitrechnung des Hieronymus bis 382; auch lassen wörtliche Excerpte aus der lateinischen Uebersetzung und Fortsetzung der Eusebischen Kirchengeschichte durch den Presbyter Rufinus mit unter. *Cf.* E. J. Kimmel *De Rufino Eusebii interprete libri duo, Gerae* 1838. C. Fr. Hermann *De scriptt. illustribus* (von Sophronios ins Griechische übertragen), *ed.* Des. Erasmus *Basil.* 1520. 4. und in *Opp. omnia ed.* J. P. Migne, 11. *Voll. Par.* 1845. 4), *quorum tempora Hieronymus ad Eusebii Chron. annotavit, Goeting.* 1848. 4. Vergl. A. Ebrard in Zeitschr. für histor. Theologie, Gotha 1862. p. 403—411. Ueber die von Hieronymus benutzten Quellen Th. Mommsen in den Abhandl. der Sächs. Gesellschaft der Wissensch. Bd. 2. 1850 und in dess. Die römische Chronologie S. 112 fg. 130 fg. Im Allgemeinen Bähr Supplem. I. der Röm. Lit. Gesch. § 49. S. 116—121. II. § 81. S. 165—204. Monographie von Collombet Geschichte des Kirchenvaters Hieronymus, sein Leben, seine Zeit, seine Schriften und seine Lehre. Bearb. von

Bauchert und Knoll, Nordhausen 1848. und O. Zöckler Hieronymus. Sein Leben und Wirken aus seinen Schriften dargestellt. Gotha 1865. *Cf.* Clinton *Fasti Rom.* II, p. 457—463. und Schubach im Cottbuser Programm 1865. 4.

Nachdem nun Joseph Scaliger mit sicherem Ueberblick und vermöge jenes ausgezeichneten Scharfsinnes, welcher diesem Meister der französischen Philologie eigenthümlich war, aus den erhaltenen Fragmenten die Wiederherstellung des ersten Buches unternommen, ein Versuch, welcher lebhaften Widerspruch hervorrief (*cf.* Vallarsi *ad Hieronym. Opp. Tom.* VIII, *p.* 7 *sq.* Schröckh *Kirchengeschichte* V, S. 194. XI, S. 41 fg.), aber durch den Fund einer sehr alten armenischen Uebersetzung von beiden Büchern in Constantinopel 1792 sich als glücklich erwies, und als dann eine Vergleichung der Uebersetzungen ergeben hatte, daß der historische Gewinn aus der armenischen Uebertragung den Erwartungen nicht entspricht, weil aber bei dem Verluste fast aller ähnlichen Werke aus alter Zeit für die Chronologie und Geschichte des ganzen Alterthums bedeutend ist, liegt jetzt ein vielfältiger Eusebios vor mit Ergänzungen und Berichtigungen, welcher durch die Kritik neuerer Geschichtsforscher zu fruchtbaren Resultaten verarbeitet wird. Vergl. B. G. Niebuhr Der historische Gewinn aus der armenischen Uebersetzung der Chronik des Eusebius, in Abhandl. der berl. Akad. der Wissenschaften 1820—1821. S. 37 fg. (Vermischte Schriften I, S. 179 fg.) und über die Geschichte des armenischen Codex A. Mai *De Philonis Judaei et Eusebii Pamphili scriptis ineditis, Mediol.* 1816. Auger Ausg. *Vol.* I. *Praef. p.* XXII *sq.* Petermann Ueber die armenische Uebersetzung des Eusebischen *Kanons*, in Monatsberichten der Preuß. Akad. der Wissensch. Mai 1866. Verfasser des ersten Buches der armenischen Uebersetzung, welche sich übrigens treuer als Hieronymus an das Original hält, ist aller Wahrscheinlichkeit nach der eifrige und gute Metaphrast griechischer Bücher Moses von Chorene aus dem 5. Jahrhundert, gebildet auf vielen Anstalten des *Kaiserreichs* und bekannt als Verfasser einer Rhetorik, welche aus Theon von Alexandria und anderen Progymnasmatikern stammt. Vergl. C. Fr. Neumann Versuch einer Geschichte der armenischen Literatur, Leipz. 1836. S. 50 fg. und dess. *Mémoire sur la vie et les ouvrages de David, Par.* 1829. p. 81. A. Mai *Scriptt. vett. Nova Collect. Tom.* VIII, *P.* 1. *p.* 1: *Ab Armenico codice abest auctoris nomen et operis titulus, qui mira varietate a graecis et latinis auctoribus recitatur. Cf. p.* 45. Der ganze Eusebius-Hieronymus *Kanon* liefert nach Vorausschickung eines Proömiums in einer Reihe von synchronistischen Tabellen die Geschichte von 2395 Jahren, theilt diesen Zeitraum in 239½ Dekaden und gibt ein Verzeichniß der in dieselben fallenden Regentschaften mit den bedeutenderen Ereignissen ohne weitere Begründung in rein chronologischer Abfolge. Anders verhält es sich dagegen mit den zwei Partien, welche größere Zeitabschnitte umspannen, deren erste wahrscheinlich von Eusebios selbst herrührt und 5 (mit Hieronymus 6) Perioden begreift, die zweite aber von Hieronymus am Ende des Werkes, mit dem Werthe einer summarischen Recapitulation in 7 Perioden die ganze Weltgeschichte umfaßt. Jener Eintheilung liegt eine feste Systematik nicht zu Grunde; Personen und Ereignisse bald aus der jüdischen, bald heidnischen, bald christlichen Geschichte machen hier Epoche; die zweite dagegen hält sich an die Geschichte des monotheistischen Volkes der Israeliten und Christen, ist logischer und für des Hieronymus Zwecke unstreitig förderlicher gewesen. Dahin führt die große Zahl der Abschreiber, Compilatoren, Fortsetzer und Erweiterer, darunter im 5. Jahrhundert Prosper Aquitanus und der Spanier Idacius, jener mit einer Fortsetzung von 379—455, dieser von 379—468; unter Justinian Marcellinus mit einer Weiterführung des Ganzen von 379—534 und der Fortsetzung eines Unbekannten von 534—566; im 6. Jahrhundert der Bischof von Tunis Victor mit einer Fortsetzung von 444—566 und sein Continuator der Gothe Johann von Biclaro von 566—590; der Burgunder Marius von Avenche, Fortsetzer des Prosper Aquitanus von 455—581; weiterhin Cassiodor, Isidor von Sevilla im 7. Jahrhundert und viele spätere Chronisten des lateinischen Mittelalters. *Cf.* Ch. F. Roesler *Chronica medii aevi, Tubing.* 1798. I, *p.* 73 *sq.* 129 *sq.* Bähr Roms christliche Dichter und Geschichtschreiber S. 95 fg. Wattenbach Deutschlands Geschichtsquellen im Mittelalter S. 53. Waitz in Nachrichten von der Göttinger Universität 1857. S. 38 fg. Oertel Ueber Periodisirung der allgemeinen Geschichte I. Progr. Meißen 1864. 4. S. 36 fg. — Von nicht geringer Bedeutung für die Alterthumsstudien sind auch die anderen Arbeiten historischen Inhalts, vor allen seine *Προπαρασκευὴ εὐαγγελικῆς ἀποδείξεως s. Praeparatio evangelica*, reich an Nachrichten über Philosophie und Religion der Griechen und wegen der Aufnahme einer Menge von Citaten und Bruchstücken aus verlorenen classischen Schriften für die Kenntniß der griechischen Literaturgeschichte ganz unentbehrlich; ferner die ihrer Tendenz nach ganz verschieden beurtheilte panegyrische Darstellung *de vita Constantini libri* IV; die 2 Bücher *Περὶ* τῶν τοπικῶν ὀνομάτων ἐν τῇ θείᾳ γραφῇ *s. Onomasticon urbium et locorum sacrae scripturae* über Geographie und Topographie Palästinas, wovon lib. 2. griechisch und in einer lateinischen Uebertragung von Hieronymus erhalten ist, endlich zahlreiche Schriften und Fragmente biographischen wie auch historischen Inhalts: lebendige Beweise seiner umfassenden Belesenheit, seiner reichen Gelehrsamkeit und Erfahrung, mit welcher er die Humanität und das Vermächtniß der classischen Welt überschaute und bei der Umgestaltung durch das Christenthum als unentbehrliches Bildungselement zu erhalten suchte. Denn gerade die Rücksicht auf das Heidenthum, welche bei der Abfassung seiner Kirchengeschichte vorwaltete, ganz im Gegensatz zu der apologetischen und tendenziösen christlichen Historiographie des Augustinus und Paulus Orosius, ver-

liche seinen großartigen Leistungen einen hohen Werth und eine über die Grenzen des Dogmas reichende weltgeschichtliche Bedeutung. Dieses Urtheil bestätigt zunächst die äußerliche Anordnung des Kanon selbst, wobei kein festes Princip befolgt, weil aber der Grundsatz der Vermittelung und Zeitnebeneinanderstellung sämmtlicher Feier durchgeführt ist. Geleitet von dem Bestreben, den wie es schien begründeten Einwurf des Heidenthums von dem höheren Alter der classischen Traditionen und ihrer durch die Erfahrung von Jahrtausenden geheiligten, vorzüglicheren Berechtigung vor dem Christenthum zu bekämpfen, und wie früher auf philosophisch-dogmatischem (Clemens und Origenes), so nunmehr auf historischem Wege die Continuität der monotheistischen Idee im Judenthum und dem daraus hervorgegangenen Christenthum nachzuweisen und somit die Glaubwürdigkeit und das Ansehen des alten Testaments zu befestigen, hat Eusebios, ohne auf die Darstellung besonderen Fleiß zu verwenden, trotz Mängeln, Irrthümer und offenbarer Fehler ein Werk geliefert, wodurch er, wie Eratosthenes, Timaios und Ptolemaios, dessen Kanon ihm auch als Vorbild diente, für die heidnischen Völker, so den Grund zur allgemeinen, besonders christlichen Chronologie legte. Daher gehörte sein Werk zu den gelesensten Schöpfungen der christlichen Literatur, stand im Morgen- und Abendlande in gleich hohem Ansehen, woher die Menge der Compilationen, Auszüge (einer in syrischer Sprache) und Uebersetzungen, die bereits Konstantin besorgen ließ, *cf. Vit. Constant.* **IV**, 35; und bei einzelnen sämmtlichen Nachgeahmten scheint es keine Anerkennung gefunden zu haben. *Cf.* **Suid.** v. *Ἀνίανος μοναχός* und seine Kopien, die ägyptischen Mönche Anianos und Panodoros, aus deren *Χρονογραφία* Georgios Synkellos Manches mittheilt. *Cf.* J. Scaligeri *Animadv. Euseb. pp.* 16 *sq.* 32 *sq.* 40 *sq.* 79. 223. 312 *sq.* 327 und unter dem Artikel „Georgios Synkellos." Beide blühten in den Anfängen des 5. Jahrhunderts; ihre Bestimmung des Osterfestes ist noch jetzt bei den äthiopischen Christen in Gebrauch, vergl. L. Ideler Handbuch der mathem. und techn. Chronologie, 2. Bd. S. 437. 447 fg. Auch ist diesen Compilatoren des Eusebios noch der von Suid. s. und vv. *Ἀνίων, Ἀφρικανὸς* 2. citirte Sophist Helikonios (*Ἑλικώνιος*) aus Byzanz hinzuzufügen, dessen *Χρονικὴ ἐπιτομὴ* in 10 Büchern die Zeiten von Adam bis auf Theodosios den Großen umfaßt. *Cf.* Zonar. p. 684. — Ausgaben: *Hist. ecclesiastica*: R. Stephanus (*Scriptt. hist. eccles.*) *Lutet.* 1544. *Fol.* p. 1 sq., *Colon. Allobr.* 1612. *Fol.* — H. Valesius, *Par.* 1659. *Fol.* 1677. *Fol.* — R. Reading, 3 *Voll. Cantabr.* 1720. *Fol. August. Taurin.* 3 *Voll.* 1746 und 1748. *Fol.* (*Vol.* I.) — *c. notis* Valesii *et* Readingi, 3 *Voll. Venet.* 1763 *sq.* 4. — Fr. A. Stroth, *Vol.* I. *Hal.* 1779. — E. Zimmermann (*Corp. Patrum Graec.*) *Francof.* 1822. *Vol.* I. — F. A. Heinichen, 3 *Voll. Lips.* 1827. *Supplem. notarum* 1840. *c. appar. crit., prolegg. et indicibus. Lips.* 1868. 3 *tomi.* — E. Burton, *Oxon.* 1838. 2 *Voll.* 1845. — *recogn.* Q. Schwegler, *Tubing.* 1852. — *ed. accd. rec. atque emend., lectionem H. Valesii versionem passim correctam subjunxit, appar. crit. apposuit* H. Laemmer, 6 *Fasc. Scaphus.* 1859—1862.

Uebersetzung des Rufinus, ed. J. B. P. Th. Cacciari, 2 *Voll. Rom.* 1740—1741. 4. — *Praeparatio evang.*: R. Stephanus, *Par.* 1544. *Fol.* — F. Vigerus, *Par.* 1628. *Fol. Colon.* 1688. *Fol.* — *de vita Constantini (et Panegyricus Eusebii)* ed. mit *Hist. eccles., ex nova recogn.* (*c. H. Valesii comment.*) *gr. et lat. ed.* F. A. Heinichen, *Lips.* 1830. — *Onomasticon urbium et locorum*: J. Clericus, *Amstel.* 1707. *Fol.* — in Vallarsii Ausg. von *Hieronymi Opp. Veron.* 1734 *sq. Fol.* (*Venet.* 1766 *sq.* 4.) *Vol.* III, *p.* 121 *sq.* — *gr. e lat. Hieronymi interpretatione edd.* F. Larsow *et* G. Parthey, *Berol.* 1862. — *Chronicon*: Lateinische Uebersetzung des Hieronymus (über die älteren Ausgaben Götz Memorabil. Tichter und Geschichtschreiber S. 96): *Edit. pr. per* Philippum Lavagniam (*Mediol. c.* 1475.) *Fol.* — *Venet.* 1483. 4. — H. Stephanus *Par.* 1512. *Fol.* 1518. *Fol.* — J. Pontacus (mit der Fortsetzung des Hieronymus und Prosper Aquit.) *Burdigal.* 1604. *Fol.* — J. Scaliger *Thesaurus temporum. L.Bat.* 1606, *Amstel.* 1658. *Fol.* (Darin Uebersetzung und Fortsetzung des Hieronymus, die späteren Fortsetzungen und die griechischen Fragmente). *Cf.* J. A. Fabric. *Bibl. Graec. Tom.* (VII, *p.* 335 *sq. ed. Harl.*) XIV. *Edit. vet.* — D. Vallarsius, in *Hieronymi Opp. Venet.* 1766 *sq.* 11 *Voll.* 4. — A. Mai in *Scriptt. vett. nova Collect. Rom.* 1833. *Tom.* VIII, *P.* 1. *p.* 1—606, mit Benutzung der *Edit. Venet.* 1818, und dem Text und Zohrab, und der *Edit. Mediolanensis* 1818 von J. B. Auger. — *Chronicorum libri* II. *Opus ex Haicano cod. a J. Zohrabo diligenter expressum et castigatum* (lat. Uebers. und die griechischen Fragmente) *edd.* A. Mai *et* J. Zohrab, *Mediol.* 1818. 4. — Die armenische Uebersetzung: in *Euseb. Chronicon bipartitum nunc primum ex Armeniaco textu in lat. conversum, annotat. auctum, graec. fragmentis exornatum opera* J. B. Aucher, 2 *Voll. Venet.* 1818. 4. Vergl. im *Journal des Sav.* 1819. *p.* 545 *sq.* 1820. *p.* 406 *sq.* Raoul Rochette und St. Martin. — Fragmentergänzungen von Fr. Jacobs in Becker's *Ed. vet.* In dess. *Animadverss. in Eurip. Goth.* 1790. *p.* 303—307. und von C. Müller hinter dem G. Dindorf'schen Flav. Josephus, *Par.* 1847. und in *Fragm. histor. Graec. Voll.* III. — *Eusebii Chronicorum libri duo. Ed.* A. Schoene. *Vol.* II: *Eusebii Chron. canonum quae supers. Armen. versionem lat. factam e libris MSS. recens.* H. Petermann. *Hieronymi versionem e libris MSS. recens.* A. Schoene. *Syriam epitomen lat. factam e libro Londinensi recens.* E. Roediger, *Berol.* 1866. (*Vol.* I. erscheint später.) — *Eusebii Caesar. Opera. Recogn.* G. Dindorf, *Vol.* I. II. *Lips.* 1867. — Die Uebersetzung der Kirchengesch. von F. A. Stroth, 2 Bde. Quedlinb. 1777, von G. Closs. Stuttg. 1839.

Erläuternde Schriften: Vergl. A. Mai *Prolegg. de Eusebio Caesariensi*, in *Scriptt. vett. nova Collect.* Vol. I, P. I. p. X—XXX. — Ueber Benutzung der Quellen und seine Glaubwürdigkeit: J. Moeller *De fide Eusebii in rebus Christ. enarrandis*, *Havn.* 1813. — J. T. L. Danz *De Eusebio Caesar. historiae eccles. scriptore ejusque fide historica recte aestimanda*. *L. Jenae* 1815. — C. A. Kestner *De Eusebii auctoritate et fide diplomatica, sive de ejus fontibus et ratione qua iis usus est*, *Gotting.* 1816. 4. und über denselben Gegenstand eine Dissertation von B. Rienstra, *Trajecti ad Rhen.* 1833. — U. Reuterdahl *De fontibus historiae eccles. Eusebianae*, *Lund.* 1826. — F. G. Baur *Comparatur Eusebius cum Herodoto*, *Tubing.* 1834. 4. — Sucker *De (Zosimi et) Eusebii in Constantini M. rebus exponendis fide et auctoritate*, 2 Progr. Herzfeld 1856. 1857. 4. — Zur Geschichte der Eusebischen Chronik: Hieronymus de Prato *De chronicis libris Eusebii*, *Veron.* 1750. — L. T. Spittler *Historia critica Chronici Euseb.*, in *Commentt. societ. Goetting.* Vol. VIII. 1787. Die übrigen Erläuterungsschriften sind im Text verzeichnet. — A. de Gutschmid *De temporum notis, quibus Eusebius utitur in chronicis canonibus*, *Kiel* 1868. — Beiträge zur Kritik und Erklärung von C. Salmasius *Lectt. et emendatt. ad Chronicon Eusebii*, *Vitemb.* 1712. (*Jenae* 1740. 4.) und H. L. Schurzfleisch *Notitia Biblioth. Vinariensis*). Vergl. J. Ch. Jahn in Neue Jahrb. für Philolog. und Pädagogik LXXV, p. 186 fg.

Eustathios (Εὐστάθιος) der Chronik aus Epiphania in Syrien, schrieb nach Suidas eine Χρονικὴ ἐπιτομή von Aeneas bis auf Kaiser Anastasios. Wir kennen das Werk nur dürftig aus Fragmenten bei dem Kirchenhistoriker Euagrios, welcher öfter den Eustathios für Einzelheiten aus der profanen Geschichte benutzt und lobend seiner gedenkt, wie III, 37. *Cf.* Malal. p. 398 *ed. Bonn.* Die Eintheilung des Ganzen in 2 Bücher gibt Euagrios V, 24, an: man erkennt hieraus, daß der erste Theil die mythischen Zeiten umfaßte und besonders nach dem historischen Charakter [illegible] war, der zweite war von den trojanischen Zeiten bis zum 12. Regierungsjahre des Kaisers Anastasios (502) fortgeführt mit Benutzung des Theopomp, Ephoros, Dionys von Halikarnaß, Polybios, Appian, Diodor, Dio Cassius, Herodian, Nikostratos, Dexippos, Arrian, Asinius Quadratus, Zosimos und Priskos. *Cf.* Voss *Addend. ad lib. II. de historicis graec. c.* 21. Fabric. *Bibl. Graec.* Tom. IX, p. 150 *ed. Harl.* Bruchstücke in C. Müller's *Fragm. histor. Graec.* Vol. IV, p. 138—142.

Joannes der Chronik aus Antiochia in Syrien mit dem Beinamen Malalas (Μαλάλας), bald in die Zeiten Justinian's I., bald in das 10. Jahrhundert, bald wegen des Schwulstes und der Gemeinheit seiner barbarischen Diction in ganz späte Zeiten verwiesen, scheint zwischen 650 und 700 geschrieben zu haben, wo die syrische Sprache durch den Arabismus in die Winkel der christlichen Kirchen gedrängt zu werden begann. Bisher hat er nach dem Scholiasten Joannes von Antiochia gelebt, dessen Apologet für ein Zeugniß [illegible] war. *Cf.* H. Hodii *Prolegg.* Nr. 13. [illegible] p. XXXVIII. LXX *ed. Bonn.* Gibbon chap. [illegible] J. J. Reiske *ad Constantinum Porphyr.* p. [illegible] L. Dindorf *Praef. ad Malalam* p. VII *ed. Bonn.* C. Müller *Fragm. histor. Graec.* Vol. IV, p. [illegible] Vergl. Joannes von Antiochia eben [illegible] S. 304 fg. Seine Χρονογραφία von Erschaffung der Welt bis auf die letzten Regierungsjahre Kaiser Justinian's I. (†565), welcher chronologische Uebersicht eine ägyptische Geschichte vorausgeht, ging in 18 Büchern, ist am Ende verstümmelt und läßt nicht die Zeit des Abschlusses erkennen. Hauptquelle wurde der von den Byzantinern häufig benutzte historische Clemens aus der Kaiserzeit, nach Suidas Verfasser einer Geschichte der römischen Könige und Kaiser, desgleichen Sextus Julius Africanus, der Chron. Nonnosos und, wie bereits angemerkt, die Archäologie des Joannes von Antiochia. *Cf.* Rebenkamp *Praef. ad Tim.* p. X. Voss *de historicis Graec.* III p. 410, 30, *ed. West.* C. Müller IV, p. 344 und eben S. 10. S. 300. Hierzu kamen einige Nachträge, Aufnahme im 1. Buch des Constantinischen Auszugs *Περὶ ἀρετῆς καὶ κακίας*, vergl. S. 20. S. 300. Malalas hat seinen Stoff ohne Wahl und historische Kritik, selbst ohne jede Kenntniß des Alterthums zusammengelesen und mit läppischen Beschreibungen namentlich des Aeußern der handelnden Personen, wodurch er den Einfluß des griechischen Romans verräth, dergestalt begleitet, daß er die geistige Unfähigkeit, in welche jene Zeiten und Individuen versunken waren, auf dem Gebiet, kindisch, [illegible] und gemeinhin in Denkart, [illegible] widersinnig in Auffassung aller Thatsachen, [illegible] geschmacklos in Vortrag und Form, bestätigt er nicht allein mit dem naiveren Ausdruck des gewöhnlichen [illegible]. Hier ist nichts, was den Mangel an Gehalt und Geschmack könnte vergessen machen, und wenn unsere Zeitangabe annähernd richtig ist, dann zeigt Malalas die Dürftigkeit der Bildung, welche gleichzeitig die Abgestorbenheit und Barbarei der Griechen zur Schau trägt; in Wörtern der [illegible] und gemeinen Mischwulst von den griechischen Reminiscenzen und Namen getragen schleppt. Aber für jene Zeiten [illegible] Vergl. Mullach Griechische Sprache, in Ersch und Gruber's Encykl. 81. Th. 1863, S. 22. Doch war seine Weltchronik, dem Geist der Zeitgenossen entsprechend, bald in ihrer ursprünglichen, bald in einer erweiterten Gestalt, normal für die byzantinischen Chronisten bis auf Michael Glykas. Vergl. die [illegible] historischen Anschauungen [illegible] und A. von Gutschmid in [illegible] 343 fg. Fabric. *Bibl. Graec.* Tom. VII, p. 445 *ed. Harl.* — Ausgaben: [illegible] E. Chilmead. *Accedit* H. Hodii *Proleg.* [illegible] *condere* et R. Bentleji *Epist. ad J. Millium*, *Oxon.* 1691. — mit Syncellos und andern *Venet.* 1788. *Cf. Excerpta H. Valesii*, *Par.* 1634. 4. *Praef.* — *ex recens.* L. Dindorfii, *Bonn.* 1831. *Acced.* Chilmeadi Hodiique *Annotatt.* et R. Bentleji *Epist. ad Millium (Corp. Script. hist. Byzant.)*. Einzelne Notizen bei Bunsen Aegyptens Stelle in der Weltgeschichte I, S. 276. George *De Aethiopum imperio in Arabia felice* p. 13. und bei A. Vollmann Geschichte der Völkerwanderung, Weimar 1864. II, S. 160 fg. 260—271.

Georgios Monachos mit dem Beinamen Synkellos (ὁ Σύγκελλος), d. i. Geheimsecretair des Patriarchen, ein eifriger Vertheidiger der Kirche gegen Häretiker und auf der zweiten Synode von Nikäa rühmlich ausgezeichnet, begann nach dem Tode des Patriarchen Tarasios (792) in Constantinopel die noch erhaltene Ἐκλογὴ χρονογραφίας, wurde aber durch plötzlichen Tod an der Vollendung des Werkes verhindert. *Cf.* Theophanis Confess. *Prooem.* p. 3 *sq. ed. Bonn.* J. Goari *Praef.* p. 55 *sq. ibid.* Seine von Erschaffung der Welt bis auf die Zeiten Diocletian's (284) reichende Chronik, geschrieben im nüchternsten Stil und nach mühsamster Zusammenstellung des Materials, sucht den Nachweis zu führen, daß die Geburt Christi im Jahre 5500 nach Erschaffung der Welt (*cf. p.* 586 *sq.*) stattgefunden habe, und legt dabei der jüdischen Genealogie in den Büchern des alten Testaments auf Kosten der Chronologie anderer Völker die höchste Bedeutung bei. Wenig mehr als eine halbgelehrte und nackte Bücherlese aus Josephus, Sextus Julius Africanus und Eusebius erhält sie jedoch eine Bedeutung durch die Aufnahme des *Kanon* des Ptolemäos, der ägyptischen Chronologie des Manetho, sowie durch werthvolle Bruchstücke und chronologische Mittheilungen aus Kastor von Rhodos, Hegesippos, Panodoros und Anianos, Dionysios, Bischof von Alexandria, Irenäos, Bischof von Lyon u. a. Vergl. den Artikel „Eusebios" S. 320 fg. und die daselbst angegebene auf einen Theil der genannten Chronologen sich beziehende Literatur. G. Fr. Unger Chronologie des Manetho, Berlin 1867. Bunsen Aegyptens Stelle in der Weltgeschichte I, S. 254. Lepsius Chronologie der Aegypter I, S. 410. Du Bouchet *Apologie de Moise contre Apion convaincu d'imposture par le texte de Manethon — suivi d'un examen d'un MS. antique de Syncellus*, in *Biblioth. raisonnée* XLVII, 2. p. 282. Zu Dionysios von Alexandria die Diss. von Th. Foerster *De doctrina et sententiis Dionysii Magni, episcopi Alexandrini*, *Berol.* 1865. Gebenken in Bezug auf seine oft gerechtfertigten Abweichungen von Eusebios und seine schwankenden Combinationen äußert schon J. Scaliger *Animadv. Euseb.* p. 241, welcher er den Georgios Synkellos mit Unrecht *totum opus Eusebii totidem verbis* wiedergeben läßt. Continuator dieser Chronik ist des Georgios Synkellos Freund Theophanes Confessor, sowie denn die wiederholten

Bestätigungen durch Leontios, Leo Grammaticus, Joannes Skylitzes u. a. für das Ansehen des Georgios Synkellos sprechen. Zu berichtigen Voss *de historicis graec.* p. XXIV (*cf. p.* 320. *ed. West.*), welcher den Synkellos für dieselbe Person mit Georgios Monachos Hamartolos hält.

Georgios Monachos mit dem Beinamen Hamartolos (Ἁμαρτωλός) vermuthlich aus dem 9. Jahrhundert, ist Verfasser einer Chronik (Χρονικὸν σύντομον ἐκ διαφόρων χρονογράφων τε καὶ ἐξηγητῶν συλλεγὲν καὶ συντεθὲν ὑπὸ Γεωργίου Ἁμαρτωλοῦ), welche wegen ihrer Übereinstimmung mit anderen ähnlichen Arbeiten den Herausgebern manche harte Stunde bereitet hat. *Cf.* Fabric. *Bibl. Graec. Tom.* XII, p. 30 *sq.* VII, p. 463 *sq. ed. Harl.* In Beziehung hierauf verweisen wir auf die betreffende Bemerkung von L. Dindorf *Praef. ad Jo. Malalam* p. V: *Quum enim chronographorum Byzantinorum alter alterius simia sit, non est cur mirabimur non raro homines inter se dissensos*, namentlich hinsichtlich seines Verhältnisses zu Theodosios von Melite, Leo Grammaticus und Julius Pollux auf die neuesten Untersuchungen von G. L. Tafel *Praef. ad Theodosii Meliteni Chronographiam* p. IX *sq.* Vergl. S. 358 „Theodosios von Melite." Auch die Gleichheit des Namens der Verfasser (Georgii die Mönche) erschwert hier die Untersuchung Schritt für Schritt. *Cf.* L. Allatii *Diatriba de Georgiis et eorum scriptis (c. procemio chronici graece et lat.)*. *Par.* 1651. Abdruck in Fabricii *Bibl. Graec. Vol.* XII. *princ. ed. Harl. Vol.* X, p. 567—563. *Edit. vet.* Durch die Veröffentlichung dieser Chronik durch E. de Muralto wissen wir, daß Georgios der Mönch mit dem Beinamen Hamartolos, aus ähnlichen abgeleiteten Quellen, wie Georgios Synkellos, Theophanes, Theodosios von Melite, Leo Grammaticus, Julius Pollux, die Paschal-Chronik, Georgios Kedrenos, Michael Glykas und verwandte Compilatoren, nur mit häufigerem Gebrauch von Autoritäten der Kirchenväter und Schriften aus Interpreten der heiligen Schrift eine Weltchronik von Adam bis auf den Tod des Theophilos und der Herrschaft der für den unmündigen Michael III. regierenden Kaiserin Theodora 842 mit mönchischem Ungeschmack zusammentrug (*cf. Prooem.*), welche von verschiedenen Händen bis auf den Tod des Joannes II. Komnenos (1143) fortgeführt ist: *Chronicon ab orbe condito ad annum p. Chr. n.* 842 *et a diversis scriptt. usque ad annum* 1143 *continuatum nunc prim. ad fidem cod. Mosquensis ed.* E. de Muralto, *Petropoli* 1859. *Cf.* J. Hardt *Catal. codd. MSS. bibl. reg. Bavar.* II, p. 103. G. L. Tafel a. a. O. Durch das Mittelglied einer altbulgarischen Uebersetzung wurde Georgios Hamartolos und sein Fortsetzer Vorbild und in gewisser Hinsicht auch eine byzantinische Urquelle für den alten russischen Chronographen Nestor, Mönch des Kiew'schen Höhlenklosters, † c. 1115. Vergl. die Nachweise bei A. Potthast *Bibliotheca histor. medii* nensi, Berol. 1862. p. 463 mit den berichtigenden Bemerkungen Supplem. 1868. p. 101. Ein älterer Georgios Monachos, Zeitgenosse des Constantin VII. Porphyrogennetos (911—959) und Compilator einer in die Constantinischen Exc. Περὶ πρεσβειῶν aufgenommenen Chronik, scheint von dem bekannteren Biographen Georgios Monachos, dem Verfasser der Βίοι τῶν νέων βασιλέων von Leo dem Armenier bis auf Konstantin VII. Porphyrogennetos (d. i. von 813—944), nicht verschieden zu sein. Cf. Prooem. ad Excerpt. de legatt. p. 6 ed. Bonn. Γεωργίου Μοναχοῦ Χρονικόν, und die Citate von §. 20. S. 303. Fabric. VII, p. 685. — Ausgaben des Georgios Synkellos: Edit. pr. J. Goari, Par. 1652. Fol., wiederholt Venet. 1729. Fol. — ex recens. G. Dindorfii, 2 Voll. Vol. I: Text, Vol. II: G. Bredovii Dissert. (auch in bes. Abdr. Paris. Lips. 1812), Goari Praef. und Canon chronicus generationum ad Georgii Sync. Chronologiam, Emendatt. et Annotatt. J. Scaligeri, Bonn. 1829 (mit Nikephoros Patriarcha, Corp. Script. hist. Byzant.) — Georgios Monachos: de legationibus Romanorum ad gentiles, graece et lat. interpr. F. Morello, Par. 1619. 4. — Vitae recentiorum Imperatorum graece et lat. ed. Fr. Combefis, in Script. post Theophanem Par. 1685. p. 469 sq., wiederholt Venet. 1729. Fol. — ex recogn. J. Bekkeri (Theophanes continuatus) Bonn. 1838. (Corp. Script. hist. Byzant.) p. 763 sq.

Nikephoros (Νικηφόρος) mit dem Beinamen der Patriarch, Nachfolger des Tarasios und in patriarchalischer Stellung (806—815) in inniger Freundschaft mit Theodor, dem entschlossenen Abt des Klosters Studion, ein entschiedener Gegner des bilderfeindlichen Kaisers Leo V. von Armenien und als Vertheidiger des Mönchsthums und der Bilderverehrung (daher Confessor, ὁ Ὁμολογητής beigenannt) seiner Würde entsetzt, starb nach einem 14jährigen Exil als Mönch 828. Vergl. §. 4. S. 246. §. 12. S. 271 und den folgenden Artikel „Theophanes Confessor." Er war ein Mann von tiefer Frömmigkeit und festem Charakter, auch rühmte jene Zeit seine Gelehrsamkeit, wovon jedoch die Ἱστορία σύντομος ἀπὸ τῆς Μαυρικίου βασιλείας s. Breviarium historicum von der Regierung des Kaisers Phokas bis auf die Vermählung Leo's IV. mit der schönen Athenerin Irene (d. i. von 602—769) ebenso wenig Proben liefert, wie von seiner von Photios Cod. 66. gerühmten Eleganz der Sprache: καὶ ἁπλῶς, fügt Photios hinzu, πολλοὺς ἐστι τοὺς πρὸ αὐτοῦ ἀποκρυψάμενος τῇδε τῆς ἱστορίας τῇ συγγραφῇ, und klagt nur über seine außerordentliche Kürze. Ein zum Theophanes von D. Petavius Ad Niceph. not. p. 133 sq. ed. Bonn. aufgenommenes größeres Fragment des Patriarchen gestattet die Vermuthung, daß dieses historische Werk noch über jenen Zeitpunkt fortgeführt war. Dies bestätigt ein zweites ihm beigelegtes Werk, die Χρονογραφία σύντομος von noch geringerer Ausdehnung und dürftiger Kenntniß, einer universalen Chronik von Erschaffung der Welt bis auf seinen Tod 828, von anonymen Verfassern bis in das 10. Jahrhundert (nach Zonaras und anderen Chronisten) fortgesetzt. Die Identität der Verfasser beider Werke hat bereits Labbaeus Delin. app. hist. Byzant. p. 47. Cf. Voss de Histor. graecis p. 341 sq. Fabric. Bibl. Graec. VII, p. 603 sq. ed. Harl. Verschieden ist der Oneirokritiker Nikephoros, worüber in der Einleitung zur Poesie der Byzantiner. — Ausgaben. Breviarium hist.: Edit. pr. c. lat. interpret. D. Petavii, Par. 1616. — in Corp. Script. Byz. (mit Theophylaktos Sim.) Par. 1648. Fol. Venet. 1729. Fol. — recogn. J. Bekkerus, Bonn. 1837. mit Paulus Silent. (Corp. Script. hist. Byzant.) — Chronographia brevis: zuerst zweimal lateinisch, c. comment. interpr. J. Camerario, Basil. 1561. Fol., ex versione Anastasii bibliothecarii c. notis A. Contii, L.Bat. 1556, in dess. Opp. Neapoli 1725. Fol. p. 326. Par. 1516. 4., in Bibl. Patrum Colon. 1618. IX., in Bibl. max. Patrum Lugd. 1677. XIV. p. 72 und in Anastasii Bibl. histor. eccles. 1649. Fol. — graece et lat. ed. J. Scaliger, in Thesaur. tempor. L.Bat. 1606. p. 293. Fol. 1658. p. 301. Fol. — graece et lat. c. notis ed. J. Goar, mit Georgii Sync. Chronographia p. 393 sq. — ex recens. G. Dindorfii, Bonn. 1829. mit Georgios Synkellos (Corp. Scriptt. hist. Byzant.) — graece c. vers. latina et notis crit. ed. C. A. Credner, 2 Partt. Giessae 1832. 1838. 4. — Breviarium: trad. en franç. par Morel, Par. 1684, par Cousin, Par. 1685. — M. Hanke De Byzant. rerum scriptt. Graecis p. 240 sq.

Theophanes Confessor (Θεοφάνης ὁ Ὁμολογητής), Sohn des Isaurers Isaak und Abt des Sigrianischen Klosters, ein gewaltiger Vertheidiger der Bilderverehrung und von seinem Biographen Theodor, Abt des Klosters Studion, wegen seiner im Bilderstreit glänzend bewährten Standhaftigkeit und Charakterstärke gefeiert, zog nach einer zweijährigen harten Gefangenschaft auf Befehl des bilderfeindlichen Kaisers Theophilos (829—842), gleich Theodor von Studion und anderen Bilderfreunden, in die Verbannung nach Samothrake, woselbst er, noch unablässig thätig für die Sache der orthodoxen Kirche, 817 starb. Cf. Theophanis Vit. p. XXXVII ed. Bonn. vor der Chronographie, desgleichen mit Theophanis Vit. auctore Simeone Metaphr. graece et lat. in Act. Sanct. Holland. 12. Mart. II, p. 214—229. 700—704, dazu oben §. 4. S. 248. §. 12. S. 271 fg. Auf die wiederholte Bitte seines Freundes Georgios Synkellos unternahm er die Fortsetzung der Chronographie von den Zeiten Diocletian's bis auf die Herrschaft des schwachen, dem Klerus und seiner Gemahlin Prokopia abhängigen Kaisers Michael I. Rhangabe (811—813) und seinen Sturz durch den von den Truppen erhobenen Armenier Leo V., d. i. von 284—813. Cf. Prooem. p. 3 und den Schluß der Chronographie. Diese unter den heftigsten tückischen

Erscheinungen des byzantinischen Bilderstreites erschienenen Memoiren beruhen auf heiligen Vorurtheilen, liefern für innere und äußere Geschichte, für kirchliche, politische und bürgerliche Zustände ein reiches, zum Theil letzteres Material und empfehlen sich durch chronologische Genauigkeit und Beschaffenheit des Textes ebenso wie durch einen für jene Zeit nicht gewöhnlichen Grad der Männlichkeit, Einfachheit und Reinheit der Sprache. Ihn compilirte zum Theil wörtlich Georgios Kedrenos, später Joannes Zonaras; zu seinen Continuatoren zählen Leontios der Chronograph mit seinem anonymen Fortsetzer, Leo Grammaticus, Georgios Monachos, Joannes Skylitzes, Michael Glykas u. a. *Cf.* M. Hanke *De Byzant. rerum scriptt. Graecis* p. 280 sq. Fabric. *Bibl. Graec.* VII, p. 450 sq. XI, p. 210 sq. *ed. Harl.* Man verwechsele den Chronisten nicht mit dem Historiker Theophanes von Byzanz, über welchen §. 19. S. 302. — Ausgaben: *Bibl. pr.* J. Goari et F. Combefis, *Par.* 1655. *Fol.* wiederholt *Venet.* 1729. *Fol.* — *ex recogn.* J. Classeni, 2 *Voll.* *Vol.* I: Text, *Vol.* II: *Anastasii Bibliothecarii Hist. ecclesiastica ex Nicephoro, Syncello, Theophane, ex recens.* J. Bekkeri. *Accedd.* J. Goari et F. Combefisii *Notae Bonn.* 1839. 1841. (*Corp. scriptt. hist. Byzant.*) — *Theophanis Chronographiae*: Probe einer neuen kritisch-exegetischen Ausgabe von G. L. F. Tafel. Wien 1852. Abdruck aus den Sitzungsberichten der philol.-histor. Classe der Wiener Akad. der Wiss. 1852.

Theodosios von Melite, Leo Grammaticus und Julius Pollux die Chronisten:

Theodosios (Θεοδόσιος) von Melite, wahrscheinlich unter Kaiser Theophilos (829—842), in Hinsicht auf Lebensverhältnisse ganz unbekannt und lange Zeit unbeachtet. M. Crusius ist der einzige, welcher ihn als Verfasser einer in den Annalen des Georgios Kedrenos sich ganz einheimischen Chronik nennt, zugleich theils hierin zur Aufsammlung und Veröffentlichung griechischer Handschriften wohl verdienter Tübinger Professor daraus ein Fragment über die Vermählung des Theophilos mit Theodora mit (hinter Heliodori *Aethiop. histor. Aethiop. Francof.* 1584), welches im sogenannten Leo Grammaticus als der eigentlichen Quelle wiederkehrt, während wiederum eine wunderbare Uebereinstimmung zwischen Georgios Hamartolos und Leo Grammaticus einerseits, und zwischen Leo Grammaticus, dem Chronisten Julius Pollux und Theodosios von Melite andererseits herrscht, ganz abgesehen von vielen Parallelstellen bei späteren Chronisten. Als J. Hardt, Bibliothekar der Münchener Hofbibliothek, bald nach der Herausgabe des Julius Pollux *Monachus* 1792, an eine Veröffentlichung des Theodosios von Melite gedacht, sein Vorhaben aber nicht ausgeführt, doch sagte er bereits, daß die Chronographie des Theodosios mit der Erzählung des Julius Pollux eine und dieselbe ist. Weil nun

beim Melitener die Geschichte der biblischen Regenten von Julius Cäsar bis auf Constantin den Großen ganz übergangen ist, sollte die Ausgabe von J. Hardt nur die Zeiten von Constantin dem Großen bis auf Leo V. den Armenier bringen, mit Hinzufügung der Varianten aus Theodosios und Georgios Hamartolos für die Geschichte der nach Leo V. folgenden Kaiser in dem von F. Combefis mit *Theophanis chronographia Par.* 1655 herausgegebenen Leo Grammaticus, wiederholt *Venet.* 1729. *Fol.* *Cf.* G. L. Tafel *Praef.* p. IX sq. Hierzu (*Variae lectt. e cod. Monacensi Theodosii Meliteni et Georgii Hamartoli ad editionem Venet.*) im Neuen literar. Anzeiger, Tübing. Jahrg. III, Thl. 1. N. 5—7. 9—12. 14. 16. 18. 19—23. Nach Veröffentlichung der literarischen Notiz, einiger jedoch nur auf dem Apographum des M. Crusius beruhenden Proben (cap. 1—9 *Προοίμιον — ... εἰς τὸν ... αἰῶνα*) und Parallelstellen, besonders aus Kedrenos und Zonaras von G. L. Tafel *De Theodosio Melit., inedito hist. Byzantinae scriptore, Tubing.* 1828. 4., erschien der erste Theil *e cod. Parisino* durch J. A. Cramer *Anecd. Paris.* II, p. 243—379, der durch F. Combefis bekannt gemachte zweite Theil des sogenannten Leo Grammaticus, vereinigt mit dem Cramer'schen, jedoch erst durch J. Bekker (mit *Eustathius de capta Thessalon.*) *Bonn.* 1842. (*Corp. Scriptt. hist. Byzant.*) Vergl. die Recension von Tafel in Münchener gelehrten Anz. 1854. 13. Dec. fg. Inzwischen war Tafel in den Besitz des J. Hardt'schen *Cod. Monacensis* des Theodosios von Melite, sowie zweier *Codd. Monacenses* des Georgios Hamartolos gekommen und konnte bei Gelegenheit der Jubelfeier des hundertjährigen Bestehens der K. Bayerischen Akademie der Wissenschaften am 28. März 1859 nach erwünschtes Geschenk darbringen: *Theodosii Meliteni qui fertur Chronographia. Ex cod. graeco regiae bibliotheca Monac. ed. et reformavit* Th. L. Tafel (*Monumenta saecularia* III. Classe) 1859. 4. Was J. A. Cramer vermuthet hatte (*Hoc — Leonis Grammatici — chronicon mihi videtur esse confectum ex variis scriptoribus, Cedreno, Joanne Antiocheno, chronico paschali et aliis forsan, quos intercidernnt*), bestätigt sich insofern nicht, als Theodosios von Melite bedeutend früher lebte als Georgios Kedrenos. Das Resultat der neueren Untersuchung geht dahin: das Münchener Autographum des Theodosios oder des Leo Grammaticus, zwei verschiedene Namen für ein und dasselbe Buch, ist mit Ausnahme sehr vieler und größerer Stücke ganz der Bekker'sche Leo Grammaticus: *Codex Monacensis Theodosii Meliteni (cujus autem liber cum Leonis Grammatici libro unus idemque est) scriptoris sui narrationem, qualem nunc Bekkeriana Leonis Editio dedit, uno continuoque tenore, exceptis particulis maioribusque lacunis, legentium oculis proponit*; derjenige Theil des Codex, welcher dem Cramer'schen Leo Grammaticus entspricht, ist namentlich im Anfange der Beschreibung, welche sich auf Chronologie und Persönlichkeiten der griechischen

Kaiser, bezüglichen auf Einsetzung und Entfernung der Patriarchen beziehen, schweigsamer und kürzer, der Text aber durchweg reiner, als im Cramer'schen und besonders im Combefis'schen Theil der Chronik. Jener ist von Scholien aus dem 13. Jahrhundert begleitet, dieser willkürlich gekürzt und durch die Eile des Abschreibers von der authentischen Fassung oft sehr entfernt. Ferner ist auch der Chronik Julius Pollux aus dem 10. Jahrhundert, welcher in seiner Ἱστορία φυσικὴ καὶ Χρονικὸν ἐκλεγὲν einen Abriß der heiligen Geschichte von Erschaffung der Welt bis auf Kaiser Valens (377) liefert, zum großen Theil vom Leo Grammaticus oder Theodosios von Melite nicht verschieden: *cf.* Poll. *p.* 6—136. *ed. Hardt* mit Leo Gramm. *p.* 8—53. *ed. Bonn.* Veraltet und von J. Hardt nicht gekannt ist die *Editio pr.* des Julius Pollux von J. B. Bianconi *Anonymi scriptoris historia sacra, Bonon.* 1779. *Fol.* (*e cod. Mediolanensi ἀκεφάλῳ*), *aucta et emendata e cod. Bavarico opera* Ph. Schiassii, *Bonon.* 1795. *Fol.* Dieser Julius Pollux dient namentlich zur Wiederherstellung des am Anfang verstümmelten und lückenhaften Cramer-Bekker'schen Leo Grammaticus. Zweifelhaft ist der Titel des Theodosios-Leo, vielleicht lautete er: *Εἰς τὴν κοσμοποιΐαν ἐκ τῆς γενέσεως καὶ ἐξ ἄλλων ἱστορικῶν συναγωγὴ καὶ διαφόρων χρονικῶν Θεοδοσίου τοῦ Μελιτηνοῦ.* Demnach haben wir es mit einem dem Chronicon Paschale ganz ähnlichen Gewebe zu thun, worin sich bestimmter 3 Gruppen erkennen lassen: 1) von Adam bis auf Kaiser Constantin den Großen, ein Aggregat von chronologischen Sachen ohne fortschreitenden Zusammenhang in gewöhnlicher Compilation, gebildet durch den Cramer-Bekker'schen Leo, ergänzt durch Julius Pollux (bis Valens 377) und kritisch gesichert bis auf Julius Cäsar durch Theodosios; 2) von Constantin dem Großen bis auf Kaiser Leo V. von Armenien (813), bekannt durch den sogenannten Cramer'schen Leo, recht eigentliches Eigenthum des Theodosios von Melite, ein in Form und Inhalt gleichartiges Ganzes, wovon Bestände bis auf Michael III. (842), den Sohn und Nachfolger des Theophilos, in die Chronik des Georgios Hamartolos übergingen (vergl. oben unter Georgios Synkellos S. 334); 3) von Leo V. dem Armenier bis auf den Sturz des armenischen Romanos I. Lekapenos durch seinen Sohn Stephanos, und die Verbannung des Stephanos und seines Bruders Constantin durch Kaiser Constantin VII. Porphyrogennetos, d. i. von 813—944. Vergl. die historischen Umrisse in §. 5. S. 248. Nur auf diesen Theil kann der Titel Χρονογραφία τὰ τῶν νέων βασιλέων περιέχουσα gehen: derselbe hat den Werth einer wirklichen Fortsetzung des Theophanes und darf füglich für das dürftige Besitzthum des mit Kaiser Constantin VII. befreundeten Leo Asianus (ὁ Καρίας) mit dem Beinamen des Grammatiker gehalten werden, der wahrscheinlich in die Reihe der historischen Arbeiten Constantin's VII. gehört: *Ἀναλαμβάνει ἡ τῶν νέων βασιλέων χρονογραφία, ἀρχομένη ἀπὸ Λέοντος Γραμματικοῦ* am Schluß des von F. Combefis *Par.* 1685. *p.* 445—510 bekannt gemachten Leo Grammaticus. Die ungewöhnliche Corruption des durch die Hast des Abschreibers planlos zusammengezogenen Textes wird durch die Varianten des Theodosios von Melite, welchem dieser Theil anhängt, sowie durch Georgios Hamartolos und viele Bruchstücke bei späteren Chronisten gehoben, wie beim Anonymos, Simeon Magister und Georgios Monachos in den *Scriptt. post Theophanem: ex quo* (*Theodosii parte posteriore*) *plurimum puriorem et fere genuinam Leonis lectionem restaurari posse — patebit.* Demnach wird man jetzt leicht Ungenaues berichtigen in der Geschichte der gesammten griech. Literatur S. 672. 673.

Leontios (*Λεόντιος*) der Chronograph von Byzanz, zur Unterscheidung von dem älteren Leontios von Byzanz, dem Scholastiker und Verfasser eines Werkes über die Ketzereien unter Mauritius, gewöhnlich Leontios der jüngere benannt, schrieb auf Veranlassung des Kaisers Constantin VII. Porphyrogennetos (911—959) 4 Bücher *Χρονογραφίας*, welche den Zeitraum vom Regierungsantritt des Kaisers Leo V. des Armeniers bis auf Basilios I., den Begründer der makedonischen Dynastie, umfassen, d. i. von 813—867; herausgegeben ohne Kenntniß des Namens des Verfassers von F. Combefis in *Scriptt. post Theophanem, Par.* 1685. *p.* 1—162, wiederholt von J. Bekker *Theophanes Continuatus, Bonn.* 1838. *p.* 1—211. (*Corp. Scriptt. hist. Byzant.*) Diese Chronographie bildet sowol die Fortsetzung des Theophanes Confessor, als auch zugleich die Einleitung zur *Vita Basilii* I. von Kaiser Constantin VII. Porphyrogennetos, welche wiederum von einem Ungenannten bis auf den Tod seines Sohnes Romanos II. 963 weiter geführt ist, *p.* 211—481 *ed. Bonn.* Diese 3 Werke, deren Verfasser vorzugsweise *Οἱ μετὰ Θεοφάνην* genannt worden, nach dem Willen und dem Vorgange Constantin's VII. Porphyrogennetos unternommen, schließen sich den kaiserlichen Redactionen aus der historischen Literatur der Griechen an und liefern die ausführlichsten und zuverlässigsten Nachrichten über Zeiten und Ereignisse, für deren Mittelpunkt und bewegende Kraft die Familie Basilios I. des Makedoniers gilt. Vergl. die für die Thätigkeit Constantin's VII. charakteristischen Aufschriften *p.* 3. *p.* 211 und den Artikel „Constantin VII. Porphyrogennetos" §. 20. S. 306. Freilich hat der panegyrische Ton und der von oft übler Form und Schreibart niedergedrückte Vortrag den Werth dieser Stoff- und wortreichen Materialien, welche die *Βίοι τῶν νέων βασιλέων* des Georgios Monachos zum Theil ergänzen und berichtigen, nicht sehr erhöht. Vergl. oben unter Georgios Synkellos S. 334. Fabric. *Bibl. Graec.* VIII, *p.* 318—320. VII, *p.* 681. *ed. Harl.*

Simeon (Συμεών, var. Συμεώνης) Magister mit dem Beinamen Metaphrastes, auf dessen Leben sein Lobredner, der jüngere Michael Psellos Encom. Simeonis, die bemerkenswerthen Momente mittheilt, diente mehreren Kaisern und stieg bis zur Würde eines Großlogotheten oder Kanzler des Reiches. Er wird als ein Mann von berühmter Herkunft, von großer Umsicht, Beredsamkeit und Geschäftskunde geschildert und lebte in glänzenden äußern Verhältnissen. Bei näherer Betrachtung seiner Bildung und schriftstellerischen Thätigkeit sinkt jedoch dieser gelehrte und einflußreiche Staatsmann zur Person eines trockenen Kabinetsgelehrten. Unter Kaiser Leo VI. (886—911) dem Philosophen sichtig beschäftigt mit Sammlung des Materials zu einer Umarbeitung der alten Heiligengeschichte (μεταφρασις, daher Μεταφραστής), welche zur kirchlichen Erbauung und Lectüre für jeden Monat mit viel Salbung geschrieben, unter Constantin VII. Porphyrogennetos (911—959) wahrscheinlich vollendet und als kirchlicher Bestandtheil den zahlreichen Sammlungen solcher Lesestücke zugestellt wurde, hat er die breitere Masse des Aberglaubens um ein Corpus fabelhafter Legenden bereichert, welche der Einfachheit des menschlichen Geistes und dem gesunden Geschmack schwerlich zusagen. Auf diesem Gebiet folgte ihm nachmals sein Biograph und Bewunderer Michael Psellos. Vergl. die Darstellung von §. 70. S. 313 sq. Diesen Metaphrasen, weitschweifigen und schwärmenden Umschreibungen und Deutungen des Einfachen oder kürzerer älterer Urkunde, verdankt er seine Bekanntschaft, während die Verehrung, welche ihm das Mönchthum zollte, die Thatsache erklärt, daß mehr als 500 Heiligenlegenden seinen Namen tragen; die größere Anzahl derselben ist längst für unecht erklärt. Von seinem Leben und seinen Schriften M. Hanke De Byzant. rerum scriptt. p. 418—460. Cf. Fabric. Bibl. Graec. VII, p. 471 sq. 684 sq. XI, p. 297 sq. ed. Harl. Unter seinem Namen erschien eine Χρονογραφία (in den Chronicon ex diversis antiquis auctoribus collectum) von Erschaffung der Welt bis auf Nikephoros II. Phokas (963), ein dürftiges und fehlerhaftes Machwerk, welches auf dem Continuator des Theophanes beruht und von einem Anonymus fortgesetzt ist bis auf Konstantin X. Dukas, 1059. Cf. Montfauc. Bibl. MSS. I, p. 495. C. D. II, p. 753. D. C. B. Hase Praef. ad Leon. Diac. p. XXII. J. Bekker Praef. ad Theophan. continuatum p. VI und besonders G. Ph. Kunik Ueber das Verhältniß des Continuator Theophanis zu dem Simeon Logotheta oder Metaphrastes, in Krug's Forschungen in der ältern Geschichte Rußlands. Petersb. 1848. II, S. 735—807. Hauptsächlich im Theodosios von Melitene oder der Chronographie erhalten, worüber G. L. Tafel Praef. ad Theodosii Melit. chronogr. p. IX. Vergl. oben Theodosios von Melitene S. 336. — Die Chronik, die jetzt von Leo V. dem Armenier bis auf Nikephoros II. Phokas bekannt gemacht durch F. Combefis Scriptt. post Theophanem. Par. 1685. p. 400 sq. und in recens. J. Bekkeri Bonn. 1838. Theophanes contin. p. 603—670. (Script. post. ed. Bonn.), ist eine Compilation der gewöhnlichen Art, welche als Fortsetzung des Theophanes gelten darf. Darstellung und Sprache, niedergedrückt durch schlimme Trivialität und gemeine und dunkle Wörter, verräth keinen gebildeten Vertreter der byzantinischen Kirche. [illegible]: Leo Allatius De Symeonum scriptis diatriba, Symeonis Metaphrastae laudatio, auctore Michaele Psello etc. Par. 1664. p. 25 sq. Von einer griechischen Rhetorik Gibbon chap. 53. annot. 8.

Chronicon Paschale (Πασχάλιον), das erste chronologische Werk, welches die ihrem Ursprunge nach unbekannte, bei den Neugriechen bis zur Entstehung des türkischen Reiches, in Rußland bis auf Peter den Großen gültige byzantinische Schöpfungsepoche oder Aera vom 1. Sept. 5509 v. Chr. bei der Berechnung des Ostercanons zu Grunde legt (vergl. J. Ideler Handbuch der mathem. und techn. Chronologie II, S. 459 fg.) und daher Osterchronik oder Chronicon Constantinopolitanum genannt, zuerst zuweilen aus Stellen von Hieronymus Surita und als Fasti Siculi bekannt, nach der Aufschrift einer völlig unbekannten Person (Πέτρος Ἀλεξανδρείας) auch Chronicon Alexandrinum, nach einem Eigenthum des Casaubonus auch wol Chronicum Casaubonianum genannt, ist eine dem Theodosios Leo vermuthete Sammlung, deren Inhalt auf keinen bestimmten Zeitraum vor dem 4. Jahrhundert führt. Lange Zeit irrthümlich für das Werk eines Chronisten gehalten und bald dem alexandrinischen Erzbischof Georgios, dem Biographen des Joh. Chrysostomus aus der ersten Hälfte des 7. Jahrhunderts (cf. Phot. cod. 96), bald Maximus Monachus, bald Kosmas, bald Georgios von Pisidien beigelegt, gilt sie in ihrem jetzigen Bestand für eine aus besseren und schlechteren Urkunden der Historiographie, Ethnographie und Chronologie abgeleitete, von verschiedenen Händen und in verschiedenen Zeiten zusammengetragene und planlos verbundene geistliche Compilation, von Erschaffung der Welt bis zum Jahre 1042. Bestimmter lassen sich 3 Bestandtheile unterscheiden: 1) von Adam bis 354 n. Chr., worin eine Uebersetzung lateinischer Fasten, die mit denen des Idatius im Chronicon Pasch. Vol. II, p. 141 sq. ed. Bonn. wesentlich übereinstimmen, und von großer Unwissenheit zeugen, cf. Ducange Vol. II, p. 48 sq. ibid. Clinton Fasti Hellen. II, Introd. p. IV—X. Th. Mommsen Römische Chronologie S. 115 fg.; 2) vom Jahre 354 bis auf Heraklios 629 (doch fehlen die Jahre von 601—629), das Beste und Werthvollste vom ganzen Chronikon, zum Theil mit unschätzbaren und authentischen Berichten; endlich 3) ein Verzeichniß der Kaiser von Byzanz bis zum Jahre 1042. Ueber den diplomatischen Bestand und die Tradition dieser unkritischen Arbeit, deren Werth von der Güte der Quellen und excerpirten Urkunden abhängig ist und in der Kaisererzählung wichtiger, sagt unbekannter Bruchstücke aus Sextus Julius Africanus, Eusebius und anderen

Chroniken liegt, wird eine [illegible] Chronographie ver[illegible], nach den Arbeiten von J. Scaliger *Euseb.* p. 227 sq., der Vorrede und den chronologischen Analysen von Ducange und den Ergänzungen von A. Mai in *Auct. vett. Nova Collect. e Vatic. Codd. Vol. II, P. II. p. 222 sq.* Vergl. auch Georgios Kedrenos. — Ausgaben: Einzelne Partien veröffentlicht von [illegible] und [illegible], auch von J. Scaliger mit *Euseb.* p. 227 sq. nach einem Apographum des Casaubonus. — *Edit. pr. c. lat. interpret.* M. Raderi, *Monach.* 1615. — ed. du Fresne Ducange, *Par.* 1688. *Fol.*, wiederholt *Venet.* 1729. *Fol.* — *ad exemplar Vatic. rec.* L. Dindorfius, 2 *Voll. Bonn.* 1832. *Vol.* I: Text; *Vol.* II: *Epist.*, *Praefat.*, *Analysis chronol.*, *Selecta ad illustr. Chron. Pasch.*, *Notae etc.* (*Corp. Scriptt. hist. Byzant.*) — *accurante* J. P. Migne (mit Georgios [illegible]) *Par.* 1860. — *Cf.* Koesler *Chronica medii aevi* p. 108—110. Voss *de histor. Graec.* p. 332. *ed. West.* Bähr Die christlichen Dichter und Geschichtschreiber S. 111. Bunsen Hippolytus Stelle in der Weltgesch. I, S. 267. — Der Ausgabe von Ducange p. 413 sq. hängt ein kurzes Χρονικὸν von Adam bis auf Alexander Severus an, [illegible] des in der alten Kirche gefeierten Lehrers Hippolytos, Bischofs einer kleinen Gemeinde zu Rom im Anfange des 3. Jahrhunderts. Davon verschieden Hippolytos der Chronist aus Theben, der [illegible] Metaphrastes zu [illegible] und von Glyc. *Annal.* III, p. 227 erwähnt, Verfasser eines Χρονικὸν von der Geburt Christi bis zum Jahre 1000. Davon ein Auszug in Fabricii *Opp. Hippolyti Episc. Hamb.* 1716—1718. *Fol.* II, p. 57 sq. *Fol.* Vergl. C. Bunsen Hippolytus und seine Zeit I, S. 151. A. von Gutschmid im Rhein. Mus. XI, S. 441 fg.; XIII, S. 377—408.

Joannes Skylitzes (ὁ Σκυλίτζης) der Chronist, vor und unter Alexios I. Komnenos (1081—1118) im Staatsdienste thätig (Protovestiarios), stammte aus einem Thrakesion genannten [illegible] Kleinasiens am [illegible] Meere (Constant. Porphyr. *de Them.* I, 3. [illegible] vergl. oben §. 20. S. 306) und gelangte zur höchsten Würde eines Kuropalates. Wir wissen nicht, welche Umstände ihn bewogen, seine Σύνοψις ἱστοριῶν von 811—1057, welche von Georgios Kedrenos gänzlich ausgeplündert, jetzt nur lateinisch bekannt ist (*ed.* J. Baptista Gabius *Venet.* 1570. *Fol.*), nachmals bis zur Thronbesteigung des Alexios I. Komnenos (1081) fortzuführen und das Ganze einer zweiten Bearbeitung zu unterwerfen. In willkürlicher Compilation (aus Michael Attaliates), breiter Erzählung und schlechter und getrübter Sprache nach hier an Material aufgehäuft, das wenig mehr als eine Ergänzung des an [illegible] [illegible] seinen Zeitgenossen [illegible] Georgios Kedrenos bietet. *Cf.* C. B. Hase in *Jo. Lydum de Magistr. Par.* 1812. p. XXXIII. (p. XVIII sq. *ed. Bonn.*) — Ausgaben: *Edit. pr.* (mit *Cedreni Compend.* *hist.*) J. Goari et C. A. Fabroti, 2 *Voll. Par.* 1647. *Fol. Vol.* II, p. 807 sq., wiederholt *Venet.* 1729. *Fol. Cf.* Fabric. *Bibl. Graec. Tom.* VII, p. 722 sq. *ed. Harl.* — *Excerpta ex Breviario hist.* J. Scylitzae *Curopalatae ed.* J. Bekkerus, mit *Georgius Cedrenus J. Scylitzae ope suppl. et emendatus, Bonn.* 1839. *Vol.* II, p. 641 sq. (*Corp. Scriptt. hist. Byzant.*)

Georgios Kedrenos (ὁ Κεδρηνός) Mönch, ein jüngerer Zeitgenosse des Joannes Skylitzes, compilirte im [illegible] Anschluss aus Georgios Synkellos, Theophanes und Joannes Skylitzes in einer Bearbeitung seiner Σύνοψις ἱστοριῶν s. *Compendium historiarum*, von Erschaffung der Welt bis auf den Sieg der griechisch-byzantinischen Kaiserherrschaft [illegible] unter Isaak Komnenos, 1057. Vergl. die [illegible] Umrisse §. 6. S. 292. Der letzte Theil vom Tode des Nikephoros bis zur Herrschaft des Isaak Komnenos kann demnach sowol als Eigenthum des Joannes Skylitzes angenommen als auch als Ergänzung dem Kedrenos belassen werden. In [illegible] Theilen [illegible] seine [illegible] [illegible], [illegible] mit [illegible] und ungesunder Rhetorik aufgeputzter Stil, und während er für die Geschichte der [illegible] Kaiserherrschaft zu wenig? [illegible] ist, wäre er für spätere Zeiten reicher aber auch geschwätziger und fabelhafter. Ihm widerfuhr [illegible] Schicksal der [illegible], welches er seinen Vorgängern bereitet hatte. *Cf.* Voss *de histor. graecis* p. 331 sq. *ed. West.* — Ausgaben: *Edit. pr. e versione* G. Xylandri, *Basil.* 1566. *Fol.* — [illegible] und [illegible] *e Xylandri vers. et notis, ex bibl. Paris. edd.* J. Goar et C. A. Fabrotus (mit J. Skylitzes) 2 *Voll. Par.* 1647. *Fol.*, wiederholt *Venet.* 1729. *Fol.* — *Cf.* L. Allatii *Diatr. de Georgiis* in Fabricii *Bibl. Graec. Tom.* XII, p. 22 sq. VII, p. 464 sq. — J. *Scylitzae ope ab* J. Bekkero *suppletus et emendatus*, 2 *Voll. Bonn.* 1838—1839. (*Corp. Scriptt. hist. Byzant.*) — Vergl. Bunsen Hippolytus Stelle in der Weltgeschichte I, S. 276.

Die chronologischen Sachen des Mönches Joannes Dorapater [illegible], des Philosophen Michael Psellos und des Großlogotheten Konstantin Manasses s. in den bezüglichen Capiteln und Einzelabrissen.

Michael Glykas (ὁ Γλυκᾶς) gegen Ende des 12. Jahrhunderts, sonst unbekannt, aber bewandert auf verschiedenen Gebieten des damaligen Wissens, schrieb außer theologischen Dissertationen, wovon 2 Proben Pontanus in lateinischer Uebersetzung veröffentlichte [illegible] und [illegible] herausgegeben von Ch. Fr. Matthaei *Isocratis, Demetrii Cydon. et Michaelis Glycae aliquot epistolae, Mosquae* 1776, ein chronologisches Werk in 4 Büchern, Βίβλος χρονική, von den ältesten Zeiten bis zum Jahre 1118. Das erste Buch handelt von den 6 Schöpfungstagen, das zweite von den [illegible] Ereignissen von der Erschaffung der Welt bis auf die

Geburt Christi, im 3. Buche verfolgt er die Geschichte bis auf Constantin den Großen, endlich im 4. bis auf den Tod des Kaisers Alexios I. Komnenos 1118. Hier ist die Summe des byzantinischen Wissens in Geschichte, Naturwissenschaft und Medicin, in scholastischer Schriftphilosophie und Theologie, zunächst für Zwecke der Unterweisung seines Sohnes, zu einem ton- und formlosen Ganzen verwebt, dessen Kern aus Eusebios, Basilios, Gregorios von Nyssa, Chrysostomos, Plutarch, Prokopios, aus des Georgios Pisides Ἑξαήμερον ἢ κοσμουργία und aus Michael Psellos fast wörtlich gezogen ist. In Hinsicht auf Verarbeitung des bunten Materials ist es erträglich, in Hinsicht auf Darstellung breit, durch Digressionen und eitlen Prunk mit Reminiscenzen aus oberflächlicher Lectüre des Alterthums ermüdend und zum Ueberdruß selbstgefällig, in Bezug auf Sprache unrein und geschmacklos. Es ist kein genügender Grund vorhanden, den Theil des Werkes, welcher die römische Geschichte von Julius Cäsar bis auf Constantin den Großen behandelt, dem Theodoros Metochites zuzuschreiben. *Cf.* Lamii *Praef. ad Meursii Opp. Vol.* VII, *p.* IX. Fabric. *Bibl. Graec. Tom.* VII, *p.* 468 *sq. ed. Harl.* Vergl. Theodoros Metochites. Sein Compilator ist Georgios Kodinos. — Ausgaben: *Historia Rom. ab Jul. Caesare ad Constantinum M.*, zuerst unter dem Namen des Theodoros Metochites herausgeg. von J. Meursius, *L.Bat.* 1618. 4. *Opp. Tom.* VII, *p.* 737 *sq.* — vorher lateinisch *interpr.* J. Leunclavio, *Basil.* 1572. — *Edit. pr.* (*graece et lat.*) *per* P. Labbaeum, *Par.* 1660. *Fol. Venet.* 1729. *Fol.* — *recogn.* J. Bekkerus, *Bonn.* 1836. (*Corp. Scriptt. hist. Byzant.*) — C. Fr. Walchii *Comment. de Glycae Annal.*, in *Commentatt. soc. Gotting. Vol.* V, *p.* 18—44. — C. F. Bodenburg *De Theodori Metochitae scriptis nondum evulgatis*, in *Miscell. Lips. Tom.* XII, *p.* 20 *sq.* — Vergl. Fr. Vater Die Annalen des Michael Glykas, in Jahn's Arch. IX. (1843) S. 5—11. und A. von Gutschmid im Grenzboten 1863. I, S. 345 fg.

Joel (Ἰωήλ) der Chronograph, ganz unbekannt in Hinsicht auf Zeit und Lebensverhältnisse, aber vermuthlich im 13. Jahrhundert, ist Verfasser eines chronologischen Compendiums, Χρονογραφία ἐν συνόψει, von Erschaffung der Welt bis auf die Einnahme Constantinopels durch die Lateiner (1204), welches an Magerkeit, Trockenheit und Fehlerhaftigkeit nur von wenig ähnlichen spießbürgerlichen Arbeiten übertroffen wird. — Ausgaben: *Edit. pr. per* L. Allatium, *Par.* 1651. *Fol.* (mit Georgios Akropolites), *p.* 149 *sq.* — *recogn.* J. Bekkerus, *Bonn.* 1836. mit Constant. Manasses und Georgios Akropolites (*Corp. Scriptt. hist. Byzant.*).

Ephräm (Ἐφραίμ) der Chronograph (nicht zu verwechseln mit Ephräm dem Syrer unter Julian und Valens, Diakon zu Edessa, Ascet, Redner und besonders ausgezeichnet als Dichter kirchlicher Hymnen in syrischer Sprache) stammte aus Constantinopel und ist wahrscheinlich ein in legitimer Ehe erzeugter Sohn des nachmals zum Patriarchen von Byzanz erhobenen Joannes XII., bis 1304. *Cf.* Pachym. *Vol.* II, *p.* 300. *ed. Bonn.* und A. Mai *Praef. ad Ephraem. p.* 5. *ibid.* Von diesem versificirenden Chronisten c. 1330 besitzen wir einen nüchternen Abriß von Βίοι βασιλέων, welcher in nicht weniger als 9564 zwölfsilbigen Jamben die Kaisergeschichte von C. Caligula bis auf Michael VIII. Palaiologos (37—1261) summarisch erzählt und von einem Anhang begleitet wird, welcher ein Verzeichniß der Patriarchen von Byzanz (Κατάλογος πατριαρχῶν Ῥώμης νέας τῆς Κωνσταντίνου) von der Gründung des Episkopats bis zum Jahre 1313 gibt, von v. 9565—10,392. Quellen waren hier Joannes Zonaras bis zum Tode des Alexios I. Komnenos, Niketas Choniates bis auf Balduin I., dann Georgios Akropolites. Dieses neue Machwerk byzantinischer Productionskraft schlendert in schlechten Jamben, steht in Hinsicht auf Vortrag und Metrik tief unter den bitterlichen Gedichten des Georgios Pisides und hat kaum mehr als den Werth eines poetischen Kalenders. Das Vorbild zur zweiten Partie lieferte sein jüngerer Zeitgenosse Nikephoros Kallistos Xanthopulos (ὁ Ξανθόπουλος) unter Kaiser Andronikos II. Palaiologos (1282—1328) in seiner poetischen *Descriptio Patriarcharum Constantinopolitanorum* (J. A. Fabricius *Bibl. Graec. Tom.* VII, *p.* 441 *sq. ed. Harl.*), und über andere Erzeugnisse dieses emsigen Versemachers und Kirchenhistorikers Voss *de histor. graecis p.* 387 *sq.*, darunter 158 winzige Jamben einer Ἅλωσις Ἱερουσαλήμ und das Machwerk eines Katalogs der Kaiser von Byzanz im gleichen Hinkmetrum. *Cf.* Ph. Labbaei *Protrept. hist. Byzant. p.* 34 *sq.* Fabric. VII, *p.* 438 *sq.* — Ausgaben des Ephräm: *graece et lat. ed.* A. Mai, in *Scriptt. vett. Nova Collect. Tom.* III, *P.* I. *p.* 1 *sq.* — *ex recogn.* J. Bekkeri, *Bonn.* 1840. (*Corp. Scriptt. hist. Byzant.*)

An dieser Stelle läßt sich am einfachsten die Πατριαρχικὴ Κωνσταντινουπόλεως ἱστορία von 1454—1578 unterbringen, eine für die Kenntniß der Schicksale des Patriarchats von Byzanz unter der Herrschaft der Türken bis auf den toleranten Sultan Selim und den gebildeten Patriarchen Jeremias wichtige, ihrem Inhalt nach sogar interessante Chronik, von dem Peloponnesier Manuel Malaxos in neugriechischer Volkssprache verfaßt und nach Martin Crusius *Turco-Graecia* V, *p.* 106—184 herausgegeben von J. Bekker mit der *Hist. politica Constantinopolis* und den *Fragmenta de rebus Epiri*, *Bonn.* 1849. *p.* 78—204. (*Corp. scriptt. hist. Byzant.*)

Χρονικὸν τῶν ἐν Ῥωμανίᾳ καὶ μάλιστα τῶν ἐν Μορέᾳ πολέμων τῶν Φράγκων ist die Aufschrift einer in politischen Versen geschriebenen Chronik in 2 Büchern, wovon das erste Buch in 1169 Versen, griechisch und in französischer Uebertragung von J. A. Buchon (*Collection des chroniques nationales françaises*, 13.—16. *siècle*) unter dem Titel: *Chroni-*

que de la conquête de Constantinople et de l'établissement des Français en Morée etc. Par. 1830 edirt, die Eroberung von Constantinopel in barbarischer Gräcität behandelt; das zweite Buch in 7000 politischen Versen die Vorgänge im Peloponnes von der Eroberung desselben durch die siegreichen fränkischen Fürsten und der Gründung des lateinischen Kaiserthums Romanien bis auf die Regierung der Isabelle von Ville-Hardouin in den Anfängen des 14. Jahrhunderts. Diese zweite griechisch noch nicht veröffentlichte Partie wird um so mehr begehrt, als gerade über diese entfernteren und verschiedenen Ereignisse, wenn man von einzelnen Berichten des Niketas Akominatos Choniates, Georgios Pachymeres, der beiden Dukas und anderen beiläufigen Notizen absieht, die Unkenntniß der byzantinischen Geschichtschreiber fast gänzlich schweigt. Vergl. die literarischen Bemerkungen zu Jo. Kananos oben §. 16. S. 288. §. 17. S. 294. Von den fränkischen Herzögen Athens, seinen späteren Schicksalen und Denkmälern vergl. Gibbon *chap.* 62. *extr.* Leake *Topograph. p.* 45 *sq.* Roß Archäol. Aufsätze II, S. 200 fg. W. Vischer im neuen Schweizer. Museum 1863, S. 51 fg. C. Hopf *De historiae ducatus Atheniensis fontibus, Bonn.* 1852. Laborde *Athènes au 15me, 16me et 17me siècle,* 2 *Voll. Par.* 1854. Dazu Curtius Peloponnesos I, S. 96 fg. u. s. Finlay *Mediaeval Greece and Trebisond,* übers. von Reiching S. 141. 173—181. 219—272.

Panaretos (*Πανάρετος*) aus Trapezunt c. 1430 beschreibt in einem chronologischen Abriß, *Περὶ τῶν τῆς Τραπεζοῦντος βασιλέων, τῶν μεγάλων Κομνηνῶν,* die Geschichte des Kaiserthums von Trapezunt von der Begründung desselben durch den jugendlichen Alexios I. Groß-Komnenos, den Enkel des Andronikos I., bis auf den Tod der Theodora Kantakuzena, der Gemahlin des 10. Kaisers von Trapezunt Alexios IV. Groß-Komnenos, und der Vermählung ihres Sohnes Joannes nach Georgien, d. i. von 1204—1426. Vergl. Fallmerayer Geschichte des Kaiserthums von Trapezunt. 1827. S. 167 fg. 215 fg. S. 245—249. Finlay *History of mediaeval Greece and of the empire of Trebisond* 1204—1461. *p.* 416 *sq.* 456—465. 508. In dieser von Th. L. Tafel *Trapezuntinae historiae scriptores Panaretus et Eugenicus* (mit *Eustathii Thessalon. Opusc.*) *Francof. ad M.* 1832. 4. *p.* 362—370 *e cod. Veneto* bekannt gemachten 57 Capiteln einer nur für die Zeit seit Andronikos III. Groß-Komnenos und die Zerrüttungen des Reiches etwas reichlicher fließenden, sonst wortkargen Chronik ist nichts, was den mönchischen Ton und Ungeschmack des Verfassers vergessen machen könnte. Der Schluß ist unvollständig.

Joannes Eugenikos (ὁ *Εὐγενικός*) aus Trapezunt, nachmals Nomophylax und Diakon der Sophienkirche in Constantinopel, Bruder des von Kaiser Joannes VI. Paläologos zur Synode von Ferrara 1438 mitgeführten, der Vereinigung mit der lateinischen Kirche aber entschieden abgeneigten Metropoliten von Ephesus Markos Eugenikos (vergl. Gibbon *chap.* 66), war ein wohlunterrichteter Mann, für seine Zeit vielleicht sogar ein Gelehrter ersten Ranges und gleich seinem bekannteren Bruder ein fleißiger Schriftsteller für theologische Zwecke. Derselbe hebt in seiner von Th. L. Tafel (mit *Eustathii Thessalon. Opusc.* und *Panareti chronicon Trapezunt.*) *Francof. ad M.* 1832. 4. *p.* 370—373. *e cod. Parisino* veröffentlichten *Ἐγκωμιαστικὴ ἔκφρασις* von Trapezunt die hervorstechendsten Punkte aus der Geschichte dieser stark befestigten See- und Handelsstadt, welche in den Zeiten der Kreuzzüge eine hervorragende Rolle gespielt hatte und durch die Gründung des groß-komnenischen Kaiserreiches eine neue Bedeutung erlangte, im leidlichen Stil und nicht zu sehr überladener Declamation hervor. Vergl. über diese Stadt und ihre Alterthümer Tournefort *Voyage du Levant, Tom.* III, *lettre* 17. *p.* 79 *sq.* Fontanier *Voyage* I, *p.* 17. Hamilton *Research.* I, *p.* 240 *sq.* von Hammer in Wiener Jahrb. Bd. 105. S. 21. Die Versuche des Verfassers für dergleichen an des Philostratos *Εἰκόνες* anlehnende panegyrische Beschreibungen (vergl. Manuel Moschopulos) kann auch die von Boissonade *Anecd. nov. Paris.* 1844. *p.* 329 *sq.* herausgegebene, von W. Fröhner im Philol. XX, *p.* 509 (*cf. p.* 767) als *Anecdotum* wiederholte *Ἐγκωμιαστικὴ ἔκφρασις* der Insel Imbros bestätigen. *Cf.* C. L. Kayser *ad Philostr. librum de Gymnast. p.* 128. *Praef. p.* XIII *sq.* und meine Geschichte der gesammten Griech. Literatur S. 408. Auch hatte Eugenikos eine Vorrede zu Heliodor's *Aithiopika* geschrieben, abgedruckt bei Fabric. *Bibl. Graec.* XI, *p.* 663. 670 *sq. ed. Harl.*

c. Anhang: Sammler und Darsteller antiquarischer und vermischter Stoffe.

§. 24.

Georgios Kodinos (ὁ *Κωδινός*), Kuropalates unter den letzten Paläologen, überlebte die Katastrophe der Einnahme Constantinopels durch die Türken (1453) und war nachher noch schriftstellerisch thätig, besonders für Chronologie, Antiquitäten und Geschichte von Byzanz. Zusammenstellung eines werthvollen, zum größten Theil gesichteten Materials für Lage und Gründung, Sage und ältere Geschichte, Kunst und Wissenschaft, für Topographie, Bauten und Denkmälerkunde von Byzanz, mit Angabe einer reichen Literatur durch C. Frick im Artikel „Byzantium" der Pauly'schen Real-Encyklop. 2. Aufl. 1. Bd. 2. Abtheil. S. 2601—2725. Vergl. auch oben §. 21. S. 321. Bis jetzt ist Kodinos durch folgende 7 Überreste, durch ihre barbarische und dunkele Sprache abschreckende Schriftchen bekannt geworden. Für Chronologie des byzantinischen Reiches: 1) *Περὶ τῶν ἀπὸ κτίσεως κόσμου ἐπάρξαι τῆς βασιλείας τοῦ μεγάλου Κωνσταντί-*

νου καὶ περὶ τῶν βασιλευσάντων ἐν τῇ Κωνσταντινουπόλει μέχρι τῆς παρὰ τῶν Ἀγαρηνῶν ταύτης ἁλώσεως s. *De annorum et imperatorum serie usque ad urbem ab Agarenis captam* 1453, noch immer nicht der letzte ärmliche Versuch dieser Art, aber ein glänzender Beweis von [illegible] Unkenntniß und geistiger Leere. — Für Alterthümer von Byzanz: 2) *Παρεκβολαὶ ἐκ τῆς βίβλου τοῦ χρονικοῦ περὶ τῶν πατρίων τῆς Κωνσταντινουπόλεως s. Excerpta de originibus Constantinopolis*, zum größeren Theil ein Auszug aus des Hesychios Illustrios antiquarischem Werke *Πάτρια Κωνσταντινουπόλεως*, zum geringeren Theil aus den Annalen des Michael Glykas, dem Chronicon Paschale und der Heiligengeschichte des Chronisten Julius Pollux. Vergl. oben §. 19. S. 302 und C. Müller *Fragm. histor. Graec. Vol.* IV, *p.* 4 *p.* 146 *sq.* — 3) *Περὶ τῆς σχηματογραφίας τῆς Κωνσταντινουπόλεως s. de forma et ambitu Urbis CP.*, ein erster Versuch der Statistik und Topographie des alten Byzanz, dessen Angaben im Einzelnen unzuverlässig sind. — Für Bauten und Kunstwerke: 4) *Περὶ ἀγαλμάτων*, aus Hesychios und Joannes Lydus *de mensibus*, *στηλῶν καὶ θεαμάτων τῆς Κωνσταντινουπόλεως*, wirklich compilirt aus anonymen Sammlungen über Alterthümer von Constantinopel, mit dem Titel *Παραστάσεις σύντομοι χρονικαί* in einem alten *Codex Parisinus*. *Cf.* P. Lambecii *Diss. de Georgii Codini vita et scriptis*, *Praef. ad Codin. p.* XIV. *ed. Bonn.* Zur Sache Niketas Akominatos Choniates und die Literatur §. 20. S. 321. — 5) *Περὶ κτισμάτων τῆς Κωνσταντινουπόλεως s. De aedificiis Urbis CP.* — 6) *Περὶ τῆς οἰκοδομῆς τοῦ ναοῦ τῆς ἁγίας Σοφίας s. De structura templi S. Sophiae*, das beste und wichtigste Stück von allen, wozu zu vergleichen die im Eingange dieses Artikels nachgewiesene Literatur von D. Feld und W. Salzenberg Altchristliche Baudenkmale Constantinopels vom 5. bis 12. Jahrhundert, aufgenommen und historisch erläutert u. s. w. Berlin 1854. Fol. J. Labarte *Le palais impérial de Constantinople et ses abords, St. Sophie, le forum Augustéon et l'Hippodrome, tels qu'ils existaient au 10ème siècle*, *Par.* 1861. Vergl. Göttinger Nachr. 1863. Nr. 46. — 7) *Περὶ τῆς τάξεως τῶν ἀξιωμάτων καὶ ὀφφικιαλίων τοῦ Παλατίου καὶ τῆς Μεγάλης Ἐκκλησίας s. De officiis et officialibus aulae et Magnae ecclesiae Constantinopolis*, ein unbedeutendes, geringhaltiges und schwieriges Büchlein in 22 Capiteln, wozu Matthaios Blastares (s. unten) das Beste, Constantin VII. Porphyrogennetos *De caerimoniis aulae Byzantinae* [illegible] geliefert hatte. Vergl. §. 20. S. 306 [illegible] Georgios [illegible] zu *chap* 58, und nach der [illegible] Vereinigung der griechischen und [illegible] Georgios [illegible] Bibl. Graec. VII, *p.* 706 *sq.* XII, *p.* 32. *ed. Harl.* — Ausgaben: *De annorum et imperatorum serie Edit. pr.* P. Lambecius, *Par.* 1655. *Fol. p.* 1 *sq.*, mit *De forma et ambitu urbis CP., de statuis, de aedificiis, de structura templi S. Sophiae.* Die sogenannte Schrift mit dem Anfange *de statuis* auch in der Ausg. von J. Meursius 1607. — *de originibus urbis CP.: prim. ed.* G. Dousa, *ap. Commelin. Heidelb.* 1596. — *c. vers. et notis* J. Meursii, *Aurel. Allobr.* 1608, *Par.* 1647. *Fol. p.* 24 *sq.* (in *Balog. histor. de rebus Byzantinis*) — P. Lambecius *l. l.* — *ed.* J. C. Orelli in *Hesychii Miles. opuscula duo quae supers. Lips.* 1820, *p.* 68 *sq.* Vergl. oben §. 19. S. 302. — *de officiis aulae etc.: prim. ed.* Fr. Junius, *Lugd.* 1588, wiederholt und vermehrt *ap. Commelin.* 1596. — *c. commentar. ed.* J. Gretserus, *Par.* 1625. *Fol.*, J. Goar, *Par.* 1648. *Fol.*, wiederholt *Venet.* 1729. *Fol.* — *c. Gretseri et Goari commentariis ex recogn.* J. Bekkeri, *Bonn.* 1839. (*Corp. Scriptt. hist. Byzant.*) — Sämmtliche Schriften (mit Ausnahme von Nr. 7) mit Einschluß der *Παραστάσεις σύντομοι χρονικαί* des Anonymos und anderer Schriften antiquarischen Inhalts *ex recogn.* J. Bekkeri: *Georgii Codini Excerpta de antiquitatibus CP. Bonn.* 1843. *c. not. Meursii et Lambecii* (*Corp. Scriptt. hist. Byzant.*). — Da wir nicht genau [illegible] Denkmälern, welche sich auf Theilnahme der Architektur [illegible] von Byzanz beziehen, so dürfen wir [illegible] des Georgios Kodinos [illegible] (*Ἐκφράσεις*) von Kunstwerken [illegible] Form und Phraseologie aus älterer Zeit [illegible] Vergl. die [illegible] logie §. 34; des Paulos Silentiarios Beschreibung der Sophien-Kirche; [illegible] des [illegible] der von Kaiser Basilios I. dem Makedonier in der [illegible] erbauten *Νέα ἐκκλησία τῆς ὑπεραγίας Θεοτόκου*; des Grafen von [illegible] *Περὶ τῶν τοῦ Ἰουστινιανοῦ κτισμάτων* §. 18. S. 296; einer Anonymos Schrift *Περὶ τῶν ταφῶν τῶν βασιλέων τῶν ὄντων ἐν τῷ ναῷ τῶν ἁγίων ἀποστόλων prim. ed.* A. Banduri *Imperium orient. Tom.* I. *Antiquit. Constantinop. lib.* VI, *p.* 121, wiederholt von J. Bekker (mit Georgios Kodinos) *p.* 203—206; ferner [illegible] *urbis Constantinopolis et* [illegible] (in Banduri *Vol.* I. *P.* III, *p.* 1 *sq.*) vermuthlich aus dem 11. oder 12. Jahrhundert und auch Michael Psellos beigelegt; endlich des Georgios von Cypern Beschreibung von Constantinopel.

Die Beschreibung der [illegible], *Ἀνάμνησις παλαιὰ καὶ νέα s. Novum* [illegible], auf Befehl des Alexios I. Komnenos (1081—1118) angefertigt und durch Aufnahme wichtiger Bruchstücke aus des Kaiser Augustus *Breviarium imperii* erweitert, in J. F. Gronovii *De sestertiis*, *Lugd.* 1691 *p.* 746 *sq.*, und in [illegible] *Par.* 1668 *Fol.* IV, *p.* 367 *sq.* 4. *Cf.* Ob[illegible]

[illegible] ad *Tarit.* vor dem *Monum. Ancyr.* p. 637. G. Bernhardy Röm. Literatur Anm. 321. Die Unterschrift der dem Virgilius L. beigelegten, von Zanetti in Pagi *Crit. ad Baron. Ann. A.* 1118. *N.* 20. veröffentlichten politischen Verse an seinen Vater ist zweifelhaft. Vergl. Heinrichsen Ueber die politischen Verse bei den Griechen S. 106. Von seinen Verdiensten um Hebung der [illegible], sowie über das von ihm gestiftete Orphanotropheum, über den Verfall der [illegible] Grammatik in der Vernachlässigung des [illegible] Unterrichts (§. 15. S. 281) [illegible] für Knaben [illegible] und fremder [illegible], s. seine Tochter Anna XV, p. 485 sq. Im Uebrigen [illegible] er die [illegible] seiner Zeit, und durch Simeon Seth den indischen Roman übersetzen, und seine [illegible] [illegible] Dogmatik [illegible] des Euthymius Zigabenus zur Zusammenstellung einer dogmatischen [illegible]. Vergl. Michael Glycas §. 32, Anna V, p. 144 sq. VI, p. 164. Zonar. p. 310. F. Wilken *Rerum ab Alexio I.* — *Commenis gestarum* p. 488. v. Sybel Geschichte des ersten Kreuzzugs S. 249 fg. Kuhn Wunderer S. 67 und die Notizen in §. 15. S. 280 fg. über [illegible] §. 32. S. 324.

Ueber das Kerameikos, über Straßen und Holzmarkt zu Constantinopel vergl. Constantin VII. Porphyrogennetos §. 20. S. 306 und Georgios Kodinos S. 342. Neben gehört noch Matthäus Blastares (ὁ Βλαστάρης), Hieromonachos c. 1330 und bekannt als Verfasser eines Nomokanon (Σύνταγμα κατὰ στοιχεῖον in G. Beveregii *Synodikon s. Pandectae canonum, Oxon.* 1672. *Vol.* II), schrieb auch ein Büchlein über die Heiligen zu Constantinopel, Περὶ ἀρχαιότητος τοῦ Παλατίου τῆς Κωνσταντινουπόλεως in politischen Versen, unter dem Namen eines [illegible] von Kodinus, [illegible] und mit diesem von *J. Gretser* p. [illegible] p. 26 sq. herausgegeben; Abdruck in *edit. Bonn.* 1839. c. J. Gretseri et *J. Goari Comment.*, *not. et observat.* p. 116 sq., welche dieser schwierigen [illegible] Kenntniß und Kritik [illegible]. Vergl. die Notizen zu Georgios Kodinos S. 342 und §. 20. S. 306. Neben [illegible] Denkmälern verdient am Ausgang der [illegible] und [illegible] Werk des Joannes Lydus *De magistratibus populi Romani* eine [illegible] Stelle.

Joannes Laurentius Lydus, geboren 490 zu Philadelphia im [illegible] Lydien von angesehenen und begüterten Eltern, begab sich 21 Jahr alt nach Constantinopel und studirte unter Agapius aus Athen, einem Schüler des Proklus Diadochus, aristotelische und neuplatonische Philosophie. Durch Geschicklichkeit, Thätigkeit und Umsicht stieg er allmälig von der untergeordneten Stellung eines Mitgliedes der lateinischen Kanzlei zum obersten Range eines [illegible], erhielt die [illegible] und [illegible], geehrt und begünstigt von mehreren Kaisern, große Reichthümer. Die [illegible] [illegible] Umwälzungen unter Justinian I. jedoch, namentlich die [illegible] im [illegible] (vergl. §. 2. S. 240. §. 3. S. 242 fg.) brachten ihn um den einträglichen Posten eines Cornicularius; c. 552 entlassen und brodlos geworden, übernahm er eine ihm angebotene öffentliche Professur der lateinischen (oder griechischen) Sprache, [illegible] III, 29. p. 233 ed. *Bonn.* Vergl. §. 9. S. 263. Dies war [illegible] die seine schriftstellerische Thätigkeit: sicher ist die Thatsache, daß außer einigen Jugendschriften panegyrischen und lehrreichen Inhalts, einem Enkomion auf den *Praefectus praetorio* Zoticus und seiner Vorträge c. 512, einem Panegyrikus auf Kaiser Justinian I. und einem auf Anregung des letzteren unternommenen und erst 533 beendeten Geschichtswerk über den ersten Krieg mit den Persern, die wichtigeren, und zum Theil erhaltenen Bücher erst in den letzten Lebensjahren geschrieben oder vollendet sind. Er starb im hohen Alter c. 565. Von den hervorstechenden [illegible] seines Lebens und seiner Schriften handeln C. Hase *Comment. de Jo. Lydo* p. IV—XV. und *de magistr.* III, p. 216 sq. ed. *Bonn.* Von seiner Συγγραφή (p. 179, Παρασκευὴ pp. 119. 160) Περὶ ἀρχῶν s. de *magistr.*, einer aus den besten [illegible] und römischen [illegible] der älteren Zeit (Gavius Bassus, Fonteius, Cincius, M. Varro, Sisennius, M. Messala, Cornelius Labeo, Seneca, Valens, Nummius, den [illegible] Varronis u. a.) geschöpften Schilderung der Anfänge des römischen Volks, mit Angabe des Ursprungs und der Art und Weise ihrer Feier, von Gründung der Stadt bis auf Kaiser Justinian I., besitzen wir nur längere Bruchstücke in dem durch die [illegible] Untersuchungen von C. Hase bekannt gewordenen *Codex Caseolinus* und 2 Auszüge von verschiedenem Umfange. Der eine rührt von Maximus Planudes her, dem Sammler der *Anthologia Graeca*, und ist herausgegeben von N. Schow *Lips.* 1794, und G. Roether *c. comment. Darmst.* 1827. Ueber die Quellen dieser Schrift Hase p. XI und ergänzend G. Roper im Philol. IV, S. 307. Bei aller Verschiedenheit der Quellenberichte für Mythologie und Antiquitäten ist diese Schrift dennoch nur mit Vorsicht zu gebrauchen. Durch ein günstigeres Geschick ist uns [illegible], erst im 91. Lebensjahr unternommenes Werk Περὶ διοσημειῶν s. *De ostentis* erhalten; doch ist es zu Anfange verstümmelt und war bis auf C. Hase *Joannis Lydi de ostentis quae supers. Par.* 1824 nur aus Proben bekannt: Ἀφήγησις Φοντηιανοῦ τοῦ Ῥωμαίου πρὸς τὴν ἐπίλυσιν (cap. 27, p. 306—311), ein die Wahrnehmungen und Folgen des Donners an jedem Monatstage berichtender Kalender angeblich nach dem lateinischen Original des P. Nigidius Figulus übersetzt, herausgegeben von J. Rutgersius in *Variar. lectt. Lugd. Bat.* 1618. 4. p. 247 sq.; Περὶ μηνῶν ed. N. Schow *l. l.* p. 191 sq. und Stücke in D. Petavii *Uranol. Par.* 1630. *Fol.* p. 94 sq. und Cramer *Anecd. Paris. Tom.* III, p. 403—408, *cf.* p. 181; jetzt mit Hinzuziehung eines

Handschriften: *Jo. Lydus de ostentis ex codd. italicis auctus et Calendaria graec. omnia* ed. C. Wachsmuth. *Accedunt Anecd. duo de cometis et de terrae motibus, Lips.* 1863. Einen noch erhaltenen Auszug hieraus fertigte Beda Venerabilis lateinisch unter dem Titel: *Libellus de tonitruis, ad Herenfridum, in Opp. omn. ed. Colon. Agripp.* 1612. *Fol. Tom.* I, *column.* 387—390. Hase *p.* XIII. Dieses von großer Gelehrsamkeit auf einem abstrusen Gebiete zeugende Werk, ein ziemlich reicher Beitrag zur Kenntniß der gesammten Auguralwissenschaft und des Sacralwesens der Römer und Etrusker, ist wegen des unmittelbar aus älteren etruskisch-römischen Quellen entlehnten Materials (P. Nigidius Figulus, Labeo, Claudius Tuscus u. a., die griechischen *c.* 2. *p.* 274 *sq.*) unstreitig von hoher Wichtigkeit, doch macht die unkritische Behandlung des schwierigen Gegenstandes, welche durch die Schwäche des vorgerückten Alters einigermaßen entschuldigt wird, gleichfalls zur dringendsten Vorsicht. Zwischen beiden liegt sein Hauptwerk, *Περὶ ἀρχῶν τῆς Ῥωμαίων πολιτείας s. De magistratibus populi Romani* in 3 Büchern, erst 1784 in dem genannten Codex in einem schlimmen Zustande entdeckt, lückenhaft und am Ende unvollständig, entstanden unter den frischen Eindrücken der Zurücksetzung und in einer Stimmung geschrieben, welcher er durch unmännliche Klage und bittere Polemik unverholen Luft macht. *Cf. p.* 206—208. *ed. Bonn.* Das Programm oder die Anordnung des Ganzen theilt er selbst mit *de magistr.* I, *p.* 132 *sq.* Diese von B. G. Niebuhr zu günstig beurtheilte Schrift, gleichfalls aus älteren, größtentheils verlorenen Quellen gezogen, liefert manche sonst unbekannte und brauchbare Notiz über die älteren Magistrate Roms, beweist aber zugleich in schroffer Fassung, wie verschwommen die Kenntniß der älteren Verfassungszustände Roms bereits in den Anfängen der byzantinischen Zeit war. Ueber die Schicksale der Werke des Joannes Lydus, die Zeugnisse der Alten und die Thätigkeit der Neueren, J. Meursius und J. Rutgersius, L. Allatius, Joannes de Burigny, Nicolaus Schow, de Choiseul, Villoison, zuletzt über die Geschichte, den Werth und Inhalt des aus der Bibliothek des Fürsten Konstantin Morusi stammenden *Codex Caseolinus* aus dem 10. Jahrhundert vergl. die lehrreiche Abhandlung von Hase *Comment. de Joanne Lydo ejusque scriptis, Par.* 1812, wovon ein Abdruck in *Edit. Bonn. ex recogn.* J. Bekkeri. Wenn es nun schwer ist, ein volles Gesammtbild von diesem byzantinischen Staatsbeamten zu begründen, so lassen doch die ehrenden Zeugnisse der Alten (vergl. das Pragmatikon Justinian's I. *p.* 222 mit dem harten Urtheile des Photios *Cod.* 180. Hase *p.* XX *sq.*), sowie der Kern seines Nachlasses erkennen, daß er die zum Theil vernichtende Kritik seiner Widersacher nicht verdient. Vergl. Schrader Laurentius Lydus in rechtsgeschichtlicher Hinsicht, in Schrader's Tübinger Zeitschrift 1826. II, S. 146 *sq.* A. W. Heffter zu Joannes Lydus *de magistr.*, im Rhein. Mus. für Jurisprudenz 1828. S. 117—124. H. E. Dirksen Vermischte Schriften Berl. 1841. I, S. 50—77. Th. Mommsen Römische Chronologie S. 309. Anm. Auf die Grenzscheide des römischen und byzantinischen Zeitalters gestellt, besitzt er bei aller Einseitigkeit und Befangenheit des Urtheils noch einen Ueberfluß an gelehrtem Wissen und Erinnerungen aus einer besseren Studienzeit und beherrscht ein durch Abstammung, Alter und Seltenheit ausgezeichnetes Material, welches durch Vielseitigkeit des Interesses sofort und später — dies gilt namentlich von den Verzeichnissen der Vorbedeutungen, Witterungsverhältnisse, Erdbeben und physikalischen Wunder — von byzantinischen Sammlern fleißig ausgebeutet und für Zwecke der Oeffentlichkeit, für Feldzüge und auf Kriegsschiffen praktisch verwerthet wurde. *Cf.* Constantini Porphyr. *Cerimon. p.* 467. *ed. Bonn.* Hase in *Jo. Lydum p.* XXV—XXVIII. und *de ostentis p.* 351. *ibid.* Sieht man jedoch auf den langathmigen Periodenstil, welchem Geschmack, Leichtigkeit und Frische mangelt, sowie auf die Behandlung der Gegenstände, worin namentlich historischer Sinn und ein feinfühlender auf gewissenhafter Abwägung des Werthes der Quellen verwendeter Fleiß vermißt wird, so wird man einer gewissen Ueberschätzung seiner Leistungen allerdings entgegentreten müssen. Fabric. *Bibl. Graec.* IV, *p.* 155—160. *ed. Harl.* — Ausgaben: *De magistratibus: Edit. pr.* J. D. Fuss (*Praefatus est* C. B. *Hase*) *Par.* 1812. — *Cf.* C. J. Ch. Reuvens *Collect. litter. L.Bat.* 1815. IV, *p.* 20 *sq.* und J. D. Fuss *Epistola ad Hasium de Laurentii Lydi opusculo de magistr. Romanis, Bonn.* 1821. — Auszüge und Bruchstücke der beiden anderen Werke s. den Tept. — *de ostentis quae supers. una cum fragmento libri de mensibus etc. ex codd. reg. ed. graecaque supplevit et lat. vertit* C. B. Hase, *Par.* 1823. — *Fragmentum Lydi de Rheno et Danubio ed.* G. G. Bredow *Epistolae Paris. p.* 60 *sq.* — *Joannes Lydus ex recogn.* J. Bekkeri, *Bonn.* 1837. (*Corp. Scriptt. hist. Byzant.*) *c. comment. et animadverss.* Hasii. — *Cf.* Fr. Osann *De Ateio philol. et Joannis Laur. Lydi loco.* In dess. *Anal. crit. poesis Rom. scen. Berol.* 1816. *p.* 60—78. und in Allgem. Schulzeitung 1829. Nr. 43. Vergl. Zeitschr. für die Alterthumsw. 1843. Nr. 64. — *de ostentis ex codd. italicis auctus et Calendaria gr. omnia ed.* C. Wachsmuth. *Acced. Anecd. duo de cometis et de terrae motibus. Lips.* 1863. — Monges *Sur le traité de Lydus concernant les magistratures Romaines*, in *Mém. de l'Acad. des Inscriptt.* XII, *p.* 303—306. — J. Fr. Schultze *Quaest. Lydianarum Part.* I. *Diss. Gryphisw.* 1863.

C. Die byzantinischen Geographen und Ethnographen, Topographen und Statistiker.

§. 25.

Ueber des Hesychios von Milet patriotische Topographie *Περὶ τῶν πατρίων Κωνσταντινουπόλεως*

ἐν τῇ Βίβλῳ γραφῇ wird verwiesen auf die Notiz in §. 22. S. 331.

Palladios (Παλλάδιος) der Galater c. 400, ungewiß ob der dem Joannes Chrysostomos befreundete, nachmals zur Würde eines Bischofs von Helenopolis erhobene Biograph einzelner Heiligen (Historia Lausiaca), welcher längere Zeit mit frommen Beschäftigungen in Indiens Regionen zugebracht hatte, gilt für den Verfasser des noch erhaltenen kurzen, vermischten und mit alten Fabeln der Gelehrsamkeit erfüllten Schriftchens Περὶ τῶν τῆς Ἰνδίας ἐθνῶν καὶ τῶν Βραχμάνων. Quelle dieser in 2 Partien getheilten, ehemals viel gelesenen und ausgeschmückten Sammlung von Fabeln über den wunderbaren Ursprung der Völker Indiens und die Beschaffenheit des Landes, verbunden mit interessanten Erzählungen von der Zusammenkunft Alexander's des Großen mit den Bramanen, welche in mehr oder weniger veränderter Fassung bei Kedrenos, bei dem Compilator des Chronikon Georgios Hamartolos, bei Suidas u. a. wiederkehren, war weniger der Historiker Arrianos, als ältere Biographen Alexander's des Großen, besonders der schon den Alten in Betreff seiner Glaubwürdigkeit verdächtige (Diog. L. VI, 84) Onesikritos aus Astypaläa und wahrscheinlich der von Strabo XV, p. 702 genannte Alterthumsforscher über Indien Krateros c. Ol. 126, 1. 290 v. Chr. Cf. R. Geier Alexandri M. historiarum scriptt. aetate suppares, Hal. 1844. p. 80. Ältere Nachrichten S. 12 fg. und G. Bernhardy p. 35. — Ausgaben: Edit. pr. J. Camerarii, in Libellus gnomol. Lips. p. 116 sq. — ed. E. Bissaeus, Lond. 1665. 4. 1668. 4., ohne Kenntniß jener Ausgabe. Cf. G. Bredovii Epistolae Paris. p. 108. — Kritischer Apparat von G. Bernhardy Palladius de Brachmanibus, in Analecta in Geographos Graecorum minores, Hal. 1850. 4. p. 34—48. Cf. J. G. Schneider Comment. in Aristot. de historia animalium Tom. IV, p. 473—478.

Markianos (Μαρκιανός) aus dem pontischen Herakleia c. 410, bekannt als Ueberarbeiter des Περίπλους des Geographen Menippos, wovon die Einleitung nebst einigen Bruchstücken erhalten ist, verfaßte mit Benutzung der besten Quellen von Hanno und Skylax bis auf Ptolemäos einen bis auf den Schluß verstümmelten, von Ptolemäos durchaus abhängigen Περίπλους τῆς ἔξω θαλάσσης in 2 Büchern. Sein eigener Περίπλους der Küsten des mittelländischen Meeres in 11 Büchern, worin er einen trümmerhaft erhaltenen Auszug aus der gleichbetitelten Schrift des Geographen Artemidor von Ephesos und andern geographischen Schriften aufgenommen hatte, ist bis auf wenige Fragmente verloren und scheint kein besonderes Werk gewesen zu sein. Vergl. S. F. W. Hoffmann Die Fragmente Artemidoros des Geographen u. s. w., an dessen „Die Iberer im Westen und Osten" Leipz. 1838. A. Stiehle Der Geograph Artemidoros von Ephesos, im Philol. XI, S. 193—244. Was von ihm erhalten, ist für die ältere Geographie besonders wegen der geometrischen Bestimmungen der Stadienmaße von Wichtigkeit und liefert mannichfache Beweise für des Verfassers Fleiß und Urtheil. — Ausgaben: Edit. pr. D. Hoeschelii (mit Scholien) Aug. Vindel. 1600. p. 81 sq. — ed. J. Hudson, in Geogr. minor. Vol. I. Cf. H. Dodwell De aetate et scriptis Marciani Heracleotae, ibid. p. 143 sq. G. Bredovius Epistolae Paris. — Périple de Marcien d'Héraclée, épitome d'Artémidore, Isidore de Charax etc. publié par E. Miller, Par. 1839. — Marciani Heracl. Periplus, Menippi Peripli fragmentum quod Artemidori nomine ferebatur etc. graece et lat. c. notis varr. ed. S. F. G. Hoffmann, Lips. 1841. — Marciani Heracl. Peripli. Ed. C. Mueller, Vol. I. der Geogr. graeci minores, Par. 1855. mit den Karten. — B. Fabricius Lectt. Marcianeae, Gratulationsschrift Dresd. 1843. Vergl. Bruck. Ueber Markianos von Herakl., im Rhein. Mus. N. F. II, S. 367—388 und Haase in der Hall. Lit. Zeit. 1839. Nr. 103 fg. Hermann und Jahn in Jahn's Jahrb. der Philol. XVII, S. 146 fg. XXXVI, S. 316 fg.

Stephanos (Στέφανος) der Grammatiker aus Byzanz c. 472 n. Chr., Verfasser eines umfassenden geographisch-ethnographischen Wörterbuchs Ἐθνικά, dessen Inhalt durch eine Notiz am Schlusse des die Fragmente aus dem 10. und 13. Buche von Δύμη bis Δώτιον enthaltenden Codex bibliothecae Seguierianae nur unvollständig bezeichnet wird: Περὶ πόλεων, νήσων τε καὶ ἐθνῶν, δήμων τε καὶ τόπων καὶ ὁμωνυμίας αὐτῶν καὶ μετωνομασίας καὶ τῶν ἐντεῦθεν παρηγμένων ἐθνικῶν τε καὶ τοπικῶν ὀνομάτων, worauf dann ein Index des in 80 Capitel getheilten 11. Buches von dem Artikel [illegible] bis [illegible] folgt. Der von F. Passow Symb. crit. Vratisl. 1820. (wiederholt in Edit. Dindorfii Tom. I, p. L sq.) beschriebene Codex Vratislaviensis läßt, wiewol die Anfänge von nur 30 Büchern bestimmt angezeigt werden, doch deutlich genug erkennen, daß das ganze volle Werk ungefähr aus 60 Büchern bestanden haben muß. Es war letztlich angelegt, nach Herodian gearbeitet und würde uns, wenn es in ursprünglicher Gestalt erhalten wäre, einen reichen Schatz dieses großen Grammatikers zuführen. Aber auch Stephanos von Byzanz ist epitomirt, verkürzt und gründlich ausgeplündert, und den Umfang und Reichthum des ursprünglichen Werkes, ein Denkmal gründlicher Belesenheit und ausgebreiteter Compilation aus den besten Werken der Vorzeit, welches sich über Mythisches und Historisches, über Sprache und Erudition wenn auch ohne strenge systematische Ordnung verbreitete, wird noch heute erkannt an einem großen Bruchstück aus dem Artikel Δωδώνη. Jetzt bleibt nichts übrig, als aus dem angegebenen Bruchstück des Buchstabens Δ und einer Reihe von Fragmenten, Trümmer der Epitomatoren und zum Theil aus später Zeit, sowie aus dem zwar dürftigen, aber doch durch manche schätzbare Ueberreste und Notizen werthvollen Auszuge des Grammatikers Hermolaos aus Constantinopel, für Geschichte, für Sprache, Kritik und Interpretation der Autoren den befriedigendsten Nutzen zu ziehen. Uebrigens bewahrt die Epitome des Hermolaos, eines Schülers und Nachfolgers des kaiserlichen Sprachlehrers Eugenios aus Augustopolis in Phrygien (vergl. §. 27. S. 360), nach Suid. s. Ἑρμόλαος dem Kaiser Justinian I. gewidmet, den Umriß des ursprünglichen Werkes nicht treuer, als den eigentlichen Geist gelehrter Forschung, und beschränkt sich im Wesentlichen auf Geographisches und Grammatisches. Aus einer Notiz dieser Compilation s. v. Γόρδοι, ὡς εἴρηταί μοι ἐν τοῖς Βυζαντιακοῖς, auf die Abfassung einer besonderen byzantinischen Geschichte des Stephanos oder Hermolaos zu schließen, erscheint wegen des verhältnißmäßig geringen Reichthums des Artikels Βυζάντιον sehr gewagt. Vielmehr hat man diese Worte einfach für einen Verweis auf diesen Artikel im Wörterbuche selbst zu halten. — Ausgaben der Epitome des Hermolaos: Edit. pr. Aldi, Venet. 1502. Fol. — ap. Junt. Florent. 1521. Fol. — ed. G. Xylander, Basil. 1568. Fol. — opera Th. de Pinedo, Amstel. 1678. 1725. Fol. — A. Berkelius, L.Bat. 1688, vermehrt 1694. Fol. — Das Fragment von dem Buchstaben Δ in den beiden zuletzt genannten Ausgaben, einzeln: prim. ed. S. Tennulius, Amstel. 1669. 4.; vollständiger in Montfaucon. Bibl. Coislin. p. 281 sq. — Den Artikel Δωδώνη separatim ed. c. vers. et notis J. Gronovius, L.Bat. 1681. 4. und E. G. Schirlitz in Schulzeitung 1828. S. 560 fg. Cf. J. A. Fabricii Bibl. Graec. Tom. IV. p. 621 sq. — Andere Fragmente von Lenormant, Fragm. inedita lexici cuiusdam geographici Graeci, im Philol. XXV, S. 147—151. — Der in jetziger Gestalt vorliegende Stephanus: c. annot. L. Holstenii, A. Berkelii et de Pinedo ed. G. Dindorfius, 4 Voll. Lips. 1825. — Ethnicorum quae supers. Ed. A. Westermann, Lips. 1839. — Ethnicorum quae supers. Ex rec. A. Meinekii, Tom. I. Berol. 1849. — Beiträge zur Geschichte und Systematik, zur Kritik und Erklärung: L. Holstenii Notae et castigatt. in Stephanum, Accedit Fragm. Scymni Chii. Ed. a Th. Ryckio, L.Bat. 1684. Tit. nov. Ultraj. 1691. L.Bat. 1692. Fol. — J. B. Ballenstedt Notae in Stephanum Byz. Helmst. 1774. 4. — Fr. Passow De Stephani Byz. cod. Vratislaviensi, in dess. Symb. crit. Vratisl. 1820. 4., auch in dess. Opusc. acad. Lips. 1835. p. 233—258. Ders. Variae lectt. e cod. Stephani Byz. Rehdigerano, Vratisl. 1824. 4. — A. Wellauer De extrema parte operis Steph. de urbibus, in Friedem. et Seeb. Miscell. crit. Vol. II. P. 1. p. 650 sq. — G. F. Grotefend Ueber Stephanus von Byz. s. Ἄγρος, in Zeitschrift für Alterthumsw. 1835. Nr. 37. p. 303 sq. — R. Fabricius Die handschriftlichen Randglossen des Palmerius zu den Ethnica des Stephanus von Byz., in Jahn's Archiv XII (1846), S. 237 fg. — Beiträge zur Kritik auch von Th. Bergk in dess. Commens. crit. Spec. II. IV., von R. Unger u. A.

Kosmas (Κοσμᾶς) der Mönch aus Ägypten mit dem Beinamen Indikopleustes, Zeitgenosse des in der Anthologie (§. 36) mit einer Ἔκφρασις τοῦ κοσμικοῦ πίνακος aufgeführten Rhetors Joannes von Gaza c. 560, bestritt im Anschluß an die Gegner der heidnischen Chronologie (§. 22. S. 332) die Wahrheit der von Ptolemäos geschaffenen Geographie und unternahm in seiner kirchlichen Topographie, 12 Bücher Χριστιανικὴ τοπογραφία, ein eigenes mit der Bibel im Einklang stehendes geographisches System. Dieses Werk, wovon das 12. Buch unvollständig ist, verräth seinen ungebildeten Wortführer der christlichen Wissenschaft und darf, da er selbst für seine Zwecke bedeutende Reisen unternommen hatte, in einzelnen Punkten, namentlich was seine Nachrichten über Indien und Ceylon betrifft, für glaubwürdig gehalten werden. Doch mischt sich eine bittere Polemik gegen Ptolemäos und die heidnische Doctrin mit der Geschmacklosigkeit und ganzen Erbärmlichkeit seines mönchischen Wissens, welche für die Herbeiführung einer Verständigung innerhalb der Literatur wenig geeignet war. Er darf nicht verwechselt werden mit dem christlichen Theologen Kosmas aus Jerusalem, dem Zeitgenossen des Joannes von Damaskos. Vergl. §. 83. — Ausgaben: Edit. pr. B. de Montfaucon, in der Collectio patrum et scriptt. Graec. Par. 1707. Fol. Vol. II. p. 1 sq. Cf. Fr. Jacobs Anthol. Palat. Tom. III. — B. G. Niebuhr Ueber das Alter der 2. Hälfte der Adulit. Inschriften, in dess. Kleine hist. und philol. Schriften I. S. 399—411. — Oudin. Commentatt. de scriptt. eccles. I. p. 1407 sq., Robertson Kenntniß der Alten von Indien, S. 91 fg. und Gibbon chap. 40 und 42. Anmerk.

Hierokles (Ἱεροκλῆς) der Grammatiker, von Einigen kurz vor Constantin VII. Porphyrogennetos (911—959), welcher de Them. II, 1. p. 48 ed. Bonn. das Reisehandbuch des Hierokles zu Rathe zog (vergl. §. 20. S. 316), von P. Wesseling Prolegg. in Hierocl. p. 626. (p. 385. ed. Bonn.) richtiger in die Jahre Justinian's I. gesetzt, ist Verfasser eines trockenen statistischen Abrisses der Provinzen und Städte des byzantinischen Reiches vor dem Jahre 535, Συνέκδημος d. i. Reisegefährte genannt; derselbe ist, wie es scheint, nicht ganz vollständig und nicht im Interesse der metropolitanen Verwaltung geschrieben. Vergl. Gibbon chap. 40. Anmerk. Er ist zu unterscheiden von dem Historiker Hierokles, dem Verfasser der Φιλίστορες, worüber G. J. Voss de histor. graec. p. 456. C. Mueller Fragm. histor. graec. Vol. IV. — Ausgaben: vollständiger zuerst nach einer Ausgabe des Lucas Holstenius in A. Banduri Imperium orient. Vol. I. P. I. p. 31 sq. — c. prolegg. et comment. ed. P. Wesseling, in Vet. Rom. Itineraria, Amstel.

1729. 4. Wieder von J. Bekker in Corp. Scriptor. hist. Byzant. (mit Constantin Porphyr.) Bonn. 1840. Vol. III, p. 391 sq. — ed. Th. L. Fr. Tafel, mit Constantini Porphyr. de provinciis regni Byzant. Tubing. 1846. 4. mit anderen Stücken politischer und kirchlicher Geographie.

Nikephoros der Mönch mit dem Beinamen Blemmydes (ὁ Βλεμμύδης) unter Kaiser Michael VIII. Paläologos (1261—1282), ein kräftiger Polygraph aber nur für kirchliche Zwecke, schrieb eine Metaphrase des Dionysios Periegetes, Γεωγραφία συνοπτική betitelt, und eine von der Größe der Erde und der Lage handelnde Ἑτέρα ἱστορία περὶ τῆς γῆς, beide nach F. A. G. Spohn Lips. 1818. 4. und G. Manso (mit Deutsch) Rom. 1819. 4. herausgegeben von G. Bernhardy Dionysius Periegetes. Graece et lat. c. vetustis commentt. et interpretat. Lips. 1828. p. 405—420. Hierdurch sind ältere Ausgaben der zweiten Schrift (Aug. Vindel. 1605, und in J. P. Siebenkees et J. A. Goetz Anecd. Graec. Norimb. 1798. p. 97—106) entbehrlich geworden. Von einer noch nicht veröffentlichten Schrift desselben Verfassers Περὶ οὐρανοῦ καὶ γῆς G. Bredovius Epistolae Paris. Lips. 1812. p. 60 sq. Hierzu kommen 2 Schriftchen über die Regierungskunst im Interesse der Kirche: Λόγος δηλῶν ὅτι εἶναι τὸν βασιλέα und Λόγος ἐξ ἐπιτάξεως τῷ βασιλεῖ βασιλέως κληθεὶς Ἀνδριάς, mit Auszügen als Nicephori Blemmydae orationes politicae herausgegeben von A. Mai Script. vett. nova Collect. Vol. II. P. 1, p. 609 sq. p. 611—670. Die erstere auch einzeln Romae 1827. 4. Zuletzt außer theologischen Schriften (Lips. 1784) ein philosophisches Compendium, Εἰσαγωγικὴ ἐπιτομή in 2 Büchern (περὶ λογικῆς, περὶ φυσικῆς) ed. J. Wegelin Aug. Vindel. 1605, [illegible] zur Übung der frommen Theologie dieses in kirchlichen Schriftstellern doch [illegible] und als vorzüglich weit gepriesenen [illegible]. Cf. Georg. Acrop. p. 54. 112. Niceph. Greg. Vol. 1, p. 46. ed. Bonn.

II.

Geschichte der byzantinischen Grammatik und Polymathie.

Standpunkt und Geschichte der byzantinischen Grammatik.

§. 20.

Wie das Wissen der Byzantiner überhaupt sich nur selten über ein [illegible] und bequem [illegible] Maß erhob und so, eine Zeit lang wenig veränderte, dann aber selbst innerhalb dieser engen Grenzen immer beschränkter wurde, so zeigt auch die Geschichte der byzantinischen Sprachwissenschaft ein [illegible] Einerlei, welches mit äußerster Dürftigkeit und [illegible] der eigentlichen Grammatik abgeht. Konstantinopel, welches wie oben §. 11. S. 268 gezeigt wurde, geschmückt durch die kaiserlich gestiftete Hofschule mit ansehnlichem Lehrerpersonal, während dieses ganzen Zeitraums den Haupt- und Mittelpunkt der Wissenschaft und der grammatischen Studien bildete, zog fortwährend die wissbegierige Jugend von nah und fern an; allein das eigentliche Studium der Sprachwissenschaft trat vor den Aufgaben der Lexikographie zurück. [illegible] hat die Grammatik [illegible], und was man etwa [illegible] des 5. Jahrhunderts verfasst, seit Damascius ap. Suid. v. Ἀμμώνιος, welcher die Grammatik [illegible] ... Die Beschäftigung mit Herodian und dem von ihm [illegible] waren die Fächer der Etymologie, Orthographie, Formen- und Wortbildung [illegible] die Hauptaufgabe der grammatischen Schriftsteller; sie beschränkten sich auf einen mäßigen Kreis und [illegible] immer mehr zusammen, seitdem die christlich-theologische Schule sich der Bildungsformen bemächtigt hatte. So von der Trägheit und dem [illegible] der Zeiten berührt, suchen die grammatischen Studien durch mancherlei Stoffe und Abkürzungen allmälig zu [illegible] Schematismus [illegible], dessen 3 wichtigste Bestandtheile Dionysios Thrax (vergl. Theil VIII, S. 330—337), die Commentatoren und Epitomatoren Herodian's bilden. Manche begannen die Zeiten des [illegible] Aufschwunges und der Zerstörung, man [illegible] und [illegible], nur [illegible] mit Einsicht und Geschmack, schrieb [illegible] Grammatiken und Paraphrasen, [illegible] die alten guten Arbeiten durch solche Schulen [illegible] Gelehrsamkeit, legte lexikographische und grammatische Sammlungen an, und [illegible] in eine Kompilationsliteratur, in deren Dürftigkeit die Unfähigkeit der byzantinischen Zeiten so wenig von einander verschiedenen Graden sich abspiegelt. Vgl. Photios, Konstantin VII. Porphyrogennetos, Suidas und die Etymologien, Tzetzes, Moschopulos und Demetrios Triklinios. Ueber ein so dürftiges Maß, das jeden Einblick in die Methoden und Organismen des historischen Sprachgebietes versagte, erhoben sich nur selten die Leistungen der damaligen Grammatiker. Wie viel hierzu der Verlust der literarischen Schätze beigetragen, lässt sich nicht mehr erkennen. Vergl. die literarhistorischen Umrisse von §. 14. S. 286: in Alexandria erhielt sich bis in die Mitte des 5. Jahrhunderts die literarische Tradition, es besaß noch zur Zeit Omar's eine Bibliothek. Vermuthlich jedoch als die Zerstörungen der Araber in Alexandria (vergl. §. 13. S. 275) [illegible] für den Inhalt der Bücherschätze die [illegible] der bilderstürmenden Kaiser. Auch in diesen Zeiten der Gräuel und Verwüstung [illegible] — und manche alte Lehrer der Grammatik, wie Kamytzes, [illegible] vielen Einzelnen [illegible], cf. Jacobs in Anthol. XIII, p. 913 —, das [illegible] die [illegible] des [illegible], welche oben §. 15. S. 292 ein charakteristisches [illegible]-

spiel mitgetheilt wurde. *Cf.* Theophan. *pp.* 339. 375. Cedren. *p.* 466 sq. Schlosser Geschichte der bilderstürm. Kaiser S. 163 fg. Hiermit steht der Verfall der Lectüre classischer Autoren im engsten Zusammenhang: sie wurde immer dürftiger, beschränkte sich auf Chrestomathien und einzelne Stücke, zuletzt auf einen Cyclus von Schriften, deren mehr oder minder fehlhafte Lesung sich in dem Zustande unserer Texte kundgibt. *Cf.* Cobet *Var. lectt. c.* X. und über die noch jetzt gelesensten classischen Autoren G. Bernhardy Encyklop. der Philologie S. 137. Griech. Lit. I, S. 678 fg. 3. Bearb. (S. 586 fg.). Letztere wurden οἱ πραττόμενοι, die Lectüre selbst πρᾶξις genannt, commentiren und fleißig lesen πραττεσθαι. Harris *Phil. Arrangem. p.* 287—300. *Cf.* Meineke *Comici Graeci Vol.* I, *p.* 540. Kein unwichtiges Moment für die Kenntniß der byzantinischen Studien ist die Reihenfolge der ältesten Codices, deren Abschätzung in Hinsicht auf Werth freilich zu weiten Combinationen führt, da ja eine sehr junge Handschrift die ältere an innerem Werthe weit übertreffen kann. Auch ist die Geschichte der Klöster, worauf die handschriftliche Tradition zunächst beruht, noch wenig erklärt. Literatur bei G. Bernhardy Encykl. S. 135 fg. Griech. Lit. I, S. 698. Montfaucon *Palaeographica Graeca. Par.* 1708. *Fol.* und Bast *Commentat. palaeographica,* hinter Gregorius *ed. Schaefer.* F. Ebert Zur Handschriftenkunde, Leipz. 1825. Hase *De Joanne Lydo p.* 71. Vergl. oben §. 16. S. 290. Am kläglichsten erging es der Syntax: wie sehr dieselbe allmälig zusammengeschrumpft war, beweist vor anderen das im *Codex Coislinianus Nr.* 345 (vergl. unter Suidas und *Lexica Segueriana*) enthaltene Werkchen Περὶ συντάξεως, des Joannes Glykas Tractat Περὶ ὀρθότητος συντάξεως und andere syntaktische Compilationen, worüber G. Bernhardy *Commentatt. de Suidae lex. p.* 78, Vergl. §. 16. S. 289. Seit dem 10. Jahrhundert trat mit der Barbarei der Volkssprache und dem Absterben des Sprachgefühls wie überhaupt ein allgemeines Erschlaffen der geistigen Kraft, so auch die Abstumpfung des grammatischen Gefühls ein. Die Aufgaben wurden geringer, der Unterricht bequemer und matter, und dürftige grammatische Hilfsbücher in Vers und Prosa, Trümmer einer im Interesse des Unterrichts in dürre Regeln oder gedankenlose Fragen und Antworten schematisirten und complicirten Grammatik, die Schedographie genannt, erstickten jedes grammatische Wissen und brachten das Ansehen der Grammatiker bis zur Verachtung und Geringschätzung ihres Berufs herab. Ueber diesen niedrigsten Standpunkt der grammatischen Wissenschaft genüge ein Verweis auf die literar-historischen Notizen in §. 15. S. 281. Ueber die Benutzung des grammatischen Unterrichts in die Zeiten des Mittelalters vergl. Heyne *Opusc. Academ.* VI, *p.* 19 *sq. p.* 48 *sq.* Zu der oben angegebenen Literatur füge hinzu: Lehrs *Herodiani scripta* III, *p.* 427 *sq.* Boissonade *Anecd. Graec. Tom.* III zu Psellos Grammatik, und des *Aldus syntagmata ibid. Tom.* IV. Berl. Jahrb. 1831. Juni Nr. 102. Dann folgte die Benennung dieser

umfaßt die Reihe kläglicher Grammatiken spielenden Grammatiker, ihr Betteln um Brod und das Ringen nach fürstlicher Gunst in Byzanz, von welchen uns Tzetzes, Theodoros Prodromos, Joannes Sikeliotes und andere klägliche Erscheinungen ein anschauliches Bild liefern. Was dann noch Grammatik war, darüber belehren das verkürzte Handbuch des Michael Psellos und die grammatischen Sachen des Moschopulos und Joannes Glykas. Auch von literarhistorischer Kenntniß war keine Rede mehr, wie Armuthszeugen bei Moschopulos *ed. Titze p.* 10 *sq.* und Theodoros Metochites *c.* 14—20 vorausliegen. In einigen unzusammenhängenden elementaren Capiteln mit einem Bruchstück verwässerter Rhetorik und Grammatik, bald in Regeln gefaßt, bald in Fragen und Antworten aufgelöst zur Bequemlichkeit des Unterrichts und zur Beförderung der Trägheit der Lehrer wie der Schüler, in verwässerter und zerfließender Tradition Jahrhunderte lang durch die geistlosesten Zeiten geschleppt, gelangte die griechische Grammatik in ihren Ueberresten durch die flüchtigen Griechen nach Italien. Zuletzt von den Trümmern der kaiserlichen Bibliothek und den von Griechen geschriebenen Codices, worüber Ebert Zur Handschriftenkunde S. 90 fg. und die Darstellung in §. 16. S. 290 fg. Aus dieser summarischen Darstellung ist ersichtlich, daß was an grammatischen, syntaktischen und metrischen Compendien, an Paraphrasen, als Beiwerk der Interpretation und zu rhetorischen Uebungen meist besonders im 5. und 6. Jahrhundert geschrieben, an Commentaren und Scholien, die anfangs zum Theil ausführlicher, dann aber immer seichter wurden und zum Schaden der gelehrten Kenntniß des Alterthums (vergl. Moschopulos und Demetrios Triklinios), an lexikalischen Sammlungen, deren Umfang und Grad gelehrter Ausstattung immer dürftiger und auf den geringsten Bedarf berechnet wurde, an Collectaneen, Auszügen und sonstigen Compilationen der Erudition, endlich an Handschriften, die zeigen, wie die Geschichte des sophokleischen Textes lehrt (vergl. Demetrios Triklinios), zum Theil verfälscht wurden und den völligen Mangel an Geschmack und Bekanntschaft mit Form, Syntax und Metrik des Alterthums bekunden: ein solcher Nachlaß will freilich wenig bedeuten. Aber ihr Verdienst um Erhaltung mancher Schätze besonders aus älterer Zeit, ihre für Emendation und Textkritik der Autoren oft gewiß sehr wichtigen Citate, und dies muß besonders von lexikalischen Schriften gesagt werden, ihre Commentarien, die zwar an sich werthlose, aufgelöste und geschwätzige Materien, aber zum Theil eine Fülle von mythologischem, geschichtlichem, literarhistorischem und antiquarischem Detail aus alten Mitteln enthalten, haben für jedes Fach der altgriechischen Wissenschaft unstreitig einen hohen Werth. Nur so wird man diese Massen grammatischen und rhetorischen Inhalts, die nach und nach veröffentlicht und in den oben genannten Sammlungen von Villoison, Iriarte, Bachmann, Bekker, Boissonade, Matranga, Mai, Cramer u. A. bekannt gemacht sind, zu beurtheilen haben, um aus dem noch immer verwachsenen Apparat überall den genießbaren Kern herauszuschälen und das Zweckdienliche sorgsam sichtend und verbessernd zum Nutzen der philologischen Wissenschaft anzulegen. Von diesem Theil der byzantinischen Literatur Fabricius *Bibl. Graec. Vol.* VI, von dem Werth und Gebrauch dieser Sammlungen C. G. Cobet *De auctoritate et usu grammaticorum veterum in explicandis scriptoribus Graecis*, in dess. *Commentatt. philol. Amstel.* 1850. — L. Preller *Quaestiones de historia grammaticae Byzantinae, adjectis ineditis Hamburgensibus.* Progr. Dorpat 1840. 4. — *Emendatt.* zu den griech. Grammatikern von E. Mehler, in *Mnemos.* III. (1854) p. 362—378. IV. (1855) p. 30—50. 145—164. und oft von M. Schmidt in Zeitschr. für die Alterthumsw. u. im Philol. — C. G. Cobet *De emendanda ratione grammaticae Graecae discernendo orationem artificialem ab orat. populari.* In dess. *Commentatt. philol. tres. Amstel.* 1850.

Die byzantinischen Grammatiker.

a) Die eigentlichen byzantinischen Grammatiker.

§. 27.

Helladios (Ἑλλάδιος) der ältere, der Chrestomathist aus Besantion c. 300, in der Anthologie aufgeführt, bekannter als Verfasser von 4 Büchern einer Χρηστομάθεια in schleudernden iambischen Trimetern, voll von philologischer Gelehrsamkeit und wenigstens zum Theil grammatischen Inhalts, welche uns bei Photios *Cod.* 279 im Excerpt vorliegen. Die deutlichsten Spuren metrischer Fassung hat auch J. Bekker nachgewiesen. Vergl. A. Meineke im Philol. XIV, S. 20 fg. Man verwechsle den Chrestomathist Helladios nicht mit dem §. 29 zu nennenden jüngeren Lexikographen aus Alexandria.

Eudämon (*Εὐδαίμων*) der Grammatiker aus Pelusion, ein Zeitgenosse des Libanios und von diesem epp. 107. 132. 258 (vergl. Sievers Leben des Libanios S. 140) sowol wegen seiner Dichterbefähigung als auch wegen seiner Kenntniß in Rhetorik hoch geschätzt, schrieb nach Suidas s. v. *Ποιήματα διάφορα*, eine Τέχνη γραμματική und eine von *Etymol. M.* p. 457, 12. und *Stephan. Byzant.* vv. *Ἄλυα* und Ὀρεστία citirte sonst unbekannte Ὀνοματικὴ ὀρθογραφία. *Cf.* Orion p. 122. Fabric. *Bibl. Graec.* VI, p. 367. ed. *Harl.*

Theodosios (Θεοδόσιος) der Grammatiker von Alexandria aus ungewisser Zeit, dessen Arbeiten aber an eine bessere Studienzeit erinnern, jedenfalls vor Choeroboskos zu setzen, ist Verfasser eines noch erhaltenen Commentars zur Grammatik des Dionysios Thrax, welcher den Namen und den Werth einer Grammatik hat, in seiner jetzigen Gestalt jedoch von spätern Byzantinern überarbeitet zu sein scheint. Für eine Sammlung von Scholien verschiedener Grammatiker zu Dionysios hält ihn Preller *Quaest. de hist. grammaticae Byzant. p. 22 sq.* *Theodosii Alexandr. Grammatica e codd. Mss. ed. et notas adjec.* C. G. Göttling, *Lips.* 1822. Dazu ein Glossar in L. Bachmann's *Anecd. Graec.* Vol. I, p. 423—450. Seine *Εἰσαγωγικοὶ κανόνες περὶ κλίσεως ὀνομάτων*, wozu von Georgios Choeroboskos Scholien vorhanden sind, bilden mit den kritischen Anmerkungen des Herausgebers den 3. Theil von J. Bekker's *Anecd. Graeca*, auch einzeln *Theodosii Alex. Εἰσαγ. κανόνες περὶ κλίσεως ὀνομάτων, e cod. MS. Paris. descripsit atque ed.* J. Bekker, *Berol.* 1821. Die Schrift *Περὶ προσῳδιῶν* von A. Peyron *In Theodosii Alexandr. tractatum de prosodia comment. Taurini* 1817. 4., besser edirt mit dem *Etymol. Orionis* von F. G. Sturz, *Lips.* 1824. 4. p. 226—242. Zuletzt ein Auszug aus Herodian's *Καθόλου προσῳδία* (*cf.* Preller p. 13) mit Beibehaltung der Zahl der Bücher, wovon die Einleitung Fr. Osann mit *Philemonis quae supers. Berol.* 1821. p. 302—304 veröffentlichte, aus einer Pariser Handschrift herausgeg. von C. G. Göttling hinter der Grammatik p. 202 sq. *Cf. Praef.* p. XV. Von einer Schrift *Περὶ προσῳδιῶν* s. A. Peyron *Comm. in Theodosii Alexandrini tractatum de prosodia, Taurin.* 1817. 4. und bei dem *Etymologicum Orionis ed.* Sturz, *Lips.* 1820. 4. [illegible] Berghold in den Jahrbüchern der Philologie, Supplem. VII, S. 115 fg.

Georgios Choeroboskos (*Χοιροβοσκός*, ein von seinen zahlreichen Feinden ihm beigelegter Name), von seinen Verehrern „der Techniker" genannt wegen seiner namentlich auf die Formenlehre und Orthographie gerichteten schriftstellerischen Thätigkeit, ökumenischer Lehrer, Diakon und Archivar in Byzanz c. 600, sicher vor Stephanos von Byzanz zu setzen, ist Verfasser einer Reihe noch erhaltener grammatischer Schriften: *Περὶ ἐγκλίσεως* und *Περὶ τῶν ἐγκλινομένων* mit dem Aufsatz *Περὶ τοῦ ἐφελκυστικοῦ ν* und andern Kleinigkeiten in Aldi *Thesaurus cornucopiae et Adonidis horti, Venet.* 1496. *Fol.* *Περὶ τῶν ἐν ταῖς κλίσεσι τόνων* in Bekkeri *Anecd. Graeca Vol.* III, *p.* 1200 *sq. cf. p.* 1101. Aus einer Schrift über die Aspiration (*Περὶ πνευμάτων*), einem Auszug aus Choeroboskos und anderen Schriften über diesen Gegenstand, gab L. C. Valckenaer *ad Ammon. Alex. p.* 205 *sq.* Proben heraus. Ueber Abwandelung von *εἰμί* und *εἶμι*, eine unedirte Prosodie und eine Ὀρθογραφία in Crameri *Anecd. Oxon. Vol.* II. Vergl. auch die später genannten Theognostos und Georgios Diakonos. Diesen schließen sich die Scholien zur Grammatik des Dionysios Thrax in Bekkeri *Anecd. Graec. Vol.* II. und 2 rhetorische Schriften *Περὶ τρόπων* und *Περὶ τρόπων ποιητικῶν* in *Rhett. Graec. ed.* Walz *Vol.* VIII, *ed.* L. Spengel *Vol.* III. an. Vielleicht ist Georgios

Theodosios auch Verfasser der von J. La Roche Wien 1868. 4. herausgegebenen Παραβολαὶ τοῦ μεγάλου ῥήματος ἐκ τῶν Ἡρωδιανοῦ und anderer Stücke in Codd. Vindob. Nr. 271. 172. Zuletzt die oben genannten Dictata in Theodosii Canones et Epimerismi in Psalmos ed. Th. Gaisford, 3 Voll. Oxon. 1842.

Hyperechios (Ὑπερέχιος), ein berühmter Grammatiker und Lehrer aus Alexandria unter Kaiser Marcian (450—457) und von Leo I. Marcella verbannt, ist Verfasser einer Τέχνη γραμματική und mehrerer anderer grammatischer Schriften, darunter Περὶ ὀνομάτων, Περὶ ῥημάτων und einer Ὀρθογραφία. Cf. Suid. s. und s. Αἶαν [illegible] Rusil Apparat. Symmach. Tom. III, p. 18. Fabric. Bibl. Graec. VI. p. 370, ed. Harl.

Pamprepios (Παμπρέπιος), epischer Dichter und Grammatiker aus dem ägyptischen Theben (Panopolis), über dessen Geschichte ausführlich Suidas aus dem Historiker Malchos (cf. Niebuhr p. 270 und oben §. 18. S. 297) und Damaskios berichten. Ursprünglich poetischen Studien zugewandt und der heidnischen Religion (sein Lehrer Proklos) eifrig ergeben, zog er von Athen, wo er als städtischer Lehrer der Grammatik angestellt war, nach Byzanz und erhielt hier von Illos, dem Lehrer und Rathgeber des Kaisers Zeno (474—491), eine glänzende Stellung. Von Zeno anfangs hoch geachtet und begünstigt, dann auf Betrieb einer weiblichen Camarilla verbannt, begab er sich nach Pergamum, wurde aber von seinem Gönner, welchen er auch für das Heidenthum gewann, nachmals wieder von Isaurien aus nach der Hauptstadt zurückgeführt. Aus den Worten der Berichterstatter geht hervor, daß er, mehr Lehrer als Schriftsteller, in öffentlichen Vorlesungen auch seine eigenen Poesien vortrug und erläuterte, überhaupt ein ebenso ruhmbegieriger wie ausgezeichneter Gelehrter war. Cf. Suid. s. und v. 4. Σαλούστιος φιλόσ. Damasc. ap. Phot. p. 343, b. Interpret. ad Suid. s. Ἴλλος mit Joann. Antioch. in Crameri Anecd. Par. Vol. II, p. 79 sq. Er schrieb eine Ἐτυμολογιῶν ἀπόδοσις und Ἰσαυρικά in Prosa nach Suid. s. 1. Cf. Phot. 242.

Eugenios (Εὐγένιος), ein fleißiger Grammatiker aus Augustopolis in Phrygien, unter Kaiser Anastasios (491—518) in Constantinopel als Lehrer thätig, schrieb über Metrik namentlich der Tragiker, welche damals nur in einer Auswahl von 15 Stücken gelesen wurden (Κωλομετρία τῶν μελικῶν Αἰσχύλου, Σοφοκλέους καὶ Εὐριπίδου ἀπὸ δραμάτων ιε΄, Περὶ τοῦ [illegible]), über Aussprache und Accentuation einzelner Worte, vor allem ein alphabetisch geordnetes Wörterbuch, Παμμιγὴς λέξις oder Συλλογὴ λέξεων genannt, welches den Umfang der damaligen Schriftlectüre in Grammatik erkennen läßt: ἔχει δὲ καὶ [illegible] ἢ κατὰ γένος ἢ [illegible] ἢ γραφὴν ἢ χρόνον ἢ κυριολογίαν, ἰδιάζοντα αὐτῷ. „unter Ge-[illegible] des grammatischen Wissens, welche ursprünglich zum Bestand von Suidas und manchen Anecdota Graeca gehören." Auf Suidas Verhältniß zum Eugenios deutet auch der Scriptor indicis fontium vor dem Suidas. Außerdem schrieb Eugenios nach Suid. s. ein Werk Περὶ τῶν τεμενῶν ([illegible]), welches Wesseling in Diodor. XIII, 6. und Lobeck in Phryn. p. 368. Cf. Suid. s. Steph. Byz. s. Ἀνακτόριον· Εὐγένιος ὁ πρὸ ἡμῶν τὰς ἐν τῇ Βασιλίδι σχολὰς διακοσμήσας ἐν συλλογῇ λέξεων. Diese Συλλογὴ λέξεων ist jedenfalls von Suidas, welcher sie Παμμιγὴ λέξις nennt, fleißig benutzt worden; sie war alphabetisch geordnet und enthielt auch das Sprichwort. Vergl. meine Geschichte der griech. Liter. S. 410 und G. M. Schmidt in Jahrb. für Philol. und Pädag. LXXI, S. 400—[illegible]. 775—800.

Mitrodoros (Μητρόδωρος) der Grammatiker, von Kaiser Justinian (527—565) als öffentlicher Lehrer nach Byzanz berufen, erwarb namentlich in hochgestellten Kreisen Ruhm. Cf. Agath. V, 6.

Joannes Grammatikos aus Alexandria mit dem Beinamen Philoponos (Φιλόπονος) c. 530, ein Schüler des Philosophen Ammonios (ὁ μέγας φιλόσοφος Ἀμμώνιος, ὁ ἡμέτερος διδάσκαλος in Joannis Grammatici Philoponi Ἐξήγησις εἰς τὸ πρῶτον τῆς Νικομάχου ἀριθμητικῆς εἰσαγωγῆς prim. ed. R. Hoche Progr. Wesel 1864. I, S. 4) und Gegner des Proklos, ein fleißiger wenn auch nicht hervorragender Commentator, welcher hauptsächlich mit Abschreiben und mit Exegese des Abgeschriebenen beschäftigt, den Verlust anderer Schriften, namentlich des Alexander von Aphrodisias und Nikomachos wenigstens einigermaßen ersetzt. Von seinen philosophischen Schriften muß hier abgesehen werden; von grammatischen, welche seinen Ruf am meisten begründeten, sind bekannt geworden die Τονικὰ παραγγέλματα, mit Herodian's Schrift Περὶ σχημάτων herausgegeben von W. Dindorf, Lips. 1825, und die auch dem Cyrill beigelegte Συναγωγὴ τῶν πρὸς διάφορον σημασίαν διαφόρως τονουμένων λέξεων, ed. Fr. Schmidt Vitemb. 1615. Lips. 1751. und in C. Labbaei Glossaria duo etc. p. 433 sq. Zu dieser nicht unwichtigen Schrift kommt der Tractat Περὶ διαλέκτων, welcher immerhin bezeugen mag, daß er noch einige Kenntniß der Dialekte hatte, herausgegeben zuerst unter dem Titel Joannis Grammatici de idiomatibus in Aldi Thes. cornucopiae und im dess. Dictionarium Graec. 1524. Fol., von H. Stephanus in Appendix thesauri linguae Graecae und C. Labbaeus in Glossaria duo etc. p. 629 sq. Auch besaß er eine Vorliebe für Astronomie und Mathematik; ein Büchlein über den Bau und Gebrauch des Astrolabium's (Περὶ τῆς τοῦ ἀστρολάβου χρήσεως καὶ κατασκευῆς) veröffentlichte e codd. MSS. bibl. regiae Par. H. Hase Bonn. 1839 und im Rhein. Mus. VI (1839) S. 127—172, und die neuerdings [illegible] Ἐξήγησις εἰς τὸ πρῶτον τῆς Νικομάχου ἀριθμητικῆς εἰσαγωγῆς *prim. ed.* R. Hoche *Part.* I. Progr. Wesel 1864. *Praef. et Part.* II. 1865. 4. Ἐξήγησις εἰς τὸ δεύτερον κ. τ. λ. *Berol.* 1867, bestätigt das über ihn abgegebene Urtheil, daß sein Fleiß unermüdlich, der Umfang seiner Kenntnisse aber gering war. Zuletzt mag noch die Bemerkung hier einen Platz finden, daß Joannes Philoponus den Uebergang zu den späteren griechischen Commentarschreibern bildet. Vergl. C. Prantl Gesch. der Philos. im Abendlande I, S. 643. Im Allgemeinen Fabricius *Bibl. Graec.* X, *p.* 639. *ed. Harl.*

Theognostos (Θεόγνωστος) der Grammatiker unter Kaiser Leo VI. c. 890 trug zur Erneuerung des Studiums der Orthographie bei. Seine noch erhaltenen Κανόνες über Orthographie waren Leo dem Weisen gewidmet (*cf.* Crameri *Anecd. Oxon.* II, 1.), und sind neben der Orthographie des Choeroboskos für uns nicht ohne Werth. In Villoisoni *Anecd. Gr. Vol.* II, *p.* 127 und in J. A. Crameri *Anecd. Oxon. Vol.* II. 1. *Cf. Contin. Theophan.* p. 51. F. G. Schneidewin in dess. *Conject. crit.* Ueber das von ihm sanctionirte und vom Suidas befolgte Princip der ἀντίστοιχα vergl. G. Bernhardy *Commentat. de Suidae lexico p.* 38. Von seiner Geschichte des Kaisers Michael II. Balbus (820—829) spricht Villoison *Anecd. Graec.* II, *p.* 127 *Not.*

Joannes Grammaticus Charax (ὁ Χάραξ), der gelehrte Erzieher des Kaisers Theophilos (829—842) und von diesem zum Patriarchen von Constantinopel erhoben, ist vielleicht identisch mit dem gleichnamigen Verfasser der Schrift Περὶ ἐγκλινομένων μορίων, zuerst herausgegeben in Aldi *Dictionarium Graec. Venet.* 1524. *Fol.*, wiederholt ohne Kenntniß dieser Ausgabe von J. Iriarte in *Catal. Codd. Matrit. Vol.* I, *p.* 346. Zuletzt von J. Bekker *Anecd. Gr. Vol.* III, *p.* 1149 *sq.* Hierzu Stücke über die Dialekte, herausgeg. von G. Koen mit *Gregorius Corinthius* Περὶ διαλέκτων *LBat.* 1766. Ueber diesen byzantinischen Grammatiker vergl. F. Ch. Schlosser Universalhistor. u. s. w. S. 488. J. von Hammer Constantinopel und der Bosporus, Thl. II, S. 235 fg.

Als Lehrer der Grammatik glänzte unter Kaiser Michael II. dem Stammler (820—829) und neben Theognostos auch Ignatios (Ἰγνάτιος) der Diakon und Magister, welcher mit 5 epigrammatischen Kleinigkeiten in der *Anthologia Graeca* I, 102. XV, 29—31. 39. aufgeführt wird: Ἰγνάτιος τάδε τεῦξεν, ὃς ἐς φάος ἤγαγε τέχνην γραμματικήν, λήθης κευθομένην πελάγει. Auch war er metrischer (iambische Senare) Bearbeiter der äsopischen Fabeln, worüber Fabricius *Bibl. Graec.* I, *p.* 635. *ed. Harl.* Davon ein Stück in Paulum discipulum in *Anecd. Graec. ed.* Matranga *P.* II, *p.* 664—667. *Cf.* Ignatii *Vita Nicephori*, *Act. Sanct. Mart. Tom.* II, *p.* 707. §. 34—36. — Kein unbedeutender Lehrer der Grammatik war Kometas (Κομητᾶς) c. 860, gleichfalls in der Anthologie mit 6 Stücken aufgeführt, aus welchen ersichtlich ist, daß er auch mit Diorthose Homer's beschäftigt war. *Cf. Anthol. Graec.* XV, 37 (εἰς τὴν [illegible] Ὁμήρου ποίησιν) und Jacobs in *Anthol.* XIII, *p.* 837. — Noch spät genoß Manuel Holobolos (Ὁλόβωλος) in Constantinopel einen Ruf; ihm gehört ein noch ungedrucktes Gedicht in politischen Versen zu Ehren seines launenhaften Gönners und Peinigers Michael VIII. Palaeologos (1261—1282) an. Ueber seine Schicksale Georg. Pachym. *de Michaele Palaeol.* III, *p.* 192 *sq.* IV, *p.* 282 u. ö. *ed. Bonn.* Noch später unter Andronikos II. (1282—1328) wird Thomas Magister genannt, über dessen schriftstellerische Thätigkeit in §. 29.

Joannes Glykas (ὁ Γλυκᾶς), der fromme Patriarch von Constantinopel, ein beliebter Grammatiker unter Andronikos II. (1282—1328) und Lehrer des Prinzen Joannes, von Nikephoros VII, *p.* 270 *ed. Bonn.* wegen seiner Kenntnisse in profaner Litteratur gepriesen, ist Verfasser einer ihrem Inhalt nach mageren, der Form nach weitschweifigen Schrift: Περὶ ὀρθότητος συντάξεως, wovon ein Fragment in J. Bekkeri *Anecd. Graec. Vol.* III, *p.* 1077 *sq.*, jetzt e *codd. Monac. ed. atque rec., prolegg., varias lectt. etc. adjecit* A. Jahn, *Bernae* 1849.

Georgios Lekapenos (Λεκαπηνός), Grammatiker unter Joannes Kantakuzenos (1341—1355), machte in kleinlichen Compilation des attischen Sprachschatz in seinen Ἀττικισμοὶ τῶν λογίων, wovon Excerpte in Villoisoni *Anecd. Graec. Vol.* II, *p.* 79. und C. F. Matthaei *Lectt. Mosquenses Vol.* I, *p.* 55 *sq.* Die ihm von Einigen beigelegte Schrift Περὶ συντάξεως τῶν ῥημάτων, herausgegeben mit *Theodori Gazae Grammatica Flor. ap. Junt.* 1515. 1520. 1526. und *ap. Ald. Venet.* 1525. *Fol. p.* 171 *sq.*, ist mit mehr Wahrscheinlichkeit dem Mönch Michael Synkellos (c. 800?) zuzuweisen, dessen syntaktisches Lehrbuch nach einer Notiz des Abtes Pachomius aus dem 10. Jahrhundert in *Codd. Ambros. Graec.* 805, *p.* 511 von Gelehrten noch über Manuel Moschopulos hinaus verbreitet wurde: Μιχαὴλ μοναχοῦ τοῦ Συγκέλλου περὶ συντάξεως. Eine andere Schrift dieses Mönches Περὶ τῆς τοῦ λόγου συντάξεως ist noch unedirt. Folgen einige Grammatiker, deren Lebenszeit ganz unbekannt ist:

Von Theodoretos (Θεοδώρητος) mit dem Beinamen Patrikios Werk Περὶ πνευμάτων Auszüge in L. C. Valckenaer's *Ammon. LBat.* 1739. 4. *p.* 206—242. — Gregorios, Erzbischof von Korinth mit dem Beinamen Pardos, von Einigen c. 1150, von Anderen später gesetzt, ein fleißiger Compilator, der einige Kenntniß der Dialekte und der Rhetorik besaß und in profaner wie kirchlicher Litteratur schriftstellerisch thätig war, schrieb ein Werk Περὶ διαλέκτων, zuerst in

Aldi *Thesaur. cornucopiae*, *Venet.* 1496. *Fol.* und mit andern Schriften über die Dialekte von G. Koen *Lugd. Bat.* 1766. Zuletzt (mit Manuel Moschopulos *Περὶ τῶν κατὰ λέξεων*) *c. notis* G. Koenii, F. J. Bastii, J. Fr. Boissonadi *suisque ed.* G. H. Schaefer, *Lips.* 1811. Vergl. H. L. Ahrens literarischer Beitrag: *Gregorius Corinthius de dialecto Sapphonis*, im Rhein. Mus. N. F. I, S. 274—277. Diese Compilation auch hinter J. Pezhold's *Aphthon. Lips.* 1839. Seinen Commentar zu einem Theil der Rhetorik des Hermogenes (*Περὶ μεθόδου δεινότητος*) in J. J. Reiskii *Oratt. Graec. Vol.* VIII, *p.* 477 *sq.* und in *Rhett. Graec. ed.* Walz *Vol.* VIII, *ed.* L. Spengel, *Vol.* III. Dazu eine Reihe von Inedita grammatischen und theologischen Inhalts. — Zu des Polybios von Sardes ehemaligen von J. Iriarte *Catal. Codd. Matrit. pp.* 147 *sq.* 373 *sq.* veröffentlichten Bruchstücken *Περὶ σολοικισμοῦ* und *Περὶ ἀκυρολογίας* ist neuerdings die Schrift *Περὶ σχηματισμοῦ* gekommen, in *Rhett. Graec. ed.* Walz *Vol.* VIII, *ed.* L. Spengel *Vol.* III. Um von der großen Zahl herrenloser Stücke zu schweigen, verdienen hier noch zwei Schriftchen über die Buchstaben und ihre Etymologie genannt zu werden bei J. Iriarte *p.* 315 *sq.*, sowie die von G. Hermann *De emendanda ratione graec. grammaticae*, *Lips.* 1801. *p.* 353 *sq.* edirte Aufsatz *Περὶ συντάξεως τῶν ῥημάτων πρὸς τὰ ὀνόματα κ. τ. λ.* und die *Στίχοι περὶ γραμματικῆς* in J. Fr. Boissonade *Anecd. Paris. Vol.* II. Anderes *Vol.* III.

b. Die byzantinischen Commentatoren und Scholiasten.

§. 28.

Horapollon (*Ὡραπόλλων*) aus Phenebethis in der panopolitanischen Präfectur, ein sehr berühmter Grammatiker und Lehrer zu Alexandria und Constantinopel unter Theodosius *c.* 390, von Suid. *s. v.*, von Phot. *Cod.* 279. und *Grammat. Coislin. p.* 597 genannt, Commentator des Sophokles, Alkäos und Homer, und Verfasser einer Schrift *Τεμενικά s. de locis sacris*, von welcher die noch erhaltenen 2 Bücher *Ἱερογλυφικῶν* vielleicht ein Theil sind. Doch hat man diese Schrift auch für eine von einem sonst unbekannten Philippos gemachte griechische Uebersetzung eines ägyptischen Originals gehalten, und die Identität des Panopolitaners mit dem Urheber der *Ἱερογλυφικά* ist keineswegs sicher. — Ausgaben: *Edit. pr.* (mit Aesop) *Venet. ap. Ald.* 1505. *Fol. p.* 121 *sq.* — *ed.* D. Hoeschel, *Aug. Vindel.* 1595. 4. — *graece et lat. c. notis varr. cur.* J. C. de Pauw, *Traj.* 1727. 4. — *ed. c. varr. lectt. et vers. lat., adnotatt. et Hieroglyphicorum imagines et indd. adjec.* C. Leemans, *Amstel.* 1835. — Dazu *Variae lectt. e codd. Mss. Paris. ed.* L. Bachmann, in *Anecd. Graec. Vol.* II. — de Goulianof *Essai sur les Hiéroglyphes d'Horapollon*, *Par.* 1827. 4.

Eustathios (*Εὐστάθιος*), geboren zu Constantinopel, in profaner und kirchlicher Literatur gründlich unterrichtet, als freisinniger Gelehrter sogar über seiner Zeit stehend, dazu berühmt als Lehrer der Grammatik und Rhetorik, als Pfleger und Förderer der gesunkenen Studien, seit 1160 Erzbischof von Thessalonich und in dieser Eigenschaft für Reinigung und Hebung des dem Stumpfsinn, der Trägheit und Barbarei verfallenen Klosterlebens aufrichtig, wenn auch nur auf kurze Zeit mit Erfolg thätig. Hierüber enthält die noch erhaltene wichtige Schrift *De emendanda vita monachica* reiche, zum Theil interessante Aufschlüsse; vergl. §. 15. S. 282. Fabricius *Bibl. Graec.* XI, *p.* 282 *sq. ed. Harl.* Die Früchte seiner bunten und umfassenden Lesung hat er in zwei vor seiner Berufung nach Thessalonich in Constantinopel verfaßten Commentaren niedergelegt, zuerst und kürzer über die Odyssee, dann über die Ilias: *Παρεκβολαὶ εἰς τὴν Ὁμήρου Ὀδύσσειαν — εἰς τὴν Ἰλιάδα.* In diesen aus abgeleiteten und beschränkteren Quellen guter alexandrinischer Grammatiker und Kritiker mit großem Fleiße zusammengetragenen Arbeiten, die zwar wenig für Kritik und Geschichte des homerischen Textes, dagegen ein gelehrtes Material zur Erklärung liefern in einer Fülle von Reminiscenzen und Auszügen aus Classikern, zum Theil auch aus guten jetzt verlorenen Grammatikern, wie aus Demosthenes Thrax, Aelios Dionysios und Pausanias, wird besonders Ordnung und ein fester Plan vermißt, während sich das jener Zeit geläufige Princip der allegorischen Interpretation auf dem Standpunkte der modernsten Physik hält. Daher wird Eustathios, besonders nach dem Gewinn einer reichen Scholiensammlung, auf den früher ihm zugesprochenen Ruhm eines gründlichen Exegeten Homer's keinen Anspruch erheben dürfen; dennoch haben seine Commentare den wahren Werth einer für mancherlei Grade der philosophischen Erudition unentbehrlichen Realiensammlung, welchen der Verlust so vieler von ihm benutzter und verloren gegangener Quellen erhöht. Kein geringes Interesse gewährt seine Sprache: bei dem völligen Mangel an Einfachheit, Natürlichkeit und Präcision setzt sie das Uebergewicht der geschmacklosen, pikanten und überladenen Diction der Byzantiner außer Zweifel, weniger empfindlich in seinen geistlichen Reden und theologischen Schriften, als in den erst neuerdings veröffentlichten Briefen. Man erkennt auch hier, daß selbst gründliche Belesenheit in der Profanliteratur auf Stil und Geschmack der Darsteller jener geistlosen Zeiten nur geringen Einfluß ausübte. Dasselbe Gepräge tragen andere von ihm bekannt gewordene Schriften, wie sein Commentar zu dem Periegeten Dionysios und der von Tafel edirte, von Schneidewin bearbeitete *Πρόλογος τῶν Πινδαρικῶν παρεκβολῶν.* Den letzteren Werth Wolf *Prolegg. p.* 17 *sq. Praef. p.* XLV., von seiner Thätigkeit als Lehrer Tafel *De Thessalon.*

pp. 373. 800. Ueber seinen Commentar zu Pindar vergl. Boeckh *Praef. Schol. Pind.* p. 20 sq. Nicht höher steht die nach Tafel von J. Bekker (mit den Commentaren) *Bonn.* 1842. p. 365—512 in *Corp. Script. hist. Byzant.* edirte historische Schrift Περὶ τῆς Θεσσαλονίκης ἁλώσεως, über die Eroberung und Plünderung von Thessalonich, der zweiten Metropole des Reichs, durch die rohen Kreuzfahrer, welche für die Kenntniß der Zeitgeschichte und der Schicksale der Bücher und Kunstschätze dieser schönen geweihten Stadt von der höchsten Wichtigkeit ist. *Cf. p.* 306. *ed. Taf. p.* 322. *ed. Bonn.* — Ausgaben der *Commentarii in Odyss. et Iliad.*: *Edit. pr.* N. Maiorani (*c. textu graec. et indice* M. Devarii) 4 *Voll. Rom.* 1542—1550. *Fol.*, angeblich aus Handschriften des Bessarion. — Abdruck *Basil. ap. Froben.* 2 *Voll.* 1559—1560. *Fol. c. textu graec. et indice* S. Gueldenbeckii. — *ad fid. exempli Rom. ed.* G. Stallbaum, 6 *Voll. Lips.* 1825—1830. 4. — Anfang einer neuen Ausgabe mit Commentar und Uebersetzung von A. Politus, 3 *Voll. Flor.* 1730—1735. *Fol.* (*Il. Rhaps.* I—V.), nach einem Florentiner Autographum? — Auszüge in Aldi *Horti Adonidis*, *Venet.* 1496. *Fol.*, II. Stephani *Comment. de dialecto Attica*, von H. Junius mit dem hom. Text *Basil.* 1558. *Fol.*, von J. A. Müller in seiner Ausg. der Ilias, 3 *Voll. Misniae* 1788—1789, *Edit.* II. 3 *Voll.* 1809—1814. *Edit.* III. *per* A. Weichert, 2 *Voll. ibid.* 1818—1819. — Auszüge für die Odyssee von Baumgarten-Crusius, in dess. Ausg. 3 *Voll. Lips.* 1822—1824. — *Prooemium commentariorum Pindar. ed.* F. G. Schneidewin, *Gotting.* 1837. — Briefe u. s. w. in *Eustathii Thessal. Opuscula. E codd. MSS. Basil., Paris., Veneto nunc prim. ed.* Th. L. Fr. Tafel, *Francof.* 1832. 4. *Accedd. Trapezuntinae hist. scriptores Panaretus et Eugenicus.* — Commentar zum Dionysius Periegetes, mit Dionys. Periag. *cura* R. Stephani, *Lutet.* 1547. 4. — *ed.* E. Twaites, *Oxon.* 1697. — *ed.* J. Hudson *Vol.* IV, auch einzeln *Oxon.* 1712. 1717. — *graece et lat. ex recens. et c. annotatt.* G. Bernhardy, *Lips.* 1828.

Joannes Tzetzes (Τζέτζης, Κίκος, *cf.* Lob. in *Aiac. Edit.* II, p. 112) in Constantinopel, lebend, Dichter und Grammatiker, welcher die Mehrzahl seiner Zeitgenossen durch Gewandtheit in der Behandlung der verschiedenartigsten Stoffe und durch Belesenheit in Profanen wie in der Bibel übertraf, dabei aber eitel, geschwätzig und bis zum Ekel prahlerisch und selbstgefällig, dazu ohne Urtheil und Geschmack, und was die Form betrifft, ungenießbar und durch die Barbarei seines Gräcismus, worin er dem Theodoros Prodromos nichts nachgibt, abschreckend, eine von bitterer Armuth und Mißgunst gequälte und daher mißvergnügte und zur Polemik gestimmte, wenig erfreuliche Erscheinung aus der zweiten Hälfte des 12. Jahrhunderts, ist ungeachtet dieser und anderer die Bildung und Vollkommenheit unter den Romäern bezeichnenden Eigenschaften für uns nicht ohne besondere Wichtigkeit. Vergl. die literarhistorischen Umrisse in §. 15. S. 283. Die erste Stelle nehmen seine Commentare oder Paraphrasen der Dichter ein: zu Homer, Ἐξήγησις εἰς τὴν Ὁμήρου Ἰλιάδα, ein von Scholien begleitetes bis *Il.* α. 102. reichendes Bruchstück auf dem Standpunkte verwässerter Grammatik und Allegorie, ohne Kritik und ohne Zugrundelegung guter aus alterthümlicher Erudition hergeleiteter Hülfsmittel, wozu neuerdings als Pendant die Ὑπόθεσις ἀλληγορηθεῖσα, ein Excerpt aus Homer's Ilias und Odyssee I, 1—13 in politischen Versen, gekommen ist. Ueber diese auf dem Standpunkte der dürresten Physik sich haltenden *Allegorias Homericas* vergl. die Notiz bei R. J. F. Henrichsen Ueber die politischen Verse bei den Griechen S. 112 fg. und Rhein. Mus. N. F. V, S. 474 fg. Scholien bei Matranga *Anecd. Graec.* p. 599—618. Auch gehören hierher die von F. Morelli *Par.* 1616. edirten *Allegorias mythol. physicas et morales.* Voll von eitelem Selbstlobe und Polemik gegen seine Quelle, den Neuplatoniker Proklos, sind seine Scholien zum Hesiod, und namentlich zeigen die Erklärungen zu dem *Scutum* die Dürftigkeit seines Wissens im unerfreulichsten Licht. *Cf.* F. Ranke *de Hesiodi Opp.* c. 1. Mützell *de emend. Theogon.* III, c. 6. Wenig nützt die von J. Bekker *e cod. Casanatensi* in den Abhandl. der Preuß. Akad. 1842 veröffentlichte Θεογονία, welche in 777 politischen Versen (in 618 bei Matranga *Anecd. Graec. Vol.* II.), Genealogien der Götter und trojanischen Helden aus Hesiod und späteren Epikern darstellt. Von unerwartetem Umfang waren seine Arbeiten zu Aristophanes, und nach A. Mai *Spicil. Rom.* V, 1. p. 247 darf J. Tzetzae *Commentarius ingens in Aristophanem* erwartet werden. Vergl. H. Keil im Rhein. Mus. N. F. VI, S. 108 fg. 243 fg. 616 fg. Ein Stück seiner *Prolegomena ad Aristophanis Plutum* gab Fr. Ritschl im *Schol. Plautinum ex Caecio* (= Tzetza) in dess. Die Alexandrin. Bibl. S. 1—7 heraus. *Cf.* Crameri *Anecd. Paris. Vol.* I, p. 3—10. Den an Worten und Scheinweisheit, zu übermäßiger Polemik so reichen Commentar zu Lykophron's Ἀλεξάνδρα, von beiden Brüdern, Isaak und Joannes Tzetzes gemeinschaftlich verfaßt, von Isaak herausgegeben und dann von Joannes erweitert und vermehrt, ein glänzendes Conglomerat von Scholien aus gelehrten Arbeiten, würde man höher stellen, wenn er nicht die von ihm benutzten gelehrten Scholien (jetzt *e cod.* [1307] *bibl. Vatic. saec.* IX. *vel* X. und ein im *Parisin.* 435. enthaltenes *ineditum* aus guter Zeit) zu sehr verwässert hätte. Vergl. Bachmann im Rostocker Progr. 1848. 4. Von seinen Scholien zu Nikander's *Theriaca* H. Keil in der Ausg. von O. Schneider, und nicht viel Besseres versprechen seine Scholien zu den *Halieutica* des Oppian, worüber Rittershus und J. G. Schneider *Oppiani Opp. Edit.* I. *Praef. p.* XX, und der unedirte Commentar zu den *Canones* des Ptolemäos. Zuletzt die verstümmelten Scholien zu Hermogenes in Crameri *Anecd. Oxon. Tom.* IV, p. 1—148, woraus ein Stück in *Rhet. Graec. Vol.* III *ed. Walz*, und sogar Verse einer grammatischen Schrift *Περὶ ῥημάτων αὐθυποτάκτων* in Bekkeri *Anecd. Graec.* p. 1088—1090. Von gleicher Dürftigkeit bei gleicher Anmaßung wie die rhetorischen sind seine metrischen und literarhistorischen Gedichte in politischen Versen. An die Spitze stellen wir die versificirte Umarbeitung des Metrik des Hephästion in politischen Versen, worüber Roßbach und Westphal Bd. I. und II., S. 57. Es folgen die einzelnen Stücke: *Περὶ μέτρων, Περὶ Πινδαρικῶν μέτρων* in Crameri *Anecd. Paris. Vol.* I, *p.* 59—162, *Περὶ διαφορᾶς ποιητῶν* (*Περὶ τῆς τῶν ποιητῶν διαφορᾶς*) in Crameri *Anecd. Oxon. Vol.* IV, *p.* 302 *sq.* und *ex cod. Paris.* von F. Dübner im Rhein. Mus. IV, S. 392—399, woraus Ἴαμβοι τεχνικοὶ περὶ κωμῳδίας ebendas. S. 399—402 und beide Stücke wiederholt in *Schol. Graec. in Aristoph. Par.* 1842, *p.* XXIII—XXVI und bei Meineke *Fragm. comicorum graec. Vol.* II, *p.* 1245—1254, endlich περὶ τραγικῆς ποιήσεως in byzantinischen Choliamben von F. Dübner im Rhein. Mus. IV, S. 402—408, nebst Corrigenda ebendas. V, S. 152—156 und Scholien von K. O. Müller S. 337—340 (Kleine Schriften I, S. 488—524) *Opusculum Περὶ τῆς τῶν ποιητῶν διαφορᾶς e cod. Ms. bibl. Paris. olim regiae ed.* L. Bachmann, Progr. Rostock 1851. 4. Eine aber Geschicklichkeit an Ungeschmack die Ἴαμβοι κλιμακωτοί (wo das letzte Wort im nächsten Verse wieder aufgenommen wird) auf den Tod des Kaisers Manuel I. Komnenos bei Matranga *Anecd. Graec. p.* 619—622. — Hiernach läßt sich auch über sein zweites Hauptwerk urtheilen, seine Ἰλιακά, ein Supplement für die hellenischen Dichter, welches in 3 Abtheilungen (Τὰ πρὸ Ὁμήρου, Τὰ Ὁμήρου, Τὰ μεθ᾽ Ὅμηρον) und 1676 schlechten Hexametern die Begebenheiten von der Geburt des Paris bis zur Rückkehr der Griechen nach Troja's Zerstörung bringt. Daß übrigens seinen homerischen Arbeiten der Einfluß der Irene, der Gemahlin des beredten und philosophisch gebildeten Kaisers Manuel I. Komnenos, nicht fern stand, zeigt die Notiz *Chiliad. Hist.* 264, von der Freigebigkeit der Kaiserin. Ueber die Bildung und schriftstellerische Thätigkeit des Manuel I. vergl. Fr. Wilken *Rerum ab Alexio* I, *Joanne, Manuele Comnenis gestarum libri* IV. *p.* 9—22. *p.* 618. Tafel *De Thessalon. p.* 430. Sprengel Geschichte der Medicin 2. Thl. S. 427. und oben die Notiz §. 15. S. 282. — Von größerem Nutzen ist unstreitig sein umfangreiches Werk Βίβλος ἱστορική oder αἱ Ἱστορίαι in 13 Χιλιάδες (die gewöhnliche Bezeichnung nach der in der *Edit. pr.* von N. Gerbelius gemachten Eintheilung in je 1000 Verse), welches in nicht weniger als 12,661 politischen Versen 3 Massen in 600 Capiteln begreift und mit einem Supplement in Jamben abschließt, enthaltend eine Fülle mythologischer und historischer Erzählungen, Erklärungen von Sprichwörtern und Phrasen und antiquarischen Einzelheiten, ohne Kritik, ohne alle Ordnung und Verbindung in Versen der schlechtesten Art. Wir dürfen zu seiner Rechtfertigung annehmen, daß er aus Unlust über eine solche Anlage selbst von der Fortsetzung abkam und nur diese erste Abtheilung (Ἄλφα) mit Nachträgen oder Scholien und Berichtigungen veröffentlichte. Mit den Chiliaden ist von Th. Kießling *p.* 509 *sq.* auch ein iambisches Gedicht von 360 Versen *Παίδων ἀγωγή* herausgegeben worden. Nebenher gehen noch 107 Briefe in Prosa, meistens in Gelehrsamkeit und ungeistigen Reminiscenzen aufweichen Gedriembis. *Scholia ad Chiliad.* in Crameri *Anecd. Oxon. Vol.* III, *p.* 350 *sq.* Neuerdings ist von H. Döring auch der *Χριστὸς πάσχων* dem Tzetzes beigelegt, worüber unten im Capitel „Die Poesie der Byzantiner." Jetzt darf dieser byzantinischen Polygraphen kein anderer Rang als der eines unzuverlässigen und verkehrten Materialsammlers für manchfaltig historische, philologische und antiquarische Studien angewiesen werden. Ueber seine Sprache K. L. Struve Ueber den politischen Vers der Mittelgriechen S. 50 fg. — Ausgaben. *Exegesis Il.: Edit. pr. e cod. Ms. Lips. ed.* G. Hermannus (mit *Draco de metris*) *Lips.* 1812. — Abdruck von L. Bachmann hinter *Schol. Lips. Il.* — *Allegoriae Hom.*: mit einem *Prooem. in Allegor. Hom. e codd. Vatic. ed.* P. Matranga, in *Anecd. Graec. P.* I. *Rom.* 1850. — *Tzetzae Allegoriae Iliadis cur.* J. Fr. Boissonade, *Par.* 1851. — Scholien zum Hesiod in der Ausg. von Th. Gaisford, zum Aristophanes s. den Text., zum Lykophron: *Edit. pr.* (mit Lykophron) *Basil.* 1546. *Fol.* und in mehreren Ausgaben des Lykophron. — Ἰσαακίου καὶ Ἰωάννου τοῦ Τζέτζου σχόλια εἰς Λυκόφρονα. *Ed., emend., illustr.* C. G. Müller, 3 *Voll. Lips.* 1811. — *Carmina Iliaca* (*Antehomerica, Homerica et Posthomerica*): *nunc prim. e cod. Ms. Augustano ed.* G. B. Schirach, *Hal.* 1770. — *Carminum Iliac. initium e cod. Vindob. nunc prim. ed.* Th. Ch. Tychsen, in der Bibliothek der alten Literatur und Kunst, 4. Stück. *Ined. p.* 3—23. — *vollständig e codd. ed. et commend. instr.* Fr. Jacobs, *Lips.* 1793. — *ex recens.* J. Bekkeri, *Acced. Excerpta ex chronicis. Praefat. Berol.* 1816. — *Chiliades: Edit. pr. e cod. Monac. graece et lat. cura* N. Gerbelii, *Basil.* 1546. *Fol.* (voll von Fehlern), wiederholt in J. Lectii *Corpus Poett. gr. vett. carminis heroici, Aurel. Allobr.* 1614. *Fol.* — *Tzetzes Historiarum varr. Chiliades. Graece ad fidem duorum codd. Monac. recogn. et brevi annotat. et indicibus instr.* Th. Kiessling, *Lips.* 1826. — *Epistolae: Tzetzae Epistolae. Nunc prim. e codd. ed., animadvv. instr., apparatum crit. ad Chiliadum libros adjec.* Th. Pressel, *Tubing.* 1851. — *Cf.* A. Westermann *Commentt. de epistol. scriptt. graecis, Pars* VIII. *N.* 158. — Erläuterungsschriften: K. L. Struve Ueber den politischen Vers der Mittelgriechen. Eine Abhandl. verbunden mit einer Kritik des Textes der neuesten Ausg. von Tzetzes Chiliaden, Hildesh. 1828. (auch in der Krit. Bibl. 1827. 3. S. 441 fg.) — Fr. Dübner Ueber eine wichder Handschrift der Historien des Tzetzes, im Rhein. Mus. IV, S. 1—26. — J. Bekker Die Theogonie des J. Tzetzes aus der *Bibl. Casanatensis*. Abhandl. der Berl. Akad. 1842. S. 147—170. — Kritische Beiträge von Hamaker in *Bibl. Crit. Nov. Tom.* IV, *p.* 374 *sq.*, Näke in *Annal. Univers. Borusso-Rhen.* (*Bonn.* 1821. *p.* 390—416), auch in *Opusc. acad. Bonn.* 1842. *p.* 53—69, Matranga, Inedita des Tzetzes, im Rhein. Mus. N. F. V, S. 473—477.

Michael Senacherim (*Σεναχειρὴμ* oder *Σεναχηρεὶμ*) der Scholiast Homer's, ein berühmter Lehrer der Rhetorik zu Nikäa c. 1250, an welchen Kaiser Theodoros Laskaris sich wandte, öfter genannt in Scholien von geringerem Werthe im *Cod. Leidensis* und *Mosquensis*, auch lange Zeit eine räthselhafte Figur, erscheint in seinen Bemerkungen abhängig vom Porphyrios. *Cf.* Lehrs *de Aristarchi stud. Hom. Edit.* I, *p.* 37. Peyron *Notitia librorum deu. a Th. Valpergo-Calusio p.* 23. Furia in *edit. Aesop. p.* 53.

Manuel Moschopulos (ὁ *Μοσχόπουλος*) der Scholiast, ein für das Zeitalter der Paläologen normaler Grammatiker, Glied der aus Kreta stammenden gebildeten Familie der Moschopuli, welche, denkwürdig durch ihre Unkenntniß in Verskunst, Grammatik und Metrik, die Texte der Dichter verdarben und durch Verwässerung des alten Bestandes der gelehrten Commentare unserer Kenntniß der griechischen Literatur empfindlichen Verlust beibrachten. Der bedeutendste unter ihnen ist Manuel Moschopulos gegen Ende des 14. Jahrhunderts. *Cf.* Titze *Moschopuli Opusc. Praef. p.* 6. Ritschl *Prolegg. ad Thomam Mag. p.* LI. und die literarhistorischen Notizen §. 16. S. 299. Zu seinem Nachlaß gehören zunächst Scholien zu den anderthalb ersten Büchern der Ilias, welche sich nicht über den Standpunkt der trockenen grammatischen Epimerismen der Paraphrasen erheben und bereits von Favorinus verbraucht sind: *ed.* Scherpenzeel *Amstel.* 1702. *Traj.* 1719; besser *Manuelis Moschopuli in duos priores Iliadis libros Scholia. Ed.* L. Bachmann, *Part.* I, *Rostochii* 1835. 4. und vollständiger in den *Scholiis Lipsiensibus*. Seine dürftigen Scholien zu den *Opera* des Hesiod stammen aus dem Commentar des Neuplatonikers Proklos und sind herausgegeben von V. Trincavellus *Edit. Hesiod. Venet.* 1537. 4. und in der Ausgabe von Th. Gaisford. Völlig unbekannt war er mit den Gesetzen der Metrik: dies verrathen die Scholien zum Pindar, worüber Boeckh *Praef. Schol. Pind. p.* IX *sq.* und Ueber die kritische Behandlung der Pind. Gedichte Berl. 1823. Gleich dürftig an Form und Inhalt sind die zuerst von J. Casaubonus *Lectt. Theocr. e cod. Genevensi* veröffentlichten Scholien zum Theokrit (*Τοῦ σοφωτάτου Κυρ. Μανουὴλ Μοσχοπούλου σχόλια καὶ Δημητρίου τοῦ Τρικλινίου*), vermehrt *e cod. Parisiensi* von Th. Gail *Vol.* II. *Par.* 1828, vereinigt von J. Adert *Scholiorum Theocrit. pars inedita Turici* 1843. Frühere Zusätze *e codd. Vaticanis* von Th. Warton *Oxon.* 1770. 4. Auch in der Ausgabe von Th. Kießling und in den Scholiensammlungen zu Theokrit von Th. Gaisford und Fr. Dübner. Hierzu kommt eine Biographie des Euripides in Westermann's *Βιογράφοι p.* 133 *sq.* und eine ganze Reihe grammatischer Schriften der dürresten und trivialsten Art, am vollständigsten herausgegeben von Fr. N. Titze *Manuelis Moschopuli Opusc. grammatica. E cod. nuper in Bohemia reperto nunc prim. edita etc. Prag.* 1822. Wir fügen ein Verzeichniß der früheren Ausgaben dieser grammatischen Schriften bei: *Περὶ προσῳδιῶν* (mit *Demetr. Chalcondylas Erotemata*) *Mediol. c.* 1493. *Fol.* — *Περὶ τῆς τῶν ὀνομάτων καὶ ῥημάτων συντάξεως* (mit *Demetr. Chalcondylas Erotemata c. praef. Melioris Volmarii*) *Basil.* 1556, letztere beide *ed.* Aldus (mit *Theodori Gazaei Grammatica*) *Venet.* 1525. *ap. Junt. Florent.* 1526. — *Συλλογὴ ὀνομάτων Ἀττικῶν ἐκλεγεῖσα ἀπὸ τῆς τεχνολογίας τῶν εἰκόνων τοῦ Φιλοστράτου*, in Aldi *Dictionarium Graec. Venet.* 1524. *Fol.* II. *p.* 135 (mit Phrynichos) *Par.* 1532. — *Ἐρωτήματα*, wol das Excerpt aus einer umfangreicheren Schrift, *Basil.* 1540. 4. — *Περὶ γραμματικῆς γυμνασίας*, ein dürftiges Büchlein, welches dessen Kaiser Basilios I. zugeschrieben ist, *Basil.* 1540. 4. *ed.* F. Morellus *Lutet.* 1585. und mit Schriften des Basilios. — *Περὶ σχεδῶν s. de ratione examinandae orationis ed.* R. Stephanus, *Par.* 1545. 4. *Lutet.* 1547. 4. *Vindob.* 1773. — *Περὶ τῶν παθῶν τῶν λέξεων ed.* Fr. J. Bast (mit Gregor von Korinth), in *Gregorii Corinth. ed.* G. H. Schaefer *p.* 675—681. — *Ἐπιτομὴ τῆς γραμματικῆς* und andere Kleinigkeiten in *Opusc. gramm. ed.* Fr. N. Titze, wobei nur die Frage nach diesem oder jenem der Familienmitglieder Schwierigkeiten macht. — *Excerpta ex opusc. grammaticis* in L. Bachmanni *Anecd. Graec. Vol.* II, *p.* 331—382. — Vergl. G. R. J. Bisch Ueber eine Stelle des Moschopulos, die Aussprache der griechischen Diphthongen betreffend, in Jahn's Jahrb. IV, 2. S. 101 fg. Fügt man hierzu noch die von Titze *p.* 59 *sq.* mitgetheilte Probe von seinem literarhistorischen Wissen, dessen in Bekkeri *Anecd. Graec. p.* 1081 *sq. pp.* 1461. 1162, so verlangt man keine weiteren Belege für die denkwürdige zum Katechismus zusammengeschrumpfte Dürftigkeit byzantinischer Kenntniß in Sachen der gelehrten Geschichte des Alterthums. Vgl. G. Bernhardy Griech. Lit. 1. Thl. 3. Bearb. S. 186 (160). Sein Compilator ist unter anderen der sogenannte Pseudo- oder jüngere Aristarch, worüber unser Etymologicum Magnum. *Cf.* W. C. Kayser *De Aristarchi aetate minoris canonibus, Codex Paris.* 2544. Progr. Glogau 1862. 4. S. 14.

Joannes Diakonos Pediasimos (ὁ *Πεδιάσιμος*) gegen Ende des 14. Jahrhunderts, Verfasser von Scholien zur Theogonie und einer nüchternen Paraphrase zum *Scutum* des Hesiod, herausgegeben von F. Ranke und in Th. Gaisford's *Poett. min. Graec. Vol. II. Lips.* *De Herculis laboribus graece ed.* A. Westermann in *Mythographi*. Dazu kommt eine mathematische Schrift und die Verse Περὶ γυναικὸς κακῆς καὶ ἀγαθῆς ἤθους, *ed.* L. Holstenius (mit Demophilos) *Rom.* 1638. *p.* 104 *sq.*, J. C. Orelli in *Opusc. Graecorum sentent. Vol.* I, *p.* 380 *sq.*, J. A. Fabricius in *Bibl. Graec. Vol.* XIII, *p.* 576, und Chr. Walz *ex cod. Vaticano* in *Arsenii Violetum*, *Stuttg.* 1832. *p.* 515—517. Von ihm verschieden ist Joannes Diakonos mit dem Beinamen Galenos, dessen wertlose Allegorien zur Theogonie Trincavellus edirte, auch Gaisford a. a. O. Ungewiß ist, welchem Joannes Pediasimos die Geometrie angehört, zum ersten Mal herausgegeben und erläutert von G. Friedlein, Berl. 1866. Von diesen und anderen Kommentatoren Mützell *de emendanda Theogon. p.* 285 *sq.* und Ranke *Scut. p.* 305. Ihnen reihe sich an des Joannes Protospatharios Ἐξήγησις φυσική der *Opera* des Hesiod bei Gaisford *ibid.* *Cf.* Mützell III, c. 6.

Demetrios Triklinios (ὁ Τρικλίνιος), ein fleißiger aber unglücklicher Kritiker, der seinen Zeitgenossen Manuel Moschopulos (*c.* 1397) nur durch die Kühnheit und Willkür übertrifft, mit welcher er die Texte der Dichter interpolirte, die Grundzüge der Metrik verwirrte und den kritischen Apparat durch einen Ueberfluß wortreicher, aber inhaltsloser Scholien vermehrte. Berühmt in der philologischen Welt ist unter anderen die Triklinische Recension des Sophokles mit seinen Scholien im *Cod. Parisinus* 2711, die von Turnebus zu Grunde gelegt, mit ihren Fälschungen bis auf Brunck gangbar blieb. Veröffentlicht von Triklinios sind Scholien zur Theogonie des Hesiod in Gaisfordi *Poett. min. Graec. Vol.* II. *Lips.*; zu Pindar, worüber Boeckh in der im Artikel Moschopulos angegebenen akademischen Abhandlung; zu Aeschylos, eine Zugabe zu seiner Recension des Aeschylos in einem *Cod. Neapolitanus*, in *Aeschyli Scholia Graec. ed.* G. Dindorf, *Oxon.* 1851. *Cf.* Valcken. *ad Phoen.* 1261. W. Schmitt in Sitzungsber. der phil. hist. Cl. der Wiener Akad. 1856. Bd. XXI, S. 278 fg. und Mittheilungen aus Wiener Handschriften 1856. S. 14—21; zu Sophokles in den Ausgaben von A. Turnebus und Th. Johnson, *Scholia in Soph. ex codd. aucta et emend. ed.* G. Dindorf, 2 *Voll. Oxon.* 1852; metrische zum Aristophanes, zum Theil noch nicht veröffentlicht; endlich zu Theokrit, s. Moschopulos. Hiezu kommen 2 metrische Abhandlungen Περὶ μέτρων Σοφοκλείους und Περὶ σχημάτων in der Ausgabe des Sophokles von A. Turnebus, 2 *Voll. Lips.* 1552—1553. 4. Zuletzt mag hier noch die Vermuthung ausgesprochen werden, daß das unter dem Namen des Empedokles erhaltene und von Einigen diesem Demetrios Triklinios beigelegte iambische Gedicht Περὶ σφαίρας wahrscheinlich in die Zeiten der alexandrinischen Gelehrsamkeit gehört.

Demetrios (Δημήτριος) der Metaphrast mit dem Beinamen Zenos *c.* 1500, einer von den vielen byzantinischen Nachahmern in moderner Form, löste die Batrachomyomachie und den Roman Alexander in politische Verse auf; die Sprache ist die gemeine Vulgärsprache. — *Demetrii Zeni Paraphrasis Batrachomyomachias vulgari Graecorum sermone scripta, quam collatis edd.* (auch Ausgg. von Crusius und Ilgen mit *Hom. Hymni*) *recens., interpret. lat. et commentariis instr.* Fr. G. A. Mullach, *Berol.* 1837.

a. Die Lexikographen und etymologischen Sammelwerke.

§. 79.

Helladios (Ἑλλάδιος) der Grammatiker aus Alexandria unter Theodosios dem jüngeren, war Verfasser eines von Photios *Cod.* 145 beschriebenen alphabetisch geordneten Lexikons, welches nach Suidas die Aufschrift Λέξεως παντοίας χρῆσις führte. Außer anderen Sachen gelegentlicher Dichtung gab er auch eine Beschreibung (ἔκφρασις) der Bäder Constantin's des Großen. Vergl. den Chrestomathen Helladios §. 27. *init.*

Ammonios (Ἀμμώνιος) der Grammatiker aus Alexandria, seit 389, wo Theodosios die heidnischen Tempel zerstören ließ, als Flüchtling in Constantinopel mit ausgezeichnetem Erfolg als Lehrer thätig, verfaßte hier sein noch erhaltenes (auch in *cod. Vindob.* 172) Werk Περὶ ὁμοίων καὶ διαφόρων λέξεων, welches in alphabetischer doch nicht sorgfältig durchgeführter Ordnung über die eigentlichen und abgeleiteten Bedeutungen der Wörter Aufschluß ertheilt. *Cf. Excerpta ex opusc. grammat.* in L. Bachmann's *Anecd. Graec. Vol.* II. — Ausgaben: *Edit. pr.* in Aldi *Dictionarium Graec. Venet.* 1497 und 1524. *Fol.* — *ed.* H. Stephanus in *Append. ad Thes. linguae Graec.* 1572. *Fol.* — *ed.* L. C. Valckenaer (mit anderen Schriften) 2 *Voll. L.Bat.* 1739. 4. Dazu Valckenaerii *Animadvers. in Ammon. ibid.* 1739. 4. *Edit. nov. correctior et auctior cur.* G. H. Schaefero, *Lips.* 1822. — Handausgabe von Fr. Ammon, Erlang. 1787. *Cf. eiusd. Animadvers. in quaedam Ammonii loca spicilegium, praemissa de vita eius disquis. ibid.* 1791. 4.

Hesychios (Ἡσύχιος) der Grammatiker aus Alexandria. Diese Aufschrift trägt eine Handschrift aus dem 15. Jahrhundert (jetzt in der Marcus-Bibliothek zu Venedig), welche in alphabetischer Folge eine Sammlung von Glossen und Namenerklärungen der griechischen Sprache enthält, zuerst herausgegeben von Aldus Manutius, *Venet.* 1514. Von Valckenaer *Opusc.* II, *p.* 152—164 als *Graeculus aliquis aevi* (dagegen Ruhnken *praef. p.* XV. *ed. M. Schmidt*); von F. Ranke wegen der in die Sammlung aufgenommenen *glossae sacrae* als Christ, von F. G. Welcker in der Recension der Ranke'schen Schrift im Rhein. Mus. 1834, S. 209—302, S. 411—440 (Kleine Schriften, II, S. 542—596) als Hesychius bezeichnet, der etwas höher als Alberti annahm, vor dem Jahre 389 gelebt habe; von M. Schmidt *Quaest. Hesych.* in *Vol.* IV. seiner Ausgabe zwischen 530 und 642, wo Alexandria von den Arabern bis auf den Grund verbrannt wurde; von H. Weber *De Hesychii ad Eulogium epistola*, Progr. Weimar 1865 *p.* 41 zwischen das 4. und 5. Jahrhundert gesetzt (vergl. M. Schmidt in Jahn's Jahrb. 91, S. 749—764); von *Suidas*, *Eudokia*, *Etymol. M.* und anderen Berichterstattern weder genannt noch gekannt, dazu nur in einer einzigen Handschrift erhalten: schwebt die Person des Hesychios völlig in der Luft. In ein Labyrinth von Vermuthungen führt die Untersuchung über die Entstehung und die Schicksale dieses Wörterbuches selbst; sie wird nicht gerade erleichtert durch einen dem Lexikon voraufgehenden Brief an den ganz unbekannten Scholastiker Eulogios, worin des Hesychios Leistung und sein Verhältniß zu Apion, Apollonios Archibii, Theon, Didymos und Diogenian angedeutet ist. Das Ergebniß so vieler sich ergänzender oder widersprechender Untersuchungen muß nothwendig dieses sein: aus mangelnder Kenntniß der in der Epistola genannten Lexikographen und ihrer Werke können wir weder die Leistung des Hesychios in Bezug auf Anordnung des Stoffes klar erkennen, noch, worauf Villoisen *ad Apollon. p.* L *sq.* (G. Bernhardy *Praef. ad Suid. p.* XLIII *sq.*) hinwies, den echten und vollständigen von dem in der jetzigen Gestalt vorliegenden, sicher gründlich ausgeplünderten, verstümmelten und durch die Hände der Abschreiber und Epitomatoren entstellten Hesychios unterscheiden. Am meisten befriedigt noch die Analyse von M. Schmidt, daß Hesychios jenes bis auf Eustathios herab in großem Ansehen stehende Lexikon des Grammatikers und Epigrammatikers Diogenian aus dem pontischen Herakleia, *Περιεργοπένητες* genannt, im Auszug zu Grunde legte, das aus früheren Lexikographen namentlich aus des Pamphilos 95 Büchern *Περὶ ὀνομάτων καὶ γλωσσῶν* hier zusammengetragene Material erbeute, besserte und durch Aufnahme vieler Wörter aus homerischen Commentaren vermehrte. Unerwartet kommt die Mittheilung von M. Schmidt im Philol. XV, S. 712 fg. (vergl. Rhein. Mus. N. F. 1867. XXI, S. 490—497), daß Glossen des Hesychios sogar aus Gregor von Nazianz flossen. Demnach bleibt nur noch die Frage übrig, worin der Werth dieser mühevollen Arbeit besteht. Ein Blick in die von F. Ranke geschaffene Sammlung der Artikel aus Diogenian und Pamphilos, auf welchen auch die Glossen von Artemidor, Aristophanes von Byzanz, Epänetos citirt *ἐν ὀψαρτυτικῷ*, Hermonax Verfasser von *γλῶσσαι Κρητικαί*, Seleukos dem Homeriker, Herakleon dem Aegyptier, Timachidas und Amerias, den Verfassern von *γλῶσσαι Μακεδονικαί*, Diodor, einem Sammler von *γλῶσσαι Ἰταλικαί*, und anderen bei Athenäos zurückgeführt werden, genügt, um Trümmer zu erkennen, welche in Hinsicht auf Alter, Form, Bedeutung, Erklärung und Autorität vorzüglich sind und auf methodischen Vorarbeiten beruhen; zur Kenntniß der Dialekte (Böotismen, Lakonismen, kyprischer und makedonischer Dialekt), sowie zu dem in unseren Tagen zu einer gewissen Kunst gediehenen etymologischen Studium, überhaupt für viele Thatsachen des philologischen, besonders formalen Wissens sind sie fruchtbar, ja geradezu unentbehrlich. Und wie fleißig Hesychios sich auf Wörter und Phrasen der Dichter bezieht, das hat A. Kirchhoff am Euripides nachgewiesen. Unstreitig besitzen wir also am Hesychios ein wenn auch verstümmeltes und entstelltes, sicher aber ausgezeichnetes Denkmal der griechischen Lexikologie, für Homer, wiewol die unbarmherzige Verstümmelung gerade der homerischen Glossen zu beklagen ist, für die Tragiker, Lyriker, Redner, Historiker und Aerzte (philosophische Glossen fehlen, *cf.* M. Schmidt *Quaest. Hesych. p.* CLXVIII *sq.*), mit einem Grade gelehrter Ausstattung, welcher den guten alten Lexicis nahe kommt und in den wesentlichen Punkten mit Apollonios und Etymologicum Magnum übereinstimmt. Verwandt dem Hesychios sind die Cyrillic, worüber unten. — Ausgaben: *Edit. pr.* Marci Musuri *ap. Aldum*, *Venet.* 1514. *Fol.* — hiernach die folgenden Ausgaben: *Edit. Juntina*, *Florent.* 1520. *Fol.*, *Edit. Hagenoensis* 1521. *Fol.*, *Edit. Schrevelii* 1668. — *ed.* J. Alberti, *Vol.* I. *L.Bat.* 1746. *Fol. Vol.* II. *post J. Alberti mortem confecit* D. Ruhnkenius *ibid.* 1766. *Fol.* Dazu N. Schow *Supplementa ad edit. Hesych. Albertin. Lips.* 1792. — *Hesychii Alexandrini lexicon post J. Albertum recens.* M. Schmidt, 5 *Voll. Jenae* 1857—1868. hoch 4. Davon *Edit. minor* mit Ausscheidung der unechten Glossen, 2 *Partt. ibid.* 1863. 1864. *Edit.* II. *indice glossarum ethnicarum aucta* 1867. — *Hesychii Glossae sacrae. Graece ed. et illustr.* J. C. G. Ernesti, *Lips.* 1785. — Zur Geschichte und Kritik: F. Ranke *De lexici Hesych. vera origine et genuina forma*, *Lips. et Quedlinb.* 1831. Vergl. dens. in der Hallischen Encyklop. Artikel Pamphilos. — H. Weber *De Hesychii ad Eulogium epistola*, Progr. Weimar 1865. 4. — Kritische Beiträge, Erläuterungen und Anmerkungen: von Alberti, Ruhnken, Reuck, Emendationen von J. Jensius, Taylor, Toup, Wakefield, A. F. Näke, Schmend, J. Pearson *Adversaria Hesychiana*, 2 *Voll. Oxon.* 1844. M. Schmidt im Philol. X, S. 571 fg., XIII, S. 217 fg. 507. XIV, S. 205 fg., XV, S. 154 fg. 344 fg., ebendaselbst E. von Leutsch, A. Meineke XIII, 508—564. 616, R. Sperschuh V, 250—275, Th. Bergk u. A. — Handschriftliches: Villoison *Collatio editionis Aldinae Hesychii c. apographo Bardelloniani codicis*, in *Anecd. Graec. Vol.* II. — N. Schow *Epistola crit. ad G. Heynium et Th. Chr. Tychsenium de codd. MSS. lexici Hesych. et Quinti Calabri*, *Rom.* 1790. 4.

Oros (Ὦρος) und Orion (Ὠρίων), zwei Grammatiker, jener im *Etymologicum Magnum* bis *p.* 43 nie, dann aber einhundert und fünfzigmal, dieser nur auf den ersten Blättern citirt, haben wegen ihrer so ähnlich klingenden Namen Sylburg manche heiße Stunde bereitet; derselbe kam dann wie im Index *s. v. Orus* zu dem Schlusse, *Orionem hic et Orum confundi.* Von dieser Verwirrung hat uns Fr. Ritschl befreit durch die Abhandlung *De Oro et Orione, specimen historiae criticae grammaticorum Graec. Vratisl.* 1834. Mit bessern Hülfsmitteln als Sylburg versehen, hat er die Beziehungen der angeführten Grammatiker, namentlich des Oros zu Herodian, und des Orion zu Oros in lichtvoller Darstellung nachgewiesen. — Oros aus Milet, wahrscheinlich in den ersten Jahrzehnten des 5. Jahrhunderts, nach *Etymol. M. vv. Barvos* und *Elkeia* Commentator Eulophron's und Verfasser mehrerer von Suidas *v.* genannten jedoch sehr zweifelhaften Werken grammatischen Inhalts, hinterließ eine werthvolle Ὀρθογραφία in doppelter Ausgabe, wovon die eine, *Olaxis* ὀρθογραφία genannt, und verschieden von den Arbeiten des Herodian über dieses Capitel, jene wichtigen Fragen behandelte Περὶ τῆς ει διφθόγγου und eine ὀρθογραφία περὶ τῆς αι διφθόγγου, dann Bücher Περὶ ἐγκλιτικῶν und Περὶ Ἐθνικῶν. *Cf. Schol. Hom. Il. β.* 461. Stephan. Byz. *vv.* Τελμησσὸς und *Nesion* κώμη. Vergl. Ritschl *p.* 10 *sq.* — Orion aus Theben in Aegypten, Grammatiker zu Alexandria c. 430—450 nach Tzetzes *Chil.* X, 57 *sq.* und Lehrer der Kaiserin Eudokia (Athenais), welcher er auch eine im Proben erhaltene gnomologische Anthologie aus ältern griechischen Dichtern in 3 Büchern widmete, auch als Sammler von Ἀττικαὶ λέξεις genannt, gilt für den Verfasser des von Suidas *v.* citirten und noch erhaltenen etymologischen Wörterbuches, Περὶ ἐτυμολογιῶν, welches für Sprach- und Sachkenntniß des griechischen Alterthums nicht unwichtige Beiträge liefert. *Cf.* Marini *Procl. c.* 8. Sturz *p.* VI. Fr. Passow *De anthologia Orionis Thebani, Index lectt. Vratisl.* 1831. (*Opusc. acad. Lips.* 1835. *p.* 198—202.) *Orionis* Ἀνθολόγημα *e cod. Vienn. ed.* Fr. Ritschl, *Index lectt. Bonn.* 1839. 4. *Cf.* F. G. Schneidewini *Conject. crit. Gotting.* 1839. — Das Etymologicum bildet *Vol.* III. der *Etymologica Graeca ed.* Fr. G. Sturz, *Lips.* 1820. 4.

Philemon (Φιλήμων) mit dem Beinamen ὁ νεώτερος, von seinen Studien zur homerischen Kritik, schrieb Σύμμικτα εἰς Ὅμηρον. Von ihm verschieden ist der Verfasser von Λέξεις Ἀττικαί, erhalten von α bis δ, sowie der in das 5. Jahrhundert gehörige Verfasser des Λεξικὸν τεχνολογικόν in 8 Abtheilungen, wovon die erste ganz, die zweite theilweise vorhanden ist. — Ausgaben: *Philemonis lexic. technol. ex biblioth. Paris. ed.* C. Burney, *Lond.* 1812. *Philemonis Grammatici quae supers. vulgatis et emendatiora et auctiora ed.* Fr. Osann *Anecd. Anecd. nonnulla Graec. Berol.* 1821. Vergl. G. Fr. Hermann im Rhein. Mus. V (1847) S. 608—611.

Philoxenos (Φιλόξενος) der Lexikograph c. 505 oder früher, nicht zu verwechseln mit dem gleichnamigen ältern Grammatiker aus Alexandria, ist Verfasser eines griechisch-lateinischen Glossars, zuerst herausgegeben ohne den Namen des Philoxenos von H. Stephanus *Glossaria duo e situ vetustatis eruta, Par.* 1573. *Fol.* Dann mit dem Namen des Lexikographen von Bonav. Vulcanius *Thesaur. utriusque linguae, LBat.* 1600. *Fol.* und von C. Labbaeus *Cyrilli, Philoxeni aliorumque vett. glossaria, Par.* 1679. *Fol. Lond.* 1816—1826. *Cf.* F. Osann *De Philoxeno Grammat.* In *Philemonis Grammat. p.* 309 *sq.* — Was übrigens die Zahl von einander abweichenden Glossare der Cyrille betrifft, wovon der durch den arianischen Streit berühmte, ebenso gelehrte und scharfsinnige wie herrschsüchtige und gewaltthätige Patriarch von Alexandria Cyrillus c. 431 Urheber sei, so ist ihre Verwendung für Hesychios, mit welchem sie viel Aehnlichkeit haben, trotz ihrer außerordentlich großen Verschiedenheit dennoch von hoher Wichtigkeit. Von Werth dabei ist auch eine Sammlung von Wörtern, welche je nach der Verschiedenheit der Bedeutung auch einen verschiedenen Accent haben: Συναγωγὴ τῶν πρὸς διάφορον σημασίαν διαφόρως τονουμένων λέξεων, mit Τονικὰ παραγγέλματα auch dem Joannes Philoponos Grammatikos beigelegt. Vergl. Joannes Philoponos §. 27. — Ausgaben der Cyrille: *ed.* H. Stephanus in *Append. Thesaur. linguae Graecae add.* Bonav. Vulcanius und C. Labbaeus, s. Philoxenos. — *Specimen ex MS. lexico Cyrilli Alexandr., complectens omnia quae a litera φ ad finem leguntur, c. notis ed.* Ch. F. Matthaei in *Glossaria Graec. minora, Vol.* I. *p.* 11—50. Vergl. die *Anecd. Graec.* von J. Bekker und L. Bachmann. — H. J. Deters Die Buchstaben μ und ν in Crelle's Beitr. zur Gesch. und Lit. *Vol.* IX, *p.* 1253. — E. Mehler *De Cyrilli Archiepiscopi Alexandrini lexico inedito*, in *Mnemos.* III. (1854) *pp.* 213—225. 353—362. — K. Fr. Naberl Ueber die Glossare des Philoxenos und Cyrillus, Abdruck aus den Abhandlungen der Berl. Akademie der Wissensch. 1866.

Photios (Φώτιος), Lehrer des Kaisers Leo VI. Philosophos, die bedeutendste Erscheinung der byzantinischen Periode, durch Urtheil und Belesenheit in profaner wie kirchlicher Literatur gleich ausgezeichnet, hat durch sein Beispiel und den Reichthum seiner Kenntnisse die zweite Hälfte des 9. Jahrhunderts zu einem in der Literargeschichte von Byzanz glänzenden Zeitabschnitt gemacht und auf die Thätigkeit der Zeitgenossen wie der Nachfolger einen durchgreifenden Einfluß ausgeübt. Vergl. die literar-historischen Bemerkungen in §. 14. S. 277. Zuerst Staatssecretair und Oberster der kaiserlichen Leibwache, seit 857 Patriarch von Constantinopel und in dieser hohen Stellung in den damaligen Zerwürfnissen zwischen der abend- und morgenländischen Kirche nachhaltig thätig, aber nur wenig vom Glücke begünstigt,

867 nach einem von ihm durch eine Hinterlist zusammengebrachten Concil zu Constantinopel, welches die römische Kirche der Ketzerei beschuldigte, entsetzt, 869 durch eine Synode zu Constantinopel verbannt, dann nach dem Tode seines Gegners Ignatios von 878—886 wieder in sein früheres Amt eingesetzt, 879 sammt seinem Anhange vom Papst Hadrian II. mit dem Banne belegt, starb in stiller Zurückgezogenheit und literarischer Muße 891. Von dem Umfange seiner gelehrten Thätigkeit gibt sein Nachlaß glänzende Beweise. *Cf.* A. Mai *Comment. de Photio Patriarcha ejusque scriptis, in Scriptt. veterum nova collectio Vol. I. Prolegg. p.* 36—60. Als eifrigen Förderer der kirchlichen Schriftstellerei erscheint er in den Briefen, welche bei aller Breite und Weitschweifigkeit dennoch eine feine theologische Bildung verrathen, sowie in den nicht besser geschriebenen 'Αμφιλόχια, einer Sammlung geistlicher Abhandlungen an den Metropoliten von Cyzicus Amphilochios, worin Fragen über die heilige Schrift in populärer Weise behandelt werden: Φωτίου 'Αμφιλόχια *s. ad Amphilochium Cyzici metropolitam sacrorum sermonum collectio, in qua quaestiones de scriptura divina solvuntur. Graece et lat. c. notis ed.* A. Mai *l. l. Vol.* I, *p.* 193. 261. *Fragmentum Quaestionis Amphil.* CXLIV. *ibid. Vol.* II. 1827. *p.* 682 *sq.* Denselben erweiterten Standpunkt zeigt ein Bruchstück seiner Kommentare zum Lucas *ibid. Tom.* I, *p.* 189—192. Ungleich wichtiger ist er als Sammler auf dem weiten Gebiete der Profanliteratur und Alterthumswissenschaft, und als solcher hat er sich namentlich durch 2 Werke ein hohes Verdienst erworben: 1) durch seine Βιβλιοθήκη auch Μυριόβιβλος genannt (ἀπογραφὴ καὶ συναρίθμησις τῶν ἀνεγνωσμένων ἡμῖν βιβλίων), worin er den Umfang seines Wissens und seiner Belesenheit in heidnischer und christlicher Literatur zur Schau trägt. Dieses Sammelwerk enthält eine Beschreibung von 280 Werken von sowol kirchlichen wie profanen Autoren, welche er auf einer Gesandtschaftsreise nach Assyrien las und theils mit kurzen Nachrichten und Beurtheilungen abfertigt, theils in längeren oder ausführlicheren Auszügen bekannt macht. Wenn man hier Plan und Ordnung ebenso wie Geschmack in der Darstellung vermißt sieht, so ist diese Sammlung dennoch unschätzbar wegen des Reichthums von Mittheilungen und Excerpten aus verlorenen Werken, aus Sachkenntniß, verbunden mit selbständigem und einsichtsvollem Urtheil, welche uns für die prosaische Literatur der Griechen aus Jahrtausenden des Byzantiners an allen Seiten los und ebensichtlich ist (vergl. Welcker *Epischer Cycl.* I, S. 25 fg.), ist ein unbestrittener Ruhm des Patriarchen. Einen nicht weniger ehrenvollen Platz in seinen Werken sichert ihm sein zweites Hauptwerk, die Λέξεων συναγωγή, ein besonders auf den Epitomen Harpokration's beruhendes und für die Lesung weltlicher und geistlicher Bücher alphabetisch angelegtes Glossar, namentlich zu den Rednern und Historikern, das jedoch in seiner jetzigen Gestalt spätere und fremde Zusätze enthält und nicht ohne Lücken auf uns gekommen ist. Große Verschiedenheit der Handschriften. Kein geringes Verdienst erwarb er sich endlich als Ordner des Kirchenrechts. Außer einem Σύνταγμα κανόνων und einer Συλλογὴ τῶν ἐκκλησιαστικῶν διατάξεων in 2 Büchern besitzen wir noch den 2) Νομοκανών oder Προκανών, eine von Scholien des Theodoros Balsamon aus der letzten Hälfte des 12. Jahrhunderts begleitete Sammlung von Kirchengesetzen, welche Hauptbuch für das Kirchenrecht des morgenländischen Reiches wurde. Hierher sind neuerdings kanonische Responsa an den Erzbischof Leo gekommen, in A. Mai *Scriptt. veterum nova collect. Tom.* I, *p.* 362—366, und daß er selbst der medicinischen Wissenschaft nicht fremd war, kann J. G. Geissler *Dissert. de Photii Patriarchae Constant. eruditione medica, Lips.* 1746. 4. beweisen. Zuletzt eine mit allen Blüten der Gelehrsamkeit ausgestattete rhetorische 3) Ἔκφρασις τῆς ἐν τοῖς βασιλείοις νέας ἐκκλησίας τῆς ὑπεραγίας Θεοτόκου. *A. Bandurio post. Fr. Combefisium interprete, ed.* J. Bekker (mit Georgios Kodinos) *Bonn.* 1843. *p.* 194—202. Man wird demnach die Verdienste des Photios um die Bildung seiner Zeit und seinen Einfluß auf die Späteren hoch anschlagen, ihn selbst aber für den gelehrtesten, geschmackvollsten und lebendigsten unter den wenig geschmackvollen und leblosen Autoren der byzantinischen Periode erklären müssen. — Ausgaben der Bibliothek: *Edit. pr.* D. Hoeschelii, *Aug. Vindel.* 1601. *Fol.* — *ed.* A. Schottus, *Genev.* 1611. *Fol.* (einzelne Exemplare 1612. 1613.) *Rothomagi* 1653. *Fol.* — *ex recens.* J. Bekkeri, 2 *Voll. Berol.* 1824—1825. 4. *Cf.* J. A. Fabricii *Bibl. Graec.* X. *extr.* — XI. *init.* Dazu J. H. Leich *Diatribe in Photii bibliothecam, Lips.* 1748. 4. — Lexikon: *Edit. pr.* G. Hermanni (*Vol.* III. von *Zonaras* und *Photii Lexico*) *Lips.* 1808. 4. — *ed.* P. P. Dobree, 2 *Voll. Cantabr.* 1822, davon Recension in der Hallischen Allg. Lit.-Zeit. 1826. *Nr.* 77. 78. — *e codice Galeano descripsit* R. Porson, 2 *Voll. Lond.* 1822. *Lips.* 1823. — *rec., adnotat. instr. et prolegg. addidit* S. A. Naber, 2 *Voll. L.Bat.* 1864—1865. — N. Schow *Specimen editionis novae lexici Phot. ex apographo Reitziano* (Φ. Λ.'Ρ.) *Havn.* 1817. — J. F. Schleusner *Libellus animadversionum ad Photii lex. Lips.* 1810. 4. Dess. *Curae novissimae in Phot. ibid.* 1812. 4. — Beiträge zur Kritik von Dobree und C. G. Cobet, in *Mnemos.* VII (1858) *p.* 475—498; VIII, *p.* 16—75. IX, *p.* 399—437. X, *p.* 51—94. — Kanonische Schriften in G. Voelli *et* H. Justelli *Bibl. juris canonici, Par.* 1661. *Vol.* II. *Fol.*, das *Syntagma Canonum* auch in G. Beveregii *Συνοδικόν s. Pandectae canonum etc. Oxon.* 1672. *Fol.* — *Lexicon Vindobonense. Rec. et adnotat. crit. instr.* A. Nauck. *Accedit Appendix duas Photii homilias et alia opusc. complectens, Petrop.* 1867. — Ueber seine Stellung zu den Kirchenstreitigkeiten K. H. Swaloe *De dissidio ecclesiae Christ. in Graecam et Latinam Photii auctoritate maturato, L.Bat.* 1839. 4. und *A.*

K. Δημητρακόπουλος Ἱστορία τοῦ σχίσματος τῆς λατινικῆς ἀπὸ τῆς ὀρθοδόξου ἐκκλησίας, *Leipz.* 1867. — Briefe: *Φωτίου ἐπιστολαί* (und 2 Gedichtchen) *c. prolegg. de vita et scriptis Photii ed.* J. N. Baletta, *Lond.* 1864.

Suidas (*Σουΐδας*, früher fälschlich *Σουίδας*) der Lexikograph, gänzlich unbekannt seinen Lebensverhältnissen, seiner Zeit nach aber unmittelbar nach den Redactionen der Constantinischen Sammler *c.* 980 lebend (*cf.* G. Bernhardy *Commentatt. de Suidae lexico p.* 1 *sq.* und oben §. 20. S. 308 fg.), Verfasser des von der gelehrten Welt mit Aufmerksamkeit und immer regerem Eifer benutzten großen Lexikons, welches alphabetisch, jedoch nicht in der gewöhnlichen Buchstabenfolge, sondern antistöchisch geordnet ist: *α. β. γ. δ. αι. ε. ζ. ει. η. ι. θ. κ. λ. μ. ν. ξ. ο. ω. π. ρ. σ. τ. οι. υ. φ. χ. ψ.* und z. B. *Σ* mit [illegible] *Cf.* Aldi Manutii *Observatt.* vor dem Suidas, und über das bereits von Theognostos anerkannte und von Suidas befolgte Princip der *Antistoecha* Bernhardy *l. l. t.* II, *p.* 38, und die Notiz bei Theognostos §. 27. S. 351. Dieses Lexikon mit kritischem Apparate, nach Küster, Gaisford und den Arbeiten von Portus, Toup, Reinesius, Schweighäuser u. A. mit einem reichen kritischen Apparat, wissenschaftlichen Abhandlungen, brauchbaren *Indicibus* und *Addendis* herausgegeben von G. Bernhardy, 2 *tomi Halis* 1834—1853. 4., wodurch der *Editor* um das Studium der griechischen Literatur sich bleibende Verdienste erworben hat, ist ein rühmliches Zeugniß begeisterten Sammlerfleißes, und hat einen Umfang, welcher das Maß des damaligen Wissens und der damaligen Technik bei Weitem überschreitet. Recension von Gerlat in Zeitschrift für österreichische Gymnasialwesen VII, S. 345—366 und M. Schmidt s. unten Ausgaben. Ueber das von Suidas benutzte Material läßt sich jetzt sicherer urtheilen, wiewol hier Manches unergründet und der Conjecturalkritik ein weites Feld geöffnet bleibt. Im Allgemeinen C. Wachsmuth *De fontibus ex quibus Suidas in scriptt. Graecorum vit. hauserit*, *Symb. Bonn.* 135—152. Den Kern des Suidas bildet der literarische Bestand in den Zeiten des Photios und der Constantinischen Redactoren im Auszuge, mit einem nicht unerheblichen Theil der in dem werthvollen *Codex Coislinianus* 345. aus dem 11. Jahrhundert verzeichneten Hilfsbücher, worin Lexika (Apollonios, Timäos, Möris), Excerpte des Phrynichos, die *Συναγωγὴ λέξεων*, das rhetorische Lexikon, der Antiatticist, Wörterbücher für Herodot, Xenophon und die Bibel, Abhandlungen über Structur, darunter das von Zeitern [illegible] *lexicon de Syntaxi*. Vergl. *Lexica Segueriana* weiter. Wenig überraschen zahllose Excerpte aus Biographen, wie aus Diogenes von Laertes (vergl. D. Volkmann *De Suidae biographicis quaestt. selectae*, *Bonn.* 1861) und literarische Observationen aus Athenäos (*cf.* Bernhardy *l. l. p.* 54) u. A., als Bruchstücke aus damals bereits verschollenen oder selten gelesenen Autoren, wie aus Polybios (Citate *ἐν Ἱστορίᾳ*), Aelian *Περὶ προνοίας* und *Περὶ θείων ἐναργειῶν*, Philostratos und Kaiser Julian; für römische Geschichte Kapiton's Uebersetzung des Eutrop und Joannes Antiochenus, dann namentlich Agathias und aus Damaskios hat er wie Photios eine ungewöhnliche Zahl rhetorischer Eingangen aufgenommen. Ferner und länger excerpirt er aus Arbeiten der Peripatetiker und Commentatoren des Aristoteles, wie aus Alexander von Aphrodisias und Philoponos. *Cf.* Bernhardy *p.* 62. Die literarhistorischen Angaben namentlich über Grammatiker, Rhetoren und Reihe stammen sicher aus guten literarischen Repertorien und Registern, nur hat er sie weder vollständig noch zuverlässig benutzt. Man vergleiche beispielsweise den Artikel *Ἡρακλείδης*, von dem es zweifelhaft ist, ob man mehr die Unkenntniß mit den Schriften dieses Philologen als die Nachlässigkeit im Citiren anklagen soll, oder die aus Unterminder vermischte Glosse *Διονύσιος ὁ Ἀλκαῖος*, gegenüber dem zwar auch nachlässig aber viel vollständig gegebenen Verzeichnissen der Werke des Tryphon und Telephos. Grammatisches wurde Scholien zum Dionysios Thrax, Lexikalisches der Epitome Harpokration's und älteren hier verarbeiteten Wörterbüchern entnommen (vergl. den *Index fontium* vor dem Suidas), Epigrammatisches aus der Anthologie des Constantin Kephalas: Citate *ἐν Ἐπιγράμμασιν*. Vergl. unten §. 56. Was jedoch auf die Dichter, für welche ihm entweder Biographen oder biographische Sammlungen vorgelegen haben müssen (vergl. die oben angegebene Monographie von Volkmann), und was seine poetischen Bruchstücke anlangt, so treffen seine Lesarten mit den angeblich gleichzeitigen Handschriften der Dichter und der Anthologie sowie mit den besten Scholien zu Homer, Sophokles, Aristophanes (auch Lukian) zusammen. Für Sophokles hat er jedoch nur selten ein vollständiges Scholion (wie v. *Ἀγορᾶς*), im Gegensatz zu Aristophanes, dessen Scholienstamm in guter Fassung von ihm oft in besserem und nicht selten vollständigerem Exemplar benutzt wurde. Vergl. Küster zu *gl.* 3. *Ἀθηναῖος*. Nicht Gleiches läßt sich für Euripides (und Demosthenes) rühmen. Chronologische Angaben stimmen im Wesentlichen mit Apollodor überein, manche derselben führen auf die Benutzung literarischer Chroniken nach Art des *Marmor Parium*. Kein Wunder, daß bei der Verschiedenheit und Ungleichheit des benutzten Materials, bei der Eile, Sorglosigkeit und dem kritiklosen Hange des Encyclopädisten das rechte Maß in der Regel nicht beachtet, das Werthvolle vermißt, Nebensächliches und Kleinliches in breiter Compilation vorgetragen, Verschiedenartiges vermengt, aus Unkenntniß mit Homonymen durch einander geworfen und an fremder Stelle eingeschaltet ist, daß der Zusammenhang fehlt, der Vortrag ohne Kunst bunt in allen Farben spielt, Formlosigkeit und Mangel an sprachlicher Correctheit überall zu Tage treten: aber dieser Suidas ist wegen seines Reichthums an unersetzlichen, besonders

ders biographisch-literarischen, historischen und archäologischen Nachrichten dennoch für uns eine wahre Fundgrube, ein werthvolles Besitzthum, ein pecus, wie sein Gegner Justus Lipsius sich scherzhaft ausdrückt, aber ein pecus aurei velleris. *Cf.* Bernhardy *Praef.* p. 40. Nun gilt als Satz, daß Suidas emsig verbraucht, vielfach bereichert und entstellt ist: daher die Menge von (jetzt) in denselben aufgenommenen Glossen, namentlich glossae onirocriticae, Sprichwörter und andere Blumen und Zuthaten später Sammler und Epitomatoren, worüber oben unter Eugenios §. 27. S. 350 und G. Bernhardy *Addend. ad Suid. v. Καρπός* u. a. Aus ihm zog auch Eudokia ihre dürftigen literarhistorischen Notizen, worüber unten §. 53. — Ausgaben: *Edit. pr. Dem.* Chalcondylas, *Mediol.* 1499. *Fol.* — *ap. Aldum. Venet.* 1514. *Fol.* — *ap. Froben. Basil.* 1544. *Fol.* — *ed.* Aem. Portus, 2 *Voll. Genev.* 1619. *Colon. Allobr.* 1630. *Fol.* — *correxit indicesque auctorum et rerum adjec.* L. Küsterus, 3 *Voll. Cantabr.* 1705. *Fol.* — *post L. Kusterum ad codd. MSS. rec.* Th. Gaisford, 3 *Voll. Oxon.* 1834. *Fol.* — *graece et lat. ad fid. optim. librorum exactum post Th. Gaisfordum rec. et annotat. crit. instr.* G. Bernhardy, 2 *tomi. Hal.* 1834—1853. 4. *Prooemium cum Commentatt. de Suidae lexico.* Recensionen von M. Schmidt in Jahrb. für Philol. u. Pädag. 1856. S. 469—500. S. 775—800. und Gregor Zeitschr. f. österr. Gymn. VII, S. 345 fg. — *ex recogn.* J. Bekkeri, *Berol.* 1854. Vergl. Trendelenburg in Seeb. Arch. f. Philol. 1826. S. 79 fg. — Einzelnes: *Suidas Historica op. ac studio* H. Wolfii *in lat. conversa, Basil.* 1564. *Fol.* — *Suidas (et Phavorini) glossae sacrae emend. et illustr.* J. C. G. Ernesti, *Lips.* 1786. — Krit. Beiträge von J. Toup, gesammelt in Toupii *Emendatt. in Suid., Hesych. etc.* (mit der Küster'schen *Edit.* II. R. Porsoni) 4 *Voll. Oxon.* 1790, von Th. Reinesius *Observatt. in Suid.*, herausgegeben von C. G. Müller, *Lips.* 1819, von Lamb. Bosius, J. Gronovius u. A. als Ergänzung gegen Kuster's Ausgabe, von J. Schweighäuser *Emendatt. et Observatt. in Suidam, Argent.* 1789, von J. L. Schulze *c. prolusione de glossarii Suidae indole et pretio, Hal.* 1761. 4., von J. Fr. Schleusner, besonders für die *glossae sacrae* im *Suid.* und *Hesych. Partt.* IV. *Viteberg.* 1809—1811. 4., von Ph. J. Heisch in 2 *Fasc. Argent.* 1839, von Hercher, Dobree, Näke, Leutsch u. A. — Dirksen Ueber einige von Plut. und Suid. berichtete Rechtsfälle aus dem Bereiche der Römischen Geschichte, Abhandl. der Berl. Akad. der Wiss. 1853.

Ein anderes Zeugniß des mechanischen Sammlerfleißes in byzantinischer Zeit ist das sogenannte

Etymologicum Magnum (*Ἐτυμολογικὸν μέγα*) von einem unbekannten Verfasser um das 11. Jahrhundert, unmittelbar hervorgegangen aus ältern Quellenschriften, wichtig in lexikalischer, sowie dialektischer und mythologischer Hinsicht und unentbehrlich für grammatische Untersuchungen jeder Art. Auch liefern zahlreiche Fragmente für Lexikalisches ein erwünschtes Material. Sehr von einander weichen die Handschriften ab und lassen außer Zweifel, daß jede vieles enthält, was nicht auf den alten Etymologus nothwendig zurückgeht. Was nun Sylburg noch fern lag oder nur in sehr geringem Maße seine Aufmerksamkeit erregte, ein Nachweis und die gegenseitigen Beziehungen der Quellen dieser nächst Suidas wichtigsten Compilation zwischen Photius und Eustathios, da er sich vergeblich an H. Stephanus wandte und mit den Hilfsmitteln sich begnügen mußte, welche die *Bibliotheca Palatina* ihm darbot, so hat er doch Vieles berichtigt, die Citate nachgewiesen und durch seine vorzüglichen Indices diese Ausgabe erheblich erleichtert. Vergl. L. Kayser Heidelberger Philologen im 16. Jahrhundert. Festschrift zur 24. Philologen-Versammlung in Heidelberg. Leipz. 1865. S. 145 fg. J. J. Bernays Scaliger p. 66. Besseres leistete F. G. Sturz *ex codice Gudiano*, daher die ganze Sammlung auch *Etymologicum Gudianum* genannt wird; aber die erste streng kritische der Form des Etymologicums sich nähernde Ausgabe lieferte Th. Gaisford, welchem zahlreiche und vortreffliche Subsidien zu Gebote standen; doch verfuhr er weniger im Interesse der Wissenschaft, da er die besonders an Quellenangaben und Fragmenten reichen Schätze seiner Codices in den Commentar unter die kritischen Anmerkungen verwies. Vergl. Schneidewin in Götting. Anz. 1848. Stück 178—180. Auch der neuerdings bekannt gewordene *Codex ex bibl. Angelicana Rom.* bewahrt den Umriß des ursprünglichen Etymologikums nicht treuer als andere. *Cf.* F. Ritschl *Ind. Schol. Bonn.* 1846—1847. Wenn nun auch hier byzantinisches Gepräge und kleinliche Compilation überwiegt, so werden doch allgemeine Trümmer ausgezeichneter Schätze für Sprach- und Sachgelehrsamkeit des Alterthums vermißt, welche vorzüglich mit Orion, Oros, Proklos, Suidas u. a. auf Didymos, Herodian und andere Autoritäten zurückgehen. Ueber das Verhältniß des *Etymologicum Magnum* zu den homerischen Epimerismen Herodian's vergl. Berl. Jahrb. 1835. Juli Nr. 13. Von Interesse mag noch die Bemerkung sein, daß der in Täuschungen geübte Pseudo- oder jüngere Aristarch, welcher nach Moschopulos zu setzen ist (vergl. §. 28. S. 355), einen größern Theil seines Werkchens *Περὶ κανόνων* aus einem treuern Exemplar des *Etymologicum Magnum* entnahm, als die im 13. und 14. Jahrhundert geschriebenen Handschriften sind, wie aus dem *Codex Paris.* 2644. neuerdings mittheilt W. C. Kayser *De Aristarchi aetatis minoris canonibus*, Progr. Sagan 1862. S. 11 fg. Vergl. denselben im Philol. XIII, p. 59—67. J. Bekker *Anecd. Graec.* p. 1400. Sylburg *Praef. ad Etym. Magnum.* Ueber den Titel: *Ἀρίσταρχος καὶ ἄλλων τινῶν ἑρμηνεία εἰς Ὀδυσσείαν Ὁμήρου* (d. h. Scholien mit Bemerkungen aus Aristarch und anderen), welchen ein *Codex e Boissallerii biblioth.* p. 7 fälschlich trägt, vergl. C. W. Müller *Anal. Bernensia, P.* I: *De Boissallerii biblioth. Graeca, Bern.* 1839.

4. — Ausgaben: *Edit. pr.* Zachariae Calliergi (*c. praef. M. Musuri*) *Venet.* 1499. *Fol.* — *ed.* Aldus *ap. Fr. Torrisan, Venet.* 1549. *Fol.* — *Superiorum edd. variorumque emett. collatione repurgatum, perpetua annotat. illustr., indicibus uberrimis auct. opera* Fr. Sylburgi, *Heidelb.* 1594. *Fol.* Neuer Abdruck von G. H. Schäfer, *Lips.* 1816. 4. (*Tom.* I. der *Etymol. Graeca. Lips. ap. Weigel.*) — *Etymologicum graec. linguae Gudianum et alia grammaticorum scripta e codd. MSS. nunc prim. edita. Accedd. append. notarum ad Etym. M. ined.* E. H. Barkeri, J. Bekkeri, L. Kulenkampii, *Animadvv. Peyroni aliorumque, quas digess. et ed.* Fr. G. Sturz, *Lips.* 1818. 4. (*Tom.* II. der *Etymol. Graeca. Lips. ap. Weigel.*) — *Ad codd. MSS. rec. et notas varr. instr.* Th. Gaisford, *Oxon.* 1848. *Fol.* — *Glossae sacrae ex Etym. M. ed.* J. Ch. G. Ernesti, s. Suidas. — Kritische Beiträge von L. Kulenkamp *Spec. emendatt. et observatt. in Etym. M. maximam partem ex Cod. Gudiano, Gotting.* 1765. 4., von Fr. G. Sturz *Novae emendatt. ad Etym. M. Lipsiae editum, Lips.* 1828. 4., von M. Runkel in Seeb. Arch. 1827. I, S. 119—122, von O. Schneider in Zeitschr. für die Alterthumsw. 1845. Nr. 99. 100. vergl. 1840. Nr. 145. 146, von G. Schribe, R. Unger, H. Riedel u. a.

Dem Etymologicum Magnum reiht sich am einfachsten eine Folge von Glossaren an, welche in dem wichtigen *Codex Coislinianus* (auch *Sangermanensis* oder *Parisiensis*) *Nr.* 345 erhalten sind: *Lexica Sangermanensia*, oder wie sie J. Bekker nach dem früheren Besitzer des *Codex* nennt, *Lexica Segueriana, Segueriana.* Er umfaßt außer anderen Wörter- und Hilfsbüchern, welche den Inbegriff der Lectüre des 11. Jahrhunderts bilden (vergl. oben Suidas S. 360), 5 Lexika: 1) den Ἀντιαττικιστής, Entgegnungen gegen Phrynichos und die Beschlüsse anderer Atticisten enthaltend; 2) die über die Maßen dürftige und von Unwohnheiten strotzende Compilation Περὶ συντάξεως mit dem Zusatze: Ποῖα τῶν ῥημάτων γενικῇ καὶ δοτικῇ καὶ αἰτιατικῇ συντάσσονται, *cf.* Cobet *Var. lect. p.* 207; 3) die aus Harpokration compilirten Δικῶν ὀνόματα in alphabetischer Folge; 4) Λέξεις ῥητορικαί auf gleicher Grundlage beruhend; 5) die Συναγωγὴ λέξεων χρησίμων ἐκ διαφόρων σοφῶν τε καὶ ῥητόρων πολλῶν, von J. Bekker *Anecd. Graec. Vol.* I. *p.* 75—476 herausgegeben, mit Ausnahme von Nr. 5, wovon er nur den Buchstaben α mittheilte, vollständig in L. Bachmann's *Anecd. Graec. Vol.* I, *p.* 1—422. Die meisten dieser magern zum Theil ganz fehlerhaften Glossare, welche den Verfall der grammatischen Arbeiten gründlich bestätigen, sind durch mannichfache Interpolationen entstellt. Andere hierher gehörige Kleinigkeiten, wie das von Boissonade *Anecd. Graec. Vol.* IV. veröffentlichte Λεξικὸν σχεδογραφικόν finden noch tiefer und zeigen den Niedergang aller grammatischen Studien außer Zweifel. Anderes ist noch unedirt. Vergl. die Notizen in §. 26. S. 345 und Berl. Jahrb. 1831. Juni Nr. 102.

Über des Joannes Zonaras Συναγωγὴ λέξεων vergl. §. 20. S. 318.

Thomas (Θωμᾶς) mit dem Beinamen Magister, als Mönch Theodulos genannt, ein fleißiger Grammatiker auf dem niedrigen Standpunkte der byzantinischen Forschung, unter Andronikos II. (1283—1332), lieferte mancherlei Beiträge mit dem Wortschatz und rhetorischen Ungeschmack seiner Zeit: zu Aristides, worüber M. Schmidt in den Sitzungsberichten der histor. Classe der Wiener Akad. der Wissensch. 1856. XXI, S. 278 sq.; zu Aristophanes, s. O. Schneider *De vett. in Aristophanem Scholiorum fontibus, Sund.* 1838. *p.* 122 *sq.*; ferner, und hier mag er, gleich Moschopulos und Demetrios Triklinios, aus Unkenntniß mit Vers und Metrik am verderblichsten gewirthschaftet haben, zu Pindar. Vergl. Boeckh in der akademischen Abhandl. über die Behandlung der Nat. Schätze, Berl. 1823. und Th. Mommsen im Philol. IV, S. 510 sq. Außer dem βίος des Euripides in Westermann's Βιογράφοι *p.* 133 *sq.*, außer Reden, darunter eine Declamation an Kaiser Andronikos II. Palaeologos über die Würden eines Regenten und eine zweite über die Pflichten der Unterthanen gegen den Herrscher, beide herausgegeben von A. Mai *Scriptt. vett. nova collect. Tom.* III. *Pt.* III, *p.* 145 *sq. p.* 173 *sq.*, und außer einer grammatischen Kleinigkeit in L. Bachmann's *Anecd. Graec. Vol.* II. auf dem dürftigen Standpunkte der byzantinischen Grammatik, besitzen wir von ihm eine alphabetisch geordnete Auswahl attischer Wörter, Ὀνομάτων Ἀττικῶν ἐκλογαί mit schwacher Erudition aber von nicht geringem Werthe, da er das Beste aus den Schriften älterer Grammatiker und Lexikographen entlehnt hat. Kleinere Stücke z. B. *Περὶ τῶν ἐν τῷ Ἰνδάλῳ καὶ Περσικῷ λεγομένων* fügt Boissonade *Anecd. Graec. Vol.* II, *p.* 188—211 hinzu. Auch Briefe werden ihm beigelegt: *Laudatio Gregorii, orat. et epistolae ed.* L. Normann, *Upsal.* 1693. *Cf.* J. A. Fabric. *Bibl. Graec. Tom.* VI, *p.* 181 *sq.* — Ausgaben: *Edit. pr.* Zach. Calliergi, *Rom.* 1517. — *ed.* Aldus in *Dictionarium Graec.* 1524. *Fol.* (als *Anhang*) — *Lutet. ap. Vascosan.* (mit anderen Werken) 1532. — *ex dispositione* N. Blancardi *c. doctorum virorum animadvv. collig. digessitque* J. St. Bernard, *L.Bat.* 1757. *Edit. nov. cur.* C. Jacobitz, *Lips.* 1833. — *recens. et c. prolegg. ed.* Fr. Ritschl, *Hal.* 1832. — *ex codd. Paris. et Marburg. rec. et prolegg. instr.* A. Beck, *Sangerhus.* 1834. — Kritik von L. C. Valckenaer *Annotatt. ad Thomam Mag.*, in D. Ruhnkenii *et* L. C. Valckenarii *et aliorum opusc. ed.* J. A. H. Tittmann, *Lips.* 1812 und Fr. Ritschl.

4. Die Metriker und Musiker.

§. 30.

Elias (Ἠλίας) der Mönch aus Kreta c. 780 ist Verfasser von 2 magern Aufsätzen metrischen Inhalts, welche man ohne ausreichenden Grund Plutarch beigelegt hat, ed. Fr. de Furia, in der *Append. ad Dracon. Straton.* ed. G. Hermannus, *Lips.* 1814.

Tricha (*Τρίχα*) der Metriker, wahrscheinlich Presbyter oder Mönch und als Lehrer der Grammatik thätig, ist Verfasser eines metrischen (in Quaestionen nach einem [illegible]) Handbüchleins, Ἐπιτομὴ (Σύνοψις) τῶν ἐννέα μέτρων, welches vor dem Jahre 1360 geschrieben zu sein scheint. Seine Quelle war Hephästion, und zwar schöpfte er aus den älteren Scholien dieses Metrikers, welche den Werth eines eigentlichen Commentars zu Hephästion haben und, da Tricha auch Kenntniß des Philoponos, Heliodor, Chöroboskos und Longin verräth, aus verhältnißmäßig guter Zeit zu stammen scheinen. *E cod. Florent., Venet. et Paris. prim. ed.* Fr. de Furia in der oben genannten *Append.* — *Trichae metrici Epitom.* ed. R. Westphal, in *Scriptt. metrici Graeci, Lips.* 1866. Monographie von A. Jung *De Trichae metrici vita et scriptis, Vratisl.* 1858. Recension von M. Schmidt im Philol. XV, S. 523 fg. — Ueber das Metrum des Tricha vergl. Westphal (und Roßbach) Metrik der Griechen, 2. Bd. 2. Aufl. Leipz. 1868, S. 55 u. f.

Isaak (*Ἰσαάκιος*) der Mönch mit dem Beinamen Argyros c. 1350, Verfasser eines Tractats *Περὶ μέτρων ποιημάτων*, *e codd. Paris. descr.* L. Bachmann in *Anecd. Graec. Vol.* II, *p.* 167—196. Außerdem existiren von ihm noch mehrere zum Theil unedirte Schriften geographischen, astrologischen und astronomischen Inhalts, darunter *Computus, graece et lat.* ed. D. Petavius, in *Scriptt. astronomi, Par.* 1630. Ueber seine Scholien zu den 6 ersten Büchern der Elemente des Euklid (*lat. vertit* C. Dasypodius, *cf.* Fabric. *Bibl. Graec. Tom.* X, *p.* 176) vergl. R. Hoche *Problemata Arithmetica, E cod. Ms. Cizensi*, Progr. Wetzlar 1863. *p.* 2.

Manuel Bryennios (*ὁ Βρυέννιος*) c. 1320, Verfasser von 3 Büchern *Ἁρμονικῶν*, in J. Wallisii *Opp. Oxon.* 1699. *fol. Tom.* III, *p.* 359 *sq.*, bemerkenswerth als Quelle für die Kenntniß musikalischer Werke älterer Autoren, wie des Euklid, Ptolemäos und Porphyrios, doch haben seine Citate nicht sonderliches Gewicht. Vergl. P. Marquard Commentar zu den Fragmenten des Aristoxenos, Berlin 1868. S. 377 u. f.

e. Die byzantinischen Rhetoren und Declamatoren.

§. 31.

Mit dem Verfall der Sophistik um die Herrschaft der Kaiser Zeno und Anastasios und dem Uebergewicht der im christlichen Boden wurzelnden byzantinischen Schule begann auch das rhetorische Studium zu erkalten. Zeiten der Eitelkeit, Flüchtigkeit und Unselbständigkeit vermochten, da außerdem die Formen des Alterthums verbraucht waren, im Drange nach Fürstengunst und dem Brodstudium ergeben, weder mit Freimüthigkeit und aus reinem Interesse am Schaffen, noch auch in freier Composition zu wirken. Das schulmäßige Studium war verblichen und sank allmälig zur Manier und Trivialität herab; bald fiel Rhetorik mit Grammatik zusammen und mit Historiographie. Wenn nun auch, wie oben §. 11. S. 267 fg. (vergl. §. 1. S. 250 fg.) weiter ausgeführt wurde, der Kreis der lernbegierigen Jugend und der Wetteifer der Lehrer in Byzanz noch längere Zeit ungeschwächt blieb, die Rhetorik des Aristoteles (vergl. Philol. IV, S. 34 fg.) und andere ältere Autoren noch fleißig gelesen, zum Theil commentirt und paraphrasirt wurden, ja selbst tolerante Kirchenlehrer, wie Gregor von Nazianz, Gregor von Nyssa, Basilios und Joannes Chrysostomos den classischen Studien das Wort redeten und griechische Bildung und Weisheit in den Dienst der Kirche einführten, so trat dennoch der wissenschaftliche Charakter der Schule dort vor den Interessen des praktischen Broderwerbs, hier vor den Gesichtspunkten der christlichen Askese und den Hemmnissen der Vorurtheile immer entschiedener zurück. Bereits Themistios, Libanios, Himerios und Julian, die gefeierten Namen der erlöschenden Sophistik, in welchen der Geist der classischen Zeit, hervorgerufen durch das Studium attischer Form und Eleganz, noch einmal aber freilich in sehr ungleichen Graden sich abspiegelt, verleugnen nirgends die Einflüsse der Gegenwart, ihre Abhängigkeit vom Hofe, die Unruhe und den steigenden Ungeschmack ihrer Zeiten. Nur vorübergehend vermochten Libanios, Julian und Salustios zu freierem Studium in edlerer Sprache anzuregen, die Vorliebe für poetischen und bildlichen Ausdruck, für Phrasenkunst und Schrauben der Rede nahm sichtlich überhand, und bei dem Mangel an eigenen Gedanken und Gehaltlosigkeit verlor auch die sophistisch-rhetorische Kunst an Productivität, Einfachheit und Würde. Die Mehrzahl beschäftigte sich mit Reden oder Declamationen in der Schule oder vor Gericht und mit Uebungen progymnastischer und exegetischer Art; die eigentlich rhetorische Productivität blieb vereinzelt: technische auf Hermogenes und Aphthonios beruhende Arbeiten, in unendlicher Breite verschwimmend und verwässert zum Ueberdruß des Lesers, bezeugen, daß eigene Kraft, wissenschaftlicher Sinn und gesunde Sprachkritik geschwunden waren. Während nun seit dem Ende des 5. Jahrhunderts zugleich mit dem Erkalten der Lust an rhetorischer Schriftstellerei auch das Ansehen der Rhetorik sank, erfreute sich Gaza ([illegible] bei Liban. *Opp. Tom.* III, *p.* 266) noch immer einer gewissen Blüthe. Dieser Studienort ist als die Wiege der byzantinischen Hofberedsamkeit namhaft zu machen, deren überladener Schwulst, lästige Manier und übertriebener Bilderkram, bereits vor und unter Kaiser Anastasios (491—518) bei den Gazäern Zosimos, Timotheos, Prokop und in noch höherem Grabe bei dessen Schüler Chorikios zu Tage tritt. Vergl. Stark Gaza und die Philist. Küste S. 632 fg., die Epigrammatiker (Anakreontiker) §. 36. und die zahlreichen Nachweise bei G. R. Sievers Leben des Libanios, Berl. 1868. Nach diesen Zeiten der Ermattung und gänzlichen Erschöpfung der Sophistik und Rhetorik verschwindet allmälig auch der Name Sophist aus der Literatur, die eigentlichen Byzantiner vermochten in ihrer Ohnmacht und Zerrissenheit weder eine gemeinsame Schriftsprache zu werden, noch ein lebendiges Sprachgefühl zu erhalten. Was wir demnach von Unternehmungen dieser Art besitzen — Declamationen mit theologischer Färbung, Paränesen und Vorschriften über Regierungskunst und Pädagogik, panegyrische Reden, Anzeichen und Briefe, verwässerte Ethopöien, malerische Beschreibungen (ἐκφράσεις), phantastische und vergötternde Charakteristiken, weitschweifige und seichte Commentare zu den Progymnasmata des Hermogenes und Aphthonios, endlich eine ganze Reihe von zum Theil anonymen Stücken, deren Titel zwar an die Zeiten der Sophistik erinnern, aber mit dieser Studienperiode nichts gemein haben — bekundet die völlige Unfähigkeit und Leere in der byzantinischen Literatur. Vergl. Nikephoros Gregoras §. 21. S. 325. §. 15. S. 281 fg. §. 16. S. 289 u. ö. Ueber die dieser Periode vorausgehenden Sophisten und Rhetoren genügt ein Verweis auf die Artikel in des Verfassers „Geschichte der gesammten griechischen Literatur" §. 178. S. 572—586. Es folgen die Begründer der byzantinischen Hofberedtsamkeit: die Gazäer Zosimos, Prokop, Chorikios; von Timotheos im Capitel „Das Epigramm und die griechischen Anthologien" §. 36.

Zosimos (Ζώσιμος) der Rhetor aus Gaza unter Kaiser Zeno (474—491) und auf Befehl desselben mit anderen gelehrten Männern hingerichtet, ein schwülstiger und blumenreicher Stilist, welcher nach Suid. s. 2. ein alphabetisch geordnetes Lexikon zu den Rednern und Commentare zu Demosthenes und Lysias schrieb. *Cf.* Cedren. *p.* 621 *sq.* Porsoni *Tracts Auctar. p.* 387. Meieri *Praef. in Lid. p.* XX. Hier mag auch der unter dem Namen des Rhetors Zosimos aus Askalon noch erhaltene *Βίος Δημοσθένους* eine Stelle erhalten, *ed.* J. J. Reiske *Oratt. Graeci Vol.* IV. und in A. Westermann's *Βιογράφοι*. Vergl. G. L. Kayser in Zeitschrift für die Alterthumsw. 1839. Nr. 28. Er ist weder mit dem Historiker (§. 18. S. 296) noch mit dem Platoniker Zosimos aus Alexandria zu verwechseln, einem Schüler Theon's und nach Suid. s. 1. Verfasser eines *Βίος Πλάτωνος*. *Cf.* Iriarte *Codd. Matrit.* I, *p.* 197. Die dort angegebene Schrift *Χημευτικά* gehört dem Chemiker Zosimos aus Panopolis, worüber Kopp Beiträge zur Geschichte der Chemie, 1. Stück Braunschw. 1869. S. 142—216. Phot. *Cod.* 170. J. G. Schneider *Eclog. phys. Vol.* II, *p.* 94—97.

Prokopios (*Προκόπιος*) der Rhetor aus Gaza unter Kaiser Anastasios (491—518), bekannt als Commentator mehrerer Schriften des alten Testaments, wovon J. Ch. G. Ernesti *Epist. de Procopii Gazaei commentt. in Heptateuchum et canticum ineditis, Lips.* 1785. 4., fernen aus einem ziemlich reichen Nachlaß beurtheilt werden. Wir besitzen von ihm: eine Monodie über die Zerstörung der St. Sophienkirche durch ein Erdbeben in J. Iriarte *Codd. Matrit.* I, *p.* 264 *sq.*; einen Panegyricus auf Kaiser Anastasios, herausgegeben von Villoison *Anecd. Graec. Tom.* II, *p.* 28—45, von J. Bekker und B. G. Niebuhr mit *Dexippi, Eunapii etc. Historiarum quae supers. Bonn.* 1829. *p.* 487—516; eine Ethopöie, veröffentlicht von J. Fr. Boissonade (mit Marinos) *Lips.* 1814; zuletzt eine Sammlung von 164 zum Theil durch schlimme Fehler entstellten Briefen, bekannt gemacht theilweise von Aldus und Cujacius und vervollständigt von A. Mai *Auctt. class. e Vaticanis codd.* IV, *p.* 222—274. Auch hatte er Metaphrasen Homer's zur Uebung im Stil geschrieben, *Στίχων Ὁμηρικῶν μεταφράσεις εἰς ποικίλας λόγων ἰδέας ἐκμεμορφωμένων*, gerühmt von Photios *Cod.* 160 *sq.* Hiervon Proben bei Wassenbergh *Schol. in Iliad.* I. II. *c. paraphrasi Graeca etc. Franeqq.* 1783. *Cf. Acta Soc. Rhen. Traiect. P.* III. *init.*, auch in Th. Burges *Initia Hom. Oxon.* 1788 und hinter Villoison's Apollonios. Ungeachtet vielfacher Anfeindungen behauptete Prokop das Feld, sowie auch sein Schüler Chorikios, und beide gelten noch jetzt als Muster der Hofberedsamkeit von Byzanz. *Cf. Rhett. Graeci* III, *p.* 521. 525. J. Bekker *Anecd. Graec. p.* 1082. und den 49. Brief, worin ein gewisser Megethios die Redegabe des Prokop preist. Ein richtiges Urtheil über seinen geschraubten Vortrag und seine fehlerhafte, manierirte Sprache fällt der Rhetor Joannes Sikeliotes in *Schol. ad Hermog. de formis orat.* I. (*Rhett. Graec.* VI, *p.* 94): *ἀκαίρως μὲν καὶ κατακόρως χρώμενος ταῖς τροπαῖς καὶ ἐπιθέτοις ἐν τοῖς λόγοις, ὑπερεντείνων δὲ καὶ ἐν ταῖς ἐννοίαις, τουτέστιν ἐν ταῖς μὲν ὡς ἐκεῖνον δοκεῖ ἐστιν, αἱ καὶ ψυχραί, ἐν δὲ ταῖς ἐκλελυμέναις καὶ ἀηδεῖς.* *Cf.* A. Westermann *De epistolarum scriptt. Graecis* VII, 1854. *No.* 130. Was über Prokop hinsichtlich seines Vortrags und Stils gesagt ist, das gilt in noch viel höherem Maße von seinem Schüler Chorikios.

Chorikios (*Χορίκιος*) der Rhetor, gleichfalls aus Gaza unter Anastasios und später, liegt in seinen Arbeiten, worunter besonders Lobreden, Monodien, Beschreibungen in der Manier von *Ἐκφράσεις*, Grabreden, *Μελέται* und *Διαλέξεις*, sowol in Form als in Ton das Uebergewicht der höfischen Beredtsamkeit von Byzanz außer Zweifel. Nach Veröffentlichung einzelner Stücke von J. Iriarte *Codd. Matrit.* I, *p.* 395 *sq.*, von Villoison *Anecd. Graec. Vol.* II, *p.* 18—26. *p.* 47—67 und Fabricius *Bibl. Graec. Tom.* VIII, *p.* 844. *Edit. vet.* erschien die Sammlung von J. Fr. Boissonade *Choricii Orationes, Decla-*

mationes, Fragmenta. Insunt ineditae oratt. duae, Par. 1846. Vergl. auch die Notiz im vorhergehenden Artikel.

Nikolaos (*Νικόλαος*) der Progymnasmatiker aus Myra in Lykien, nicht zu verwechseln mit dem berühmten Bischof Nikolaos von Myra unter Constantin dem Großen, lebte in der zweiten Hälfte des 5. und in den Anfängen des 6. Jahrhunderts. Er war der Bruder des Grammatikers Dioskorides (oder Dioskorios), welcher in der Gunst des Kaisers Leo, dessen Töchter er erzogen und gebildet hatte, zum Stadtpräfecten zum Patricius erhoben, einen glänzenden Anhang gewann. Nikolaos selbst war Schüler des gefeierten Rhetors Lachares und nach Suidas *v. Νικόλαος* 3. 4. Verfasser einer *Τέχνη ῥητορική*, von Melêtai und noch erhaltenen rhetorischen Uebungsstücken, *Προγυμνάσματα*, deren Umfang das übliche Maß nicht überschreitet; in *Rhett. Graec.* I, p. 565—584. *Cf.* Boissonade *ad Marin. Vit. Procli p.* 87. Suid. *v. Λαχάρης.* Beiträge zur Textkritik aus *Scholiis Ald.* und Doxopater's *Homil.* liefert E. Finckh *Aphthonii et Nicolai sophistarum Progymnasmata*, Progr. Heilbr. 1865. 4.

Severus (*Σεβῆρος*) der Rhetor unter Kaiser Anthemios (467—472), wie es scheint der von Damasc. ap. *Phot. pp.* 1040. 1049 und Suid. *s. 2. Σεβῆρος κατ.* erwähnte römische Sophist in Alexandria, ist wahrscheinlich derselbe, von welchem sich 6 *Διηγήματα* in J. Iriarte *Catal. Codd. Matrit.* I, *p.* 461 *sq.* befinden, sowie *Ἠθοποιΐαι* in den Sammlungen von L. Allatius *p.* 221 *sq.*, Th. Gale und J. F. Fischer *p.* 207 *sq.*, jetzt vereint in *Rhett. Graec. Vol.* I. Sein Zeitgenosse war wol der in den Briefsammlungen von Aldus, Cujacius und H. Stephanus *Epistolia, Par.* 1577 mit 46 Stücken aufgeführte Sophist Dionysios aus Alexandria. *Cf.* A. Westermann *De epistolarum scriptt. Graec.* IV, *p.* 20.

Sopater (*Σώπατρος*) der Rhetor vielleicht aus Alexandria wahrscheinlich c. 500, ein fruchtbarer Sammler auf den Gebieten der Polymathie und des historischen Wissens, verfaßte ein großes Werk, *Ἐκλογὴ τῶν ἱστοριῶν*, welches Photios *Cod.* 161 las und excerpirte. Quellenschrift waren für Sopater's 2. Buch die *Ἐπιτομαὶ ἱστοριῶν* der gelehrten Geschichtsschreiberin Pamphile unter Kaiser Nero, für das 3. Buch die *Ποικίλη ἱστορία* des lahmen und bläßlichen Improvisators Favorinus aus Arelate. *Cf.* Phot. *l. l. Notices et Extr. Vol.* XIII, *p.* 275. Hierzu kommen Bruchstücke aus Briefen bei Stob. *Floril.* XLVI, 51—60, welche jedoch besser dem Neuplatoniker Sopater, dem Schüler des Jamblichos, zu belassen sind, zuletzt eine rhetorische Schrift *Διαιρέσεις ζητημάτων* in Aldi *Rhett. Graeci* und Scholien zu den *Στάσεις* des Hermogenes, mit anderen Stücken in *Rhett. Graec. Voll.* IV. V. VIII. *ed. W. Cf.* Fabric. *Bibl. Graec.* VI, *p.* 138.

Marcellinus (*Μαρκελλῖνος*) der Rhetor, wahrscheinlich in die Anfänge des 6. Jahrhunderts zu setzen, seit C. Gesner bis auf die neueste Zeit von einzelnen Gelehrten für den Verfasser der römischen Kaisergeschichte (*Rerum gestarum libri* XVIII) Ammianus Marcellinus aus Antiochia c. 380 gehalten, schrieb noch erhaltene Scholien zu den *Στάσεις* des Hermogenes in *Rhett. Graec. Vol.* IV. Noch immer offen bleibt die Frage, ob derselbe eine Person mit dem Verfasser jenes umfangreichen literarhistorischen Werkes über die griechischen Geschichtschreiber und Redner ist, woraus die neuerdings von Fr. Ritter dem Didymos ohne ausreichende Begründung vindicirte Biographie des Thucydides entlehnt ist. — Diese *Vita* ist der *Edit. Bipontina* sowie den Ausgaben des Thucydides von Göller, Poppo und Bekker beigegeben, auch in A. Westermann's *Βιογράφοι.* Hierzu W. H. Grauert *Ad Marcellini vitam Thucydidis observatt. criticae*, im Rhein. Mus. N. F. I, S. 169—193 und Fr. Ritter Das Leben des Thucydides, aus Scholien zur thucydideischen Geschichte geschöpft von Marcellinus, ebendas. III, S. 321—359. Vergl. dess. *Didymi Chalcenteri Opusc. p.* 1—34 und Text *p.* 124—141.

Salustios (*Σαλούστιος*) der Rhetor, anfangs Jurist, dann von dem Sophisten Eunoios (*Εὔνοιος*) in seiner Vaterstadt Emesa für das Studium der Sophistik und Rhetorik gewonnen, angeblich ein tüchtiger und gewandter Sophist, vollendete seine Studien in Alexandria. Außer Commentaren zu Herodot und zu Demosthenes, dessen Reden er aus dem Gedächtniß zu recitiren pflegte, schrieb er Declamationen, wenn er als Gegner der zügellosen und ausgearteten Sophistik die Einfachheit und Würde der alten Redeweise zu erreichen suchte. Mehr über diesen Rhetor zu sagen, verbietet die Verworrenheit des aus Damaskios (*cf.* Phot. *Cod.* 242) compilirten Artikels bei Suid. *s. v. Σαλούστιος*, welches der Anfang von *s.* 3 bis zu den Worten, καὶ τρόπῳ ἐς ἄλλο, doch wol dem *s.* 4 genannten Philosophen Salustios, einem Zeitgenossen des Simplikios und Isidoros, angehört. Seine Zeit ist demnach unbestimmt, sowie auch die Vermuthung auf schwachen Füßen steht, daß er derselbe Erklärer *Σαλούστιος* ist, welcher zweimal in den *Ὑποθέσεις* des Sophokles genannt ist.

Agapetos (*Ἀγαπητός*) unter Justinian I., Verfasser einer dem Kaiser gewidmeten und mit christlicher Innigkeit behandelten Schrift *Σχέδη βασιλική*, von den Pflichten der Regenten: *Edit. pr.* Z. Callergi, *Venet.* 1509. — *edd.* J. Bruno *et* J. P. Bruno, *Lips. et Norimb.* 1669. — *ed.* J. A. Groebel, *Lips.* 1733, auch in A. Banduri *Imperium Orient. Vol.* I, *p.* 158 *sq.*

Basilios I. (*Βασίλειος*) der Makedonier, Kaiser von 867—886, in dessen Familie auf sorgfältige Erziehung und Bildung streng gehalten wurde und das Ju-

welche für Literatur lange Zeit erblich blieb (vergl. §. 5. S. 248 und die literarhistorischen Umrisse in §. 14. S. 276 fg.), war, so sehr ihn auch die Geschäfte der Regierung drückten, dennoch in Stunden der Muße schriftstellerisch thätig. Von seinen Verdiensten um Abfassung eines griechischen Rechtsbuchs (*Πρόχειρον τῶν νόμων*) oben §. 20. S. 307 und C. G. Heimbach *De Basilicorum origine, fontibus etc. Lips.* 1825. Wir besitzen von ihm ein mageres Büchlein *Περὶ γραμματικῆς γυμνασίας*, seine *Κεφάλαια παραινετικά*, Vorschriften über die Regierungskunst an seinen Sohn Leo VI., woraus eine wohlmeinende Gesinnung und ein gesundes Urtheil spricht, ed. F. Morelli, *Par.* 1584. 4., J. Dransfeld, *Gotting.* 1674. 12., A. Banduri *l. l.* I, *p.* 171 *sq.*, zeigt eine Schrift verwandten Inhalts *Ἑτέρα παραίνεσις εἰς τὸν αὐτοῦ υἱὸν Λέοντα βασιλέα* in A. Mai *Scriptt. vett. nova Coll. Tom.* II, *p.* 679—681 von ähnlichem Charakter.

Isaak I. Komnenos (*Ἰσαάκιος ὁ Κομνηνός*), 1057 von den Truppen zum Kaiser erhoben, Begründer der um die Erhaltung des byzantinischen Reichs in den Stürmen der Kreuzzüge so hoch verdienten Kaiserdynastie der Komnenen, nur kurze Zeit auf dem Throne (1057—1059, vergl. §. 6. S. 252), aber nicht ohne eigentliche Herrschertugenden, ist in der Literatur als angeblicher Scholiast der Ilias zu nennen. Wir kennen ihn jedoch nur aus einer Schulschrift, *Περὶ τῶν παραλειφθέντων ὑπὸ Ὁμήρου*, und aus phantastischen, kurzen Charakteristiken homerischer Heroen (*Χαρακτηρίσματα*), welche mit der von Rutgersius *Var. Lectt.* V, p. 20 veröffentlichten Vorrede große Aehnlichkeit haben. In L. Allatii *Excerpt. Sophist.* p. 259 sq. Fabric. *Bibl. Graec. Tom.* VI, *p.* 393.

Theophylaktos (*Θεοφύλακτος*), Erzbischof von Bulgarien unter Konstantin IX. Dukas (1059—1067), Lehrer und Erzieher der kaiserlichen Prinzen, zeigt in seiner *Παιδεία βασιλική*, daß er an Gediegenheit viele seiner Zeitgenossen übertraf. *Ed.* P. Possinus, *Par.* 1651. 4. und in A. Banduri *Imperium orient. Vol.* I, *p.* 193 *sq.*

Nikephoros (*Νικηφόρος*) mit dem Beinamen Basilakes unter Alexios I. Komnenos (1081—1118), ist Verfasser von Progymnasmata (*Μῦθοι, Διηγήματα, Ἠθοποιίαι*), herausgegeben von L. Allatius *Excerpt. Sophist. p.* 125 *sq.* und in *Rhett. Graec. Vol.* I, *p.* 421 *sq.*

Joannes Doxopater (*Δοξόπατρος*) Sikeliotes, ein gebildeter Rhetor *c.* 1120, ist Verfasser einer Chronik von Erschaffung der Welt bis auf Basilios I. den Makedonier (867), wozu eine Fortsetzung von anonymer Hand bis zum Jahre 1222 vorhanden ist. Beides ist noch unedirt. Bekannter ist er durch eine Reihe rhetorischer Schriften geworden, worunter ein durch manches gesunde Urtheil sich empfehlender, aber durch Weitschweifigkeit ermüdender Commentar zu Hermogenes *Περὶ ἰδεῶν* in *Rhett. Graec. Vol.* VI, *p.* 94 *sq.* und Homilien zu Aphthonios. Daß er auch mit Grammatik beschäftigt war, lassen J. Bekker *Anecd. Graec. p.* 1456 *sq.* ermitteln. Im Allgemeinen Fabric. *Bibl. Graec. Tom.* VII, *p.* 471. Von rhetorischen Stücken des Theod. Prodromos §. 35.

Nikephoros (*Νικηφόρος*) mit dem Beinamen Chumnos, der kluge Minister des Kaisers Michael VIII. Paläologos (1261—1282, vergl. §. 7. S. 258 fg. §. 16. S. 286), ist namhaft zu machen wegen einer Folge rhetorischer von J. F. Boissonade *Anecd. Graec.* I, *p.* 293—312. II, *p.* 1—187. III, *p.* 356—408 und in *Anecd. Nov. Par.* 1844 bekannt gemachter Schriften unter den Titeln: *Πρὸς τὴν ἑαυτοῦ θυγατέρα βασίλισσαν ἐπὶ τῷ πάθει τῆς χηρείας*, *Πρὸς τὸν αὐτοκράτορα ἐπὶ τῇ τελευτῇ τοῦ δεσπότου τοῦ καὶ υἱοῦ αὐτοῦ*, *Περὶ λόγων κρίσεως καὶ ἐργασίας*, *Πρὸς τοὺς δυσχεραίνοντας ἐπὶ τοῖς ἐλέγχοις τῶν ἀσόφως καὶ παρατόλμως φιλοσοφούντων*, *Περὶ τοῦ ἀέρος*, *Ἀντιθετικὸς πρὸς τοὺς πάλαι σοφοὺς περὶ τοῦ οὐρανοῦ*, *Περὶ ὕλης*, wozu Enkomien und mehrere Briefe kommen; überall erkennt man die Oberflächlichkeit seiner Bildung und die geistige Leere seiner Zeit in empfindlichster Weise. Noch existirt von ihm eine gegen den Neuplatoniker Plotin gerichtete Schrift *Περὶ ψυχῆς*, von Fr. Creuzer mit *Plotini de pulchritudine p.* 395—417 bekannt gemacht.

Georgios (*Γεώργιος*, oft auch Gregorios) von Cypern, der Patriarch, gleichfalls unter Michael VIII. Paläologos (1261—1282), als Kenner der alten Literatur und namentlich wegen seines Vortrages gerühmt (vergl. §. 16. S. 287), verfaßte außer theologischen Schriften und einer Selbstbiographie ein *Ἐγκώμιον εἰς τὴν θάλασσαν*, nach F. Morelli *Par.* 1597, herausgegeben von J. Schotanus *Francof.* 1697, eine Sprüchwörtersammlung, worüber unten §. 33. im Capitel „Die Florilegienliteratur“, Lobreden (auf Georgios Akropolites), wovon 2 J. F. Boissonade *Anecd. Graec.* I, *p.* 313—393 mit einer Chrie auf die Beredsamkeit ebd. III, *p.* 269—273 und das Bruchstück einer 3. Rede Th. Douza mit *Georgii Acropolitae Chronicon* veröffentlichte. Manches ist noch unedirt, besonders Briefe, Fabeln, eine Beschreibung von Konstantinopel u. a.

Theodoros (*Θεόδωρος*) von Hyrtake auf Kreta, gleichfalls unter und nach Michael VIII. Paläologos, von welchem La Porte du Theil in *Notices et Extr.* V, *p.* 709 *sq.* VI, *p.* 1 *sq.* 93 Briefe und J. F. Boissonade *Anecd. Graec.* I, *p.* 248—292. II, *p.* 409—453. III, *p.* 1—70 6 Reden herausgegeben hat, darunter ein *Πρὸς τὸν αὐτοκράτορα προσφώνημα*, und 3 Monodien, auf den Tod des Kaisers Michael VIII., der Kaiserin Irene und auf den oben genannten Staatsmann Nikephoros Chumnos. Aufgeputzt mit einem Uebermaß von mythologischen Reminiscenzen, Sprichwörtern und verwässerter Rhetorik, stellen sie die Gedankenlosigkeit des Schreibers ebenso sehr, wie die Armuth und Mißachtung aller Bildung auf den Gipfel dar. *Cf.* J. Bekkeri *Anecd. Graec.* *p.* 1486 *sq.*

Von den rhetorischen Schriften des Polyhistor Georgios Pachymeres §. 21. S. 324; von des Maximus Planudes Scholien zu Hermogenes und Diophanes unten §. 36 im Capitel „Die griechischen Anthologieen;" Manuel Moschopulos unter den Commentatoren und Scholiasten §. 26. S. 355.

Manuel II. (*Μανουήλ*) Palaeologos, Kaiser von 1391—1425, zeigte wie mehrere Mitglieder seiner Familie (vergl. hierüber die literar-historischen Andeutungen in §. 16. S. 285 fg.) für Bildung und Gelehrsamkeit so viel Interesse, daß er darüber seine Regentenpflichten vernachlässigte. Angesichts der drohenden Gefahr von Seiten der Türken förderte er den Kampf der religiösen Parteien durch theologische Disputationen und machte so den Hof selber zum Tummelplatz kirchlicher und politischer Streitsucht. Von ihm hat F. Combefis *Auctar. Nov. Bibl. Patrum Par.* 1648, *Fol. p.* 1045 *sq.* eine Trauerrede auf seinen Bruder Theodoros herausgegeben, 40 rhetorische Declamationen (*Διαλέξεις*) nebst den Ὑποθῆκαι βασιλικῆς ἀγωγῆς, pädagogische Vorschriften an seinen Sohn Joannes (VII.) enthaltend, J. Leunclavius *Basil.* 1578, wozu Nachträge von C. B. Hase in *Notices et Extr. Vol.* IX. und eine *Μελέτη πρὸς μέθυσον* mit deren Schutzrede in Boissonade *Anecd. Graec. Tom.* II, *p.* 274—308. Andere Reden von Boissonade *Anecd. Nov. Par.* 1844 und eine in anakreontischen Metern gehaltene Kleinigkeit an einen Ignoranten und Schwätzer bei P. Matranga *Anecd. Graec. P.* II. Hierzu kommt ein geistlicher Dialog des Kaisers mit einem Mohammedaner über die Wahrheiten des Christenthums, veröffentlicht von Hase in *Notices et Extr. Vol.* VIII, *p.* 328—382, zuletzt außer kleinen Stücken und anderen ungedruckten Schriften in *Codd. Vaticanis* 62 Briefe, worüber Hase *ibid. Vol.* IX, *p.* 137. Vergl. den folgenden Artikel „Demetrios Kydones" und die Monographie von Berger de Xivrey *Sur la vie et les ouvrages de l'empereur Manuel Paléologue*, in *Mém. de l'acad. des Inscript. Tom.* XIX, *P.* 2. *Par.* 1853.

Demetrios Kydones (ὁ *Κυδώνης*) aus Thessalonich unter Manuel II. Palaeologos, Rathgeber des Kaisers und mit diesem in brieflichem Verkehr, auch als Begleiter des Manuel Chrysoloras in Venedig thätig, ein kräftiger und gediegener Grieche, hinterließ Reden, philosophische Aufsätze und Briefe, wovon Vieles unedirt ist. Von seinen Reden nennen wir die von F. Combefis *Scriptt. post Theophanem p.* 384 *sq.* veröffentlichte *Μονῳδία* ἐπὶ τοῖς ἐν Θεσσαλονίκῃ πεσοῦσιν, die in der *Maxima Bibl. Patrum Lugd. Vol.* XXVI, *p.* 815 *sq.* ebenso symbuleutische *Oratio ad Graecos pro subsidio Latinorum* (*et alia oratio deliberativa*) und die öfter gedruckte Schrift *Περὶ τοῦ καταφρονεῖν τὸν θάνατον s. De contemnenda morte*, *ed.* R. Seilerus, *Basil. ap. Oporin.* 1553, *ed.* Ch. Th. Kuinöl, *Lips.* 1786. Seine Briefe, einige von J. Boivin (mit Nikephoros Gregoras) *Par.* 1702 herausgegeben, und von C. F. Matthaei *Epist. Graec. Isocratis et aliorum*, *Mosquae* 1776, wozu *Binae epist. nunc prim. editae, altera Nili Cabasilae, altera Demetrii Cydonii*, Progr. Dresd. 1789. 4. und 2 neue in *Brevis historia animalium Anonymi*, *Mosquae* 1811, zum Theil auch in Ch. G. Kuinöl *Auctt. graeci minores*, 2 *Tom. Lips.* 1796 und in Boissonade *Anecd. Nov. Par.* 1844. *Cf.* Mehus *Vita Ambr. Traversarii p.* 356 *sq.*

Ueber Georgios Gemistos mit dem Beinamen Plethon (ὁ *Πλήθων*), den gelehrten Compilator und Scholastiker in Florenz 1438, dessen Epitome der Rhetorik des Hermogenes C. Walz *Rhett. Graec. Vol.* VI, *p.* 546 *sq.* bekannt gemacht hat, Näheres im Capitel „Verbreitung des Griechischen im Westen," welches auch die rhetorischen Schriften der gelehrten Griechen, welche um die Zeit der Einnahme Constantinopels als Lehrer und Verbreiter des Griechischen in Italien thätig waren, aufzuzählen hätte. Vergl. auch oben §. 20. S. 308. Hierzu eine Ἠθοποιΐα von Theodoros von Kynopolis aus ungewisser Zeit, von L. Allatius *Excerpt. Sophistarum etc. Rom.* 1641 veröffentlicht. — Am Ende der byzantinischen Literatur steht

Matthäos Kamariotes (ὁ *Καμαριώτης*), wie es scheint mit Phrantzes, Kodinos, Laonikos Chalkokondyles und anderen Zeuge der Einnahme von Constantinopel durch die Türken 1453. Ueber dieses traurige und folgenschwere Ereigniß (vergl. §. 8. S. 261 fg.) ergeht er sich in der von M. Crusius *Turco-Graecia*, *Basil.* 1584. *Fol. p.* 76 *sq.* herausgegebenen Trauerrede über die Eroberung Constantinopels, und über das allgemeine Unglück der Zeit in 2 Reden über das Schicksal an seinen Zeitgenossen Georgios Gemistos Plethon, *prim. ed. et lat. reddidit* H. S. Reimarus (mit einer Vorrede von J. A. Fabricius) *L.Bat.* 1721. Außer einer Epitome der Rhetorik des Hermogenes in *Rhett. Graec. Vol.* VI, *p.* 121 *sq.* wird ihm auch die *Συνοπτικὴ παράδοσις τῆς ἀστρονομίας* beigelegt, ohne daß jedoch ihre Echtheit erwiesen ist. *Ed.* D. Hoeschel, *Aug. Vindel.* 1597. 4., J. Scheffer *Lectt. Acad. Hamb.* 1675. Näheres in der Monographie von Gaß Gennadios und Pletho, Bresl. 1844. — Zuletzt mag hier die Bemerkung noch einen Platz finden, daß die Sammlungen der *Rhett. Graeci* von Ch. Walz und L. Spengel einen Reichthum an rhetorischen Schriften und Bruchstücken von sehr ungleichem Werthe und aus verschiedenen Zeiten enthalten, deren Verfasser nicht ermittelt sind. Was aber darin nach Gelehrsamkeit schmack, besteht in Auszügen aus früheren Sammlungen, namentlich aus den rhetorischen Abtheilungen des Hermogenes. Wie sehr diese Literatur noch vermehrt werden kann, lassen anonyme Stücke, rhetorische Declamationen und Abhandlungen erkennen, welche nach dem Erscheinen jener Sammlungen aus Handschriften und Compilationen herausgegeben sind, z. B. *Anonymi Graeci oratio funebris ed. et illustr.* C. H. Frotscher, *Friberg.* 1856. *Cf.* Ch. Walz *Epist. critica ad J. Fr. Boissonade, Stuttg.* 1851.

f. Michael Psellos (Joannes Italos) und Theodoros Metochites, Gelehrte auf dem Standpunkte der byzantinischen Polyhistorie.

§. 22.

Michael Constantin Psellos (ὁ Ψελλός) der jüngere, nicht zu verwechseln mit dem Physiker Michael Psellos dem älteren, dem Lehrer des berühmten Mathematikers Leo unter Kaiser Theophilos (829—842, vergl. Schlosser Geschichte der bilderstürmenden Kaiser S. 494—498. Cedren. *p.* 550. *Vol.* II, *p.* 169 *sq. ed. Bonn.*), war geboren 1020 und nach Anna Comn. V, *p.* 144. *p.* 258 *ed. Bonn.* mehr durch natürliche Gaben als durch gelehrtes Studium gebildet. Als Erzieher der beiden Prinzen Michael VII. und Constantin Dukas gewann er die Gunst des Hofes und lange Zeit einen weit reichenden Einfluß. Kundig in griechischer und chaldäischer Weisheit, glänzte er mit seinem Nebenbuhler Joannes Italos als Lehrer der philosophischen Dialektik unter den Dukas und Alexios I. Komnenos (1081—1118) und zog sich nach einem nicht ganz tadellosen politischen Leben in klösterliche Einsamkeit zurück. Hier starb er nicht lange nach 1105. Vergl. die vorläufige Beurtheilung in der literar-historischen Darstellung §. 15. S. 280 fg. Es gibt kein Gebiet der byzantinischen Productivität, worin Psellos sich nicht versuchen oder glänzen wollte. An der Spitze steht sein für Byzanz normales Lehr- und Handbuch, die *Διδασκαλία παντοδαπή*, worin capitelweise in Fragen und Antworten, also lexikographisch, die Meinungen der älteren Schriftsteller über Gegenstände aus dem Bereich der Theologie, Philosophie, Physik und Astronomie vorgetragen werden, stückweise herausgegeben von J. Wegelin *Aug. Vindel.* 1611, vollständiger (*cap.* 1—157) von J. A. Fabricius *Bibl. Graec. Vol.* X, *p.* 83 *sq.*, am vollständigsten in einem noch unedirten *Codex Taurin.* Hieran reihen sich seine philosophischen Arbeiten: ein Commentar in *Platonis de animae procreatione, nunc prim. ex cod. Upsal. latine redd., c. commentt. et prolegg. ed.* C. G. Linder, *Upsal.* 1854, wozu als Supplemente die von C. G. Linder im Philol. XVI, S. 523—526 veröffentlichten Bruchstücke einer Disputation *Περὶ τῶν ἰδεῶν ἃς ὁ Πλάτων λέγει*, und die unter dem Titel *Δόξαι περὶ ψυχῆς* ohne Namen des Verfassers von J. Tarin *Par.* 1618 und 1624. 4. bekannt gemachte Schrift über die platonische und aristotelische Lehre von den Seelenkräften, *Περὶ δυνάμεων τῆς ψυχῆς* kommen. Unbedeutend ist die Paraphrase zu Aristoteles *Περὶ ἑρμηνείας*, ed. Aldus (mit Ammonios) *Venet.* 1503. *Fol.*, und noch wichtiger die *Σύνοψις τῶν πέντε φωνῶν καὶ τῶν δέκα κατηγοριῶν* zu Porphyrios, mit der populären *Introductio in sex philosophiae modos graeca* (mit Triclinios) *Venet. ap. Sab.* 1532. *Par.* 1541. 12., lat. auch *Basil.* 1542. Von hoher Wichtigkeit wegen der Verbreitung im Abendlande wurde sein Compendium der gesammten Logik, die *Σύνοψις εἰς τὴν Ἀριστοτέλους λογικὴν ἐπιστήμην s. Synopsis Organi Aristotelici* in 5 Büchern, die Quelle der *Summula* des Petrus Hispanus, *opera* El. Ehingeri, *Aug. Vindel.* 1597; über ihre Entstehung und Zusammensetzung C. Prantl Geschichte der Philosophie im Abendlande I, S. 658, und ausführlicher II, S. 264—293. Vergl. C. Prantl Michael Psellos und Petrus Hispanus, eine Rechtfertigung (gegen Rose im Hermes II, 1. Heft S. 146 fg.) Leipz. 1867. Dagegen wird analoger verfahren, die nur lateinisch bekannt gewordenen *Commentarii in Physicam Aristotelis* (*interpr.* J. B. Camotio, *Venet. ap. Turrin.* 1554. *Fol.*) dem älteren Michael Psellos beizulegen, dessen eigentliches Gebiet der physikalische Theil der Philosophie war. Wenigstens weist darauf die seine mineralogisch-medicinische Abhandlung über die Kräfte der Steine in J. L. Ideler's *Physici et medici Graeci Vol.* I, und das meteorologische Stück *Περὶ ὑετοῦ καὶ ἀστραπῆς καὶ βροντῆς*, herausgegeben *ex cod. Mediceo* von L. de Jahn, in Jahn's Arch. VII (1841) S. 642—650. Dies führt auf des Psellos naturwissenschaftliche Schriften, worin die Mittelmäßigkeit seiner Kenntnisse noch bestimmter zu Tage tritt; sie erstrecken sich auf Physik, Metaphysik, Medicin, Chemie und Astrologie. Durch *Ἐπιλύσεις σύντομοι φυσικῶν ζητημάτων prim. ed.* G. Seebode, *Gothae* 1840. 4., wozu die physischen Probleme von demselben *Wiesbad.* 1857 als Ergänzung zu betrachten sind. Auch ist er Verfasser der von U. C. Bussemaker *Opp. Aristot. Vol.* IV, *P.* 1. *Sect.* III, *Nr.* 30—52 fälschlich dem Alexander von Aphrodisias beigelegten *Ἰατρικὰ καὶ φυσικὰ προβλήματα*, worüber Th. Döhner im Philol. XIV, S. 407 fg. Vergl. dess. *Quaest. Phil.* II, *p.* 14 *sq.* Hierzu kommt ein Tractat *Περὶ παραδόξων ἀναγνωσμάτων s. De lectionibus mirabilibus, graece ed.* A. Westermann in *Παραδοξογράφοι*, worin ein erwähnenswerthes Bruchstück aus dem gelehrten Chronographen Sextus Julius Africanus *Κεστοί*. Ferner *Περὶ διαίτης s. De victus ratione*, nur lateinisch *Basil. ap. Cratandr.* 1529. *Περὶ λουτρῶν* in J. L. Ideler's *Physici et medici Graec. Vol.* II., und mehrere Stücke gesammelt von J. F. Boissonade *Anecd. Graec. Vol.* I, worunter *p.* 231 *sq.* ein *Λεξικὸν ἰατρικὸν* (*Περὶ ὀνομάτων τῶν ἐν νοσήμασιν*) und *p.* 175—232 ein medicinisches Lehrgedicht in 1373 politischen Versen, *Πόνημα ἰατρι-*

τῶν λιθῶν; auch bei Ideler Vol. I. mit einem Bruchstück über die Farbe des Blutes nach dem Aderlasse, nach der Lehre der Perser. Eine Schrift chemischen Inhalts lateinisch *interpr.* D. Pizzimenti *Patav.* 1573, und als glänzende Beweise seiner Leidenschaft für Astrologie und Magie das Werkchen *Περὶ ἐνεργείας δαιμόνων s. De operatione daemonum, c. notis* G. Gaulmini (*Par.* 1615. *Kilon.* 1688) *cur.* J. Fr. Boissonade. *Accedunt inedita Opuscula Pselli Norimb.* 1838, die Schrift über die Lehre der Chaldäer und des Zoroaster und das Bruchstück *Περὶ ὀρνιθοσκοπίας καὶ οἰωνοσκοπίας ex cod. Vindobonensi ed.* R. Hercher im Philol. VIII, S. 166—168. Den Inhalt der damaligen Kenntniß in Arithmetik, Musik, Geometrie und Astronomie gibt sein nach Arsenius *Venet. ap. Sab.* 1532 (*Par.* 1545. 12.) von G. Xylander *Basil.* 1556 bekannt gemachtes *Σύνταγμα εἰς τὰς τέσσαρας μαθηματικὰς ἐπιστήμας* an, wozu einzeln *Περὶ μουσικῆς* von L. Alardus *Schleswig.* 1636, und die Einleitung in die Rhythmik *e codice Monacensi* von J. Cäsar im Rhein. Mus. N. F. I. (1842) S. 620—633. Vergl. das verwandte Quadrivion des Georgios Pachymeres §. 21. S. 324. Für mathematische Geographie noch die Kleinigkeiten *Περὶ τοῦ εἶναι τὴν γῆν σφαιροειδῆ* und *Περὶ τοῦ μεγέθους τῆς γῆς*, dazu *Variae lectt.* von L. de Jan in Jahn's Arch. VII (1841) S. 539—541. Nicht unerwartet kommen rhetorische und grammatische Schriften, *Περὶ ῥητορικῆς*, *Περὶ συνθέσεως τῶν τοῦ λόγου μερῶν* und eine *Σύνοψις ἰδεῶν*, und für den damaligen Stand des grammatischen Unterrichts die *Στίχοι πολιτικοὶ πρὸς τὸν βασιλέα Κωνσταντῖνον τὸν Μονομάχον περὶ τῆς γραμματικῆς* in Boissonade *Anecd. Paris. Vol.* III, welche den besten Einblick in das Unwesen der oben §. 15. S. 281 beschriebenen Schedographie gewähren. Vergl. Berliner Jahrb. 1831. Juni Nr. 102, R. J. F. Henrichsen Ueber die politischen Verse bei den Griechen S. 101 fg. und Lehrs hinter *Herodiani Scripta tria p.* 423 *sq.* Zuletzt eine grammatische Schrift *Περὶ ὀνομάτων*, herausgegeben von J. A. H. Tittmann (mit Zonaras) *Vol.* I, *p.* 114—118. Auch vermißt man weder antiquarische noch historische Studien: für dieses Fach spricht seine byzantinische Chronographie in 9 Büchern, erhalten in dem bekannten *Codex Parisinus Nr.* (1561) 1712 (*cf.* Hase *Praef. ad Leon. Diac. p.* XI, *p.* XXII. *ed. Bonn.*), für jenes die *Πάτρια τῆς Κωνσταντινουπόλεως s. Origines urbis Constantinopolis ac descriptio Aedis Sophianae* in 4 Büchern, falls dieser Psellos Verfasser derselben ist, in A. Banduri *Imperium orient. Vol.* I, *P.* III, *p.* 1 *sq.* Vergl. oben §. 24. S. 342. Eigenthümlich war ihm auch die Vorliebe für praktische Fächer: für Medicin (s. oben); für Taktik; für Jurisprudenz, worin die von L. H. Teucher *Lips.* 1789 *c. notis varr.* besser als von F. Bosquet *Par.* 1632 herausgegebene *Σύνοψις τῶν νόμων* in iambischen und politischen Versen erinnert; für Landbau, wie das von Boissonade *Anecd. Paris. Vol.* I, *p.* 242—247 veröffentlichte Stück *Περὶ γεωργικῶν* zeigt. Vergl. auch die Sammlung der Geoponiker oben §. 20. S. 310 und B. Langkavel Botanik der späteren Griechen, Berlin 1866. S. 3. Zuletzt *Αἰνίγματα* bei Boissonade *Vol.* III, ein Enkomion auf den Metaphrasten Simeon (vergl. §. 20. S. 313. §. 22. S. 330) und eine Tragoedie *prim. ed.* A. Jahn, in Jahn's Arch. 1845. S. 347 fg. Im Allgemeinen J. A. Fabricius *Bibl. Graec. Vol.* X, *p.* 41 *sq.* L. Allatius *Diatribe de Psellis eorumque scriptis*, *Rom.* 1634. J. Iriarte *Catal. codd. Matrit. p.* 150 *sq.* Ueber den von ihm vermehrten Gebrauch des politischen Verses vergl. die Notizen in §. 34. Natürlich ist die Literatur dieses emsigen Vielschreibers hiermit noch nicht geschlossen, und man darf noch Manches oder wenig Besseres erwarten, nur um die Oberflächlichkeit der Bildung, die Verflüchtigung der Wissenschaft und die bequeme Schulmeisterei der Byzantiner unter dem komnenischen Kaiserhaus in ein noch helleres Licht zu legen. Michael Psellos steht auf dem Höhepunkt der allgemeinen Bildung und Wissenschaft des 11. Jahrhunderts. Er umfaßte alle Gebiete der byzantinischen Productivität in Prosa und Poesie, doch erhebt sich das Maß seines Wissens nirgends über die Mittelmäßigkeit, und ehrende Namen, welche seine Stellung als Lehrer bezeichnen, wie φιλόσοφος ὕπατος, ὑπέρτιμος und andere Lobsprüche, sinken bei näherer Betrachtung seiner Kenntnisse und polygraphischen Thätigkeit auf ein geringes Maß herab. In kirchlicher wie in profaner Literatur wohl unterrichtet, hat er für Byzanz den Werth eines durch Vielseitigkeit der Bildung hervorragenden Lehrers, für uns, da er seine ungenannten Gewährsmänner fast wörtlich benutzt und bisweilen auch aus reinern Quellen geschöpft hat, die Bedeutung eines eifrigen, aber oft unkritischen Compilators und Polygraphen, welcher mit dem Wortschwall und Ungeschmack seiner Zeit nur durch stofflichen Vorrath nützt, am meisten als Commentator platonischer und aristotelischer Schriften. Sein Nebenbuhler und Nachfolger war, wie im Eingange mitgetheilt ist, Joannes Italos (ὁ Ἰταλός), nach Anna Comn. V, *p.* 143—149 (*p.* 256—267 *ed. Bonn.*), ein Mann von rauher Außenseite und ohne gelehrte Bildung, aber als Meister in der Dialektik und als eifriger Platoniker und Aristoteliker gerühmt. Begünstigt von Kaiser Michael VII. Dukas und seinen Brüdern, zog er später in dem Kloster *Πηγή* und der Kirche der 40 heiligen Märtyrer als ὕπατος τῶν φιλοσόφων und προκαθήμενος φιλοσοφίας ἁπάσης eine Menge von Schülern an, welchen er Plato, Proklos, Porphyrios, Jamblichos, besonders aber die Schriften des Aristoteles erklärte. Sein unruhiges und provocirendes Wesen, seine Opposition gegen die orthodoxe Geistlichkeit, vornehmlich aber die skeptischkritische Art seines Unterrichts erregte kein vorübergehendes Interesse. Vergl. Th. L. Fr. Tafel im Tübinger Programm 1832, 4. Von seinem Commentar zu Aristoteles *Περὶ*

λογικαῖς Proben in Brandis Scholiensammlung; außerdem verfaßte er einen Commentar zu den ersten 4 Büchern der Topik, welcher nach Lambec. Comment. IV, p. 322. VII, p. 257 handschriftlich in der Wiener Bibliothek vorhanden ist, vielleicht auch zu den 'Αναλυτικὰ πρότερα. Cf. Hase in Notices et Extr. Tom. IX, p. 149—153. C. Prantl Geschichte der Logik im Abendlande II, S. 293 fg. Vergl. §. 15. S. 281.

Theodoros Metochites (ὁ Μετοχίτης) unter den Kaisern Michael VIII. und Andronikos II. Paläologos, ein Mann von Bildung und Belesenheit und auf mehreren Gebieten der byzantinischen Schriftstellerei thätig, Lehrer des Nikephoros Gregoras in Astronomie und von diesem in einer noch erhaltenen Gedächtnißrede (ed. Moersius in Hist. Rom. ab J. Caesare ad Constantinum M., LBat. 1618. 4. cf. Niceph. Greg. I, p. 475. 272) verherrlicht, starb nach einem bewegten und wechselvollen Leben als Mönch im Jahre 1332. Welchen Antheil er an den Studien nahm, beweisen seine für Literatur und Geschichte nicht unwichtigen Ὑπομνηματισμοὶ καὶ σημειώσεις γνωμικαί s. Miscellanea philosophica et historica, theilweise herausgegeben von J. Bloch Havn. 1790 und C. G. Müller Notit. codd. MSS. bibl. Numburgo-Cizensis, Lips. 1813. Part. V, vollständig: Theodori Metochitae Miscellanea philos. et histor. Graece. Textum e cod. Cizensi descr. lectionisque varietatem ex aliis codd. enotatam adjecit C. G. Müller. Opus morte auctoris interruptum absolvit et praefatus est Th. Kiessling, Lips. 1821. Hierzu kommen unedirte Paraphrasen zu mehreren Schriften des Aristoteles, wie zur Physik; historische Fragmente wie De politia Cyrenaeorum et Carthaginiensium, veröffentlicht von J. C. Orelli (Supplem. Nicolai Damasc.) Lips. 1811; eine Descriptio reipublicae Carthaginiensium, ed. F. G. Kluge (mit Aristotelis de politia Carthag.) Vratisl. 1824. Unecht dagegen ist die von J. Moersius LBat. 1618. 4. herausgegebene Historia Rom. ab J. Caesare ad Constantinum M., welche einen Theil der unter dem Namen des Michael Glykas erhaltenen Βίβλος χρονική in 4 Büchern bildet, von den ältesten Zeiten bis zum Jahre 1118: ed. P. Labbaeus Par. 1660. Fol., recogn. J. Bekkerus Bonn. 1836. (Corp. scriptt. hist. Byzant.) Vergl. Michael Glykas §. 23. S. 340 und C. F. Bodenburg De Theodori Metochitae scriptis nondum evulgatis, in dess. Miscell. Lips. Tom. XII, p. 20 sq. Ein Bruchstück über das Thema, ὅτι πάντες ὅσοι ἐν Αἰγύπτῳ ἐπαιδεύθησαν ἐφαμίλλως τῷ Πλάτωνι ἐφιλοσόφησαν, liegt A. Mai Scriptt. vett. Nov. Coll. Vol. II, p. 684—686 bei, sowie ibid. p. XXXIV sq. das zweifelhafte Fragment eines Panegyricus auf Kaiser Michael IX. Paläologos. Zuletzt 2 Gedichte, griechisch edirt von A. Koray Ἄτακτα Vol. I. Ehrende Zeugnisse über sein Lehrtalent, eine warme Hingabe an die gelehrten Studien, dazu seine bei aller Weitschweifigkeit doch erträgliche Sprache zeichnen diesen byzantinischen Polygraphen vor der Menge seiner Zeitgenossen nicht unvortheilhaft aus.

g. Die Florilegienlitteratur und Sprüchwörtersammlungen.

§. 33.

1. Sammlungen von Florilegien: C. Gesner Sententiae ex thesauris Graec. Tigur. 1543. Basil. 1549. Tigur. 1559. Fol. — Francof. ap. Wechel. 1581. Fol. (Loci communes congesti per Stobaeum et monachos Antonium et Maximum) — Stobäos, Antonios, Maximus und andere Stücke ap. Fabrum, 3 Partt. Aurel. Allobr. 1609. Fol. — J. C. Orelli Opuscula Graecorum vett. sententiosa et moralia, 2 Voll. Lips. 1819. 1821. Einzelne Stücke auch in gnomologischen Sammlungen und in den Ausgaben des Florilegium des Stobäos von Th. Gaisford und A. Meineke. — A. Westermann Florilegii Lipsiensis specimen ineditum, Lips. 1863. — Erläuternd O. Bernhardt Zur griechischen Florilegienlitteratur, Progr. Sorau 1865. 4.

Sammlungen von Sprüchwörtern: Die älteste Ausgabe von griechischen Sprüchwörtern ist in der Aldinischen Fabelsammlung Venet. 1505. Fol. — Mancherlei in dem angegebenen Corpus von Orelli und in den gnomologischen Sammlungen, auch in Boissonade Anecd. Graec. — Paroemiographi Graeci, quorum pars nunc prim. ex codd. MSS. vulgatur. Ed. Th. Gaisford, Oxon. 1836. Darin die Praefatio A. Schotti, dessen Παροιμίαι Ἑλληνικαί Antverp. 1612. 4. erschienen; Proverbia e cod. Bodlejano, e cod. Coisliniano Nr. 117, Proverbia Diogeniani et Zenobii. — Corpus Paroemiographorum Graecorum (auch unter dem Titel Paroemiographi Graeci) Edd. E. L. de Leutsch et F. G. Schneidewin, Tom. I: Zenobius, Diogenianus, Plutarchus, Gregorius Cyprius. Appendix proverbiorum, Gotting. 1839. Tom. II. ed. de Leutsch: Diogenianus, Gregorius Cyprius, Macarius, Aesopus, Apostolius et Arsenius, Mantissa proverbiorum, ibid. 1851. — Kritische Beiträge von A. Meineke im Philol. XXV, S. 537—541. — Allgemeine Darstellungen und erläuternde Schriften. G. Th. Grez Handbuch der griech. und lat. Sprüchwörter, 1. Thl. Nürnb. 1792. — K. Zell Ueber die Sprüchwörter der alten Griechen, in dess. Ferienschriften I, 3. S. 91—124. — Fr. Creuzer Ueber die Paroemiographi Graeci, in dess. Zur Geschichte der griech. und röm. Literatur, Leipz. und Darmst. 1847. S. 305—326. — Beiler Das Sprüchwort in nationaler Bedeutung, Progr. Münnerst. 1861. 4. — Manches bei de Lagarde Anmerkungen zur griech. Uebersetzung der Proverbien, Leipz. 1863.

1. Sammlungen von Florilegien, d. h. von Blumen und inhaltreichen Sentenzen meist ethisch-praktischen Inhalts, zur Belehrung und Unterweisung zusammengestellt,

gehören keinem bestimmten Zweige der Wissenschaft an und sind in das Gebiet der Polymathie zu verweisen. Sie entstanden in einer Zeit, welche selbst arm an Genialität und künstlerischem Schaffen, der Weisheit der Vorfahren nachging und aus den Erfahrungen besserer Zeiten und eines edleren Lebens einen Kern von Lehre und Moral zog. An der Spitze steht das Florilegium des Joannes Stobäos, welchem sich folgende Sammlungen anreihen: Joannes von Damaskos, herausgegeben von Th. Gaisford *ex cod. Florentino parallelorum sacrorum* mit *Stob. Floril.* IV, p. 375 und von A. Meineke mit *Stob. Floril.* IV, p. 147 sq.; des Maximus Confessor c. 650 Florilegium, mit dem Titel Ἐκλογαὶ ἐκ διαφόρων βιβλίων, in *Maximi Opp. ed.* Fr. Combefis, 2 *Voll. Par.* 1675. *Fol.*; des Antonius Melissa (vielleicht im 8. Jahrhundert) Sammlung, beide veröffentlicht von C. Gesner mit *Stob. Floril.* (vergl. oben die Sammlungen); das *Florilegium Monacense*, ein älterer Auszug aus des Arsenios *Violarium*, *prim. ed.* Walz in *Arsenii Viol. Stuttg.* 1832. p. 494. Meineke mit *Stob. Floril.* IV, p. 267; zuletzt zwei Sammlungen der Bibliothek zu Leiden, Demophilos und Georgides, dessen alphabetisch geordnetes Gnomologicon aus kirchlichen und profanen Schriftstellern zusammengelesen ist, bei Boissonade *Anecd. Graec. Vol.* I, p. 1—108, *Vol.* II. Vergl. Philol. VI, S. 577. Die Verwandtschaft dieser Sammlungen zu einander nachzuweisen, ist der Zweck der oben angegebenen Schulschrift von D. Bernhardt; das Resultat seiner Untersuchung S. 14 ist, daß weder von dem *Florilegium* des Stobäos eine Abhängigkeit für Antonios und Maximus anzunehmen ist, noch von dessen *Eclogas physicas et morales*. Dasselbe gelte von Joannes Damaskenos und Arsenios. Ueber des letzteren Sammlung unten im Abschnitt „Die Sprüchwörtersammlungen." Wol aber lasse sich die Verwandtschaft zurückführen auf eine gemeinsame Quelle, eine solche Ursammlung, deren Nachweis bis jetzt nicht gelungen ist. Vielmehr verwebte jeder Sammler, Stobäos und der Unbekannte, welche beide dieselbe Quelle benutzten, nach Gutdünken seine Excerpte durch Aufnahme Anderer, wodurch viele Stellen in die Florilegien gekommen sind, die in Lesart und Lemma sich widersprechen; der eine excerpirte vielleicht Sotranische, der andere wieder Plutarchische oder Pythagorische Sprüche. Wir fügen die Bemerkung hinzu, daß es leichter sein würde, jene gemeinschaftliche Quelle nachzuweisen, wenn wir den ursprünglichen Umfang der Plutarchischen Schrift *De placitis philosophorum* nur einigermaßen erkennen könnten. Vergl. meine Geschichte der gesammten Griech. Literatur §. 100. S. 497.

Joannes (Ἰωάννης) aus Stobi in der macedonischen Landschaft Päonia, daher gewöhnlich Joannes Stobäos genannt, lebte in stiller Zurückgezogenheit als Privatmann und wahrscheinlich der heidnischen Religion treu ergeben in seiner Vaterstadt in der ersten Hälfte des 6. Jahrhunderts. Sicher schrieb er nach dem Neuplatoniker Hierokles (c. 450—480), welchen er *Eclog. phys.* c. 7. ἐν τῷ τίνα τρόπον θεοῖς χρηστέον citirt. *Cf.* Harles *Introd. in linguam Graec.* II, 1, p. 398, Heeren *de fontibus Stobaei* p. 201. Gaisford *ad Floril. Praef.* 1, p. 1 sq. pp. XXII—XLI sq. Die Früchte seiner umfangreichen Lesung sind in einer zur Unterweisung seines Sohnes Septimius angelegten Sammlung niedergelegt. Zweifelhaft ist die ursprüngliche Eintheilung derselben: die Handschriften geben zwei besondere Werke an, 2 Bücher Ἐκλογῶν φυσικῶν, διαλεκτικῶν καὶ ἠθικῶν mehr historischen, und ein Ἀνθολόγιον (*Florilegium, Sermones*), vorzugsweise eine gnomologische Sammlung, ethischen Inhalts. Vielleicht bezeichnen diese Partien nur Theile eines Ganzen, welches den Titel trug Ἀνθολόγιον ἐκλογῶν, ἀποφθεγμάτων, ὑποθηκῶν in 4 Büchern. Das 1. Buch enthielt in 50 Abschnitten, wovon ein jeder ein besonderes Lemma trug (die ethischen vielleicht mit consequent durchgeführtem analogischem Für und Wider eines Gegenstandes, z. B. Περὶ ἀρετῆς, Περὶ κακίας — Ἔπαινος τόλμης, Ψόγος τόλμης — Περὶ πατρίδος, Περὶ ἔρωτος), Excerpte physischen, das 2. Buch in 46 Abschnitten Excerpte zuerst logischen, dann ethischen Inhalts, ebenso das 3. (in 42) und das 4. Buch (in 58 Abschnitten). Die Beschaffenheit des uns vorliegenden Textes — es fehlt der Anfang und vom 2. Buche besitzen wir nur die ersten 9 Abschnitte —, sowie ein Vergleich mit Photios *Cod.* 167, welcher bereits ein vermehrtes und auch unvollständiges Exemplar des Stobäos las, sowie mit dem ihrem Reichthum nach sehr verschiedenen Codices läßt nicht mehr zweifeln, daß nicht nur die *Eclogae physicae* und *morales*, sondern auch das *Florilegium* unvollständig und in einem sehr ungeordneten Zustande auf uns gekommen sind. Vergl. D. Bernhardt S. 2 sq. Heeren Gesch. der class. Literatur I, S. 179. Ueber die höchst fehlerhaften (papiernen) Handschriften zu den physischen und ethischen Eklogen aus dem 15. Jahrhundert, und eine Pergamenthandschrift aus der Escorialbibliothek zum Florilegium aus dem 11. Jahrhundert vergl. W. Dindorf im Philol. XVII, S. 337. Nun liegt der Werth unserer Sammlung ebenso sehr in dem Umfang dieser gewöhnlich im wörtlichen Excerpt, seltener dem Inhalte nach mitgetheilten Stellen aus mehr als 500 alten Dichtern, Geschichtschreibern, Rednern, Philosophen und anderen Darstellern, deren Hauptsätze über Fragen der Physik, Dialektik und Ethik vorgetragen werden, wie in der Genauigkeit der Wahl und in der Güte der Quellen, aus welchen Stobäos geschöpft hat, und namentlich weisen die großen hier aufbewahrten Stücke darauf hin, daß unter den anthologischen Vorarbeiten und anderen von ihm benutzten Werken mehrere gewesen sein müssen, welche vortrefflich in Hinsicht auf Alter und Reichthum waren (vergl. Bernays Dialoge des Aristot. S. 164); welche Sammlungen aber dieser jetzt ohne Ordnung und planmäßigen Zusammenhang vorliegenden Blüthenlese zu Grunde liegen, läßt sich nicht mehr bestimmen. Vieles weist, wie bereits oben angedeutet wurde, auf eine ähnliche Sammlung Plutarch's hin. *Cf.* Th. Gaisford *ad Floril. Praef. p.* XII. — Ausgaben der *Eclogae phys. et morales: Edit. pr.* G. Cantero *interpr. Antv.* 1575. *Fol.* — *eclogarum phys. et eth. libri* II. *suppl., castig., annotat. et vers. latina instructi ab* A. H. L. Heeren, 2 *Partt.* in 4 *Tom. Gotting.* 1792—1801. — *Joannis Stob. Eclogarum phys. et eth. libri duo. Ad MSS. Codd. recens.* Th. Gaisford, 2 *Tomi Oxon.* 1850. — *recens.* A. Meineke, 2 *Tomi Lips.* 1860—64. — der *Sermones: Edit. pr. Stob. collectiones sententiarum, diligentia* V. Trincavelli, *Venet.* 1536. 4. — *ed.* C. Gesner (*Κέρας Ἀμαλθείας*) *Tigur.* 1543. *Fol.* f. eben Sammlungen. — *Sermonum* I—XXVII. *ed.* N. Schow, *Lips.* 1797. — *Stobaei Florilegium ad MSS. fidem emend. et suppl.* Th. Gaisford, 4 *tomi Oxon.* 1822—1825. — *recogn.* A. Meineke, 4 *Voll. Lips.* 1855—1857. — Beides, die Eclogen und Sermonen zugleich enthält nur eine Ausgabe: *ap.* Fabrum, 3 *Partt. Aurel. Allobr.* 1609. *Fol.* — Auszüge, kritische Beiträge und Hilfsschriften: M. Neander *Gnomologia Graeco-Latina ex Stobaeo, Basil.* 1557. — H. Grotius *Dicta poetarum ap. Stob. etc. Par.* 1623. *Edit.* II. 1625. 4. — in Th. Gale *Opusc. mythol. p.* 657 *sq.* — Fr. Jacobs *Lectiones Stobenses, Jen.* 1827 (mit einer *Epistola ad A. Meinekium*) — C. F. Halm *Lectiones Stobenses,* 2 *Partt. Heidelb.* 1841. 1842, wozu Ergänzungen in Zeitschr. für die Alterthumsw. 1841. Nr. 104. — Ch. A. Bering *Remarques critiques sur l'Anthol. de Stobée, Bruxelles* 1833. — Zerstreute kritische Beiträge von F. G. Welcker, J. Pflugk *Schedae crit.*, Th. Bergk, L. Spengel, G. A. Hirschig *Miscell. philol. Traj.* 1849 und in Zeitschr. für die Alterthumsw. 1852. Nr. 4. S. 284—376, von J. Bernays im Rhein. Mus. VII, S. 305 fg., M. Schmidt im Philol. IX, S. 345. 445. X, S. 249, Th. Röper ebendas. X, S. 569—571, A. Nauck in Zeitschr. für die Alterthumsw. 1855. S. 273 und im Philol., K. Schwenck, F. G. Sinth, K. Fr. Hermann, Cobet in *Mnemos.* IX, *p.* 86—112. 113—148, ten Brink, Meurer u. A. — Handschriftliches: A. H. L. Heeren *De codd. MSS. eclogarum Stobaei, Gotting.* 1787. 4. — W. Dindorf Ueber eine alte Handschrift des Stobäus im Escurial, im Philol. XVII, S. 337. — A. Trendelenburg Ueber die Darstellung der peripat. Ethik beim Stobäus, in Monatsber. der Berliner Akad. der Wiss. 1858, S. 155—158.

Nonnos (*Νόννος*, sonst Maximus genannt) mit dem Beinamen Abbas, aus unbestimmter Zeit, aber vor Eudokia zu setzen, hinterließ 2 dürftige Sammlungen von Erklärungen der Mythen und Erzählungen, welche in den für die mythologischen Studien jener Zeit normalen Werken des Gregor von Nazianz vorkommen, nach R. Montagu (Montacutius) mit *Gregor. Nazianz. in Julianum, Eton.* 1610. 4. und Fr. Creuzer *Melet. e disciplina antiquitatis, Lips.* 1817. *P.* I, *p.* 60—97 von A. Westermann in der *Append.* der *Mythographen* in einer Auswahl aufgenommen. Neuer nicht bessere Proben dieses mit Mythologie beschäftigten Eifers in christlicher Schrift bei A. Mai *Spicilegium Rom. Tom.* II, *p.* 374—387.

Eudokia (*Εὐδοκία*) mit dem Beinamen Makrembolitissa, Gemahlin zweier Kaiser, des Constantin IX. Dukas (1059—1067) und des Romanos Diogenes, nachher von ihrem Sohn Michael VI. in ein Kloster gesteckt, compilirte hier zu frommer Erbauung aus Gregor von Nazianz und namentlich aus Suidas ein mythologisch-historisches Handbuch, *Ἰωνιά* (*ἤτοι συναγωγὴ θεῶν, ἡρώων κ. τ. λ.*) *s. Violarium,* welches sich wenig von Nonnos unterscheidet und nichts wesentlich Neues enthält. Trotz starker Interpolationen kann es öfter für Ergänzung, Emendation und Texteskritik des Suidas verwendet werden. Vergl. §. 29. S. 361. *Edit. pr.* Villoisoni in *Anecd. Graec. Vol.* I, *p.* 1 *sq.* Vergl. Beiträge zur Kritik von T. C. Harles *Observationum in Eudociae Violarium Spec. Erlang.* 1785. *Fol.*, D. Wyttenbach *Bibl. Crit. Vol.* II, *part.* 3, von A. Meineke in Bibl. für alte Lit. und Kunst, Stück V. S. 26—48. VI. S. 25—44, von C. G. Heyne *ad Apollod.*, von G. Fr. H. Spitzner mit Apollonios Rhod., von R. Hercher im Philol. IX, S. 591 fg.

Antheil an diesen mythologischen Erörterungen hat auch Niketas, Bischof von Serrae *c.* 1100, dessen Schrift *Εἰς ὀνόματα θεῶν* Fr. Creuzer *Melet. e discipl. antiquit. P.* I, *p.* 14 *sq.* veröffentlicht hat. Ebenso in der *Append.* von Westermann's *Mythographen* und in R. Unger's *Epist. crit. ad L. Krahnerum, Brandenb.* 1841. *p.* XXV *sq.* 4. Auch kann hier noch auf des Kosmas Hierosolymitanus (unter Leo III. dem Isaurier 716—741) mythologisch-historischen Commentar verwiesen werden, welcher gleich seinem *Συναγωγὴ*, im Interesse christlicher Erbauung und Lehre unternommen ist. Beide Stücke sind edirt von A. Mai *Spicilegium Romanum, Tom.* II, *p.* 318—360.

2. Den reichen Schatz praktischer Lebensweisheit, welchen das griechische Volk und seine Weisen in Denksprüchen und Parömien niedergelegt hatten, und worin sich hellenische Denkart und Gesinnung am treuesten abspiegelt, suchte nach Zenobios und Diogenian, welche im Zeitalter der Sophistik durch zweckmäßige Sammlungen und Auszüge aus dem Reichthum der Spruchweisheit sich einen Namen erworben hatten, auch das beginnende byzantinische Kaiserthum sich anzueignen und zu erhalten. Aus dieser Beschäftigung zogen Grammatiker, Lexikographen (Hesychios, Suidas), Historiker (z. B. Nikephoros Gregoras) und Polygraphen den größten Nutzen, doch verstanden nur wenige Maß zu halten und von der Anwendung dieses rhetorischen Mittels den rechten Gebrauch zu machen. Was die späteren Sammlungen anbetrifft, so hatte nach dem Rhetor Eudemos der berühmte Grammatiker Eugenios aus Augustopolis

in Phrygien (c. 600) in seiner Παρευγή Aßke dem Sprüchwort eine vorzügliche Stelle angewiesen (hierüber das Nähere §. 27. S. 350), die folgenden Zeiten nutzten diese Schätze in sehr ungleicher Weise, bis endlich im Zeitalter der Paläologen der Ungeschmack und das Haschen nach jeder Reminiscenz und schmuckreichen Ausstattung einen Höhepunkt erreicht hatte, welcher den gebildeten Leser jener mit falscher und verwässerter Gelehrsamkeit überladenen Machwerke geradezu mit Ekel erfüllen kann. Wie sehr jene ungesunde, an aller Trivialität haftende Zeit im Verbrauch von Blumen aus Florilegien und Sprüchwörtern schwelgte, lehrt ein Blick in den Nachlaß des Theodoros von Hyrtake unter Michael VIII. Paläologos (1261—1282, vergl. §. 31. S. 366), des Theodoros Metochites unter Andronikos II. Paläologos (1282—1328, vergl. §. 32. S. 370) und des Nikephoros Gregoras unter Joannes Kantakuzenos (1344—1355, vergl. §. 21. S. 324 fg.). In diesem Zeitalter trug der oben §. 31. S. 366 genannte, belesene Patriarch Georgios (oder Gregorios) von Cypern seine Sprüchwörtersammlung zusammen, und vielleicht gleichzeitig excerpirte Makarios Chrysokephalos (ὁ Χρυσοκέφαλος) aus den Werken mehrerer, zum Theil noch spät gelesener Autoren die noch erhaltene Sammlung mit dem Titel Ῥοδωνιά, welche reich an Sprüchwörtern und Blumen aus der Florilegienliteratur ist. Auch noch lange nach dem Verfall des Reiches und der Herrschaft war man mit diesen sinnigen und kleinen literarischen Producten beschäftigt, wie der gelehrte als Abschreiber von Handschriften bekannte Grieche Michael Apostolios (ὁ Ἀποστόλιος) aus Byzanz c. 1470—1500, von dessen ausgezeichneter Thätigkeit in Rom und auf Kreta die noch vorhandene Proverbiensammlung, die Συναγωγὴ παροιμιῶν mit 2027 Stücken und eine Reihe von *Codd. MSS.* zeugt. Diese Sammlung, einen Theil seines umfangreichen Werkes Ἰωνιά, redigirte und vermehrte sein Sohn Arsenios (ὁ Ἀρσένιος) aus Kreta, welcher nachmals zum Erzbischof von Monembasia erhoben, von seinen Landsleuten aber nicht anerkannt, zu Venedig 1535 starb. Auch ist Arsenios als Sammler von Scholien zum Euripides und als Herausgeber des Manuel Philes *Περὶ ζώων ἰδιότητος* und der *Γαλεομυομαχία* des Theodoros Prodromos bekannt geworden. *Cf.* Fabric. *Bibl. Graec. Tom.* VII, *p.* 602. 667. 703 *sq.* — Diese Sammlungen sind sämmtlich aufgenommen in das vor diesem Capitel angegebene *Corpus Paroemiographorum Graec.* von Leutsch und Schneidewin. Aeltere Ausgaben: Michael Apostolios mit Georg von Cypern ed. D. Heinsius, LBat. 1619. 4. 1653. 4. — *Arsenii Violetum ex codd. MSS. nunc prim. ed.* C. Walz, *Stuttg.* 1832. *Cf.* E. L. de Leutsch *De violarii ab Arsenio compositi codice archetypo, Partt.* IV. *Gotting.* 1856—1862. *Cf.* Bastii *Epist. crit. p.* 249. Leutsch *Praef. Paroemiogr. Graec.* II, *p.* X *sq.* Morelli *Biblioth. Manuscr. p.* 157 *sq.* und C. F. Börner *De doctis hominibus Graec. p.* 154 *sq.* Monographie von J. G. Dölling, *De Michaele Apost. paroemiographo, Plaviae* 1836. 4. — Makarios Chrysokephalos in Auszügen bekannt gemacht von Villoison *Anecd. Graec. Tom.* II, *p.* 9 *sq.* und kürzer in Morelli *Biblioth. Manuscr. p.* 316—320.

B. Die poetische Literatur der Byzantiner.

Standpunkt und Charakter der byzantinischen Poesie. Ausläufer der dramatischen und epischen Dichtung.

§. 34.

Ueberblickt man die Thatsachen der Literatur des 4. Jahrhunderts n. Chr., welche nur durch die Betrachtung ihres Zusammenhanges mit der Sophistik und Rhetorik jener Zeit eine rechte Würdigung finden, so bemerken wir auch eine ganz eigenthümliche Erhebung auf dem Gebiete der Poesie. In den letzten Jahrzehnten des 4. Jahrhunderts hatte nämlich eine von den bildseligen, in mönchische Zucht eingezwängten Ober-Aegyptiern ausgehende Erneuerung des Epos stattgefunden, welche ohne von tieferen Motiven begleitet zu sein, um so mehr überrascht, je bestimmter der Widerspruch zwischen den Erfordernissen des Epos (epische Ruhe, plastische Malerei und Objectivität) und dem Subjectivismus dieser der Romantik und Phantasterei ergebenen neuen Pfleger desselben hervortritt. Wir meinen das von Nonnos aus Panopolis und seiner Schule (Kolluthos, Tryphiodoros, Kyros der Hofpoet und Christodoros von Koptos) gepflegte mythographische Epos. Der Charakter und die Eigenthümlichkeiten in Composition, Ton, Metrik und Sprache dieser mechanischen, in starren Regeln und genau begrenzten Themen sich bewegenden Poesie sind von G. Bernhardy Grundriß der griech. Literatur 2. Theil (äußere Geschichte) in den letzten Capiteln der epischen Poesie (vergl. meine Literatur §. 171. S. 546—553) streng erwogen worden; jede freiere Bewegung ward hierdurch gehindert und nur das formale Talent gehoben. Die sentimentale und romantische Dichtung des Grammatikers Musäos (τὰ καθ' *Ἡρὼ καὶ Λέανδρον*) bezeichnet den Höhepunkt dieser späteren Poesie und bildet den Uebergang zu den episch gefärbten Romanen der Byzantiner. Charakteristisch für diese Poesie ist das Uebergewicht des sogenannten politischen Verses der Byzantiner.

Mit dem gänzlichen Aufhören des althellenischen Wesens hatte nämlich auch die Kunst der Metrik eine völlige Umwandelung erfahren: ihre ersten Anfänge sind in einer Berücksichtigung des Wortaccents, welchen die altgriechische Poesie verschmähte, neben der Quantität der Silben zu suchen, wodurch weiterhin die quantitirende Metrik in eine accentuirende sich veränderte. Den Uebergang bildet die Fabeldichtung des Babrios (oder

Babrios), dessen hipponaktische Jamben in der vorletzten Silbe durchweg mit einer Accentsilbe zusammenfallen: ⏑ – ⏑ – ⏑ – ⏑ – ⏑ – ⏑́ –. Dieser Choliamb erscheint nun in der byzantinischen Zeit prosodisch ganz gleichgültig, als 12 Silben zählender Vers, jedoch so, daß sein letzter rhythmischer Ictus stets mit einem Wortaccente zusammenfallen muß: ⏑ ⏑ ⏑ ⏑ ⏑ ⏑ ⏑ ⏑ ⏑ ⏑ ⏑́ ⏑. Dieser unprosodische Trimeter scazon ist der gebräuchliche Lehrvers der Byzantiner, worin z. B. Tzetzes die Lehre *Περὶ τραγῳδίας* abhandelt. Eine gleiche Veränderung erfuhren die Anakreonteen, woraus zuletzt der achtsilbige prosodielose Vers der Byzantiner hervorging, meist zu tetrastichischen Strophen vereinigt (*οἶκοι* genannt, Stanze): ⏑ ⏑ ⏑ ⏑ ⏑ ⏑ ⏑́ ⏑. Gewöhnlich folgen nach einem oder mehreren solchen tetrastichischen Strophen zwei längere Verse (*κουκούλιον*), worüber Roßbach und Westphal Metrik der Griechen 1. Bd. §. 18. 4. Proben von Matranga *Anecd. Graec.* Vol. II, wiederholt von Th. Bergk *Lyrici Graeci* p. 879 sq. und die Sammlung geistlicher Dichtungen in Cramer's *Anecd. Paris.* IV, p. 265 sq. So sind die Anakreonteen des Joannes von Gaza in der Anthologie nach *οἶκοι*, die des Constantinus Siculus im 9. Jahrhundert, des Leo Magister, Sophronios und des Metrikers Tricha nach *οἶκοι* und *κουκούλιον* geordnet. Seltener wurde das iambische Anakreonteenmaß verbraucht (*cf.* E. de Leutsch *Prooem. sectio. Gotting.* 1856) und wie überhaupt freiere Rhythmen und der Hexameter nur in gelehrter Poesie. Nachdem nun bereits im 7. Jahrhundert die Vocale α, ι und υ willkürlich als ancipites gebraucht (vergl. Georgios Pisides), und seit dem 9. Jahrh. die Auffassung der classischen Quantität zur Thatsache geworden war, kam die Silbenmessung und Accentuation im *στίχος πολιτικός* (d. h. bürgerliches, volksmäßiges Metrum im Gegensatz zu den Versmaßen der Gelehrtenpoesie) immer mehr in Aufnahme und behielt, befestigt durch Michael Psellos, trotz des Widerstrebens einzelner Gelehrten die Herrschaft. Dieses Allerweltsmaß, von der prosodischen Bestimmtheit der Silben völlig emancipirt, dagegen mit Wortaccent und rhythmischem Ictus am Ende jeder Reihe, in zwei Kola getheilt (*tetrameter iamb. Hipponacteus* mit der Cäsur nach dem 4. Fuße, entweder

⏑ ⏑ ⏑ ⏑ ⏑ ⏑ ⏑ ⏑́ | ⏑ ⏑ ⏑ ⏑ ⏑ ⏑́ ⏑
oder ⏑ ⏑ ⏑ ⏑ ⏑ ⏑́ ⏑ ⏑ | ⏑ ⏑ ⏑ ⏑ ⏑ ⏑́ ⏑)

dient geistlichen wie weltlichen Zwecken, und die ungeheure Zahl edirter und unedirter *στίχοι πολιτικοί*, in welchem Gegenstände aus dem Gebiete der Religion und Moral (vergl. auch das von Boissonade in *Notices et Extr.* Tom. XII, p. 3—70 veröffentlichte moralisirende Gedicht des Georgios Lapithes aus Cypern c. 1350 in 1491 politischen Versen), Apologien, andächtige Ergießungen und Legenden der Heiligen, Enkomien auf Kaiser und hochgestellte Kirchen- und Staatsbeamte, literarische Objecte, Antiquitäten, Historien und Chroniken, Verzeichnisse und Successionen der Patriarchen von Constantinopel, Romane und Novellen, Lehrbücher für Schule und Fachwissenschaft, Spruch- und Gelegenheitsgedichte bei Glücks- und Unglücksfällen, allerlei selbst die trivialsten und prosaischsten Stoffe behandelt werden, verdienen viel eher in die Prosa und Kirchenliteratur, als in das Gebiet der Poesie verwiesen zu werden. — Noch mögen hier im Anschluß an eine §. 17. S. 293 gegebene Bemerkung einige Schriften, welche in metrische Form gekleidet sind, einen Platz erhalten; zunächst Orakel und Traumschriften, wie die *Ὀνειροκριτικὰ* eines Astrampsychos (und Nikephoros), welche erweisen, daß die Leidenschaft für Orakelweisheit, Astrologie und Traumdeutung noch lange nicht erkaltet war. *Cf.* Anna Comn. *Alexiad. lib.* VI, 7. und eine große Zahl von spät in das Lexikon des Suidas eingeschobenen *glossae onirocriticae*. Astrampsychos edirt von F. Morelli *Par.* 1599 und in J. Opsopoei *Oracula metrica Jovis, Apollinis etc. Par.* 1599. 1607, entbehrlich gemacht durch *Astrampsychi Oraculorum Decades* CIII *ex codd. Italicis prim. ed.* R. Hercher, *Progr. Berol.* 1863. 4. In welchem Verhältniß übrigens diese metrischen Traumlehren und ältere Schriften dieser Kunst zu den *Ὀνειροκριτικὰ* des Arabers Achmet, eines Traumdeuters unter dem Kalifen Almamum (811—833) stehen, namentlich ob das Original ein arabisches oder griechisches war, ist noch nicht aufgeklärt: herausgegeben (mit Artemidor, Astrampsychos und Nikephoros) von N. Rigaltius, *Par.* 1603. 4. Vergl. R. Hercher im Philol. X, S. 346, woselbst der Anfang des Achmet mitgetheilt ist. Man wird sich weniger über diesen leidenschaftlichen Hang zu den Künsten der Astrologie und Chresmologie wundern, wenn man erwägt, daß selbst Regenten hier den Ton angaben, wie Leo VI. der Philosoph, Kaiser von 886—911, nach Zonar. XVI, p. 140 Förderer der Wissenschaft und Astrologie. Vergl. die literar-historischen Notizen in §. 14. S. 277. Kühs Geschichte des Mittelalters S. 61. Freilich entspricht sein Nachlaß nicht den Erwartungen, namentlich seine poetischen Versuche sind werthlos: 17 iambische Orakel in *Codini Excerpt. de antiquitt. Constantinopolis, ed.* P. Lambecius *Par.* 1655. *Fol.*; 12 iambische Verse über den unglücklichen Zustand Griechenlands, edirt von L. Allatius *De consens. eccles. occid. et orient.* p. 854; 27 *versus retrogradi* (*Καρκῖνοι*) von demselben in *Excerpt. Sophist.* p. 398; 9 Epigramme von zum Theil zweifelhafter Echtheit, *cf.* Schneidewini *Progymn. in Anthol. Graec.* p. 7; apologetische Jamben mit einem *Anacreonticum compunctorium*, einem Epigramm und der an 2. Stelle genannten poetischen Kleinigkeit bei Matranga *Anecd. Graec. P.* II. *Rom.* 1850 *p.* 557—560. *p.* 684—688, zuletzt unedirte Hymnen. Höher steht seine taktische Schrift *Παράδοσις τῶν ἐν πολέμοις τακτικῶν* (anderer Titel *Διάταξις πολεμικῶν παρασκευῶν*), ein Stück aus einer Sammlung von älteren taktischen Schriften, welche nach der *Append. ad libr.* I. *de caerim. Constant.* p. 456 sq. *ed. Bonn.* auf Geheiß des Kaisers von Leo

Magister mit dem Beinamen ὁ Κανανίλης planlos und in barbarischen Gedichte gefertigt, nachmals von den Redactoren des Konstantin VII. Porphyrogennetos neu bearbeitet und durch Aufnahme anderer Stücke erweitert wurde. Herausgegeben von J. Meursius L.Bat. 1612. 4., wiederholt mit Aeliani Tactica. Ed. Arcerius ibid. 1613. 4. (auch in Meursii Opp. ed. Lamius Vol. VI, p. 529 sq.). Aus dem Französischen übersetzt und mit Anmerkungen von J. von Guischeln, 5 Thle. Wien 1771—1781, oft in neuere Sprachen übertragen. Proben davon zugleich mit dem Index expidum von A. Koechly in 2 Züricher Programmen 1854. Zur Beurtheilung Gibbon chap. 53. not. 106, und von andern physikalischen Schriften in der Wiener Bibliothek Fabricius Bibl. Graec. Tom. VI, p. 366. XII, p. 781. Zuletzt poetische Trivialitäten, nach oben schon erwähnten gewebt (vergl. oben S. 374), von dem in Hinsicht auf allgemeiner Bildung ziemlich tief stehenden Pro Magister in P. Matranga Anecd. Graec. P. II, p. 561—571. Ueber die Metrik und Poesie der Byzantiner: Struve Ueber den politischen Vers der Mittelgriechen, Hildesh. 1828 (vorher Ueber das metrische Gesetz der accentuirten Trimeter, Progr. Königsb. 1820. 4.) — N. J. F. Henrichsen Ueber die sogenannten politischen Verse bei den Griechen. Aus dem Dänischen übersetzt von Friedrichsen, Leipz. 1839. Vergl. Ritschl im Rhein. Mus. N. F. I, S. 282 fg. Philol. II, S. 181. XVI, S. 721 fg. R. Westphal (und A. Roßbach) Metrik der Griechen, 2. Bd. 2. Aufl. Berl. 1868. S. 63—68. An diese Form erinnert man uns mit Bestimmtheit die allmälige Entwicklung des Neugriechischen, und selbst Gelehrte und Dichter von besserer Anlage konnten sich diesem Einflusse nicht ganz entziehen; auch mochten accentuirte Volkslieder schon in den Zeiten des Joannes Tzetzes längst gesungen worden sein, während Spuren jener Psalm- und Kirchenpoesie der Mittelgriechen noch in den populären Poesien der Neugriechen nachklingen. Vergl. Thiersch Ueber die neugriechische Poesie, München 1828. A. Passow Carmina popularia Graeciae recentioris, Lips. 1860. M. Büdinger Mittelgriechisches Volksepos, Leipz. 1866. Musikalische Fragen behandelt R. G. Kiesewetter Ueber die Musik der neueren Griechen, Leipz. 1838. 4. R. Westphal Geschichte der alten und mittelalterlichen Musik, 1. Abtheil. Bresl. 1865. Nun ist nichts sicherer, als daß selbst in den letzten Jahrhunderten der byzantinischen Herrschaft ein poetischer Cursus noch in den Schulen durchgemacht wurde (cf. Georg. Acropol. p. 64 ed. Bonn.), wenngleich mit Joannes Tzetzes jede unmittelbare Kenntniß der alterthümlichen Dichtung und Metrik verschwindet — namentlich verfehlte das schlichte christliche Lied in Jamben nicht, seinen Einfluß auf die Poesie geltend zu machen, vergl. die Dichtungen von Kirchenliedern (κανόνες καὶ στιχηρά) Italia §. 12. S. 272, den Syrer Ephräm §. 23. S. 340 und M. Carrière Das christliche Alterthum und der Islam in Dichtung, Kunst und Literatur, 3. Bd. 1. Abtheil. Leipz. 1868 — und man kann über die Productionen einzelner Versificatoren, z. B. des Manuel Philes, zu dessen Nachlaß G. Miller vor Kurzem wirklich mehr als 20,000 Verse hinzufügen konnte (vergl. die folgende S.), aber es sind jämmerliche Producte, im Drange der Noth oder in schmeichelnder Stimmung nach der Gunst des Hofes verfaßt, ohne Gehalt, ohne Geschmack und lebendiges Sprachgefühl, in ekelhaften Schmeicheleien, Hyperbeln und falschem Pathos schwelgend, matt, dürftig und durch Schwulst und Formlosigkeit völlig ungenießbar. Dieser klägliche Ausgang der poetischen Literatur (vergl. die Noten §. 16. S. 290 fg.), außer Zweifel gesetzt durch die unzeitige und jammervolle rohliche Compilation der Ἰλιακά von Joannes Tzetzes (vergl. §. 28. S. 353), kündigt sich namentlich auf tragischem und epischem Gebiete schon frühzeitig an.

Kaum bedarf es der Bemerkung, daß von dramatischer Poesie unter den Byzantinern keine Rede sein kann; was wir daher von derartigen Unternehmungen besitzen, hat mit dieser Dichtung nur den Namen gemein, wie die ungeschickte Zusammenstellung von 2610 Versen aus verschiedenen Tragödien des Aeschylus, Euripides und der Alexandra des Lykophron, der Χριστὸς πάσχων, eine nur als kritischer Apparat zur Emendation dieser Tragiker brauchbare Compilation, für deren Verfasser mit weniger Recht der ehrwürdige Gregor von Nazianz (vergl. unten §. 36 die Epigrammatiker) als der classisch gebildete Presbyter Apollinaris von Laodicea c. 350 galt, welcher in seinem Eifer für die heilige Geschichte durch solche Machwerke die profane Literatur aus dem Jugendunterricht zu verbannen suchte. Cf. Sozom. V, 18. und über gleiche Bestrebungen einzelner hervorragender Kirchenlehrer und Geistlichen §. 9. S. 265. In eine viel spätere Zeit setzt den Verfasser des leidenden Christus A. Kirchhoff Eurip. trag. Vol. II, p. X und im Philol. VIII, S. 78 fg. Vielleicht ist Joannes Tzetzes selbst Verfasser. Ausgaben des Χριστὸς πάσχων: Edit. pr. Antonii Bladi, Rom. 1542. — ed. R. Reschius, Lovann. 1544. — ap. Chr. Wechel. Par. 1544. — öfter c. vers. latina H. Grotii et Cl. Roilleti (mit Gregor von Nazianz) — Christus patiens (Ezechielis et Christianorum poetarum reliquiae dramaticae) ed. et emend. Fr. Duebner, mit Eurip. fragm. ed. F. G. Wagner, Par. 1846. — Ueber den Verfasser vergl. die akademische Rede von Eichstädt Drama christianum quod Χριστὸς πάσχων inscribitur, num Gregorio Naz. tribuendum sit, Jenae 1816. — A. Ellissen Der leidende Christus im Originaltext und in metrischer Verdeutschung, Leipz. 1855. — A. Döring De tragoedia christiana quae inscribitur Χριστὸς πάσχων, Progr. Barmen 1864. — Für die Kritik der Tragiker Valckenaer Praef. ad Hippol. L.Bat. 1768 und Pierson in Diatribe Eurip., in Annotatt. ad Moeridem und in Verisim., Nauck Stud. Eurip. II. ad Rhesum. Kirchhoff ad Eurip. trag. Vol. II, p. X und im Philol. VIII, S. 78 fg., zuletzt A. Döring l. l. p. 9—20 und im Philol. XXIII, S. 517 fg., XXV, S. 221—258. —

Hieran schließt sich die Jammermonodie des Grammatikers und Rhetors Timotheos von Gaza c. 500, welcher auch naturhistorische Opera verfaßte, zum Lobe des Kaisers Anastasios: Suid. v. Τιμόθεος, Cedren. p. 358. Crameri Anecd. IV, p. 263 sq. M. Haupt *Excerpta ex Timothei Gazaei libris de animalibus*, im Hermes III, S. 1—30. Vergl. Philol. VIII, S. 234. Ferner die trockenen Jamben in der Weise des Juden Ezechiel (Clem. Alexandr. *Strom.* I, p. 149) von Theodoros Prodromos, vergl. die byzantinischen Kritiker §. 35; das dialogische δραμάτιον des Michael Plochiros, *Musarum et Fortunae querimoniam continens*, ed. Fr. Duebner hinter *Eurip. fragm.* ed. J. G. Wagner, *Par.* 1846, zuletzt Manuel Philes.

Manuel Philes (ὁ Φιλῆς) aus Ephesos unter Andronikos II. Paläologos (1283—1332), ein aus Noth zum ewigen Gelegenheits- und Bettelpoeten gewordener Polygraph, dessen poetischer Nachlaß in iambischen, seltener politischen Versen in unseren Tagen einen wahrhaft drohenden Umfang gewonnen hat — E. Miller schrieb vor Kurzem allein noch über 20,000 unedirte Verse ab — ist Verfasser eines von C. B. Stark in Jahn's Jahrb. Supplem. XIV, 1848, 3. Heft, S. 444—461 herausgegebenen Dramas in 602 iambischen Trimetern, worin mit Einführung historischer Personen ziemlich trocken und geschmacklos ein Gegenstand der Zeitgeschichte behandelt ist. Von anderen Gedichten geistlichen und weltlichen Inhalts gewähren noch ein historisches Interesse das Enkomion *Εἰς τὸν αὐτοκράτορα βασιλέα* (Andronikos II.) und die wässerige *Ἱστορικὸν ἐγκώμιον* auf Johannes Kantakuzenos in 965 politischen Versen, wozu neuerdings ein Lobgedicht von 500 Jamben auf den Kaiser gekommen ist. Am meisten interessirt seine naturhistorische Compilation *Περὶ ζώων ἰδιότητος* in 103 Capiteln, ein Auszug aus älteren didaktischen Schriftstellern und der gleichbetitelten Schrift des Aelian, sowie das unter dem Namen des Oppian erhaltene Lehrgedicht *Κυνηγετικά* in 4 Büchern u. A. Auch Epigramme werden ihm beigelegt und die von B. Thorlacius *Opusc. acad. Vol.* III, *p.* 65 *sq.* edirte poetische Trivialität *Κατὰ φιλοσόφου γραός*, welche mit mehr Wahrscheinlichkeit für Eigenthum des Theodoros Prodromos zu halten ist. — Ausgaben des Manuel Philes: *De proprietate animalium: Edit. pr.* Arsenii, *Venet.* 1533. — *ed.* J. Camerarius, *Lips.* 1575. 4. — Bersmannus, *Lips.* 1599. — *ed.* J. C. de Pauw, *Traj.* 1730. 4. — *rec.* Fr. Duebner in *Poetae bucol. et didact. Par.* 1851. *Vol.* II. — Zur Kritik Camus in *Notices et Extr.* Tom. V. VII. und Dorville *Misc. Observat.* II. VI. — die Tragödie: vergl. den Text und des Ersteren Schrift *De tellure dea deque ejus imagine a Manuele Phile descripta, Jenae* 1848. — *Anecdota ed.* J. L. Ideler in *Physici et medici Graec. Vol.* I. — *Michaelis Philae carmina graec. etc. nunc prim. ed. cura* G. Wernsdorfii, *Lips.* 1768. *Gedani* 1773, ohne Kenntniß der ergiebigeren Handschriften im Escurial, in Paris, Rom und Florenz. — Vollständigste Sammlung: *Man. Philae carmina ex codd. Escur., Florent., Paris. et Vaticanis nunc prim. ed.* E. Miller, 2 *Voll. Par.* 1855. 1857.

Aehnlich war das Schicksal der epischen Poesie. Wie dort der *Χριστὸς πάσχων*, so liefern auf epischem Gebiete die Centones Homeri (Ὁμηρόκεντρα, οἱ Ὁμηρικοὶ κέντρωνες bei Eustath. in *Iliad.* ά 37, v p. 1308. *F.*, *cf.* Suid. v. *Κέντρων*), welche in 2343 nur selten veränderten homerischen Versen das Leben Jesu in räthselhafter Verhüllung und mit Unterdrückung der historischen Namen beschreiben, den schönsten Beweis von der Unfähigkeit und geistigen Verkommenheit jener Zeiten und Geister. Experimente dieser Art setzen zwar Kenntniß der homerischen Form und Uebung darin voraus, doch bekunden sie in beschränktester Fassung, daß damals weder ein Verständniß für den Charakter und die Tendenz des Epos, noch eine klare Einsicht in Ton, Farbe, Composition und Sprachschatz dieser Poesie vorhanden war. Ursprünglich von geringerem Umfang, dann erweitert und aufgeputzt, hat dieses musivische Machwerk nach und nach die Gestalt gewonnen, welche sie in unseren Handschriften trägt. Der Verfasser, sowie seine Redactoren und Nacharbeiter sind natürlich unbekannt, vielleicht gab es mehrere solcher Centonen; so nennt Cedrenus *p.* 621 *sq.* als Verfasser geistlicher Centone den Patricius Pelagius (*cf.* Theophan. *p.* 209), Tzetzes *Chiliad.* X, 306 die weit ältere Eudokia (Athenais), die schöne, geistreiche und fromme Tochter des Philosophen Leontios, geb. 401 als Heidin und seit 421 vermählt mit Kaiser Theodosios II., von 445 in Jerusalem und bis auf ihren im Jahre 460 erfolgten Tod mit Bearbeitung kirchlicher Stoffe in Vers und Prosa beschäftigt, darunter neue Metaphrasen des Octateuchs, des Daniel und Zacharias, sowie 3 Bücher Gedichten über Cyprian u. a. *Cf.* Socr. VII, 21. Evagr. I, 20—22. Chron. Pasch. p. 311 sq. Malal. *p.* 353 sq. und ihren Bewunderer Photios *Cod.* 183. 184. Vermittelnd läßt Zonaras die Centone von einem Patricius beginnen und von Eudokia vollenden. — Ausgaben der homerischen Centonen: *Edit. pr.* in Aldi *Collect. poetarum christ. vett.* 2 *Voll. Venet.* 1501—1502. 4. — *graece et lat. Francof.* 1541. — *Homeri Centones (Virgiliani Centones, Nonni Paraphr.) excud.* H. Stephanus, *Par.* 1578. 12. Vergl. dess. *Parodiae morales ibid.* 1575 am Schluß. — *Poetae graec. Christ. e. Homeri Centonibus, Par.* 1609, auch in der *Bibl. Patrum* a. l. — *Eudociae Homerocentra* ed. L. H. Teucher, *Lips.* 1793. *Cf.* J. A. Fabric. *Bibl. Graec.* I, *p.* 551—555. — Eudokia Athenais: Einige gewandte epische Stücke aus der *Historia S. Cypriani et Justinae Virginis*, herausgegeben von A. M. Bandini *Codd. Graec.* I, *p.* 228—240. *Eudociae Augustae (et Justiniani M.) opera quaedam anecd. ed.* A. M. Bandini, *Florent.* 1762.

Das von Eustathios und Joannes Tzetzes wiederaufgenommene Studium Homer's und der Dichtungen des trojanischen Sagenkreises fesselte noch spät das Interesse der gelehrten Byzantiner. Vergl. §. 28. S. 351 fg. Nicht sowol wegen der poetischen Behandlung als wegen der Seltenheit des trüben Materials verdient die auf Veranlassung des Despoten von Thessalonich Joannes Komnenos Angelos Dukas, des Sohnes Theodor's II. von Epirus, in der ersten Hälfte des 13. Jahrhunderts von Konstantin Hermoniakos verfaßte *Μετάφρασις τῆς Ἰλιάδος τοῦ Ὁμήρου* in 2440 achtsilbigen trochäischen Versen namhaft gemacht zu werden, welche in Rhapsodien und Kapitel getheilt, die Geschichte Homer's und den Inhalt politischen und mythologischen Arbeiten von der Hochzeit des Peleus und der Thetis bis zur Gefangennahme der Trojanern summarisch im unglaublichen Verzeichniß der Begebenheiten erzählt, bei den glänzenden Figuren der Helena und des Paris, des Kalchas, der Polyxena und Hekabe am längsten verweilt und in echt byzantinischer Manier mit einem melancholischen Gruß über die Vergänglichkeit des menschlichen Glückes abschließt. Unerwartet kommt die *Σου. Θ. γθ'* v. 1874—1880 von den Troern erbetene Bundesgenossenschaft der Juden unter König David. Weder übrigens diese in nachlässiger altgriechischer Sprache geschriebene Compilation erhalten, ist zum Theil zweifelhaft; der Herausgeber, Professor an der Universität Athen, *Α. Ι. Μαυροφρύδης* in seiner *Ἐκλογὴ μνημείων τῆς νεωτέρας ἑλληνικῆς Τόμ. Α΄. Ἀθήν.* 1866. p. 73—182, führt dieselbe auf alte bereits im Zeitalter der Alexandriner vorhandene Quellen zurück, für welche der Phrygier Dares und die *Ἐφημερὶς Τρωικοῦ πολέμου* des vermeintlichen Diktys von Kreta den Namen geben. Vergl. meine Geschichte der gesammten griechischen Literatur S. 423 und A. Chassang *Histoire du Roman p. 355 sq.* Aus ähnlichen Quellen ist ein e cod. *Paris.* 2875 von demselben Gelehrten *ibid. p.* 183—211 veröffentlichtes vulgärgriechisches Gedicht, *Πόλεμος τῆς Τρωάδος* in 802 politischen Versen geflossen, welches mit einem Threnos der Helena auf den Tod des Paris abschließt und in der vorliegenden fehlerhaften Fassung im 13. oder 14. Jahrhundert entstanden ist. An der Autorschaft des Hermoniakos, welche Maurophrydes *Προλ.* p. 10 vermuthet, ist aus sprachlichen und sachlichen Gründen zu zweifeln. Beide Stücke haben als Stoff für antiquarische Forschung immerhin einigen Werth.

Diese epische Poesie der Mittelgriechen, wenn man diese Bezeichnung einmal beibehalten darf, schließt mit einem Epyllion des Demetrios Moschos (ὁ *Μόσχος*) aus Lakedämon ab, eines fruchtbaren Dichters gegen Ende des 15. Jahrhunderts, Sohn des auch als Lehrer angesehenen Grammatikers Joannes Moschos. Aus seinem Nachlasse hat J. Bekker in *Friedem. et Seebod. Miscell. crit. Vol.* II, *P.* III, p. 476 sq. ein episches Gedicht in 461 Hexametern herausgegeben, *Τὰ καθ' Ἑλένην καὶ Ἀλέξανδρον. Edid. pr. Regii Longob.* 1500. 4. *Cf. Α. Παπαδόπ. Βρετοῦ Νεοελληνικὴ Φιλολογία* II. *Ἀθήν. p.* 6. *sqq.* Hierzu ist eine Komödie in Prosa, *Νέαιρα* betitelt, *prim. ed. Athen.* 1845, griechisch und deutsch von A. Ellissen, Hannov. 1859, und eine Erklärung des theurgischen Epos *Λιθικά* genommen, als dessen Verfasser bekanntlich Tzetzes zuerst den Orpheus nennt. Die sittlichen Vorzüge dieses um die Zeiten des Kaisers Valens entstandenen Gedichtes machen es begreiflich, daß Demetrios Moschos in Hinsicht auf Geschmack, Ton, Sprache und Metrik gesunderer erscheint, als andere Autoren jener für die Wiederbelebung der classischen Studien wissenschaftlich energischen Zeit.

Die Erotik und mittelgriechische Romantik.

§. 35.

Sammlungen: *Scriptores erotici graeci. Ed.* C. W. Mitscherlich, 3 *Voll. in* 4 *Partt. Bipontii* 1792—1794. — *Corpus scriptorum eroticorum Graec. ed.* Fr. Passow, 2 *Voll. Lips.* 1824. 1833. — *Scriptores erotici ac romas.* G. A. Hirschig, *Par.* 1856. — *Erotici scriptores graeci recogn.* R. Hercher, *Tom.* I: *Parthenium, Achillem Tatium, Jamblichum, Antonium Diogenem, Longum, Xenophontem Ephesium continens. Tom.* II: *Charitonem Aphrodisiensem, Eustathium Macrembolitam, Theodorum Prodromum, Nicetam Eugenianum, Constantinum Manassem, Addenda. Lips.* 1858. 1859. — Einzelnes, namentlich erotische Briefe und Reisebeschreibungen in den Briefsammlungen und geographischen Sammelwerken. — Beiträge zur Kritik: F. J. Bastii *Epist. crit. super Antonio Liber., Parthenio et Aristaeneto, lat. ed. a* C. A. Wiedeburgo *et* G. H. Schaefero, *Lips.* 1809. Wir bemerken hier, daß man von Bast, welcher werthvolles Material hierfür angesammelt hatte, eine kritische Ausgabe der griechischen Erotiker erwartete. — Fr. Jacobs *Conjecturae de locis nonnullis Achillis Tatii, Xenophontis Ephesii, Callistrati, aliorum.* In F. A. Wolf's Liter. Anal. 2. Bd. S. 26—61. — Schriften allgemeinen Inhalts: Den älteren Arbeiten von Huet, Villemain, Chardon de la Rochette und der Schrift von P. M. Paciaudi *De libris eroticis antiquorum, Lips.* 1803 (Abdruck in den Ausgaben des Longos von Bodoni *Parm.* 1786. 4. und G. H. Schaefer *Lips.* 1803) schließt sich an die Darstellung von J. C. F. Manso Ueber den griechischen Roman, in dess. Vermischte Schriften, 2. Band S. 201—320. — K. L. Struve Ueber die Romane der Griechen, in dess. Abhandl. und Reden, Königsb. 1822. S. 207—288, Nicolai Ueber die Entstehung und das Wesen des griechischen Romans, Progr. Berlin 1854. 4. Zuletzt A. Chassang *Histoire du Roman et de ses rapports avec l'histoire dans l'antiquité grecque et latine. Par.* 1862.

Die Anfänge des griechischen Romans, ursprünglich eine Art angewandter Rhetorik, führen bekanntlich in jene Zeiten zurück, wo nach dem Untergange der hellenischen Freiheit und der Auflösung der alterthümlichen Zustände in Religion, Sitte und Verfassung, zugleich nach dem Erlöschen der im Mythos wurzelnden Poesie der Objectivität und der kritischen Geschichtschreibung, der Geist der Griechen, der Wirklichkeit und dem handelnden Leben entfremdet, in subjectiver Ruhe und Beschaulichkeit hinschweifte in die Ferne, um die immer noch rege Phantasie an den Gestalten und Erscheinungen einer neuen, wenn auch erträumten Welt zu befriedigen. Diesen den Griechen vorher gänzlich unbekannten Hang hatten die Züge Alexander's des Großen in den fernen Orient und die märchenhaften durch Darsteller der Geschichten dieses großen Eroberers verbreiteten Nachrichten und Sagen genährt; sie wurden fortan ein Lieblingsobject moderner Behandlung. Von anderen Berichterstattern rechnen wir dahin den Astypaläer Onesikritos, einen Zeitgenossen Alexander's des Großen, den eben §. 25. S. 345 genannten Alterthumsforscher über Indien Krateros c. 280 v. Chr., vor allen den sogenannten Pseudo-Kallisthenes, dessen Werk über Alexander den Großen für die mittelalterlichen Bearbeitungen der Alexander-Sage die wichtigste Quelle wurde. *Cf.* A. Westermann *De Callisthene et Pseudo-Callisthene Commentt. Lips.* 1838. 1841—1842. R. Geier *Alexandri historiarum scriptt. aetate suppares etc. Hal.* 1844. J. Zacher Pseudocallisthenes. Forschungen zur Kritik und Geschichte der ältesten Aufzeichnung der Alexandersage, Halle 1867. Vergl. Philol. IV, S. 112 fg., 143 fg. Mit dem gesteigerten Fanatismus und Wahnwitz in den Zeiten des Falls des Heidenthums und gewissermaßen Hand in Hand mit den begierig ergriffenen Künsten der Magie, Theurgie, Mantik und Astrologie, den letzten Formen des Aberglaubens und Unglaubens, womit selbst vornehme und gebildete Männer eifrig sich beschäftigten, wuchs das Interesse für phantastische Motive, und die Geschichte des Apollonios von Tyana sowie die Speculation der spätesten Neuplatoniker beweist augenscheinlich, daß manches Luftgebilde diesen gesteigerten Neuerungen seine Entstehung verdankt. Immer krankhafter wurde die Gesellschaft, immer chaotischer die Zustände, immer geschmackloser und flitterhafter die Sprache, die Formen des Alterthums waren verbraucht und das Leben entbehrte des Stoffes für gesunde Schriftstellerei. Nachdem nun durch den glänzenden Apparat der jüngeren Sophistik diese rhetorische Studie im 2. Jahrhundert n. Chr. und noch später an den blühenden Rhetorenschulen Kleinasiens, der uralten Heimath des orgiastischen und phantastischen Dionysos-Cultus, die Bedeutung einer besonderen literarischen Art und durch mehrere Formen und Spielarten befestigt, eine sichere Grundlage erlangt hatte, begegnen wir einer Reihe von Erotikern, an ihrer Spitze der Syrer Jamblichos c. 170 n. Chr., in deren Werken die Kunst der Erfindung und die Charakterzeichnung (Ethopöie) gänzlich in den Hintergrund trat, dagegen Reinheit und Eleganz der Sprache (λέξις καθαρά) als wesentliches Erforderniß festgehalten wurde. Hierin lag ein wirklicher Fortschritt dieser an Umfang geringen, an Inhalt wunderbaren und abenteuerlichen Compositionen. Ein verschwenderischer Aufputz von Phrasen, glänzende mit einem Aufwand an Bildern und schönen Figuren ausgeführte Naturschilderungen, geistlose Nachahmung classischer Musterschriften charakterisiren die Technik dieser Autoren, deren Literatur bis in die spätesten Zeiten der byzantinischen Herrschaft Anerkennung und Zuwachs erhielt. Unter ihnen herrscht sowol in Beziehung der Geschmacksbildung und Behandlung des Stoffes, als auch in Hinsicht auf Ausschmückung, Sittenzeichnung, Sprache und Phraseologie eine nahe Verwandtschaft; ja die Vorliebe für breite Detailmalerei, für Naturschilderungen und Beschreibungen des Aeußeren der Hauptfiguren, für Abschweife und Auslassungen aller Art in bunter und gleichmäßiger Mannigfaltigkeit, zeigt sich auch bei der Mehrzahl der Historiker und beleuchtet den Einfluß des griechischen Romans auf die byzantinische Historiographie. Vergl. die literarhistorischen Bemerkungen in §. 17. S. 293 fg. und A. von Gutschmid im Philologus 1863. I, S. 363 fg. Wir müssen hier von einer Beurtheilung der Werke derjenigen Erotiker, welche noch einer besseren Stylepoche angehören (Xenophon von Ephesos, Heliodor von Emesa, dessen Aethiopika den späteren Romanen besonders als Muster dienten, Longos, Achilles Tatios, Chariton und der Verfasser erotischer Briefe Aristänetos), absehen und verweisen nur auf die im Eingange dieses Capitels angegebene Literatur. Diese Erotiker scheidet eine weite Kluft und eine lange Reihe von Thatsachen historischer und literarischer Art von den jüngsten Bearbeitern des Romans, den Byzantinern des 12. Jahrhunderts, Eustathios Makrembolites, Theodoros Prodromos, Constantin Manasses und Niketas Eugenianos. Nichts zeigt mehr die geistige Verkommenheit und Geschmacklosigkeit jener Zeiten, als diese an jeder Originalität darbenden, gehalt- und formlosen, ja widerwärtigen Romane in politischen Versen, worin bei aller Verschiedenheit in Charakter, Ton und Farbe der Darstellung dennoch eine Verwandtschaft des poetischen Geschmacks unverkennbar ist. Hatte sich schon längst in der Dürftigkeit und Oberflächlichkeit der Compilation, in dem Mangel an literarischen Stoffen, Formen und Namen, in der Barbarei der Gedichte und dem Uebergewicht des accentuirenden Systems in der Poesie (vergl. §. 34. S. 374) die gänzliche Ermattung der Studien und die Richtung der literarischen Thätigkeit kundgethan, so trat jetzt als neues durch die Verbreitung der Mystik und Schwärmerei der Orientalen vorbereitetes, durch die Ereignisse der Kreuzzüge und die Abenteuer der fränkischen Ritterwelt befestigtes Moment, die Romantik hinzu. Es ist Thatsache, daß durch jene das griechische Reich gewaltig erschütternden Vorgänge Stoffe des Abendlandes, besonders die nordfranzösischen Rittersagen und Epen, unter den Griechen verbreitet und zu Romanen in politischen Versen und vulgärgriechischem Idiom umgegossen wurden.

Bis jetzt sind folgende Stücke bekannt geworden: 1) das in altgriechischer Sprache und in politischen Versen abgefaßte, jedoch unvollständig erhaltene Gedicht vom alten Ritter aus dem Cyclus der Tafelrunde, öfter herausgegeben aus einer Handschrift der vaticanischen Bibliothek von F. H. von der Hagen Berl. 1821, in dess. Denkmale des Mittelalters I, *ibid.* 1824, und in den Abhandlungen der Berliner Akademie 1848 (1850), von A. Ellissen mit metrischer Uebersetzung Leipz. 1846, Textesabdrücke von Fr. Michel in seinen Tristan-Epen und von dem Niederländer L. M. Visscher. — 2) der von J. Bekker *e cod. Vindobonensi* in den Abhandlungen der Berliner Akademie 1845 veröffentlichte, von Maurophrydes *Ἐκλογὴ μνημείων τῆς νεωτέρας ἑλληνικῆς γλώσσης I, Ἀθήν.* 1866. *p.* 257—323 wiederholte Roman von Flore und Blanchefleur (Φλώριος καὶ Πλάτζια Φλώρης) in 1875 politischen Versen und neugriechischer Sprache, *cf.* A. Mullach *Conjectan. Byzant. p.* 33 *sq.* — 3) die Venet. 1806 gedruckte Ἱστορία (*Διήγησις ἐξαίρετος ἐρωτικὴ καὶ ξένη*) τοῦ *Ἰμπερίου* (Θαυμαστοῦ) υἱοῦ τῶν βασιλέων τῆς *Προβέντζας*, mit Zugrundelegung der bekannten Geschichte Peter's von Provence und der Magelone. — 4) Θησέως καὶ τῆς Ἐμιλίας γάμοι in 12 Büchern Venet. 1529, eine vulgärgriechische Metaphrase von Boccaccio's Teseide, vgl. A. Melot *Catal. codd. MSS. biblioth. reg. Par.* 1740. *P.* II, *p.* 167 und *Ἀ. Παπαδόπ. Βρετός Νεοελληνικὴ Φιλολογία II. Ἀθήν. p.* 21. *sqq.* — 5) die Abenteuer und Leiden des lateinischen Königs Lybistros und der armenischen Prinzessin Rhodamne, das ältere, umfangreichste und vielleicht deutschen Ursprungs, im Auszuge mitgetheilt von M. Crusius (*Turco-Graecia Basil.* 1584. *p.* 489 *sq.*, bei Fabricius *Bibl. Graec.* VIII, *p.* 154 *sq. ed.* Harl., deutsch von Struve S. 71 fg.), lückenhaft und am Ende unvollständig in 2852 Versen, zuerst *e cod. Parisino* 2910 des 15. Jahrhunderts herausgegeben von Maurophrydes I, *p.* 324—428. — 6) die Liebesgeschichte des rhomäischen Prinzen Belthandros und der Königstochter von Antiochia Chrysantza in 1347 Versen und schwieriger Vulgärsprache (Notiz von Du Cange *Index Auctorum Glossarii ad scriptt. med. et infim. Graecit.* 1688. *p.* 36, Fauriel *Discours préliminaire* zu den *Chants populaires de la Grèce moderne Tom.* II, *Par.* 1825. *p.* XVII und Korais *Ἄτακτα II. Προλεγ. Par.* 1829), veröffentlicht mit deutscher Uebersetzung und Anmerkungen von A. Ellissen Analekten der mittel- und neugriechischen Literatur 5. Thl. (*Analecta Graecobarbara*) Leipz. 1862, wiederholt (1345 Verse) von Maurophrydes p. 242—256, ist zweifelhaften Ursprungs und Alters und erinnert vielfach an den später erwähnten Roman des Eustathius Makrembolites; vielleicht ist sie für ein griechisches Originalproduct zu halten. Vergl. Ellissen Einleit. S. 11 fg. Umgekehrt kam durch gleiche Vermittelung die Kenntniß griechischer Romane nach Westen, woraus dann die mittelalterliche Romantik des Abendlandes manches interessante Motiv zog. Aus orientalischen Quellen sind dagegen die oben genannten Alexander-Romane geflossen; der Roman Apollonius von Tyrus, dessen Verlust die vulgärgriechische Bearbeitung eines Anonymos nach Du Cange *Ind. auctorum p.* 36 und eine bei *Παπαδόπ. Βρετός* II, 23. *sqq.* angeführte Ausgabe in gereimten politischen Versen von einem gewissen Gonstantin (*Cod. Vindob.* Gabriel Kontianos) *Venet.* 1534 ersetzt. *Cf.* Fabric. *Bibl. Graec.* VIII, *p.* 145 *sq. ed. Harl.* und Gräße Die großen Sagenkreise des Mittelalters, 2. Bd. Abth. 3. des Lehrbuchs der allgemeinen Literärgeschichte, 1842. S. 457 fg.; der auf Geheiß des Kaisers Alexios I. Komnenos (1081—1118) von Simeon Seth (*Συμεὼν ὁ Σήθ*), dem gelehrten Mathematiker, Philosophen und Botaniker aus Antiochia, übersetzte indische Roman *Στεφανίτης καὶ Ἰχνηλάτης*; zuletzt der aus einem syrischen Original ins Griechische übertragene Roman von Syrus und seinen sieben Hofpoeten, vergl. R. L. Roth im Philol. VIII, S. 130 fg. und die Fabelliteratur im Artikel „Maximus Planudes" §. 36. S. 384. Zu Simeon Seth vergl. meine Geschichte der gesammten griech. Literatur S. 730. Dazu Haller *Bibl. medic. pract.* 1776. I, *p.* 318. C. Sprengel Beiträge zur Geschichte der Medicin S. 209. 211. Choulant Handbuch der Bücherkunde für ältere Medicin, 1841. S. 150. E. Meyer Gesch. der Botanik III, S. 360—365. B. Langkavel Botanik der späteren Griechen, Leipz. 1866. — Eine Zusammenstellung der mittelgriechischen Romane gibt auch L. von Sinner *Praef. ad Long. ed.* P. L. Courier *Par.* 1828. *p.* XXXIV *sq.* K. L. Struve Ueber die Romanen- und Novellenliteratur der Mittelgriechen (Histor. und liter. Abhandlungen der Königsberger deutschen Gesellschaft 1. Samml. 1834. S. 40 fg.), N. J. F. Henrichsen Ueber die sogenannten politischen Verse bei den Griechen, aus dem Dänischen übers. von Friedrichsen, Leipz. 1839. S. 124 fg. (vergl. Gervinus Geschichte der deutschen Poesie nach ihren antiken Elementen I, S. 152 fg.), aus Cod. 2909 der Pariser Bibliothek A. Ellissen Analekten der mittel- und neugriech. Literatur, 5. Thl. Leipz. 1862. Einleit. zu Belthandros und Chrysantza. Vergl. 3. Thl. Vorr. S. V fg. Korais a. a. O.

An der Spitze der eigentlichen Erotiker von Byzanz steht

Theodoros Prodromos (ὁ *Πρόδρομος*) oder wie er sich selbst im Gefühl seiner bitteren Armuth nennt, Ptochoprodromos, unter Kaiser Manuel I. Komnenos (1143—1180), ein für seine Zeit gebildeter Grammatiker, später Mönch unter dem Namen Hilarion, mit profaner und christlicher Schriftstellerei gleich emsig und aus Noth beschäftigt, erscheint „mehr als ein anderer Byzantiner beachtenswerth durch den völligen Mangel an Gehalt und Form." Die Dürftigkeit und den Ungeschmack seiner Bildung hebt die Barbarei der Sprache, ein seltsames aber nicht neues Gemengsel aus den Sprachschätzen des alten und neuen Griechisch mit mißgestalteten Wörtern des Pöbels und der eigenen Erfindung, nur um so greller hervor. Bei ihm ist das Uebergewicht des politischen Verses unzweifelhaft, und 2 Bücher *Στίχων πρὸς τὸν βασιλέα Μανουὴλ τὸν Κομνηνόν*, bald

Verse eines Bettelgedichtes an Kaiser Manuel I. Komnenos im vulgären Dialekt, überfließend von Hyperbeln und ekelhaften Schmeicheleien, dazu durch die Gewöhnlichkeit des Vortrags und die Unreinheit der Sprache völlig ungenießbar, erweisen die Thatsache, daß hier die Form des neugriechischen Idioms bereits fertig vorliegt; herausgegeben von A. Korais *Ἄτακτα Par.* 1828. *Vol.* I, wiederholt von *Δ. Ι. Μαυροφρύδης Ἐκλογὴ μνημείων τῆς νεωτέρας Ἑλλην. γλώσσης* I, p. 17—35. 37—72. In dieselbe Kategorie gehört sein Gedicht auf die Vermählung der Kaiserin Irene (vergl. §. 15. S. 282), *graece ed.* P. Matranga *Anecd. Graec. P.* II, *p.* 622 *sq.* und die *Στίχοι πολιτικοὶ ἐν προσώπῳ τῆς Σεβαστοκρατορίσσης ἐπὶ τῷ* [illegible] *ὁμόζυγι* in J. Fr. Boissonade *Anecd. Nov. Paris.* 1844. Hierzu kommen außer einigen Jambis panegyrischer und didaktischer Art kleine dialogische Gedichte, *Ἀμάραντος ἢ γέροντος ἔρωτες* (*graece et lat. interpr.* G. Gaulmino, *Par.* 1625 und kritisch gesichtet von La Porte du Theil in *Notices et Extr. Tom.* VIII, *p.* 100 *sq.*) und *Ἀπόδημος φιλία* oder die Freundschaft in der Verbannung, herausgegeben nach C. Gesner (mit *Stobaei Sentent.*) von M. Mattaire in *Miscell. Graec. carm. Lond.* 1722. *p.* 92—163. 4. und von F. Dübner hinter *Eurip. Fragm. ed.* Fr. G. Wagner, *Par.* 1846. Neben jenen kann die poetische Streitschrift *Κατὰ φιλοπόρνου γραός* (auch unter dem Namen des Manuel Philes, vergl. §. 34. S. 376) gestellt werden, veröffentlicht von B. Thorlacius *Opusc. acad. Vol.* III, *p.* 68. Einiges Interesse erregt seine iambische *Γαλεομυομαχία, prim. ed.* Arsenius *Venet.* 1495. 4., wiederholt *Basil.* 1518. 1524, ferner von C. D. Ilgen (mit *Hymn. Hom. Hal.* 1796), zuletzt von Paula-Lachner *Ingolst.* 1837. Auch ist das 62. *Carmen Anacreonticum* des Prodromos Eigenthum (*cf.* G. Hermann *Elem. doctrinae metr. p.* 468 *sq.*), sowie eine ganze Reihe von Epigrammen d. i. summarischer Tetrastichen zu fast sämmtlichen Büchern des alten und neuen Testaments: *prim. ed. Basil.* 1536, *graece et lat. cur. et interpr.* Guil. de Bouvigny, *Rothomagi* 1632. 4. Andere hierher zu ziehende Stücke in A. Mai *Nov. Patr. Bibl. Tom.* VI. Seine Vorliebe für Heilkunde und Didaktik lassen die von Boissonade in *Notices et Extr. Tom.* XI, *p.* 161 *sq.* und in Ideler's *Physici et Medici Graec. Vol.* I. edirten *Στίχοι κατὰ ἰατρικὴν ἐπιστήμην εἰς τοὺς ιβ΄ μῆνας* erkennen. Sein poetisches Hauptwerk aber ist der Roman *Τὰ κατὰ Ῥοδάνθην καὶ Δοσικλέα* in 9 Büchern Jamben der schlechtesten Art, von den Liebesabenteuern des Dosikles und der Rhodanthe, der an Trockenheit und Widersinnigkeit, verglichen mit dem fasselosen Ungeschmack der Darstellung und der Barbarei der Form, alles Aehnliche bei Weitem überbietet; *graece et lat. interpr.* G. Gaulmino *l. l.* und *ex recogn.* R. Hercheri in *Script. erot. Graecorum Tom.* II. Etwas lesbarer sind prosaische Stücke, zunächst 17 Briefe von P. Lazeri in *Miscell. ex MSS. bibl. Collegii Rom.* 1754. *Vol.* I, *p.* 1 *sq.* II, *p.* 562 *sq.*, erweitert von La Port du Theil in *Notices et Extr. Tom.* VI. Ueberhaupt hat dieser Gelehrte die besten Inedita, besonders theologischen Inhalts veröffentlicht *ibid. Tom.* VI, *p.* 319. VII, *p.* 237 *sq.* VIII, *p.* 78—253, woselbst *p.* 129—150 am meisten interessirt wegen Nachahmung Lucian's *Βίων πρᾶσις ποιητικῶν καὶ πολιτικῶν*, zusammenzustellen mit dem anonymen Verfasser des Dialogs *Τιμαρίων ἢ περὶ τῶν κατ' αὐτὸν παθημάτων*, eine Nachbildung der Nekyomantie des Lucian, wol kaum von Prodromos selbst verfaßt: *ed.* C. B. Hase in *Notices et Extr. Tom.* IX, *p.* 125 *sq.* Von anderer Tendenz, aber von gleichem Einflusse Lucian's auf die späteren Sophisten zeugt der *Διάλογος νεκρικός* des Mazaris in den Anfängen des 15. Jahrhunderts, eine in lucianischem Ton gehaltene Satire auf die Hofleute der Residenz, wichtig wegen der hier verzeichneten Nachrichten über die Zustände und Zeitereignisse für die wenig bekannte Regierungsgeschichte des Kaisers Manuel II. Paläologos, edirt von Boissonade in *Anecd. Graec. Vol.* III, *extr. Cf.* Hase *l. l. Tom.* IX, *p.* 131 *sq.* und die Sammlung von *Λέξεις* aus den Werken des Samelaten in L. Bachmann's *Anecd. Graec. Vol.* II, *p.* 317 *sq.* Beide Stücke, Timarion's und Mazaris Fahrten in den Hades, griech. und deutsch von A. Ellissen Analekten 4. Bd. Leipz. 1860. Andere von La Port du Theil herausgegebene Stücke gewähren einige Kenntniß von Persönlichkeiten und Zeitverhältnissen, wie *Tom.* VI, *p.* 502 *sq.* die Arbeit *Ὑπὲρ τῆς γλώσσης τοῦ Ἀλεξίου τοῦ Ἀριστηνοῦ*, über die Sprache des als Erläuterer des von Photios redigirten sogenannten Kirchenrechts bekannten Alexios Aristenos, dessen Namen Scholien von zweifelhafter Echtheit zu einer *Σύνοψις κανόνων* tragen (vergl. §. 23. S. 309); ein *Λόγος Εὐχαριστήριος ibid.* VI, *p.* 525 und *Εἰς τὸν Καίσαρα ἢ περὶ πρασίνου*, unter dem Namen eines Gemistos veröffentlicht von J. Iriarte in *Codd. Matrit. Vol.* I, *p.* 428 *sq.* Einen Einblick in das von Kaiser Alexios I. gestiftete Elementarinstitut Orphanotropheum gewährt der *Εὐχαριστήριος τῷ αὐτῷ* (*Ἀλεξίῳ τῷ Ἀριστηνῷ*) *διὰ τὴν τοῦ Ὀρφανοτρόφου ἀξίαν λαβόντι*, herausgegeben von La Port du Theil *ibid.* VI, *p.* 561 *sq.* Ueber diese Elementarschule eine Notiz oben §. 15. S. 281. Zeugt von seinem Wissen auf dem Gebiet der Philosophie der von F. Morelli *Par.* 1608 edirte Tractat *Περὶ σοφίας*, und ein noch unedirtes Gespräch wider des Porphyrios Werk *Περὶ τῶν πέντε φωνῶν*, *Ξενέδημος* betitelt, endlich auf dem Gebiet der Grammatik eine gleichfalls unedirte Grammatik und zum Ueberfluß sogar eine *Σχέδη μυός* in Boissonade *Anecd. Graec. Vol.* I. *p.* 429—435. Zeugt von anderen Stücken in reinerer Sprache Thomas in Münchener Gel. Anz. 1853. N. 66 fg. und im Allgemeinen K. J. F. Henrichsen Ueber die sogenannten polit. Verse bei den Griechen S. 106 fg. Noch existiren rhetorische Schriften unter dem Namen des Kyros, von welchen es zweifelhoft ist, ob sie nach der gangbar gewordenen Annahme von dem Polygraphen Prodromos herrühren: *Περὶ διαφορᾶς στάσεων* in *Rhett. Graec. ed.* Aldus *Vol.* I, *p.* 450 *sq. ed.* Walz *Tom.* VIII, *Προβλήματα ῥητορικὰ εἰς στάσεις*, nach J. Huswedel *Hamb.* 1612 herausgegeben von Walz *Tom.* VIII.

Eustathios (*Εὐστάθιος*) der Erotiker mit dem Beinamen Makrembolites, wahrscheinlich ein Zeitgenosse des Theodoros Prodromos und in Constantinopel als Grammatiker thätig, hinterließ einen dramatisch gefärbten Prosa-Roman in 11 Büchern, *Τὸ καθ' Ὑσμίνην καὶ Ὑσμινίαν δρᾶμα*, früher ohne ausreichende Begründung dem Erzbischof von Thessalonich Eustathios zugeschrieben. Wiewol der Verfasser den Charakter des 12. Jahrh., die geschmacklose Redseligkeit, affectirte Eleganz und einen maßlosen Hang zum Gaukelspiel der prunkenden Phrase und frostigen Metapher fühlbar macht, so darf er dennoch in Hinsicht auf Composition und Sprachschatz weit über seine drei gleichbeschäftigten Zeitgenossen gestellt werden. Vgl. oben S. 379. Ellissen Anm. zu Belthandros und Chrys. S. 228. 237. Th. Gräße Ueber den griechischen Erotiker Eustathios und dessen Roman, in Jahn's Arch. IV. (1836) S. 267 fg. und Fr. Osann *Prolegg. ad Eustathii Macremb. de Amoribus Hysminiae et Hysmines drama ab se edendum, Gissae* 1855. 4. — Ausgaben: *Edit. pr.* G. Gaulmini, *Par.* 1617. Neuer Titel 1618. — *in Viennae* 1791. — *graece et lat. cur.* L. H. Teucher, *Lips.* 1792. — *ex recens.* Ph. Le Bas in der Pariser Sammlung der *Scriptt. erotici.* — *ex recogn.* R. Hercheri *Scriptt. erot. Tom.* II. — übersetzt von G. C. Reiske in „Hellas" Mitau 1778. 1. Thl. — Kritische Beiträge von R. Hercher in Jahn's N. Jahrb. 1858, S. 365 fg. — Handschriftliches von Th. Wesiriewski Die Moskauer Handschrift des Eustathius Makrembolites, im Philol. XXI, S. 343 fg.

Noch tiefer als Theodoros Prodromos steht der Roman seines Nachahmers Niketas Eugenianos (*Νικήτας ὁ Εὐγενιανός*) gegen Ausgang des 12. Jahrhunderts, *Τὰ κατὰ Δρόσιλλαν καὶ Χαρικλέα*, welcher in 9 Büchern und nicht weniger als 3558 politischen Versen in schwülstiger Sprache und schlimmen Rhythmen die Liebesgeschichte des Charikles und der Drosilla erzählt. Ausgaben: *Nicetae Eugeniani De Drosillae et Chariclis amoribus*, 2 *Voll. Par.* 1819. — *graece et lat. ed.* J. Fr. Boissonade, in der Pariser *Scriptt. erot.* und in R. Hercher's *Erotici scriptt. Graec. Vol.* II. Dazu *Emendatt.* von A. Nauck in Zeitschr. für die Alterthumswiss. 1855, S. 276 fg. — Neben Niketas Eugenianos steht der etwas gleichartige und in Hinsicht auf Stofftechnik der Composition, Darstellungsweise und Form schon nach überbietende Roman des Konstantin Manasses (*ὁ Μανασσῆς*) *Τὰ κατ' Ἀρίστανδρον καὶ Καλλιθέαν* in demselben herrschenden Metrum; davon ein Auszug aus lib. I. in der *Ῥοδωνιά* des Makarios Chrysokephalos (vergl. §. 32. S. 373), abgedruckt in Villoison's *Anecd. Graec. Vol.* II, *p.* 75 *sq. Cf.* C. Morelli *Biblioth. Manuscr. p.* 318—320. — *Nicetae Eugen. Narrationem amatoriam et Constantini Manassis fragm. ed., vertit et illustr.* J. Fr. Boissonade, 2 *Voll. L.Bat.* 1819. — Ausgabe von R. Hercher in *Vol.* II. der *Erotici scriptt. Graeci.* Auch besitzen wir unter dem Namen des Konstantin Manasses ein dürftiges historisches Compendium in politischen Versen von gleichem Ungeschmack und gleicher Formlosigkeit, die *Σύνοψις ἱστορική*, *prim. ed.* J. Meursius *L.Bat.* 1616. 4. — *ed.* C. A. Fabrotus (mit *Georg. Codinus*) *Par.* 1655. *Fol.* — *ex interpret.* J. Leunclavii, *Par.* 1655. — *Constantini Manassis Breviarium historiae metricum. Recogn.* J. Bekker (mit *Joelis Chronogr.* und *Georgii Acropol. Annales*) *Bonn.* 1837. Vergl. die literarhistorische Notiz in §. 17. S. 263.

Das Epigramm und die griechischen Anthologien.

§. 36.

Obgleich, wie oben §. 34. S. 375 ausgesprochen wurde, von eigentlicher Poesie bei den Byzantinern nicht wohl die Rede sein kann, so führte doch, bei aller Trivialität, Ueberschwänglichkeit und geistigen Trägheit, das Streben geistreich zu sein oder dafür zu gelten, der Gelegenheitsdichtung eine Reihe von Männern zu, welche an der jüngsten und knappsten Form der elegischen Dichtung, am Epigramm sich versuchten, und man darf wohl sagen, daß sie hierin nicht den niedrigsten Standpunkt einnahmen. Freilich fehlte diesen Erzählern jene feine Abrundung der Form und Schärfe des Gedankens, welche das elegische Epigramm des antiken Hellenenthums charakterisirt und ihm einen wahrhaft künstlerischen Werth verliehen hatte; doch liefern die uns erhaltenen Sammlungen mannichfache Beweise für das Talent und die immerhin achtungswürdige Betriebsamkeit der späteren Griechen gerade auf diesem über mäßige Grenzen sich erstreckenden Gebiet. Vornehmlich entfaltete, im Anschluß an die sophistischen Studien seit Kaiser Hadrian, das für Rhetorik leidenschaftlich schwärmende Gaza einen regen Eifer für die Liederdichtung in anakreontischer Manier, und kein geringer Bestand der Anakreonteen mag diesem und anderen rhetorischen Studiensitzen Kleinasiens im 4. und 5. Jahrhundert seinen Ursprung verdanken; doch ist bei der Unzulänglichkeit der Berichte weder eine genauere Feststellung der Namen jener unbekannten und gefeierten Liebes- und Hofpoeten möglich, noch ihrer Lebensverhältnisse und Zeiten. *Cf. Schol. Palat. ad Epigramm. Joannis Gazaei* in Fr. Jacobs *Anthol. Palat. Tom.* III, *p.* 814: ἰδιόγραφος καύτης τῆς πόλεως Ἰωάννης, Προκόπιος, Τιμόθεος — καὶ οἱ τῶν Ἀνακρεοντείων ποιηταὶ διάφοροι. Vergl. die literar-historischen Bemerkungen in §. 31. S. 363. — Von den zahlreichen Grammatikern, Dichtern und Dilettanten, welche bis in die Zeiten des Anastasius und Justinian und darüber hinaus an dem zuletzt sogar herrschende Form gewordenen Epigramm ein lebhaftes Interesse nahmen, nach und nach aber an Geschmack, Einfachheit, wörderreichen und anmuthigen Witz, weiterhin auch an Reinheit und Correctheit der Sprache ihren Vorgängern immer unähnlicher werden, je bestimmter nach Erschöpfung der Sophistik (vergl. §. 1. S. 238) die Anzeichen des Niedergangs sich mehren und mit dem Aufhören der liberalen Formen des Unterrichts der Verfall der Schule und ihrer Traditionen sich ankündigt, verdienen nur wenige eine besondere Würdigung: Palladas von Chalkis, Grammatiker in Alexandria c. 400, an dessen etwa 150 Epigrammen man unwillkürlich die Flachheit und Oberflächlichkeit jener Zeiten und Geister empfindet; Claudian aus Alexandria um dieselbe Zeit, bekannt als Verfasser eines durch lebhaften Ton und phantasiereichen Vortrag sich empfehlenden mythographischen Epos *Γιγαντομαχία*, der lateinische von allen mit 5 Stücken (vergl. Jacobs *Anthol.* XIII, *p.* 872. G. Bernhardy Griech. Literatur II, 1. S. 318); die Urheber jener pomphaften, malerischen Beschreibungen (*ἐκφράσεις*) von Kunstwerken in epischer Diction, wohin 62 Stücke *εἰς στήλας ἀθλητῶν*, 35 *εἰς ἀναθήματα ἐν Βυζαντίῳ* gehören; Kyros von Panopolis, praefectus praetorio und gefeierter Hofdichter in ähnlicher Manier c. 430, mit 6 fliessenden Hexametern bei A. Meineke hinter *Theocrit., Bionis et Moschi reliqu.* p. 453. *Cf.* J. Lyd. *De magistr.* II, 12. III, 43. und oben §. 34. S. 373; ferner der oben §. 18. S. 295 aufgeführte Scholastiker Eusebios unter Theodosios II. (c. 400—430), Bearbeiter von Stoffen der Zeitgeschichte in epischer Form und [illegible]; Marianos der Scholastiker c. 500, Präfect von Rom, welchem Suidas v. *Μαριανός* einen längeren Artikel gewidmet hat, worin Metaphrasen alexandrinischer Dichtungen des Theokrit, Apollonios, Kallimachos, Arat und Nikander, *cf.* Jacobs *Anthol. Tom.* XIII, *p.* 915; Joannes Barbukallos; Christodoros von Koptos c. 500, ein fleissiger Epiker der nonnischen Schule, dessen Ἔκφρασις τῶν ἀγαλμάτων τῶν εἰς τὸ δημόσιον γυμνάσιον τοῦ καλουμένου Ζευξίππου, 416 malerische und pomphafte Hexameter, jetzt den grösseren Theil des 2. Buches der *Anthologia Palatina* bilden; nach *Schol. Venet. in Iliad.* β 461 war er auch Verfasser einer Geschichte Lydiens, worüber C. Müller *Fragm. histor. Graec. Vol.* IV, *p.* 360; der Rhetor Joannes von Gaza c. 560 mit einer geschmacklosen Erklärung einer Weltcharte, Ἔκφρασις τοῦ κοσμικοῦ πίνακος, in schwülstigen Jamben und Hexametern, wozu noch einige sichtlich nach alten gearbeitete anakreontische Dichtungen der schlechtesten Art kommen; eine ganze Reihe von Epigrammatikern unter Anastasios und Justinian, unter welchen außer Paulos Silentiarios die besten sind: Julian aus Aegypten mit 72, Makedonios aus Thessalonich mit 43, der Sachwalter Leontios mit 24, und vielleicht ebendahin gehörig Rufinos mit 38 Stücken erotischen Inhalts; im ersten Drittel des 9. Jahrhunderts noch der Grammatiker Ignatios und c. 900 Kometas bei Jacobs in *Anthol.* XIII, *p.* 837. Ueber die beiden zuletzt genannten §. 27. S. 351, anderer aber §. 34. S. 374. Ueber diese Dichter und ihren Nachlass Fr. Jacobs in *Anthol. Palatinam* und F. G. Welcker Kleine Schriften II, S. 384 fg. — *Joannis Gazaei* Ἔκφρασις *prim. ed.* Rutgersius *Variae lect.* II, 7. — *ex apographo Anthologiae Graec. recens.* Fr. Graefe (mit Paulos Silent.) *Lips.* 1822. — Die Anakreontea des Joannes von Gaza in P. Matranga *Anecd. Graec. p.* 633—641. Vergl. Petersen im Rhein. Mus. N. F. VIII, S. 385.

Als hervorragend unter den christlichen Epigrammen-Dichtern sind noch besonders namhaft zu machen: **Gregor von Nazianz, Paulos Silentiarios und Agathias von Myrina.**

Gregor (*Γρηγόριος*) von Nazianz in Kappadokien mit dem Beinamen ὁ Θεόλογος, Bischof seiner Vaterstadt c. 360, später Patriarch von Constantinopel, hoch berühmt als Kanzelredner und Theolog wie als eifriger Förderer des Mönchthums, widmete sich, gleich anderen hervorragenden und tonangebenden Kirchenlehrern und Führern des Kirchenregiments der damaligen Zeit, nachdem er seit 381 seine hohe Stellung aufgegeben hatte, noch im höheren Alter fast ausschliesslich der Beschäftigung mit der Poesie. Er versuchte sich in verschiedenen Dichtungsarten und poetischen Formen: seine längeren Gedichte, meist theologischen Inhalts und grösstentheils in iambischen Versmaassen, förderten rein kirchliche Zwecke und zeugen von fleissigen grammatischen Studien, während den kürzeren in epigrammatischer Form, kurzen und inhaltreichen Lehrgedichten, Gnomen, moralischen Sprüchen, worin seine eigentliche Stärke ruht, auch andere den Zuständen des Lebens entnommene Themen zu Grunde liegen. Seine Gedichte der letzteren Art, der Zahl nach 254 Stücke, bilden jetzt einen Anhang des 2., sowie das 8. Buch der *Anthologia Palatina*. In jenen im Interesse christlicher Erbauung mit mythologischen Zuthaten ausstaffirten Ergüssen, welche durch Breite, Weitschweifigkeit und prunkenden Wortschwall missfallen (vergl. Ullmann Gregor von Nazianz, Darmst. 1825. S. 290 fg.), schrieb Basilios von Cäsarea Scholien, deren Magerkeit durch etliche Proben hinreichend bezeugt wird. Als Erklärer dieser Gedichte werden Joannes Zonaras und noch spät Niketas David, Bischof von Serrä c. 1100 genannt. Ueber das Verhältniss beider zu einander und zu Gregor's Tetrastichen vergl. E. Dronke *De Niceta Davide et Zonara interpret. carminum S. Gregorii Naz. Confluent.* 1839. 4. und die Ausgabe der *Carmina selecta Gregorii Naz. Gotting.* 1840. Vergl. Joannes Zonaras §. 20. S. 312. Ueberall erscheint Gregor von Nazianz als ein Mann von nicht gewöhnlicher Gelehrsamkeit und umfassender Belesenheit, namentlich war er im Homer, Hesiod und Euripides vor seinen Zeit- und Berufsgenossen bewandert und liefert ein nicht unbedeutendes und noch merkwürdig erscheint, die alphabetische Ordnung nicht kennendes Glossenconglomerat, woraus zum Theil sogar Glossen in das Wörterbuch des Hesychios übergingen. Vergl. M. Schmidt im Philol. XV, S. 712 fg., im Rhein. Mus. N. F. 1867. XXI, 4. S. 489—497. Von einem Schulcompendium der Logik, einem Excerpt aus dem Organon des Aristoteles, welches handschriftlich in der Pariser Bibliothek existirt, Labbé *Nov. Bibl.* p. 113. Von seiner Autorschaft des Χριστὸς πάσχων oben §. 34. S. 376. — Ausgaben: *Zonarae Procem. Commentarii in S. Gregorii Naz. Tetrasticha* (fälschlich mit dem Namen Niketas David als Verfasser) *Venet. ap.* Fr. Zanettum 1563. *Fol.* — *Sententiae ed.* J. C. Orelli, in *Opusc. Graecorum sentent. Tom.* I. — *Gregorii Naz. S. carmina selecta. Accedit Nicetae Davidis Paraphrasis nunc prim. e cod. Cusano edita. Cur.* D. Dronke, *Gotting.* 1840. — Ders. *De Niceta Davide et Zonara interpret. carminum S. Gregorii Naz. Confluent.* 1839. 4. — *Cf.* J. A. Fabricii *Bibl. Graec. Vol.* VIII, p. 381 *sq.* — Scholien: J. F. Boissonade *Notice des Scholies inédites de Basile de Césarée sur S. Grégoire de Nazianze*, in *Notices et Extr. Tom.* XI, p. 55—150, zuerst veröffentlicht von A. Jahn hinter *Elias Metropolitas Cretae Comment.*, beim *Gregorius Naz.* von Migne. — *Cf.* Th. Gaisford *Catal. MSS. a Clarkio comparatorum*, *Oxon.* 1812. 4. — Monographien von Ullmann Gregor von Nazianz, Darmst. 1825. — A. Grenier *La vie et les poésies de St.-Grégoire de Nazianze*, *Clerm.-Ferrand* 1858. — Ueber seine Studien ein Programm von H. Schürmann, Kempen 1862. 4., über seine Gedichte M. Schubach im Coblenzer Progr. 1865. 4.

Paulos (Παῦλος) nach dem Amt, welches er unter Kaiser Justinian I. bekleidete, Silentiarios genannt c. 560, ein Mann von Rang und Vermögen, Consul von Makedonien (Suid. v. Ἀγαθίας), doch geehrt als Freund und Förderer literarischer Bildung, ist Verfasser von etwa 80 Epigrammen vermischten, besonders erotischen und panegyrischen Inhalts, sowie von zwei längeren trotz des Gebrauchs von rhetorischen Kunstmitteln dennoch von poetischem Talent zeugenden Beschreibungen der Sophienkirche in Hexametern, Ἔκφρασις τῆς μεγάλης ἐκκλησίας und Ἔκφρασις τοῦ Ἄμβωνος. Weniger Feinheit und Geist athmet das ihm ohne ausreichende Gründe beigelegte Gedicht in iambischen Dimetern, Εἰς τὰ ἐν Πυθίοις θερμά. Vergl. Lessing Beiträge zur Geschichte und Lit. I, 5. — Ausgaben: *Pauli Silentiarii Descriptio Magnae Ecclesiae et Ambonis. Ex apographo Anthologiae Graecae Gothano rec.* Fr. Gräfe, *Lips.* 1822. — übersetzt mit Anmerkungen von C. W. Kortüm, Berl. 1854. *Fol.* (zu W. Salzenberg's Altchristliche Baudenkmale Constantinopels, vergl. die Literatur oben §. 24. S. 342). — *Pauli Silent. Ambo. Ed.* J. Bekker, *Berol.* 1815. — *Ephrasis Magnae Ecclesiae c. comment. ed.* du Fresne (mit J. Kinnamos) *Par.* 1670. *Fol.* — *ex recogn.* J. Bekkeri (mit Georgios Pisides und Nikephoros) *Bonn.* 1837. — *Εἰς τὰ ἐν Πυθίοις θερμά. Ed.* J. F. Boissonade (mit Anakreon) *Par.* 1823. 12. — Zur Kritik: s. oben Lessing und Fr. Spitzner *Observat. criticae*, *Erf.* 1823.

Agathias (Ἀγαθίας) der Sachwalter aus Myrina im kleinasiatischen Aeolis c. 560, über dessen Lebensverhältnisse und Bildung, sowie über seine poetischen und historischen Studien und Arbeiten §. 18. S. 300 fg. Ausführlicheres berichtet, führt auf die noch erhaltenen Sammlungen von Epigrammen und andern Gedichten des kleineren Stils, Ἀνθολογίαι genannt. Sein nach dem Inhalt der einzelnen Gedichte, also sachmäßig geordneter und fleißig gelehrter Κύκλος τῶν νέων ἐπιγραμμάτων (ὃν αὐτὸς συνῆξεν ἐκ τῶν κατὰ καιρὸν ποιητῶν ap. *Suid.*, οὐ Στέφανος ἀλλὰ Συναγωγὴ νέων ἐπιγραμμάτων ap. *Schol. Anthol. Palat.*) umfaßte 7 Bücher und bildet die Grundlage der nächsten Blumenlese, der Anthologie des Constantin mit dem Beinamen Κεφαλᾶς. Diese durch die Gunst der Zeiten in ihrer ursprünglichen Reinheit und Treue uns erhaltene ältere Sammlung, überliefert in der einzigen aber vortrefflichen, 1606 entdeckten Handschrift der ehemaligen Heidelberger Bibliothek (*Bibliotheca Palatina*) und daher Anthologia Palatina genannt, ist die umfassendste und wurde aller Wahrscheinlichkeit nach auf Veranlassung des Kaisers Constantin VII. Porphyrogennetos (vergl. §. 20. S. 313) von Kephalas, einem sonst unbekannten, sicher aber mit Kritik und Exegese der Epigrammatiker eifrig beschäftigten Schüler des Grammatikers Gregorius Magister c. 940 zusammengetragen. Vortreffliches Material lieferten ihm die älteren Blüthenlesen des Meleager von Gadara in Syrien c. 60 v. Chr. Στέφανος, der erste Versuch einer Anthologie, aus den ältesten (erotischen) Dichtern dieser Gattung bis auf Antipater von Sidon ohne Rücksicht auf historischen Werth mit ästhetischer Auswahl in alphabetischer Reihenfolge nach den Anfangsbuchstaben der Epigramme zusammengestellt; Philippos der Epigrammatist aus Thessalonich c. 90 n. Chr., welcher die Sammlung des Meleager durch Aufnahme von Stücken der Nachdichter unter Beibehaltung der Systematik derselben vermehrte, *cf.* Fr. Jacobs in *Anthol.* XIII, p. 934 *sq.* Fr. Passow *De vestigiis coronarum Meleagri et Philippi in Anthologia Constantini Cephalae*, *Vratisl.* 1827. 4. (*Opusc. N.* IX, p. 176—197); Straton von Sardes unter Kaiser Hadrian, ein durch die Feinheit seines Geschmacks und die Eleganz seiner Bildung nicht weniger als durch die Unlauterkeit seiner Sinnesart gekennzeichneter Epigrammatiker, welcher in seiner Μοῦσα παιδική 258 ältere und jüngere Epigramme, deren Mehrzahl sich auf die anstößigen Momente der Knabenliebe bezog, mit eigenen Ergüssen zu einem Ganzen vereinigt hatte; Diogenes von Laerte, Compilator einer geschmackvoll getroffenen Auswahl von Epigrammen, Πάμμετρος genennt, wovon er selbst werthlose Proben in seiner Schrift über die Philosophen mitgetheilt liebt; endlich die genannte jüngste Anthologie des Agathias. Aus diesen mehr oder minder reichen Sammlungen hob Kephalas mit sorgfältiger Auswahl die besten Stücke aus, stellte sie mit Zugrundelegung der Systematik des Agathias nach Aehnlichkeit des Inhalts in Fächer (κεφάλαια) gruppirt zusammen und vertheilte den ganzen Apparat auf 15 Bücher. Dem Geiste der Zeit gemäß fanden hier auch christliche und zahlreiche der kirchlichen Literatur zugehörige Epigramme, sowie etliche Stücke aus der älteren wie jüngeren Epigrammendichtung nach Agathias Aufnahme und Verbreitung. Wir geben den Inhalt der einzelnen Bücher nach den Titeln kurz an. Buch I: 123 *Χριστιανικὰ ἐπιγράμματα*; II: *Χριστοδώρου ἔκφρασις* (vergl. oben S. 382) und ausgewählte Epigramme des Gregor von Nazianz; VIII: (254 Stück) *Ἐκ τῶν ἐπιγραμμάτων Γρηγορίου τοῦ θεολόγου*; III: 19 *Ἐπιγράμματα ἐν Κυζίκῳ*; IV: Die Proömien des Meleager, Philippos und Agathias; V: 309 *Ἐρωτικά*; VI: 358 *Ἀναθηματικά*; VII: 748 *Ἐπιτύμβια*; IX: 827 *Ἐπιδεικτικά*; X: 126 *Προτρεπτικά*; XI: 442 *Συμποτικὰ καὶ σκωπτικά*; XII: (258) *Στράτωνος Μοῦσα παιδική*; XIII: 31 ältere *Ἐπιγράμματα διαφόρων μέτρων*; XIV: *Προβλήματα ἀριθμητικά*, *Αἰνίγματα*, *Χρησμοί* nebst anderen Zugaben der späteren Zeit, auch *Τεχνοπαίγνια* u. a.; XV: 51 *Σύμμικτα τινά*. Aus dieser unschätzbaren Sammlung citirt Suidas (ἐν *Ἐπιγράμμασιν*) häufig und wird somit durch einen Reichthum von Varianten für die Kritik des Textes dieser Epigramme fast unentbehrlich. Wenn nun hier — und dies überrascht wenig bei dem Umfange der Arbeit und der Verschiedenheit der Zeiten und Geister, welche daran Antheil haben — Mittelmäßiges und Werthloses oft genug empfunden wird, so liefert die Palatinische Anthologie dennoch einen dauernden Blüthenkranz, dessen beste Gaben aus allen Jahrhunderten von jenen den Hellenen angeborenen und selbst in ihren letzten Aeußerungen noch rein und zart gebliebenen poetischen Denk- und Sinnesart das lauterste Zeugniß ablegen. Ueber die Entstehung und Systematik dieser Anthologie G. Weigand *De fontibus et ordine Anthologiae Cephalaneae*, im Rhein. Mus. N. F. III, S. 161 fg. 541 fg. V, S. 276 fg.

Viel unbedeutender an Umfang und Werth ist die jüngere der beiden uns erhaltenen Sammlungen, die Anthologie des Maximus Planudes.

Maximus Planudes (ὁ *Πλανούδης*), ein griechischer Mönch aus Nikomedia c. 1330, längere Zeit als Gesandter des Kaisers Andronikos II. Palaeologos (1295—1332) an die Republik Venedig in Italien thätig und des Lateinischen wenn auch nur aus oberflächlicher Lectüre kundig, alleweil aber in Constantinopel, bewahrte sich mitten unter den trägen und abstumpfenden Geschäften des Klosterlebens die Kraft, den Musen nachzugehen und durch wissenschaftliche Studien und schriftstellerische Thätigkeit das Jammervolle seiner Lage vergessen zu machen. Der Nachlaß dieses Polyhistor auf dem Standpunkt der populären Wissenschaft des 14. Jahrhunderts gestattet jetzt ein ziemlich sicheres Urtheil über die Leistungen dieses als Metaphrast lateinischer Originale, als Historiker, Rhetor, Grammatiker, Alterthumsforscher, Mathematiker und Rechenmeister, zuletzt als Dichter, Bearbeiter und Sammler von Fabeln und Epigrammen namhaft zu machenden Byzantiners. Vergl. die Notiz in §. 16. S. 289. Seine griechischen Uebersetzungen lateinischer Werke, des *Somnium Scipionis* mit dem Commentar des Macrobius, der Metamorphosen und Episteln (lib. XX und XXI, 1—12) des Ovid, die (auch Theodor von Gaza fälschlich beigelegte) griechische Metaphrase von Cäsar's *Commentarii de bello Gallico* (vergl. Heller im Philol. XII, S. 107), die Uebertragung der Gedichte des Boethius u. a. zeugen von löblicher Umsicht und bekunden, daß der Uebersetzer in den Geist der Schwestersprache wenig eingedrungen war. Planlos und ohne den eigentlichen Zweck erkennen zu lassen, sind seine in einigen Handschriften erhaltenen Excerpte aus griechischen Historikern, besonders aus Dio Cassius, worüber C. Müller *Fragm. histor. Graec. Vol.* IV, *p.* 191, welchen sich ein Auszug aus des Joannes Lydus *Σύγγραμμα περὶ μηνῶν* anschließt. Vergl. §. 24. S. 343. Von dem Grade seines grammatischen Wissens enthalten die noch vorhandenen Ueberreste seiner grammatischen Schriften, ein magerer Dialog *Περὶ γραμματικῆς*, die verwässerte Compilation *Περὶ συντάξεως* (*cf.* G. Bernhardy *Comment. de Suidae lexico p.* 78), und auf dem Gebiete der Rhetorik die trivialen Scholien zu den Progymnasmata des Hermogenes ausreichend Aufschluß. Denselben Charakter tragen seine mathematischen Schriften, dürftige Scholien zu dem 1. und 2. Buche der Arithmetik des Mathematikers Diophantos aus Alexandria, und aus gleicher Quelle stammt sein neuerdings von C. G. Gerhardt Halle 1865. 4. herausgegebenes Rechenbuch mit dem überschwänglichen Titel: *Ψηφοφορία κατ' Ἰνδοὺς ἡ λεγομένη μεγάλη*. Vergl. G. Th. Nesselmann Ueber die 6 Bücher des Diophantos, in Abhandl. der Berliner Akad. der Wissensch. (1832) Berl. 1834. 4. (Mathem. Cl. S. 1 fg.) und Gerhardt Ueber das Rechenbuch des Maximus Planudes, in den Berichten der Berl. Akad. 1867. S. 38—54. Von erstaunlicher Gleichgültigkeit gegen die Form zeugt die unter seinem Namen bekannte prosaische Bearbeitung der äsopischen Fabel, welche noch in 2 Recensionen erhalten ist, und von eigenen Ergüssen ein schlecht stilisirtes Enkomion auf Claudius Ptolemäus in 47 epischen Versen in *J.* Iriarte *Catal. codd. Matrit. Vol.* I, *p.* 263. Vergl. auch die äsopische Fabel des Syntipas im Philol. VIII, S. 131., J. Landsberger Syphos. Syrisches Original der griech. Fabeln des Syntipas, mit Glossar, liter. Vorbemerkungen und Untersuchungen über das Vaterland der Fabel, Posen 1850, und O. Keller Untersuchungen über die Geschichte der griech. Fabel, Leipz. 1862. Vergl. die §. 56. S. 119 der Geschichte der gesammten griech. Literatur angegebene Fabelliteratur. Wie man Planudes auf seinem Gebiet seine geistige Leere und seinen mönchischen mit gewöhnlicher Moral verwässerten Geschmack zu verdecken weiß, so erscheint auch sein Sammlerfleiß unkritisch und mechanisch. Dies setzt vor anderen Arbeiten seine griechische Anthologie voraus; durch dieselbe erlitt die ausgezeichnete ältere Sammlung des Kephalas einen harten Schlag: sie mußte der jüngeren des Maximus Planudes, obwohl sie nur die Bedeutung einer aus einer vermuthlich vollständigeren Handschrift des Kephalas geschmacklos und ohne feste Grundsätze gezogenen Compilation hat, weichen und gerieth bald gänzlich in Vergessenheit. Diese Anthologia Planudea, gewöhnlich Anthologia Graeca genannt (*Ἀνθολογία διαφόρων ἐπιγραμμάτων*), umfaßt 7 Bücher, welche mit Ausschluß der 4 vom Kephalas beibehaltenen Abtheilungen (*ἐπιδεικτικά*, *σκωπτικά*, *ἐπιτύμβια*, *ἐρωτικά*) in Capitel nach alphabetischer Folge getheilt sind, und hat nur den Werth eines Supplements zur Anthologia Palatina in 388 Nummern; besonders liefert das 4. Buch in seinem jetzigen Umfang eine Reihe werthvoller Epigramme auf Kunstwerke (vergl. Fr. Jacobs *Anthol. Pal. Tom.* II, *p.* 625—763 und O. Benndorf *De Anthologiae Graec. epigrammatis, quae ad artes spectant, Lips.* 1862); sie wurde fleißig gelesen, edirt und commentirt und hat nach Brunck an Fr. Jacobs einen vortrefflichen Kritiker und Exegeten gefunden. Noch immer mehrt sich durch Zuwachs aus Werken der Schriftsteller, monumentalen Ueberlieferungen und Inschriften des Festlandes und der Inseln des griechischen Meeres der Reichthum dieser Poesien, wodurch der Wissenschaft erwünschte Beiträge zur Kenntniß der Geschichte und Culturzustände der alexandrinischen und besonders römischen Periode zugeführt werden. — Es folgen die Ausgaben mit dem wissenschaftlichen Apparat, zunächst Maximus Planudes: Von den griechischen Metaphrasen desselben ist noch unedirt (handschriftlich in München und Paris) *Macrobii Comment. in Somnium Scipionis.* — *Commentariorum Caesaris de bello Gall. interpretatio graeca quae fertur Maximi Planudis, post* J. Jungermannum (*Edit. pr.*), J. Davisium, N. E. Lemaireum *ed.* A. Baumstark, *Frib.* 1834. — *Carmina Boethii graece conversa per Max. Planudem prim. ed.* C. F. Weber, *Darmst.* 1832. 4. — *Ὀβιδίου Μεταμορφώσεις graece vert. Max. Planudes. Ed.* J. Fr. Boissonade, *Par.* 1822. — *Max. Planudis graeca metaphrasis epistolarum Ovidii* XX. *et* XXI, 1—12 *prim. ed.* C. Dilthey (mit *Callimachi Cydippa*) *Lips.* 1863. — Uebersetzungen einzelner Stücke *prim. e cod. Augustano ed.* Ch. F. Matthaei, *Mosquae* 1810. 4. 1811. — Grammatische Schriften: *Dialogus Περὶ γραμματικῆς prim. editus*, in Bachmann's *Anecd. graec. Vol.* II, *p.* 1—101. *Περὶ συντάξεως ibid. p.* 105—166, *cf.* F. G. Sturz *ad Etymol. M. p.* 648 *sq.*, andere Stücke rhetorischen Inhalts in Ch. Walz *Rhett. graec. Vol.* V. und in J. F. Boissonade *Anecd. Graec. Vol.* II, *p.* 310—339.

Die Anthologien: Die Anthologia Planudea (Ausgaben bei Fr. Jacobs *Prolegg. p.* 90—130. Vergl. Chardon de la Rochette *Mélanges* I, *p.* 236 *sq.*) wurde auf Veranstalten des J. Laskaris zuerst in Florenz (mit Uncialen) gedruckt: *Ἀνθολογία διαφόρων ἐπιγραμμάτων, cura* J. Lascaris, *Florent.* 1494. 4., oft wiederholt: *ap. Ald. Venet.* 1503. 1521. 1550—1551, *ap. Junt. Florent.* 1519, darnach *Edit. Ascensiana, Par.* 1519, *c. commentario* V. Opsopoei, *Basil.* 1540. 4. und am besten *Epigrammatum Graec. libri* VII *annotatt.* J. Brodaei *illustrati, Basil.* 1549. *Fol.*, dann *ap.* Nicolinos Sabienses, *Venet.* 1550. — Eine neue Reihe von Ausgaben beginnt mit H. Stephanus, mit Veränderungen in der Anordnung, mit Zusätzen und einem Appendix: *Florilegium diversorum epigrammatum vett., magno numero et duobus indd. auctum. Excud.* H. Stephanus, *Par.* 1566. 4., nach *Edit. Wecheliana* (*Francof.* 1600. *Fol.*) zuletzt mit der meisterhaften lat. (metrischen) Uebersetzung des Hugo Grotius *ed.* H. de Bosch, 5 *Voll.* (*Vol.* V von J. v. Lennep) *Traj.* 1795—1822. — Die oben genannte einzige Handschrift der Kephalanischen Anthologie wurde von Salmasius zu Heidelberg 1606 entdeckt, mit dem Raube der alten Heidelberger Bibliothek 1623 in den Vatican und während der französischen Revolution nach Paris entführt, bis sie nach dem Pariser Frieden 1815 nach Heidelberg zurückkehrte. Ueber die Geschichte der *Anthol. Pal.* und des *Codex Pal.* Fr. Jacobs *Prolegg. p.* 61—79, *p.* 133—164 und in der *Anthol. Pal.* Ueber ihre Entstehung und Ordnung G. Weigand *De fontibus et ordine Anthol. Cephalanae*, im Rhein. Mus. N. F. III, S. 161 fg. 541 fg. V, S. 276 fg. — Von den Abschriften, welche zu verschiedenen Zeiten von dem *Codex Pal.* genommen wurden, ist zu nennen 1) das *apographum Lipsiense*, woraus Reiske den ersten Nachtrag zur Anthologie gab: *Anthologiae Graec. a Constantino Cephalo conditae libri* III, *c. interpr., commentario et notitia poetarum. Ed.* J. J. Reiske, *Lips.* 1754. Vergl. dess. *Miscell.* IX. *Lips.* 1752, und 2) das genauere *apographum Gothanum* von Spaletti (1776), zuerst benutzt von Fr. Jacobs. Vorher hatte Brunck eine möglichst vollständige Sammlung griechischer Miscellandichtung, auch mit Benutzung von Abschriften der *Anthol. Pal.*, jedoch mit Ausscheidung der christlichen und späteren Stücke, dagegen mit Aufnahme von Gedichten nicht anthologischer Dichter (Theokrit, Bion, Moschos u. a.), veröffentlicht unter dem Titel: *Analecta vett. poetarum graec. Ed.* R. F. Ph. Brunck, 3 *Voll. Argent.* 1772—1776. Diese Sammlung brachte Fr. Jacobs zum Abschluß: *Anthologia Graeca, sive poetarum graec. lusus ex recens.* Brunckii. *Indices et commentarios adjec.* Fr. Jacobs, 13 *Voll.* (*Vol.* I—IV Text, VI—XIII *Animadvers.*) *Lips.* 1794 bis 1814. Mit Hinzufügung von 380 Epigrammen des Max. Planudes und 394 anderen Stücken erschien aus die Sammlung des Constantin Kephalas: *Anthologia Graeca ad fidem cod. olim Palatini ex apographo Gothano edita. Cur. et annotatt. crit. adjec.* Fr. Jacobs, 3 *Voll. Lips.* 1813—1817. *Vol.* III. mit einem Supplement aus dem *Codex Pal.* von A. J. Paulssen. — Hierzu neue Ergänzungen: *Sylloge epigrammatum graec. ex marmoribus et libris collect. et illustr. stud.* F. Th. Welckeri, *Edit.* II. *auctior. Bonn.* 1828—1829. mit *Spicilegium* im Rhein. Mus. N. F. VI, S. 82—108. — Starke Nachträge liefern epigraphische und archäologische Abhandlungen, Zeitschriften und Sammelwerke, wie das *Corpus Inscript. Graecarum*, die *Inscript. Graecae ineditae collig.* L. Ross, 3 *Fasc. Naupliae, Athen. et Berol.* 1834—1845. 4. A. R. Rangabé in l. *Antiquités Helléniques*, 2 *Voll. Athènes* 1842—1855, G. Hermann in *Opusc.* V, J. A. Letronne, F. Franz, C. Keil in Archäol. Zeitung, Jahrg. 8. 9. 12. 13. 14. u. ö., der gelehrte neugriechische Arzt und Kenner des hellenischen Alterthums N. S. Pikkolos *Supplement à l'Anthologie grecque, Par.* 1853. — *Epigrammatum Anthol. Palatinae cum Planudeis et append. nova epigrammatum vett. ex libris et marmoribus ductorum, annotat. inedita Boissonadii, Chardonis de la Rochette, Bothii, partim inedita Jacobsii, metrica versione Hugonis Grotii et appar. critico instr.* Fr. Duebner, *graece et lat. Vol.* I. *Par.* 1864.

Chrestomathien, vergl. Fr. Jacobs *Prolegg.* p. 128 *sq.* — *Anthologiae graec. s. Collectio ex anthol. palat. In usum scholarum cur.* A. Weichert, *Misn.* 1823. — *Delectus epigrammatum graec. in usum schol. instr.* Fr. Jacobs, *Goth.* 1826. — *Delectus poetarum anthologiae graec. c. adnotatt. crit.* A. Meinekii, *Berol.* 1842. Dazu G. Hermann in Wiener Jahrb. 104. Bd. — Schulanthologie von H. W. Stoll, 2. Aufl. Hannov. 1857.

Uebersetzungen: Hellas. Bildchen von Herder, Zerstreute Blätter u. ö. — Griech. Blumenkranz von J. Grilsen, Wien 1819. — von Fr. Jacobs, in Leben und Kunst der Alten, 1. Bd. Gotha 1824. — griech. Anthologie, metrisch übers. von W. E. Weber, 2 Bdchn. Stuttg. (1838) 1851. — die arithmetischen Epigramme der griech. Anthologie übers. und erklärt von Ziefel, Progr. Bern 1853. 4. — griech. Anthologie. Nach der Anlage von Brunck's Anal. metrisch übers. v. G. Thudichum, Stuttg. 1856 fg.

Erläuterungsschriften (s. den Text): Fr. Passow Ueber die neuesten Bearbeitungen der griechischen Anthologie, in W. A. Passow's Verm. Schriften, Leipz. 1843. — Wissenschaftlicher Apparat von Fr. Jacobs *Prolegg.*; *Animadvv. et Catal. poetarum epigr.*, *Vol.* I. III. XIII. der *Anthol. Graeca.* — Beiträge zur Kritik: J. G. Huschke *Analecta crit. in Anthol. graecam c. supplemento epigrammatum, Jen.* 1800. — H. de Bosch *Observatt. et nott. in Anthol. graecam*, 2 *Voll. Traj.* 1810, 1822. 4. (absolvit D. J. Lennep) — A. Meineke *Conjectanea crit.*, hinter dem *Delectus*, und in *Anal. Alexandrin. Epim.* XIII., zuletzt Krit. Bemerkungen zur griech. Anthologie, im Philol. XVI, S. 154 fg. — Fr. Ritschl im Rhein. Mus. N. F. I, S. 145 fg., K. Schwenck ebendas. II, S. 464, von Leutsch XXII, S. 135 fg., Mähly im Philol. XXV, S. 159—161, 535—537, Dübner ebendas. S. 241 fg. — A. Hecker *Commentat. crit. de Anthol. graec. L.Bat.* 1843. *P.* 1. *ibid.* 1852. — R. Unger Beiträge zur Kritik der griechischen Anthol. Neu-Brandenb. 1844. und in der Zeitschrift für die Alterthumsw. 1843—1845. — F. W. Schneidewin *Progymnasmata ad Anthol. graec. Götting.* 1855. 4.

(Dr. R. Nicolai.)

Anmerkung. Die Nothwendigkeit, sich in ländlicher Zurückgezogenheit und Ruhe von schwerer Erkrankung zu erholen, hat es Herrn Dr. Nicolai unmöglich gemacht, in der festgesetzten Zeit den letzten Abschnitt seiner literarhistorischen Arbeit über die byzantinische und neugriechische Literatur zu vollenden.

Die Redaction.

Systematisches Inhaltsverzeichniß

der

GRIECHENLAND

behandelnden Theile 80—87 dieses Werks.

A. Alt-Griechenland.

I. Geographie, von Professor Dr. J. H. Krause in Halle. Theil 80, S. 1—202.

II. Geschichte von der Urzeit bis zum Beginn des Mittelalters, von Professor Dr. G. Fr. Hertzberg in Halle. Theil 80, S. 203—444.

III. Griechische Sprache und Dialekte, von Professor Dr. H. W. A. Mullach in Berlin. Theil 81, S. 1—174.

IV. Griechische Musik, Rhythmik und Metrik, von Professor Dr. C. Fortlage in Jena und Professor Dr. H. Weissenborn in Erfurt. Theil 81, S. 175—274.

V. Griechische Metrologie, von Gymnasialdirector Dr. Fr. Hultsch in Dresden. Theil 81, S. 274—282.

VI. Griechische Literatur, von Professor Dr. Theodor Bergk in Halle. Theil 81, S. 283—456.

VII. Religion oder Mythologie, Theologie und Götterverehrung der Griechen, von Professor Dr. Christian Petersen in Hamburg. Theil 82, S. 1—380.

VIII. Griechische Kunst, von Professor Dr. C. Bursian in Jena. Theil 82, S. 381—508.

IX. Griechische Staatsalterthümer, von Professor Dr. H. Brandes in Leipzig. Theil 83, S. 1—114.

X. Griechische Privatalterthümer, von Gymnasialdirector Dr. Hermann Göll in Schleiz. Theil 83, S. 115—168.

B. Griechenland im Mittelalter und in der Neuzeit.

XIII. Griechische Kirche, von Dr. J. Hasemann, Pastor in Arzberg. Theil 84, S. 1—290.

XV. Geschichte Griechenlands vom Beginn des Mittelalters bis auf unsere Zeit (1821). Von Professor Dr. C. Hopf in Königsberg. Theil 85, S. 67—465 und Theil 86, S. 1—190.

XVII. Geschichte Griechenlands im neunzehnten Jahrhundert. Von Professor Dr. G. F. Hertzberg in Halle. Theil 87, S. 107—236.

XVIII. Geschichte der byzantinischen und neugriechischen Literatur. I. Geschichte der byzantinischen oder mittelgriechischen Literatur, von Justinian's Thronbesteigung bis auf die Eroberung Constantinopels durch die Türken, von 529—1453. Von Dr. Rudolf Nicolai in Berlin. Theil 87, S. 237—386.

Ende des siebenundachtzigsten Theiles der ersten Section.

www.ingramcontent.com/pod-product-compliance
Lightning Source LLC
Chambersburg PA
CBHW020740020526
44115CB00030B/718
* 9 7 8 3 7 4 2 8 3 5 3 1 4 *